Ruth Stock-Homburg

Personalmanagement

Ruth Stock-Homburg

Personalmanagement

Theorien – Konzepte – Instrumente

2. Auflage

GABLER

Bibliografische Information der Deutschen Nationalbibliothek
Die Deutsche Nationalbibliothek verzeichnet diese Publikation in der
Deutschen Nationalbibliografie; detaillierte bibliografische Daten sind im Internet über
<http://dnb.d-nb.de> abrufbar.

Univ.-Prof. Dr. Ruth Stock-Homburg ist Leiterin des Fachgebiets Marketing & Personalmanagement und des Arbeitskreises für marktorientierte Unternehmensführung an der Technischen Universität Darmstadt. Ihre wissenschaftlichen Arbeiten auf den Gebieten der marktorientierten Unternehmensführung und des Personalmanagements wurden national bzw. international mehrfach ausgezeichnet.

12 lbc 369

1. Auflage 2008
2. Auflage 2010

Alle Rechte vorbehalten
© Gabler Verlag | Springer Fachmedien Wiesbaden GmbH 2010

Lektorat: Maria Akhavan-Hezavei

Gabler Verlag ist eine Marke von Springer Fachmedien.
Springer Fachmedien ist Teil der Fachverlagsgruppe Springer Science+Business Media.
www.gabler.de

Umschlaggestaltung: KünkelLopka Medienentwicklung, Heidelberg
Druck und buchbinderische Verarbeitung: MercedesDruck, Berlin
Gedruckt auf säurefreiem und chlorfrei gebleichtem Papier
Printed in Germany

ISBN 978-3-8349-1986-1

Vorwort

Professionelles Personalmanagement wird zunehmend zum strategischen Wettbewerbs-faktor für Unternehmen. Hinzu kommt, dass Beschäftigte aller Hierarchiestufen regelmäßig und unmittelbar mit vielfältigen Herausforderungen des Personalmanagements konfrontiert sind. Beispielhaft ist die steigende Komplexität der Mitarbeiterführung zu nennen. Durchschnittlich arbeiten etwa 80 % der im nicht produzierenden Bereich Beschäftigten in virtuellen bzw. internationalen Projekten. Ein weiterer Berührungspunkt ergibt sich im Bereich des Health Care Managements: Studien belegen, dass die Ausfallzeiten von Mitarbeitern aufgrund psychischer Erkrankungen innerhalb von sieben Jahren um 60 % gestiegen sind – was eine Auseinandersetzung mit Themen wie Work-Life Balance und psychischen Belastungsfolgen in Unternehmen unabdingbar macht. Schließlich sei noch der Bereich der Führungsethik erwähnt: Diskussionen in Unternehmen und Öffentlichkeit greifen immer wieder den Spagat zwischen ethischer Führung und ökonomischen Handlungsmaximen auf. Diese beispielhaft angeführten Entwicklungen verdeutlichen, dass Personalmanagement für Beschäftigte aller Ebenen vielfach unmittelbar präsent ist. Insofern verwundert es nicht, dass das Personalmanagement zunehmend zum integrativen Bestandteil der Fach- und Führungskräfteausbildung, und zwar unterschiedlichster Disziplinen, in Unternehmen und Hochschulen wird.

Die weiterhin wachsende Bedeutung des Personalmanagements ist sicherlich eine zentrale Ursache dafür, dass die erste Auflage des Lehrbuchs Personalmanagement sehr positiv sowohl von Studierenden, Dozenten als auch von Praktikern aufgenommen wurde. Neuere Entwicklungen in der Personalmanagementforschung sowie zahlreiche Anregungen der Leserschaft, insbesondere der Studierenden, bewogen mich dazu, das Lehrbuch Personalmanagement zu aktualisieren und zu überarbeiten. Wie bereits die erste Auflage richtet sich auch die zweite Auflage an Studierende und Dozenten, die sich mit aktuellen Fragestellungen des Personalmanagements befassen. Es soll eine Basis liefern für eine theoretisch fundierte und dennoch praxisnahe akademische Ausbildung im Bereich Personalmanagement. Eine weitere Zielgruppe sind ebenso Praktiker, die in Unternehmen Verantwortung für Personalentscheidungen tragen. Dieser Zielgruppe soll dieses Lehrbuch auch in Zukunft einen Zugang zu systematischen Mechanismen der Entscheidungsfindung bieten.

Inhaltlich wurde in der zweiten Auflage *Teil I* umfassend hinsichtlich rechtlicher Rahmenbedingungen des Personalmanagements ergänzt (siehe insbesondere Kapitel 1). Kapitel 2 wurde um einen Abschnitt zu Motivationstheorien erweitert. In *Teil II* – den Mitarbeiterflusssystemen – wurden insbesondere die Personalgewinnung und die Personalentwicklung umfassend überarbeitet. Hier wurden neuere wissenschaftliche Erkenntnisse sowie aktuelle Praxiskonzepte, z. B. Employer Branding, Evaluation von Weiterbildungsmaßnahmen, eingearbeitet. Neuere Praxiskonzepte wurden auch in *Teil III* – den Belohnungssystemen – ergänzt. Beispielhaft sind der Hay-Ansatz sowie das Cafeteria-System zu nennen. *Teil IV* – Führung von Mitarbeitern und Teams – wurde um relevante Theorien der Mitarbeiterführung (d. h. die Theorie der symbolischen Führung, die LMX Theory sowie das Emotional Contagion Concept) erweitert. Neben diesen inhaltlichen Erweiterungen wurden alle Kapitel vollständig aktualisiert und überarbeitet.

Schließlich verbleibt mir die angenehme Pflicht, all denjenigen zu danken, die mich bei der Entstehung der zweiten Auflage maßgeblich unterstützt haben. Mein besonderer Dank gilt zunächst dem „Lehrbuch-Kernteam". So haben sich Dipl. oec. Gisela Bieling, Dipl.-Psych. Julia Roederer sowie Dipl. Wirtsch.-Inform. Gülden Özbek in hohem Maße inhaltlich und redaktionell in die Entstehung der zweiten Auflage des Lehrbuchs eingebracht. Wichtige Beiträge in konzeptioneller bzw. redaktioneller Hinsicht haben auch zahlreiche Mitarbeiter meines Lehrstuhls geliefert. Hervorzuheben sind hier insbesondere Dipl.-Ök. Youssef El Ouadoudi, Dipl. Wirtsch.-Ing. Björn Six, Dipl.-Psych. Carmen Tragelehn und Dipl. Wirtsch.-Ing. Nicolas Zacharias. Schließlich möchte ich Frau Maria Akhavan vom Gabler Verlag für die vertrauensvolle und anregende Zusammenarbeit danken.

Darmstadt, im September 2010   Ruth Stock-Homburg

Inhaltsverzeichnis

Teil III
Belohnungssysteme des Personalmanagements

Teil IV
Führung von Mitarbeitern und Teams

Teil V
Neuere Herausforderungen des Personalmanagements

Teil I

Konzeptionelle Grundlagen des Personalmanagements

Teil I des vorliegenden Lehrbuchs widmet sich den konzeptionellen Grundlagen des Personalmanagements. Er ist in zwei Kapitel untergliedert. Im Fokus von Kapitel 1 stehen grundlegende Aspekte des Personalmanagements. Zunächst wird der Begriff des Personalmanagements aus verschiedenen Perspektiven beleuchtet und die diesem Lehrbuch zugrunde liegende Definition abgeleitet. Außerdem werden die Rahmenbedingungen dargestellt, welche bei der Gestaltung des Personalmanagements zu berücksichtigen sind. Anschließend erhält der Leser einen Überblick über die verschiedenen Zielgrößen, anhand derer der Erfolg von Personalmanagement-Aktivitäten gemessen werden kann. Das Kapitel schließt mit einer Einführung in Struktur und Orientierung des vorliegenden Lehrbuchs, welche die Arbeit mit dem Buch erleichtern soll.

In Kapitel 2 werden die zentralen theoretisch-konzeptionellen Ansätze des Personalmanagements behandelt. Die Auseinandersetzung mit diesen Ansätzen bildet die Basis für das Verständnis grundlegender Zusammenhänge, die bei der Gestaltung der Personalmanagement-Aktivitäten eines Unternehmens berücksichtigt werden sollten. Dabei sind sowohl Kosten-Nutzen-Überlegungen als auch die Auswirkungen verschiedener Personalmanagement-Aktivitäten auf die Einstellungen und die Verhaltensweisen der Beschäftigten von Bedeutung.

Die in Kapitel 2 dargestellten theoretischen Konzepte sind für das Personalmanagement von übergeordneter Relevanz. Dies bedeutet, dass sie einen Erklärungsbeitrag zu verschiedenen Bereichen des Personalmanagements leisten, weshalb sie an verschiedenen Stellen des Lehrbuchs wieder aufgegriffen werden. Theoretisch-konzeptionelle Ansätze zu spezifischen Bereichen des Personalmanagements werden an anderen Stellen des Lehrbuchs dargestellt.

1 Einleitung

Lernziele

- Die Leser kennen verschiedene Perspektiven des Personalmanagementbegriffs.

- Die Leser entwickeln ein Verständnis für die strategische Bedeutung des Personalmanagements.

- Die Leser überblicken relevante Rahmenbedingungen, welche die Aktivitäten des Personalmanagements beeinflussen.

- Die Leser kennen die zentralen Zielgrößen des Personalmanagements.

- Die Leser überblicken die Inhalte des vorliegenden Lehrbuchs und können die Systematik ihrer Darstellung nachvollziehen.

Entwicklungen wie die Globalisierung, der demographische Wandel, die zunehmende Dynamik von Märkten und die rasant fortschreitende Verkürzung der Halbwertszeit des Wissens führten in den letzten zehn Jahren zu stark veränderten Anforderungen an das Personalmanagement (vgl. Gómez-Mejía/Balkin/Cardy 2007, S. 4 ff.; Mullins 2007, S. 517 f.). Ausreichend qualifizierte Arbeitskräfte werden knapp, während der weltweite Wettbewerb um Nachwuchskräfte zunimmt (vgl. Strack et al. 2009, S. 5). Zudem rückt die Finanz- und Wirtschaftskrise im Jahr 2009 den Beitrag des Personalmanagements zum Unternehmenserfolg immer stärker in den Fokus von Unternehmen (vgl. Strack et al. 2009, S. 5). Diese Entwicklungen spiegeln sich in veränderten Erwartungen an das Personalmanagement wider. So zeigt eine Befragung von 3.348 Personalverantwortlichen aus 28 europäischen Ländern, dass das Personalmanagement neben seinen „klassischen" Aufgabengebieten eine Reihe neuerer Herausforderungen meistern muss, welche für Unternehmen von strategischer Bedeutung sind (vgl. Strack et al. 2009, S. 11 ff.). Abbildung 1.1 legt die wichtigsten Ergebnisse dieser Studie dar.

Abbildung 1.1 zeigt, dass insbesondere die Entwicklung und Bindung von Potenzialträgern (so genannten Talenten), die Verbesserung der Qualifizierung von Führungskräften sowie die Erhöhung des Commitments der Beschäftigten zukünftig hochgradig relevant sind. In der Einschätzung der befragten Personalverantwortlichen hängt der langfristige Erfolg eines Unternehmens folglich insbesondere davon ab, ob es gelingt, genügend hochqualifiziertes Personal zu entwickeln und an das Unternehmen und dessen Ziele zu binden. Gleichzeitig werden die heute vorhandenen Kompetenzen des Personalmanagements in diesen Bereichen als gering eingestuft. Daraus ergibt sich eine hohe strategische Bedeutung dieser Themen für das Personalmanagement. Die Kompetenzen in diesen Feldern zu entwickeln und auszubauen ist damit eine zentrale Voraussetzung, um die Wettbewerbsfähigkeit eines Unternehmens auf dem Markt zu sichern.

Im Gegensatz zu den Ergebnissen der Vorgängerstudie aus dem Jahr 2007 (vgl. Strack 2009, S. 14) wird die zukünftige Bedeutung eher „weicher" Faktoren wie beispielsweise des Managements von Diversität, des demographischen Wandels, der Work-Life Balance der Beschäftigten oder der sozialen Verantwortung von Unternehmen als gering eingeschätzt. Obwohl die Befragten in diesen Bereichen geringe Fähigkeiten konstatieren, kommt ihnen folglich keine hohe strategische Relevanz zu.

Abbildung 1.1   Zukünftige Herausforderungen des Personalmanagements
                     (vgl. Strack et al. 2009, S. 14)

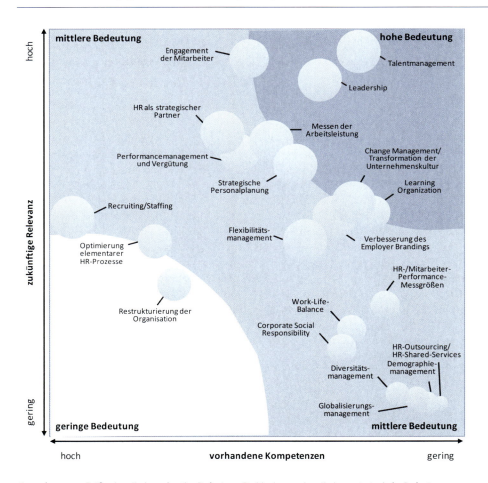

Anmerkungen: Größe eines Kreises = heutige Bedeutung; Positionierung eines Kreises = strategische Bedeutung; Stichprobe: n = 3.348 Führungskräfte aus 28 europäischen Ländern

Ziel des vorliegenden Lehrbuchs ist es, klassische Konzepte des Personalmanagements mit neueren Konzepten zu verknüpfen, die sich aus aktuellen Herausforderungen für das Personalmanagement ergeben. Damit soll den Lesern das Wissen vermittelt werden, das erforderlich ist, um sowohl klassische Aufgaben als auch zukünftige Herausforderungen des Personalmanagements meistern zu können. Das grundlegende Verständnis des Personalmanagements für das vorliegende Lehrbuch wird anhand ausgewählter Leitfragen dargelegt. Die Leitfragen dieses einleitenden Kapitels sind in Tabelle 1.1 aufgeführt.

Tabelle 1.1   Zentrale Leitfragen zu den Grundlagen des Personalmanagements und zur Struktur des Lehrbuchs

Zentrale Leitfragen	Behandelt in ...
Was ist unter dem Begriff des Personalmanagements zu verstehen?	Abschnitt 1.1.1
Welche Gegenstandsbereiche umfasst das Personalmanagement?	Abschnitt 1.1.2
Welche Rahmenbedingungen sind bei der Gestaltung von Personalmanagement-Aktivitäten zu berücksichtigen?	Abschnitt 1.2
Welches sind die zentralen Zielgrößen des Personalmanagements?	Abschnitt 1.3
Anhand welcher Struktur werden die zentralen Gegenstandsbereiche des Personalmanagements in diesem Lehrbuch dargestellt?	Abschnitt 1.4

1.1   Grundlagen

1.1.1   Verständnis des Personalmanagementbegriffs

Die Aufgaben des Personalmanagements sind im Wesentlichen durch das zugrunde gelegte Verständnis des Personalmanagement-Begriffs geprägt. In der Literatur liegt bislang kein einheitliches Begriffsverständnis zum Personalmanagement vor (vgl. Boxall/Purcel 2000, S. 184). Vielmehr finden sich eine Reihe von Definitionsansätzen zum Personalmanagementbegriff (vgl. Armstrong 2009, S. 1; Pinnington/Edwards 2004, S. 3; Storey 2007, S. 25), welche unterschiedliche Perspektiven aufgreifen. Diese lassen sich anhand von vier Kategorien systematisieren (vgl. Abbildung 1.2). Die sich daraus ergebenden vier Perspektiven des Personalmanagements werden in den Abschnitten 1.1.1.1 bis 1.1.1.4 erläutert. Darauf aufbauend wird in Abschnitt 1.1.1.5 das diesem Lehrbuch zugrunde gelegte Verständnis des Personalmanagementbegriffs entwickelt.

Abbildung 1.2   Systematisierung unterschiedlicher Perspektiven zum Verständnis
des Personalmanagementbegriffs

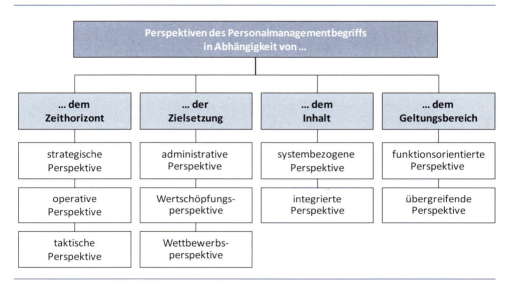

1.1.1.1   Perspektiven des Personalmanagementbegriffs
nach dem Zeithorizont

Der Zeithorizont gibt an, über welchen Zeitraum sich die Planung des Personalmanagements erstreckt. In diesem Zusammenhang wird zwischen der strategischen, der operativen und der taktischen Perspektive des Personalmanagements unterschieden (vgl. Scholz 2000, S. 88).

Aus der *strategischen Perspektive* steht die langfristige Sicherung des Unternehmenserfolgs im Mittelpunkt (vgl. Miles/Snow 1978). Es wird davon ausgegangen, dass die Aktivitäten des Personalmanagements von hoher strategischer Bedeutung für Unternehmen sind und deshalb eher langfristigen Charakter haben. In einer Befragung von 240 Unternehmen zeigt Stock-Homburg (2008), dass das Personalmanagement (insbesondere die Gestaltung der Personalmanagement-Systeme und der Personalführung) in hohem Maße die Umsetzung von Strategien unterstützt. Die Aktivitäten des Personalmanagements sind daher indirekt (über die Personalstrategie) aus der Unternehmensstrategie abzuleiten. Abbildung 1.3 zeigt beispielhafte Fragestellungen, die bei der Ausrichtung der Personalmanagement-Aktivitäten auf die strategischen Ziele eines Unternehmens als Leitfaden dienen können.

Abbildung 1.3   Relevanz der Unternehmensstrategie für das Personalmanagement

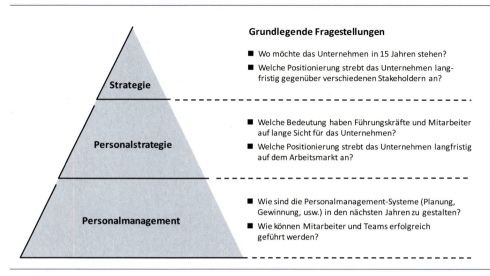

Die Verankerung aller Personalmanagement-Aktivitäten in der Personalstrategie setzt voraus, dass diese formell dokumentiert ist. Abbildung 1.4 zeigt, dass dies heute in weit mehr als 85 Prozent der Unternehmen der Fall ist. Im Regelfall wird die Personalstrategie dabei aus der Strategie des Gesamtunternehmens abgeleitet (vgl. Abbildung 1.4).

Abbildung 1.4   Strategische Einbindung des Personalmanagements in der Unternehmenspraxis (IBM Global Business Services 2008, S. 57)

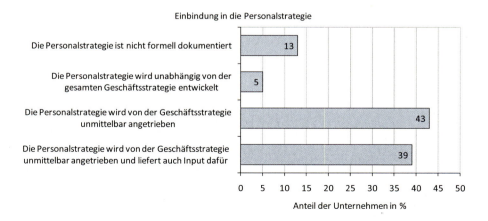

Anmerkung: Stichprobe n = mehr als 400 Personalverantwortliche aus 40 europäischen Ländern

Die strategische Verankerung des Personalmanagements ist gerade für Unternehmen mit Standorten in verschiedenen Ländern von Bedeutung. Dies zeigt sich darin, dass insbesondere international agierende Unternehmen eine strategische Perspektive einnehmen, d. h. das Personalmanagement als Instrument sehen, um den langfristigen Unternehmenserfolg zu sichern. So richtet beispielsweise das Unternehmen Hewlett-Packard konsequent die Personalmanagement-Aktivitäten an den strategischen Unternehmenszielen aus. Dabei wird aus der „Business Strategy" in einem ersten Schritt die „People Strategy" und daraus in einem zweiten Schritt die „HR Strategy" abgeleitet (vgl. Reichart 2009). Ein weiteres Beispiel für ein international tätiges Unternehmen mit strategischer Verankerung des Personalmanagements ist die Daimler AG (vgl. Insert 1.1).

Insert 1.1   Strategische Verankerung des Personalmanagements am Beispiel der Daimler AG (vgl. Daimler AG 2009, S. 18)

Personalstrategie der Daimler AG

Daimler verfolgt eine globale, an den Unternehmenszielen orientierte Personalstrategie, die auf fünf Säulen aufbaut: Profitabilität, eine wettbewerbsfähige Belegschaft, zukunftsweisende Führungskompetenz, hohe Attraktivität als Arbeitgeber und eine professionelle Organisation.

Der Personalvorstand, der gleichzeitig auch Arbeitsdirektor für den Konzern ist, verantwortet die Personalarbeit des Unternehmens. Die Organisation des Personalressorts gliedert sich in drei Kernelemente:

■ Konzernfunktionen, die für die Strategie, Politik und Richtlinien im Konzern zuständig sind,

■ divisional ausgerichtete Personalfunktionen, die für die Personalarbeit in den Geschäftsbereichen und Standorten sowie für die Umsetzung der Personalstrategie zuständig sind, sowie

■ Servicebereiche, in denen regional gebündelt Dienstleistungen des Personalbereichs erbracht werden.

Das oberste Entscheidungsgremium innerhalb des Personalressorts ist das Human Resources Executive Committee. [...] Als ein wesentliches Steuerungsinstrument wird eine „Global Human Resources Scorecard" eingesetzt, die wiederum in der strategischen Scorecard des Gesamtunternehmens verankert ist. Durch Erfolgsfaktoren und derzeit 14 zugeordnete Messgrößen, die so genannten „Key Performance Indicators" (KPIs), lassen sich gezielt globale Human-Resources-Kennzahlen erheben, so dass der Erfolg von Personalprozessen und -maßnahmen messbar wird. Die gewonnenen Ergebnisse werden bei den Zielvereinbarungen im Ressort Human Resources berücksichtigt. Die Global Human Resources Scorecard unterstützt gezielt die Geschäftsstrategien und Prozesse in den Geschäftsfeldern und schafft die Basis für ein kontinuierliches gegenseitiges Lernen im Unternehmen durch Best-Practice-Beispiele.

Aus der *operativen Perspektive* kann der Personalmanagementbegriff mittel- und kurzfristig ausgerichtet sein. Der operativen Perspektive folgend, richten sich die Aktivitäten des Personalmanagements primär nach kurzfristigen Erfordernissen des Unternehmens. Beispielhaft für kurzfristig relevante Aktivitäten sind das Führen von Zeitarbeitskonten bzw. das Abwickeln von Gehaltsabrechnungen zu nennen. Die operativen Aktivitäten des Personalmanagements sind in der Regel in ein übergeordnetes Personalmanagement-Konzept eingebettet. Dementsprechend unterstützen die operativen Aktivitäten die Umsetzung der strategischen Ziele des Personalmanagements in Unternehmen.

Die *taktische Perspektive* nimmt schließlich eine vermittelnde Funktion zwischen der strategischen und der operativen Perspektive des Personalmanagements wahr (vgl. Scholz 2000, S. 110). Zentrale Funktion der taktischen Perspektive ist die Übertragung strategischer Ziele auf die operative Ebene der verschiedenen Unternehmensbereiche.

1.1.1.2 Perspektiven des Personalmanagementbegriffs nach der Zielsetzung

Im Hinblick auf die Zielsetzung des Personalmanagements steht die Frage im Fokus, mit welchem Ziel die Aktivitäten des Personalmanagements durchgeführt werden. Hierbei wird zwischen der administrativen Perspektive, der Wertschöpfungsperspektive und der Wettbewerbsperspektive unterschieden.

Gemäß der *administrativen Perspektive* liegen die zentralen Aufgabenbereiche des Personalmanagements in der Durchführung verwaltender Aufgaben bzw. der Dokumentation des Personaleinsatzes. Personalmanagement wird also als bloße Personalverwaltung verstanden.

In der *Wertschöpfungsperspektive* steht das Schaffen eines Mehrwertes für das Unternehmen durch die Förderung von Führungskräften bzw. Mitarbeitern im Mittelpunkt des Personalmanagements (vgl. Huf 2007, S. 66). Das Personalmanagement trägt nach diesem Verständnis nachhaltig zur Wertschöpfung des Unternehmens bei (vgl. Armstrong 2009; Pinnington/Edwards 2004; Storey 2007).

Die *Wettbewerbsperspektive* zielt darauf ab, strategische Wettbewerbsvorteile durch qualifizierte und engagierte Führungskräfte bzw. Mitarbeiter zu erlangen. Sie bezieht also neben unternehmensbezogenen Erfordernissen insbesondere marktbezogene Aspekte mit ein. Beispielsweise wird im Rahmen der Personalbedarfsplanung und -gewinnung berücksichtigt, welche Qualifikationen der Führungskräfte und der Mitarbeiter erforderlich sind, um langfristig im Markt zu bestehen und wettbewerbsfähig sein zu können.

Die Wettbewerbsperspektive des Personalmanagements bildet eine wichtige Facette der Personalstrategie. Hierdurch können strategische Wettbewerbsvorteile generiert und damit die langfristige Wettbewerbsfähigkeit des Unternehmens sichergestellt werden. Insert 1.2 zeigt am Beispiel der BASF AG, dass diese Ziele eine wichtige Säule der Personalstrategie des Unternehmens bilden.

Insert 1.2   Wettbewerbsorientierung als Facette der Personalstrategie
                   der BASF AG (BASF 2007)

Das beste Team der Industrie

Wir wollen für unsere Mitarbeiter weltweit ein attraktiver Arbeitgeber sein. Daher stellen wir uns mit vielseitigen Angeboten dem Wettbewerb um die besten Fach- und Führungskräfte. Ein attraktives Aufgabenspektrum, leistungsorientierte Bezahlung sowie umfangreiche Weiterbildungs- und internationale Entwicklungsmöglichkeiten sind einige unserer Erfolgsfaktoren. Besonderen Wert legen wir auf dialogorientierte Führungskultur und Zusammenarbeit im Team, auch über Länder- und Bereichsgrenzen hinweg. Ausgewählte langfristige Ziele der Personalarbeit:

- Demographischen Wandel als Chance nutzen

- Globales Wertesystem für Führungskräfte praktizieren

- Weltweite Standards für die Personalarbeit etablieren

- Offenen Dialog mit Arbeitnehmervertretern führen

- Wettbewerbsfähigkeit und Arbeitsplätze sichern

[zum letzten Punkt:] Gemeinsam mit den Arbeitnehmervertretungen hat die Unternehmensleitung im Jahr 2004 die Vereinbarung „Mit Veränderung zu Stabilität" für den Standort Ludwigshafen verabschiedet. Sie sieht einen Personalstand von 32.000 Beschäftigungsverhältnissen vor (2006: 33.220). Dieser Zielwert ist auf das Jahresende 2008 bezogen. Personalabbauprogramme mit betriebsbedingten Kündigungen sind bis 2010 ausgeschlossen, wenn der Zielwert von 32.000 termingerecht erreicht wird. Maßnahmen zur Standortsicherung und Erhaltung der Wettbewerbsfähigkeit sind eine unternehmerische Daueraufgabe, von deren Gelingen auch der Personalstand der Zukunft entscheidend abhängen wird. Die Vereinbarung wird weiterhin jährlich mit den Arbeitnehmervertretern auf ihre Tragfähigkeit hin überprüft.

1.1.1.3   Perspektiven des Personalmanagementbegriffs nach dem Inhalt

Im Zusammenhang mit dem Inhalt geht es um die Frage, wie breit die Aktivitäten des Personalmanagements gefasst sind. Existierende Definitionsansätze lassen sich danach unterscheiden, ob das Personalmanagement als ausschließlich systemgestaltend definiert oder ob unter dem Personalmanagementbegriff auch die Führung von Mitarbeitern und Teams subsumiert wird. Konkret wird zwischen der rein systembezogenen und der integrierten Perspektive unterschieden.

Aus einer rein *systembezogenen Perspektive* setzt das Personalmanagement primär auf der Unternehmensebene an. Im Fokus stehen unternehmensweite Systeme, wie z. B. die Personalbedarfsplanung, die Personalentwicklung oder die Personalvergütung. Die *integrierte*

Perspektive schließt neben den rein systemgestaltenden Aktivitäten auch die Personalführung und damit die individuelle bzw. die teambezogene Ebene ein (in Anlehnung an Berthel/Becker 2007, S. 8).

1.1.1.4   Perspektiven des Personalmanagementbegriffs nach dem Geltungsbereich

Der Geltungsbereich beschreibt, wer im Unternehmen für die verschiedenen Aktivitäten des Personalmanagements verantwortlich ist. Im Zusammenhang mit dem Geltungsbereich des Personalmanagements lassen sich zwei Perspektiven unterscheiden: die funktionsorientierte und die übergreifende Perspektive.

Nach der *funktionsorientierten Perspektive* liegen die Aufgaben des Personalmanagements primär in der Verantwortung eines zentralen Funktionsbereiches im Unternehmen – dem Personalwesen. Dieses übernimmt die Aufgaben der klassischen Personalarbeit. Ein solches funktionsorientiertes Verständnis des Personalmanagements liegt beispielsweise der Definition von Strauss (2001, S. 874) zugrunde: „[Human Resource Management] covers traditional personnel functions, especially those of concern to personnel departments, such as recruitment, selection, training, safety, job evaluation and benefits. The traditional functions are integrated with each other".

Im Gegensatz zur funktionsorientierten Perspektive sieht die *übergreifende Perspektive* das Personalmanagement nicht ausschließlich in einem Funktionsbereich angesiedelt. Vielmehr sind für das Personalmanagement alle Unternehmensbereiche gleichermaßen verantwortlich. Dementsprechend sind Kenntnisse im Bereich des Personalmanagements für Führungskräfte aller Unternehmensbereiche von Bedeutung. Die funktionsorientierte Perspektive und die übergreifende Perspektive des Personalmanagements werden in Tabelle 1.2 gegenüber gestellt.

In der Unternehmenspraxis ist ein Trend zur übergreifenden Perspektive festzustellen. So geben in einer aktuellen Studie mit mehr als 400 Unternehmen aus 40 Ländern 52 Prozent der Befragten an, dass der Personalbereich und die Fachabteilungen in ihren Unternehmen gemeinsam die Verantwortung für das Personalmanagement tragen. In weiteren 25 Prozent der Unternehmen tragen die Fachabteilungen die Hauptverantwortung, während sie fachliche Unterstützung durch den Personalbereich erhalten (vgl. IBM Global Business Services 2008, S. 58). Dadurch kommt den Linienmanagern eine große Verantwortung für die erfolgreiche Implementierung der Personalmanagement-Strategie zu (vgl. Ulrich/ Younger/Brockbank 2008).

Tabelle 1.2   Gegenüberstellung der funktionsorientierten und der übergreifenden
Perspektive des Personalmanagements

Beispielhafte Aktivitäten	Funktionsorientierte Perspektive	Übergreifende Perspektive
Festlegung von Anforderungskriterien an Führungskräfte bzw. Mitarbeiter	■ Weitestgehend durch Personalbereich	■ Weitestgehend durch Fachabteilungen
Steuerung/Koordination der Personalgewinnung	■ Weitestgehend durch Personalbereich	■ Durch Fachabteilungen mit Unterstützung des Personal-bereichs
Auswahl von Personal-entwicklungsmaßnahmen	■ Auf der Basis standardisier-ter Personalentwicklungs-programme	■ Bedarfsorientiert und individuell, gemeinsam durch Führungsperson und geführte Mitarbeiter
Festlegung von Kriterien zur Personalbeurteilung	■ Unternehmensweit weitestgehend standardisiert ■ Durch Personalbereich	■ Bereichsspezifisch differenziert ■ Durch Führungskräfte mit Unterstützung des Personalbe-reichs
Festlegung variabler Vergütungskomponenten	■ Unternehmensweit standardisiert ■ Abhängig von zentral festgelegten Verteilungsschlüsseln	■ Individuell zwischen Unter-nehmen und Führungskräften bzw. Mitarbeitern vereinbart ■ Abhängig vom Ergebnis der Beurteilung durch die Führungsperson

1.1.1.5   Verständnis des Personalmanagementbegriffs in diesem Lehrbuch

Zur Entwicklung einer eigenen, diesem Lehrbuch zugrunde liegenden Definition des Personalmanagementbegriffs werden die zuvor dargelegten vier Perspektiven herangezogen
(vgl. Abbildung 1.2). Dabei lassen sich folgende Aspekte herausarbeiten:

■ Die Aufgaben des Personalmanagements sind sowohl strategischer als auch operativer
Natur. Aus der Personalstrategie werden konkrete operative Maßnahmen abgeleitet.
Die *strategische* und die *operative Perspektive* des Personalmanagements weisen somit
ergänzenden Charakter auf.

■ Die zentrale Zielsetzung des Personalmanagements wird darin gesehen, zur langfristigen Wettbewerbsfähigkeit eines Unternehmens beizutragen. Die Aktivitäten des Personalmanagements orientieren sich folglich stark an den Anforderungen des Marktes.

Hinsichtlich der Zielsetzung des Personalmanagements wird somit der *Wettbewerbsperspektive* gefolgt.

- Das Personalmanagement umfasst gleichermaßen die Gestaltung der Personalmanagement-Systeme (wie z. B. Personalgewinnung, Personalentwicklung) auf Unternehmensebene und die Führung von Mitarbeitern und Teams. Den Inhalten des Personalmanagements wird somit die *integrierte Perspektive* zugrunde gelegt.

- Die Verantwortung für das Personalmanagement liegt bei allen Unternehmensbereichen. Dementsprechend sind alle Führungskräfte eines Unternehmens für die Gestaltung des Personalmanagements in ihrem Bereich verantwortlich. Der zentral angesiedelte Personalbereich konzentriert sich auf strategische Fragestellungen des Personalmanagements und unterstützt Facheinheiten in operativen Fragen des Personalmanagements. Beispielsweise werden entscheidungsrelevante Informationen (z. B. über Entwicklungen auf dem Arbeitsmarkt) bereitgestellt. Hinsichtlich des Geltungsbereichs des Personalmanagements wird somit eine *übergreifende Perspektive* eingenommen.

Die zuvor diskutierten Perspektiven bilden die Grundlage für eine *integrative Definition des Personalmanagementbegriffs*, die diesem Lehrbuch zugrunde liegt:

Personal- ***management***	In der Unternehmensstrategie verankerte Aktivitäten zur Gestaltung der Personalmanagement-Systeme und der Führung von Mitarbeitern bzw. Teams, die der langfristigen Sicherung der Wettbewerbsfähigkeit eines Unternehmens dienen. Die Aktivitäten des Personalmanagements liegen in der Verantwortung aller Bereiche im Unternehmen.

Im angloamerikanischen Sprachraum wird der Begriff Personalmanagement mit „Human Ressource Management" übersetzt. Die gängige, auch im deutschsprachigen Raum häufig verwendete Abkürzung hierfür ist HRM.

1.1.2   Gegenstandsbereiche des Personalmanagements

Das zuvor dargelegte Verständnis des Personalmanagementbegriffs verdeutlicht, dass sich das Personalmanagement auf zwei Aufgabenbereiche erstreckt: die Gestaltung der Personalmanagement-Systeme und die Führung von Mitarbeitern und Teams. Neben diesen klassischen Gegenstandsbereichen sind im Rahmen des Personalmanagements neuere Herausforderungen (z. B. der Umgang mit älteren Führungskräften bzw. Mitarbeitern) zu berücksichtigen, welche die aktuelle Diskussion in Wissenschaft und Unternehmenspraxis widerspiegeln. Im Folgenden werden daher drei Gegenstandsbereiche des Personalmanagements vertieft: die Gestaltung der Personalmanagement-Systeme, die Führung von Mitarbeitern und Teams sowie der Umgang mit neueren Herausforderungen des Personalmanagements. Die zentralen Gegenstandsbereiche des Personalmanagements sind in Abbildung 1.5 dargestellt.

Abbildung 1.5   Zentrale Gegenstandsbereiche des Personalmanagements im Überblick

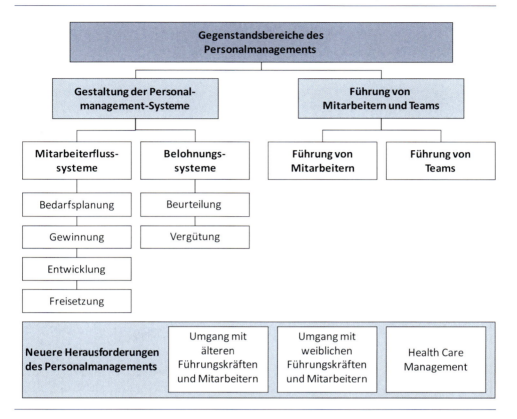

Der erste Gegenstandsbereich – die *Gestaltung der Personalmanagement-Systeme* – kann auch als Personalmanagement auf der Makroebene bezeichnet werden. Es handelt sich hierbei um Aktivitäten des Personalmanagements auf der Unternehmensebene, die sich nicht explizit auf Einzelpersonen beziehen. Eine Systematisierung der Personalmanagement-Systeme nimmt unter anderen der Harvard-Ansatz vor. Dieser Anfang der 80er Jahre entwickelte Ansatz unterteilt die Personalmanagement-Systeme in die Mitarbeiterfluss-systeme und die Belohnungssysteme (vgl. u. a. Cakar/Bitici/Mac Bryde 2003, S. 192; Thornhill/ Saunders 1998, S. 462).

- Die *Mitarbeiterflusssysteme* bilden Bewegungen in der Mitarbeiterstruktur eines Unternehmens ab. Sie umfassen die Personalbedarfsplanung, die Personalgewinnung, die Personalentwicklung sowie die Personalfreisetzung.

- Die *Belohnungssysteme* konzentrieren sich darauf, Leistungsanreize für Führungskräfte und Mitarbeiter zu schaffen. Wesentliche Komponenten sind die Personalbeurteilung und die Personalvergütung.

Den zweiten Gegenstandsbereich des Personalmanagements repräsentiert die *Führung von Mitarbeitern bzw. Teams*. Sie findet auf der Mikroebene, d. h. auf der Ebene einzelner Mitarbeiter bzw. Mitarbeitergruppen, statt. Im Mittelpunkt steht die Beeinflussung der Einstellungen und der Verhaltensweisen von Mitarbeitern durch eine Führungsperson und damit die Interaktion zwischen Führungsperson und einzelnen Mitarbeitern bzw. Teams.

Die Makroebene und die Mikroebene des Personalmanagements ergänzen sich gegenseitig, nehmen jedoch unterschiedliche Aufgaben wahr. Eine Abgrenzung der beiden Ebenen anhand beispielhafter Aufgaben des Personalmanagements erfolgt in Tabelle 1.3.

Tabelle 1.3   Abgrenzung der Makro- und der Mikroebene des Personalmanagements

Gestaltungs-bereiche	Makroebene (Gestaltung der Systeme)	Mikroebene (Führung von Mitarbeitern und Teams)
Fokus: Mitarbeiterfluss		
Planung/ Gewinnung	■ Durchführen eines systematischen Personalgewinnungsprozesses ■ Strukturiertes Ansprechen und Gewinnen klar definierter Zielgruppen	■ Individualisierte Ansprache potenzialstarker Bewerber ■ Motivieren und Binden potenzialstarker Führungskräfte und Mitarbeiter
Entwicklung	■ Konzipieren von Weiterbildungsprogrammen ■ Konzipieren und Implementieren von Karrierepfaden	■ Begleiten/Unterstützen von Weiterbildungsmaßnahmen ■ Identifizieren und Fördern potenzialstarker Führungskräfte und Mitarbeiter im Verantwortungsbereich
Freisetzung	■ Ausarbeiten von Freisetzungskonzepten auf Unternehmensebene ■ Prüfen alternativer Freisetzungsformen ■ Koordinieren der Freisetzungskommunikation	■ Identifizieren von Problemfällen im Verantwortungsbereich ■ Individuelles Unterstützen freigesetzter Personen ■ Motivieren verbleibender Führungskräfte und Mitarbeiter
Fokus: Mitarbeiterbelohnung		
Beurteilung	■ Festlegen zentraler Beurteilungskriterien ■ Abstimmen des Beurteilungssystems mit Arbeitnehmervertretern ■ Schulen von Führungskräften im Umgang mit dem Beurteilungssystem	■ Situationsspezifisches Anpassen der Beurteilungskriterien an die geführten Mitarbeiter bzw. Teams ■ Durchführen von Personalbeurteilungen und Feedbackgesprächen

Gestaltungs-bereiche	Makroebene (Gestaltung der Systeme)	Mikroebene (Führung von Mitarbeitern und Teams)
Vergütung	■ Festlegen zentraler Vergütungs-komponenten ■ Abstimmen des Vergütungs-systems mit Arbeitnehmer-vertretern	■ Festlegen der Höhe individueller bzw. teambezogener Vergütungskomponenten

Den dritten Gegenstandsbereich des Personalmanagements repräsentieren *neuere Herausforderungen des Personalmanagements*. Im Fokus des Interesses stehen hierbei folgende Themenbereiche (vgl. Abbildung 1.5):

■ der Umgang mit älteren Führungskräften und Mitarbeitern,

■ der Umgang mit weiblichen Führungskräften und Mitarbeitern sowie

■ das Health Care Management.

Um erfolgreich mit diesen neuen Herausforderungen umgehen zu können, sind verschiedene Aktivitäten des Personalmanagements sowohl auf der Makro- als auch auf der Mikroebene eines Unternehmens erforderlich. Diese Aktivitäten sollten eng aufeinander abgestimmt sein und die strategische Ausrichtung des Unternehmens und seiner Personalarbeit berücksichtigen.

1.2 Rahmenbedingungen des Personalmanagements

Die Aktivitäten des Personalmanagements sollten immer an die jeweiligen Rahmenbedingungen eines Unternehmens angepasst werden. Diese Rahmenbedingungen lassen sich in zwei Gruppen unterteilen: übergeordnete Rahmenbedingungen und unternehmensspezifische Rahmenbedingungen. *Übergeordnete Rahmenbedingungen* werden insbesondere durch

■ das Bildungswesen,

■ Interessenverbände,

■ die Konjunktur sowie

■ rechtliche Regelungen repräsentiert (vgl. Abbildung 1.6).

Das *Bildungswesen* umfasst alle Einrichtungen und Möglichkeiten des Erwerbs von Bildung in einem Staat (KMK 2008, S. 33 f.).

Bei *Interessenverbänden* handelt es sich um Organisationen, deren Mitglieder sich freiwillig zusammengeschlossen haben, um auf Basis gemeinsam definierter Ziele ihre Interessen nach außen gegenüber dem Staat und anderen Interessengruppen zu vertreten und durchzusetzen (von Alemann 1996a). Für das Personalmanagement sind besonders die Interessenverbände im Bereich Wirtschaft und Arbeit von Bedeutung. Darunter fallen beispielsweise Arbeitgeberverbände, Gewerkschaften, Berufsverbände, Wirtschafts- und Unternehmerverbände (von Alemann 1996b).

Als *Konjunktur* bezeichnet man die Schwankungen aller relevanten ökonomischen Größen wie z. B. Produktion, Beschäftigung und Zinssatz, aus welchen wiederum zyklische Bewegungen der gesamtwirtschaftlichen Aktivität abgeleitet werden können (Gabler Wirtschaftlexikon 2005).

Für das Personalmanagement sind *rechtliche Regelungen* von großer Bedeutung. Hierdurch werden die entsprechenden Gestaltungsmöglichkeiten zum Teil stark gesteuert. In diesem Kapitel werden daher insbesondere übergeordnete rechtliche Rahmenbedingungen vertieft (Abschnitt 1.2.1).

Als *unternehmensspezifische Rahmenbedingungen* lassen sich die folgenden Kategorien identifizieren (vgl. Abbildung 1.6):

- das Unternehmen als Arbeitgeber,

- die Arbeitsmarktgegebenheiten,

- die Merkmale potenzieller Arbeitnehmer,

- die Gegebenheiten des Absatzmarktes sowie

- die Substitute. Sie werden in Abschnitt 1.2.2 vertieft.

Die in Abbildung 1.6 dargelegten Rahmenbedingungen des Personalmanagements sind sowohl für die Gestaltung der Personalmanagement-Systeme (auf der Makroebene) als auch für die Führung von Mitarbeitern bzw. Teams (auf der Mikroebene) bedeutend. Sie werden daher in diesem Lehrbuch in verschiedenen Abschnitten wieder aufgegriffen.

Abbildung 1.6   Zentrale Rahmenbedingungen des Personalmanagements

---

Übergeordnete Rahmenbedingungen

■ Bildungswesen   ■ Interessenverbände   ■ Konjunktur   ■ Rechtliche Regelungen

Unternehmensspezifische Rahmenbedingungen

Unternehmen als Arbeitgeber
- ■ Strategiebezogene Merkmale
- ■ Strukturelle Merkmale
- ■ Leistungsbezogene Merkmale
- ■ Reputationsbezogene Merkmale

Substitute
- ■ Möglichkeit zum Outsourcing
- ■ Zugang zu Zeitarbeitskräften

PersonalmanagementAktivitäten

Arbeitsmarktgegegebenheiten
- ■ Arbeitskräfteverfügbarkeit
- ■ Qualifikationsniveau
- ■ Wettbewerbsintensität auf dem Arbeitsmarkt

Gegebenheiten des Absatzmarktes
- ■ Marktdynamik
- ■ Wettbewerbsintensität
- ■ Technologische Dynamik
- ■ Internationalisierungsgrad

Merkmale potenzieller Arbeitnehmer
- ■ Motive/Bedürfnisse
- ■ Karrierestreben
- ■ Partizipationserwartungen

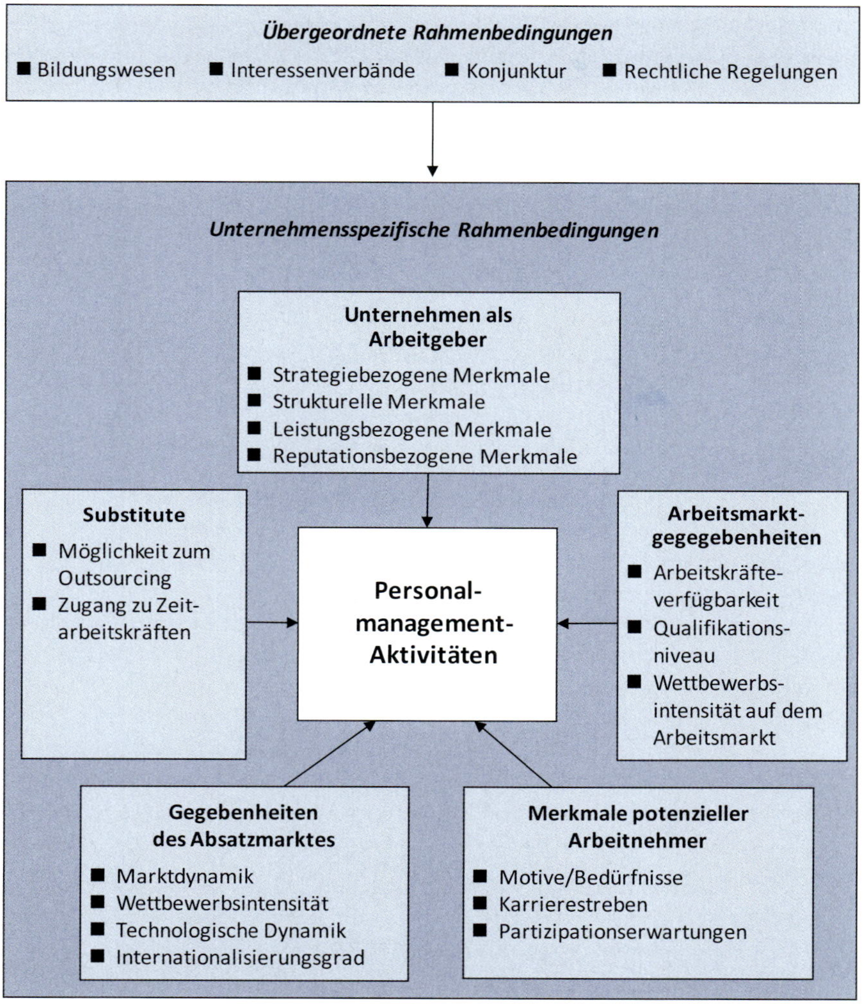

1.2.1   Übergeordnete rechtliche Rahmenbedingungen

Das Umfeld, in dem Unternehmen agieren, wird von *übergeordneten Rahmenbedingungen* beeinflusst. Hierzu zählen beispielsweise die Qualität des Bildungswesens am Standort eines Unternehmens oder Aktivitäten von Interessenverbänden. Von besonderer Relevanz für das Personalmanagement sind in diesem Zusammenhang *rechtliche Regelungen*, welche die Arbeitsbeziehung zwischen einem Unternehmen und dessen Beschäftigten betreffen.

Die rechtliche Grundlage des Personalmanagements bildet das Arbeitsrecht. Es lässt sich in zwei Bereiche untergliedern: das individuelle und das kollektive Arbeitsrecht (vgl. Nicolai 2009, S. 27). Das *individuelle Arbeitsrecht* regelt das Verhältnis zwischen dem einzelnen Arbeitnehmer und seinem Arbeitgeber. Es befasst sich mit der Begründung, der Durchführung und der Beendigung eines Arbeitsverhältnisses. Wichtige Themen sind hier beispielsweise die Gestaltung von Arbeitsverträgen inklusive Urlaubsregelungen, Entgeltfortzahlungen im Krankheitsfall, Teilzeit-Arbeitsverhältnisse und Vergütung sowie insbesondere Kündigungen (vgl. Jung 2008, S. 65). Das *kollektive Arbeitsrecht* regelt das Verhältnis zwischen Koalitionen bzw. Vertretungsorganen von Arbeitnehmern und Arbeitgebern. Es umfasst im Wesentlichen das Mitbestimmungsrecht in Unternehmen und Betrieben sowie das Tarifvertragsrecht. Auch das Koalitions- und das Arbeitskampfrecht, das beispielsweise Streiks und Aussperrungen regelt, zählen dazu (vgl. Jung 2008, S. 76).

Im kollektiven Arbeitsrecht sind die Mitbestimmungsrechte von besonders hoher Relevanz, da mit ihrer Hilfe das demokratische Prinzip in Unternehmen verwirklicht wird. Arbeitnehmern wird die Möglichkeit gegeben, ihre Interessen gegenüber dem Arbeitgeber zu vertreten und durchzusetzen und somit ihre Lebens- und Arbeitsbedingungen zu verbessern (vgl. Bundesministerium für Arbeit und Soziales 2008, S. 9 ff.).

Mitbestimmung meint im Allgemeinen, dass Personen, die von Entscheidungen anderer betroffen sind, an diesen Entscheidungen mitwirken (vgl. Lampert 2007, S. 253). Die Entscheidungsmacht derer, die aufgrund von Rechts- oder Besitzverhältnissen prinzipiell zu bestimmten Entscheidungen befugt sind, wird somit begrenzt. In Unternehmen können zwei Ebenen einer gesetzlich verankerten Mitbestimmung der Arbeitnehmer unterschieden werden: die Mitbestimmung auf der Ebene des Betriebs (definiert als organisatorische Einheit mit technischen Zielen, wie z. B. der Produktion einer bestimmten Stückzahl eines Produkts) und die Mitbestimmung auf der Ebene des Unternehmens (definiert als organisatorische Einheit mit wirtschaftlichen Zielen, wie z. B. der Erzielung eines bestimmten Umsatzes) (vgl. Drumm 2008, S. 38). Abbildung 1.7 veranschaulicht die Ebenen der Mitbestimmung und deren gesetzliche Grundlagen (in Anlehnung an Jung 2008, S. 84).

Abbildung 1.7   Ebenen, gesetzliche Grundlagen und Organe der Mitbestimmung

Die betriebliche Mitbestimmung ist „das Recht der Arbeitnehmer eines Betriebes, an den sie betreffenden betrieblichen Entscheidungen, z. B. über die Betriebsordnung, das Lohnsystem, über Umstufungen, Versetzungen und Urlaubsregelungen, über Betriebsverlagerungen und Betriebsstilllegungen in bestimmter Weise beteiligt zu werden und diese Entscheidungen zu beeinflussen bzw. an ihnen mitzuwirken" (Lampert 2007, S. 253). Das Organ der betrieblichen Mitbestimmung ist der Betriebsrat. Gemäß dem Betriebsverfassungsgesetz ist für alle Betriebe mit mindestens fünf ständigen wahlberechtigten Arbeitnehmern die Wahl von Betriebsräten vorgeschrieben (§ 1 BetrVG), wobei sich deren Mitgliederanzahl mit der Anzahl der Arbeitnehmer im Betrieb erhöht (§ 9 BetrVG). Die verschiedenen Mitwirkungs- und Mitbestimmungsrechte des Betriebsrats sind ebenfalls im Betriebsverfassungsgesetz verankert und beziehen sich auf die folgenden Bereiche:

- soziale Angelegenheiten (§§ 87-89 BetrVG),

- Gestaltung von Arbeitsplatz, Arbeitsablauf und Arbeitsumgebung (§§ 90 f. BetrVG),

- personelle Angelegenheiten (§§ 92-105 BetrVG) sowie

- wirtschaftliche Angelegenheiten (§§ 106-113 BetrVG).

Dabei werden nach dem Umfang der Beteiligung des Betriebsrats an Arbeitgeberentscheidungen verschiedene Rechte unterschieden. Einen Überblick darüber, in welchen Bereichen der Betriebsrat welche Art von Mitbestimmungsrechten hat, gibt Tabelle 1.4. Sie macht deutlich, dass der Betriebsrat in sozialen Angelegenheiten, welche die Beschäftigten direkt betreffen, relativ weitgehende Rechte hat, während er über wirtschaftliche Entscheidungen zumeist nur informiert werden muss.

Die Mitbestimmung auf der Ebene des Unternehmens „ist das Recht der Arbeitnehmer bzw. ihrer Vertreter, an Entscheidungen der leitenden Unternehmensorgane mitzuwirken" (Lampert 2007, S. 254). Sie findet über die Vertretungen der Arbeitnehmer im Aufsichtsrat statt und kommt bei Kapitalgesellschaften und Genossenschaften mit mehr als 500 Beschäftigten zur Anwendung. Zentrale Funktion des Aufsichtsrats ist die Überwachung der Geschäftsführung. Hierzu verfügt er über Informationsrechte und kann Maßnahmen der Geschäftsführung von seiner Zustimmung abhängig machen (§ 111 AktG). Zu seinen gesetzlichen Aufgaben gehören außerdem die Bestellung des Vorstands (§ 84 AktG) sowie Prüfungspflichten insbesondere im Hinblick auf den Konzern- und Jahresabschluss der Gesellschaft (§ 111 AktG).

Die Zusammensetzung des Aufsichtsrates ist – je nach Größe und Art des Unternehmens – in unterschiedlichen Gesetzen geregelt. § 4 des Drittelbeteiligungsgesetzes von 2004, das für Kapitalgesellschaften und Genossenschaften mit mehr als 500 Beschäftigten gilt, schreibt vor, dass der Aufsichtsrat zu einem Drittel mit Arbeitnehmern besetzt werden muss, wobei die Anzahl der Aufsichtsratsmitglieder je nach Unternehmensgröße zwischen drei und 21 Mitgliedern variiert. Bei mehr als 2.000 Beschäftigten wird das Drittelbeteiligungsgesetz durch das Mitbestimmungsgesetz von 1976 abgelöst, welches eine zahlenmäßig gleich starke Besetzung der Aufsichtsräte durch Arbeitnehmer und Anteilseigner vorsieht (paritätische Beteiligung, § 7 MitbestG). Eine spezielle gesetzliche Grundlage liegt mit dem Montan-Mitbestimmungsgesetz von 1951 für Unternehmen im Bereich Kohle und Stahl vor. Es regelt die Zusammensetzung des Aufsichtsrats in Montanbetrieben mit mehr als 1.000 Beschäftigten. Das Montan-Mitbestimmungsgesetz sieht ebenfalls eine paritätische Besetzung des Aufsichtsrats vor.

Tabelle 1.4   Rechte des Betriebsrats im Überblick

Rechte des Betriebsrats	Erläuterung	Anwendungsbeispiele (BetrVG)
Informationsrecht	Der Arbeitgeber ist verpflichtet, den Betriebsrat rechtzeitig und umfassend über seine Pläne zu informieren.	§§ 90, 106 (Planung von Umbauten bzw. Arbeitsplätzen; wirtschaftliche Angelegenheiten)
Vorschlagsrecht	Der Arbeitgeber muss Vorschläge des Betriebsrates zur Kenntnis nehmen und prüfen.	§ 92 Abs. 2 (Personalplanung)
Anhörungsrecht	Der Arbeitgeber muss vor Entscheidungen die Meinung des Betriebsrates einholen.	§ 102 Abs. 1 (Kündigungen)
Beratungsrecht	Der Arbeitgeber muss aus eigener Initiative den Betriebsrat zur Beratung hinzuziehen und mit diesem über die betreffende Sache diskutieren.	§§ 96 Abs. 1, 111 (Berufsbildung; Betriebsänderungen)
Widerspruchsrecht	Der Betriebsrat kann mit der Verweigerung seiner Zustimmung bestimmte Entscheidungen blockieren und den Arbeitgeber somit zwingen, seine Entscheidung durch das Arbeitsgericht prüfen zu lassen.	§ 99 Abs. 2 BetrVG (personelle Einzelmaßnahmen)
Vetorecht	Der Arbeitgeber kann bestimmte Entscheidungen gegen den Willen des Betriebsrats nicht durchsetzen – auch nicht vor dem Arbeitsgericht.	§§ 91, 95 (Änderungen der Arbeitsplätze bzw. der Arbeitsumgebung; Personalauswahl)
Initiativrecht	Der Betriebsrat kann auf eigene Initiative vom Arbeitgeber bestimmte Handlungen oder Unterlassungen verlangen.	§§ 98, 104 (betriebliche Bildungsmaßnahmen; Entfernung betriebsstörender Arbeitnehmer)

Das deutsche Mitbestimmungssystem nimmt im internationalen Vergleich eine Sonderstellung ein. Kein anderes Land hat – sowohl auf der betrieblichen Ebene als auch auf der Unternehmensebene – so weitgehende Mitbestimmungsrechte. Beispielsweise liegen die Schwellenwerte, ab wie vielen Mitarbeitern eine betriebliche Interessensvertretung gewählt werden muss, in Deutschland im Vergleich zu den meisten anderen europäischen

Ländern sehr viel niedriger (vgl. Niedenhoff 2005). Hinsichtlich der Unternehmensmitbestimmung sind Deutschland und Slowenien die einzigen Länder mit einer paritätischen
Mitbestimmung. Über die Hälfte der europäischen Mitgliedsstaaten verfügt nicht über
eine Mitbestimmung auf Unternehmensebene (vgl. Tabelle 1.5).

Für Unternehmen mit mehr als 1.000 Beschäftigten, von denen jeweils mindestens 150
Arbeitnehmer in zwei Mitgliedsstaaten der EU beschäftigt sind, gilt seit 1996 das Gesetz
über Europäische Betriebsräte (EBRG). Die Arbeitnehmer können demnach einen europäischen Betriebsrat bilden, dessen Aufgabe vor allem in einer grenzübergreifenden Unterrichtung und Anhörung der Beschäftigten besteht. Für weitere Informationen zum deutschen und europäischen Mitbestimmungssystem sei auf die entsprechenden Gesetzes-
grundlagen sowie auf die Ausführungen von Niedenhoff (2005) verwiesen.

Tabelle 1.5   Unternehmensmitbestimmung in Europa (vgl. Niedenhoff 2005, S. 4)

Keine Mitbestimmung auf Unternehmensebene	Eindrittel-Beteiligung der Arbeitnehmer	Paritätische Beteiligung der Arbeitnehmer
■ Belgien	■ Deutschland (bis 2.000 Arbeitnehmer)	■ Deutschland (ab 2.000 Arbeitnehmern, Montan-Mitbestimmung: ab 1.000Arbeitnehmern)
■ England	■ Luxemburg	■ Slowenien (ab 1.000 Arbeitnehmern)
■ Estland	■ Österreich (ab 300 Arbeitnehmer)	
■ Frankreich[1]	■ Polen	
■ Griechenland	■ Slowakische Republik (ab 50 Arbeitnehmern)	
■ Irland[1]	■ Slowenien (bis 1.000 Arbeitnehmer)	
■ Italien[1]	■ Ungarn (ab 50 Arbeitnehmern)	
■ Lettland		
■ Litauen[2]		
■ Malta		
■ Niederlande[3]		
■ Portugal		
■ Spanien		
■ Zypern		

Anmerkungen: [1] außer Staatsunternehmen. Italien: außer Staatskonzern Alitalia; [2] Betriebsräte sind aber an der Bestellung der Aufsichtsratsmitglieder beteiligt; [3] Wenige Ausnahmen im öffentlichen Dienst.

Weitere rechtliche Regelungen mit Relevanz für das Personalmanagement werden an
verschiedenen Stellen dieses Lehrbuchs noch vertieft. Beispielhaft sind rechtliche Regelungen für die Personalgewinnung (vgl. Abschnitt 4.4.1) und die Personalauswahl (vgl. Abschnitt 4.4.3.2) zu nennen.

1.2.2   Unternehmensspezifische Rahmenbedingungen

Die zuvor beschriebenen übergreifenden Rahmenbedingungen, insbesondere die standort-spezifischen rechtlichen Regelungen, beeinflussen das Umfeld, in dem Unternehmen agieren und damit die für das Personalmanagement relevanten, spezifischeren Rahmenbedingungen (vgl. Abbildung 1.6). In diesem Zusammenhang sind zunächst Faktoren zu nennen, die sich auf das *Unternehmen als Arbeitgeber* beziehen. Hierzu gehören verschiedene Charakteristika des Unternehmens, wie dessen Strategie, Strukturen und Leistungen. Darüber hinaus sind die Außendarstellung und die Wahrnehmung des Unternehmens durch externe Personen, d. h. reputationsbezogene Merkmale, wie beispielweise die Attraktivität eines Unternehmens als Arbeitgeber oder das Image der Produkte des Unternehmens, von Bedeutung. Diese werden immer wichtiger für Unternehmen, um qualifizierte Führungskräfte bzw. Mitarbeiter zu gewinnen (vgl. Kapitel 4). Die Qualifikation der gewonnenen Führungskräfte bzw. Mitarbeiter strahlt wiederum auf den Personalentwicklungsbedarf (vgl. Kapitel 5) aus.

Eine weitere Kategorie von Rahmenbedingungen des Personalmanagements wird durch *Arbeitsmarktgegebenheiten* repräsentiert. Hierbei handelt es sich um für das Personalmanagement relevante Gegebenheiten und Entwicklungen auf dem Arbeitsmarkt bzw. einem spezifischen Arbeitsmarktsegment. Zunehmend in den Mittelpunkt öffentlicher Diskussionen rückt in diesem Zusammenhang die Arbeitskräfteverfügbarkeit. Sie beschreibt, inwieweit die von einem Unternehmen nachgefragten Führungskräfte bzw. Mitarbeiter auf dem Arbeitsmarkt zur Verfügung stehen. Von hoher Relevanz für die Arbeitskräfteverfügbarkeit ist der Wandel in der Beschäftigungsstruktur. Während die Nachfrage nach hochqualifizierten Arbeitskräften seit Jahren immer stärker zunimmt, sinkt der Bedarf an Geringqualifizierten stetig. So ergab eine Studie des Bundesministeriums für Wirtschaft und Technologie (2007), dass akademisch ausgebildete Erwerbstätige mit Abstand am wenigsten von Arbeitslosigkeit betroffen sind (rund 4 %). Deutlich höher ist dagegen die Arbeitslosigkeit von Personen mit mittleren (rund 9 %) bzw. niedrigeren (rund 18 %) Qualifikationen.

Eine Fortsetzung dieses grundlegenden Trends ist zu erwarten, so dass der Bedarf an hoch qualifizierten Führungskräften bzw. Mitarbeitern weiter steigen wird. Umgekehrt werden für geringer qualifizierte Personen weitere massive Beschäftigungseinbußen prognostiziert (vgl. Bundesministerium für Wirtschaft und Technologie 2007). Im Zuge dieser Entwicklungen konkurrieren Unternehmen immer stärker um hoch qualifizierte Führungs- und Fachkräfte. In diesem Zusammenhang wird auch von einem „War for Talents" gesprochen (vgl. Beechler/Woodward 2009; Ng/Burke 2005). Ein bedeutendes Instrument zur Gewinnung und Förderung hoch qualifizierter Führungskräfte und Mitarbeiter ist das so genannte Talent Management. Es wird in Teil III in Verbindung mit der Gestaltung der Mitarbeiterflusssysteme vertieft. Talent Management reicht von der Prüfung der Arbeitskräfteverfügbarkeit in Verbindung mit der Personalgewinnung (vgl. Kapitel 4) bis hin zur gezielten Entwicklung und Förderung qualifizierter Beschäftigter (vgl. Kapitel 5).

Als dritte Kategorie von Rahmenbedingungen des Personalmanagements sind *Merkmale potenzieller Arbeitnehmer* zu nennen. Diese beziehen sich auf Besonderheiten potenzieller Arbeitnehmer in der Persönlichkeit, den Werten und den Einstellungen. Diese Merkmale können mithilfe der Arbeitsmarktsegmentierung identifiziert werden (vgl. Abschnitt 4.4.1). Die veränderten Einstellungen potenzieller Arbeitnehmer spiegeln sich beispielsweise in folgenden für das Personalmanagement relevanten Aspekten wider (vgl. u.a. Burke/Ng 2006; Starck et al. 2009, S. 1 ff.):

- *Wachsender Partizipationswunsch von Führungskräften und Mitarbeitern:* In Arbeitsbeziehungen sollten kurze Entscheidungswege unterstützt und Mitarbeiterbeteiligungsmodelle etabliert werden.

- *Steigende Sensibilität für Freizeit und Gesundheit:* Im Rahmen des Personaleinsatzes sind flexible Arbeitszeitmodelle sowie Health Care Management-Programme zu implementieren.

- *Zunehmendes Karrierestreben weiblicher Führungskräfte bzw. Mitarbeiter:* Die Personalentwicklung sollte mit entsprechenden Karriere- und Förderprogrammen reagieren.

Eine weitere Kategorie von Rahmenbedingungen des Personalmanagements bilden *Substitute*. Konkret geht es hierbei um die Frage, inwieweit die Personalmanagement-Aktivitäten eines Unternehmens ausgelagert, d. h. durch externe Anbieter wahrgenommen werden können. In dieser Kategorie von Rahmenbedingungen ist insbesondere die *Möglichkeit des Outsourcings* (vgl. hierzu Bühner/Tuschke 1997), also des Übertragens von Personalmanagement-Aufgaben auf andere Unternehmen, von Bedeutung. Zentrale Zielsetzung des Outsourcings ist es, die Kosten des Personalmanagements zu reduzieren. Outsourcing-Aktivitäten können beispielsweise die Verlagerung der gesamten Personaladministration (z. B. der Personalrekrutierung oder der Gehaltsabrechnung) auf externe Anbieter umfassen.

Schließlich beeinflussen die *Gegebenheiten des Absatzmarktes* Art und Umfang des Personalbedarfs eines Unternehmens. So wirkt sich beispielsweise die marktbezogene Dynamik (über veränderte Bedürfnisse und Kundenanforderungen; vgl. Jaworski/Kohli 1993, S. 57) auf das benötigte Qualifikationsprofil der Beschäftigten und damit auf den Personalentwicklungsbedarf eines Unternehmens aus.

1.3 Zielgrößen des Personalmanagements

Eine zentrale Zielsetzung der Gestaltung des Personalmanagements ist die *Steigerung des Unternehmenserfolgs*. Mit den Erfolgsauswirkungen des Personalmanagements setzt sich die wissenschaftliche Literatur seit mehr als zwei Dekaden intensiv auseinander (vgl. im Überblick Gmür/Schwerdt 2005; Stock-Homburg/Herrmann/Bieling 2009). Im Kern geht es hier um die Klärung der Frage, inwieweit die Gestaltung einzelner Systeme des Personalmanagements (Entwicklung, Beurteilung usw.) bzw. der Personalführung den Erfolg eines Unternehmens beeinflusst. Dabei kann zwischen potenzialbezogenen und finalen Erfolgsgrößen des Personalmanagements unterschieden werden (vgl. Abbildung 1.7).

- Die *potenzialbezogenen Erfolgsgrößen* sind dem Unternehmenserfolg vorgelagert und können in übergreifende und spezifische Größen unterteilt werden (vgl. Abbildung 1.7). Übergreifende potenzialbezogene Erfolgsgrößen können nicht einzelnen Teilsystemen zugeordnet werden, sondern spiegeln den Erfolg des Personalmanagements als Ganzes wider. Spezifische Erfolgsgrößen messen dagegen den Erfolg einzelner Systeme des Personalmanagements bzw. der Führung von Mitarbeitern und Teams.

- *Finale Erfolgsgrößen* beschreiben unmittelbare Auswirkungen der Personalmanagement-Aktivitäten auf den Erfolg eines Unternehmens. Sie haben einen übergeordneten Charakter und sind einzelnen Personalmanagement-Systemen bzw. Führungsaktivitäten nicht unmittelbar zuzuordnen.

Abbildung 1.7   Systematisierung von Erfolgsgrößen des Personalmanagements

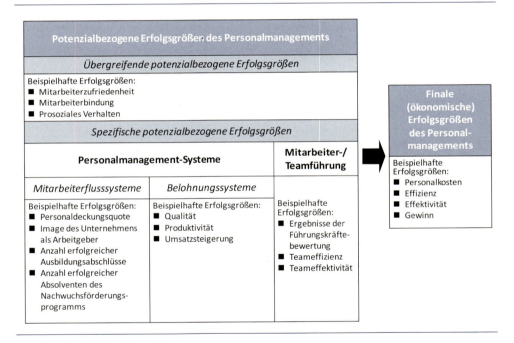

Abbildung 1.8 veranschaulicht die Bedeutung verschiedener Kennzahlen in der Personalmanagement-Praxis. Dabei wird deutlich, dass insbesondere übergreifende potenzialbezogene Erfolgsgrößen sowie finale, also ökonomische Erfolgsgrößen zum Einsatz kommen.

- Die Zielgrößen des Personalmanagements spielen eine zentrale Rolle, um den Erfolg verschiedener Personalmanagement-Aktivitäten zu überprüfen und damit die Umsetzung der Personalmanagement-Strategie zu kontrollieren. Stellt ein Unternehmen mithilfe dieser Zielgrößen fest, dass die mit einer Personalmanagement-Maßnahme intendierten Ziele (d. h. die gewünschten Beiträge zum Unternehmenserfolg) nicht erreicht wurden, sollten die Aktivitäten auf ihre Eignung überprüft und gegebenenfalls angepasst werden.

■ Wie Abbildung 1.8 zeigt, nutzen Unternehmen in der Regel mehrere Zielgrößen gleichzeitig, um überprüfen zu können, ob die unterschiedlichen Ziele des Personalmanagements erreicht wurden. Abbildung 1.9 zeigt am Beispiel der Daimler AG, wie mehrere Kennzahlen kombiniert werden können, um die verschiedenen Personalmanagement-Ziele abzubilden und so ein ganzheitliches Bild des Beitrags des Personalmanagements zum Unternehmenserfolg zu erhalten. Ausgehend von den fünf übergeordneten Zielen, die in der Personalstrategie des Unternehmens verankert sind, wurden zwölf untergeordnete Ziele abgeleitet (vgl. auch Insert 1.1). Die Erreichung dieser untergeordneten Ziele wird mithilfe von insgesamt 14 Kennzahlen, auch Key Performance Indicators (KPIs) genannt, gemessen.

Abbildung 1.8   Bedeutung verschiedener Zielgrößen des Personalmanagements in der Unternehmenspraxis (IBM Global Business Services 2008, S. 43)

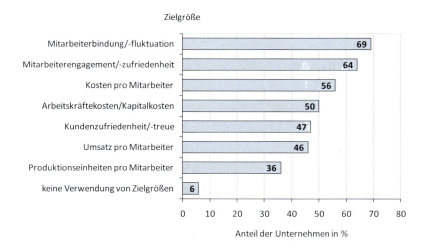

Anmerkungen: Stichprobe n = mehr als 400 Personalverantwortliche aus 40 europäischen Ländern; Mehrfachnennungen möglich

Setzt ein Unternehmen systematisch Kennzahlen ein, um den Erfolgsbeitrag des Personalmanagements zu ermitteln, spricht man von *Human Capital Management* (Hayton 2003, S. 375). Grundidee dieses Ansatzes ist es, den Wert aller Führungskräfte und Mitarbeiter, d. h. des Humankapitals eines Unternehmens, zu bestimmen. Darauf aufbauend sollen geeignete Personalmanagement-Maßnahmen identifiziert werden, um den Humankapitalwert zu steigern. Damit kann der Human Capital-Ansatz folgende Funktionen erfüllen (vgl. Hayton 2003, S. 378; Scholz 2007):

- Identifikation von Wertschöpfungspotenzialen des Personalmanagements,

- Identifikation von Personalrisiken,

- Stärkung der strategischen Ausrichtung des Personalmanagements,

- Ermöglichung der Bewertung und der Kontrolle von Personalmanagement-Maßnahmen,

- Erhöhung der Qualität und der Schnelligkeit von Entscheidungen des Personalmanagements,

- Steigerung der Anpassungsfähigkeit des Personalmanagements an veränderte Rahmenbedingungen,

- Legitimation und Professionalisierung des Personalmanagements sowie

- Erhöhung der Transparenz des Wertes und des Wertschöpfungsbeitrags der Führungskräfte und Mitarbeiter für interne und externe Stakeholder.

Abbildung 1.9   Kombination unterschiedlicher Zielgrößen des Personalmanagements
zu einer Global HR Scorecard bei der Daimler AG
(vgl. Daimler AG 2009, S. 19)

Profitabilität	Wettbewerbsfähige Belegschaft	Führungskompetenz	Attraktiver Arbeitgeber	Professionelle Personalarbeit
Arbeitskosten *Kennzahl:* Arbeitskosten pro Stunde	Anwesenheit *Kennzahl:* Krankenquote	Mitarbeiterzufriedenheit *Kennzahl:* Führungskräfte-/Mitarbeiter-Commitment-Index		HR-Kundenzufriedenheit *Kennzahl:* HR-Kundenzufriedenheits-Index
Flexibilität *Kennzahl:* Arbeitskräfte- und Arbeitszeitflexibilität	Demographische Struktur *Kennzahl:* Altersstruktur	Führungskräftepotenzial *Kennzahlen:* Potenzialträgerquote Qualifikations-Index Führungskräfte	Arbeitgeberimage *Kennzahlen:* Bekanntheit des Namens Arbeitgeber-Ranking	HR Services und HR-Instrumente *Kennzahl:* Umsetzungsgrad globaler HR-Prozesse
	Qualifikation *Kennzahl:* Qualifikations-Index Mitarbeiter	Diversity *Kennzahl:* Anzahl Frauen in Managementfunktionen	Fluktuation *Kennzahl:* Fluktuationsquote	

Zur Bestimmung des Humankapitals existieren in Literatur und Praxis zahlreiche Ansätze. Grundsätzlich kann dabei zwischen input- und outputorientierten Verfahren unterschieden werden (vgl. Flamholtz 1974, S. 9 ff.; Macy/Mirvis 1976, S. 75 ff.). *Inputorientierte Ansätze* ziehen die Kosten, die im Rahmen des Personaleinsatzes entstehen, heran, um den Wert der Beschäftigten zu bestimmen. Sie basieren folglich zumeist auf Zahlen aus der Unternehmensbilanz und sind als eher vergangenheitsorientiert einzuordnen (vgl. Macy/Mirvis 1976, S. 76 f.). Beispiele für inputorientierte Bewertungsmodelle sind die Bewertung auf

Basis von Wiederbeschaffungskosten (vgl. Flamholtz 1973) sowie die Bewertung anhand von Opportunitätskosten (vgl. Hekimian/Jones 1967). Im Gegensatz dazu bestimmen *outputorientierte Verfahren* den Wert des Humankapitals anhand des Wertes, den dieses in der Zukunft für ein Unternehmen generieren kann (vgl. Flamholtz 1974, S. 9). Die outputorientierten Verfahren, wie beispielsweise die Firmenwertmethode (vgl. Hermanson 1964) oder die Bewertung auf Basis zukünftiger Leistungsbeiträge (vgl. Flamholtz 1971), zeichnen sich folglich durch eine hohe Zukunftsorientierung aus.

Seit Anfang der 90er Jahre wurden schließlich Human Capital-Ansätze entwickelt, die zum Ziel haben, den Wert des Humankapitals durch die Integration input- und outputorientierter Kennzahlen zu ermitteln. Beispiele für solche integrativen Ansätze sind die Saarbrücker Formel (vgl. Scholz/Stein/Bechtel 2004) und die Workforce Scorecard (Huselid/Becker/Beatty 2005). Diese Verfahren haben zwar den Vorteil, den Wert des Humankapitals ganzheitlich abzubilden und damit Implikationen für verschiedenste Personalmanagement-Aktivitäten zu liefern. Gleichzeitig weisen sie allerdings eine hohe Komplexität auf, die ihre Anwendung in der Unternehmenspraxis erschwert (vgl. Stock-Homburg/Bieling/Schlaadt 2009, S. 57 f.). Insgesamt ist festzustellen, dass nicht das optimale Verfahren zur Humankapitalbewertung existiert. Vielmehr sollten Unternehmen ein Verfahren wählen, das für die jeweilige Zielsetzung geeignet ist. So bietet es sich beispielsweise an, zur Identifikation geeigneter Personalmanagement-Maßnahmen einen integrativen Ansatz zu wählen, während zur Ermittlung von Kennzahlen für die Unternehmensbilanz eher inputorientierte Verfahren geeignet sind (vgl. Stock-Homburg/Bieling/Schlaadt 2009, S. 59).

1.4 Struktur und grundlegende Orientierung des Lehrbuchs

In diesem Lehrbuch werden allgemeine Grundlagen, theoretische Perspektiven, ausgewählte Instrumente sowie internationale Besonderheiten des Personalmanagements strukturiert dargestellt. Das Lehrbuch untergliedert sich in fünf Teile, in die insgesamt 19 Kapitel eingebettet sind (vgl. Tabelle 1.6).

Teil I behandelt *konzeptionelle Grundlagen des Personalmanagements* und umfasst zwei Kapitel. *Kapitel 1* legt grundlegende Aspekte des Personalmanagements dar. Neben zentralen Begrifflichkeiten werden insbesondere die Rahmenbedingungen und die Zielgrößen des Personalmanagements behandelt. Für eine akademische Ausbildung im Bereich des Personalmanagements ist es wichtig, ein fundiertes Verständnis zentraler theoretischer Ansätze des Personalmanagements zu erlangen. Hier setzt *Kapitel 2* an. Der Schwerpunkt dieses Kapitels liegt auf theoretischen Konzepten mit übergeordneter Relevanz für das Personalmanagement. Sie werden an verschiedenen Stellen des Lehrbuchs, an denen sie einen Erklärungsbeitrag leisten, wieder aufgegriffen.

Neben den allgemeinen Ansätzen des Personalmanagements existiert eine Reihe spezieller Ansätze, die für bestimmte Teilbereiche des Personalmanagements relevant sind und de-

ren Besonderheiten erklären. Diese werden in Verbindung mit den jeweiligen Teilbereichen des Personalmanagements an späterer Stelle im Lehrbuch, insbesondere in den Kapiteln 11, 14, 17, 18 und 19 vertieft (vgl. Tabelle 1.6).

Den Systemen des Personalmanagements widmen sich die Teile II und III dieses Lehrbuchs. In *Teil II* werden *Mitarbeiterflusssysteme* behandelt, die Bewegungen von Führungskräften bzw. Mitarbeitern im Unternehmen steuern und unterstützen. Konkret werden die
Besonderheiten der Personalbedarfsplanung (*Kapitel 3*), der Personalgewinnung (*Kapitel 4*),
der Personalentwicklung (*Kapitel 5*) und der Personalfreisetzung (*Kapitel 6*) dargelegt. *Kapitel
7* widmet sich der Gestaltung der Mitarbeiterflusssysteme im internationalen Kontext.

Teil III befasst sich mit den *Belohnungssystemen* und beinhaltet drei Kapitel. Zunächst werden die Personalbeurteilung (*Kapitel 8*) und die Personalvergütung (*Kapitel 9*) vertieft.
Kapitel 10 legt schließlich die Besonderheiten der internationalen Gestaltung der Belohnungssysteme dar.

In *Teil IV* liegt der Fokus auf der *Führung von Mitarbeitern bzw. Teams*. Die zielgerichtete
Steuerung der Einstellungen und der Verhaltensweisen von Mitarbeitern ist eine unabdingbare Voraussetzung für den Erfolg einer Führungsperson, weitestgehend unabhängig
von ihrer hierarchischen Position bzw. ihrer Funktion im Unternehmen. Aufgrund ihrer
hohen Bedeutung für das Personalmanagement wird daher die Führung von Mitarbeitern
und Teams in diesem Lehrbuch umfassend behandelt. *Kapitel 11* legt begriffliche Grundlagen sowie zentrale theoretisch-konzeptionelle Ansätze der Mitarbeiterführung dar. Ein
weiterer Schwerpunkt liegt in diesem Zusammenhang auf den Instrumenten der Mitarbeiterführung. *Kapitel 12* zeigt zahlreiche Instrumente auf, mit deren Hilfe Führungskräfte die
Kommunikation und die Kooperation in ihrem Verantwortungsbereich verbessern können. *Kapitel 13* führt in die Grundlagen der Teamführung ein. Zentrale theoretisch-konzeptionelle Ansätze der Teamführung stellt *Kapitel 14* dar. Darauf aufbauend werden in
Kapitel 15 praxisrelevante Instrumente der Teamführung erläutert. *Kapitel 16* widmet sich
internationalen Besonderheiten der Führung von Mitarbeitern bzw. Teams.

Auf *neuere Herausforderungen des Personalmanagements* geht *Teil V* dieses Lehrbuchs ein.
Kapitel 17 konzentriert sich auf den Umgang mit älteren Beschäftigten. Aufgrund des zu-
nehmenden beruflichen Engagements von Frauen und des sich abzeichnenden Mangels an
Führungs- und Fachkräften, gewinnt auch der Umgang mit weiblichen Führungskräften
und Mitarbeitern für das Personalmanagement an Bedeutung. Dieser Thematik widmet
sich *Kapitel 18*. *Kapitel 19* geht schließlich auf das in Wissenschaft und Praxis zunehmend an
Bedeutung gewinnende Konzept des Health Care Managements ein. Ein wesentlicher
Schwerpunkt dieses Kapitels liegt auf Konzepten und Instrumenten zur Vermeidung und
zum Abbau arbeitsbedingter psychischer Probleme von Führungskräften bzw. Mitarbeitern.

Neben den wesentlichen Inhalten liefert der *strukturelle Aufbau* der einzelnen Kapitel eine
wertvolle Orientierung für das Arbeiten mit dem vorliegenden Lehrbuch. Eine weitgehend
konsistente Struktur soll dazu beitragen, dem Leser einen „roten Faden" und somit eine
leichte Orientierung beim Lesen des Buches zu gewährleisten. Die Struktur der einzelnen
Kapitel ist in Tabelle 1.6 dargestellt.

Tabelle 1.6   Grundlegende Struktur einzelner Kapitel des Lehrbuchs

Teil/ Kapitel \ Bereich	Grund-lagen	Theore-tische Ansätze	Instru-mente	Interna-tionale Aspekte
TEIL I: Konzeptionelle Grundlagen				
Kapitel 1: Einleitung	■			
Kapitel 2: Theoretische Perspektiven des Personalmanagements		■		
TEIL II: Mitarbeiterflusssysteme				
Kapitel 3: Personalbedarfsplanung			■	
Kapitel 4: Personalgewinnung			■	
Kapitel 5: Personalentwicklung			■	
Kapitel 6: Personalfreisetzung			■	
Kapitel 7: Internationale Mitarbeiterflusssysteme				■
TEIL III: Beurteilungssysteme				
Kapitel 8: Personalbeurteilung			■	
Kapitel 9: Personalvergütung			■	
Kapitel 10: Internationale Belohnungssysteme				■
TEIL IV: Führung von Mitarbeitern und Teams				
Kapitel 11: Grundlagen und theoretisch-konzeptionelle Ansätze der Mitarbeiterführung	■			
Kapitel 12: Instrumente der Mitarbeiterführung			■	
Kapitel 13: Grundlagen der Teamführung	■			
Kapitel 14: Theoretisch-konzeptionelle Ansätze der Teamführung		■		
Kapitel 15: Instrumente der Teamführung			■	
Kapitel 16: Internationale Aspekte der Führung von Mitarbeitern und Teams				■
TEIL V: Neuere Herausforderungen des Personalmanagements				
Kapitel 17: Umgang mit älteren Beschäftigten	■	■	■	
Kapitel 18: Umgang mit weiblichen Beschäftigten	■	■	■	
Kapitel 19: Health Care Management	■	■	■	

Anmerkung: blau schattierte Felder stehen für behandelte Themenschwerpunkte einzelner Kapitel des Lehrbuchs

In den *Grundlagen* (Block 1) werden neben dem Gegenstand die zentralen Begriffe des jeweils behandelten Teilbereichs des Personalmanagements dargelegt. Anschließend werden in Block 2 die zentralen *theoretisch-konzeptionellen Ansätze* des jeweiligen Teilbereichs des Personalmanagements systematisiert, erläutert und einer kritischen Würdigung unterzogen. In Verbindung mit den *Instrumenten* wird insbesondere auf Gestaltungsaspekte, Entscheidungsparameter sowie Messinstrumente der jeweiligen Teilbereiche des Personalmanagements eingegangen (Block 3). Ein weiterer Schwerpunkt liegt auf *internationalen Besonderheiten* des Personalmanagements (Block 4).

Um das Erarbeiten einzelner Themenbereiche zu erleichtern, werden zu Beginn jedes Kapitels Lernziele und Leitfragen aufgeführt. Die *Lernziele* sollen dem Leser verdeutlichen, welches die zentralen Inhalte eines Kapitels sind, und so eine Lernkontrolle ermöglichen. Die *Leitfragen* dienen der Strukturierung eines Kapitels. Eine Tabelle am Anfang jedes Kapitels zeigt zunächst auf, welche Fragen an welcher Stelle im Text beantwortet werden. Darüber hinaus werden die Leitfragen im Text wieder aufgegriffen und verdeutlichen so dem Leser, welche Fragestellung im folgenden Abschnitt behandelt wird. Jedes Kapitel schließt mit *Kontrollfragen*, die es dem Leser ermöglichen zu prüfen, ob er die wesentlichen Inhalte des Kapitels erfasst hat.

Neben dem inhaltlichen und strukturellen Aufbau des Lehrbuchs sind die zugrunde gelegten *Gestaltungsprinzipien* für die Arbeit mit dem Lehrbuch und seine Verständlichkeit wichtig. Sie legen fest, in welcher Form die ausgewählten Inhalte des Lehrbuchs dargelegt werden. Das vorliegende Lehrbuch orientiert sich an folgenden vier Gestaltungsprinzipien:

- *Interdisziplinarität:* In Verbindung mit den einzelnen Facetten des Personalmanagements werden Konzepte und Erkenntnisse unterschiedlicher Disziplinen der Betriebswirtschaftslehre sowie der Psychologie behandelt.

- *Quantitativ-empirische Orientierung:* Die Beschreibung konzeptioneller Grundlagen wird – sofern geeignet – durch formale quantitative Ansätze angereichert. Der empirischen Orientierung wird auch dadurch Rechnung getragen, dass in den unterschiedlichen Gebieten des Personalmanagements aktuelle empirische Erkenntnisse dargelegt werden.

- *Internationalität:* Dieses Gestaltungsprinzip kommt dadurch zum Tragen, dass neben nationalen wissenschaftlichen Erkenntnissen systematisch aktuelle Erkenntnisse der internationalen Personalforschung aufbereitet werden. Darüber hinaus wird der internationalen Gestaltung der Personalmanagement-Systeme sowie der Mitarbeiter- und Teamführung ein eigenständiges Kapitel gewidmet.

- *Praxisorientierung:* Für jeden Bereich des Personalmanagements werden praxisnahe Instrumente zu dessen Gestaltung diskutiert. Darüber hinaus werden die behandelten Inhalte durch Praxisbeispiele (beispielsweise in Form von Inserts) veranschaulicht.

1. Welche Perspektiven zum Verständnis des Personalmanagements können unterschieden werden? Geben Sie einen systematischen Überblick.

2. Definieren Sie den Begriff „Personalmanagement".

3. Welche zentralen Gegenstandsbereiche des Personalmanagements lassen sich unterscheiden?

4. Welche Rahmenbedingungen sind für das Personalmanagement von Bedeutung? Nennen und beschreiben Sie die wichtigsten Kategorien.

5. Welche Größen können herangezogen werden, um den Erfolg des Personalmanagements zu bestimmen? Unterscheiden Sie insbesondere zwischen potenzialbezogenen und finalen Erfolgsgrößen. Erläutern Sie diese Kategorien kurz und nennen Sie jeweils zwei Beispiele.

Literatur

Armstrong, M. (2009), A Handbook of Human Resource Management Practice, 11. Auflage, London.

BASF AG (2007), Zukunft gestalten – Unternehmensbericht 2006, URL: http://berichte.basf. de/de/2006/unternehmensbericht/06_mitarbeiter/53_bestes_team/?id=ArYpVAxQNbcp-2c#118 [17.08.2007].

Beechler, S./Woodward, I. (2009), The Global War for Talent, Journal of International Management, 15, 3, 273-285.

Berthel, J./Becker, F. (2007), Personalmanagement: Grundzüge für die Konzeption betrieblicher Perso-nalarbeit, 8. Auflage, Stuttgart.

Boxall, P./Purcell, J. (2000), Strategic Human Resource Management: Where Have We Come From and Where Should We Be Going? International Journal of Market Research, 2, 2, 183-203.

Bühner, R./Tuschke, A. (1997), Outsourcing, Die Betriebswirtschaft, 57, 1, 20-30.

Bundesministerium für Arbeit und Soziales (2008), Mitbestimmung – Eine gute Sache, Berlin, 9-11.

Bundesministerium für Wirtschaft und Technologie (2007), Auswirkungen der EU-Erweiterung auf Wachstum und Beschäftigung in Deutschland und ausgewählten EU-Mitgliedstaaten, Berlin, URL: http://www.bmwi.de/BMWi/Redaktion/PDF/Publikationen/Studien/auswirkung-der-eu-erweiterung-auf-wachstum-und-bevoelkerung-endbericht-juni-2007,property=pdf,bereich= bmwi,sprache=de,rwb=true.pdf [17.08.2007].

Burke, R./Ng, E. (2006), The Changing Nature of Work and Organizations: Implications for Human Resource Management, Human Resource Management Review, 16, 2, 86-94.

Cakar, F./Bitici, Ü./Mac Bryde, J. (2003), A Business Process Approach to Human Resource Manage-ment, Business Process Management Journal, 9, 2, 190-207.

Daimler AG (2009), Daimler 360 Grad: Fakten zur Nachhaltigkeit 2009, URL: http://nachhaltigkeit2009.daimler.com/daimler/annual/2009/nb/German/pdf/nachhaltigkeitsberic ht_2009.pdf [17.02.2010].

Drumm, H. (2008), Personalwirtschaft, 6. Auflage, Berlin.

Flamholtz, E. (1971), A Model for Human Resource Valuation: A Stochastic Process with Service Re-wards, The Accounting Review, 46, 2, 253-267.

Flamholtz, E. (1973), Human Resource Accounting: Measuring Positional Replacement Costs, Human Resource Management, 12, 1, 8-16.

Flamholtz, E. (1974), Human Resource Accounting, Boston.

Gabler Wirtschaftslexikon (2005), Stichwort: Konjunktur, 16. Auflage, Wiesbaden.

Gmür, M./Schwerdt, B. (2005), Der Beitrag des Personalmanagements zum Unternehmenserfolg. Eine Metaanalyse nach 20 Jahren Erfolgsfaktorenforschung, Zeitschrift für Personalforschung, 19, 3, 221-251.

Gómez-Mejía, L./Balkin, D./Cardy, R. (2007), Managing Human Resources, 5. Auflage, Upper Saddle River.

Hayton, J. (2003), Strategic Human Capital Management in SMEs: An Empirical Study of Entrepre-neurial Performance, Human Resource Management, 42, 4, 375-391.

Hekimian, J./Jones, C. (1967), Put People on Your Balance Sheet, Harvard Business Review, 45, 1, 105-113.

Hermanson, R. (1964), Accounting for Human Assets, Occasional Paper No. 14, East Lansing.

Huf, S. (2007), Strategische Konzepte für den Personalbereich: Vom Personalverwalter zum Mitgestalter des unternehmerischen Erfolgs, Betriebswirtschaftliche Blätter, 02/2007, 66.

Huselid, B./Becker, E./Beatty, R. (2005), The Workforce Scorecard: Managing Human Capital to Ex-ecute Strategy, Boston.

IBM Global Business Services (2008), Die wandlungsfähige Belegschaft: Entschlüsselung ihrer DAN. IBM Global Human Capital Study 2008.

Jaworski, B./Kohli, A. (1993), Market Orientation: Antecedents and Consequences, Journal of Market-ing, 57, 3, 53-70.

Jung, H. (2008), Personalwirtschaft, 8. Auflage, München.

KMK – Sekretariat der ständigen Konferenz der Kultusminister der Länder in der Bundesrepublik Deutschland (2008), Das Bildungswesen in der Bundesrepublik Deutschland 2007: Darstellung der Kompetenzen und Strukturen sowie der bildungspolitischen Entwicklungen für den Informationsaustausch in Europa – Auszug, Bonn, URL: http://www.kmk.org/fileadmin/doc/Dokumentation /Bildungswesen_pdfs/aufbau_und_verwaltung.pdf [04.02.2010].

Lampert, H./Althammer, J. (2007), Lehrbuch der Sozialpolitik, Berlin.

Macy, B./Mirvis, P. (1976), Human Resource Accounting: A Measurement Perspective, Academy of Management Review, 1, 2, 74-83.

Miles, R./Snow, C. (1978), Organizational Strategy, Structure and Process, New York.

Mullins, L. (2007), Management and Organizational Behaviour, 8. Auflage, Harlow.

Ng, E./Burke, R. (2005), Person-Organization Fit and the War for Talents: Does Diversity Management Make a Difference?, International Journal of Human Resource Management, 16, 7, 1195-1210.

Nicolai, C. (2009), Personalmanagement, 2. Auflage, Stuttgart.

Niedenhoff, H. (2005), Mitbestimmung im europäischen Vergleich, IW-Trends, 32, 2.

Pinnington, A./Edwards, T. (2004), Introduction to Human Resource Management, Oxford.

Reichart, E. (2009), HR-Management bei HP, Vortrag an der Technischen Universität Darmstadt [13.11.2009].

Scholz, C. (2000), Personalmanagement, 5. Auflage, München.

Scholz, C. (2007), Ökonomische Humankapitalbewertung – Eine betriebswirtschaftliche Annäherung an das Konstrukt Humankapital, Betriebswirtschaftliche Forschung und Praxis, 59, 1, 21-24.

Scholz, C./Stein, V./Bechtel, R. (2004), Human Capital Management: Wege aus der Unverbindlichkeit, München.

Stock-Homburg, R. (2008), Die Rolle des marktorientierten Personalmanagements im Rahmen der Umsetzung marktorientierter Strategien, Zeitschrift für betriebswirtschaftliche Forschung, 60, März, 124-152.

Stock-Homburg, R./Bieling, G./Schlaadt, S. (2009), Human Capital: Nützliches Konzept zur Quantifizierung weicher Faktoren?, Unveröffentlichtes Arbeitspapier, Darmstadt.

Stock-Homburg, R./Herrmann, L./Bieling, G. (2009), Erfolgsrelevanz der Personalmanagement-Systeme: Ein Überblick über 17 Jahre empirische Personalforschung, Die Unternehmung, 63, 1, 8-74.

Storey, J. (2007, Hrsg.), Human Resource Management: A Critical Text, 3. Auflage, London.

Strack, R./Caye, J./Zimmermann, P./von der Linden, C./Thurner, R./Haen, P. (2009), Creating People Advantage: How to Tackle the Major HR Challenges During the Crisis and Beyond, Boston.

Strauss, G. (2001), HRM in the USA: Correcting Some British Impressions, International Journal of Human Resource Management, 12, 6, 873-897.

Thornhill, A./Saunders, M. (1998), What If Line Managers Don't Realize They're Responsible for HR? Personnel Review, 27, 6, 460-471.

Ulrich, D./Younger, J./Brockbank, W. (2008), The Twenty-First-Century HR Organization, Human Resource Management, 47, 4, 829-850.

von Alemann, U. (1996a), Was sind Verbände?, Informationen zur politischen Bildung, 253, Bonn, URL: http://www1.bpb.de/publikationen/XUZ8YK,0,0,Was_sind_Verb%E4nde.html [17.02.2010].

von Alemann, U. (1996b), Handlungsfelder der Interessenverbände, Informationen zur politischen Bildung, 253, Bonn, URL: http://www1.bpb.de/publikationen/RTSMBY,0,0,Handlungsfelder_der_ Interessenverb%E4nde.html [17.02.2010].

2 Theoretische Perspektiven des Personalmanagements

Lernziele

- Die Leser überblicken die zentralen theoretisch-konzeptionellen Ansätze mit grundlegender Relevanz für das Personalmanagement.

- Die Leser können die Bedeutung ausgewählter ökonomischer Ansätze für die Gestaltung des Personalmanagements einordnen.

- Die Leser überblicken die zentralen verhaltenswissenschaftlichen Ansätze, die einen Erklärungsbeitrag für die Gestaltung des Personalmanagements liefern.

Ein wesentliches Element einer fundierten akademischen Ausbildung auf dem Gebiet des Personalmanagements ist das Verständnis zentraler theoretisch-konzeptioneller Ansätze, die von grundlegender Bedeutung für das Personalmanagement und seine Gestaltungsbereiche sind. Im vorliegenden Lehrbuch soll deshalb ein relativ breites Spektrum dieser Ansätze dargelegt werden. Einen Überblick über alle behandelten Ansätze und ihre Einordnung gibt Abbildung 2.1. Sie zeigt, dass zunächst zwei Gruppen von theoretisch-konzeptionellen Ansätzen unterschieden werden können:

- allgemeine Ansätze mit grundlegender Relevanz für das Personalmanagement sowie

- spezifische Ansätze zu bestimmten Bereichen des Personalmanagements.

Die *allgemeinen Ansätze mit grundlegender Relevanz für das Personalmanagement* haben ihren Ursprung in der allgemeinen Managementforschung und werden im Rahmen des Personalmanagements häufig herangezogen, um die Auswirkungen des Personalmanagements auf die Einstellungen und die Verhaltensweisen der Mitarbeiter bzw. den Unternehmenserfolg zu erklären. Diese allgemeinen Ansätze lassen sich dementsprechend in ökonomische und verhaltenswissenschaftliche Ansätze gliedern.

Ökonomische Ansätze betrachten in erster Linie die Erfolgsauswirkungen verschiedener Maßnahmen des Personalmanagements. In diesen Ansätzen geht es um die Analyse der Kosten der Beziehung zwischen Unternehmen und Beschäftigten (in der Transaktionskostentheorie sowie der Prinzipal-Agenten-Theorie) bzw. die Generierung einzigartiger Ressourcen durch das Personalmanagement (im ressourcenbasierten Ansatz). Dagegen analysieren *verhaltenswissenschaftliche Ansätze* primär die Reaktionen der Beschäftigten auf verschiedene Personalmanagement-Aktivitäten. Sie klären beispielsweise die Frage, warum Personen in ein Arbeitsverhältnis eintreten bzw. in diesem verbleiben. Erklärungsansätze hierzu liefern insbesondere die Anreiz-Beitrags-Theorie sowie die Soziale Austauschtheorie. Darüber hinaus spielen Aspekte der empfundenen Gerechtigkeit seitens der Beschäftigten eine Rolle für das Personalmanagement. Hierüber geben die Theorien der organisationalen Gerechtigkeit Aufschluss. Die Motivationstheorien schließlich erklären, wie das Personalmanagement zur Motivation von Führungskräften und Mitarbeitern beitragen kann.

Abbildung 2.1   Theoretisch-konzeptionelle Ansätze des Personalmanagements im
Überblick

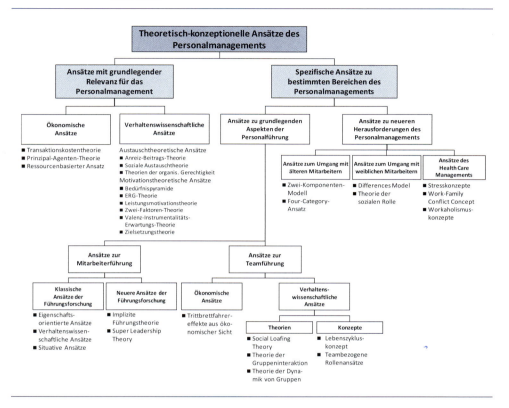

Neben den allgemeinen Ansätzen des Personalmanagements existiert eine Reihe von *spezi-fischen Ansätzen*, die ausschließlich für bestimmte Teilbereiche des Personalmanagements relevant sind und deren Besonderheiten erklären. Mit der Gestaltung der Personalmanagement-Systeme hat sich in konzeptioneller Hinsicht lediglich eine Reihe von Modellen befasst. Diese konzentrieren sich auf die Erklärung des Zusammenspiels verschiedener Systeme des Personalmanagements sowie die Erfolgsauswirkungen der Gestaltung der Personalmanagement-Systeme (vgl. Guest 1987, S. 516). Die bekanntesten Modelle in diesem Bereich sind das Harvard-Modell (vgl. Cakar/Bitici/Mac Bryde 2003; Edgar/Geare 2005) sowie das Michigan-Modell (vgl. Garnjost/Wächter 1996; Pinnington 2004).

Kritisch ist an diesen Modellen anzumerken, dass sie weder eine Begründung für die unterstellten Ursache-Wirkungszusammenhänge liefern noch deren empirischen Nachweis erbringen. Dies ist sicherlich eine Ursache dafür, dass diese Modelle in der empirischen Personalforschung nahezu überhaupt nicht herangezogen werden (vgl. Stock-Homburg/Herrmann/Bieling 2009). Sie werden daher in diesem Lehrbuch nicht vertieft. Vielmehr konzentriert sich die folgende Darstellung spezifischer Ansätze zu bestimmten Bereichen des Personalmanagements auf zwei Gruppen:

- Ansätze zu grundlegenden Aspekten der Personalführung sowie

- Ansätze zu neueren Herausforderungen des Personalmanagements.

In den Ansätzen zu grundlegenden Aspekten des Personalmanagements (vgl. Abbildung 2.1) werden die Besonderheiten der Führung von Mitarbeitern bzw. Teams thematisiert. Als neuere Herausforderungen des Personalmanagements werden insbesondere der Umgang mit älteren bzw. weiblichen Beschäftigten sowie das Health Care Management angesehen. Für das Verständnis dieser Themenkomplexe ist die Kenntnis der spezifischen theoretisch-konzeptionellen Ansätze erforderlich, die in Abbildung 2.1 aufgeführt sind.

Wie Abbildung 2.2 zeigt, werden die theoretisch-konzeptionellen Ansätze zu spezifischen Bereichen des Personalmanagements in den jeweiligen Kapiteln dargelegt, in denen diese Bereiche behandelt werden. Das vorliegende Kapitel konzentriert sich dagegen auf die Darstellung jener Ansätze, die von grundlegender Relevanz für das Personalmanagement sind, und als solche Implikationen für verschiedene Teilbereiche des Personalmanagements liefern. Dabei werden in Abschnitt 2.1 die ökonomischen Ansätze und in Abschnitt 2.2 die verhaltenswissenschaftlichen Ansätze erläutert.

Abbildung 2.2   Darlegung theoretisch-konzeptioneller Ansätze des Personalmanagements im vorliegenden Lehrbuch

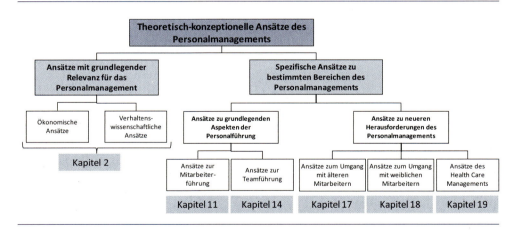

Die im Folgenden dargestellten theoretisch-konzeptionellen Ansätze liefern Erklärungsbeiträge zu einer Reihe von grundlegenden Fragen im Rahmen des Personalmanagements. Diese zentralen Leitfragen sind in Tabelle 2.1 aufgeführt.

Tabelle 2.1   Zentrale Leitfragen

Zentrale Leitfragen	Behandelt in ...
1. Welche Kosten sollten Unternehmen im Vorfeld und im Verlauf von Arbeitsbeziehungen mit Führungskräften bzw. Mitarbeitern beachten?	Abschnitt 2.1.1
2. Von welchen Faktoren hängt die Höhe der Kosten ab, die im Rahmen von Personalmanagement-Aktivitäten entstehen?	Abschnitt 2.1.1
3. Wie können Unternehmen die Leistungsbereitschaft von Führungskräften bzw. Mitarbeitern durch ökonomische Anreize sicherstellen?	Abschnitt 2.1.2
4. Inwieweit tragen Führungskräfte bzw. Mitarbeiter eines Unternehmens dazu bei, strategische Wettbewerbsvorteile für ein Unternehmen zu realisieren?	Abschnitt 2.1.3
5. Durch welche Anreize können Führungskräfte bzw. Mitarbeiter motiviert werden, in ein Unternehmen einzutreten bzw. im Unternehmen zu verbleiben?	Abschnitt 2.2.1.1
6. Welche Faktoren tragen zur Zufriedenheit bzw. zur Bindung von Führungskräften und Mitarbeitern bei?	Abschnitt 2.2.1.2
7. Wie kommt das Gerechtigkeitsempfinden von Führungskräften bzw. Mitarbeitern zustande und wie wirkt es sich auf deren Arbeitsverhalten aus?	Abschnitt 2.2.1.3
8. Was motiviert Mitarbeiter und wie wirkt sich deren Motivation auf deren Verhalten aus?	Abschnitt 2.2.2

2.1   Ökonomische Ansätze

Ökonomische Ansätze liefern die theoretische Grundlage, um die ökonomischen Konsequenzen verschiedener Aktivitäten des Personalmanagements zu erklären. Darüber hinaus ermöglichen ökonomische Ansätze kostenbezogene Betrachtungen der Austauschbeziehungen zwischen Unternehmen und Beschäftigten (Führungskräften bzw. Mitarbeitern). Im Folgenden werden ausgewählte ökonomische Ansätze dargelegt, die einen besonderen Erklärungsbeitrag für die Gestaltung des Personalmanagements aufweisen. Konkret werden

- die Transaktionskostentheorie (Abschnitt 2.1.1),

- die Prinzipal-Agenten-Theorie (Abschnitt 2.1.2) sowie

- der ressourcenbasierte Ansatz (Abschnitt 2.1.3)

behandelt.

2.1.1   Die Transaktionskostentheorie

Die Transaktionskostentheorie ist ein zentraler ökonomischer Ansatz zur Erklärung personalwirtschaftlicher Fragestellungen (vgl. Eigler 1996; Oechsler 2006; Süß 2004). Der heutige Entwicklungsstand dieser Theorie ist auf die Arbeiten von Williamson (1975, 1979, 1991a, b, 1996) zurückzuführen. Von besonderer Relevanz für das Personalmanagement ist der Erklärungsbeitrag dieser Theorie zur Entstehung und Zusammensetzung von Transaktionskosten (Leitfrage 1, Tabelle 2.1). Transaktionskosten sind Kosten, die im Vorfeld (d. h. bei der Anbahnung) bzw. im Verlauf (d. h. bei der Ausgestaltung) einer Austauschbeziehung entstehen (vgl. Williamson 1985, S. 2).

Eine solche Austausch- oder auch Transaktionsbeziehung besteht auch zwischen Unternehmen und deren Beschäftigten. Die durch die Beziehung anfallenden Transaktionskosten werden gemäß der Transaktionskostentheorie in verschiedene Kostenarten gegliedert. Diese werden danach systematisiert, ob sie ex-ante oder ex-post anfallen (vgl. u. a. Picot 1982, S. 270).

Ex-ante-Transaktionskosten fallen im Vorfeld einer Austauschbeziehung zwischen Unternehmen und Beschäftigten an. Sie werden aufgewendet, um das Zustandekommen einer Arbeitsbeziehung vorzubereiten (vgl. Süß 2004, S. 44) und entstehen folglich insbesondere im Rahmen der Personalbedarfsplanung und der Personalgewinnung. Unter den Ex-ante-Transaktionskosten werden drei Kostenarten subsumiert (vgl. u. a. Picot 1982, S. 270): die Informations- bzw. Anbahnungskosten, die Vereinbarungskosten und die Abwicklungskosten.

- *Informationskosten* fallen an, wenn einer der Beteiligten im Vorfeld Informationen über den potenziellen Austauschpartner beschafft. So entstehen für Unternehmen im Rahmen der Personalgewinnungskommunikation, beispielsweise der Information potenzieller Bewerber über Stellenangebote des Unternehmens (vgl. Abschnitt 4.4.2), Kosten. Auch die Personalauswahl, durch welche Unternehmen die Eignung von Bewerbern prüfen (vgl. Abschnitt 4.4.3), ist für Unternehmen mit Kosten verbunden. Aus Sicht der Bewerber können Informationskosten beispielsweise entstehen, wenn freie Stellen gesucht oder Informationen über potenzielle Arbeitgeber recherchiert werden.

- Des Weiteren fallen bei der Anbahnung von Austauschbeziehungen *Vereinbarungskosten* an, also Kosten, welche durch Verhandlungen und Vertragsabschlüsse zwischen den Transaktionspartnern verursacht werden. Im Rahmen des Personalmanagements können sie beispielsweise durch Verhandlungen zwischen Unternehmen und potenziellen Mitarbeitern über Gehalt, Aufstiegsmöglichkeiten usw. im Vorfeld einer Beschäftigung entstehen.

- Bei der Umsetzung der Vereinbarungen zwischen Unternehmen und zukünftigen Beschäftigten entstehen *Abwicklungskosten*. Beispielhaft sind aus Unternehmenssicht Kosten für das Einrichten eines Arbeitsplatzes bzw. das Einarbeiten neuer Mitarbeiter zu nennen. Auch für die Beschäftigten entstehen Kosten, beispielsweise in Form von Zeit für die Aneignung neuen Wissens oder das Kennenlernen neuer Kollegen.

Transaktionskosten können auch in bestehenden Arbeitsbeziehungen zwischen Unternehmen und Beschäftigten anfallen. Diese *Ex-post-Transaktionskosten* werden in Kontrollkosten, Anpassungskosten und Auflösungskosten untergliedert (vgl. u. a. Picot 1982, S. 270; Stock 2003, S. 78).

- *Kontrollkosten* resultieren aus der Überprüfung der Einhaltung von Verträgen und Vereinbarungen. Sie spielen insbesondere im Rahmen der Personalbeurteilung und der Mitarbeiter- bzw. Teamführung eine Rolle und fallen beispielsweise bei der Durchführung von Mitarbeiterbeurteilungen an.

- *Anpassungskosten* entstehen beispielsweise, wenn Qualifikationen des Personals oder organisatorische Strukturen und Prozesse an veränderte Rahmenbedingungen anzupassen sind. Führt ein Unternehmen neue Produkte bzw. neue Produktionstechnologien ein, so sind zumeist betroffene Beschäftigte zu schulen. Diese Kostenart ist folglich insbesondere im Zusammenhang mit der Personalentwicklung (vgl. Kapitel 5) von Bedeutung.

- *Auflösungskosten* entstehen bei der Beendigung von Arbeitsbeziehungen und sind damit eng mit Personalfreisetzungsaktivitäten (vgl. Kapitel 6) verbunden. Sie fallen an, wenn Arbeitsverträge aufgelöst werden, z. B. in Form von Abfindungszahlungen oder der rechtlichen Prüfung einer Kündigung.

Die Aussagen der Transaktionskostentheorie über die Höhe der Transaktionskosten sind für das Personalmanagement von zentraler Bedeutung. Sie basieren auf zwei zentralen Verhaltensannahmen (vgl. Williamson 1975, S. 20 ff., 1985, S. 47 ff.), welche die typischen Verhaltensweisen der beteiligten Transaktionspartner beschreiben. Konkret geht die Transaktionskostentheorie davon aus, dass sich die Transaktionspartner beschränkt rational und opportunistisch verhalten.

Die Verhaltensannahme der *beschränkten Rationalität der Transaktionspartner* besagt, dass Personen zwar beabsichtigen, rational zu handeln, hierzu jedoch nur begrenzt in der Lage sind (vgl. Williamson 1975). Im Kontext der Transaktionsbeziehung zwischen Unternehmen und Beschäftigten bedeutet dies, dass Unternehmen versuchen, ihr Personalmanagement allein nach rein rationalen Gesichtspunkten zu gestalten. Dies gelingt allerdings nur bedingt, da Personalverantwortliche lediglich begrenzte Möglichkeiten zur Informationsgewinnung (z. B. aufgrund gesetzlicher Datenschutzbestimmungen) bzw. Informationsverarbeitung (aufgrund begrenzter menschlicher Verarbeitungskapazitäten) haben.

Die Transaktionskostentheorie geht des Weiteren von *opportunistischem Verhalten* der Transaktionspartner aus. Hiermit ist gemeint, dass die Transaktionspartner ihre eigenen Interessen auch unter Missachtung sozialer Normen verfolgen (vgl. Williamson 1985, S. 47). Opportunistisches Verhalten manifestiert sich beispielsweise in der unvollständigen oder der verfälschten Weitergabe von Informationen potenzieller Arbeitnehmer an potenzielle Arbeitgeber (in Anlehnung an Williamson 1996, S. 6). Ergreift ein Unternehmen Maßnahmen, um sich vor opportunistischem Verhalten von Arbeitnehmern abzusichern, kann dies gemäß der Transaktionskostentheorie zu hohen Transaktionskosten führen (in Anlehnung an Williamson 1991b, S. 554).

Ausgehend von diesen beiden Annahmen trifft die Transaktionskostentheorie Aussagen über die Höhe der Transaktionskosten (vgl. Leitfrage 2, Tabelle 2.1). Gemäß der Transaktionskostentheorie werden die Transaktionskosten insbesondere durch zwei Faktoren beeinflusst (vgl. Williamson 1979, S. 261; Williamson 1985, S. 52 ff.): die Spezifität der Investitionen in die Austauschbeziehung und die Unsicherheit der beteiligten Transaktionspartner.

■ Die *Spezifität* beschreibt, wie schwer die in einer Transaktionsbeziehung getätigten Investitionen auf andere Transaktionsbeziehungen übertragbar sind (vgl. Williamson 1991a, S. 281). Spezifität kann seitens der Unternehmen und der Beschäftigten gegeben sein. So ist die Spezifität aus Unternehmenssicht beispielsweise bei stark individualisierten Personalentwicklungsmaßnahmen wie z. B. Coaching höher als bei standardisierten Weiterbildungsmaßnahmen, die auf eine relativ große Beschäftigtengruppe anwendbar sind. Hohe Spezifität aus Mitarbeitersicht liegt beispielsweise vor, wenn die Ausübung einer Tätigkeit Kenntnisse bzw. Fähigkeiten erfordert, welche in anderen Unternehmen nicht oder kaum einsetzbar sind.

■ Auch die *Unsicherheit* kann sowohl auf Unternehmens- als auch auf Mitarbeiterseite variieren. Hohe Unsicherheit aus Unternehmenssicht entsteht, wenn Prozesse oder Rahmenbedingungen hochgradig komplex bzw. dynamisch sind (vgl. Duncan 1972). So liegt beispielsweise hohe personalbezogene Unsicherheit für Unternehmen vor, wenn Führungskräfte bzw. Mitarbeiter häufig das Unternehmen wechseln, wie dies beispielsweise in der Beratungs- und Finanzdienstleistungsbranche üblich ist. Unsicherheit aus Mitarbeitersicht kann beispielsweise als „Angst um den eigenen Arbeitsplatz" aufgrund schwieriger wirtschaftlicher Rahmenbedingungen von Unternehmen auftreten.

Für die Gestaltung des Personalmanagements ist es von Interesse, wie bestimmte Aktivitäten (wie z. B. die Personalgewinnung) möglichst effizient gestaltet werden können. Auch hierzu liefert die Transaktionskostentheorie Implikationen. Sie trifft Aussagen darüber, unter welchen Rahmenbedingungen welche Art der Koordination der Austauschbeziehung am effizientesten (d. h. transaktionskostenminimal) ist. Folgende drei Koordinationsformen werden dabei unterschieden (vgl. Williamson 1975): der Markt, die Hierarchie und die Hybridform.

■ Der *Markt* nutzt zur Koordination von Transaktionsbeziehungen den Marktmechanismus, der sich auf den Preis stützt. Eine Koordination der Transaktionsbeziehung zwischen Unternehmen und ihren Beschäftigten erfolgt beispielsweise über den Markt, wenn im Rahmen der Personalgewinnung primär Beschäftigte des externen Arbeitsmarktes rekrutiert werden, um frei werdende Positionen zu besetzen.

■ Im Rahmen der *Hierarchie* erfolgt die Koordination von Transaktionen durch einen der Transaktionspartner, der gegenüber einem anderen auf Basis zuvor festgelegter Machtstrukturen weisungsbefugt ist. Eine hierarchische Koordination der Personalgewinnung liegt beispielsweise vor, wenn ausschließlich interne (d. h. bereits im Unternehmen tätige) Führungskräfte bzw. Mitarbeiter rekrutiert werden. Im Grunde findet hier eine interne Versetzung (vgl. Abschnitt 4.3) statt.

- Als *Hybridform* werden Koordinationsformen bezeichnet, die zwischen dem reinen Markt und der Hierarchie liegen (vgl. Williamson 1991a, S. 283; 1991b, S. 280). Eine hybride Koordination der Personalgewinnung wird beispielsweise praktiziert, wenn Unternehmen ausschließlich Absolventen von ausgewählten Hochschulen rekrutieren, mit denen sie intensivere Kooperationen pflegen.

Die Transaktionskostentheorie nimmt an, dass die Transaktionskosten unabhängig von der gewählten Koordinationsform mit zunehmender Spezifität bzw. Unsicherheit ansteigen. Wie stark die Kosten ansteigen, hängt jedoch von der Art der Koordination ab. So wird unterstellt, dass die Koordination über den Markt im Falle hoher Spezifität bzw. Unsicherheit mit sehr hohen Transaktionskosten verbunden ist. Unternehmen fällt es in dieser Konstellation besonders schwer, sich gegen opportunistisches Verhalten ihrer Austauschpartner abzusichern (vgl. Abbildung 2.3). Folglich ist der Markt als Koordinationsform bei niedriger Spezifität bzw. Unsicherheit am besten geeignet. Unter hoher Spezifität bzw. Unsicherheit verursacht dagegen eine hierarchische Koordination die niedrigsten Kosten. Die hybride Koordinationsform ist gemäß der Transaktionskostentheorie bei mittlerer Spezifität bzw. Unsicherheit am effizientesten.

Abbildung 2.3 Transaktionskosten und Koordinationsformen in Abhängigkeit von der Spezifität bzw. der Unsicherheit (vgl. Williamson 1975)

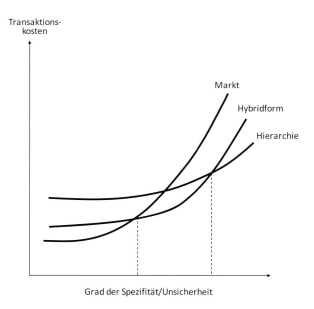

Die Überlegungen der Transaktionskostentheorie zu den verschiedenen Koordinationsformen liefern eine Reihe von Implikationen für das Personalmanagement. Im Bereich der Personalgewinnung können unter anderem Hinweise dafür abgeleitet werden, unter welchen Bedingungen Unternehmen benötigte Arbeitskräfte selbst einstellen bzw. auf Leiharbeitskräfte zurückgreifen sollten (vgl. hierzu Abschnitt 6.3.2). So ist gemäß der Transaktionskostentheorie anzunehmen, dass bei Tätigkeiten, für die sehr viel unternehmensspezifisches Know-how erforderlich ist, Stellen durch eigene Führungskräfte bzw. Mitarbeiter besetzt werden sollten. Einfachere bzw. weniger spezifische Tätigkeiten können dagegen relativ transaktionskosteneffizient durch Leiharbeitnehmer wahrgenommen werden.

Darüber hinaus wird die Transaktionskostentheorie relativ häufig herangezogen, um die Erfolgsauswirkungen des Outsourcings von Personalmanagement-Aktivitäten (z. B. der Personalgewinnung, der Personalentwicklung) zu untersuchen (vgl. u. a. De Kok/Uhlaner 2001; Dickmann/Tyson 2005; Gilley/Greer/Rasheed 2004; Klaas/McClendon/Gainey 1999; Schweizer/zu Knyphausen-Aufseß/Ulscht 2005; Wahrenburg et al. 2006). Im Mittelpunkt steht dabei die vergleichende Betrachtung der Koordination von Personalmanagement-Aktivitäten über den Markt bzw. die Hierarchie. Hierarchische Koordination würde bedeuten, dass Unternehmen ihre Personalmanagement-Aktivitäten selbst durchführen; Koordination über den Marktmechanismus dagegen, dass die Personalmanagement-Aufgaben an andere Unternehmen ausgelagert werden. Die Hypothese, dass bei hoher Spezifität der Personalmanagement-Aktivitäten die Aufgaben des Personalmanagements durch das Unternehmen (und nicht durch externe Anbieter) wahrgenommen werden sollen, kann nur teilweise empirisch bestätigt werden.

2.1.2   Die Prinzipal-Agenten-Theorie

Eine zentrale Herausforderung des Personalmanagements besteht darin, die Leistungsbereitschaft von Führungskräften bzw. Mitarbeitern sicherzustellen (vgl. Leitfrage 3, Tabelle 2.1). Verschiedene Ansatzpunkte hierzu diskutiert die Prinzipal-Agenten-Theorie und liefert somit einen wichtigen Erkenntnisbeitrag für das Personalmanagement (vgl. Drumm 2008, S. 16; Süß 2004, S. 145).

Die *Prinzipal-Agenten-Theorie* (Agenturtheorie, Agency Theory) analysiert Austauschbeziehungen zwischen einem Auftraggeber (bezeichnet als Prinzipal) und einem Auftragnehmer (bezeichnet als Agent) (vgl. u. a. Bayón 1997, S. 40; Fischer et al. 1993, S. 452). Ein Prinzipal (z. B. ein Unternehmen) beauftragt einen Agenten (z. B. einen Arbeitnehmer), eine bestimmte Aufgabe für ihn zu erfüllen (in Anlehnung an Picot 1991, S. 150). Als Gegenleistung hierfür erhält der Agent eine Entlohnung. In einer typischen Prinzipal-Agenten-Situation beeinflussen die Entscheidungen des Agenten nicht nur den Nutzen des Prinzipals, sondern auch seinen eigenen Nutzen (vgl. Wenger/Terberger 1988, S. 506). Deshalb besteht bei einer derartigen Konstellation das Risiko, dass der Agent nicht ausschließlich im Sinne des vereinbarten Auftrags und der Interessen des Prinzipals handelt, sondern auch eigene Interessen verfolgt. Der Prinzipal steht also dem Problem gegenüber, durch eine entsprechende Vertragsgestaltung im Hinblick auf Risikoverteilung, Anreizgestaltung und Kontrolle (vgl. Laux 1979, S. 288; Laux/Liermann 2005) bestmöglich sicherzustellen, dass der Agent die vereinbarte Leistung erbringt (vgl. Ebers/Gotsch 2006).

Von besonderer Bedeutung für das beschriebene Problem der Vertragsgestaltung ist das Konzept der Informationsasymmetrie. Von Informationsasymmetrie spricht man, wenn mindestens ein Austauschpartner über Informationen verfügt, die dem anderen Partner nicht vorliegen (vgl. Williamson 1990, S. 58). Innerhalb der Prinzipal-Agenten-Theorie werden insbesondere Informationsasymmetrien zu Gunsten des Agenten thematisiert. Diese sind beispielsweise gegeben, wenn ein Unternehmen (in der Rolle des Prinzipals) über die Motive, die Handlungsmöglichkeiten und das faktische Leistungsverhalten von Führungskräften bzw. Mitarbeitern (als Agenten) nicht vollständig informiert ist. Als Ursachen der Informationsasymmetrie werden vier Konstellationen unterschieden: hidden characteristics, hidden intention, hidden information und hidden action.

- Ist die Prinzipal-Agenten-Beziehung durch *hidden characteristics* gekennzeichnet, so sind dem Prinzipal für ihn bedeutende Eigenschaften des Agenten (Fähigkeiten, Qualifikationen usw.) bei Vertragsabschluss unbekannt (vgl. Spreman 1990, S. 566). Beispielsweise ist es für Unternehmen mithilfe von Personalauswahlverfahren (vgl. hierzu Abschnitt 4.4.3) nur begrenzt möglich, die Fähigkeiten und die Potenziale der Bewerber einzuschätzen. Dadurch kann es zur Auswahl ungeeigneter Vertragspartner (adverse selection) kommen.

- *Hidden intention* liegt vor, wenn der Prinzipal unvollständige Informationen über die Absichten und die Motive des Agenten hat. Wie im Fall von hidden characteristics kann ein Unternehmen im Rahmen von Auswahlprozessen die Ziele und die Motive potenzieller Führungskräfte bzw. Mitarbeiter kaum überprüfen. Auch hier besteht folglich das Risiko der Einstellung ungeeigneter Bewerber.

- Bei Vorliegen von *hidden action* kann der Prinzipal die Aktivitäten des Agenten nicht beobachten bzw. die Beobachtung ist mit Kosten verbunden. Dieses Problem ist dann besonders stark ausgeprägt, wenn das Handlungsergebnis nicht eindeutig die Leistungen des Agenten widerspiegelt (vgl. Alchian/Demsetz 1972, S. 779 ff.). Dies ist beispielsweise in Teamkonstellationen der Fall, in denen die Einzelleistungen von Teammitgliedern nicht aus dem Teamergebnis abgeleitet werden können.

- Mit *hidden information* bezeichnet man den Sachverhalt, dass der Prinzipal zwar die Handlungen des Agenten problemlos beobachten, aufgrund fehlender Informationen oder Kenntnisse allerdings nicht hinreichend beurteilen kann (vgl. Picot 1991, S. 152). Ein hohes Potenzial für hidden information liegt beispielsweise vor, wenn die Führungskräfte bzw. die Mitarbeiter (als Agenten) relativ spezifische Leistungen (wie Beratungs- oder Forschungs- und Entwicklungsleistungen) für ein Unternehmen (als Prinzipal) erbringen, deren Erfolg das Unternehmen nicht direkt bewerten kann.

Die Prinzipal-Agenten-Theorie schlägt nun verschiedene Mechanismen (so genannte governance mechanisms) vor. Deren vertragliche Verankerung soll sicherstellen, dass die Informationsasymmetrien verringert werden und der Agent seine Aufgaben im Sinne des Prinzipals erfüllt. Der Einsatz dieser Mechanismen ist jedoch in der Regel mit Kosten (so genannten Agenturkosten bzw. agency costs) verbunden (vgl. hierzu ausführlich Jensen/Meckling 1976, S. 308). Bei der Wahl eines governance mechanism ist also derjenige zu wählen, der unter den gegebenen Bedingungen das optimale Kosten-Nutzen-Verhältnis aufweist. Konkret stehen drei Mechanismen zur Verfügung (vgl. Ebers/Gotsch 2006):

- Durch *Ergebnisbeteiligung des Agenten* sollen Anreize für den Agenten geschaffen werden, im Interesse des Prinzipals zu handeln. Sie kommt insbesondere bei der Vergütung von Mitarbeitern (vgl. hierzu Kapitel 9) zum Einsatz.

- Die *direktive Verhaltenssteuerung durch den Prinzipal* beinhaltet die vertragliche Festlegung von Verhaltensnormen sowie Sanktionen für den Fall, dass die Normen verletzt werden. Eine solche Verhaltenssteuerung findet beispielsweise beim Führen durch Ziele (vgl. hierzu Abschnitt 12.2.1) statt.

- Zur *Verbesserung der Informationsbasis des Prinzipals* können Informationspflichten des Agenten vertraglich festgelegt werden. So können Beschäftigte beispielsweise verpflichtet werden, regelmäßig Projektberichte zu erstellen.

Die Prinzipal-Agenten-Theorie liefert einen hohen Erkenntnisgewinn für das Personalmanagement (vgl. Backes-Gellner/Wolff 2001, S. 395 ff.; Drumm 2008, S. 16 ff.). In der empirischen Personalforschung wurde sie insbesondere eingesetzt, um die Auswirkungen verschiedener Vergütungsformen auf die Leistung von Managern (vgl. u. a. Barkema/Gomez-Mejima 1998), Mitarbeitern (vgl. u. a. Coyle-Shapiro et al. 2002; Deckop/Mangel/Cirka 1999; Gneezy/Rustichini 2000) bzw. Teams (vgl. u. a. Akdere/Yilmaz 2006; Zenger/Marshall 2000) zu untersuchen. Darüber hinaus lassen sich einige Anwendungsfelder der Prinzipal-Agenten-Theorie für das Personalmanagement identifizieren, die in Tabelle 2.2 aufgeführt sind (in Anlehnung an die Ausführungen von Backes-Gellner/Wolff 2001, S. 395 ff.).

Tabelle 2.2   Erklärungsbeitrag der Prinzipal-Agenten-Theorie für verschiedene Bereiche des Personalmanagements

Bereich des Personalmanagements	Ausgewählte Anwendungsfelder, zu denen die Prinzipal-Agenten-Theorie einen Beitrag leistet
Ausgewählte Mitarbeiterflusssysteme	
Gewinnung	■ Beschreibung negativer Konsequenzen von Fehlentscheidungen im Rahmen der Personalauswahl ■ Identifikation von Kriterien, um eigennützige Verhaltenstendenzen von Bewerbern im Vorfeld auszuschließen (hidden intention, hidden characteristics usw.) ■ Untermauern der Bedeutung von „erfahrungsbasierten" Maßnahmen für die Selbstselektion von Beschäftigten (z. B. Probezeiten, Praktika)
Entwicklung	■ Identifikation der Personalentwicklung als Instrument zur Reduktion eigennütziger Verhaltensweisen von Führungskräften bzw. Mitarbeitern ■ Erklärung des Zusammenhangs zwischen Personalentwicklung und Produktivität der Mitarbeiter

Bereich des Personalmanagements	Ausgewählte Anwendungsfelder, zu denen die Prinzipal-Agenten-Theorie einen Beitrag leistet
Freisetzung	■ Identifikation von Kriterien (insbesondere opportunistisches Verhalten) als Basis von Freisetzungsentscheidungen ■ Konzeptionelle Basis für die Auswahl optimaler Freisetzungsstrategien
Belohnungssysteme	
Personalbeurteilung	■ Erklärung der Anreizfunktion der Personalbeurteilung für Führungskräfte bzw. Mitarbeiter
Personalvergütung	■ Erklärung des Einflusses der Vergütungsgestaltung auf die Leistungen der Beschäftigten ■ Identifikation von Vergütungskonstellationen, die besonders leistungsförderlich sind
Führung von Mitarbeitern und Teams	
Mitarbeiterführung	■ Identifikation möglicher eigennütziger Verhaltensweisen (insbesondere Opportunismus) der geführten Mitarbeiter
Teamführung	■ Erklärung der Entstehung von Trittbrettfahrereffekten in Teams ■ Identifikation von Ansatzpunkten zur Vermeidung/Reduktion von Trittbrettfahrereffekten in Teams

2.1.3   Der ressourcenbasierte Ansatz

Ein wesentliches Ziel des Personalmanagements wird darin gesehen, strategische Wettbewerbsvorteile zu realisieren (vgl. Abschnitt 1.1.1.2). Um zu erklären, wie Unternehmen durch systematische Personalmanagement-Aktivitäten strategische Wettbewerbsvorteile realisieren können (vgl. Leitfrage 4, Tabelle 2.1), kann der ressourcenbasierte Ansatz (Resource-based View) herangezogen werden. Eine wesentliche Grundannahme dieses Ansatzes lautet, dass der Erfolg von Unternehmen davon abhängt, inwieweit diese über strategische, d. h. spezifische und einzigartige Ressourcen verfügen (vgl. Barney 1991, S. 101; Peteraf 1993, S. 182). Hierbei wird zwischen tangiblen und intangiblen Ressourcen unterschieden (vgl. Bamberger/Wrona 1996, S. 132; Hunt/Morgan 1995, S. 11; Staehle 1999, S. 792).

■ *Tangible Ressourcen* stellen physische Güterbestände dar. Sie können relativ leicht extern beschafft und vermarktet werden. Beispielhaft sind Maschinen und Anlagen zu nennen.

■ *Intangible Ressourcen* sind kaum oder gar nicht von außen erkennbar und in der Regel enger mit dem Unternehmen verbunden als tangible Ressourcen (vgl. Coff 1997). Ein Beispiel für eine intangible Ressource ist das Know-how der Beschäftigten eines Unternehmens.

Eine zentrale Zielsetzung von Unternehmen besteht gemäß dem ressourcenbasierten Ansatz darin, strategische Ressourcen zu generieren bzw. zu erhalten. Dabei wird von einer
Wirkungskette ausgegangen, in der sich die Verfügbarkeit strategischer Ressourcen über
das Verhalten der Organisationsmitglieder auf den Unternehmenserfolg auswirkt (vgl.
Barney 1991; Abbildung 2.4).

Abbildung 2.4   Grundschema des ressourcenbasierten Ansatzes

Mit ihren spezifischen Merkmalen verfügen humane Ressourcen über die Eigenschaften,
welche gemäß dem ressourcenbasierten Ansatz strategische, d. h. erfolgsrelevante Ressourcen auszeichnen (vgl. Barney 1991; Grant 1991). Sie sind

- wertvoll,

- selten,

- nicht oder kaum imitierbar und

- kaum substituierbar.

Der *Wert* humaner Ressourcen ergibt sich aus ihrem Beitrag zur Entwicklung und zur
Implementierung von Strategien, welche den Erfolg eines Unternehmens steigern (vgl.
Barney 1991, S. 106). So unterstützen Führungskräfte bzw. Mitarbeiter beispielsweise die
Umsetzung nationaler und internationaler Strategien in Unternehmen (vgl. Stock/Krohmer
2005, S. 85).

Die *Seltenheit* humaner Ressourcen ergibt sich daraus, dass Führungskräfte bzw. Mitarbeiter mit bestimmten, für ein Unternehmen relevanten, Fähigkeiten und Qualifikationen
nicht unbegrenzt auf dem Arbeitsmarkt zur Verfügung stehen. In Verbindung mit dem
steigenden Führungs- und Fachkräftemangel sowie dem demographischen Wandel wird
dieses Merkmal humaner Ressourcen zukünftig an Bedeutung gewinnen (vgl. Abschnitt
17.1).

Die *Imitierbarkeit* humaner Ressourcen ist insbesondere dadurch begründet, dass sich Mitarbeiter während ihrer Tätigkeit für ein Unternehmen zunehmend an die Besonderheiten
eines Unternehmens (Werte, Praktiken, Kundenerfordernisse usw.) anpassen (vgl. Barney
1991; Rasche/Wolfrum 1994, S. 503 ff.; Teece/Pisano/Shuen 1997, S. 514). Durch diese Anpassung wird die Konsistenz zwischen den Fähigkeiten bzw. den Verhaltensweisen der
Mitarbeiter und den Erfordernissen des Unternehmens im Zeitverlauf erhöht (vgl. Peteraf

1993, S. 183; Rasche/Wolfrum 1994, S. 515). Diese Konsistenz zwischen Mitarbeiterfähigkeiten und Unternehmensanforderungen ist durch andere Unternehmen nur schwer imitierbar (vgl. Hunt/Morgan 1995, S. 13).

Die geringe *Substituierbarkeit* humaner Ressourcen ist darauf zurückzuführen, dass die menschliche Arbeitskraft nur begrenzt durch andere Ressourcen (z. B. Maschinen) ersetzt werden kann. So können beispielsweise Tätigkeiten, die in hohem Maße konzeptionelle (wie z. B. das Entwickeln von Strategien), interaktive (wie z. B. das Beraten von Kunden, das Führen von Mitarbeitern) bzw. kreative (wie z. B. das Entwickeln neuer Produkte) Inhalte aufweisen, kaum bzw. gar nicht durch Maschinen ausgeführt werden. Somit sind die Mitarbeiter eines Unternehmens in vielen Fällen nicht austauschbar.

Durch die systematische Gestaltung der Personalmanagement-Systeme wird somit eine besonders wichtige Ressource und zugleich ein zentraler Wettbewerbsvorteil für Unternehmen generiert bzw. ausgebaut. Diese Auffassung wird durch Arbeiten geteilt, welche humane Ressourcen als Erfolgsfaktor im nationalen bzw. internationalen Wettbewerb ansehen (vgl. Chadwick/Dabu 2009; Dyer/Reeves 1995; Stock 2004; Stock/Krohmer 2005).

Der ressourcenbasierte Ansatz repräsentiert heute einen zentralen theoretischen Bezugspunkt der Personalmanagement-Forschung. Er wurde in zahlreichen empirischen Untersuchungen herangezogen, um die Erfolgsauswirkungen eines strategischen Personalmanagements bzw. spezifischer Personalmanagement-Aktivitäten zu begründen (vgl. Stock-Homburg/Herrmann/Bieling 2009). Tabelle 2.3 liefert einen Überblick über ausgewählte empirische Untersuchungen zu Erfolgsauswirkungen des Personalmanagements.

Eine weitere Gruppe von Arbeiten hat sich auf der Basis des ressourcenbasierten Ansatzes mit den Erfolgsauswirkungen des Outsourcings von Personalmanagement-Aktivitäten befasst (vgl. Schweizer/zu Knyphausen-Aufseß/Ulscht 2005; Wahrenburg et al. 2006). Auch an der Schnittstelle zwischen Personalmanagement und der marktorientierten Unternehmensführung wurde der ressourcenbasierte Ansatz in einer Reihe empirischer Arbeiten herangezogen (vgl. u. a. Hunt/Morgan 1995; Stock 2004; Stock/Krohmer 2005; Stock-Homburg 2008).

Tabelle 2.3   Empirisch ermittelte Erfolgsauswirkungen des Personalmanagements
                     aus ressourcenbasierter Perspektive

Personalmanage-ment-System	Empirisch ermittelte Erfolgsauswirkungen
Personalmanage-ment-Systeme	■ Markterfolg (vgl. Stock-Homburg 2008)
Mitarbeiterflusssysteme	
Personal-bedarfsplanung	■ Arbeitsproduktivität (vgl. Koch/McGrath 1996)
Personalgewinnung	■ Arbeitsproduktivität (vgl. Koch/McGrath 1996) ■ Wissen des Unternehmens (vgl. Hatch/Dyer 2004) ■ Fortbestand des Unternehmens (vgl. Boxall/Steeneveld 1999) ■ Markterfolg (vgl. Harel/Tzafrir 1999; Stock 2004) ■ Wirtschaftlicher Erfolg (vgl. Truss 2001)
Personalentwicklung	■ Mitarbeiterfluktuation (vgl. Huselid 1995; Rodríguez/Ventura 2003) ■ Wissen des Unternehmens (vgl. Hatch/Dyer 2004) ■ (Arbeits-)Produktivität (vgl. u. a. Huselid 1995; Koch/McGrath 1996; Rodríguez/Ventura 2003) ■ Markterfolg (vgl. Harel/Tzafrir 1999; Stock 2004) ■ Wirtschaftlicher Erfolg (vgl. u. a. Fey/Björkman 2001; Rodríguez/Ventura 2003; Truss 2001)
Personalfreisetzung	■ Unternehmensgewinn (vgl. Bingley/Westergaard-Nielsen 2004)
Belohnungssysteme	
Personalbeurteilung	■ Mitarbeiterfluktuation (vgl. Huselid 1995) ■ Produktivität (vgl. Huselid 1995) ■ Markterfolg (vgl. Stock 2004) ■ Wirtschaftlicher Erfolg (vgl. Fey/Björkman 2001; Huselid 1995)
Personalvergütung	■ Commitment (vgl. Boxall/Steeneveld 1999) ■ Mitarbeiterfluktuation (vgl. Huselid 1995; Rodríguez/Ventura 2003) ■ Markterfolg (vgl. Harel/Tzafrir 1999; Stock 2004) ■ Produktivität (vgl. u. a. Huselid 1995; Li 2003) ■ Profitabilität (vgl. Li 2003) ■ Wirtschaftlicher Erfolg (vgl. Fey/Björkman 2001; Harel/Tzafrir 1999; Huselid 1995; Rodríguez/Ventura 2003)

In der Unternehmenspraxis setzt sich zunehmend die Erkenntnis durch, dass das Personal eine strategische Ressource ist, die einen wesentlichen Beitrag zum Unternehmenserfolg leistet. Dies zeigt Abbildung 2.5, in der die Aussagen ausgewählter Unternehmen zur Bedeutung humaner Ressourcen aufgeführt sind.

Abbildung 2.5   Ausgewählte Unternehmen, die ihre Mitarbeiter als strategisch wichtige Ressource erachten (Recherche von Internetauftritten 2009)

„Audi ist der Erfolg unserer Mitarbeiter; sie sind unser größtes Kapital"

„Unsere Mitarbeiter sind unser wichtigstes Kapital"

"It is our employees' deep and diverse knowledge which enables us to drive innovative solutions in order to master the challenges ahead in the semiconductor industry"

„Unsere Mitarbeiter sind [...] unser wichtigstes Kapital, denn sie bringen unser Unternehmen mit Energie, Einsatzfreude und Engagement voran"

„Unseren Erfolg verdanken wir der hohen Qualität unserer Produkte sowie der langjährigen Erfahrung und dem Know-how unserer mehr als 48.500 Mitarbeiter weltweit"

„Gut ausgebildete Mitarbeiter bilden die Grundlage unserer Innovationskraft und damit unserer Wettbewerbsfähigkeit"

2.1.4   Vergleichende Gegenüberstellung

In den voran gegangenen Abschnitten wurden drei ökonomische Ansätze vorgestellt, die herangezogen werden können, um die Erfolgsauswirkungen verschiedener Maßnahmen des Personalmanagements zu erklären. Die Ansätze unterscheiden sich im Hinblick auf ihren inhaltlichen Fokus, den zugrunde liegenden Wirkungsmechanismus und die sich hieraus ergebende Wirkungsbeziehung. Diese unterschiedlichen Grundannahmen und Kernaussagen spiegeln sich auch in jeweils unterschiedlichen Erklärungsbeiträgen zum Personalmanagement wider, wie Tabelle 2.4 zeigt.

Während die Transaktionskostentheorie herangezogen werden kann, um die Kosten, die für Personalmanagement-Aktivitäten entstehen, zu minimieren, steht bei der Prinzipal-Agenten-Theorie die Frage im Fokus, wie die Austauschbeziehung zwischen einem Unternehmen und dessen Beschäftigten vertraglich so gestaltet werden kann, dass die Beschäftigten im Sinne der Unternehmensziele handeln. Der ressourcenbasierte Ansatz kann schließlich genutzt werden, um Personalmanagement-Aktivitäten zu identifizieren, die dazu dienen, strategische Ressourcen auf- bzw. auszubauen und damit den langfristigen Unternehmenserfolg zu sichern.

Tabelle 2.4   Vergleichende Gegenüberstellung ökonomischer Ansätze mit Relevanz für das Personalmanagement

	Transaktionskosten-theorie	Prinzipal-Agenten-Theorie	Ressourcenbasierter Ansatz
Inhaltlicher Fokus	Entstehung und Zusammensetzung von Transaktionskosten	Entstehung und Umgang mit Informationsasymmetrien in Austauschbeziehungen	Identifikation strategisch relevanter Ressourcen
Wirkungs-mechanismus	Minimierung der Transaktionskosten	Vertragsgestaltungselemente, die Opportunismus unterbinden	Erhalt der Wettbewerbs- und Überlebensfähigkeit von Unternehmen
Wirkungs-beziehung	Ausmaß der Spezifität bzw. Unsicherheit einer Transaktion → Wahl einer kostenminimierenden Koordinationsform	Informationsasymmetrie zwischen Auftraggeber und Auftragnehmer → Wahl einer Opportunismus-unterbindenden Vertragsgestaltung	Gestaltung des Personalmanagements → Auf-/Ausbau strategischer Ressourcen → Unternehmenserfolg
Erklärungs-beitrag zum Personal-management	Kosteneffiziente Gestaltung des Personalmanagements	Vertragliche Gestaltung der Arbeitsbeziehung zwischen Unternehmen und Beschäftigten	Identifikation von Personalmanagement-Maßnahmen, die einen maximalen Beitrag zum Unternehmenserfolg leisten

2.2   Verhaltenswissenschaftliche Ansätze

In den verhaltenswissenschaftlichen Ansätzen mit Bezug zum Personalmanagement ist (im Gegensatz zu den ökonomischen Ansätzen) die Erklärung der Erfolgsauswirkungen der Gestaltung des Personalmanagements von eher untergeordneter Bedeutung. Ihr Untersuchungsgegenstand sind die Wechselwirkungen zwischen den Aktivitäten des Personalmanagements und der psychischen Befindlichkeit (wie z. B. Zufriedenheit, Commitment, Motivation) bzw. dem Verhalten von Beschäftigten. Für die Gestaltung von Personalmanagement-Aktivitäten liefern insbesondere austauschtheoretische (Abschnitt 2.1.1) und motivationstheoretische Ansätze (Abschnitt 2.2.2) einen hohen Erklärungsbeitrag.

2.2.1 Austauschtheoretische Ansätze

Austauschtheoretische Ansätze versuchen zu erklären, warum Mitarbeiter in ein Austausch-verhältnis mit einem Unternehmen eintreten bzw. dieses aufrecht erhalten. Im Folgenden werden drei austauschtheoretische Ansätze behandelt:

- die Anreiz-Beitrags-Theorie (Abschnitt 2.2.1.1),

- die Soziale Austauschtheorie (Abschnitt 2.2.1.2) sowie

- die Theorien der organisationalen Gerechtigkeit (Abschnitt 2.2.1.3).

2.2.1.1 Die Anreiz-Beitrags-Theorie

Viele Unternehmen führen umfassende Maßnahmen durch, um qualifizierte Führungs-kräfte bzw. Mitarbeiter zu gewinnen und zu binden. Für Unternehmen ist daher die Frage von Bedeutung, wie Personen motiviert werden können, in ein Beschäftigungsverhältnis einzutreten bzw. in diesem zu verbleiben (Leitfrage 5, Tabelle 2.1). Auf die Klärung dieser Frage konzentriert sich die Anreiz-Beitrags-Theorie, die sich mit dem Entscheidungsver-halten von Organisationsteilnehmern beschäftigt (vgl. Barnard 1970; March/Simon 1958; Simon 1997). Im Kern werden drei Entscheidungsarten analysiert:

- Eintrittsentscheidungen werden untersucht, um zu klären, warum Führungskräfte bzw. Mitarbeiter ein Beschäftigungsverhältnis mit einem Unternehmen eingehen.

- Verbleibentscheidungen spiegeln die Loyalität von Führungskräften bzw. Mitarbeitern gegenüber einem Unternehmen wider. Sie werden hinsichtlich der Frage analysiert, warum Führungskräfte bzw. Mitarbeiter als Beschäftigte in einem Unternehmen ver-bleiben.

- Die Frage, warum Führungskräfte bzw. Mitarbeiter ein Beschäftigungsverhältnis been-den, steht im Mittelpunkt der Analyse von Austrittsentscheidungen.

Diese Entscheidungen kommen gemäß der Anreiz-Beitrags-Theorie dadurch zustande, dass Personen eine Austauschbeziehung bewerten, indem sie ihre erbrachten Beiträge mit den erhaltenen Anreizen vergleichen (vgl. Simon 1997, S. 141). Führungskräfte bzw. Mitar-beiter sind bereit, Leistungen für ein Unternehmen zu erbringen, sofern sie dafür adäquate Gegenleistungen, d. h. Anreize, erhalten (vgl. Simon 1997, S. 146). Eine Herausforderung für Unternehmen besteht gemäß der Anreiz-Beitrags-Theorie also darin, solche Anreize für Führungskräfte bzw. Mitarbeiter zu setzen, die deren Leistungsbereitschaft nachhaltig steigern (vgl. March/Simon 1995, S. 83). Sowohl Beiträge als auch Anreize können monetä-rer oder nicht-monetärer Art sein. Tabelle 2.5 stellt beispielhafte monetäre bzw. nicht-monetäre Anreize und Beiträge gegenüber.

Der von einer Person vorgenommene Vergleich von geleisteten Beiträgen und erhaltenen Anreizen erfolgt vor dem Hintergrund der Annahme, dass Austauschpartner nach Gleich-gewicht in Austauschbeziehungen streben (vgl. u. a. Barnard 1970, S. 73). Ein solches *Gleichgewicht* liegt vor, wenn die einer Person gebotenen Anreize größer sind als die eigenen Beiträge. In diesem Fall ist die Neigung einer Person, in ein Unternehmen einzutreten bzw. dort zu verbleiben, relativ hoch (vgl. March/Simon 1958, S. 93). *Ungleichgewicht* ist dagegen gegeben, wenn die gelieferten Beiträge einer Person die erhaltenen Anreize übersteigen (vgl. March/Simon 1958, S. 84; Wentges 2002, S. 90). Dies ist beispielsweise der Fall, wenn Beschäftigte sich in hohem Maße für das Unternehmen engagieren, aber nach subjektivem Empfinden nicht hinreichend für die Leistungen vergütet werden.

Tabelle 2.5   Monetäre und nicht-monetäre Anreize bzw. Beiträge

	Beispielhafte Anreize von Unternehmen	Beispielhafte Beiträge von Führungskräften bzw. Mitarbeitern
Monetär	■ Fixe Basisvergütung ■ Leistungsprämien ■ Incentives	■ Verzicht auf Vergütungsanteile (z. B. in Krisenzeiten) ■ Unbezahlte Mehrarbeit/ Überstunden
Nicht-monetär	■ Karrieremöglichkeiten ■ Anerkennung ■ Status ■ Positives Arbeitsklima ■ Reputation ■ Attraktivität der erstellten Produkte (z. B. Luxusgüter)	■ Arbeitsleistung ■ Motivation ■ Pro-soziales Verhalten ■ Teamorientierung ■ Eigenverantwortlichkeit

Die Bewertung eines Arbeitsverhältnisses durch die Beschäftigten hängt gemäß der Anreiz-Beitrags-Theorie insbesondere von zwei Faktoren ab (vgl. March/Simon 1958, S. 111): der Bindung einer Person an das Unternehmen und den Opportunitätskosten.

Die *Bindung einer Person an das Unternehmen* (auch als Commitment bezeichnet) beschreibt, wie sehr sich eine Person wünscht, in einem Unternehmen zu verbleiben (vgl. Brown 1996, S. 248). Hohe Bindung kommt insbesondere dadurch zum Ausdruck, dass Personen (vgl. Allen/Meyer 1990, S. 1)

■ sich in hohem Maße mit einem Unternehmen identifizieren und hohes Involvement gegenüber einem Unternehmen aufweisen (affective component),

■ die Kosten eines Unternehmenswechsels als relativ hoch einstufen (continuance component) bzw.

■ eine hohe innere Verpflichtung gegenüber einem Unternehmen empfinden (normative component).

Die *Opportunitätskosten* einer Person repräsentieren den Nutzen von alternativen Beschäftigungsmöglichkeiten, auf die eine Person zu Gunsten des derzeitigen Arbeitgebers verzichtet. Könnte eine Person beispielsweise für eine bestimmte Tätigkeit bei einem anderen als dem aktuellen Arbeitgeber eine monatliche Vergütung von 3.000,- Euro erzielen, so betragen die Opportunitätskosten 3.000,- Euro. Liegen die Opportunitätskosten unterhalb bzw. auf demselben Niveau wie die aktuell erhaltenen Anreize, so wird eine Person in der Austauschbeziehung mit dem Unternehmen verbleiben. Dies ist beispielsweise der Fall, wenn das eigene Unternehmen einer Person mindestens 3.000,- Euro als Anreiz zahlt. Ist die Vergütung dagegen niedriger als im Alternativunternehmen, so sind die Anreize im eigenen Unternehmen geringer als die Opportunitätskosten. In diesem Fall ist der Mitarbeiter nur begrenzt an ein Unternehmen gebunden.

Die Bindung bzw. die Opportunitätskosten einer Person hängen gemäß der Anreiz-Beitrags-Theorie wiederum von der Arbeitszufriedenheit und der Verfügbarkeit von Alternativen ab (vgl. Wiswede 2007). Die Arbeitszufriedenheit (auch als Mitarbeiterzufriedenheit bezeichnet) wird verstanden als „Einstellung [einer Person] in Bezug auf das Arbeitsumfeld, die sich aus dem abwägenden Vergleich zwischen dem erwarteten Arbeitsumfeld (Soll) und dem tatsächlich wahrgenommenen Arbeitsumfeld (Ist) ergibt" (Stock-Homburg 2009, S. 9). Die Verfügbarkeit von Alternativen bezieht sich auf die Möglichkeiten einer Person, alternative Tätigkeiten in anderen Unternehmen wahrzunehmen. Sie ist umso höher, je höher die Attraktivität der Person für den Arbeitsmarkt ist.

Die Anreiz-Beitrags-Theorie unterstellt also eine Wirkungskette, in der verschiedene Einflussfaktoren über einen Vergleichsprozess das Entscheidungsverhalten von Führungskräften bzw. Mitarbeitern in Unternehmen beeinflussen. Diese Wirkungskette ist in Abbildung 2.6 veranschaulicht.

Die Anreiz-Beitrags-Theorie liefert auch Implikationen für die Gestaltung von Vergütungssystemen (vgl. Emde 2004, S. 63), indem sie erklärt, wodurch ein bestimmtes Verhalten hervorgerufen, erhalten oder vermieden werden kann. Beispielsweise schaffen variable Vergütungskomponenten (über zusätzlich erzielbares Einkommen) Anreize für eine Leistungssteigerung von Führungskräften bzw. Mitarbeitern (vgl. Emde 2004, S. 63). Das zusätzliche Einkommen wirkt dabei nicht nur materiell, sondern hat z. B. als Statussymbol auch eine immaterielle Wirkung (vgl. Becker/Kramarsch 2006, S. 23).

Abbildung 2.6   Einflussfaktoren von Eintritts-, Verbleib- und Austrittsentscheidungen
von Beschäftigten gemäß der Anreiz-Beitrags-Theorie

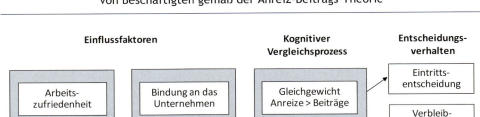

Schließlich geht die Anreiz-Beitrags-Theorie explizit davon aus, dass ein Unternehmen den zu erwartenden Leistungen von Mitarbeitern jeweils einen Anreiz gegenüber stellen muss (vgl. Emde 2004, S. 63). Damit betont sie grundsätzlich die Gestaltungsmöglichkeiten von Unternehmen hinsichtlich der Gewährung von Leistungsanreizen (vgl. Kralj 2004, S. 15; Menne 2000). Da sich die Bewertung von Anreizen und Beiträgen an individuellen Normen und Erwartungen orientiert, rückt die Anreiz-Beitrags-Theorie die individuelle Motivationsstruktur der Anreizempfänger in das Blickfeld (vgl. Menne 2000, S. 174). Sie liefert beispielsweise Erkenntnisse darüber, wie die Identifikation der Beschäftigten mit den Unternehmenszielen durch Anreize beeinflusst werden kann (vgl. Kolesky 2006, S. 68).

Kritisch an der Anreiz-Beitrags-Theorie ist anzumerken, dass diese auf der Verhaltensannahme der Nutzenmaximierung beruht. Implizit wird dabei unterstellt, dass Personen in der Lage sind, Anreize und Beiträge zu einer einzigen Nutzengröße zusammenzufassen und ihrem Verhalten zugrunde zu legen (vgl. Thielmann-Holzmeyer 2002, S. 316). Nicht berücksichtigt werden dagegen Situationen, in denen Mitarbeiter nicht ausschließlich auf Basis von Nutzenüberlegungen handeln können. Beispielhaft seien in diesem Zusammenhang Situationen hoher Arbeitslosigkeit bzw. geringer zeitlicher oder räumlicher Flexibilität aufgrund privater Umstände genannt.

Die Aussagen der Anreiz-Beitrags-Theorie wurden verschiedentlich empirisch untersucht. So zeigt beispielsweise eine Befragung von 140 Topmanagern und 222 Führungskräften aus 138 chinesischen Unternehmen, dass ein ausgeglichenes Niveau zwischen Anreizen und Beiträgen die Zufriedenheit der Beteiligten eher fördert als eine Dominanz von Anreizen bzw. Beiträgen (vgl. Ma et al. 2003, S. 511). Dieses Ergebnis deutet auf kulturelle Unterschiede im Umgang mit Anreizen und Beiträgen durch die Beschäftigten hin.

2.2.1.2 Die Soziale Austauschtheorie

Eine weitere Frage des Personalmanagements bezieht sich darauf, welche Faktoren zur Zufriedenheit und zur Bindung von Führungskräften bzw. Mitarbeitern beitragen (vgl. Leitfrage 6, Tabelle 2.1). Indem sie eine Antwort auf diese Frage liefert, ermöglicht es die Soziale Austauschtheorie, Personalmanagement-Aktivitäten gezielt auf die Bedürfnisse der Beschäftigten abzustimmen.

Die Soziale Austauschtheorie geht auf die Arbeiten von George C. Homans (1958) sowie John W. Thibaut und Harold H. Kelley (1959) zurück. Sie basiert auf der Annahme, dass Führungskräfte bzw. Mitarbeiter (als eigennützige Akteure) Austauschbeziehungen mit Unternehmen eingehen, um Ziele zu erreichen, welche sie alleine nicht realisieren können (vgl. Lawler/Thye 1999, S. 217). Austauschbeziehungen werden solange aufrechterhalten, wie sich die Austauschpartner einen Nutzen davon versprechen (vgl. Kumar/Ravishanker/Venkatesan 2007, S. 116). Dabei sind Führungskräfte bzw. Mitarbeiter bestrebt, ihren eigenen Nutzen (auch zu Lasten des Unternehmens) zu maximieren.

Die Beschäftigten bewerten eine Austauschbeziehung mit einem Unternehmen anhand der daraus erzielten Ergebnisse (vgl. Schröder 2003, S. 45). Das Ergebnis einer Austauschbeziehung (E) resultiert aus der Differenz zwischen Nutzen und Kosten für eine Person (vgl. Gierl/Stumpp 2000, S. 275). Diese werden anhand von zwei Referenzniveaus beurteilt (vgl. Gierl/Stumpp 2000, S. 275):

- den Erwartungen einer Person sowie

- den verfügbaren Alternativen.

Das *Erwartungsniveau* als Comparison Level (CL) basiert auf Bedürfnissen, persönlichen Ansprüchen bzw. den Erfahrungen einer Person mit ähnlichen Situationen (vgl. Wiswede 2007). Das Erwartungsniveau von Führungskräften bzw. Mitarbeitern kann beispielsweise auf

- Personalmanagement-Aktivitäten vorheriger Arbeitgeber,

- persönlichen Erwartungen an einen Arbeitgeber sowie

- beruflichen Zielen einer Person

basieren. Schätzt eine Person das Ergebnis eines Arbeitsverhältnisses in Relation zu den Erwartungen an das Arbeitsverhältnis positiv ein, so ist diese mit dem Arbeitsverhältnis zufrieden.

Das zweite Referenzniveau (CL_{alt}) ergibt sich aus der Art und der Anzahl *verfügbarer Alternativen*. Alternativen von Führungskräften oder Mitarbeitern können beispielsweise

- umfassende Chancen auf dem Arbeitsmarkt,

- attraktive Möglichkeiten des Stellenwechsels innerhalb des Unternehmens sowie

- konkrete Angebote anderer Unternehmen

sein.

Personen vergleichen das Ergebnis einer Austauschbeziehung mit verschiedenen Referenzniveaus (CL bzw. CL_{alt}). Das Ergebnis dieses Vergleichsprozesses beeinflusst wiederum die Zufriedenheit und die Bindung einer Person hinsichtlich einer Austauschbeziehung (vgl. Wiswede 2007). Stufen Beschäftigte beispielsweise das Ergebnis einer Austauschbeziehung als vorteilhafter ein als die Ergebnisse vergleichbarer Alternativen, so werden diese tendenziell im Unternehmen verbleiben. Sie sind also relativ stark an das Unternehmen gebunden. Abbildung 2.7 veranschaulicht die Auswirkungen des Vergleichsprozesses auf die Zufriedenheit bzw. die Bindung der Austauschpartner (in Anlehnung an Irle 1975, S. 404).

Abbildung 2.7   Auswirkungen des Vergleichsprozesses zwischen Ergebnis und Referenzniveaus einer Austauschbeziehung

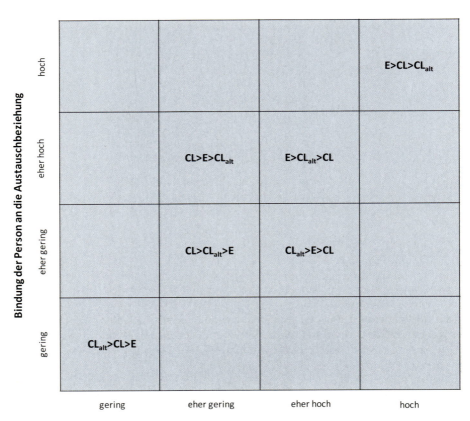

Ein zentrales Ziel des Personalmanagements besteht darin, gleichermaßen hohe Zufriedenheit von Führungskräften bzw. Mitarbeitern zu erzielen und sie so nachhaltig an das Unternehmen zu binden. Beides ist gemäß der Sozialen Austauschtheorie allerdings nur dann gegeben, wenn das Ergebnis der Austauschbeziehung oberhalb des Erwartungsniveaus und des Niveaus verfügbarer Alternativen liegt. Aus dem Vergleich zwischen den Ergebnissen und den Referenzniveaus (Erwartungen bzw. Alternativen) resultieren im Kern vier alternative Typen von Führungskräften bzw. Mitarbeitern (vgl. Abbildung 2.8).

Abbildung 2.8   Typologie der Mitarbeiterzufriedenheit und -bindung nach der Logik der Sozialen Austauschtheorie

Liegt das Ergebnis der Austauschbeziehung unterhalb der beiden Referenzniveaus, so liegt weder Zufriedenheit noch Bindung von Führungskräften bzw. Mitarbeitern vor. Die Erwartungen der Beschäftigten werden durch das Unternehmen nicht erfüllt. Nach der Sozialen Austauschtheorie ist die bestehende Austauschbeziehung instabil. Die betroffenen Führungskräfte bzw. Mitarbeiter sind *Absprungkandidaten*, die bei Vorliegen entsprechender Alternativen die Austauschbeziehung beenden.

Von *nachhaltiger Bindung* ist gemäß der Sozialen Austauschtheorie dann auszugehen, wenn die Ergebnisse der Austauschbeziehung durch die Führungskräfte bzw. die Mitarbeiter positiver eingeschätzt werden als die beiden Referenzniveaus. Gemäß der Sozialen Austauschtheorie ist eine solche Austauschbeziehung sehr stabil.

Die Soziale Austauschtheorie bildet darüber hinaus Konstellationen ab, in denen die Zufriedenheit und die Bindung von Führungskräften bzw. Mitarbeitern unterschiedlich stark ausgeprägt sind. Werden die Erwartungen einer Person erfüllt (E > CL), stehen einer Person aber gleichzeitig attraktivere Alternativen zur Verfügung (CL$_{alt}$ > E), so postuliert die Soziale Austauschtheorie eine hohe Instabilität der Austauschbeziehung. Beschäftigte des Typs *Jobhopper* sehen ihre Erwartungen zwar erfüllt (d. h. sie sind zufrieden), sind aber aufgrund verfügbarer Alternativen relativ wenig an das Unternehmen gebunden.

Unecht gebundene Führungskräfte bzw. Mitarbeiter sind mit der Austauschbeziehung mit einem Unternehmen unzufrieden (d. h. CL > E), haben aber keine attraktiven Alternativen (E > CL$_{alt}$). Sie verbleiben also nicht aufgrund hoher Zufriedenheit, sondern aus Mangel an Alternativen im Unternehmen. Ein Wechsel wird spätestens dann vollzogen, wenn entsprechende Alternativen vorliegen.

Zwei Annahmen der Sozialen Austauschtheorie werden in der Literatur wiederholt kritisiert. Zum einen geht die Soziale Austauschtheorie von weitestgehender Rationalität im Rahmen zwischenmenschlicher sozialer Interaktionen aus (vgl. Emerson 1976, S. 340). Der Rationalitätsprämisse zufolge wählen die Akteure eine Austauschbeziehung auf Basis eigennütziger Überlegungen und richten ihr Verhalten innerhalb der Beziehung an ihrem individuellen Nutzen aus. Emerson (1976, S. 340) bezweifelt, dass alle menschlichen Handlungen auf derartig rationalen Betrachtungen basieren. Zum anderen werfen Autoren der Theorie eine kontextlose Verallgemeinerung vor, die der Einbettung von Interaktionsbeziehungen in sozioökonomische Strukturen nicht hinreichend Rechnung trägt (vgl. Sydow 1992, S. 196).

Die Soziale Austauschtheorie wurde in der empirischen Personalforschung verschiedentlich zur Erklärung von kausalen Wirkungsbeziehungen genutzt. So ziehen Hewett und Watson (2006, S. 141) die Theorie heran, um Erfolgsfaktoren des Wissenstransfers zwischen Mitarbeitern zu identifizieren. Weitere Anwendungsgebiete der Sozialen Austauschtheorie sind Modelle, in denen verschiedene Verhaltensauswirkungen (Identifikation mit dem Unternehmen, Entscheidungsqualität usw.) von Austauschbeziehungen zwischen Unternehmen und Beschäftigten untersucht werden (vgl. Johnson/O'Leary-Kelley 2003, S. 627). Eine weitere Gruppe von Untersuchungen betrachtet Interdependenzen und Auswirkungen parallel existierender Austauschbeziehungen (vgl. Liden/Shore/Wayne 1997, S. 82). Hierbei wurde festgestellt, dass für die Verhaltensweisen von Führungskräften bzw. Mitarbeitern mindestens zwei Austauschbeziehungen relevant sind: die Austauschbeziehung zwischen Unternehmen und Beschäftigten einerseits und die Austauschbeziehung zwischen Führungskräften und Mitarbeitern andererseits (vgl. auch Goldman et al. 2000, S. 740).

2.2.1.3   Theorien der organisationalen Gerechtigkeit

Für den Erfolg der Aktivitäten des Personalmanagements ist unter anderem entscheidend, ob diese von Führungskräften bzw. Mitarbeitern als gerecht wahrgenommen werden. Eine wichtige Frage bezieht sich daher darauf, wie Gerechtigkeitsempfindungen von Beschäftigten zustande kommen und wie diese sich auf das Arbeitsverhalten auswirken (vgl. Leitfrage 7, Tabelle 2.1). Mit der wahrgenommenen Gerechtigkeit von Austauschbeziehungen beschäftigen sich die Theorien der organisationalen Gerechtigkeit.

Organisationale Gerechtigkeit bezeichnet das Ausmaß, in dem Ereignisse in einem Unternehmen durch dessen Beschäftigte als fair wahrgenommen werden (vgl. Colquitt/ Greenberg 2003, S. 165). Die Theorien zur organisationalen Gerechtigkeit basieren auf der Annahme, dass Aspekte des Arbeitsumfeldes, wie beispielsweise Maßnahmen der Personalentwicklung, -vergütung oder -freisetzung, auf Basis bestimmter Standards oder Regeln durch die Beschäftigten eines Unternehmens als gerecht bzw. ungerecht bewertet werden (vgl. Cropanzano et al. 2001). Diese Bewertung wirkt sich wiederum auf zentrale organisationale Erfolgsgrößen wie beispielsweise die Arbeitszufriedenheit, das Commitment oder die Leistung der Beschäftigten aus (vgl. Colquitt et al. 2001).

Die wahrgenommene Gerechtigkeit kann sich auf verschiedene Aspekte des Arbeitsumfeldes beziehen. In der Literatur werden vier Dimensionen der organisationalen Gerechtigkeit unterschieden: die distributive, die prozedurale, die informationale und die interpersonelle Gerechtigkeit (vgl. Colquitt/Greenberg 2003, S. 171).

- Die *distributive Gerechtigkeit* beschreibt, inwieweit Führungskräfte und Mitarbeiter eines Unternehmens die Verteilung von Ressourcen (wie beispielsweise der Vergütung oder der Arbeitsmaterialien) unter den Beschäftigten als fair empfinden (Roch/Shanock 2006, S. 300). Übertragen auf das Personalmanagement, spiegelt sich die distributive Gerechtigkeit beispielsweise im Zugang zu Personalentwicklungsmaßnahmen oder der Höhe der Vergütung wider.

- Im Fokus der *prozeduralen Gerechtigkeit* stehen die Prozesse, die in einem Unternehmen der Entscheidungsfindung vorausgehen (Roch/Shanock 2006, S. 300). Die Beschäftigten empfinden hohe prozedurale Gerechtigkeit, wenn die Entscheidungsprozesse ethischen und moralischen Standards entsprechen, nicht von Vorurteilen geprägt sind und gegebenenfalls Einspruch gegen die daraus resultierenden Entscheidungen erhoben werden kann (Colquitt/Greenberg 2003, S. 165). So bewerten Beschäftigte beispielsweise die Personalbeurteilung als Basis für die Entscheidung über die Höhe des Gehalts mit den Kriterien prozeduraler Gerechtigkeit.

- Die *informationale Gerechtigkeit* bezieht sich darauf, inwieweit Führungskräfte und Mitarbeiter das Gefühl haben, ausreichend, verständlich und offen über Entscheidungen informiert zu werden (Colquitt et al. 2001, S. 427). Informationale Gerechtigkeit kann im Rahmen des Personalmanagements beispielsweise durch regelmäßige Gespräche zwischen Führungsperson und Mitarbeiter sichergestellt werden.

- Die *interpersonelle Gerechtigkeit* beschreibt, inwieweit die Beschäftigten eines Unternehmens von Entscheidungsträgern höflich und respektvoll behandelt werden (Colquitt et al. 2001, S. 427). In diesem Zusammenhang sind vor allem die Umsetzung der Instrumente der Mitarbeiter- und Teamführung (vgl. Kapitel 12 und 15) entscheidend für die Wahrnehmung der Beschäftigten. Die Grundlagen für einen höflichen und respektvollen Umgang miteinander werden in der Unternehmenskultur (vgl. Abschnitt 7.2.2) gelegt.

Ein Ansatz, der sich auf die Erklärung distributiver Gerechtigkeit konzentriert, ist die *Equity Theory*. Diese Theorie geht im Wesentlichen auf die Überlegungen von John Adams (1963, 1965) sowie George Homans (1958) zurück.

Die Equity Theory basiert auf der Annahme, dass Personen eine Austauschbeziehung möglichst so gestalten wollen, dass die Verhältnisse von Aufwand (Input) und Ertrag (Outcome) der Austauschpartner ausgeglichen sind. *Gerechtigkeit* (equity) liegt vor, wenn die Aufwands-Ertrags-Relation einer Person nicht positiv oder negativ von der Aufwands-Ertrags-Relation ihres Austauschpartners abweicht (vgl. Homans 1958, S. 30). Gerechtigkeit kann folglich durch folgende Relation ausgedrückt werden:

$$\frac{Outcome_p}{Input_p} = \frac{Outcome_a}{Input_a},$$

wobei p eine Person und a deren Austauschpartner darstellt. *Ungerechtigkeit* (inequity) wird dann empfunden, wenn die wahrgenommenen Input-Outcome-Verhältnisse voneinander abweichen (vgl. Adams 1963, S. 424). Interessant ist hierbei, dass gemäß der Equity Theory eine Person sowohl bei Benachteiligung (vgl. hierzu Leventhal/Bergman 1969) als auch bei Begünstigung (vgl. u. a. Berscheid/Boye/Walster 1975; Schmitt/Marwell 1972) Ungerechtigkeit empfindet (vgl. Adams 1965, S. 281; Austin/Walster 1975, S. 475).

Eine weitere Annahme der Equity Theory lautet, dass Personen, die sich in einer als ungerecht wahrgenommenen Austauschbeziehung befinden, versuchen, Gerechtigkeit wiederherzustellen (vgl. Austin/Walster 1975, S. 475). Dabei können sie unterschiedlich auf Ungerechtigkeit reagieren:

- Durch Rücknahme oder Steigerung der eigenen Aufwendungen kann eine *Veränderung des Inputs* mit dem Ziel bewirkt werden, die Benachteiligung bzw. die Begünstigung auszugleichen (vgl. Adams 1965, S. 283). In diesem Zusammenhang sprechen Austin und Walster (1975, S. 475) auch von der Schaffung „ausgleichender Gerechtigkeit".

- Im Falle einer *Veränderung der kognitiven Komponenten (Einstellungsänderung)* wird die Bedeutung des Inputs bzw. des Outcomes relativiert, d. h. eine der beiden Komponenten umbewertet. Die Umbewertung erfolgt dabei entsprechend der Art der wahrgenommenen Ungerechtigkeit (Benachteiligung bzw. Begünstigung; vgl. Adams 1965, S. 291).

- Eine *Beeinflussung des Austauschpartners* kann zum einen dadurch erfolgen, dass dem Austauschpartner nahegelegt wird, die Austauschbeziehung zu beenden. Zum anderen kann sich das Ausgleichsstreben darin ausdrücken, dass beim Austauschpartner ein höherer Outcome eingefordert wird (vgl. Adams 1965, S. 292 f.).

- Eine letzte Möglichkeit, Gerechtigkeit wiederherzustellen, ist der *Abbruch der Beziehung*. Er kann auf unterschiedliche Weise vorgenommen werden, wie beispielsweise durch Kündigung der Tätigkeit oder Absentismus (vgl. Adams 1965, S. 292).

Die Theorien zur organisationalen Gerechtigkeit im Allgemeinen und die Equity Theory im Besonderen liefern zweifelsohne einen hohen Erkenntnisbeitrag für das Verständnis von Austauschbeziehungen zwischen Personen und Organisationen. Allerdings weisen sie einige Schwachpunkte auf (vgl. ausführlich Stock-Homburg 2009, S. 68 f.), die an dieser Stelle kurz angesprochen werden sollen.

Tabelle 2.6 Beispielhafte Ansatzpunkte des Personalmanagements zur Förderung unterschiedlicher Gerechtigkeitsdimensionen

Bereiche	Ansatzpunkte zur Förderung von …			
	… distributiver Gerechtigkeit	… prozeduraler Gerechtigkeit	… informationaler Gerechtigkeit	… interpersoneller Gerechtigkeit
Ausgewählte Mitarbeiterflusssysteme				
Personal-entwicklung	Anbieten attraktiver Karrieremodelle für Beschäftigte mit hohem Potenzial	Auswählen von Beschäftigten für Förderprogramme auf Basis leistungsbezogener Kriterien	Darlegen der Auswahlkriterien für die Teilnahme an Personalentwicklungsmaßnahmen	Eingehen auf persönliche Erwartungen von Führungskräften und Mitarbeitern
Personal-freisetzung	Gewähren von Abfindungen, die in angemessenem Verhältnis zu den Verlusten des freigesetzten Mitarbeiters stehen	Definieren eines nachvollziehbaren Prozesses zur Bestimmung der freigesetzten Personen	Darlegen der Kriterien für Freisetzungsentscheidungen	Erläutern der Freisetzungsentscheidungen in einem offenen und respektvollen persönlichen Gespräch
Belohnungssysteme				
Personal-beurteilung	Berücksichtigen der individuellen Zielerreichung in der Beurteilung	Überprüfen der Beurteilungen durch Vorgesetzte auf mögliche Beurteilungsfehler	Offenlegen der Beurteilungskriterien gegenüber Führungskräften und Mitarbeitern	Übermitteln und Begründen der Beurteilungsergebnisse in einem offenen Gespräch
Personal-vergütung	Leisten von Bonuszahlungen entsprechend der erzielten Leistungen	Eingehen auf Widersprüche der Beschäftigten gegen Gehaltsfestlegungen	Frühzeitiges Informieren der Beschäftigten über Änderungen in Vergütungsstrukturen	Persönliches Überzeugen der Mitarbeiter vom praktizierten Vergütungsmodell
Mitarbeiter- bzw. Teamführung				
Mitarbeiter-führung	Verteilen der zeitlichen Ressourcen der Führungsperson entsprechend des Abstimmungsbedarfs der Mitarbeiter	Definieren eines nachvollziehbaren Prozesses zur Vergabe von Projekten	Frühzeitiges und klares Delegieren von Aufgaben	Eingehen auf zwischenmenschliche Belange der Geführten
Team-führung	Verteilen der Aufgaben im Team entsprechend der Fähigkeiten der Mitarbeiter	Definieren eines Prozesses zur Festlegung der Teamziele	Festlegen eindeutiger Verantwortlichkeiten im Team	Fördern einer offenen Kommunikationskultur im Team

Im Zusammenhang mit den Theorien zur organisationalen Gerechtigkeit steht die empiri-sche Untersuchung der relativen Bedeutung der vier Gerechtigkeitsdimensionen für die Zufriedenheit, das Commitment und die Leistung der Beschäftigten noch aus (vgl. Cropanzano et al. 2001, S. 7; Roch/Shannock 2006, S. 301). Des Weiteren mangelt es an Studien, die belegen, durch welche Maßnahmen Unternehmen die wahrgenommene Ge-rechtigkeit ihrer Beschäftigten gezielt erhöhen können.

Der Hauptkritikpunkt an der Equity Theory bezieht sich auf die mangelnde Präzisierung des Inputs und des Outcomes (vgl. Deutsch 1985). Durch die Möglichkeit der offenen Aus-legung dieser Konzepte ergibt sich ein gewisser Interpretationsspielraum im Sinne der gewünschten Ergebnisse seitens des Betrachters. Zudem werden die situativen Rahmen-bedingungen, in die eine Austauschbeziehung eingebettet ist, nicht betrachtet.

Die Theorien der organisationalen Gerechtigkeit liefern wertvolle Erkenntnisse für das Verständnis von empfundener Gerechtigkeit und deren Auswirkungen auf das Arbeits-verhalten von Führungskräften bzw. Mitarbeitern. So wurde beispielsweise die Equity Theory häufig herangezogen, um die Austauschbeziehung zwischen Beschäftigten und Unternehmen zu erklären (vgl. Axelrod 1987; Brockner et al 1986; DeLeo/Pritchard 1974; Greenberg 1987; Konopaske/Werner 2002; Stock-Homburg 2009). Die Unterscheidung zwischen verschiedenen Formen der Gerechtigkeit liefert darüber hinaus konkrete Impli-kationen für die einzelnen Bereiche des Personalmanagements. Beispielhafte Ansatzpunk-te des Personalmanagements zur Steigerung der wahrgenommenen Gerechtigkeit von Führungskräften bzw. Mitarbeitern werden in Tabelle 2.6 dargelegt.

2.2.1.4   Vergleichende Gegenüberstellung

Wie in den vorangegangenen Abschnitten deutlich wurde, ist den austauschtheoretischen Ansätzen gemeinsam, dass im Fokus der Betrachtung Austauschbeziehungen zwischen zwei Austauschpartnern stehen. Übertragen auf das Personalmanagement werden also Austauschbeziehungen zwischen einem Unternehmen und dessen Beschäftigten analysiert. Die austauschtheoretischen Ansätze unterscheiden sich jedoch erheblich im Hinblick auf die Kriterien, welche die Austauschpartner heranziehen, um die Austauschbeziehung zu bewer-ten und zu entscheiden, ob sie diese eingehen, aufrecht erhalten bzw. beenden. Tabelle 2.7 fasst die Ausführungen der vorangegangenen Abschnitte kurz zusammen und gibt einen Überblick über die zentralen Unterschiede zwischen der Anreiz-Beitrags-Theorie, der Sozia-len Austauschtheorie und den Theorien der organisationalen Gerechtigkeit.

Tabelle 2.7 Vergleichende Gegenüberstellung austauschtheoretischer Ansätze mit Relevanz für das Personalmanagement

	Anreiz-Beitrags-Theorie	Soziale Austauschtheorie	Theorien der organisationalen Gerechtigkeit
Inhaltlicher Fokus	Ursachen für das Eingehen und Auflösen von Austauschbeziehungen	Ursachen für die Bindung und die Zufriedenheit eines Austauschpartners im Hinblick auf eine Austauschbeziehung	Entstehung und Konsequenzen von Gerechtigkeitswahrnehmungen im Rahmen einer Austauschbeziehung
Wirkungsmechanismus	Bewertung alternativer Austauschbeziehungen im Hinblick auf die Maximierung des individuellen Nutzens	Bewertung einer Austauschbeziehung im Hinblick auf die Maximierung des individuellen Nutzens	Bewertung einer Austauschbeziehung im Hinblick auf die Gerechtigkeit des Austausches
Wirkungsbeziehung	Vergleich alternativer Austauschbeziehungen im Hinblick auf das Verhältnis zwischen Anreizen und Beiträgen → Wahl einer nutzenmaximierenden Austauschbeziehung	Bewertung einer aktuellen Austauschbeziehung im Hinblick auf die persönlichen Erwartungen und alternative Austauschbeziehungen → Zufriedenheit mit und Bindung an diese Austauschbeziehung	Wahrnehmung des Grades an organisationaler Gerechtigkeit → Veränderung von Einstellungen bzw. Verhaltensweisen gegenüber dem Austauschpartner
Erklärungsbeitrag zum Personalmanagement	Identifikation von Personalmanagement-Maßnahmen, die das Commitment von Beschäftigten sicherstellen bzw. erhöhen	Identifikation von Personalmanagement-Maßnahmen, welche die Bindung und die Zufriedenheit von Beschäftigten erhöhen	Identifikation von Personalmanagement-Maßnahmen, welche die von Beschäftigten wahrgenommene Gerechtigkeit erhöhen

2.2.2 Motivationstheoretische Ansätze

Für die erfolgreiche Führung von Mitarbeitern ist es für Unternehmen wichtig zu wissen, wie und durch welche Anreize Mitarbeiter motiviert werden können. Für Unternehmen sind daher Kenntnisse darüber, wie Motivationsvorgänge ablaufen und sich bestimmte Motive auf das Verhalten von Mitarbeitern auswirken (Leitfrage 8, Tabelle 2.1), bedeutend. Auf die Erklärung dieser Zusammenhänge konzentrieren sich diverse in der Psychologie verwurzelte motivationstheoretische Ansätze. Der Untersuchungsgegenstand dieser Ansätze ist somit der Zusammenhang von Motiven und Verhalten von Mitarbeitern im Arbeitsumfeld.

Unter Motivation wird im Allgemeinen die Bereitschaft eines Menschen verstanden, zu handeln, um eine bestimmtes Ziel zu erreichen (vgl. Hungenberg/Wulf 2007, S. 271). (Arbeits-)Motivation umfasst alle internen und externen Kräfte, welche das arbeitsbezogene Verhalten in seiner Intensität, Richtung und Dauerhaftigkeit beeinflussen (vgl. Kanfer

1990, S. 78; Pinder 1998, S. 11). Motivation ist demnach ein psychologischer Prozess, welcher aus der Interaktion des Mitarbeiters mit seiner Umgebung resultiert (vgl. Ambrose/Kulik 1999, S. 231; Latham/Pinder 2005, S. 486).

Im Hinblick auf den Zusammenhang zwischen Motivation und Verhalten werden in der Literatur motivationstheoretische Inhalts- und Prozessansätze unterschieden (vgl. Kanfer 1990, S. 81; Steers/Mowday/Shapiro 2004, S. 381; siehe auch Abbildung 2.9). Die *Inhaltstheorien* der Motivation beziehen sich auf spezifische Motive, welche das Verhalten von Individuen erklären. Inhaltstheorien geben eine Antwort auf die Frage, was Mitarbeiter im Arbeitskontext leitet und motiviert. Mittels dieser Ansätze können somit Aussagen getroffen werden, welche Anreize Unternehmen setzen können, um Mitarbeiter zu motivieren und damit deren Verhalten im Sinne des Unternehmens zu beeinflussen.

Abbildung 2.9   Motivationstheoretische Ansätze im Überblick

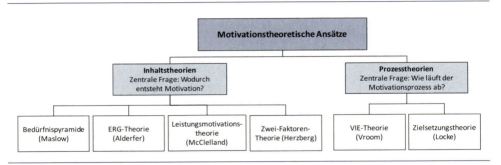

Die am häufigsten in der Literatur herangezogenen inhaltstheoretischen Ansätze sind

- die Bedürfnispyramide (Abschnitt 2.2.2.1),

- die ERG-Theorie (Abschnitt 2.2.2.2),

- die Leistungsmotivationstheorie (Abschnitt 2.2.2.3) sowie

- die Zwei-Faktoren-Theorie (Abschnitt 2.2.2.4).

Im Gegensatz zu den Inhaltstheorien konzentrieren sich *Prozesstheorien* weniger auf die subjektiven Motive von Individuen als vielmehr darauf, wie Motivationsprozesse ablaufen. Sie beschäftigen sich demnach mit der Frage, wie Motivation entsteht und wie diese das menschliche Verhalten beeinflusst. Prozesstheorien geben einen Anhaltspunkt, wie Motivationsprozesse im Arbeitskontext verlaufen und liefern damit unmittelbare Implikationen für erfolgreiche Personalmanagement-Aktivitäten. Zu den wichtigsten Prozesstheorien zählen

- die VIE-Theorie (Abschnitt 2.2.2.5) sowie

- die Zielsetzungstheorie (Abschnitt 2.2.2.6).

2.2.2.1 Die Bedürfnispyramide

Die Bedürfnispyramide (Bedürfnishierarchie) geht auf den US-amerikanischen Psychologen Abraham Maslow (1943, 1954) zurück. Seit ihrer Veröffentlichung gehört sie zu den in Forschung und Praxis populärsten – aber auch umstrittensten – Ansätzen der Motivationsforschung (vgl. Staehle 1999, S. 221).

Maslows Bedürfnispyramide beruht auf der Annahme, dass Menschen durch immanente, den tierischen Instinkten äquivalente Bedürfnisse motivierbar sind (vgl. Maslow 1970, S. 80). Bedürfnisse sind hierarchisch angeordnet und hierarchisch höhere Bedürfnisse werden erst aktiviert, wenn die hierarchisch niedrigeren Bedürfnisse befriedigt sind (vgl. Maslow 1970, S. 35 ff.). Beruhend auf diesen Annahmen unterscheidet Maslow zwischen fünf Bedürfnisklassen, welche entweder ein Defizit- oder ein Wachstumsmotiv repräsentieren (vgl. Abbildung 2.10).

Abbildung 2.10 Die Bedürfnispyramide nach Maslow

Physiologische Bedürfnisse umfassen die biologischen Grundbedürfnisse der Selbsterhaltung, wie beispielsweise das Verlangen nach Nahrung, Wasser, Luft und Schlaf. Physiologische Grundbedürfnisse sind die stärksten aller Bedürfnisse (vgl. Maslow 1970, S. 37). *Sicherheitsbedürfnisse* umfassen die menschlichen Bedürfnisse nach einer berechenbaren, sicheren, stabilen und strukturierten Umgebung. Im Arbeitskontext ist insbesondere die Sicherheit des Arbeitsplatzes ein wichtiges Bedürfnis. Zu den *sozialen Bedürfnissen* sind jene Bedürfnisse zu zählen, welche auf Zugehörigkeit, Zuwendung, Akzeptanz und Liebe durch andere Menschen ausgerichtet sind (vgl. Maslow 1970, S. 43). Menschliche Bedürfnisse nach Selbstbestätigung und Selbstachtung, aber auch nach Respekt und Achtung durch andere, sind den *Wertschätzungsbedürfnissen* zuzuordnen. Im Arbeitskontext sind in diesem Zusammenhang insbesondere der persönliche und der berufliche Erfolg sowie Macht wichtig (vgl. Hungenberg/Wulf 2007, S. 280). *Selbstverwirklichungsmotive* beziehen sich schließlich auf das menschliche Verlangen, sich völlig zu entfalten. Menschen streben danach, das Beste aus ihren Fähigkeiten zu machen (vgl. Maslow 1970, S. 46).

Tabelle 2.8   Erklärungsbeitrag der Bedürfnispyramide für die Personalgewinnung

Bedürfnis-kategorien	Beispielhafte Argumente im Rahmen der Personalgewinnung
Selbst-verwirklichungs-bedürfnisse	■ Aufzeigen guter Möglichkeiten, eigene Ideen einzubringen ■ Transparentmachen attraktiver Entwicklungsmöglichkeiten im Unternehmen (z. B. durch zertifizierte Personalentwicklungsprogramme, vgl. Abschnitt 5.3) ■ Darlegen attraktiver Karriereaussichten im Unternehmen
Wertschätzungs-bedürfnisse	■ Aufzeigen einer hohen Mitarbeiterorientierung des Unternehmens (z. B. in Verhaltensleitlinien) ■ Darlegen persönlicher Wertschätzung gegenüber Beschäftigten (z. B. durch Berichten persönlicher Erfahrungen) ■ Offerieren von Leistungsprämien
Soziale Bedürfnisse	■ Darlegen einer offenen und vertrauensförderlichen Unternehmenskultur (konstruktive Fehlerkultur, offene Bürosysteme, Meetingräume usw.) durch Schnuppertage ■ Hinweisen auf gutes Betriebsklima im Unternehmen (durch Darlegen von Ergebnissen aus Mitarbeiterbefragungen, persönliche Gespräche mit Mitarbeitern usw.) ■ Darlegen der Bedeutung einer angemessenen Work-Life-Balance der Führungskräfte und der Mitarbeiter (z. B. durch Vorstellen existierender Health Care Management Programme; vgl. Kapitel 19)
Sicherheits-bedürfnisse	■ Betonen eines fixen Vergütungsanteils, welcher unabhängig von situativen Rahmenbedingungen garantiert, dass kontinuierlich anfallende private Kosten gedeckt werden können ■ Aufzeigen von Möglichkeiten zum Vermögensaufbau durch Mitarbeiterbeteiligungssysteme (vgl. Abschnitt 9.3) ■ Darlegen relativer Arbeitsplatzsicherheit, z. B. anhand von geringen Fluktuationsraten (vgl. zu diesen Kennzahlen Abschnitt 3.3.1.3)
Physiologische Bedürfnisse	■ Hervorheben, dass die Vergütung die Deckung aller physiologischen Grundbedürfnisse ermöglicht ■ Betonen der Möglichkeiten ausreichender Erholungs- und Regenerationspausen während der Arbeitszeit

Trotz ihrer weiten Verbreitung in Wissenschaft und Praxis ist die Bedürfnispyramide häufig kritisiert worden. So sind die fünf Bedürfniskategorien nicht trennscharf voneinander abzugrenzen. Darüber hinaus konnte die Kategorisierung der Bedürfnisse, und insbesondere deren hierarchische Anordnung, bislang nicht empirisch nachgewiesen werden. Aus diesem Grund wird speziell die mangelnde empirische Unterlegung bemängelt (vgl. Wahba/Bridwell 1976, S. 233). Dennoch liefert die Bedürfnispyramide einige interessante Implikationen für verschiedene Anwendungsfelder des Personalmanagements. Tabelle 2.8

zeigt beispielhaft, wie im Rahmen der Personalgewinnung bei potenziellen Bewerbern die unterschiedlichen Bedürfniskategorien gezielt angesprochen werden können. Die Personalgewinnungskommunikation wird in Abschnitt 4.4.2 ausführlich behandelt.

2.2.2.2 Die ERG-Theorie

Die ERG-Theorie (Existence, Relatedness, Growth) wurde durch Clayton P. Alderfer (1969, 1972) als Reaktion auf Maslows Bedürfnishierarchie mit dem Ziel formuliert, die Theorie stärker als bisher empirisch zu untermauern (vgl. Alderfer 1972, S. 4). Während die Bedürfnispyramide nach Maslow zur Erklärung alltäglicher Lebenssituationen konzipiert wurde, bezieht sich die ERG-Theorie ausschließlich auf den organisationalen Kontext (vgl. Alderfer 1972, S. 1).

Im Gegensatz zu Maslow unterscheidet Alderfer lediglich drei Bedürfniskategorien: Existenzbedürfnisse (existence needs), Beziehungsbedürfnisse (relatedness needs) und Wachstumsbedürfnisse (growth needs). *Existenzbedürfnisse* umfassen alle materiellen und physiologischen Bedürfnisse und ähneln damit Maslows physiologischen und Sicherheitsbedürfnissen (vgl. Alderfer 1972, S. 9). *Beziehungsbedürfnisse* schließen Maslows soziale Bedürfnisse sowie das Bedürfnis nach Wertschätzung ein (vgl. Alderfer 1972, S. 10). *Wachstumsbedürfnisse* entsprechen schließlich den Selbstverwirklichungsbedürfnissen (vgl. Alderfer 1972, S. 11).

Wie Maslow geht auch Alderfer zwar von einer hierarchischen Anordnung der Bedürfnisse aus. Diese können jedoch grundsätzlich simultan aktiviert werden (vgl. Alderfer 1969, S. 154). Dementsprechend verfolgen Menschen unter Umständen mehrere Bedürfnisse parallel. Einzelne Bedürfnisse können alternativ nach vier so genannten Dominanzprinzipien aktiviert werden (vgl. Alderfer 1969, S. 151 ff.):

- der Frustrations-Hypothese,

- der Frustrations-Regressions-Hypothese,

- der Frustrations-Progressions-Hypothese sowie

- der Befriedigungs-Progressions-Hypothese.

Gemäß der *Frustrations-Hypothese* führt ein nicht befriedigtes Bedürfnis zu Frustration. Menschen streben daher danach, dieses Bedürfnis zu befriedigen. Die *Frustrations-Regressions-Hypothese* besagt, dass durch die Nichtbefriedigung eines Bedürfnisses ein hierarchisch niedrigeres Bedürfnis aktiviert oder gesteigert wird. Im Gegensatz dazu kann ein nicht befriedigtes Bedürfnis nach der *Frustrations-Progressions-Hypothese* zu einer Verstärkung des Bedürfnisses sowie zu der Aktivierung höherer Bedürfnisse beitragen. Im Sinne der *Befriedigungs-Progressions-Hypothese* wird durch die Befriedigung eines Bedürfnisses ein hierarchisch höheres Bedürfnis aktiviert. Wird beispielsweise ein Wachstumsbedürfnis befriedigt, so werden weitere Bedürfnisse dieser Kategorie verstärkt (vgl. Alderfer 1969, S. 152).

Die ERG-Theorie ist im Vergleich zur Bedürfnispyramide deutlich offener gestaltet und trägt der Tatsache Rechnung, dass verschiedene Menschen durchaus unterschiedlich auf die Befriedigung bzw. die Nichtbefriedigung ihrer Bedürfnisse reagieren können (vgl. Staehle 1999, S. 224). Dennoch ist die ERG-Theorie weder in der Wissenschaft noch in der Praxis ähnlich weit verbreitet wie der Ansatz Maslows. Die ERG-Theorie liefert allerdings für die Führung von Mitarbeitern und Teams wichtige Implikationen. Insbesondere sollten Führungskräfte

- sich der Tatsache bewusst sein, dass Mitarbeiter unterschiedlich auf die Befriedigung bzw. Nichtbefriedigung von Bedürfnissen reagieren können,

- die individuellen Bedürfnisse der einzelnen Mitarbeiter identifizieren,

- Möglichkeiten für Mitarbeiter schaffen, Bedürfnisse aus unterschiedlichen Kategorien parallel zu befriedigen, sowie

- den Mitarbeitern Wege zur Befriedigung der Bedürfnisse aufzeigen.

2.2.2.3   Die Leistungsmotivationstheorie

Die Leistungsmotivationstheorie ist entscheidend durch den US-amerikanischen Psychologen David C. McClelland (u.a. 1951, 1961, 1971) geprägt worden. Sie basiert auf Henry Murrays (1938) Theorie der Persönlichkeit. McClelland (1951) unterscheidet im Kern zwischen

- Machtmotiven (need for power, abgekürzt: nPow),

- Leistungsmotiven (need for achievement, abgekürzt: nAch) und

- Beziehungsmotiven (need for affiliation, abgekürzt: nAffil).

Die Ausprägung dieser Motive kann individuell variieren (vgl. Abbildung 2.11). Sie werden durch die Sozialisation, den kulturellen Hintergrund, die Arbeits- und Berufserfahrung sowie die gegenwärtige Arbeitssituation geprägt (vgl. Staehle 1999, S. 227).

Das *Machtmotiv* äußert sich in dem Bedürfnis, stark zu sein sowie andere Personen bzw. Gruppen zu beeinflussen oder zu kontrollieren (vgl. Winter 1973a, 1973b). McClelland (1961) unterscheidet zwei konträre Facetten des Machtmotivs (vgl. Abbildung 2.11): das persönlichkeitsbezogene Machtmotiv (personal power) und das institutionelle Machtmotiv (institutional power).

Abbildung 2.11 Die Kernmotive der Leistungsmotivationstheorie

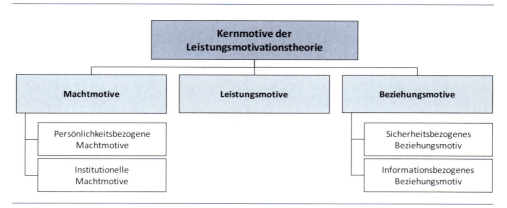

Personen mit einem ausgeprägten *persönlichkeitsbezogenen Machtmotiv* leitet das despotische Verlangen, andere Personen zu beherrschen. Sie verfolgen überwiegend persönliche Machtziele. Personen mit einem ausgeprägten *institutionellen Machtmotiv* dagegen charakterisiert das Verlangen, anderen Personen Selbstvertrauen, Zuversicht und Hoffnung zu vermitteln. Sie weisen ein großes Maß an Selbstdisziplin auf und verhalten sich höchst loyal gegenüber ihrem Unternehmen. Mehrere Studien belegen, dass Führungskräfte, deren Handlungen durch das institutionelle Machtmotiv geleitet sind, am erfolgreichsten sind (McClelland 1975; McClelland/Boyatzis 1982; McClelland/Burnham 1976, 2002).

Von den drei Grundbedürfnissen hat das *Leistungsmotiv* die größte Aufmerksamkeit erfahren. Leistungsmotivierte Menschen streben nach Leistung und Perfektion. Sie streben danach, einen sich selbst auferlegten Qualitäts- und Leistungsstandard zu erreichen oder gar zu übertreffen (vgl. McClelland 1961). Dabei nehmen leistungsorientierte Personen auch ineffektive Handlungen in Kauf, um einen höheren Qualitätsstandard zu erreichen (vgl. McClelland et al. 1976). Sie erreichen ihre Ziele unter den folgenden Voraussetzungen:

- die Ziele sind realistisch (vgl. Atkinson 1957, S. 365),

- die Ziele erlauben ein hohes Maß an Eigenverantwortung (vgl. McClelland/Koestner 1992, S. 148) und

- ein unmittelbares Feedback über die erbrachte Leistung wird erteilt (vgl. McClelland et al. 1976, S. 28).

Leistungsorientierte Menschen sind unmotiviert, wenn die Tätigkeit nicht herausfordernd ist, nicht genügend Eigenverantwortung bietet oder kaum Rückmeldungen erfolgen. Eine ausgeprägte Leistungsmotivation ist charakteristisch für erfolgreiche Führungskräfte. So belegen empirische Studien, dass erfolgreiche Führungskräfte eine signifikant höhere Leistungsmotivation aufweisen als weniger erfolgreiche Führungskräfte (vgl. Staehle 1999, S. 229). Darüber hinaus konnte gezeigt werden, dass die Leistungsmotivation sich positiv auf

Leistungen von Vertriebsmitarbeitern auswirkt (vgl. Amyx/Alford 2005; Bagozzi 1980; Behrman/Perreault 1982; Bluen/Barling/Burns 1990; Soyer/Rovenpor/Kopelman 1999 sowie die Meta-Analyse von Vinchur et al. 1998)

Das *Beziehungsmotiv* ist das dritte von McClelland (1951) identifizierte Grundbedürfnis. Beziehungsorientierte Menschen streben nach Nähe, Kontakt und freundschaftlichen und harmonischen Beziehungen zu anderen Menschen (vgl. Koestner/McClelland 1992, S. 207). Sie pflegen ihre Beziehungen aufopferungsvoll und streben danach, diese Beziehungen aufrechtzuerhalten oder, falls diese gestört wurden, wieder aufzubauen (vgl. Boyatzis 1973). Netzwerke werden schnell aufgebaut und intensiv gepflegt (vgl. Schmidt und Frieze 1997, S. 426). Auch bei dem Beziehungsmotiv lassen sich nach Boyatzis (1984) zwei Facetten unterscheiden (vgl. Abbildung 2.11): das sicherheitsbezogene Beziehungsmotiv (affiliative assurance) und das informationsbezogene Beziehungsmotiv (affiliative interest).

Das *sicherheitsbezogene Beziehungsmotiv* äußert sich in dem Verlangen, enge Beziehungen zu anderen herzustellen um die eigene Unsicherheit zu reduzieren (vgl. Makin/Cooper/Cox 1996, S. 125). Hier steht die zwischenmenschliche Beziehung im Mittelpunkt und nicht die Erfüllung organisationaler Aufgaben. Im Gegensatz dazu streben Menschen mit einem ausgeprägten *informationsbezogenen Beziehungsmotiv* nach harmonischen Beziehungen, ohne dabei die Ziele der Organisation zu vernachlässigen (vgl. Makin/Cooper/Cox 1996, S. 126). Sie reduzieren ihre Unsicherheit weniger durch die emotionale Beziehung zu anderen als vielmehr durch den Austausch aufgabenorientierter Informationen.

Im Gegensatz zur Macht- bzw. Leistungsmotivation vermindert das (sicherheitsbezogene) Streben nach harmonischen Beziehungen den Erfolg von Führungskräften (vgl. Makin/Cooper/Cox 1996, S. 126; McClelland/Burnham 1976, 2002). Um die Beziehung zu den Mitarbeitern nicht zu gefährden, lassen beziehungsorientierte Menschen ad-hoc Ausnahmen von Regeln zu. Dies verunsichert die geführten Mitarbeiter, lässt Organisationsstrukturen uneindeutig, verschlechtert das Betriebsklima und beeinträchtigt den Erfolg des Teams (vgl. McClelland/Boyatzis 1982, S. 737; McClelland/Burnham 2002, S. 118).

Die Theorie McClellands hat sehr breite Verwendung gefunden. Dabei wurden die Zusammenhänge zwischen Leistungsmotivation und Verhalten bzw. Erfolg sogar von der individuellen Ebene auf die Ebene der gesamtwirtschaftlichen Entwicklung übertragen. Demnach ist das Leistungsmotiv ein zentraler Motor der gesamtwirtschaftlichen Entwicklung (vgl. McClelland 1961; Replikationen der Studie finden sich bei McClelland 1976 sowie Beit-Hallahmi 1980).

Auch für das Personalmanagement liefert die Leistungsmotivationstheorie interessante Implikationen. Sie leistet insbesondere einen Beitrag zur Erklärung des Handelns und damit des Erfolgs von Führungskräften (vgl. Tabelle 2.9).

Tabelle 2.9 Erklärungsbeitrag der Leistungsmotivationstheorie für das Handeln von Führungskräften

Dominantes Motiv der Führungsperson	Typische Verhaltensweisen der Führungsperson
Persönlichkeitsbezogenes Machtmotiv	▪ Egoistisches, häufig nicht mit den Unternehmenszielen konformes Handeln ▪ Erwarten von Gehorsam und Loyalität durch die Mitarbeiter
Institutionelles Machtmotiv	▪ Verlangen, den Mitarbeitern Selbstvertrauen und Zuversicht zu vermitteln ▪ Zurückstellen eigener Interessen zugunsten organisationaler Ziele ▪ Streben nach Gerechtigkeit
Leistungsmotiv	▪ Streben nach perfekten Lösungen ▪ Gegebenenfalls Auftreten von Schwierigkeiten bei der Delegation von Aufgaben
Sicherheitsbezogenes Beziehungsmotiv	▪ Streben nach harmonischen Beziehungen zu den Mitarbeitern, um die eigene Unsicherheit zu reduzieren ▪ Erlauben von ad-hoc Entscheidungen und spontanen (durch die Mitarbeiter als ungerecht empfundenen) Ausnahmen von Regeln, um harmonische Beziehungen aufrechtzuerhalten
Informationsbezogenes Beziehungsmotiv	▪ Streben nach Beziehungen, welche den intensiven Austausch von Informationen ermöglichen ▪ Zugehen auf Personen, welche über wichtiges Wissen verfügen

2.2.2.4 Die Zwei-Faktoren-Theorie

Die Zwei-Faktoren-Theorie geht auf den US-amerikanischen Arbeitswissenschaftler und Psychologen Frederick Herzberg zurück (vgl. Herzberg/Mausner/Snyderman 1959; Herzberg 1966, 1968). Auf der Basis empirischer Untersuchungen im Arbeitskontext (der so genannten Pittsburghstudie) fanden Herzberg und seine Kollegen im Jahr 1959 heraus, dass unterschiedliche Faktoren zur Zufriedenheit bzw. zur Unzufriedenheit von Mitarbeitern führen. Dies führte Herzberg zur Unterscheidung zwischen

▪ Hygienefaktoren und

▪ Motivatoren,

welche die Zufriedenheit bzw. Unzufriedenheit von Mitarbeitern unterschiedlich beeinflussen. Die empirisch ermittelten Einflussfaktoren der Zufriedenheit bzw. der Unzufriedenheit von Mitarbeitern werden in Abbildung 2.12 aufgeführt.

Hygienefaktoren können Unzufriedenheit verhindern, nicht jedoch Zufriedenheit generieren. Sie können daher bestenfalls „Nicht-Unzufriedenheit" herstellen (vgl. Hungenberg/ Wulf 2007, S. 285). Zu diesen Faktoren gehören insbesondere die im Arbeitskontext vorherrschenden Rahmenbedingungen wie die Unternehmenspolitik, die Beziehungen zu Führungskräften und Mitarbeitern sowie die Sicherheit des Arbeitsplatzes.

Motivatoren können Zufriedenheit bei einer Person erzeugen. Sind diese Faktoren nicht vorhanden, so ist eine Person jedoch nicht unzufrieden, sondern lediglich nicht zufrieden. Zu den Motivatoren zählt Herzberg (1966) vornehmlich jene Faktoren, welche in engem Zusammenhang mit der eigenen Arbeitsleistung stehen. Motivatoren sind insbesondere die Anerkennung von Leistungen, die Verantwortung, die Beförderung oder die Selbstverwirklichung durch die eigene Tätigkeit.

Abbildung 2.12   Einflussfaktoren der Zufriedenheit bzw. der Unzufriedenheit von
                     Beschäftigten (vgl. Herzberg 2003, S. 90)

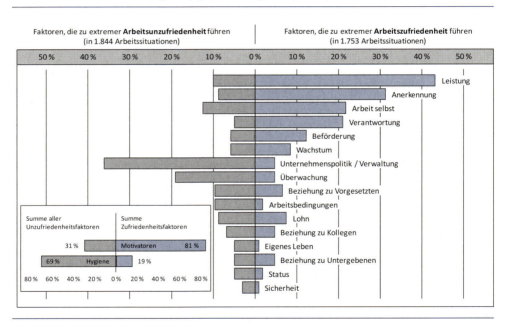

Gemäß der Zwei-Faktoren-Theorie repräsentieren Zufriedenheit und Unzufriedenheit also nicht die Enden eines Kontinuums, sondern vielmehr zwei separate Phänomene, die jeweils durch unterschiedliche Faktoren beeinflusst werden. Das Zusammenspiel dieser beiden Faktoren wird in Abbildung 2.13 veranschaulicht.

Abbildung 2.13 Zusammenhang zwischen Hygienefaktoren bzw. Motivatoren und Mitarbeiterzufriedenheit

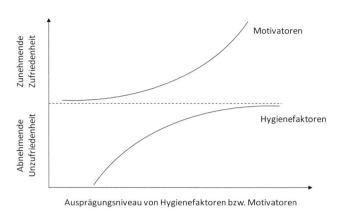

Aus den Erkenntnissen Herzbergs lassen sich zwei grundlegende Handlungsempfehlungen für die Unternehmenspraxis ableiten (vgl. Hungenberg/Wulf 2007, S. 286): Zunächst ist es wichtig, der Unzufriedenheit der Mitarbeiter entgegen zu wirken, indem negative Ausprägungen der Hygienefaktoren im Wesentlichen vermieden werden. Zu diesen Hygienefaktoren zählen im Wesentlichen die Rahmenbedingungen der Arbeit (wie z. B. die Entlohnung), welche durch die Unternehmensführung gut beeinflussbar sind. Ist diese „Hygiene" hergestellt, so können Unternehmen durch die Aktivierung von Motivatoren Zufriedenheit unter den Mitarbeitern generieren. Studienergebnissen zufolge ist in diesem Zusammenhang besonders die Anerkennung der Leistungen der Mitarbeiter wichtig (o. V. 2009). Tabelle 2.10 gibt einen Überblick darüber, wie in verschiedenen Bereichen des Personalmanagements gezielt Hygienefaktoren und Motivatoren angesprochen werden können.

In der Überarbeitung des traditionellen Zufriedenheitskonzepts und dem damit einhergehenden Perspektivenwechsel liegt der wesentliche Beitrag von Herzbergs Zwei-Faktoren-Theorie. Die Aufmerksamkeit, welche bis dahin vermehrt auf den Rahmenbedingungen der Arbeit lag, wurde stärker auf die Arbeit selbst gelenkt. Bis heute gilt Herzbergs Ansatz als wissenschaftlicher Beleg der Sinnhaftigkeit von Job Enrichment Programmen (vgl. Steers/Mowday/Shapiro 2004, S. 381; vgl. hierzu Abschnitt 5.3.2.1). Doch auch die Theorie Herzbergs ist in der Wissenschaft nicht ohne Kritik geblieben. Ein wesentlicher Kritikpunkt besteht darin, dass die empirischen Ergebnisse in einer Vielzahl von Replikationen nur in den seltensten Fällen bestätigt werden konnten (vgl. Staehle 1999, S. 227). Schließlich zeigen weitere Studien, dass die Zuordnung einer Einflussgröße als Hygienefaktor bzw. als Motivator von Merkmalen der Zielgruppe (wie Alter, Ausbildung und Beruf) abhängt und damit keine Allgemeingültigkeit besitzt (vgl. Robbins 2001, S. 198).

Tabelle 2.10   Ausgewählte Hygienefaktoren und Motivatoren in verschiedenen
                      Bereichen des Personalmanagements

Bereich des Perso-nalmanagements	Hygienefaktoren	Motivatoren
Ausgewählte Mitarbeiterflusssysteme		
Personalgewinnung	■ Bereitstellen realistischer Informationen über die zu besetzende Stelle	■ Aufzeigen der Selbstverwirkli-chungspotenziale der zu beset-zenden Stelle
Personalentwicklung	■ Verankern regelmäßiger Wei-terbildung der Beschäftigten in der Unternehmensstrategie	■ Bereitstellen von bedarfsorientier-ten Personalentwicklungsmaß-nahmen
Personalfreisetzung	■ Frühzeitiges Informieren über geplante Freiset-zungsmaßnahmen	■ Unterstützen der freizusetzenden Beschäftigten bei der Suche nach neuer Beschäftigung
Belohnungssysteme		
Personalbeurteilung	■ Sicherstellen der Objektivität der Beurteilung der Beschäf-tigten	■ Persönliches Besprechen der Beurteilungsergebnisse und mög-licher Konsequenzen mit den Be-schäftigten
Personalvergütung	■ Garantieren der Transparenz der Zusammensetzung der individuellen Vergütung	■ Gewähren von Zusatzleistungen (z. B. Firmenwagen)
Führung von Mitarbeitern und Teams		
Mitarbeiterführung	■ Sicherstellen einer fairen Be-handlung aller Beschäftigten	■ Begeistern der Mitarbeiter für ihre Aufgaben
Teamführung	■ Gleichmäßiges Verteilen der Arbeitslast im Team	■ Durchführen gemeinsamer Team-events

2.2.2.5 Die VIE-Theorie

Die VIE-Theorie (Valenz-Instrumentalitäts-Erwartungs-Theorie) geht auf den kanadischen Psychologen Victor H. Vroom (1964) zurück. Sie gilt als grundlegend für alle seitdem ver-öffentlichten Prozesstheorien und ist die bis heute wohl am weitesten verbreitete Prozess-theorie (vgl. Steers/Mowday/Shapiro 2004, S. 382).

Grundlage der VIE-Theorie ist die Weg-Ziel-Theorie (Georgopoulos/Mahoney/Jones 1957), welche in Kapitel 11.2.3.2 im Zusammenhang mit der Mitarbeiterführung ausführlich dargelegt wird. Diese Theorie basiert auf der Grundannahme, dass Menschen danach streben, ihren subjektiv erwarteten Nutzen zu maximieren. Folglich hängt die Leistungs-motivation eines Menschen von dem subjektiven Nutzen eines angestrebten Ziels ab (vgl. Kanfer 1990, S. 116). Diese Zusammenhänge liegen auch der VIE-Theorie zugrunde.

Abbildung 2.14 Grundlegende Zusammenhänge und Begriffe der VIE-Theorie

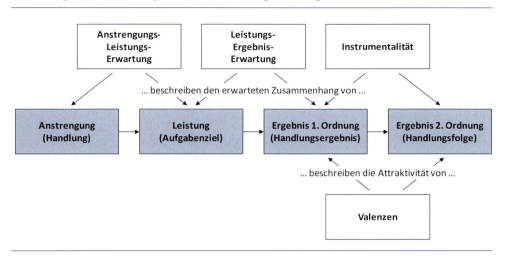

Nach der VIE-Theorie führt eine Anstrengung zunächst zu einer bestimmten Leistung, welche wiederum bestimmte Ergebnisse zur Folge hat. Dabei werden zwei Arten von Ergebnissen unterschieden: Ergebnisse der 1. Ordnung (Handlungsergebnisse) ergeben sich direkt aus dem Handeln, wie beispielsweise die Entlohnung oder die Beförderung. Ergebnisse der 2. Ordnung (Handlungsfolgen) sind jene Konsequenzen, welche ein Ergebnis der 1. Ordnung auf Bedürfnisse des Individuums in anderen Bereichen des Lebens hat (vgl. Staehle 1999, S. 232). Zu diesen anderen Bereichen des Lebens sind beispielsweise die Freizeit oder das Ansehen zu zählen. Die Wirkungszusammenhänge von Anstrengung, Leistung und Ergebnissen sind im mittleren Teil von Abbildung 2.14 skizziert.

Um zu erklären, inwieweit ein Mensch motiviert ist, sich anzustrengen, zieht Vroom (1964) die Begriffe Valenz, Erwartung und Instrumentalität heran. Abbildung 2.14 verdeutlicht, wie diese inhaltlich miteinander zusammen hängen.

Valenzen   Ausmaß der Attraktivität eines Ereignisses für eine Person (vgl. Vroom 1964, S. 15).

Die Attraktivität eines Ergebnisses kann individuell unterschiedlich eingeschätzt werden (vgl. Vroom 1964, S. 15). Sowohl die Attraktivität des Ergebnisses der 1. Ordnung (Handlungsergebnis) als auch die Attraktivität des Ergebnisses der 2. Ordnung (Handlungsfolge) wird mit einem Valenzwert belegt. Der Wert der Valenz liegt auf einer Skala zwischen -1 und 1. Ein Wert von -1 entspricht dem Wunsch nach der Vermeidung des Ergebnisses, ein Wert von 1 drückt das Streben nach dem Ergebnis aus. Beispielsweise messen Mitarbeiter einer Bonuszahlung infolge einer besonders engagierten Projektmitarbeit eine hohe Attraktivität zu. Demnach nimmt die Valenz des Handlungsergebnisses (d. h. der Bonuszahlung) einen Wert nahe 1 an. Versprechen sich die Mitarbeiter durch die Bonuszahlung weiterhin eine Steigerung ihres Ansehens unter den Kollegen, so ist auch der Valenzwert der Handlungsfolge (d. h. der Steigerung des Ansehens) nahe 1.

Neben den Valenzen spielt die eingeschätzte Wahrscheinlichkeit, mit der ein Ergebnis eintritt, eine Rolle. Diese drückt sich in Erwartungen aus.

Erwartungen	Durch eine Person wahrgenommene Wahrscheinlichkeit, dass eine bestimmte Handlung den Eintritt eines bestimmten Ereignisses zur Folge hat (vgl. Vroom 1964, S. 17).

Es werden zwei Arten von Erwartungen unterschieden (vgl. Hungenberg/Wulf 2007, S. 289): Die *Anstrengungs-Leistungs-Erwartung* bezieht sich auf die Wahrscheinlichkeit, dass durch Anstrengungen bestimmte Leistungen bzw. aufgabenbezogene Ziele (wie z. B. der termingerechte Abschluss des Projektes) erreicht werden. Das Erreichen bestimmter Ziele ist erforderlich, damit ein Handlungsergebnis eintritt (wie z. B. die Zahlung eines Bonus). Die Anstrengungs-Leistungs-Erwartung hängt im Wesentlichen von den Persönlichkeitseigenschaften einer Person ab.

Die *Leistungs-Ergebnis-Erwartung* bezieht sich auf die subjektiv empfundene Wahrscheinlichkeit, dass die erbrachte Leistung auch zu dem erwünschten Handlungsergebnis führt. Diese hängt weniger von der Person als vielmehr von Rahmenbedingungen (wie z. B. dem Vorgesetztenverhalten und organisatorischen Regeln) ab. In dem zuvor dargelegten Beispiel bezeichnet die Leistungs-Ergebnis-Erwartung also die Wahrscheinlichkeit, dass nach dem erfolgreichen Projektabschluss tatsächlich ein Bonus gezahlt wird. Erwartungen werden auf einer Skala von 0 (Ergebnis unwahrscheinlich) bis 1 (Ergebnis sicher) gemessen.

Die *Instrumentalität* schließlich bezieht sich auf den Zusammenhang zwischen einem Ergebnis der 1. Ordnung (Handlungsergebnis) und einem Ergebnis der 2. Ordnung (Handlungsfolge). Die Instrumentalität gibt also Aufschluss darüber, inwiefern das direkte Ergebnis einer Anstrengung (Handlungsergebnis) wünschenswerte Konsequenzen (Handlungsfolgen) nach sich bringt. Auch die Instrumentalität kann Werte zwischen -1 und 1 annehmen. Ein Wert von 1 ergibt sich, wenn das Handlungsergebnis zwingende Voraussetzung dafür ist, dass die Handlungsfolge erreicht wird. Ein Wert von -1 ergibt sich, wenn die Handlungsfolge sicher ohne das Handlungsergebnis zu erreichen ist, oder das Handlungsergebnis das Erreichen der Handlungsfolge unmöglich macht. In diesem Beispiel gibt die Instrumentalität also Aufschluss über den Zusammenhang zwischen der Bonuszahlung und der Steigerung des Ansehens. In diesem Fall werden der erfolgreiche Abschluss eines besonders prestigeträchtigen Projektes und die daraus resultierende Bonuszahlung das Ansehen der Mitarbeiter positiv beeinflussen. Hier liegt also eine Instrumentalität nahe 1 vor. Im Gegensatz dazu stelle man sich vor, dass ein Mitarbeiter Leiter eines Projektes ist, das bekanntermaßen besonders umweltschädliche Konsequenzen mit sich bringt. In diesem Fall kann dieser Mitarbeiter bei erfolgreichem Projektabschluss zwar eine Bonuszahlung erwarten. Diese wird sich allerdings negativ auf das Ansehen des Mitarbeiters auswirken; hier liegt also eine negative Instrumentalität vor.

Die Beweggründe einer Person, sich anzustrengen (d. h. ihre Motivation) lässt sich nun beschreiben als eine Funktion der Valenzen und Erwartungen: Die Anstrengung hängt ab von der Summe der Produkte von Valenzen und Erwartungen. Eine Person strengt sich umso mehr an, je attraktiver die Handlungsergebnisse und -folgen sind und je wahrscheinlicher diese Handlungsergebnisse und -folgen eintreten.

Die VIE-Theorie trägt damit zu einem besseren Verständnis des Motivationsprozesses bei. Für die Unternehmenspraxis liefert sie zwei wesentliche Implikationen für die Gestaltung von Belohnungssystemen (vgl. Teil III). Zum einen gilt es, Anreizsysteme individuell entsprechend der persönlichen Valenzen zu gestalten. Zum anderen sollte ein unmittelbarer Bezug zwischen individueller Leistung und dem Handlungsergebnis (z. B. einem Bonus) hergestellt werden. Die aus den Erkenntnissen über den Ablauf des Motivationsprozess resultierenden Implikationen für die Gestaltung der Belohnungssysteme und der Personalführung werden in Tabelle 2.11 veranschaulicht.

Tabelle 2.11   Erklärungsbeitrag der VIE-Theorie für ausgewählte Bereiche des Personalmanagements

Bereich des Personalmanagements	Beispielhafte Implikationen der VIE-Theorie
Belohnungssysteme	
Personalbeurteilung	■ Objektives Zurückmelden von Anstrengungs-Leistungs-Zusammenhängen, um dem Mitarbeiter die Möglichkeit zu geben, realistische Erwartungen zu entwickeln
Personalvergütung	■ Garantieren, dass eine Leistung zu einer entsprechenden Belohnung führt ■ Integrieren individualisierter Vergütungskomponenten in das Vergütungssystem, um die persönlichen Valenzen zu berücksichtigen
Führung von Mitarbeitern und Teams	
Mitarbeiterführung	■ Formulieren eindeutiger Ziele, die den Mitarbeitern verdeutlichen, durch welche Anstrengungen diese Ziele erreicht werden können ■ Sicherstellen, dass Mitarbeiter die erwartete Anerkennung für ihre Leistung erhalten
Teamführung	■ Garantieren, dass mit der Erreichung des Teamziels verbundene Ergebnisse für alle Teammitglieder attraktiv sind ■ Sicherstellen, dass die Ergebnisse entsprechend der individuellen Anstrengung und Leistung auf die Teammitglieder verteilt werden

Trotz ihrer unbestrittenen Bedeutung ist die VIE-Theorie nicht unkritisiert geblieben. Zahlreiche Studien versuchten, die Annahmen Vrooms empirisch zu testen und kamen zu unterschiedlichen Ergebnissen (vgl. Staehle 1999, S. 236). Methodische Probleme ergaben sich vor allem bei der Messung von Valenzen und Erwartungen sowie bei der Unterscheidung von Ergebnissen der 1. und der 2. Ordnung (vgl. Campbell/Pritchard 1976, S. 92).

2.2.2.6   Die Zielsetzungstheorie

Die Zielsetzungstheorie (engl. Goal-Setting-Theory) wurde durch den US-amerikanischen Psychologen Edwin A. Locke entwickelt (vgl. Locke 1968, 1976, 1996; Locke et al. 1981; Locke/Latham 1990). Die Theorie basiert auf der zentralen Annahme, dass die Motivation und die Leistung maßgeblich durch Ziele und Rückmeldung über deren Erreichung beeinflusst werden. Diese Idee beruht auf dem so genannten *Zeigarnik-Effekt*, nach dem Zielsetzungen zu Spannungen führen, welche mit zunehmender Annäherung an das Ziel reduziert werden können (vgl. Staehle 1999, S. 236).

Die zentralen Komponenten des Modells von Locke sind die Ziele, die Motivation, die Leistung sowie die Rückmeldung (vgl. Abbildung 2.15). Ziele wirken sich gemäß der Zielsetzungstheorie umso positiver auf die Aktivitäten und die Leistungen einer Person aus, je schwieriger und spezifischer sie sind (vgl. Ambrose/Kulik 1999, S. 246). Die *Zielschwierigkeit* gibt an, wie anspruchsvoll ein Ziel ist. Je anspruchsvoller das Ziel ist, umso mehr strengen sich Mitarbeiter an, das Ziel zu erreichen (vgl. Locke et al. 1981, S. 127). Die *Zielspezifität* bezieht sich auf die Klarheit bzw. die Präzision des Ziels. Je spezifischer ein Ziel formuliert ist, desto größer ist die Motivationswirkung, die von diesem Ziel ausgeht (vgl. Locke et al. 1981, S. 129). Darüber hinaus geht Locke davon aus, dass der Zusammenhang zwischen den Zielen und den individuellen Aktivitäten verstärkt wird, wenn sich Mitarbeiter mit den Zielen *identifizieren* und diese *akzeptieren* (vgl. Ambrose/Kulik 1999, S. 248). Die Zielidentifikation und Zielakzeptanz lassen sich insbesondere durch Partizipation bei der Zielformulierung sowie durch finanzielle Anreize fördern (vgl. Locke et al. 1981, S. 136 ff.).

Abbildung 2.15   Wirkungszusammenhänge gemäß der Zielsetzungstheorie
(vgl. Staehle 1999, S. 238)

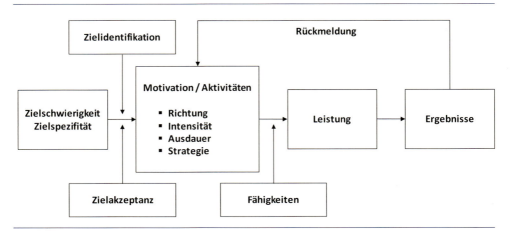

Die individuellen Aktivitäten, die durch Ziele ausgelöst werden, lassen sich charakterisieren hinsichtlich ihrer *Richtung*, *Intensität* und *Ausdauer* sowie der verfolgten Zielerreichungs-*Strategie* und beeinflussen die erbrachte Leistung (vgl. Locke et al. 1981, S. 131 ff.). Diese Leistung ist bei gleicher Motivation umso höher, je besser die *Fähigkeiten* der Mitarbeiter sind. Eine *Rückmeldung* über die tatsächlich erbrachte Leistung schließlich wirkt sich motivations- und leistungssteigernd aus, da sie eine zielgerichtete Korrektur von Richtung, Intensität, Ausdauer und Strategie der Aktivitäten erlaubt.

Tabelle 2.12 Erklärungsbeitrag der Zielsetzungstheorie für ausgewählte Bereiche des Personalmanagements

Bereich des Personalmanagements	Implikationen der Zielsetzungstheorie
Belohnungssysteme	
Personalbeurteilung	■ Transparentmachen der individuellen Leistung durch eine möglichst objektive und nachvollziehbare Beurteilung ■ Analysieren der Fähigkeiten der Beschäftigten, um deren Weiterentwicklung zu fördern
Personalvergütung	■ Einführen eines leistungsorientierten Vergütungssystems ■ Transparentmachen des Zusammenhangs zwischen Leistung und Ergebnis (vgl. Abschnitt 9.5)
Führung von Mitarbeitern und Teams	
Mitarbeiterführung	■ Vereinbaren spezifischer und angemessen schwieriger Ziele im Rahmen von Zielvereinbarungsgesprächen (vgl. Abschnitt 12.2.1) ■ Geben eines regelmäßigen Feedbacks zu den erbrachten Leistungen eines Mitarbeiters durch Führungskräfte (vgl. Abschnitt 12.1.2)
Teamführung	■ Ableiten spezifischer individueller Ziele aus den Teamzielen (vgl. Abschnitt 15.1.2) ■ Sicherstellen, dass sich alle Teammitglieder mit den Zielen identifizieren und diese akzeptieren

Zahlreiche empirische Studien haben bestätigt, dass schwierige und spezifische Ziele leistungssteigernd wirken (vgl. Steers/Mowday/Shapiro 2004, S. 382). Auch die positive Wirkung der Rückmeldung wurde in mehreren empirischen Studien hervorgehoben (vgl. Locke et al. 1981, S. 133). Daraus lassen sich unmittelbar entsprechende Implikationen ableiten, wie Ziele in der Praxis formuliert werden sollten. Wie kaum eine andere Theorie ist die Zielsetzungstheorie in der Unternehmensführung aufgegriffen worden (vgl. Steers/Mowday/Shapiro 2004, S. 382), und zwar durch das Management-by-Objectives (vgl. Abschnitt 12.2.1). Eine Übersicht der Beiträge der Zielsetzungstheorie für ausgewählte Anwendungsfelder des

Personalmanagements ist in Tabelle 2.12 aufgeführt. Die Integration von Rahmenbedingungen in das Modell der Zielsetzungstheorie ist wissenschaftlich noch nicht hinreichend geklärt (vgl. Ambrose/Kulik 1999, S. 253). Zudem ist es schwierig, aufgrund der uneinheitlich verwendeten Variablen bisherige Studienergebnisse miteinander zu vergleichen (vgl. Ambrose/Kulik 1999, S. 253).

2.2.2.7 Vergleichende Gegenüberstellung

Die motivationstheoretischen Ansätze tragen in unterschiedlicher Art und Weise zum Verständnis der Motivation und des Motivationsprozesses von Führungskräften und Mitarbeitern bei. In Tabelle 2.13 werden die behandelten Theorien nochmals vergleichend gegenüber gestellt.

Tabelle 2.13   Vergleichende Gegenüberstellung motivationstheoretischer Ansätze mit Relevanz für das Personalmanagement

	Bedürfnispyramide	ERG-Theorie	Leistungsmotivations-theorie
Kategorie	Inhaltstheorie	Inhaltstheorie	Inhaltstheorie
Inhaltlicher Fokus	Identifikation von Bedürfniskategorien und Mechanismen ihrer Aktivierung	Identifikation von Bedürfniskategorien und Mechanismen ihrer Aktivierung	Identifikation individuell variierender Handlungsmotive
Wirkungsmechanismus	Aktivierung und Befriedigung individueller Bedürfnisse in hierarchischer Reihenfolge	Simultane Aktivierung und Befriedigung individueller Bedürfnisse	Individuelles Handeln entsprechend der persönlichen Motivstruktur
Wirkungsbeziehung	Befriedigung eines Bedürfnisses → Aktivierung eines hierarchisch höheren Bedürfnisses	Befriedigung bzw. Nichtbefriedigung eines Bedürfnisses → Aktivierung eines anderen Bedürfnisses entsprechend der vier Dominanzprinzipien	Individuelle Ausprägung eines Motivs → Individuelles Verhalten
Erklärungsbeitrag für das Personalmanagement	Identifikation von Bedürfnissen, welche durch Personalmanagementaktivitäten adressiert werden können	Effektive Motivation von Beschäftigten durch parallele Befriedigung unterschiedlicher Bedürfnisse	Identifikation von Motiven erfolgreicher Führungskräfte

	Zwei-Faktoren-Theorie	VIE-Theorie	Zielsetzungstheorie
Kategorie	Inhaltstheorie	Prozesstheorie	Prozesstheorie
Inhaltlicher Fokus	Identifikation von Einflussfaktoren der Zufriedenheit bzw. Unzufriedenheit von Beschäftigten	Erklärung, wie Handlungsbereitschaft von Personen entsteht	Erklärung, wie Ziele die Motivation von Personen beeinflussen
Wirkungsmechanismus	Wird nicht explizit dargelegt	Maximierung des erwarteten Nutzens	Individuelle Motivation wird durch Merkmale der Ziele und Rückmeldung beeinflusst
Wirkungsbeziehung	■ Hohe Ausprägung von Hygienefaktoren → Reduktion von Unzufriedenheit ■ Hohe Ausprägung von Motivatoren → Steigerung der Zufriedenheit	Hohe Ausprägungen von Valenz und Erwartung → Steigerung der Anstrengung	■ Hohe Zielschwierigkeit und -spezifizität → Steigerung der Motivation ■ Rückmeldung → Steigerung der Motivation
Erklärungsbeitrag zum Personalmanagement	Identifikation von Personalmanagement-Aktivitäten zur Vermeidung von Mitarbeiterunzufriedenheit und zur Steigerung der Mitarbeiterzufriedenheit	Berücksichtigung der Zusammenhänge zwischen Erwartungen, Valenzen und Handlungen der Beschäftigten im Rahmen des Personalmanagements	Verankerung von Zielsetzungen und -rückmeldungen im Rahmen des Personalmanagements

Tabelle 2.13 verdeutlicht, dass motivationstheoretische Ansätze sich in ihrem inhaltlichen Fokus, ihren Grundannahmen und Kernaussagen und damit letztlich in ihrem Erklärungsbeitrag für das Personalmanagement erheblich unterscheiden. So konzentrieren sich die Inhaltstheorien darauf, zu erklären, was Menschen motiviert. Damit zeigen sie auf, mit welchen Anreizen Unternehmen Führungskräfte bzw. Mitarbeiter motivieren können, zur Erreichung der Unternehmensziele beizutragen. Prozesstheorien erklären dagegen, wodurch die Motivation von Personen zustande kommt. Unternehmen können sie heranziehen, um zu verstehen, wie sich verschiedene Personalmanagement-Aktivitäten auf die Motivation der Beschäftigten auswirken.

Kontrollfragen

1. Welche theoretisch-konzeptionellen Ansätze des Personalmanagements können unterschieden werden? Kategorisieren Sie überblicksartig die wichtigsten Ansätze.

2. Stellen Sie kurz die wichtigsten Aussagen der Transaktionskostentheorie dar. Welche Implikationen ergeben sich aus dieser Theorie für das Personalmanagement?

3. Im Rahmen der Transaktionskostentheorie wird die Spezifität als wesentliche Einflussgröße der Transaktionskosten beschrieben. Definieren Sie den Begriff „Spezifität" und nennen Sie jeweils ein Beispiel für Spezifität aus Unternehmenssicht bzw. aus Mitarbeitersicht im Rahmen des Personalmanagements.

4. Legen Sie kurz die Grundzüge der Prinzipal-Agenten-Theorie dar, und nennen Sie drei Aspekte des Personalmanagements, zu denen die Prinzipal-Agenten-Theorie einen Erklärungsbeitrag leistet.

5. Die Prinzipal-Agenten-Theorie beschreibt Informationsasymmetrien zwischen Prinzipal und Agent als Ursache möglicher Probleme der Austauschbeziehung. In welchen Konstellationen kann es zu derartigen Asymmetrien kommen?

6. Stellen Sie das Grundschema des ressourcenbasierten Ansatzes dar und erläutern Sie dieses kurz.

7. Mit ihren spezifischen Merkmalen verfügen humane Ressourcen über Eigenschaften, welche gemäß dem ressourcenbasierten Ansatz strategische, d. h. erfolgsrelevante Ressourcen, auszeichnen. Erläutern Sie diese Eigenschaften am Beispiel humaner Ressourcen.

8. Welche grundlegenden Annahmen trifft die Anreiz-Beitrags-Theorie? Welchen Erkenntnisbeitrag liefert diese Theorie für das Personalmanagement? Verdeutlichen Sie Ihre Ausführungen anhand von zwei Beispielen.

9. Welche monetären und nicht-monetären Anreize bzw. Beiträge werden in der Anreiz-Beitrags-Theorie unterschieden? Nennen Sie jeweils zwei Beispiele.

10. Welche Einflussfaktoren von Eintritts-, Verbleib- und Austrittsentscheidungen von Führungskräften bzw. Mitarbeitern werden gemäß der Anreiz-Beitrags-Theorie unterschieden? Gehen Sie bei Ihren Erläuterungen auch auf die Wechselbeziehungen zwischen den verschiedenen Einflussgrößen ein.

11. Welche Faktoren zur Steigerung der Zufriedenheit und der Bindung von Führungskräften bzw. Mitarbeitern werden in der Sozialen Austauschtheorie genannt?

12. Erläutern Sie die Typologie der Mitarbeiterzufriedenheit und -bindung nach der Logik der Sozialen Austauschtheorie.

13. Welche vier Dimensionen organisationaler Gerechtigkeit werden unterschieden?

14. Welche grundlegenden Annahmen liegen der Equity Theory zugrunde? Definieren Sie in diesem Zusammenhang auch den Begriff der Gerechtigkeit, und legen Sie die entsprechende Gleichung dar.

15. Welche vier Möglichkeiten haben Personen gemäß der Equity Theory, in einer als ungerecht wahrgenommenen Austauschbeziehung zu reagieren?

16. Welche grundlegenden Typen von Motivationstheorien lassen sich unterschieden?

17. Welche Bedürfnisse unterscheidet Maslow in seiner Theorie der Bedürfnispyramide? Zu welchen beiden Gruppen aus Frage 15 lassen sich diese zusammenfassen?

18. Welches sind die zentralen Unterschiede zwischen Maslows Bedürfnispyramide und Alderfers ERG-Theorie?

19. Nennen und erläutern Sie die vier der ERG-Theorie zugrunde liegenden Dominanzprinzipien.

20. Erläutern Sie die drei zentralen Bedürfnisse, welche in der Leistungsmotivationstheorie unterschieden werden.

21. Welche der von McClelland eingeführten Bedürfnisse hängen positiv mit dem Erfolg von Führungskräften zusammen? Warum?

22. Nennen und erläutern Sie die zentralen Konstrukte der Zwei-Faktoren-Theorie und erklären Sie deren Einfluss auf die Befindlichkeit von Beschäftigten.

23. Erläutern Sie die Begriffe Valenz, Instrumentalität und Erwartung. Welchen inhaltlichen Zusammenhang weisen diese Begriffe zueinander auf?

24. Welche Arten von Erwartungen werden in der VIE-Theorie unterschieden? Erläutern Sie diese.

25. Welche Eigenschaften charakterisieren gemäß der Zielsetzungstheorie besonders motivierende Ziele?

Literatur

Adams, J. (1963), Toward an Understanding in Inequity, Journal of Abnormal Social Psychology, 67, 5, 422-436.

Adams, J. (1965), Inequity in Social Exchange, in: Berkowitz, L. (Hrsg.), Advances in Experimental Social Psychology, 2. Auflage, New York, 267-299.

Akdere, M./Yilmaz, T. (2006), Team Performance Based Compensation Plans: Implications for Human Resources and Quality Improvement from Agency Theory Perspective, International Journal of Human Resources Development and Management, 6, 1, 77-91.

Alchian, A./Demsetz, H. (1972), Production, Information Costs and Economic Organization, American Economic Review, 62, 5, 777-795.

Alderfer, C. (1969), An Empirical Test of a New Theory of Human Needs, Organizational Behavior and Human Performance, 4, 2, 142-175.

Alderfer, C. (1972), Existence, Relatedness, and Growth: Human Needs in Organizational Settings, New York.

Allen, N./Meyer, J. (1990), The Measurement and Antecedents of Affective, Continuance, and Normative Commitment to the Organization, Journal of Occupational Psychology, 63, 1, 1-18.

Ambrose, M./Kulik, C. (1999), Old Friends, New Faces: Motivation Research in the 1990s, Journal of Management, 25, 3, 231-292.

Amyx, D./Alford, B. (2005), The Effects of Salesperson Need for Achievement and Sales Manager Leader Reward Behavior, Journal of Personal Selling and Sales Management, 25, 4, 345-359.

Atkinson, J. W. (1957), Motivational Determinants of Risk-Taking Behavior, Psychological Review, 64, 6, Part 1, 359-372.

Austin, W./Walster, E. (1975), Equity with the World: The Transrelational Effects of Equity and Inequity, Sociometry, 38, 4, 474-496.

Axelrod, R. (1987), Die Evolution der Kooperation, München.

Backes-Gellner, U./Wolff, B. (2001), Personalmanagement, in: Jost, P.-J. (Hrsg.), Die Prinzipal-Agenten-Theorie in der Betriebswirtschaftslehre, Stuttgart, 395-437.

Bagozzi, R. (1980), Performance and Satisfaction in an Industrial Sales Force: An Examination of their Antecedents and Simultaneity, Journal of Marketing, 44, 2, 65-77.

Bamberger, I./Wrona, T. (1996), Der Ressourcenansatz und seine Bedeutung für die Strategische Unternehmensführung, Zeitschrift für betriebswirtschaftliche Forschung, 48, 2, 130-152.

Barkema, H./Gomez-Mejia, L. (1998), Managerial Compensation and Firm Performance: A General Research Framework, Academy of Management Journal, 41, 2, 135-145.

Barnard, C. (1970), Die Führung großer Organisationen, Essen.

Barney, J. (1991), Firm Resources and Sustained Competitive Advantage, Journal of Management, 17, 1, 99-120.

Bayón, T. (1997), Neuere Mikroökonomie und Marketing: Eine wissenschaftstheoretisch geleitete Analyse, Wiesbaden.

Becker, F./Kramarsch, M. (2006), Leistungs- und erfolgsorientierte Vergütung für Führungskräfte, in: Schuler, H./Hossiep, R./Kleinmann, M./Sarges, W. (Hrsg.), Praxis der Personalpsychologie Human Resource Management kompakt, Band 11, Göttingen, 1-89.

Behrman, D./Perreault, W. (1982), Measuring the Performance of Industrial Salespersons, Journal of Business Research, 10, 3, 355-370.

Beit-Hallahmi, B. (1980), Achievement Motivation and Economic Growth: A Replication, Personality and Social Psychology Bulletin, 6, 2, 210-215.

Berscheid, E./Boye, D./Walster, E. (1975), Retaliation as a Means of Restoring Equity, Journal of Personality and Social Psychology, 10, 4, 370-376.

Bingley, P./Westergaard-Nielsen, N. (2004), Personnel Policy and Profit, Journal of Business Research, 57, 5, 557-563.

Bluen, S. D./Barling, J./Burns, W. (1990), Predicting Sales Performance, Job Satisfaction, and Depression by Using the Achievement Strivings and Impatience-Irritability Dimensions of Type A Behavior, Journal of Applied Psychology, 75, 2, 212-216.

Boxall, P./Steeneveld, M. (1999), Human Resource Strategy and Competitive Advantage: A Longitudinal Study of Engineering Consultancies, Journal of Management Studies, 36, 4, 443-464.

Boyatzis, R. (1973), Affiliation Motivation, in: McClelland, D./Steele, R. (Hrsg.), Human Motivation: A Book of Readings, 252-276.

Boyatzis, R. (1984), The Need for Close Relationships and the Manager's Job, in: Kolb, D./Rubin, I./McIntyre, J. (Hrsg.), Organizational Psychology: Readings on Human Behaviour in Organizations, Englewood Cliffs, 81-86.

Brockner, J./Greenberg, J./Brockner, A./Bortz, J./Davy, J./Carter, C. (1986), Layoffs, Equity Theory, and Work Performance: Further Evidence of the Impact of Survivor Guilt, Academy of Management Journal, 29, 2, 373-384.

Brown, S. (1996), A Meta-Analysis and Review of Organizational Research on Job Involvement, Psychological Bulletin, 120, 2, 235-256.

Cakar, F./Bitici, Ü./Mac Bryde, J. (2003), A Business Process Approach to Human Resource Management, Business Process Management Journal, 9, 2, 190–207.

Campbell, J. /Pritchard, R. (1976), Motivation Theory in Industrial and Organizational Psychology, in: Dunnette, M. (Hrsg.), Handbook of Industrial and Organizational Psychology, 63-130.

Chadwick, C./Dabu, A. (2009), Human Resources, Human Resource Management, and the Competitive Advantage of Firms: Toward a More Comprehensive Model of Causal Linkages, Organization Science, 20, 1, 253-272.

Coff, R. (1997), Human Assets and Management Dilemmas: Coping with Hazards on the Road to Resource-Based Theory, Academy of Management Review, 22, 2, 374-402.

Colquitt, J./Conlon, D./Wesson, M./Porter, C./Ng, K. (2001), Justice at the Millenium: A Meta-Analytic Review of 25 Years of Organizational Justice Research, Journal of Applied Psychology, 86, 3, 425-445.

Colquitt, J./Greenberg, G. (2003), Organizational Justice: A Fair Assessment of the State of the Literature, in: Greenberg, J. (Hrsg.), Organizational Behavior: The State of the Science, 2. Auflage, Mahwah, NJ.

Coyle-Shapiro, J./Morrow, P./Richardson, R./Dunn, S. (2002), Using Profit Sharing to Enhance Employee Attitudes: A Longitudinal Examination of the Effects on Trust and Commitment, Human Resource Management, 41, 4, 423-439.

Cropanzano, R./Rupp, D./Mohler, C./Schminke, M. (2001), Three Roads to Organizational Justice, Research in Personnel and Human Resources Management, 20, 1-113.

De Kok, J./Uhlaner, L. (2001), Organization Context and Human Resource Management in the Small Firm, Small Business Economics, 17, 4, 273-291.

Deckop, J./Mangel, R./Cirka, C. (1999), Getting More than You Pay For: Organizational Citizenship Behavior and Pay-For-Performance, Academy of Management Journal, 42, 4, 420-428.

DeLeo, P./Pritchard, R. (1974), An Examination of some Methodological Problems in Testing Expectancy-Valence Models with Survey Techniques, Organizational Behavior and Human Performance, 12, 1, 143-148.

Deutsch, M. (1985), Distributive Justice, New Haven/CT.

Dickmann, M./Tyson, S. (2005), Outsourcing Payroll: Beyond Transaction-Cost Economics, 34, 4, 451-467.

Drumm, H. (2008), Personalwirtschaft, 6. Auflage, Berlin.

Duncan, R. (1972), Characteristics of Organizational Environments and Perceived Environmental Uncertainty, Administrative Science Quarterly, 17, 3, 313-327.

Dyer, L./Reeves, T.(1995), Human Resource Strategies and Firm Performance: What Do we Know and Where Do we Need to Go?, International Journal of Human Resource Management, 6, 3, 656-670.

Ebers, M./Gotsch, W. (2006), Institutionenökonomische Theorien der Organisation, in: Kieser, A. (Hrsg.), Organisationstheorien, 6. Auflage, Stuttgart, 247-296.

Edgar, F./Geare, A. (2005), HRM Practice and Employee Attitudes: Different Measures Different Results, Personnel Review, 34, 5, 534- 549.

Eigler, J. (1996), Transaktionskosten als Steuerungsinstrument für die Personalwirtschaft, Frankfurt/Main.

Emde, M. (2004), Versicherungsmagazin – Vergütungsstudie 2004/2005, Wiesbaden.

Emerson, R. (1976), Social Exchange Theory, Annual Review of Sociology, 2, 335-362.

Fey, C./Björkman, I. (2001), The Effect of Human Resource Management Practices on MNC Subsidiary Performance in Russia, Journal of International Business Studies, 32, 1, 59-75.

Fischer, M./Hüser, A./Mühlenkamp, C./Schade, Ch./Schott, E. (1993), Marketing und neuere ökonomische Theorie: Ansätze zu einer Systematisierung, Betriebswirtschaftliche Forschung und Praxis, 45, 4, 444-470.

Garnjost, P./Wächter, H. (1996), Human Resource Management – Herkunft und Bedeutung, Die Betriebswirtschaft, 56, 6, 791–808.

Georgopoulus, B./Mahoney, C./Jones, N. (1957), A Path Goal Approach to Productivity, Journal of Applied Psychology, 41, 599–611.

Gierl, H./Stumpp, S. (2000), Erklärung und Beeinflussung von Referenzniveaus, Marketing – Zeitschrift für Forschung und Praxis, 22, 4, 273-295.

Gilley, K./Greer, C./Rasheed, A. (2004), Human Resource Outsourcing and Organizational Performance in Manufacturing Firms, Journal of Business Research, 57, 3, 232–240.

Gneezy, U./Rustichini, A. (2000), Pay Enough or Don't Pay at All, The Quarterly Journal of Economics, 115, 3, 791-810.

Goldman, B./Lewis, K./Masterson, S./Taylor, M. (2000), Integrating Justice and Social Exchange: The Differing Effects of Fair Procedures and Treatment on Work Relationships, Academy of Management Journal, 43, 3, 738-748.

Grant, R. (1991), The Resource-Based Theory of Competitive Advantage: Implications for Strategy Formulation, California Management Review, 33, 3, 119-135.

Greenberg, J. (1987), Reactions to Procedural Injustice in Payment Distributions: Do the Means Justify the Ends?, Journal of Applied Psychology, 72, 1, 55-61.

Guest, D. (1987), Human Resource Management and Industrial Relations, Journal of Management Studies, 24, 5, 503–521.

Harel, G./Tzafrir, S. (1999), The Effect of Human Resource Management Practices on the Perceptions of Organizational and Market Performance of the Firm, Human Resource Management, 38, 3, 185-200.

Hatch, N./Dyer, J. (2004), Human Capital and Learning as Source of Sustainable Competitive Advantage, Strategic Management Journal, 25, 12, 1155-1178.

Herzberg, F. (1966), Work and the Nature of Man, Cleveland.

Herzberg, F. (1968), One More Time: How Do You Motivate Employees?, Harvard Business Review, 46, 1, 53-62.

Herzberg, F. (2003), One More Time: How Do You Motivate Employees?, Harvard Business Review, 81, 1, 86-96.

Herzberg, F./Mausner, B./Snyderman, B. B. (1959), The Motivation to Work, New York.

Hewett, K./Watson, S. (2006), A Multi-Theoretical Model of Knowledge Transfer in Organizations: Determinants of Knowledge Contribution and Knowledge Reuse, Journal of Management Studies, 43, 2, 141-173.

Homans, G. (1958), Social Behavior as Exchange, American Journal of Sociology, 63, 3, 597-606.

Hungenberg, H./Wulf, T. (2007), Grundlagen der Unternehmensführung, 3. Auflage, Berlin.

Hunt, S./Morgan, R. (1995), The Comparative Advantage Theory of Competition, Journal of Marketing, 59, 2, 1-15.

Huselid, M. (1995), The Impact of Human Resource Management Practices on Turnover, Productivity, and Corporate Financial Performance, Academy of Management Journal, 38, 3, 635-672.

Irle, M. (1975), Lehrbuch Sozialpsychologie, Göttingen.

Jensen, M./Meckling, W. (1976), Theory of the Firm: Managerial Behavior, Agency Costs and Ownership Structure, Journal of Financial Economics, 3, 4, 305-360.

Johnson, J./O'Leary-Kelly, A. (2003), The Effects of Psychological Contract Breach and Organizational Cynicism: Not All Exchange Violations Are Created Equal, Journal of Organizational Behavior, 24, 5, 627-647.

Kanfer, R. (1990), Motivation Theory and Industrial and Organizational Psychology, in: Dunnette, M. D./Hough, L.(Hrsg.), Handbook of Industrial and Organizational Psychology, 75-170.

Kanfer, R./Heggestad, E. (1997), Motivational Traits and Skills: A Person-Centered Approach to Work Motivation, Research in Organizational Behavior, 19, 1-56.

Klaas, B./McClendon, J./Gainey, T. (1999), HR Outsourcing and its Impact: The Role of Transaction Cost, Personnel Psychology, 52, 1, 113-136.

Koch, M./McGrath, R. (1996), Improving Labor Productivity: Human Resource Management Policies Do Matter, Strategic Management Journal, 17, 5, 335-354.

Koestner, R./McClelland, D. C. (1992), The Affiliation Motive, in: Smith, C. P. (Hrsg.), Motivation and Personality: Handbook of Thematic Content Analysis, New York, 205-210.

Kolesky, K. (2006), Management kultureller Integrationsprozesse bei grenzüberschreitenden Unternehmenszusammenschlüssen, Kassel.

Konopaske, R./Werner, S. (2002), Equity in Non-North American Contexts Adapting Equity Theory to the New Global Business Environment, Human Resource Management Review, 12, 3, 405-419.

Kralj, D. (2004), Vergütung von Beratungsdienstleistungen, Wiesbaden.

Kumar, V./Ravishanker, N./Venkatesan, R. (2007), Multichannel Shopping: Causes and Consequences, Journal of Marketing, 71, 2, 114-132.

Latham, G. P./Pinder, C. C. (2005), Work Motivation Theory and Research at the Dawn of the Twenty-First Century, Annual Review of Psychology, 56, 1, 485-516.

Laux, H. (1979), Grundlagen der Organisation, Berlin.

Laux, H./Liermann, F. (2005), Grundlagen der Organisation, 6. Auflage, Berlin.

Lawler, E./Thye, S. (1999), Bringing Emotions into Social Exchange Theory, Annual Review of Sociology, 25, 2, 217-244.

Leventhal, G./Bergman, J. (1969), Self-Depriving Behavior as a Response to Unprofitable Inequity, Journal of Experimental Social Psychology, 5, 2, 153-171.

Li, J. (2003), Strategic Human Resource Management and MNEs' Performance in China, International Journal of Human Resource Management, 14, 2, 157-173.

Liden, R./Shore, L./Wayne, S. (1997), Perceived Organizational Support and Leader-Member Exchange: A Social Exchange Perspective, Academy of Management Journal, 40, 1, 82-111.

Locke, E. (1968), Toward a Theory of Task Motivation and Incentives, Organizational Behavior & Human Performance, 3, 2, 157-189.

Locke, E. (1976), The Nature and Causes of Job Satisfaction, in: Dunnette, M. D. (Hrsg.), Handbook of Industrial and Organizational Psychology, 1297-1349.

Locke, E. (1996), Motivation through Conscious Goal Setting, Applied and Preventive Psychology, 5, 2, 117-124.

Locke, E./Latham, G. (1990), A Theory of Goal Setting and Task Performance, Englewood Cliffs.

Locke, E./Shaw, K./Saari, L./Latham, G. (1981), Goal Setting and Task Performance: 1969-1980, Psychological Bulletin, 90, 1, 125-152.

Ma, L./Tsui, A./Wang, D./Zhang, Y. (2003), Employment Relationships and Firm Performance: Evidence From an Emerging Economy, Journal of Organizational Behavior, 24, 5, 511-535.

Makin, P./Cooper, C./Cox, C. (1996), Organisations and the Psychological Contract: Managing People at Work, Oxford.

March, J./Simon, H. (1958), Organizations, New York.

Maslow, A. (1943), A Theory of Human Motivation, Psychological Review, 50, 4, 370-396.

Maslow, A. (1954), Motivation and Personality, New York.

Maslow, A. (1970), Motivation and Personality, 2. Auflage, New York.

McClelland, D. (1951), Personality, New York.

McClelland, D. (1961), The Achieving Society, Princeton.

McClelland, D. (1971), Assessing Human Motivation, New York.

McClelland, D. (1975), Power: The Inner Experience, New York.

McClelland, D. (1976), The Achieving Society, New York.

McClelland, D./Atkinson, J./Clark, R./Lowell, E. (1976), The Achievement Motive, Princeton.

McClelland, D./Boyatzis, R. (1982), Leadership Motive Pattern and Long-Term Success in Management, Journal of Applied Psychology, 67, 6, 737-743.

McClelland, D./Burnham, D. (1976), Power Is the Great Motivator, Harvard Business Review, 54, 2, 100-110.

McClelland, D./Burnham, D. (2002), Macht motiviert, in: Seeger, C. (Hrsg.), Motivation: Was Manager und Mitarbeiter antreibt, 112-133.

McClelland, D./Koestner, R. (1992), The Achievement Motive, in: Smith, C. (Hrsg.), Motivation and Personality: Handbook of Thematic Content Analysis, 143-152.

Menne, M. (2000), Der Einfluss von Organisationsstrukturen auf Investitionsentscheidungen, URL: https://eldorado.uni-dortmund.de/bitstream/2003/ 2896/2/menneunt1.pdf [19.02.2010].

Murray, H. (1938), Explorations in Personality, New York.

Oechsler, W. (2006), Personal und Arbeit: Grundlagen des Human Resource Management und der Arbeitgeber-Arbeitnehmer-Beziehungen, 8. Auflage, München.

o. V. (2009), Arbeitszufriedenheit – „Beschäftigte sind wenig motiviert", FAZ.NET, URL: http://www.faz.net/s/RubC43EEA6BF57E4A09925C1D802785495A/Doc~E2F027B0175B84108AD0 0331D0DFB44E5~ATpl~Ecommon~Scontent.html [24.02.2010].

Peteraf, M .(1993), The Cornerstones of Competitive Advantage: A Resource-Based View, Strategic Management Journal, 14, 2, 179-191.

Picot, A. (1982), Transaktionskostenansatz in der Organisationstheorie: Stand der Diskussion und Aussagewert, Die Betriebswirtschaft, 42, 2, 267-284.

Picot, A. (1991), Ökonomische Theorien der Organisation – Ein Überblick über neuere Ansätze und deren betriebswirtschaftliches Anwendungspotential, in: Odelheide, D./Rudolph, B./Büsselmann, E. (Hrsg.), Betriebswirtschaftliche und ökonomische Theorie, Stuttgart, 143-167.

Pinder, C. (1998), Work Motivation in Organizational Behavior, Upper Saddle River.

Pinnington, A./Edwards, T. (2004), Introduction to Human Resource Management, Oxford.

Rasche, C./Wolfrum, B. (1994), Ressourcenorientierte Unternehmensführung, Die Betriebswirtschaft, 54, 4, 501-517.

Robbins, S. (2001), Organisation der Unternehmung, München.

Roch, S./Shanock, L. (2006), Organizational Justice in an Exchange Framework: Clarifying Organizational Justice Distinctions, Journal of Management, 32, 2, 299-322.

Rodríguez, J./Ventura, J. (2003), Human Resource Management Systems and Organizational Performance: An Analysis of the Spanish Manufacturing Industry, International Journal of Human Resource Management, 14, 7, 1206-1226.

Schmidt, L./Frieze, I. (1997), A Mediational Model of Power, Affiliation, and Achievement Motives and Product Involvement, Journal of Business & Psychology, 11, 4, 425-446.

Schmitt, D./Marwell, G. (1972), Withdrawal and Reward Allocation as Response to Inequity, Journal of Experimental Social Psychology, 8, 3, 207-221.

Schröder, K. (2003), Mitarbeiterorientierte Gestaltung des unternehmensinternen Wissenstransfers, Wiesbaden.

Schweizer, L./zu Knyphausen-Aufseß, D./Ulscht, C. (2005), Outsourcing von Personalfunktionen: Eine (erneute) Bestandsaufnahme, Zeitschrift für Personalforschung, 19, 1, 25-44.

Simon, H. (1997), Administrative Behavior, 4. Auflage, New York.

Soyer, R./Rovenpor, J./Kopelman, R. (1999), Narcissism and Achievement Motivation as Related to three Facets of the Sales Role: Attraction, Satisfaction, and Performance, Journal of Business and Psychology, 14, 2, 285-304.

Spremann, K. (1990), Asymmetrische Information, Zeitschrift für Betriebswirtschaftslehre, 60, 5/6, 561-586.

Staehle, W. (1999), Management: Eine verhaltenswissenschaftliche Perspektive, , 8. Auflage, München.

Steers, R. /Mowday, R./Shapiro, D. (2004), The Future of Work Motivation Theory, Academy of Management Review, 29, 3, 379-387.

Stock, R. (2003), Teams an der Schnittstelle zwischen Anbieter- und Kunden-Unternehmen: Eine integrative Betrachtung, Wiesbaden.

Stock, R. (2004), Erfolgsauswirkungen der marktorientierten Gestaltung des Personalmanagements, Zeitschrift für betriebswirtschaftliche Forschung, 56, 5, 237-258.

Stock, R./Krohmer H. (2005), Interne Ressourcen als Einflussgrößen des internationalen Markenerfolgs: Ressourcenbasierte Betrachtung und empirische Analyse, Die Unternehmung, 59, 1, 79-100.

Stock-Homburg, R. (2009), Der Zusammenhang zwischen Mitarbeiter- und Kundenzufriedenheit: Direkte, indirekte und moderierende Effekte, 4. Auflage, Wiesbaden.

Stock-Homburg, R. (2008), Die Rolle des marktorientierten Personalmanagements im Rahmen der Umsetzung marktorientierter Strategien, Zeitschrift für betriebswirtschaftliche Forschung, 60, März, 124-152.

Stock-Homburg, R./Herrmann, L./Bieling, G. (2009), Erfolgsrelevanz der Personalmanagement-Systeme: Ein Überblick über 17 Jahre empirische Personalforschung, Die Unternehmung, 63, 1, 8-74.

Süß, S. (2004), Internationales Personalmanagement: Eine theoretische Betrachtung, München.

Sydow, J. (1992), Strategische Netzwerke. Evolution und Organisation, Wiesbaden.

Teece, D./Pisano, G./Shuen, A. (1997), Dynamic Capabilities and Strategic Management, Strategic Management Journal, 18, 7, 509-533.

Thibaut, J./Kelley, H. (1959), The Social Psychology of Groups, New York.

Thielmann-Holzmeyer, C. (2002), Interne Bildung von Personalvermögen durch integratives Personalentwicklungsmarketing, Wiesbaden.

Truss, C. (2001), Complexities and Controversies in Linking HRM with Organizational Outcomes, Journal of Management Studies, 38, 8, 1121-1149.

Vinchur, A./Schippmann, J./Switzer I./Fred S./Roth, P. (1998), A Meta-Analytic Review of Predictors of Job Performance for Salespeople, Journal of Applied Psychology, 83, 4, 586-597.

Vroom, V. (1964), Work and Motivation, New York.

Wahba, M./Bridwell, L. (1976), Maslow Reconsidered: A Review of Research on the Need Hierarchy Theory, Organizational Behavior and Human Performance, 15, 2, 212-240.

Wahrenburg, M./Hackethal, A./Friedrich, L./Gellrich, T. (2006), Strategic Decisions Regarding the Vertical Integration of Human Resource Organizations, International Journal of Human Resource Management, 17, 10, 1726-1771.

Wenger, E./Terberger, E. (1988), Die Beziehung zwischen Agent und Principal als Baustein einer ökonomischen Theorie der Organisation, WiSt – Wirtschaftswissenschaftliches Studium, 17, 10, 506-514.

Wentges, P. (2002), Corporate Governance und Stakeholder Ansatz, Wiesbaden.

Williamson, O. (1975), Markets and Hierarchies: Analysis and Antitrust Implications, New York.

Williamson, O. (1979), Transaction-Cost Economics: The Governance of Contractual Relations, Journal of Law and Economics, 22, 2, 233-261.

Williamson, O. (1985), The Economic Institutions of Capitalism: Firms, Markets, Relational Contracting, New York.

Williamson, O. (1990), Die ökonomischen Institutionen des Kapitalismus: Unternehmen, Märkte, Kooperationen, Tübingen.

Williamson, O. (1991a), Comparative Economic Organization: The Analysis of Discrete Structural Alternatives, Administrative Science Quarterly, 36, 2, 269-296.

Williamson, O. (1991b), The Economics of Governance: Framework and Implications, in: Furubotn, E./Richter, R. (Hrsg.), The New Institutional Economics, Tübingen, 54-82.

Williamson, O. (1996), Transaktionskostenökonomik, 2. Auflage, Hamburg.

Winter, D. (1973a), The Power Motive, New York.

Winter, D. (1973b), The Need for Power, in: McClelland, D./Steele, R. (Hrsg.), Human Motivation: A Book of Readings, New York, 279-286.

Wiswede, G. (2007), Einführung in die Wirtschaftspsychologie, 3. Auflage, München.

Zenger, T./Marshall, C. (2000), Determinants of Incentive Intensity in Group-based Rewards, 43, 2, 149-163.

Teil II

Mitarbeiterflusssysteme des Personalmanagements

Die Personalmanagement-Systeme eines Unternehmens, welche die Gestaltung des Personalmanagements auf der Makroebene beschreiben, können in Anlehnung an den Harvard-Ansatz (vgl. Cakar/Bitici/Mac Bryde 2003, S. 192) in zwei Gruppen unterteilt werden: die Mitarbeiterflusssysteme und die Belohnungssysteme (vgl. Abschnitt 1.1.2). Gegenstand des vorliegenden Teils des Lehrbuchs ist die Gestaltung der Mitarbeiterflusssysteme eines Unternehmens.

Mitarbeiter-flusssysteme	Systeme des Personalmanagements, welche Bewegungen von Führungskräften bzw. Mitarbeitern im Unternehmen abbilden. Die Mitarbeiterbewegungen erstrecken sich über den Eintritt in das Unternehmen, die Entwicklung im Unternehmen bis hin zum Austritt aus dem Unternehmen.

Die Mitarbeiterbewegungen in Unternehmen werden durch Instrumente gestaltet, die auf der Makroebene, d. h. auf der Ebene des Unternehmens, etabliert sind (vgl. Abschnitt 1.1.2). Die Gestaltung der Mitarbeiterflusssysteme umfasst fünf Bereiche, die in diesem Teil behandelt werden:

- die Gestaltung der Personalbedarfsplanung (Kapitel 3),

- die Gestaltung der Personalgewinnung (Kapitel 4),

- die Gestaltung der Personalentwicklung (Kapitel 5),

- die Gestaltung der Personalfreisetzung (Kapitel 6) sowie

- die internationale Gestaltung der Mitarbeiterflusssysteme (Kapitel 7).

Infolge des wachsenden Bedarfs an qualifizierten Nachwuchskräften (vgl. Abschnitt 1.2) gewinnt die Gestaltung der Mitarbeiterflusssysteme insbesondere im Hinblick auf Fach- und Führungskräfte zunehmend an Bedeutung. Der Bereich der Mitarbeiterflusssysteme, der diese Zielgruppe im Fokus hat, wird als Talent Management bezeichnet. *Talent Management* erstreckt sich über die Gewinnung, die Entwicklung und die Bindung von Talenten sowie die Planung diesbezüglicher Aktivitäten eines Unternehmens. Als Talente werden (Nachwuchs-)Kräfte innerhalb und außerhalb eines Unternehmens bezeichnet, die hinreichend qualifiziert sind, um erfolgskritische Positionen im Unternehmen zu besetzen (vgl. zu Putlitz/Komm/Putzer 2007, S. 22).

Eine aktuelle Befragung von 3.348 Personalverantwortlichen identifizierte das Talent Management als eine der zentralen Herausforderungen für Unternehmen, um ihre Wettbewerbsfähigkeit sicherzustellen (vgl. Strack et al. 2009, S. 14; Kapitel 1). Damit gehört die Gestaltung des Mitarbeiterflusses in Unternehmen, die sich der Gewinnung, der Bindung und der Förderung qualifizierter Beschäftigter widmet, zu einem der wichtigsten Themenfelder des Personalmanagements (vgl. u. a. Jäger 2007, S. 26; zu Putlitz/Komm/Putzer 2007, S. 22).

Die Beurteilung und die Vergütung von Führungskräften bzw. Mitarbeitern werden unter dem Begriff Belohnungssysteme subsumiert. Sie werden im dritten Teil dieses Lehrbuchs vertieft.

3 Gestaltung der Personalbedarfsplanung

Lernziele

- Die Leser können den Nutzen der Personalbedarfsplanung für die Unternehmenspraxis einordnen.

- Die Leser können verschiedene Arten des Personalbedarfs ermitteln.

- Die Leser kennen die zentralen quantitativen und qualitativen Verfahren zur
Ermittlung des Personalbedarfs.

- Die Leser kennen ausgewählte Gestaltungsaspekte des Nachfolgemanagements im
Rahmen der Personalbedarfsplanung.

3.1 Grundlagen der Personalbedarfsplanung

Im Rahmen des strategischen Personalmanagements ist die Personalbedarfsplanung von
zentraler Bedeutung: Als Ausgangspunkt des Mitarbeiterflusses ist sie Grundlage für die
gesamte Personalplanung und verbindet Unternehmensziele und Personalpläne (vgl. Jung
2008, S. 113). Dabei stützt sich die Personalbedarfsplanung insbesondere auf Absatz-, Leis-
tungs-, Beschaffungs- und Finanzpläne des Unternehmens (Drumm 2008, S. 201). Somit ist
sie ein integrativer Bestandteil der Unternehmensplanung, der die verschiedenen Teilpläne
einer betrieblichen Planung berücksichtigt (vgl. Berthel/Becker 2007, S. 167).

Mittels der Personalbedarfsplanung wird bestimmt, wie viele Führungskräfte bzw. Mitarbeiter mit welchen Qualifikationen an welchem Ort benötigt werden (vgl. Oechsler 2006,
S. 162). Demnach bezieht sich die Personalbedarfsplanung sowohl auf die Quantität (im
Sinne der Anzahl) als auch auf die Qualität (im Sinne der Fähigkeiten) von Führungskräften und Mitarbeitern, die zur Erbringung der Leistungen eines Unternehmens benötigt
werden.

Personal- *bedarfsplanung*	Maßnahmen zur Ermittlung des derzeitigen und zukünftigen quantita-tiven und qualitativen Bedarfs an Führungskräften und Mitarbeitern eines Unternehmens.

Die Personalbedarfsplanung ist eng mit den anderen Mitarbeiterflusssystemen (der Gewinnung, der Entwicklung und der Freisetzung) vernetzt. In einer dynamischen Markt-
wirtschaft, die geprägt ist durch technische Weiterentwicklungen, saisonale wie konjunk-
turelle Schwankungen und kurze Produktlebenszyklen, ergeben sich besondere Herausforderungen an die Vorhersage des Personalbedarfs. Beispielsweise erfordern neue Produktionstechnologien hoch qualifizierte bzw. stark spezialisierte Mitarbeiter. Damit bildet
die Personalbedarfsplanung den Ausgangspunkt für die Personalgewinnung (vgl. Kapitel 4).

Neben dem primären Ziel, den betrieblichen Bedarf an Personal zu ermitteln, kann die Personalbedarfsplanung gleichzeitig dazu dienen, Beschäftigungsprobleme frühzeitig zu erkennen und sozialverträglich aufzufangen (Klein-Schneider 2001, S. 5). Es besteht also eine wichtige Schnittstelle zur Personalentwicklung (vgl. Kapitel 5), durch die personelle Kompetenzen und Fähigkeiten im Hinblick auf den Unternehmenserfolg aufgebaut bzw. entwickelt werden sollen.

Ausgangspunkt für die Ermittlung des zukünftigen Personalbedarfs ist der Personalbestand zum Zeitpunkt der Planung (vgl. Jung 2008, S. 113). Ausgehend vom aktuellen Personalbestand zielt die Personalbedarfsplanung darauf ab, personelle Über- bzw. Unterkapazitäten mittel- und langfristig zu vermeiden. Führungskräfte und Mitarbeiter können gemäß dem ressourcenbasierten Ansatz (vgl. Abschnitt 2.1.3) den immateriellen, strategischen Ressourcen eines Unternehmens zugeordnet werden (vgl. Barney 1991). Die mittel- und langfristige Versorgung von Unternehmen mit Personal ist somit unabdingbar dafür, dass Unternehmen langfristig wettbewerbsfähig bleiben können (vgl. Dyer/Reeves 1995; Stock-Homburg/Herrmann/Bieling 2009).

Die Personalbedarfsplanung kann sich auf das gesamte Unternehmen oder auf Teilbereiche des Unternehmens beziehen. Auf Unternehmensebene kann beispielsweise erfasst werden, wie viele Führungskräfte bzw. Mitarbeiter ein Unternehmen nach einer Restrukturierung noch benötigt. Die Personalbedarfsplanung auf Bereichsebene konzentriert sich dagegen auf ausgewählte Sparten (z. B. Firmenkundengeschäft, Privatkundengeschäft) bzw. einzelne Funktionsbereiche (z. B. Produktion, Vertrieb, Logistik) eines Unternehmens. So kann beispielsweise der Personalbedarf für die Einführung einer neuen Produktsparte ermittelt werden.

Erfolgreiche Personalbedarfsplanung setzt voraus, dass Informationen zu quantitativen und qualitativen Aspekten des Personalbedarfs systematisch gesammelt und aufbereitet werden (vgl. Bontrup 2000, S. 500). Eine systematische Personalbedarfsplanung sollte sich insbesondere mit einer Reihe von Fragen auseinandersetzen, die in Tabelle 3.1 dargestellt sind.

Tabelle 3.1   Zentrale Leitfragen zur Gestaltung der Personalbedarfsplanung

Zentrale Leitfragen	Behandelt in ...
1. Welchen Barrieren steht die Personalbedarfsplanung in der Unternehmenspraxis gegenüber?	Abschnitt 3.1
2. Welchen Nutzen hat die Personalbedarfsplanung für Unternehmen?	Abschnitt 3.1
3. Welche Arten des Personalbedarfs sind zu unterscheiden und wie werden diese ermittelt?	Abschnitt 3.2

Zentrale Leitfragen	Behandelt in ...
4. Welchen Beitrag leisten quantitative, vergangenheitsbezogene Verfahren (Trendextrapolation, Regressionsmethode, Kennzahlenmethode) zur Ermittlung des Personalbedarfs?	Abschnitt 3.3.1
5. Wie können quantitative, zukunftsbezogene Verfahren (Szenario-Technik, Delphi-Methode) im Rahmen der Personalbedarfsplanung eingesetzt werden?	Abschnitt 3.3.2
6. Wie können qualitative Verfahren (Stellenausschreibungen, Anforderungsprofile) die Personalbedarfsplanung unterstützen?	Abschnitt 3.4
7. Wie kann das Nachfolgemanagement als spezifischer Bereich der Personalbedarfsplanung erfolgreich gestaltet werden?	Abschnitt 3.5

In der Unternehmenspraxis wird bislang eher zurückhaltend mit dem Instrument der Personalbedarfsplanung umgegangen. Insert 3.1 verdeutlicht, dass nur jedes zehnte Unternehmen den Personalbedarf länger als fünf Jahre plant. Vor diesem Hintergrund ist die erste eingangs gestellte Frage nach den Barrieren der Personalbedarfsplanung durchaus berechtigt (vgl. Tabelle 3.1).

Insert 3.1   Strategische Bedeutung der Personalplanung (vgl. Riester 2007)

Langfristige Personalplanung? Fehlanzeige

Mehr und mehr werden Talente zur wichtigsten und zugleich knappsten Ressource für den Unternehmenserfolg. Schon jetzt klagt die Wirtschaft in einigen Branchen über Wachstumseinbußen aufgrund mangelnder Fachkräfte. Doch das ist erst der Anfang, denn Deutschland fehlt langfristig der Nachwuchs: Der Wettbewerb um die klugen Köpfe wird daher in den kommenden Jahren noch deutlich härter werden. Damit ergeben sich neue Anforderungen an das Personalmanagement von Unternehmen.

Knapp 90 Prozent der Unternehmen mit mehr als 1.000 Mitarbeitern arbeiten regelmäßig mit Personalplänen. Von den Unternehmen, die zwischen 100 und 1.000 Mitarbeiter beschäftigen, führen nur noch die Hälfte systematische Personalbedarfsplanungen durch. Lediglich knapp 20 Prozent der Unternehmen mit zwischen 20 und 100 Mitarbeitern führen regelmäßig Personalbedarfsplanungen durch (vgl. Klimeki/Gmür 2001, S. 391).

Laut einer Umfrage von Pricewaterhouse-Coopers (PwC) verfolgen 60 Prozent der Unternehmen eine auf drei bis fünf Jahre angelegte Personalstrategie.

In jedem dritten Unternehmen reicht der Planungshorizont jedoch nicht weiter als zwei Jahre. Nur jeder zehnte Personalchef blickt über die kommenden fünf Jahre hinaus.

Der teilweise zurückhaltende Umgang mit Personalbedarfsplänen in der Unternehmenspraxis ist unter anderem darauf zurückzuführen, dass diese als zu kompliziert erachtet werden (vgl. Drumm/Scholz 1988, S. 96). Weitere *Barrieren der Personalbedarfsplanung* in der Unternehmenspraxis sind

- unzureichende Verankerung der Personalbedarfsplanung in den Unternehmensplänen,

- fehlende Informationen im Unternehmen (Organigramme, Stellenprofile usw.), die für die Durchführung fundierter Personalbedarfsplanungen erforderlich sind,

- geringe Bereitschaft betroffener Unternehmensbereiche, selbst vorhandene, für die Personalbedarfsplanung erforderliche Informationen bereitzustellen,

- fehlende Sensibilität für den Nutzen der Personalbedarfsplanung sowie

- geringe Sensibilität für strategische Personalfragen aufgrund aktueller hoher Anforderungen im Tagesgeschäft.

Die sicherlich größte Barriere der Personalbedarfsplanung ist darin zu sehen, dass deren Nutzen nicht erkannt wird (vgl. Leitfrage 2, Tabelle 3.1). Strukturierte Personalbedarfspläne stellen wertvolle Informationen für die Unternehmensleitung bereit. Darüber hinaus können durch eine systematische Personalbedarfsplanung folgende (primär ökonomische) *Vorteile* realisiert werden:

- frühzeitiges Identifizieren möglicher Engpässe auf dem Arbeitsmarkt,

- Schaffung einer realistischen Personaldecke, um gesetzte Unternehmensziele zu erfüllen,

- Einsparen von Kosten für Unterbrechungen in betrieblichen Abläufen aufgrund personeller Unterbesetzungen,

- Steigern der Produktivität des Unternehmens durch Besetzen von Stellen mit hinreichend qualifizierten Führungskräften und Mitarbeitern,

- Einsparen von Kosten für Fehlbesetzungen von Stellen,

- Erstellen realistischer Personalpläne, um technische und organisatorische Veränderungen umzusetzen sowie

- Bereitstellen von Informationen, durch die adäquate Ziele und Maßnahmen der Personalgewinnung (vgl. Kapitel 4), der Personalentwicklung (vgl. Kapitel 5) und der Personalfreisetzung (vgl. Kapitel 6) ausgewählt werden können.

3.2 Ermittlung unterschiedlicher Arten des Personalbedarfs

Zu Beginn des Personalbedarfsplanungsprozesses ist zu klären, auf welche *Arten des Personalbedarfs* sich dieser bezieht (vgl. Leitfrage 3, Tabelle 3.1). Darüber hinaus ist festzulegen, wie bei der Ermittlung des Personalbedarfs vorgegangen werden soll. Der Personalbedarf wird in drei Schritten ermittelt, die in Abbildung 3.1 veranschaulicht sind.

Abbildung 3.1   Schritte zur Ermittlung unterschiedlicher Arten des Personalbedarfs (in Anlehnung an Oechsler 2006, S. 165)

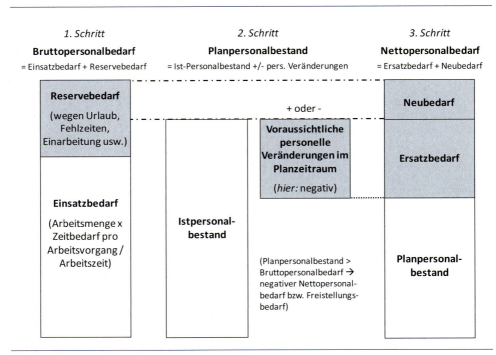

Im ersten Schritt der Personalbedarfsplanung erfolgt die *Bestimmung des Bruttopersonalbedarfs*. Der Bruttopersonalbedarf wird wie folgt definiert:

Bruttoper-sonalbedarf	Anzahl benötigter Führungskräfte und Mitarbeiter, um die Leistungen eines Unternehmens zu erbringen.

Der Bruttopersonalbedarf lässt sich in zwei Komponenten unterteilen (vgl. Oechsler 2006, S. 165): den Einsatzbedarf und den Reservebedarf.

- Der *Einsatzbedarf* bezieht sich auf den zur Erfüllung entstehender Aufgaben erforderlichen Personalbedarf. Der Einsatzbedarf wird insbesondere anhand des Leistungsumfangs eines Unternehmens (bestimmt durch Auftragsvolumen, Produktionsmenge usw.), intern bzw. extern zu erbringender Dienstleistungen sowie administrativer Tätigkeiten in Verbindung mit der Leistungserbringung (vgl. Bontrup 2000, S. 500) ermittelt.

- Der *Reservebedarf* resultiert aus Ausfällen im Rahmen der regulären Leistungserstellung. Gründe hierfür können beispielsweise Urlaub, Krankheit, Weiterbildung, Einarbeitung und sonstige Fehlzeiten von Führungskräften bzw. Mitarbeitern sein (vgl. Bontrup/Pulte 2001, S. 17).

Gegenstand des zweiten Schrittes der Personalbedarfsplanung ist die *Bestimmung des zukünftigen Personalbestands (Planpersonalbestand)*. Im Zusammenhang mit dem Planpersonalbestand sind zwei Bereiche von Bedeutung: die gegenwärtig vorhandenen Führungskräfte und Mitarbeiter im Unternehmen (Istpersonalbestand) sowie die voraussichtlichen personellen Änderungen im Planungszeitraum. Diese Änderungen können auf Zugängen (Neueinstellungen, Wehrdienstrückkehrer usw.) oder Abgängen basieren. Es wird zwischen

- sicheren Abgängen (Pensionierungen, Wehrdienst usw.),

- statistisch erfassbaren Abgängen (Fluktuation, Elternzeit, Invalidität usw.) sowie

- Abgängen als Auswirkungen getroffener Dispositionen (Beförderungen, Versetzungen usw.)

unterschieden (vgl. Berthel/Becker 2007, S. 240). Der zukünftige Personalbestand wird somit wie folgt definiert:

Planpersonal-bestand	Gegenwärtig im Unternehmen vorhandene Führungskräfte und Mitarbeiter unter Berücksichtigung personeller Veränderungen (Zugänge bzw. Abgänge) im Planungszeitraum.

Der dritte Schritt der Personalbedarfsplanung konzentriert sich auf die *Ermittlung des Nettopersonalbedarfs*. Dieser ergibt sich aus der Differenz zwischen Bruttopersonalbedarf und Planpersonalbestand (vgl. Oechsler 2006, S. 165).

Nettopersonalbedarf	Anzahl der in einem Planungszeitraum über die verfügbaren Beschäftigten hinaus benötigten Führungskräfte und Mitarbeiter, um die Leistungen eines Unternehmens im Planungszeitraum zu erbringen.

Der Nettopersonalbedarf wird in zwei Komponenten untergliedert: den Ersatzbedarf und den Neubedarf.

- Der *Ersatzbedarf* ergibt sich aus Abgängen des Unternehmens und drückt die Zahl der Mitarbeiter aus, die zur Besetzung frei werdender Stellen neu einzustellen sind. Er resultiert aus der Differenz zwischen prognostizierten Abgängen und voraussichtlichen Zugängen und entspricht somit den voraussichtlichen personellen Veränderungen, die in Schritt 2 der Personalbedarfsplanung ermittelt wurden (vgl. Abbildung 3.1).

- Der *Neubedarf* drückt die Zahl der Beschäftigten aus, die zur Besetzung neu entstehender Stellen eingestellt werden müssen. Er ergibt sich aus der Differenz zwischen dem Bruttopersonalbedarf und dem Istpersonalbestand.

Abbildung 3.2   Ermittlung des lang- und kurzfristigen Nettopersonalbedarfs
(vgl. Berthel/Becker 2007, S. 240)

Kurzfristige Planung des Nettopersonalbedarfs

	(1) Bruttopersonalbedarf
–	(2) Personalbestand im Zeitpunkt t_0
+	(3) Abgänge

- sichere Abgänge (Pensionierung, Wehrdienst u. a.)
- statistisch erfassbare Abgänge (Fluktuation, Invalidität, Tod u. a.)
- Abgänge als Auswirkungen getroffener Dispositionen (Beförderungen, Versetzungen u. a.)

–	(4) feststehende Zugänge (durch vertragliche Verpflichtungen, Beförderungen u. a.)
=	(5) Nettopersonalbedarf

→ Ersatzbedarf bei Unterdeckung
→ Freistellungsbedarf bei Überdeckung

Langfristige Planung des Nettopersonalbedarfs

	(1) Bruttopersonalbedarf
–/+	(2) Bedarfsveränderungen (z. B. infolge von Erweiterungsinvestitionen, Änderungen der Organisationsstruktur, Rationalisierungsmaßnahmen)
=	(3) Bruttopersonalbedarf im Zeitpunkt t_n
–	(4) Personalbestand
–/+	(5) Bestandsveränderungen (Ab- und Zugänge wie kurzfristig)
=	(6) Nettopersonalbedarf im Zeitpunkt t_n

→ Ersatzbedarf
→ Neubedarf bei Unterdeckung (Erweiterungsbedarf)
→ Freistellungsbedarf bei Überdeckung

Der Nettopersonalbedarf kann sowohl positiv als auch negativ ausgeprägt sein. Abhängig davon ergibt sich eine personelle Über- bzw. Unterdeckung (vgl. Hentze/Kammel 2001, S. 191). Eine *Unterdeckung* liegt vor, wenn der Bruttopersonalbedarf zum Planungszeitpunkt größer ist als der Planpersonalbestand (vgl. Jung 2008, S. 118). Ein positiver Nettopersonalbedarf kann durch Personalgewinnung (vgl. Kapitel 4), Erhöhung der Arbeitsleistung (z. B. Mehrarbeit) bzw. Personalentwicklungsmaßnahmen (vgl. hierzu Kapitel 5) kompensiert werden (vgl. Bontrup/Pulte 2001, S. 18). Bei einer *Überdeckung* ist der Brutto-personalbedarf zum Planungszeitpunkt kleiner als der Planpersonalbestand. Eine Perso-nalüberdeckung kann durch verschiedene Formen der Personalfreisetzung (vgl. Kapitel 6) abgebaut werden.

Bezüglich des Zeitraums der Personalbedarfsplanung unterscheiden Berthel und Becker (2007, S. 240) zwischen kurz- und langfristiger Planung. *Kurzfristige Planungen* beziehen sich auf etwa ein bis zwei Jahre. *Langfristige Planungen* decken dagegen Zeiträume von zehn Jahren und mehr ab. Der Planungshorizont kann für einzelne Branchen variieren. So kann in sehr dynamischen (z. B. technologieaffinen) Branchen bereits ein Planungshorizont von fünf Jahren als eher langfristiger Zeitraum angesehen werden. Abbildung 3.2 stellt die langfristige und die kurzfristige Planung des Nettopersonalbedarfs gegenüber.

Im Personalmanagement existiert eine Reihe von Ansätzen, die sich mit der Prognose des Personalbedarfs beschäftigen. Hinsichtlich der Verfahren der Bedarfsplanung wird zwi-schen quantitativen und qualitativen Verfahren unterschieden. Einen Überblick über aus-gewählte Verfahren der Personalbedarfsplanung liefert Abbildung 3.3.

Abbildung 3.3   Systematisierung ausgewählter Verfahren der Personalbedarfsplanung

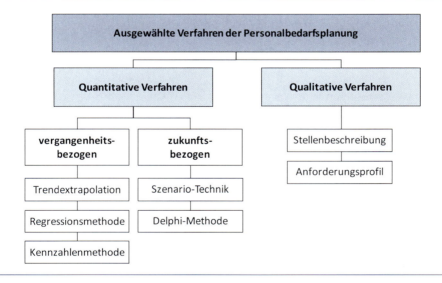

3.3 Quantitative Verfahren der Personalbedarfsplanung

Mit quantitativen Verfahren der Personalbedarfsplanung kann der Personalbedarf nach Stellenkategorien oder Arbeitsgebieten ermittelt werden, die zu bestimmten Zeitpunkten im Planungshorizont eines Unternehmens vorhanden sein müssen, um das geplante Leistungsprogramm zu erfüllen (Drumm 2008, S. 220). Quantitative Verfahren der Personalbedarfsplanung beurteilen anhand mathematischer bzw. statistischer Ansätze den Planpersonalbedarf. Sie werden unterteilt in

- vergangenheitsbezogene Verfahren (Abschnitt 3.3.1) und

- zukunftsbezogene Verfahren (Abschnitt 3.3.2).

3.3.1 Vergangenheitsbezogene Verfahren der Personalbedarfsplanung

Mithilfe vergangenheitsbezogener Verfahren können statistische Erfahrungswerte auf die Zukunft übertragen werden (vgl. Leitfrage 4, Tabelle 3.1). Zentrale vergangenheitsbezogene Verfahren sind

- die Trendextrapolation (Abschnitt 3.3.1.1),

- die Regressionsmethode (Abschnitt 3.3.1.2) sowie

- die Kennzahlenmethode (Abschnitt 3.3.1.3).

Sie werden in den folgenden Abschnitten vertieft. Für die Darstellung weiterer quantitativer Verfahren der Personalbedarfsplanung sei auf Hentze und Kammel (2001, S. 13) sowie Holtbrügge (2007) verwiesen.

3.3.1.1 Die Trendextrapolation

Die Trendextrapolation galt in der Unternehmenspraxis lange Zeit als zentrale Methode zur Ermittlung des Personalbedarfs (vgl. Günther/Berendes 2007, S. 15). Sie wird in der Regel auf Ebene des Gesamtunternehmens eingesetzt und unterstellt, dass in der Vergangenheit festgestellte Strukturen des Personalbedarfs auf zukünftige Entwicklungen übertragbar sind (vgl. Homburg 2000, S. 109). Damit ist der Einsatz der Trendextrapolation nur dann sinnvoll, wenn bisherige Entwicklungen des Personalbedarfs eine gewisse Gesetzmäßigkeit aufweisen (vgl. Jung 2008, S. 124).

Die Trendextrapolation ist eine Zeitreihenanalyse, wobei der Trend die von Zufallsschwankungen unabhängige Grundrichtung einer Zeitreihe abbildet. Wird die Trendextrapolation zur Personalbedarfsplanung eingesetzt, stellt der Personalbedarf die abhängige, d. h. die zu erklärende, Variable und die Zeit (z. B. in Jahren) die einzige unabhängige, d. h. die erklärende, Variable dar (in Anlehnung an Homburg 2000, S. 107). Die Zeit wird als Ursachenkomplex verstanden, der aus verschiedenen Einzelvariablen zusammenge-setzt ist. Der Wert, der sich aus einer Zeitreihe ergibt, repräsentiert also das Ergebnis des Zusammenwirkens verschiedener Einflussfaktoren über einen bestimmten Zeitraum hin-weg (vgl. Schulze 2007). Diese Faktoren unterscheiden sich hinsichtlich der Dauer, der Stärke und der Regelmäßigkeit ihres Einflusses. Die Zeitreihenwerte für den *Personalbedarf* PB$_t$ mit ihren Komponenten lassen sich darstellen als

$$PB_t = f\,(T_t, Z_t, S_t, \varepsilon_t\,) \qquad für \qquad t = 1, 2, \ldots, T.$$

- Die *Trendkomponente* T_t gibt den allgemeinen langfristigen Verlauf einer Zeitreihe wie-der. Sie erfasst die durchschnittliche Veränderung der Zeitreihe pro Zeiteinheit. Lang-fristige Trends mit hoher Relevanz für die Personalbedarfsplanung sind die Globalisie-rung, der technische Fortschritt sowie der demographischer Wandel.

- Schwankungen im langfristigen Trend werden durch die mittelfristig wirkende *zykli-sche Komponente* Z_t abgebildet. Hierbei kann es sich beispielsweise um einen erhöhten Personalbedarf aufgrund von konjunkturellem Wachstum handeln.

- Die *Saisonkomponente* S_t bildet die innerhalb eines Jahres auftretenden, jahreszeitlich bedingten Schwankungen ab. Eine solche Schwankung kann innerhalb der Personal-bedarfsplanung beispielsweise in Kernurlaubszeiten (Schulferien, Weihnachten usw.) auftreten. Saisonale Schwankungen werden nur dann berücksichtigt, wenn in einer Zeitreihe unterjährige Daten (z. B. Monatswerte) erfasst werden.

- In der *Zufallskomponente* ε_t werden alle einmaligen, kurzfristig und nicht periodisch auftretenden Einflüsse zusammengefasst. Dieser Kategorie der außerordentlichen Ereig-nisse werden im Rahmen der Personalbedarfsplanung beispielsweise Streiks zugeordnet.

Zur Ermittlung der Zeitreihe, welche die zukünftigen Entwicklungen des Personalbedarfs abbildet, können mathematische oder statistische Analysen verwendet werden (vgl. hierzu ausführlich Homburg 2000, S. 107 ff.). Die graphische Veranschaulichung einer Trendext-rapolation zur Ermittlung des Personalbedarfs erfolgt in Abbildung 3.4.

Abbildung 3.4   Graphische Veranschaulichung einer Trendextrapolation zur Ermittlung
des Personalbedarfs

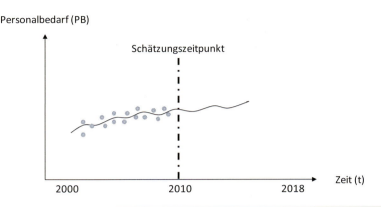

Die Trendextrapolation hat heute nur noch begrenzte Bedeutung für die Personalmanagement-Praxis. „Für eine strategisch ausgerichtete Personalplanung genügt es […] heute nicht mehr, Entwicklungen der Vergangenheit einfach – oftmals sogar nur selektiv […] im Sinne einer Trendextrapolation fortzuschreiben" (Günther/Berendes 2007, S. 15). Für eine sinnvolle Personalplanung bedarf es vielmehr Methoden, welche die Komplexität der Wirkungsbeziehungen zwischen Umweltentwicklungen und Personalbedarf transparent machen. Hier sind beispielsweise kausale Prognoseverfahren wie die multiple Regressionsanalyse anzuwenden.

3.3.1.2   Die Regressionsmethode

Bei der Regressionsmethode können mehrere Einflussgrößen des Personalbedarfs parallel berücksichtigt werden (vgl. Bröckermann 2009, S. 38 ff.). Beispielhafte Anwendungsgebiete im Rahmen der Personalbedarfsplanung sind

- die Analyse des Personalbedarfs in verschiedenen, regional verteilten Serviceorganisationen bzw. Vertriebsorganisationen eines Unternehmens sowie

- die Analyse des Personalbedarfs in verschiedenen, international verteilten Standorten eines Unternehmens.

In die Regressionsmethode fließt also immer eine größere Anzahl von Unternehmensteilen (z. B. Bereiche, Niederlassungen) ein. Sie ist daher nur dann sinnvoll anwendbar, wenn Unternehmen über eine gewisse Anzahl von Niederlassungen verfügen. Ein Anwendungsbeispiel wird in Verbindung mit der internationalen Personalbedarfsplanung dargelegt (Abschnitt 7.3.1). Voraussetzung für die Anwendung der Regressionsmethode ist allerdings, dass die Einflussgrößen des Personalbedarfs im Zeitverlauf relativ stabil sind (vgl. Hentze/Kammel 2001, S. 203).

Mithilfe der Regressionsmethode kann ein Vorhersagewert der abhängigen Variablen unter der Voraussetzung geschätzt werden, dass die unabhängigen Variablen bekannt sind (vgl. Homburg/Krohmer 2009, S. 374). Im Rahmen der Personalbedarfsplanung stellt der Personalbedarf die abhängige Variable dar. Als unabhängige Variablen werden verschiedene Einflussgrößen des Personalbedarfs untersucht. Dabei wird eine eindeutige Richtung des Zusammenhangs zwischen der abhängigen und den unabhängigen Variablen unterstellt. Es wird also angenommen, dass sich die Determinanten des Personalbedarfs (als unabhängige Variablen) auf den Personalbedarf (als abhängige Variable) auswirken und nicht umgekehrt.

Wird lediglich eine Einflussgröße des Personalbedarfs betrachtet, handelt es sich um eine *bivariate Regression*. Im Falle einer linearen Funktion ergibt sich hier der Personalbedarf (*PB*) aus:

$$PB = a + b \cdot x + e$$

Hierbei bezeichnet der Personalbedarf (*PB*) die abhängige Variable, a eine Konstante, x die unabhängige Variable, b die Stärke des Einflusses dieser Variable und e eine Residualgröße. Beispielhaft für einen solchen funktionalen Verlauf ist der Personalbedarf im Produktionsbereich anzuführen. Für jede Zunahme des Auftragsvolumens um eine bestimmte Menge ist der Einsatz einer zusätzlichen Maschine erforderlich, die wiederum durch eine bestimmte Anzahl von Mitarbeitern zu bedienen ist.

Wird mehr als eine Einflussgröße des Personalbedarfs untersucht, liegt eine *multiple Regression* vor (vgl. Abbildung 3.5). Für Unternehmen ist es im Rahmen der Personalbedarfsplanung wichtig zu wissen, wie stark der Einfluss verschiedener Einflussgrößen im Vergleich ist. Aufbauend auf dieser Erkenntnis und der Veränderbarkeit verschiedener Einflussgrößen werden Maßnahmen zur Steuerung verschiedener Einflussgrößen des Personalbedarfs priorisiert. Das Grundmodell der multiplen linearen Regressionsanalyse lässt sich durch die Gleichung

$$PB = a + b_1 \cdot x_1 + b_2 \cdot x_2 + ... + b_n \cdot x_n + e$$

darstellen. $x_1, ..., x_n$ bezeichnen die n unabhängigen Variablen. Das Modell unterstellt, dass jede unabhängige Variable einen konstanten (d. h. vom Niveau der Variable unabhängigen) Effekt auf die abhängige Variable ausübt. Die zentrale Aufgabe im Rahmen der Analyse eines derartigen Modells ist die Schätzung der Regressionsparameter a, b_1, b_2, ..., b_n. Die Regressionsparameter b_1 bis b_n geben die Stärke des Einflusses einzelner unabhängiger Variablen an. Für eine grundlegende Diskussion dieser Methodik sei auf Skiera und Albers (2008, S. 467 ff.) verwiesen.

Abbildung 3.5   Beispielhafte Veranschaulichung eines multiplen Regressionsmodells
                      zur Ermittlung des Personalbedarfs

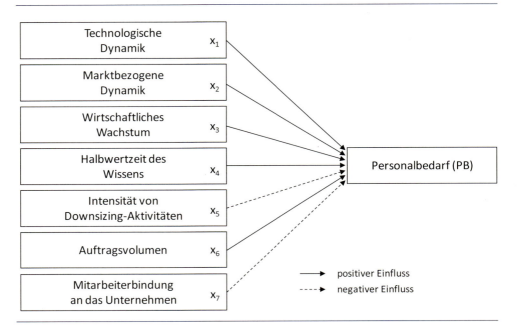

Neben dem linearen Verlauf sind auch *nicht-lineare Verlaufsformen* hinsichtlich verschiedener Einflussgrößen des Personalbedarfs möglich. Liegt eine *degressive Regressionsfunktion* vor, ist der relative Anstieg des Personalbedarfs zunächst stärker und dann schwächer als der des Auftragsvolumens (vgl. Abbildung 3.6a). Ein solcher Verlauf lässt sich durch die Gleichung

$$PB = a - b / x^2$$

darstellen. Er ist im Wesentlichen auf Synergieeffekte zurückzuführen und kann beispielsweise dann auftreten, wenn aufgrund einer erhöhten Leistungsmenge Tätigkeiten von Mitarbeitern miteinander kombiniert werden bzw. bestimmte Aufgaben parallel bearbeitet werden können.

Abbildung 3.6   Illustration beispielhafter nicht-linearer Regressionsbeziehungen

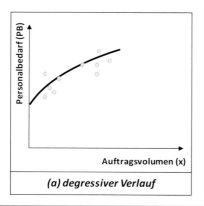
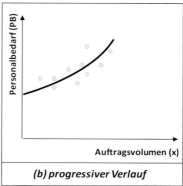

Anders sieht es bei einer *progressiven Regressionsfunktion* aus (vgl. Abbildung 3.6b). Ein solcher Verlauf lässt sich durch die Gleichung

$$PB = a + b \cdot x^2$$

darstellen. Der Anstieg des Personalbedarfs (PB) nimmt mit zunehmendem Auftragsvolumen (x) überproportional zu. Dieser Verlauf resultiert im Wesentlichen aus der erhöhten Komplexität und dem damit verbundenen gestiegenen Koordinationsbedarf aufgrund des zusätzlichen Auftragsvolumens. Beispielhaft für diesen Verlauf ist das Überschreiten einer bestimmten Mitarbeiteranzahl durch die Übernahme zusätzlicher Aufträge zu nennen. Neben zusätzlichen Mitarbeitern, die mit der eigentlichen Leistungserstellung (z. B. der Bedienung von Maschinen) betraut sind, werden beispielsweise zusätzliche Führungskräfte für die Koordination der Tätigkeiten benötigt. Dies führt zu einem überproportionalen Anstieg des Personalbedarfs im Verhältnis zum Auftragsvolumen.

3.3.1.3   Die Kennzahlenmethode

Mithilfe ausgewählter Personalbedarfskennzahlen lassen sich verschiedene Arten des Personalbedarfs ermitteln. In Abschnitt 3.2 wurde zwischen dem Bruttopersonalbedarf, dem Personalbestand und dem Nettopersonalbedarf unterschieden. In Anlehnung an diese Unterteilung können die Personalbedarfskennzahlen systematisiert werden (vgl. Tabelle 3.2). Werden mehrere dieser Kennzahlen im Rahmen der einzelnen Schritte der Personalbedarfsermittlung kombiniert, sind Rückschlüsse auf den Personalbedarf möglich. Tabelle 3.2 erläutert ausgewählte Kennzahlen zur Ermittlung des Personalbedarfs (in Anlehnung an Havighorst 2006; Polegek 2002). Der Fokus liegt auf Kennzahlen, die häufig in der Unternehmenspraxis angewendet werden (vgl. Havighorst 2006, S. 12).

Tabelle 3.2   Ausgewählte Kennzahlen zur Ermittlung des Personalbedarfs

Kennzahl	Erklärung	Ermittlung
Beispielhafte Kennzahlen zur Ermittlung des Einsatzbedarfs		
Auftrags-volumen/ Monat	Umfang erteilter Aufträge innerhalb eines Monats	Auftragsvolumen im Jahr x / zwölf Monate
Ausschuss/ Mitarbeiter	Durchschnittlicher Wert fehlerhaft hergestellter Produkte pro Beschäftigtem (primär im pro-duzierenden Bereich angewendete Kennzahl)	Verkaufswert der Ausschuss-produktion im Zeitraum x / Σ der Beschäftigten
Fehlerquote/ Mitarbeiter	Durchschnittlicher Wert verursachter Fehler (z. B. durch falsche Kundenberatung) pro Be-schäftigtem	Anzahl der Fehler (z. B. Ausschuss, Beschwerden) im Zeitraum x / Σ der Beschäf-tigten
Beispielhafte Kennzahlen zur Ermittlung des Reservebedarfs		
Fehlzeiten-struktur	Anteil bestimmter Abwesenheitsursachen an den Fehlzeiten (z. B. Krankheit, Urlaub, Weiterbildungszeiten, Geschäftsreisen)	Abwesenheit in Tagen nach Ursachen / Σ der Fehlzeiten
Krankheits-quote	Anteil der durch Krankheit ausgefallenen Arbeits-leistung	Ausfalltage durch Arbeitsunfähigkeit / Σ der Regelarbeitstage
Unfallquote	Zahl der Unfälle je 1.000 geleisteter Arbeitsstunden (relative Gefährdung durch Ar-beitsunfälle)	Anzahl Unfälle / (Σ geleisteter Arbeitsstunden / 1.000)
		Anzahl Ausfalltage / (Σ gel. Arbeitsstunden / 1.000)
Beispielhafte Kennzahlen zur Ermittlung des Istpersonalbestandes		
Beschäfti-gungsstruktur	Anteil bestimmter Personengruppen im Unter-nehmen (z. B. Alter, Ausbildungsgrad, Betriebszugehörigkeit, Geschlecht, Lohnniveau)	Zahl der nach bestimmten Kriterien ausgewählten Beschäftigten / Σ der Beschäftigten
Teilzeitquote	Anteil der Teilzeitbeschäftigten an der Gesamt-heit der Beschäftigten eines Unternehmens	Anzahl Teilzeitkräfte / Σ der Beschäftigten
Auszubil-dendenquote	Anteil Auszubildender an der Gesamtheit der Beschäftigten eines Unternehmens (Angabe, inwieweit das Unternehmen in ausreichendem Maße Nachwuchskräfte ausbildet, die erwartete Abgänge an Fachkräften ersetzen können)	Anzahl Auszubildende / Σ der Beschäftigten
Anteil der Führungskräfte	Verhältnis von Führungskräften zur Gesamtzahl der im Unternehmen Beschäftigten	Anzahl Führungskräfte / Σ der Beschäftigten

Kennzahl	Erklärung	Ermittlung
Beispielhafte Kennzahlen zur Ermittlung der personellen Verschiebungen		
Fluktuations-rate	Anteil der eigenen Kündigungen, der arbeitgeberseitigen Kündigungen und der Abgänge in den Ruhestand	Anzahl ausgeschiedener Beschäftigter im Zeitraum x / Σ der Beschäftigten zu Beginn des Zeitraums x
Eigenkündigungsquote	Anteil der Beschäftigten, die ihre Tätigkeit im Unternehmen im Betrachtungszeitraum auf eigenen Wunsch beendet haben, an der Gesamtheit der Beschäftigten am Beginn des Betrachtungszeitraums	Anzahl der Kündigungen durch die Mitarbeiter im Zeitraum x / Σ der Beschäftigten zu Beginn des Zeitraums x
Durchschnittliche Betriebszugehörigkeit	Betriebszugehörigkeit von allen Beschäftigten im Verhältnis zur Summe der Beschäftigten	Betriebszugehörigkeitsjahre aller Beschäftigten (in Jahren) / Σ der Beschäftigten

3.3.2 Zukunftsbezogene Verfahren der Personalbedarfsplanung

Unternehmen sehen sich heute zahlreichen unternehmensinternen wie -externen Faktoren gegenüber, welche die eigene Entwicklung beeinflussen. In derart komplexen Systemen ist es nur begrenzt möglich, über einen längeren Zeitraum zuverlässige Prognosen, etwa zur Entwicklung des Personalbedarfs, zu erstellen. Zukunftsbezogene Verfahren der Personalbedarfsplanung (vgl. Leitfrage 5, Tabelle 3.1) zeichnen sich dadurch aus, dass dynamische, diskontinuierliche Entwicklungen berücksichtigt werden (vgl. Hentze/Kammel 2001, S. 204). Am stärksten verbreitet sind

- die Szenario-Technik (Abschnitt 3.3.2.1) sowie

- die Delphi-Methode (Abschnitt 3.3.2.2).

3.3.2.1 Die Szenario-Technik

Die Szenario-Technik ist eine Methode, mit deren Hilfe konkrete Vorstellungen über positive und negative Veränderungen einzelner Entwicklungsfaktoren in der Zukunft zu einem Szenario zusammengefasst werden. Dabei werden quantitative Daten und Informationen mit subjektiven Informationen, Einschätzungen und Meinungen verknüpft, so dass im Ergebnis detaillierte Beschreibungen einer bzw. mehrerer möglichen Zukunftssituationen entstehen (Albers 2000).

Szenario	Ein hypothetisches Zukunftsbild, welches auf einer in sich schlüssigen Kombination denkbarer Entwicklungen einzelner Einflussfaktoren beruht (Wenzelmann/Plass/Gausemeier 2009).

Während Szenarien schon früh im militärischen Bereich angewendet wurden, übertrug der Zukunftsforscher Herman Kahn die Methode Ende der 1960er Jahre erstmals auf den sozio-ökonomischen Bereich. In den letzten Jahren hat sich ein verstärktes Interesse dieser Methode in Bezug auf die Personalbedarfsplanung gezeigt (Ward 1996). Hier eignet sich die Szenario-Technik gut, um mehrere mögliche Zukunftsentwicklungen (Szenarien) hinsichtlich des Personalbedarfs aufzuzeigen. Im Unternehmenskontext wird die Szenario-Technik wie folgt definiert:

> *Szenario-Technik* Methode zur Beschreibung möglicher zukünftiger Umfeld-konfigurationen eines Unternehmens inklusive alternativer Wege, die von der Gegenwart zu diesen Konfigurationen führen (vgl. von Reibnitz 1987, S. 15; Schoemaker 1995, S. 25).

Mithilfe der ermittelten Szenarien können frühzeitig mögliche Entwicklungen des Personalbedarfs identifiziert werden. Die Szenario-Technik sollte in den strategischen Planungsprozess integriert werden, damit sie ein Bestandteil der strategischen Planung eines Unternehmens wird. Unter dieser Voraussetzung lassen sich folgende Ziele erreichen:

- Sammeln und Strukturieren vorhandener Informationen über relevante Einflussgrößen des Personalbedarfs (gesellschaftliche Entwicklungen, rechtliche Änderungen, unternehmensbezogene Faktoren usw.),

- Identifizieren zukünftiger Entwicklungen relevanter Einflussgrößen des Personalbedarfs,

- Beschreiben des zukünftigen Umfeldes, auf das sich die Personalbedarfsplanung bezieht,

- Fördern kreativen und zukunftsgerichteten Denkens bei der Personalbedarfsplanung,

- Ableiten von Auswirkungen, Chancen und Risiken möglicher (realistischer) Szenarien und

- Erarbeiten von Strategien zur Realisierung von Chancen und zur Abwehr von Risiken.

Wie in Abbildung 3.7 schematisch dargestellt, lässt sich die Szenario-Technik anhand eines sich öffnenden Trichters veranschaulichen, in dem sich verschiedene Wege in die Zukunft verzweigen. Seine Schnittfläche beinhaltet alternative Zukunftsprojektionen zu einem bestimmten Vorhersagezeitpunkt. Dabei kombinieren realitätsnahe und aussagekräftige Szenarien jeweils mehrere relevante Faktoren. Der Trichter symbolisiert Komplexität und Unsicherheit in Bezug auf die Zukunftsprognose: Je weiter man von der Gegenwart in die Zukunft geht, desto größer wird der Möglichkeitsraum und desto komplexer und unsicherer werden die Prognosen (vgl. von Reibnitz 1991, S. 26).

Abbildung 3.7 Vorgehensweise bei der Szenario-Technik
(in Anlehnung an Gausemeier/Fink 1999)

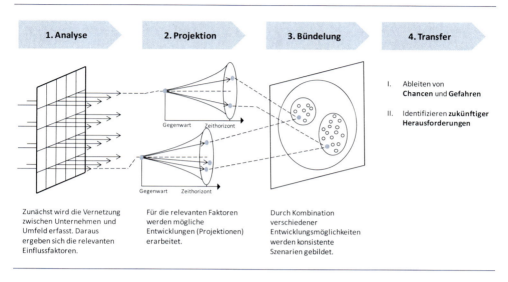

| 1. Analyse | 2. Projektion | 3. Bündelung | 4. Transfer |

I. Ableiten von **Chancen** und **Gefahren**

II. Identifizieren **zukünftiger Herausforderungen**

Zunächst wird die Vernetzung zwischen Unternehmen und Umfeld erfasst. Daraus ergeben sich die relevanten Einflussfaktoren.

Für die relevanten Faktoren werden mögliche Entwicklungen (Projektionen) erarbeitet.

Durch Kombination verschiedener Entwicklungsmöglichkeiten werden konsistente Szenarien gebildet.

Anhand eines fiktiven Beispiels der Blueman Bank Group soll in Insert 3.2 der Einsatz der Szenario-Technik bei der Personalbedarfsplanung verdeutlicht werden.

Insert 3.2 Anwendung der Szenario-Technik am Beispiel der Blueman Bank Group

Da in den vergangenen Jahren immer weniger neue Mitarbeiter eingestellt wurden, sieht sich die Blueman Bank Group einem wachsenden Anteil älterer Mitarbeiter gegenüber. Zwar wird die Erfahrung und die Routine der älteren Belegschaft als wichtiger Beitrag zum Unternehmenserfolg geschätzt, die Geschäftsführung ist aber auch bestrebt, neues Wissen durch kürzlich ausgebildete Beschäftigte in das Unternehmen hinein zu holen. Um mögliche Entwicklungen der Altersstruktur im Unternehmen zu antizipieren, soll die Szenario-Technik eingesetzt werden. Für den Erhalt des Personalbestandes von 50.000 Mitarbeitern, der durch Fluktuation und Renteneintritt reduziert wird, werden

eintrittsalter als zentrale Einflussfaktoren der Altersstruktur im Unternehmen identifiziert. Bezüglich der zeitlichen Entwicklung dieser Faktoren werden folgende mögliche Ausprägungen bestimmt (s. nachfolgende Abbildung):

■ *Fluktuation*: 1. stark steigend; 2. steigend; 3. konstant

■ *Renteneinstieg*: 1. vor Erlangen des gesetzlichen Renteneintrittsalters; 2. mit Erlangen des gesetzlichen Renteneintrittsalters

■ *Nachwuchspolitik*: Deckung des Personalbedarfs durch: 1. Einstellung jüngerer Professionals (bis 30 Jahre) und Übernahme von Auszubildenden und

jährlich 1.000 neue Mitarbeiter in Form von 500 Auszubildenden (16-22 Jahren), 200 Trainees (22-30 Jahren) und 300 Professionals (ab 30 Jahren) eingestellt.

In einer Analyse (Schritt 1 der Szenario-Technik) werden die Fluktuation von bestehenden Mitarbeitern, die Nachwuchspolitik und das durchschnittliche Renten-

Trainees; 2. Einstellung älterer Professionals (bis 55 Jahre) und Übernahme von Auszubildenden und Trainees; 3. ausschließliche Einstellung älterer Professionals (ab 40 Jahren), keine Übernahme von Auszubildenden und Trainees.

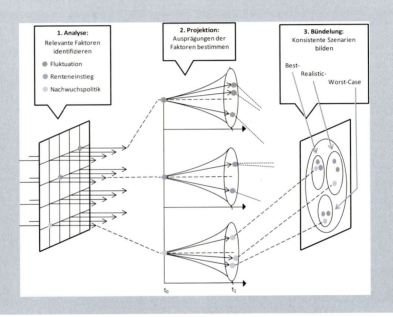

Nach Analyse der relevanten Einflussfaktoren (1. Schritt der Szenario-Technik) und der Bestimmung ihrer möglichen Entwicklungen (2. Schritt der Szenario-Technik) werden in einer dritten Phase der Szenario-Technik in sich schlüssige, konsistente Szenarien gebildet (vgl. Abbildung 3.7). Der Möglichkeitsraum denkbarer Entwicklungen wird in der Szenario-Technik durch vier Kernszenarien erfasst: die Nullvariante, das „Best-Case-Szenario", das „Worst-Case-Szenario" und das „Most-Likely-Case-Szenario".

■ Die *Nullvariante* geht davon aus, dass sich die zuvor identifizierten Einflussgrößen (in unserem Beispiel: Fluktuation, Renteneinstiegsalter und Nachwuchspolitik) im Planungszeitraum nicht wesentlich verändern. Dieses Szenario spiegelt also im Grunde die Gegenwart wider.

- Das *Best-Case-Szenario* unterstellt, dass sich die Einflussfaktoren aus Unternehmenssicht insgesamt positiv entwickeln. Die bestmögliche Entwicklung der Einflussgrößen im Beispiel der Blueman Bank Group (vgl. Insert 3.2) besteht darin, dass eine kontinuierliche Fluktuation, der Verbleib erfahrener Mitarbeiter im Unternehmen bis zum Erreichen des gesetzlichen Rentenalters und die ausschließliche Einstellung jüngerer Professionals langfristig zu einer ausgeglichenen Altersstruktur führen. Damit wird vermieden, dass Wissen zu stark veraltet und intergenerativer Wissenstransfer gefördert.

- Das *Worst-Case-Szenario* beschreibt die schlechtmöglichste Entwicklung der Einflussgrößen im Planungszeitraum. Im Beispiel der Blueman Bank Group besteht diese darin, dass die Fluktuation stark ansteigt, wobei überwiegend junge Mitarbeiter das Unternehmen verlassen, und fast ausschließlich ältere Professionals neu eingestellt werden können. Dies hätte zur Folge, dass das Unternehmen insbesondere das aktuelle Know-how von Hochschulabsolventen verliert und diese Verluste nicht durch Neueinstellungen von Young Professionals ausgleichen kann. Gleichzeitig verringert sich der Pool an jungen Nachwuchskräften zur Besetzung frei werdender Stellen erheblich.

- Das *Most-Likely-Case-Szenario* beschreibt einen Mittelweg zwischen dem Best-Case-Szenario und dem Worst-Case-Szenario, dem eine hohe Wahrscheinlichkeit zugewiesen wird. In diesem Szenario werden sowohl positive als auch negative Entwicklungen der Einflussgrößen erwartet. Im Beispiel der Blueman Bank Group könnte das Most-Likely-Case-Szenario wie folgt aussehen: Bei konstanter Fluktuation und einem Renteneintritt, der im Durchschnitt vor Erlangen des gesetzlichen Renteneintrittsalters erfolgt, wird der Personalbedarf des Unternehmens durch Übernahme von Auszubildenden und Trainees sowie durch die Einstellung sowohl jüngerer als auch älterer Professionals gedeckt.

Die Methode der Szenario-Technik ist relativ zeitaufwändig und dementsprechend mit relativ hohen Kosten verbunden. Desweiteren hängt die Qualität dieser Methode von der Kompetenz der Durchführenden ab (Böhme 2004). Ein Teil der Kosten wird deshalb dadurch verursacht, dass vielfach Experten hinzugezogen werden müssen, um realistische Szenarien zu entwickeln. Folgende Anforderungen sollten Personen, die mit der Entwicklung von Szenarien betraut sind, erfüllen (Sträter 1988, S. 429):

- *Sachkompetenz:* Kenntnisse über relevante Entwicklungen des Marktes und innerhalb des Unternehmens sowie deren Auswirkungen auf die Entwicklung des Personalbedarfs.

- *Gesellschaftliche Kenntnisse:* Überblicken grundlegender gesellschaftlicher Zusammenhänge und Entwicklungen.

- *Methodenkompetenz:* Fähigkeit, komplexe Sachverhalte zu strukturieren, zu systematisieren und zu priorisieren.

- *Kreativität:* Ideen und umfassendes Vorstellungsvermögen hinsichtlich möglicher alternativer Szenarien im Bereich der Personalbedarfsplanung.

In der Unternehmenspraxis kann die Szenario-Technik beispielsweise wertvolle Implikationen für die internationale Personalbedarfsplanung liefern. Abschnitt 7.3.1 geht auf die

Anwendung der Szenario-Technik im Rahmen der internationalen Gestaltung der Personalbedarfsplanung ein.

3.3.2.2   Die Delphi-Methode

Im Rahmen der Delphi-Methode wird das Wissen mehrerer Experten genutzt, um zukünftige Entwicklungen des Personalbedarfs zu identifizieren (vgl. Häder 2009; Häder/Häder 2000). Als Experten werden in der Regel Spezialisten, Führungskräfte oder externe Berater herangezogen. Eine besondere Herausforderung dieser Methode ist darin zu sehen, dass ein Konsens zwischen den verschiedenen Experten erzielt werden soll, ohne dass Gruppeneinflüsse (wie Selbstdarstellung, Konformitätszwang usw.) das Ergebnis beeinflussen. Beim Einsatz der Delphi-Methode sollten folgende Grundsätze beachtet werden:

- die Experten werden zu einem Expertenpanel zusammengefasst,

- die Befragung erfolgt schriftlich,

- die Durchführung wird durch einen Koordinator begleitet,

- die Experten wissen nicht, wer dem Panel angehört (Grundsatz der Anonymität), und

- die Ergebnisse werden statistisch ausgewertet und den Experten zwecks erneuter Stellungnahme zugeschickt (Grundsatz der kontrollierten Rückkopplung).

Ein besonderes Merkmal der Delphi-Methode liegt darin, dass die Experten anonym urteilen (vgl. Hentze/Kammel 2001, S. 205), um eine gegenseitige Beeinflussung zu vermeiden. Die befragten Experten geben in mehreren Befragungsrunden Schätzungen ab. Dadurch soll eine möglichst hohe Konvergenz der Einzelprognosen erreicht werden. Die Delphi-Methode wird in der Regel in mehreren Schritten eingesetzt (vgl. Jung 2008, S. 123 f.). Der Einsatz der Delphi-Methode in der Personalbedarfsplanung ist in Tabelle 3.3 dargestellt.

Tabelle 3.3   Einsatz der Delphi-Methode in der Personalbedarfsplanung

Stufe	Aktivität	Wichtige Merkmale
1	Auswahl der Experten	Wichtige Kriterien zur Auswahl der Experten: ■ Fachkompetenz im Bereich Personalmanagement ■ Interdisziplinarität und fachliche Ausgewogenheit ■ Überblick über relevante Entwicklungen hinsichtlich des Personalbedarfs ■ Kenntnisse über die derzeitige Personalstruktur im Unternehmen
2	Gliederung des Themas und Aufbereitung für die Befragung	■ Vorstrukturieren der Thematik ■ Identifizieren von Kerndimensionen des Personalbedarfs ■ Erarbeiten der Fragestellungen zur Erfassung verschiedener Einflussgrößen des Personalbedarfs

Stufe	Aktivität	Wichtige Merkmale
3	Aufbereitung und Formatierung des Fragebogens	■ Erstellen und Vortesten des Fragebogens ■ Erstellen des Interviewerleitfadens und Schulen der Interviewer
4	Durchführung der ersten Befragungsrunde	■ *Ziel:* Identifizieren relevanter Einflussgrößen des Personalbedarfs ■ Nutzen der Informationen als Ausgangsmaterial für Folgebefragungen ■ Weitgehendes Verzichten auf Bewertungsfragen
5	Auswertung und Aufbereitung der Daten	■ Auswerten der Befragungsergebnisse aus der ersten Runde ■ Aufbereiten der relevanten Einflussgrößen des Personalbedarfs ■ Erstellen des Fragebogens für die zweite Runde
6	Durchführung der zweiten Befragungsrunde	■ *Ziel:* Abfrage von Bewertungen der Experten hinsichtlich verschiedener Einflussgrößen des Personalbedarfs ■ Nutzen des Materials aus der ersten Runde als Grundlage
7	Statistische Auswertung	■ Quantitatives Auswerten der Daten ■ Ermitteln von Mittelwerten, Korrelationen usw.
8	Durchführung der dritten Befragungsrunde	■ *Ziel:* Konsens hinsichtlich der Bewertungen aus der zweiten Runde durch die Experten ■ Basis: Ergebnisse der ersten beiden Befragungsrunden ■ Primäre Konzentration auf Fragen, bei denen noch kein Konsens besteht ■ Überprüfen und ggf. Revidieren der Antworten seitens der Experten
9	Erneute Auswertung der Daten	■ Quantitatives Auswerten der Daten ■ Ermitteln von Mittelwerten, Korrelationen usw.
10	Durchführung weiterer Befragungen	■ *Ziel*: Konsens hinsichtlich der Bewertungen ■ Nutzen der vorausgegangenen Befragungsrunden als Grundlage

3.4 Qualitative Verfahren der Personalbedarfsplanung

Mit Verfahren der qualitativen Personalbedarfsplanung (vgl. Leitfrage 6, Tabelle 3.1) sollen diejenigen Kenntnisse, Fähigkeiten und Verhaltensweisen identifiziert werden, über die Führungskräfte und Mitarbeiter bis zu einem bestimmten Planungszeitpunkt verfügen müssen, um das geplante Leistungsprogramm vollständig erfüllen zu können (Drumm

2008, S. 204). Besonders in einem dynamischen Unternehmensumfeld mit hoher Konkurrenz kann ein wichtiger Wettbewerbsvorteil darin bestehen, den qualitativen Personalbedarf effizient zu planen.

Die Basis der qualitativen Personalbedarfsplanung sind Anforderungen, welche die zukünftigen Aufgaben an die Kenntnisse, die Fähigkeiten und die Verhaltensweisen der Beschäftigten stellen. Dabei werden die ermittelten Anforderungen mit den existierenden Qualifikationen und Fähigkeiten verglichen (vgl. Jung 2008, S. 120 f.; Abbildung 3.8). Sind die Anforderungen höher als die verfügbaren Fähigkeiten im Unternehmen, so liegt eine *qualitative Unterdeckung* vor. Dies ist beispielsweise der Fall, wenn das Wissen der Mitarbeiter aufgrund technologischen Fortschritts veraltet ist. Genaue Informationen über eine qualitative Unterdeckung werden benötigt, um die Personalentwicklung zielführend zu gestalten (vgl. Kapitel 5). Eine *qualitative Überdeckung* besteht, wenn die Fähigkeiten der Mitarbeiter nicht voll ausgeschöpft werden, d. h. wenn die Tätigkeiten geringere Anforderungen stellen, als Fähigkeiten im Unternehmen verfügbar sind.

Abbildung 3.8   Beispielhafte Ermittlung des qualitativen Personalbedarfs mithilfe des Anforderungs-Fähigkeits-Profils

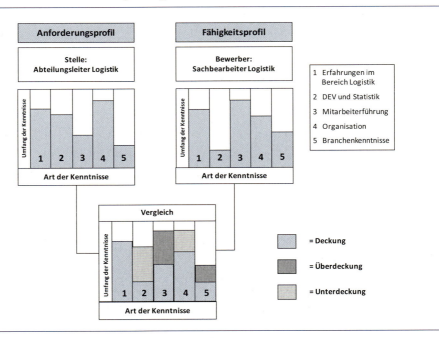

Die beiden zentralen qualitativen Verfahren der Personalbedarfsplanung sind

- die Stellenbeschreibung (Abschnitt 3.4.1) sowie
- das Anforderungsprofil (Abschnitt 3.4.2).

3.4.1 Die Stellenbeschreibung

Die Stellenbeschreibung stellt ein zentrales Instrument der Organisationsgestaltung dar. Sie bildet die Grundlage für die Ermittlung von Anforderungsprofilen für einzelne Stellen innerhalb eines Unternehmens.

Stelle	Kleinste organisatorische Einheit, die mit Zuständigkeiten (Kompetenzen) zur Wahrnehmung eines definierten Aufgabenkomplexes ausgestattet ist (in Anlehnung an Bea/Göbel 2006).

Stellen werden nach ihrem Inhalt und ihrer Weisungsbefugnis in drei Arten unterteilt: Ausführungsstellen, Instanzen und Stabsstellen.

- *Ausführungsstellen* nehmen Aufgaben wahr, die unmittelbar einer betrieblichen Leistung zuzuordnen sind. Die Mitarbeiter, die eine solche Stelle besetzen, verfügen über gewisse Entscheidungsspielräume, nicht aber über Weisungsbefugnisse gegenüber anderen Personen. Derartige Tätigkeiten sind beispielsweise in den Bereichen Sachbearbeitung, Vertriebsaußendienst (Mitarbeiterebene) und auf Facharbeiterebene anzusiedeln.

- Bei *Instanzen* handelt es sich um Stellen mit fachlichen Leitungsbefugnissen, d. h. mit Entscheidungs- und Weisungsbefugnissen. Instanzen können sich über verschiedene Unternehmensebenen hinweg, angefangen von der Geschäftsleitung, über die Leitung verschiedener Funktionsbereiche (Marketing/Vertrieb, Beschaffung usw.) bis hin zur Projektleitung, erstrecken.

- *Stabsstellen* nehmen unterstützende Aufgaben für eine einzelne Instanz wahr. Die Inhaber von Stabsstellen sind in der Regel (Fach-) Spezialisten, die nicht mit Leitungsbefugnissen ausgestattet sind (Oehlrich 2009, S. 245). Stabsstellen werden in der Unternehmenspraxis beispielsweise durch die Assistenz der Geschäftsleitung wahrgenommen.

Im Rahmen der qualitativen Personalbedarfsplanung wird eine *Stellenbeschreibung* für einzelne Stellen ausgearbeitet.

Stellen-beschreibung	Personenneutrale, schriftliche Beschreibung einer Stelle hinsichtlich ihrer Ziele, Aufgaben, Kompetenzen und Beziehungen zu anderen Stellen (in Anlehnung an Kieser/Walgenbach 2007, S. 170). Verschiedentlich werden Stellenbeschreibungen auch als Arbeitsplatzbeschreibung, Job Description und Position Guide bezeichnet.

Die Inhalte von Stellenbeschreibungen sind individuell von dem jeweiligen Unternehmen zu gestalten. Allerdings sollte der Aufbau einer Stellenbeschreibung einer gewissen Systematik folgen. Abbildung 3.9 veranschaulicht beispielhaft die zentralen Inhalte und den Aufbau einer Stellenbeschreibung. Die Inhalte der Stellenbeschreibung beziehen sich insbesondere auf (vgl. Bröckermann 2009, S. 43)

- die Einordnung der Stelle in die Organisationsstruktur,

- die Ziele der Stelle,

- die Aufgaben der Stelle sowie

- die Rechte und die Pflichten des Stelleninhabers.

Abbildung 3.9 Auszüge einer Stellenbeschreibung der Bereichsleitung Vertrieb (in Anlehnung an o. V. 2007)

1	Stellenbezeichnung:	Bereichsleitung Vertrieb
2	Rang der Stelle / Gehaltsgruppe:	Gehaltsgruppe 5
3	Unterstellung:	Geschäftsleitung Vertrieb
4	Überstellung:	Verkaufsinnendienst, Produktentwicklung, Verkaufsaußendienst
5	**Hauptaufgaben und Ziele der Stelle:**	

- Mittel- und langfristige Sicherung der Marktstellung des Unternehmens
- Vorausschauende Steuerung der Produkt- und Absatzpolitik unter Berücksichtigung der Markterfordernisse
- Systematische Erkundung neuer Absatzmärkte
- Erhöhung der Umsatzerlöse bei optimierten Deckungsbeiträgen

6	**Wichtige Einzelaufgaben und Tätigkeiten:**

a. Verkaufsförderung
- Ermitteln von Daten zur Marktentwicklung und zur Verkaufsorganisation
- Pflege der Kunden und Gewinnung neuer Kunden
- Entwickeln gebiets- oder kundenspezifischer Aktionsprogramme zur Umsatzerhöhung
- Realisieren von Verkaufsförderungsmaßnahmen

b. Produktentwicklung
- Planen und Überwachen von Trainingsmaßnahmen für die eigene Verkaufsorganisation
- Koordinieren produktbezogener innerbetrieblicher Abläufe
- Sicherstellen eines angemessenen Deckungsbeitrages
- Konzeption von Produktneu- und -weiterentwicklungen

[...]

7	**Befugnisse:**
a	**Alleinige Entscheidungsbefugnisse:**

- Führung der unterstellten Mitarbeiter
- Durchführen aller im Rahmen der Unternehmensplanung festgelegten Maßnahmen
- Festlegen von Liefersperren und Konditionen in Einzelfällen
- Gewähren von Preisnachlässen in festgelegtem Rahmen

b	**Entscheidungen in Abstimmung mit der Geschäftsleitung:**

- Einleiten von Maßnahmen mit grundsätzlicher Bedeutung
- Entlassen von Mitarbeitern und Gehaltsüberprüfungen

Als Grundlage der Stellenbeschreibung dient die *Aufgabenanalyse*. Bei der Aufgabenanalyse wird zunächst allgemein definiert, welche Tätigkeiten im Unternehmen auszuführen sind, damit die Unternehmensziele erreicht werden können. Anschließend erfolgt die *Aufgabensynthese*, in der bestimmte Aufgaben zu einer Stelle zusammengeführt und gegen andere Stellen abgegrenzt werden (vgl. Bröckermann 2009, S. 43).

Die Stellenbeschreibung ist nicht nur für die Personalbedarfsplanung von Bedeutung. Vielmehr wird die Stellenbeschreibung auch im Rahmen der Personalgewinnung (vgl. Kapitel 4), der Personalentwicklung (vgl. Kapitel 5) sowie der Personalvergütung (vgl. Kapitel 9) eingesetzt (vgl. Wagner/Bartscher/Nowak 2007).

Die Stellenbeschreibung selbst liefert noch keine Informationen über die benötigten Qualifikationen von Mitarbeitern, d. h. über die Anforderungen, denen potenzielle Stelleninhaber genügen müssen (vgl. Bröckermann 2009, S. 44). Die Qualifikationen für einen Arbeitsplatz werden in einem Anforderungsprofil festgelegt (vgl. Hentze/Kammel 2001, S. 232), das auf der Stellenbeschreibung aufbaut.

3.4.2 Das Anforderungsprofil

Die Anforderungen an Arbeitsplätze verändern sich über die Zeit hinweg. Insbesondere Kenntnisse im Umgang mit neuen Technologien gewinnen zunehmend an Bedeutung. Die Dynamik der Veränderung hängt unter anderem von Veränderungen des Arbeitsmarktes, Veränderungen in der Produktpalette des Unternehmens sowie von neuen Produktions- bzw. Fertigungsverfahren ab (vgl. Bröckermann 2009, S. 44). Die Anforderungen an einen Arbeitsplatz werden in einem Anforderungsprofil dokumentiert.

Anforderungs-profil	Schriftlich dokumentierte Fähigkeiten und Kenntnisse von Führungskräften bzw. Mitarbeitern, die zur Erfüllung bestimmter Stellenarten erforderlich sind.

Ein Anforderungsprofil bildet zumeist ein gewisses Spektrum verschiedener Anforderungen an Stelleninhaber ab. Abbildung 3.10 stellt die wichtigsten Anforderungskategorien dar.

Die ersten fünf Kategorien von Anforderungen beziehen sich auf *fachliche bzw. kognitive Anforderungen*. Sie stellen somit auf der sachlichen Ebene sicher, dass eine Person ihre Leistungen erfüllt.

- Unter den *fachlichen Kompetenzen* werden neben der Bildung leistungsrelevante Kenntnisse einer Person subsumiert. Beispielhaft für solche Kenntnisse sind berufliche Ausbildungen, Zusatzqualifikationen und technische Kenntnisse zu nennen.

- Die *methodische Kompetenz* bezieht sich darauf, wie eine Person mit spezifischen Problemstellungen umgeht. Beispielhaft für diese Kategorie sind Projektmanagement, Präsentationstechniken und Organisationskompetenz zu nennen.

- Die *Berufserfahrung* bezieht sich auf einen speziellen bzw. ähnlichen Beruf. Sie umfassen darüber hinaus Projekterfahrungen und internationale Erfahrungen.

- Von weiterer Bedeutung sind *Unternehmens- bzw. Branchenkenntnisse*. Hierbei geht es um Kenntnisse einer Person über die Aktivitäten des Unternehmens (spezifische Prozesse, Produkte, Kunden usw.).

■ *Kognitive Fähigkeiten* beziehen sich auf die intellektuellen Fähigkeiten einer Person. Beispielhafte Fähigkeiten sind Auffassungsgabe, Analyse- und Abstraktionsfähigkeit, Ausdrucksfähigkeit, Lernfähigkeit, Kreativität, Systematik und Genauigkeit. Sie werden typischerweise über Intelligenztests erfasst.

Abbildung 3.10   Zentrale Kategorien des Anforderungsprofils

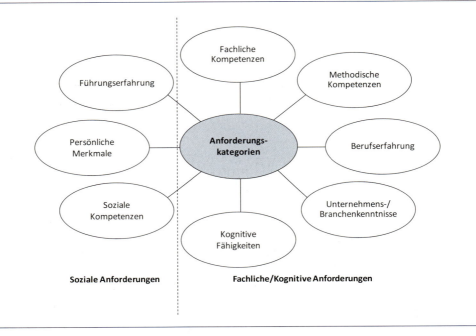

Drei weitere Kategorien beziehen sich auf die *sozialen Anforderungen* an Beschäftigte.

■ Die *soziale Kompetenz* beschreibt, inwieweit eine Person in der Lage ist, in der Interaktion mit anderen Menschen zu überzeugen. Indikatoren, die für eine hohe Sozialkompetenz sprechen, sind Teamfähigkeit und Einfühlungsvermögen einer Person.

■ *Persönliche Merkmale* beeinflussen ebenfalls das Verhalten von Personen. Sie können sich auf die Selbstwahrnehmung, die Zuverlässigkeit, das Engagement usw. beziehen.

■ Bei Personen, die Mitarbeiterverantwortung tragen, ist darüber hinaus die *Führungserfahrung* wichtig. Bedeutende Merkmale und Verhaltensweisen der erfolgreichen Mitarbeiterführung werden in Kapitel 11 und 12 ausführlich dargelegt.

Anforderungsprofile werden bereits im Rahmen der ersten Ansprache potenzieller Führungskräfte und Mitarbeiter kommuniziert. Dadurch werden einerseits interne Informationen zu Prozessen und Aufgabeninhalten übermittelt. Andererseits sollen hierdurch frühzeitig weniger qualifizierte Bewerbungen sowie Fehlbesetzungen vermieden werden.

Insert 3.3 zeigt beispielhaft eine Stellenanzeige der ZF Friedrichshafen AG, in der ein Anforderungsprofil enthalten ist.

Insert 3.3 Integration eines Anforderungsprofils in eine Stellenanzeige am Beispiel der ZF Friedrichshafen AG (vgl. ZF Friedrichshafen AG 2009)

Wenn wir auspacken, können andere einpacken.

Stellenangebot

Wir suchen am Standort Friedrichshafen für die ZF Informatik, Bereich Application Center HR, eine/n **Anwendungsberater/in SAP-HR-Zeitwirtschaft**

Aufgaben:
- Fachkonzeption von Anwendungen/Schnittstellen im SAP HR Modul Zeitwirtschaft und Koordination der systemseitigen Umsetzung
- Planung und Steuerung von Konzernprojekten in der SAP HR Zeitwirtschaft
- Laufende Wartung und Betreuung bestehender Anwendungen und Schnittstellen der SAP HR Zeitwirtschaft
- Erarbeitung von Testkonzeptionen und Durchführung der Qualitätssicherung
- Durchführung von Anwenderschulungen

Anforderungen:
- Erfolgreich abgeschlossenes Studium der Fachrichtung BWL oder vergleichbare Ausbildung mit mehrjähriger Berufserfahrung, bevorzugt im Personalbereich
- Umfassende Kenntnisse in den Prozessabläufen der Personalzeitwirtschaft
- Kenntnis der Betriebsvereinbarungen und Tarifverträge
- Fundierte Kenntnisse in der Bearbeitung der Schemen und Rechenregeln sowie im Umgang mit den Standard Microsoft-Produkten
- Analytische und serviceorientierte Arbeitsweise sowie grundsätzliche Erfahrung in der Erarbeitung von Konzepten
- Teamfähigkeit, Belastbarkeit und Engagement
- Gute Englischkenntnisse in Wort und Schrift

Anforderungsprofile werden auf der Basis von Informationen über die zu spezifizierenden Tätigkeiten erstellt. Diese Informationen können im Unternehmen durch folgende Methoden generiert werden:

■ *Beobachtung* der Tätigkeiten von Inhabern gleicher bzw. ähnlicher Stellen über einen längeren Zeitraum (Strukturierung anhand eines Kriterienkatalogs),

- persönliches *Interviewen* von Inhabern gleicher bzw. ähnlicher Stellen,

- *Analysieren* von Tätigkeitsinhalten mithilfe *strukturierter Fragebögen*, die von Inhabern gleicher bzw. ähnlicher Stellen ausgefüllt werden,

- *Sichten von Arbeitsprotokollen und Tagebüchern*, die von Inhabern gleicher bzw. ähnlicher Stellen über einen längeren Zeitraum hinweg geführt werden sowie

- *Analysieren von Dokumenten* in Form strukturierter Auswertungen von Prozessbe-schreibungen oder Arbeitsergebnissen gleicher bzw. ähnlicher Stellen.

3.5   Das Nachfolgemanagement

Das Nachfolgemanagement stellt eine Querschnittsfunktion des Personalmanagements dar. Es leistet einen wichtigen Beitrag zum Unternehmenserfolg, indem Stellen optimal wiederbesetzt werden und der kontinuierliche Arbeitsablauf im Unternehmen beibehalten wird. Dies wird durch die Einarbeitung und die Eingliederung der neuen Mitarbeiter angestrebt. Ausgehend von dem Bereich der Personalbedarfsplanung erstrecken sich die Aktivitäten des Nachfolgemanagements über die Bereiche Personalgewinnung und Perso-nalentwicklung. In der Literatur werden mit dem Begriff des Nachfolgemanagements durchaus unterschiedliche Aspekte in Verbindung gebracht. Zur Einordnung des den folgenden Ausführungen zugrunde liegenden Verständnisses des Nachfolgemanagements werden zunächst verschiedene begriffliche Perspektiven dargelegt.

Die *erste Perspektive* diskutiert das Nachfolgemanagement im Zusammenhang mit der *Übergabe von Unternehmen an den Nachfolger* (vgl. u. a. Füglistaller/Müller/Volery 2008, S. 170 ff.; Krüger 2006, S. 69 ff.). Nachfolger können beispielsweise nächste Familiengenera-tionen, neue Besitzer oder neue Geschäftsführer sein (vgl. Krüger 2006, S. 69 ff.). Dies ist besonders für kleine und mittelständische Unternehmen, die sich häufig in Familienbesitz befinden, eine brisante Thematik.

Eine *zweite Perspektive* des Nachfolgemanagements repräsentiert das so genannte *Succession Management*. Es konzentriert sich auf die interne Nachfolgeplanung, verbunden mit den entsprechenden Personalentwicklungsmaßnahmen (vgl. Bernthal/Wellins 2006, S. 24 f.). Der Fokus liegt auf der internen Nachwuchsförderung und -entwicklung.

Eine *dritte Perspektive* bezieht neben der internen Förderung auch die externe Gewinnung potenzieller Nachfolger ein (vgl. Rompelberg 1997). Ein solches *integratives Nachfolgemana-gement* umfasst alle Aktivitäten, die zur Wiederbesetzung einer Stelle durchzuführen sind. Dieses Verständnis weist eine hohe Affinität zur Personalbedarfsplanung auf und wird den weiteren Ausführungen zugrunde gelegt.

Nachfolge- *management*	Alle Aktivitäten, die zur optimalen Wiederbesetzung vakanter Stellen durch interne bzw. externe Personen beitragen (vgl. Rompelberg 1997, S. 9).

Für die Unternehmenspraxis ist das Nachfolgemanagement eine der größten Herausforderungen im Bereich des Personalmanagements. Dies verdeutlichen die Ergebnisse der Kienbaum HR-Trendstudie 2008, welche auf der Befragung von 114 Personalverantwortlichen führender Unternehmen im deutschsprachigen Raum basiert. Danach schätzen mehr als die Hälfte der Befragten die Besetzung von Schlüsselpositionen und das Nachfolgemanagement als kritische Aufgaben des Personalmanagements ein (vgl. Kienbaum 2008).

Um das Nachfolgemanagement erfolgreich zu gestalten (vgl. Leitfrage 7, Tabelle 3.1), müssen einige Faktoren berücksichtigt werden (vgl. u. a. Rompelberg 1997). Diese werden in Abbildung 3.11 dargestellt.

Abbildung 3.11   Zentrale Erfolgsfaktoren des Nachfolgemanagements

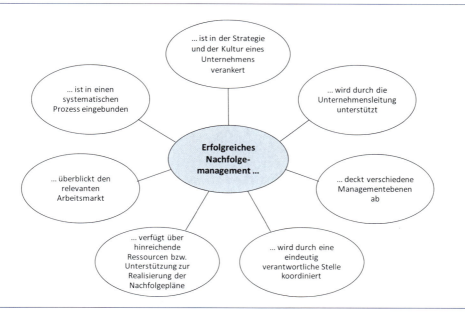

Ein wesentlicher Erfolgsfaktor ist in der *strategischen und der kulturellen Verankerung des Nachfolgemanagements* zu sehen. Wie eingangs erwähnt, sollten die Aktivitäten der Personalbedarfsplanung aus der Unternehmensstrategie abgeleitet sein (vgl. Kapitel 1). Die Verankerung des Nachfolgemanagements in der Unternehmensstrategie trägt dazu bei, dass den Aktivitäten eine hinreichend langfristige Perspektive zugrunde gelegt wird.

Ein hoher Stellenwert des Nachfolgemanagements im Unternehmen wird unter anderem dadurch dokumentiert, dass das *Nachfolgemanagement durch die Unternehmensleitung* unterstützt wird. Die Unterstützung durch die Unternehmensleitung kann von einer entsprechenden Ausstattung der zuständigen Stellen mit Ressourcen und Kompetenzen bis hin zur partiellen Verantwortungsübernahme seitens der Unternehmensleitung reichen. Insbesondere auf der oberen Managementebene ist es wichtig, dass die Unternehmensleitung selbst Verantwortung für die erfolgreiche Wiederbesetzung zentraler Positionen übernimmt.

Ein erfolgreiches Nachfolgemanagement *deckt verschiedene Managementebenen ab*. In der Unternehmenspraxis ist vielfach zu beobachten, dass im Rahmen des Nachfolgemanagements primär die oberen Managementebenen abgedeckt werden. Ein solches selektives Nachfolgemanagement kann dazu führen, dass mittlere und untere Managementpositionen nicht optimal wiederbesetzt werden. Darüber hinaus können erhebliche Kosten durch Fehlbesetzungen auftreten, die in der Unternehmenspraxis vielfach unterschätzt werden.

Empirische Untersuchungen haben gezeigt, dass die Fluktuationsrate innerhalb der ersten zwölf Monate nach dem Eintritt von Führungskräften in ein Unternehmen zwischen 30 Prozent und 60 Prozent liegen kann (vgl. Fischer 1992, S. 498; Mobley 1982, S. 40). Unter *Fluktuation* wird in diesem Fall das frühzeitige, durch die Führungsperson oder den Mitarbeiter initiierte und vom Arbeitgeber nicht erwünschte Ausscheiden aus der Organisation verstanden (vgl. Langholz 1972, S. 58; Streim 1982, S. 128; vgl. Tabelle 3.2). Diese Art von Personalabgang kann mit hohen Kosten verbunden sein. Sie reichen von finanziellen Aufwendungen, welche das Unternehmen bereits in die Anwerbung, die Auswahl und die Einstellung investiert hat bis hin zur Minderleistung von Führungskräften und Mitarbeitern aufgrund der Kündigungsentscheidung. Auch die Kosten, welche in der Einarbeitungsphase anfallen, sind im weitesten Sinne den Fehlbesetzungskosten zuzuordnen (vgl. Streim 1982, S. 139).

Aufgrund des langfristigen Charakters des Nachfolgemanagements ist es wichtig, dass hiermit betraute Stellen über einen längeren Zeitraum für entsprechende Aktivitäten zuständig sind. Erfolgreiches Nachfolgemanagement wird *durch eine eindeutig verantwortliche Stelle koordiniert*. Durch die eindeutige Zuweisung verantwortlicher Stellen für das Nachfolgemanagement und entsprechender zeitlicher Ressourcen wird vermieden, dass das Nachfolgemanagement „nebenbei" betrieben wird.

Von zentraler Bedeutung für ein erfolgreiches Nachfolgemanagement sind die *Verfügbarkeit hinreichender Ressourcen bzw. die Unterstützung bei der Realisierung der Nachfolgepläne*. Diese grundlegende Anforderung an ein erfolgreiches Nachfolgemanagement beinhaltet dessen Unterstützung durch verschiedene Bereiche des Personalmanagements. Beispielhaft sei eine Unterstützung durch den Personalmarketingbereich im Rahmen der Ansprache potenzieller Nachfolger zu nennen. Eine weitere Unterstützungsfunktion sollte von Seiten der Personalentwicklung im Rahmen der Einarbeitung nachfolgender Personen erfolgen.

Ein weiterer Erfolgsfaktor des Nachfolgemanagements ist darin zu sehen, dass der *relevan-te Arbeitsmarkt überblickt wird*. Insbesondere sollten sowohl potenzielle interne Kandidaten als auch mögliche externe Nachfolger berücksichtigt werden (zur externen und internen Personalgewinnung vgl. Abschnitt 4.3). Das Überblicken des relevanten Arbeitsmarktes trägt darüber hinaus dazu bei, dass vorhersehbaren Engpässen in bestimmten Berufsgruppen bzw. Branchen frühzeitig entgegengewirkt werden kann.

Der siebte Erfolgsfaktor charakterisiert schließlich einen *systematischen Prozess, in den das Nachfolgemanagement eingebettet ist*. Ein systematischer Nachfolgemanagement-Prozess lässt sich im Kern in vier Phasen untergliedern (vgl. Hirsh 1990; Rompelberg 1997): die Analyse von Voraussetzungen für ein systematisches Nachfolgemanagement, die Nachfolgeplanung, die Nachfolgerealisierung sowie die Erfolgskontrolle. Einen Einblick in die verschiedenen Phasen des Nachfolgemanagements liefert Abbildung 3.12.

Abbildung 3.12   Phasen des Nachfolgemanagement-Prozesses

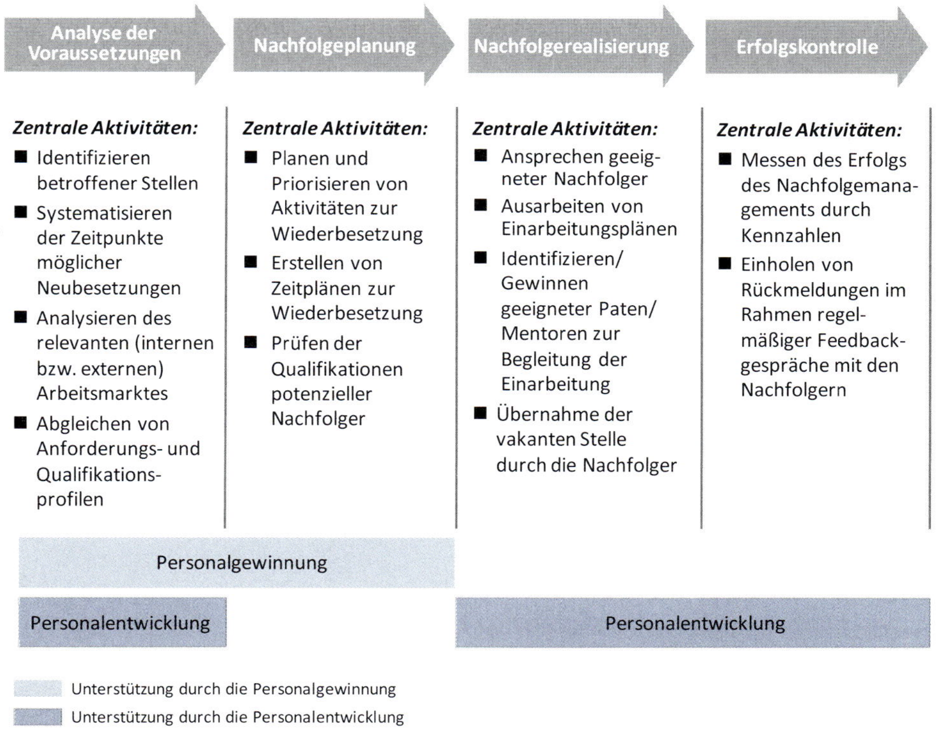

Analyse der Voraussetzungen	Nachfolgeplanung	Nachfolgerealisierung	Erfolgskontrolle
Zentrale Aktivitäten:	**Zentrale Aktivitäten:**	**Zentrale Aktivitäten:**	**Zentrale Aktivitäten:**
■ Identifizieren betroffener Stellen ■ Systematisieren der Zeitpunkte möglicher Neubesetzungen ■ Analysieren des relevanten (internen bzw. externen) Arbeitsmarktes ■ Abgleichen von Anforderungs- und Qualifikationsprofilen	■ Planen und Priorisieren von Aktivitäten zur Wiederbesetzung ■ Erstellen von Zeitplänen zur Wiederbesetzung ■ Prüfen der Qualifikationen potenzieller Nachfolger	■ Ansprechen geeigneter Nachfolger ■ Ausarbeiten von Einarbeitungsplänen ■ Identifizieren/ Gewinnen geeigneter Paten/ Mentoren zur Begleitung der Einarbeitung ■ Übernahme der vakanten Stelle durch die Nachfolger	■ Messen des Erfolgs des Nachfolgemanagements durch Kennzahlen ■ Einholen von Rückmeldungen im Rahmen regelmäßiger Feedbackgespräche mit den Nachfolgern

Personalgewinnung

Personalentwicklung   Personalentwicklung

Unterstützung durch die Personalgewinnung
Unterstützung durch die Personalentwicklung

Kontrollfragen

1. Welchen Barrieren steht die Personalbedarfsplanung in der Unternehmenspraxis gegenüber?

2. Welchen Nutzen hat die Personalbedarfsplanung für Unternehmen?

3. Erläutern Sie die drei Schritte zur Ermittlung unterschiedlicher Arten des Personalbedarfs. Grenzen Sie in diesem Zusammenhang auch den Brutto- und den Nettopersonalbedarf voneinander ab.

4. Wie werden der kurzfristige und der langfristige Nettopersonalbedarf ermittelt? Stellen Sie die Berechnungsschemata dar.

5. Welche Verfahren der Personalbedarfsplanung kennen Sie? Stellen Sie die wichtigsten Verfahren systematisch dar, und erläutern Sie den Unterschied zwischen qualitativen und quantitativen Verfahren.

6. Welche Bedeutung hat die Trendextrapolation für die Personalbedarfsplanung? Gehen Sie auf den Aussagegehalt sowie Grenzen dieser Methode ein.

7. Aus welchen Komponenten werden die Zeitreihenwerte für den Personalbedarf bei der Trendextrapolation gebildet? Erläutern Sie die einzelnen Komponenten.

8. Stellen Sie jeweils den Verlauf einer bivariaten linearen Regressionsfunktion sowie einer nicht-linearen Verlaufsform graphisch dar. Setzen Sie hierbei als unabhängige Variable das Auftragsvolumen (x) und als abhängige Variable den Personalbedarf (PB) ein. Erklären Sie stichpunktartig die Konsequenzen der unterschiedlichen Verlaufsformen für den Personalbedarf.

9. Welche Kennzahlen können zur Ermittlung verschiedener Arten des Personalbedarfs eingesetzt werden? Nennen Sie jeweils zwei beispielhafte Kennzahlen zur Ermittlung des Einsatzbedarfs, des Reservebedarfs, des Istpersonalbestandes und personeller Verschiebungen.

10. Welche Ziele werden mit dem Einsatz der Szenario-Technik im Rahmen der Personalbedarfsplanung verfolgt? Erläutern Sie Stärken und Schwächen dieser Methode.

11. Veranschaulichen Sie den Szenario-Trichter als Instrument der Personalbedarfsplanung graphisch, und erläutern Sie kurz die vier grundlegenden Szenarien.

12. Nach welchen Grundsätzen erfolgt der Einsatz der Delphi-Methode?

13. Welche Aktivitäten sind beim Einsatz der Delphi-Methode im Rahmen der Personalbedarfsplanung durchzuführen? Erläutern Sie kurz die wichtigsten Stufen.

14. Erläutern Sie den Begriff der Stelle. Welche Arten von Stellen können unterschieden werden?

15. Was ist unter einer Stellenbeschreibung zu verstehen, und auf welche vier zentralen Inhaltsbereiche sollte diese eingehen?

16. Welche fachlich/kognitiven und welche sozialen Anforderungen werden in Anforderungsprofilen abgebildet? Erläutern Sie stichpunktartig die einzelnen Kategorien.

17. Welche Informationen werden zur Ermittlung von Anforderungsprofilen zugrunde gelegt?

18. Was ist unter dem Begriff des Nachfolgemanagements zu verstehen, und welche begrifflichen Perspektiven des Personalmanagements können in der Unternehmenspraxis unterschieden werden?

19. Nennen und erläutern Sie die sieben zentralen Erfolgsfaktoren des Nachfolgemanagements.

20. Beschreiben Sie kurz die vier Phasen des Nachfolgemanagement-Prozesses.

Literatur

Albers, O. (2000), Gekonnt moderieren: Zukunftswerkstatt und Szenariotechnik, Regensburg.

Barney, J. (1991), Firm Resources and Sustained Competitive Advantage, Journal of Management, 17, 1, 99-120.

Bea, F./Göbel, E. (2006), Organisation, 3. Auflage, Stuttgart.

Bernthal, P./Wellins, R. (2006), Leadership Forecast 2005/2006 – Best Practices for Tomorrow's Global Leaders, Pittsburgh.

Berthel, J./Becker F. (2007), Personalmanagement: Grundzüge für die Konzeption betrieblicher Personalarbeit, 8. Auflage, Stuttgart.

Böhme, J. (2004), In die Zukunft blicken - mithilfe der Szenariotechnik, Versicherungswirtschaft, 24.

Bontrup, H.-J. (2000), Methoden der Personalbedarfsermittlung, Das Wirtschaftsstudium, 29, 4, 500-510.

Bontrup, H./Pulte, P. (2001), Handbuch Ausbildung: Zur Berufsausbildung im dualen System, München.

Bröckermann, R. (2009), Personalwirtschaft: Lehr- und Übungsbuch für Human Resource Management, 5. Auflage, Stuttgart.

Cakar, F./Bitici, Ü./Mac Bryde, J. (2003), A Business Process Approach To Human Resource Management, Business Process Management Journal, 9, 2, 190-207.

Drumm, H. (2008), Personalwirtschaft, 6. Auflage, Berlin.

Drumm, H./Scholz, C. (1988), Personalplanung, Planungsmethoden und Methodenakzeptanz, 2. Auflage, Stuttgart.

Dyer, L./Reeves, T. (1995), HR Strategies and Firm Performance: What do we Know and Where do We Need to Go? International Journal of Human Resource Management, 6, 3, 656-670.

Fischer, R. (1992), Fehlzeiten und Fluktuation als Führungsaufgabe, Personal - Zeitschrift für Human Resource Management, 44, 11, 495-499.

Füglistaller, U./Müller, Ch./Volery, T. (2008), Entrepreneurship: Modelle – Umsetzung – Perspektiven. Mit Fallbeispielen aus Deutschland, Österreich und der Schweiz, 2. Auflage, Wiesbaden.

Gausemeier, J./Fink, A. (1999), Führung im Wandel. Ein ganzheitliches Modell zur zukunftsorientierten Unternehmensgestaltung, München.

Günther, J./Berendes, K. (2007), Personal planen mit neuer Qualität, Personalwirtschaft, 1/2007, 14-17.

Häder, M. (2009), Delphi-Befragungen – Ein Arbeitsbuch, 2. Auflage, Wiesbaden.

Häder, M./Häder, S. (2000, Hrsg.), Die Delphi-Technik in den Sozialwissenschaften – Methodische Forschungen und innovative Anwendungen, Wiesbaden.

Havighorst, F. (2006), Personalkennzahlen, Hans Böckler Stiftung: Fakten für eine faire Arbeitswelt, Düsseldorf.

Hentze, J./Kammel, A. (2001), Personalwirtschaftslehre 1, 7. Auflage, Bern.

Hirsh, W. (1990), Succession Planning: Institute of Manpower Studies (IMS) Report, 184, University of Sussex.

Holtbrügge, D. (2007), Personalmanagement, 3. Auflage, Berlin.

Homburg, C. (2000), Quantitative Betriebswirtschaftslehre: Entscheidungsunterstützung durch Modelle, 3. Auflage, Wiesbaden.

Homburg, C./Krohmer, H. (2009), Marketing-Management. Strategie – Instrumente – Umsetzung – Unternehmensführung, 3. Auflage, Wiesbaden.

Jäger, W. (2007), Schnittstellen über Schnittstellen, Personalwirtschaft, 34, 9, 36.

Jung, H. (2008), Personalwirtschaft, 8. Auflage, München.

Kienbaum (2008), HR-Trendstudie 2008, URL: http://resources.greatplacetowork.com/news/pdf/hr_trendstudie.pdf [22.02.2010].

Kieser, A./Walgenbach, P. (2007), Organisation, 5. Auflage, Stuttgart.

Klein-Schneider, H. (2001), Personalplanung, Edition der Hans-Böckler-Stiftung, Düsseldorf, URL: http://www.boeckler.de/pdf/p_edition_hbs_47.pdf [22.02.2010].

Krüger, W. (2006), Unternehmensnachfolge – Wie managt man den Generationenwechsel?, in: Krüger, W./Klippstein, G./Merk, R./Wittberg, V./Lang, S. (Hrsg.), Das Trainee-Programm als Baustein einer modernen Personalentwicklung, HRM_live, 8.

Langholz, B. (1972), Personalplanung und Fluktuation, Rationalisierung, 23, 2, 58-60.

Mobley, W. (1982), Employee Turnover – Causes, Consequences and Control, London.

Oechsler, W. (2006), Personal und Arbeit: Grundlagen des Human Resource Management und der Arbeitgeber-Arbeitnehmer-Beziehung, 8. Auflage, München.

Oehlrich, M. (2009), Betriebswirtschaftslehre: Eine Einführung am Businessplan-Prozess, München.

o.V. (2007), Stellenbeschreibung für einen Bereichsleiter Vertrieb, URL: http://www.karrierehand buch.de/index.php5?con=12141&lng=de&clt=kh [21.02.2010].

Polegek, H. (2002), Basiswissen BWL für Sekretariat und Assistenz, Landsberg am Lech.

Riester, B. (2007), Der Bewerber ist König, FAZ.net vom 28. April 2007, URL: http://www.faz.net/s/RubF43C315CBC87496AB9894372D014B9BD/Doc~EAC05FD1100254DFFB3 D031004E3850C7~ATpl~Ecommon~Scontent.html [21.02.2010].

Rompelberg, H. (1997), Nachfolgemanagement auf mittlerer Führungsebene: Ein personalwirtschaftlicher und organisationspsychologischer Ansatz, Köln.

Schoemaker, P. (1995), Scenario Planning: A Tool for Strategic Thinking, Sloan Management Review, 36, 2, 25-40.

Schulze, P. (2007), Beschreibende Statistik, 5. Auflage, München.

Skiera, B./Albers S. (2008), Regressionsanalyse, in: Herrmann, A./Homburg, C./Klarmann, M. (Hrsg.), Handbuch Marktforschung, 3. Auflage, Wiesbaden, 467-497.

Stock-Homburg, R./Herrmann, L./Bieling, G. (2009), Erfolgsrelevanz des Personalmanagements - Ein Überblick über 17 Jahre empirische Forschung, Die Unternehmung (DU), 63, 1, 8-74.

Strack, R./Caye, J./Zimmermann, P./von der Linden, C./Thurner, R./Haen, P. (2009), Creating People Advantage: How to Tackle the Major HR Challenges During the Crisis and Beyond, Boston.

Sträter, D. (1988), Szenarien als Instrument der Vorausschau in der räumlichen Planung, in: Akademie für Raumforschung und Landesplanung (Hrsg.), Regionalprognosen: Methoden und ihre Anwendung, Hannover, 417-440.

Streim, H. (1982), Fluktuationskosten und ihre Ermittlung, Zeitschrift für betriebswirtschaftliche Forschung, 34, 2, 128-146.

von Reibnitz, U. (1987), Szenarien – Optionen für die Zukunft, Hamburg.

von Reibnitz, U. (1991), Szenario-Technik. Instrumente für die unternehmerische und persönliche Erfolgsplanung, Wiesbaden.

Wagner, K./Bartscher, T./Nowak, U. (2007), Praktische Personalwirtschaft: Eine praxisorientierte Einführung, 2. Auflage, Wiesbaden.

Ward, D. (1996), Workforce Demand Forecasting Techniques, Human Resource Planning, 19, 1, 54-55.

Wenzelmann, C./Plass, C./Gausemeier, J. (2009), Zukunftsorientierte Unternehmensgestaltung, München.

ZF Friedrichshafen AG (2009), URL: http://www.zf.com/job_portal/detail_vacancies.do?source=SAP& jobID=50078239&countryID=1&profSectionID=0&divisionID=0&lang=de&languageID=0&location ID=0&submitted=true [21.02.2010].

zu Putlitz, J./Komm, A./Putzer, L. (2007), HR führt Regie, Personalwirtschaft, 34, 9, 22-24.

4 Gestaltung der Personalgewinnung

Lernziele

- Die Leser kennen den Begriff und die Ziele der Personalgewinnung.

- Die Leser können alternative Strategien der Personalgewinnung hinsichtlich ihrer Relevanz für Unternehmen einordnen.

- Die Leser kennen die primären Zielgruppen der Personalgewinnung.

- Die Leser überblicken die zentralen Phasen des Personalgewinnungsprozesses.

- Die Leser kennen die zentralen Themenfelder und Instrumente zur Analyse des Arbeitsmarktes.

- Die Leser überblicken die wichtigsten Schritte einer systematischen Kommunikation im Rahmen der Personalgewinnung.

- Die Leser können bewerten, inwieweit verschiedene Methoden zur Auswahl von Bewerbern geeignet sind.

- Die Leser kennen die wichtigsten Schritte eines systematischen Personalauswahl-prozesses.

4.1   Grundlagen der Personalgewinnung

Im Zuge des demographischen Wandels (vgl. Kapitel 17), der verstärkten Abwanderung von Fachkräften und des Rückgangs der Zahl qualifizierter Fachkräfte (vgl. Brussig 2007, S. 199; Michaels/Handfield-Jones/Axelrod 2001) stehen Unternehmen zunehmend einem „War for Talents" gegenüber und sind auf systematische Maßnahmen der Personalgewin-nung angewiesen. Die Gewinnung von Talenten wird von europäischen Unternehmen als eine der wichtigsten Aufgaben des Personalmanagements überhaupt eingestuft (vgl. He-witt Associates 2007, S. 9). Den weiteren Ausführungen zur Personalgewinnung liegt fol-gendes Verständnis zugrunde:

Personal-gewinnung	Aktivitäten, die der Versorgung von Unternehmen mit Führungskräf-ten und Mitarbeitern in quantitativer und qualitativer Hinsicht dienen (vgl. Curth/Lang 1990, S. 98).

In quantitativer Hinsicht soll mithilfe der Personalgewinnung eine hinreichende Anzahl von Führungskräften und Mitarbeitern für ein Unternehmen bereitgestellt werden. Die qualitative Facette der Personalgewinnung bezieht sich darauf, dass die gewonnenen Füh-rungskräfte und Mitarbeiter hinreichend fachlich und sozial qualifiziert sind.

Die hohe Erfolgsrelevanz der Personalgewinnung ist in Wissenschaft (vgl. Breaugh/Starke 2000) und Unternehmenspraxis (vgl. u. a. Hewitt Associates 2007, S. 14) nahezu unumstrit-ten. Die Fähigkeit eines Unternehmens, leistungsfähige und kompetente Führungskräfte und Mitarbeiter zu gewinnen, stellt sicher, dass Unternehmen erfolgreich sind und am Markt überleben (vgl. u. a. Chand/Katou 2007; Katou/Budhwar 2006; Singh/Finn 2003; Wright et al. 2003). Einen strukturierten Überblick über empirische Arbeiten zum Erfolgsbeitrag der Personalgewinnung erhält der interessierte Leser bei Stock-Homburg, Herrmann und Bieling (2009). Die Personalgewinnung zielt primär darauf ab, im Falle einer personellen Unterdeckung (vgl. hierzu Abschnitt 3.2) den Personalbestand an den Personalbedarf anzupassen. Darüber hinaus verfolgt die Personalgewinnung folgende potenzial- und imagebezogenen Ziele:

■ Aufbauen bzw. Fördern der Reputation des Unternehmens als Arbeitgeber,

■ Steigern der Attraktivität des Unternehmens als Arbeitgeber durch Aufzeigen unternehmensinterner Karriereperspektiven,

■ Steigern der Arbeitszufriedenheit und der Mitarbeiterbindung durch hohe Reputation des Unternehmens als Arbeitgeber,

■ Einbringen neuer Kenntnisse und Impulse in das Unternehmen durch Rekrutierung externer Führungskräfte und Mitarbeiter sowie

■ Aufbauen strategischer Wettbewerbsvorteile durch Versorgung des Unternehmens mit qualifizierten Führungskräften und Mitarbeitern.

Werden die Ziele der Personalgewinnung durch Instrumente des klassischen Marketings verfolgt, spricht man auch von Personalmarketing (vgl. Klimecki/Gmür 2001, S. 41). Dabei werden die Arbeitsplätze, die ein Unternehmen bietet, als Produkt verstanden, für das auf dem Arbeitsmarkt Interessenten, d. h. Kunden, gefunden werden sollen (vgl. Bühner 2004).

In der Unternehmenspraxis ist zu beobachten, dass die Aktivitäten im Rahmen der Personalgewinnung nicht immer erfolgreich sind. Dies ist insbesondere auf Fehlentscheidungen im Rahmen des Personalmarketings bzw. bei der Personalauswahl zurückzuführen, die mit erheblichen Kosten verbunden sein können (vgl. Weuster 2008). Diese reichen von Kosten für die Überarbeitung eines Kommunikationskonzepts zur Ansprache potenzieller Bewerber über negative Ausstrahlungseffekte ungeeigneter Führungskräfte und Mitarbeiter bei Kollegen oder Kunden bis hin zu Kosten für die erneute Suche und Einarbeitung von Ersatzpersonal. Vor diesem Hintergrund ist ein systematisches und strukturiertes Vorgehen bei der Personalgewinnung von zentraler Bedeutung (vgl. Grauel 2007, S. 15). Unternehmen sollten sich dabei mit einer Reihe von Fragen auseinandersetzen, die in Tabelle 4.1 aufgeführt sind.

Tabelle 4.1   Zentrale Leitfragen zur Gestaltung der Personalgewinnung

Zentrale Leitfragen	Behandelt in ...
1. Welche Strategien der Personalgewinnung können Unternehmen verfolgen?	Abschnitt 4.2
2. Welches sind die primären Zielgruppen der Personalgewinnung und mit welchen Argumenten können diese von einer Tätigkeit im Unternehmen überzeugt werden?	Abschnitt 4.3
3. Wie sollte der Prozess der Personalgewinnung gestaltet werden?	Abschnitt 4.4
4. Welche Informationen sind im Rahmen der Analyse des Arbeitsmarktes relevant und woher können diese beschafft werden?	Abschnitt 4.4.1
5. Wie kann die Personalgewinnung das Instrument der Segmentierung des Arbeitsmarktes nutzen?	Abschnitt 4.4.1
6. Was ist im Rahmen der Kommunikation von Personalgewinnungsaktivitäten zu beachten?	Abschnitt 4.4.2
7. Wie ist bei der Auswahl der Bewerber vorzugehen?	Abschnitt 4.4.3

4.2   Strategien der Personalgewinnung

Bevor Maßnahmen zur Personalgewinnung ergriffen werden, sind deren langfristige Ziele festzulegen. Diese Ziele schlagen sich in der *Personalgewinnungsstrategie* nieder. Die Personalgewinnungsstrategie ist aus der Personalstrategie eines Unternehmens und damit indirekt aus der Unternehmensstrategie abzuleiten (vgl. zur strategischen Einbettung der Personalmanagementaktivitäten Abschnitt 1.1.1.1). Dies stellt sicher, dass die Personalgewinnung zur Erreichung der strategischen Unternehmensziele beiträgt. Die Auswahl einer passenden Gewinnungsstrategie hängt darüber hinaus von zwei Faktoren ab (in Anlehnung an Windolf 1986, S. 238 f.): der externen Verfügbarkeit qualifizierter Arbeitskräfte und der Position des Unternehmens auf dem Arbeitsmarkt.

Die *externe Verfügbarkeit qualifizierter Arbeitskräfte* bezieht sich auf den Umfang, in dem hinreichend qualifizierte bzw. qualifizierbare Führungs- und Fachkräfte auf dem relevanten externen Arbeitsmarkt vorhanden sind. Dieser Faktor wird unter anderem durch die demographische Entwicklung (vgl. Abschnitt 17.1.1.1) oder das Bildungsniveau auf dem relevanten Arbeitsmarkt beeinflusst.

Die *Position des Unternehmens auf dem Arbeitsmarkt* bezieht sich darauf, wie leicht es einem Unternehmen fällt, auf dem Arbeitsmarkt ausreichend qualifizierte Führungskräfte und Mitarbeiter zu gewinnen. Eine starke Position auf dem Arbeitsmarkt zeichnet sich insbesondere durch folgende Merkmale aus:

- guter Zugang zu interessanten Arbeitsmarktsegmenten,

- relativ hohe Bekanntheit des Unternehmens auf dem Arbeitsmarkt,

- gute Reputation des Unternehmens als Arbeitgeber,

- attraktive Tätigkeitsbereiche im Unternehmen sowie

- umfassende Möglichkeiten des Unternehmens im Rahmen der Vergütung.

Die Position eines Unternehmens auf dem Arbeitsmarkt hängt nach Windolf (1986) insbesondere von der Unternehmensgröße und der Art der Leistungserstellung eines Unternehmens ab. Kleine Unternehmen mit Nischenprodukten haben zumeist eine relativ schwache Position auf dem Arbeitsmarkt. Auch größere Unternehmen können aufgrund von Imageverlusten in eine solche Situation kommen.

In Abhängigkeit von der externen Verfügbarkeit qualifizierter Arbeitskräfte und der Position des Unternehmens auf dem Arbeitsmarkt sollte die adäquate Personalgewinnungsstrategie gewählt werden. Hier lassen sich vier alternative Strategien unterscheiden (vgl. Leitfrage 1, Tabelle 4.1). Diese werden in Abbildung 4.1 veranschaulicht.

Abbildung 4.1   Alternative Strategien der Personalgewinnung
(modifizierte Typologie von Windolf 1986, S. 339)

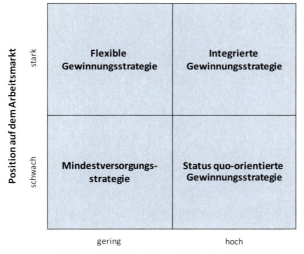

Die *flexible Gewinnungsstrategie* ist geeignet, wenn Unternehmen zwar über eine starke Position auf dem Arbeitsmarkt verfügen, aber nur relativ wenige Arbeitskräfte mit den erforderlichen Qualifikationen verfügbar sind. Um vakante Stellen besetzen zu können, greifen diese Unternehmen auf Bewerber zurück, die nicht über ausreichende Qualifikationen verfügen, und qualifizieren diese im Unternehmen durch entsprechende Personalentwicklungsmaßnahmen nach. Personalgewinnung und Personalentwicklung (vgl. Kapitel 5) müssen folglich für die erfolgreiche Umsetzung dieser Strategie eng verzahnt sein.

Eine solche flexible Personalgewinnungsstrategie verfolgen Unternehmen, die sehr spezifische bzw. hochgradig komplexe Leistungen erstellen und deshalb Bedarf an Qualifikationen haben, die nicht bzw. nicht in ausreichender Menge durch das Bildungssystem bereit gestellt werden. Beispielhaft sind Unternehmen wie ABB oder ThyssenKrupp zu nennen, die ein gewisses Renommee auf dem Arbeitsmarkt haben. Die Herstellung von Spezialmaschinen (z. B. Großbagger für den Untertagebergbau durch ThyssenKrupp) erfordert von den Beschäftigten jedoch spezifisches Know-how, das am Arbeitsmarkt nicht verfügbar ist und deshalb im Unternehmen durch entsprechende Qualifizierungsmaßnahmen vermittelt werden muss.

Die *integrierte Gewinnungsstrategie* wird dann verfolgt, wenn Unternehmen eine starke Position auf dem Arbeitsmarkt haben, und viele Personen auf dem Arbeitsmarkt die erforderlichen Qualifikationen aufweisen. Diese Unternehmen verfügen über einen relativ guten Zugriff auf qualifizierte Arbeitskräfte. Mithilfe der neu gewonnenen Führungskräfte und Mitarbeiter soll aktuelles fachliches Know-how gewonnen werden. Dadurch können Innovationen in Technologien, Leistungen oder internen Abläufen des Unternehmens realisiert werden. Ein besonderes Augenmerk der integrierten Gewinnungsstrategie liegt folglich darauf, Wissen neu gewonnener Mitarbeiter in das bestehende Wissen des Unternehmens zu integrieren. Eine solche Strategie verfolgen beispielsweise IT-Unternehmen wie Google oder Ebay. Der Zugewinn hochqualifizierter Führungskräfte bzw. Mitarbeiter ist eine wesentliche Voraussetzung für die Innovativität dieser Unternehmen.

Im Falle einer schwachen Position des Unternehmens auf dem Arbeitsmarkt diskutiert Windolf (1986) zwei alternative Personalgewinnungsstrategien: die Status quo-orientierte Gewinnungsstrategie und die Mindestversorgungsstrategie. Die *Status quo-orientierte Strategie* ist an traditionellen (in Unternehmen bereits vertretenen) Arbeitsmarktsegmenten ausgerichtet. Ziel ist die Gewinnung von Führungskräften bzw. Mitarbeitern, die vergleichbare Fähigkeiten, Berufserfahrungen und soziale Hintergründe aufweisen wie die bereits im Unternehmen beschäftigten Personen. Die Status quo-orientierte Gewinnungsstrategie ist zudem dadurch gekennzeichnet, dass bei der Personalgewinnung die Angehörigen von bereits im Unternehmen beschäftigten Personen bevorzugt werden.

In der *Mindestversorgungsstrategie* werden hauptsächlich Arbeitskräfte mit relativ geringen Qualifikationen rekrutiert. Eine entsprechende Qualifikationsanpassung im Rahmen der Personalentwicklung ist (unter anderem aus Kostengründen) nicht vorgesehen. Eine solche Strategie wird von Unternehmen verfolgt, die primär Tätigkeiten für niedrig qualifizierte Beschäftigte auszuführen haben. Beispielhaft sind produzierende Unternehmen zu nennen, die technisch wenig komplexe bzw. stark standardisierte Hilfsstoffe oder Produkte herstellen.

Unterscheiden sich die Geschäftseinheiten eines Unternehmens im Hinblick auf die Art der benötigten Qualifikationen und damit die externe Verfügbarkeit qualifizierter Arbeitskräfte erheblich, kann es sinnvoll sein, in den verschiedenen Unternehmensbereichen unterschiedliche Personalgewinnungsstrategien zu verfolgen. Dies ermöglicht es, die Personalgewinnung an den spezifischen Erfordernissen der Geschäftseinheiten auszurichten und dadurch zu optimieren. Tabelle 4.2 stellt die vier alternativen Personalgewinnungsstrategien einander gegenüber.

Tabelle 4.2   Merkmale alternativer Strategien der Personalgewinnung

Gewinnungs-strategie / Merkmale	Flexible Gewinnungs-strategie	Integrierte Gewinnungs-strategie	Status quo-orientierte Strategie	Mindest-versorgungs-strategie
Fokus der Strategie	Anpassung an die Qualifikationen des verfügbaren Arbeitsmarktes	Steigerung des Know-hows des Unternehmens	Erhalt des Qualifikationsniveaus, Sicherung des Unternehmenswissens	Versorgung des Unternehmens mit Arbeitskräften geringerer Qualifikation
Merkmale der gesuchten Mitarbeiter	mittlere bis geringe Qualifikation (abhängig vom Arbeitsmarkt)	mittlere bis hohe Qualifikation (Experten)	mittlere Qualifikation, ähnliche Qualifikation wie Belegschaft	geringe Qualifikation
Ausmaß externer Unterstützung (z. B. durch Personalberater)	eher gering	mittel bis hoch (spezialisierte Personal-beratungen)	gering	hoch (insbesondere Zeit-arbeitsfirmen, Agentur für Arbeit)
Chancen	Möglichkeit der unternehmens-individuellen Qualifikation von Mitarbeitern	Einbringen neuen Wissens in das Unternehmen	Wissenstransfer, Nutzung des Potenzials älterer Mitarbeiter	relativ geringe Kosten für die Mitarbeiter-rekrutierung
Risiken	relativ hohe Kosten für Personalentwicklung	relativ hohe Kosten für die Personalgewinnung	Gefahr, dass das Wissen veraltet, „Betriebsblindheit"	reduzierte Mitarbeitermotivation und -bindung aufgrund geringer Investitionen in die Personal-entwicklung

Unternehmen, die lediglich über eine schwache Position auf dem Arbeitsmarkt verfügen, können ihr Image bei potenziellen Bewerbern durch so genanntes *Employer Branding* verbessern.

Employer Branding	Markenstrategisch fundierte Maßnahmen, die zum Ziel haben, das Unternehmen als attraktiven und glaubwürdigen Arbeitgeber zu positionieren (vgl. Klage 2007, S. 85).

Hierbei werden auf dem Konsumgütermarkt etablierte, markenpolitische Prinzipien auf den Arbeitsmarkt übertragen, mit dem Ziel, das Unternehmen zu einer attraktiven Arbeitgebermarke zu machen (vgl. Teufer 1999, S. 10).

Arbeitgebermarke	Das in der Vorstellung potenzieller Bewerber fest verankerte, unverwechselbare Bild eines Unternehmens als Arbeitgeber (vgl. Grobe 2005, S. 3; Meffert/Burmann/Koers 2002, S. 6).

Erfolgreiches Employer Branding umfasst vier Schritte (in Anlehnung an Backhaus/Tikoo 2004; Hartmann 2002; Petkovic 2007), die in Abbildung 4.2 dargestellt sind. Zunächst werden im Rahmen einer *internen Analyse* die Stärken und die Schwächen des Unternehmens aus Sicht der (potenziellen) Arbeitnehmer identifiziert. Hierzu können beispielsweise Mitarbeiter und Führungskräfte befragt werden oder das Unternehmen kann an einem Arbeitgeberranking teilnehmen (vgl. Insert 4.1). Über eine *externe Analyse* können Kenntnisse über die Erwartungen der Zielgruppe auf dem Arbeitsmarkt erlangt werden. Hierfür können beispielsweise potenzielle Bewerber befragt oder entsprechende Studien gesichtet werden.

Abbildung 4.2   Der Prozess des Employer Brandings

In neuerer Zeit werden in der Unternehmenspraxis wichtige interne und externe Informationen durch die Nutzung sozialer Medien generiert (Stüber 2009). Soziale Medien (social media) umfassen eine Gruppe von internetbasierten Anwendungen, mit welchen nutzergenerierte Inhalte (user generated contents) erstellt und ausgetauscht werden können (Kaplan/Haenlein 2010, S. 61). Diese Art von Medien bauen auf Web 2.0 auf, welches ein interaktives Kommunizieren in Blogs, Wikis oder in Netzwerken wie Twitter, Xing oder Facebook in Echtzeit ermöglicht. Sie werden heute von vielen Bewerbern genutzt, die sich über verschiedene Aspekte eines Unternehmens, wie beispielsweise dessen Klima, erkundigen möchten (Weigert 2010, S. 9). Für Unternehmen ist es deshalb äußerst wichtig, diese Medien und die darin kommunizierten Inhalte zu kennen und diese Kommunikationsmittel mit Bedacht einzusetzen (Brennan 2010, S. 8). Im Rahmen des Employer Brandings können Unternehmen soziale Medien beispielsweise nutzen, indem sie auf Internetseiten wie der von „kununu" erfahren, wie sie von ihren Mitarbeitern bewertet werden. Darin enthaltene positive Informationen können für die Außendarstellung des Unternehmens verwendet werden. Negative Bewertungen dagegen kann das Unternehmen als Ansatzpunkt für einen kontinuierlichen Verbesserungsprozess heranziehen.

Insert 4.1:   Die Bedeutung von Arbeitgeberrankings im Rahmen des Employer Brandings (vgl. Hucht 2008, S. 94)

Arbeitgeberrankings liegen im Trend

[...] Das Schaulaufen der Arbeitgeber ist en vogue. Seit der Jahrtausendwende boomen Unternehmensbewertungen und -rankings aller Art. In der öffentlichen Wahrnehmung stehen Auszeichnungen wie „bester Arbeitgeber" oder „beliebtestes Unternehmen" für Attraktivität und Ansehen sowie nicht zuletzt einen guten Umgang mit Menschen im jeweiligen Haus. Weniger bekannte Firmen nutzen die Chance, zumindest in der Riege der Mittelständler durch eine „schöne" Bewertung hervorzustechen, bei einer Preisverleihung dabei zu sein und in der Presse erwähnt zu werden. [...]

Schaut man einmal hinter die Kulissen, wie Arbeitgeberrankings zustande kommen, verliert das Spektakel schnell an Glanz. Ob die Anführer in einem Ranking tatsächlich „Super-Stars" bei den Themen Betriebsklima, Bezahlung, Kommunikation oder verantwortlicher Führung sind, bleibt häufig im Dunkeln. Längst nicht alle der

Hier wird Meinung und der Eindruck „vom Hörensagen" abgefragt. Eine unabhängige Bewertung der Personalarbeit ist gar nicht erst vorgesehen.

„Es gibt aktuell eine Debatte über die Aussagekraft dieser Arbeitgeberrankings", sagt Reiner Kriegler, Geschäftsführer der Deutschen Employer Branding Akademie in Berlin. „Da gibt es Rankings, die tatsächlich die Arbeitgeberqualität betrachten, und jene, die vor allem das Arbeitgeberimage unter die Lupe nehmen. Letztere sagen etwas darüber aus, was die Befragten – in der Regel Studierende und Absolventen – glauben, wie gut ein Arbeitgeber ist. Rankings der ersten Gruppe hingegen sagen eher etwas darüber aus, wie ein Arbeitgeber wirklich ist, weil hier Mitarbeiter befragt wurden."

[...] Wissen muss man, dass nicht Jobsuchende, sondern vielmehr die Personalabteilungen und Vorstandsebenen Zielgruppe der Befragungen sind. Sie wollen erfah-

öffentlichkeitswirksamen Rankings ziehen überhaupt Daten aus dem Unternehmen als Grundlage für die Beurteilung heran. [...]

Andere „Bestenlisten" – so genannte Image-Rankings – basieren hingegen auf bloßen Vermutungen von Studierenden, bei welchem Unternehmen sie sich einen Jobeinstieg als besonders attraktiv vorstellen ren, wie erfolgreich ihr Marketing an Hochschulen ist und nutzen die Image-Erhebungen als Gradmesser ihres Markt- und Markenwerts bei Deutschlands nachwachsender Akademikergeneration. Dass damit ein fast ausschließlich positives Medienecho verbunden ist, kommt ihnen noch zusätzlich entgegen. Die PR-Maschine funktioniert.

In einem zweiten Schritt sollte die *Festlegung der Arbeitgebermarkenstrategie* erfolgen. Diese umfasst die Arbeitsmarktsegmentierung, die Markenarchitektur und die Markenpositionierung. Bei der Formulierung der Arbeitgebermarkenstrategie wird zunächst der relevante Arbeitsmarkt in einzelne Segmente zerlegt (vgl. zur Arbeitsmarktsegmentierung Abschnitt 4.1.1).

Anschließend ist die *Markenarchitektur*, d. h. die Logik und die Struktur des gesamten Markenportfolios eines Unternehmens (vgl. Esch/Bräutigam 2001, S. 28), festzulegen. Dabei geht es insbesondere um die Frage, ob das Unternehmen unter einer übergeordneten Arbeitgebermarke am Arbeitsmarkt auftritt (Dachmarke) oder für einzelne Unternehmensbereiche eigene Marken mit einem jeweils spezifischen Image (Einzelmarke) etablieren will. In der Unternehmenspraxis dominiert zumeist die Dachmarkenstrategie. So treten beispielsweise die einzelnen Unternehmensbereiche von General Electric oder Procter & Gamble unter einer gemeinsamen Arbeitgebermarke am Arbeitsmarkt auf. Dagegen agieren Ikea und Habitat, zwei Einrichtungshäuser, die demselben Konzern angehören, jeweils eigenständig auf dem Arbeitsmarkt. Ein weiteres Beispiel für eine solche Einzelmarkenstrategie ist die Bertelsmann AG, deren Unternehmensbereiche wie beispielsweise die RTL Group, Gruner + Jahr oder Arvato jeweils selbst als potenzieller Arbeitgeber für sich werben.

Die *Markenpositionierung* legt schließlich fest, welche inhaltlichen Versprechen die Arbeitgebermarke transportieren, also welche Vorstellungen sie bei potenziellen Bewerbern auslösen soll (vgl. Kotler/Keller 2008). In der Unternehmenspraxis ist die Positionierung als international ausgerichtetes Unternehmen, das den Beschäftigten Zusammenarbeit in internationalen Teams und Auslandseinsätze ermöglicht, weit verbreitet. So spricht beispielsweise die Lufthansa AG potenzielle Bewerber mit dem Spruch „Meet a Global Player!" an (vgl. Lufthansa AG 2009). Auch die BASF SE positioniert sich mit dem Versprechen „Als echter Global Player haben wir Ihnen einiges zu bieten!" als Arbeitgeber, der sich insbesondere durch seine Internationalität auszeichnet (vgl. BASF SE 2009). Des Weiteren können sich Unternehmen beispielsweise als besonders karrierefördernd, teamorientiert oder familienfreundlich (vgl. hierzu ausführlich Abschnitt 18.3.2) positionieren. In den letzten Jahren wird auf dem Arbeitsmarkt zudem verstärkt damit geworben, dass Unternehmen eine ausgewogene Balance zwischen Arbeit und Freizeit sicherstellen und auf die Gesundheit der Beschäftigten achten (vgl. hierzu ausführlich Kapitel 19).

Im dritten Schritt, der *Markenimplementierung*, werden Maßnahmen ergriffen, um das zuvor festgelegte Image an die gewählten Marktsegmente zu kommunizieren. Hierzu eignen sich alle Kommunikationskanäle, die auch im Rahmen der klassischen Personalgewinnungskommunikation genutzt werden (vgl. Abschnitt 4.4.2.5). Darüber hinaus müssen alle Aktivitäten des Personalmanagements entsprechend der in Schritt 2 definierten Positionierung des Unternehmens als Arbeitgeber ausgerichtet werden. Für die erfolgreiche Umsetzung der Arbeitgebermarkenstrategie sind also sowohl die Gestaltung der Mitarbeiterflusssysteme, der Belohnungssysteme als auch der Mitarbeiter- und Teamführung wichtig. Sie stellen sicher, dass die in Schritt 2 formulierten Versprechen eingehalten werden. So sollte ein Unternehmen, das potenziellen Bewerbern verspricht, deren Work-Life Balance zu erhalten, entsprechende Maßnahmen im Rahmen eines strukturierten Health Care-Managements ergreifen (vgl. Abschnitt 19.3).

Im vierten und letzten Schritt des Employer Brandings sollte die *Markenkontrolle* erfolgen. Hierbei wird überprüft, ob die getroffenen Maßnahmen zur Markenimplementierung die in der Arbeitgebermarkenstrategie definierten Ziele erreicht haben. Dazu können beispielsweise Imagestudien durchgeführt werden, die erfassen, wie viel Prozent der Personen in einem bestimmten Arbeitsmarktsegment das Unternehmen kennen oder sich vorstellen können, sich dort zu bewerben. Des Weiteren können Quoten, wie die Zahl passender Bewerbungen auf eine ausgeschriebene Stelle oder der Anteil von Absagen geeigneter Bewerber nach dem Auswahlverfahren ermittelt werden (vgl. Gelbert/Inglsperger 2008, S. 15).

Wie eine Vielzahl empirischer Studien zeigt, kann die Verbesserung des Images eines Unternehmens durch Employer Branding vielfältige positive Effekte haben (vgl. u.a. Barber/Hayday/Bevan 1999; Cable/Turban 2003; Collins/Han 2004; Fulmer/Gerhant/Scott 2003; Knox/Freeman 2006). Diese beschränken sich nicht nur auf potenzielle Bewerber; Employer Branding wirkt sich auch bei bereits im Unternehmen beschäftigten Personen sowie bei sonstigen Stakeholdern des Unternehmens wie beispielsweise Lieferanten oder Kunden positiv aus. Abbildung 4.3 gibt einen Überblick über die vielfältigen positiven Auswirkungen des Employer Brandings für ein Unternehmen (vgl. u.a. Gelbert/Ingelsperger 2008; Schuble/Masurat/Eicher 2008; Trost 2008).

Abbildung 4.3   Erfolgsauswirkungen des Employer Brandings auf verschiedenen Ebenen

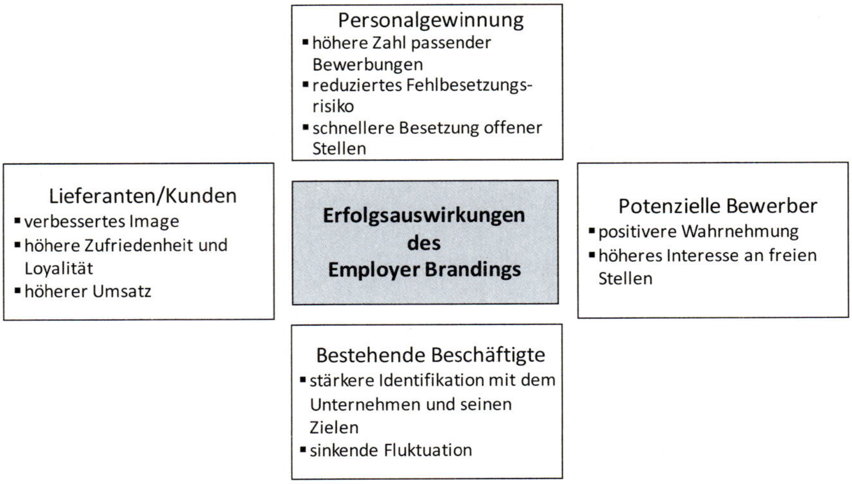

Personalgewinnung
- höhere Zahl passender Bewerbungen
- reduziertes Fehlbesetzungsrisiko
- schnellere Besetzung offener Stellen

Lieferanten/Kunden
- verbessertes Image
- höhere Zufriedenheit und Loyalität
- höherer Umsatz

Erfolgsauswirkungen des Employer Brandings

Potenzielle Bewerber
- positivere Wahrnehmung
- höheres Interesse an freien Stellen

Bestehende Beschäftigte
- stärkere Identifikation mit dem Unternehmen und seinen Zielen
- sinkende Fluktuation

4.3   Zielgruppen der Personalgewinnung

Die zweite am Anfang dieses Kapitels gestellte Frage bezieht sich auf die Zielgruppen der Personalgewinnung (vgl. Tabelle 4.1). Die Aktivitäten der Personalgewinnung können sowohl auf interne als auch auf externe Zielgruppen ausgerichtet sein. An dieser Stelle werden zunächst die Besonderheiten der internen Personalgewinnung dargelegt.

Interne Personalgewinnung	Besetzung von Stellen durch bereits im Unternehmen beschäftigte Führungskräfte bzw. Mitarbeiter.

Eine systematische interne Personalgewinnung erfordert den Aufbau eines internen Arbeitsmarktes. Dieser macht offene Stellen transparent und bietet interessierten Führungskräften und Mitarbeitern eine Plattform, um sich zu informieren oder auch initiativ zu bewerben. Darüber hinaus ist eine enge Abstimmung mit der Nachfolgeplanung (siehe Abschnitt 3.5) und der Karriereplanung (siehe Abschnitt 5.4) unerlässlich.

Die Entscheidung, intern oder extern zu rekrutieren, hängt von zwei Faktoren ab: den unternehmensbezogenen Rahmenbedingungen und der Art der zu besetzenden Stelle. Hinsichtlich der *unternehmensbezogenen Rahmenbedingungen* ist die interne Besetzung besonders geeignet für große Unternehmen, Unternehmen mit sehr komplexen Strukturen sowie Unternehmen, die sich hinsichtlich ihrer Produkte und Technologien und damit der erforderlichen Qualifikation sehr stark von anderen Unternehmen unterscheiden (Zimmermann 2009, S. 209 ff.).

Im Hinblick auf die *Art der zu besetzenden Stelle* ist für folgende Stellen eine interne Besetzung zu empfehlen:

- Stellen, die ausgeprägte Kenntnisse des Unternehmens (z. B. Kenntnisse über Produktionsverfahren, Technologien) bzw. des Umfeldes (z. B. Kenntnisse über den Markt, Kundenstrukturen bzw. -bedürfnisse) erfordern,

- Stellen, deren Übertragung hohes Vertrauen zwischen dem Unternehmen und den Stelleninhabern erfordern (z. B. Aufbau von Auslandsniederlassungen), und

- Stellen, bei denen die Einarbeitung neuer Führungskräfte bzw. Mitarbeiter erheblichen Zeit- bzw. Kostenaufwand verursacht.

Aus den bisherigen Ausführungen wird deutlich, dass die interne Personalgewinnung gerade für Führungspositionen sinnvoll sein kann. Tatsächlich belegen eine Reihe empirischer Studien aus den USA und Deutschland, dass in der Unternehmenspraxis 70 bis 80 Prozent der Führungskräfte intern rekrutiert werden (vgl. u. a. Berry et al. 2006; Gerum 2007; Huson/Malatesta/Parrino 2004; Murphy/Zábojnik 2007; Naveen 2006; Salomo 2001).

Tabelle 4.3   Chancen und Risiken der internen Personalgewinnung

Chancen der internen Personalgewinnung	Risiken der internen Personalgewinnung
■ Sicherung/Erhalt von unternehmensspezifischem Wissen	■ Gefahr, dass das Wissen aufgrund fehlender Impulse von außen veraltet
■ Reduktion des Risikos der Fehlbesetzung aufgrund vorheriger Kenntnisse bzw. Erfahrungen hinsichtlich intern eingestellter Mitarbeiter	■ Erhöhtes Auftreten von „Betriebsblindheit"
■ Reduktion des Verwaltungsaufwandes im Vergleich zur externen Personalgewinnung	■ Erhöhte Kosten für die Aktualisierung bzw. die Erweiterung des Wissens langjährig beschäftigter Führungskräfte und Mitarbeiter
■ Einsparung von Einarbeitungskosten für extern rekrutierte Mitarbeiter	■ Tendenziell höhere Gehaltskosten intern rekrutierter Mitarbeiter im Vergleich zu externen Mitarbeitern
■ Schnellere Sozialisierung interner Führungskräfte und Mitarbeiter im Hinblick auf die Unternehmenskultur	■ Tendenziell erhöhte Resistenz intern rekrutierter Personen gegenüber Veränderungen aufgrund langjähriger (gegebenenfalls bewährter) Erfahrungen im Unternehmen
■ Bindung und Motivation von Führungskräften und Mitarbeitern durch vielseitige Entwicklungsmöglichkeiten im Unternehmen	■ Geringere Flexibilität in der Freisetzung von Personen mit zunehmender Beschäftigungsdauer
■ Höhere Arbeitszufriedenheit durch die Möglichkeit, die Aufgaben zu wechseln	

Entscheidet sich ein Unternehmen für die interne Personalgewinnung, erfolgt dies meist mit dem Ziel, bereits im Unternehmen vorhandenes Know-how zu sichern und auszubauen. Weitere Chancen, die Unternehmen mit der internen Personalgewinnung verbinden, sind in Tabelle 4.3 dargelegt. Diesen steht allerdings eine Reihe von Risiken gegenüber, die insbesondere darin liegen, dass bei ausschließlich interner Rekrutierung das Wissen im Unternehmen veraltet.

Trotz der in Tabelle 4.3 aufgeführten Vorteile, die sich auch für Führungskräfte und Mitarbeiter durch einen internen Stellenwechsel ergeben können, werden interne Stellenwechsel von den Beschäftigten nicht immer ausschließlich positiv bewertet. Bei internen Besetzungen sollten Unternehmen daher klären, welche Argumente Führungskräfte und Mitarbeiter zu einem Stellenwechsel motivieren können. Tabelle 4.4 legt häufig geäußerte Vorbehalte von Führungskräften und Mitarbeitern gegenüber einem internen Stellenwechsel dar. Dabei wird zwischen rational und emotional motivierten Vorbehalten unterschieden. *Rational motivierte Vorbehalte* basieren auf Unsicherheit und Kosten-Nutzen-Überlegungen einer Person hinsichtlich eines internen Stellenwechsels. *Emotional motivierte Vorbehalte* resultieren aus (gefühlsbedingten) Empfindungen einer Person und deren Streben nach Stabilität im sozialen Umfeld.

Tabelle 4.4   Typische Vorbehalte gegen und Argumente für den internen Stellenwechsel

Typische Vorbehalte	Beispielhafte Argumente der internen Personalgewinnung
Rational begründete Vorbehalte und Argumente	
„Mir ist nicht klar, was mir ein Wechsel bringen soll."	■ Auf die Bedeutung des internen Stellenwechsels für das Unternehmen hinweisen ■ Persönlichen Nutzen des internen Stellenwechsels für die betroffene Person (z. B. Persönlichkeitsentwicklung, monetären Nutzen, verbesserte Arbeitsbedingungen, Statusgewinn) darlegen ■ Auf andere Personen, die einen ähnlichen Wechsel vollzogen haben, im Sinne von „Positivbeispielen im Unternehmen" Bezug nehmen
„Ein Wechsel bedeutet Aufwand für die Einarbeitung in eine neue Tätigkeit."	■ Bedeutung/Einsatzmöglichkeiten bisheriger Erfahrungen für die neue Tätigkeit aufzeigen ■ Mögliche Erleichterungen/Vereinfachungen durch die neue Tätigkeit aufzeigen
„Ich bin mir nicht sicher, ob ich qualifiziert genug für die neue Position bin."	■ Bisherige Erfolge der betroffenen Person aufzeigen ■ Mentoren für die Einarbeitungszeit gewinnen ■ Neue Stelle als Herausforderung darlegen ■ Chance der Erweiterung der eigenen Kompetenzen durch die neue Aufgabe aufzeigen

Typische Vorbehalte	Beispielhafte Argumente der internen Personalgewinnung
„Mit diesem Wechsel werde ich auf's Abstellgleis geschoben."	■ Bedeutung der Tätigkeit für das Unternehmen darlegen ■ Bedeutung der Kenntnisse der betroffenen Person für die neue Stelle aufzeigen ■ Mögliche Entwicklungen im Unternehmen im Anschluss an die neue Tätigkeit aufzeigen
Emotional begründete Vorbehalte und Argumente	
„Ich weiß nicht, ob ich mich in dem neuen Umfeld wohl fühle."	■ Informationen über neue Vorgesetzte und Kollegen zur Verfügung stellen ■ Gespräch zwischen der betroffenen Person und potenziellen Vorgesetzten und Kollegen organisieren
„Ich werde vor meinen Kollegen das Gesicht verlieren."	■ Sachliche Bedeutung des Stellenwechsels aufzeigen ■ Konzept zur Kommunikation des Wechsels gegenüber den Kollegen besprechen

Unternehmen, die neue Impulse und zusätzliches Know-how erlangen wollen, nutzen die *externe Personalgewinnung.* Hierbei werden Führungskräfte bzw. Mitarbeiter rekrutiert, die ihre bisherigen Kenntnisse und Erfahrungen in der Regel außerhalb des Unternehmens erworben haben.

> **Externe** Rekrutierung von Führungskräften bzw. Mitarbeitern, die bislang
> **Personalgewinnung** nicht dem Unternehmen angehören.

Externe Personalgewinnung ist insbesondere von Bedeutung, wenn

- der quantitative Personalbedarf (vgl. Abschnitt 3.1) nicht hinreichend durch intern im Unternehmen verfügbare Führungskräfte bzw. Mitarbeiter gedeckt werden kann bzw.

- die Qualifikation intern verfügbarer Führungskräfte bzw. Mitarbeiter nicht (mehr) den Anforderungen an potenzielle Stelleninhaber entspricht.

Darüber hinaus sollten Unternehmen insbesondere extern rekrutieren, wenn sie stark wachsen, in einer sehr dynamischen Umwelt agieren oder sich in einer kritischen Situation befinden, welche die Entwicklung neuer Strategien und Problemlösungsansätze erfordert (Zimmermann 2009, S. 209 ff.). Dabei ist darauf hinzuweisen, dass der Betriebsrat bei der Besetzung neuer Stellen darauf bestehen kann, dass diese zunächst intern ausgeschrieben werden, bevor externe Bewerber angesprochen werden (§ 93 BetrVG).

Um externe Bewerber von einem Eintritt in das Unternehmen zu überzeugen, muss das Unternehmen die Erwartungen, Wünsche und Bedürfnisse der jeweiligen Zielgruppe auf dem Arbeitsmarkt kennen. Wie in Abschnitt 4.2 bereits dargestellt, können diese durch die externe Analyse im Rahmen des Employer Brandings (vgl. Abbildung 4.2) ermittelt werden. Alternativ kann das Unternehmen dabei selbst Marktforschung betreiben und potenzielle Bewerber befragen bzw. ein Marktforschungsunternehmen damit beauftragen oder bestehende Studien zu Entscheidungskriterien potenzieller Bewerber sichten.

Um potenziell wichtige Entscheidungskriterien externer Bewerber zu identifizieren, können die Inhaltstheorien der Motivation herangezogen werden (vgl. Abschnitt 2.2.2). Tabelle 4.5 gibt einen Überblick, welche Kriterien für externe Bewerber eine Rolle spielen können, wenn sie sich für ein Unternehmen und eine Stelle entscheiden (in Anlehnung an Huf 2007, S. 62). Die Aufzählung macht deutlich, wie vielfältig die Entscheidungskriterien externer Bewerber sein können. Dabei unterscheiden sich die Zielgruppen sehr stark dahingehend, welche Kriterien für sie besonders relevant sind. So sind beispielsweise für Schul- und Hochschulabsolventen neben einem guten Arbeitsklima attraktive Aufstiegsmöglichkeiten und gute Gehaltsaussichten bei der Arbeitgeberwahl am wichtigsten. Im Gegensatz dazu präferieren Personen mit mehr als fünfjähriger Berufserfahrung Unternehmen, die ihnen neben einem guten Arbeitsklima herausfordernde Aufgaben und eine attraktive Unternehmenskultur bieten. Weitere Kriterien, die mit zunehmender Berufserfahrung für Bewerber an Bedeutung gewinnen, sind flexible Arbeitszeitmodelle und eine hohe Arbeitsplatzsicherheit (vgl. Stock-Homburg et al. 2008, S. 93).

Tabelle 4.5   Entscheidungskriterien potenzieller Bewerber

Kategorien	Entscheidungskriterien
Standortbezogene Kriterien	■ Standortimage ■ Wohnraumangebot ■ Kulturelles Angebot ■ Lebensqualität ■ Freizeitwert ■ Nähe zu Wohnort von Freunden und Familie
Branchenbezogene Kriterien	■ Zukunftsfähigkeit ■ Branchenimage ■ Branchenkultur
Unternehmensbezogene Kriterien	■ Marktposition, Ertragslage ■ Internationalisierungsgrad ■ Innovativität ■ Arbeitsplatzsicherheit ■ Soziales und umweltbezogenes Engagement ■ Ansehen des Topmanagements ■ Bekanntheit ■ Unternehmens- und Markenimage

Kategorien	Entscheidungskriterien
Unternehmensbezogene Kriterien (Fortsetzung)	■ Identifikation mit den Produkten
	■ Unternehmensgröße
	■ Rechtsform
	■ Aufbauorganisation
	■ Unternehmenskultur
Kriterien auf Ebene des Personalmanagements	■ Außenauftritt im Rahmen der Personalgewinnung
	■ Organisation und Fairness des Personalauswahlprozesses
	■ Zugang zu Personalentwicklungsmaßnahmen
	■ Karrieremöglichkeiten
	■ Möglichkeiten zu interkulturellem Arbeiten und zu Auslandseinsätzen
	■ Höhe und Zusammensetzung der Vergütung
	■ Umfang und Flexibilität der Arbeitszeiten, Balance zwischen Arbeit und Freizeit
	■ Maßnahmen zur Vereinbarkeit von Beruf und Familie
	■ Angebote im Rahmen des Health Care Managements
Aufgabenbezogene Kriterien	■ Aufgabenvielfalt
	■ Herausforderungscharakter der Aufgaben
	■ Ganzheitlichkeit der Aufgaben
	■ Bedeutungsgehalt der Aufgaben
	■ Handlungs- und Entscheidungsspielraum
Kriterien auf der zwischenmenschlichen Ebene	■ Arbeitsklima
	■ Führungsstil und -instrumente
	■ Teamorientierung
	■ Kollegialität, gegenseitiger Respekt

4.4   Prozess der Personalgewinnung

Die dritte eingangs gestellte Frage in Verbindung mit der Personalgewinnung bezieht sich darauf, wie der Prozess der Personalgewinnung systematisch gestaltet werden kann (vgl. Tabelle 4.1). Im Rahmen der Personalgewinnung können vier Phasen unterschieden werden, die im Folgenden dargelegt werden (vgl. Abbildung 4.4).

Die erste Phase des Personalgewinnungsprozesses greift auf die im Rahmen der Personalbedarfsplanung erstellten Anforderungsprofile zurück. Diese werden gesichtet, um die benötigten Qualifikationen und Kompetenzen zu identifizieren, an denen sich die Personalgewinnung orientiert. Die Erstellung und die Funktion von Anforderungsprofilen werden in Abschnitt 3.4.2 ausführlich dargelegt. Im Mittelpunkt der Personalgewinnungsaktivitäten stehen die Phasen zwei bis vier des in Abbildung 4.4 dargelegten Prozesses. Sie werden in den Abschnitten 4.4.1 bis 4.4.3 vertieft.

Abbildung 4.4   Prozess der Personalgewinnung im Überblick
                     (in Anlehnung an Stock-Homburg 2008, S. 689)

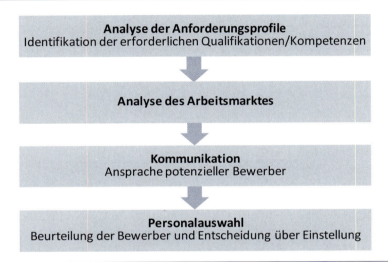

4.4.1   Analyse des Arbeitsmarktes

Um die in der Regel kostenintensiven und zeitaufwändigen Maßnahmen zur Personalgewinnung effizienter zu gestalten, sollten zunächst verfügbare Informationen über den Arbeitsmarkt gesammelt und systematisch aufbereitet werden. Aus diesem Grund stellt die Analyse des Arbeitsmarktes den Ausgangspunkt des Personalgewinnungsprozesses dar (vgl. Leitfrage 4, Tabelle 4.1). Dabei sollten sich Unternehmen mit einer Reihe von Fragen auseinandersetzen, die in Tabelle 4.6 dargelegt sind.

Die erste Frage im Zusammenhang mit der Analyse des Arbeitsmarktes bezieht sich auf die Anzahl der geeigneten, derzeit auf dem relevanten Arbeitsmarkt verfügbaren, Arbeitskräfte (vgl. Tabelle 4.6). Hierunter werden neben den Arbeitsuchenden mit der entsprechenden Qualifikation auch geeignete Führungskräfte und Mitarbeiter subsumiert, die derzeit in anderen Unternehmen beschäftigt sind. Die Verfügbarkeit von Arbeitskräften hängt insbesondere von deren Qualifikation und der Branche des suchenden Unternehmens ab. Statistiken öffentlich zugänglicher Datenbanken wie die des Statistischen Bundesamtes können wertvolle Informationen zur Verfügbarkeit von Arbeitskräften liefern.

Tabelle 4.6   Zentrale Leitfragen zur Analyse des Arbeitsmarktes

Zentrale Leitfragen
1. Wie viele geeignete Arbeitskräfte stehen derzeit auf dem relevanten Arbeitsmarkt zur Verfügung?
2. Wie mobil sind die benötigten Führungskräfte bzw. Mitarbeiter?
3. Wie ist das Gehaltsniveau auf dem relevanten Arbeitsmarkt?
4. Wie können Unternehmen potenzielle Führungskräfte bzw. Mitarbeiter am besten ansprechen?
5. Welche rechtlichen Rahmenbedingungen sind bei der Gewinnung von Führungskräften bzw. Mitarbeitern zu beachten?

Eine weitere Frage in Verbindung mit der Analyse des Arbeitsmarktes bezieht sich auf die Mobilität der Arbeitskräfte (vgl. Tabelle 4.6). Die Mobilität einer Person beschreibt, inwieweit diese bereit ist, im Zuge eines Arbeitgeberwechsels oder einer Standortverlagerung beim bestehenden Arbeitgeber den Wohnort zu wechseln bzw. weite Anfahrtswege in Kauf zu nehmen. Insbesondere Unternehmen, die in Regionen angesiedelt sind, in denen nicht ausreichend qualifizierte Führungs- und Fachkräfte verfügbar sind, sind auf die Mobilität potenzieller Bewerber angewiesen. Darüber hinaus wird aufgrund der zunehmenden Internationalisierung von Unternehmen der internationale Einsatz von Führungskräften und Mitarbeitern immer bedeutender (vgl. Thomas 2009, S. 466 f.). International agierende Unternehmen benötigen deshalb oft Führungskräfte und Mitarbeiter, die zu grenzüberschreitenden Ortswechseln bereit sind. Die Besonderheiten des internationalen Einsatzes von Führungskräften, Mitarbeitern und Teams werden in Kapitel 16 vertieft.

Auch im Hinblick auf die Mobilität von Führungskräften und Mitarbeitern liegen relativ umfassende Informationen aus veröffentlichten Statistiken bzw. Presseveröffentlichungen vor. So verdeutlicht Insert 4.2, dass die Mobilität europäischer Fachkräfte als eher gering einzustufen ist.

Die dritte Frage im Rahmen der Analyse des Arbeitsmarktes bezieht sich auf das aktuelle Gehaltsniveau auf dem relevanten Arbeitsmarkt (vgl. Tabelle 4.6). Informationen zu dieser Frage sind heute relativ gut zugänglich. So können umfassende Daten über Durchschnittsgehälter in bestimmten Funktionen kostenfrei bei privaten Anbietern abgefragt werden. Dabei wird deutlich, dass sich die durchschnittlichen Verdienstspannen je nach Qualifikation, Position und Branche unterscheiden, wie auch Abbildung 4.5 zeigt. Neben solchen öffentlich zugänglichen Informationen bieten Vergütungsstudien spezialisierter Unternehmensberatungen gegen Entgelt Aufschluss über marktübliche Vergütungsniveaus in unterschiedlichen Branchen sowie auf unterschiedlichen Hierarchieebenen (vgl. hierzu ausführlich Abschnitt 9.2).

Insert 4.2:   Ergebnisse einer Studie zur Mobilität europäischer Fachkräfte
                         (vgl. Pricewaterhouse Coopers 2007)

Managing Mobility Matters 2006

Die Mobilität europäischer Fachkräfte bleibt weit hinter den Erwartungen zurück. Sprachbarrieren, unterschiedliche Steuer- und Gesundheitssysteme und Sozialleistungen, das fehlende einheitliche Arbeitsrecht innerhalb der EU sowie die lückenhafte Anerkennung beruflicher Qualifikationen in anderen EU-Ländern zählen zu den größten Mobilitätshürden. Weiter spielen die sozialen und die familiären Faktoren eine entscheidende Rolle für die geringe Mobilität. [...]

Wie die PwC-Studie „Managing Mobility Matters 2006" zeigt, ist die Mobilität von Fachkräften in der EU mit Ausnahme von Skandinavien, Irland und Großbritannien enttäuschend niedrig und hat sich gegenüber der ersten Studie aus dem Jahr 2001 nicht verbessert. Dies kann teilweise auf die generellen konjunkturellen Rahmenbedingungen sowie die ausgebauten Sozialnetze in vielen europäischen Arbeitsmärkten zurückgeführt werden.

Die Hauptgründe für Firmen, mobile Arbeitskräfte einzustellen, sind der Auf- und Ausbau des internationalen Geschäfts (38 %), das Rekrutieren von Mitarbeitern mit anforderungsgerechten Fähigkeiten (33 %) sowie die Verbesserung des Kundenservices (33 %).

[...] Die Mobilitätsbarrieren werden von Arbeitgebern und -nehmern unterschiedlich eingeschätzt. Während Firmen Sprachfertigkeiten und die Arbeit des Partners als die zwei Haupthindernisse für individuelle Mobilität erachten, werden die Arbeitskräfte vor allem durch den möglichen Verlust von sozialen Kontakten und des direkten Kontaktes zur Familie in ihrer Mobilität zurückgehalten. Weitere Hindernisse liegen in den Bereichen des Wohnens und des Gesundheitswesens.

Abbildung 4.5 Durchschnittliche Vergütungen von Ingenieuren nach Branche und Position (vgl. Polcher/Hus 2008, S. C1)

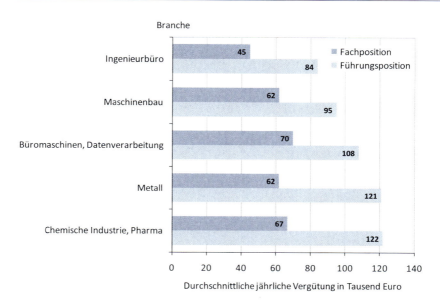

Anmerkung: keine Angaben zur Stichprobe

Die vierte zentrale Frage zur Analyse des Arbeitsmarktes (vgl. Tabelle 4.6) konzentriert sich darauf, wie Unternehmen potenzielle Führungskräfte und Mitarbeiter ideal ansprechen können. Für die Beantwortung dieser Frage muss analysiert werden, wie sich potenzielle Führungskräfte und Mitarbeiter hinsichtlich bestimmter Eigenschaften und Präferenzen unterscheiden. Durch eine zielgruppenspezifische Auswahl der Kommunikationsinhalte und der Kanäle, über welche potenzielle Bewerber angesprochen werden, kann die Personalgewinnung effizienter und effektiver gestaltet werden (vgl. hierzu ausführlich Abschnitt 4.4.2).

Um verschiedene Zielgruppen zu identifizieren, kann das Verfahren der Segmentierung herangezogen werden, das seinen Ursprung in der Marketingforschung hat (vgl. u. a. Beane/Ennis 1987; Tynan/Drayton 1987). Angewendet auf den Arbeitsmarkt zielt die Segmentierung darauf ab, in sich weitgehend homogene Zielgruppen auf einem relevanten Arbeitsmarkt zu identifizieren (in Anlehnung an Ewing et al. 2002). In der Unternehmenspraxis ist die Arbeitsmarktsegmentierung bislang trotz ihres offensichtlichen Nutzens noch wenig verbreitet (vgl. Waite 2007, S. 17).

Damit eine Arbeitsmarktsegmentierung die Effektivität und die Effizienz von Personalgewinnungsaktivitäten steigern kann, muss sie folgende *Anforderungskriterien* erfüllen (in Anlehnung an Frank/Massy/Wind 1972):

- *Verhaltensrelevanz*: Zwischen den verschiedenen Segmenten des relevanten Arbeitsmarktes sollten deutliche Unterschiede im Verhalten (z. B. Informationsverhalten, Arbeitsverhalten) bestehen.

- *Trennschärfe*: Die Segmente sollten klar voneinander abgrenzbar sein.

- *Ansprechbarkeit*: Die Arbeitskräfte, die einem Segment zugeordnet werden, sollten im Rahmen verschiedener Personalgewinnungsaktivitäten bei Bedarf gezielt ansprechbar sein, ohne dass zugleich andere Segmente angesprochen werden.

- *Messbarkeit*: Die Kriterien, auf die sich die Arbeitsmarktsegmentierung stützt, sollten hinreichend bewertbar sein.

- *Zeitliche Stabilität*: Die Struktur (insbesondere Anzahl und Art) der identifizierten Segmente sollte eine gewisse Kontinuität im Zeitverlauf aufweisen. Darüber hinaus sollten die Arbeitskräfte eines bestimmten Segments über eine gewisse Zeitdauer hinweg diesem Segment zugeordnet werden können.

- *Wirtschaftlichkeit*: Die Identifikation verschiedener Segmente sollte verglichen mit ihrem Nutzen mit vertretbarem Aufwand erfolgen. Dabei sollte stets eine verbesserte Arbeitsmarktbearbeitung im Vordergrund stehen.

Unterschiedliche Arbeitsmarktsegmente werden dadurch gebildet, dass Arbeitskräfte anhand verschiedener Segmentierungskriterien beschrieben werden. Je nach Zielsetzung der Arbeitsmarktsegmentierung werden unterschiedliche Kriterien herangezogen (vgl. Homburg/Krohmer 2009, S. 464). Einen Überblick über mögliche Kriterien zur Segmentierung des Arbeitsmarktes liefert Abbildung 4.6.

Eine Segmentierung kann sich auf eine Kategorie von Segmentierungskriterien (z. B. rein verhaltensbezogene Arbeitsmarktsegmentierung) beziehen. Darüber hinaus können Segmentierungskriterien verschiedener Kategorien miteinander kombiniert werden. In Verbindung mit der Segmentierung des Arbeitsmarktes lassen sich fünf grundsätzliche Segmentierungsansätze unterscheiden (in Anlehnung an Homburg/Krohmer 2009, S. 464):

- die demographische,

- die sozioökonomische,

- die psychographische,

- die verhaltensbezogene sowie

- die nutzenbezogene Arbeitsmarktsegmentierung.

Da demographische Merkmale mit verhältnismäßig geringem Aufwand erhoben werden können, ist die *demographische Arbeitsmarktsegmentierung* in der Personalmanagementpraxis relativ problemlos durchführbar. Zudem ermöglicht eine Arbeitsmarktsegmentierung anhand demographischer Kriterien eine gezielte Ansprache der jeweiligen Segmente. Zur Bildung von Segmenten werden die gewählten Merkmale entweder einzeln oder in Kombination herangezogen. Beispielsweise werden potenzielle Nachwuchs-Führungskräfte nach Alter, Studiengang bzw. Berufserfahrung in verschiedene Segmente unterteilt.

Abbildung 4.6   Kriterien zur Segmentierung des Arbeitsmarktes im Überblick

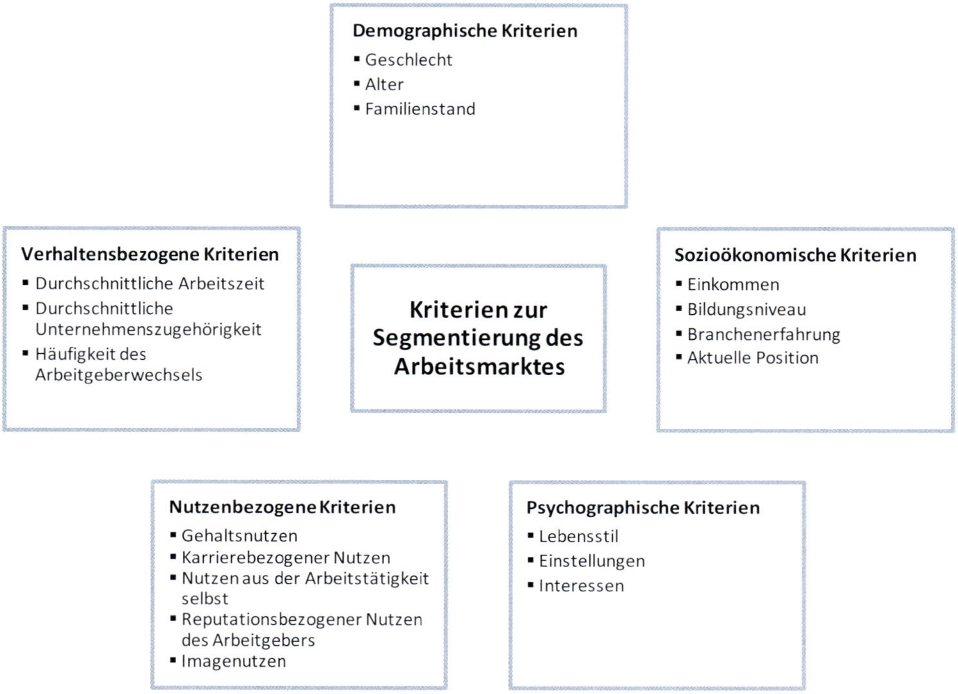

Demographische Kriterien
- Geschlecht
- Alter
- Familienstand

Verhaltensbezogene Kriterien
- Durchschnittliche Arbeitszeit
- Durchschnittliche Unternehmenszugehörigkeit
- Häufigkeit des Arbeitgeberwechsels

Kriterien zur Segmentierung des Arbeitsmarktes

Sozioökonomische Kriterien
- Einkommen
- Bildungsniveau
- Branchenerfahrung
- Aktuelle Position

Nutzenbezogene Kriterien
- Gehaltsnutzen
- Karrierebezogener Nutzen
- Nutzen aus der Arbeitstätigkeit selbst
- Reputationsbezogener Nutzen des Arbeitgebers
- Imagenutzen

Psychographische Kriterien
- Lebensstil
- Einstellungen
- Interessen

Die *sozioökonomische Segmentierung* erfasst ökonomische Merkmale der Mitglieder verschiedener Segmente. Mithilfe dieser Merkmale sollen wirtschaftliche Rahmenbedingungen relevanter Personen auf dem Arbeitsmarkt abgebildet werden.

Die *psychographische Segmentierung* konzentriert sich auf Persönlichkeitsmerkmale bzw. Einstellungen von Personen auf dem Arbeitsmarkt. Neben sozialen Einstellungen spielen in diesem Zusammenhang insbesondere arbeitsbezogene Einstellungen potenzieller Bewerber eine Rolle.

Die *nutzenbezogene Segmentierung* erfasst schließlich den persönlichen Nutzen, den arbeitende Personen mit ihrer Tätigkeit verbinden. Neben dem monetären Nutzen bildet diese Form der Segmentierung sozialen und imagebezogenen Nutzen ab. Die nutzenbezogene Segmentierung ist in der Personalforschung bislang am wenigsten verbreitet. Eine mögliche Ursache hierfür kann in der relativ geringen Verfügbarkeit entsprechender Informationen liegen.

Die *verhaltensbezogene Segmentierung* konzentriert sich auf von außen beobachtbare Handlungen relevanter Führungskräfte bzw. Mitarbeiter auf dem Arbeitsmarkt. Diese Verhaltensweisen können sich auf die Situation der Arbeitssuche (z. B. das Informationsverhalten), das Verhalten in Unternehmen (z. B. die Teilnahme an Personalentwicklungsmaßnahmen) sowie die Kontinuität von Verhaltensweisen (z. B. die durchschnittliche Betriebszugehörigkeit) beziehen.

Tabelle 4.7   Formen der Arbeitsmarktsegmentierung und beispielhafte Segmente in der Unternehmenspraxis

Form der Segmentierung	Beispielhafte Segmentierungs-kriterien	Beispielhafte Segmente			
		1	2	3	4
Demographische Segmentierung	■ Alter ■ Geschlecht ■ Nationalität	Junge Internationale	Reife Erfahrene		
Sozio-ökonomische Segmentierung	■ Einkommen ■ Position ■ Vermögen ■ Bildungsniveau	Oberes Management	Mittleres Management	Unteres Management	
Psychographische Segmentierung	■ Kognitive Orientierung ■ Einstellung zur Arbeit ■ Aufstiegsstreben	Optimistisch Extrovertierte	Stille Hoffer	Pessimisten	
Nutzenbezogene Segmentierung	■ Monetärer Nutzen ■ Imagebezogener Nutzen ■ Nutzen aus Arbeitsinhalten ■ Sozialer Nutzen	Imageorientierte	Karriereorientierte	Gehaltsorientierte	Selbstbeweisende
Verhaltensbezogene Segmentierung	■ Informationsverhalten ■ Arbeitsverhalten ■ Verhalten bei der Arbeitssuche	Informierte Job Hopper	Traditionelle Loyale	Interessierte Loyale	
Gemischte Segmentierung	■ Kognitive Orientierung ■ Arbeitsverhalten ■ Bildungsniveau	Kühle Intellektuelle	Bequeme Minimalisten	Begeisterte	Versteckte Talente

Tabelle 4.7 stellt die verschiedenen Formen der Arbeitsmarktsegmentierung anhand beispielhafter Segmente dar. Hat ein Unternehmen verschiedene Segmente identifiziert, werden in einem zweiten Schritt auf Basis der Personalgewinnungsstrategie jene Segmente ausgewählt, die das Unternehmen im Rahmen der Personalgewinnung ansprechen will (vgl. Abschnitt 4.4.2.2). Anschließend werden für jedes Zielsegment anhand von dessen spezifischen Merkmalen adäquate Kommunikationsinhalte, -kanäle und Sender ausgewählt. Diese Schritte werden in den Abschnitten 4.4.2.4, 4.4.2.5 und 4.4.2.6 ausführlich dargelegt.

Die fünfte im Zusammenhang mit der Analyse des Arbeitsmarktes gestellte Frage bezieht sich auf die relevanten rechtlichen Rahmenbedingungen der Personalgewinnung (vgl. Tabelle 4.6). Neben allgemeinen rechtlichen Rahmenbedingungen mit grundlegender Bedeutung für das Personalmanagement existiert innerhalb von Unternehmen eine Reihe von Regelungen, die sich ganz konkret auf die Besonderheiten der Personalgewinnung beziehen. In größeren Unternehmen sind die Modalitäten hinsichtlich der Ausschreibung von Stellen häufig in Betriebsvereinbarungen oder Betriebsabsprachen geregelt (vgl. Weuster 2008). Weitere Regelungen finden sich insbesondere im Betriebsverfassungsgesetz (BetrVG; vgl. hierzu ausführlich Abschnitt 1.2) und im Teilzeitbeschäftigungsgesetz (TzBfG). Die wichtigsten Tatbestände der Personalgewinnung und die jeweilige gesetzliche Grundlage sind in Tabelle 4.8 aufgeführt (in Anlehnung an Dütz 2009; Weuster 2008).

Tabelle 4.8 Wichtige rechtliche Regelungen mit Relevanz für die Personalgewinnung

Rechts-grundlage	Geregelter Tatbestand
§ 93 BetrVG	Der Betriebsrat kann verlangen, dass freie Arbeitsplätze vor ihrer Besetzung innerhalb des Unternehmens ausgeschrieben werden.
§ 7 Abs. 1 TzBfG	Eine Stelle ist auch als Teilzeitarbeitsplatz auszuschreiben, wenn sie sich hierfür eignet.
§ 99 Abs. 2 Nr. 5 BetrVG	Der Betriebsrat kann bei Unterlassen der geforderten Stellenausschreibung seitens des Arbeitgebers der Einstellung bzw. der Versetzung widersprechen.
§ 611b BGB	Stellenausschreibungen haben geschlechtsneutrale Stellenbezeichnungen zu beinhalten.
§ 81 Abs. 1 SGB IX	Der Arbeitgeber hat unter Beteiligung der Schwerbehindertenvertretung zu prüfen, ob freie Arbeitsplätze mit einem schwerbehinderten Menschen besetzt werden können. Andernfalls kann der Betriebsrat seine Zustimmung zur Einstellung eines anderen Bewerbers nach § 99 Abs. 2 BetrVG verweigern.
§ 1 ff. AGG	Stellenausschreibungen dürfen keine diskriminierenden Bezeichnungen (im Hinblick auf Unterschiede potenzieller Bewerber hinsichtlich des Geschlechts, des Alters, der Kultur usw.) beinhalten.

4.4.2   Kommunikation im Rahmen der Personalgewinnung

Die Kommunikation im Rahmen der Personalgewinnung erstreckt sich von der Festlegung der Kommunikationsziele bis hin zur inhaltlichen Gestaltung von Kommunikationsmaßnahmen (vgl. Leitfrage 6, Tabelle 4.1). Im Kern werden fünf Schritte unterschieden:

- *Schritt 1:* Festlegung der Kommunikationsziele (Abschnitt 4.4.2.1),

- *Schritt 2:* Auswahl der Zielgruppen (Abschnitt 4.4.2.2),

- *Schritt 3:* Festlegung der Kommunikationsinhalte (Abschnitt 4.4.2.3),

- *Schritt 4:* Festlegung des Formalisierungsgrads der Kommunikation (Abschnitt 4.4.2.4) sowie

- *Schritt 5:* Selektion geeigneter Kommunikationskanäle (Abschnitt 4.4.2.5).

4.4.2.1   Festlegung der Kommunikationsziele

Die Maßnahmen zur Kommunikation im Rahmen der Personalgewinnung sollten sich an den Kommunikationszielen orientieren. Im Kern geht es hierbei um die Botschaften, die seitens eines Unternehmens an potenzielle Bewerber übermittelt werden sollen.

Mit der Kommunikation im Rahmen der Personalgewinnung können Unternehmen grundsätzlich zwei Ziele verfolgen (vgl. u. a. Kaliprasad 2006): die Besetzung von Stellen bzw. die Positionierung des Unternehmens auf dem Arbeitsmarkt. Die *Stellenbesetzung* zielt darauf ab, konkrete, im Unternehmen vakante Stellen innerhalb eines vorgegebenen Zeitrahmens zu besetzen, um eine personelle Unterdeckung zu kompensieren.

Im Gegensatz zur Stellenbesetzung hängen die Kommunikationsaktivitäten zur *Positionierung des Unternehmens auf dem Arbeitsmarkt* nicht unmittelbar mit einer bzw. mehreren vakanten Stellen im Unternehmen zusammen. Ziel ist es vielmehr, das Image und die Attraktivität des Unternehmens auf dem Arbeitsmarkt zu verbessern. Damit handelt sich also um ein mittelfristiges Ziel im Rahmen des Employer Brandings (vgl. Abschnitt 4.2).

4.4.2.2   Auswahl der Zielgruppen

Im zweiten Schritt der Kommunikation im Rahmen der Personalgewinnung werden deren Zielgruppen festgelegt. Zunächst ist zu entscheiden, ob bereits im Unternehmen beschäftigte Personen oder Arbeitskräfte vom externen Arbeitsmarkt angesprochen werden sollen. Die Besonderheiten dieser beiden Zielgruppen wurden bereits in Abschnitt 4.3 dargelegt.

Entscheidet sich ein Unternehmen für die externe Rekrutierung, muss in einem zweiten Schritt festgelegt werden, welche Gruppen von extern verfügbaren Arbeitskräften im Fokus stehen sollen. Hierzu ist es sinnvoll, den relevanten Arbeitsmarkt zunächst in relativ homogene Gruppen von Personen zu gliedern, d. h. zu segmentieren (vgl. hierzu ausführlich Abschnitt 4.4.1). Die Auswahl jener Segmente, die angesprochen werden sollen, orientiert sich an der Personalgewinnungsstrategie sowie den Kommunikationszielen.

4.4.2.3 Festlegung der Kommunikationsinhalte

Im dritten Schritt der Kommunikation im Rahmen der Personalgewinnung werden Kommunikationsinhalte festgelegt. Die Inhalte der Kommunikation orientieren sich insbesondere an

- der Personalgewinnungsstrategie und der gewünschten Positionierung des Unternehmens auf dem Arbeitsmarkt (vgl. Abschnitt 4.2) sowie

- den Zielen und der Zielgruppe der Kommunikationsmaßnahme.

Im Zusammenhang mit den Kommunikationsinhalten wird zwischen kognitiv orientierten und affektiv orientierten Inhalten unterschieden (in Anlehnung an Bruhn 2009):

- *Kognitiv orientierte Inhalte* dienen primär der Steigerung des sachlichen Informationsstandes der angesprochenen Führungskräfte bzw. Mitarbeiter. Im Mittelpunkt stehen Informationen zu Leistungen, Aktivitäten und Kunden des Unternehmens sowie zu Anforderungen an die Bewerber. Diese Art von Inhalten ist insbesondere angebracht, wenn eine konkrete Stelle besetzt werden soll.

- *Affektiv orientierte Inhalte* zielen darauf ab, das Vertrauen und die Akzeptanz potenzieller Führungskräfte und Mitarbeiter zu erlangen. Darüber hinaus soll ein positives Image des Unternehmens aufgebaut werden. Affektiv orientierte Inhalte sind folglich vor allem geeignet, um die Positionierung eines Unternehmens auf dem Arbeitsmarkt zu stärken. Dies verdeutlicht auch die Personalwerbung des Unternehmens ThyssenKrupp (Insert 4.3).

Insert 4.3: Beispielhafte Personalwerbung des Unternehmens ThyssenKrupp (ThyssenKrupp AG 2006)

4.4.2.4   Festlegung des Formalisierungsgrades der Kommunikation

Im vierten Schritt ist über den Formalisierungsgrad der Kommunikation zu entscheiden. Hierbei kann zwischen informeller und formeller Kommunikation unterschieden werden (vgl. u. a. Mencken/Winfield 1998; Rafaeli/Hadomi/Simons 2005). Bei der *informellen Kommunikation* erfolgt die Ansprache primär persönlich, ohne durch das Unternehmen gezielt initiiert oder gesteuert zu werden. So können beispielsweise Beschäftigte eines Unternehmens mit Praktikanten über ihre Erfahrungen sprechen oder in ihrem Bekanntenkreis über freie Stellen berichten und dadurch als Multiplikatoren dienen. Des Weiteren ist denkbar, dass Meinungsführer aus Politik, Medien, Wirtschaft bzw. Gesellschaft sich öffentlich über das Unternehmen äußern, und so potenzielle Bewerber auf das Unternehmen aufmerksam werden.

Der Vorteil der informellen Kommunikation ist darin zu sehen, dass diese relativ kostengünstig ist. Darüber hinaus findet bereits eine Vorauswahl der angesprochenen Personen durch die Multiplikatoren statt. Nachteile dieser Vorgehensweise liegen darin, dass die Reichweite der Kommunikation nahezu nicht beeinflussbar ist. Darüber hinaus setzt eine erfolgreiche informelle Kommunikation voraus, dass die Multiplikatoren mit dem Unternehmen und ihrer Arbeit zufrieden sind.

Formelle Kommunikation wird aktiv durch das Unternehmen initiiert und erfolgt zielgerichtet. Hierbei kann das Unternehmen entscheiden, ob es alle Kommunikationsaktivitäten selbst durchführt oder auf die Unterstützung professioneller Dienstleister zurückgreift. Ersteres ist insbesondere dann sinnvoll, wenn das Unternehmen

- einen relativ guten Zugang zum relevanten Arbeitsmarkt hat,
- über umfassende Kenntnisse hinsichtlich des relevanten Arbeitsmarktes verfügt sowie
- eine hohe Reputation im relevanten Arbeitsmarkt hat.

Erfüllt das Unternehmen diese Anforderungen nicht, sollte es externe Unterstützung durch professionelle Dienstleister in Anspruch nehmen, also die Kommunikationsaktivitäten outsourcen. Hier können private bzw. öffentliche Arbeitsvermittlungsagenturen, Werbeagenturen oder Personalberatungen eingesetzt werden. *Private Arbeitsvermittlungsagenturen* (z. B. Zeitarbeitsagenturen bzw. Personalleasingagenturen) unterstützen Unternehmen bei der Suche und der Auswahl von Experten, Führungskräften und Mitarbeitern für zeitliche begrenzte Projekte. Eine *öffentliche Personalvermittlungsagentur* ist die Bundesagentur für Arbeit. Sie vermittelt Führungskräfte und Mitarbeiter, die derzeit bzw. in absehbarer Zeit keine berufliche Tätigkeit ausüben. *Werbeagenturen* können für Unternehmen Personalwerbung schalten bzw. diese bei der Entwicklung von Kommunikationsstrategien und -auftritten im Rahmen der Personalgewinnung unterstützen. Eine zentrale Aufgabe dieser Agenturen liegt in der Beratung hinsichtlich der Gestaltung und des Einsatzes verschiedener Kommunikationsinstrumente. *Personalberatungsunternehmen* werden im Rahmen der Personalgewinnung eingesetzt, um für vakante Führungspositionen Fach- und Führungskräfte mit spezifischen Qualifikationen bzw. Erfahrungen zu rekrutieren. Handelt es sich dabei um Personen, die bereits in einem anderen Unternehmen beschäftigt sind, spricht man von Abwerbung.

Der Einsatz externer Dienstleister im Rahmen der Personalgewinnungskommunikation kann insbesondere folgende Vorteile haben:

- Überbrücken fehlender Netzwerke bzw. eines fehlenden Zugangs zu spezifischen Arbeitsmarktsegmenten,

- Nutzen der fachlichen Expertise professioneller Personaldienstleister auf dem Gebiet der Personalgewinnung,

- Erhöhen der Anonymität und der Neutralität der Personalgewinnungsaktivitäten durch externe Personaldienstleister sowie

- Ausgleichen fehlender Ressourcen und Kapazitäten im Unternehmen durch den Einkauf von Personaldienstleistungen.

Diesen Vorteilen steht eine Reihe von Nachteilen gegenüber. Beispielhaft sind erhöhte Kosten für die Personalgewinnung zu nennen. Darüber hinaus ist es für Unternehmen vielfach schwierig, die Qualität professioneller Personaldienstleister einzuschätzen. Zudem können Probleme auftreten, wenn bei potenziellen Bewerbern der Eindruck entsteht, nicht mit dem Unternehmen direkt in Kontakt treten zu können. Schließlich birgt die Abwerbung durch Personalberatungsunternehmen ein gewisses rechtliches Risiko. Insert 4.4 greift zentrale gesetzliche Regelungen hinsichtlich der Abwerbung von Führungskräften und Mitarbeitern auf.

Insert 4.4:   Rechtliche Regelungen zur Abwerbung von Führungskräften und Mitarbeitern (vgl. Uher 2002)

Abwerbung – eine spezielle Form der Personalgewinnung?

Die Abwerbung von Mitarbeitern durch Dritte ist grundsätzlich zulässig. Rechtliche Probleme können sich aber unter besonders verwerflichen Umständen ergeben. Nicht erlaubt ist die Abwerbung eines Mitarbeiters des Unternehmens, in dem man selbst beschäftigt ist. Grundsätzlich ist die Abwerbung von Mitarbeitern durch Konkurrenzunternehmen oder so genannte Headhunter erlaubt, und zwar auch dann, wenn die Abwerbung planmäßig geschieht.

Erst bei Hinzutreten besonderer Umstände wird die Abwerbung unzulässig. Dies ist zum Beispiel der Fall, wenn mit der Abwerbung ein verwerflicher Zweck verfolgt

Abwerbungsversuche durch eigene Mitarbeiter während des laufenden Arbeitsverhältnisses sind grundsätzlich unzulässig. Vorausgesetzt wird jedoch ein nachhaltiges, auf eine Kündigung und anschließende Einstellung in einem anderen Unternehmen gerichtetes Einwirken. Bloße Gespräche unter Arbeitskollegen über einen beabsichtigten Stellenwechsel, selbst bei Hervorhebung der Vorteile des neuen Arbeitgebers, sind nicht treuwidrig.

Für Abwerbungsversuche durch ehemalige Mitarbeiter gegenüber früheren Arbeitskollegen gelten die Ausführungen zu den Abwerbungen durch Headhunter. So ist es nicht zu beanstanden, wenn ein frü-

wird oder bei der Abwerbung verwerfliche Mittel oder Methoden eingesetzt werden. Auch der massenhafte Einsatz durch viele Telefonanrufe, Werbeprämien usw. ist nicht rechtmäßig. Nachhaltige und wiederholte Abwerbungsversuche über einen geschäftlichen Telefonapparat können zudem wettbewerbswidrig sein. herer Arbeitskollege, der jetzt in einem Konkurrenzunternehmen tätig ist, bei seinem alten Arbeitgeber anruft, um sich mit einem gut bekannten leitenden Angestellten zu einer Besprechung zu verabreden, um dann einen Abwerbungsversuch zu unternehmen (OLG Frankfurt, DB 1978, 536).

4.4.2.5   Selektion geeigneter Kommunikationskanäle

Eng verknüpft mit der Entscheidung über den Formalisierungsgrad der Kommunikation ist die Auswahl geeigneter Kommunikationskanäle. Im Zusammenhang mit den Kommunikationskanälen ist zwischen persönlichen und medialen Kanälen zu unterscheiden. *Persönliche Kommunikationskanäle* zeichnen sich durch die unmittelbare Ansprache potenzieller Bewerber durch das Unternehmen bzw. von ihm beauftragte Personaldienstleister aus. Die Aktivitäten können sich von der Direktansprache interessanter Bewerber über Recruiting-Events bis hin zur Durchführung von Personal- und Absolventenmessen erstrecken. *Mediale Kommunikationskanäle* sind dadurch gekennzeichnet, dass eine indirekte, durch Medien vermittelte Ansprache potenzieller Bewerber erfolgt (Millar 2010). Häufig genutzte Medien sind in diesem Zusammenhang Printmedien (Zeitungen, Fachzeitschriften usw.) und das Internet (Unternehmenshomepage, Online-Stellenbörsen usw.).

Je nachdem, welches Kommunikationsziel verfolgt wird, sind bestimmte persönliche bzw. mediale Kommunikationskanäle besonders gut geeignet. Auf verschiedene Ziele der Kommunikation im Rahmen der Personalgewinnung wurde bereits in Abschnitt 4.4.2.1 eingegangen. Abbildung 4.7 zeigt, welche Kommunikationskanäle für welches Kommunikationsziel besonders geeignet sind.

Unter den medialen Kommunikationskanälen gewinnt das Internet für die Personalgewinnung zunehmend an Bedeutung. Im Jahre 2006 rekrutierten die in den USA als „Top-Arbeitgeber" identifizierten Unternehmen mehr als 50 Prozent ihrer Mitarbeiter über das Internet (vgl. Cober/Brown 2006). Zur internetgestützten Personalgewinnung können Unternehmen potenzielle Bewerber entweder über die eigene Homepage ansprechen oder ihre Stellenanzeigen in Online-Stellenbörsen einstellen.

Abbildung 4.7 Auswahl von Kommunikationskanälen in Abhängigkeit von dem Kommunikationsziel

Kommunikationskanal / Medial	Stellenanzeigen in ... ■ Printmedien: Zeitungen, Fachzeitschriften ■ Internet: Unternehmenshomepage, Online-Stellenbörsen ■ Ausschreibung in Intranet oder in Geschäftsräumen ■ TV, Kino, Radio, Plakate	■ Imagewerbung in Printmedien, TV, Kino, Radio, Internet ■ Sponsoring ■ Publikationen des Unternehmens
Persönlich	■ Praktika, Bachelor-, Master- bzw. Diplomarbeiten ■ Direktansprache interessanter Kandidaten aus unternehmenseigenem Talentepool ■ Hochschulkooperationen ■ Recruiting-Events ■ Weiterbildungsangebote ■ Vorträge, Unternehmens-, Berufsfeldpräsentationen ■ Personal- und Absolventenmessen	■ Wettbewerbe, Preise für Arbeiten an Schulen bzw. Universitäten ■ Spenden, Ausstattung von Kultur- und Bildungseinrichtungen ■ Betriebsbesichtigungen ■ Personal- und Absolventenmessen ■ Hochschulkooperationen
	Stellenbesetzung	Positionierung auf dem Arbeitsmarkt

Kommunikationsziel

Die zunehmende Nutzung *eigener Unternehmenshomepages* im Rahmen der Personalgewinnung ist durch die Entwicklung unterstützender Software für Online-Bewerbungen geprägt. Hierauf wird im Abschnitt 4.3.2 im Zusammenhang mit der Personalauswahl ausführlich eingegangen. Insert 4.5 zeigt, worauf Unternehmen achten sollten, wenn sie potenzielle Bewerber über eine eigene Homepage ansprechen wollen.

Ein weiteres wichtiges Instrument internetgestützter Personalgewinnung ist das Einstellen von Stellenangeboten in *Online-Stellenbörsen*. Dort können Bewerber mithilfe einer Schlagwortsuche die Angebote nach bestimmten Merkmalen (wie z. B. Berufsfeld, Branche, gewünschte Berufserfahrung) durchsuchen. Die bekanntesten deutschen Online-Stellenbörsen sind IngenieurKarriere, JobsInTown, JobScout24, JobWare, Monster, Stellenanzeigen.de sowie StepStone.

Insert 4.5: Erwartungen potenzieller Bewerber an die Gestaltung von
Unternehmenshomepages (vgl. Böcker 2005)

Transparente Personalauswahl

Junge Jobsucher in Deutschland erwarten von Arbeitgeberwebsites vor allem solide und gründliche Informationen über künftige Aufgaben, den Bewerbungsprozess und die Karrierechancen im Unternehmen. Das ist das Ergebnis einer aktuellen Untersuchung der Unternehmensberatung Potentialpark. Für den "Top Employer Web Benchmark" hat das in Stockholm ansässige Unternehmen rund 1.300 Studierende und Absolventen befragt. Auf dem Prüfstand standen die Internet-Karriereseiten von 129 Unternehmen. [...]

Der Studie zufolge wünschen sich Bewerber vor allem eine genaue Beschreibung des gewünschten Qualifikationsprofils. Dieses Kriterium halten rund 94 Prozent der Befragten für wichtig oder sehr wichtig. Eine fast gleiche Priorität räumen Studierende und Absolventen den Informationen zu den Kontaktpersonen im Unternehmen ein: Ebenfalls 94 Prozent wünschen sich einen Ansprechpartner, den sie per persönlicher E-Mail direkt erreichen können. Ähnlich viele der Befragten möchten über Einstiegsmöglichkeiten im Unternehmen möglichst genau informiert werden. Rund 85 Prozent wünschen sich Informationen über den Bewerbungsablauf selbst. Jobsuchende wollen nicht nur wissen, wann sie sich bewerben sollen, sondern auch wie lange das Bewerbungsverfahren dauert.

Nicht bewegte Bilder beeindrucken Bewerber, sondern für die Bewerbung und die Wahl des Arbeitgebers relevante Inhalte. "Wenn alle notwendigen Informationen auf der Karrierewebsite zu finden sind, kann sich ein Unternehmen an den "Wow-Effekt" machen", sagt Julia Wenner. Damit meint die Potentialpark-Beraterin den Versuch, mithilfe von Design, Layout, Bildern und Videos Bewerber für sich zu gewinnen. "Leider beginnen viele Unternehmen auf der Website mit diesem Effekt und widmen aufgrund von Ressourcenmangel dem Inhalt wenig Aufmerksamkeit", sagt Wenner.

[...] Studierende und Absolventen wünschen weiterhin, sich auch per E-Mail bewerben zu können. Wenner rät Unternehmen, den Rekrutierungsprozess nicht nur als Verwaltungsaufwand zu betrachten, sondern Rekrutierung als "Aufbau einer Beziehung" zu den Bewerbern zu verstehen.

Die Nutzung des Internet im Rahmen der Personalgewinnungskommunikation erfreut sich in der Unternehmenspraxis zunehmender Beliebtheit (vgl. u. a. Lee 2005). Allerdings ist zu beachten, dass den Chancen der Internetnutzung auch eine Reihe von Risiken gegenüberstehen. Tabelle 4.9 stellt die Chancen und die Risiken der internetgestützten Personalgewinnungskommunikation gegenüber.

Tabelle 4.9   Chancen und Risiken der internetgestützten Personalgewinnungs-
                    kommunikation

Chancen der internetgestützten Personalgewinnung	Risiken der internetgestützten Personalgewinnung
■ Möglichkeit der Ansprache einer relativ großen Zahl von Bewerbern ■ Geringere regionale Begrenzung der Stellenausschreibung als bei Printmedien ■ Vielfach deutlich geringere Kosten als bei Printmedien ■ Relativ flexible Anpassung der Stellenausschreibung an kurzfristig geänderte Rahmenbedingungen ■ Verbesserte Möglichkeiten zur gezielten Suche von Bewerbern über Schlagwortsuchen	■ Erhöhte Wahrscheinlichkeit von „Blindbewerbungen" aufgrund von leicht zugänglichen Stellenausschreibungen ■ Begrenzung der Reichweite von Stellenanzeigen auf relativ versierte Internetnutzer ■ Keine bzw. begrenzte Möglichkeit zur regionalen Eingrenzung der Internetanzeige

Trotz der umfassenden Chancen, die das Internet bei der Ansprache potenzieller Bewerber bietet, sollte im Rahmen der Personalgewinnungskommunikation eine gewisse Vielfalt an Medien eingesetzt werden. Dabei sollten Unternehmen insbesondere nicht auf persönliche Kommunikation verzichten, da diese von Bewerbern als besonders glaubwürdig wahrgenommen wird und frühzeitig eine persönliche Bindung aufbaut (Chapman et al. 2005).

Die zuvor dargestellten fünf Schritte zur Gestaltung der Kommunikation im Rahmen der Personalgewinnung bauen aufeinander auf und ermöglichen so, die Entwicklung eines in sich stimmigen und auf einzelne Zielgruppen zugeschnittenen Kommunikationskonzepts. Dadurch wird sichergestellt, dass die Personalgewinnungsstrategie effizient umgesetzt wird.

4.4.3   Personalauswahl

Sind vakante Stellen zu besetzten, folgt auf die Ansprache potenzieller Bewerber die Auswahl geeigneter Kandidaten. Im Folgenden werden zunächst verschiedene Instrumente zur Beurteilung der Eignung potenzieller Führungskräfte und Mitarbeiter vorgestellt (vgl. Abschnitt 4.4.3.1). In Abschnitt 4.4.3.2 wird schließlich aufgezeigt, wie im Rahmen des Personalauswahlprozesses geeignete Instrumente ausgewählt und miteinander kombiniert werden können (vgl. Leitfrage 7, Tabelle 4.1).

4.4.3.1   Instrumente der Personalauswahl

In Verbindung mit der Auswahl von Bewerbern hat sich in der Unternehmenspraxis ein relativ breites Spektrum an Instrumenten etabliert. An dieser Stelle kann nur ein kompakter Überblick über ausgewählte Instrumente geliefert werden. Für darüber hinaus gehende Erläuterungen zu Instrumenten der Auswahl von Bewerbern sei auf die Ausführungen von Schuler (2009) verwiesen.

Die Instrumente der Personalauswahl lassen sich danach unterscheiden, ob sie primär Aufschluss über Eigenschaften oder Verhaltensweisen von Bewerbern geben. *Eigenschaftsorientierte Instrumente* dienen der Erfassung zeitlich stabiler Merkmale von Bewerbern. *Verhaltensorientierte Instrumente* zielen darauf ab, die Verhaltensweisen von potenziellen Beschäftigten im Hinblick auf eine spätere Tätigkeit im Unternehmen zu antizipieren. Im Zusammenhang mit verhaltensorientierten Instrumenten der Personalauswahl werden zwei Gruppen unterschieden: biographisch orientierte und simulationsorientierte Instrumente. Übergreifenden Charakter weisen die Assessment-Center-Methode und das Multimodale Interview auf. Einen Überblick über ausgewählte Instrumente zur Personalauswahl liefert Abbildung 4.8.

Abbildung 4.8   Systematisierung ausgewählter Instrumente der Personalauswahl

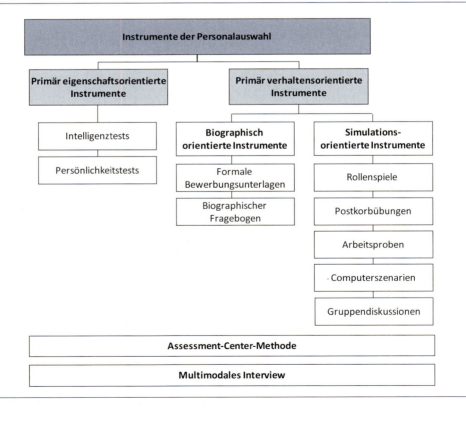

Primär eigenschaftsorientierte Instrumente der Personalauswahl

Eigenschaftsorientierte Instrumente zielen darauf ab, Informationen über zeitlich stabile Merkmale potenzieller Führungskräfte und Mitarbeiter zu erlangen und darauf aufbauend zu bestimmen, ob ein Bewerber für eine bestimmte Stelle geeignet ist. Im Mittelpunkt stehen dabei

- kognitive Fähigkeiten (wie z. B. Gedächtnisleistung, Einfallsreichtum, Bearbeitungsgeschwindigkeit) und

- Persönlichkeitsmerkmale (wie z. B. emotionale Stabilität, Selbstvertrauen).

Während kognitive Fähigkeiten über Leistungs- und Intelligenztests erfasst werden, werden Persönlichkeitsmerkmale über so genannte Persönlichkeitstests abgebildet. Die Bedeutung dieser beiden Testarten hat in der Unternehmenspraxis in den letzten Jahren stark zugenommen. Dabei zeichnen sich jedoch deutliche Unterschiede zwischen verschiedenen Ländern ab. Abbildung 4.9 stellt dar, inwieweit eigenschaftsorientierte Instrumente in verschiedenen europäischen Ländern genutzt werden.

Abbildung 4.9 Nutzung eigenschaftsorientierter Instrumente der Personalauswahl in verschiedenen Ländern (in Anlehnung an Schuler 2000a, S. 135)

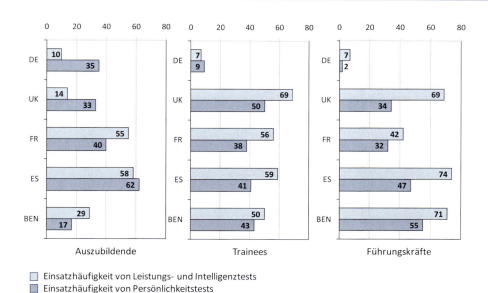

☐ Einsatzhäufigkeit von Leistungs- und Intelligenztests
☐ Einsatzhäufigkeit von Persönlichkeitstests

Anmerkungen: Stichprobe n = 191 Unternehmen; Ländercodes nach ISO 3166-2

Mit dem Einsatz eigenschaftsorientierter Instrumente der Personalauswahl werden in der Unternehmenspraxis weitgehend spezialisierte Personengruppen (insbesondere Psychologen) betraut (vgl. von Rosenstiel 2007, S. 150 f.). Aus diesem Grund soll in diesem Abschnitt nur jeweils beispielhaft ein Test zur Erfassung der Intelligenz bzw. der Persönlichkeit in Grundzügen dargestellt werden. Für eine ausführliche Darstellung eigenschaftsorientierter Personalauswahlinstrumente sei auf Schuler und Höft (2006, S. 101 ff.) verwiesen.

Intelligenztests zielen darauf ab, die kognitiven Fähigkeiten einer Person zu erfassen. In der Literatur werden die Begriffe kognitive Fähigkeiten und Intelligenz vielfach synonym verwendet (vgl. Schuler/Höft 2006, S. 104).

Kognitive Fähigkeiten (Intelligenz)	Qualität und Geschwindigkeit der Lösung neuartiger (also nicht routinebestimmter) Aufgaben (vgl. Schuler/Höft 2006, S. 105).

Die verschiedenen Testverfahren versuchen in der Regel, verschiedene Facetten der Intelligenz zu erfassen. Alternativ kann ein Faktor der Allgemeinen Intelligenz, d. h. ein Generalfaktor (g-Faktor) ermittelt werden. Das „Berliner Intelligenz-Strukturmodell (BIS)" von Jäger (1984) erfasst sowohl verschiedene Facetten der Intelligenz als auch die übergeordnete Intelligenz mithilfe eines einzigen Instruments.

Im Berliner Intelligenz-Strukturmodell wird die Intelligenzleistung einer Person über drei Komponenten erfasst: die operative Fähigkeitskomponente, die inhaltsbezogene Fähigkeitskomponente und die übergeordnete Intelligenzkomponente (als Allgemeine Intelligenz). Die operative Fähigkeitskomponente umfasst die Verarbeitungskapazität, den Einfallsreichtum, die Merkfähigkeit und die Bearbeitungsgeschwindigkeit einer Person. Die inhaltsgebundene Fähigkeitskomponente bildet sprachgebundenes Denken, zahlengebundenes Denken und anschauungsgebundenes Denken ab. Die Allgemeine Intelligenz wird als übergeordnetes Maß der operativen und der inhaltsgebundenen Fähigkeitskomponente (über Aggregation) gebildet.

Das Berliner Intelligenz-Strukturmodell umfasst 45 Subtests, welche zur Beurteilung der drei Fähigkeitskomponenten herangezogen werden. Diese Subtests dienen der Bestimmung der verschiedenen operativen bzw. inhaltsgebundenen Fähigkeitskomponenten sowie der Allgemeinen Intelligenz. Abbildung 4.10 veranschaulicht Auszüge aus dem Berliner Intelligenz-Strukturmodell.

Die zweite Gruppe eigenschaftsorientierter Instrumente der Personalauswahl bilden die *Persönlichkeitstests*. Zur Erfassung von Persönlichkeitsmerkmalen hat das Fünf-Faktoren-Modell der Persönlichkeit im Laufe des letzten Jahrzehnts eine „Hegemonialstellung" (Schuler/Höft 2006, S. 117) erlangt. In diesem Ansatz wird davon ausgegangen, dass sich die nicht-kognitive Persönlichkeitsstruktur eines Menschen im Kern durch fünf Faktoren beschreiben lässt (vgl. im Überblick Digman 1990; Golberg 1993): Extraversion, Neurotizismus, Verträglichkeit, Gewissenhaftigkeit und Offenheit für Erfahrungen.

Abbildung 4.10 Auszüge aus dem Berliner Intelligenz-Strukturmodell
(in Anlehnung an Jäger/Süß/Beauducel 1997)

Modifiziertes Beispiel aus dem Subtest „Rechnerische Fähigkeiten":
Ein Studierender geht mit einem Betrag von 50,- € in einen Computerladen. Dort kostet ein Memory Stick 21,30 €. Wie viele Memory Sticks kann er bezahlen und wie viel Geld behält er übrig?
Lösung: Er kann ___ Memory Sticks bezahlen und behält ___ € übrig.

Modifiziertes Beispiel aus dem Subtest „Zahlen-Symbol-Test":
Tragen Sie die den jeweiligen Zahlen zugeordneten Symbole in die unteren Kästchen ein. Lassen Sie kein Kästchen aus und halten Sie sich an die vorgegebene Reihenfolge. Arbeiten Sie so rasch wie möglich!

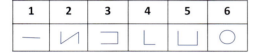

Basierend auf den Überlegungen in Verbindung mit dem Fünf-Faktoren-Ansatz wurde das Persönlichkeitsinventar NEO-PI-R entwickelt. Es hat sich inzwischen zu einem international anerkannten Instrument zur Erfassung der „Big5"-Persönlichkeitseigenschaften etabliert. Tabelle 4.10 stellt einige Aussagen aus der deutschen Version des NEO-PI-R dar (vgl. Ostendorf/Angleitner 2004). Zur Bewertung der Persönlichkeit werden die Befragten gebeten, die verschiedenen Aussagen im Hinblick auf ihre eigene Person (z. B. auf einer 5er-Skala von 1 = „stimme völlig zu" bis 5 = „stimme gar nicht zu") zu bewerten.

Tabelle 4.10 Auszug aus dem NEO-PI-R Persönlichkeitsinventar
(vgl. Ostendorf/Angleitner 2004)

Extraversion
Ich habe gerne viele Leute um mich herum.
Ich habe oft das Gefühl, vor Energie überzuschäumen.
Neurotizismus
Ich fühle mich anderen oft unterlegen.
Ich empfinde selten Furcht oder Angst. *(gedrehte Aussage)*
Verträglichkeit
Ich versuche, zu jedem, dem ich begegne, freundlich zu sein.
Manche Leute halten mich für selbstsüchtig und selbstgefällig. *(gedrehte Aussage)*

Gewissenhaftigkeit
Ich halte meine Sachen ordentlich und sauber.
Ich vertrödele eine Menge Zeit, bevor ich mit einer Arbeit beginne. *(gedrehte Aussage)*

Offenheit für Erfahrungen
Ich probiere oft neue und fremde Speisen aus.
Wenn ich Literatur lese oder ein Kunstwerk betrachte, empfinde ich manchmal ein Frösteln oder eine Welle der Begeisterung.

Neben der Erfassung der „Big-5"-Persönlichkeitseigenschaften werden in den letzten Jahren zunehmend Tests eingesetzt, um unternehmensschädliche Verhaltenstendenzen wie beispielsweise Neigung zu Mobbing oder Betrug zu identifizieren (vgl. Schuler 2008, S. 19). In diesem Zusammenhang sind Integritätstests von besonderer Bedeutung, welche die Vertrauenswürdigkeit von Bewerbern prüfen sollen (vgl. Marcus/Funke/Schuler 1997). Da in Deutschland die direkte Frage nach kontraproduktivem Verhalten (z. B. „Haben Sie schon einmal Ihren Arbeitgeber bestohlen?") verboten ist, werden hierzulande Persönlichkeitseigenschaften getestet, die solchem Verhalten zugrunde liegen (vgl. Frintrup/Schuler/Mussel 2004, S. 59). So umfasst das Persönlichkeitsinventar zur Integritätsabschätzung (PIA) neun verschiedene Dimensionen, wie beispielsweise Gelassenheit (d. h. die Tendenz zu überlegtem, nicht überstürztem Verhalten auch in kritischen Situationen), Gefahrenvermeidung (d. h. die Meidung gefährlicher und riskanter Situationen bzw. unnötigen Nervenkitzels) oder Friedfertigkeit (d. h. vermeidendes oder schlichtendes Verhalten in Konfliktsituationen) (vgl. Frintrup/Schuler/Mussel 2004, S. 59).

Biographisch orientierte Instrumente der Personalauswahl

Biographisch orientierte Instrumente basieren auf der Annahme, dass über biographische Merkmale im Lebenslauf einer Person Rückschlüsse auf deren zukünftige Verhaltensweisen gezogen werden können. Zu den wichtigsten biographisch orientierten Instrumenten zählen:

■ die Analyse der formalen Bewerbungsunterlagen sowie

■ der biographische Fragebogen.

Die *formalen Bewerbungsunterlagen* umfassen üblicherweise folgende Dokumente (vgl. Schuler/Marcus 2006, S. 193):

■ Lichtbild (im deutschsprachigen Raum),

■ Bewerbungsschreiben,

■ tabellarischer bzw. ausführlicher Lebenslauf,

■ Schul-, Ausbildungs- und Arbeitszeugnisse,

- Leistungsnachweise (Zertifikate),

- Anerkennungsschreiben,

- Arbeitsproben,

- Referenzen sowie

- gegebenenfalls Handschriftenproben.

Diese Unterlagen spiegeln die bisher erworbenen Qualifikationen (wie Schulabschluss, Sprachkenntnisse, EDV-Kenntnisse usw.) und die bisherigen Leistungen (z. B. Schul- und Studienleistungen) eines Bewerbers wider. Darüber hinaus enthalten sie Informationen darüber, inwieweit die Bewerber spezifische Anforderungen der zu besetzenden Stelle (z. B. im Hinblick auf Erfahrung oder Mobilität) erfüllen. Zuletzt können anhand der Qualität der Bewerbungsunterlagen (z. B. Einhaltung formeller Standards, Vollständigkeit) Rückschlüsse auf die Sorgfalt und Arbeitsweise eines Bewerbers gezogen werden (vgl. Schuler 2009, S. 123 f.).

Die strukturierte Analyse von Bewerbungsunterlagen liefert erste Anhaltspunkte für die fachliche und die persönliche Eignung eines Bewerbers. Tabelle 4.11 beinhaltet eine Checkliste zur Auswertung von Bewerbungsunterlagen.

Tabelle 4.11 Checkliste zur Auswertung von Bewerbungsunterlagen (modifizierter Fragenkatalog von Schuler 2000b, S. 80)

1. Formale Aspekte
Ist die Bewerbung ordentlich und übersichtlich angelegt?
Ist sie fehlerfrei und vollständig?
Sind Art und Umfang der Bewerbung der zu besetzenden Stelle angemessen?
2. Anschreiben und Lebenslauf
Sind Anschreiben und ausführlicher oder tabellarischer Lebenslauf enthalten?
Sind die verschiedenen Tätigkeiten lückenlos belegt?
3. Erforderliche Ausbildung
Welche Qualifikation weisen die Zeugnisse aus?
Welche Praktika wurden absolviert?
Wurde ein ausbildungsbedingter Auslandsaufenthalt absolviert?
4. Erforderliche Spezialkenntnisse
Welche Sprachkenntnisse liegen vor?

Welche EDV-Kenntnisse liegen vor?

Welche Zusatzausbildungen, Lehrgänge usw. wurden belegt?

5. Plausibilität des Stellenwechsels

Welche Positionen wurden in welcher Abfolge durch die Person wahrgenommen?

Ist der Arbeitgeberwechsel nachvollziehbar?

6. Schul- und Studienleistungen

Welche Fächer wurden in der schulischen Ausbildung belegt?

Wie ausgewogen sind die schulischen Leistungen des Bewerbers? (z. B. zwischen mathematischen und sprachlichen Fächern)

Welche Fächer(-kombinationen) wurden im Studium vertieft?

Welches Thema wurde in der Bachelor-, Master- bzw. Diplomarbeit behandelt?

7. Arbeitszeugnisse und Referenzen

Welche Tätigkeiten nahm der Bewerber bislang wahr?

Wie wurde die bisherige Arbeitsleistung bewertet?

Wie wurde der Bewerber als Person beurteilt?

8. Ergänzende anforderungsspezifische Aspekte

Welche Berufserfahrungen liegen bislang vor?

Welche Erfahrungen im Bereich der Mitarbeiterführung liegen bislang vor?

Wie mobil ist der Bewerber?

9. Offen gebliebene Fragen (werden für ggf. das Einstellungsinterview vorgemerkt)

Bei Arbeitszeugnissen ist zwischen einfachen Zeugnissen bzw. Arbeitsbescheinigungen und qualifizierten Zeugnissen zu unterscheiden. Während einfache Zeugnisse lediglich Angaben über Person, Dauer und Art der Beschäftigung enthalten, geben qualifizierte Arbeitszeugnisse darüber hinaus Auskunft über die erbrachten Leistungen, das Sozialverhalten sowie bei Führungskräften über das Führungsverhalten (vgl. Nicolai 2009, S. 90). Im Zusammenhang mit der Leistung werden üblicher Weise folgende Aspekte thematisiert (vgl. Nicolai 2009, S. 94):

■ Fachwissen,

■ Arbeitsbereitschaft,

■ Ausdauer und Belastbarkeit,

- Flexibilität und Aufgeschlossenheit,

- Zuverlässigkeit, Vertrauenswürdigkeit und Verantwortungsfähigkeit sowie

- Arbeitsweise und Arbeitserfolg.

Die Informationen in Arbeitszeugnissen müssen exakt, vollständig und wahrheitsgemäß sein; zudem müssen Zeugnisse wohlwollend formuliert sein (vgl. Nicolai 2009, S. 92). Hieraus ergibt sich im Rahmen der Personalauswahl oft eine gewisse Schwierigkeit, auf Basis von Arbeitszeugnissen Schlüsse auf die tatsächliche Leistung eines Bewerbers zu ziehen. Deshalb sollten die mit der Personalauswahl betrauten Personen die in der Zeugnissprache gebräuchlichen Formulierung und deren Bedeutung kennen. Tabelle 4.12 gibt einen Überblick über häufig genutzte Formulierungen und deren Aussagegehalt.

Tabelle 4.12   Gebräuchliche Formulierungen der Zeugnissprache und deren Bedeutung (vgl. Jung 2008, S. 795; Nicolai 2009, S. 97)

Formulierung	Bedeutung
Seine Leistungen haben in jeder Hinsicht unsere volle Anerkennung gefunden.	Er war ein sehr guter Mitarbeiter.
Er hat alle Aufgaben ordnungsgemäß erledigt.	Er ist ein Bürokrat und zeigt keine Eigeninitiative.
Er erledigte alle Arbeiten mit großem Fleiß und Interesse.	Er war zwar eifrig, aber nicht besonders tüchtig.
Mit seinen Vorgesetzten ist er gut zurecht gekommen.	Er war ein Ja-Sager und Mitläufer, der sich gut angepasst.
Wir lernten ihn als umgänglichen Menschen kennen.	Er ging vielen Mitarbeitern auf die Nerven; er war schlecht gelitten.
Er galt im Kollegenkreis als toleranter Mitarbeiter.	Den Vorgesetzten gegenüber war sein Verhalten mangelhaft.
Durch seine Geselligkeit trug er zur Verbesserung des Betriebsklimas bei.	Er neigt zu starkem Alkoholgenuss.
Wir bestätigen gerne, dass Herr X mit Fleiß, Ehrlichkeit und Pünktlichkeit an seine Aufgaben herangegangen ist.	Ihm fehlte die fachliche Kompetenz.
Er hat sich nach Kräften bemüht, die Leistungen zu erbringen, die wir an diesem Arbeitsplatz in der Regel erwarten.	Er hat guten Willen gezeigt, aber ungenügende Leistungen erbracht.
Er war ein nicht unbeliebter Vorgesetzter.	Sein Führungsverhalten war mäßig.
Seine Mitarbeiterführung war stets vorbildlich.	Er ist eine hervorragende Führungskraft.
Er war bei unseren Kunden sehr schnell beliebt.	Er machte sehr schnell Zugeständnisse.

Biographische Fragebögen stützen sich auf die Annahme, dass vergangenes Verhalten den besten Indikator für zukünftiges Verhalten darstellt. In biographischen Fragebögen werden Bewerber gebeten, erlebte Ereignisse darzulegen bzw. frühere Beschäftigungsverhältnisse mit der angestrebten Stelle in Verbindung zu bringen (vgl. Schuler/Marcus 2006, S. 198 f.). Beispielhafte biographische Fragestellungen sind:

- Welche Bücher/Fachaufsätze mit Relevanz für Ihre berufliche Tätigkeit haben Sie in den letzten sechs Monaten gelesen?

- Welche Weiterbildungsseminare haben Sie in den letzten zwei Jahren besucht?

- Welche ehrenamtlichen Tätigkeiten haben Sie innerhalb der letzten beiden Jahre wahrgenommen?

- Schildern Sie einen für Sie bedeutenden Konflikt im Arbeitskontext. Wie sind Sie damit umgegangen?

Simulationsorientierte Instrumente der Personalauswahl

Simulationsorientierte Instrumente versuchen, die spätere Tätigkeit einer Person möglichst real, z. B. durch Rollenspiele oder Computersimulationen, abzubilden. Dadurch soll vorhergesagt werden, wie sich diese Person später in realen Arbeitssituationen verhalten wird. Zur simulationsorientierten Personalauswahl steht eine Vielzahl von Instrumenten zur Verfügung. Für eine ausführliche Beschreibung und Bewertung gängiger Tests sei auf Spies und Plake (2005) verwiesen. An dieser Stelle soll lediglich ein kompakter Überblick über ausgewählte simulationsorientierte Instrumente gegeben werden. Diese sind in Tabelle 4.13 im Hinblick auf Vorgehensweise, jeweilige Anforderungen an die durchführenden Personen sowie Vor- und Nachteile gegenüber gestellt.

Tabelle 4.13 Ausgewählte simulationsorientierte Instrumente der Personalgewinnung im Überblick

	Simulationsorientierte Instrumente				
	Rollenspiele	*Postkorb-übungen*	*Arbeitsproben*	*Computer-simulationen*	*Gruppen-diskussionen*
Vorgehensweise	■ Simulation des Interaktionsverhaltens ■ Verteilung von Rollen (z. B. Kollegen, Mitarbeiter, Vorgesetzter, Kunde)	■ Simulation administrativer Tätigkeiten ohne Interaktion (u. a. Arbeitsorganisation, Arbeiten unter Zeitdruck, Aufgabenauswahl und -priorisierung)	■ Simulation von berufsrelevantem Verhalten in einer kontrollierten Situation (z. B. Programmieraufgaben für Programmierer)	■ Computergestützte Simulationen und Planspiele zur Erfassung Berufsbezogener (Management-) Fähigkeiten	■ Simulation des Interaktionsverhaltens in kleinen Gruppen ■ Diskussion zu einem vorgegebenen Thema oder einer Aufgabe ■ Problemlösung in der Gruppe
Anforderungen an anwendende Personen	*Durchführende Personen:* ■ Mehrere geschulte Beobachter bei interaktiven Rollenspielen ■ Personen ohne besondere Kenntnisse bei computergestützten standardisierten Rollenspielen	*Vorbereitende Personen:* ■ Kenntnisse der getesteten Tätigkeiten *Durchführende Personen:* ■ keine besonderen (z. B. psychologischen) Vorkenntnisse beim Einsatz standardisierter Tests	*Vorbereitende Personen:* ■ Kenntnisse der getesteten Tätigkeiten *Durchführende Personen:* ■ keine besonderen (z. B. psychologischen) Vorkenntnisse	*Durchführende Personen:* ■ keine besonderen (z. B. psychologischen) Vorkenntnisse	*Vorbereitende Personen:* ■ ggf. Kenntnisse zum Thema der Gruppendiskussion *Durchführende Personen:* ■ mehrere geschulte Beobachter notwendig
Vorteile	■ Interaktivität ■ Motivationswirkung auf Beteiligte	■ Direkter Bezug zum Arbeitsverhalten ■ Relativ einfache Auswertung	■ Testen tatsächlicher Leistungen ■ Hohe Objektivität	■ Relativ einfache Anwendung und Auswertung ■ Hohe Objektivität	■ Beobachtung des tatsächlichen Verhaltens

Simulationsorientierte Instrumente					
	Rollenspiele	Postkorb-übungen	Arbeitsproben	Computer-simulationen	Gruppen-diskussionen
Nach-teile	■ Hohe Anforderun-gen an die Auswahl der Rollenspiele	■ Verzerrung durch Testsituation	■ Relativ hoher Aufwand für die Erstellung der Arbeits-vorlagen ■ Verzerrung durch die Testsituation	■ Begrenzte Relevanz der Testergebnis-se für später gezeigte Arbeits-leistung	■ Verzerrung durch Test-situation ■ Begrenzte Relevanz der Testergebnis-se für später gezeigte Arbeits-leistung

Die Assessment-Center-Methode

Die Assessment-Center-Methode zeichnet sich dadurch aus, dass mehrere Bewerber durch mehrere Beobachter in mehreren Übungen im Hinblick auf verschiedene Eigenschaften bzw. Fähigkeiten bewertet werden (vgl. Höft/Funke 2006, S. 162). Dabei werden in der Regel eigenschaftsorientierte, biographisch orientierte und simulationsorientierte Instrumente der Personalauswahl miteinander kombiniert (vgl. Fisseni/Fennekels 1995). Durch das relativ breite Spektrum angewendeter Instrumente können bewerbergruppen-spezifische Tests durchgeführt werden (vgl. Höft/Funke 2006, S. 162). Dadurch soll eine präzise Einschätzung der Eignung von Bewerbern für bestimmte Tätigkeiten erzielt werden (vgl. Becker 2009, S. 461, 464).

Das Ziel von Assessment-Centern ist es, ein möglichst umfassendes Bild aller für die späte-re Tätigkeit relevanten Merkmale eines Bewerbers zu erhalten. Dazu beurteilt ein Beobach-ter pro Übung ein bis zwei Bewerber, anschließend wechseln die Beobachter nach dem Rotationsprinzip (vgl. Höft/Funke 2006, S. 167 f.). Dabei ist es wichtig, dass eindeutig fest-gelegt und den Durchführenden bewusst ist, mit welchem Instrument welche Eigenschaf-ten bzw. Fähigkeiten erfasst werden sollen (vgl Höft/Funke 2006, S. 165 ff.). Durch den Einsatz mehrerer Beurteiler und verschiedener Übungen sollen die Ergebnisse eines Assessment-Centers möglichst objektiv und aussagekräftig sein. Gleichzeitig ist damit jedoch ein hoher personeller und zeitlicher Aufwand verbunden, der den Einsatz dieses Instruments der Personalauswahl im Vergleich zu anderen Instrumenten wesentlich teurer macht.

In den vergangenen Jahren hat sich die Nutzung der Assessment-Center-Methode in der Unternehmenspraxis erheblich verändert. Wurde sie aufgrund des hohen Aufwands zu-nächst vor allem zur Auswahl von Führungskräften eingesetzt, kommt sie heute verstärkt auch zur Auswahl von Fachkräften ohne Führungsverantwortung zum Einsatz. Zudem haben sich die inhaltlichen Schwerpunkte verschoben: Heute werden zunehmend zwi-schenmenschliche und kundenbezogene Einstellungen bzw. Fähigkeiten (z. B. Teamfähigkeit oder Kundenorientierung) sowie Werthaltungen (z. B. Erwartungen an den Arbeitgeber) gemessen. Dies hat auch zu einer Verschiebung bezüglich der am häufigsten eingesetzten Übungen bzw. Aufgaben geführt; insbesondere eigenschaftsorientierte Instrumente sind heute wesentlich häufiger Teil von Assessment-Centern (vgl. Abbildung 4.11). Schließlich werden immer häufiger Informationstechnologien bei der Durchführung und der Auswertung von Assessment-Centern genutzt (vgl. Domke 2008; Lievens/Thornton 2007).

Die in der Unternehmenspraxis eingesetzten Assessment-Center weisen häufig erhebliche Schwächen auf (vgl. Höft/Funke 2006, S. 172). Um die Aussagekraft von Assessment-Centern zu erhöhen, werden folgende Maßnahmen empfohlen (vgl. Thornton et al. 2007, S. 187 f.):

- Entwicklung der Assessment-Center entsprechend ihres Verwendungszwecks,

- Verkürzung der Assessment-Center, soweit dies ohne Informationsverluste möglich ist,

- Vermeidung der Doppelerfassung von Informationen durch Nutzung bereits vorliegender Informationen (z. B. aus den Bewerbungsunterlagen),

- Erhöhung der Standardisierung durch vergleichbare Bedingungen für alle Bewerber,

- Anreicherung durch strukturierte Interviews und Tests,

- Integration realistischer Informationen über die spätere Tätigkeit, die eine Selbstselektion ermöglichen,

- Hinzuziehung von Psychologen als Beobachter sowie

- Schulung der Beobachter.

Abbildung 4.11   Die häufigsten in Assessment-Centern eingesetzten Instrumente 2001
und 2008 (Domke 2008, S. 8)

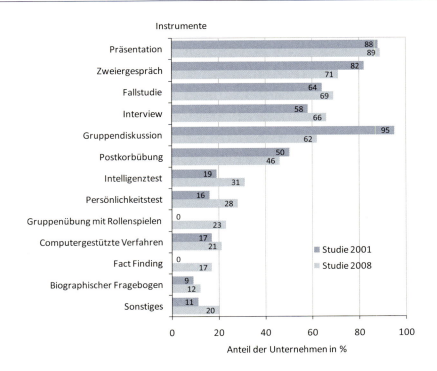

Anmerkungen: n = 233 deutsche Unternehmen (inkl. Dax-100); Mehrfachnennungen möglich

Das Multimodale Interview[1]

Das Multimodale Interview gehört zur Gruppe der strukturierten Einstellungsinterviews
bzw. Vorstellungsgespräche. Unter einem Einstellungsinterview versteht man ein Gespräch zwischen einem oder mehreren Vertretern eines Unternehmens einerseits und
einem Bewerber andererseits, das eine Gelegenheit bieten soll, bewerbungsrelevante per-
sonen-, arbeits- und unternehmensbezogene Informationen auszutauschen (vgl. Mar-
cus/Schuler 2006, S. 209). Damit erfüllt ein Einstellungsinterview insbesondere folgende
Funktionen (vgl. Schuler 2002, S. 2 ff.):

- persönliches Kennenlernen von Bewerbern und potenziellen Vorgesetzten bzw. Kollegen,

- Abschätzen der gegenseitigen Sympathie und des Zusammenpassens,

---

[1] Das Multimodale Interview MMI® ist international marken- und urheberrechtlich geschützt.

- Überprüfen bereits vorliegender Informationen über die Bewerber durch das Unternehmen,

- Abschätzen der Eignung der Bewerber durch das Unternehmen,

- Kennenlernen von Erwartungen und Bedürfnissen der Bewerber,

- Liefern von Informationen, die den Bewerbern als Grundlage für eine Selbstselektion dienen können, sowie

- gegebenenfalls Aushandeln eines konkreten Stellenangebots.

Frei geführte Einstellungsinterviews, die nicht vorab strukturiert und ohne einheitliche Bewertungsschemata durchgeführt werden, weisen eine Reihe von Mängeln auf (vgl. Schuler 2002, S. 188). Insbesondere haben die Fragen häufig nur einen geringen Bezug zur Tätigkeit, der Interviewer hat den größten Gesprächsanteil, die Beurteilung durch den Interviewer erfolgt meist auf Basis der ersten Eindrücke während des Gesprächs und unterliegt emotionalen Einflüssen. Zudem werden negative Informationen häufig überbewertet.

Um diese Schwächen zu beheben, wurde das *Multimodale Interview* entwickelt (vgl. Schuler/Marcus 2006, S. 217). Es zeichnet sich dadurch aus, dass sowohl eigenschafts- als auch verhaltensorientierte Ansätze verwendet werden und das Gespräch einer klar vorgegebenen Struktur folgt. Dies soll sicherstellen, dass die Ergebnisse des Interviews weitgehend von der Person des Interviewers unabhängig sind (Schuler 2002, S. 188 ff.).

Abbildung 4.12   Struktur des Multimodalen Interviews (vgl. Schuler 2002, S. 191 ff.)

Gesprächsbeginn

Selbstvorstellung des Bewerbers

Freier Gesprächsteil

Berufsinteressen, Berufs- und Unternehmenswahl

Biographiebezogene Fragen

Realistische Tätigkeitsinformation

Situative Fragen

Gesprächsabschluss

Das Multimodale Interview dauert in der Regel zwischen 30 und 60 Minuten und ist in acht Phasen gegliedert (vgl. Abbildung 4.12). Die einzelnen Phasen umfassen dabei:

1. *Gesprächsbeginn*: In diesem ersten Teil leitet der Interviewer aus einem kurzen informellen Gespräch in das eigentliche Interview über. Ziel dieser Phase ist es, eine offene, freundlich gestimmte Atmosphäre zu schaffen und den Bewerber über den Ablauf zu informieren. In dieser Phase soll keine Beurteilung vorgenommen werden.

2. *Selbstvorstellung des Bewerbers*: Hier berichtet der Bewerber in freier Form über seinen persönlichen und beruflichen Werdegang, seine derzeitige Situation und seine Erwartungen an die Zukunft. Die Aussagen des Bewerbers bewertet der Interviewer mit Blick auf die Anforderungen der in Frage kommenden Stelle.

3. *Freier Gesprächsteil*: In dieser Phase werden Fragen gestellt, die sich aus den Äußerungen oder Bewerbungsunterlagen des Bewerbers ergeben haben. Die Fragen sind eher offen, und die Antworten des Bewerbers werden am Ende des Gesprächs durch den Interviewer schriftlich zusammengefasst.

4. *Berufsinteressen, Berufs- und Unternehmenswahl*: Hier werden Fragen zu berufsbezogenen Interessen, Motiven und Hintergründen der Berufswahl gestellt. Außerdem wird der Bewerber um eine Selbsteinschätzung im Hinblick auf die Anforderungen der in Frage kommenden Stelle gebeten. Mit praxisbezogenen Kenntnisfragen kann darüber hinaus sein Fachwissen getestet werden. Zur Bewertung werden im Vorfeld des Gesprächs konzipierte Skalen verwendet (vgl. hierzu Abschnitt 8.5).

5. *Biographiebezogene Fragen*: Diese Fragen beziehen sich sowohl auf Eigenschaften als auch auf konkretes Verhalten, das der Bewerber in bestimmten beruflichen Situationen in der Vergangenheit gezeigt hat. Sie werden entsprechend der Anforderungen der Stelle formuliert oder einem Set bereits bestehender und geprüfter Fragen entnommen. Die Bewertung der Aussagen erfolgt ebenfalls anhand vorbereiteter Skalen.

6. *Realistische Tätigkeitsinformation*: In dieser Phase informiert der Interviewer über die Stelle, ihre Anforderungen und das Unternehmen. Im Fokus sollten insbesondere jene Aspekte stehen, die von besonderem Interesse für den Bewerber sind, wie beispielsweise das Arbeitsklima, die Interaktion zwischen Führungsperson und Mitarbeitern sowie Entwicklungsmöglichkeiten. Dabei ist auf eine wahrheitsgemäße, eventuell auch negative Aspekte umfassende Darstellung zu achten, um eine fundierte Selbstselektion zu ermöglichen. In dieser Phase wird keine Bewertung vorgenommen.

7. *Situative Fragen*: Nach einer knappen Schilderung erfolgskritischer Situationen aus dem Arbeitsalltag im Unternehmen wird der Bewerber gefragt, wie er sich jeweils verhalten hätte. Auch hier erfolgt die Bewertung anhand zuvor konzipierter Skalen.

8. *Gesprächsabschluss*: In dieser abschließenden Phase erhält der Bewerber noch einmal die Gelegenheit, Fragen zu stellen und Unklarheiten zu beseitigen. Am Ende des Gesprächs wird über das weitere Vorgehen und organisatorische Fragen informiert. Auch diese Phase wird nicht bewertet.

Tabelle 4.14 zeigt beispielhaft, welche Art von Fragen in unterschiedlichen Phasen des Multimodalen Interviews gestellt werden können. Die Darstellung konzentriert sich auf den freien Gesprächsteil, die Fragen zu Berufsinteressen, Berufs- und Unternehmenswahl, die biographiebezogenen sowie die situativen Fragen.

Tabelle 4.14 Beispielhafte Gesprächsinhalte ausgewählter Phasen des Multimodalen Interviews

Phase	Beispielhafte Inhalte
Freier Gesprächsteil	■ „Aus Ihren Bewerbungsunterlagen geht hervor, dass Sie nach dem Schulabschluss ein halbes Jahr pausiert haben. Was waren die Gründe für diese Auszeit?"
	■ „Sie sagten eben, dass Sie sich während Ihres Studiums besonders für Rechnungswesen und Controlling interessiert haben. Was hat Sie an diesen Fächern begeistert?"
Berufsinteressen, Berufs- und Unternehmenswahl	■ „Warum haben Sie sich für eine Ausbildung zum Mediengestalter entschieden?"
	■ „Was hat Sie dazu bewegt, bereits nach einem Jahr im Unternehmen xy den Arbeitgeber zu wechseln?"
	■ „Weshalb haben Sie sich dafür entschieden, sich bei unserem Unternehmen zu bewerben?"
Biographiebezogene Fragen	■ „Berichten Sie von einem Ihrer Projekte, bei dem der Endtermin erheblich überschritten wurde. Was haben Sie unternommen, um künftige Verzögerungen zu verhindern?"
	■ „Sie haben vor sechs Monaten die Führung eines neu gebildeten, fünfköpfigen Teams übernommen. Wie haben Sie das gegenseitige Kennenlernen gestaltet?"
Situative Fragen	■ „Stellen Sie sich vor, Sie sind Trainee in einer Firma mit drei Unternehmensbereichen. In Ihrem Anstellungsvertrag wurde schriftlich vereinbart, dass Sie während des Traineeprogramms jeweils vier Monate in jedem Unternehmensbereich beschäftigt sind. Nach Ablauf der ersten vier Monate erklärt ein Mitarbeiter der Personalabteilung, dass Sie nur zwei Unternehmensbereiche kennenlernen können, ohne Ihnen die Gründe zu nennen. Wie reagieren Sie?"
	■ „Sie leiten als Führungsperson eine Abteilung mit 20 Mitarbeitern. Eine Führungsperson aus einer anderen Abteilung berichtet Ihnen, dass Ihre Mitarbeiter in der Kantine über hohe Arbeitslast geklagt hätten. Was würden Sie tun?"

4.4.3.2   Gestaltung des Personalauswahlprozesses

Der letzte Schritt der Personalgewinnung, die Personalauswahl (vgl. Abbildung 4.4), erstreckt sich idealer Weise über drei Phasen. Dabei stellt der eigentliche Einsatz der Personalauswahlinstrumente nur einen vergleichsweise kleinen Teil dar. Die drei zentralen Phasen des Personalauswahlprozesses und deren zentrale Inhalte sind in Abbildung 4.13 im Überblick dargestellt (in Anlehnung an Höft/Funke 2006; Obermann 2009). Sie gelten sowohl für die externe als auch die interne Personalgewinnung.

Abbildung 4.13   Zentrale Phasen des Personalauswahlprozesses

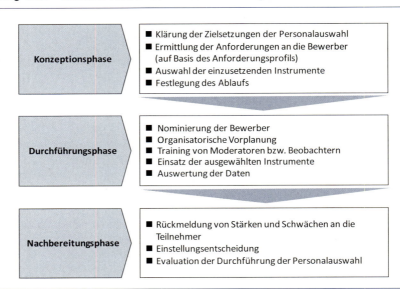

In der *Konzeptionsphase* ist zunächst zu klären, was die Ziele der Personalauswahl sind, d. h. wie viele Bewerber für welche Stellen ausgewählt werden sollen. Auf Basis der im Rahmen der Personalbedarfsplanung erstellten Anforderungsprofile (vgl. Abschnitt 3.4.2) werden dann die fachlichen und die sozialen Anforderungen ermittelt, welche die Bewerber für die jeweilige Stelle erfüllen müssen. Dabei kann zwischen so genannten K.O.-Kriterien und sonstigen Kriterien unterschieden werden. K.O.-Kriterien sind Mindestanforderungen, die ein Bewerber unbedingt erfüllen muss, und die nicht durch ein anderes Merkmal kompensiert werden können. So kann beispielsweise mindestens die mittlere Reife vorausgesetzt werden, um eine Ausbildungsstelle als Versicherungskaufmann zu erhalten. Für eine Führungsposition in einem international tätigen Unternehmen können dagegen Englischkenntnisse als K.O.-Kriterium herangezogen werden.

Ausgehend von den relevanten Eigenschaften und Fähigkeiten erfolgt in einem nächsten Schritt die Identifikation geeigneter Personalauswahlinstrumente. Folgende Kriterien sollten dabei berücksichtigt werden (vgl. Schuler 2002, S. 15 ff.):

- *Anforderungsbezug*: Die Auswahlinstrumente sollten einen klaren Bezug zu den stellenbezogenen Anforderungen aufweisen. So sollten beispielsweise simulationsorientierte Verfahren die späteren Arbeitsaufgaben realistisch nachbilden.

- *Objektivität*: Die Auswahlinstrumente sollten sicherstellen, dass die Ergebnisse eines Auswahlverfahrens vom Durchführenden bzw. Beurteilenden unabhängig sind. Die Objektivität sollte sowohl bei der Durchführung, der Auswertung als auch der Interpretation der Ergebnisse des Auswahlverfahrens gewährleistet sein.

- *Reliabilität*: Die Reliabilität der Auswahlinstrumente ist umso höher, je genauer die Ergebnisse eines Auswahlverfahrens sind. Im Fokus steht hierbei, inwieweit die Ergebnisse Messfehlern unterliegen, inwieweit sie über die Zeit hinweg stabil und mit den Ergebnissen anderer Verfahren, die dasselbe Konstrukt erfassen, identisch sind.

- *Validität*: Die Validität oder auch Gültigkeit eines Auswahlinstruments drückt aus, inwieweit die Schlüsse, die aus den Ergebnissen gezogen werden, angemessen und sinnvoll sind. Hierbei sind folgende Fragen relevant: Erfasst das Instrument das gewünschte Merkmal? Repräsentieren die Inhalte des Verfahrens die Tätigkeitsanforderungen? Sind die Ergebnisse ein zuverlässiger Indikator für die Eignung eines Bewerbers?

Die prognostische Validität eines Auswahlverfahrens, d. h. seine Eignung als Indikator für die spätere Arbeitsleistung, lässt sich numerisch ausdrücken. Bei einer Validität von 1 ist das Auswahlinstrument ein perfekter Indikator für die Leistung, liegt die Validität bei 0 besteht kein Zusammenhang zwischen den Ergebnissen eines Auswahlverfahrens und der späteren Arbeitsleistung. Tabelle 4.15 gibt einen Überblick über die metaanalytisch ermittelte prognostische Validität verschiedener Auswahlverfahren in Bezug auf die spätere Arbeitsleistung. Hier zeigt sich, dass Intelligenztests – unabhängig von der Art der zu besetzenden Stelle – mit .51 eine der höchsten Validitäten haben.

Sollen mehrere Auswahlinstrumente miteinander kombiniert werden, ist darauf zu achten, dass sie sich gegenseitig ergänzen und nicht redundant sind. Ein wichtiger Indikator hierfür ist der Validitätszuwachs, d. h. die Verbesserung der Prognose der späteren Arbeitsleistung, die der Einsatz eines weiteren Auswahlinstruments bringt. Ausgehend von der prognostischen Validität von Intelligenztests zeigt Tabelle 4.15, welchen zusätzlichen Nutzen der Einsatz eines weiteren Auswahlinstruments generiert. So steigt die ohnehin hohe Vorhersagekraft von Intelligenztests um 27 Prozent, wenn zusätzlich Integritätstests eingesetzt werden. Dagegen bringt die Kombination von Intelligenztests und den sehr kosten- und zeitaufwändigen Assessment-Centern im Durchschnitt lediglich 6 Prozent mehr Vorhersagekraft gegenüber dem alleinigen Einsatz von Intelligenztests. Solche Informationen sollten berücksichtigt werden, wenn überlegt wird, mehrere Instrumente der Personalauswahl parallel in einem Auswahlprozess einzusetzen.

Tabelle 4.15   Prognostische Validität verschiedener Auswahlinstrumente für die
                    Arbeitsleistung (vgl. Schmidt/Hunter 1998, S. 265)

Instrument	Validität	Prozentualer Validitätszuwachs gegenüber Intelligenztests
Intelligenztests	.51	-
Arbeitsproben	.54	24 %
Integritätstest	.41	27 %
Gewissenhaftigkeitstests	.31	18 %
Strukturierte Einstellungsinterviews	.51	24 %
Unstrukturierte Einstellungsinterviews	.38	8 %
Berufswissenstests	.48	14 %
Überprüfung von Referenzen	.26	12 %
Berufserfahrung in Jahren	.18	6 %
Erfassung biographischer Daten	.35	2 %
Assessment-Center	.37	4 %
Ausbildungsdauer in Jahren	.10	2 %
Interessentests	.10	2 %
Graphologische Gutachten	.02	0 %

Sind geeignete Auswahlinstrumente gewählt, kann der Ablauf des Auswahlprozess gestaltet werden. Hierbei sind folgende Aspekte zu beachten (vgl. Görlich/Schuler 2006, S. 828):

■ *Soziale Qualität (Akzeptabilität)*: Der Auswahlprozess sollte von den Bewerbern als akzeptabel und fair wahrgenommen werden. Dies kann sichergestellt werden, indem ihnen alle entscheidungsrelevanten Informationen über spätere Aufgabenbereiche und Arbeitsbedingungen sowie erfolgskritische Anforderungen gegeben werden. Zudem sollte der Auswahlprozess (d. h. der Ablauf, die Rolle der Beteiligten, die Erwartungen an die Bewerber, der Bewertungsprozess, die Bewertungsregeln usw.) für die Bewerber transparent gemacht werden. Dadurch können diese sich selbst realistisch einschätzen und die anschließende Entscheidung nachvollziehen. Ein weiterer Ansatzpunkt, um die soziale Qualität sicherzustellen, besteht darin, den Bewerbern ein Mindestmaß an Verhaltens- und Situationskontrolle zu gewährleisten. Schließlich sollten die Bewerber offene, konstruktive und verständliche Rückmeldung erhalten. Dies gilt sowohl für die Ergebnisse einzelner Auswahlverfahren als auch für die finale Personalentscheidung.

■ *Rechtliche Rahmenbedingungen*: Ein Auswahlinstrument sollte nur dann eingesetzt werden, wenn es allen rechtlichen Vorgaben entspricht. Dabei sind insbesondere Regelungen des allgemeinen Persönlichkeits- und des Arbeitsrechts relevant. Zudem sollten die Vorgaben der DIN-Norm 33430 eingehalten werden, die „Anforderungen an Verfahren und deren Einsatz bei berufsbezogenen Eignungsbeurteilungen" beschreibt (Kersting/Püttner 2006, S. 852 ff.). Einen Überblick über Regelungen, die für die Personalauswahl relevant sind, gibt Tabelle 4.16.

Tabelle 4.16 Rechtliche und freiwillige Regelungen zur Personalauswahl im Überblick (vgl. Kersting/Püttner 2006, S. 852 ff.)

Grundlage	Regelung
Art. 1 Abs. 1 GG, Art. 2 Abs. 1 GG	Allgemeines Persönlichkeitsrecht, woraus sich folgende Rechtsprechung ergibt: ■ Ein Unternehmen darf ausschließlich arbeitsplatzbezogene Merkmale eines Bewerbers erfassen (vgl. auch Abschnitt 4.1, DIN 33430); unzulässig sind Tests zur Erfassung des allgemeinen Intelligenzniveaus sowie Persönlichkeitstests, die nicht wissenschaftlich abgesichert sind. ■ Der Bewerber muss ausreichend über die zum Einsatz kommenden Auswahlinstrumente informiert werden und freiwillig zustimmen (vgl. auch Abschnitte 4.2.1 und 7.5, DIN 33430).
§§ 94, 95 BetrVG	Der Betriebsrat muss Auswahlverfahren vor ihrem Einsatz zustimmen.
§ 1 ff. AGG	Die Benachteiligung eines Bewerbers aufgrund der Rasse, der ethnischen Herkunft, des Geschlechts, der Religion oder der Weltanschauung, einer Behinderung, des Alters oder der sexuellen Identität ist verboten.
§ 95 SGB IX	Die Schwerbehindertenvertretung ist verpflichtet, eine Benachteiligung schwerbehinderter Bewerber bei der Personalauswahl zu verhindern.
§ 19 Abs. 1 BGleiG	Im öffentlichen Dienst sind Gleichstellungsbeauftragte bei der Personalauswahl zu beteiligen.
DIN 33430 (Auszüge)	■ Abschnitt 4.2: Das Auswahlverfahren sollte eine höchst mögliche Objektivität, Reliabilität und Validität gewährleisten. ■ Abschnitt 4.3: Das Auswahlverfahren sollte sorgfältig geplant werden, alle organisatorischen Aspekte (auch in Bezug auf die Auswertung und Entscheidungsfindung), sollten vorab festgelegt werden. ■ Abschnitt 7.1: Dem Auswahlprozess sollte eine Arbeits- und Anforderungsanalyse zugrunde liegen. ■ Abschnitt 7.2: Der Bewerber sollte ausreichend und wenn möglich vorab über die zu besetzende Stelle informiert werden.

■ *Kosteneffizienz*: Die mit der Konzeption, Durchführung und Auswertung von Auswahlverfahren verbundenen Kosten sollten in angemessenem Verhältnis zu ihrem Nutzen
stehen. Um den monetären Nutzen alternativer Auswahlverfahren zu bestimmen,
müssen folgende Größen berücksichtigt werden: die Selektionsquote (d. h. der Anteil
der ausgewählten Personen unter den Bewerbern), die Validität der alternativen Verfahren, die fixen und variablen Kosten ihres Einsatzes, die Anzahl der zu besetzenden
Stellen, das Ausmaß der Leistungsunterschiede zwischen einem ungeeigneten und einem besonders geeigneten Bewerber und des Nutzens, der sich bei Einstellung des
besser geeigneten Bewerbers für das Unternehmen ergibt, das fixe und das variable
Gehalt eines Beschäftigten auf der jeweiligen Stelle, die durchschnittliche Verweildauer
eines Beschäftigten im Unternehmen sowie der Kalkulationszinsfuß und der Steuer-
satz. Für eine ausführliche Darstellung der Berechnung des monetären Nutzens von
Auswahlverfahren sei auf Görlich und Schuler (2006, S. 806 ff.) verwiesen.

Da die meisten Anforderungsprofile vielfältige Kompetenzen umfassen, ist häufig der
Einsatz mehrerer Auswahlverfahren erforderlich. Diese können in einem *stufenweisen*
Auswahlprozess kombiniert werden (vgl. Görlich/Schuler 2006, S. 804). In einem ersten
Schritt erfolgt dabei eine Vorauswahl anhand von zuvor identifizierten K.O.-Kriterien.
Anschließend durchlaufen die übrig gebliebenen Bewerber weitere Auswahlverfahren,
wobei auch hier nach bestimmten Schritten auf Basis der Ergebnisse selektiert werden
kann. Ein Beispiel für einen stufenweisen Auswahlprozess in der Automobilbranche liefert
Insert 4.6.

Insert 4.6:   Stufenweiser Personalauswahlprozess in der Automobilbranche
                          (vgl. Schuler/Brandenburg 2003, S. 1 f.)

Personalauswahl für 48.000 Bewerber

Knapp 50.000 Bewerber hatten sich für das
Projekt 5.000 x 5.000 beworben. Voraussetzung war: Zur Produktion der Automo-
delle Touran und Microbus werden 5.000
ausschließlich arbeitslose oder von Arbeitslosigkeit bedrohte Bewerber eingestellt, die
über keinerlei Erfahrung im Automobilbau
verfügen müssen.

Die zentrale Herausforderung an die Personalauswahl bestand nun darin, aus dieser heterogenen Gruppe die talentiertesten
Automobilbauer zu identifizieren. [...] Die
Lösung war ein neuartiges, mehrstufiges
Auswahlsystem [...]: Zunächst entschied
eine internetbasierte Vorauswahl mit spe-

Dadurch konnten kostenintensive und
zeitaufwändige organisatorische Abläufe
wie die Sichtung von Bewerbungsunterlagen oder die Bereitstellung geeigneter
Räumlichkeiten vermieden werden. Die
erste Auswahlstufe war als „Negativ-
Selektion" angelegt: Ungeeignete Bewerber
sollten vom weiteren Prozess ausgeschlossen werden. Die endgültige Entscheidung über eine Einstellung („Positiv-
Selektion") blieb den nachgelagerten Diag-
nosestufen vorbehalten.

Die erfolgreichsten Bewerber der ersten
Auswahlstufe erhielten eine Einladung zur
nächsten Diagnosestufe [...]. Dort bearbei-

zifischen Leistungstests und Persönlichkeitsverfahren darüber, welche Bewerber zur Endauswahl vor Ort eingeladen wurden. Anschließend folgten webbasierte Tests in Jobzentren und eine umfangreiche Diagnose im Assessment-Center.

[…] Angesichts der hohen Attraktivität der neu zu schaffenden Arbeitsplätze war es notwendig, den üblichen Weg über schriftliche Bewerbungsunterlagen zu verlassen und stattdessen neue Wege zu beschreiten. Daher erfolgte die erste Kontaktaufnahme der Bewerber mit der Auto 5000 GmbH über das Internet. Über einen offenen Link, der auf der Homepage der Gesellschaft platziert wurde, gelangten die Bewerber zu einem Formular, in dem sie außer personenbezogenen Daten auch einen Lebenslauf hinterlegen mussten.

Fast 48.000 Bewerber nutzten diese Möglichkeit zur Registrierung. Anschließend folgten erste Testverfahren, die die Bewerber von zu Hause aus bearbeiteten.

teten sie unter Aufsicht eine umfangreiche Testbatterie. Diese Verfahren wurden wiederum webbasiert am Computer angeboten, was insbesondere den Aufwand der Auswertung, Ergebnisberechnung und Rückmeldung auf ein Minimum reduzierte.

Bewerber, die die zweite Auswahlstufe erfolgreich meisterten, erhielten die Einladung zu einem Assessment-Center […]. Hier standen vor allem interaktive Verfahren im Vordergrund, wie beispielsweise ein Bewerbungsgespräch in Form eines Multimodalen Interviews und Verhaltensbeobachtungen bei der Durchführung einer Arbeitsprobe.

[…] Die Besetzung des neuen Werks auf dem VW-Gelände in Wolfsburg mit über 3.500 neuen Mitarbeitern ist mittlerweile abgeschlossen. Seit März 2003 produzieren sie den Touran mit einer geplanten Jahresstückzahl von 180.000 Fahrzeugen.

Wie Insert 4.6 zeigt, werden stufenweise Auswahlprozesse vor allem eingesetzt, wenn eine große Zahl von Bewerbern zu bewältigen ist. Ziel ist es, die Personalauswahl möglichst effizient zu gestalten, indem kostengünstigere Auswahlverfahren zu Beginn für alle Bewerber durchgeführt werden. Eher aufwändige Verfahren werden dagegen gegen Ende des Auswahlprozesses eingesetzt, wenn die Bewerberzahl reduziert wurde. Vor diesem Hintergrund unterstützen biographisch orientierte Instrumente häufig die Vorauswahl von Bewerbern, da die erforderlichen Informationen entweder zu Beginn des Auswahlprozesses bereits vorliegen oder kostengünstig erhoben werden können.

Des Weiteren spielt im Rahmen der Vorauswahl das Internet eine immer wichtigere Rolle, weil biographische Informationen und vorhandene Qualifikationen kostengünstig erfasst sowie Auswahltests automatisiert durchgeführt werden können. Zudem verringert sich der Verwaltungsaufwand durch das Hochladen von Lebensläufen und anderen Bewerbungsunterlagen. Der Einsatz des Internets reduziert folglich Zeit- und Kostenaufwand im Personalgewinnungsprozess erheblich. Allerdings sind hiermit auch Gefahren verbunden, wie Insert 4.7 zeigt.

Insert 4.7:   Gefahren der Internetnutzung im Rahmen der Personalauswahl
                       (vgl. Baltzer 2008, S. C 5)

Virtuelles Paradies für Schummler

[...] Online-Tests für die Personalauswahl existieren seit etwa acht Jahren, einer Studie der Universität Hohenheim zufolge wollen sie ein Fünftel aller Unternehmen künftig verstärkt einsetzen. Dabei sind sie ein Paradies für Schummler. Auf bis zu 30 Prozent schätzt Julia Richter die „Mogelrate" in diesen Verfahren; jedes fünfte Unternehmen, das solche vor allem für die Auswahl von Hochschulabsolventen und Trainees entwickelten Tests einsetze, habe im weiteren Bewerbungsprozess schon Online-Schummler enttarnt. Drei Jahre lang hat die junge Psychologin aus Bochum für ihre Dissertation [...] nach Mitteln und Wegen gesucht, um Online-Tests gegen unsaubere Tricks zu impfen.

[...] Für Logik- und Leistungstests gibt es ihrer Forschung zufolge zwei wirksame Tricks gegen Trickser: Geschwindigkeit und Unordnung. So schlägt Richter [...] eine eng begrenzte Bearbeitungszeit vor. [...] Um der modernen Form der „Testknackerliteratur" zu begegnen, empfiehlt Richter einen Permutationsalgorithmus. Dieser Programmiererkniff ermöglicht eine zufällige, sozusagen unordentliche Auswahl aus einem großen Pool von Aufgaben – und bringt Kandidaten durcheinander, die sich mit Screenshots auf einen Online-Test vorbereitet haben.

[Auf das persönliche Gespräch] verzichte auch RWE nicht, betont der Unternehmenssprecher Harald Flechter. „Nur die Bewerbung und ein erster Test finden online statt. [...] Niemand wird sich allein auf diese Ergebnisse verlassen. Aber wer schon daran scheitert, ist aller Voraussicht nach nicht geeignet." Auch beim Konsumgüterkonzern Procter & Gamble folgen auf eine online durchgeführte Abfrage zu Lebenslauf und persönlichen Eigenschaften ein mit Papier und Bleistift in einer Niederlassung des Unternehmens zu lösender Multiple-Choice-Test [...] sowie mehrere Interviewrunden. Erst danach gibt es womöglich ein Angebot.

Solche Vorsichtsmaßnahmen hält Heinz Schuler selbst beim noch so optimierten Online-Test für unabdingbar. „Weder gefälschte Identitäten noch unerlaubte Hilfestellungen lassen sich im Internet ausschließen", warnt der Psychologie-Professor von der Uni Hohenheim. Die anfangs gravierenden technischen Schwierigkeiten habe man zwar mittlerweile im Griff, einige prinzipielle Nachteile des Bewerbermanagements und Personalmarketings im Internet bestünden aber fort. So führten diese zur Kostensenkung ersonnenen Techniken gerade erst zur Aufblähung der Bewerberzahlen und damit zu einem höheren Verwaltungsaufwand. „Außerdem bleibt das Bindungsproblem bestehen", sagt Schuler – als Fundament für eine langfristige Beziehung zu einem Unternehmen tauge auch heute noch nur die Begegnung mit einem Mitarbeiter aus Fleisch und Blut.

In den letzten Jahren wird das Internet von Unternehmen zunehmend auch genutzt, um die Inhalte der Bewerbungsunterlagen zu überprüfen oder Informationen über Bewerber zu erhalten, die diese bei der Bewerbung nicht offen gelegt haben. So informieren sich aktuell 28 Prozent der deutschen Unternehmen im Rahmen der Personalauswahl über ihre Bewerber im Internet, zumeist bevor die Entscheidung über eine Einladung zu einem Einstellungsinterview getroffen wird (vgl. dimap 2009, S. 1). Dabei können sich Informationen über Hobbies und soziales Engagement besonders positiv auswirken, während negative Äußerungen über bisherige Arbeitgeber oder Interessen, die nicht den Angaben in den Bewerbungsunterlagen entsprechen, die Wahrnehmung des Bewerbers verschlechtern (vgl. dimap 2009, S. 7 ff.). Als Informationsgrundlage werden überwiegend Inhalte genutzt, die direkt über eine Suchmaschine gefunden werden können, wie beispielweise die eigene Homepage eines Bewerbers oder Inhalte von Homepages bisheriger Arbeitgeber bzw. anderer Institutionen, in denen der Bewerber sich engagiert hat. Soziale Netzwerke wie Facebook oder StudiVZ, auf denen Personen sich selbst darstellen und persönliche Kontakte pflegen können, spielen dagegen noch eine untergeordnete Rolle. Lediglich 3 Prozent der Unternehmen in Deutschland nutzen derzeit Informationen aus solchen Seiten regelmäßig, um sich über Bewerber zu informieren (vgl. dimap 2009, S. 5). Dies mag darin begründet liegen, dass Unternehmen zunächst selbst ein Mitglied in diesen Netzwerken werden müssen, bevor sie Informationen über andere Mitglieder recherchieren können.

Die *Durchführungsphase* im Rahmen der Personalauswahl beginnt mit der Nominierung derjenigen Bewerber, die nach Abschluss der Vorauswahl zur Teilnahme am weiteren Auswahlprozess eingeladen werden. Steht die Zahl der Teilnehmer fest, muss der Auswahlprozess im Hinblick auf Verantwortlichkeiten, Zeit- und gegebenenfalls Raumbelegungspläne organisiert werden. Hier ist insbesondere zu entscheiden, wie die Aufgaben und die Entscheidungsbefugnisse im Rahmen der Personalauswahl zwischen Experten der Personalabteilung und den Führungskräften in der betroffenen Organisationseinheit aufgeteilt und inwieweit externe Experten hinzugezogen werden.

Bevor die eigentlichen Auswahlinstrumente zum Einsatz kommen, sollten alle Beteiligten eingewiesen und in deren Durchführung und Auswertung geschult werden. Im Anschluss an die Durchführung der Auswahlverfahren erfolgt deren Auswertung. Dabei sollten die Ergebnisse mit Blick auf die relevanten Eigenschaften und Fähigkeiten für die Entscheider sowie für die Rückmeldung an die Teilnehmer strukturiert aufbereitet werden.

Zu Beginn der *Nachbereitungsphase* können den Teilnehmern im Rahmen eines persönlichen Gesprächs ihre Stärken und Schwächen rückgemeldet werden. Anschließend wird auf Basis der Ergebnisse der eingesetzten Auswahlverfahren die Einstellungsentscheidung getroffen und diese an die Beteiligten kommuniziert. Zuletzt sollte der Personalauswahlprozess anhand der oben genannten Kriterien zur Qualität von Auswahlprozessen und -verfahren evaluiert werden, um gegebenenfalls Konsequenzen für zukünftige Auswahlprozesse zu ziehen.

Kontrollfragen

1. Was ist unter dem Begriff der Personalgewinnung zu verstehen, und welche Ziele verfolgen Unternehmen mit der Personalgewinnung?

2. Welche Strategien der Personalgewinnung können Unternehmen verfolgen? Erläutern Sie die verschiedenen Strategien im Hinblick auf

   a. die Zielgruppen der Personalgewinnung,

   b. den Fokus der Strategie sowie

   c. die damit verbundenen Chancen und Risiken.

3. Welche Schritte umfasst der Prozess des Employer Brandings? Erläutern Sie diese jeweils stichpunktartig.

4. Welches sind die primären Zielgruppen der Personalgewinnung?

5. Nennen Sie jeweils fünf Chancen und Risiken der internen Personalgewinnung.

6. Stellen Sie die Phasen des idealtypischen Personalgewinnungsprozesses dar. Erläutern Sie diese Phasen jeweils stichpunktartig.

7. Nach welchen Kriterien kann der Arbeitsmarkt segmentiert werden? Nennen Sie jeweils zwei Beispiele für die verschiedenen Kriterien.

8. Welche Schritte werden im Rahmen der Personalgewinnungskommunikation unterschieden? Erläutern Sie jeweils die Ziele sowie die Inhalte der einzelnen Schritte.

9. Stellen Sie die zentralen Instrumente der Personalauswahl dar. Unterscheiden Sie hier insbesondere zwischen eigenschaftsorientierten und verhaltensorientierten Instrumenten.

10. Stellen Sie die Grundidee der Assessment-Center-Methode dar. Nehmen Sie kritisch zu Grenzen dieser Methode Stellung.

11. Welche Phasen umfasst das Multimodale Interview? Erläutern Sie diese Phasen stichwortartig.

12. Stellen Sie die drei Phasen eines idealtypischen Personalauswahlprozesses kurz dar. Welche Kriterien sollten bei der Auswahl geeigneter Auswahlverfahren berücksichtigt werden?

Literatur

Backhaus, K./Tikoo, S. (2004), Conceptualizing and Researching Employer Branding, Career Development International, 9, 5, 501-517.

Baltzer, S. (2008), Virtuelles Paradies für Schummler, Frankfurter Allgemeine Zeitung, 50 (06./07.12.2008), C5.

Barber, L./Hayday, S./Bevan, S. (1999), From People to Profits – The HR Link in the Service-Profit-Chain, Institute for Employment Studies, Report 355.

BASF SE (2009), Karriere: Warum BASF?, URL: http://www.basf.com/group/corporate/de/careers/why-join-basf/index [23.02.2010].

Beane, T./Ennis, D. (1987), Market Segmentation: A Review, European Journal of Marketing, 21, 5, 20-42.

Becker, M. (2009), Personalentwicklung: Bildung, Förderung und Organisationsentwicklung in Theorie und Praxis, 5. Auflage, Stuttgart.

Berry, T./Bizjak, J./Lemmon, M./Naveen, L. (2006), Organizational Complexity and CEO Labor Markets: Evidence from Diversified Firms, Journal of Corporate Finance, 12, 4, 797-817.

Böcker, M. (2005), Transparente Personalauswahl: Arbeitgeberseiten im Internet auf dem Prüfstand, URL: http://www.welt.de/print-welt/article166683/Transparente_Personalauswahl.html [23.02.2010].

Breaugh, J./Starke, M. (2000), Research on Employee Recruitment: So Many Studies, so Many Remaining Questions, Journal of Management, 26, 3, 405-434.

Brennan, V. (2010), Navigating Social Media in the Business World, Licensing Journal, 30, 1, 8-12.

Bruhn, M. (2009), Kommunikationspolitik, 5. Auflage, München.

Brussig, M. (2007), Betriebliche Personalwirtschaft in einer alternden Erwerbsbevölkerung: Formen, Verbreitung und Ursachen, Zeitschrift für Management, 2, 2, 198-223.

Bühner, R. (2004), Personalmanagement, 3. Auflage, München.

Cable, D./Turban, D. (2003), The Value of Organizational Reputation in the Recruitment Context: A Brand-Equity Perspective, Journal of Applied Social Psychology, 33, 11, 2244-2266.

Chapman, D./Uggerslev, K./Carroll, S./Piasentin, K./Jones, D. (2005), Applicant Attraction to Organizations and Job Choice: A Meta-Analytic Review of the Correlates of Recruiting Outcomes, Journal of Applied Psychology, 90, 5, 928-944.

Chand, M./Katou, A. (2007), The Impact of HRM Practices on Organizational Performance in the Indian Hotel Industry, Employee Relations, 29, 6, 576-594.

Cober, R./Brown, D. (2006), Direct Employers Association Recruiting Trends Survey 2006, URL: http://www.jobcentral.com/DEsurvey.pdf [23.02.2010].

Collins, C./Han, J. (2004), Exploring Applicant Pool Quantity and Quality: The Effects of Early Recruitment Practices, Corporate Advertising and Firm Reputation, Personnel Psychology, 57, 3, 687-717.

Curth, M./Lang, B. (1990), Management der Personalbeurteilung, München.

Digman, J. (1990), Personality Structure: Emergence of the Five-Factor Model, Annual Review of Psychology, 41, 1, 417-440.

dimap (2009), Umfrage zu Haltung und Ausmaß der Internetnutzung von Unternehmen zur Vorauswahl bei Personalentscheidungen, URL: http://www.bmelv.de/cae/servlet/contentblob/641322/publicationFile/36231/InternetnutzungVorauswahlPersonalentscheidungen.pdf;jsessionid=3927B3ABB7A8A378AB786F1E0D39F865 [23.02.2010].

Domke, B. (2008), Keine Karriere ohne Assessment-Center, Havard Business Manager, 09/2008, 6-9.

Dütz, W. (2009), Arbeitsrecht, 14. Auflage, München.

Esch, F./Bräutigam, S. (2001), Corporate Brands versus Product Brands? Zum Management von Markenarchitekturen, Thexis – Zeitschrift für Marketing, 18, 4, 27-34.

Ewing, R./Govekar, M./Govekar, P./Rishi, M. (2002), Economics, Market Segmentation and Recruiting: Targeting Your Promotion to Volunteers' Needs, Journal of Nonprofit & Public Sector Marketing, 10, 1, 61-77.

Fisseni, H./Fennekels, G. (1995), Das Assessment-Center: Einführung für Praktiker, Göttingen.

Frank, R./Massy, W./Wind, Y. (1972), Market Segmentation, New York.

Frintrup, A./Schuler, H./Mussel, P. (2004), Gelegenheit macht Diebe? – Berufliche Integritätsdiagnostik mit PIA, Wirtschaftspsychologie aktuell, 4/2004, 58-61.

Fulmer, J./Gerhant, B./Scott, K. (2003), Are the 100 Best Better: An Empirical Investigation of the Relationship Between Being 'The Best Place to Work' and Firm Performance, Personnel Psychology, 56, 4, 965-993.

Gelbert, A./Inglsperger, A. (2008), Employer Branding als Wachstumshebel, in BBDO Consulting (Hrsg.), Insights 7, 15-48.

Gerum, E. (2007), Das deutsche Corporate Governance-System: Eine empirische Untersuchung, Stuttgart.

Golberg, L. (1993), The Structure of Phenotypic Personality Traits, American Psychologist, 48, 1, 26-34.

Görlich, Y./Schuler, H. (2006), Personalentscheidungen, Nutzen und Fairness, in: Schuler, H. (Hrsg.), Lehrbuch der Personalpsychologie, 2. Auflage, Göttingen, 797-840.

Grauel, R. (2007), Mitarbeiter verzweifelt gesucht!, Brandeins, 9, 1, 14-15.

Grobe, E. (2005), Summary zur Podiumsdiskussion Corporate Branding und Employer Branding als Herausforderung der strategischen Unternehmensführung: Was Marken- und Personalmanagement voneinander lernen können, in: Die Zeit (Hrsg.), Employer Branding 2005, Hamburg.

Hartmann, R. (2002), Die Firma – eine einmalige Marke, HR Today, 3/2002, 14-15.

Hewitt Associates (2005), Top Companies for Leaders Survey 2005, URL: http://www.hewitt associates.com/Intl/EU/en-GB/AboutHewitt/Newsroom/PressReleases/2005/15_sept_05.aspx [21.12.2006].

Hewitt Associates (2007), 2nd European HR Barometer: Trends and Perspectives on the Human Resouruce Function in Europe, Paris.

Höft, S./Funke, U. (2006), Simulationsorientierte Verfahren der Personalauswahl, in: Schuler, H. (Hrsg.), Lehrbuch der Personalpsychologie, 2. Auflage, Göttingen, 145-187.

Homburg, C./Krohmer, H. (2009), Marketing-Management: Strategie – Instrumente – Umsetzung – Unternehmensführung, 3. Auflage, Wiesbaden.

Hucht, M. (2008), Arbeitgeberrankings liegen im Trend: Wie nützlich sind eigentlich Arbeitgeberbewertungen?, Frankfurter Allgemeine Hochschulanzeiger, 99 (02.12.2008), 94.

Huf, S. (2007), Arbeitgeberattraktivität und Arbeitgeberrankings: Wer ist der attraktivste im Land?, Personalführung, 12/2007, 58-63.

Huson, M./Malatesta, P./Parrino, R. (2004), Managerial Succession and Firm Performance, Journal of Financial Economics, 74, 2, 237-275.

Jäger, A. (1984), Intelligenzstrukturforschung: Konkurrierende Modelle, neue Entwicklungen, Perspektiven, Psychologische Rundschau, 35, 21-35.

Jäger, A./Süß, H.-M./Beauducel, A. (1997), Berliner Intelligenzstruktur-Test (BIS, Form 4), Göttingen.

Jung, H. (2008), Personalwirtschaft, 8. Auflage, München.

Kaliprasad, M. (2006), The Human Factor I: Attracting, Retaining, and Motivating Capable People, Cost Engineering, 48, 6, 20-26.

Kaplan, A./Haenlein, M. (2010), Users of the world, unite! The challenges and opportunities of social media, Business Horizons, 53, 1, 59-68.

Katou, A./Budhwar, P. (2006), Human Resource Management Systems and Organizational Performance: A Test of a Mediating Model in the Greek Manufacturing Context, International Journal of Human Resource Management, 17, 7, 1223-1253.

Kersting, M./Püttner, I. (2006), Personalauswahl: Qualitätsstandards und rechtliche Aspekte, in: Schuler, H. (Hrsg.), Lehrbuch der Personalpsychologie, 2. Auflage, Göttingen, 841-861.

Klage, M. (2007), Vor der Haustür kehren, Markenartikel 9/2007, 84-86.

Klimecki, R./Gmür, M. (2001), Personalmanagement: Strategien, Erfolgsbeiträge, Entwicklungsperspektiven, 3. Auflage, Stuttgart.

Knox, S./Freeman, C. (2006), Measuring and Managing Employer Brand Image in the Service Industry, Journal of Marketing Management, 22, 7/8, 695-716.

Kotler, P./Keller, K. (2008), Marketing Management, 13. Auflage, Upper Saddle River, New Jersey.

Lee, I. (2005), Evaluation of Fortune 100 Companies Career Websites, Human Systems Management, 24, 2, 175-182.

Lievens, F./Thornton, G. (2007), Assessment Center-Forschung und -Anwendung: eine aktuelle Bestandsaufnahme, in: Schuler, H. (Hrsg.), Assessment Center zur Potenzialanalyse, Göttingen, 37-44.

Lufthansa AG (2009), Be-Lufthansa Jobs und Karriere: Was wir bieten, URL: http://www.be-lufthansa.com/jobs_und_karriere.html#/de/was-wir-bieten/unser-unternehmen/ [23.02.2010].

Marcus, B./Funke, U./Schuler, H. (1997), Integrity Tests als spezielle Gruppe eignungsdiagnostischer Verfahren: Literaturüberblick und metaanalytische Befunde zur Konstruktvalidität, Zeitschrift für Arbeits- und Organisationspsychologie, 41, 1, 2-17.

Marcus, B./Schuler, H. (2006), Leistungsbeurteilung, in: Schuler, H. (Hrsg.), Lehrbuch der Personalpsychologie, 2. Auflage, Göttingen, 433-469.

Meffert, H./Burmann, C./Koers, M. (2002), Stellenwert und Gegenstand des Markenmanagements, in: Meffert, H./Burmann, C./Koers, M. (Hrsg.), Markenmanagement: Grundfragen der identitätsorientierten Markenführung, Wiesbaden.

Mencken, F./Winfield, I. (1998), In Search of the "Right Stuff:" The Advantages and Disadvantages of Informal and Formal Recruiting Practices in External Labor Markets, American Journal of Economics & Sociology, 57, 2, 135-154.

Michaels, E./Handfield-Jones, H./Axelrod, B. (2001), The War for Talent, Boston/MA.

Millar, M. (2010), Internet Recruiting in the Cruise Industry, Journal of Human Resources in Hospitality & Tourism, 9, 1, 17-32.

Murphy, K./Zábojník, J. (2007), Managerial Capital and the Market for CEOs, Working Paper.

Naveen, L. (2006), Organizational Complexity and Succession Planning, Journal of Financial and Quantitative Analysis, 41, 3, 661-683.

Nicolai, C. (2009), Personalmanagement, 2. Auflage, Stuttgart.

Obermann, C. (2009), Assessment Center: Entwicklung, Durchführung, Trends, 4. Auflage, Wiesbaden.

Ostendorf, F./Angleitner, A. (2004), NEO-Persönlichkeitsinventar nach Costa and McCrae, Revidierte Fassung, Göttingen.

Petkovic, M. (2007), Employer Branding: Ein markenpolitischer Ansatz zur Schaffung von Präferenzen bei der Arbeitgeberwahl, München.

Polcher, A./Hus, C. (2008), Wer bietet mehr?, Frankfurter Allgemeine Zeitung, 50 (19.04.2008), S. C1.

PricewaterhouseCoopers (2007), Managing Mobility Matters 2006, URL: http://www.pwc.ch/ user_content/editor/files/publ_tls/pwc_managing_mobility_matters_e.pdf [23.02.2010].

Rafaeli, A./Hadomi, O./Simons, T. (2005), Recruiting Through Advertising or Employee Referrals: Costs, Yields, and the Effects of Geographic Focus, European Journal of Work and Organizational Psychology, 14, 4, 355-366.

Salomo, S. (2001), Wechsel der Spitzenführungskraft und Unternehmenserfolg, Berlin.

Schmidt, F./Hunter, J. (1998), The Validity and Utility of Selection Methods in Personnel Psychology: Practical and Theoretical Implications of 85 Years of Research Findings, Psychological Bulletin, 124, 2, 262-274.

Schuble, J./Masurat, S./Eicher, M. (2008), Employer Branding für den Mittelstand: Leitfaden zur Top-Arbeitgebermarke, URL: http://www.top-arbeitgebermarke.de/includes/File/intern/leitfaden-employer-branding.pdf [23.02.2010].

Schuler, H. (2000a), Personalauswahl im europäischen Vergleich, in: Regnet, E./Hofmann, L. (Hrsg.), Personalmanagement in Europa, Göttingen, 129-139.

Schuler, H. (2000b), Psychologische Personalauswahl, 3. Auflage, Göttingen.

Schuler, H. (2002), Das Einstellungsinterview, Göttingen.

Schuler, H. (2008), Das Bewusstsein für mehr Qualität schaffen, Personalwirtschaft 04/2008, 18-21.

Schuler, H. (2009), Auswahl von Mitarbeitern, in: von Rosenstiel, L./Regnet, E./Domsch, M. (Hrsg.), Führung von Mitarbeitern – Handbuch für erfolgreiches Personalmanagement, 6. Auflage, Stuttgart, 115-147.

Schuler, H./Brandenburg, T. (2003), Personalauswahl für 48.000 Bewerber, Personalmagazin, 9/2003, 1-4.

Schuler, H./Höft, S. (2006), Konstruktorientierte Verfahren der Personalauswahl, in: Schuler, H. (Hrsg.), Lehrbuch der Personalpsychologie, 2. Auflage, Göttingen, 101-144.

Schuler, H./Marcus, B. (2006), Biografieorientierte Verfahren der Personalauswahl, in: Schuler, H. (Hrsg.), Lehrbuch der Personalpsychologie, 2. Auflage, Göttingen, 189-230.

Singh, P./Finn, D. (2003), The Effects of Information Technology on Recruitment, Journal of Labor Research, 24, 3, 395-408.

Spies, R./Plake, B. (2005), The Sixteenth Mental Measurements Yearbook, Nebraska.

Stock-Homburg, R. (2008), Kundenorientiertes Personalmanagement als Schlüssel zur Kundenbindung, in: Bruhn, M./Homburg, C. (Hrsg.), Handbuch Kundenbindungsmanagement, 6. Auflage, Wiesbaden, 678-712.

Stock-Homburg, R./Schneider, M./Zepper, M./Bieling, G. (2008), Employer Branding in der Automobilindustrie am Beispiel der Adam Opel GmbH, Unveröffentlichtes Arbeitspapier, Darmstadt.

Stock-Homburg, R./Herrmann, L./Bieling, G. (2009), Erfolgsrelevanz der Personalmanagement-Systeme: Ein Überblick über 17 Jahre empirische Personalforschung, Die Unternehmung, 63, 1, 8-74.

Stüber, J. (2009), Facebook, Twitter & Co – So wird die Zukunft von Social Media aussehen, Welt Online (05.11.2009), URL: http://www.welt.de/webwelt/article5092278/So-wird-die-Zukunft-von-Social-Media-aussehen.html?page=2#vote_4982783 [23.03.2010].

Teufer, S. (1999), Die Bedeutung des Arbeitgeberimage bei der Arbeitgeberwahl, Wiesbaden.

Thomas, A. (2009), Mitarbeiterführung in interkulturellen Arbeitsgruppen, in: von Rosenstiel, L./Regnet, E./Domsch, M. (Hrsg.), Führung von Mitarbeitern – Handbuch für erfolgreiches Personalmanagement, 6. Auflage, Stuttgart, 466-483.

Thornton, G./Gaugler, B./Rosenthal, D./Bentson, C. (2007), Prädiktive Validität des Assessment Centers – Eine Metaanalyse, in: Schuler, H. (Hrsg), Assessment Center zur Potenzialanalyse, Göttingen, 171-191.

ThyssenKrupp AG (2006), Kommunikationsoffensive „Wir entwickeln die Zukunft für Sie", URL: http://www.thyssenkrupp.com/fr/00-01/index.html?id=29 [23.02.2010].

Trost, A. (2008), Employer Branding: Entwickeln einer Arbeitgebermarke, Arbeit und Arbeitsrecht, 3/2008, 136-140.

Tynan, A./Drayton, J. (1987), Market Segmentation, Journal of Marketing Management, 2, 3, 301-335.

Uher, S. (2002), Abwerbung von Mitarbeitern: Merkblatt der IHK für München und Oberbayern, URL: http://www.muenchen.ihk.de/internet/mike/ihk_geschaeftsfelder/recht/Anhaenge/ab werbmi.pdf [20.05.2007].

von Rosenstiel, L. (2007), Grundlagen der Organisationspsychologie, 6. Auflage, Stuttgart.

Waite, A. (2007), HR's Role in Audience Segmentation, Strategic HR Review, 6, 2, 16-19.

Weigert, M. (2010), Web 2.0 für Arbeitgeber, Harvard Business Manager, Februar 2010, 8-11.

Weuster, A. (2008), Personalauswahl: Anforderungsprofil, Bewerbergespräche, Vorauswahl und Vorstellungsgespräch, 2. Auflage, Wiesbaden.

Windolf, P. (1986), Recruitment, Selection, and Internal Labour Markets in Britain and Germany, Organization Studies, 7, 3, 235-254.

Wright, P./Gardner, T./Moynihan, L. (2003), The Impact of HR Practices on the Performance of Business Units, Human Resource Management Journal, 13, 3, 21-36.

Zimmermann, S. (2009), Intern versus extern – eine personalökonomische Analyse von Einflussfaktoren auf die Besetzung von Spitzenführungspositionen, Zeitschrift für Personalforschung, 23, 3, 195-218.

5 Gestaltung der Personalentwicklung

Lernziele

- Die Leser kennen die Ziele, die Chancen und die Risiken der Personalentwicklung.

- Die Leser überblicken die zentralen Konzepte der Ausbildung in Unternehmen.

- Die Leser überblicken die zentralen Methoden der Weiterbildung und können ihre Relevanz für die Unternehmenspraxis einordnen.

- Die Leser überblicken die zentralen Aspekte der Förderung von Führungskräften bzw. Mitarbeitern in Unternehmen.

5.1   Grundlagen der Personalentwicklung

Die steigende Dynamik des Umfeldes, in dem Unternehmen agieren, führt dazu, dass der Erfolg und die Überlebensfähigkeit von Unternehmen zunehmend von den Fähigkeiten der Beschäftigten abhängen. Aufgrund der zunehmenden Angleichung der angebotenen Leistungen werden qualifizierte Führungskräfte und Mitarbeiter insbesondere für die erfolgreiche Marktbearbeitung immer wichtiger (vgl. Steinkellner/Grünberger/Frankus 2006, S. 155). Darüber hinaus zeichnet sich ein Führungs- und Fachkräftemangel über alle Branchen hinweg ab (vgl. Mühlbradt/Schat 2005, S. 14). Die erschwerte Personalgewinnung hat zur Folge, dass Unternehmen sich verstärkt auf die Bindung (vgl. Wegner 2002, S. 1) und die Entwicklung von bereits beschäftigten Führungskräften und Mitarbeitern konzentrieren.

Um der strategischen Bedeutung der Personalentwicklung gerecht zu werden, orientieren sich Unternehmen bei der Formulierung der Personalentwicklungsziele in der Regel an der Unternehmensstrategie. So zeigt eine aktuelle Studie, dass etwa zwei Drittel der Unternehmen in Deutschland, Österreich und der Schweiz die Ziele und die Inhalte ihrer Personalentwicklungsaktivitäten aus der Unternehmensstrategie ableiten (vgl. Kienbaum 2008).

Parallel zu diesen Entwicklungen, welche die Bedeutung der Personalentwicklung für den Unternehmenserfolg erhöhen, ist festzustellen, dass Globalisierung und technologische Entwicklungen die Halbwertzeit des Wissens kontinuierlich verkürzen und lebenslanges Lernen unverzichtbar machen (vgl. Eder/Kailer 2005, S. 269). Abbildung 5.1 stellt die Wertentwicklung verschiedener Wissensarten im Zeitverlauf dar. Wie zu erkennen ist, veralten insbesondere das berufliche Fachwissen, das Technologiewissen und das EDV-Fachwissen sehr schnell, wenn sie im Rahmen der Personalentwicklung nicht regelmäßig aufgefrischt werden.

Abbildung 5.1   Halbwertzeit des Wissens für unterschiedliche Wissensarten
                     (vgl. Hungenberg/Wulf 2007, S. 312)

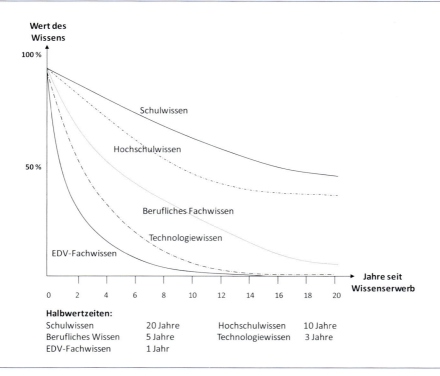

Halbwertzeiten:

Schulwissen	20 Jahre	Hochschulwissen	10 Jahre
Berufliches Wissen	5 Jahre	Technologiewissen	3 Jahre
EDV-Fachwissen	1 Jahr		

Im vorliegenden Kapitel soll sowohl auf die Entwicklung von Mitarbeitern als auch von Führungskräften eingegangen werden. Die systematische Gestaltung der Personalentwicklung erfordert die Auseinandersetzung mit einer Reihe von Fragen, die in Tabelle 5.1 dargelegt werden.

Tabelle 5.1   Zentrale Leitfragen zur Gestaltung der Personalentwicklung

Zentrale Leitfragen	Behandelt in ...
1. Was ist unter dem Begriff der Personalentwicklung zu verstehen?	Abschnitt 5.1.1
2. Was sind die Ziele, die Chancen und die Risiken der Personalentwicklung?	Abschnitt 5.1.2
3. Wie können Unternehmen die Ausbildung erfolgreich gestalten?	Abschnitt 5.2
4. Welche Methoden der Weiterbildung von Führungskräften bzw. Mitarbeitern werden in der Unternehmenspraxis eingesetzt?	Abschnitt 5.3

Zentrale Leitfragen	Behandelt in ...
5. Wie kann der Erfolg von Maßnahmen der Weiterbildung festgestellt werden?	Abschnitt 5.3.4
6. Was ist unter Förderung im Sinne einer Karriereplanung zu verstehen, welche Ziele verfolgt sie, und welche Karrierepfade in Unternehmen gibt es?	Abschnitt 5.4

5.1.1   Begriff der Personalentwicklung

Bevor im Folgenden auf die spezifische Ausgestaltung von Aktivitäten der Personalentwicklung in Unternehmen eingegangen wird, soll der Begriff der Personalentwicklung konkretisiert werden (vgl. Leitfrage 1, Tabelle 5.1). Personalentwicklung wird in der Literatur unterschiedlich weit definiert. Im Rahmen eines *engeren Verständnisses der Personalentwicklung* steht vorrangig die Bildung im Mittelpunkt (vgl. u. a. Jentjens 1997, S. 54).

Bildung   Vermittlung von Qualifikationen (insbesondere Einstellungen, Verhaltensweisen, Kenntnissen, Fähigkeiten) an Beschäftigte, die zur Erfüllung einer bestimmten Tätigkeit erforderlich sind (vgl. Mentzel 2008).

Ein *erweitertes Verständnis der Personalentwicklung* dagegen betrachtet neben der Bildung auch die Förderung von Führungskräften und Mitarbeitern. Bei der Förderung steht weniger die Qualifizierung von Führungskräften und Mitarbeitern, sondern vielmehr das Durchlaufen verschiedener Karrierestufen im Vordergrund (vgl. Mudra 2004, S. 303).

Förderung   Aktivitäten des Unternehmens, die auf die berufliche Entwicklung (insbesondere im Hinblick auf Karrierestufen) von Führungskräften und Mitarbeitern abzielen (in Anlehnung an Mentzel 2008).

Im Folgenden wird ein erweitertes Verständnis des Personalentwicklungsbegriffs zugrunde gelegt. Aufgrund ihrer hohen Bedeutung zur Sicherung der Wettbewerbsfähigkeit von Unternehmen (vgl. Steinkellner/Grünberger/Frankus 2006, S. 155) wandelt sich die Personalentwicklung immer mehr von einem reaktiven hin zu einem antizipativen Instrument des Personalmanagements. Die Aktivitäten der Personalentwicklung erfolgen also nicht ausschließlich reaktiv (im Sinne einer Nachqualifizierung). Vielmehr gehen Unternehmen zunehmend dazu über, die Maßnahmen der Personalentwicklung am zukünftigen Qualifikationsbedarf von Führungskräften und Mitarbeitern auszurichten (vgl. Steimer 2000). Unter dem Personalentwicklungsbegriff werden hier sowohl reaktive als auch antizipative Maßnahmen zur Bildung und Förderung von Führungskräften und Mitarbeitern zusammengefasst. Daraus ergibt sich folgendes Verständnis der Personalentwicklung:

Personal-entwicklung	Maßnahmen zur Vermittlung von Qualifikationen, welche die aktuellen und zukünftigen Leistungen von Führungskräften und Mitarbeitern steigern (Bildung), sowie Maßnahmen, welche die berufliche Entwicklung von Führungskräften und Mitarbeitern unterstützen (Förderung).

Nach einer aktuellen Studie mit mehr als 400 Personalverantwortlichen aus 40 Ländern liegt derzeit die größte personalbezogene Herausforderung für Unternehmen darin, die Fachkenntnisse der Beschäftigten rechtzeitig zu entwickeln, um die aktuellen oder zukünftigen geschäftlichen Anforderungen erfüllen zu können (vgl. IBM 2008). Wie die Befragungsergebnisse in Abbildung 5.2 erkennen lassen, fallen die wichtigsten personalbezogenen Probleme in den Bereich der Personalentwicklung.

Abbildung 5.2 Die Bedeutung der Personalentwicklung in der Unternehmenspraxis (IBM 2008, S. 20)

Anmerkungen: Stichprobe n = über 400 Personalverantwortliche aus 40 Ländern; Mehrfachnennungen möglich

Als zweitwichtigste personalbezogene Problematik wird in dieser Studie mangelnde Führungsqualität identifiziert. Entsprechend besteht in der Unternehmenspraxis derzeit besonders hoher Handlungsbedarf, durch Personalentwicklungsmaßnahmen die Kompetenzen und die Fähigkeiten von Führungskräften zu erhöhen. Wissenschaftliche Befunde zeigen, dass sich Führungskompetenzen zwar grundsätzlich entwickeln lassen (vgl. Neuberger 2002), jedoch in der Praxis oft nicht erfolgreich angewandt werden (vgl. Allio 2005). Dies rührt besonders daher, dass Führungskompetenzen nur bedingt vermittelt werden können, sondern selbst erlernt werden müssen (vgl. Allio 2005). Entsprechend ist bei der Konzeption von Entwicklungsmaßnahmen für Führungskräfte zu berücksichtigen, dass sie möglichst das selbstgesteuerte Lernen von gezielt ausgewählten Kompetenzen, wie beispielsweise Kommunikationstechniken, unterstützen. Die Führungskräfteentwicklung ist insbesondere aus folgenden Gründen von zentraler Bedeutung für Unternehmen (vgl. Seidel 1993, S. 248):

- Führungskräfte repräsentieren das Leitbild und die Kultur eines Unternehmens nach innen und nach außen. Sie nehmen somit eine Vorbildfunktion innerhalb des Unternehmens und eine Repräsentanzfunktion außerhalb des Unternehmens wahr.

- Führungskräfte fungieren als Entscheidungsträger und Meinungsbildner. Die Beeinflussung der Einstellungen und der Verhaltensweisen von Führungskräften im Rahmen der Personalentwicklung wirkt sich somit mittelbar auf die Einstellungen bzw. die Verhaltensweisen der geführten Mitarbeiter aus.

- Führungskräfte übernehmen als Coach oder Mentor Aufgaben im Bereich der Bildung und der Förderung von Mitarbeitern. Sie fungieren somit als Multiplikatoren der Personalentwicklung innerhalb des Unternehmens.

Aufbauend auf dem zuvor dargelegten Verständnis des Personalentwicklungsbegriffs systematisiert Abbildung 5.3 verschiedene Facetten der Personalentwicklung. Personalentwicklung kann sich auf die Bildung bzw. die Förderung von Führungskräften und Mitarbeitern konzentrieren. Im Zusammenhang mit der Bildung liegen die Schwerpunkte der Personalentwicklung auf der Ausbildung (Abschnitt 5.2) oder der Weiterbildung (Abschnitt 5.3). Im Bereich der Förderung kann sich die Personalentwicklung auf die Karriereplanung (Abschnitt 5.4) oder das Nachfolgemanagement konzentrieren. Die verschiedenen Methoden innerhalb der inhaltlichen Facetten der Personalentwicklung werden im Anschluss an diesen grundlegenden Abschnitt vertieft. Im Hinblick auf das Nachfolgemanagement sei an dieser Stelle auf die Ausführungen im Zusammenhang mit der Personalbedarfsplanung in Abschnitt 3.5 verwiesen.

Abbildung 5.3 Systematisierung der inhaltlichen Facetten der Personalentwicklung

```
                    ┌─────────────────────────────────────────────┐
                    │  Inhaltliche Facetten der Personalentwicklung │
                    └─────────────────────────────────────────────┘
                         │                            │
              ┌──────────────────┐         ┌──────────────────┐
              │     Bildung      │         │    Förderung     │
              └──────────────────┘         └──────────────────┘
                │          │                 │            │
        ┌───────────┐ ┌──────────────┐ ┌──────────────┐ ┌──────────────┐
        │ Ausbildung│ │Weiterbildung │ │Karriereplanung│ │  Nachfolge-  │
        └───────────┘ └──────────────┘ └──────────────┘ │  management   │
             │              │                            └──────────────┘
    ┌─────────────────┐ ┌──────────────────┐
    │Berufsausbildung │ │ Edukationsbasierte│
    │                 │ │     Methoden      │
    └─────────────────┘ └──────────────────┘
             │              │
    ┌─────────────────┐ ┌──────────────────┐
    │     Duales      │ │ Erfahrungsbasierte│
    │     Studium     │ │     Methoden      │
    └─────────────────┘ └──────────────────┘
             │              │
    ┌─────────────────┐ ┌──────────────────┐
    │ Trainee-Programm│ │  Feedbackbasierte │
    │                 │ │     Methoden      │
    └─────────────────┘ └──────────────────┘
```

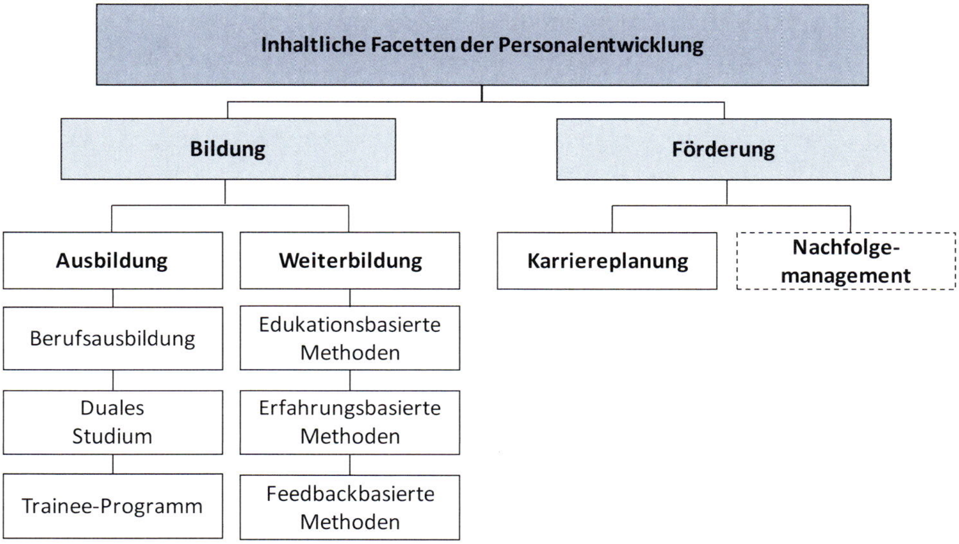

Anmerkung: gestrichelte Linie = Facette, die im vorliegenden Kapitel nicht vertiefend behandelt wird

Die Systematisierung in Abbildung 5.3 verdeutlicht, dass die Personalentwicklung Führungskräfte und Mitarbeiter während ihrer gesamten Zeit im Unternehmen begleitet. Vor diesem Hintergrund sollten die Personalentwicklungsmaßnahmen auf den individuellen betrieblichen Lebenszyklus der Beschäftigten abgestimmt sein (vgl. Graf 2008, S. 267). Man spricht in diesem Zusammenhang auch von einer *lebenszyklusorientierten Personalentwicklung* (vgl. Graf 2001). Ziel dieses Ansatzes ist es, bei der Auswahl und der Durchführung von Personalentwicklungsmaßnahmen die Lebens- und Karrierephase, in der sich eine Führungsperson bzw. ein Mitarbeiter derzeit befindet, zu berücksichtigen und so die Leistungsfähigkeit und die Motivation der Beschäftigten über die gesamte Beschäftigungsdauer hinweg zu erhalten (vgl. Graf 2008, S. 168).

Der *betriebliche Lebenszyklus* einer Person beschreibt die Entwicklung eines Beschäftigten vom Eintritt in das Unternehmen bis zum Austritt, umfasst also auch mögliche interne Stellenwechsel (vgl. Abschnitt 4.3). Er ist im Kern durch vier Phasen gekennzeichnet, die im Überblick in Abbildung 5.4 dargestellt sind. Ob und zu welchem Zeitpunkt die jeweiligen Phasen des betrieblichen Lebenszyklus erreicht werden, hängt von individuellen Merkmalen der Beschäftigten sowie den Rahmenbedingungen des Unternehmens ab und kann durch Personalentwicklungsmaßnahmen beeinflusst werden. Auch eine Rückkehr von einer späteren in eine frühere Phase ist möglich. Ziel der Personalentwicklung muss es folglich sein, Beschäftigte möglichst früh in eine Phase steigender Leistungen zu führen und möglichst lange in dieser Phase zu halten.

Die vier Phasen werden im Folgenden näher erläutert:

- In der *Phase der Einführung* durchlaufen die Beschäftigten den betrieblichen Sozialisationsprozess, d. h. sie lernen Abläufe und Strukturen kennen, bauen erste Bindungen zu Kollegen und Vorgesetzten auf und verinnerlichen die Unternehmenskultur (vgl. hierzu ausführlich Abschnitt 7.2.2). Geeignete Personalentwicklungsinstrumente in dieser Phase des betrieblichen Lebenszyklus sind beispielsweise Traineeprogramme (vgl. Abschnitt 5.2.3) oder Einarbeitungspläne (vgl. hierzu ausführlich Abschnitt 5.3.2.1).

- In der *Phase des Wachstums* entwickeln sich Führungskräfte und Mitarbeiter beruflich und persönlich weiter. Das Unternehmen kann sie dabei durch alle Methoden der Weiterbildung (vgl. Abschnitt 5.3) und der Förderung (vgl. Abschnitt 5.4) unterstützen.

- Unter Umständen können Beschäftigte in die *Phase der Reife* gelangen und ein Karriere- bzw. Leistungsplateau erreichen, d. h. eine Position inne haben, die keine Herausforderung oder Lernchance mehr für sie darstellt (vgl. Graf 2008, S. 275). Aufgabe der Personalentwicklung ist es dann, im Rahmen der Förderung (vgl. Abschnitt 5.4) mögliche interne Stellenwechsel zu identifizieren, die eine Weiterentwicklung des betroffenen Beschäftigten ermöglichen. Des Weiteren können Instrumente der Arbeitsstrukturierung wie Job Rotation oder Job Enlargement (vgl. hierzu ausführlich Abschnitt 5.3.2.1) in dieser Phase eingesetzt werden.

- Wenn Leistungen bzw. Fähigkeiten und Position bzw. Aufgaben nicht mehr zueinander passen, erreichen Führungskräfte bzw. Mitarbeiter die *Phase der Sättigung*, d. h. ihre Leistung nimmt allmählich ab. Aufgabe der Personalentwicklung ist es dann zu klären, aus welchen Gründen die geforderte Leistung nicht mehr erbracht wird (vgl. Graf 2008, S. 276). Ist innerhalb eines angemessenen Zeitrahmens keine Rückkehr in die Reifephase möglich, sollte im Rahmen der Förderung ein Stellenwechsel, eventuell auch die Übernahme einer Funktion mit weniger Verantwortung bzw. einem niedrigeren hierarchischen Niveau, also ein so genanntes Downward Movement, initiiert werden (vgl. Graf 2008, S. 276). Ist innerhalb des Unternehmens keine geeignete Stelle verfügbar, kann auch eine Freisetzung in Betracht gezogen werden. Die entsprechenden Maßnahmen werden in Kapitel 6 ausführlich dargelegt.

Abbildung 5.4   Phasen des betrieblichen Lebenszyklus
(in Anlehnung an Graf 2002, S. 27)

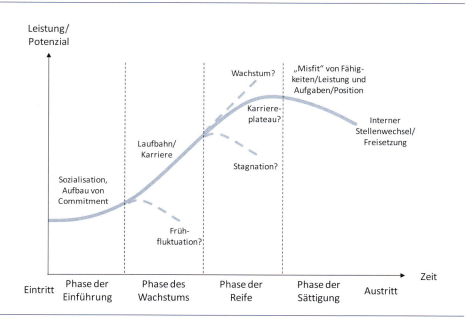

5.1.2   Ziele, Chancen und Risiken der Personalentwicklung

Durch Personalentwicklungsmaßnahmen können sowohl Ziele des Unternehmens als auch der Beschäftigten realisiert werden. Eine Gegenüberstellung möglicher Ziele der Personalentwicklung erfolgt in Tabelle 5.2 (in Anlehnung an Jung 2008, S. 252; Mudra 2004, S. 132 f.; Wegner 2002, S. 17).

Tabelle 5.2   Ziele der Personalentwicklung aus Sicht des Unternehmens und aus Sicht der Beschäftigten

Ziele der Personalentwicklung aus Sicht …	
… des Unternehmens	*… der Beschäftigten*
■ Steigern der Effizienz und der Effektivität von Führungskräften bzw. Mitarbeitern	■ Steigern der Motivation und der Arbeitszufriedenheit
■ Sichern des Bestandes an Führungskräften bzw. Mitarbeitern in qualitativer Hinsicht	■ Gewährleisten von Möglichkeiten zur Verbesserung persönlicher und fachlicher Qualifikationen

Ziele der Personalentwicklung aus Sicht …	
… des Unternehmens	*… der Beschäftigten*
■ Erhöhen der Anpassungsfähigkeit der Führungskräfte bzw. der Mitarbeiter hinsichtlich neuer Anforderungen ■ Erhöhen der Flexibilität im Personaleinsatz ■ Steigern der Attraktivität als Arbeitgeber auf dem Arbeitsmarkt ■ Steigern des Commitments, der Motivation und der Arbeitszufriedenheit von Führungskräften und Mitarbeitern	■ Schaffen von Möglichkeiten zur Selbstverwirklichung (z. B. durch Übernahme größerer Verantwortung und neuer/erweiterter Aufgaben) ■ Stabilisieren und Erhalten des eigenen Arbeitsplatzes ■ Steigern der individuellen Mobilität auf dem Arbeitsmarkt ■ Verbessern der Karriere- und Aufstiegsmöglichkeiten innerhalb und außerhalb des Unternehmens

In enger Verbindung mit den Zielen der Personalentwicklung stehen Chancen, welche hierdurch für Unternehmen eröffnet werden. Allerdings können mit der Personalentwicklung auch gewisse Risiken verbunden sein. Beispielhaft sei die Erhöhung der Attraktivität der Mitarbeiter für den externen Arbeitsmarkt und die dadurch bedingte erhöhte Gefahr der Abwerbung genannt. Die Chancen und die Risiken der Personalentwicklung sind in Tabelle 5.3 gegenübergestellt.

Tabelle 5.3   Chancen und Risiken der Personalentwicklung

Chancen der Personalentwicklung	Risiken der Personalentwicklung
■ Reduzieren der Kosten für Fehlentscheidungen aufgrund höherer Qualifikation der Beschäftigten ■ Reduzieren der Ausfallkosten aufgrund frühzeitiger Vorbereitung von Nachfolgern ■ Steigern der Produktivität durch bessere Ausschöpfung vorhandener Potenziale im Unternehmen ■ Steigern der Flexibilität und der Reaktionsfähigkeit des Unternehmens auf qualifikationsrelevante Herausforderungen ■ Vermindern von Kosten für Konflikte und Reibungsverluste zwischen Führungskräften und Mitarbeitern durch adäquat geschulte Führungskräfte ■ Steigern der Zufriedenheit und der Bindung der Beschäftigten an das Unternehmen aufgrund persönlicher/fachlicher Entwicklungsmöglichkeiten im Unternehmen	■ Schwere Quantifizierbarkeit des Erfolgs von Personalentwicklungsmaßnahmen ■ Erhöhen der Fluktuation aufgrund (durch Entwicklungsmaßnahmen) gestiegener Chancen von Führungskräften bzw. Mitarbeitern auf dem externen Arbeitsmarkt ■ Demotivieren von nicht in Entwicklungsmaßnahmen involvierten Führungskräften bzw. Mitarbeitern ■ Demotivieren überqualifizierter Führungskräfte bzw. Mitarbeiter bei Fehlen von Aufgaben, in denen die erworbenen Qualifikationen eingesetzt werden können

Eine nicht zu unterschätzende Nebenwirkung von Personalentwicklung ist eine dadurch bedingte Unterforderung, wenn keine entsprechend höher qualifizierten Tätigkeiten für die Person vorliegen. Unterforderung (underemployment) lässt sich daran erkennen, dass eine Person in Relation zu ihren Fähigkeiten unterbezahlt ist (underpayment; Feldman/Turnley 1995; Zvonkovic 1988). Darüber hinaus kann eine Diskrepanz zwischen Qualifikation und Tätigkeit (education-jobs gap) gegeben sein (Livinstone 1998). Beide Fälle begünstigen Langweile am Arbeitsplatz im Sinne einer regelmäßigen bzw. dauerhaften Unterbeschäftigung (Watt/Hargis 2010). Sowohl Unterforderung als auch wiedekehrende Langeweile können zum so genannten Boreout einer Person führen.

| *Boreout* | Reduziertes Aktivationsniveau und Desinteresse in Hinblick auf die Arbeitstätigkeit aufgrund von Langeweile bzw. Unterforderung (in Anlehnung an Rothlin/Werder 2007, S. 13). |

Um die Personalentwicklung an den Zielen des Unternehmens und den Bedürfnissen der Führungskräfte und Mitarbeiter auszurichten und so die Effizienz aller Personalentwicklungsaktivitäten sicherzustellen, können Unternehmen zwei unterschiedliche Ansätze verfolgen: Den Beschäftigten kann im Rahmen der Personalentwicklung eine eher passive oder eine eher proaktive Rolle zugewiesen werden. In Unternehmen, bei denen die Beschäftigten eine *passive Rolle* einnehmen, trägt das Unternehmen – insbesondere die Personalabteilung und die jeweils direkten Vorgesetzten – die Hauptverantwortung für die Bildung und die Förderung der Beschäftigten. Kommt den Beschäftigten dagegen eine *proaktive Rolle* zu, sind diese primär für ihre berufliche Weiterbildung und Entwicklung verantwortlich.

Tabelle 5.4 stellt die beiden Ansätze der Personalentwicklung einander gegenüber. Dabei ist anzumerken, dass in der Unternehmenspraxis zumeist Mischformen dieser beiden Konzepte existieren. So kann beispielsweise Führungskräften eine eher proaktive Rolle für ihre berufliche Weiterentwicklung zugewiesen werden, während Mitarbeiter ohne Führungsverantwortung eine passive Rolle einnehmen.

Tabelle 5.4   Gegenüberstellung von Personalentwicklung mit passiver bzw.
                         proaktiver Rolle der Beschäftigten

	Personalentwicklung mit passiver Rolle der Beschäftigten	Personalentwicklung mit proaktiver Rolle der Beschäftigten
Aufgaben seitens der Beschäftigten	■ An Personalentwicklungsmaßnahmen teilnehmen ■ Persönlichen Entwicklungsbedarf und -interesse reflektieren und offenlegen	■ Identifizieren von Stärken, Schwächen und Entwicklungspotenzialen ■ Über die Teilnahme an Personalentwicklungsmaßnahmen (in Abstimmung mit dem Vorgesetzten) entscheiden ■ An Personalentwicklungsmaßnahmen teilnehmen
Aufgaben seitens des Unternehmens (insbesondere der Vorgesetzten und der Personalabteilung)	■ Zukünftigen Personalentwicklungsbedarfs im Unternehmen identifizieren ■ Individuelle Stärken und Schwächen der Beschäftigten identifizieren ■ Karrierebezogene Entwicklungsmöglichkeiten für die Beschäftigten identifizieren ■ Über die Teilnahme an Personalentwicklungsmaßnahmen (in Abstimmung mit dem Beschäftigten) entscheiden	■ Die Beschäftigten bei der Identifikation von Stärken, Schwächen und Entwicklungspotenzialen unterstützen ■ Karrierebezogene Entwicklungsmöglichkeiten für die einzelnen Beschäftigten identifizieren ■ Die Beschäftigten hinsichtlich ihrer weiteren Bildung und Förderung beraten ■ Die Beschäftigten über Personalentwicklungsmaßnahmen informieren
Voraussetzungen	■ Keine spezifischen Voraussetzungen erforderlich	■ Übertragung von Entscheidungskompetenzen auf die Beschäftigten ■ Transparenz der Personalentwicklungsangebote für alle Beschäftigten
Chancen	■ Orientierung der Personalentwicklungsmaßnahmen exakt am Bedarf des Unternehmens ■ Vermeidung von Kosten für aus Unternehmenssicht nicht unbedingt erforderliche Personalentwicklungsmaßnahmen	■ Förderung von Eigeninitiative und Mitverantwortung der Beschäftigten ■ Orientierung der Personalentwicklung an den Bedürfnissen der Beschäftigten ■ Erhöhung der Motivation und der Zufriedenheit der Beschäftigten
Risiken	■ Mangelndes Know-how seitens des Unternehmens bzgl. des spezifischen Entwicklungsbedarfs in einzelnen Abteilungen bzw. einzelnen Tätigkeitsfeldern	■ Orientierung der Personalentwicklung an persönlichen Interessen der Beschäftigten statt am Bedarf des Unternehmens

Ein Unternehmen, das in der Personalentwicklung überwiegend auf eine proaktive Rolle der Beschäftigten setzt, ist die Deutsche Bank. Im Rahmen des Programms „In eigener Sache – Fit in die berufliche Zukunft", das die Deutsche Bank zusammen mit der Initiative für Beschäftigung entwickelt hat, werden Beschäftigte angehalten, ihre beruflichen Ziele sowie ihre Stärken und Schwächen regelmäßig zu reflektieren und gegebenenfalls entsprechende Entwicklungsmaßnahmen zu ergreifen. Dabei können sie auf ein vielfältiges Angebot von teils internetgestützten Personalentwicklungsinstrumenten zurückgreifen (vgl. Insert 5.1).

Insert 5.1: Personalentwicklung mit proaktiver Rolle der Beschäftigten bei der Deutschen Bank AG (Arbeitsgemeinschaft „In eigener Sache" 2005, S. 3 ff.)

Zukunftssicherung durch vorausschauende Kompetenzentwicklung

Uns allen ist bewusst, dass qualifizierte und leistungsbereite Menschen gerade in der modernen Wissensgesellschaft der nachhaltigste „Rohstoff" einer Volkswirtschaft sind. Berufliches Wissen und Können werden damit für den Einzelnen wie für die Unternehmen zum zentralen Wettbewerbsfaktor. [...]

Im Berufsleben steht jeder tagtäglich neuen Herausforderungen gegenüber. Gleichzeitig verändert sich die Arbeitswelt stetig [...]. Um Schritt halten zu können, muss sich jeder ein Leben lang weiterentwickeln. [...] Das Projekt „In eigner Sache" will dafür sensibilisieren, dass jeder Einzelne für seine berufliche Fitness verantwortlich ist.

Im Mittelpunkt des Projekts „In eigener Sache" steht ein Kanon branchenübergreifender Schlüsselkompetenzen, die für den Einzelnen verständlich und greifbar gemacht werden. [...] Er wird aufgefordert, Eigeninitiative zu entwickeln und für sich selbst Verantwortung zu übernehmen. [...]

www.in-eigener-sache.de bietet dem einzelnen Nutzer ganz unterschiedliche Möglichkeiten, die eigene Beschäftigungsfähigkeit auszubauen. Zur ersten situativen Bestandsaufnahme der aktuellen beruflichen Fitness dient ein Kompetenz-Test, der Merkmale der sozialen, persönlichen und methodischen Kompetenzen misst. Mithilfe eines Fremdeinschätzungstools kann sich der Teilnehmer im Kollegen- und Bekanntenkreis ein zusätzliches Feedback einholen. Das Testgutachten ist eine wichtige Entscheidungshilfe, in welchen Kompetenzfeldern der Teilnehmer sein Profil schärfen und entwickeln sollte. Leicht umsetzbare Handlungsempfehlungen ermöglichen es ihm, schnell aktiv zu werden und erste Erfolge zu verbuchen. Zusätzliche Hinweise führen in die Ratgeber-, Trainings- und Servicebereiche der Aktions-Plattform. [...] Bei Bedarf kann er zusätzlich ein telefonisches Kompetenz-Coaching oder spezielle Kompetenz-Workshops vor Ort nutzen. Ein Kompetenz-Pass dokumentiert sein persönliches Engagement und motiviert, nicht nur arbeitsmarktfit zu werden, sondern es auch zu bleiben.

5.2   Gestaltung der Ausbildung

Der vorliegende Abschnitt widmet sich der beruflichen Erstausbildung (vgl. Leitfrage 3, Tabelle 5.1). Es geht also um eine erstmalige Qualifikation zur Ausübung einer bestimmten beruflichen Tätigkeit.

Ausbildung	Vermittlung von Kenntnissen und Fähigkeiten, die zur Ausübung eines spezifischen Berufes erforderlich sind.

In diesem Abschnitt werden folgende Ausbildungskonzepte vertieft:

■ die Berufsausbildung im dualen System (Abschnitt 5.2.1),

■ das duale Studium (Abschnitt 5.2.2) sowie

■ das Trainee-Programm (Abschnitt 5.2.3).

Sowohl bei der Berufsausbildung im dualen System als auch beim dualen Studium findet die Ausbildung in zwei unterschiedlichen Institutionen, nämlich Unternehmen und Berufsschule bzw. (Fach-)Hochschule statt. Somit sind zwei Träger parallel für die Ausbildung verantwortlich, was den dualen Charakter dieser Ausbildungskonzepte ausmacht. Demgegenüber schließt die Ausbildung im Rahmen eines Trainee-Programms an ein Studium an und wird ausschließlich durch das Unternehmen gewährleistet.

5.2.1   Die Berufsausbildung im dualen System

Die Berufsausbildung im dualen System verfolgt im Kern zwei Zielsetzungen: die Vermittlung einer breit angelegten beruflichen Grundausbildung einerseits und den Erwerb der erforderlichen Berufserfahrung andererseits (vgl. § 1 Absatz 3 BBiG). Im dualen System werden rund 350 staatlich anerkannte Berufe ausgebildet, die durch das Berufsbildungsgesetz (BBiG) und die Handwerksordnung (HwO) geregelt sind (vgl. BMBF 2007, S. 1). Durch das BBiG erfolgt eine gewisse Normierung der Ausbildung dahingehend, dass Mindeststandards eingehalten werden.

Charakteristisch für das duale Ausbildungssystem ist das Zusammenwirken von Unternehmen und Berufsschulen. Beide fungieren als eigenständige Bildungsträger.

■ Die *Ausbildung im Unternehmen* zielt darauf ab, eine breit angelegte berufliche Grundausbildung sowie notwendige fachliche Fertigkeiten und Kenntnisse zu vermitteln. Zeitlich entfallen auf diesen Teil der Berufsausbildung knapp drei Viertel der Zeit.

■ Die *Ausbildung in der Berufsschule* vermittelt berufliche und allgemeine Lerninhalte unter besonderer Berücksichtigung der Anforderungen der Berufsbildung.

Die Schwerpunkte der beiden Bildungsträger im Rahmen des dualen Systems sind durchaus unterschiedlich. Die grundlegenden Unterschiede sind in Tabelle 5.5 dargestellt.

Tabelle 5.5 Vergleichende Betrachtung der Bildungsträger des dualen Systems (in Anlehnung an Mudra 2004, S. 57)

Merkmale	Unternehmen	Berufsschule
Lernort	■ Arbeitsplatz ■ Lehrwerkstatt/-labor ■ Innerbetriebliche Unterrichtsräume	■ Klassenunterrichtsräume ■ Werkstatt/Labor
Träger	In der Regel privatwirtschaftliche Trägerschaft	Staatliche Trägerschaft (öffentliche Hand)
Inhaltlicher Fokus	Praxis	Praxisrelevante theoretische Grundlagen
Rechtliche Zuständigkeit	Bund (BBiG)	Bundesländer (Schulgesetze)
Inhaltliche Regelungen	Ausbildungsordnungen mit ■ Ausbildungsberufsbild ■ Ausbildungsrahmenplan (sachliche und zeitliche Planung)	■ Rahmenlehrpläne ■ Lehrpläne ■ Stundentafeln
Finanzierung	Betriebliche Finanzierung	Staatliche Finanzierung
Überwachungs-instanz	Industrie-/Handelskammer, Hand-werkskammer, Ärztekammer usw.	Staat (Länder, Kommunen)
Adressaten sowie gegebe-nes Rechtsver-hältnis	Auszubildender (Arbeitnehmer besonderer Art); privatrechtlicher (Ausbildungs-)Vertrag	Berufsschüler; Schulpflicht auf der Grundlage öffentlichen Rechts
Lehrende	Haupt- und nebenamtliche Ausbilder	Berufsschullehrer

Bei dem dualen System handelt es sich um ein spezifisch deutsches Ausbildungssystem. Nach einer aktuellen Erhebung des Bundesinstituts für Berufsbildung wurden in Deutschland im 2009 etwa 566.004 neue Ausbildungsverträge abgeschlossen, etwa 50.300 weniger als im Vorjahr (BIBB 2009a, S. 1). Abbildung 5.5 stellt die Entwicklung der Ausbildungszahlen in Deutschland seit 1992 dar.

Die duale Berufsausbildung dauert je nach Art des zu erlernenden Berufs zwischen zwei und drei Jahren. Liegen bestimmte schulische Voraussetzungen (z. B. die allgemeine bzw. die fachgebundene Hochschulreife) oder gute Leistungen vor, kann die Ausbildungszeit verkürzt werden.

Abbildung 5.5   Neu abgeschlossene Ausbildungsverträge zwischen 1992 und 2009
(in Anlehnung an BMBF 2009a, b)

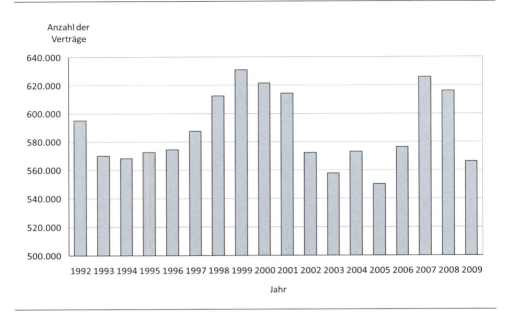

Die Ausbildung im dualen System ermöglicht Auszubildenden, bereits vor dem Erlangen eines Ausbildungsabschlusses in ihrem späteren Beruf in Unternehmen tätig zu sein. Dies bringt eine Reihe von Vorteilen für Unternehmen bzw. Auszubildende mit sich, die in Tabelle 5.6 dargestellt werden.

Tabelle 5.6   Vorteile der dualen Ausbildung für Unternehmen und Auszubildende

Vorteile der dualen Berufsausbildung ...	
... für Unternehmen	*... für Auszubildende*
■ Frühzeitige Qualifikation von Nachwuchskräften entsprechend der betrieblichen Anforderungen	■ Steigerung des Selbstvertrauens durch frühe Übernahme von Verantwortung
■ Bestenauslese bei der Übernahme der Auszubildenden	■ Förderung der Persönlichkeitsentwicklung durch vielfältige Kontakte im Unternehmen
■ Vermeidung personeller Fehlentscheidungen durch umfassendes Kennenlernen der Bewerber im Rahmen der Berufsausbildung	■ Erhöhung der Unabhängigkeit aufgrund eigener Verdienstmöglichkeiten
■ Reduktion von Einarbeitungskosten	■ Verbesserung der Anpassungsfähigkeit an neue Anforderungen aufgrund von Berufserfahrung

Vorteile der dualen Berufsausbildung ...	
... für Unternehmen	*... für Auszubildende*
■ Steigerung der Reputation des Unternehmens ■ Reduktion des Risikos der Abwerbung im Falle stark unternehmensspezifischer Ausbildungsinhalte	■ Verbesserung von Aufstiegschancen aufgrund unternehmensspezifischer Kenntnisse

Ein zentrales Kriterium für die Attraktivität von Ausbildungsgängen ist deren struktureller Aufbau. In vielen Ausbildungsberufen setzt sich daher immer stärker das so genannte Bausteinprinzip durch (vgl. Luft/Malcher/Zöller 2005, S. 36). Danach können Auszubildende zunächst einen Ausbildungsberuf (z. B. als Verkäufer) innerhalb von zwei Jahren erlernen. Durch die Teilnahme an einem weiteren einjährigen Baustein, der auf dem ersten aufbaut, kann ein zweiter Abschluss (z. B. Kaufmann im Einzelhandel) erworben werden. Abbildung 5.6 veranschaulicht dieses modulare Ausbildungssystem am Beispiel der Ausbildung zum Verkäufer bzw. Kaufmann im Einzelhandel.

Abbildung 5.6   Modulare Struktur der Ausbildung zum Verkäufer und Kaufmann im Einzelhandel (vgl. Luft/Malcher/Zöller 2005, S. 36 f.)

Abschluss zum/zur Verkäufer/in (nach 2 Jahren)

1. und 2. Jahr

Pflichtqualifikationseinheiten
1. Der Ausbildungsbetrieb
2. Information und Kommunikation
3. Warensortiment
4. Grundlagen von Beratung und Verkauf
5. Servicebereich Kasse
6. Marketinggrundlagen
7. Warenwirtschaft
8. Grundlagen des Rechnungswesens

Wahlpflichtqualifikationseinheiten
(Auswahl: 1 aus 4; ausschließlich im 2. Ausbildungsjahr)
1. Warenannahme
2. Kasse
3. Beratung und Verkauf
4. Marketingmaßnahmen

Abschluss zum/zur Kaufmann/-frau im Einzelhandel (nach 3 Jahren)

3. Jahr

Pflichtqualifikationseinheiten
Einzelhandelsprozesse

Wahlqualifikationen:
(Auswahl: insgesamt 3, davon 1 aus 1.-3.)
1. Beratung, Ware und Verkauf
2. Beschaffungsorientierte Warenwirtschaft
3. Warenwirtschaftliche Analyse
4. Kaufmännische Steuerung und Kontrolle
5. Marketing
6. IT-Anwendungen
7. Personal

5.2.2 Das duale Studium

Gestiegene Anforderungen an die Qualifikationen und die Fähigkeiten von Führungskräften und Mitarbeitern führen zu einer verstärkten Rekrutierung akademisch ausgebildeter Arbeitskräfte (vgl. Rhiel/Weidemann 2006, S. 6). Diesem Bedarf steht jedoch die Forderung von Unternehmen nach einer praxisorientierten Qualifikation von Hochschulabsolventen gegenüber (vgl. BLK 2003, S. 11). Durch duale Studiengänge wird zum einen eine akademische Ausbildung vermittelt. Darüber hinaus wird den auszubildenden Personen die Chance zu handlungsorientiertem Lernen und zum Aufbau von Berufserfahrung im konkreten Arbeitsprozess geboten.

Die grundlegende Idee dualer Studiengänge besteht darin, das Konzept der (dualen) beruflichen Ausbildung auf das Studium zu übertragen. So wird ein Mittelweg zwischen dem beruflichen Bildungssystem und dem Hochschulsystem geschaffen. Hierbei werden die schulische Ausbildung und die Ausbildung in Unternehmen miteinander verknüpft.

Duales Studium	Kombinierte Vermittlung von breit angelegten fachlichen Kenntnissen im Rahmen eines Studiums mit gleichzeitigem Erwerb von Berufspraxis.

Der Erwerb allgemeiner theoretischer Kenntnisse findet in Berufs-, Wirtschafts- bzw. Verwaltungsakademien sowie Universitäten bzw. Fachhochschulen mit dualen Studienangeboten statt. Die Berufspraxis wird dagegen in kooperierenden Unternehmen erworben. Akademie und Unternehmen stimmen dabei Inhalte und Methoden, die organisatorischen Abläufe sowie die inhaltliche Betreuung der Studierenden miteinander ab (vgl. Konegen-Grenier/Werner 2001, S. 9).

In den vergangenen Jahren hat das Angebot an dualen Studiengängen kontinuierlich zugenommen (vgl. Anger/Werner 2006, S. 18). Das hohe Interesse an derartigen Studiengängen ist unter anderem auf die Vorteile zurückzuführen, die sich aus dieser Ausbildungsform für Unternehmen, Bildungseinrichtungen und Studierende ergeben. Einen Überblick über die Vorteile dualer Studiengänge liefert Tabelle 5.7 (in Anlehnung an Anger/Werner 2006, S. 18).

Duale Studiengänge können hinsichtlich ihrer Struktur und ihrer inhaltlichen Schwerpunkte sehr unterschiedlich aufgebaut sein. Um eine Klassifikation der vielfältigen Angebote vornehmen zu können, bietet sich eine Unterscheidung nach Art und Intensität der Integration von beruflicher und wissenschaftlicher Ausbildung an. Auf dieser Basis kann differenziert werden zwischen (vgl. Institut für wissenschaftliche Veröffentlichungen 2006, S. 10)

- ausbildungsintegrierten,

- praxisintegrierten,

- berufsintegrierten sowie

- berufsbegleitenden dualen Studiengängen.

Tabelle 5.7   Vorteile dualer Studiengänge für verschiedene Gruppen von Beteiligten

Vorteile dualer Studiengänge für ...		
... Unternehmen	*... Bildungseinrichtungen*	*... Studierende*
■ Gewinnung hoch qualifizierter und motivierter Nachwuchskräfte ■ Förderung des Wissens- und Technologietransfers durch Kontakt zu Bildungseinrichtungen ■ Reduktion der Kosten für die Einarbeitung qualifizierter Nachwuchskräfte	■ Erhöhte Praxisnähe der Ausbildung ■ Relativ hohe Motivation der Studierenden aufgrund konkreter Aufstiegsmöglichkeiten im Unternehmen ■ Finanzielle Unterstützung durch kooperierende Unternehmen	■ Möglichkeit zum Aufbau beruflicher Erfahrungen während des Studiums ■ Erleichterung des Übergangs von der Hochschule in das Unternehmen ■ Steigerung des individuellen Marktwertes ■ Relativ kurze Studiendauer (im Vergleich zum klassischen Hochschulstudium)

In *ausbildungsintegrierten dualen Studiengängen* absolvieren die Studierenden während des ersten Teils des Studiums an einer Hochschule parallel eine verkürzte betriebliche Ausbildung in einem anerkannten Ausbildungsberuf. Voraussetzung hierfür ist ein bestehender Ausbildungsvertrag (vgl. BLK 2003, S. 15). Während des zweiten Teils des Studiums nehmen die Studierenden parallel eine berufliche Teilzeittätigkeit im Unternehmen wahr. Am Ende des Studiums wird zumeist im Unternehmen eine praxisorientierte Abschlussarbeit angefertigt (vgl. Anger/Werner 2006, S. 19). Ausbildungsintegrierte Studiengänge sind in der Regel auf vier bis fünf Jahre angelegt. Sie werden insbesondere in den Fachrichtungen Betriebswirtschaftslehre, Informatik und Ingenieurwesen angeboten (vgl. Anger/Werner 2006, S. 19).

Im Gegensatz zu den ausbildungsintegrierten Studiengängen erwerben die Studierenden im Rahmen *praxisintegrierter dualer Studiengänge* keinen gesonderten beruflichen Abschluss. Zur Erhöhung des praktischen Anteils der Ausbildung wird ein Arbeits-, Praktikanten- oder Volontariatsvertrag mit einem kooperierenden Unternehmen geschlossen. In diesem Unternehmen sind die Studierenden während ihres Studiums tätig. Die Praxisanteile erstrecken sich über mindestens zwei Semester. Eine Abgrenzung von Vollzeitstudiengängen mit Praxissemestern liegt darin, dass ein inhaltlicher Zusammenhang zwischen der praktischen Tätigkeit und den Inhalten der Lehrveranstaltungen gegeben sein muss. Die betrieblichen Phasen müssen jedoch nicht den Vorgaben einer anerkannten Berufsausbildung entsprechen (vgl. BLK 2003, S. 16). Praxisintegrierte duale Studiengänge werden zumeist von Fachhochschulen in den Fachrichtungen Betriebswirtschaftslehre, Informatik und Ingenieurwesen angeboten. Die Dauer solcher Studiengänge beträgt rund vier Jahre.

Voraussetzung für die Teilnahme an *berufsintegrierten dualen Studiengängen* ist, dass die Studierenden bereits eine berufliche Ausbildung abgeschlossen haben, auf die sie sich während des Studiums beziehen können. Während der gesamten Studienzeit gehen die Studierenden einer Erwerbstätigkeit (wenn auch in vermindertem Umfang) nach.

Im Rahmen *berufsbegleitender dualer Studiengänge* wird ein Studium neben einer Tätigkeit im Unternehmen in Form eines Selbststudiums mit Begleitseminaren absolviert. Die Begleitseminare finden an ein bis zwei Tagen pro Woche statt. Im Unterschied zu Fernstudiengängen leistet das Unternehmen einen Beitrag zur Förderung des Studiums. Dieser kann beispielsweise in Form von Freistellung der Studierenden oder durch Bereitstellung von Arbeitsmöglichkeiten bestehen (vgl. BLK 2003, S. 23).

5.2.3   Das Trainee-Programm

Trainee-Programme bauen auf der Qualifikation der Absolventen von Universitäten bzw. Fachhochschulen auf. Der Begriff „Trainee" charakterisiert Absolventen, welche seitens eines Unternehmens in die berufliche Erfahrungswelt eingeführt werden sollen (vgl. Weber 1993, S. 65).

Für Unternehmen ist es strategisch bedeutsam, bei Bedarf auf Mitarbeiter mit hohem Potenzial zurückgreifen zu können, anstatt für jede Position einen Nachfolger extern zu rekrutieren und zusätzlich zu entwickeln. Zur Schaffung eines qualifizierten Nachwuchskräftepools sind Trainee-Programme ein geeignetes Instrument der Personalentwicklung. Sie generieren in der Regel einen Pool an Mitarbeitern, die Potenzial aufweisen, Führungsverantwortung zu übernehmen.

Trainee-Programme	Programme, in deren Mittelpunkt die Einarbeitung und die berufliche Vorbereitung von Absolventen aus Universitäten bzw. Fachhochschulen (so genannten Trainees) im Hinblick auf zukünftige Tätigkeitsbereiche im Unternehmen stehen.

Trainee-Programme verfolgen das Ziel, den Absolventen den Übergang ins Berufsleben zu erleichtern. Die Trainees sollen neben der Aufbau- und der Ablaufstruktur des Unternehmens die gelebte Unternehmenskultur kennenlernen. Darüber hinaus sollen unternehmensspezifisches Fachwissen erworben sowie Netzwerke in Unternehmen aufgebaut werden (vgl. Lang 2004, S. 3).

Für die Ausbildungsteilnehmer besteht während des Trainee-Programms die Möglichkeit, ihre Stärken und Schwächen sowie das Unternehmen kennenzulernen. Das Unternehmen wiederum kann sich über die Fähigkeiten und Führungspotenziale der Ausbildungsteilnehmer ein besseres Bild machen. Durch individuelle Gestaltungs- und Entwicklungsmöglichkeiten der Programme können die Neigungen und die Fähigkeiten der Teilnehmer besser berücksichtigt werden, was die Motivation steigern kann. Zudem kann das Image des Unternehmens bei den Hochschulabsolventen verbessert werden.

Trainee-Programme können sich über 6 bis 24 Monate erstrecken (vgl. Holtbrügge 2007). Zeitlich unter einem halben Jahr liegende Maßnahmen werden den Einarbeitungsplänen für Direkteinsteiger zugeordnet (vgl. hierzu Abschnitt 5.3.2.1). In der Unternehmenspraxis erlebten Trainee-Programme ihren Höhepunkt im Laufe der achtziger und der neunziger Jahre. Heute ziehen Absolventen nach dem Studium häufig die direkte Übernahme von Verantwortung vor und entscheiden sich für einen Einstieg über Training-on-the-Job-Methoden (vgl. hierzu Abschnitt 5.3.2.1) bzw. einen Direkteinstieg in das Unternehmen. Abbildung 5.7 liefert einen Überblick über die häufigsten Einstiegsarten verschiedener Akademikergruppen.

Abbildung 5.7   Einstiegsarten verschiedener Akademikergruppen
(vgl. Staufenbiehl Media AG 2009, S. 39 f.)

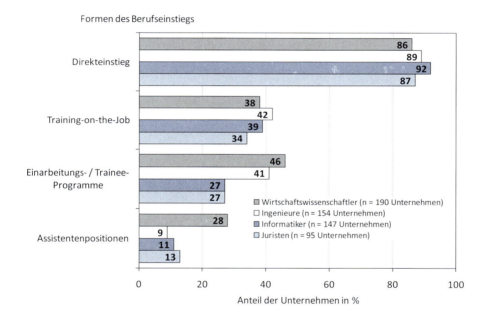

Anmerkungen: Stichprobe siehe Legende; Mehrfachnennungen möglich

Trainee-Programme werden in der Unternehmenspraxis in verschiedenen Varianten durchgeführt. Diese unterscheiden sich insbesondere im Hinblick auf ihre inhaltliche Breite und den Grad der Standardisierung der Inhalte und des Ablaufs des Trainee-programms. Abbildung 5.8 systematisiert verschiedene Arten von Trainee-Programmen anhand dieser beiden Dimensionen.

Abbildung 5.8   Systematisierung der sechs Grundtypen von Trainee-Programmen

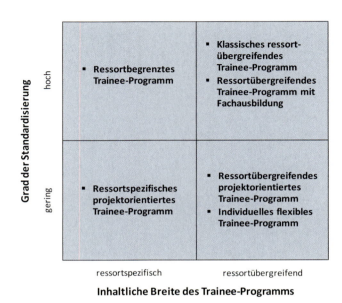

In *klassischen ressortübergreifenden Trainee-Programmen* durchläuft der Trainee alle zentralen Ressorts eines Unternehmens. Die Aufenthaltsdauer in den verschiedenen Ressorts ist etwa gleich lang. Diese Trainee-Programme sind durch standardisierte Informations- und Orientierungsphasen gekennzeichnet, wobei die Aufgabenverantwortung des Trainees eher gering ist. Die Entscheidung über den späteren Einsatzort des Trainees wird gegen Ende des Programms getroffen. Klassische ressortübergreifende Trainee-Programme werden beispielsweise von dem Unternehmen Peek & Cloppenburg eingesetzt. Abbildung 5.9 stellt das achtmonatige General Management Programm des Unternehmens zur Einarbeitung in die Position eines Abteilungsleiters dar.

Ressortübergreifende Trainee-Programme mit Fachausbildung beginnen mit einer Grundausbildungsphase, die in erster Linie der Information und der Orientierung dient. Daran schließt sich die Fachausbildungsphase an, in welcher der Trainee in einen bestimmten Aufgabenbereich eingeführt wird und aufgabenspezifische Inhalte erlernt. Am Ende der Fachausbildungsphase übernimmt der Trainee die teilweise oder vollständige Verantwortung für einen Aufgabenbereich. Dadurch können Unternehmen die Trainees unter realistischen Bedingungen einschätzen und deren zukünftiges Entwicklungspotenzial identifizieren. Diese Variante des Trainee-Programms ermöglicht ein stufenweises und intensives Heranführen der Trainees an ihr zukünftiges Aufgabenfeld (vgl. Lang 2004, S. 6 f.).

Abbildung 5.9 Klassisches ressortübergreifendes Trainee-Programm bei Peek & Cloppenburg (Lang 2004, S. 8)

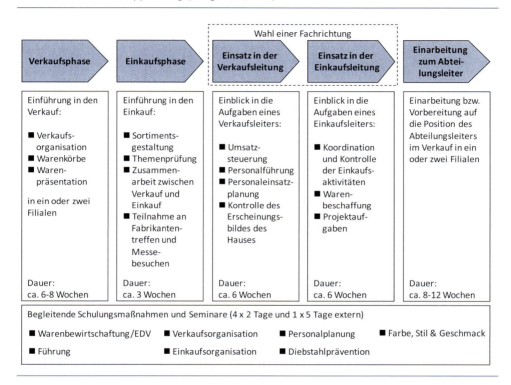

In *ressortbegrenzten Trainee-Programmen* bleibt das Einsatzgebiet der Trainees auf ein spezielles Ressort im Unternehmen begrenzt. In diesem Ressort wird der Trainee jedoch sehr intensiv ausgebildet. Das Programm beginnt mit einer Grundausbildungsphase, an deren Ende der zukünftige Funktionsbereich des Trainees festgelegt wird. Ressortbegrenzte Trainee-Programme zielen primär auf eine berufliche Qualifizierung im Sinne einer Spezialisten- und Expertenausbildung ab. Die Selektion zukünftiger Mitarbeiter spielt dagegen eine untergeordnete Rolle. Dadurch wird bereits vor Beginn des Ausbildungsprogramms eine sorgfältige Eignungsanalyse erforderlich. Bei dieser Form des Trainee-Programms lassen sich Parallelen zum Direkteinstieg erkennen.

Projektorientierte Trainee-Programme können entweder ressortspezifisch oder ressortübergreifend ausgerichtet sein. Arbeitet der Trainee an einem einzigen längeren Projekt mit, so erfolgen neben der tätigkeitsbezogenen Einarbeitung verschiedene Informationsaufenthalte zur Förderung der Integration und zur Orientierung des Trainees im Unternehmen. Ein solches Trainee-Programm ist also *ressortspezifisch projektorientiert*. Alternativ können Trainees in mehreren kleineren Projekten eingesetzt werden, was in vielen Fällen mit einem Ressortwechsel verbunden ist (*ressortübergreifendes projektorientiertes Trainee-*

Programm). Der Ausbildungsschwerpunkt liegt häufig im Bereich des Projektmanagements, da die eigenverantwortliche Projektarbeit hohe Anforderungen an den Trainee stellt. Abbildung 5.10 zeigt das ressortübergreifende Trainee-Programm der Dürr AG mit der Vertiefung Projektmanagement. In diesem erhalten die Trainees die „Möglichkeit, mehrere anspruchsvolle Projekte über die gesamte Laufzeit des Programms zu betreuen" (Dürr AG 2010). Es handelt sich hierbei also um ein ressortübergreifendes projektorientiertes Trainee-Programm.

Abbildung 5.10   Ressortübergreifendes projektorientiertes Trainee-Programm bei der Dürr AG

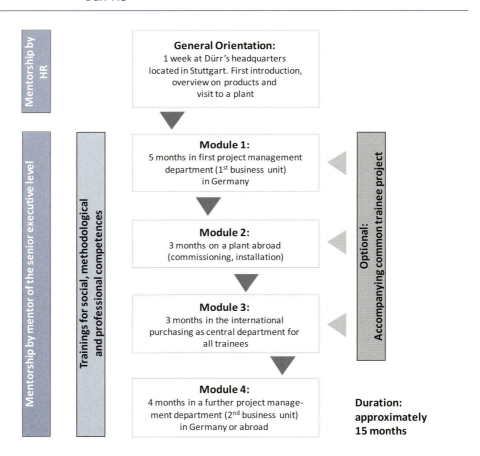

In *individuellen flexiblen Trainee-Programmen* wird der Ablauf des Programms mit dem Trainee und den beteiligten Fachabteilungen gemeinsam festgelegt. Dabei wird in hohem Maße auf die Wünsche und die Bedürfnisse des Trainees eingegangen. Unternehmen erhoffen sich dadurch eine höhere Attraktivität der Programme.

5.3 Gestaltung der Weiterbildung

Die zweite wichtige Facette der Personalentwicklung ist die Weiterbildung. Sie konzentriert sich auf Maßnahmen zur Fortsetzung und Vertiefung der fachlich-beruflichen Ausbildung. Gemäß § 1 Absatz 3 und 4 BBiG wird die berufliche Weiterbildung wie folgt definiert:

> **Weiterbildung** Aktivitäten, die dem Erhalt, der Erweiterung und der Anpassung beruflicher Kenntnisse, Fertigkeiten und Fähigkeiten dienen und einen beruflichen Aufstieg ermöglichen.

Im Zusammenhang mit der Weiterbildung kann zwischen verschiedenen *Formen* unterschieden werden (vgl. Oechsler 2006, S. 520):

- der Anpassungsweiterbildung,

- der Aufstiegsweiterbildung und

- der Umschulung.

Die *Anpassungsweiterbildung* hat in den vergangenen Jahren aufgrund der steigenden technologischen Dynamik und der zunehmenden Internationalisierung von Unternehmen stark an Bedeutung gewonnen. Entsprechende Qualifizierungsmaßnahmen bauen auf den bestehenden Qualifikationen von Führungskräften bzw. Mitarbeitern auf und sollen diese befähigen, geänderten Anforderungen der Arbeitstätigkeit bzw. der Arbeitsumgebung gerecht zu werden (vgl. Becker 2009, S. 278).

Die *Aufstiegsweiterbildung* steht im Zusammenhang mit dem Erwerb höherer bzw. besser bezahlter Positionen. Darüber hinaus kann sie auf berufliche Weiterentwicklung abzielen (vgl. Hentze/Kammel 2001, S. 368).

Die *Umschulung* von Mitarbeitern zielt darauf ab, einen neuen Beruf oder eine anders qualifizierte Tätigkeit zu erlernen. Beispielhaft sei die Umschulung von einem technischen Beruf (z. B. Elektroinstallateur) in einen kaufmännischen Beruf (z. B. Industriekaufmann) genannt. Für ausführliche Erläuterungen zu dieser Form der Weiterbildung sei an dieser Stelle auf Becker (2009) verwiesen.

Die verschiedenen Weiterbildungsformen können durch unterschiedliche Träger angeboten werden. Je nach *Träger* der Weiterbildung wird zwischen interner und externer Weiterbildung unterschieden. *Interne Weiterbildung* wird durch das Unternehmen selbst (z. B. in unternehmenseigenen Ausbildungszentren) durchgeführt. Vorteile dieser Weiterbildungsform sind insbesondere relativ niedrige Kosten (im Vergleich zur externen Weiterbildung) und eine auf das jeweilige Unternehmen angepasste inhaltliche Ausrichtung. Träger der *externen Weiterbildung* sind in der Regel spezialisierte Bildungsunternehmen, akademisch orientierte Bildungseinrichtungen (z. B. Business Schools), Kammern bzw. Innungen (z. B. Industrie- und Handelskammern), (Fach-)Verbände (z. B. Verband Deut-

scher Maschinen- und Anlagenbauer) und selbständige Trainer (vgl. Becker 2009, S. 273;
Staehle 1999, S. 881). Die weitgehende Unabhängigkeit von betrieblichen Abläufen ermöglicht eine starke Fokussierung auf generelle Inhalte sowie den Einsatz innovativer Lehr-
und Lernmethoden (vgl. Jakl 2006, S. 80; Mentzel 2008, S. 201).

Wie Abbildung 5.11 zeigt, befindet sich Deutschland im Vergleich zu anderen europäischen Ländern bei der Weiterbildungsbeteiligung von Unternehmen im unteren Mittelfeld
und deutlich hinter einer Reihe von Staaten wie Dänemark, Schweden, Frankreich und
dem Vereinigten Königreich (Autorengruppen Bildungsberichterstattung 2008, S. 145).
Weiterhin verdeutlicht die Abbildung, dass in Deutschland wie in allen weiterbildungs-
starken Ländern die betriebliche Weiterbildung seit 1999 deutlich zurückgegangen ist.
Neben der betrieblichen Weiterbildung stellt die individuell organisierte berufsbezogene
Weiterbildung in Deutschland eine wichtige Säule des Bildungssystems dar. So zeigt der
aktuelle Bundesbildungsbericht, dass knapp ein Drittel der berufsbezogenen Weiterbildung in Deutschland privat organisiert wird (vgl. Autorengruppen Bildungsberichterstattung 2008, S. 139).

Abbildung 5.11   Die Bedeutung von Weiterbildung in Unternehmen im europäischen
                     Vergleich (Autorengruppen Bildungsberichterstattung 2008, S. 145)

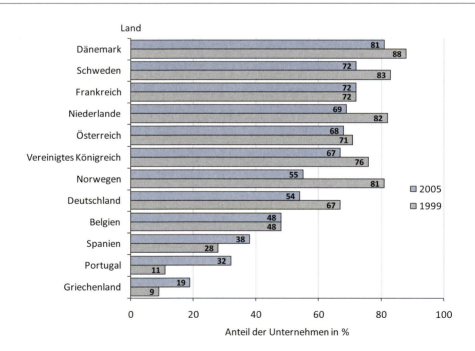

In den vergangenen Jahrzehnten haben sich eine Reihe alternativer Weiterbildungsmethoden entwickelt. Abbildung 5.12 zeigt, welche Formen der Weiterbildung in deutschen Unternehmen dominieren. Dabei wird deutlich, dass das *Lernen in der Arbeitssituation* von knapp 82 Prozent der befragten Unternehmen zur Weiterbildung der Beschäftigten genutzt wird. Es beinhaltet insbesondere Unterweisungen durch Kollegen oder Vorgesetzte, die Einarbeitung neuer Mitarbeiter, Job Rotation sowie Schulungen am Arbeitsplatz.

Das *selbst gesteuerte Lernen mit Medien*, das rund 80 Prozent der befragten Unternehmen einsetzen, umfasst neben der Lektüre von Fachliteratur auch IT-gestütztes E-Learning und Fernunterricht. Die Teilnahme an *Informationsveranstaltungen* (wie z. B. Messen oder Fachtagungen) ist in 76 Prozent der befragten Unternehmen üblich. Sie ermöglicht den Austausch mit Experten außerhalb des Unternehmens. *Externe Lehrveranstaltungen*, die außerhalb des Unternehmens stattfinden, und *interne Lehrveranstaltungen* werden von zwei Dritteln der befragten Unternehmen eingesetzt. *Umschulungsmaßnahmen* sind dagegen kaum verbreitet (vgl. Werner 2006, S. 4 f.).

Abbildung 5.12 Intensität des Einsatzes verschiedener Weiterbildungsmaßnahmen in der Unternehmenspraxis (vgl. Werner 2006, S. 3)

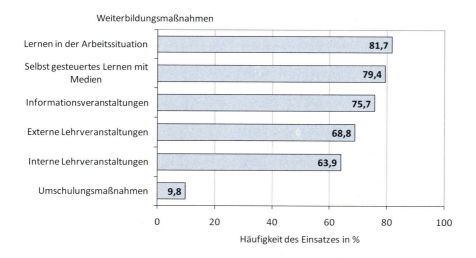

Anmerkungen: Stichprobe n = 2.029 deutsche Unternehmen; Mehrfachnennungen möglich

Mögliche Gründe für die weite Verbreitung des Lernens in der Arbeitssituation können einerseits in der Praxisnähe dieser Methoden liegen, die den Transfer des Erlernten in den Arbeitsalltag erheblich erleichtert. Andererseits sind die Kosten für diese Form der Weiterbildung im Verhältnis zum Nutzen relativ gering. In Tabelle 5.8 werden die Kosten verschiedener Weiterbildungsmethoden gegenübergestellt. Dabei wird zwischen direkten und indirekten Kosten unterschieden. Bei den direkten Kosten handelt es sich beispielsweise um Kosten für externe Dozenten, Reisekosten oder Spesen. Demgegenüber entstehen indirekte Kosten der betrieblichen Weiterbildung insbesondere durch den Personalausfall während der Weiterbildung.

Tabelle 5.8   Direkte und indirekte Kosten der betrieblichen Weiterbildung je
                      Mitarbeiter pro Jahr in Euro (Werner 2006, S. 10)

Weiterbildungsform	Direkte Kosten	Indirekte Kosten	Kosten insgesamt
Externe Lehrveranstaltungen	167	210	377
Interne Lehrveranstaltungen	70	173	243
Lernen in der Arbeitssituation		222	222
Informationsveranstaltungen	44	42	86
Selbstgesteuertes Lernen mit Medien	11	59	71
Weiterbildungspersonal	54		54
Sonstige Weiterbildungskosten	16		16
Umschulungsmaßnahmen	4		4
Insgesamt	366	706	1.072

Im Folgenden werden ausgewählte Methoden der Weiterbildung vertieft (vgl. Leitfrage 4, Tabelle 5.1). Wie Abbildung 5.13 zeigt, können Unternehmen auf ein relativ breites Spektrum an Weiterbildungsmethoden zurückgreifen. Diese lassen sich in edukationsbasierte, erfahrungsbasierte und feedbackbasierte Methoden unterteilen (in Anlehnung an Möhrle 2005, S. 753) und sind in Unternehmen unterschiedlich stark vertreten. Beispielsweise sind die Weiterbildungsmethoden im Unternehmen Hewlett Packard zu 70 Prozent erfahrungsbasiert, zu 20 Prozent feedbackbasiert und zu 10 Prozent edukationsbasiert (vgl. Reichart 2009).

■ *Edukationsbasierte Methoden* der Weiterbildung vermitteln übergeordnete Kenntnisse und Fähigkeiten. Sie werden in Abschnitt 5.3.1 behandelt.

■ *Erfahrungsbasierte Methoden* konzentrieren darauf, Wissen zu vermitteln bzw. Tätigkeiten in unmittelbarer Nähe des Arbeitsplatzes einzuüben. Sie sind Gegenstand von Abschnitt 5.3.2.

■ Der Schwerpunkt *feedbackbasierter Methoden* liegt auf dem interaktiven Lernen durch persönliches Feedback von Personen, die in dem relevanten Gebiet einen besonderen Erfahrungs- bzw. Wissenshintergrund aufweisen. Ausgewählte Methoden in diesem Bereich werden in Abschnitt 5.3.3 vertieft.

Abbildung 5.13   Systematisierung unterschiedlicher Methoden der Weiterbildung

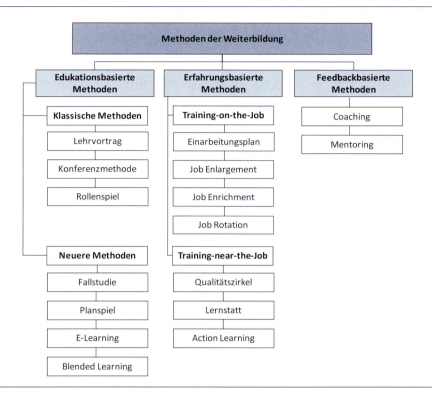

5.3.1   Edukationsbasierte Methoden der Weiterbildung

Edukationsbasierte Methoden finden in der Regel außerhalb der täglichen Arbeitstätigkeit statt, d. h. Inhalte werden separiert vom Arbeitsplatz der Lernenden vermittelt. Aus diesem Grunde werden diese Methoden verschiedentlich auch als *Training-off-the-Job* bezeichnet. Edukationsbasierte Weiterbildung kann sowohl durch interne als auch durch externe Träger durchgeführt werden.

Edukations-basierte Weiterbildung	Methoden zur Vermittlung übergeordneter bzw. tätigkeitsbezogener Kenntnisse und Fähigkeiten. Sie werden zumeist außerhalb des Arbeitsplatzes eingesetzt.

In den folgenden beiden Abschnitten werden sowohl klassische (Abschnitt 5.3.1.1) als auch neuere (Abschnitt 5.3.1.2) edukationsbasierte Methoden der Weiterbildung vertieft. In Abschnitt 5.3.1.3 werden verschiedene edukationsbasierte Weiterbildungsmethoden vergleichend gegenübergestellt.

5.3.1.1   Klassische edukationsbasierte Methoden der Weiterbildung

Klassische edukationsbasierte Methoden vermitteln Wissen anhand traditioneller, tendenziell schulungsorientierter Ansätze. Die wichtigsten klassischen edukationsbasierten Methoden sind

- der Lehrvortrag,

- die Konferenzmethode sowie

- das Rollenspiel.

In *Lehrvorträgen* vermittelt der Lehrende einer Gruppe von Lernenden ein relativ umfangreiches Themengebiet in zeitlich kompakter Form (vgl. Petersen 2000, S. 154). Diese primär auf theoretisch-konzeptionelle Inhalte fokussierte Lehrmethode ermöglicht eine systematische Stoffvermittlung in relativ kurzer Zeit. Als Nachteil ist jedoch die Passivität der Teilnehmer und die Erfordernis permanenter Aufmerksamkeit über längere Zeiträume hinweg zu nennen (vgl. Mentzel 2008, S. 201).

Empirischen Erkenntnissen zufolge können Personen lediglich einen Bruchteil dessen behalten, was sie hören (20%), sehen (30%) bzw. gleichzeitig hören und sehen (40%). Wenn die lernenden Personen die Lerninhalte selbst wiedergeben bzw. die neu erlernte Tätigkeit selbst ausführen müssen, wird die Merkfähigkeit deutlich (auf 70 bzw. 90%) erhöht. Diese begrenzte Aufnahmefähigkeit führt zu relativ hohen Transferverlusten von Wissen, das in Lehrvorträgen vermittelt wird (vgl. Mentzel 2008, S. 201). Vor diesem Hintergrund werden Lehrvorträge in der betrieblichen Weiterbildung immer stärker durch interaktive Lehrmethoden ersetzt.

Im Gegensatz zu Lehrvorträgen, die primär zur Vermittlung neuen Wissens eingesetzt werden, konzentriert sich die *Konferenzmethode* (auch Lehrgespräch genannt) darauf, bereits vorhandene Kenntnisse zu festigen bzw. zu vertiefen (vgl. Berthel/Becker 2007, S. 406). Anstelle eines monologisierten Lehrvortrags findet im Lehrgespräch ein intensiver Dialog zwischen dem Lehrenden und den Lernenden statt. Diese Diskussion lässt sich in drei Stufen untergliedern (vgl. Mentzel 2008, S. 203):

- In der *Einleitungsphase* werden die Lernenden in das Themengebiet eingeführt und von dessen Relevanz überzeugt.

- Die *Diskussionsphase* steuert der Lehrende durch gezielte Fragen und Denkanstöße. Zudem sorgt er durch Zusammenfassungen im Verlauf der Diskussion dafür, dass der rote Faden nicht verloren geht.

- Die gewonnenen Erkenntnisse werden in der *Abschlussphase* durch den Lehrenden herausgearbeitet. Auch in diese Phase sollte die Gruppe intensiv eingebunden werden.

Im *Rollenspiel* werden berufliche Situationen nachgestellt, die in ähnlicher Weise in der Realität auftreten können (vgl. Petersen 2000, S. 211, sowie Abschnitt 4.4.3.1). Rollenspiele dienen in der Regel weniger der reinen Wissensvermittlung, sondern werden primär zur Einübung zwischenmenschlicher Fähigkeiten eingesetzt. Sie können sich auf zwischenmenschliche Situationen innerhalb (z. B. Beurteilungsgespräche, Konfliktsituationen) und außerhalb des Unternehmens (z. B. Verkaufsgespräche) konzentrieren. Durch die Übernahme einer fremden Rolle sollen die Beteiligten die Fähigkeit entwickeln, sich für andere Standpunkte zu öffnen (vgl. Jung 2008, S. 294). Die Durchführung von Rollenspielen erstreckt sich in der Regel über fünf Phasen (vgl. Petersen 2000, S. 201 f.):

- *Phase 1:* Erläutern der Spielsituation und der Zielsetzungen des Rollenspiels durch einen Moderator.

- *Phase 2:* Charakterisieren der unterschiedlichen Rollen (im Hinblick auf spezifische Ziele, Aufgaben usw.) durch den Moderator.

- *Phase 3:* Zusammenstellen benötigter Materialien und Rollenerarbeitung durch die Teilnehmer.

- *Phase 4:* Durchführen des Rollenspiels inklusive Protokollierung (Dauer ca. 10 Minuten).

- *Phase 5:* Abschließendes Auswerten und Erteilen von Feedback an die Teilnehmer.

Ein Nachteil von Rollenspielen besteht darin, dass sich eine mangelnde Identifikation mit der jeweiligen Rolle durch die Teilnehmer negativ auf das Rollenspiel auswirken kann (vgl. Berthel/Becker 2007, S. 408). Darüber hinaus hängt der Erfolg eines Rollenspiels davon ab, inwieweit es reale Gegebenheiten realistisch abbildet (vgl. Berthel/Becker 2007).

Eine neue Variante des Rollenspiels stellt das so genannte „Reality Training" dar. Im Unterschied zu klassischen Rollenspielen legt es großen Wert auf ein authentisches Ambiente, das die Teilnehmer vergessen lassen soll, dass sie sich in einer Trainingsumgebung befinden. Insert 5.3 stellt die von der Frankfurter CPC Unternehmensmanagement AG entwickelte Trainingsmethode vor.

| Insert 5.3: | Das "Reality Training" der CPC Unternehmensmanagement AG (Löwer 2006, S. V2/13) |

Die Kronauer Druckmaschinen AG

Um die Kronau Druckmaschinen AG ist es nicht sonderlich gut bestellt. Das Auftragsbuch der Kölner Traditionsfirma wird immer dünner. Externe Berater sollen nun die Wende bringen. Sie wollen ein „Customer Relationship Management-System" einführen, damit künftig professionell um die Gunst neuer Kunden gebuhlt wird. Doch Vertriebsleiter Torsten Kronau, Enkel der 75-jährigen Firmenchefin und designierter Nachfolger, hält den Projektleitersie sammeln. „Unser Konzept leistet das, was Workshops, Seminare und Rollenspiele nicht schaffen – unter realistischen Bedingungen zu handeln", sagt CPC-Berater Clemens Heisinger. Eine Realität, in der dauernd das Telefon klingelt, ein Kunde nervt und Kollegen blockieren, könne auch das beste Rollenspiel nicht simulieren. Doch genau dieser alltägliche Wahnsinn liefert das Grundrauschen für das Training. [...]

ter schon nach dem ersten Tag für „eine glatte Fehlbesetzung". Und während der hoch motivierte IT-Leiter für die neue Software kämpft, tritt der Controller auf die Bremse. So versanden die Besprechungen in gleichbleibender Uneinigkeit, dabei soll in drei Tagen eine Lösung präsentiert werden.

So realitätsnah das alles klingt – eine Firma namens Kronau Druckmaschinen AG gibt es gar nicht. Die vermeintliche Firma residiert zwar in einer Büro-Etage in der Kölner City, und die Chefin und ihre Mitarbeiter kennen sich auch mit Projektmanagement aus, doch sie alle sind Angestellte der Unternehmensberatung CPC. Die hat das so genannte „Reality-Training" erfunden, eine neue Spielart der Führungskräfteentwicklung.

Das Credo des Reality-Trainings: Erfahrung kann man nicht lehren, man muss

Ein solches Training braucht eine möglichst authentische Umgebung. Die Veranstalter statten daher die eigens angemieteten Büros mit Bildern, Sinnsprüchen an der Wand, leeren Flaschen, Blumen, Ordnern und allerlei Krimskrams aus, ganz so, wie man es von seiner eigenen Arbeitsstätte gewohnt ist. „Wir schaffen eine Atmosphäre, wie sie niemals in einem Vortragsraum entstehen kann, in dem zwei Teilnehmer ein Rollenspiel vorführen und der Rest zuschaut", sagt Heisinger. Ein Trainingslager besteht in der Regel aus sechs Teams mit jeweils sechs Teilnehmern. Zusammen mit Akteuren, Trainern und der so genannten Reality-Camp-Leitung kommen leicht 60 Mitwirkende zusammen. Damit wird klar, dass der Spaß nicht für ein paar Tausender zu haben ist. Zwischen 80.000 und 120.000 Euro müssen für so viel Realitätsnähe schon hingeblättert werden.

5.3.1.2   Neuere edukationsbasierte Methoden

Im Vergleich zu klassischen Methoden sind neuere edukationsbasierte Methoden der Weiterbildung teilweise deutlich stärker auf die Interaktion zwischen den Lernenden und den Lehrenden ausgerichtet, teilweise ermöglichen sie das Lernen bei Bedarf. Die wichtigsten neueren edukationsbasierten Methoden sind

- die Fallstudie,

- das Planspiel,

- das E-Learning sowie

- das Blended Learning.

In *Fallstudien* wird eine konkrete Entscheidungs- und Problemsituation aus der Unternehmenspraxis simuliert (vgl. Jung 2008, S. 293). Dieser so genannte Fall bildet die Grundlage für eine Gruppenaufgabe, innerhalb derer mehrere Führungskräfte bzw. Mitarbeiter innerhalb einer festgelegten Zeit einen Lösungsvorschlag erarbeiten sollen. Durch die interaktive Lösung des Falls können die Teilnehmer theoretische Kenntnisse in die Praxis umsetzen (vgl. Lung 1996, S. 155) und bei interdisziplinärer Thematik des Falles weitere Fachkenntnisse erwerben (Becker 2009, S. 366). Bei der Bearbeitung komplexer Fälle können Urteilsfähigkeit, analytische Fähigkeiten sowie Beratungskompetenz der Teilnehmer trainiert werden (Becker 2009, S. 366; Jung 2008, S. 293). In der Regel laufen Fallstudien in sechs Phasen ab (vgl. Becker 2009, S. 366 f.):

■ *Phase 1:* Konfrontation (Erfassen der Situation)

■ *Phase 2:* Information (Sammeln und Strukturieren relevanter Informationen)

■ *Phase 3:* Exploration (Erarbeiten mehrerer Lösungswege und -varianten)

■ *Phase 4:* Resolution (Diskutieren verschiedener Lösungswege und -varianten)

■ *Phase 5:* Disputation (Verteidigen einer gewählten Lösungsvariante)

■ *Phase 6:* Kollation (Vergleichen der gewählten Lösungsvariante mit der in der Wirklichkeit getroffenen Entscheidung)

In der Praxis lassen Unternehmen Fallstudien häufig durch externe Anbieter erstellen und durchführen. Entscheidet sich ein Unternehmen dafür, die Fallstudien selbst zu entwickeln und eigenständig einzusetzen, finden sich in der entsprechenden Fachliteratur konkrete Handlungsempfehlungen. So gibt beispielsweise Ellet (2008) umfangreiche Informationen zu Strategien, Techniken sowie konkrete Beispiele zur Anwendung von Fallstudien.

Ein Vorteil der Fallstudien-Methode ist darin zu sehen, dass sie auch bei weniger lerngewohnten Personen eingesetzt werden kann (vgl. Lung 1996, S. 155) und durch den hohen sozialen Interaktionsgrad soziale Kompetenzen fördert (vgl. Becker 2009, S. 366). Als nachteilig sind jedoch die hohe Abhängigkeit vom Arbeitsklima und der hohe Vorbereitungsaufwand anzuführen (vgl. Becker 2009; Jung 2008, S. 293). Darüber hinaus besteht bei der Bearbeitung von Fallstudien die Gefahr, dass die Teilnehmer den Einsatz der Methode als „Spielerei" erachten und somit die Lernziele nicht erreicht werden können (vgl. Lung 1996, S. 156).

Fälle mit einer sehr hohen Komplexität und Dynamik können mithilfe von computergestützten Verfahren simuliert werden (vgl. Jung 2008, S. 295). In solchen *Planspielen* können Situationen besonders realitätsnah dargestellt werden, wobei den einzelnen Beteiligten teilweise durch gezielte Vorgaben eine bestimmte Rolle vorgegeben ist (vgl. von Rosenstiel 2006, S. 126). In Planspielen werden die Teilnehmer beauftragt, definierte Ziele mit beschränkten Mitteln sowie unter Berücksichtigung finanzieller und personeller Risiken zu erfüllen (vgl. Lung 1996, S. 157). Oft sind Planspiele durch eine Konkurrenzsituation unter den Teilnehmern charakterisiert, was meist zu einer hohen Gruppendynamik führt. Dadurch eignet sich auch diese Methode zur Entwicklung der sozialen Kompetenz (vgl. von Rosenstiel 2006, S. 127).

Planspiele können auf funktionsbezogene, unternehmensbezogene und branchenbezogene Fragestellungen ausgerichtet sein.

■ *Funktionsplanspiele* behandeln die Belange eines spezifischen Funktionsbereichs (z. B. Beschaffung, Finanzierung, Marketing) im Unternehmen. Beispielhafte Aufgaben im Rahmen eines Funktionsplanspiels sind die Ausarbeitung einer Marketingstrategie für die Erschließung eines neuen Marktes oder die Einführung eines neuen Produktes.

- *Unternehmensplanspiele* beinhalten in erster Linie Führungs-, Entscheidungs- und Planungsaufgaben auf der Ebene des gesamten Unternehmens. Die Entscheidungen, die im Rahmen des Planspiels getroffen werden müssen, bilden primär Managementaufgaben ab. Beispielhaft sei die Entwicklung eines Unternehmensgründungskonzeptes genannt.

- *Branchenplanspiele* konzentrieren sich inhaltlich auf einen bestimmten Wirtschaftszweig. Beispielhaft für ein solches Planspiel ist die Analyse der Entwicklung einer Branche und deren Auswirkungen auf die Tätigkeiten eines konkreten Unternehmens zu nennen.

Die besondere Herausforderung von Planspielen liegt darin, einerseits die Realität in ihrer Komplexität abzubilden und andererseits Lerneffekte zu realisieren (vgl. Mohrherr/Simon 2005). Dies erfordert eine sorgfältige Vorbereitung. Darüber hinaus sollte durch eine angemessene Auswahl der Inhalte bzw. der Teilnehmer verhindert werden, dass die Beteiligten überfordert und frustriert werden, weil die Komplexität des Planspiels ihre Fähigkeiten übersteigt (vgl. Lung 1996, S. 157).

Ein Beispiel für den Einsatz eines Unternehmensplanspiels zu Schulungszwecken in Unternehmen liefert Insert 5.4. In dem computerbasierten Planspiel müssen die Teilnehmer im Rahmen einer Teamkonstellation Entscheidungen erarbeiten.

Insert 5.4:　　Einsatz eines Computer-Planspiels im Rahmen der Weiterbildung (vgl. Brost 2006, S. 80)

Die „Euro Business Bank AG"

Ein modernes Beispiel zum Einsatz von unternehmerischen Planspielen ist das neu eingeführte computerbasierte Planspiel „Euro Business Bank AG". Die Simulation ist darauf zugeschnitten, im Unterricht erlerntes theoretisches Wissen über die wertorientierte Banksteuerung anhand von Szenarien praktisch einzuüben. Sie ermöglicht es, grundlegende bankpolitische Entscheidungen vorzubereiten und sie sowohl strategisch als auch im Kundengeschäft ertragsorientiert umzusetzen. So müssen z. B. Zinsmargen und Marketingbudgets festgelegt werden, Provisionsgeschäfte gesteuert werden, Entscheidungsfindung umzugehen. Gleichzeitig erleben sie die Notwendigkeit, sich im Team auf eine gemeinsame Strategie zu einigen und diese anschließend zielorientiert umzusetzen.

Das Planspiel wird idealtypisch als dreitägiges Seminar durchgeführt. Es spielen bis zu fünf Gruppen mit je maximal sechs Teilnehmer. Jede Gruppe verfügt über einen PC, auf dem die Simulation läuft. Aufgabe der Gruppe ist es, unter der Leitung eines Trainers und eines Co-Trainers die Bank als Vorstand aus einer gegebenen Ausgangssituation heraus erfolgreich durch vier bis fünf (Spiel-)Jahre zu führen.

dungen zur Personalquantität und -quali-
tät getroffen werden […].

Im Detail müssen für rund 100 Parameter
Entscheidungen gefällt werden. Hierbei
erleben die Teilnehmer hautnah die typischen Zielkonflikte in der Unternehmensführung und lernen aufgrund einer Vielzahl betriebs- und volkswirtschaftlicher
Informationen mit den Unsicherheiten in

Die Qualität der Entscheidungen jeder
Spielgruppe spiegelt sich im Rating der
Bank wider. Gewinner des Spieles ist die
Gruppe, deren Bank nach vier oder fünf
Spielperioden im Durchschnitt das beste
Rating erzielt hat. So wird durch den
Wettbewerbscharakter ein zusätzlicher
Anreiz geschaffen. […]

Eine Umfrage unter 2.000 Beschäftigten in acht europäischen Ländern legt nahe, dass es
den Teilnehmern bei Weiterbildungsmaßnahmen besonders wichtig ist, in ihrem eigenen
Tempo und entsprechend ihres individuellen Bedarfs lernen zu können (o. V. 2009, S. 2).
Hierfür eignet sich die Methode des *E-Learnings* besonders gut. Beim E-Learning werden
mithilfe elektronischer Hilfsmittel virtuelle Lernumgebungen geschaffen, in denen selbstgesteuert, ortsunabhängig sowie teilweise zeit- und personenunabhängig gelernt werden
kann (vgl. Jäger 2001, S. 374; Meier 1995, S. 102; Zaugg 2008, S. 25).

E-Learning   Erwerb von Wissen und Fähigkeiten mithilfe elektronischer Medien
                    (vgl. Mandl/Winkler 2002, S. 96).

Für den Lernerfolg und den Lerntransfer ist entscheidend, dass die Inhalte einen möglichst
hohen Anwendungsbezug zur Arbeitsaufgabe ausweisen (vgl. Weekes 2009) und die Lernenden eine Rückmeldung zu ihrem Lernfortschritt erhalten (vgl. Carliner 2009). Darüber
hinaus ist bei der Gestaltung einer e-Learning-Maßnahme wichtig, die Medien- und Lernformen entsprechend der Zielpersonen auszuwählen und möglichst den jeweiligen Lernsti-
len der Zielpersonen anzupassen (vgl. Allison 2007). So können sich virtuelle Lernumgebungen beispielsweise im Grad ihrer Realitätsnähe und ihrer Interaktivität stark unterscheiden.

E-Learning kann in unterschiedlichen Formen eingesetzt werden. Im Kern lassen sich vier
Formen des E-Learnings unterscheiden (in Anlehnung an Knörck/Müller 2004, S. 25 f.):

- Im Rahmen des *E-Teachings* werden Lernende durch einen oder mehrere Lehrende per
  Computer unterrichtet. Vorrangig werden Wissen und Fertigkeiten vermittelt. Im
  Rahmen des E-Teachings werden insbesondere E-Lectures, E-Symposien und E-
  Coaching eingesetzt.

- Multimediale Lernprogramme, die von den Lernenden zeitunabhängig und bedarfs-
  orientiert bearbeitet werden können, werden als *E-Tutorials* bezeichnet. Hierbei können
  die Lernenden eigenverantwortlich und in einem selbst bestimmten Lerntempo neues
  Wissen erwerben. Im Falle von Problemen stehen ein oder mehrere Tutoren beratend
  zur Verfügung. E-Tutorials können entweder in Vernetzung mit anderen Rechnern in
  Form eines Web-Based-Trainings (vgl. hierzu ausführlich Knobel 2003, S. 16) oder über
  Inter- bzw. Intranet in Form eines Computer-Based-Trainings stattfinden.

- In so genannten *E-Signments* erhalten die Lernenden Anweisungen per Computer (z. B. die Lösung einer spezifischen Problemstellung), die sie eigenständig zu bearbeiten haben. In Form von so genannten E-Assessments wird anschließend eigenständig der Lernerfolg kontrolliert.

- Eine teamorientierte Variante der IT-gestützten Wissensvermittlung stellen *E-Discussions* dar. Bei dieser Form des E-Learnings tauschen die Lernenden vorhandenes Wissen aus, ohne dass eine Lehrperson benötigt wird. Der Einsatz dieser Methode setzt jedoch voraus, dass die Beteiligten über Grundlagenwissen verfügen.

Zu Beginn ihrer Entwicklung wurden hohe Erwartungen an den Einsatz von E-Learning Methoden gestellt, die sich insbesondere auf die Flexibilisierung des Lernens sowie Kosten- und Zeitersparnisse bezogen (vgl. Mandl/Winkler 2004). Nach einigen enttäuschenden Praxiserfahrungen ist der Einsatz von E-Learning, der Ende der 1990er Jahre seinen Höhepunkt hatte, mittlerweile stark zurückgegangen (vgl. Becker 2009, S. 291). Nachteilig ist, dass E-Learning durch das hohe Maß an selbstgesteuertem Lernen außerordentlich hohe Motivation, Disziplin und Methodenkompetenz der Lernenden erfordert (vgl. Kaltenbaek 2003, S. 15); Voraussetzungen, die von den Lernenden oft nicht erfüllt werden. Zudem können Führungskräfte und Mitarbeiter komplexe Lerninhalte selten erlernen, ohne dabei im Laufe des Lernprozesses auf Fragen oder Aufgaben zu stoßen, die sie alleine nicht beantworten bzw. lösen können. Daher wurde in jüngster Vergangenheit verstärkt in die Entwicklung und die Implementierung computerbasierter Lernumgebungen investiert. Hierin wurden komplexe Hilfen wie beispielsweise Usermodelle, adaptives Feedback oder aufwendige Glossarfunktionen integriert. Studien zeigen allerdings, dass solche Hilfefunktionen oftmals nicht effizient oder gar nicht genutzt werden (vgl. Aleven et al. 2003).

Generell ist es sinnvoll, Methoden des E-Learnings durch andere Lehr- und Lernformen zu ergänzen (vgl. Bielawski/Metcalf 2005). Die Methode des *Blended Learnings* verknüpft Präsenzveranstaltungen (persönliche Betreuung in Vorträgen, Seminaren, Workshops, usw.) und E-Learning (selbstgesteuertes Lernen). Dadurch können Führungskräfte und Mitarbeiter im Rahmen von E-Learning-Phasen ihre Arbeitszeit flexibel gestalten, selbstgesteuert lernen, ortsunabhängig im Team arbeiten und ihre Kompetenzen im Umgang mit dem PC erweitern. An Präsenztagen werden in Gruppen neue Lerninhalte erarbeitet, Erfahrungen ausgetauscht oder innerhalb von Veranstaltungen wie Seminaren oder Vorträgen Wissen vermittelt (vgl. Mandl/Kopp 2006, S. 8).

Blended Learning	Erwerb von Fähigkeiten und Wissen auf Basis einer Kombination aus E-Learning-Phasen und Präsenzphasen (vgl. Becker 2009, S. 760; Mandl/ Kopp 2006, S. 8).

Beim Blended Learning werden Präsenzlernen und E-Learning derart kombiniert, dass die Lernenden so viel wie nötig, aber so wenig wie möglich an feste Lernzeiten und -orte gebunden sind. Demnach können im Rahmen des Blended Learnings die prozentualen Anteile von E-Learning- und Präsenzphasen variieren. In der Unternehmenspraxis wird die Methode des Blended Learnings zunehmend als sinnvoll erachtet. So schreiben 96 Prozent der Befragten in einer Studie des MMB-Instituts für Medien- und Kompetenzforschung (2009, S. 2) dem Blended Learning zukünftig eine hohe Bedeutung zu.

Trotzdem ist beim Einsatz dieser Methode noch einiger Verbesserungsbedarf zu verzeichnen. Ebenso wie beim E-Learning können mit Methoden des Blended Learnings nur dann die gewünschten Lernziele erreicht werden, wenn die Gestaltung der Lernsequenzen möglichst genau an die jeweiligen Zielpersonen angepasst ist (vgl. Baldwin-Evans 2006; Mitchell/Honore 2007). Dies ist in der Unternehmenspraxis jedoch oft nicht der Fall (vgl. Rodgers 2009).

5.3.1.3 Vergleichende Gegenüberstellung edukationsbasierter Methoden der Weiterbildung

Die zuvor erläuterten edukationsbasierten Methoden der Weiterbildung sind in Abhängigkeit von den Zielen der Weiterbildung unterschiedlich effektiv. Um eine optimale Ausnutzung der Vorteile der einzelnen Weiterbildungsmethoden zu erzielen, sollten deshalb verschiedene edukationsbasierte Weiterbildungsformen kombiniert werden. So werden in der Unternehmenspraxis beispielsweise Lehrvorträge durch die Bearbeitung von Fallstudien ergänzt, um den Praxistransfer der erlernten Inhalte zu erhöhen. Tabelle 5.9 stellt edukationsbasierte Methoden der Weiterbildung anhand ihrer Eignung für die Vermittlung verschiedener Wissensarten und den erforderlichen Aufwand für ihren Einsatz gegenüber.

Tabelle 5.9   Vergleichende Gegenüberstellung edukationsbasierter Methoden der Weiterbildung

Methode	Ziele: Vermittlung von …			Aufwand für …		
	Allgemein-wissen	Aufgaben-spezifischem Wissen	Anwen-dungs-wissen	Vorbe-reitung	Durch-führung	Nach-berei-tung
a) Klassische edukationsbasierte Methoden						
Lehrvortrag	•••••	•••	•	••	••	•••
Konferenzmethode	•••••	•••	••	••••	••	••
Rollenspiel	•	••••	••••	••••	••••	••
b) Neuere edukationsbasierte Methoden						
Fallstudie	••••	•••	••••	••••	••••	•••
Planspiel	••••	••••	••••	•••••	•••••	••••
E-Learning	••••	•••	•••	•••••	••	••
Blended Learning	•••••	•••	•••	•••••	••	••

Anmerkung: ••••• = sehr hohe Eignung; •••• = hohe Eignung; ••• = mittlere Eignung; •• = geringe Eignung; • = keine Eignung.

5.3.2   Erfahrungsbasierte Methoden der Weiterbildung

Unternehmen gelangen zunehmend zu der Erkenntnis, dass edukationsbasierte Weiterbildungsmethoden vielfach nicht ausreichen, um Führungskräfte bzw. Mitarbeiter auf zukünftige Aufgaben vorzubereiten (vgl. Dotlich/Noel 1998). Kernproblem ist dabei, dass so genanntes „träges Wissen" generiert wird. Dabei handelt es sich um solches Wissen, das theoretisch in einer Weiterbildungsmaßnahme erlernt wurde, jedoch nicht am Arbeitsplatz genutzt werden kann (vgl. Renkl 1996). Vor diesem Hintergrund gewinnen Lernformen an Bedeutung, in denen real gehandelt wird und der Einzelne „ganzheitlich" gefordert ist. Es werden also Lernsituationen geschaffen, die gleichermaßen Prozesse des Erkenntnisgewinns und des Praxistransfers gewährleisten (vgl. Pätzold 1996, S. 17). Interessante Möglichkeiten der anwendungsorientierten Wissensvermittlung bieten erfahrungsbasierte Methoden der Weiterbildung. Mithilfe von Realsituationen bzw. lernförderlichen Umgebungen wird darauf hin gearbeitet, dass ein Lerngegenstand durch die Lernenden „erfahren" werden kann (vgl. Bauer et al. 2000).

Erfahrungs-basierte Weiterbildung	Methoden zur Vermittlung realer Handlungen und Problemsituationen in komplexen, anwendungsorientierten Lernsituationen am Arbeitsplatz (Training-on-the-Job) bzw. in der Nähe des Arbeitsplatzes (Training-near-the-Job) (vgl. Meyer-Menk 2002, S. 139 f.).

Mithilfe erfahrungsbasierter Methoden der Weiterbildung soll der Transfer des Gelernten auf die Erfordernisse des jeweiligen Arbeitsplatzes sichergestellt werden. Die Inhalte werden so konfiguriert, dass sie am jeweiligen Arbeitsplatz des Lernenden möglichst gut anwendbar sind. Darüber hinaus wirken die konkreten Anforderungen am Arbeitsplatz als Filter für Qualifizierungsinhalte (vgl. Severing 1996, S. 320).

In Anlehnung an die zuvor dargelegte Definition der erfahrungsbasierten Weiterbildung werden im Folgenden zwei Gruppen von Methoden unterschieden (vgl. Abbildung 5.13):

- Training-on-the-Job-Methoden (Abschnitt 5.3.2.1) sowie

- Training-near-the-Job-Methoden (Abschnitt 5.3.2.2).

Eine vergleichende Gegenüberstellung der vorgestellten Methoden erfolgt am Ende des jeweiligen Abschnitts.

5.3.2.1   Training-on-the-Job-Methoden

Mit Training-on-the-Job-Methoden werden aufgabenspezifische Inhalte vermittelt. Der Erwerb übergreifender Kenntnisse spielt dagegen eine untergeordnete Rolle. Zu den wichtigsten Methoden dieser Gruppe gehören

- der Einarbeitungsplan und

- die Arbeitsstrukturierung.

Die Entwicklung von Führungskräften bzw. Mitarbeitern durch erfahrungsbasierte Methoden beginnt bereits bei deren Einarbeitung. Daher bildet der *Einarbeitungsplan* das erste Glied in einer Kette von erfahrungsbasierten Methoden der Weiterbildung. Mit ihrer Hilfe soll eine möglichst frühzeitige Integration von neu in das Unternehmen bzw. in den Unternehmensbereich eingetretenen Personen in den Arbeitsprozess stattfinden und so deren volle Leistungsfähigkeit möglichst schnell hergestellt werden (vgl. Hätscher 2005, S. 2).

Einarbeitungs-plan	Systematisches Programm zur fachlichen und sozialen Integration von Führungskräften bzw. Mitarbeitern in einen neuen Aufgabenbereich.

Neben der persönlichen Integration und der fachlichen Einarbeitung von Führungskräften bzw. Mitarbeitern verfolgen Einarbeitungspläne auch eine Reihe motivations- bzw. leistungsbezogener Ziele. Mithilfe eines Einarbeitungsplans soll

- die Unsicherheit neuer Führungskräfte bzw. Mitarbeiter abgebaut,

- die Arbeitszufriedenheit gesteigert,

- das Auftreten innerer Kündigungen reduziert,

- die Leistungsbereitschaft und -fähigkeit gesteigert sowie

- das Auftreten von Fehlzeiten verringert werden.

Die Einarbeitung neuer Führungskräfte bzw. Mitarbeiter erstreckt sich in der Regel über mehrere zeitliche Perioden hinweg. Dementsprechend umfasst der Einarbeitungsplan mehrere aufeinander folgende Phasen, die in Tabelle 5.10 dargestellt sind.

Tabelle 5.10   Zentrale Phasen und Inhalte des Einarbeitungsplans

Phase	Zentrale Inhalte der einzelnen Phasen
Begrüßungs-phase (ca. ½ Tag)	■ Begrüßen durch die unmittelbare Führungsperson ■ Vorstellen bei unmittelbaren Kollegen ■ Bereitstellen grundlegender Informationen → *Zuständige Person*: unmittelbare Führungsperson
Schnupper-phase (ca. 3 Tage)	■ Informieren über die eigenen Aufgabeninhalte ■ Verschaffen eines Überblicks über neu anzuwendende Technologien und Programme ■ Sichten grundlegender, übergeordneter unternehmensinterner Informationen durch den einzuarbeitenden Mitarbeiter → *Zuständige Personen*: Mitarbeiter, unmittelbare Kollegen

Phase	Zentrale Inhalte der einzelnen Phasen
Kick-Off-Phase (ca. ½ Tag)	■ Einholen erster Eindrücke über Abläufe, das Klima und die Arbeitsinhalte seitens des neuen Mitarbeiters ■ Liefern erster Rückmeldungen an den Mitarbeiter (über gezieltes, besonderes Interesse, Engagement) ■ Besprechen zentraler Aufgabenbereiche des neuen Mitarbeiters ■ Benennen eines Paten des neuen Mitarbeiters und Kick-Off-Gespräch zwischen den Beteiligten → *Zuständige Personen*: Pate, unmittelbare Führungsperson
Kontinuierliche Beratungs-phase (ca. 3 Monate)	■ Einweisen in konkrete Tätigkeiten am Arbeitsplatz ■ Eingehen auf Fragen seitens des einzuarbeitenden Mitarbeiters ■ Unterstützen der sozialen Integration des Mitarbeiters → *Zuständige Personen:* Pate, direkte Kollegen
1. Feedback-phase (1-2 Stunden)	■ Rechtzeitiges Einladen des Mitarbeiters zum Feedbackgespräch ■ Vorbereiten des Feedbackgesprächs durch alle Beteiligten ■ Einholen von Feedback über das Befinden des neuen Mitarbeiters im Unternehmen ■ Bereitstellen von leistungsbezogenem und persönlichem Feedback seitens der Führungsperson und des Paten ■ Identifizieren von eventuellem zusätzlichem Einarbeitungsbedarf → *Zuständige Personen:* Mitarbeiter, direkte Führungsperson, Pate
Ergänzende Unterweisung (ca. 4 Wochen)	■ Identifizieren ergänzender Einarbeitungsziele und -prioritäten ■ Verabschieden eines Zeitplans ■ Ergänzendes Unterweisen des neuen Mitarbeiters in relevante Arbeitsgebiete → *Zuständige Personen:* Pate, Kollegen
2. Feedback-phase (ca. 1 Stunde)	■ Bewerten der Ergebnisse der ergänzenden Einarbeitung durch die Führungsperson, den Paten und den Mitarbeiter ■ Besprechen weiterer Maßnahmen bzw. Abschluss des Einarbeitungs-programms → *Zuständige Personen:* unmittelbare Führungsperson, Pate

Eine weitere wichtige Methode der erfahrungsbasierten Weiterbildung ist die *Arbeitsstrukturierung*. Sie erfolgt mit dem Ziel, die Qualifikationen von Führungskräften und Mitarbeitern anzupassen, zu erweitern und zu vertiefen, um deren Leistungsvermögen optimal zu fördern. Grundlegende Formen der Arbeitsstrukturierung sind (vgl. Link/Hahn 1975, S. 68)

■ Job Enlargement (Prinzip der Arbeits- bzw. Aufgabenerweiterung),

- Job Enrichment (Prinzip der Arbeits- bzw. Aufgabenbereicherung) sowie

- Job Rotation (Prinzip des Arbeitsplatzwechsels).

Eine *quantitative Aufgabenerweiterung* findet im Rahmen von *Job Enlargement* statt. Job Enlargement wird in der Unternehmenspraxis nahezu ausschließlich im produzierenden Bereich eingesetzt (vgl. Mentzel 2008, S. 173). Die Entwicklung der Mitarbeiter erfolgt hierbei durch die Übernahme zusätzlicher, strukturell gleichartiger Aufgaben, die eine sinnvolle Gesamtaufgabe bilden (vgl. Thom 2008, S. 8) und den Tätigkeitsspielraum der Mitarbeiter erhöhen.

Job Enlargement	Erweiterung bisheriger Aufgaben um neue, qualitativ gleichwertige Aufgaben, welche den bisherigen Aufgaben im Leistungserstellungsprozess vielfach vor- oder nachgelagert sind und auf dem gleichen Qualifikationsniveau liegen (vgl. Nerdinger/Blickle/Schaper 2008, S. 385; Gifford 1972, S. 42).

Maßnahmen des Job Enlargements verlängern hauptsächlich den Arbeitszyklus (vgl. Berthel/Becker 2007, S. 364). Dies bedeutet, dass die Anzahl der Tätigkeiten, die zur Erfüllung einer Aufgabe erforderlich sind, erhöht und somit deren Wiederholungshäufigkeit verringert wird (vgl. Sheriff 1970, S. 70). Dadurch sollen eine zu starke Fragmentierung von Arbeitsprozessen vermieden und den Mitarbeitern möglichst abgeschlossene Aufgaben übertragen werden.

Das zentrale Ziel des Job Enlargements besteht demnach darin, die involvierten Mitarbeiter für den Gesamtzusammenhang der bearbeiteten Aufgabenstellungen zu sensibilisieren, gleichförmige Arbeitsaufgaben vielfältiger zu gestalten und dadurch die Arbeitszufriedenheit und die Motivation der Mitarbeiter zu erhöhen (vgl. Bennett 2005). Job Enlargement ist jedoch nur als ein erster Schritt zu einer motivational verbesserten Arbeitsplatzstrukturierung zu betrachten, da die Erweiterung der Arbeitsaufgabe eher in dem Wechsel zwischen inhaltlich wenig anspruchsvollen Teiltätigkeiten besteht, als dass sie die Ausübung qualifikationsfördernder Tätigkeiten ermöglicht (vgl. Nerdinger/Blickle/Schaper 2008, S. 386).

An diesem Punkt setzt das *Job Enrichment* (vgl. Herzberg/Mausner/Snyderman 1959) an, mit dem Ziel, durch Anreicherung der Arbeitstätigkeit mit anspruchsvollen Aufgabenelementen die Arbeitsmotivation zu erhöhen (vgl. Abschnitt 2.2.2.4). Job Enrichment beeinhaltet eine *qualitative Erweiterung der Arbeitsaufgabe* (vgl. Reif/Luthans 2001, S. 30) durch strukturell andersartige Aufgabenelemente, denen ein höheres Qualifikationsniveau zugrunde liegt. Gleichzeitig wird den Beschäftigten ein höheres Maß an Kontrolle und Autonomie eingeräumt. Im Gegensatz zum Job Enlargement gelangt die Methode des *Job Enrichments* sowohl im produzierenden als auch im administrativen Bereich zum Einsatz (vgl. Mentzel 2008, S. 173 f.).

Job Enrichment	Übernahme von zusätzlichen Tätigkeiten durch eine Person, die mit höheren Anforderungen verbunden sind und sich qualitativ von den bisherigen Aufgaben unterscheiden (vgl. Ulich 2005)

Durch die Übernahme von Aufgaben mit höherer Komplexität oder einem erweiterten Verantwortungsbereich können Führungskräfte und Mitarbeiter im Rahmen des Job Enrichments neue Fähigkeiten und Kompetenzen entwickeln und anwenden. Als positiver „Nebeneffekt" steigt durch die höhere wahrgenommene Verantwortung und Anerkennung dabei auch oft die Arbeitsmotivation der involvierten Personen (vgl. Nerdinger/ Blickle/Schaper 2008, S. 386). In der Unternehmenspraxis wird Job Enrichment beispielsweise zur Vorbereitung potenzialstarker Nachwuchskräfte auf Führungsaufgaben eingesetzt (vgl. Morick 2004, S. 349).

Job Rotation (synonym auch als Job Swapping oder Cross Training bezeichnet; vgl. Grensing-Pophal 2005, S. 50) soll zusätzliche, individuelle Qualifikationen vermitteln. Dies erfolgt durch einen zeitlich befristeten Wechsel des Arbeitsplatzes (vgl. Mentzel 2008, S. 188). Je nach Art der Stelle kann Job Rotation sowohl quantitative als auch qualitative Aufgabenerweiterungen beinhalten.

Job Rotation	Systematisch geplanter Stellenwechsel mit begrenztem zeitlichem Horizont zur zielführenden fachlichen und persönlichen Weiterentwicklung von Führungskräften und Mitarbeitern (vgl. Gerster/Sternheimer 1999, S. 61).

Der Arbeitsplatzwechsel kann zwischen regulären, bereits bestehenden Stellen, aber auch unter Einbeziehung neu geschaffener Stellen erfolgen. Je nach Richtung des Stellenwechsels wird zwischen horizontaler, vertikaler und radialer Job Rotation unterschieden (vgl. Breisig/Krone 1999, S. 410).

■ Eine *horizontale Rotation* erfolgt auf gleicher Hierarchieebene. Beispielhaft seien Stellenwechsel im Sekretariatsbereich bzw. Wechsel zwischen Vertriebsinnen- und Vertriebsaußendienst zu nennen. Durch derartige Wechsel erhalten die Betroffenen ein umfassendes Verständnis für die Prozesse im Unternehmen.

■ Im Rahmen einer *vertikalen Rotation* wechselt der Mitarbeiter in eine ranghöhere Stelle. Beispielhaft sei die temporäre Übernahme der Leitung eines Beschaffungsteams genannt. Übertragen auf das gesamte Team können beispielsweise Leitungsaufgaben rotierend durch die einzelnen Teammitglieder wahrgenommen werden.

■ Eine *radiale Rotation* liegt vor, wenn ein Wechsel zwischen Stab- und Linienfunktionen, beispielsweise zwischen der Abteilungsleitung Beschaffung und dem Stabsbereich Qualitätsmanagement, erfolgt. Ziel dieser Rotation wäre im genannten Beispiel das Erlangen umfassender Erfahrungen im Bereich Qualitätsmanagement, welche im Beschaffungsbereich von Bedeutung sind.

Bezüglich der *Rotationsfrequenz* stellen Breisig und Krone (1999, S. 411 f.) in einer Analyse von acht Großunternehmen fest, dass die Dauer einer Job Rotation im Durchschnitt zwei bis fünf Jahre beträgt. Allerdings ist auch ein kürzerer Zeitraum möglich, wobei die Dauer der Job Rotation primär vom Einarbeitungsaufwand abhängt (vgl. Winzenried 2005, S. 30).

Prinzipiell ist Job Rotation bei Mitarbeitern aller Hierarchieebenen durchführbar. In der Praxis wird sie jedoch insbesondere bei Führungs- und Nachwuchskräften eingesetzt (vgl. Mentzel 2008, S. 188 f.).

■ Bei der *Job Rotation von Führungskräften* wird in der Regel ein Arbeitsplatzwechsel auf derselben Hierarchieebene mit gleichzeitiger Übernahme der vollen Verantwortung für einen neuen Bereich praktiziert. Neben dem Erwerb neuer fachlicher Kenntnisse werden der Abbau von Ressortdenken und die Steigerung beruflicher Mobilität angestrebt.

■ Mit der *Job Rotation von Nachwuchskräften* wird das Ziel verfolgt, systematisch umfassende Kenntnisse über die zentralen Unternehmensfunktionen zu vermitteln und dabei die besonderen Fähigkeiten der Nachwuchskräfte in bestimmten Bereichen zu identifizieren (vgl. Mentzel 2008, S. 189).

Job Rotation stellt für Hochschulabsolventen neben dem direkten Einstieg eine alternative Form des Berufseinstiegs und der Berufsentwicklung dar. Insert 5.5 verdeutlicht den Einsatz der Job Rotation-Methode am Beispiel der Esso AG.

Insert 5.5:   Job Rotation bei der Esso AG (Riekhof 1997, S. 13)

Job Rotation bei der Esso AG

Esso kennt keine Trainee-Programme. Wir halten es für besser, wenn ein Mitarbeiter frühzeitig Verantwortung für einen Arbeitsplatz übernimmt und die gewünschte Fachausbildung erhält. Auf dieser Basis erfolgt dann die notwendige Breitenausbildung durch ein ausgeprägtes „Job-Rotation" innerhalb des Funktionsbereiches [...]. Ein solcher Wechsel erfolgt alle 2-3 Jahre, wobei es wichtig ist, dass der nächste Arbeitsplatz möglichst andere Fähigkeiten der Mitarbeiter anspricht und entwickelt (z. B. von mehr praktisch-entscheidender Tätigkeit zu verstärkt analytisch-beratender Tätigkeit). Hier kommt die Idee zum Tragen, dass Potenzial nicht nur eine „gottgegebene" Veranlagung ist, sondern vor allem entwickelt werden kann und muss.

Wie die vorangegangenen Ausführungen verdeutlichen, werden in der Unternehmenspraxis mit dem Einsatz verschiedener Training-on-the-Job-Methoden unterschiedliche Weiterbildungsziele verfolgt. Tabelle 5.11 stellt die zentralen Merkmale der zuvor dargestellten Methoden gegenüber.

Tabelle 5.11   Vergleichende Gegenüberstellung ausgewählter
                      Training-on-the-Job-Methoden

Methode / Merkmale	Einarbei- tungsplan	Job Enlargement	Job Enrichment	Job Rotation
Erweiterung der Aufgabe				
■ quantitativ	■ nein	■ ja	■ ja	■ ja
■ qualitativ	■ ja	■ eher nein	■ ja	■ ja
Erlernen neuer Tätigkeitsinhalte	ja	ja	ja	ja
Erlernen von Führungsaufgaben	ja	nein	ja	ja
Anwendungsbereich				
■ produzierender Bereich	■ ja	■ ja	■ ja	■ ja
■ administrativer Bereich	■ ja	■ eher nein	■ ja	■ ja
Zielgruppe				
■ Führungskräfte	■ ja	■ nein	■ ja	■ eher ja
■ Nachwuchskräfte	■ ja	■ nein	■ eher nein	■ ja
■ Mitarbeiter	■ ja	■ ja	■ ja	■ ja

5.3.2.2   Training-near-the-Job-Methoden

Auf den Aufbau von Erfahrungswissen zielen auch solche Methoden der Weiterbildung ab, die in mittelbarer Nähe des Arbeitsplatzes des Lernenden eingesetzt werden. Im Rahmen der Bearbeitung von Aufgaben mit übergeordneter Relevanz für das Unternehmen wird gleichzeitig ein unternehmensspezifisches Problem bearbeitet und aufgabenspezifisches Handlungswissen erworben. Die wichtigsten, erfahrungsbasierten Training-near-the-Job-Methoden sind

■ der Qualitätszirkel,

■ die Lernstatt sowie

■ das Action Learning.

Qualitätszirkel wurden zu Beginn der sechziger Jahre in Japan als Instrument der Qualitätssicherung entwickelt. Durch die Einführung von Qualitätszirkeln wurde die Qualitätskontrolle zur Aufgabe eines jeden Mitarbeiters (vgl. Gilbert 1990, S. 56).

Qualitäts- *zirkel*	Auf Dauer angelegte Kleingruppe von Mitarbeitern derselben hierarchischen Ebene mit gemeinsamer Erfahrungsgrundlage, die in regelmäßigen Abständen Vorgehensweisen und Prozesse des eigenen Arbeitsbereiches analysiert und Verbesserungsvorschläge erarbeitet (vgl. Deppe 1992, S. 42).

In Qualitätszirkeln werden unter Leitung eines Moderators vorgegebene oder selbst gewählte Probleme bearbeitet (vgl. Meier 1995, S. 270). Qualitätszirkel bestehen aus durchschnittlich fünf bis zehn Mitgliedern. Die Teilnahme erfolgt in der Regel auf freiwilliger Basis.

Die Grundidee von Qualitätszirkeln besteht darin, die besonderen Kenntnisse von Führungskräften und Mitarbeitern im Hinblick auf ihr Arbeitsgebiet zu nutzen, um Verbesserungspotenziale zu identifizieren. Verbesserungsvorschläge werden mithilfe von Problemlösungs- und Kreativitätstechniken erarbeitet. So setzte beispielsweise das Unternehmen Toyota in den 90er Jahren Qualitätszirkel ein, um kontinuierliche Verbesserungsprozesse in den Produktionssystemen zu realisieren (vgl. Insert 5.6).

Insert 5.6:   Qualitätszirkel am Beispiel von Toyota (vgl. Spear/Bowen 1999)

Qualitätszirkel bei Toyota

Am Ende jeder Woche verbringen Gruppen von Produktionsmitarbeitern ein bis zwei Stunden damit, die Arbeit der vergangenen Woche zu analysieren, um aktuelle oder mögliche Qualitäts- und Produktionsprobleme zu identifizieren. Jede Gruppe schlägt Gegenmaßnahmen vor, mit denen erkannte Probleme behoben werden können, und diskutiert die Ergebnisse der seit dem letzten Treffen durchgeführten Gegenmaßnahmen. Im Rahmen des persönlichen Austauschs in den Qualitätszirkeln sprechen die Toyota-Mitarbeiter über ihre Verbesserungsvorschläge, entwickeln Schritte zur Prüfung dieser Vorschläge und werten die Ergebnisse dieser Tests aus. Mithilfe dieses Systems werden Fehler identifiziert und eliminiert bzw. verhindert. Dadurch entwickelte sich die Produktion von Toyota über Jahre hinweg zu einer der qualitativ hochwertigsten in der Welt.

Kurzfristig werden mit Qualitätszirkeln Lerneffekte durch gruppendynamische Prozesse angestrebt. Durch die Arbeit in Kleingruppen soll darüber hinaus die Teamfähigkeit der Mitarbeiter gefördert und eine frühzeitige Isolierung von Mitarbeitern vermieden werden (vgl. Sevsay-Tegethoff 2007, S. 118). Als langfristige Zielsetzungen von Qualitätszirkeln lassen sich Persönlichkeitsentwicklung, Verbesserung sozialer Beziehungen zwischen den Mitarbeitern sowie eine stärkere Identifikation der Mitarbeiter mit der Arbeitstätigkeit anführen (vgl. Rischar/Titze 2003, S. 53).

Qualitätszirkel werden in der Regel durch Abteilungs- bzw. Gruppenleiter, Vorarbeiter oder Meister moderiert, die im täglichen Arbeitsprozess mit den in den Qualitätszirkeln involvierten Mitarbeitern in Kontakt stehen (vgl. Etienne 2001, S. 15). Die Moderatoren kennen somit die in Qualitätszirkeln behandelten Probleme aus eigener Erfahrung. Allerdings besteht bei einer solchen Konstellation die Gefahr, dass eine Führungsperson als Moderator die eigene Meinung manipulativ durchsetzt (vgl. Rischar/Titze 2003, S. 23).

Die Wurzeln der Qualitätszirkel-Methode liegen im produzierenden Bereich (vgl. Temple/Dale 1986, S. 30). Heute werden Qualitätszirkel verstärkt im administrativen Bereich eingesetzt (vgl. Richards 1984, S. 92). Ein weiteres interessantes Anwendungsfeld ist im Logistikbereich zu sehen. Eine Herausforderung für Qualitätszirkel könnte hier beispielsweise die Optimierung der kundenbezogenen Logistikprozesse sein.

Eine weitere Methode der erfahrungsbasierten Weiterbildung ist die *Lernstatt*. Bei der Lernstatt als gruppenzentrierte Lernmethode stehen die Lernenden und nicht der Lehrende im Mittelpunkt (vgl. Gilbert 1990, S. 61).

Lernstatt	Selbstorganisiertes Lernen in Gruppen mit dem Ziel, das Grundwissen der Lernenden über betriebliche Zusammenhänge zu verbessern sowie Erfahrungen zur betrieblichen Tätigkeit auszutauschen (vgl. Rischar/Titze 2003, S. 123).

In Gruppen von circa fünf bis zehn Personen werden mithilfe eines Moderators verschiedene Themen diskutiert (vgl. Mentzel 2008, S. 214). Diese werden entweder von Führungskräften vorgeschlagen oder von den Gruppen ausgewählt.

Die Lernstatt-Methode wird primär in unteren Hierarchieebenen des produzierenden Bereichs eingesetzt (vgl. Mentzel 2008, S. 213 f.). Aufgrund ihres geringen Anwendungsbezugs für administrative Tätigkeiten wird diese Methode an dieser Stelle nicht näher vertieft. Für detaillierte Erläuterungen sei auf die Ausführungen von Deppe (1992, S. 95 f.) verwiesen.

Die bereits erwähnten Transferprobleme bei edukationsbasierten Methoden der Weiterbildung (vgl. Abschnitt 5.3.1) können unter anderem dadurch auftreten, dass die Lernenden das erlernte Wissen bei der Rückkehr an ihren Arbeitsplatz nicht anwenden (können). Aus diesem Grund fallen sie meist sehr schnell in alte „bewährte" Verhaltensweisen zurück (vgl. Day 2001, S. 601). Die Methode des *Action Learning* ermöglicht den Lernenden solche Fähigkeiten zu entwickeln, welche sie an ihrem Arbeitsplatz einsetzen können (vgl. Conger/Toegel 2002, S. 333).

Action Learning	Kontrollierter Prozess, in dem sich Mitarbeiter neue Fach- und Methodenkenntnisse aneignen, indem sie real existierende Problemstellungen des Unternehmens innerhalb einer Gruppe bearbeiten (in Anlehnung an McGill/Beaty 1995, S. 11).

Learning by Doing ist ein wesentlicher Bestandteil des Action Learnings. Mitarbeiter und Führungskräfte lernen dadurch, dass sie ein tatsächlich vorhandenes Problems im Unternehmen bearbeiten (vgl. Day 2001, S. 601). Ein weiteres Element des Action Learnings ist der *Austausch von Erfahrungen* innerhalb der Gruppe. Dadurch, dass Lösungsstrategien gemeinsam erarbeitet werden, kann der Lerneffekt (im Vergleich zum klassischen Frontalunterricht) gesteigert werden (vgl. Revans 1999, S. 33). Ein drittes charakteristisches Merkmal des Action Learnings ist in der *zeitgleichen Entwicklung individueller Fähigkeiten und der Lösung konkreter Probleme* des Unternehmens zu sehen. Durch das Bearbeiten eines konkreten Problems innerhalb des Unternehmens, für das es bislang keine Lösung gibt, entwickelt die Action Learning Gruppe das Unternehmen weiter. Sie entwickelt zugleich eigene Problemlösefähigkeiten für zukünftige Aufgaben vergleichbarer Art (vgl. Hauser 2006, S. 34).

Action Learning Konzepte werden in der Unternehmenspraxis zunehmend eingesetzt, um eine nachhaltige Lernkultur im Unternehmen zu verankern. So startete beispielsweise das Unternehmen Siemens vor zehn Jahren mit Action Learning Gruppen für High Potential Führungskräfte (vgl. Insert 5.7).

Insert 5.7:	Action Learning bei der Siemens AG (in Anlehnung an Dierk/Saslow 2005, S. 22)

Siemens AG – Die S-Programme

1997 führte Siemens eine Lernkultur mit fünf verschiedenen Programmen ein. [...] Zielgruppe waren als High Potentials eingestufte Manager aus allen Ebenen des Unternehmens – insgesamt etwa 12.000 Manager. [...] Nach intensiven Überlegungen bezüglich des besten Vorgehens wurde die Methode des Action Learnings ausgewählt – hauptsächlich da sie Lernen mit der realen Geschäftswelt verbindet und auf Ergebnisse und Erfolg fokussiert ist [...].

Die Programme umfassten einen Zeitraum von elf bis zwölf Monaten und gaben da-

Um als Projekt zugelassen zu werden, musste es jedoch konkret, messbar und durchführbar sein. [...]. Typischerweise ging es um Kostensenkung, Umsatzwachstum, Markteinführung, Produktentwicklung, Verkauf oder Produktivitätssteigerung. [...]

Im Laufe der Jahre wurden über 1.500 Action Learning Projekte durchgeführt: über 60 % von ihnen erreichten ihre definierten Ziele, über 20 % wurden nach Programmende übernommen. Wenn die Ziele eines Projekts nicht erreicht wurden, lag das hauptsächlich daran, dass die Ziele zu

mit hinreichend Zeit für die Realisierung der Action Learning Projekte. [...]

Themenvorschläge kamen von den Teilnehmern selbst. So sollte ihre Energie, ihre Leidenschaft und ihre Motivation für diese spezifischen Projekte, die zusätzliche Arbeit zum eigentlichen Job bedeuteten, gefördert werden. [...]

ehrgeizig gesteckt worden waren. Das passierte jedoch nicht nur jungen, unerfahrenen Managern, sondern auch erfahrenen Managern und brachte einen eigenständigen Lerneffekt mit sich.

Den Ausgangspunkt des Action Learnings bildet ein konkretes Problem innerhalb des Unternehmens, das in Form eines Projektes formuliert wird. An der Formulierung, der Lösung und der Unterstützung des Action Learning Projektes sind fünf Parteien beteiligt (vgl. Andrew 2003, S. 45; Hauser 2006, S. 44):

- Der so genannte *Klient* zeigt meist als Kunde ein direktes Interesse an der Lösung und der anschließenden Umsetzung des Projektes im Unternehmen auf. Er liefert einen wesentlichen Beitrag zur Formulierung der Zielsetzungen des Projektes.

- Der *Sponsor* verfügt über die nötige Positionsmacht, um das Action Learning Projekt zu unterstützen. Die Rollen des Sponsors und des Klienten können durch identische Personen wahrgenommen werden.

- Die *Action Learning Gruppe* besteht aus circa vier bis sechs Mitgliedern und bearbeitet die vorliegende Aufgabe. Dabei können die einzelnen Mitglieder durchaus unterschiedliche fachliche Hintergründe aufweisen.

- Ein oder mehrere *Tutoren* bringen Fachbeiträge im Sinne von Expertenwissen ein. Es kann sich hierbei beispielsweise um Fachkräfte im Unternehmen bzw. externe, spezialisierte Berater handeln.

- Schließlich steht der Action Learning Gruppe ein *Coach* bei. Dieser fördert die Gruppendynamik und begleitet den Lernprozess.

Abbildung 5.14 veranschaulicht die zentralen Funktionen unterschiedlicher Beteiligter im Action Learning Prozess am Beispiel der Entwicklung einer Kundendatenbank. Der Action Learning Prozess erstreckt sich dabei in der Regel über drei bis vier Monate (vgl. Dierk/Saslow 2005, S. 4).

Abbildung 5.14 Funktionen unterschiedlicher Beteiligter am Action Learning Prozess

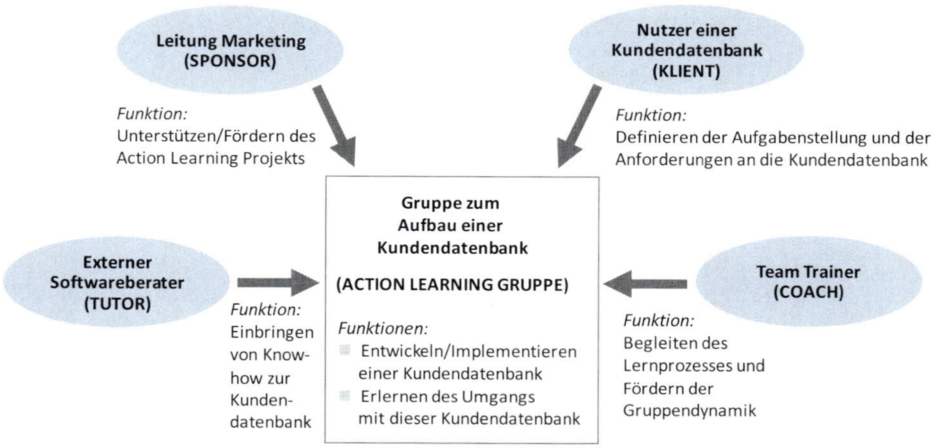

5.3.3 Feedbackbasierte Methoden der Weiterbildung

Während edukationsbasierte bzw. erfahrungsbasierte Methoden der Weiterbildung primär allgemeines bzw. aufgabenspezifisches Wissen vermitteln, setzen feedbackbasierte Methoden an persönlichen Fähigkeiten an.

Feedback-basierte Weiterbildung	Methoden zur Vermittlung von Fähigkeiten und Kenntnissen durch intensive (zumeist persönliche) Interaktion zwischen lernenden und lehrenden Personen.

Die wichtigsten feedbackbasierten Methoden der Weiterbildung sind

- das Coaching (Abschnitt 5.3.3.1) und

- das Mentoring (Abschnitt 5.3.3.2).

5.3.3.1 Das Coaching

Die Coaching-Methode stellt eine Art Prozessberatung für einzelne Personen bzw. Gruppen dar. Dabei versucht die beratende Person – der so genannte Coach – Hilfestellungen in arbeitsbezogenen Fragestellungen zu geben, welche die gecoachte Person nicht alleine bewältigen kann (vgl. Fuchs 2001, S. 170).

Coaching	Individuelle Beratung einzelner Personen bzw. Gruppen hinsichtlich tätigkeitsbezogener, leistungsbezogener, fachlicher bzw. zwischenmenschlicher Fragestellungen (in Anlehnung an Wahren 1997, S. 9).

Im Vorfeld einer Coaching-Maßnahme ist eine Reihe von Aspekten festzulegen, die den späteren Coaching-Prozess bestimmen. Neben den Inhalten und den Zielen des Coaching-Prozesses handelt es sich hierbei insbesondere um die Zielgruppe des Coachings und die Herkunft des Coaches. In Abhängigkeit von diesen Kriterien lassen sich verschiedene Coaching-Formen unterscheiden. Diese sind in Abbildung 5.15 systematisiert.

Abbildung 5.15   Systematisierung verschiedener Coaching-Formen

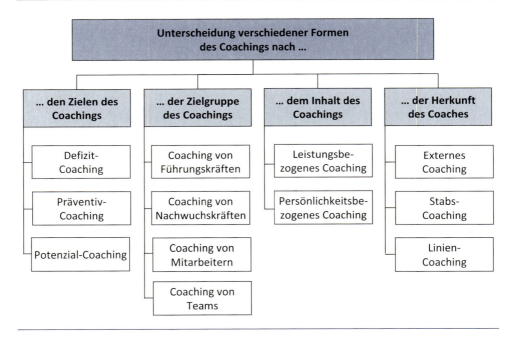

Ein zentrales Merkmal, anhand dessen unterschiedliche Coaching-Formen kategorisiert werden können, ist die *Zielsetzung des Coaching-Prozesses*.

■ Soll eine konkrete, aktuelle Problemsituation behoben werden, welche in Zukunft nicht mehr auftreten soll, so handelt es sich um *Defizit-Coaching*. Ziel des Defizit-Coachings ist es, die vom Unternehmen gesetzten Leistungsstandards (wieder) zu erreichen.

■ Bei Einsatz des *Präventiv-Coachings* liegt keine akute Problemsituation vor. Vielmehr soll die Fähigkeit vermittelt werden, das Auftreten bestimmter Probleme zu verhindern.

■ Das *Potenzial-Coaching* zielt darauf ab, bislang ungenutzte Leistungsreserven von Führungskräften bzw. Mitarbeitern zu identifizieren und für das Unternehmen nutzbar zu machen. Zielgruppen dieses Coachings sind oftmals so genannte „High Potentials". Bei diesen Personengruppen wird davon ausgegangen, dass sie – mit der nötigen Unterstützung – ein höheres Leistungsniveau erreichen können. Darüber hinaus wird das Potenzial-Coaching häufig zur Vorbereitung eines Beschäftigten auf neue Aufgaben eingesetzt (vgl. Thommen 2008).

Ein weiteres Differenzierungskriterium verschiedener Formen des Coachings ist die *Zielgruppe des Coachings*. In der Unternehmenspraxis wird die Coaching-Methode auf verschiedenen Hierarchieebenen eingesetzt (vgl. Thommen 2008). Abbildung 5.16 liefert einen Überblick über die zentralen Zielgruppen des Coachings. Sie zeigt, dass Coaching primär auf der Ebene des oberen und mittleren Managements zur Anwendung gelangt.

Abbildung 5.16   Zielgruppen des Coachings (vgl. Böning-Consult 2004, S. 14)

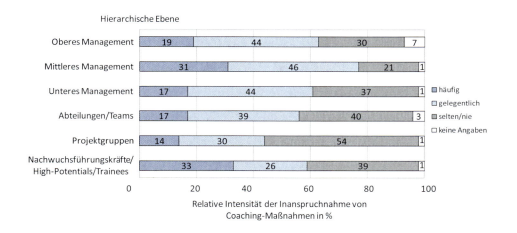

Nach den *Inhalten des Coachings* kann zwischen leistungsbezogenem und persönlichkeitsbezogenem Coaching unterschieden werden (in Anlehnung an Donnert 1998, S. 61 f.). Das *leistungsbezogene Coaching* zielt darauf ab, leistungsbezogene Defizite und Potenziale im täglichen Arbeitsprozess bei Führungskräften und Mitarbeitern zu identifizieren und zu beheben.

Deutlich stärkere Akzente auf zwischenmenschliche Aspekte setzt das *persönlichkeitsbezogene Coaching*. Es basiert auf Analysen der Persönlichkeit, der Einstellungen und der Verhaltensweisen der gecoachten Person und wird in der Unternehmenspraxis primär bei Führungskräften eingesetzt. Im Fokus stehen dabei insbesondere die Entwicklung von Persönlichkeitsstärke, Sozialkompetenz, Extraversion und Aktivität (vgl. Stock 2002).

Eine zentrale Voraussetzung dafür, dass eine Führungsperson überzeugend auftreten, auch in schwierigen Situationen ruhig bleiben und souverän agieren kann, ist ihre *Persönlichkeitsstärke*. Eine Person mit einer starken Persönlichkeit zeichnet sich unter anderem aus durch

- hohes Selbstbewusstsein (vgl. Eysenck/Eysenck 1969),

- Optimismus (vgl. Hofman 1997, S. 49) und

- Selbstkritik/-disziplin (vgl. Comelli 2009, S. 380).

Eine weitere zentrale Voraussetzung für den beruflichen Erfolg einer Person ist deren Fähigkeit, im zwischenmenschlichen Umgang die gewünschten Wirkungen zu erzielen, d. h. die *Sozialkompetenz* (vgl. Boorom/Goolsby/Ramsey 1998, S. 17). Im Einzelnen umfasst die Sozialkompetenz drei Facetten (vgl. Boorom/Goolsby/Ramsey 1998, S. 18): das Einfühlungsvermögen, die Wahrnehmungsfähigkeit und die Kommunikationsfähigkeit.

Neben dem Verständnis für andere Personen ist eine gewisse Neigung zum Umgang mit Menschen, d. h. *Extraversion*, eine weitere wichtige Voraussetzung, um den zwischenmenschlichen Kontakt im Arbeitsumfeld erfolgreich zu gestalten (vgl. Hurley 1998, S. 338). Eine Person, die sich durch hohe Extraversion auszeichnet, hat Spaß am Umgang mit anderen Menschen, und keine Probleme, auf andere Menschen zuzugehen. Sie ist bereit, in gewissem Umfang persönliche Dinge offen zu legen.

Schließlich ist es für eine Führungsperson wichtig, eine gewisse *Aktivität* aufzuweisen. Personen mit hoher Aktivität zeichnen sich durch ein hohes Maß an Innovativität aus. Zudem stehen sie Veränderungen offen gegenüber und sind bereit, Verantwortung für Veränderungen zu übernehmen. Darüber hinaus verfügen Personen mit hoher Aktivität über ein gewisses Durchsetzungsvermögen (vgl. Heckhausen/Heckhausen 2009).

Im Zusammenhang mit der Coaching-Methode stellt sich die Frage nach der Veränderbarkeit der zuvor diskutierten Persönlichkeitsmerkmale. Persönlichkeitsmerkmale werden über Jahre hinweg geprägt und bilden die Basis für das Selbstverständnis einer Person (vgl. Stock 2002, S. 38). Grundsätzlich ist ein Teil dieser Fähigkeiten veränderbar. Dies bedarf jedoch häufig eines deutlich längeren Prozesses als die Veränderung fachlicher Fähigkeiten. In Tabelle 5.12 werden verschiedene Inhalte eines persönlichkeitsbezogenen Coachings erläutert und deren Veränderbarkeit im Rahmen des Coaching-Prozesses aufgezeigt.

Tabelle 5.12 Beeinflussbarkeit verschiedener persönlichkeitsspezifischer Fähigkeiten im Rahmen des Coaching-Prozesses (vgl. Stock 2002, S. 39)

Merkmal	Zentrale Bestandteile	Erläuterung	Beeinfluss-barkeit
Persön-lichkeits-stärke	Selbst-bewusstsein	Ausmaß, in dem eine Person die eigenen Stärken bzw. Schwächen kennt und damit umzugehen weiß	eher gering
	Optimismus	Ausmaß, in dem eine Person von einer positiven Lösung in schwierigen Situationen überzeugt ist	gering
	Selbstkritik/-disziplin	Ausmaß, in dem eine Person die Richtigkeit des eigenen Verhaltens bei Fehlentwicklungen bzw. -entscheidungen hinterfragt (Selbstkritik) sowie die eigenen Verhaltensweisen bewusst kontrolliert (Selbstdisziplin)	hoch
Sozial-kompetenz	Einfühlungs-vermögen	Fähigkeit einer Person, die Perspektive anderer Personen einzunehmen und deren Beweggründe zu verstehen	mittel bis gering
	Wahrnehmungs-fähigkeit	Fähigkeit einer Person, anderen aktiv zuzuhören und deren Beweggründe zu erfahren	mittel
	Kommunika-tionsfähigkeit	Fähigkeit einer Person, die eigenen Gefühle und Absichten gegenüber anderen Personen zum Ausdruck zu bringen	sehr hoch
Extra-version	Soziale Initiative	Ausmaß, in dem sich eine Person für soziale Kontakte einsetzt	hoch
	Impulsivität	Ausmaß, in dem eine Person spontan und emotional auf unerwartete Ereignisse reagiert	mittel
	Aufgeschlossen-heit	Ausmaß, in dem eine Person bereit ist, im Umgang mit anderen Personen Dinge von sich selbst preiszugeben	mittel
Aktivität	Innovativität	Ausmaß, in dem eine Person aufgeschlossen gegenüber neuen Techniken bzw. Entwicklungen ist	mittel
	Veränderungs-bereitschaft	Ausmaß, in dem eine Person bereit ist, Veränderungen herbeizuführen bzw. mitzutragen	mittel
	Durchsetzungs-vermögen	Fähigkeit einer Person, ihren eigenen Willen im zwischenmenschlichen Kontakt durchzusetzen. Zentrale Komponenten: Überzeugungskraft und Verhandlungsgeschick	mittel

Eine weitere Entscheidung im Vorfeld des Coaching-Prozesses bezieht sich darauf, welche Personen als Coach eingesetzt werden. Im Zusammenhang mit der *Herkunft des Coaches* lassen sich im Kern drei Gruppen unterscheiden: externe Coaches, Stabs-Coaches und Linien-Coaches.

- Bei *externen Coaches* handelt es sich um Personen, welche nicht dem Unternehmen angehören. Diese in der Regel psychologisch geschulten Coaches haben sich professionell auf das Coaching von Führungskräften bzw. Mitarbeitern spezialisiert. Externe Coaches werden primär im Bereich des persönlichkeitsbezogenen Coachings eingesetzt.

- Eine Spezialisierung auf das Coaching von Führungskräften bzw. Mitarbeitern liegt auch bei den so genannten *Stabs-Coaches* vor. Im Gegensatz zu externen Coaches sind Stabs-Coaches jedoch Mitglieder des Unternehmens, in dem die gecoachte Person tätig ist, und nehmen diese Funktion hauptamtlich wahr.

- Von *Linien-Coaches* wird dann gesprochen, wenn Führungskräfte als Coach auftreten. Diese dem Unternehmen zugehörigen Coaches erfüllen diese Funktion zusätzlich zu ihrer eigenen Tätigkeit im Rahmen ihrer Führungsaufgabe. Linien-Coaches konzentrieren sich inhaltlich in der Regel auf das leistungsbezogene Coaching (vgl. Abbildung 5.15).

Für den Erfolg eines Coaching-Prozesses ist die Auswahl des „richtigen Coaches" von zentraler Bedeutung. In Abhängigkeit von den Inhalten, den Zielen und der Zielgruppe sind die zuvor diskutierten Coaches unterschiedlich geeignet, um den Coaching-Prozess durchzuführen. Tabelle 5.13 bewertet die drei Gruppen von Coaches anhand verschiedener Kriterien.

Tabelle 5.13   Vergleichende Gegenüberstellung verschiedener Gruppen von Coaches

Coach / Merkmal	Externer Coach	Interner Coach	
		Stabs-Coach	**Linien-Coach**
Coaching-Erfahrung	hoch	mittel bis hoch	mittel bis gering
Neutralität	sehr hoch	mittel bis hoch	eher gering
Diskretion	sehr hoch	mittel bis hoch	mittel bis hoch
Aufgabenspezifische Kenntnisse	eher gering	mittel	hoch
Coaching-Kosten	eher hoch	mittel bis hoch	mittel bis hoch
Coaching-Inhalte Leistungen Persönlichkeit	●●● ●●●●●	●●● ●●●	●●●●● ●

Merkmal \ Coach	Externer Coach	Interner Coach	
		Stabs-Coach	Linien-Coach
Coaching-Ziele			
Defizitbehebung	●●●●●	●●●	●●●●●
Fehlerprävention	●●●	●●●●●	●●●●
Potenzialförderung	●●●●●	●●●	●●●
Coaching-Zielgruppe			
Oberes Management	●●●●●	●	●
Mittleres Management	●●●●●	●●	●
Unteres Management	●●	●●●●	●●
Nachwuchskräfte	●●	●●●●	●●●●
Mitarbeiter	●	●●●	●●●●

Anmerkung: ●●●●● = sehr hohe Eignung; ●●●● = hohe Eignung; ●●● = mittlere Eignung; ●● = eher geringe Eignung; ● = (nahezu) keine Eignung

Damit ein Coaching erfolgreich ablaufen kann, ist eine systematische Vorgehensweise unabdingbar (vgl. Stock 2002, S. 34). Der idealtypische Ablauf eines Coachings ist in vier Phasen gegliedert (in Anlehnung an Rauen 2005, S. 275; Stock 2002, S. 34 ff.):

■ die Kick-Off-Phase,

■ die Analysephase,

■ die Maßnahmendefinitionsphase und

■ die Umsetzungsphase.

Die Schwerpunkte unterschiedlicher Phasen des Coaching-Prozesses auf der Sach- bzw. der Beziehungsebene sind in Abbildung 5.17 dargestellt.

Abbildung 5.17 Schwerpunkte unterschiedlicher Phasen des Coaching-Prozesses

Schwerpunkte des Coaching-Prozesses ...

	... auf der Sachebene	*... auf der Beziehungsebene*
Kick-Off-Phase	• Diskutieren von Chancen und Grenzen des Coaching-Prozesses • Festlegen der Coaching-Ziele • Durchsprechen des Coaching-Prozesses	• Aufbauen von Vertrauen zwischen Coach und gecoachter Person • Motivieren des Coachees zur aktiven Partizipation am Prozess
Analysephase	• Begleiten des Coachees im täglichen Arbeitsprozess • Führen von Gesprächen mit Führungskräften, Kollegen bzw. Mitarbeitern des Coachees[*)]	• Bewerten persönlicher Stärken und Schwächen der gecoachten Person (z. B. anhand von Persönlichkeitstests)
Maßnahmendefinitionsphase	• Gemeinsames Erarbeiten und Priorisieren konkreter Maßnahmen • Ggf. Hinzuziehen weiterer, unterstützender Personen (z. B. Mentoren)[*)]	• Schaffen von Akzeptanz eigener Schwächen des Coachees • Überzeugen des Coachees von der Bedeutung der Maßnahmenumsetzung
Umsetzungsphase	• Begleiten des Coachees im täglichen Umsetzungsprozess • Ggf. Führen von Gesprächen mit anderen Beteiligten[*)] • Geben von Feedback über den Umsetzungserfolg	• Eingehen auf persönliche Probleme bei der Umsetzung • Unterstützen/Beraten bei Rückschlägen

Anmerkung: *) falls möglich bzw. erwünscht

5.3.3.2   Das Mentoring

Die Mentoring-Methode zielt auf die Unterstützung einer Person zwischen verschiedenen beruflichen Phasen ab. Beim Mentoring steht also die „transition between stages" im Mittelpunkt (vgl. Sattelberger 1996, S. 217). Damit ist sie von der Coaching-Methode abzugrenzen, die sich primär auf Situationen innerhalb einer beruflichen Phase konzentriert und daher auch als „development within stages" bezeichnet wird.

Mentoring stellt im Vergleich zum Coaching das breiter angelegte Konzept dar. Es ähnelt dem zuvor beschriebenen Linien-Coaching insofern, als dass die beratende Person bei beiden Methoden aus der Linie stammt. Allerdings ist der Mentor dem so genannten Mentee nicht unmittelbar vorgesetzt. Dadurch wird eine neutrale Position des Mentors sichergestellt, was wiederum den Aufbau von Vertrauen seitens des Mentees erhöht (vgl. Böning/Fritschle 2005, S. 71).

> *Mentoring*   Prozess, in dem eine erfahrene Person (Führungsperson bzw. Mitarbeiter;
> der so genannte Mentor) eine andere Person (den so genannten Mentee)
> in berufsbezogenen und persönlichen Fragen über einen definierten
> Zeitraum hinweg unterstützt (in Anlehnung an Wengelowski/Nordmann
> 2004, S. 20).

In Anlehnung an Weber (2004, S. 18 f.) lassen sich drei Zielgruppen des Mentorings unterscheiden: neue Mitarbeiter, Nachwuchsführungskräfte und langzeitbegleitete Personen.

■ Die Gruppe der *neuen Mitarbeiter* soll möglichst schnell in das Unternehmen integriert werden. Der Mentor als „Insider" unterstützt neue Mitarbeiter dabei, sich fachlich und persönlich einzugliedern. In zeitlicher Hinsicht erstreckt sich ein solcher Mentoring-Prozess auf etwa zwei bis drei Monate.

■ *Nachwuchsführungskräfte* werden im Rahmen des Mentorings bei der erstmaligen Übernahme von Führungsverantwortung begleitet. Der Mentoring-Prozess kann sich über sechs Monate bis drei Jahre erstrecken und ist dann abgeschlossen, wenn der Mentee entweder seine Funktion hinreichend beherrscht oder wenn feststeht, dass eine entsprechende Einarbeitung gescheitert ist. Dieses Einsatzgebiet der Mentoring-Methode ist in der Unternehmenspraxis am weitesten verbreitet.

■ Die Gruppe der *Langzeitbegleiteten* ist bereits längere Zeit im Unternehmen tätig und keinem spezifischen Kreis an Geförderten zuzuordnen. Die Einbindung in ein Mentoren-Programm erfolgt aus verschiedenen Gründen. Als Beispiele sind die Übernahme komplexer Aufgaben bzw. Schlüsselpositionen zu nennen. Auch ein strukturierter Wissenstransfer zwischen älteren und jüngeren Mitarbeitern kann durch Mentoring-Programme gefördert werden (vgl. hierzu ausführlich Abschnitt 17.3.3). Die eher langfristig angelegten Mentoring-Beziehungen können durchaus über das Berufsende des Mentors hinausgehen.

Der Mentor kann aus Sicht des Mentees unterschiedliche Funktionen erfüllen (vgl. Kram 1983, S. 61). Zum einen kann der Mentor *karrierebezogene Unterstützung* leisten, indem er den Mentee beispielsweise für Projekte oder Beförderungen vorschlägt, ihn dabei unterstützt, Strategien und Lösungen zur Bewältigung seiner Arbeitsaufgaben zu entwickeln, oder ihm ermöglicht, von wichtigen Entscheidern im Unternehmen wahrgenommen zu werden. Zum anderen kann der Mentor *psychosoziale Unterstützung* bieten, welche die Selbstsicherheit und das Selbstwertgefühl des Mentees fördert. Beispielsweise kann der Mentor als Rollenmodell fungieren, an dem sich der Mentee in Bezug auf seine Einstellungen bzw. Verhaltensweisen orientiert. Des Weiteren kann der Mentor den Mentee in Situationen, die bei diesem Ängste oder Selbstzweifel auslösen, beraten, ihm Mut zusprechen oder ihn in seiner Persönlichkeit bzw. seiner Vorgehensweise bestätigen (vgl. Kram 1983, S. 61; Noe 1988, S. 459).

Im Vorfeld der Durchführung von Mentoring-Programmen ist deren *organisatorische Einbettung* festzulegen. Diesbezüglich kann zwischen informellem und formellem Mentoring unterschieden werden (vgl. Ragins/Cotton/Miller 2000, S. 1179):

- *Informelles Mentoring* liegt vor, wenn die beiden beteiligten Personen aus eigener Initiative eine Beziehung aufgebaut haben. Das Mentoring ist nicht organisatorisch verankert. Dementsprechend entscheiden die Beteiligten auch eigenständig über die Dauer, die Intensität und den Inhalt der Mentoring-Maßnahme (vgl. Ragins/Cotton/Miller 2000, S. 1179).

- Das *formelle Mentoring* stellt eine institutionalisierte Form des Mentorings dar (vgl. Allen/Eby/Lentz 2006, S. 568). Die Mentoring-Beziehung wird durch das Unternehmen initiiert, die Rahmenbedingungen und der Zeitraum sind festgelegt und es existieren klare Zielvorgaben (vgl. Eby/Rhodes/Allen 2007, S. 3).

Verschiedene Studien zeigen, dass Mentees in *informellen Mentoring-Beziehungen* stärkere karrierebezogene und psychosoziale Unterstützung durch den Mentor erfahren als in formellen Mentoring-Programmen (vgl. u. a. Chao/Walz/Gardner 1992; Ragins/Cotton 1999). Dies könnte insbesondere darauf zurückzuführen sein, dass beim informellen Mentoring Sympathie und Identifikation mit dem jeweiligen Gegenüber Anlass sind, die Beziehung zu initiieren. Dies kann zu einem höheren Engagement des Mentors, besserem gegenseitigem Verständnis und damit zu einer effektiveren Mentoring-Beziehung führen (vgl. Allen/Eby/Lentz 2006, S. 127). Unternehmen sollten also neben formellen Mentoring-Programmen die Entstehung informeller Beziehungen unterstützen. So können Führungskräfte potenzialstarke Mitarbeiter beispielsweise über die Chancen einer Mentoring-Beziehung aufklären und sie bei der selbstgesteuerten Suche nach einem Mentor unterstützen. Eine andere Möglichkeit, gerade für größere Unternehmen, besteht darin, unternehmensweite Datenbanken einzurichten, in denen Mentees auf eigene Initiative hin einen Mentor suchen können.

Das *formelle Mentoring* kann weiter untergliedert werden, je nachdem, wie viele Unternehmen und wie viele Mentees beteiligt sind. Im Hinblick auf die Zahl der beteiligten Unternehmen sind internes Mentoring bzw. Cross-Mentoring zu unterscheiden (vgl. Wengelowski/Nordmann 2004, S. 20). *Internes Mentoring* ist auf ein Unternehmen begrenzt. Mentor und Mentee arbeiten in demselben Unternehmen, stehen in der Regel aber nicht in direktem Abhängigkeitsverhältnis zueinander. Das *Cross-Mentoring* ist in eine Kooperation zwischen mehreren Unternehmen eingebettet. Der Mentor und der Mentee gehören unterschiedlichen Organisationen an. Dies ermöglicht es dem Mentee, unternehmensbezogene Probleme besonders offen anzusprechen. Zudem können Lösungsansätze entwickelt werden, die nicht im Vorfeld durch die eigene unternehmensbezogene Perspektive eingeschränkt sind. Nachteilig kann sich dagegen auswirken, dass der Mentor die unternehmensspezifische Kultur nicht kennt. In der Unternehmenspraxis werden diese Konzepte insbesondere in kleineren Unternehmen, in denen eine „kritische Masse" an eigenen Führungskräften fehlt, sowie zur Förderung weiblicher Potenzialträger eingesetzt (vgl. Bohn/Besendörfer 2007, S. 37 ff.; Wengelowski/Nordmann 2004, S. 20, sowie Abschnitt 18.3.3).

In Bezug auf die Zahl der beteiligten Mentees lassen sich Einzel- und Gruppen-Mentoring unterscheiden. Beim *Einzel-Mentoring* betreut ein Mentor genau einen Mentee. Dadurch können die Treffen sehr individuell gestaltet werden und sich an den Bedürfnissen des

Mentees orientieren. Im Gegensatz dazu sind beim *Gruppen-Mentoring* mehrere Mentees einem Mentor zugeordnet. Die Mentoring-Gespräche finden in der Regel in der Gruppe statt, können aber gegebenenfalls durch Zweiergespräche ergänzt werden. Ein zentraler Vorteil des Gruppen-Mentorings ist, dass sich die Mentees untereinander vernetzen können und die Betreuung einer bestimmten Zahl von Mentees weniger aufwändig ist. Dagegen kann die individuelle Förderung an Intensität verlieren (vgl. Popoff 2005, S. 45).

Wie Insert 5.8 zeigt, können die verschiedenen Formen des klassischen Mentorings miteinander kombiniert werden. So existieren bei der Boston Consulting Group sowohl formelle als auch informelle Mentoring-Beziehungen parallel, während die Deutsche Bank interne Programme mit Cross-Mentoring kombiniert.

Insert 5.8:	Klassische Formen des Mentorings in der Unternehmenspraxis (Paulus 2009)

Mentorenprogramme: Anschubhilfe beim Aufstieg

Wie sehen die informellen Spielregeln im Unternehmen aus? Wie vorgehen, damit das Projekt angenommen wird? Wie mit der Arbeitsbelastung umgehen, die Arbeit sinnvoll strukturieren? Welchen Karriereschritt als nächsten tun? Mit wem sich austauschen?

Mit dem persönlichen Mentor, heißt hier die klare Antwort bei der Unternehmensberatung Boston Consulting Group (BCG). Jeder Mitarbeiter bekommt einen erfahrenen Berater an die Seite gestellt, der weiß, wie die Firma tickt, der bei fachlichen und persönlichen Problemen fundiert Anstöße und Unterstützung geben und im Konfliktfall mit der entsprechenden Seniorität auftreten kann.

„Am Anfang teilen wir einen Mentor zu, der mindestens auf der Ebene eines Projektleiters angesiedelt ist. Aber man kann sich auch selbst jemand suchen, wenn man das Gefühl hat, es harmoniert nicht optimal", erklärt Just Schürmann, Geschäftsführer Recruiting bei BCG. Fünf Mentees betreut er selbst derzeit, wobei es ihm bei den regelmäßigen Treffen vor

Institutionen zurückgreifen. Große Firmen fahren dabei oft zweigleisig und führen regelmäßig sowohl interne Mentoren-Programme wie externe, so genannte Cross-Mentoring Programme durch. Beispiel Deutsche Bank: Während beim seit neun Jahren installierten Programm „Cross Divisional" die rund 140 Mentoren und Mentees aus unterschiedlichen Unternehmensbereichen stammen, findet beim „Cross Company" die Tandembildung aus Mentor und Mentee zwischen den am Programm beteiligten Firmen (u.a. Fraport, Lufthansa, HP oder Bosch) statt. Inhaltliche Vorgaben, wie das Mentoring konkret ablaufen soll, gibt es nicht. Zwar können sich Kandidaten auch direkt für die auf 12 Monate angesetzten Programme bewerben, aber meist erfolgt eine gezielte, mit Kandidat und Vorgesetzten abgestimmte Auswahl durch die Personalabteilung. [...]

Offen über eigene Schwächen und Stärken zu reden setzt Vertrauen voraus - eine gemeinsame „Wellenlänge" ist damit Grundvoraussetzung für erfolgreiches

allem darum geht „Fragen zu stellen, damit der Mentee sich bewusst Gedanken macht, wie seine Entwicklungswünsche, Perspektiven und Meilensteine für die nächsten zwei, drei Jahre aussehen." [...]

Auf die organisierte Unterstützung durch beruflich erfahrene Manager oder Führungskräfte können Nachwuchstalente inzwischen in vielen Unternehmen und

Mentoring. Dennoch ist der Einfluss der Mentees in der Regel bewusst begrenzt, sorgt meist die Personalabteilung für den möglichst optimalen Mix. „Die Mentees geben ihren Wunsch ab, aus welchem Bereich der Mentor kommen soll, welches Geschlecht sie präferieren", erklärt Marion Dressler, Personalpressesprecherin der Deutschen Bank. [...]

Neben den zuvor dargelegten klassischen Formen des Mentorings wurden in den letzten Jahren neuere Varianten entwickelt. Im Folgenden werden drei neuere Mentoring-Formen vertieft:

- das Development Network,
- das Peer-Mentoring und
- das E-Mentoring.

In einem *Development Network* treten mehrere Personen als Mentor eines Mentees auf. Dabei geht es insbesondere darum, eine einseitige Abhängigkeit von einer Person zu vermeiden und eine gewisse Perspektivenvielfalt bei der Entwicklung von Problemlösungsansätzen sicherzustellen (vgl. Molloy 2005, S. 537). Beim *Peer-Mentoring* unterstützen und beraten sich Mitarbeiter mit vergleichbarer hierarchischer Stellung gegenseitig. Beziehungen zu Kollegen können durch Informationsaustausch und arbeitsbezogenes Feedback karrierefördernd wirken, darüber hinaus können sich die Peers emotional unterstützen und freundschaftliche Beziehungen aufbauen, was die Arbeitszufriedenheit erhöhen und Stress reduzieren kann (vgl. Bakker/Demerouti/Euwema 2005; Kram/Isabella 1985). Das *E-Mentoring* schließlich ist dadurch gekennzeichnet, dass die Mentoring-Beziehung online gepflegt wird. In einem Online-Portal, in dem Mentoren und Mentees angemeldet sind, können der Austausch zwischen den Beteiligten stattfinden und Materialien durch die Organisation hinterlegt werden (vgl. Headlam-Wells/Gosland/Craig 2006). Eine solche Form des Mentorings ermöglicht den Aufbau einer Beziehung zwischen Personen, die geographisch weit voneinander entfernt sind. Zudem verlieren Vorbehalte bezüglich Geschlecht, Herkunft oder Alter ihre Bedeutung (vgl. Bierema/Merriam 2002, S. 219 f.). Allerdings erschwert die indirekte Kommunikation den Aufbau einer vertrauensvollen und offenen Beziehung zwischen Mentor und Mentee.

In empirischen Studien konnten positive Auswirkungen von Mentoring auf die berufliche Entwicklung und die Befindlichkeit der Mentees nachgewiesen werden. So zeigen beispielsweise Allen und Kollegen (2004) in einer Metaanalyse mit 7.570 Probanden, dass Mentoring zu einer Steigerung der Vergütung des Mentees führt, die Zahl seiner Beförderungen erhöht sowie die Karriere- und Arbeitszufriedenheit verbessert. Dabei hängt der

Erfolg des Mentorings jedoch von einer Vielzahl von Faktoren ab. Der Erfolg des Mentorings ist umso größer (vgl. u. a. Allen/Eby/Lentz 2006; Parise/Forret 2008; Turban/Dougherty/Lee 2002; Wanberg/Welsh/Kammeyer-Mueller 2007),

- je höher das Commitment des Mentors,

- je erfolgreicher der Mentor bei seiner eigenen Arbeit ist,

- je stärker sich der Mentee gegenüber dem Mentor öffnet,

- je höher die wahrgenommene Ähnlichkeit zwischen Mentor und Mentee ist,

- je besser die Teilnehmer auf das Mentoring vorbereitet werden sowie

- je stärker das Management bzw. das Unternehmen das Mentoring unterstützt.

5.3.4   Evaluation der Weiterbildung

Verschiedene Maßnahmen der Weiterbildung können je nach ihrer Zielgruppe, ihrer Zielsetzung und ihrem Inhalt unterschiedlich effektiv sein. Wie Abbildung 5.18 verdeutlicht, variiert die Bewertung der Effektivität verschiedener Weiterbildungsmethoden in der Unternehmenspraxis erheblich.

Damit die Weiterbildung einen Beitrag zum Unternehmenserfolg leisten kann, ist es im Rahmen einer strategisch orientierten Personalentwicklung von besonderer Bedeutung, die optimale Weiterbildungsmethode auszuwählen und deren Effektivität zu überprüfen. Aus diesem Grund schließt der Prozess der Personalentwicklung nicht mit der Durchführung der Weiterbildungsmaßnahmen. Stattdessen sollten Unternehmen systematisch prüfen, ob die Weiterbildungsmaßnahmen die jeweiligen Ziele kosteneffizient erreichen. Die Grundlage hierfür liefert eine systematische Evaluation der betrieblichen Weiterbildung.

Evaluation	Systematisches Vorgehen zur Überprüfung der Wirksamkeit bzw. des Erfolgs einer Intervention (z. B. einer Weiterbildungsmaßnahme).

Für den Erfolg von Personalentwicklungsmaßnahmen ist der Transfer des Erlernten in den Arbeitsalltag entscheidend. Damit stellt der Transfer das Hauptziel der Weiterbildung, aber auch aller anderen Personalentwicklungsmaßnahmen dar (vgl. Bergmann/Sonntag 2006, S. 357; Mandl/Prenzel/Gräsel 1992, S. 126). Erst durch die Anwendung des Gelernten in der Praxis wird ein Nutzen für das Unternehmen und die Mitarbeiter realisiert. Maßnahmen zur Transfersicherung sind jedoch in der betrieblichen Praxis kaum verbreitet (vgl. Schiersmann/Iller/Remmele 2001, S. 21). So werden nach Schätzungen von Experten lediglich 10 Prozent des in Personalentwicklungsmaßnahmen Erlernten tatsächlich in den Arbeitsalltag übertragen. Gleichzeitig geben mehr als 80 Prozent der befragten Unternehmen an, große Schwierigkeiten zu haben, den Transfer von Weiterbildungsinhalten in die tägliche Arbeit der Beschäftigten sicherzustellen (vgl. Pawlowsky/Bäumer 1996, S. 154). Dies führt bei den Unternehmen zu Ressourcenverschwendung aufgrund ungenutzter

Potenziale und bei den Mitarbeitern nicht selten zu Frustration. Nach der Durchführung von Weiterbildungsmaßnahmen sollte sich daher stets eine systematische Evaluation der Maßnahme anschließen.

Abbildung 5.18   Von Personalverantwortlichen eingeschätzte allgemeine Effektivität von Personalentwicklungsmaßnahmen (IBM 2008, S. 29)

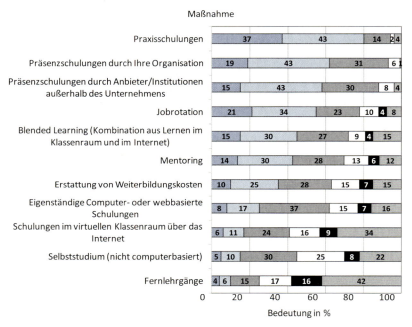

Eine Evaluation kann in sechs Arbeitsschritte gegliedert werden. Diese sind in Abbildung 5.19 im Überblick dargestellt (in Anlehnung an Höft 2006, S. 783 ff.).

Abbildung 5.19   Prozess der systematischen Evaluation von Weiterbildungsmaßnahmen

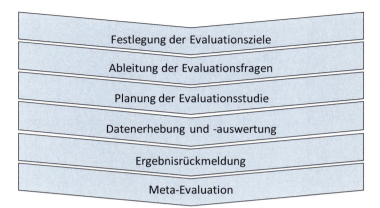

Festlegung der Evaluationsziele

Ableitung der Evaluationsfragen

Planung der Evaluationsstudie

Datenerhebung und -auswertung

Ergebnisrückmeldung

Meta-Evaluation

Im ersten Schritt werden die *Ziele der Evaluation* festgelegt. Hierbei ist zu klären, ob ein neu eingeführtes Weiterbildungsprogramm oder ein bereits etabliertes Weiterbildungsinstrument evaluiert werden soll. In ersterem Fall steht die grundsätzliche Eignung des gewählten Ansatzes und dessen Effektivität im Fokus, während es in letzterem Fall um die Feinjustierung des bestehenden Programms geht.

Stehen die Evaluationsziele fest, können hieraus in einem zweiten Schritt direkt die *Evaluationsfragen* abgeleitet werden, die im Rahmen der Evaluation beantwortet werden sollen. Steht die Effektivität einer Weiterbildungsmaßnahme im Fokus der Evaluation, können sich die Evaluationsfragen auf vier Ebenen beziehen (vgl. Kirkpatrick 1978):

■ Die *Reaktionsebene* beschreibt die Zufriedenheit der Teilnehmer der Weiterbildungsmaßnahme, ihre emotionalen Bewertungen der Maßnahme sowie ihre subjektive Nutzenabwägungen. Diese Informationen werden in der Regel direkt im Anschluss an die Maßnahme mittels Fragebögen oder Interviews erhoben.

■ Auf der *Lernebene* wird erfasst, inwieweit die Lerninhalte durch die Teilnehmer verstanden und angeeignet wurden. Dies kann sich entweder auf kognitive Ergebnisse (z. B. verbessertes Fachwissen), verbesserte Fertigkeiten (z. B. schnellerer und fehlerfreier Arbeitsablauf) oder affektive Veränderungen (z. B. höhere Arbeitsmotivation) beziehen. Geeignete Messinstrumente in diesem Zusammenhang sind standardisierte Tests oder Selbstauskünfte der Teilnehmer.

■ Auf der *Verhaltensebene* steht die Umsetzung des Gelernten im Arbeitsalltag im Fokus. Mittels Beobachtungen oder Befragungen, die einige Zeit nach dem Abschluss der Weiterbildungsmaßnahme durchgeführt werden, wird erhoben, inwieweit die Teilnehmer konkrete Lerninhalte auf prinzipiell ähnliche und in einen größeren Zusammenhang eingebettete Aufgaben bzw. Problemfälle ihres Arbeitsalltags übertragen können.

- Die abstrakteste Ebene zur Messung der Effektivität einer Weiterbildungsmaßnahme stellt die *Ergebnisebene* dar. Hier werden Leistungskennzahlen wie beispielsweise die Produktivität oder der Umsatz herangezogen, um den Erfolg der Weiterbildung zu messen.

Im dritten Schritt des idealtypischen Evaluationsprozesses wird, ausgehend von den Evaluationszielen und -fragen, die *Evaluationsstudie* geplant, d. h. das Evaluationsmodell festgelegt. Hier ist insbesondere zu entscheiden, ob ein quantitativer oder ein qualitativer Ansatz verfolgt wird (vgl. Höft 2006, S. 785). Bei konkreteren Evaluationsfragen, z. B. bei der Verbesserung etablierter Weiterbildungsverfahren, ist ein *quantitativer Ansatz* geeignet, der zum Ziel hat, verlässliche und replizierbare Fakten zu erfassen, die über die spezifische Situation hinaus generalisierbar sind. Ein Beispiel für quantitative Verfahren ist der standardisierte Fragebogen. Sind die Evaluationsfragen noch relativ offen, beispielsweise weil ein Weiterbildungsprogramm noch in der Konzeptionsphase ist, empfiehlt sich ein *qualitativer Ansatz*, der zum Ziel hat, alle möglichen Einflussfaktoren zu berücksichtigen, ohne dass vorab Annahmen hierzu getroffen werden. Beispielhafte qualitative Verfahren sind Tiefeninterviews oder Gruppendiskussionen. Je nach Ziel und Fragestellung der Evaluation kann es sinnvoll sein, quantitative und qualitative Verfahren zu kombinieren.

Eine weitere Entscheidung im Rahmen der Planung der Evaluationsstudie betrifft die Form der Evaluation. Hierbei kann – entsprechend den Zielen und Fragestellungen der Evaluation – zwischen zwei alternativen Herangehensweisen gewählt werden: der summativen und der formativen Evaluation. Bei der *summativen Evaluation* steht die Bewertung einer Weiterbildungsmaßnahme in ihrer Gesamtheit im Fokus; es erfolgt eine zusammenfassende Effektivitätsbeurteilung nach Abschluss der Maßnahme. Bei der *formativen Evaluation* wird eine Weiterbildungsmaßnahme in ihre Einzelteile zerlegt, die jeweils getrennt bewertet werden. Ziel ist es, Informationen für die Verbesserung bzw. die Modifikation einer bestehenden Maßnahmen zu generieren (vgl. Bortz/Döring 2006; Ditton 2009, S. 607).

Im vierten Schritt des Evaluationsprozesses erfolgt die *Datenerhebung und -auswertung*. Dabei ist insbesondere darauf zu achten, dass eine den Evaluationszielen entsprechende Stichprobe erhoben wird. Zudem sollte die Datenauswertung einem im Rahmen der Planungsphase festgelegten Konzept folgen, um eine gewisse Objektivität und Vergleichbarkeit der gewonnenen Ergebnisse zu gewährleisten.

Im Rahmen der *Ergebnisrückmeldung* werden im fünften Schritt die Ergebnisse der Datenauswertung strukturiert, zielgruppengerecht aufbereitet und an die Beteiligten weitergegeben. Die Ergebnisberichte können bereits Vorschläge zur Verbesserung des jeweiligen Weiterbildungskonzeptes bzw. -programms enthalten.

Der idealtypische Evaluationsprozess schließt mit der so genannten *Meta-Evaluation*, bei der die eigentliche Evaluation kritisch reflektiert wird. Insbesondere ist zu prüfen, ob alle Evaluationsfragen adäquat beantwortet wurden und welche Implikationen sich für zukünftige Evaluationsprozesse ziehen lassen.

5.4   Gestaltung der Förderung

Die dritte Facette der Personalentwicklung ist die Förderung (vgl. Abbildung 5.3). Im Mittelpunkt der Personalförderung steht die Begleitung von Führungskräften bzw. Mitarbeitern und deren Unterstützung im Rahmen ihrer beruflichen Entwicklung (vgl. Leitfrage 5, Tabelle 5.1).

Förderung	Maßnahmen eines Unternehmens, die auf Planung und Unterstützung der individuellen beruflichen Entwicklung von Führungskräften und Mitarbeitern ausgerichtet sind.

Mit der Förderung können sowohl Ziele des Unternehmens als auch Ziele der Beschäftigten erreicht werden. Eine Gegenüberstellung der Ziele der Förderung aus Unternehmens- und Mitarbeitersicht liefert Tabelle 5.14.

Tabelle 5.14   Ziele der Personalförderung aus Sicht des Unternehmens und der Beschäftigten

Ziele der Förderung aus Sicht ...	
... des Unternehmens	*... der Beschäftigten*
■ Ausschöpfen der Mitarbeiterpotenziale ■ Sichern des Führungs- und Fachkräftenachwuchses ■ Steigern der Attraktivität des Unternehmens als Arbeitgeber ■ Binden von Führungskräften und Mitarbeitern an das Unternehmen ■ Effektiveres Einsetzen der Beschäftigten entsprechend ihrer Eignung und Neigung	■ Unterstützen der beruflichen Entfaltung durch das Unternehmen ■ Verbessern der Möglichkeiten zur Selbstverwirklichung im Rahmen eines strukturierten Förderungsprogramms ■ Steigern der Motivation durch kontinuierliche Weiterentwicklungsmöglichkeiten im Unternehmen

Der Personalförderung werden im Kern zwei Handlungsfelder zugeordnet: die Nachfolgeplanung und die Karriereplanung. Die *Nachfolgeplanung* weist starke Schnittstellen zur Personalbedarfsplanung auf und wurde bereits in Abschnitt 3.5 dargestellt. Der vorliegende Abschnitt konzentriert sich daher auf die *Karriereplanung* als wesentliche Facette der Personalförderung. Im Mittelpunkt der Karriereplanung steht die Ausgestaltung der beruflichen Karriere ausgewählter Beschäftigter.

5.4.1   Begriff und Formen der beruflichen Karriere

Der Karrierebegriff wird in der Literatur häufig mit der „klassischen Kaminkarriere" gleichgesetzt, die durch einen kontinuierlichen ranghierarchischen Aufstieg innerhalb eines Unternehmens- bzw. Funktionsbereichs gekennzeichnet ist (vgl. Friedli 2008, S. 247; Meier 2001). Als Indikatoren einer erfolgreichen Karriere werden Macht (z. B. Anzahl geführter Mitarbeiter, Budgetvolumen), sozialer Status (z. B. Titel, Publizität), Einkommen, Geschwindigkeit des beruflichen Aufstiegs sowie Einflussmöglichkeiten genannt (vgl. Hertig 2008). Allerdings ist davon auszugehen, dass geplante, ausschließlich vertikale Entwicklungen im Stellengefüge die betriebliche Realität immer weniger widerspiegeln. Vielmehr wechseln Führungskräfte bzw. Mitarbeiter im Laufe ihrer Karriere auch innerhalb einer Hierarchieebene die Stelle (vgl. Baruch 2004, S. 147 f.).

Berufliche Karriere	Berufliche Entwicklung von Führungskräften bzw. Mitarbeitern in Verbindung mit verschiedenen Stellen- und Positionsfolgen innerhalb eines Unternehmens bzw. über verschiedene Unternehmen hinweg (in Anlehnung an Berthel 1995, S. 1285).

Im Zusammenhang mit der Förderung von Mitarbeitern ist zwischen unterschiedlichen Karriereformen zu unterscheiden. Eine Systematisierung unterschiedlicher Karriereformen nimmt Becker (2009, S. 521) vor. Als Systematisierungskriterien werden insbesondere die zeitliche Dauer und der inhaltliche Fokus der Karriere herangezogen. Im Hinblick auf ihren *zeitlichen Horizont* können Karrieren entweder temporär oder dauerhaft ausgerichtet sein.

- *Temporäre Karrieren* beziehen sich auf einen zeitlich begrenzten Zeitraum. Sie sind vielfach in einen speziellen Kontext (z. B. Auslandsentsendung, Bearbeitung zeitlich begrenzter Projekte) eingebettet.

- *Dauerhafte Karrieren* sind langfristig angelegte Karrieren, die einen Wechsel zwischen verschiedenen Unternehmen beinhalten können.

Ein weiteres Kriterium zur Systematisierung verschiedener Karriereformen ist deren *inhaltlicher Fokus*. Hierbei kann zwischen Führungskarrieren, Fachkarrieren und Projektkarrieren unterschieden werden. Lange Zeit dominierte die *Führungskarriere* in der Unternehmenspraxis. Diese ist dadurch gekennzeichnet, dass zunächst ein breites Verständnis des Unternehmens auf mehreren im unteren Management angesiedelten Positionen erworben wird. Daran schließt sich ein hierarchischer Aufstieg innerhalb eines bestimmten Unternehmensbereichs entlang der Linie bzw. Hierarchie an (vgl. Friedli 2008, S. 249). Der Verlauf der klassischen Führungskarriere ist in Abbildung 5.20 dargestellt. Bis heute entspricht die typische Führungskräftekarriere in deutschen Unternehmen diesem Karrieremodell. Sie wird üblicherweise von allen Unternehmen angeboten, wobei der Formalisierungsgrad der Karriereschritte erheblich variieren kann.

Abbildung 5.20   Klassische Führungskarriere
(in Anlehnung an Evans/Lank/Farquhar 1989, S. 126 f.)

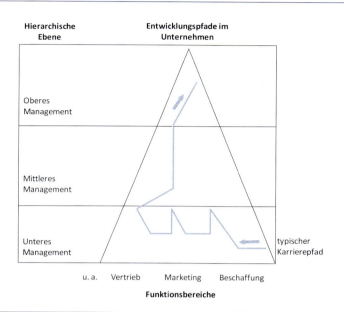

In den letzten zehn Jahren gewannen in der Unternehmenspraxis zunehmend Fach- und Projektkarrieren als Ergänzung zur klassischen Führungskarriere an Bedeutung (vgl. Zellweger 2007, S. 20). *Fachkarrieren* zeichnen sich durch einen hohen Anteil reiner Fachaufgaben und einen geringen Umfang an Führungsaufgaben aus. Zielgruppe sind Fachkräfte, die insbesondere durch inhaltlich interessante Fachaufgaben motiviert werden, jedoch aktuell nur geringes Interesse an der Übernahme von Führungsverantwortung haben. Die Fachkarriere stellt ein Instrument zur Entwicklung und Bindung hoch qualifizierter Fachkräfte dar (vgl. Friedli 2008, S. 250). Die Fachlaufbahn ist in der Unternehmenspraxis sehr weit verbreitet. So bieten über die Hälfte der DAX-30 Unternehmen Fachlaufbahnen an, darunter E.ON AG, Infineon Technologies AG und Münchener Rückversicherungs-Gesellschaft AG (vgl. Böcker 2006, S. 30).

Projektkarrieren beschreiben berufliche Entwicklungen von Mitarbeitern innerhalb von Projektstrukturen. Diese umfassen alle „temporäre[n], für die Erledigung einer eigenständigen, oft neuartigen und komplexen Aufgabe angelegte[n] Organisationseinheit[en]" (Hungenberg/Wulf 2007, S. 239) eines Unternehmens. Das Ziel von Projektkarrieren ist die Entwicklung gut ausgebildeter und erfahrener Projektmitarbeiter (vgl. Steinert/Schlichtenmeier/Birkenfeld 2008, S. 58). Beispielhafte Unternehmen, die Projektlaufbahnen anbieten, sind die Deutsche Telekom AG (vgl. Seitz 2004) und die österreichische OMV AG (vgl. Lang/Rattay 2005). Tabelle 5.15 stellt die drei alternativen Karriereformen gegenüber (in Anlehnung an Friedli 2002, 2008; Thommen 2008).

Tabelle 5.15   Charakterisierende Merkmale zentraler Karriereformen in der
                      Unternehmenspraxis

Karriereform	Beschreibung der Karriereform	Kennzeichen des Aufstiegs
Führungs-karriere	■ *Fokus*: Entwicklung von Sozial- und Führungskompetenz ■ Übernahme von Personal- und Führungsverantwortung durch Leitungsbefugnisse gegenüber unterstellten Mitarbeitern ■ Aufstieg erfolgt entlang der Hierarchie des Unternehmens ■ Bisherige Aufgaben werden durch zusätzliche Personal- und Organisationsverantwortung erweitert	■ Zuwachs an Kompetenzen ■ Zuwachs an Ansehen ■ Anhebung der Vergütung ■ Ausbau der Personal- und Organisationsverantwortung ■ Verringerung des Anteils fachlicher Aufgaben
Fachkarriere	■ *Fokus*: Entwicklung von spezifischem Fach-/Expertenwissen ■ Übernahme fachlicher Aufgaben ■ Aufstieg ist tendenziell vertikal ausgerichtet, bedeutet einen ansteigenden Anteil an Fachaufgaben ohne zusätzliche Führungsfunktion und Administration ■ Ziel ist die Förderung und Bindung von Fachkräften	■ Steigerung von Anspruch und Umfang von Fachaufgaben ■ Erweiterung von Handlungsspielräumen ■ Steigerung der Fachverantwortung
Projekt-karriere	■ *Fokus*: Entwicklung von Sozial- und Methodenkompetenz ■ Übernahme zeitlich befristeter Fach- und Führungsaufgaben ■ Aufstieg beinhaltet eine Beteiligung an der Planung, der Entscheidung, der Steuerung und der Kontrolle innerhalb eines projektbezogenen Teams ■ Hohe Gewichtung von Sozialkompetenz ■ Vorübergehende Übernahme von Projektverantwortung neben Aufgaben in Linienfunktion ■ Möglichkeit, für eine beschränkte Zeit eine anspruchsvolle und komplexe Aufgabe mit der dazugehörigen Verantwortung zu übernehmen sowie neues Wissen und neue Erfahrungen zu sammeln	■ Ausbau der Verantwortung innerhalb von Projekten ■ Anstieg der Zahl zu integrierender Unternehmens- bzw. Funktionsbereiche ■ Zunahme der Zahl beteiligter Disziplinen ■ Vergrößerung des Projektteams ■ Zunahme der Bedeutung der Projekte

Die Unternehmenspraxis ist derzeit geprägt von einem Trend zu flacheren Organisationsstrukturen mit einer geringeren Zahl von Hierarchieebenen, der die Entwicklungsmöglichkeiten im Rahmen einer Führungskarriere erheblich einschränkt (vgl. Biehal/Scheinecker 2006, S. 4 f.; Brexel 1998, S. 34; Friedli 2008, S. 249 f.). Zudem nimmt die Bedeutung der Projektarbeit und des Aufbaus unternehmensspezifischen Know-hows für den Unternehmenserfolg immer stärker zu (vgl. u. a. Günther/Neumann 2004, S. 363; Steinert/Schlichtenmeier/Birkenfeld 2008, S. 58). Dadurch bilden qualifizierte Projektmitarbeiter und Fachkräfte neben Führungskräften eine zunehmend wichtige Ressource für Unternehmen. Vor diesem Hintergrund gehen Unternehmen verstärkt dazu über, alle drei oben genannten Karriereformen parallel anzubieten. Diese gleichzeitige Etablierung von Führungs-, Fach und Projektkarrieren wird als *triales Karrieresystem* bezeichnet (vgl. Majer/Mayrhofer 2007, S. 37). Beispiele für triale Karrieresysteme finden sich unter anderem beim Chipkartenhersteller Giesecke & Devrient GmbH (vgl. Elbasi/Baumbach 2007) und der Raiffeisen Zentralbanken Österreich AG (vgl. Biehal/Scheinecker 2006).

Ein zentraler Vorteil von trialen Karrieresystemen ist die Vielfalt der beruflichen Entwicklungsmöglichkeiten für Führungskräfte und Mitarbeiter. Dadurch kann die Förderung besser den individuellen Bedürfnissen und Erwartungen der Beschäftigten gerecht werden. Dies ist insbesondere bedeutsam, da sich Personen, wie beispielsweise die Forschungen zur Zwei-Faktoren-Theorie belegen (vgl. Abschnitt 2.2.2.4), teilweise sehr stark darin unterscheiden, welche Faktoren sie besonders motivieren. Auch die verbesserte Messbarkeit von Karriereerfolgen kann sich positiv auf die Motivation der Betroffenen auswirken. Zudem verdeutlicht die transparente Gestaltung eines trialen Karrieresystems die Erwartungen, Anforderungen und Belastungen, die mit einem beruflichen Aufstieg verbunden sind, und welche Kompetenzen hierfür erforderlich sind. Dies macht Beförderungs- und Versetzungsentscheidungen nachvollziehbar und fair, was sich wiederum positiv auf die Zufriedenheit und die Bindung von Führungskräften und Mitarbeitern auswirken kann (vgl. Abschnitt 2.2.1.3). Zuletzt kann ein Unternehmen durch zusätzliche Karrierewege neben der Führungskarriere seine Attraktivität für potenzielle Bewerber erhöhen (vgl. Majer/Mayrhofer 2007, S. 38 f.).

Bei der Einführung eines trialen Karrieresystems muss über folgende Aspekte entschieden werden (vgl. Majer/Mayrhofer 2007, S. 37 ff.):

- *Schichtung innerhalb der Karriereformen*: Die Schichtung beschreibt die Zahl und die Wertigkeit der verschiedenen Stufen innerhalb einer Karriereform. Hierbei ist zu entscheiden, ob die Anzahl und die Wertigkeit der Stufen von Führungs-, Fach- und Projektkarriere gleich oder unterschiedlich sind.

- *Reichweite der einzelnen Karriereformen*: Die Reichweite beschreibt die absolute Zahl der Stellen, die eine Karriereform umfasst, sowie ihre Relation zu anderen Karriereformen. Von der Reichweite hängt ab, wie viele Mitarbeiter und Führungskräfte innerhalb der einzelnen Karriereformen aufsteigen können.

- *Durchlässigkeit zwischen den Karriereformen*: Die Durchlässigkeit beschreibt, inwieweit Wechsel zwischen verschiedenen Karriereformen möglich sind bzw. gefördert werden.

Darüber hinaus setzt die erfolgreiche Einführung eines trialen Karrieresystems voraus, dass die Schnittstellen zu anderen Personalmanagement-Aktivitäten entsprechend der Personalstrategie (vgl. Abschnitt 1.1.1.1) gestaltet werden (vgl. Friedli 2008, S. 257). Dabei ist insbesondere die Gestaltung der Personalvergütung (vgl. Kapitel 9) an der Wertigkeit der Stellen innerhalb einer Karriereform zu orientieren. Zudem sollte die Personalbeurteilung (vgl. Kapitel 8) herangezogen werden, um zu beurteilen, inwieweit eine Führungsperson bzw. ein Mitarbeiter über die erforderlichen Kompetenzen verfügt, um innerhalb einer Karriereform aufzusteigen bzw. zwischen zwei Karrieremodellen zu wechseln. Schließlich sollte die Weiterbildung (vgl. Abschnitt 5.3) darauf ausgerichtet sein, Beschäftigte auf die Übernahme einer neuen Stelle vorzubereiten. Hier setzt die Karriereplanung an.

5.4.2   Karriereplanung unter Berücksichtigung unterschiedlicher Karrieretypen

In Verbindung mit der Planung einer Karriere ist es wichtig, dass sowohl die Interessen des Unternehmens als auch die Bedürfnisse der betroffenen Führungskräfte bzw. Mitarbeiter hinreichend berücksichtigt werden (vgl. Baruch 2004, S. 5; Cha/Kim/Kim 2009, S. 1857 ff.). Konkret zielt die betriebliche Karriereplanung als Teil der Personalentwicklung darauf ab, den zukünftigen Bedarf eines Unternehmens an Führungskräften bzw. Mitarbeitern einerseits und die individuellen Karrierevorstellungen der Beschäftigten andererseits in Einklang zu bringen. Dadurch sollen zum einen die langfristige Personalstrategie des Unternehmens unterstützt und zum anderen den Mitarbeitern die Verwirklichung ihrer persönlichen und beruflichen Ziele ermöglicht werden. Aus Mitarbeitersicht ist allerdings nicht immer ein „je mehr…desto besser"-Effekt erstrebenswert. Vielmehr fanden Cha, Kim und Kim (2009) heraus, dass nicht nur eine Untererfüllung von Karrierezielen zu Unzufriedenheit und Leistungsrückgang führt, sondern dass Mitarbeiter auch dann unzufrieden sind, wenn sie in stärkere berufliche Entwicklungen hineingedrängt werden, die ihre persönlichen Karrierewünsche übersteigen. Der Begriff der Karriereplanung wird häufig synonym zum Begriff der Laufbahnplanung verwendet.

Karriere- *planung*	Gedankliche Vorwegnahme zukünftiger Stellenfolgen, welche Führungskräfte bzw. Mitarbeiter im Laufe ihrer weiteren beruflichen Entwicklung noch einnehmen können (in Anlehnung an Mentzel 2008, S. 140).

Durch die Antizipation zukünftiger Stellenfolgen stellt ein Unternehmen sicher, dass für einen Stellenwechsel erforderliche qualifizierende Maßnahmen im Rahmen der Weiterbildung von Führungskräften bzw. Mitarbeitern durchgeführt (vgl. hierzu Abschnitt 5.3) und die Betroffenen auf die Übernahme einer neuen Tätigkeit vorbereitet werden. Die eigentliche Versetzungsentscheidung wird dann zu einem späteren Zeitpunkt getroffen (vgl. Becker 2009).

Bei der Karriereplanung ist zu berücksichtigen, dass Beschäftigte im Hinblick auf ihre Karriere unterschiedliche Ziele und Vorstellungen haben können. Um diesen gerecht zu werden, sollte im Rahmen der Karriereplanung zwischen verschiedenen *Karrieretypen* unterschieden werden. Abhängig davon, wie eine Führungsperson berufliche und private Lebensbereiche gewichtet, können unterschiedliche Karrierevorstellungen auftreten. Für die persönliche Karriereplanung sind gemäß der Typologie von Karrieretypen nach Stock-Homburg und Bauer (2008) insbesondere folgende Lebensbereiche einer Person relevant:

- Die *berufliche Dimension* bezieht sich zunächst auf die zeitliche Intensität des beruflichen Engagements einer Führungsperson. Die Bedeutung des beruflichen Bereichs spiegelt sich darüber hinaus darin wider, inwieweit Beruf und Privatleben vermischt werden.

- Die *familiäre Dimension* bildet zum einen den Stellenwert von Partnerschaft bzw. Familie für eine Führungsperson ab. Zum anderen umfasst diese Dimension das zeitliche Engagement einer Führungsperson für Partnerschaft bzw. Familie. Die familiären Aktivitäten können dabei von der Unterstützung des Partners bei seinen Aufgaben bis hin zur vollständigen Organisation der Kindererziehung reichen.

- Die *persönliche Dimension* beschreibt, inwieweit es einer Führungskraft gelingt, Zeit für eigene Interessen (außerhalb des Berufs bzw. der Familie) zu finden und sich Freiräume für die Verwirklichung persönlicher Ziele zu schaffen. Wichtige Komponenten dieser Dimension sind der private Ausgleich und der regelmäßige Kontakt zu Freunden.

Abhängig von der individuellen Gewichtung der zuvor beschriebenen Lebensbereiche typologisieren Stock-Homburg und Bauer (2008) männliche und weibliche Manager. Auf der Basis der Daten von 225 Managern identifizieren sie dabei für jedes Geschlecht jeweils vier Karrieretypen. Die Karrieretypen männlicher Führungskräfte sind in Abbildung 5.21 dargestellt.

Der *Isolierte* sieht seine berufliche Tätigkeit als zentralen Lebensinhalt an. Dabei verfolgt er im Hinblick auf seine Karriere klar definierte Ziele. Seiner Partnerschaft bzw. Familie misst er dagegen einen relativ geringen Stellenwert bei. Gleichzeitig erlebt er wenig Unterstützung durch Freunde und kann Probleme und Sorgen nicht mit ihnen teilen. Mit diesen verhältnismäßig schwach ausgeprägten sozialen Kontakten können gegebenenfalls Probleme in der Interaktion mit anderen Personen im Unternehmen (z. B. in der Mitarbeiterführung, der Teamarbeit) verbunden sein. Unternehmen sollten diese Führungskräfte daher

- durch klare Perspektiven in der Karriereplanung an das Unternehmen binden sowie

- bei der Entwicklung persönlicher bzw. sozialer Kompetenzen im Rahmen von Coaching-Programmen unterstützen.

Abbildung 5.21 Karrieretypen männlicher Führungskräfte entsprechend der Gewichtung verschiedener Lebensbereiche (vgl. Stock-Homburg/Bauer 2008)

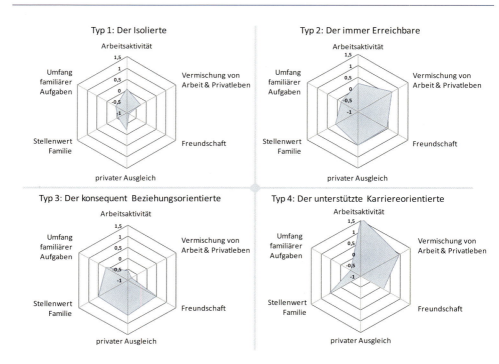

Anmerkungen: Dimension Beruf (Arbeitsaktivität, Vermischung von Arbeit & Privatleben); Dimension Selbst (Freundschaft, privater Ausgleich); Dimension Familie (Stellenwert Familie, Umfang familiärer Aufgaben); 0 = Mittelwert aller Probanden

Legende: 0: Mittelwert aller Manager

Der *immer Erreichbare* arbeitet etwa so viel wie der Isolierte. Dabei gelingt es ihm kaum, berufliche und private Aktivitäten zu trennen. So wird im Grunde als „private Zeit" deklarierte Zeit mehr oder minder unbewusst zur Arbeitszeit. Berufliche Themen sind beim immer Erreichbaren auch während außerberuflicher Aktivitäten präsent. Gleichzeitig nehmen Partnerin bzw. Familie und Freunde einen relativ hohen Stellenwert ein. Somit empfindet der immer Erreichbare eine starke Unterstützung aus seinem sozialen Umfeld. Im Rahmen der Karriereplanung des immer Erreichbaren sollte

■ ein ganzheitliches Entwicklungskonzept der Führungsperson erarbeitet werden, in dem sowohl berufliche Ziele als auch persönliche Belastungsgrenzen definiert werden, sowie

■ auf die Risiken einer ständigen Erreichbarkeit (und damit verbundene langfristige gesundheitliche Beeinträchtigungen der Führungsperson) hingewiesen werden.

Der *konsequent Beziehungsorientierte* hält neben seinem beruflichen Engagement bestimmte Zeiträume frei, die ausschließlich für den privaten Bereich (insbesondere Familie und eigene Interessen wie z. B. Sport) reserviert sind. Aufgrund des relativ hohen Stellenwertes von Partnerschaft bzw. Familie, Freunden und privatem Ausgleich sollten Unternehmen

- den persönlich-privaten Kontext der Führungsperson im Rahmen der Karriereplanung berücksichtigen,

- bei beruflichen Versetzungen (z. B. ins Ausland) möglichst die Partnerin einbeziehen, überzeugen und unterstützen sowie

- Möglichkeiten zur Flexibilisierung der Arbeitszeit (z. B. durch langfristige Arbeitszeitkonten, Sabbaticals) anbieten.

Der *unterstützte Karriereorientierte* erfährt in seinem privaten sozialen Umfeld Entlastung hinsichtlich seiner beruflichen Tätigkeit. Er kann sich somit voll auf seinen Beruf und seine Karriere konzentrieren. Er bringt verhältnismäßig viel Zeit in seinen Beruf ein und steht herausfordernden Karrierepfaden offen gegenüber. Unternehmen sollten die Karriereplanung dieser Führungskräfte so gestalten, dass sie abwechslungsreiche Tätigkeiten und Einsatzfelder umfasst, aber auch einen echten Aufstieg im Unternehmen vorsieht.

Auch im Hinblick auf weibliche Beschäftigte lassen sich unterschiedliche Karrieretypen identifizieren. Einen Überblick über die vier empirisch ermittelten Karrieretypen gibt Abbildung 5.22.

Abbildung 5.22   Karrieretypen weiblicher Führungskräfte entsprechend der Gewichtung
verschiedener Lebensbereiche (vgl. Stock-Homburg/Bauer 2008)

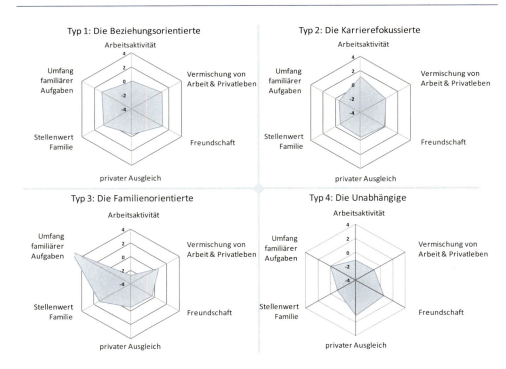

Anmerkungen: Dimension Beruf (Arbeitsaktivität, Vermischung von Arbeit & Privatleben); Dimension Selbst (Freundschaft,
privater Ausgleich); Dimension Familie (Stellenwert Familie, Umfang familiärer Aufgaben); 0 = Mittelwert aller
Probanden
Legende: 0: Mittelwert aller Managerinnen

Die *Beziehungsorientierte* bringt sich relativ stark beruflich ein. Zudem nimmt sie verhältnismäßig intensiv familiäre Verpflichtungen wahr. Neben der Familie nehmen bei ihr auch
Freundschaften einen hohen Stellenwert ein. Dadurch läuft diese Führungsperson tendenziell Gefahr, persönliche Interessen zu vernachlässigen.

Für die Karriereplanung stellt dieser Karrieretyp eine besondere Herausforderung dar. So
ist es diesen Personen wichtig, sich nicht ausschließlich fachlich-beruflich, sondern auch
persönlich weiterzuentwickeln. Folglich müssen bei der Karriereplanung Bedürfnisse in
verschiedenen Lebensbereichen berücksichtigt werden. Unternehmen sollten insbesondere

■ die Attraktivität von Karrierewegen über Aufgabeninhalte und weniger über erreichbare Positionen begründen,

- dem Bedürfnis nach sozialen Kontakten dieser Führungsperson durch interaktive Förderprogramme (z. B. Mentoren-Programme) gerecht werden sowie

- auf die Besonderheiten des persönlichen Umfeldes der Führungsperson im Rahmen der Karriereplanung eingehen.

Führungskräfte des Typs der *Karrierefokussierten* messen Aspekten wie Partnerschaft, Familie oder Freundschaft im Vergleich zu beruflichen Aspekten eine untergeordnete Bedeutung bei. Dementsprechend dominiert der berufliche Bereich die Aktivitäten dieser Führungsperson. Karrierefokussierte sind zielstrebig und möchten sich durch ihre Karriere selbst verwirklichen. Im Rahmen der Karriereplanung spielen familiäre bzw. persönliche Überlegungen eine untergeordnete Rolle. Für diesen Karrieretyp sollten Unternehmen

- klare berufliche Perspektiven im Unternehmen bieten,

- Unterstützung bei der Entwicklung der eigenen beruflichen Strategie leisten sowie

- soziale Netzwerke schaffen, um diese (primär im beruflichen Umfeld aktiven) Führungskräfte vor sozialer Vereinsamung und damit verbundenem Leistungsrückgang zu schützen.

Das zeitliche Arbeitsengagement der *Familienorientierten* liegt unterhalb des zeitlichen Engagements der anderen Karrieretypen, weil die Familienorientierte neben ihren beruflichen Zielen auch außerberufliche Interessen verfolgt. Ihr Engagement konzentriert sich primär auf den Bereich der Partnerschaft bzw. der Familie. Das zeitliche Engagement im familiären Bereich ist damit deutlich höher als bei den anderen drei Karrieretypen. Freundschaften und eigener privater Ausgleich werden tendenziell vernachlässigt. Im Rahmen der Karriereplanung für diesen Karrieretyp sollten Unternehmen

- die familiären Interessen der Führungsperson (gegebenenfalls durch Einbeziehen des Partners) hinreichend berücksichtigen,

- familienbedingte Auszeiten im Karriereverlauf frühzeitig einplanen sowie

- wiederkehrende familiäre Verpflichtungen bei der Tätigkeitsgestaltung (z. B. durch Flexibilisierung des Arbeitsortes) berücksichtigen.

Die *Unabhängige* zeichnet sich dadurch aus, dass sie neben einem beruflichen Aufstieg intensiv private Interessen wie Sport oder andere Hobbies verfolgt. Die Familie hat für diesen Karrieretyp einen vergleichsweise geringen Stellenwert. Die stark ausgeprägten außerberuflichen Interessen der Unabhängigen können im Rahmen der Karriereplanung berücksichtigt werden, indem beispielsweise

- in der Laufbahn berufliche Auszeiten (z. B. durch Sabbaticals) vorgesehen werden sowie

- Möglichkeiten zur Arbeitszeit- bzw. Arbeitsortflexibilisierung angeboten werden.

Das Wissen um den Karrieretyp eines Potenzialträgers ist Voraussetzung für die Berücksichtigung seiner individuellen Karrierevorstellungen im Rahmen der Karriereplanung und für eine adäquate Förderung durch das Unternehmen. Darüber hinaus können so bei der Planung der weiteren Entwicklung eines Beschäftigten seine persönlichen Interessen (persönliche Dimension) und sein privates Umfeld (familiäre Dimension) einbezogen werden.

Zur Ermittlung des Karrieretyps eines Potenzialträgers eignet sich insbesondere das persönliche Gespräch zwischen Führungsperson und Mitarbeiter. In einem solchen Gespräch sollten zum einen die Vorstellungen der Person im Hinblick auf ihre weitere berufliche Entwicklung und ihre außerberuflichen Interessen zur Sprache kommen. Andererseits sollten der Führungsperson mögliche Entwicklungspfade sowie deren Konsequenzen (Belastung, Verantwortung, Arbeitszeit usw.) aufgezeigt werden. Sind die zukünftigen Karriereschritte eines Potenzialträgers im Unternehmen festgelegt und mit den Rahmenbedingungen und Erfordernissen im Unternehmen abgestimmt, sollte der betroffene Mitarbeiter im Rahmen verschiedener Weiterbildungsmaßnahmen frühzeitig auf die Übernahme der neuen Tätigkeiten und Verantwortungsbereiche vorbereitet werden.

1. Welche inhaltlichen Facetten der Personalentwicklung werden unterschieden?

2. Welche Ziele der Personalentwicklung werden aus Sicht des Unternehmens und aus Sicht der Beschäftigten verfolgt? Nennen Sie jeweils zwei Ziele.

3. Welche Chancen und Risiken birgt die Personalentwicklung? Nennen Sie jeweils zwei Aspekte.

4. Was ist unter der Berufsausbildung im Dualen System zu verstehen? Gehen Sie hierbei insbesondere auf die involvierten Bildungsträger und deren inhaltlichen Fokus ein.

5. Nennen Sie jeweils drei Vorteile der dualen Berufsausbildung für Unternehmen und Auszubildende.

6. Was ist unter dualen Studiengängen zu verstehen, und welche Vorteile ergeben sich hieraus für

   a. Unternehmen,
   b. Bildungseinrichtungen und
   c. Studierende?

7. Duale Studiengänge können hinsichtlich ihrer Struktur und ihrer inhaltlichen Schwerpunkte unterschiedlich aufgebaut sein. Welche vier Arten dualer Studiengänge können unterschieden werden? Erläutern Sie diese kurz.

8. Was ist unter einem Trainee-Programm zu verstehen, und welche Grundtypen gibt es?

9. Welche unterschiedlichen Methoden der Weiterbildung kennen Sie? Stellen Sie Ihre Antwort systematisch dar.

10. Was ist unter edukationsbasierter Weiterbildung zu verstehen, und welche Methoden werden hierunter zusammengefasst?

11. In welchen Situationen ist die Durchführung von Rollenspielen im Rahmen der Weiterbildung sinnvoll? An welchen fünf Phasen sollten sich durchführende Personen orientieren?

12. Erläutern Sie den Begriff des Blended Learnings sowie den Nutzen dieser Methode für Unternehmen.

13. Stellen Sie klassische und neuere edukationsbasierte Methoden vergleichend gegenüber. Gehen Sie hierbei insbesondere auf die Ziele sowie den jeweiligen Aufwand für die Durchführung der unterschiedlichen Methoden ein.

14. Erläutern Sie kurz die wichtigsten Formen der Arbeitsstrukturierung sowie deren Relevanz für die Personalentwicklung.

15. Stellen Sie die vier zentralen Training-on-the-Job-Methoden dar. Gehen Sie insbesondere darauf ein, inwieweit
a. eine Erweiterung der Aufgabe sowie
b. das Erlernen neuer Tätigkeitsinhalte bzw. Führungsaufgaben
erfolgt.

16. Welche Training-near-the-Job-Methoden kennen Sie? Erläutern Sie diese kurz, und
gehen Sie auf deren Bedeutung für die Personalentwicklung ein.

17. Grenzen Sie die feedbackbasierten Methoden des Coachings und des Mentorings
voneinander ab. Gehen Sie hierbei insbesondere auf Ziele und Inhalte dieser beiden
Weiterbildungsmethoden ein.

18. Welche verschiedenen Formen des Coachings kennen Sie? Unterscheiden Sie bei
Ihren Erläuterungen insbesondere nach den Zielen, der Zielgruppe und dem Inhalt
des Coachings sowie der Herkunft des Coaches.

19. Erläutern Sie die vier Phasen des Coaching-Prozesses. Gehen Sie hierbei auf Schwerpunkte des Coaching-Prozesses auf der Sach- bzw. der Beziehungsebene ein.

20. Welche drei Zielgruppen des Mentorings lassen sich unterscheiden? Erläutern Sie,
was in inhaltlicher Hinsicht bei den unterschiedlichen Zielgruppen zu beachten ist.

21. Erläutern Sie zwei klassische und zwei neuere Formen des Mentorings. Welche Vorteile und welche Nachteile sind damit jeweils verbunden?

22. Was versteht man unter Evaluation, und welche Bedeutung hat diese für die Personalentwicklung?

23. Was ist unter Personalförderung zu verstehen, und welche Ziele verfolgt diese aus
Sicht des Unternehmens bzw. der Beschäftigten?

24. Welche Arten von Karrieren lassen sich unterscheiden? Beschreiben Sie die Merkmale unterschiedlicher Karriereformen.

25. Wodurch zeichnet sich ein triales Karrieresystem aus? Nennen Sie Vorteile und Erfolgsfaktoren eines solchen Systems.

26. Welche Karrieretypen männlicher bzw. weiblicher Führungskräfte lassen sich entsprechend der Gewichtung verschiedener Lebensbereiche unterscheiden? Beschreiben Sie diese kurz.

27. Welche inhaltlichen Facetten der Personalentwicklung werden unterschieden?

28. Welche Ziele der Personalentwicklung werden aus Sicht des Unternehmens und aus
Sicht der Beschäftigten verfolgt? Nennen Sie jeweils zwei Ziele.

29. Welche Chancen und Risiken birgt die Personalentwicklung? Nennen Sie jeweils
zwei Aspekte.

Literatur

Aleven, V./Stahl, E./Schworm, S./Fischer, F./Wallace R. (2003), Help Seeking and Help Design in Interactive Learning Environments, Review of Educational Research, 73, 3, 277-320.

Allen, T./Eby, L./Lentz, E. (2006), Mentorship Behaviors and Mentorship Quality Associated with Formal Mentoring Programs: Closing the Gap Between Research and Practice, Journal of Applied Psychology, 91, 3, 567-578.

Allen, T./Eby, L./Poteet, M./Lentz, E./Lima, L. (2004), Career Benefits Associated with Mentoring for Proteges: A Meta-Analysis, Journal of Applied Psychology, 89, 1, 127-136.

Allio, R. (2005), Leadership Development: Teaching Versus Learning, Management Decision, 43, 7/8, 1071-1077.

Allison, S. (2007), E-Learning in the Age of Multimedia, e.learning age, 20-21.

Andrew, M. (2003), Winning Strategies for Leadership Development, Chief Learning Officer, 2, 8, 42-49.

Anger, C./Werner, D. (2006), Duale Studiengänge als Chance für kleine und mittlere Unternehmen – Ein Leitfaden zur Verknüpfung von betrieblicher Aus- und Weiterbildung und Studium in Hessen, Köln.

Arbeitsgemeinschaft „in eigener Sache" (2005, Hrsg.), in eigener Sache – Fit in die berufliche Zukunft, Frankfurt.

Autorengruppen Bildungsberichterstattung (2008), Bildung in Deutschland 2008 – Ein indikatorengestützter Bericht mit einer Analyse zu Übergängen im Anschluss an den Sekundarbereich I, URL: http://www.bildungsbericht.de/daten2008/bb_2008.pdf [17.03.2010].

Bakker, A./Demerouti, E./Euwema, M. (2005), Job Resources Buffer the Impact of Job Demands on Burnout, Journal of Occupational Health Psychology, 10, 2, 170-180.

Baldwin-Evans, K. (2006), Key Steps to Implementing a Successful Blended Learning Strategy, Industrial & Commercial Training, 38, 2/3, 156-163.

Baruch, Y. (2004), Managing Careers, Theory and Practice, Harlow.

Bauer, H./Böhle, F./Munz, C./Pfeiffer, S. (2000), Erfahrungsgeleitetes Arbeiten und Lernen, in: Dehnbostel, P./Novak, H. (Hrsg.), Arbeits- und erfahrungsgeleitete Lernkonzepte, Bielefeld.

Becker, M. (2009), Personalentwicklung: Bildung, Förderung und Organisationsentwicklung in Theorie und Praxis, 5. Auflage, Stuttgart.

Bennett, D. (2005), Job Enlargement, Blackwell Encyclopedic Dictionary of Operations Management, 1-137.

Bergmann, B./Sonntag, K. (2006), Transfer: Die Umsetzung und Generalisierung erworbener Kompetenzen in den Arbeitsalltag, in: Sonntag, K., Personalentwicklung in Organisationen, 3. Auflage, Göttingen, 355-388.

Berthel, J. (1995), Karriere und Karrieremuster von Führungskräften, in: Kieser, A./Reber, G./Wunderer, R. (Hrsg.), Handwörterbuch der Führung, 2. Auflage, Stuttgart, S. 1285-1298.

Berthel, J./Becker F. (2007), Personalmanagement: Grundzüge für die Konzeption betrieblicher Personalarbeit, 8. Auflage, Stuttgart.

BIBB – Bundesinstitut für Berufsbildung (2009), Berufsbildungsbericht 2009, URL: http://www.bmbf.de/pub/bbb_09.pdf [17.03.2010].

Biehal, F./Scheinecker, M. (2006), Fachkarriere, in: Geißler, K./Looss, W. (Hrsg.), Handbuch Personalentwicklung: Beraten, Trainieren, Qualifizieren, Köln, 1-24.

Bielawski, L./Metcalf, D. (2005), Blended eLearning: Integrating Knowledge, Performance Support, and Online Learning, 2nd. Ed, Amherst.

Bierema, L./Merriam, S. (2002), E-Mentoring: Using Computer Mediated Communication to Enhance the Mentoring Process, Innovative Higher Education, 26, 3, 221-227.

BLK – Bund-Länder-Kommission für Bildungsplanung und Forschungsförderung (2003), Perspektiven für die duale Bildung im tertiären Bereich, 110, Bonn.

BMBF – Bundesministerium für Bildung und Forschung (2009a), Pressemitteilung vom 17. Dezember 2009, URL: http://www.bmbf.de/_media/press/pm_20091217-300.pdf [15.03.2010].

BMBF – Bundesministerium für Bildung und Forschung (2009b), Berufsbildungsbericht 2009, URL: http://www.bmbf.de/pub/bbb_09.pdf [15.03.2010].

Böcker, M. (2006), Fachkarriere: Als Standard gesetzt, Personalmagazin, 10/2006, 30-32.

Bohn, S./Besendörfer, S. (2007), Tandem ohne Tabus, Personalwirtschaft, 8, 8, 39-41.

Böning-Consult (2004), Coaching-Studie 2004: Bestandsaufnahme und Trends, Frankfurt/Main.

Böning, U./Fritschle, B. (2005), Coaching fürs Business, Was Coaches, Personaler und Manager über Coaching wissen müssen, Bonn.

Boorom, M./Goolsby, J./Ramsey, R. (1998), Relational Communication Traits and Their Effect on Adaptiveness and Sales Performance, Journal of the Academy of Marketing Science, 26, 1, 16-30.

Bortz, J./Döring, N. (2006), Forschungsmethoden und Evaluation, 4. Auflage, Heidelberg.

Breisig, T./Krone, F. (1999), Job Rotation bei der Führungskräfteentwicklung: Ergebnisse einer Unternehmensbefragung, Personal – Zeitschrift für Human Resource Management, 51, 8, 410-414.

Brexel, E. (1998), Fette Jahre für Manager, Personalwirtschaft, 25, 9, 34.

Brost, H. (2006), Lernen in der virtuellen Bank, Die Bank, 46, 1, 80-82.

Carliner, S. (2009), E-Learning Evaluation, Training, 46, 5, 29.

Cha, J./Kim, Y./Kim, T.-Y. (2009), Person-Career Fit and Employee Outcomes Among Research and Development Professionals, Human Relations, 62, 12, 1857-1886.

Chao, G./Walz, P./Gardner, P. (1992), Formal and Informal Mentorships: A Comparison on Mentoring Functions and Contrast with Nonmentored Counterparts, Personnel Psychology, 45, 3, 619-636.

Comelli, G. (2009), Qualifikation für Gruppenarbeit: Teamentwicklungstraining, in: von Rosenstiel, L./Regnet, E./Domsch, M. (Hrsg.), Führung von Mitarbeitern: Handbuch für erfolgreiches Personalmanagement, 6. Auflage, Stuttgart, 360-387.

Conger, J./Toegel, G. (2002), Action Learning and Multi-Rater Feedback as Leadership Development Interventions: Popular but Poorly Deployed, Journal of Change Management, 3, 4, 332-348.

Day, D. (2001), Leadership Development: A Review in Context, Leadership Quarterly, 11, 4, 581-613.

Deppe, J. (1992), Quality Circle und Lernstatt: Ein integrativer Ansatz, 3. Auflage, Wiesbaden.

Dierk, U./Saslow, S. (2005), Action Learning in Management Development Programs, Chief Learning Officer, 4, 5, 20-25.

Ditton, H. (2009), Evaluation und Qualitätssicherung, in: Tippelt, R./Schmidt, B. (Hrsg.), Handbuch Bildungsforschung, 2. Auflage, Wiesbaden.

Donnert, R. (1998), Coaching – die neue Form der Mitarbeiterführung, Würzburg.

Dotlich, D./Noel, J. (1998), Action Learning: How the World's Top Companies are Re-Creating their Leaders and Themselves, San Francisco.

Dürr AG (2010), Starten Sie mit uns!, URL: http://www.durr.com/de/karriere/einstiegsmoeglichkeiten /student-oder-absolvent-mw/trainee-programm.html [16.03.2010].

Eby, L./Rhodes, J./Allen, T. (2007), Definition and Evolution of Mentoring, in: Allen, T./Eby, L. (Hrsg.), The Blackwell Handbook of Mentoring, Malden, 7-20.

Eder, K./Kailer, N. (1995), Von der Schulung zur strategisch orientierten Personalentwicklung durch systematisches Bildungscontrolling, in: Feuchthofen, J./Severing, E. (Hrsg.), Qualitätsmanagement und Qualitätssicherung in der Weiterbildung, Neuwied, 269-281.

Elbasi, A./Baumbach, B. (2007), Mehr Selbstverantwortung: Empowerment, Personalmagazin, 9/2007, 44-47.

Ellet, William C. (2008). Das Fallstudien-Handbuch der Harvard Business School Press. Business-Cases entwickeln und erfolgreich auswerten, Bern.

Etienne, M. (2001), NDK 4: Innovationsorientiertes Projektmanagement, Modul 2: Ideengenerierung, URL: http://www.innopool.ch/pdf/TU-Et-01-FHB-IG.pdf [10.11.2009].

Evans, P./Lank, E./Farquhar, A. (1989), Managing Human Resources in the International Firm: Lessons from Practice, in: Evans, P./Doz, Y./Laurent, A. (Hrsg.), Human Resource Management in International Firms, London, 113-143.

Eysenck J./Eysenck S. (1969), Personality Structure and Measurement, London.

Feldman, D./Turnley, W. (1995), Underemployment among Recent Business College Graduates, Journal of Organizational Behavior, 16, 6, 691–706.

Friedli, V. (2002), Die betriebliche Karriereplanung: Konzeptionelle Grundlagen und empirische Studien aus der Unternehmensperspektive, Bern.

Friedli, V. (2008), Betriebliche Karriereplanung, in: Thom, N./Zaugg, R. (Hrsg.), Moderne Personalentwicklung: Mitarbeiterpotenziale erkennen, entwickeln und fördern, 3. Auflage, Wiesbaden, 246-263.

Fuchs, M. (2001), Coaching als Instrument der Personalentwicklung, URL: http://www.competence-site.de/downloads/42/05/i_file_9097/CoachingalsInstrumentderPersonalentwicklung.pdf [10.11.2009].

Gerster, C./Sternheimer, J. (1999), Job Rotation als zentrales Instrument der Führungskräfteentwicklung, Personalführung, 32, 4, 60-65.

Gifford, J. (1972), Job Enlargement, Personnel Administration, 35, 1, 42-45.

Gilbert, H.-J. (1990), Qualifizierung von Anwendern integrierter Bürotechnologien: Der Einsatz von „Qualitätszirkel" und „Lernstatt" zur gestaltungsorientierten Systemimplementation, Konstanz.

Graf, A. (2002), Lebenszyklusorientierte Personalentwicklung, io Management, 3/2001, 24-31.

Graf, A. (2008), Lebenszyklusorientierte Personalentwicklung, in: Thom, N./Zaugg, R. J. (Hrsg.), Moderne Personalentwicklung: Mitarbeiterpotentiale erkennen, entwickeln und fördern, 3. Auflage, Wiesbaden, 265-281.

Grensing-Pophal, L. (2005), Job Rotation, Credit Union Management, 28, 7, 50-53.

Günther, T./Neumann, P. (2004), Kennzahlen zur Berücksichtigung des Humankapitals, Controller Magazin 4/2004, 362-369.

Hätscher, P. (2005), Die ersten hundert Tage – Einarbeitung neuer Mitarbeiter als Managementaufgabe, URL: http://kops.ub.uni-konstanz.de/volltexte/2005/1478/pdf/h_bibltag200501.pdf [10.11.2009].

Hauser, B. (2006), Action Learning im Management Development: Eine vergleichende Analyse von Action-Learning-Programmen zur Entwicklung von Führungskräften in drei verschiedenen Unternehmen, München.

Headlam-Wells, J./Gosland, J./Craig, J. (2006), Beyond the Organisation: The Design and Management of E-Mentoring Systems, International Journal of Information Management, 26, 5, 375-385.

Heckhausen, J./Heckhausen, H. (2009), Motivation und Handeln, 3. Auflage, Berlin.

Hentze, J./Kammel, A. (2001), Personalwirtschaftslehre 1, 7. Auflage, Bern.

Hertig, P. (2008), Laufbahnplanung aus der Sicht des Executive Search, in: Thom, N./Zaugg, R. J. (Hrsg.), Moderne Personalentwicklung: Mitarbeiterpotenziale erkennen, entwickeln und fördern, 3. Auflage, Wiesbaden, 283-299.

Herzberg, F./Mausner, B./Snyderman, B. (1959), The Motivation to Work, New York.

Hofman, H. (1997), Emotionen in Lern- und Leistungssituationen – eine idiographisch-nomothetische Tagebuchstudie an Lehramtsstudenten in Examen, Regensburg.

Höft, S. (2006), Erfolgsüberprüfung personalpsychologischer Arbeit, in: Schuler, H. (Hrsg.), Lehrbuch der Personalpsychologie, 2. Auflage, Göttingen, 761-796.

Holtbrügge, D. (2007), Personalmanagement, 3. Auflage, Berlin.

Hungenberg, H./Wulf, T. (2007), Grundlagen der Unternehmensführung, 3. Auflage, Heidelberg.

Hurley, J. (1998), Agency and Communion as Related to `Big Five' Self-Representations and Subsequent Behavior in Small Groups, Journal of Psychology, 132, 3, 337-352.

IBM (2008), Global Human Capital Study, Die wandlungsfähige Belegschaft – Entschlüsselung ihrer DNA, URL: http://www-05.ibm.com/de/pressroom/downloads/human-capital-study-2008.pdf [11.11.2009].

Institut für wissenschaftliche Veröffentlichungen (2006), Duales Studium, URL: http://www.institut-wv.de/fileadmin/iwv_files/pdf/96-036_DualesStud_06_72dpi.pdf [11.11.2009].

Jäger, W. (2001), E-Learning, Personal – Zeitschrift für Human Resource Management, 53, 7, 374-379.

Jakl, M. (2006), Fallstudieneinsatz in der Aus- und Weiterbildung, KMU-Magazin, 8, 10, 80-83.

Jentjens, S. (1997), Führungskräfteentwicklung in Großbanken: Ein deutsch-französischer Vergleich, München.

Jung, H. (2008), Personalwirtschaft, 8. Auflage, München.

Kaltenbaek, J. (2003), E-Learning und Blended-Learning in der betrieblichen Weiterbildung – Möglichkeiten und Grenzen aus Sicht von Mitarbeitern und Personalverantwortlichen in Unternehmen, Berlin.

Kienbaum (2008), Kienbaum Studie 2008 Personalentwicklung, URL: http://www.kienbaum.de /ext/download/kienbaum_studie_2008_personalentwicklung.pdf [11.11.2009].

Kirkpatrick, D. (1987), Evaluation of Training, in: Craig, R. (Hrsg.), Training and Development Handbook: A Guide to Human Resource Development, New York, 301-319.

Knobel, A. (2003), Tutorielles Coaching in virtuellen Lernszenarien, Diplomarbeit, Universität Zürich.

Knörck, C./Müller, S. (2004), Selbstbewusst Lernen lernen, Personal – Zeitschrift für Human Resource Management, 56, 5, 24-27.

Konegen-Grenier, C./Werner, D. (2001), Duale Studiengänge an Hochschulen, Köln.

Kram, K. (1983), Phases of the Mentorship, Academy of Management Journal, 26, 4, 608-625.

Kram, K./Isabella, L. (1985), Mentoring Alternatives: The Role of Peer Relationships in Career Development, Academy of Management Journal, 28, 1, 110-132.

Lang, S. (2004), Das Trainee-Programm als Baustein einer modernen Personalentwicklung, HRM_live, 3-11.

Lang, K./Rattay, G. (2005), Leben in Projekten: Projektorientierte Karriere- und Laufbahnmodelle, Wien.

Link, J./Hahn, D. (1975), Motivationsfördernde Arbeitsfeldstrukturierung in der Industrie, Zeitschrift für Organisation, 44, 2, 65-71.

Livinstone, D. (1998), The Education-Jobs Gap: Underemployment or Economic Democracy, Boulder.

Löwer, C. (2006), Der Feind in meinem Büro, Süddeutsche Zeitung, 62 (04.03.2006), V2/13.

Luft, F./Malcher, W./Zöller, H. (2005), Die neuen Einzelhandelsberufe, in: Kuratorium der deutschen Wirtschaft für Berufsbildung (Hrsg.), Fit für den globalen Wettbewerb – Die Zukunft der Berufsausbildung sichern, Bonn, 36-38.

Lung, M. (1996), Betriebliche Weiterbildung: Grundlagen und Gestaltung, Leonberg.

Majer, C./Mayrhofer, W. (2007), Konsequent Karriere machen, Personal, 11/2007, 36-40.

McGill, I./Beaty, L. (1995), Action Learning: A Guide for Professional, Management and Educational Development, 2. Auflage, London.

Mandl, F./Kopp, B. (2006), Blended Learning: Forschungsfragen und Perspektiven (Forschungsbericht Nr. 182), München.

Mandl, H./Prenzel, M./Gräsel, C. (1992), Das Problem des Lerntransfers in der betrieblichen Weiterbildung, Unterrichtswissenschaft 20, 126-143.

Mandl, F./Winkler, K. (2002), E-Learning in der betrieblichen Weiterbildung am Beispiel Wissensmanagement, in: Rohs, M. (Hrsg.), Arbeitsprozess-integriertes Lernen – Neue Ansätze für die berufliche Bildung, Münster, 95-109.

Mandl, F./Winkler, K. (2004), E-Learning – Trends und zukünftige Entwicklungen, in: Rebensburg, K. (Hrsg.), Grundfragen Multimedialen Lehrens und Lernens, Norderstedt, 17-29.

Meier, H. (1995), Handwörterbuch der Aus- und Weiterbildung: 425 Methoden und Konzepte des betrieblichen Lernens mit Praxisbeispielen und Checklisten, Neuwied.

Meier, H. (2001), Integrierte Führungskräfteentwicklung, FB/IE – Zeitschrift für Unternehmensentwicklung und Industrial Engineering, 50, 1, 33-35.

Mentzel, W. (2008), Personalentwicklung: Erfolgreich motivieren, fördern und weiterbilden, 3. Auflage, München.

Meyer-Menk, J. (2002), Verbindungen von Arbeiten und Lernen in vernetzten Lernortstrukturen: Eine Chance für die Kompetenzentwicklung von Arbeitnehmern und Arbeitnehmerinnen, in: Dehnbostel, P./Elsholz, U./Meyer-Menk, J. (Hrsg.), Vernetzte Kompetenzentwicklung, Alternative Positionen zur Weiterbildung, Berlin, 135-149.

Mitchell, A./Honore, S. (2007), Criteria for Successful Blended Learning, Industrial & Commercial Training, 39, 3, 143-149.

MMB-Institut für Medien- und Kompetenzforschung (2009), MMB-Trendmonitor: Learning Delphi 2009 – E-Learning 2.0 unterstützt Blended Learning –Weiterbildung und Digitales Lernen heute und in drei Jahren, 1-9, URL: http://www.mmb-institut.de/2004/pages/trendmonitor/download/MMB-Trendmonitor_2009_I.pdf [13.11.2009].

Mohrherr, F./Simon, F. (2005), Die Realität mit Wissen und Phantasie gestalten, Planspiele zur Stärkung unternehmerischer Kompetenz, Betriebswirtschaftliche Blätter, 5/2005, 285.

Möhrle, M. (2005), Qualifikation und Weiterbildung von Führungskräften aus Unternehmenssicht, Zeitschrift für betriebswirtschaftliche Forschung, 57, 12, 752-757.

Molloy, J. (2005), Development Networks: Literature Review and Future Research, Career Development International, 10, 6/7, 536-547.

Morick, H. (2004), Job Enlargement und Job Enrichment, in: Lück, W. (Hrsg.), Lexikon der Betriebswirtschaftslehre, 6. Auflage, München, Sp. 349.

Mudra, P. (2004), Personalentwicklung – Integrative Gestaltung betrieblicher Lern- und Veränderungsprozesse, München.

Mühlbradt, T./Schat, H.-D. (2005), Unterschiedlich gut vorbereitet, Personal – Zeitschrift für Human Resource Management, 11/2005, 14-15.

Nerdinger, F./Blickle, G./Schaper, N. (2008), Arbeits- und Organisationspsychologie, Heidelberg.

Neuberger, O. (2002), Führen und führen lassen, Stuttgart.

Noe, R. (1988), An Investigation of Determinants of Successful Assigned Mentoring Relationships, Personnel Psychology, 41, 3, 457-479.

Oechsler, W. (2006), Personal und Arbeit: Grundlagen des Human Resource Management und der Arbeitgeber-Arbeitnehmer-Beziehung, 8. Auflage, München.

o. V. (2009), Research Reveals Potential of E-Learning, e.learning age, 2.

Parise, M./Forret, M. (2008), Formal Mentoring Programs: The Relationship of Program Design and Support to Mentors' Perceptions of Benefits and Costs, Journal of Vocational Behavior, 71, 2, 225-240.

Pätzold, G. (1996), Lehrmethoden in der beruflichen Bildung, 2. Auflage, Heidelberg.

Pawlowsky, P./Bäumer, J. (1996), Betriebliche Weiterbildung, München.

Paulus, H. (2009), Zum Wohle der Mitarbeiter: Mentorenprogramme: Anschub beim Aufstieg, Frankfurter Allgemeine Zeitung Online, URL: http://www.faz.net/s/RubF43C315CBC87496AB98943 72D014B9BD/Doc~EC3D52E099C1446988CDE95CE01AB06BD~ATpl~Ecommon~Scontent.html [10.11.2009].

Petersen, T. (2000), Handbuch zur beruflichen Weiterbildung: Leitfaden für das Weiterbildungsmanagement im Betrieb, Frankfurt/Main.

Popoff, A. (2005), Mentoring: Konzepte und Perspektiven, in: Wender, I./Popoff, A. (Hrsg.), Mentoring und Mobilität: Motivierung und Qualifizierung junger Frauen für Technik und Naturwissenschaft, Aachen, 43-50.

Ragins, B./Cotton, J. (1999), Mentor Functions and Outcomes: A Comparison of Men and Women in Formal and Informal Mentoring Relationships, Journal of Applied Psychology, 84, 4, 529-550.

Ragins, B./Cotton, J./Miller, J. (2000), Marginal Mentoring: The Effects of Type of Mentor, Quality of Relationship, and Program Design on Work and Career Attitudes, Academy of Management Journal, 43, 6, 1177-1194.

Rauen, C. (2005), Handbuch Coaching, 3. Auflage, Göttingen.

Reichart, E. (2009), HR-Management bei HP, Vortrag an der Technischen Universität Darmstadt [13.11.2009].

Reif, W./Luthans, F. (2001), Does Job Enrichment Really Pay Off?, California Management Review, 15, 1, 30-37.

Renkl, A. (1996), Träges Wissen: Wenn Erlerntes nicht genutzt wird, Psychologische Rundschau, 47, 78-92.

Revans, R. (1999), Action Learning: Wesen und Voraussetzungen, in: Donnenberg, O. (Hrsg.), Action Learning: Ein Handbuch, Stuttgart, 28-43.

Rhiel, A./Weidemann, D. (2006), Vorwort, in: Anger, C./Werner, D. (Hrsg.), Duale Studiengänge als Chance für kleine und mittlere Unternehmen – Ein Leitfaden zur Verknüpfung von betrieblicher Aus- und Weiterbildung und Studium in Hessen, Köln, 5-7.

Richards, B. (1984), White-Collar Quality Circles and Productivity, Training and Development Journal, 38, 10, 92-98.

Riekhof, H.-C. (1997), Strategien der Personalentwicklung, 4. Auflage, Wiesbaden.

Rischar, K./Titze, C. (2003), Die Auswahl von Auszubildenden, 2. Auflage, Hamburg.

Rodgers, E. (2009), Executing Blended Learning, Chief Learning Officer, 8, 1, 40-43.

Rothlin, P./Werder, P. (2007), Diagnose Boreout: Warum Unterforderung im Job krank macht, Heidelberg.

Sattelberger, T. (1996), Personalentwicklung neuer Qualität durch Renaissance helfender Beziehungen, in: Sattelberger, T. (Hrsg.), Die lernende Organisation: Konzepte für eine neue Qualität der Unternehmensentwicklung, 3. Auflage, Wiesbaden, 207-227.

Schiersmann, C./Iller, C./Remmele, H. (2001), Aktuelle Ergebnisse zur betrieblichen Weiterbildungsforschung, in: Report Weiterbildung, 48, 8-36.

Seidel, C. (1993), Top-Management-Entwicklung in der Dresdner Bank, in: Würtele, G. (Hrsg.), Lernende Elite: Was gute Manager noch besser macht, Frankfurt/Main, 244-257.

Seitz, D. (2004), Karrierepfad Projektmanagement: Kollektivvertragliche Regelungen als zentrales Element seiner Verankerung im Unternehmen, in: Projektmanagement, 1/2004, 35-40.

Sevsay-Tegethoff, N. (2007), Bildung und anderes Wissen – Zur „neuen" Thematisierung von Erfahrungswissen in der beruflichen Bildung, Wiesbaden.

Severing, E. (1996), Betriebliche Weiterbildung an industriellen Arbeitsplätzen, in: Geißler, H. (Hrsg.), Arbeit, Lernen und Organisation, Weinheim, 319-334.

Sheriff, D. (1970), Job Enlargement: Key to Improved Performance, Monthly Labour Review, 90, 70-71.

Spear, S./Bowen, H. (1999), Decoding the DNA of the Toyota Production System, Harvard Business Review, 77, 5, 96-106.

Staehle, W. (1999), Management, 8. Auflage, München.

Staufenbiehl Media AG (2009), Staufenbiel JobTrends-Studie 2009, URL: https://www.staufen biel.de/fileadmin/fm-dam/PDF/Publikationen_WS_09/jobTrends_2009.pdf [04.01.2010].

Steimer, S. (2000), Führungskräfteentwicklung, http://imihome.imi.uni-karlsruhe.de/nfuehrungskraefte entwicklung _b.html [10.11.2009].

Steinert, C./Schlichtenmeier, J./Birkenfeld, L. (2008), Karrieresprungbrett Projektarbeit, Personalwirtschaft 10/2008, 58-60.

Steinkellner, P./Grünberger, N./Frankus, E. (2006), Coaching, der Erfolgsfaktor in der Führungskräfteentwicklung, in: Dengg, O. (Hrsg.), Coaching: Ein Instrument für Management und Führung, Wien, 149-177.

Stock, R. (2002), Coaching von Führungskräften: Mit System zum Erfolg, Personal – Zeitschrift für Human Resource Management, 54, 8, 30-36.

Stock-Homburg, R./Bauer, E. (2008), Abschalten unmöglich?, Havard Business Manager, Juli, 10-15.

Temple, A./Dale, B. (1986), A Study of Quality Circles in White Collar Areas, International Journal of Operations & Production Management, 7, 6, 17-31.

Thom (2008), Trends in der Personalentwicklung, in: Thom, N./Zaugg, R. (Hrsg.), Moderne Personalentwicklung, 3. Auflage, Wiesbaden, 3-18.

Thommen, J.-P. (2008), Coaching als Instrument der Personalentwicklung, in: Thom, N./Zaugg, R. (Hrsg.), Moderne Personalentwicklung, 3. Auflage, Wiesbaden, 135-156.

Turban, D./Dougherty, T./Lee, F. (2002), Gender, Race, and Perceived Similarity Effects in Developmental Relationships: The Moderating Role of Relationship Duration, Journal of Vocational Behavior, 61, 2, 240-262.

Ulich, E. (2005), Arbeitspsychologie, 6. Auflage, Stuttgart.

von Rosenstiel, L. (2006), Entwicklung von Werthaltungen und interpersonaler Kompetenz – Beiträge der Sozialpsychologie, in: Sonntag, K. (Hrsg.), Personalentwicklung in Organisationen, 3. Auflage, Göttingen.

Wahren, H.-K. (1997), Coaching, Rationalisierungs-Kuratorium der Deutschen Wirtschaft, Eschborn.

Wanberg, C./Welsh, E./Kammeyer-Mueller, J. (2007), Protege and Mentor Self-disclosure: Levels and Outcomes within Formal Mentoring Dyads in a Corporate Context, Journal of Vocational Behavior, 70, 2, 398-412.

Watt, J./Hargis, M. (2010), Boredom Proneness: Its Relationship with Subjective Underemployment, Perceived Organizational Support, and Job Performance, Journal of Business and Psychology, 25, 1, 163-174.

Weber, P. (2004), Business-Mentoring – Manager als interne Berater in turbulenten Zeiten: Ein Praxisleitfaden für Mentoren, Mentees und Personalentwickler, Herdecke.

Weber, W. (1993), Grundbegriffe der Personalwirtschaft, Stuttgart.

Weekes, S. (2009), Wakey, Wakey, Training & Coaching Today, 22.

Wegner, M. (2002), Personale Entwicklungsprozesse im Management: 360-Grad-Feedback und Coaching von Führungskräften, Münster.

Wengelowski, P./Nordmann, C. (2004), Im Tandem zum Erfolg, Personal – Zeitschrift für Human Resource Management, 56, 5, 20-23.

Werner, D. (2006), Trends und Kosten der betrieblichen Weiterbildung: Ergebnisse der IW-Weiterbildungserhebung 2005, URL: http://www.iwkoeln.de/Portals/0/PDF/trends01_06_2.pdf [10.11.2009].

Winzenried, E. (2005), Job Rotation: Konzeptionelle Erkenntnisse – Fallstudie – Gestaltungsempfehlungen, Lizenziatsarbeit, Bern.

Zaugg, R. (2008), Nachhaltige Personalentwicklung – Von der Schulung zum Kompetenzmanagement, in: Thom, N./Zaugg, R. (Hrsg.), Moderne Personalentwicklung, 3. Auflage, Wiesbaden, 135-156.

Zellweger, R. (2007), Laufbahnplanung in eigener Regie, URL: http://www.fitimjob-magazin.ch/media/checklisten/dossier/laufbahnplanung%20in%20eigener%20regie.pdf [10.11.2009].

Zvonkovic, A. (1988), Underemployment: Individual and Marital Adjustment to Income Loss, Lifestyles: Family and Economic Issues, 9, 161–178.

6 Gestaltung der Personalfreisetzung

Lernziele

- Die Leser kennen die zentralen Formen der Personalfreisetzung.

- Die Leser überblicken ausgewählte Maßnahmen der Personalfreisetzung, die nicht zu einem reduzierten Personalbestand führen.

- Die Leser kennen Maßnahmen der Personalfreisetzung, durch die der Personalbestand reduziert werden kann.

- Die Leser kennen Ansatzpunkte für eine systematische Freisetzungskommunikation.

6.1 Grundlagen der Personalfreisetzung

Das letzte Glied des Mitarbeiterflusses stellt die Personalfreisetzung dar. Das zentrale Ziel der Personalfreisetzung besteht darin, eine Überkapazität an Personal (vgl. hierzu Abschnitt 3.2) zu vermeiden bzw. den Personalbestand abzubauen. Damit umfasst die Personalfreisetzung sowohl antizipative als auch reaktive Aktivitäten.

Personal-freisetzung	Aktivitäten, die auf die Vermeidung bzw. den Abbau von Überkapazitäten an Führungskräften bzw. Mitarbeitern abzielen.

Die Personalfreisetzung beinhaltet somit nicht lediglich Entlassungen, sondern auch den langfristigen Abbau von Stellen (z. B. durch Einstellungsstopps). In Phasen geringen wirtschaftlichen Wachstums haben deutsche Unternehmen lange Zeit vor allem auf das Instrument der Entlassung zurückgegriffen (vgl. Knoche 2004). Inzwischen setzen Unternehmen primär auf die Reduzierung von Neueinstellungen. Aber auch Frühverrentungen, Gehaltssenkungen und die Reduktion von Ausbildungsplätzen sind nach wie vor häufig eingesetzte Instrumente zum Abbau personeller Überkapazitäten (vgl. BCG/EAPM 2009).

Maßnahmen der Personalfreisetzung sollten prinzipiell sehr umsichtig und vorausschauend ein- und umgesetzt werden. Das Personal eines Unternehmens ist seine wertvollste Ressource und es bestimmt die Entwicklungs- und Wachstumschancen eines Unternehmens maßgeblich mit. Ein genereller Einstellungsstopp beispielsweise kann dazu führen, dass beim nächsten Konjunkturaufschwung qualifizierte Mitarbeiter fehlen, und das Wachstum des Unternehmens dadurch gebremst wird (vgl. Schütte 2009).

In einer aktuellen europaweiten Studie wurden über 800 Führungskräfte befragt, welche Maßnahmen ihre Unternehmen in der derzeitigen Finanzkrise planen, welche Maßnahmen sie in der letzten Krise ergriffen hatten, und inwiefern diese früheren Aktivitäten effektiv waren (vgl. BCG/EAPM 2009). Die Ergebnisse dieser Befragung sind in Abbildung 6.1 dargestellt. Es zeigt sich, dass Einstellungsreduktionen und Entlassungen von Mitarbeitern zu den aktuell am häufigsten geplanten Maßnahmen gehören. Im Vergleich zu anderen Maßnahmen werden Einstellungsreduktionen und Entlassungen als überdurchschnittlich effektiv eingeschätzt, während zum Beispiel die Effektivität der Reduktion von Ausbildungsplätzen als weit unterdurchschnittlich bewertet wird (vgl. BCG/EAPM 2009).

Abbildung 6.1   Maßnahmen von Unternehmen in Krisenzeiten (vgl. BCG / EAPM 2009)

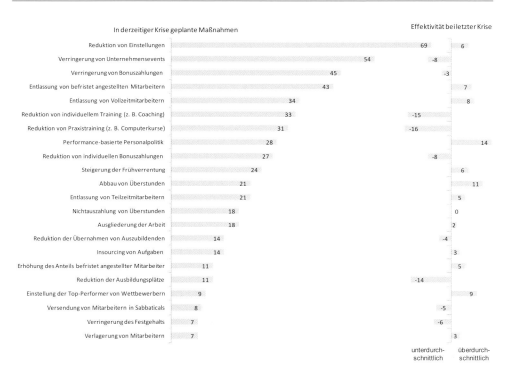

Anmerkungen: Stichprobe n = 883 Führungskräfte europäischer Unternehmen; Angaben in Prozent

Bei der Entscheidung für bestimmte Maßnahmen im Rahmen der Personalfreisetzungsaktivitäten sollten außer der Effektivität der in Frage kommenden Maßnahmen auch deren Wirkung auf das Engagement der Mitarbeiter beachtet werden (vgl. BCG/EAPM 2009). Auch die Wirkung von Freisetzungsaktivitäten auf das Image des Unternehmens in der Öffentlichkeit, bei Kunden und bei potenziellen Bewerbern sollte berücksichtigt werden. So können beispielsweise Imageverluste in Folge von Massenentlassungen oder generellen Einstellungsstopps langfristig negative Auswirkungen auf den Unternehmenserfolg haben. Weitere Risiken von Personalfreisetzungsaktivitäten sind der Verlust von Know-how, Erfahrungen und eventuell sogar Kundenkontakten der betroffenen Mitarbeiter (vgl. Schütte 2009).

Die möglichen negativen Folgen von Personalfreisetzungsaktivitäten machen eine sorgfältige Prüfung von alternativen Maßnahmen und ein genaues Abwägen möglicher Risiken unerlässlich (vgl. Schütte 2009). Zudem sollten alle Personalfreisetzungsaktivitäten an der Unternehmens- und Personalstrategie (vgl. Abschnitt 1.1.1.1) ausgerichtet werden. Für eine strukturierte Vorgehensweise bei der Planung und der Umsetzung von Personalfreisetzungsmaßnahmen sollten sich Unternehmen mit einer Reihe von Fragen auseinandersetzen, die in Tabelle 6.1 aufgeführt sind.

Tabelle 6.1   Zentrale Leitfragen zur Gestaltung der Personalfreisetzung

Zentrale Leitfragen	Behandelt in …
1. In welchen Situationen sollten sich Unternehmen mit dem Thema Personalfreisetzung auseinandersetzen?	Abschnitt 6.1
2. Auf welche Formen der Personalfreisetzung können Unternehmen zurückgreifen?	Abschnitt 6.2
3. Welche Maßnahmen können Unternehmen im Rahmen der Personalfreisetzung einsetzen?	Abschnitt 6.3
4. Wie sollte das Programm zur Personalfreisetzung kommuniziert werden?	Abschnitt 6.4

Die erste Leitfrage nach relevanten Situationen der Personalfreisetzung steht in enger Verbindung mit möglichen Ursachen der Personalfreisetzung. Hierbei kann zwischen weitgehend vorhersehbaren und weitgehend unvorhersehbaren Umständen unterschieden werden. Eine entsprechende Gegenüberstellung möglicher Ursachen der Personalfreisetzung liefert Tabelle 6.2 (in Anlehnung an Drumm 2008, S. 250 ff.; Schanz 2000, S. 358).

Tabelle 6.2   Mögliche Ursachen der Personalfreisetzung

Weitgehend vorhersehbare Ursachen der Personalfreisetzung	Weitgehend unvorhersehbare Ursachen der Personalfreisetzung
▪ Entwicklungen in neuen oder substituierenden Technologien	▪ Management- bzw. Planungsfehler
▪ Stilllegungen bzw. Verlagerungen von Standorten	▪ Liquiditätsengpässe
▪ Akquisitionen von Unternehmen	▪ Fehlschlag des Einstiegs in bestimmte Märkte bzw. Marktsegmente
▪ Produktionsverlagerung oder -umstellung	▪ Schwankungen im Bedarf der Nachfrager
▪ Veränderungen im Leistungsprogramm	▪ Absatzeinbrüche aufgrund nicht erwarteter Aktivitäten von Konkurrenten
▪ Ausdünnung bzw. Abflachung der Organisationsstruktur	
▪ Konjunktur- bzw. saisonbedingte Absatzrückgänge	

In den öffentlichen Medien werden Personalfreisetzungen insbesondere dann thematisiert, wenn es zu umfangreichen Entlassungen bzw. großzahligem Stellenabbau kommt. So zeigt Abbildung 6.2 beispielhaft, über welche Personalfreisetzungsaktivitäten in Online-Medien ausführlich berichtet wurde. Als Ursachen für Personalfreisetzungen werden insbesondere Restrukturierungen und Kostensenkungsprogramme genannt.

Abbildung 6.2   Ursachen für Personalfreisetzungen in verschiedenen Unternehmen (Internetrecherche im Jahr 2009 von aktuellen Berichterstattungen in Spiegel Online, Financial Times Deutschland)

Unternehmen	Ursache für Freisetzungen	Zeitpunkt der ersten Ankündigung	Umfang des geplanten Stellenabbaus
ANGLO AMERICAN	Gewinneinbruch in Folge des Verfalls von Rohstoffpreisen	Februar 2009	19.000 Stellen weltweit
hp	Umstrukturierung und Sparprogramm nach Übernahme von EDS	Oktober 2008	25.000 Stellen weltweit
WAZ MEDIEN GRUPPE	Sparmaßnahmen in Folge massiver wirtschaftlicher Probleme	Oktober 2008	mehrere hundert Stellen
METRO Group	Sparmaßnahmen in Folge von Gewinneinbrüchen	Oktober 2008	mehrere hundert Stellen in Deutschland
SIEMENS	Verkauf unrentabler Sparten und Umstrukturierungen	April 2008	17.000 Stellen weltweit
BMW	Sparmaßnahmen in Folge von Gewinneinbrüchen in den USA durch ungünstige Wechselkursentwicklung	Dezember 2007	8.100 Stellen weltweit
märklin	drohende Insolvenz	Januar 2001	310 Stellen in Deutschland

6.2   Formen der Personalfreisetzung

Zu Beginn dieses Kapitels wurde bereits dargelegt, dass die Personalfreisetzung sowohl reaktiven als auch antizipativen Charakter haben kann. In diesem Zusammenhang weist Jung (2008, S. 314) darauf hin, dass die Bandbreite der Aktivitäten im Rahmen der Personalfreisetzung umso größer ist, je früher eine personelle Überdeckung erkannt wird. Aus diesem Grunde ist es für Unternehmen von Bedeutung, personelle Überkapazitäten möglichst frühzeitig zu identifizieren und adäquate Personalfreisetzungsmaßnahmen einzuleiten (vgl. Leitfrage 2; Tabelle 6.1). Dabei können vier Formen der Personalfreisetzung unterschieden werden (vgl. Abbildung 6.3).

Abbildung 6.3   Systematisierung unterschiedlicher Formen der Personalfreisetzung

6.2.1   Differenzierung nach dem Inhalt der Personalfreisetzung

Die erste Kategorie zur Systematisierung verschiedener Formen der Personalfreisetzung bezieht sich auf das inhaltliche Ziel, das mit der Personalfreisetzung verfolgt wird. In diesem Zusammenhang kann zwischen der Änderungs- und der Beendigungsfreisetzung unterschieden werden.

Eine *Änderungsfreisetzung* liegt vor, wenn der Arbeitgeber mit der Auflösung des Arbeitsverhältnisses ein Vertragsangebot verbindet, das Arbeitsverhältnis zu geänderten (zumutbaren) Bedingungen fortzusetzen. Änderungsfreisetzungen erfolgen in der Regel im Rahmen einer Änderungskündigung. Der Kündigung (§ 102 BetrVG, vgl. Abschnitt 6.3.2.1) und der Neueinstellung mit verändertem Arbeitsvertrag (§ 99 BetrVG, vgl. Abschnitt 6.3.1) muss der Betriebsrat zustimmen. Ob dem Arbeitnehmer eine angebotene neue Tätigkeit zuzumuten ist, hängt insbesondere davon ab, wie stark sich die neue und die bisherige Tätigkeit hinsichtlich ihrer Arbeitsanforderungen und -bedingungen unterscheiden. Dabei sind insbesondere die geforderte Qualifikation, die Höhe der Vergütung, die Stellung im Unternehmen und das gesellschaftliche Ansehen der Tätigkeit zu berücksichtigen.

Die *Beendigungsfreisetzung* zielt auf die Auflösung des Arbeitsverhältnisses zwischen Arbeitgeber und Arbeitnehmer ab. Sie kann sowohl in Form einer ordentlichen als auch einer außerordentlichen Kündigung erfolgen (vgl. Abschnitt 6.3.2). Eine Sonderform der Beendigungsfreisetzung sind *Massenentlassungen*. Es handelt sich hierbei um eine Bündelung von ordentlichen betriebsbedingten Beendigungskündigungen. Von Massenentlassungen spricht man, wenn eine der folgenden Bedingungen erfüllt ist (vgl. Bröckermann 2009, S. 358 f.):

- Beendigung von mehr als fünf Arbeitsverhältnissen innerhalb von 30 Kalendertagen bei 21 bis 59 Beschäftigten,

- Beendigung von 10 Prozent oder mehr als 25 Arbeitsverhältnissen innerhalb von 30 Kalendertagen bei 60 bis 499 Beschäftigten oder

- Beendigung von mindestens 30 Arbeitsverhältnissen innerhalb von 30 Kalendertagen bei mehr als 499 Beschäftigten.

6.2.2 Differenzierung nach dem zeitlichen Horizont der Personalfreisetzung

Ein weiteres Differenzierungskriterium ist der Zeitpunkt, ab dem sich ein Unternehmen mit dem Abbau personeller Überkapazitäten auseinandersetzt. Im Zusammenhang mit dem zeitlichen Horizont der Personalfreisetzung wird unterschieden zwischen

- der vergangenheitsorientierten (reaktiven) Personalfreisetzung und

- der zukunftsorientierten (antizipativen) Personalfreisetzung.

Vergangenheitsorientierte (reaktive) Freisetzung erfolgt erst, nachdem eine personelle Überdeckung bereits entstanden ist. Beispielhafte Maßnahmen der reaktiven Personalfreisetzung sind (vgl. Drumm 2008, S. 256 ff.)

- der Abbau von Überstunden,

- die Einführung von Kurzarbeit,

- die Entlassung ohne bzw. mit Unterstützung (z. B. durch Bewerbungstrainings) sowie

- die Versetzung von Führungskräften bzw. Mitarbeitern aufgrund eines kurzfristigen Stellenwegfalls.

Die *zukunftsorientierte (antizipative) Personalfreisetzung* bildet einen integrativen Bestandteil der Personalbedarfsplanung (vgl. Kapitel 3). Im Mittelpunkt stehen die frühzeitige Aufdeckung personeller Überkapazitäten und die Ableitung entsprechender antizipativer Personalfreisetzungsstrategien. Eine Besonderheit der zukunftsorientierten Freisetzung ist darin zu sehen, dass die Auseinandersetzung mit der Personalfreisetzung vor dem Auftreten personeller Überkapazitäten erfolgt. Für die zukunftsorientierte Personalfreisetzung sind zum einen alle zuvor genannten Maßnahmen der reaktiven Freisetzung relevant. Darüber hinaus können Unternehmen im Rahmen der antizipativen Personalfreisetzung folgende Maßnahmen durchführen (vgl. Drumm 2008, S. 260 ff.):

- Nutzung natürlicher Fluktuation mit Einstellungsstopp oder verzögerte Wiederbesetzung (Stellensperren),

- Nichtverlängerung von Zeitverträgen,

- Förderung von Fluktuation durch Aufhebungsverträge,

- zeitlich begrenzte Ausleihe von Beschäftigten an andere Unternehmen sowie

- Gewährung von Langzeiturlaub (insbesondere zur Weiterbildung) mit oder ohne Wiedereinstellungsgarantie.

6.2.3 Differenzierung nach der Ursache der Personalfreisetzung

Eine weitere Kategorie zur Unterscheidung verschiedener Formen der Personalfreisetzung bezieht sich auf deren Ursache. In Abhängigkeit von der Ursache lassen sich im Kern drei Formen der Personalfreisetzung unterscheiden (vgl. u. a. § 626 BGB; §§ 99, 102 BetrVG; § 1 KSchG):

- die verhaltensbedingte,

- die personenbedingte und

- die betriebsbedingte Personalfreisetzung.

Eine *verhaltensbedingte Freisetzung* ist im willentlichen Verhalten des einzelnen Beschäftigten begründet (§ 1 Abs. 1 KSchG). Kommt es durch das Verhalten eines Beschäftigten zu Störungen in der Leistungserbringung bzw. im betrieblichen sozialen Umgang (mit Kollegen, Führungskräften usw.), wird das Aufrechterhalten des Arbeitsverhältnisses unzumutbar. Eine verhaltensbedingte Kündigung setzt eine vorherige Abmahnung voraus, um wirksam zu sein (§ 65 Abs. 1 Nr. 3 KSchG). Beispielhafte Gründe für eine verhaltensbedingte Kündigung sind:

- quantitative bzw. qualitative Schlechtleistungen,

- unerlaubte Konkurrenztätigkeit,

- Unpünktlichkeit bzw. unentschuldigtes Fehlen,

- Unterlassen der Anzeige- und Nachweispflicht bei Krankheit sowie

- Fehlverhalten unter Alkoholeinfluss.

Insert 6.1 zeigt, dass eine Kündigung aufgrund von Schlechtleistung in der Unternehmenspraxis nicht unproblematisch ist. Hier greift häufig das Kündigungsschutzrecht zu Gunsten des Arbeitnehmers.

Insert 6.1: Aktuelle Rechtsprechung zur Kündigung aufgrund von Schlechtleistungen (vgl. Amann 2008, C 2)

Der Schwächste fliegt – oder etwa nicht?

Jeder hat mal einen schlechten Tag. Wer aber jeden Tag schlechte Leistungen abliefert, der hat ein Problem. Wer dreimal so schlecht arbeitet wie seine Kollegen, gehört entlassen – oder etwa nicht? Nicht unbedingt. Ein neues Urteil des Bundesarbeitsgerichts wirft ein Schlaglicht auf die rechtliche Situation der „Low Performer".

[...] In einer Entscheidung des BAG (Urteil vom 17. Januar 2008 – 2 AZR 536/06) wirft der Sachverhalt auf den ersten Blick kaum Fragen auf: Die Klägerin verpackte im Lager des Versandkaufhauses Quelle Waren für Kunden und bereitete sie für den Versand vor. Dabei unterliefen ihr ständig Fehler. Sie verwechselte Kunden oder vergaß, Einzelteile einzupacken. Ihre Fehlerquote war über einen längeren Zeitraum dreimal so hoch wie bei vergleichbaren Kollegen, behauptet Quelle. Nachdem zwei Abmahnungen fruchtlos blieben, erhielt sie die Kündigung – und zog vor Gericht. [...]

Dass die Klägerin aber möglicherweise eine der schlechtesten Verpackerinnen der ganzen weiten Warenwelt war, reicht für eine Kündigung noch nicht aus.

Denn: Jede Gruppe hat ein Schlusslicht. Schlechter zu sein als der Durchschnitt ist noch keine Vertragspflichtverletzung. Der Arbeitnehmer müsste dafür vielmehr schlechter sein, als er eigentlich könnte. [...] Wenn ein Mitarbeiter nicht besser kann, steht seine Kündigung erst am Ende einer langen Prozedur. Der Arbeitgeber muss Leistungsziele definieren und Buch führen über Misserfolge, er muss Nachzügler schulen, notfalls versetzen und ihnen stets aufs Neue eine Bewährungszeit gewähren.

Einem „Low Performer" zu kündigen ist deshalb nahezu unmöglich. Die Arbeitgeber scheitern meistens entweder am Beweis der Minderleistung oder an der Begründung, dass der Mitarbeiter dafür verantwortlich ist. [...] Nur in glasklaren Fällen bekommen die Arbeitgeber recht – etwa in dem eines Außendienstlers, der für 150.000 Euro Gehalt und eine Garantieprovision in gleicher Höhe Verträge akquirieren sollte. Ihm gelang in 18 Monaten kein einziger Abschluss – das reichte dem BAG als Kündigungsgrund. (Az. 2 AZR 386/03). [...]

Eine *personenbedingte Freisetzung* liegt dann vor, wenn in der Person liegende Gründe sie für die vorgeschriebene Tätigkeit als ungeeignet erscheinen lassen, ohne dass jedoch die Person am Umstand der Sachlage schuldig ist (§ 1 Abs. 2 KSchG). Gründe können in

- der gesundheitlichen Konstitution,
- den Fähigkeiten bzw. Fertigkeiten oder

■ der Persönlichkeit der arbeitenden Person liegen.

Die *betriebsbedingte Freisetzung* ist in § 1 Abs. 3 KSchG geregelt. Sie wird ausgelöst durch eine Veränderung in der betrieblichen Personalbedarfsstruktur aufgrund von Rationalisierungen im Unternehmen bzw. Stilllegungen von Unternehmensteilen. Mit betriebsbedingten Kündigungen gehen in der Regel gruppenbezogene Personalfreisetzungen einher, die eine letztmögliche Reaktion eines Unternehmens auf wirtschaftliche Schwierigkeiten darstellen.

Im Rahmen der betriebsbedingten Freisetzung sind Unternehmen verpflichtet, eine Sozialauswahl nach verschiedenen Kriterien (Lebensalter, Betriebszugehörigkeit, Unterhaltsverpflichtungen und Schwerbehinderung) zu treffen (vgl. Oechsler 2006, S. 275 ff.). Verstößt das Unternehmen dabei gegen eine Auswahlrichtlinie, die zwischen Arbeitgeber und Betriebsrat vereinbart worden ist (§ 95 BetrVG), hat der Betriebsrat ein Widerspruchsrecht und kann damit die Freisetzung blockieren (§ 99 Abs. 2). Eine Freisetzung im Sinne einer Sozialauswahl bringt in der Regel eine Veränderung der Altersstruktur mit sich, da jüngere Führungskräfte bzw. Mitarbeiter leichter freigesetzt werden können als ältere. In einer solchen Situation gewinnt also der Umgang mit älteren Führungskräften bzw. Mitarbeitern an Bedeutung (vgl. hierzu ausführlich Kapitel 17).

Bei der betriebsbedingten Freisetzung greifen Unternehmen verstärkt darauf zurück, durch Prämienzahlungen Kündigungsschutzklagen zu vermeiden. Die aktuell geltende Rechtsprechung in diesem Bereich wird in Insert 6.2 beschrieben.

Insert 6.2:   Einsatz von „Turboprämien" zur Vermeidung von Kündigungsklagen
                       (vgl. Sammet 2007, C 2)

Mit Vollgas aus dem Job

Mit „Turboprämien" überzeugen viele Unternehmen ihre Mitarbeiter, Aufhebungsverträge zu unterschreiben oder betriebsbedingte Kündigungen klaglos zu akzeptieren. Die Gerichte akzeptieren diese Praxis. Doch wer als Arbeitgeber die Betroffenen nicht ausreichend über ihre Rechte informiert, zahlt vielleicht doppelt.

Die Zusatzprämie von 54.000 Euro überzeugte 5.700 Mitarbeiter, VW zu verlassen. Weitere 300 Mitarbeiter, die etwas mehr Bedenkzeit benötigten, gingen einige Monate später gegen eine Extrazahlung von 27.000 Euro. So lief es auch bei Opel, Infi-

auch Tarifverträge Geldprämien für den den Verzicht auf eine Kündigungsschutzklage enthalten können. Um den Mitarbeiter nicht aus formalen Gründen vor Gericht wieder zu treffen, muss der Arbeitgeber ihn aber unbedingt darauf hinweisen, dass er ein Wahlrecht hat: Geld oder Rechtsschutz.

Turboprämien bieten den Vorteil, dass der Lebenslauf nicht den „Makel" einer Entlassung trägt. Andererseits bergen die Prämien für die Arbeitnehmer einen anderen empfindlichen Nachteil: Je nach Situation müssen sie damit rechnen, vorübergehend kein Arbeitslosengeld zu erhalten.

neon oder der Deutschen Bank. Wer betriebsbedingt Jobs abbauen will oder Mitarbeitern kündigen muss, versüßt ihnen den Abschied gerne mit so genannten Turbo- oder Rennprämien. Entweder unterschreibt der Mitarbeiter einen Aufhebungsvertrag, oder ihm wird gekündigt – in beiden Fällen ist die Prämie der Lohn für den Verzicht auf eine Kündigungsschutzklage.

[...] Das Bundesarbeitsgericht (BAG) in Erfurt hat schon vor knapp zwei Jahren entschieden, dass Arbeitgeber den Verzicht auf eine Kündigungsschutzklage mit Geld entlohnen dürfen (AZ: 1 AZR 254/04). In einem aktuellen Urteil (AZ: 4 AZR 798/05) billigten die Richter darüber hinaus, dass

Wer gegen eine Prämie einen Aufhebungsvertrag unterschreibt, obwohl ihm keine betriebsbedingte Kündigung droht, muss nach der Rechtsprechung des Bundessozialgerichts mit einer Sperrfrist für den Bezug von Arbeitslosengeld rechnen. Denn nach Ansicht der Richter hat er aktiv an der Auflösung des Arbeitsverhältnisses mitgewirkt. Nur wenn eine betriebsbedingte Kündigung sicher bevorsteht und der Arbeitnehmer die Prämie also nur „passiv" entgegennimmt – eventuell unter Verzicht auf sein Klagerecht –, dann steht ihm nach der Rechtsprechung des BSG Arbeitslosengeld zu (AZ: B 11a AL 74/05R).

6.2.4 Differenzierung nach der Richtung der Personalfreisetzung

In Bezug auf die Richtung der Freisetzung ist danach zu differenzieren, ob die betroffenen Führungskräfte bzw. Mitarbeiter aus dem Unternehmen ausscheiden oder nicht. Es wird zwischen der externen und der internen Personalfreisetzung unterschieden (vgl. Steinbuch 1998, S. 75).

Eine Reduktion des Personalbestandes findet im Rahmen der *externen Personalfreisetzung* statt. Bei dieser Form der Personalfreisetzung scheiden die betroffenen Führungskräfte bzw. Mitarbeiter aus den Unternehmen aus.

Die *interne Freisetzung* ist in der Regel nicht mit einem Ausscheiden von Mitarbeitern aus dem Unternehmen verbunden. Vielmehr erfolgt eine Anpassung existierender Arbeitsverhältnisse an die personellen Kapazitäten des Unternehmens (vgl. Steinbuch 1998, S. 75). Diese Anpassung kann in qualitativer, zeitlicher oder räumlicher Hinsicht stattfinden.

- Eine *qualitative Anpassung* kann beispielsweise durch die Übernahme einer anders qualifizierten Stelle seitens eines Mitarbeiters erfolgen, dessen bisherige Tätigkeit entfallen ist.

- Eine Form der *zeitlichen Anpassung* stellt die Verkürzung der regulären Arbeitszeit dar.

- Eine *räumliche Anpassung* liegt dann vor, wenn eine Person aufgrund des Wegfalls der bisherigen Stelle an einem anderen Ort eingesetzt wird. Beispielhaft sei der Standortwechsel einer Führungsperson aufgrund von abgeflachten Hierarchien im bisherigen Tätigkeitsbereich genannt.

Im Gegensatz zur externen Personalfreisetzung bleibt im Rahmen der internen Freisetzung der Personalbestand erhalten. Bei starken Veränderungen der Tätigkeitsinhalte kann mit der internen Freisetzung eine Änderungsfreisetzung (vgl. hierzu Abschnitt 6.2.1) einher gehen.

6.3   Maßnahmen der Personalfreisetzung

Die Maßnahmen zur Personalfreisetzung (vgl. Leitfrage 3, Tabelle 6.1) lassen sich danach systematisieren, ob der Personalbestand im Unternehmen auf demselben Niveau bleibt oder ob der Personalbestand zurückgeht (in Anlehnung an Bisani 1995, S. 308). Es wird daher unterschieden zwischen

- Maßnahmen ohne Einfluss auf den Personalbestand (Abschnitt 6.3.1) sowie

- Maßnahmen mit reduzierendem Einfluss auf den Personalbestand (Abschnitt 6.3.2).

Abbildung 6.4 nimmt eine Systematisierung der zentralen Maßnahmen zur Personalfreisetzung vor.

Abbildung 6.4   Zentrale Maßnahmen zur Personalfreisetzung im Überblick

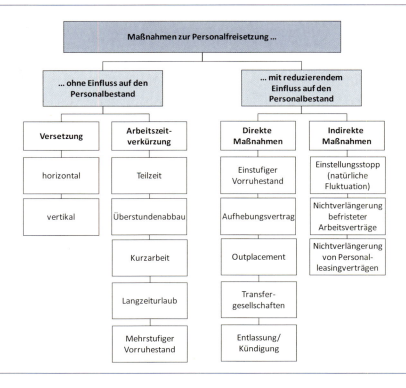

6.3.1 Personalfreisetzungsmaßnahmen ohne Einfluss auf den Personalbestand

Die beiden zentralen Gruppen von Maßnahmen zur Änderung von Arbeitsverhältnissen ohne Einfluss auf den Personalbestand sind die Versetzung und die Arbeitszeitverkürzung (vgl. Abbildung 6.4). In diesem Zusammenhang wird auch von Maßnahmen zur *partiellen Personalfreisetzung* gesprochen (vgl. Bisani 1995, S. 308). Eine Versetzung ist nur dann möglich, wenn zum Versetzungszeitpunkt eine Stelle mit gleichem oder ähnlichem Anforderungsprofil im Unternehmen vakant ist (vgl. Drumm 2008, S. 265).

Versetzung	„[…] Zuweisung eines anderen Arbeitsbereiches, die voraussichtlich die Dauer von einem Monat überschreitet, oder die mit einer erheblichen Änderung der Umstände verbunden ist, unter denen die Arbeit zu leisten ist" (§ 95 BetrVG).

Die Versetzung kann sowohl horizontal als auch vertikal erfolgen (vgl. Hentze/Graf 2005, S. 379). Während eine *horizontale Versetzung* einen Tätigkeitswechsel auf derselben Hierarchieebene beschreibt, ist die *vertikale Versetzung* mit einem hierarchischen Auf- oder Abstieg verbunden. Plant der Arbeitgeber eine Versetzung, so ist er verpflichtet, den Betriebsrat davon zu unterrichten und die Zustimmung des Betriebsrats zu dieser Maßnahme einzuholen (§ 99 BetrVG). Der Betriebsrat kann die Zustimmung gemäß § 99 Abs. 2 BetrVG verweigern, wenn

- die Versetzung gegen ein Gesetz, eine Verordnung, eine Unfallverhütungsvorschrift, einen Tarifvertrag, eine Betriebsvereinbarung, gegen eine gerichtliche Entscheidung oder eine behördliche Anordnung verstoßen würde,

- die Versetzung gegen eine nach § 95 BetrVG vereinbarte Richtlinie (zum Beispiel bevorzugte Behandlung von Arbeitnehmern mit Kindern) verstoßen würde,

- eine begründete Besorgnis besteht, dass in Folge der Versetzung weitere Kündigungen zu erwarten sind oder sonstige Benachteiligungen für weitere Arbeitnehmer entstehen, ohne dass dies aus betrieblichen Gründen gerechtfertigt ist, bzw.

- der versetzte Arbeitnehmer durch die Maßnahme aus anderen als betrieblichen oder in der Person liegenden Gründen benachteiligt wird.

Verweigert der Betriebsrat seine Zustimmung, so muss er dies dem Arbeitgeber unter Angabe von Gründen innerhalb einer Woche nach Unterrichtung schriftlich mitteilen (§ 99 Abs. 3 BetrVG). Der Arbeitgeber hat bei einer Zustimmungsverweigerung des Betriebsrats die Möglichkeit, beim Arbeitsgericht einen Ersatz der Zustimmung zu beantragen (§ 99 Abs 4 BetrVG). Die erläuterten Mitbestimmungsrechte des Betriebsrats bei einer geplanten Versetzung gelten auch für geplante Neueinstellungen.

Eine weitere wichtige Form der partiellen Personalfreisetzung stellt die *Arbeitszeitverkürzung* dar. Eine Arbeitszeitverkürzung kann sich auf einzelne Personen oder Personengruppen beziehen.

Arbeitszeit- *verkürzung*	Reduktion der täglichen, wöchentlichen, monatlichen oder jährlichen Arbeitszeit einzelner Personen oder Personengruppen (in Anlehnung an Hentze/Graf 2005, S. 375).

Im Zusammenhang mit der Arbeitszeitverkürzung wird in der Literatur eine Reihe von Maßnahmen diskutiert. In diesem Abschnitt werden folgende Maßnahmen der Arbeitszeitverkürzung erläutert (vgl. im Überblick Abbildung 6.4):

- die Teilzeitarbeit,

- der Überstundenabbau,

- die Kurzarbeit,

- der Langzeiturlaub sowie

- der mehrstufige Vorruhestand.

Eine Verkürzung durch *Teilzeitarbeit* liegt dann vor, wenn die regelmäßige Arbeitszeit einer Person kürzer ist als die regelmäßige Arbeitszeit vergleichbarer vollbeschäftigter Personen im Unternehmen (§ 2 BeschFG). Die Zahl der Teilzeitbeschäftigten hat sich in Deutschland im Zeitraum zwischen 1973 und 1998 von rund 2 Millionen auf 3,7 Millionen nahezu verdoppelt. Insbesondere Frauen machen von dieser Möglichkeit Gebrauch: Sie repräsentieren rund 89 Prozent aller Teilzeitbeschäftigten (vgl. Oechsler 2006, S. 277). Teilzeitarbeit kann in alternativen Formen praktiziert werden. Die zentralen *Varianten der Teilzeitarbeit* sind:

- *Traditionelle Teilzeitarbeit*: Die Beschäftigten haben feste Arbeitszeiten, die sich jedoch nicht über den regulären Arbeitstag erstrecken. Es handelt sich hier also um eine Verkürzung der regulären täglichen Arbeitszeit.

- *Job-Sharing*: Bei dieser aus den USA stammenden Form der Teilzeitarbeit teilen sich zwei oder mehrere Beschäftigte einen Vollzeitarbeitsplatz (vgl. Bisani 1995, S. 39). Feste Einsatzzeiten sind lediglich für das Job-Sharing-Team als Ganzes vorgegeben. Die einzelnen Beschäftigten können dagegen innerhalb bestimmter Grenzen ihren Tagesablauf frei gestalten.

- *Abrufarbeit*: Die Beschäftigten leisten ein bestimmtes, mit dem Unternehmen vereinbartes Kontingent an Stunden. Unternehmen haben dadurch die Möglichkeit, diese Stunden über einen längeren Zeitraum (Monat bzw. Jahr) hinweg flexibel abzurufen. Im Gegensatz zur Gleitzeitarbeit bestimmt jedoch allein der Arbeitgeber über den Personaleinsatz. Dadurch haben Unternehmen die Möglichkeit, den Personalbestand flexibel an die betrieblichen Erfordernisse anzupassen.

Eine weitere Möglichkeit der Arbeitszeitverkürzung stellt der *Überstundenabbau* dar. In diesem Fall wird zuvor geleistete Arbeitszeit, die über die regelmäßige betriebliche Arbeitszeit hinausging, in Form von Freizeit ausgeglichen. Der Abbau von Überstunden gilt als Rückkehr zum Normalzustand. Durch das Vermeiden von Überstunden können Personalkosten (z. B. in Form von tariflichen Überstundenzuschlägen) eingespart werden (vgl. Jung 2008, S. 321). Indirekte Kosteneinsparungen ergeben sich auch dadurch, dass durch die geringere Beanspruchung der Gesundheitszustand der Mitarbeiter langfristig verbessert wird (vgl. Jung 2008, S. 321).

Bei der *Kurzarbeit* wird die betriebsübliche Arbeitszeit vorübergehend gekürzt. Kurzarbeit stellt eine Abkehr vom Normalzustand dar. Sie führt zu einer Verringerung der Personalkosten für Unternehmen einerseits und unfreiwilligen Verdiensteinbußen der Beschäftigten andererseits. Auf Mitarbeiterseite wird der Einkommensausfall in Form von „Kurzarbeitergeld" durch die Bundesagentur für Arbeit teilweise kompensiert (§ 63 AFG). Eine Reduktion des Mitarbeiterbestandes findet dagegen nicht statt. Im Zusammenhang mit der Kurzarbeit müssen Unternehmen darauf achten, dass deren Einführung der Mitbestimmung des Betriebsrates unterliegt (§ 87 Abs. 1 Nr. 3 BetrVG). Für die Einführung von Kurzarbeit sind folgende Schritte notwendig (vgl. Bisani 1995, S. 309):

■ Prüfen wirtschaftlicher und rechtlicher Voraussetzungen (§ 64 Abs. 1 Nr. 1 und 2 AFG),

■ Informieren entsprechender Gremien (insbesondere Wirtschaftsausschuss, Führungskräfte usw.) über die Einführung,

■ Prüfen der Möglichkeit zur Zahlung von Kurzarbeitergeld durch die Bundesagentur für Arbeit,

■ Einholen der Zustimmung des Betriebsrats zur Einführung von Kurzarbeit (verpflichtend gemäß § 87 Abs. 1 Nr. 3 BetrVG),

■ Anzeigen der Kurzarbeit bei der Bundesagentur für Arbeit sowie

■ Bekanntmachen der Einführung von Kurzarbeit im Unternehmen.

Der *Langzeiturlaub* (das so genannte Sabbatical) als weiteres Instrument der Personalfreisetzung bedeutet eine Freistellung der Beschäftigten für einen festgelegten Zeitraum (z. B. ein bis zwei Jahre). Langzeiturlaube können seitens der Mitarbeiter für eine Höherqualifikation (z. B. die Erlangung von Bildungsabschlüssen) genutzt werden. Unternehmen eröffnen sich hierdurch die Möglichkeit, für den Zeitraum des Langzeiturlaubs ihre Personalkosten zu reduzieren. Darüber hinaus können Unternehmen die betroffenen (gegebenenfalls höher qualifizierten) Beschäftigten später vielseitiger im Unternehmen einsetzen. Das Personaleinsatzproblem wird in diesem Fall auf den Zeitpunkt des Wiedereintritts verschoben. Insert 6.3 beschreibt den Einsatz von Sabbaticals in der Unternehmenspraxis.

Insert 6.3:   Einsatz von Sabbaticals in der Unternehmenspraxis
                      (Hildebrandt-Woeckel 2007, S. 21)

Die Finanzierung von Sabbaticals ist längst erprobt – doch kaum jemand traut sich

Seit Jahrtausenden steht es in der Tora. Wer viel arbeitet, braucht einmal Ruhe. Dennoch dauerte es fast bis Ende des vergangenen Jahrtausends, bis sich diese Weisheit bis in die deutsche Wirtschaft herumgesprochen hatte. Erst seit dem Jahr 1998, seit der Verabschiedung des Arbeitsteilzeitgesetzes, gibt es die Möglichkeit, eine berufliche Auszeit zu nehmen. Theoretisch, denn zu einem gesetzlichen Anspruch konnten sich die Verantwortlichen nicht durchringen. Lediglich in drei bis fünf Prozent der deutschen Unternehmen sind Sabbatjahre, neudeutsch Sabbaticals genannt, überhaupt ein Thema. Dabei bringe das Sabbatjahr nachweislich sowohl Arbeitnehmern als auch Arbeitgebern Gewinn.

BMW-Mitarbeiterin Linde Lehmann, heute am Standort Landshut beschäftigt, hat sich getraut. [...] Vor gut einem Jahr verabschiedete sie sich nach 23 Jahren Betriebszugehörigkeit für ein halbes Jahr in die berufliche Pause. Der bayerische Automobilkonzern gehört zu den wenigen Unternehmen, die Sabbaticals bereits vor dem Arbeitszeitgesetz anboten. Rund 7800 Kollegen haben das seitdem getan, mit positiven Erfahrungen für beide Seiten. Zu den Vorteilen für den Arbeitgeber zählen: Besseres Betriebsklima, Hilfe bei der Vereinbarkeit von Familie und Beruf, Sicherung von Spitzenleuten und sogar Ver-

meidung von Personalabbau sind nur einige Aspekte, die auch von anderen praktizierenden Unternehmen genannt werden. Bei der Victoria-Versicherung war Letzteres einer der Hauptgründe, warum im Jahr 2003 Sabbaticals eingeführt wurden. Wenn bei betriebswirtschaftlichen Engpässen, so der Hintergedanke, einige Mitarbeiter auf Zeit aussteigen, können andere bleiben.

Neben dem hohen Organisationsaufwand in der Vorbereitung wird ein Hauptproblem in den nach wie vor bestehenden Vorurteilen gesehen, welche sowohl beim Arbeitgeber als auch bei den Kollegen existieren. Immer noch herrsche in Deutschland eine Anwesenheitskultur. Wer lange wegbleibt, gilt als faul. Dabei sei die berühmte Weltreise keineswegs die einzige Möglichkeit die Auszeit zu nutzen. Mindestens ebenso häufig sei es die berufliche Weiterbildung.

Zur Realisierung einer Auszeit kann entweder Zeit oder Geld angespart werden. Letzteres bedeutet konkret, dass jemand Vollzeit arbeitet, aber auf einen Teil seines Gehaltes verzichtet, welcher dann in der Auszeit ausgezahlt wird. Beiden Varianten gemeinsam ist, dass während des beruflichen Innehaltens weiterhin Sozialversicherungsbeiträge abgeführt werden. Und dass sie grundsätzlich in allen Unternehmen umsetzbar sind.

Eine weitere Maßnahme im Rahmen der Arbeitszeitverkürzung stellt die Altersteilzeit dar. Sie wird im Altersteilzeitgesetz geregelt. Dieses Gesetz soll älteren Beschäftigten (die mindestens das 55. Lebensjahr vollendet haben) durch die Reduzierung ihrer Arbeitszeit einen gleitenden Übergang vom Erwerbsleben in den Ruhestand ermöglichen. Dabei wird die bisherige Wochenarbeitszeit des Arbeitnehmers auf die Hälfte reduziert. Wie die Arbeitszeit während der Altersteilzeit verteilt wird, können Arbeitgeber und Arbeitnehmer frei vereinbaren. Grundsätzlich sind zwei Modelle möglich: Während im *klassischen Modell der Altersteilzeit* eine einmalige oder schrittweise Reduktion der täglichen, wöchentlichen oder monatlichen Arbeitszeit erfolgt, werden im so genannten *Block-Modell* zwei gleich lange Zeitblöcke gebildet. Diese umfassen eine Vollarbeitszeitphase und eine daran anschließende Freistellungsphase. Unabhängig davon, wie die Arbeitszeit verteilt wird, zahlt der Arbeitgeber während der gesamten Altersteilzeit 50 Prozent des bisherigen Gehalts plus gesetzlich geregelte Aufstockungsbeträge (§ 3 AltTZG).

6.3.2 Personalfreisetzungsmaßnahmen mit reduzierendem Einfluss auf den Personalbestand

Die in diesem Abschnitt beschriebenen Maßnahmen zur Personalfreisetzung zielen auf eine Reduktion des Personalbestandes ab. In diesem Zusammenhang wird zwischen direkten und indirekten Maßnahmen unterschieden (vgl. Bisani 1995, S. 308 sowie Abbildung 6.4). Abbildung 6.5 zeigt aktuelle Ergebnisse einer Studie der Universität Hamburg, wonach die verschiedenen Maßnahmen in der Unternehmenspraxis unterschiedlich stark eingesetzt werden (Alewell/Hauff/Pull 2011).

Abbildung 6.5 Einsatz von Personalbestand reduzierenden Maßnahmen des Personalabbaus in der Unternehmenspraxis

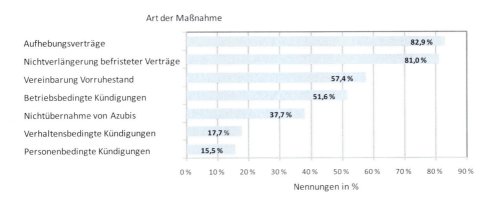

Art der Maßnahme

Maßnahme	Nennungen in %
Aufhebungsverträge	82,9 %
Nichtverlängerung befristeter Verträge	81,0 %
Vereinbarung Vorruhestand	57,4 %
Betriebsbedingte Kündigungen	51,6 %
Nichtübernahme von Azubis	37,7 %
Verhaltensbedingte Kündigungen	17,7 %
Personenbedingte Kündigungen	15,5 %

Nennungen in %

Anmerkungen: Stichprobe n = 13.000 Ansprechpartner aus 11.000 Unternehmen; Mehrfachnennungen möglich

6.3.2.1   Direkte Maßnahmen der Personalfreisetzung

Direkte Maßnahmen der Personalfreisetzung versuchen, eine relativ kurzfristige Reduktion des Personalbestandes herbeizuführen. Im Mittelpunkt steht die Auflösung bestehender Arbeitsverhältnisse. Zu den Maßnahmen der direkten Personalfreisetzung zählen (vgl.
Abbildung 6.4)

- der einstufige Vorruhestand,

- das Schließen von Aufhebungsverträgen,

- das Outplacement,

- das Überführen von Beschäftigten in so genannte Beschäftigungs-/Transfergesell-
  schaften sowie

- die Entlassung bzw. Kündigung.

Der *einstufige Vorruhestand* erfolgt in der Regel abrupt. Er zielt darauf ab, Überkapazitäten
abzubauen und das Durchschnittsalter herabzusetzen (vgl. Jung 2008, S. 325). Für die Betroffenen ist ein Vorruhestand nur dann von Interesse, wenn sie dadurch keine wesentlichen materiellen Nachteile in Kauf nehmen müssen. Vor diesem Hintergrund setzen Unternehmen häufig Anreize in Form von Abfindungen bzw. betrieblicher Altersvorsorge für
einen frühzeitigen Ruhestand (vgl. Insert 6.2).

Aufhebungsverträge beenden das Arbeitsverhältnis zwischen Arbeitgeber und Arbeitnehmer in gegenseitigem Einvernehmen. Sie sind in der Regel mit einer Zahlung seitens des
Unternehmens verbunden (vgl. Insert 6.2). Ein Nachteil dieser Form der direkten Personalfreisetzung ist darin zu sehen, dass in der Regel primär qualifizierte Mitarbeiter das Angebot eines Aufhebungsvertrags annehmen, die relativ schnell eine Beschäftigung bei einem
anderen Arbeitgeber finden (vgl. Holtbrügge 2007, S. 135).

Das unfreiwillige Ausscheiden einer Person aus einem Unternehmen kann sowohl zu
materiellen Problemen (insbesondere Verlust der Haupteinkommensquelle) als auch zu
psychischen Problemen (Verlust sozialer Beziehungen, Schwächung des Selbstwertgefühls
usw.) der betroffenen Personen führen. Diese Folgen wiegen umso stärker, je höher die
Person in der Unternehmenshierarchie angesiedelt ist (vgl. Bisani 1995, S. 314). An diesen
Problemen setzt das in den USA entwickelte *Outplacement* an.

Outplace-ment	Beratung und Unterstützung freizusetzender Führungskräfte bzw. Mitarbei-ter bei der Suche nach einem Arbeitsplatz (vgl. Alewell/Hauff/Pull 2011).

Outplacement-Leistungen umfassen beispielsweise Bewerbungstrainings, Ermittlung eines
Qualifikationsprofils und psychologische Begleitung zur Verarbeitung von Trennungskon-
flikten (vgl. Alewell/Pull 2009; Pull 2008). Das Outplacement bringt sowohl für das Unternehmen als auch für die Mitarbeiter Vorteile mit sich. Auf Seiten des Unternehmens können mithilfe des Outplacements folgende Vorteile realisiert werden (vgl. Andrzejewski
2004; Mayrhofer 1989):

- Vermeiden zeit- und kostenintensiver Arbeitsgerichtsprozesse,

- Vermeiden von Imageverlusten in der Öffentlichkeit,

- Vermeiden negativer Auswirkungen auf die verbleibenden Mitarbeiter sowie

- Aufdecken von Schwachstellen des Unternehmens im Rahmen von Outplacement-Interviews.

Aus Sicht der betroffenen Führungskräfte bzw. Mitarbeiter kann Outplacement helfen, sowohl materielle als auch psychische Probleme zu bewältigen. Die wichtigsten Vorteile des Outplacements aus Mitarbeitersicht sind (vgl. Holtbrügge 2007, S. 137)

- die Sicherung zukünftiger materieller Lebensbedingungen,

- die Bewältigung psychosozialer Spannungen sowie

- die Wiedereingliederung in den Arbeitsmarkt (durch individualisierte Stärken-Schwächen-Profile, Bewerbertraining usw.).

In der Unternehmenspraxis ist das Outplacement in der Regel in einen systematischen Prozess eingebunden. Im Kern lassen sich fünf Phasen unterscheiden (vgl. Kaleja 2003, S. 114). Die zentralen Phasen des Outplacement-Prozesses und deren wesentliche Inhalte sind in Abbildung 6.6 dargestellt (in Anlehnung an Kaleja 2003, S. 114).

Abbildung 6.6   Phasen und zentrale Inhalte des Outplacement-Prozesses

Eine weitere Maßnahme zur direkten Personalfreisetzung stellt die Überführung von Mitarbeitern in so genannte *Beschäftigungs- bzw. Transfergesellschaften* dar. Im Jahr 2005 setzten 740 Unternehmen in Deutschland dieses Freisetzungsinstrument ein (vgl. Meyer-Timpe 2006, S. 61), um Personal sozialverträglich abzubauen (vgl. Deisenroth 2007, S. 4ff.).

Transfer-gesellschaften	Unternehmenseigene bzw. -fremde Servicegesellschaften, in die Führungskräfte bzw. Mitarbeiter ausgegliedert werden, die nicht mehr im Unternehmen benötigt werden (in Anlehnung an Mulitze 2005, S. 22).

Durch den Einsatz von Transfergesellschaften können betriebsbedingte Kündigungen oder Massenentlassungen vermieden werden. Das alte Arbeitsverhältnis wird aufgelöst und ein neues Arbeitsverhältnis mit der Transfergesellschaft geschlossen (vgl. Mulitze 2005, S. 22). Die Transfergesellschaft ist entweder eine betriebsorganisatorisch eigenständige Einheit (beE) oder wird durch einen externen Dienstleister betrieben. Die zentralen Tätigkeitsbereiche einer solchen Gesellschaft liegen in der Unterstützung von Führungskräften bzw. Mitarbeitern bei der Suche nach einer neuen Tätigkeit sowie der Qualifizierung im Rahmen der beruflichen Neuorientierung.

Die finanzielle Förderung von Transfergesellschaften durch die Bundesagentur für Arbeit ist im Sozialgesetzbuch (§ 16b SGB III) geregelt. Danach sind die betrieblichen Voraussetzungen für eine solche Förderung erfüllt, wenn Betriebsänderungen eine Freisetzung zwingend erforderlich machen, und die vom Arbeitsausfall betroffenen Arbeitnehmer nicht entlassen werden. Darüber hinaus müssen die betroffenen Arbeitnehmer auf dem ersten Arbeitsmarkt vermittelbar sein und ihre mögliche Wiedereingliederung (durch Weiterbildungen, Nachqualifizierungen usw.) nachweisen. Werden beide Aspekte positiv durch die Arbeitsagentur beurteilt, so hat der Arbeitnehmer einen Anspruch auf maximal zwölf Monate Transferkurzarbeitergeld. Dies entspricht in Abhängigkeit vom Familienstand 60 bzw. 67 Prozent des letzten Nettogehalts (vgl. Mulitze 2005, S. 22). In der Regel stockt der Arbeitgeber das Gehalt auf 80 Prozent auf.

Der Einsatz von Transfergesellschaften erfolgt in der Unternehmenspraxis in vielfältiger Weise. Wie Insert 6.4 zeigt, ist ihr arbeitsmarktpolitischer Nutzen, d. h. ihr Beitrag zu einer schnelleren Vermittlung der Betroffenen, allerdings zweifelhaft.

Insert 6.4:   Transfergesellschaften in der Unternehmenspraxis (vgl. Dommer 2009, C2)

Parkplatz für die Mitarbeiter

Für Klaus von Mallek käme sogar eine Abwrackprämie für Lastwagen zu spät. Nach mehr als 30 Jahren verlor der Maschinenschlosser seinen Job bei einem Autozulieferer in Hamburg-Harburg – sein „In der Regel steht uns ein Qualifizierungsbudget vom abgebenden Unternehmen zur Verfügung." So könne man die Leute je nach Wunsch und Bedarf fortbilden lassen.

Arbeitgeber ist pleite. [...] „Die Kündigung war ein ziemlicher Schock, auch für meine Familie", erinnert sich der 47jährige. An eine Abfindung sei mangels Masse nicht zu denken gewesen. „Eigentlich hätte ich drei Monate Kündigungsfrist gehabt und wäre Ende März arbeitslos gewesen."

Doch es kam anders: In Absprache mit der Agentur für Arbeit; die über drohende Massenentlassungen informiert werden muss, handelten Betriebsrat und Insolvenzverwalter einen Transfer-Sozialplan aus. Der sah für kündigungsbedrohte Beschäftigte eine Transfergesellschaft vor, um den Personalabbau sozialverträglich zu gestalten.

Transfergesellschaften, kurz TG genannt, übernehmen Mitarbeiter, die sonst entlassen würden, in einen auf maximal zwölf Monate befristeten Vertrag, um ihnen durch Qualifizierung und Fortbildung zu neuen Jobs zu verhelfen. Die Konditionen des Wechsels, der freiwillig ist, hängen von den Absprachen im Transfer-Sozialplan ab.

[...] „Wir haben in mehreren Gruppen-Seminaren mit einer Trainerin zunächst unsere Stärken und Schwächen analysiert", berichtet von Mallek. Es folgte ein Bewerbungstraining, bei dem es darum ging, „welche Job-Börsen für uns wichtig sind und wie man sich neuen Arbeitgebern präsentieren muss". Anne-Christin Schembecker, Leiterin für Gruppen-Outplacement bei m.o.v.e. hr berichtet:

[...] Die „transferierten" Mitarbeiter sind sozialversichert, haben Anspruch auf Urlaub und müssen sich krankmelden. „Im Prinzip sind sie zu Hause und haben den Job, einen neuen Arbeitsplatz zu finden, mit unserer Hilfe", erklärt Schembecker.

[...] Wie erfolgreich TG sind und ob sie höhere Vermittlungsquoten generieren als Arbeitsagenturen, weiß niemand genau. Zwar müssen die Gesellschaften Daten über ihre Vermittlungserfolge an die Arbeitsagenturen weiterleiten, diese werden aber selten ausgewertet. Eine Anfang 2007 veröffentlichte Studie des Instituts zur Zukunft der Arbeit in Bonn (IZA) und des Deutschen Instituts für Wirtschaftsforschung ergab, „dass sich bei Transferleistungen keine Verbesserung der Vermittlungschancen ausmachen lässt". Das Fazit: „Seit den Hartz-Reformen macht es praktisch keinen Unterschied, ob die Vermittlung durch die Arbeitsagentur oder eine Transfergesellschaft erfolgt." Hilmar Schneider, Direktor für Arbeitsmarktpolitik am IZA, formuliert es drastischer: „Transfergesellschaften lösen den Anspruch, den sie erheben, nicht ein."

[...] Klaus von Malleks Zeit in der TG läuft Ende September aus. Die Seminare seien „sehr hilfreich", sagt er. Jetzt ruht die Hoffnung des Familienvaters auf dem Einzelgespräch über seine beruflichen Perspektiven. [...]

Gemessen am Umfang gesetzlicher Regelungen stellt die *Kündigung* die bedeutsamste Form der Beendigung von Arbeitsverhältnissen dar. Die entsprechenden Regelungen finden sich insbesondere im Kündigungsschutzgesetz (KSchG) und in Teilen des Betriebsverfassungsgesetzes (BetrVG). Das Kündigungsschutzgesetz wurde 1951 zum Schutze des Arbeitnehmers vor ungerechtfertigter Kündigung eingeführt.

Kündigung	Einseitige, empfangsbedürftige Willenserklärung, durch die ein Arbeitsverhältnis nach dem Willen des Kündigenden für die Zukunft sofort oder nach Ablauf der Kündigungsfrist unmittelbar beendet wird (§ 626 Abs. 1 BGB). Die Kündigung durch den Arbeitgeber wird auch als Entlassung bezeichnet.

Die Annahme der Kündigung ist für deren Wirksamkeit nicht erforderlich. Die Kündigung kann sowohl ordentlich als auch außerordentlich erfolgen (§ 626 Abs. 1 BGB).

Die *außerordentliche Kündigung* ist nach § 626 Abs. 1 BGB mit sofortiger Wirkung zulässig, wenn eine Fortsetzung des Arbeitsverhältnisses selbst bis zum Ablauf der Kündigungsfrist unzumutbar ist. Sie setzt also das Vorliegen eines schwerwiegenden Grundes voraus und kann insbesondere in folgenden Fällen ausgesprochen werden (vgl. Jung 2008, S. 336): Anstellungsbetrug, dauerhafte Arbeitsunfähigkeit, beharrliche Arbeitsverweigerung, Arbeitsvertragsbruch, grobe Verletzung der Treuepflicht sowie Verstöße gegen das Wettbewerbsverbot. Aus Sicht der Beschäftigten können folgende Gründe zu einer außerordentlichen Kündigung führen (vgl. Jung 2008, S. 337): dauerhafte Unfähigkeit zur Fortsetzung der Arbeit, Nichtzahlung der Vergütung durch das Unternehmen sowie jegliche Verletzung der Ehre des Mitarbeiters.

Im Falle einer *ordentlichen Kündigung* sind gesetzliche Kündigungsfristen einzuhalten. Die gesetzliche Kündigungsfrist hängt wiederum von der Betriebszugehörigkeit der jeweiligen Beschäftigten ab. Die gesetzlichen Fristen im Rahmen der ordentlichen Kündigung sind in § 622 Abs. 2 BGB geregelt. Eine ordentliche Kündigung kann seitens des Arbeitnehmers ohne Angabe von Gründen ausgesprochen werden. Dagegen bedarf es im Falle einer Kündigung durch den Arbeitgeber der Angabe eines Kündigungsgrundes, der dem Anspruch, sozial gerechtfertigt zu sein, Rechnung tragen muss.

Vor jeder Kündigung ist der Betriebsrat schriftlich über die Gründe der Kündigung zu unterrichten. Ohne Anhörung des Betriebsrates sind ausgesprochene Kündigungen gemäß § 102 Abs. 1 BetrVG unwirksam. Hat der Betriebsrat Bedenken gegen eine ordentliche Kündigung, so muss er dieser innerhalb von einer Woche widersprechen. Äußert er sich innerhalb dieser Frist nicht, gilt sein Schweigen als Zustimmung zur Kündigung (§ 102 Abs. 2 BetrVG). In folgenden Fällen wird dem Betriebsrat bei der ordentlichen Kündigung ein Widerspruchsrecht eingeräumt (§ 102 Abs. 3 BetrVG):

■ Der Arbeitgeber hat bei der Auswahl des zu kündigenden Arbeitnehmers soziale Gesichtspunkte nicht oder nicht ausreichend berücksichtigt.

■ Die Kündigung verstößt gegen eine Richtlinie nach § 95 BetrVG.

■ Der zu kündigende Arbeitnehmer kann an einem anderen Arbeitsplatz im selben Betrieb oder in einem anderen Betrieb des Unternehmens weiterbeschäftigt werden.

■ Die Weiterbeschäftigung des Arbeitnehmers ist nach zumutbaren Umschulungs- oder Fortbildungsmaßnahmen möglich.

- Eine Weiterbeschäftigung des Arbeitnehmers unter geänderten Vertragsbedingungen ist möglich, und der Arbeitnehmer hat sein Einverständnis hiermit erklärt.

Bei außerordentlichen Kündigungen kann der Betriebsrat nicht widersprechen, er kann jedoch dem Arbeitgeber unter Angabe von Gründen seine Bedenken mitteilen. Dabei muss eine Frist von drei Tagen eingehalten werden (§ 102 Abs 2 BetrVG).

An dieser Stelle ist darauf hinzuweisen, dass folgende, als besonders schutzbedürftig eingestufte Gruppen, grundsätzlich von der ordentlichen Kündigung ausgeschlossen sind: Schwerbehinderte (§ 85 Abs. 4 SGB), Auszubildende (§ 15 Abs. 2 BBiG), Schwangere bzw. Personen im Erziehungsurlaub (§§ 85 ff. SGB IX; 9 MuSchG; 18 BErzG), Mitglieder der Betriebsverfassungsorgane (§§ 15 KSchG; 103 BetrVG), Abgeordnete (§ 2 Abs. 3 AbgG) sowie Wehr- und Zivildienstleistende (§ 2 Abs. 1 ArbPlSchG; § 78 Abs. 1 Nr. 1 ZDG).

Prinzipiell haben alle Formen der Kündigung schriftlich zu erfolgen (§ 623 BGB). Eine Kündigung per Fax ist allerdings nicht zulässig. Ausgenommen von dieser Regelung sind freie Mitarbeiter, denen auch auf mündlichem Wege gekündigt werden kann. Eine Kündigung ist erst dann wirksam, wenn sie dem zu Kündigenden zugeht.

Auch der Kündigung durch die Arbeitnehmer sind gewisse Grenzen gesetzt. So können Personen, wenn diese selbst ein Arbeitsverhältnis kündigen, keine Verletzung ihres Rechts am eigenen Arbeitsplatz geltend machen. Diesen Sachverhalt verdeutlicht Insert 6.5.

Insert 6.5: Ordentliche Kündigungen und mögliche Folgen (o. V. 2007, C 2)

Wer kündigt, zahlt die Folgen

Beleidigungen und Nötigungen durch Kollegen können einen Arbeitnehmer so zermürben, dass er freiwillig seinen Arbeitsvertrag kündigt. Dann hat der Betroffene aber keinen Schadensersatzanspruch gegen den mobbenden Kollegen, hat das Bundesarbeitsgericht entschieden: Wer selbst kündigt, und sei es wegen heftiger Schikane, kann keine Verletzung seines Rechts am eigenen Arbeitsplatz geltend machen. Der Betroffene kann vom Täter auch keinen Ersatz des Verdienstausfalls verlangen. Geklagt hatte ein Arbeitnehmer, den ein Kollege tätlich angegriffen hatte. Während das Opfer krank zu Hause lag, rief ihn ein anderer Kollege aus der Personalabteilung an und beschimpfte ihn als „Weib", „Drecksack" und „Arsch". So wollte er ihn zwingen, die Anzeige gegen den ersten Täter zurückzuziehen. Der Betroffene kündigte. Von dem Personaler forderte er Ersatz des Verdienstausfalls – ohne Erfolg (AZ: 8 AZR 234/06).

6.3.2.2   Indirekte Maßnahmen der Personalfreisetzung

Indirekte Maßnahmen der Personalfreisetzung zielen auf eine Reduktion des Personalbestandes ab, ohne dass bisherige Arbeitsverhältnisse tangiert werden. In diesem Abschnitt werden folgende indirekte Maßnahmen der Personalfreisetzung erläutert (vgl. Abbildung **6.4**):

- die Einführung von Einstellungsstopps,

- die Nicht-Verlängerung befristeter Arbeitsverträge sowie

- die Nicht-Verlängerung von Personalleasing-Verträgen.

Die *Einführung von Einstellungsstopps* zielt darauf ab, den Personalbestand durch natürliche Fluktuation abzubauen (vgl. Bisani 1995, S. 311). Im Zusammenhang mit Einstellungsstopps wird zwischen vier Formen unterschieden: dem generellen, dem qualifizierten, dem modifizierten und dem befristeten Einstellungsstopp.

- Im Falle eines *generellen Einstellungsstopps* wird weder die Deckung des Ersatz- noch des Neubedarfs (vgl. hierzu Abschnitt 3.2) realisiert. Ein entsprechender Ausgleich wird durch die Versetzung von Führungskräften bzw. Mitarbeitern herbeigeführt.

- Bei einem *qualifizierten Einstellungsstopp* werden Neueinstellungen auf bestimmte Berufe, Mitarbeitergruppen, Betriebe oder Betriebsteile eingegrenzt.

- Bei einem *modifizierten Einstellungsstopp* erfolgt eine besonders intensive Prüfung, bevor neue Mitarbeiter zur Deckung des Ersatz- bzw. des Neubedarfs eingestellt werden.

- Ein *befristeter Einstellungsstopp* führt dazu, dass innerhalb eines bestimmten Zeitraums keine Einstellungen mehr zugelassen werden. Eine solche Form des Einstellungsstopps ist beispielsweise in Unternehmensbereichen sinnvoll, in denen eine zeitlich überschaubare Personalüberdeckung (z. B. aufgrund von saisonalen Beschäftigungsschwankungen) besteht.

Eine weitere indirekte Maßnahme der Personalfreisetzung stellt die *Nichtverlängerung befristeter Arbeitsverträge* dar. Ein befristeter Arbeitsvertrag liegt vor, wenn das Arbeitsverhältnis durch Zeitablauf endet. Der Abschluss befristeter Arbeitsverträge kann Unternehmen erhebliche Flexibilitätsspielräume eröffnen. Allerdings kann der Personalbestand durch eine Nichtverlängerung befristeter Arbeitsverträge aufgrund der restriktiven Rechtslage nur in wenigen Ausnahmefällen reduziert werden (vgl. hierzu ausführlich Holtbrügge 2007, S. 133).

Eine indirekte Personalfreisetzung kann auch durch *Nichtverlängerung von Personalleasing-Verträgen* realisiert werden. So genannte „Leiharbeiter" werden in der Unternehmenspraxis vielfach eingesetzt, um arbeitsbedingte Belastungsspitzen bzw. urlaubsbedingte Personalunterdeckungen zu kompensieren (vgl. Jung 2008, S. 324).

| *Personal-leasing* | Bereitstellung von Leiharbeitnehmern unter Aufrechterhaltung eines geschlossenen Arbeitsvertrages durch einen Leasing-Geber an einen Leasing-Nehmer (§ 1 AÜG). |

Der Leasing-Geber erhält für die zeitlich befristete Bereitstellung von Leiharbeitnehmern eine entsprechende Vergütung von dem Leasing-Nehmer. Der Leasing-Geber übernimmt sämtliche Arbeitgeberpflichten. Insbesondere entrichtet er die Vergütung und übernimmt den Arbeitgeberanteil an der Sozialversicherung (§§ 2 Abs. 2, 12 AÜG). Der Leasing-Nehmer schließt mit dem Leasing-Geber einen Arbeitsüberlassungsvertrag. Mit diesem Vertrag erhält der Leasing-Nehmer ein vertraglich festgelegtes Weisungsrecht gegenüber dem Leiharbeitnehmer. Gleichzeitig meldet der Leasing-Nehmer den Beginn und das Ende einer Überlassung bei der Krankenkasse des Leiharbeitnehmers an. Im Arbeitnehmerüberlassungsvertrag und im Arbeitsvertrag des Leasingpersonals sind die zu erfüllenden Arbeitsaufgaben und die Einsatzorte anzugeben.

Für den Leasing-Nehmer ist die Kündigung oder Nicht-Verlängerung eines Leiharbeitervertrags eine relativ unkomplizierte Freisetzungsmaßnahme. Für den geleasten Arbeitnehmer bedeutet diese Maßnahme keine Entlassung, da er mit dem Leasing-Geber einen Arbeitsvertrag abgeschlossen hat. Leiharbeitnehmer weisen jedoch eine hohe Fluktuation auf und sind weniger in die Unternehmenskultur integriert als Beschäftigte, die direkt und dauerhaft bei dem entsprechenden Unternehmen angestellt sind (Brehmer 2008). Unternehmen müssen daher entscheiden, welcher Anteil der Stellen durch Leiharbeitnehmer besetzt werden soll (vgl. Insert 6.6).

Insert 6.6:   Strategien für den Einsatz von Leiharbeitnehmern (vgl. Brehmer 2008)

Volatilität reduzieren, Ressourcen steuern und planen

„Je mehr Leute wir dazu nehmen, desto langsamer werden wir", entrüstet sich ein Teamleiter auf der morgendlichen Produktionsbesprechung. Der Schein trügt nicht: Waren es anfangs nur zwei Leiharbeitnehmer auf seiner Schicht, versucht er jetzt, bis zu zehn in sein Team zu integrieren. Zeitnachweise, Organisation des Personals sowie Ein- und Unterweisung fordern ihren Tribut. So kämpft das mittlere Management täglich mit den Herausforderungen, Leiharbeitnehmer zu administrieren, zu qualifizieren und zu integrieren. [...]

Für den Leiharbeitnehmereinsatz existiert eine einfache Grundregel: Qualifizierte Tätigkeiten, die die Kernkompetenzen des Unternehmens definieren und die Qualität des Produktes signifikant beeinflussen, müssen jederzeit mit eigenen Mitarbeitern (dem Kernteam) bewältigt werden können. Für alle anderen Arbeiten kann, zumindest nach der Theorie, externes Personal (z. B. Leiharbeiter) eingesetzt werden. [...] Bei einem Leiharbeitnehmeranteil von mehr als 30 Prozent kann die Steuerung der Leiharbeitnehmer nur mit einem intensiven Aufwand aufrechterhalten werden und ist in der Regel nicht mehr innerhalb der eigenen Produktionseinheit effizient zu realisieren. [...]

6.4   Kommunikation der Personalfreisetzung

Neben der Form und den Maßnahmen der Personalfreisetzung müssen Unternehmen entscheiden, wie sie die Personalfreisetzung innerhalb und außerhalb des Unternehmens kommunizieren (vgl. Leitfrage 4, Tabelle 6.1). Dabei ist zu bedenken, dass fehlende bzw. unangemessene Kommunikation von Personalfreisetzungen mit folgenden negativen Konsequenzen für Unternehmen verbunden sein kann (in Anlehnung an Marks/Mirvis 1992, S. 18 f.):

■ *Beeinträchtigung des Images des Unternehmens als Arbeitgeber:* Unkommentierte bzw. unzureichend begründete Entlassungen können zu einem Vertrauensverlust innerhalb des Unternehmens führen. Nach außen wird das Image einer intransparenten und unberechenbaren Personalpolitik aufgebaut. Massenentlassungen führen dazu, dass dem Unternehmen geringe Arbeitsplatzsicherheit unterstellt wird.

■ *Auftreten des "Survival Sickness Syndrom":* In Verbindung mit Entlassungen können negative Folgen in Form einer reduzierten Arbeitszufriedenheit und Identifikation der Führungskräfte und Mitarbeiter auftreten, die im Unternehmen verbleiben (vgl. hierzu zusammenfassend Seisl 1998, S. 46). Die negativen motivationsbezogenen Auswirkungen von Personalfreisetzungen sind umso stärker, je deutlicher die Entscheidungen als unfair wahrgenommen werden und je widersprüchlicher die Erklärungen der Entscheidungsträger erscheinen.

■ *Verstärkte Fluktuation erfolgsmotivierter Mitarbeiter:* Größere Zahlen von Entlassungen erwecken bei erfolgsmotivierten Mitarbeitern den Eindruck einer geschwächten Position des Unternehmens. Werden zukunftsträchtige Maßnahmen nicht überzeugend kommuniziert, können Abwanderungen hin zu Unternehmen, die eine stärkere Position auf dem Markt aufweisen, auftreten.

Die zuvor dargelegten möglichen Konsequenzen für Unternehmen machen eine strukturierte Kommunikation von Freisetzungs-Aktivitäten nach innen und außen unabdingbar. Im Folgenden werden ausgewählte Maßnahmen der Personalfreisetzungskommunikation dargelegt.

Freisetzungs-kommunikation	Übertragung freisetzungsbezogener Informationen mit dem Ziel, glaubwürdige Inhalte zu vermitteln und das Vertrauen der internen und externen Interessensgruppen zum Unternehmen zu erhalten (in Anlehnung an Bruhn 2005, S. 3).

In Verbindung mit der Kommunikation von Personalfreisetzungsmaßnahmen ist zu klären, welche Inhalte abgedeckt, und welche Adressaten im Rahmen der Kommunikation erreicht werden sollen. In Erweiterung der Ausführungen von Bruhn (2005, 2009) und Staehle (1999, S. 578) zur Unternehmenskommunikation lassen sich sechs zentrale Fragen zur Freisetzungskommunikation identifizieren. Diese Leitfragen sind in Tabelle 6.3 dargelegt.

Tabelle 6.3   Zentrale Leitfragen zur Gestaltung der Freisetzungskommunikation

Zentrale Leitfragen
1.   Wann sollte die Freisetzung kommuniziert werden?
2.   Welche Freisetzungsinformationen werden vermittelt?
3.   Welche zwischenmenschlichen Signale werden in Verbindung mit der Freisetzung übertragen?
4.   Wer wird über die Freisetzung informiert, und in welcher Richtung erfolgt die Kommunikation?
5.   Welche Phasen beinhaltet ein systematischer Kommunikationsprozess?
6.   Was geht in freigesetzten Personen vor, und wie sollten persönliche Freisetzungsgespräche gestaltet werden?

Die erste zentrale Frage zur Freisetzungskommunikation bezieht sich auf den *Kommunikationszeitpunkt.* Für die Wirkungsweise der Freisetzungskommunikation sind die Zeiträume unmittelbar vor und nach der Freisetzungsentscheidung bedeutend (in Anlehnung an Berner 2005). Bei sensiblen Themen wie der Personalfreisetzung lässt sich nicht immer verhindern, dass Gerüchte entstehen, bevor das Management eine Entscheidung getroffen hat. Hilfreich ist in dieser Phase eine funktionierende und regelmäßige Kommunikation zwischen dem Management und den Mitarbeitern (z. B. in Form monatlicher Ansprachen).

Sobald die Freisetzungsentscheidung getroffen wurde, sollte sie unmittelbar an die Beteiligten im Unternehmen kommuniziert werden, ohne dass diese Information zuvor auf informellem Wege durchsickert. Dies kann sichergestellt werden, indem sowohl die mittleren Führungsebenen und der Betriebsrat als auch die Mitarbeiter frühzeitig und umfassend durch das obere Management informiert werden. Wenn die Beschäftigten dagegen Entscheidungen über Personalfreisetzungen durch Dritte (z. B. Medien) erfahren, wird ihr Vertrauen in das Unternehmen nachhaltig gestört. Insert 6.7 verdeutlicht diese Problematik.

Insert 6.7:   Freisetzungskommunikation in der Krise (vgl. Bönisch 2008)

Kündigen mit Paukenschlag

Eine Kündigung im Büro des Personalchefs überreicht zu bekommen, ist keine angenehme Angelegenheit. Wenn der Vorgesetzte mit schiefem Lächeln und einem lauwarmen Händedruck die Entlassungsurkunde überreicht, treten so manchem Mitarbeiter die Tränen in die Augen.

Arnd Florack, Professor für Strategische Kommunikation an der Friedrichshafener Zeppelin University. „Entweder verbreiten sie weiter Werbebotschaften, die Mitarbeiter ohnehin nicht glauben. Oder sie stellen den Kontakt zu den Mitarbeitern ganz ein." Die Taktik „dichtmachen, tot stellen, Mund verbieten" könne aber nicht aufge-

Noch unerfreulicher ist allerdings, was den gut 70 Mitarbeitern des Elektroauto-Herstellers Tesla Motors passierte. Sie erfuhren aus einem Klatsch-Blog aus dem Silicon Valley von ihrer geplanten Entlassung. Er habe keine andere Wahl gehabt als die schlechten Nachrichten zu bloggen, verteidigte sich Firmenchef Elon Musk, als er von amerikanischen Medien für seine rüden Kommunikationsmethoden angegriffen wurde. Nur so habe er schnell spekulativen Medienberichten vorbeugen können. Da sei einfach keine Zeit geblieben, seine Mitarbeiter vorab zu informieren.

[...] Wenn Mitarbeiter aus den Medien erfahren müssen, wie schlecht es um ihren Arbeitgeber bestellt ist oder dass gar ihr eigener Job auf der Abschussliste steht, haben Geschäftsführung und Vorgesetzte völlig versagt. [...]

„Viele Unternehmen begehen den Fehler, ihre Strategie nicht umzustellen", erklärt

hen. „Vorgesetzte sollten ihre Mitarbeiter frühzeitig informieren und ihnen Möglichkeiten einräumen, sich zu äußern. Die Geschäftsführung muss zuhören." Denn wer sich Luft machen und beschweren könne, dem gehe es schon besser – selbst, wenn es an der Situation nichts ändert.

Zwar haben die Mitarbeiter ein Interesse daran, möglichst früh zu erfahren, was aus ihnen wird. Das liegt jedoch nicht immer im Interesse der Firma. Kommuniziert ein Chef offen, dass das Unternehmen tief in der Krise steckt, schürt er Angst. „Dann laufen die besten Leute davon und suchen sich schnell einen sicheren Job", sagt Florack. [...]

Die Kunst besteht also darin, die richtige Balance zwischen Zurückhaltung und Information zu finden. „Das sollte aber nicht dazu führen, Neuigkeiten häppchenweise mitzuteilen", rät Florack. „Das lässt Raum für Spekulationen. Dann lieber ein Paukenschlag."

Zwei weitere zentrale Fragen zur Freisetzungskommunikation konzentrieren sich auf die sachlichen und die zwischenmenschlichen *Kommunikationsinhalte*. Grundsätzlich sollten die Inhalte der Freisetzungskommunikation präzise sein. Dabei ist wichtig, dass nachvollziehbare Gründe für die Freisetzungen angegeben werden. Zudem ist der Kontext, in dem gewisse Inhalte kommuniziert werden, zu beachten. So sollten beispielsweise Freisetzungsentscheidungen nicht in Verbindung mit Gewinnsteigerungen kommuniziert werden, wie dies im Februar 2005 bei der Deutschen Bank erfolgte (vgl. Insert 6.8).

Insert 6.8:   Konträre Botschaften in der Freisetzungskommunikation am Beispiel der Deutschen Bank (o. V. 2005)

Kommunikation der Personalfreisetzung: Stellenabbau bei Gewinnsteigerung

Im Jahre 2004 steigerte die Deutsche Bank ihren Reingewinn um 87 Prozent auf 2,5

Die Kritik wurde in den Medien aufgegriffen und führte zu einer öffentlichen Debat-

Milliarden Euro. Zeitgleich zur Dividendenerhöhung gab Deutsche-Bank-Chef Josef Ackermann den Abbau von 3.280 zusätzlichen Stellen bekannt – was den Wegfall von 6400 Vollzeitkräften bedeutet (vgl. tagesschau.de 2005). Der angekündigte Stellenabbau bei gleichzeitiger Gewinnsteigerung wurde unmittelbar durch die Gewerkschaften kritisiert. [...]

te. Auf die Ankündigung des Stellenabbaus bei gleichzeitiger Gewinnsteigerung reagierten auch die Kapitalanleger negativ. So warnte der Sprecher der Deutschen Schutzvereinigung für Wertpapierbesitz vor übertriebenem Personalabbau – auch wenn er grundsätzlich für betriebswirtschaftlich notwendige Einschnitte Verständnis äußert.

Im Rahmen der Freisetzungskommunikation sollten sowohl sachliche als auch emotionale Aspekte angesprochen werden. Dementsprechend lassen sich zwei Arten von Kommunikationsinhalten unterscheiden (vgl. Bruhn 2009):

- Die *kognitiv-orientierte Kommunikation* konzentriert sich darauf, Daten und Fakten in Verbindung mit den Personalfreisetzungsmaßnahmen an einen bestimmten (internen bzw. externen) Adressatenkreis zu vermitteln. Beispielhafte kognitiv-orientierte Inhalte der Kommunikation beziehen sich auf die Gründe für die Freisetzung, die Freisetzungszeiträume, die Anzahl freigesetzter Mitarbeiter sowie konkrete Aktivitäten zur Unterstützung der Betroffenen durch das Unternehmen.

- Im Rahmen der *affektiv-orientierten Kommunikation* soll die Glaubwürdigkeit des Unternehmens hergestellt und das Vertrauen der Mitarbeiter in das Unternehmen erhalten werden. Eine besondere Rolle spielt hierbei, ob die Personalfreisetzung als "gerecht" empfunden wird (vgl. hierzu Abschnitt 2.2.1.2 und 2.2.1.3). Weitere vertrauensbildende Wirkung hat die Kommunikation von Betreuungsleistungen. Die Formen der affektiv-orientierten Kommunikation bei Entlassungen reichen von der persönlichen Kommunikation durch das Topmanagement bis hin zu Erklärungen über Freisetzungen seitens der unmittelbaren Vorgesetzten.

Die vierte zentrale Frage nach den Adressaten der Kommunikation bezieht sich auf die *Kommunikationsrichtung*. Hierbei wird zwischen interner und externer Kommunikation unterschieden (vgl. Bruhn 2009). Konkret geht es darum, inwieweit interne oder externe Stakeholder über die Personalfreisetzungsaktivitäten informiert werden. Stakeholder sind interne bzw. externe Interessensgruppen hinsichtlich der Aktivitäten eines Unternehmens. Externe Stakeholder sind Staat, Gesellschaft, Fremdkapitalgeber, Wettbewerber, Kunden und Lieferanten (vgl. Bruhn 2009). Als interne Stakeholder sind insbesondere Mitarbeiter und Arbeitnehmervertreter zu nennen.

Tabelle 6.4 stellt beispielhafte kognitiv-orientierte und affektiv-orientierte Argumente der Freisetzungskommunikation gegenüber. Dabei wird zwischen interner und externer Kommunikation unterschieden.

Tabelle 6.4   Beispielhafte Aussagen im Rahmen der kognitiv-orientierten und der
                          affektiv-orientierten Freisetzungskommunikation

Beispielhafte Aussagen im Rahmen der …	
… kognitiv-orientierten Freisetzungskommunikation	… affektiv-orientierten Freisetzungskommunikation
Interne Kommunikation	
■ „Die Personalfreisetzung ist aus folgenden Gründen erforderlich: …" ■ „Die Freisetzung erfolgt mit Wirkung zum 31.3.11." ■ „Bis zum endgültigen Ausscheiden aus dem Unternehmen werden folgende Maßnahmen durchgeführt: …." ■ „Es existiert ein Outplacement-Programm, über das alle freigesetzten Mitarbeiter unterstützt werden."	■ „Wir sind leider gezwungen, uns von sehr gut qualifizierten und geschätzten Mitarbeitern zu trennen." ■ „Wir legen Wert auf fairen Umgang mit ausscheidenden Führungskräften und Mitarbeitern." ■ „Wir fühlen uns gegenüber ausscheidenden Führungskräften und Mitarbeitern verpflichtet und sichern eine umfassende Nachbetreuung zu." ■ „In unserem Unternehmen müssen Führungskräfte und Mitarbeiter mit Unsicherheit umgehen können."
Externe Kommunikation	
■ „Rund 20 Prozent der Mitarbeiter des betroffenen Geschäftsbereichs verlassen das Unternehmen, 80 Prozent werden in anderen Bereichen des Unternehmens eingesetzt." ■ „Die Beschäftigten werden im Rahmen der Personalentwicklung permanent „fit" für den externen Arbeitsmarkt gehalten."	■ „Wir werden besonders auf Fairness im Umgang mit ausscheidenden Mitarbeitern achten." ■ „Wir stehen nach wie vor zu unseren Mitarbeitern und unterstützen ihren Übergang in ein anderes Arbeitsverhältnis intensiv."

Im Zusammenhang mit der internen Kommunikation der Personalfreisetzung wird zwischen der horizontalen, der vertikalen und der diagonalen Kommunikation unterschieden (in Anlehnung an Staehle 1999, S. 578). Abbildung 6.7 veranschaulicht diese unterschiedlichen Kommunikationsrichtungen.

Abbildung 6.7   Veranschaulichung verschiedener Richtungen der internen
Freisetzungskommunikation

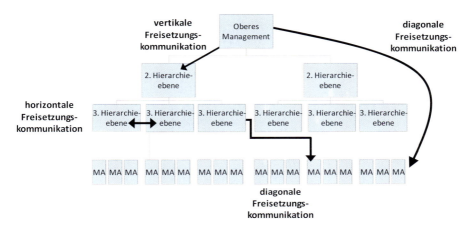

Anmerkung: MA = Mitarbeiter

Eine *horizontale Kommunikation* findet zwischen Personen derselben Hierarchieebene statt. Dabei werden beispielsweise Mitarbeiter als Multiplikatoren eingesetzt, um mit ihren (verbliebenen) unmittelbaren Kollegen über Hintergründe und Ursachen der Personalfreisetzung zu sprechen. Durch diesen kollegialen Austausch soll die Akzeptanz der Personalfreisetzung seitens der verbliebenen Mitarbeiter erhöht werden.

Eine *vertikale Kommunikation* von Freisetzungsaktivitäten erfolgt über die nächst höhere Hierarchieebene. Beispielsweise können Führungskräfte beauftragt werden, mit ihren unmittelbar unterstellten Mitarbeitern Freisetzungsgespräche zu führen.

Bei der *diagonalen Kommunikation* werden Botschaften über mehrere Bereiche bzw. mehrere hierarchische Ebenen hinweg übermittelt. Eine solche Kommunikation kann beispielsweise in Form einer Mitarbeiterversammlung erfolgen, in der die Mitglieder des oberen Managements mit Mitarbeitern unterer Hierarchieebenen kommunizieren.

Neben der Richtung der internen Kommunikation sind die Adressaten festzulegen. Die interne Kommunikation kann sich an drei Gruppen von Adressaten richten:

- die betroffenen (freigesetzten) Führungskräfte bzw. Mitarbeiter,

- die Arbeitnehmervertreter sowie

- die im Unternehmen verbleibenden Beschäftigten.

Das Informieren dieser Empfängergruppen ist unterschiedlich zu gestalten. Mit den Führungskräften bzw. Mitarbeitern, die das Unternehmen verlassen müssen, sollten *persönliche Trennungsgespräche* geführt werden. Da es sich bei einem solchen Gespräch für den Gekündigten um eine als Bedrohung empfundene Situation handelt, ist es sehr wichtig, das Gespräch human und fair durchzuführen. Um dies zu gewährleisten, empfehlen Andrzejewski und Hofmann (2008), die in Tabelle 6.5 dargestellten Leitfragen und deren Details unbedingt vorbereitend zu klären.

Tabelle 6.5   Leitfragen zur Vorbereitung von Trennungsgesprächen

Basisfrage	Empfehlungen	
1. Wer soll das Gespräch führen?	■ direkter Vorgesetzter plus Personalverantwortlicher als Tandem ■ Gesprächsführer ist der Vorgesetzte ■ Sechs-Augen-Gespräch ■ Erst- und Zweitgespräch anbieten (als Tandem-Termin)	
2. Wann soll das Gespräch geführt werden?	■ nur nach guter Vorbereitung ■ eher spontan – ohne Vorankündigung ■ nicht am Festtag des Mitarbeiters, freitags nie ■ wenn Folgetermine angeboten werden können ■ so früh wie möglich nach der Entscheidung ■ wenn die Informationspolitik abgestimmt ist ■ zügig hintereinander im Fall mehrerer Kündigungen	
3. Wie lang soll das Gespräch dauern?	■ Trennungsbotschaft in den ersten fünf Sätzen (nicht erst nach fünf Minuten) ■ Dauer: sieben bis fünfzehn Minuten ■ Reservezeit zur eigenen Erholung einplanen	
4. Wo soll das Gespräch stattfinden?	■ im Büro des Vorgesetzten, am „runden Tisch" ■ nicht im Glashaus (Diskretion) ■ abgeschirmt (kein Telefon, keine Störungen) ■ mit „Service" (z. B. Getränke)	
6. Was sind die zentralen Gesprächsinhalte?	■ Trennungsbegründung: Wirtschaftskrise; Strukturwandel; Ertragslage/Kosten; individuell (nicht verletzend bei Low-Performern) ■ vertragliche Einzelheiten, Trennungskonditionen ■ Sprachregelung (Verhalten nach dem Gespräch)	

Die Arbeitnehmervertreter sollten sehr frühzeitig im Rahmen persönlicher Gespräche über bevorstehende Entlassungen informiert werden. Die im Unternehmen verbleibenden Mitarbeiter können durch das Intranet, die Hauszeitung, Informationsbriefe oder Betriebsversammlungen über anstehende Entlassungen informiert werden.

Die *externe Kommunikation der Personalfreisetzung* richtet sich, wie bereits erwähnt, an die externen Stakeholder eines Unternehmens. Für die externe Kommunikation ist der Bereich Public Relations (Öffentlichkeitsarbeit) zuständig, welcher überwiegend öffentliche Medien, wie z. B. Presse, Fernsehen, Radio und Internet nutzt. Durch öffentliche Kommunikation von Freisetzungsmaßnahmen (meist bei Massenentlassungen) soll die Glaubwürdigkeit des Unternehmens erhalten und somit das Image gewahrt werden.

Dem *Prozess der Freisetzungskommunikation* widmet sich schließlich die fünfte Leitfrage zur Freisetzungskommunikation (vgl. Tabelle 6.3). Der Prozess der Freisetzungskommunikation umfasst drei Phasen:

- In der *Awareness-Phase* erfolgt die erstmalige Information über die geplanten Freisetzungsaktivitäten. Dabei soll Aufmerksamkeit bei den Adressaten der Kommunikation erreicht werden. Adressaten der Kommunikation können Kunden, Lieferanten, potenzielle Beschäftigte usw. sein. Die Awareness-Phase ist eine zentrale Voraussetzung dafür, dass Unternehmen die Kommunikationsinhalte gezielt steuern können. Wird die Kommunikation des Unternehmens dagegen nicht oder kaum wahrgenommen, können Informationen durch Dritte (z. B. Wettbewerber), die nicht unbedingt im Interesse des Unternehmens sind, die Wahrnehmung der Adressaten stärker prägen als die vom Unternehmen kommunizierten Inhalte.

- Die *Participation-Phase* umfasst eine aktive Einbindung der unmittelbar und mittelbar betroffenen Personen in den Freisetzungsprozess. Unmittelbar betroffene Personen sind Gegenstand der Freisetzungsmaßnahmen des Unternehmens. Inhaltlich konzentriert sich die Kommunikation gegenüber unmittelbar Betroffenen darauf, welche Gründe für die Freisetzung verantwortlich sind, welche Maßnahmen das Unternehmen ergreift, um die freigesetzten Führungskräfte und Mitarbeiter zu unterstützen, und welche weiteren konkreten Schritte gemeinsam mit den Betroffenen unternommen werden (vgl. Tabelle 6.4). Mittelbar betroffene Personen bewegen sich in der Regel im ständigen Aufgabenumfeld der freigesetzten Personen. Sie sind also in Form von wegfallenden Schnittstellen an der Freisetzung beteiligt. Gegenüber mittelbar Betroffenen ist es zunächst wichtig, zukünftige Perspektiven des Unternehmens (z. B. Wachstumspotenziale, angestrebte Maßnahmen zur Gewinnsteigerung) anzusprechen. Darüber hinaus sind Hilfestellungen zum konstruktiven Umgang mit freigesetzten Führungskräften bzw. Mitarbeitern zu leisten.

- Die *Acceptance-Phase* verfolgt das Ziel des konstruktiven Umgangs der unmittelbar und mittelbar Betroffenen mit den Freisetzungsmaßnahmen. In diesem Zusammenhang spielt auch das Feedback der Betroffenen an das Unternehmen eine zentrale Rolle.

Schließlich konzentriert sich die letzte Frage der Freisetzungskommunikation (vgl. Tabelle 6.3) darauf, welche psychischen Prozesse in einer Person ablaufen, wenn diese von der Freisetzung erfährt, und wie Unternehmen betroffene Personen in diesen Phasen unterstützen können. In diesen Phasen variiert die wahrgenommene persönliche Kompetenz der freigesetzten Person. Im Zeitverlauf werden sechs Phasen im Umgang mit der Freisetzung durch eine betroffene Person unterschieden. Diese Phasen sind in Abbildung 6.8 veranschaulicht.

Abbildung 6.8   Psychische Prozesse einer Person im Umgang mit der Freisetzung
(in Anlehnung an Streich 1997)

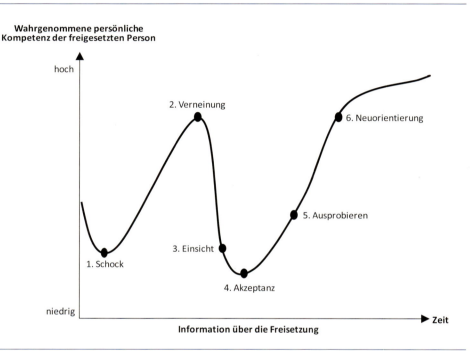

Auf die Information über die Freisetzung reagiert die betroffene Person zunächst mit einem *Schock*. Dieser führt zu einem starken Absinken der eigenen, wahrgenommen Kompetenz. Einer Art „Trotzreaktion" kommt die Phase der *Verneinung* gleich. Die Person weigert sich, die Freisetzung zu akzeptieren. Sie sucht Gegenargumente und versucht, die Realität zu verdrängen. Diese Gedankengänge führen zu einem kurzzeitigen Anstieg der wahrgenommenen eigenen Kompetenz der Person. In den beiden darauf folgenden Phasen – der *Einsicht* und der *Akzeptanz* – geht die wahrgenommene Kompetenz der freigesetzten Person allerdings wieder zurück: Die Person hat realisiert, dass sie aus dem Unternehmen ausscheiden muss. In der nächsten Phase des *Ausprobierens* findet eine Prüfung der Alternativen auf dem Arbeitsmarkt durch die freigesetzte Person statt. Die Entscheidung über die in der fünften Phase generierten Alternativen erfolgt in der Phase der *Neuorientierung*. Diese letzte Phase kann beispielsweise mit dem Eintritt in ein neues Beschäftigungsverhältnis enden.

Unternehmen haben nun unterschiedliche Möglichkeiten, auf freigesetzte Führungskräfte bzw. Mitarbeiter im Rahmen dieser unterschiedlichen Phasen im Umgang mit der Freisetzung einzugehen. Tabelle 6.6 stellt beispielhafte Maßnahmen für Unternehmen zur Unterstützung freigesetzter Führungskräfte und Mitarbeiter dar.

Tabelle 6.6   Unterstützung freigesetzter Führungskräfte und Mitarbeiter in unterschiedlichen Phasen der Verarbeitung der Trennung vom Unternehmen

Phase im Verarbeitungsprozess	Beispielhafte Maßnahmen zur Unterstützung der freigesetzten Person
1. *Phase des Schocks*	■ Sachliches Informieren über den Umfang und den zeitlichen Horizont der Freisetzung ■ Darlegen von Gründen für die Freisetzung ■ Aufzeigen beruflicher Alternativen außerhalb des Unternehmens
2. *Phase der Verneinung*	■ Differenziertes Darlegen des Prozesses, wie und warum die Freisetzungsentscheidung in dieser Form gefallen ist ■ Vermeiden arbeitsgerichtlicher Auseinandersetzungen ■ Ggf. Anbieten zusätzlicher Abfindungszahlungen
3. *Phase der Einsicht*	■ Anbieten konkreter Maßnahmen zur Unterstützung der Führungskräfte bzw. Mitarbeiter
4. *Phase der Akzeptanz*	■ Darlegen erfolgreicher Werdegänge anderer freigesetzter Führungskräfte bzw. Mitarbeiter
5. *Phase des Ausprobierens*	■ Durchführen von Bewerbertrainings für Führungskräfte bzw. Mitarbeiter ■ Durchführen von Schulungen zur Aktualisierung des Wissens (z. B. im Bereich IT) ■ Anfragen kooperierender Unternehmen hinsichtlich möglicher Beschäftigungsmöglichkeiten
6. *Phase der Neuorientierung*	■ Unterstützen beim Eintritt in die neue Arbeitstätigkeit (z. B. durch rechtliche Beratung oder Umzugsunterstützung)

Kontrollfragen

1. Aus welchen Gründen ist eine strategische Ausrichtung von Personalfreisetzungsaktivitäten unabdingbar?

2. Auf welche Formen der Personalfreisetzung können Unternehmen zurückgreifen? Stellen Sie verschiedene Formen der Personalfreisetzung systematisch dar, und erläutern Sie diese kurz.

3. Welche Maßnahmen können Unternehmen im Rahmen der Personalfreisetzung einsetzen? Unterscheiden Sie in Ihrer Antwort zwischen Maßnahmen ohne Einfluss auf den Personalbestand und Maßnahmen, welche einen reduzierenden Einfluss auf den Personalbestand haben.

4. Erläutern Sie den Begriff „Arbeitszeitverkürzung", und nennen Sie drei beispielhafte Maßnahmen im Rahmen der Arbeitszeitverkürzung.

5. Was ist bei der Einführung von Kurzarbeit zu beachten?

6. Welche direkten Maßnahmen der Personalfreisetzung kennen Sie?

7. Nennen Sie die fünf Phasen des Outplacement-Prozesses, und beschreiben Sie diese kurz.

8. Welche Mitbestimmungsrechte des Betriebsrats sind bei Versetzungen, Neueinstellungen und Kündigungen zu berücksichtigen?

9. Was ist unter Personalleasing zu verstehen? Gehen Sie in diesem Zusammenhang auch auf Arbeitgeberpflichten ein.

10. Was ist unter Freisetzungskommunikation zu verstehen, und welche Leitfragen sollten Unternehmen bei der Gestaltung der Freisetzungskommunikation beachten?

11. Erläutern Sie das „Survival Sickness Syndrom".

12. Welche Aspekte sollten für eine faire und humane Durchführung eines persönlichen Trennungsgesprächs berücksichtigt werden?

13. Nennen Sie die drei Phasen der Freisetzungskommunikation, und erläutern Sie diese kurz.

14. Welche psychischen Prozesse laufen bei einer Person im Umgang mit der Freisetzung ab? Veranschaulichen Sie Ihre Antwort graphisch. Wie können Unternehmen freigesetzte Führungskräfte bzw. Mitarbeiter in unterschiedlichen Phasen der Verarbeitung der Trennung vom Unternehmen unterstützen?

Literatur

Alewell, D./Hauff, S./Pull, K. (2011), Trennungsmanagement – Stand der Forschung und aktuelle empirischen Befunde, in: Stock-Homburg, R./Wolff, B. (Hrsg.), Handbuch Strategisches Personalmanagement, Wiesbaden (in Druck).

Alewell, D./Pull, K. (2009), Determinanten der Outplacement-Gewährung: Ergebnisse einer theoriegeleiteten empirischen Analyse, Zeitschrift für Arbeitsmarktforschung, 42, 155-169.

Amann, M. (2008), Der Schwächste fliegt – oder etwa nicht?, Frankfurter Allgemeine Zeitung, 34 (09.02.2008), C2.

Andrzejewski, L. (2004), Trennungs-Kultur – Handbuch für ein professionelles, wirtschaftliches und faires Kündigungsmanagement, Köln.

Andrzejewski, L./Hofmann, W. (2008), 5 Basisfragen zum Trennungsgespräch, in: Schwuchow, K./Gutmann, J. (Hrsg.), Jahrbuch Personalentwicklung 2009: Ausbildung, Weiterbildung, Management Development, 1. Auflage, Köln.

BCG (The Boston Consulting Group)/EAPM (European Association for People Management) (2009), Creating People Advantage in Times of Crisis, URL: http://209.83.147.85/ publications/files/BCG_Creating_People_Advantage_in_Times_of_Crisis_March_2009.pdf [25.02.2010].

Berner, W. (2005), Personalabbau: Das letzte Mittel professionell handhaben, URL: http://www.umsetzungsberatung.de/turnaround/personalabbau.php [25.02.2010].

Bisani, F. (1995), Personalwesen und Personalführung, Der State of the Art der betrieblichen Personalarbeit, 4. Auflage, Wiesbaden.

Bönisch, J. (2008), Kündigen mit Paukenschlag, Süddeutsche Zeitung [21.11.2008].

Brehmer, N. (2008), Strategien für den Einsatz von Leiharbeitnehmern – Volatilität reduzieren, Ressourcen steuern und planen, Personalführung, 1, 44-50.

Bröckermann, R. (2009), Personalwirtschaft: Lehr- und Übungsbuch für Human Resource Management, 5. Auflage, Stuttgart.

Bruhn, M. (2005), Unternehmens- und Marketingkommunikation: Handbuch für ein integriertes Kommunikationsmanagement, München.

Bruhn, M. (2009), Kommunikationspolitik, 5. Auflage, München.

Deisenroth, E. M. (2007), Die Transfergesellschaft bei Personalabbaumaßnahmen: Grundlagen, Möglichkeiten, Chancen, Saarbrücken.

Dommer, M. (2009), Parkplatz für die Mitarbeiter, Frankfurter Allgemeine Zeitung, 107 (09.05.2009), C2.

Drumm, H. (2008), Personalwirtschaft, 6. Auflage, Berlin.

Hentze, J./Graf, A. (2005), Personalwirtschaftslehre 2, 7. Auflage, Bern.

Hildebrandt-Woeckel, S. (2007), Die Finanzierung von Sabbaticals ist längst erprobt – doch kaum jemand traut sich, Frankfurter Allgemeine Zeitung, 49 (04.08.2007), 21.

Holtbrügge, D. (2007), Personalmanagement, 3. Auflage, Berlin.

Jung, H. (2008), Personalwirtschaft, 8. Auflage, München.

Kaleja, R.-M. (2003), Personalfreisetzung mit Respekt, Personal – Wirtschaftsblatt, 4/03, 114.

Knoche, M. (2004), Kapital oder Ballast? Personalpolitik in wirtschaftlichen Schwächephasen, in: ifo Schnelldienst, 16,12-20.

Marks, M./Mirvis, P. (1992), Rebuilding after the Merger: Dealing with 'Survivor Sickness', Organizational Dynamics, 21, 2, 18-32.

Mayrhofer, W. (1989), Outplacement: Stand der Diskussion, Die Betriebswirtschaft, 49, 1, 55-68.

Meyer-Timpe, U. (2006), Die Abschieber, Die Zeit, 42 (12.10.2006), 61.

Mulitze, C. (2005), Zeit zum Lernen nutzen, Personal – Zeitschrift für Human Resource Management, 3/2005, 22-24.

o. V. (2005), Stellenabbau bei der Deutschen Bank, tagesschau.de vom 05.02.05 , URL: http://www.
    tagesschau.de/aktuell/meldungen/0,1185,OID4029274_REF4_NAV,00.html [22.07.2007].

o. V. (2007), Wer kündigt zahlt die Folgen, Frankfurter Allgemeine Zeitung, 49 (10.02.2007), C2.

Oechsler, W. (2006), Personal und Arbeit: Grundlagen des Human Resource Management und der
    Arbeitgeber-Arbeitnehmer-Beziehung, 8. Auflage, München.

Pull, K. (2008), Die betriebswirtschaftliche Logik von Outplacement-Leistungen: Theoretische Erklä-
    rungsansätze und ihre Plausibilität im Lichte vorliegender empirischer Befunde, Industrielle Bezie-
    hungen, 15, 3, 233-255.

Sammet, S. (2007), Mit Vollgas aus dem Job, Frankfurter Allgemeine Zeitung, 49 (03.03.2007), C2.

Schanz, G. (2000), Personalwirtschaftslehre, 3. Auflage, München.

Schütte, M. (2009), Kosten sparen durch Personalabbau? Realistisch kalkulieren, Know-how-Verlust
    vermeiden, Personalführung, 9, 20-29.

Seisl, P. (1998), Der Abbau personeller Überkapazitäten, Berlin.

Staehle, W. (1999), Management, 8. Auflage, München.

Steinbuch, O. (1998), Personalwirtschaft, 7. Auflage, Ludwigshafen.

Streich, R. (1997), Veränderungsprozessmanagement, in: Reiß, M./von Rosenstiel, L./Lanz, A. (Hrsg.),
    Change Management: Programme, Projekte und Prozesse, Stuttgart, 237-254.

7 Internationale Gestaltung der Mitarbeiterflusssysteme

Lernziele

■ Die Leser kennen die grundlegenden Phasen und Formen des internationalen Personaleinsatzes.

■ Die Leser kennen zentrale Rahmenbedingungen der internationalen Gestaltung der Mitarbeiterflusssysteme.

■ Die Leser kennen die Besonderheiten der internationalen Gestaltung ausgewählter Mitarbeiterflusssysteme (Personalbedarfsplanung, Personalgewinnung, Personalentwicklung).

7.1 Grundlagen des internationalen Personaleinsatzes

Im Zuge der zunehmenden Internationalisierung der Geschäftstätigkeit von Unternehmen reicht es in der Regel nicht aus, sich ausschließlich mit der Gestaltung des Mitarbeiterflusses im nationalen Kontext zu beschäftigen. Abbildung 7.1 verdeutlicht, dass deutsche Unternehmen insbesondere in asiatische und in nordamerikanische Länder investieren. Diese Länderregionen weisen zum Teil starke kulturelle Unterschiede auf, die Unternehmen bei der Gestaltung der Mitarbeiterflusssysteme berücksichtigen müssen.

Unternehmen stehen zunehmend vor der Herausforderung, weltweit Führungskräfte bzw. Mitarbeiter zu gewinnen, einzusetzen und weiterzuentwickeln (vgl. Sparrow/Schuler/Jackson 1994, S. 267). Mit dieser Aufgabe befasst sich die Gestaltung der internationalen Mitarbeiterflusssysteme.

Internationale Mitarbeiter- flusssysteme	Personalmanagement-Systeme, welche sich auf internationale Bewegungen von Führungskräften bzw. Mitarbeitern im Unternehmen konzentrieren (in Anlehnung an Harris/Brewster/Sparrow 2004, S. 129).

Neben der Gestaltung der internationalen Mitarbeiterflusssysteme, die im Mittelpunkt des vorliegenden Abschnitts steht, umfasst das internationale Personalmanagement auf der Makroebene auch die Gestaltung der internationalen Belohnungssysteme. Diese wird in Kapitel 10 behandelt.

Abbildung 7.1   Investitionstätigkeit deutscher Unternehmen im Ausland
(vgl. DIHK 2005, S. 71)

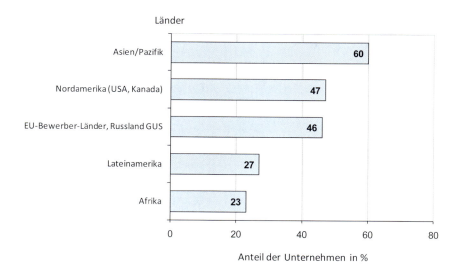

Anmerkungen: Stichprobe n = 4.400 in Deutschland ansässige, international tätige Unternehmen; Mehrfachnennungen
möglich

Sind Unternehmen international tätig, stellt sich die Frage, ob bislang eingesetzte Instrumente zur Gewinnung und Entwicklung von Führungskräften bzw. Mitarbeitern auf ausländische Niederlassungen übertragbar sind. In diesem Zusammenhang müssen bestehende (primär im nationalen Kontext entwickelte) Konzepte dahingehend geprüft werden, ob sie für das internationale Management geeignet sind (vgl. Easterby-Smith/Malina/Yuan 1995, S. 32 f.; Roberts et al. 1998, S. 94).

Die internationale Gestaltung der Mitarbeiterflusssysteme hängt von einer Reihe von Faktoren ab. Diese beziehen sich auf verschiedene Aspekte, angefangen von der Form des internationalen Personaleinsatzes (Beschäftigung von Expatriates versus im Gastland ansässigen Mitarbeitern bzw. Beschäftigung von Inpatriates aus dem Ausland vs. lokal ansässigen Mitarbeitern) bis hin zur Entwicklung international tätiger Führungskräfte bzw. Mitarbeiter. Die Leitfragen zur internationalen Gestaltung der Mitarbeiterflusssysteme sind in Tabelle 7.1 dargelegt.

Tabelle 7.1   Zentrale Leitfragen zur internationalen Gestaltung der
                         Mitarbeiterflusssysteme

Zentrale Leitfragen	Behandelt in ...
1. Welche grundlegenden Phasen können im Rahmen des internationalen Personaleinsatzes unterschieden werden?	Abschnitt 7.1
2. In welcher Form können Führungskräfte bzw. Mitarbeiter international eingesetzt werden?	Abschnitt 7.1
3. Welche Strategien zur langfristigen internationalen Ausrichtung der Mitarbeiterflusssysteme gibt es?	Abschnitt 7.2.1
4. Welche Bedeutung haben die jeweiligen Länderkulturen verschiedener Niederlassungen eines Unternehmens für die internationale Gestaltung der Mitarbeiterflusssysteme?	Abschnitt 7.2.2
5. Was ist bei der Gestaltung einzelner Mitarbeiterflusssysteme auf internationaler Ebene zu beachten?	Abschnitt 7.3

Die erste Leitfrage bezieht sich auf die grundlegenden Phasen des internationalen Personaleinsatzes (vgl. Tabelle 7.1). Diese Phasen charakterisieren zum einen unterschiedliche zeitliche Abschnitte im internationalen Einsatz von Führungskräften bzw. Mitarbeitern. Zum anderen lassen sich anhand dieser Phasen Schwerpunkte für die internationale Gestaltung von Mitarbeiterflusssystemen definieren. In Bezug auf den internationalen Personaleinsatz lassen sich im Kern drei Phasen unterscheiden (vgl. Abbildung 7.2).

Abbildung 7.2   Phasen des internationalen Personaleinsatzes

Phase	**Vorbereitung**	**Durchführung**	**Nachbereitung**
Fokus der Mitarbeiterflusssysteme	Vorbereitung von Führungskräften und Mitarbeitern auf den internationalen Personaleinsatz	Begleitung von Führungskräften und Mitarbeitern während des internationalen Personaleinsatzes	Unterstützung von Führungskräften und Mitarbeitern nach dem Abschluss des internationalen Personaleinsatzes

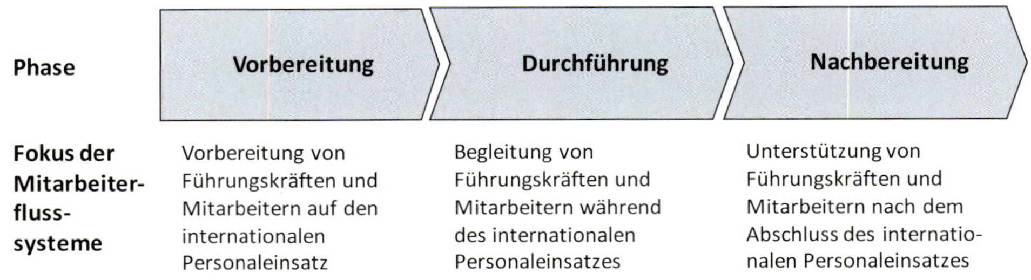

In den verschiedenen Phasen internationaler Projekte können die einzelnen Mitarbeiterflusssysteme unterschiedlich intensiv eingesetzt werden. In der *Vorbereitungsphase* sind die Personalbedarfsplanung, die Personalgewinnung und die Personalentwicklung nahezu gleich bedeutend. Dagegen liegt der Fokus in der *Durchführungsphase* primär auf der Personalentwicklung, die auch die *Nachbereitungsphase* dominiert.

Im Vorfeld der Gestaltung verschiedener Mitarbeiterflusssysteme ist zu klären, in welcher Form Führungskräfte bzw. Mitarbeiter im internationalen Kontext eingesetzt werden (vgl. Leitfrage 2, Tabelle 7.1). Die Formen des internationalen Personaleinsatzes lassen sich anhand von zwei Dimensionen systematisieren:

- Die *hierarchische Position international tätiger Personen* gibt an, welche Stellung und welche Einflussmöglichkeiten diese im Unternehmen haben. Im Zusammenhang mit dieser Dimension wird zwischen Führungskräften (mit Leitungsbefugnis) und Mitarbeitern (ohne Leitungsbefugnis) unterschieden. Zu Letzteren zählen auch Fachkräfte.

- Im Hinblick auf den *primären Einsatzort von Experten bzw. Personen* wird zwischen dem Stammland und dem Gastland unterschieden. Während das Stammland (Parent Country) das Herkunftsland bzw. den Sitz der Zentrale des international tätigen Unternehmens repräsentiert, werden als Gastland (Host Country) die Länder bezeichnet, in denen das Unternehmen international tätig ist und Niederlassungen hat.

In Abhängigkeit von der Ausprägung dieser beiden Dimensionen lassen sich vier Konstellationen des internationalen Einsatzes von Führungskräften bzw. Mitarbeitern unterscheiden. Diese sind in Abbildung 7.3 dargestellt.

Abbildung 7.3   Formen des internationalen Personaleinsatzes

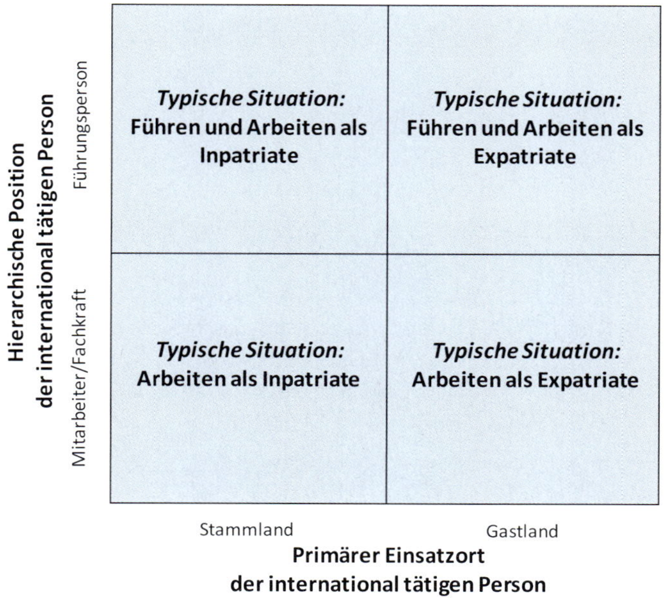

Die traditionelle Form des internationalen Einsatzes von Führungskräften bzw. Mitarbeitern stellt die Auslandsentsendung dar. Der Einsatz von Expatriates repräsentiert bis heute eine wichtige Aufgabe internationaler Mitarbeiterflusssysteme (vgl. Smith 2006).

Expatriates	Personen aus dem Stammland des Unternehmens, die im Rahmen ihrer beruflichen Tätigkeit für einen Zeitraum von ein bis fünf Jahren in einen für sie fremden Kulturkreis entsandt werden (in Anlehnung an Black/Gregersen/Stroh 1998, S. 111).

Eine weitere Form des internationalen Einsatzes von Führungskräften bzw. Mitarbeitern ist die Inpatriierung. Inpatriates – im deutschsprachigen Raum auch Impatriates genannt – werden mit zunehmender Globalisierung der Geschäftstätigkeit von Unternehmen immer häufiger eingesetzt (vgl. Harvey/Novicevic/Speier 1999a, S. 51).

Inpatriates	Personen aus dem Gastland bzw. aus internationalen Niederlassungen eines Unternehmens, die im Rahmen ihrer beruflichen Tätigkeit für einen Zeitraum von ein bis fünf Jahren in einen für sie fremden Kulturkreis bzw. in das Stammland des Unternehmens entsandt werden (in Anlehnung an Harvey/Buckley 1997, S. 36).

Die Dauer des Auslandseinsatzes von Expatriates und Inpatriates kann variieren. Tabelle 7.2 liefert einen Überblick darüber, über welchen Zeitraum Führungskräfte bzw. Mitarbeiter entsandt werden können. An dieser Stelle ist darauf hinzuweisen, dass bei einer Entsendungsdauer von weniger als zwölf Monaten nicht von Expatriates oder Inpatriates gesprochen wird.

Tabelle 7.2   Formen des Einsatzes von Expatriates oder Inpatriates (in Anlehnung an Reiche 2006, S. 1579; Smith 2006, S. 9)

Bezeichnung (Zeitdauer)	Beschreibung der Einsatzsituation international tätiger Personen
Dienstreise, Business Trip (< 3 Monate)	■ Vorübergehender Aufenthalt in ausländischen Niederlassungen bzw. in der Zentrale des Unternehmens ■ Primär übergreifende Koordination von Projekten ■ Interkulturelle Anpassung: relativ gering ■ Vorbereitungsaufwand: relativ gering
Short-Time Assignment (3 - 12 Monate)	■ Meist projektbezogener Auslandsaufenthalt ■ Interkulturelle Anpassung: mittel ■ Vorbereitungsaufwand: mittel
Long-Time	■ Durchführung langfristig angelegter Projekte

Bezeichnung (Zeitdauer)	Beschreibung der Einsatzsituation international tätiger Personen
Assignment (12 - 36 Monate)	■ Interkulturelle Anpassung: hoch ■ Vorbereitungsaufwand: hoch
Traditioneller Aus-landseinsatz (> 36 Monate)	■ Durchführung langfristig angelegter Projekte ■ Interkulturelle Anpassung: hoch ■ Vorbereitungsaufwand: sehr hoch
Versetzung (dauerhaft)	■ Übersiedlung in das Stammland (Inpatriates) bzw. Gastland (Expatriates) ■ In der Regel Erfahrungen der international tätigen Person im Stammland (Inpatriates) bzw. Gastland (Expatriates) ■ Interkulturelle Anpassung: sehr hoch ■ Vorbereitungsaufwand: gering bis mittel

In der Unternehmenspraxis wird überwiegend Personal auf der Ebene des mittleren (rund 51 %) bzw. oberen Managements (rund 12 %) eingesetzt (vgl. Smith 2006, S. 9 ff.). Die entsendeten Expatriates bzw. Inpatriates werden hauptsächlich mit der Koordination länderübergreifender Aktivitäten sowie mit der Förderung des länderübergreifenden Wissenstransfers betraut (vgl. Mayerhofer 2004, S. 1372). Die Herausforderung für entsendete Führungskräfte liegt insbesondere darin, ihr Führungsverhalten so auszurichten, dass die geführten Mitarbeiter im Gastland bzw. Stammland zielkongruent beeinflusst werden (vgl. Black/Stephens 1989, S. 532; Harvey/Novicevic/Speier 1999a, S. 54 ff.; sowie ausführlich Abschnitt 16.1).

Nach dem internationalen Einsatz von Führungskräften stellt die Entsendung von Fachkräften mit rund 31 Prozent einen weiteren wichtigen Bereich des internationalen Personalmanagements dar (vgl. Smith 2006, S. 9 ff.). Die zentrale Aufgabe der Fachkräfte besteht darin, ihr Fachwissen erfolgreich einzubringen bzw. zu übermitteln. Gleichzeitig müssen sich Expatriates bzw. Inpatriates an die Besonderheiten (beruflich wie privat) des Gastlandes bzw. Stammlandes anpassen (vgl. Black/Stephens 1989, S. 532; Harvey/Novicevic/Speier 1999b, S. 42). Insert 7.1 verdeutlicht, welchen Problemen Inpatriates gerade bei einer Entsendung nach Deutschland begegnen können.

Insert 7.1:   Schwierigkeiten von Inpatriates beim Einsatz in Deutschland
                       (Schroll-Machl 2006, S. 53)

Welchen Kulturschock erleben Impatriates in Deutschland?

Während für uns Deutsche das Leben in Deutschland normal ist, haben Impatriates, das heißt Abgesandte internationaler Firmen, in Deutschland vergleichbare Schwierigkeiten wie wir in ihren Ländern. Selbstverständlich hängt der Grad des Fremderlebens dabei von der kulturellen Entfernung der Heimatkultur zur deutschen Kultur ab. Doch das Ausmaß der Schwierigkeiten wird regelmäßig auch für Europäer und Amerikaner unterschätzt.

Ihre Situation: Im Alltag ist ihnen vieles neu. Die Liste reicht von A wie Anrede (Vorname?) und Autofahren (Geschwindigkeit, TÜV) über Essen, Kindersitze (fesseln Deutsche ihre Kinder?), Klima (heizen und lüften?), Polizei (kein Trinkgeld geben!), Sicherheit, Sprache (Dialekte), Tischsitten bis zu Umweltschutz (Mülltrennung?) und W wie Wohnung (Ruhezeiten?). Besonders herausfordernd ist das für diejenigen mit wenig Tourismuserfahrung.

Parallel zu diesen „Überlebensfragen" erscheint Impatriates unsere deutsche Mentalität fremdartig. Einige typische Fragen lauten: Wieso sind Deutsche so formell? Wieso ist es so schwer, mit ihnen Freundschaft zu schließen? Können Deutsche

flexibel sein? Warum reden Deutsche oft so aggressiv und sind derart undiplomatisch? Ohne Termin geht nichts, nicht mal im Privatleben. Warum? Was ist zu tun? Es ist hilfreich, gerade zu Beginn des Aufenthalts konkrete „Überlebenshilfen" bereitzustellen. Professionelle Relocation Services sind elementar zur Alltagsbewältigung. In interkulturellen Trainings können unsere Gäste unsere deutschen Kulturstandards kennenlernen und die Logik hinter unserem Verhalten begreifen. Mentorenmodelle in Firmen können – auch später auftauchende – Probleme während des gesamten Aufenthalts abpuffern und begleiten. Dabei möge der Mentor von sich aus (täglich, im Detail) fragen und Hilfe anbieten, denn der Aufforderung „Fragen Sie mich, wenn Sie etwas brauchen" nachzukommen, widerstrebt der Höflichkeit vieler. Praktisch in allen Ländern ist es selbstverständlicher als in Deutschland, dass Kollegen Freunde sind. Ein Impatriate erwartet also von seiner Abteilung, dass er empfangen wird, dass Kollegen offen auf ihn oder sie zugehen, aufmerksam sind und Kontakt aufbauen, nicht nur während der Dienstzeit, sondern auch in der Freizeit.

Durch die Verstärkung internationaler Aktivitäten wird es für Unternehmen zunehmend wichtig, die internationalen Kompetenzen ihrer Beschäftigten frühzeitig zu entwickeln. Aus diesem Grund ermöglichen Unternehmen ihren Trainees und Auszubildenden bereits während der Ausbildungsphase einen Auslandsaufenthalt. So werden beispielsweise bei der Festo AG & Co. KG rund 20 Prozent jedes Ausbildungsjahrgangs für mindestens vier Wochen an ausländischen Standorten eingesetzt (vgl. Fritsch 2007, S. 14).

Bei der Entsendung von Expatriates und Inpatriates werden die zuvor angesprochenen Phasen des internationalen Personaleinsatzes besonders stark deutlich. Von zentraler Bedeutung ist die kulturelle Anpassung der entsendeten Führungs- und Fachkräfte vor, während und nach der Auslandsentsendung. Verschiedene Phasen der interkulturellen Anpassung veranschaulicht Abbildung 7.4. Sie macht insbesondere deutlich, dass Expatriates bzw. Inpatriates nicht nur zu Beginn ihres Auslandseinsatzes, sondern auch bei ihrer Rückkehr ins Heimatland eine Art Kulturschock erleben, der sich in einer geringen Anpassung an die landesspezifischen Gegebenheiten und einer daraus resultierenden geringeren Zufriedenheit ausdrückt.

Abbildung 7.4   Phasen der interkulturellen Anpassung international tätiger Personen
(vgl. Kenter/Welge 1983, S. 177)

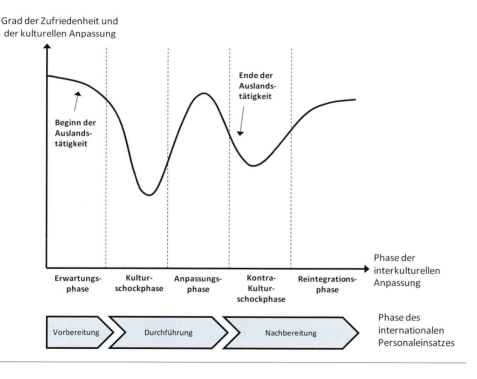

Der internationale Personaleinsatz ist für Unternehmen mit relativ hohen Kosten verbunden. Aus diesem Grunde gewinnen virtuelle internationale Kooperationsformen zunehmend an Bedeutung. Eine interessante Kooperationsform ist der Einsatz von Führungskräften bzw. Mitarbeitern in internationalen, virtuellen Teams (vgl. Kankanhalli/Tan 2006/2007, S. 238; Kayworth/Leidner 2001/2002, S. 7 ff.; Kerber/Buono 2004, S. 4 ff.). Die Mitglieder solcher Teams arbeiten über zum Teil große räumliche Distanzen hinweg und in verschiedenen Zeitzonen an einer gemeinsamen Aufgabe. Die Herausforderung liegt darin, kulturelle und sprachliche Distanzen zu überbrücken, und zwar vielfach ohne dass sich die Kooperationspartner (näher) kennen. Führungskräfte, die internationale virtuelle Teams leiten, koordinieren deren Aktivitäten zumeist über Telefon- und Videokonferenzen sowie Kick-Off- und Follow-Up-Meetings während des Projektverlaufs. Die Herausforderung liegt in der erfolgreichen Führung von Mitarbeitern unterschiedlicher Nationalitäten, ohne dass eine tägliche persönliche Interaktion zwischen Führungsperson und Mitarbeiter stattfindet. Die Besonderheiten der Führung internationaler Teams werden in Abschnitt 16.2 dieses Lehrbuchs vertieft.

Insert 7.2 verdeutlicht, dass sowohl Entsendungen als auch internationale virtuelle Kooperationsformen in der Unternehmenspraxis immer bedeutender werden. Tendenziell werden allerdings Entsendungen, die persönliche Kontakte ermöglichen, verstärkt durch mediengestützte Kommunikation ersetzt.

| Insert 7.2: | Virtuelle internationale Zusammenarbeit (Pascal 2002, S. 55 f.) |

Virtuelle Lösungen bei Entsendungen

Das Unternehmen IBM reduzierte seine internationalen Personaltransfers um 600 auf 2.000 Mitarbeiter, Geschäftsreisen und virtuelle Auslandseinsätze nahmen zu. [...] Virtuelle Auslandseinsätze sind eine kostengünstige Alternative zu den traditionellen Entsendungen. Voraussetzungen für den Erfolg sind, dass die Unternehmen über sehr gute IT-Infrastruktur verfügen (E-Mail, Videokonferenzen, E-meeting, Teamrooms), die Aufgaben der Mitarbeiter wenig oder keinen persönlichen Kontakt erfordern und sämtliche Benutzer in den Technologien geschult sind. Momentan sind es noch vornehmlich Firmen in der IT Branche, die diese Entsendungsform nutzen. [...]

Eine Studie von PricewaterhouseCoopers bescheinigt allen Typen von Auslandsentsendungen weiteres Wachstum. Auch die mehrjährigen Entsendungen werden weiterhin ihren Platz behalten. Allerdings gehören die großzügig gestalteten Entlohnungs- und Anreizprogramme der Vergangenheit an. Der Trend zu kürzeren Auslandseinsätzen wird vor allem aus Kostengesichtspunkten anhalten. Neue Technologien führen zu vermehrter Mobilität, da sie mehr Personen vernetzen und den Zugriff auf einen internationalen Arbeitskräftepool ermöglichen. Ein steigender Anteil an Arbeitnehmern wird langfristig mit ausländischen Geschäftspartnern zusammenarbeiten, ohne sich dazu tatsächlich im Ausland aufhalten zu müssen.

Der Erfolg internationaler Projekte hängt im Wesentlichen davon ab, wie gut die Mitarbeiterflusssysteme auf die internationalen Besonderheiten verschiedener Länderniederlassungen abgestimmt sind. Dabei sind einige grundlegende Anforderungen an die internationale Gestaltung der Mitarbeiterflusssysteme zu beachten. Einen Überblick über diese Anforderungen liefert Abbildung 7.5.

Abbildung 7.5 Anforderungen an die internationale Gestaltung der Mitarbeiterflusssysteme

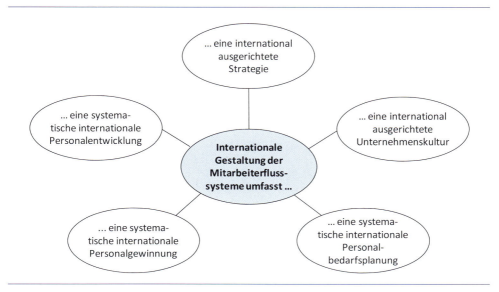

Bei den ersten beiden in Abbildung 7.5 dargelegten Anforderungen (international ausgerichtete Strategie und international ausgerichtete Unternehmenskultur) handelt es sich um Rahmenbedingungen, an denen sich die Gestaltung der Mitarbeiterflusssysteme orientiert. Sie werden in Abschnitt 7.2 behandelt. Auf konkrete Maßnahmen zur internationalen Gestaltung der Mitarbeiterflusssysteme geht Abschnitt 7.3 ein. Dabei werden die internationalen Besonderheiten der Personalbedarfsplanung, der Personalgewinnung und der Personalentwicklung vertieft.

7.2　Zentrale Rahmenbedingungen

7.2.1　Strategische Ausrichtung

Die strategische Verankerung der Personalmanagement-Aktivitäten ist eine unabdingbare Voraussetzung dafür, dass diese reibungslos koordiniert werden können und die langfristigen Unternehmensziele optimal unterstützen (vgl. Abschnitt 1.1.1.1). Die strategische Ausrichtung des internationalen Mitarbeiterflusses schafft einen Orientierungsrahmen für die Beschäftigten unterschiedlicher Hierarchieebenen. So steckt beispielsweise die Internationalisierungsstrategie eines Unternehmens den Handlungsrahmen für die Gewinnung von Führungskräften bzw. Mitarbeitern ab. Daher ist es wichtig, dass die internationalen Mitarbeiterflusssysteme konsistent zur internationalen Unternehmensstrategie gestaltet werden (vgl. Leitfrage 3, Tabelle 7.1).

In der Literatur wird eine Reihe von Ansätzen zur internationalen Ausrichtung von Unternehmen diskutiert (vgl. hierzu ausführlich Kutschker/Schmid 2008, S. 279 ff.). Die größte wissenschaftliche Bedeutung unter diesen Ansätzen hat der *Internationalisierungsansatz von Perlmutter* (1969) erlangt. Dieser Ansatz versucht zu klären, wie Unternehmen ihre internationalen Aktivitäten langfristig ausrichten können. Er unterscheidet insbesondere dahingehend, ob die internationalen Aktivitäten eines Unternehmens sich primär an dessen Stammland oder am Gastland, in dem ein Unternehmen tätig ist, orientieren. Perlmutter (1969) identifiziert in seinem Ansatz vier alternative Internationalisierungsstrategien:

- die ethnozentrische,

- die polyzentrische,

- die regiozentrische und

- die geozentrische Internationalisierungsstrategie.

Unternehmen mit einer *ethnozentrischen Internationalisierungsstrategie* sind primär durch die Unternehmenszentrale im Stammland gesteuert, die über die internationalen Aktivitäten des Unternehmens entscheidet. Die verschiedenen Auslandsniederlassungen berichten regelmäßig an die Unternehmenszentrale (vgl. Perlmutter 1969, S. 12). Die oberen Führungspositionen in Auslandsniederlassungen werden nahezu ausschließlich von Führungskräften aus dem Stammland des Unternehmens besetzt.

In Unternehmen mit einer *polyzentrischen Internationalisierungsstrategie* ist das internationale Personalmanagement nicht einheitlich gestaltet. Vielmehr sind die einzelnen Personalmanagement-Systeme an die lokalen Besonderheiten der verschiedenen Länderniederlassungen angepasst. Auslandsniederlassungen werden durch lokale Führungskräfte geleitet (vgl. Perlmutter 1969, S. 12). In einer solchen Konstellation sind die Kommunikations- und Informationsflüsse zwischen der Unternehmenszentrale und den verschiedenen Länderniederlassungen häufig durch starke kulturelle Unterschiede erschwert. Internationale Aktivitäten der Personalgewinnung und des Personaleinsatzes können behindert und ein einheitliches Qualifikationsniveau der Mitarbeiter im Unternehmen nur schwer realisiert werden.

In Unternehmen mit *regiozentrischer Internationalisierungsstrategie* werden jeweils mehrere Gastländer zu einer Region zusammengefasst. In den verschiedenen Regionen sind jeweils regionale Zentralen eingerichtet, denen wiederum die Niederlassungen in den Ländern dieser Regionen zugeordnet sind. Die Unternehmenszentrale im Stammland hat nur begrenzte Autorität gegenüber den regionalen Zentralen. So werden beispielsweise die Standards zur internationalen Gestaltung der Mitarbeiterflusssysteme regional festgelegt. Die oberen Führungspositionen werden in der Regel durch Mitarbeiter übernommen, welche aus den Ländern der jeweiligen Region stammen.

In Unternehmen mit einer *geozentrischen Internationalisierungsstrategie* wird die Unternehmensstrategie gemeinsam von der Unternehmenszentrale und den verschiedenen internationalen Niederlassungen festgelegt. Aufgaben der Unternehmensführung werden sowohl

durch die Unternehmenszentrale als auch durch die Länderniederlassungen wahrgenommen (vgl. Perlmutter 1969, S. 13). Zur Besetzung oberer Managementpositionen werden
die weltweit besten Führungskräfte gewonnen. Der Kommunikations- und Informationsfluss zwischen der Unternehmenszentrale und den Länderniederlassungen läuft kontinuierlich, weil der internationale Informations- und Wissensaustausch strategisch verankert
ist.

7.2.2 Kulturelle Verankerung

Die vierte eingangs gestellte Leitfrage (vgl. Tabelle 7.1) konzentriert sich darauf, inwieweit
die jeweilige Unternehmenskultur die internationale Gestaltung der Mitarbeiterflusssysteme unterstützt. Eine internationale Ausrichtung der Unternehmenskultur bildet einen
Orientierungsrahmen für gewünschte Verhaltensweisen von Führungskräften und Mitarbeitern im internationalen Kontext. So schafft die kulturell verankerte Wertschätzung von
Internationalität Offenheit für interkulturelle Diversität im Unternehmen. Diese schlägt
sich beispielsweise in der Personalgewinnung (z. B. Rekrutierung von Führungskräften
unabhängig von ihrem kulturellen Hintergrund) und der Personalentwicklung (z. B. in
international ausgerichteten Karrieremodellen) nieder. Hinsichtlich der internationalen
Verankerung der Unternehmenskultur sind zwei Aspekte relevant:

- Zum einen geht es darum, inwieweit die Unternehmenskultur der Unternehmenszentrale die internationale Ausrichtung von Mitarbeiterflusssystemen fördert.

- Zum anderen beeinflussen die jeweiligen Länderkulturen maßgeblich, wie die Mitarbeiterflusssysteme international gestaltet werden.

Die *Unternehmenskultur der Unternehmenszentrale* lässt sich in Anlehnung an Homburg und
Pflesser (2000) anhand von vier Ebenen beschreiben. Abbildung 7.6 veranschaulicht die
grundlegenden Ebenen einer Unternehmenskultur (vgl. Homburg/Pflesser 2000, S. 451).

Die vier Ebenen der Unternehmenskultur unterscheiden sich insbesondere im Hinblick auf
ihre Sichtbarkeit bei den Organisationsmitgliedern (vgl. Homburg/Pflesser 2000, S. 450 f.).

- Die *Werte* geben Aufschluss über die von einer Gemeinschaft geteilten Auffassungen
  über das Wünschenswerte. Sie sind in der Regel nicht sichtbar und schwer beeinflussbar. Beispielhafte Werte sind gegenseitige Wertschätzung, Fairness im Umgang miteinander und Offenheit für kulturelle Unterschiede.

- *Normen* drücken Erwartungen an gewünschte Verhaltensweisen aus (vgl. Stock 2003,
  S. 209). Während die Einhaltung von Normen belohnt wird, werden Verstöße sanktioniert. Normen sind nicht direkt sichtbar. Sie drücken sich vielmehr indirekt über verschiedene Verhaltensweisen, wie beispielsweise das Kooperationsverhalten oder den
  Umgang mit Konflikten in Unternehmen aus.

- Relativ gut sichtbar sind die *Artefakte*. Sie drücken sich durch Symbole (wie z. B. die Sprache, die Rituale und die Architektur eines Unternehmens) aus. International ausgerichtete Artefakte sind beispielsweise die Verwendung von Bildern mit Menschen aus unterschiedlichen Kulturkreisen im Intranet oder das Angebot diverser landestypischer Speisen in den Kantinen des Unternehmens.

- *Verhaltensweisen* sind von außen beobachtbare Handlungen der Mitglieder eines Unternehmens. Beispielhaft hierfür sind typische Verhaltensweisen in internationalen Telefonkonferenzen.

Abbildung 7.6   Ebenen der Unternehmenskultur (vgl. Homburg/Pflesser 2000, S. 451)

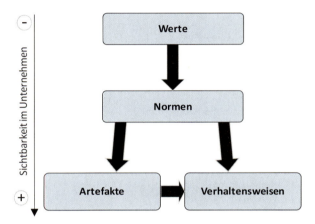

Die verschiedenen Facetten der Unternehmenskultur können mehr oder minder stark auf die Internationalisierung eines Unternehmens ausgerichtet sein. Sind alle vier Ebenen der Unternehmenskultur stark international ausgerichtet, kann dies die internationale Gestaltung der Mitarbeiterflusssysteme unterstützen. Tabelle 7.3 stellt beispielhafte Maßnahmen dar, durch welche die Internationalisierung der Unternehmenskultur auf allen vier Ebenen der Unternehmenskultur gefördert werden kann.

Tabelle 7.3   Beispielhafte Maßnahmen zur Steigerung der Internationalisierung der Unternehmenskultur

Internationale Orientierung der ...	Beispielhafte Maßnahmen
Werte	■ Verankern kultureller Vielfalt in den Leitsätzen eines Unternehmens ■ Wertschätzen internationaler Projekte durch das obere Management (z. B. durch regelmäßigen Besuch von Auslandsniederlassungen) ■ Wertschätzen internationaler Projekterfolge durch das Unternehmen
Normen	■ Verankern der Mitwirkung an internationalen Projekten in den Zielen von Führungskräften bzw. ausgewählten Mitarbeitern ■ Formulieren von Anforderungen an die internationale Erfahrung von Führungskräften bzw. Mitarbeitern ■ Formulieren expliziter Erwartungen an den offenen Umgang mit kultureller Vielfalt im Unternehmen ■ Formulieren von Qualitäts- und Verhaltensstandards in interkulturellen Projekten
Artefakte	■ Praktizieren einer interkulturell differenzierten Sprache im Unternehmen (z. B. durch Rücksichtnahme auf besondere Sprachgewohnheiten, Worte usw. unterschiedlicher Kulturen) ■ Auszeichnen international erfolgreicher Führungskräfte oder Mitarbeiter ■ Kommunizieren von „Erfolgsstories" international erfolgreicher Führungskräfte bzw. Mitarbeiter
Verhaltens- weisen	■ Darlegen von Aufstiegschancen im Anschluss an erfolgreich abgeschlossene internationale Projekte ■ Fördern von Führungskräften bzw. Mitarbeitern in Abhängigkeit von ihren Leistungen (und weniger ihrer Kultur) ■ Zeigen von Toleranz gegenüber den Arbeitsstilen der Projektmitglieder anderer Kulturen ■ Unterstützen international eingesetzter Führungskräfte bzw. Mitarbeiter bei der Wiedereingliederung

Die zweite Facette der kulturellen Verankerung der internationalen Mitarbeiterflusssysteme bilden die *Länderkulturen* der Beschäftigten und der Standorte eines Unternehmens. Besonderheiten verschiedener Länderkulturen werden in dem Konzept der Kulturdimensionen von Hofstede (1993) systematisiert. Dabei werden vier grundlegende Kulturdimensionen identifiziert.

■ Die *Machtdistanz* ist das Ausmaß, in dem weniger einflussreiche Mitglieder einer Organisation oder einer Gesellschaft akzeptieren, dass die Macht ungleich verteilt ist (vgl. Hofstede 2001, S. 73).

- Der *Individualismus* beschreibt, inwieweit die Mitglieder einer Gesellschaft eigenständig ihre Ziele verfolgen (vgl. Hofstede 2001). In individualistisch geprägten Kulturen herrscht lediglich ein loser Zusammenhalt zwischen einzelnen Personen. Kollektivistische Kulturen zeichnen sich dagegen dadurch aus, dass die einzelnen Mitglieder der Gesellschaft eine hohe Loyalität gegenüber ihrer sozialen Gruppe empfinden.

- Die *Unsicherheitsvermeidung* beschreibt, inwieweit die Mitglieder einer Gesellschaft tolerant gegenüber Ungewissheit und Vieldeutigkeit sind. Sie gibt an, wie angenehm oder unangenehm die Mitglieder einer Kultur unstrukturierte, unbekannte oder überraschende Situationen empfinden.

- Die *Maskulinität* ist ein Maß für die Durchsetzungskraft, die materielle Ordnung und die Bestimmtheit der Mitglieder einer Gesellschaft. Dagegen steht *Feminität* für Bescheidenheit, Sensibilität, Fürsorglichkeit und Empathie.

Die Überlegungen von Hofstede (1993) wurden von den Mitgliedern des GLOBE-Programms (Global Leadership and Organizational Behavior Effectiveness Program) weiterentwickelt. Dieser Forschergruppe, die 1994 von Robert House ins Leben gerufen wurde, gehören inzwischen mehr als 170 Wissenschaftler aus 60 Nationen an (vgl. Brodbeck 2006, S. 20). Die Forscher der GLOBE-Gruppe beschreiben verschiedene Länderkulturen anhand von neun Dimensionen (vgl. Brodbeck 2006, S. 19; House et. al. 2006). Neben den (bereits von Hofstede 1993) eingeführten Merkmalen Unsicherheitsvermeidung und Machtdistanz werden folgende sieben Kulturdimensionen beschrieben:

- *Zukunftsorientierung* (future orientation) beschreibt, inwieweit die Mitglieder von Organisationen bzw. Gesellschaften ihre Zukunft planen bzw. hierin investieren.

- *Gesellschaftlich-institutionaler Kollektivismus* (social institutional collectivism) reflektiert den Grad, in dem die Praktiken von Organisationen bzw. Gesellschaften die Umverteilung von Ressourcen begünstigen bzw. honorieren.

- Die *Menschenorientierung* (human orientation) repräsentiert das Ausmaß, in dem die Mitglieder von Organisationen bzw. Gesellschaften ermuntert und dafür belohnt werden, fair, altruistisch, freundlich, zuvorkommend und fürsorglich gegenüber anderen zu sein.

- *Leistungsorientierung* (performance orientation) umfasst den Grad, in dem Organisationen bzw. Gesellschaften die Organisationsmitglieder zu besonderen Leistungen bzw. Leistungsverbesserungen ermutigen.

- *Gruppenbezogener Kollektivismus* (in-group collectivism) beschreibt, inwieweit die Organisationsmitglieder stolz und loyal gegenüber ihren Organisationen bzw. sozialen Gruppen sind.

- *Geschlechtergleichbehandlung* (gender egalitarianism) wird verstanden als das Ausmaß, in dem ein Unternehmen bzw. eine Gesellschaft die Unterschiede zwischen männlichen und weiblichen Rollen sowie entsprechende Rollendiskriminierung minimiert.

- *Selbstbewusstsein* (assertiveness) beschreibt, wie selbstsicher, direkt und aktiv die Mitglieder von Organisationen bzw. Gesellschaften in sozialen Beziehungen auftreten.

Die Unsicherheitsvermeidung, die Machtdistanz und die ersten vier Kulturdimensionen der GLOBE-Gruppe sind auf die Arbeiten von Hofstede (1993) zurückzuführen. Die weiteren drei Kulturdimensionen wurden in Anlehnung an verhaltenswissenschaftliche Erkenntnisse bzw. Erkenntnisse aus dem Bereich des interkulturellen Managements entwickelt (vgl. House et al. 2006). In Abhängigkeit von der Ausprägung dieser Dimensionen unterscheiden die Forscher der GLOBE-Gruppe zwischen zehn Clustern von Ländern mit einer ähnlichen kulturellen Prägung (vgl. House et al. 2004, S. 190). Abbildung 7.7 zeigt für 61 Länder, welchem Cluster sie zugeordnet werden.

Abbildung 7.7 Die zehn kulturellen Cluster der GLOBE-Gruppe

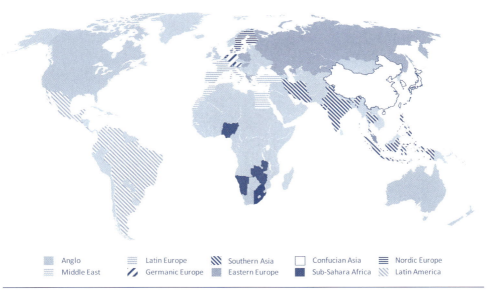

Die Zuordnung zu einem bestimmten Cluster erfolgt anhand des Kulturprofils eines Landes. Dabei erhält jedes Land entsprechend der Ausprägung verschiedener Kulturdimensionen ein spezifisches Profil. Als Grundlage für dieses Profil dienen die einzelnen, strukturiert abgefragten Kulturdimensionen. In dieser Abfrage werden zwei Bereiche erfasst:

- Die *aktuellen institutionalisierten Praktiken* repräsentieren Gegebenheiten einer Organisation bzw. einer Gesellschaft.

- Die *gewünschten Zustände* repräsentieren Aktivitäten, Ereignisse und Verhaltensweisen, die von den Mitgliedern einer Organisation bzw. einer Gesellschaft als ideal, d. h. als Soll-Zustand empfunden werden.

Abbildung 7.8 stellt beispielhafte Kulturprofile für sechs Länderregionen dar (in Anlehnung an die Erkenntnisse von Ashkansasy/Trevor-Roberts/Earnshaw 2002; Bakacsi et al.
2002; Gupta et al. 2002; Jesuino 2002; Kabasakal/Bodur 2002; Szabo et al. 2002). Für jede
Region wird ein Kulturprofil identifiziert, welches den wahrgenommenen Ist-Zustand
darstellt. Das zweite Profil repräsentiert den gewünschten Soll-Zustand im Hinblick auf
eine Länderkultur.

Abbildung 7.8   Beispielhafte Kulturprofile des GLOBE-Ansatzes

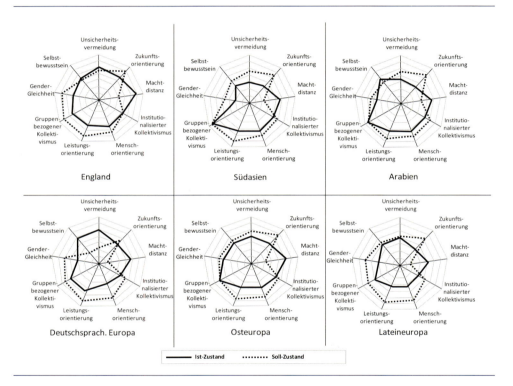

Welche Implikationen liefern diese Kulturprofile für das Personalmanagement? Sie zeigen
zunächst, dass internationale Mitarbeiterflusssysteme kulturspezifisch auszurichten sind.
So schlagen sich beispielsweise kulturspezifische Besonderheiten in den Anforderungsprofilen von Stelleninhabern in der internationalen Personalbedarfsplanung nieder. Die verschiedenen Kulturprofile liefern auch Implikationen für die internationale Personalgewinnung. So sollten beispielsweise in Arbeitsmarktanalysen (vgl. hierzu Abschnitt 4.4.1) die
kulturellen Besonderheiten der jeweils betrachteten Länder berücksichtigt werden.
Schließlich liefern Kenntnisse über kulturspezifische Besonderheiten wertvolle Implikationen für die Entwicklung international eingesetzter Führungskräfte und Mitarbeiter. Beispielsweise sollten Führungskräfte vor ihrer Entsendung interkulturelle Trainings erhalten, in denen die Eigenheiten der Kultur des Gastlandes thematisiert werden.

7.3 Internationale Gestaltung ausgewählter Mitarbeiterflusssysteme

Von den in den Kapiteln 3 bis 6 dargestellten Mitarbeiterflusssystemen werden im vorliegenden Abschnitt lediglich ausgewählte Systeme, jeweils mit inhaltlichen Schwerpunkten, hinsichtlich internationaler Besonderheiten vertieft. Die folgenden Ausführungen konzentrieren sich auf die internationale Gestaltung

- der Personalbedarfsplanung (Abschnitt 7.3.1),

- der Personalgewinnung (Abschnitt 7.3.2) sowie

- der Personalentwicklung (Abschnitt 7.3.3).

7.3.1 Internationale Gestaltung der Personalbedarfsplanung

Die internationale Gestaltung der Personalbedarfsplanung ist in die internationale Strategie eines Unternehmens eingebettet (in Abschnitt 7.2.1 wurde zwischen ethnozentrischer, polyzentrischer, regiozentrischer und geozentrischer Internationalisierungsstrategie unterschieden). Dementsprechend führt die jeweilige Internationalisierungsstrategie eines Unternehmens zu Unterschieden in der Gestaltung der Personalbedarfsplanung. Tabelle 7.4 legt die Konsequenzen unterschiedlicher Internationalisierungsstrategien für die Personalbedarfsplanung dar.

Tabelle 7.4 Konsequenzen verschiedener Internationalisierungsstrategien des Unternehmens für die Personalbedarfsplanung

Konsequenzen für die Personal-bedarfsplanung	Internationale Ausrichtung des Unternehmens			
	ethnozentrisch	polyzentrisch	regiozentrisch	geozentrisch
Orientierung der Anforderungs-kriterien an Führungskräfte …	… weitestgehend am Stammland	… am jeweiligen Gastland	… am Land der regionalen Zent-rale	… an länder-übergreifenden Qualifikations-standards
Orientierung der Anforderungs-kriterien an Fachkräfte …	… primär am Stammland	… am jeweiligen Gastland	… am jeweiligen Gastland	… an länder-übergreifenden Qualifikations-standards
Orientierung der Anforderungen an Mitarbeiter (mit allgemeiner Qualifikation) …	… am Stamm-land	… am jeweiligen Gastland	… am jeweiligen Gastland	… am jeweiligen Gastland

Konsequenzen für die Personal-bedarfsplanung	Internationale Ausrichtung des Unternehmens			
	ethnozentrisch	polyzentrisch	regiozentrisch	geozentrisch
Planung des internationalen Personalbedarfs	■ für Führungs-kräfte im Stammland ■ für Fach-kräfte im Gastland	lokal im jeweiligen Gastland	regional	weltweit (ggf. nach Regionen)
Intensität des Einsatzes von Expatriates	sehr hoch	mittel	mittel bis hoch	mittel bis gering
Intensität des Einsatzes von Inpatriates	gering	mittel	mittel bis gering	sehr hoch
Intensität des Einsatzes virtueller Teams	mittel	hoch	mittel bis hoch	sehr hoch

Neben der Einbettung in die internationale Unternehmensstrategie zeichnet sich die internationale Personalbedarfsplanung gegenüber der Personalbedarfsplanung im nationalen Kontext (vgl. Kapitel 3) durch weitere Besonderheiten aus. Wie in Kapitel 3 bereits dargelegt, kann zwischen quantitativen und qualitativen Verfahren der Personalbedarfsplanung unterschieden werden. Für die internationale Planung des Personalbedarfs sind insbesondere folgende drei Verfahren relevant:

■ die Regressionsmethode,

■ die Szenario-Technik und

■ das Anforderungsprofil.

Aus der Gruppe der quantitativen Methoden ist die *Regressionsmethode* (vgl. hierzu grundlegend Abschnitt 3.3.1.2) besonders bedeutend. Diese Methode ermittelt abhängig von verschiedenen Größen (z. B. Auftragsvolumen, Umsatz) den Personalbedarf in verschiedenen Länderregionen. Um dieses vergangenheitsbezogene Verfahren im Rahmen der internationalen Personalbedarfsplanung sinnvoll einsetzen zu können, sollten Unternehmen über gewisse Erfahrungen bei der Personalbedarfsentwicklung in den Niederlassungen eines Unternehmens verfügen.

Abbildung 7.9 illustriert beispielhaft einen linearen funktionalen Verlauf der Regressionsfunktion. Einzige Prädiktorvariable (x) ist hier das Auftragsvolumen. Der Personalbedarf (PB), der die abhängige Variable bildet, ergibt sich (wie bereits in Abschnitt 3.3.1.2 dargelegt) aus

$$PB = a + b \cdot x + e.$$

Abbildung 7.9 Lineare Regressionsbeziehung zwischen Personalbedarf und Auftragsvolumen für verschiedene Länderniederlassungen eines Unternehmens

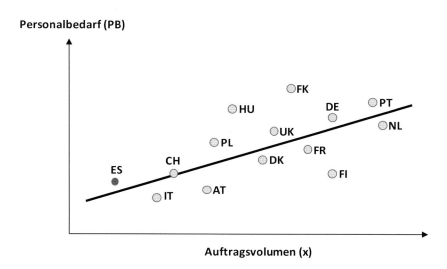

Anmerkungen: Ländercodes nach ISO 3166-2

Für Unternehmen, die noch relativ am Anfang ihrer Internationalisierungsaktivitäten bzw. vor der Entscheidung stehen, welche Internationalisierungsstrategie (vgl. Abschnitt 7.2.1) sie realisieren sollen, eignet sich die *Szenario-Technik* als Methode der Personalbedarfsplanung (vgl. Abschnitt 3.3.2.1). Die Szenario-Technik bildet für die Personalbedarfsplanung relevante Entwicklungen innerhalb eines Planungszeitraums in einer gewissen Bandbreite ab.

Abbildung 7.10   Internationalisierungsszenario für Indien am Beispiel eines
                     IT-Unternehmens

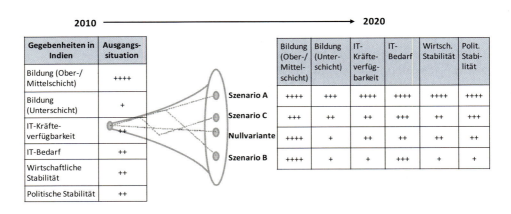

Gegebenheiten in Indien	Ausgangs-situation
Bildung (Ober-/Mittelschicht)	++++
Bildung (Unterschicht)	+
IT-Kräfte-verfügbarkeit	++
IT-Bedarf	++
Wirtschaftliche Stabilität	++
Politische Stabilität	++

	Bildung (Ober-/Mittel-schicht)	Bildung (Unter-schicht)	IT-Kräfte-verfüg-barkeit	IT-Bedarf	Wirtsch. Stabilität	Polit. Stabi-lität
Szenario A	++++	+++	++++	++++	++++	++++
Szenario C	+++	++	++	+++	++	+++
Nullvariante	++++	+	++	++	++	++
Szenario B	++++	+	+	+++	+	+

Anmerkungen: ++++ = sehr hoch; +++ = eher hoch; ++= eher gering; + = gering

Neben der *Nullvariante* (in der keinerlei Änderungen der Ausgangssituation stattfinden) stellt Abbildung 7.10 drei alternative, für das internationale Personalmanagement relevante Szenarien am Beispiel eines in Indien tätigen IT-Unternehmens dar. Im Folgenden soll insbesondere auf die beiden Extremszenarien – d. h. das Best Case Szenario A und das Worst Case Szenario B – eingegangen werden, in denen die Rahmenbedingungen des Personalmanagements zu Best bzw. Worst Case Szenarien führen können.

Szenario A geht von einer sehr positiven Entwicklung der betrachteten Umweltfaktoren in Indien aus. Im Sinne eines „Best Case Szenario" wird unterstellt, dass das Bildungsniveau ärmerer Bevölkerungsschichten stark angehoben wird. Dadurch werden IT-Fachkräfte besser verfügbar. Aufgrund des parallel prognostizierten hohen IT-Bedarfs wäre gemäß diesem Szenario eine polyzentrische Internationalisierungsstrategie des IT-Unternehmens (vgl. Abschnitt 7.2.1) naheliegend. Dadurch kann eine große Zahl hoch qualifizierter IT-Spezialisten vor Ort rekrutiert und die erwartete IT-Nachfrage gedeckt werden.

In *Szenario B* entwickeln sich das Bildungsniveau der Ober- und Mittelschicht sowie der IT-Bedarf in eine ähnliche Richtung wie in Szenario A. Allerdings nehmen die sozialen Unterschiede zwischen den Bevölkerungsschichten zu, was letztendlich wieder zu starken Bildungsunterschieden führt. Dies verringert die politische und die wirtschaftliche Stabilität. Für entsendete Führungs- und Fachkräfte ist diese Konstellation relativ risikoreich. In diesem „Worst-Case-Szenario" ist aufgrund der relativ geringen Verfügbarkeit von IT-Fachkräften eine regiozentrische Ausrichtung der internationalen Mitarbeiterflusssysteme (vgl. Abschnitt 7.2.1) empfehlenswert. Dies bedeutet, dass Führungs- bzw. Fachkräfte primär aus an Indien angrenzenden Ländern rekrutiert werden.

Bei der internationalen Personalbedarfsplanung spielen neben den zuvor erläuterten quantitativen Verfahren auch qualitative Verfahren eine Rolle. Besonders bedeutend für den qualitativen Personalbedarf sind spezifische Anforderungen an international eingesetzte Führungskräfte bzw. Mitarbeiter (vgl. Graf 2004a; Graf/Harland 2004 sowie zu Anforderungsprofilen Abschnitt 3.4.2). In der Literatur werden drei Kategorien von Anforderungen an international eingesetzte Führungskräfte bzw. Mitarbeiter diskutiert. So zeichnen sich für den Auslandseinsatz geeignete Personen durch bestimmte Charakterzüge, Einstellungen und Kompetenzen aus (Cui/Awa 1992; Hannigan 1990; Selmer 2001; Van Vianen et al. 2004; Yamazaki/Kayes 2004).

- Die *Charakterzüge* einer Person bilden sich im Laufe der Zeit heraus. Sie sind relativ stabil und können nur bedingt gezielt verändert werden. Beispielhaft sind in diesem Zusammenhang die Teamorientierung einer Person sowie deren Offenheit gegenüber fremden Kulturen zu nennen.

- Die *Einstellungen* einer Person repräsentieren deren innere Denkhaltung hinsichtlich der Mitwirkung in einem interkulturellen Projekt. Hierzu gehört beispielsweise die Bereitschaft einer Person, sich an andere kulturelle Rahmenbedingungen anzupassen bzw. mit modernen Informations- und Kommunikationstechnologien zu arbeiten.

- Die *Kompetenzen* einer Person umfassen deren fachliche und kognitive Fähigkeiten. Sie haben starken Verhaltensbezug. Beispiele für Kompetenzen, die im Auslandseinsatz erforderlich sind, sind Sprachkenntnisse, Wissen über landesspezifische Besonderheiten sowie die Fähigkeit, sich an andere Kulturen anzupassen.

Insbesondere die interkulturelle Anpassungsbereitschaft und -fähigkeit sind für einen erfolgreichen Auslandseinsatz oder die erfolgreiche Zusammenarbeit mit Personen unterschiedlicher kultureller Hintergründe von Bedeutung. Sie werden in Abschnitt 7.3.3 diskutiert. Weitere, für Expatriates spezifische, internationale Kompetenzen wurden von Graf (2004b) sowie Graf und Harland (2004) identifiziert. Die verschiedenen Anforderungen an international eingesetzte Führungskräfte bzw. Mitarbeiter werden für die Personalgewinnung in Stellenbeschreibungen abgebildet. Insert 7.3 stellt beispielhaft die Stelle eines Kommunikationsspezialisten bei der Siemens AG dar.

Insert 7.3:   Internationale Stellenausschreibung der Siemens AG
                         (Siemens AG 2008a)

Communications Specialist

Organization:	SLC CC - Corporate Communication
Business Area:	SLC Corporate Department
Location:	Guangzhou

Mode of employment: Limited contract

Increase the company value by creating, planning, and implementing the communication concept/activities.

Working Partners/Contacts

- *Internal:* members of Corporate Press National, Siemens china management South China, Siemens provincial general managers in South China; and operating companies in South China, colleagues South China
- *External:* vendors, suppliers, agencies for media, PR, events, etc

Tasks: Communication Projects

- Act as "key account manager" for designated province, plan and implement provincial media / PR work and communication activities as well as develop
- Responsible for regular contributions to the Siemens employee magazine Siemens Live

Education: Minimum Bachelor

Knowledge/Languages

1. Excellent English and Chinese writing/presenting skills
2. Strong understanding of general business issues
3. Strong understanding and passionate to media/PR
4. Sensitive to cultural/business environment difference among different regions

Experience

1. Minimum 2-3 years of relevant working experience; excellent writing skill in English and Chinese; prior journalistic experience
2. Experience in managing a medium/large scale media/pr project
3. Being an expert in media/PR team

Capabilities

- Unlimited thinking
- Initiative
- Communication skills
- Analytics
- Customer focus
- Change orientation
- Result and quality orientation
- Professional ethics

7.3.2   Internationale Gestaltung der Personalgewinnung

Ebenso wie bei der internationalen Personalbedarfsplanung ist die Internationalisierungs-strategie (vgl. Abschnitt 7.2.1) für die internationale Personalgewinnung entscheidend. Tabelle 7.5 zeigt auf, welche Konsequenzen die internationale Ausrichtung eines Unternehmens für die internationale Gestaltung der Personalgewinnung hat.

Tabelle 7.5 Konsequenzen verschiedener Internationalisierungsstrategien des Unternehmens für die Personalgewinnung

Konsequenzen für die Personalgewinnung	Internationale Ausrichtung des Unternehmens			
	ethnozentrisch	polyzentrisch	regiozentrisch	geozentrisch
Grundlegende Ausrichtung der Personalgewinnungsstrategie …				
■ … für Führungskräfte	■ am Stammland	■ am jeweiligen Gastland	■ am Land der regionalen Zentrale	■ weltweit einheitlich
■ … für Fachkräfte	■ am jeweiligen Gastland	■ am jeweiligen Gastland	■ am jeweiligen Gastland	■ weltweit einheitlich
Häufig gewählte Personalgewinnungsstrategie …				
■ … für Führungskräfte	■ Status quo-orientiert	■ Status quo-orientiert	■ integriert	■ integriert
■ … für Fachkräfte	■ Status quo-orientiert	■ flexibel	■ flexibel	■ integriert
Fokus der Personalgewinnungsstrategie	länderübergreifender Wissenstransfer	Aufbau länderspezifischen Know-hows	Aufbau länderspezifischen Know-hows	Erlangen neuen Wissens für das Unternehmen
Rekrutierung von Führungskräften der oberen Ebenen	primär im Stammland	primär im jeweiligen Gastland	primär in der Region	weltweit
Rekrutierung von Fachkräften	im Stammland und im jeweiligen Gastland	primär im jeweiligen Gastland	primär im jeweiligen Gastland	weltweit

Während die strategische Verankerung grundlegende Aspekte der internationalen Personalgewinnung (wie z. B. die Wahl der Personalgewinnungsstrategie) bereits vorgibt, muss bei der Ausgestaltung der internationalen Personalgewinnung über die konkrete Vorgehensweise bei der Rekrutierung entschieden werden. So können Unternehmen beispielsweise auf verschiedene Medien zurückgreifen, um Personalmarketing zu betreiben. Vor dem Hintergrund der rasanten Entwicklung der Informations- und Kommunikationstechnologien ist beispielsweise zu entscheiden, inwieweit potenzielle Bewerber internetgestützt angesprochen bzw. vorab ausgewählt werden (vgl. hierzu ausführlich Abschnitt

4.4.3.2). Zunehmend gewinnen hierbei firmeneigene Jobportale, durch die interessierte

Bewerber gezielt offene Stellen in spezifischen Regionen eines Unternehmens recherchieren können, an Bedeutung. Einen Einblick in das Jobportal der Siemens AG liefert Insert 7.4.

Insert 7.4:   Internetportal mit weltweiten Stellenangeboten der Siemens AG
                       (vgl. Siemens 2008b)

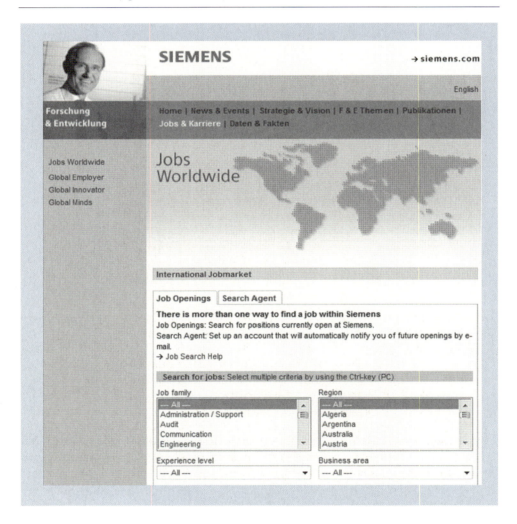

Neben der Kommunikationsform müssen die Zielgruppen der Personalgewinnung festgelegt werden. International tätige Unternehmen, die Standorte in mehreren Ländern haben, können ihre Personalgewinnung auf drei verschiedene Zielgruppen ausrichten (in Anlehnung an Perlmutter 1969):

- Führungskräfte bzw. Mitarbeiter des Stammlandes,

- Führungskräfte bzw. Mitarbeiter des Gastlandes sowie

- Führungskräfte bzw. Mitarbeiter weltweit (unabhängig vom Landessitz des Unternehmens).

Wie Insert 7.5 zeigt, ist es für Unternehmen teilweise schwierig, Beschäftigte des Stammlandes für einen Wechsel auf eine Stelle in einem Auslandsstandort zu motivieren. Daher wird dieser Aspekt im vorliegenden Abschnitt ausführlicher dargestellt.

Insert 7.5: Erschwerte Stellenbesetzung im Ausland aufgrund von Mobilitätsbarrieren (vgl. Ilg 2007)

Karrieretrip ins Ausland: Nicht ohne meinen Partner

Mit 18 träumen viele vom großen Abenteuer im Ausland – doch spätestens wenn Familie da ist, sind Arbeitnehmer wenig flexibel. Industrieunternehmen haben immer mehr Probleme, Jobs im Ausland zu besetzen. Dabei ist der Aufenthalt meist zeitlich begrenzt. Und er treibt die Karriere voran.

Lars Bergmann wollte „etwas anderes sehen", doch was das eigentlich bedeutet, merkte er erst, als es soweit war. 2002 wechselte der Ingenieur seinen Job beim Motorsägenhersteller Stihl in Waiblingen gegen eine Stelle im amerikanischen Werk in Virginia Beach. Von einem Tag auf den anderen änderte sich sein Leben schlagartig. Statt in schwäbischer Einfamilienhausidylle wohnte er in einem einsamen Hotelzimmer. […] Bei der Arbeit verstand Bergmann die Kollegen nur mit Mühe […]. Hinzu kam die extreme Belastung: „Die Arbeitszeit in den Staaten ist höher als in Deutschland und die Kollegen sind es gewohnt auf Schwankungen in der Auftragslage flexibler zu reagieren", sagt

gesammelt haben. Doch mit den Jahren steigen bei den meisten auch die familiären Bindungen. „Beim Einstellungsgespräch drängen die jungen Leute darauf, ins Ausland gehen zu wollen. Wenn es aber dann ernst wird, ziehen die allermeisten zurück", sagt der Personalchef eines großen Unternehmens, der namentlich nicht genannt werden will.

Dr. Werner Widuckel, Personalvorstand der Audi AG, drückt es etwas vorsichtiger aus: „Je nach Attraktivität gibt es jedoch individuelle Vorlieben." Die frische Meeresluft am Atlantischen Ozean reizt offensichtlich mehr als die schlechte Luft im Landesinneren Chinas. Aber gerade dort liegen die Märkte der Zukunft. Statt 30 Prozent vor vier Jahren sind aktuell trotzdem nur noch 20 Prozent der Studenten bereit, in China oder anderen Ländern Asiens einen Job anzunehmen. Zu diesem Ergebnis kommt die 4. Continental-Studentenumfrage, die der Reifenhersteller in Kooperation mit der Technischen Universität Darmstadt jüngst vorgestellt hat.

Bergmann. „In den ersten Wochen habe ich schon manchmal daran gezweifelt, ob meine Entscheidung richtig war" [...]. Erst als seine Frau nach sechs Wochen nachkam, fühlte er sich wohler. Doch so flexibel sind nicht alle Partner – und deshalb verlieren viele Arbeitnehmer die beim Vorstellungsgespräch gern beteuerte Abenteuerlust spätestens, wenn sie eine Familie gründen. „Jung, ungebunden oder mit einem reisebereiten Partner, dann haben wir gute Chancen, eine Auslandsstelle zu besetzen", sagt Stephanie Dirrigl aus dem Personalbereich von Stihl. Ansonsten sieht es schlecht aus. Das größte Problem: Vor dem Aufbruch ins Ausland sollten die Kandidaten ein gewisses Pensum an Berufserfahrung

Selbst die USA verlieren demnach an Zugkraft: Nur jeder zweite Student würde dort eine Stelle antreten.

Dabei heizt der Auslandsaufenthalt die Karriere meist ordentlich an. Bergmanns Auslandseinsatz etwa hat sich karrieretechnisch ziemlich gelohnt: „Ich reiste als Sachbearbeiter nach Amerika, bekam nach einem Jahr Personalverantwortung und bin jetzt Fachführungskraft im Stammhaus in Waiblingen", beschreibt er seinen Werdegang. „Persönliche Chancen in Zukunftsmärkten werden offenkundig von einer wachsenden Mehrheit unterschätzt", sagt Continental-Personalvorstand Heinz-Gerhard Wente [...].

Insert 7.5 verdeutlicht, dass Probleme bei der internationalen Stellenbesetzung nicht lediglich dadurch vermieden werden können, dass internationale Mobilität und interkulturelle Offenheit betont werden. Vielmehr ist ein systematisches internationales Personalmanagement erforderlich, um Mobilitätsbarrieren zu überwinden und adäquate Anreize für einen Auslandseinsatz zu setzen. Dabei sollte beispielsweise im Rahmen der Personalentwicklung und der Karriereplanung auf die individuellen Vorbehalte der Beschäftigten gegenüber Auslandseinsätzen eingegangen werden. Tabelle 7.6 zeigt typische Vorbehalte gegenüber einem Auslandseinsatz sowie mögliche Argumente seitens der Unternehmen auf.

Tabelle 7.6   Typische Vorbehalte gegen und Argumente für einen Auslandseinsatz

Typische Vorbehalte	Beispielhafte Aktivitäten der internationalen Personalgewinnung
Rational begründete Vorbehalte und Argumente	
„Die Belastung ist zu hoch!"	■ Unterstützen bei der Suche nach Wohnung, Schulen für Kinder usw. ■ Offerieren kultureller Trainings für Familienangehörige
„Hier werden Personen hingeschickt, die man nirgendwo anders mehr gebrauchen kann!"	■ Aufzeigen eines eindeutigen Karriereweges im Unternehmen (über die Zeitdauer des Auslandsaufenthaltes hinaus) ■ Praktizieren einer interkulturell ausgerichteten Unternehmenskultur (vgl. Abschnitt 7.2.2)

Typische Vorbehalte	Beispielhafte Aktivitäten der internationalen Personalgewinnung
Rational begründete Vorbehalte und Argumente	
„Wenn ich weg bin, interessiert sich in der Zentrale bzw. Niederlassung keiner mehr für mich!"	■ Darlegen des Betreuungsprogramms im Unternehmen für international tätige Führungskräfte bzw. Mitarbeiter während des Auslandseinsatzes ■ Einbinden in ein Mentoring-Programm
„Meine Partnerin hat im Einsatzort keine beruflichen Perspektiven."	■ Führen individueller Gespräche mit den Partnern von Expatriates und Inpatriates ■ Unterstützung bei der Stellensuche (z. B. durch Vermitteln einer Stelle im eigenen Unternehmen, durch Kooperationen mit anderen international tätigen Unternehmen)
Emotional begründete Vorbehalte und Argumente	
„Nach meiner Rückkehr habe ich keine Chance mehr, eine angemessene Stelle zu bekommen!"	■ Aufzeigen eines eindeutigen Karriereweges im Unternehmen (über die Zeitdauer des Auslandsaufenthaltes hinaus) ■ Involvieren der Betroffenen in ausgewählte (primär auf nationaler Ebene stattfindende) Projekte
„In diesem Projekt bin ich völlig isoliert."	■ Aufbauen von unternehmensinternen Netzwerken von international eingesetzten Beschäftigten oder Herstellen von Kontakten zu solchen Netzwerken ■ Integrieren der Betroffenen in internationale Mentoring-Programme
„Das kann ich meiner Familie nicht zumuten."	■ Durchführen von Informationsveranstaltungen für Familienangehörige ■ Vermittlung/Durchführung von Maßnahmen zur Vorbereitung von Familienangehörigen auf den Auslandsaufenthalt (z. B. Sprachkurse)

7.3.3 Internationale Gestaltung der Personalentwicklung

Bei der internationalen Gestaltung der Personalentwicklung sind zunächst die Rahmenbedingungen zu beachten, die in international tätigen Unternehmen durch die gewählte Internationalisierungsstrategie (vgl. Abschnitt 7.2.1) vorgegeben werden. Tabelle 7.7 legt dar, wie sich die strategische Ausrichtung eines Unternehmens auf die drei zentralen Facetten der Personalentwicklung auswirkt: die Ausbildung, die Weiterbildung und die Karriereplanung (vgl. Abschnitt 5.3).

Tabelle 7.7   Konsequenzen verschiedener Internationalisierungsstrategien des
Unternehmens für die Personalentwicklung

Konsequenzen für die Personal-entwicklung	Internationale Ausrichtung des Unternehmens			
	ethnozentrisch	polyzentrisch	regiozentrisch	geozentrisch
Orientierung der Ausbildung …				
■ … von Führungskräften	■ am Stammland	■ am jeweiligen Gastland	■ an der jeweiligen Region	■ weltweit einheitlich
■ … von Fachkräften	■ am Stammland	■ am jeweiligen Gastland	■ am jeweiligen Gastland	■ länder-spezifisch
Ausrichtung der Weiterbildung …				
■ … von Führungskräften	■ zentral am Stammland	■ lokal am Gastland	■ regional und lokal	■ weltweit und lokal
■ … von Fachkräften	■ zentral am Stammland und lokal am Gastland	■ lokal am Gastland	■ lokal	■ regional und lokal
Existenz einer internationalen Karriereplanung …				
■ … für Führungskräfte	■ zumeist ja[1]	■ teilweise	■ zumeist ja[1]	■ zumeist ja[1]
■ … für Fachkräfte	■ zumeist ja[1]	■ eher nein	■ teilweise (für Region)	■ zumeist ja[1]

Anmerkung: [1] zumeist integrativer Bestandteil des Karrieremodells.

Für eine strategisch ausgerichtete internationale Personalentwicklung ist insbesondere die *Weiterbildung* bedeutend (vgl. hierzu ausführlich Graf 2004c, 2007; Graf/Mathis 2006). Diese vermittelt international relevante, fachliche und soziale Fähigkeiten, fördert den internationalen Lerntransfer im Unternehmen (McDonnell/Gunnigle/Lavelle 2010) und nimmt eine Reihe von Funktionen für international tätige Führungskräfte und Mitarbeiter wahr:

■ *Integrationsfunktion:* Einführen international eingesetzter Führungskräfte bzw. Mitarbeiter in die Besonderheiten der internationalen Unternehmenskultur und Unternehmensstruktur.

- *Kommunikationsfunktion:* Vereinfachen des Informationsaustauschs und Unterstützen der zwischenmenschlichen Kommunikation (z. B. durch Cultural Sensitivity Trainings) zwischen Führungskräften bzw. Mitarbeitern aus unterschiedlichen Ländern.

- *Identifikationsfunktion:* Vermitteln des Gefühls der Zugehörigkeit der Projektbeteiligten aus unterschiedlichen Ländern.

- *Motivationsfunktion:* Motivieren international eingesetzter Beschäftigter zur Kooperation mit Führungskräften, Kollegen bzw. Mitarbeitern unterschiedlicher Kulturen.

Für den Erfolg der internationalen Aktivitäten eines Unternehmens ist es entscheidend, international eingesetzte Führungskräfte bzw. Mitarbeiter in allen Phasen des internationalen Personaleinsatzes (vgl. Abbildung 7.2) umfassend durch Weiterbildungsmaßnahmen zu unterstützen. In der Unternehmenspraxis zeigt sich jedoch, dass viele Unternehmen ihre Weiterbildungsaktivitäten auf die Vorbereitungsphase konzentrieren, während die Durchführungs- und insbesondere die Nachbereitungsphase weitgehend vernachlässigt werden. Insert 7.6 verdeutlicht, welche Probleme bei der Rückkehr von Expatriates, auch Repatriation genannt, auftreten, und wie Unternehmen diese vermeiden können.

Insert 7.6:	Herausforderung Repatriation (vgl. Pander 2006, S. C1)

Heimkehr in die Fremde

Jeden Morgen mit dem Chauffeur zur Arbeit, lunchen unter Palmen und ein Gehalt der Extraklasse: Für Markus W. und seine Familie gehörte das privilegierte Leben als Expatriate in Malaysia fünf Jahre lang zur Normalität. Als der Tag der Rückkehr schließlich kommt, holt die Realität die Familie bei tristem Regenwetter jedoch schnell ein: Der erhoffte Karrieresprung für Markus bleibt erst einmal aus. Am ersten Arbeitstag teilt er sich den Azubi-Computer mit einer studentischen Hilfskraft. „Vom Chefbüro mit Blick aufs Meer in eine Besenkammer - das war mein neuer Status", sagt Markus. […] Zu den beruflichen Problemen kommen oft Schwierigkeiten im kulturellen und privaten Umfeld. […]

Gründe für Schwierigkeiten bei einer Rückkehr gibt es viele: Zum einen sind Probleme laut Moosmüller [Leiter des

Jeder vierte Mitarbeiter verläßt innerhalb eines Jahres das Unternehmen. […]

Den Schaden haben auch die Unternehmen, denn sie verlieren dadurch ihre qualifiziertesten Mitarbeiter. Handfeste Gründe für die Verantwortlichen, mit verschiedenen Rückkehrprogrammen auf die bestürzenden Zahlen zu reagieren. Der Elektronikkonzern Siemens animiert beispielsweise seine Rückkehrer, sich in Workshops intensiv mit ihren Erfahrungen auseinanderzusetzen und sich mit anderen Entsandten über deren Erfahrungen auszutauschen. Bereits vor der Ausreise wird dort wegen der bekannten Schwierigkeiten ein anschließender Karriereschritt des Mitarbeiters besprochen.

Intensive Betreuung erhalten Rückkehrer auch bei Bosch in Stuttgart. Jedem wird dort ein Mentor zur Verfügung gestellt, der

Institutes für Interkulturelle Kommunikation der Ludwig-Maximilians-Universität München] auf mangelnde Vorbereitung und unverarbeitete Situationen im Vorfeld der Entsendung zurückzuführen. [...] Zum anderen ist neben dem Einsatzort und der Entsendedauer auch der Entsendeverlauf für eine Reintegration ausschlaggebend. Das heißt: Je besser die Integration ins Gastland verlaufen ist, desto leichter fällt dann auch die Rückkehr. [...]

Aktuelle Studien zeigen jedoch, daß nur in 5 bis 10 Prozent der Fälle die Rückkehr problemlos verläuft. Laut einer internationalen Umfrage von Pricewaterhouse Coopers und der Cranfield University aus dem Jahr 2005 schätzen zwar 85 Prozent der befragten Unternehmen die Wiedereingliederung als wichtig ein, doch nur 20 Prozent sind der Meinung, dieses Ziel auch aktuell zu erreichen. Drei Viertel der Angestellten werten ihre Wiedereingliederung als mangelhaft.

die Entsendung und die anschließende Reintegration sowie die Weiterentwicklung des Mitarbeiters im Stammhaus betreut.

„Der Mentor ist das Bindeglied; derjenige, der den Mitarbeiter, wenn es klemmt, bei der Suche nach einer Stelle im Heimatland unterstützt", sagt Manfred Fröhlecke, Referent im zentralen Personalwesen für Führungskräfte bei Bosch. Zusätzlich können sich die Delegierten auch durch das Intranet über offene Positionen bis hin zur Abteilungsleiterebene informieren und über die Mitarbeiterbörse auch bewerben. Das wichtigste sei aber die Eigeninitiative des Mitarbeiters, welche schon während des Auslandseinsatzes gefragt sei: „Der Kontakt sollte von beiden Seiten während der Jahre im Ausland gehalten werden", sagt Fröhlecke weiter. Ebenso wichtig sei auch eine rechtzeitig geplante Wiedereingliederung. „Je mehr Netzwerke gepflegt werden, desto leichter ist die Rückkehr", weiß er.

International tätige Personen können in den verschiedenen Phasen ihres Auslandseinsatzes durch eine Vielzahl von Instrumenten unterstützt werden. Abbildung 7.11 gibt einen Überblick darüber, welche Weiterbildungsmethoden in welchen Phasen zum Einsatz kommen können.

Abbildung 7.11 Ausgewählte Methoden der interkulturellen Weiterbildung in verschiedenen Phasen des internationalen Personaleinsatzes

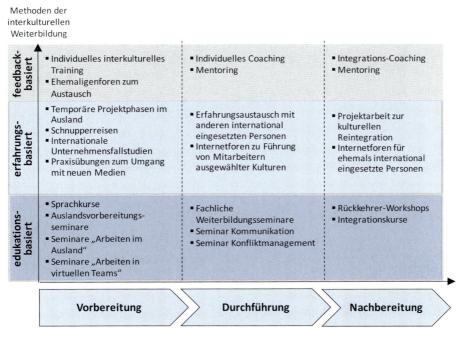

Phase des internationalen Personaleinsatzes

Wie aus Abbildung 7.11 ersichtlich ist, kann zwischen edukations-, erfahrungs- und feedbackbasierten internationalen Weiterbildungsmaßnahmen unterschieden werden (vgl. Abschnitt 5.3).

■ *Edukationsbasierte internationale Weiterbildungsmethoden* zielen darauf ab, übergeordnete Kenntnisse im Hinblick auf die internationale Tätigkeit zu vermitteln. Die Weiterbildungsmaßnahmen beziehen sich inhaltlich beispielsweise auf grundlegende Aspekte der interkulturellen Kommunikation und des Umgangs mit zwischenmenschlichen Konflikten in ausgewählten Ländern.

■ Durch *erfahrungsbasierte internationale Weiterbildungsmethoden* soll tätigkeitsspezifisches Wissen erworben werden. Dabei werden praktische Tätigkeiten eingeübt, die für internationale Projekte relevant sind.

■ Auf die Interaktion zwischen Lernenden und Lehrenden konzentrieren sich *feedbackbasierte internationale Weiterbildungsmethoden*. Die Lehrmethoden sind in der Regel deutlich individualisierter als bei edukationsbasierter bzw. erfahrungsbasierter Weiterbildung. Durch diese Methoden sollen international eingesetzte Führungskräfte bzw. Mitarbeiter bei der Vorbereitung bzw. der Bewältigung ihrer spezifischen Situation unterstützt werden.

Personalentwicklungsaktivitäten sollten auch im internationalen Kontext versuchen, auf die spezifischen Weiterbildungsbedürfnisse international entsendeter Führungskräfte bzw. Mitarbeiter einzugehen. Diese unterschiedlichen Bedürfnisse lassen sich beispielsweise mithilfe der Typologie zur interkulturellen Anpassungsfähigkeit von Stock-Homburg und Ringwald (2006) identifizieren.

In dieser Typologie wird davon ausgegangen, dass interkulturelle Anpassungsbereitschaft und -fähigkeit unabdingbare Voraussetzungen für den erfolgreichen internationalen Einsatz von Führungskräften bzw. Mitarbeitern sind (in Anlehnung an Domsch/Lichtenberger 1990, S. 74; Selmer 1996, S. 167). Die *interkulturelle Anpassungsbereitschaft* spiegelt die Offenheit und die Toleranz einer Person gegenüber anderen Kulturen sowie deren Intention, eigene Denk- und Verhaltensweisen an diese Kulturen anzupassen, wider. Die *interkulturelle Anpassungsfähigkeit* drückt aus, inwieweit eine Person in der Lage ist, mit kulturellen Unterschieden adäquat umzugehen. Beispielhafte Facetten sind sprachliche Fähigkeiten, die interkulturelle Kommunikationsfähigkeit und der kompetente Umgang mit neuen Kommunikationsmedien (vgl. Oddou 1992).

In Abhängigkeit von den beiden Dimensionen interkulturelle Anpassungsbereitschaft und interkulturelle Anpassungsfähigkeit lassen sich vier Typen international eingesetzter Führungskräfte bzw. Mitarbeiter unterscheiden. Diese sind in Abbildung 7.12 dargestellt.

Eine niedrige Fähigkeit in Verbindung mit einer niedrigen Bereitschaft zur interkulturellen Anpassung charakterisiert den *Monokulturellen*. Diese Person eignet sich im Grunde nicht für internationale Projekte. Das Unternehmen könnte dieser Person zwar mit hohem Schulungsaufwand gewisse interkulturelle Fähigkeiten vermitteln. Eine Veränderung der inneren Denkhaltung, d. h. der Bereitschaft zur interkulturellen Anpassung, kann sich allerdings nur sehr begrenzt herausbilden.

Gleichermaßen hohe Ausprägungen der beiden Facetten Bereitschaft und Fähigkeit zur interkulturellen Anpassung kennzeichnen den *interkulturell Aufgeschlossenen*. Es handelt sich hier um Führungskräfte bzw. Mitarbeiter mit hoher Sensibilität für interkulturelle Heterogenität in Verbindung mit ausgeprägten Fähigkeiten, das eigene Verhalten an die interkulturellen Gegebenheiten anzupassen. Dieser Typ verfügt bereits über die für internationale Einsätze erforderlichen Fähigkeiten und Eigenschaften. Im Rahmen der internationalen Personalentwicklung können Personen diesen Typs als Mentoren oder Coaches eingesetzt werden.

Sind die Bereitschaft und die Fähigkeit zur interkulturellen Anpassung unterschiedlich ausgeprägt, so resultieren daraus zwei weitere Typen: der interkulturelle Opportunist und der interkulturell Ungeschliffene. Der *interkulturelle Opportunist* zeichnet sich durch eine hohe Anpassungsfähigkeit aus, die Anpassungsbereitschaft ist allerdings gering ausgeprägt. Obwohl diese Person durch ihre Praxiserfahrung bzw. intensive Schulungsmaßnahmen des Unternehmens sehr kompetent mit kulturellen Unterschieden umgeht, verlässt sie sich auf die Überlegenheit der eigenen Kultur und ist nicht bereit, sich an kulturelle Besonderheiten von Personen aus anderen Kulturen anzupassen.

Abbildung 7.12 Typologie zur interkulturellen Anpassungsfähigkeit und -bereitschaft von Stock-Homburg und Ringwald (2006)

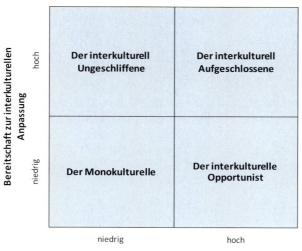

Durch eine geringe Fähigkeit in Verbindung mit einer hohen Bereitschaft zur interkulturellen Anpassung wird der *interkulturell Ungeschliffene* charakterisiert. Diese Person ist offen für andere Kulturen. Sie verfügt jedoch nicht über die erforderlichen Kompetenzen, um sich an die kulturellen Besonderheiten anderer Personen anzupassen. Maßnahmen im Rahmen der internationalen Personalentwicklung könnten beispielsweise Schulungen sein, welche die interkulturellen Besonderheiten verschiedener Länder aufzeigen. Für interkulturell wenig erfahrene Führungskräfte bzw. Mitarbeiter bieten sich darüber hinaus Mentoring-Programme mit interkulturell erfahrenen Führungs- bzw. Fachkräften an.

Eine weitere wichtige Facette der internationalen Personalentwicklung stellt die *Karriereplanung* dar. Die grundlegenden Konzepte der Karriereplanung wurden bereits in Abschnitt 5.4 dargelegt. Im Zusammenhang mit verschiedenen Karrieremodellen wurde bereits auf typische Karrierepfade in deutschen Unternehmen eingegangen. Dabei wurde unter anderem der Ansatz von Evans, Lank und Farquhar (1989) herangezogen, um typische Karrierepfade in deutschen Unternehmen aufzuzeigen. Neben dem „deutschen Modell" (vgl. hierzu Abschnitt 5.4.1) unterscheiden die Autoren drei weitere kulturspezifische Karrieremodelle (vgl. Abbildung 7.13):

- das „japanische" Modell,

- das „romanische" bzw. „lateinische" Modell und

- das „englisch-niederländische" Modell.

Abbildung 7.13   Karrierepfade von Nachwuchskräften im internationalen Vergleich
(vgl. Evans/Lank/Farquhar 1989, S. 126 f.)

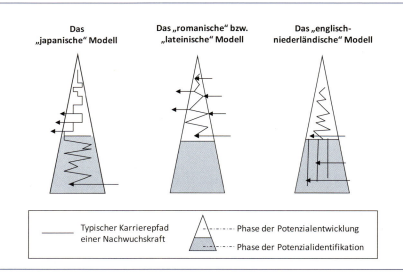

Im „japanischen" Modell (*elite cohort approach*) werden die besten Hochschulabsolventen renommierter Universitäten rekrutiert. Die Rekrutierten fangen in den untersten Ebenen im Unternehmen an. Die ersten fünf bis acht Jahre wird keine weitere Selektion vorgenommen, und alle Rekrutierten werden gleichermaßen gefördert. In dieser Zeit soll das Potenzial der Rekrutierten durch ständige Überwachung von Vorgesetzten ermittelt werden. Sie werden mit verschiedenen Pflichten konfrontiert und müssen diese erfolgreich absolvieren. Nach diesen fünf bis acht Jahren fängt der so genannte Wettkampf an. In dieser Phase müssen die Nachwuchskräfte ihr Potenzial entwickeln. Die Besten unter ihnen werden alle vier Jahre befördert, während die restlichen Rekrutierten erst viel später und nur dann befördert werden, falls sie keine Fehler während ihrer Karriere machen (vgl. Evans/Lank/Farquhar 1989, S. 124).

Im „romanischen" bzw. „lateinischen" Modell (*elite political approach*) werden die potenziellen Führungskräfte im Gegensatz zum „japanischen" Modell gleich in den mittleren bis oberen Hierarchieebenen eingesetzt. Die Nachwuchskräfte werden z. B. in Frankreich an den Elitehochschulen (grandes écoles) rekrutiert. Dadurch wird eine Vorselektion ermöglicht, d. h. die Potenzialidentifikation erfolgt bereits vor dem Einstieg in das Unternehmen. Die Beförderung in obere Ebenen ist, ähnlich wie im „japanischen" Modell, ein Wettkampf zwischen den Nachwuchskräften. Dieser Wettkampf wird durch das Selbstmarketing der Potenzialträger und ihre persönlichen Netzwerke unterstützt (vgl. Evans/Lank/Farquhar 1989, S. 125).

Das „englisch-niederländische" Modell (*managed development approach*) ist weder politisch noch elitär. In diesem Modell steht die generalistische Personalentwicklung und -auswahl im Vordergrund. Die Rekrutierung der Führungsnachwuchskräfte orientiert sich an deren technischen und funktionalen Fähigkeiten. Die Rekrutierten und ihre Potenziale werden durch so genannte Management-Bewertungskomitees (management review committees) überwacht. Die Nachwuchskräfte müssen bestimmte Positionen schon besetzt und erfolgreich bewältigt haben, um obere Ebenen zu erreichen (vgl. Evans/Lank/Farquhar 1989, S. 128).

Evans, Lank und Farquhar (1989) weisen darauf hin, dass die beschriebenen Kulturpfade nicht für alle Unternehmen der jeweiligen Länder- oder Kulturgruppen charakteristisch sind. Während einige amerikanische Unternehmen sich an dem „romanischen" bzw. „lateinischen" Modell orientieren, folgen einige europäische Unternehmen dem „japanischen" Modell (vgl. Evans/Lank/Farquhar 1989, S. 124). Bei den in Abbildung 7.13 dargestellten Karrierepfaden handelt es sich um die in bestimmten Ländergruppen am häufigsten beobachteten Konstellationen. Eine weitere Einschränkung der Aussagen von Evans, Lank und Farquhar (1989) liegt darin begründet, dass Stellenwechsel zwischen Unternehmen in den vergangenen Jahren zu einem weit verbreiteten Merkmal erfolgreicher Karrieren geworden sind (Arthur/Khapova/Wilderom 2005, S. 181, 192). Diese Wechsel zu anderen Unternehmen (auch als inter-organizational mobility bezeichnet), die den kontinuierlichen, einem bestimmten Pfad folgenden Aufstieg innerhalb eines Unternehmens unterbrechen, sind in den Modellen von Evans, Lank und Farquhar (1989) nicht berücksichtigt. Schließlich ist zu beachten, dass sich die typischen Karrierepfade in unterschiedlichen Ländern aufgrund der zunehmenden Globalisierung immer stärker annähern. Gerade in international tätigen Unternehmen ist es üblich, dass die Karrieren von Führungskräften länderübergreifend gestaltet werden (Kraimer/Shaffer/Bolino 2009, S. 27 f.), wodurch eine gewisse Standardisierung der Karrieremodelle über verschiedene Standorte hinweg erforderlich wird.

Nichtsdestotrotz sollten im Rahmen der internationalen Karriereplanung die kulturspezifischen Erwartungen von Führungs- und Nachwuchskräften an den Ablauf und die Indikatoren einer erfolgreichen Karriere berücksichtigt werden. Ist dies nicht der Fall, kann es beispielsweise zu einer Überforderung von Nachwuchskräften kommen, die direkt in einer Position im mittleren Management eingesetzt werden, jedoch ein langjähriges Verweilen in unteren Hierarchieebenen erwartet hatten. Dagegen können Nachwuchskräfte, deren Vorstellungen durch das romanische bzw. lateinische Modell geprägt sind, demotiviert werden, wenn sie – dem japanischen Modell folgend – zunächst auf unteren Ebenen des Unternehmens eingesetzt werden.

1. Welche Phasen können im Rahmen des internationalen Personaleinsatzes unterschieden werden?

2. Welche Konstellationen des internationalen Personaleinsatzes lassen sich in der Unternehmenspraxis unterscheiden? Grenzen Sie insbesondere die Begriffe „Expatriate" und „Inpatriate" voneinander ab.

3. Beschreiben Sie die fünf Phasen der interkulturellen Anpassung von international tätigen Personen.

4. Welche Anforderungen an die internationale Gestaltung der Mitarbeiterflusssysteme sollten Unternehmen erfüllen?

5. Welche Strategien zur langfristigen internationalen Ausrichtung der Mitarbeiterflusssysteme können nach dem Internationalisierungsansatz von Perlmutter (1969) unterschieden werden?

6. Erläutern Sie die vier Ebenen der Unternehmenskultur nach Homburg und Pflesser (2000). Nennen Sie für jede Ebene ein Beispiel zur Verankerung der Internationalisierung eines Unternehmens in der Unternehmenskultur.

7. Welche vier grundlegenden Kulturdimensionen lassen sich nach Hofstede unterscheiden? Erläutern Sie diese kurz. Welche weiteren Dimensionen kommen nach dem Kulturkonzept der GLOBE-Gruppe hinzu?

8. Welche Konsequenzen haben verschiedene Internationalisierungsstrategien eines Unternehmens für die Personalbedarfsplanung? Gehen Sie auf folgende Punkte ein:

   a. Orientierung der Anforderungskriterien an Führungskräfte,
   b. Orientierung der Anforderungskriterien an Mitarbeiter (mit allgemeiner Qualifikation),
   c. Planung des internationalen Personalbedarfs sowie
   d. Intensität des Einsatzes von Expatriates.

9. Welche Bedeutung hat die Regressionsmethode im Rahmen der internationalen Personalbedarfsplanung? Nennen Sie einen beispielhaften Anwendungskontext.

10. Wie sind Vorbehalte gegen einen Auslandseinsatz von Führungskräften bzw. Mitarbeitern typischerweise begründet? Nennen Sie ein Beispiel für jede der beiden Kategorien von Vorbehalten.

11. Welche vier Funktionen nimmt die internationale Weiterbildung von Führungskräften bzw. Mitarbeitern wahr?

12. Welche Methoden der interkulturellen Weiterbildung können Unternehmen in verschiedenen Phasen des internationalen Personaleinsatzes einsetzen? Nennen Sie pro Phase jeweils zwei Beispiele.

13. Welche Dimensionen werden in der Typologie zur interkulturellen Anpassungsfähigkeit und -bereitschaft von Stock-Homburg und Ringwald (2006) unterschieden? Erläutern Sie die sich hieraus ergebenden vier Typen international eingesetzter Führungskräfte bzw. Mitarbeiter.

14. Erläutern Sie die alternativen Karrierepfade von Nachwuchsführungskräften nach Evans et al. (1989).

Literatur

Arthur, M./Khapova, S./Wilderim, C. (2005), Career Success in a Boundaryless Career World, Journal of Organizational Behavior, 26, 2, 177-202.

Ashkanasy, N./Trevor-Roberts, E./Earnshaw, L. (2002), The Anglo Cluster: Legacy of the British Empire, Journal of World Business, 37, 1, 28-39.

Bakacsi, G./Sándor, T./András, K./Viktor, I. (2002), Eastern European Cluster: Tradition and Transition, Journal of World Business, 37, 1, 69-81.

Black, S./Gregersen, H./Stroh, L. (1998), Closing the Gap: Expectations vs. Reality among Repatriates, Journal of World Business, 33, 2, 111-124.

Black, S./Stephens, G. (1989), The Influence of the Spouse on American Expatriate Adjustment, Journal of Management, 15, 4, 529-544.

Brodbeck, F. (2006), Navigationshilfe für internationales Change Management, Erkenntnisse aus dem GLOBE Projekt, OrganisationsEntwicklung, 3/2006, 16-31.

Cui, G./Awa, N. (1992), Measuring Intercultural Effectiveness: An Integrative Approach, International Journal of Intercultural Relations, 16, 3, 311-328.

DIHK (2005), Going International: Erfolgsfaktoren im Auslandsgeschäft, Berlin.

Domsch, M./Lichtenberger, B. (1990), In Search of the Appropriate Management Transfer: Leadership Style of West German Expatriate Managers in the People's Republic of China, International Journal of Human Resource Management, 1, 1, 73-106.

Easterby-Smith, M./Malina, D./Yuan, L. (1995), How Culture-Sensitive is HRM? A Comparative Analysis of Practice in Chinese and UK Companies, International Journal of Human Resource Management, 6, 1, 31-59.

Evans, P./Lank, E./Farquhar, A. (1989), Managing Human Resources in the International Firm: Lessons from Practice, in: Evans, P./Doz, Y./Laurent, A. (Hrsg.), Human Resource Management in International Firms, London, 113-143.

Fritsch, S. (2007), Internationale Personalentwicklungsstrategie: Praxisbeispiel – Festo AG & Co. KG, Vortrag im Rahmen der Tagung: Internationalisierungsstrategien im Mittelstand – Erfolgsfaktor Personalentwicklung [11.12.2007].

Graf, A. (2004a), Expatriate Selection: An Empirical Study Identifying Significant Skill Profiles, Thunderbird International Business Review, 46, 6, 667-685.

Graf, A. (2004b), Screening and Training Intercultural Competencies: Evaluating the Impact of National Culture on Intercultural Competencies, International Journal of Human Resource Management, 15, 6, 1124-1148.

Graf, A. (2004c), Assessing Intercultural Training Designs, Journal of European Industrial Training, 28, 2/3/4, 199-214.

Graf, A. (2007), Cross-Cultural Training: Eine Bestandsaufnahme, Personal – Zeitschrift für Human Resource Management, 59, 1, 19-21.

Graf, A./Harland, L. (2004), Expatriate Selection: Evaluating the Convergent and Predictive Validity of Five Measures of Interpersonal and Intercultural Competence, Journal of Leadership and Organizational Studies, 11, 2, 46-62.

Graf, A./Mathis, R. (2006), Intercultural Competency Training, in: Mathis, R./Jackson, J. (Hrsg.), Human Resource Management, 11. Auflage, Mason, 288-290.

Gupta, V./Surie, G./Javidan, M./Chhokar, J. (2002), Southern Asia Cluster: Where the Old Meets the New?, Journal of World Business, 37, 1, 16-27.

Hannigan, T. (1990), Traits, Attitudes, and Skills that are Related to Intercultural Effectiveness and their Implications for Cross-Cultural Training: A Review of Literature, International Journal of Intercultural Relations, 14, 1, 89-111.

Harris, H./Brewster, C./Sparrow, P. (2004), International Human Resource Management, London.

Harvey, M./Buckley, M. (1997), Managing Inpatriates: Building a Global Core Competency, Journal of World Business, 32, 1, 35-52.

Harvey, M./Novicevic, M./Speier, C. (1999a), Inpatriate Managers: How to Increase the Probability of Success, Human Resource Management Review, 9, 1, 51-81.

Harvey, M./Novicevic, M./Speier, C. (1999b), The Role of Inpatriates in a Globalization Strategy and Challenges Associated With the Inpatriation Process, Human Resource Planning, 22, 1, 38-50.

Hofstede, G. (1993), Interkulturelle Zusammenarbeit: Kulturen, Organisationen, Management, Wiesbaden.

Hofstede, G. (2001), Culture's Consequence: Comparing Values, Behaviors, Institutions and Organizations Across Nations, 2. Auflage, Thousand Oaks, CA.

Homburg, C./Pflesser, C. (2000), A Multiple-Layer Model of Market-Oriented Organizational Culture: Measurement Issues and Performance Outcomes, Journal of Marketing Research, 37, 4, 449-462.

House, R./Hanges, P./Javidan, M./Dorfman, P./Gupta, V. (2004), Culture, Leadership, and Organizations: The GLOBE Study of 62 Societies, Thousand Oaks.

House, R./Javidan, M./Dorfman, P./De Luque, M. (2006), A Failure of Scholarship: Response to George Graen's Critique of GLOBE, Academy of Management Perspectives, 20, 4, 102-114.

Ilg, P. (2007), Karrieretrip ins Ausland: Nicht ohne meinen Partner, Spiegel Online (15.07.2007), URL: http://www.spiegel.de/wirtschaft/0,1518,491869,00.html [25.02.2010].

Jesuino, J. (2002), Latin Europe Cluster: From South to North, Journal of World Business, 37, 1, 81-89.

Kabasakal, H./Bodur, M. (2002), Arabic Cluster: A Bridge between East and West, Journal of World Business, 37, 1, 40-44.

Kankanhalli, A./Tan, B. (2006/2007), Conflict and Performance in Global Virtual Teams, Journal of Management Information Systems, 23, 3, 237-274.

Kayworth, T./Leidner, D. (2001/2002), Leadership Effectiveness in Global Virtual Teams, Journal of Management Information Systems, 18, 3, 7-41.

Kenter, M./Welge, M. (1983), Die Reintegration von Stammhausdelegierten: Ergebnisse einer explorativen empirischen Untersuchung, in: Dülfer, E. (Hrsg.), Personelle Aspekte im internationalen Management, Berlin, 173-200.

Kerber, K./Buono, A. (2004), Leadership Challenges in Global Virtual Teams: Lessons from the Field, SAM Advanced Management Journal, 69, 4, 4-10.

Kraimer, M./Shaffer, M./Bolino, M. (2009), The Influence of Expatriate and Repatriate Experiences on Career Advancement and Repatriate Retention, Human Resource Management, 48, 1, 27-47.

Kutschker, M./Schmid, S. (2008), Internationales Personalmanagement, 6. Auflage, München.

Mayerhofer, H. (2004), Flexpatriate Assignment: A Neglected Issue in Global Staffing, International Journal of Human Resource Management, 15, 8, 1371-1389.

McDonnell, A./Gunnigle, P./Lavelle, J. (2010), Learning Transfer in Multinational Companies: Explaining Inter-Organisation Variation, Human Resource Management Journal, 20, 1, 23-43.

Oddou, G. (1992), Managing Your Expatriates: What the Successful Firms Do, Human Resource Planning, 14, 4, 301-308.

Pander, C. (2006), Heimkehr in die Fremde, Frankfurter Allgemeine Zeitung, 48 (28.10.2006), C1.

Pascal, I. (2002), Virtuelle Lösungen bei Entsendungen, Personalmagazin, Management, Recht und Organisation, 12/2002, 54-55.

Perlmutter, H. (1969), The Tortuous Evolution of the Multinational Corporation, Columbia Journal of World Business, 4, 1, 9-18.

Reiche, B. (2006), The Inpatriate Experience in Multinational Corporations: An Exploratory Case Study in Germany, International Journal of Human Resource Management, 17, 9, 1572-1590.

Roberts, K./Kossek, E./Ozeki, C. (1998), Managing the Global Workforce: Challenges and Strategies, Academy of Management Executive, 12, 4, 93-106.

Schroll-Machl, S. (2006), Welchen Kulturschock erleben Impatriates in Deutschland?, Frankfurter Allgemeine Zeitung, 48 (22.07.2006), 53.

Selmer, J. (1996), Expatriate or Local Bosses? HCN Subordinates' Preferences in Leadership Behavior, International Journal of Human Resource Management, 7, 1, 165-178.

Selmer, J. (2001), Expatriate Selection: Back to Basics? International Journal of Human Resource Management, 12, 4, 916-925.

Siemens AG (2008a), Jobs & Careers – Job Openings, URL: http://www.careers.siemens.com.cn/job/details.html?nPostingID=103887&nPostingTargetID=417991&id=PJUFK026203F3VBQB8MV78 NI7&LOV6=1085&Resultsperpage=10&option=52&sort=DESC [05.01.2008].

Siemens AG (2008b), Internationale Jobsuche, URL: http://w1.siemens.com/innovation/de/jobs_karriere/jobs_worldwide/internationale_jobsuche.htm [05.01.2008].

Smith, M. (2006), Auslandsentsendungen auf dem Prüfstand, Kosten senken, Risiken begrenzen, rechtliche Vorgaben einhalten, Ernst&Young Studie, Stuttgart.

Sparrow, P./Schuler, R./Jackson, S. (1994), Convergence or Divergence: Human Resource Practices and Policies for Competitive Advantage Worldwide, International Journal of Human Resource Management, 5, 2, 267-299.

Stock, R. (2003), Teams an der Schnittstelle zwischen Anbieter- und Kunden-Unternehmen, Wiesbaden.

Stock-Homburg, R./Ringwald, N. (2006), Interkulturelle Führung als Herausforderung für die Unternehmensführung, in: Banzhaf, J./Wiedmann, S. (Hrsg.), Entwicklungsperspektiven der Unternehmensführung und ihrer Berichterstattung, Wiesbaden, 163-176.

Szabo, E./Brodbeck, F./Den Hartog, D./Reber, G./Weibler, J./Wunderer, R. (2002), The Germanic Europe Cluster: Where Employees Have a Voice, Journal of World Business, 37, 1, 55-69.

Van Vianen, A./De Parter, I./Kristof-Brown, A./Johnson, E. (2004), Fitting in: Surface- and Deep-Level Cultural Differences and Expatirate Adjustment, Academy of Management Journal, 47, 5, 697-709.

Yamazaki, Y./Kayes, C. (2004), An Experimental Approach to Cross-Cultural Learning: A Review and Integration of Competencies for Successful Expatriate Adaption, Academy of Management Learning & Education, 3, 4, 362-379.

Teil III

Belohnungssysteme
des Personalmanagements

Neben der Gestaltung der Mitarbeiterflusssysteme, die in Teil II dargestellt wurde, umfassen die Personalmanagement-Aktivitäten auf der Unternehmensebene die Gestaltung der Belohnungssysteme. Diese ist Gegenstand des vorliegenden Teils. Die Belohnungssysteme können in die Personalbeurteilung und die Personalvergütung untergliedert werden. Ziel der Gestaltung der Belohnungssysteme ist es, die Motivation von Führungskräften und Mitarbeitern zu steigern und ihr Verhalten im Sinne der Unternehmensziele auszurichten.

Belohnungs- systeme	Im Unternehmen implementierte Systeme, welche die strukturierte Beurteilung von Beschäftigten und die Schaffung leistungsbezogener Anreize für Führungskräfte und Mitarbeiter beinhalten.

In Verbindung mit den austauschtheoretischen Ansätzen wurde in Abschnitt 2.2.1 dargelegt, dass Führungskräfte und Mitarbeiter ihre Beschäftigung als Austauschverhältnis mit ihrem Arbeitgeber verstehen. Inwieweit sie sich in dieser Austauschbeziehung engagieren, hängt davon ab, ob die Beschäftigten das Austauschverhältnis als gerecht oder ungerecht einstufen (vgl. Theorien zur organisationalen Gerechtigkeit, Abschnitt 2.2.1.3). Ist das Beurteilungssystem eines Unternehmens transparent und nachvollziehbar, erhöht dies insbesondere die wahrgenommene prozedurale und informationale Gerechtigkeit. Dadurch wird eine positive Bewertung des Austauschverhältnisses gefördert und so die Motivation der Beschäftigten gesteigert. Die Personalbeurteilung bildet damit die erste zentrale Facette der Belohnungssysteme. Ihre Gestaltung wird in Kapitel 8 vertiefend dargestellt.

In Verbindung mit der Anreiz-Beitrags-Theorie wurde in Abschnitt 2.2.1 herausgearbeitet, dass (neben nicht-monetären Anreizen) die Vergütung einen wichtigen Anreiz für zielorientiertes Verhalten von Führungskräften bzw. Mitarbeitern in Unternehmen darstellt. Auch die Prinzipal-Agenten-Theorie sieht in der Gestaltung der Vergütungssysteme einen zentralen Anreizmechanismus, um das Verhalten von Führungskräften bzw. Mitarbeitern zu steuern (vgl. Abschnitt 2.1.2). Das Unternehmen wird hierbei als Prinzipal verstanden, der seine Beschäftigten (die Agenten) durch monetäre Anreize dazu motivieren kann, ihr Verhalten an den Unternehmenszielen auszurichten (vgl. Eigler 1996, S. 148). Damit fungiert die Personalvergütung als zweite zentrale Facette der Belohnungssysteme. Anforderungen und Erfolgsauswirkungen der Gestaltung der Personalvergütung werden in Kapitel 9 vertieft.

Der vorliegende Teil schließt in Kapitel 10 mit der Darstellung zentraler Aspekte, die bei der internationalen Gestaltung der Belohnungssysteme zu beachten sind. Hierbei wird einerseits aufgezeigt, welche Anforderungen international eingesetzte Beurteilungssysteme erfüllen sollten (Abschnitt 10.1). Anderseits werden die zentralen Herausforderungen im Rahmen der Gestaltung eines länderübergreifenden Vergütungssystems dargelegt (Abschnitt 10.2).

8 Gestaltung der Personalbeurteilung

Lernziele

■ Die Leser kennen die Bedeutung und die Funktionen der Personalbeurteilung für
  Unternehmen.

■ Die Leser überblicken die zentralen Bereiche des Personalmanagements, für welche
  die Ergebnisse der Personalbeurteilung von Bedeutung sind.

■ Die Leser sind mit den zentralen Anforderungen an ein effektives Personalbeurteilungssystem vertraut.

■ Die Leser können verschiedene Personengruppen hinsichtlich ihrer Eignung als
  Beurteilende im Rahmen der Personalbeurteilung einordnen.

■ Die Leser kennen die am häufigsten auftretenden Beurteilungsfehler sowie Ansatzpunkte zu deren Vermeidung.

■ Die Leser kennen die Zielgruppen der Personalbeurteilung.

■ Die Leser überblicken die Kriterien zur Beurteilung von Führungskräften und
  Mitarbeitern.

■ Die Leser überblicken die Phasen zur Durchführung eines systematischen
  Beurteilungsprozesses.

8.1   Grundlagen der Personalbeurteilung

Wichtig für die Gestaltung von Personalmanagement-Aktivitäten sind Kenntnisse über
aktuelle Leistungen und Potenziale der Beschäftigten. Letztendlich sind es die Mitarbeiter
und die Führungskräfte, welche die strategischen Ziele des Unternehmens operativ umsetzen. Deshalb gehört die Personalbeurteilung zu den wichtigsten Instrumenten des Personalmanagements (vgl. Schuler 2004a, S. 1).

Die Personalbeurteilung weist zahlreiche Schnittstellen zu anderen Bereichen des
Personalmanagments auf. Sie liefert wichtige Informationen über potenzialbezogene und
finale Erfolgsgrößen des Personalmanagements (vgl. Abschnitt 1.3). Beispielsweise können
die Ergebnisse von Führungskräftebewertungen Aufschluss über die Güte der Mitarbeiter-
und Teamführung liefern.

Personal-beurteilung	Instrument zur strukturierten Bewertung der Leistungen und der Po-tenziale von Führungskräften und Mitarbeitern anhand quantitativer bzw. qualitativer Kriterien (in Anlehnung an Fallgatter 1999, S. 84; Nurse 2005, S. 1178).

Die Personalbeurteilung macht Leistungen und Potenziale von Führungskräften und Mitarbeitern im Unternehmen transparent. Sie kann verschiedene Funktionen übernehmen:

- *Diagnosefunktion*: Auf Basis quantitativer und qualitativer Kriterien werden die Leistungen und die Potenziale von Führungskräften bzw. Mitarbeitern analysiert und damit die spezifischen Stärken und Schwächen der beurteilten Personen diagnostiziert. Außerdem kann beurteilt werden, wie sich Führungskräfte bzw. Mitarbeiter im Zeitverlauf entwickeln.

- *Koordinationsfunktion*: Durch die Festlegung quantitativer bzw. qualitativer Beurteilungskriterien werden einheitliche Leistungsstandards gesetzt. Dies erleichtert die Abstimmung zwischen Führungsperson und Mitarbeitern sowie die Zusammenarbeit zwischen verschiedenen Teams oder Unternehmensbereichen, da leistungsbezogene Erwartungen nicht für jede Aufgabe bzw. jedes Projekt neu formuliert werden müssen.

- *Motivationsfunktion*: Die motivierende Wirkung von Personalbeurteilungen ergibt sich unter anderem daraus, dass grundlegende Bedürfnisse der Beschäftigten, die aus der Bedürfnispyramide nach Maslow (vgl. Abschnitt 2.2.2.1) bekannt sind, befriedigt werden. Das Sicherheitsbedürfnis wird dadurch gestillt, dass die Beurteilten erfahren, ob sie den Anforderungen ihres Unternehmens gerecht werden. Durch positive Rückmeldung kann zudem das Bedürfnis der Beschäftigten nach Anerkennung befriedigt werden. Schließlich werden Anregungen zum Ausbau von Stärken bzw. zum Abbau von Schwächen gegeben, was dem Bedürfnis von Führungskräften und Mitarbeitern nach Selbstverwirklichung entspricht. Die Motivationsfunktion von Personalbeurteilungen kann auch aus anderen Motivationstheorien (vgl. Abschnitt 2.2.2) abgeleitet werden. So stellt beispielsweise die Anerkennung, die Führungskräfte und Mitarbeiter durch die Beurteilung erhalten können, einen der wichtigsten Motivatoren der Zwei-Faktoren-Theorie (vgl. Abschnitt 2.2.2.4) dar. Gemäß der VIE- und der Zielsetzungstheorie (vgl. Abschnitt 2.2.2.5 bzw. 2.2.2.5) bildet die Rückmeldung, welche die Beschäftigten aus der Personalbeurteilung erhalten, einen zentralen Faktor im Motivationsprozess.

- *Kontroll- und Überwachungsfunktion*: Regelmäßig durchgeführte Beurteilungen auf der Basis einheitlicher Kriterien liefern einen differenzierteren Einblick in die Aktivitäten der Beschäftigten. Darüber hinaus werden die Leistungen verschiedener Führungskräfte bzw. Mitarbeiter miteinander vergleichbar. Die Vergleichbarkeit von Leistungen beeinflusst, inwieweit Beschäftigte ihre Beziehung zu einem Arbeitgeber als gerecht bzw. ungerecht empfinden (vgl. Abschnitt 2.2.1.3).

- *Entscheidungsunterstützungsfunktion*: Die Personalbeurteilung liefert Informationen, auf deren Grundlage über die Aktivitäten in anderen Bereichen des Personalmanagements (wie der Personalvergütung, der Personalentwicklung oder der Führung von Mitarbeitern bzw. Teams) entschieden wird. Tabelle 8.1 zeigt, in welchen Bereichen des Personalmanagements die Ergebnisse der Personalbeurteilung als Entscheidungsbasis herangezogen werden. Hierdurch wird die Bedeutung der Personalbeurteilung für eine erfolgreiche Gestaltung aller Personalmanagement-Aktivitäten eines Unternehmens deutlich.

Tabelle 8.1   Verwendung der Ergebnisse der Personalbeurteilung in verschiedenen Bereichen des Personalmanagements

Bereich des Personal-managements	Beispielhafte Verwendungsmöglichkeiten	Behandelt in ...
Mitarbeiterflusssysteme		
Bedarfsplanung	■ Grundlage für die Erstellung von Qualifikationsprofilen in Unternehmen ■ Grundlage zur Ermittlung des qualitativen Personalbedarfs	Kapitel 3
Gewinnung	■ Informationslieferant zur internen Personalgewinnung ■ Grundlage für Entscheidungen hinsichtlich einer langfristigen Beschäftigung von Mitarbeitern im Unternehmen	Kapitel 4
Entwicklung	■ Grundlage zur Identifikation des Weiterbildungsbedarfs ■ Grundlage für Beförderungsentscheidungen	Kapitel 5
Freisetzung	■ Grundlage für Freisetzungsentscheidungen	Kapitel 6
Belohnungssysteme		
Vergütung	■ Grundlage für die Einordnung in Gehaltsstufen ■ Bemessungsgrundlage für variable Vergütung	Kapitel 9
Führung von Mitarbeitern und Teams		
Mitarbeiterführung	■ Instrument zur Kontrolle der Zielerreichung ■ Systematisierungshilfe für Feedbackgespräche	Kapitel 11, 12 und 16
Teamführung	■ Mechanismus zur Vermeidung von Trittbrettfahrereffekten ■ Entscheidungsgrundlage für die Gestaltung der teambezogenen Vergütung	Kapitel 13, 14, 15 und 16

Mit dem Einsatz der Personalbeurteilung können Unternehmen eine Reihe von Vorteilen realisieren. Diese sind in Tabelle 8.2 dargestellt.

Tabelle 8.2 Vorteile der Personalbeurteilung aus Sicht des Unternehmens und der Beschäftigten

Vorteile der Personalbeurteilung ...	
... aus Sicht des Unternehmens	*... aus Sicht der Beschäftigten*
▪ Steigern des Unternehmenserfolgs durch strukturiertes Leistungscontrolling ▪ Ermöglichen des Vergleichs der Mitarbeiterleistungen im Zeitverlauf ▪ Strukturieren der Interaktion zwischen Führungskräften und Mitarbeitern ▪ Bereitstellen von Informationen für die Personalentwicklung ▪ Liefern von Verteilungsschlüsseln für die Vergütung von Führungskräften bzw. Mitarbeitern	▪ Steigern der Arbeitszufriedenheit durch Transparenz der Leistungen ▪ Steigern der Mitarbeitermotivation durch regelmäßiges, leistungsbezogenes Feedback ▪ Erhöhen der Transparenz des Zustandekommens von Feedbacks (z. B. durch Offenlegung von Beurteilungskriterien) ▪ Steigern der Identifikation von Führungskräften und Mitarbeitern mit den Unternehmenszielen durch Kommunikation der Ziele im Rahmen der Personalbeurteilung

Damit die Vorteile der Personalbeurteilung realisiert werden können, sollten Unternehmen bei deren Gestaltung einige zentrale Aspekte berücksichtigen. Diese ergeben sich aus den Leitfragen zur Gestaltung der Personalbeurteilung (vgl. Tabelle 8.3).

Tabelle 8.3 Zentrale Leitfragen zur Gestaltung der Personalbeurteilung

Zentrale Leitfragen	Behandelt in ...
1. Welche Anforderungen sollte ein effektives Personalbeurteilungssystem erfüllen?	Abschnitt 8.1
2. Wer sollte beurteilen, und welche Anforderungen sind an Beurteilende zu stellen?	Abschnitt 8.2
3. Welche Zielgruppen können Gegenstand der Personalbeurteilung sein, und wie kann deren Akzeptanz erhöht werden?	Abschnitt 8.3
4. Wie können die Inhalte der Personalbeurteilung systematisiert werden?	Abschnitt 8.4
5. Welche Kriterien können zur Beurteilung von Führungskräften und Mitarbeitern herangezogen werden?	Abschnitt 8.5
6. Was ist bei der Durchführung der Personalbeurteilung zu beachten?	Abschnitt 8.6

Personalbeurteilungen können für Unternehmen gleichermaßen riskant wie aufschlussreich sein. Richtig angewendet werden durch die Personalbeurteilung umfassende Informationen im Unternehmen generiert und die Motivation von Führungskräften bzw. Mitarbeitern erheblich gesteigert (vgl. Tabelle 8.2). Allerdings können Personalbeurteilungen auch starke Widerstände der involvierten Führungskräfte bzw. Mitarbeiter und daraus resultierende Leistungsrückgänge im Unternehmen auslösen, wenn sie bestimmten Anforderungen nicht gerecht werden. Einen Überblick über zentrale Anforderungen an die Personalbeurteilung liefert Abbildung 8.1.

Abbildung 8.1   Anforderungen an die Personalbeurteilung

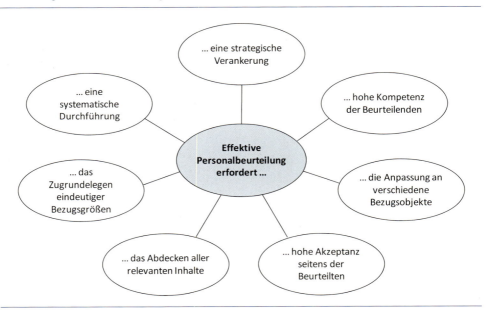

Die Ausgangsbasis für die effektive Durchführung von Personalbeurteilungen ist deren *strategische Verankerung* (vgl. Brown 2006, S. 40; Fallgatter 1998a, S. 80). Dies bedeutet, dass Personalbeurteilungen auf die Strategie eines Unternehmens ausgerichtet sein sollten (vgl. hierzu Abschnitt 1.1.1.1). Kriterien der Personalbeurteilung sollten daher so gewählt werden, dass sie zur Erreichung der langfristigen Unternehmensziele beitragen. Beispielsweise haben in einem Unternehmen, das sich hohe Internationalität und kulturelle Heterogenität der Beschäftigten als langfristiges Ziel gesetzt hat, interkulturelle Kompetenzen von Führungskräften bzw. Mitarbeitern größere Bedeutung als dies in primär national ausgerichteten Unternehmen der Fall ist.

Als zweites Anforderungskriterium an die Personalbeurteilung ist die *Kompetenz der Beurteilenden* zu nennen (vgl. Breisig/Großgarten-Breisig 1998). Hiermit ist gemeint, dass beurteilende Personen zum einen hinreichend qualifiziert sein sollten (vgl. Musolesi 1996,

S. 41 ff.). Zum anderen sollten sie bereit sein, gleichermaßen fair wie differenziert zu beurteilen. Auf kompetenzbezogene Anforderungen an Beurteilende und Maßnahmen zur Vermeidung typischer Beurteilungsfehler geht Abschnitt 8.2 ein.

Darüber hinaus sollte die Personalbeurteilung an *verschiedene Bezugsobjekte angepasst* werden. Beispielsweise ist danach zu unterscheiden, ob einzelne Führungskräfte bzw. Mitarbeiter oder Teams beurteilt werden sollen.

Der effektive Einsatz von Personalbeurteilungen setzt auch die *Akzeptanz seitens der Beurteilten* voraus. Auf die Zielgruppen der Beurteilung und zielgruppenspezifische Maßnahmen, mit denen die Akzeptanz von Beurteilungen bei den Beurteilten gesteigert werden kann, geht Abschnitt 8.3 ein.

Die fünfte Anforderung an Personalbeurteilungen besteht im *Abdecken aller relevanten Inhalte* (vgl. Yang/Cheng/Yang 2005, S. 285). Zur Systematisierung relevanter Inhalte der Personalbeurteilung wird in der Unternehmenspraxis häufig der Balanced-Scorecard-Ansatz eingesetzt. Dieser Ansatz wird in Abschnitt 8.4 vertieft.

Zur Sicherstellung der Transparenz der Leistungen und der Potenziale von Führungskräften bzw. Mitarbeitern ist das *Zugrundelegen eindeutiger Bezugsgrößen* unerlässlich (vgl. Chen/Yeh/Yang 2006, S. 186). Die Bezugsgrößen der Personalbeurteilung sind so zu wählen, dass sie zum einen für alle Beteiligten klar verständlich sind. Zum anderen sollten sie eine hohe Relevanz für die beurteilten Personen aufweisen. So sind beispielsweise vergleichende Bezugsgrößen der Personalbeurteilung (mit denen die Leistungen mehrerer Beurteilter gegenüber gestellt werden) nur dann sinnvoll, wenn entsprechende Vergleichspersonen (mit ähnlichen Aufgabeninhalten) im Unternehmen vertreten sind. Mit verschiedenen Kriterien der Personalbeurteilung befasst sich Abschnitt 8.5.

Die zuvor dargelegten Anforderungen beziehen sich auf die Rahmenbedingungen, in die ein Personalbeurteilungssystem einzubetten ist. Als letztes Anforderungskriterium ist die *systematische Durchführung* der Personalbeurteilung zu nennen. Im Mittelpunkt stehen dabei die optimale Vorbereitung und Durchführung von Beurteilungen. Ein systematischer Prozess zur Durchführung von Beurteilungen wird in Abschnitt 8.6 aufgezeigt.

8.2 Die beurteilenden Personen

Im Vorfeld der Personalbeurteilung ist zunächst festzulegen, wer diese durchführt. Als Beurteilende können in der Unternehmenspraxis unterschiedliche Personen eingesetzt werden, die in Abbildung 8.2 eingeordnet werden.

Abbildung 8.2   Kategorisierung verschiedener beurteilender Personen

In den meisten Fällen sind *Führungskräfte* mit der Beurteilung der von ihnen geführten Mitarbeiter betraut. Die Beurteilung von Mitarbeitern ist damit eine zentrale Aufgabe von Führungskräften.

■ Die *direkten Vorgesetzten* sind dem zu Beurteilenden unmittelbar disziplinarisch übergeordnet. Die beurteilende Führungsperson tauscht sich regelmäßig mit der beurteilten Person aus und überblickt deren Aktivitäten.

■ *Weitere Führungskräfte* können auf der gleichen oder einer anderen Ebene als die direkten Vorgesetzten der beurteilten Person angesiedelt sein. Hierbei kann es sich beispielsweise um Führungskräfte handeln, denen die beurteilte Person in einzelnen Projekten unterstellt ist oder war. Im Gegensatz zu den direkten Vorgesetzten können weitere Führungskräfte die Leistungen und die Potenziale der Beurteilten häufig nur für einen ausgewählten Tätigkeitsbereich (z. B. im Hinblick auf ein konkretes Projekt) einschätzen.

In Unternehmen, in denen Personalbeurteilungssysteme neu etabliert werden sollen, werden Beurteilungen häufig zunächst von *Experten* durchgeführt. Diese unternehmensinternen bzw. -externen Personen sind auf Methoden der Personalbeurteilung spezialisiert. Als Experten können

■ psychologisch geschulte Spezialisten,

■ interne bzw. externe Coaches (vgl. Abschnitt 5.3.3.1) sowie

■ Personalverantwortliche

eingesetzt werden.

Schließlich greifen Unternehmen immer stärker auf *ergänzende Informationsgeber* zurück. In diese Kategorie von Beurteilenden können insbesondere folgende Personen eingeordnet werden:

- Kollegen bzw. Teammitglieder, die auf gleicher hierarchischer Ebene wie die beurteilte Person angesiedelt sind,

- Mitarbeiter als unmittelbare Beobachter der Verhaltensweisen einer Führungsperson sowie

- Kunden bzw. Lieferanten als externe Beobachter.

In Abhängigkeit von den beurteilten Personen und dem Beurteilungsinhalt ist festzulegen, ob eine oder mehrere Personen beurteilen. Werden mehrere Beurteilende herangezogen, so greifen Unternehmen häufig auf das Instrument des 360-Grad-Feedbacks zurück (vgl. hierzu ausführlich Bahners 2005; Neuberger 2000; Scherm/Sarges 2002).

360-Grad-Feedback	Prozess zur Beurteilung von Führungskräften, in dem geführte Mitarbeiter, Kollegen, Vorgesetzte und Kunden strukturiert Rückmeldungen im Hinblick auf ausgewählte Verhaltensweisen der beurteilten Person geben (vgl. Atwater et al. 2002, S. 193).

Das 360-Grad-Feedback ist in der Unternehmenspraxis relativ weit verbreitet (vgl. Ziebell/Dries 2001, S. 26) und wird zumeist anonymisiert und in schriftlicher Form durchgeführt. Aufgrund der hohen praktischen Bedeutung dieses Instruments wird es an dieser Stelle ausführlicher behandelt. Insert 8.1 diskutiert die Chancen und die Risiken von 360-Grad-Feedbacks.

Insert 8.1:   Chancen und Risiken des 360-Grad-Feedbacks (Nöcker 2006, S. C4)

Willkommen im Panoptikum

Der britische Architekt und Philosoph Jeremy Bentham (1748 bis 1832) hatte eine geniale Idee: Man solle, so seine Überlegung, Fabrik-, Schul- und Gefängnisgebäude nach dem Panoptikum-Prinzip errichten. Das heißt, um einen zentralen Beobachtungspunkt herum sollten etwa die nach innen einsehbaren Gefängniszellen kreisförmig angeordnet werden. Damit sei mit geringem Personalaufwand eine nahezu perfekte Überwachung gewährleistet. Die Insassen würden sich stets nach den reflektiert ein Manager bei diesem Anlass überhaupt zum ersten Mal sein eigenes Führungsverhalten, " [so ein Personalberater].

[...] In der Praxis werden die Ergebnisse aber auch dazu genutzt, um Entscheidungen über Entlohnung, Funktionen und Aufstiegschancen des Beurteilten zumindest mit zu beeinflussen. [...]

[Es muss allerdings] eine bestimmte Unternehmenskultur vorhanden sein, damit

Regeln verhalten, müssten sie doch annehmen, jederzeit von der Gebäudemitte aus beobachtet zu werden.

Das so genannte 360-Grad-Feedback greift diese Idee metaphorisch auf und kehrt sie gleichsam um. Statt des Beobachters steht hier der Beobachtete im Zentrum: Es wird also [...] eine Führungsperson von allen Seiten unter die Lupe genommen. Sie schätzt sich dabei selbst ein, bekommt aber auch von Kollegen, Untergebenen, Vorgesetzten und Kunden gespiegelt, wie es mit ihrer Führungsqualität bestellt ist. [...] Mit der Rundum-Beurteilung, 360-Grad-Feedback genannt, wird die Leistung von Mitarbeitern eingeschätzt. Das Management-Instrument ist in Großunternehmen längst etabliert, aber höchst umstritten. Von „Perversion" sprechen die einen, von neuer Offenheit in Unternehmen die anderen [...].

In der Regel setzen Unternehmen das Instrument zur Führungskräfteentwicklung ein. Ein Manager erhält aus verschiedenen Perspektiven Hinweise auf sein Führungsverhalten und schließt die Lücke zwischen Eigen- und Fremdwahrnehmung. „Häufig das Instrument auf Akzeptanz stößt. „In Organisationen, in denen Feedback und Beurteilungen bisher unüblich waren, sollte man mit dem Instrument erst einmal vorsichtig umgehen" [rät ein Personalberater]. In solchen Firmen sehen sowohl die Beurteilten als auch die Feedback-Geber vor allem die Gefahren von Beurteilungen, auch wenn ihnen noch so sehr zugesichert wird, der Prozess sei anonym und diene allein der Personalentwicklung. Der beurteilte Manager fürchtet im Falle kritischer Beurteilungen um seinen Job, die Mitarbeiter haben auch Bedenken, dass sie als Kritiker ihres Vorgesetzten erkannt werden könnten und deshalb Nachteile riskieren. Schwierig wird es auch dann, wenn die Mitarbeiter ohnehin schon nervös sind, weil im Unternehmen Personal abgebaut werden soll oder eine Übernahme ansteht. Anwender der 360-Grad-Rückkopplung empfehlen, Misstrauen dadurch zu zerstreuen, dass das Top-Management von Beginn an dabei ist. [...] Nützlich sei das 360-Grad-Feedback dann, wenn in anschließenden Workshops kritisch über die Ergebnisse diskutiert wird. [...]

Aus Insert 8.1 ist erkennbar, dass das 360-Grad-Feedback deutlich breiter angelegt ist als klassische Führungskräfte-Mitarbeiter-Beurteilungen. Im Mittelpunkt dieses Feedbacks steht die Führungsperson, deren Führungsqualitäten aus verschiedenen Perspektiven beleuchtet werden (vgl. Abbildung 8.3).

Abbildung 8.3 Perspektiven des 360-Grad-Feedbacks
(in Anlehnung an Gerpott 2006, S. 216)

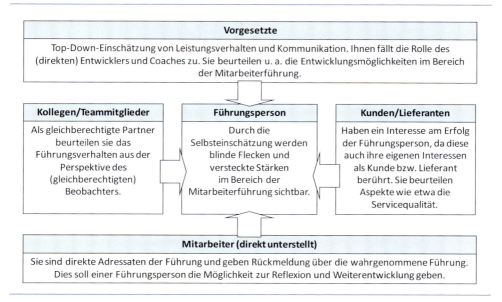

Im ersten Schritt des 360-Grad-Feedbacks schätzt die *Führungsperson* ihr eigenes Führungsverhalten ein. Dies setzt allerdings ein gewisses Maß an Selbstkritik voraus, da es ansonsten zu einer Selbsttäuschung und weniger zu einem systematischen Bild des eigenen Führungsverhalten kommen kann (vgl. van der Hejden/Nijhof 2004, S. 494). Gerade Manager tendieren zu überhöhten Selbsteinschätzungen, besonders weil sie eine Identität als starke Führungspersönlichkeit aufrecht erhalten möchten und deshalb eigene Schwächen oftmals verbergen (Carter 2006; Gardner/Avolio 1998; Gardner/Martinko 1988). Dieses so genannte „Hybris"-Phänomen kann zu Verzerrungen der Selbsteinschätzung von Führungskräften im Rahmen der Beurteilung führen (vgl. Hambrick 2001; Hiller/Hambrick 2005). Es ist daher empfehlenswert, die Selbstbeurteilung von Führungskräften durch Einschätzungen Dritter zu ergänzen (Homburg/Stock-Homburg 2011). Im Rahmen eines 360-Grad-Feedbacks können dies die direkt unterstellten Mitarbeiter, Vorgesetzte, Kollegen und Kunden bzw. Lieferanten sein.

Die Führungskräfte-Bewertung durch *Mitarbeiter* ist in der Regel in eine Mitarbeiterbefragung eingebunden (vgl. hierzu ausführlich Domsch/Ladwig 2006). Bei der Befragung von Mitarbeitern handelt es sich um ein relativ kritisches, jedoch sehr informatives Instrument. Wesentliche Voraussetzungen für dessen Einsatz sind, dass (vgl. Homburg/Stock-Homburg 2011)

■ das Verhältnis zwischen Führungsperson und Mitarbeitern nicht grundlegend gestört ist,

- die Führungsperson kritische Beurteilungen als Chance und weniger als Angriff sieht,

- die Mitarbeiter konstruktive Beurteilungen abgeben und nicht einen „Tag des Jüngsten Gerichts" mit der Führungsperson praktizieren und

- die Mitarbeiter keine negativen Konsequenzen aufgrund der Befragungsergebnisse zu befürchten haben.

Weitere Perspektiven des 360-Grad-Feedbacks repräsentieren *Kollegen* und *Vorgesetzte* der Führungsperson sowie *Kunden bzw. Lieferanten* (vgl. Rogers/Rogers/Metlay 2002, S. 46). Alternativ zur Beurteilung durch den Vorgesetzten bzw. die Kollegen der Führungsperson kann auch die Beurteilung durch einen Coach in das 360-Grad-Feedback einfließen.

Interessante Ergebnisse kann ein Vergleich zwischen der Fremd- und Selbstbeurteilung einer Person liefern. Abbildung 8.4 zeigt die Ergebnisse einer schriftlich durchgeführten 360-Grad-Beurteilung am Beispiel eines technischen Projektleiters eines Maschinenbauunternehmens. Auch hier zeigt sich das bereits angesprochene Phänomen, dass die Selbsteinschätzung von Führungskräften vielfach erheblich von den Fremdeinschätzungen anderer Personen abweicht (vgl. Luthans/Peterson 2003, S. 243).

Abbildung 8.4   Beispielhaftes Profil eines technischen Projektleiters auf der Basis eines 360-Grad-Feedbacks

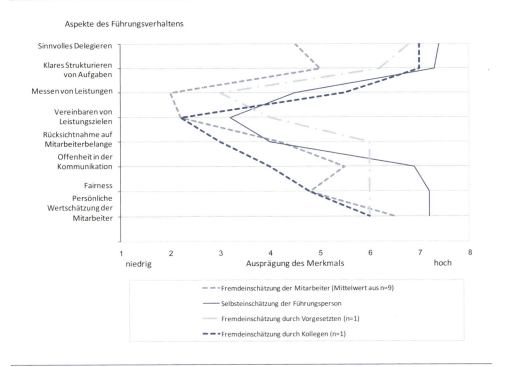

An dieser Stelle ist darauf hinzuweisen, dass mithilfe des 360-Grad-Feedbacks nicht lediglich Führungsverhaltensweisen beurteilt werden können. Vielmehr können hiermit folgende Themenbereiche abgedeckt werden (vgl. Armstrong 2006, S. 524; Rogers/Rogers/Metlay 2002, S. 48): die Teamorientierung, das Selbstmanagement, das Kommunikationsverhalten sowie fachliche bzw. soziale Fähigkeiten einer Person.

Die zweite eingangs gestellte Leitfrage zur Beurteilung bezieht sich auf die *Anforderungen an Beurteilende* (vgl. Tabelle 8.3). Dabei geht es um die Frage, welche Kompetenzen die Beurteilenden aufweisen sollten, um konstruktiv zum Beurteilungsprozess beizutragen. Grundsätzlich sollten Beurteilende folgende Anforderungen erfüllen:

- hinreichende Kenntnis der beurteilten Person und ihrer Leistungen,

- hinreichende Fach- und Sozialkompetenz zur Durchführung von Beurteilungen,

- Neutralität sowie

- Kenntnisse bzw. Erfahrungen im Bereich der Personalbeurteilung.

Die *Kenntnis der beurteilten Person und ihrer Leistungen* ist wichtig, um diese realitätsnah bewerten zu können. Mangelnde Kenntnisse der beurteilten Person begünstigen pauschale Bewertungen. Eine hinreichende Kenntnis der beurteilten Person und ihrer Leistungen liegt vor, wenn die beurteilende Person mit der beurteilten Person über einen gewissen Zeitraum hinweg zusammengearbeitet hat. Dieser Zeitraum hängt allerdings von der Intensität der Zusammenarbeit ab. Ist beispielsweise die beurteilende Person nicht unmittelbar in den Arbeitsprozess der beurteilten Person eingebunden, so sind in der Regel mehrere Monate erforderlich, um die Leistungen des Beurteilten hinreichend einschätzen zu können. Dagegen können bei intensiver Projektarbeit bereits wenige Wochen ausreichen, um die (zumindest projektspezifischen) Leistungen einer Person beurteilen zu können.

Die *Fachkompetenz* gibt an, inwieweit die Beurteilenden über hinreichende fachliche Kenntnisse (vgl. Podsakoff/Todor/Schuler 1983, S. 175) und Erfahrungen (vgl. Ancona/Caldwell 1992) verfügen, um die Leistungen und die Potenziale der Beurteilten in fachlicher Hinsicht bewerten zu können. Die *Sozialkompetenz* beschreibt die Fähigkeit der Beurteilenden, die Interessen und Bedürfnisse der beurteilten Personen zu erkennen und im Rahmen der Beurteilung darauf einzugehen (in Anlehnung an Boorom/Goolsby/Ramsey 1998, S. 17).

Die Ergebnisse der Beurteilungen einer Person bleiben vielfach nicht ohne Konsequenzen für die Beurteilenden selbst. Beispielhaft sei der Aufstieg sehr guter Mitarbeiter des eigenen Verantwortungsbereiches aufgrund sehr guter Beurteilungen genannt. Die Führungsperson verliert dadurch einen wertvollen Mitarbeiter, was zunächst mit erhöhtem Aufwand (z. B. für die Einarbeitung eines neuen Mitarbeiters) verbunden sein kann. Ähnliche Konstellationen (z. B. Konkurrenzverhältnisse) sind auch bei der Beurteilung durch Kollegen denkbar. Eine wichtige Anforderung an Beurteilende ist daher deren *Neutralität*.

In psychologischer Hinsicht wird mit der Anforderung an die Neutralität der Beurteilenden ein sehr sensibler Bereich angesprochen. Sind Beurteilende nicht neutral, so wird das Bedürfnis der Beurteilten nach Gerechtigkeit in der Austauschbeziehung mit dem Unternehmen verletzt (vgl. hierzu die Ausführungen zu den Theorien der organisationalen Gerechtigkeit in Abschnitt 2.2.1.3). Dies kann wiederum zu Unzufriedenheit, geringer Identifikation mit der Tätigkeit und schließlich zum Ausscheiden der Beurteilten aus dem Unternehmen führen (vgl. Berg 1991, S. 271). Die Neutralität von Beurteilenden kann seitens des Unternehmens insbesondere dadurch erhöht werden, dass objektive bzw. quantitative Beurteilungskriterien eingesetzt werden (vgl. Eyer/Haussmann 2005, S. 31).

Schließlich sollten Beurteilende über *gewisse Kenntnisse und Erfahrungen im Bereich der Personalbeurteilung* verfügen (vgl. Musolesi 1996, S. 41 f.). Dadurch können Beurteilungsfehler vermieden werden (vgl. hierzu ausführlich Lueger 1992, S. 56 ff.; Murphy 2005, S. 311). Abbildung 8.5 gibt einen Überblick über typische Fehler bei Personalbeurteilungen.

Abbildung 8.5   Typische Beurteilungsfehler im Überblick

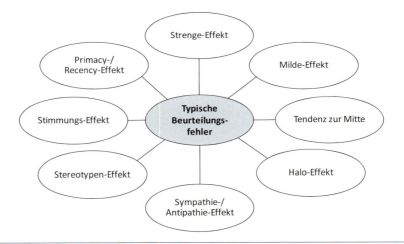

Die beiden ersten Effekte resultieren aus unterschiedlichen Beurteilungsgewohnheiten von beurteilenden Personen (vgl. Schuler 2004b, S. 37). Der *Strenge-Effekt* kommt aufgrund eines sehr hohen individuellen Anspruchsniveaus der beurteilenden Person zustande. Bei solchen Personen können bereits durchschnittliche Beurteilungen überdurchschnittliche Leistungen ausdrücken. Sehr gute Beurteilungen werden häufig nicht vergeben.

Der *Milde-Effekt* tritt insbesondere dann ein, wenn beurteilende Personen dazu neigen, eher positive Beurteilungen abzugeben (vgl. Lueger 1992, S. 57). Die Motivation hinter einem solchen Beurteilungsstil kann beispielsweise darin liegen, den beurteilten Personen nicht schaden zu wollen. Darüber hinaus sollen Diskussionen bzw. Konflikte aufgrund schlechter Beurteilungsergebnisse vermieden werden.

Eine *Tendenz zur Mitte* liegt vor, wenn Beurteilende kaum oder gar nicht zwischen verschiedenen Beurteilten differenzieren (vgl. Musolesi 1996). Auch hier versuchen die Beurteilenden, Konflikte mit den Beurteilten zu vermeiden.

Beim so genannten *Halo-Effekt* schließt die beurteilende Person von einer Eigenschaft bzw. einem spezifischen Verhalten auf andere Charakteristika des Beurteilten (vgl. Schuler 2004b, S. 41). Die Beurteilungsergebnisse können dadurch zu positiv oder zu negativ ausfallen. Ein zu positives Beurteilungsergebnis liegt beispielsweise dann vor, wenn aufgrund einer einzelnen erfolgreichen Projektpräsentation eines Mitarbeiters entsprechend positive Rückschlüsse auf die gesamten Leistungen dieses Mitarbeiters gezogen werden.

Ein *Sympathie-/Antipathie-Effekt* kann sich daraus ergeben, dass die Beurteilenden dem Beurteilten besonders zu- bzw. abgeneigt sind (vgl. Moser 2004b, S. 85). Sympathie-Effekte treten beispielsweise auf, wenn Führungskräfte solche Mitarbeiter tendenziell besser bewerten, die ihnen selbst relativ ähnlich sind (vgl. Musolesi 1996).

Werden *Stereotypen* gebildet, so werden die Beurteilten bewusst oder unbewusst einer spezifischen Gruppe zugeordnet (vgl. Berg 1991). Diese Gruppe ist bei dem Beurteilenden mit einer bestimmten Erwartungshaltung belegt. Das Ergebnis der Beurteilung basiert primär auf den mit einer Gruppe verbundenen Erwartungen und weniger auf der Wahrnehmung tatsächlicher Verhaltensweisen bzw. Leistungen der Beurteilten. Stereotypen können bezüglich unterschiedlicher Gruppen in Unternehmen existieren (vgl. Baitsch/Fried/Wetzel 2000, S. 32).

Auf die aktuelle emotionale Befindlichkeit der beurteilenden Person sind *Stimmungs-Effekte* zurückzuführen (vgl. Berg 1991). Die Einschätzung der Leistungen bzw. der Verhaltensweisen der beurteilten Person wird hierbei durch Emotionen bzw. die Tagesform des Beurteilenden beeinflusst. Hat eine beurteilende Person beispielsweise kurz vor der Beurteilungssituation einen großen Erfolg erzielt, so beurteilt diese tendenziell positiver als ohne ein solches Ereignis. Analog dazu können sich negative Ereignisse bzw. eine ungünstige Tagesform der Beurteilenden negativ auf die Beurteilungsergebnisse auswirken.

Auf den ersten bzw. den letzten Eindruck beziehen sich *Primacy-/Recency-Effekte* (vgl. Schuler 2004b). Nicht ohne Grund ist die Aussage „Der erste Eindruck ist der wichtigste, der letzte der bleibende!" im Volksmund etabliert. Ein solcher Effekt des „ersten Eindrucks" kann durchaus auch in Beurteilungssituationen auftreten. Beim Primacy-Effekt werden erste Eindrücke von der beurteilten Person durch den Beurteilenden stärker gewichtet als die aktuellen Leistungen des Beurteilten. Dieser Effekt tritt insbesondere dann auf, wenn beurteilende Personen die Beurteilten zu wenig kennen, um deren Leistungen wirklich einschätzen zu können. Darüber hinaus konnte festgestellt werden, dass Beurteilende ihre Bewertungen primär auf die Verhaltensweisen bzw. die Leistungen der letzten ein bis zwei Monate und weniger des gesamten Beurteilungszeitraumes stützen (vgl. Byars/Rue 2007). Dieser Recency-Effekt provoziert geradezu eine Instrumentalisierung durch die Beurteilten, indem sie insbesondere in den Wochen vor der Beurteilung versuchen, positiv aufzufallen.

Um die Beurteilungskompetenz zu steigern, sollten Beurteilende darin geschult werden, Beurteilungsfehlern entgegenzuwirken. Tabelle 8.4 legt beispielhafte Maßnahmen dar, durch die Beurteilungsfehler vermieden werden können.

Tabelle 8.4   Beispielhafte Maßnahmen zur Vermeidung von Beurteilungsfehlern

Beurteilungs-fehler	Beispielhafte Maßnahmen zur Vermeidung
Strenge-Effekt	■ Vergleichen der eigenen Ansprüche mit den Ansprüchen anderer Beurteilen-der ■ Vermeiden überzogener Beurteilungen ■ Setzen realistischer Ziele, mit deren Hilfe auch sehr gute Beurteilungen erlangt werden können
Milde-Effekt	■ Vorgeben einer Verteilung (z. B. Normalverteilung), um Differenzierung in den Beurteilungen zu erlangen ■ Schulen der Beurteilenden in der Durchführung von Konfliktgesprächen
Tendenz zur Mitte	■ Verzichten auf Mittelwerte in der Skala ■ Vorgeben von Verteilungen hinsichtlich der Beurteilungen
Halo-Effekt	■ Formulieren eindeutiger Beurteilungskriterien ■ Abbilden verschiedener inhaltlicher Facetten der Beurteilung
Sympathie-/ Antipathie-Effekt	■ Vermeiden von Beurteilungskonstellationen, in denen nach außen erkennbare extreme Sympathien bzw. Antipathien vorliegen ■ Heranziehen quantitativer Kriterien zur Leistungsbeurteilung
Stereotypen-Effekt	■ Sensibilisieren der Beurteilenden für Risiken der Stereotypenbildung ■ Etablieren von Toleranz gegenüber verschiedenen Gruppen (z. B. älteren und weiblichen Mitarbeitern) in der Unternehmenskultur
Stimmungs-Effekt	■ Einrichten von störungsfreien Zeitfenstern zur Durchführung von Beurteilungen ■ Durchführen von Beurteilungen am Beginn des Arbeitstages
Primacy-/ Recency-Effekt	■ Setzen klarer Leistungsziele ■ Stichpunktartiges, permanentes Dokumentieren der Leistungen der Beurteilten

8.3   Zielgruppen der Personalbeurteilung

Die Akzeptanz von Personalbeurteilungen setzt voraus, dass sie den Zielgruppen hinreichend gerecht wird (vgl. Leitfrage 3, Tabelle 8.3). Die Zielgruppen der Beurteilung lassen sich anhand von zwei Merkmalen unterscheiden (vgl. Abbildung 8.6):

■ Zunächst ist zu prüfen, ob die beurteilten Personen *Leitungsverantwortung* im Unternehmen haben oder nicht. Bei Führungskräften (mit Leitungsverantwortung) werden neben allgemeinen Verhaltensweisen und Leistungen deren Verhaltensweisen gegenüber den geführten Mitarbeitern beurteilt.

■ Darüber hinaus ist festzulegen, ob einzelne Personen oder mehrere Personen beurteilt werden (vgl. Fallgatter 1998a; Soonhee 2003). In Abhängigkeit von der *Anzahl der Beurteilten* sind unterschiedliche Beurteilungskriterien heranzuziehen (vgl. hierzu Abschnitt 8.5). Werden die Verhaltensweisen bzw. die Leistungen mehrerer Personen beurteilt, so ist zwischen Management-Teams und Ausführungs-/Projektteams zu unterscheiden. *Management-Teams* sind mit strategischen Themen von übergeordneter Relevanz betraut (vgl. Amason/Sapienza 1997, S. 496, sowie Abschnitt 13.3). Die Mitglieder von *Ausführungs-/Projektteams* bearbeiten spezifische ausführende Aufgaben (vgl. Banker et al. 1996). Beurteilende Personen solcher Teams sind in der Regel Teamleiter.

Abbildung 8.6   Kategorisierung zentraler Zielgruppen der Beurteilung

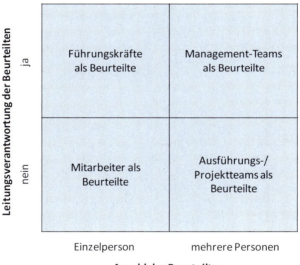

Die zuvor dargelegten Zielgruppen haben vielfach unterschiedliche Erwartungen an die Personalbeurteilung. Daher kann die Akzeptanz der Personalbeurteilung bei den verschiedenen Zielgruppen erhöht werden, indem Unternehmen zielgruppenspezifischen Bedenken gegenüber der Personalbeurteilung entgegenwirken. Tabelle 8.5 führt typische Argumente verschiedener Zielgruppen gegen Personalbeurteilungen auf. Gleichzeitig werden beispielhafte Maßnahmen dargelegt, um die Akzeptanz von Personalbeurteilungen zu erhöhen.

Tabelle 8.5   Typische Argumente gegen die Durchführung von Personalbeurteilungen und beispielhafte Maßnahmen aus Unternehmenssicht

Typische Argumente gegen Beurteilungen	Beispielhafte Maßnahmen
Führungskräfte als Beurteilte	
■ „Eine solche Beurteilung benötigt sehr viel Zeit, die wir derzeit nicht aufbringen können." ■ „Meine Mitarbeiter würden es mir auch direkt ins Gesicht sagen, wenn sie unzufrieden wären." ■ „Meine Mitarbeiter werden mit mir den Tag des Jüngsten Gerichts veranstalten."	■ Darlegen des Nutzens der Personalbeurteilung für Führungskräfte und Mitarbeiter ■ Eingehen auf mögliche Ängste von Mitarbeitern, ihre Meinung direkt zu äußern ■ Prüfen, ob grundlegende zwischenmenschliche Probleme zwischen der Führungsperson und den Mitarbeitern vorliegen ■ Sicherstellen der Neutralität der Beurteilenden (vgl. hierzu Abschnitt 8.2)
Mitarbeiter als Beurteilte	
■ „Ich fühle mich in hohem Maße kontrolliert!" ■ „Wir werden doch sowieso nur so beurteilt, wie es denen da oben gerade in den Kram passt."	■ Darlegen der Ziele der Beurteilung ■ Schaffen von Transparenz hinsichtlich des Prozesses der Personalbeurteilung ■ Kommunizieren einheitlich angewendeter Beurteilungskriterien ■ Aufzeigen durchgeführter Maßnahmen zur Begrenzung der Subjektivität der Beurteilungen
Management-Teams als Beurteilte	
■ „Die Leistungen der Einzelnen lassen sich nicht über einen Kamm scheren." ■ „Unsere Aufgaben sind so stark individualisiert, dass man unsere Leistungen nicht beurteilen kann."	■ Definieren klarer Ziele hinsichtlich der Leistungen einzelner Teammitglieder ■ Festlegen eindeutiger, quantitativer und qualitativer Beurteilungskriterien ■ Eventuell Kombinieren teambezogener und individueller Beurteilungskriterien
Ausführungs-/Projektteams als Beurteilte	
■ „Bei einem solchen Modell habe ich doch gar keinen Einfluss mehr auf meine Beurteilungsergebnisse." ■ „Eine wunderbare Möglichkeit für Mitläufer, sich mit geringem Aufwand durchzuschlagen."	■ Vereinbaren teambezogener Ziele und Verhaltensnormen ■ Eventuell Kombinieren teambezogener und individueller Beurteilungskriterien (vgl. hierzu Abschnitt 15.2.1)

8.4   Inhalte der Personalbeurteilung

Die Inhalte der Personalbeurteilung können mithilfe des *Balanced-Scorecard-Ansatzes* systematisiert werden (vgl. Leitfrage 4, Tabelle 8.3). Anhand dieses Ansatzes können Schwerpunkte zur Beurteilung von Mitarbeitern definiert werden (vgl. Banker/Chang/Pizzini 2004, S. 3).

Balanced-Scorecard-Ansatz	Instrument zur Systematisierung verschiedener Kriterien zur Beurteilung der Leistungen und der Potenziale von Führungskräften bzw. Mitarbeitern (in Anlehnung an Hwang/Ran 2007, S. 217).

Der Balanced-Scorecard-Ansatz unterscheidet vier inhaltliche Dimensionen (vgl. hierzu ausführlich Hwang/Ran 2007; Yang/Cheng/Yang 2005), die in Abbildung 8.7 dargestellt werden. Sie bilden die Basis für die Ableitung und die inhaltliche Strukturierung von Beurteilungskriterien im Rahmen der Personalbeurteilung.

Abbildung 8.7   Inhaltliche Dimensionen des Balanced-Scorecard-Ansatzes
(in Anlehnung an Kaplan/Norton 2007, S. 153)

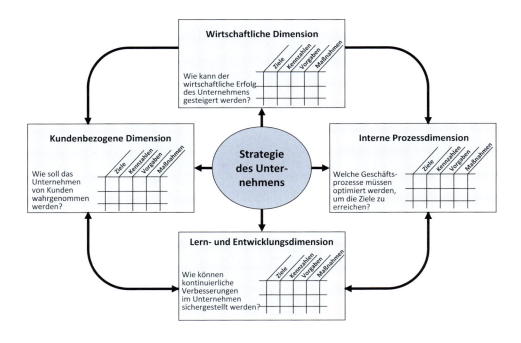

Der *wirtschaftlichen Dimension* liegt die Annahme zugrunde, dass Unternehmen nur langfristig überleben können, wenn sie hinreichende wirtschaftliche Erträge erzielen (vgl. Lurse/Stockhausen 2002, S. 45). In Verbindung mit der Personalbeurteilung erfasst diese Dimension den individuellen Beitrag der beurteilten Person zur Steigerung des wirtschaftlichen Unternehmenserfolgs. Als beispielhafte Beurteilungskriterien sind Umsatzsteigerungen und Kosteneinsparungen zu nennen.

Bei der *internen Prozessdimension* wird beurteilt, inwieweit eine Person die Prozesse in ihrem Verantwortungs- bzw. Tätigkeitsbereich unterstützt. Hierzu gehört insbesondere die kontinuierliche Optimierung bestehender Prozesse. Im Zusammenhang mit der internen Prozessdimension fordert Bruhn (1999) das Einhalten des „Prinzips des internen Kunden". Hiermit ist gemeint, dass die unternehmensinternen Schnittstellen mit dem gleichen Qualitätsanspruch zu gestalten sind wie die Schnittstellen zu den externen Kunden.

Die *Lern- und Entwicklungsdimension* bezieht sich im Kern auf zwei Gruppen von Beurteilungskriterien: Erstens spiegelt diese Dimension die Beiträge der beurteilten Personen zur Weiterentwicklung ihres Unternehmens- bzw. Arbeitsbereichs wider (in Anlehnung an Kaplan/Norton 2007). Darüber hinaus reflektiert diese Dimension das Bedürfnis der Beschäftigten nach Selbstverwirklichung (vgl. Maslow 1970; Abschnitt 2.2.2.1) und bildet Qualifizierungs- und Weiterbildungsfortschritte der beurteilten Personen ab (vgl. Hwang/Ran 2007). Neben dem kontinuierlichen Ausbau fachlicher Fähigkeiten gewinnen hierbei soziale und persönliche Fähigkeiten zunehmend an Bedeutung (vgl. Homburg/Stock-Homburg 2011). Beispielhafte Beurteilungskriterien dieser Kategorie sind die durchschnittliche Bearbeitungsdauer interner Anfragen sowie das Informationsverhalten der beurteilten Personen.

Die *kundenbezogene Dimension* spiegelt das Verhalten der beurteilten Person gegenüber externen Personen (insbesondere Kunden des Unternehmens) wider. Unter dieser Kategorie von Beurteilungskriterien werden beispielsweise die prozentuale Steigerung der Kundenzufriedenheit sowie die Anzahl neu gewonnener Kunden subsumiert.

Die Grundlage für die Beurteilung der verschiedenen Dimensionen des Balanced-Scorecard-Ansatzes stellt die Vereinbarung von Leistungszielen für eine bestimmte Periode dar. Der Balanced-Scorecard-Ansatz sollte somit den natürlichen Ausgangspunkt für das Führen durch Ziele darstellen. Die Führung durch Ziele von Mitarbeitern (vgl. hierzu Abschnitt 12.2.1) bzw. Teams (vgl. hierzu Abschnitt 15.1.2) wird an späterer Stelle in diesem Lehrbuch vertieft. Allerdings können Ziele auch als Bezugsgrößen von Personalbeurteilungen herangezogen werden (vgl. Fallgatter 1998b, S. 8 ff.). Dieser Facette der Personalbeurteilung widmet sich der folgende Abschnitt.

8.5   Kriterien der Personalbeurteilung

Die fünfte eingangs gestellte Frage bezieht sich auf die Auswahl relevanter Beurteilungskriterien (vgl. Tabelle 8.3). Diese sollten bis zu einem gewissen Grad standardisiert und im Unternehmen akzeptiert sein (vgl. Ilgen/Barnes-Farell/McKellin 1993, S. 326). Darüber hinaus sollten diese Kriterien einen möglichst engen Bezug zur Leistung der beurteilten Person aufweisen (vgl. Fallgatter 1999, S. 87). Abbildung 8.8 systematisiert die zentralen Beurteilungskriterien.

Abbildung 8.8 Systematisierung von Kriterien der Personalbeurteilung

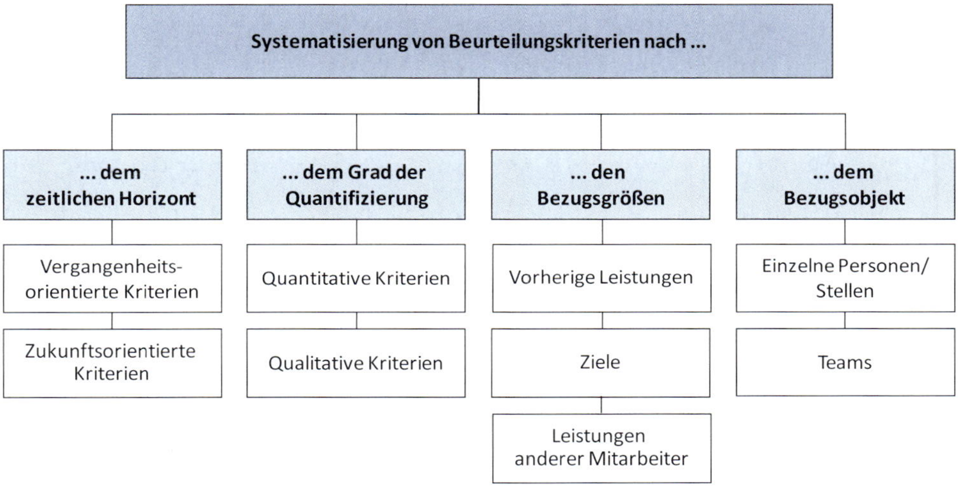

8.5.1 Zeitlicher Horizont von Personalbeurteilungen

Der zeitliche Horizont bezieht sich darauf, ob die Beurteilung bereits gezeigte Leistungen der Führungskräfte bzw. Mitarbeiter oder deren zukünftige Potenziale abbildet. *Vergangenheitsorientierte Beurteilungskriterien* erfassen die Leistungen einer oder mehrerer Perioden vor dem Beurteilungszeitpunkt (vgl. Mattenklott/Ryschka/Solga 2005, S. 8). *Zukunftsorientierte Beurteilungskriterien* reflektieren das Potenzial, d. h. den erwarteten zukünftigen Beitrag von Führungskräften bzw. Mitarbeitern zur Erreichung der Unternehmensziele (vgl. Palupski 2002, S. 217).

In der Unternehmenspraxis werden häufig beide Kriterien miteinander kombiniert (vgl. Jedzig 1996, S. 1337; Kogut/Zander 1992, S. 393). Dabei sind die gegenwärtigen Leistungen und die Potenziale der beurteilten Personen vielfach unterschiedlich stark ausgeprägt. In Abhängigkeit von der Ausprägung dieser beiden Dimensionen unterscheiden Weißenrieder und Kosel (2005, S. 106) sechs Typen von Führungskräften bzw. Mitarbeitern (vgl. Abbildung 8.9).

Abbildung 8.9   Die Leistungs-Potenzial-Matrix als Grundlage der Personalbeurteilung
                      (vgl. Weißenrieder/Kosel 2005, S. 106)

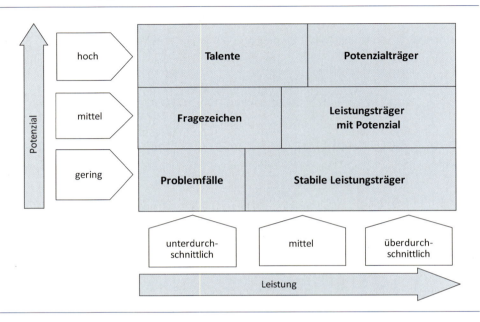

Führungskräfte bzw. Mitarbeiter, die hohe Leistungen erbringen und ein hohes Potenzial aufweisen, werden als *Potenzialträger* bezeichnet. Ein solches Profil ist insbesondere für Maßnahmen der Personalentwicklung bedeutend. Diese sollten bei Potenzialträgern darauf abzielen, deren persönliche und fachliche Fähigkeiten auszubauen. Abschnitt 5.4 legt Maßnahmen zur Förderung der Potenziale von Führungskräften bzw. Mitarbeitern dar.

So genannte *Problemfälle* kennzeichnen Personen mit gegenwärtig geringen Leistungen und Potenzialen. Bei diesen Mitarbeitern sind zunächst die Ursachen für die Defizite zu identifizieren. Diese können beispielsweise zurückzuführen sein auf

- mangelnde Erfahrungen mit der Tätigkeit,

- fachliche Überforderung der Person,

- kapazitätsmäßige Überlastung der Person sowie

- mangelnde persönliche Eignung zur Ausübung einer derartigen Tätigkeit.

Bei den *stabilen Leistungsträgern* ist zwar das Potenzial eher gering ausgeprägt. Die beurteilten Personen unterstützen jedoch leistungsstark die Prozesse in ihrem Tätigkeitsbereich. Die Maßnahmen zielen bei solchen Personen darauf ab, deren Leistungsfähigkeit zu erhalten. Dies kann beispielsweise durch die kontinuierliche Anpassung von Kenntnissen und Fähigkeiten an technologische Entwicklungen erfolgen.

Ein mittleres Potenzial und geringe Leistungsfähigkeit weisen Beurteilte vom Typ *Fragezeichen* auf. Ähnlich wie bei den Problemfällen sind bei solchen Personen zunächst Ursachen für die Leistungsdefizite zu analysieren. Insbesondere muss hier im Zeitverlauf beobachtet werden, ob diese Personen zu stabilen Leistungsträgern entwickelt werden können.

Die *Leistungsträger mit Potenzial* sind schließlich sehr leistungsstark, weisen aber noch ausschöpfbares Potenzial auf. Es ist zu prüfen, ob diese Personen zu Potenzialträgern entwickelt werden können.

Bei den *Talenten* geht es darum, einen „ungeschliffenen Diamanten" zu entwickeln. Die Leistungen der Person können durch ausgewählte Maßnahmen der Personalentwicklung gesteigert werden. Ein solches Profil findet sich häufig bei Berufseinsteigern bzw. -umsteigern. Eine geeignete Maßnahme, um die Potenziale von Neueinsteigern zu fördern, ist das Trainee-Programm (vgl. Abschnitt 5.2.3).

8.5.2 Grad der Quantifizierung von Personalbeurteilungen

Eine weitere Systematisierung von Beurteilungskriterien kann anhand des *Grades der Quantifizierung* erfolgen. Dabei wird zwischen quantitativen und qualitativen Kriterien unterschieden (in Anlehnung an Schlüter 2007, S. 31).

■ *Quantitative Beurteilungskriterien* sind numerisch messbare Größen (vgl. Chan et al. 2003, S. 637). Sie sind eindeutig und objektiv (vgl. Eyer/Haussmann 2005, S. 31). Beispielhafte quantitative Kriterien sind der Umsatz, die Anzahl hergestellter Produkte und die Höhe eingesparter Kosten. Der Vorteil solcher Kriterien liegt darin, dass das Urteil relativ unabhängig von der beurteilenden Person ausfällt. Werden allerdings ausschließlich quantitative Kriterien herangezogen, so können die Flexibilität und die Individualität des Beurteilungssystems leiden (vgl. Baker/Jensen/Murphy 1988, S. 597).

■ Mithilfe *qualitativer Bewertungskriterien* werden nicht objektiv messbare Größen, wie die sozialen Fähigkeiten oder das Führungsverhalten einer Person, erfasst (vgl. Schlüter 2007, S. 31). Die Beurteilung solcher Größen durch qualitative Kriterien unterliegt immer subjektiven Einflüssen. Sie beschreibt zwar prinzipiell überprüfbare Zustände, kann aber von Beurteilendem zu Beurteilendem erheblich variieren (vgl. Tils 2005, S. 107).

In der Unternehmenspraxis ist verstärkt zu beobachten, dass quantitative Kriterien durch qualitative ergänzt werden. Abbildung 8.10 zeigt beispielhaft quantitative und qualitative Kriterien der Personalbeurteilung. Dabei wird auch zwischen vergangenheitsbezogenen und zukunftsbezogenen Kriterien unterschieden.

Abbildung 8.10 Kategorisierung von Beurteilungskriterien nach dem Quantifizierungsgrad und dem Zeithorizont

	Vergangenheit (Leistungen)	**Zukunft (Potenziale)**
hoch (quantitative Kriterien)	*Beispielhafte Größen:* ■ Durchschnittliche Bearbeitungsdauer von Kundenanfragen ■ Anzahl akquirierter Kunden ■ Erzielte Umsatzsteigerung ■ Erzielte Steigerung der Kundenzufriedenheit durch persönliche Betreuung	*Beispielhafte Größen:* ■ Umsatzentwicklung ■ Erfolgreicher Abschluss eines Nachwuchs-förderungsprogramms ■ Erreichen bestimmter Karrierestufen ■ Erfolgreicher Aufbau einer Auslandsniederlassung
niedrig (qualitative Kriterien)	*Beispielhafte Größen:* ■ Überzeugungskraft ■ Zufriedenheit der Mitarbeiter mit dem Führungsverhalten ■ Eigeninitiative ■ Kommunikationsverhalten ■ Kundenorientierung	*Beispielhafte Größen:* ■ Selbstvertrauen ■ Vernetztes Denken/Arbeiten ■ Teamfähigkeit ■ Commitment zum Unternehmen

Grad der Quantifizierung

Zeitlicher Horizont

8.5.3 Bezugsgrößen der Personalbeurteilung

Ein weiteres Merkmal zur Systematisierung von Beurteilungskriterien ist die *Bezugsgröße*. Als Bezugsgrößen werden in der Unternehmenspraxis insbesondere die vorherigen Leistungen, die Ziele sowie die Leistungen anderer Mitarbeiter herangezogen.

Wird als Bezugsgröße die *vorherige Leistung* des Beurteilten herangezogen, so werden die aktuellen Leistungen im Beurteilungszeitraum mit den Leistungen der Person in vergangenen Perioden verglichen. Bei dieser Form der Beurteilung stehen kontinuierliche, relative Verbesserungen im Vordergrund (vgl. Pfläging 2006, S. 25). Verbesserungen gegenüber der Vorperiode werden als positive Abweichungen, Verschlechterungen dagegen als negative Abweichungen interpretiert. Abbildung 8.11 veranschaulicht ein Beurteilungsschema, das auf vorherigen Leistungen basiert.

Abbildung 8.11 Beispielhaftes Beurteilungsschema mit vorherigen Leistungen als Bezugsgröße (in Anlehnung an Eyer/Haussmann 2005)

Beispielhafte Merkmale	Leistung (vorher)	Leistung (aktuell)	Abwei-chung	Gewich-tung	Anrechen-bare Punkte
1. Fachliche Kenntnisse	11	11	0	1	0
2. Produktivität	9	12	+ 3	2	+ 6
3. Kundenzufriedenheit	7	7	0	2	0
4. Führungsverhalten bzw. Akzeptanz seitens der Mitarbeiter	6	8	+ 2	2	+ 4
Zwischensumme					**+ 10**
5. Ermessensanpassung *)			+ 1	1	+ 1
Gesamtpunkte					**+ 11**

*) stichwortartige Begründung:_____

_____

_____

	sehr gut + 1 -	gut + 2 -	befriedigend + 3 -	ausreichend + 4 -	mangelhaft + 5 -	ungenügend + 6 -
Punkte	15 14 13	12 11 10	9 8 7	6 5 4	3 2 1	0

Zur Relativierung verschiedener Leistungsparameter werden diese unterschiedlich gewichtet (Spalte 5 in Abbildung 8.11). Anhand dieses Beurteilungsschemas werden dann die anrechenbaren Gesamtpunkte einer Person ermittelt (Spalte 6 in Abbildung 8.11). Diese werden anschließend durch ein Punktesystem bewertet. Hierin wird ein Gesamtwert von elf aus dem Zahlenbeispiel als gut eingestuft.

Liegen die Leistungen der beurteilten Personen bereits auf einem hohen Niveau, so sind vorherige Leistungen als Bezugsgröße von Beurteilungen als problematisch zu bewerten. In diesem Fall können die Beurteilten ihre Leistungen und die damit verbundenen Beurteilungen kaum noch verbessern.

Vorherige Leistungen als Bezugsgrößen der Beurteilung haben in der Unternehmenspraxis vielfach zu einer „inflationären" Entwicklung von Beurteilungsergebnissen geführt. Um bei Leistungsrückgängen gegenüber der Vorperiode negative Bewertungen zu vermeiden, werden die aktuellen Leistungen häufig wohlwollend bewertet. Dies ist unter anderem darauf zurückzuführen, dass es oft schwierig ist, Negativbewertungen an beurteilte Personen zu kommunizieren. Auch die in Abbildung 8.11 veranschaulichte Punkteskala zeigt beim schlechtesten Merkmal eine gleichbleibende Leistung. Vor diesem Hintergrund haben vorherige Leistungen als Bezugsgrößen der Personalbeurteilung in der Unternehmenspraxis stark an Bedeutung verloren.

Viele Unternehmen beurteilen Führungskräfte bzw. Mitarbeiter anhand von Zielen (vgl. Fallgatter 1998b). Ein *Ziel* beschreibt einen Zustand, der innerhalb einer konkreten zeitlichen Periode erreicht werden soll. Beispielhafte Ziele sind prozentuale Umsatzsteigerungen innerhalb einer Periode, prozentuale Marktanteilszuwächse sowie Produktivitätssteigerungen. Wie Ziele im Rahmen der Mitarbeiterführung eingesetzt werden können, wird in Abschnitt 12.2.1 ausführlich beschrieben.

Gemäß der Zielsetzungstheorie (vgl. Abschnitt 2.2.2.6) erhöhen Ziele die Motivation und damit die Leistung von Führungskräften und Mitarbeitern. Dies setzt jedoch voraus, dass die gesetzten Ziele bestimmte Anforderungen erfüllen, die im so genannten SMART-Prinzip verankert sind (vgl. Eyer/Haussmann 2005, S. 34 f.). Die Abkürzung SMART steht für specific, measurable, achievable, result-based und time specific.

Zunächst fordert das SMART-Prinzip, dass Ziele *ausreichend spezifiziert* (specific) werden. Nach der Logik der Prinzipal-Agenten-Theorie (vgl. Abschnitt 2.1.2) ermöglichen klar formulierte Ziele den Führungskräften, die Verhaltensweisen ihrer Mitarbeiter zu steuern und deren Spielraum für Leistungszurückhaltung zu reduzieren (vgl. Atkinson 1978, S. 1354 f.). Auch gemäß der Zielsetzungstheorie nach Locke (vgl. Abschnitt 2.2.2.6) sind Ziele der Ausgangspunkt einer systematischen Leistungssteuerung von Beschäftigten. Darüber hinaus sind Ziele an die spezifische Zielgruppe der Beurteilung (vgl. Abschnitt 8.3) anzupassen. So sollten beispielsweise die Ziele von Mitarbeitern genau auf deren individuellen Aufgabenbereich zugeschnitten sein, während die Zielvorgaben für Teams auf die Leistung des Teams als Ganzes und nicht die Leistung einzelner Teammitglieder abstellen sollten.

Darüber hinaus fordert das SMART-Prinzip, dass Ziele *messbar* formuliert werden (measurable). Dieses Kriterium können Ziele im zwischenmenschlichen Bereich sicherlich nicht immer vollständig erfüllen. Dennoch sollten Führungskräfte darauf achten, dass die Mehrzahl der Ziele präzise messbar ist. Tabelle 8.6 stellt Ziele am Beispiel eines Sportgeräteherstellers dar. Konkret werden unzureichend messbaren Zielen solche Zielformulierungen gegenübergestellt, die das Kriterium der Messbarkeit erfüllen.

Tabelle 8.6   Gegenüberstellung unzureichend und hinreichend quantifizierter Ziele

Formulierungsbeispiele für ...	
... unzureichend quantifizierte Ziele	*... hinreichend quantifizierte Ziele*
■ Die Qualität der Sportgeräte wird deutlich verbessert	■ Alle Geräte sind an die europäischen Qualitätsnormen angepasst
■ Der Marktanteil in Region Süd wird deutlich erhöht	■ Es wird ein Marktanteilszuwachs von mindestens 10 Prozent realisiert
■ Der Austausch mit potenziellen Kunden (medizinischen Zentren, Sportstudios usw.) wird intensiviert	■ Es werden mindestens dreimal jährlich Kundenforen zur Diskussion neuer Produktkonzepte veranstaltet
■ Die Vertriebsmitarbeiter verbessern ihre Kenntnisse über die Einsatzgebiete der vertriebenen Geräte	■ Die Vertriebsmitarbeiter nehmen an mindestens zwei produktbezogenen Weiterbildungsveranstaltungen erfolgreich teil

Die dritte Anforderung basiert auf der Annahme, dass motivierende Ziele *erreichbar* sein müssen (achievable). Nur durch realistische Ziele können Führungskräfte ihre Mitarbeiter motivieren, da nur solche Ziele Anerkennung und Selbstverwirklichung im Sinne der Bedürfnispyramide (vgl. Abschnitt 2.2.2.1) ermöglichen. Stufen Mitarbeiter die Zielvorgaben dagegen als unrealistisch ein, wird die Wahrscheinlichkeit der Zielerreichung als gering wahrgenommen und der Motivationseffekt geht weitestgehend verloren. Eine extrem niedrige Akzeptanz der Ziele kann sogar zu bewusster Leistungszurückhaltung führen.

Außerdem sollten Ziele gemäß dem SMART-Prinzip *ergebnisorientiert* (result-based) formuliert sein. Andererseits sind die Ziele der Beschäftigten konsequent auf die Unternehmensziele auszurichten. Dies bedeutet, dass sich die Vorgaben auf das zu erreichende Ergebnis und weniger auf den Weg der Zielerreichung konzentrieren sollten. So können Zielkonflikte vermieden werden, welche die Beschäftigten irritieren und dadurch die Zielerreichung beeinträchtigen (vgl. Eyer/Haussmann 2005, S. 32 f.). Zudem räumt dies den Mitarbeitern eine gewisse Autonomie bei der Entscheidung über ihr Vorgehen ein, was wiederum die Motivation erhöhen kann.

Das fünfte Kriterium des SMART-Prinzips meint, dass sich Ziele auf einen *konkreten Zeitraum* (time specific) beziehen sollten, dass also ein Termin für die Zielerreichung festgelegt werden sollte (vgl. Eyer/Haussmann 2005, S. 36). Handelt es sich um einen längeren Zeitraum, ist es sinnvoll Zwischenziele zu formulieren und Meilensteine für einzelne Teilschritte der Zielerreichung zu definieren.

Die inhaltliche Auswahl der Beurteilungskriterien zur Messung der Zielerreichung ist in der Regel unternehmensspezifisch. Ausnahmen bestehen allerdings für tariflich organisierte Beschäftigte ausgewählter Branchen (z. B. der Metall verarbeitenden Industrie). In diesen Branchen sind die Beurteilungskriterien tariflich fixiert (vgl. Franke 2004), was den Gestaltungsspielraum von Unternehmen erheblich einschränken kann.

In der Unternehmenspraxis werden Unternehmensziele häufig anhand des bereits erwähnten Balanced-Scorecard-Ansatzes systematisiert (vgl. Abschnitt 8.4). Dieser Ansatz erleichtert das Formulieren quantitativ bewertbarer Beurteilungskriterien. Abbildung 8.12 veranschaulicht beispielhafte Ziele in verschiedenen Dimensionen des Balanced-Scorecard-Ansatzes eines Vertriebsmitarbeiters.

Abbildung 8.12   Zielsystem im Rahmen des Balanced-Scorecard-Ansatzes am Beispiel
eines Vertriebsmitarbeiters

Lern- und Entwicklungsdimension (Learning and growth)			Interne Prozessdimension (Internal business process)		
Teilziele	*Maßnahmen*	*Zielerreichung*	*Teilziele*	*Maßnahmen*	*Zielerreichung*
Kenntnis von Maßnahmen der Kundenorientierung	Teilnahme an Training von kundenorientierten Einstellungen und Verhaltensweisen	73 %	Verringerung der Doppelarbeit um 15 %	Umsetzung des neuen Key-Account-Konzeptes; Festlegung eines neuen Auslieferungssystems	60 %
Aktualisierung von EDV-Kenntnissen	Besuch und erfolgreicher Abschluss von EDV-Schulungen; kontinuierliche Teilnahme an Produktschulungen	86 %	Verkürzung der Auftragsbearbeitungsdauer um 20 %	Umsetzung der neuen Projektmanagementvorgaben	80 %
Absolvieren einer weiteren Karrierestufe	Besuch des Seminars „Verkäuferausbildung Teil III"; Ablegen der Ausbilder-Eignungsprüfung	100 %	Steigerung der internen Kundenzufriedenheit auf IKZI≥ 80	Umsetzung des teamübergreifenden Projektmanagements; Einhalten interner Zusagen	75 %
Kundenbezogene Dimension (Customer)			Wirtschaftliche Dimension (Financial performance)		
Teilziele	*Maßnahmen*	*Zielerreichung*	*Teilziele*	*Maßnahmen*	*Zielerreichung*
Akquisition drei neuer Top-Kunden	Durchführung persönlicher Besuche potenzieller Kunden, Versendung von Mailings	133 %	Steigerung des Umsatzes um 12 %	Erweiterung bestehender Geschäftsbeziehungen; Akquisition neuer Kunden	125 %
Akquisition von sieben Folgeaufträgen bei bestehenden Kunden	Umsetzung des Segmentierungskonzeptes bzgl. Kundenbesuche und Kundenansprache	129 %	Erreichung eines Deckungsbeitrags für Produkt A von 50 %	Intensivierung der Kundenbesuche; Realisierung einer Preiserhöhung von 10 %	80 %
Steigerung der Kundenzufriedenheit auf KZI ≥ 80	Realisierung des Customer-Care-Programms (Telefonreport, Mystery-Shopping usw.)	113 %	Erreichung eines Deckungsbeitrags für Produkt B von 40 %	Realisierung einer Preiserhöhung von 15 %	70 %

Anmerkungen: IKZI = interner Kundenzufriedenheitsindex; KZI = Kundenzufriedenheitsindex

Für jede einzelne Dimension werden drei bis fünf Ziele festgelegt. Gemeinsam mit den Zielen werden Maßnahmen für deren Erreichung definiert. Die verschiedenen Ziele aus den einzelnen Dimensionen des Balanced-Scorecard-Ansatzes werden anschließend in ein Bewertungsschema übertragen. Einen Auszug aus einem solchen Bewertungsschema zeigt Abbildung 8.13. Hierbei wird wieder auf das in Abbildung 8.12 dargelegte Zielsystem (konkret: dessen kundenbezogene und wirtschaftliche Dimension) des Vertriebsmitarbeiters Bezug genommen.

Abbildung 8.13 Beispielhaftes Zielbewertungsschema für einen Vertriebsmitarbeiter

Ziele	Gewichtungs-faktor (Summe = 1)	Ziel-wert (SOLL)	Zieler-reichung (IST)	Zielerreichungsgrad			Gewicht x Zielerreich-ungsgrad
				Ziel verfehlt 0	Ziel erreicht 1,0	Ziel übertroffen 2,0	
Kundenbezogene Dimension							
Akquisition neuer Top-Kunden	0,2	3 Kd.	4 Kd.		1,33		0,266
Akquisition von Folgeaufträgen	0,2	7 Auftr.	9 Auftr.		1,29		0,258
Kunden-zufriedenheit	0,2	KZI: 80	KZI: 90		1,13		0,226
Wirtschaftliche Dimension							
Umsatz-steigerung	0,2	12 %	15 %		1,25		0,250
Deckungsbeitrag Produkt A	0,1	50 %	40 %	0,80			0,08
Deckungsbeitrag Produkt B	0,1	40 %	28 %	0,70			0,07

Ziel verfehlt	Ziel teilw. erreicht	Ziel erreicht	Ziel übertroffen	Ziel deutlich übertroffen
0,0 - 0,4	0,5 - 0,9	1,0	1,1 - 1,5	1,6 - 2,0

Leistungsfaktor (vorläufig)	**1,15**
Ermessensanpassung (max. +/- 0,2)	0,10
Leistungsfaktor (externe und wirtschaftliche Dimension)	**1,25**

Anmerkung: KZI = Kundenzufriedenheitsindex

Im Rahmen der Personalbeurteilung wird nun stufenweise vorgegangen: In der ersten Stufe werden die einzelnen Kriterien gewichtet (Spalte 2). Diese Gewichtung drückt die relative Bedeutung einzelner Kriterien für die Gesamtbeurteilung aus. Für jedes einzelne Kriterium wird der in der Zielvereinbarung definierte Soll-Wert (Spalte 3) mit den tatsächlichen Leistungen (Spalte 4) verglichen. Aus der Soll-Ist-Abweichung ergibt sich der Zielerreichungsgrad. Dieser kann im vorliegenden Beispiel zwischen 0 (Ziel verfehlt) und 2 (Ziel übertroffen) liegen. Die Multiplikation des Gewichtungsfaktors mit dem Zielerreichungsgrad ergibt den Leistungsfaktor für jedes einzelne Kriterium. Durch Aufsummierung der einzelnen Leistungsfaktoren ergibt sich ein Leistungsfaktor für die kundenbezogene und die wirtschaftliche Dimension von 1,25 Punkten. Gemäß dem Auswertungsschema (vgl. Abbildung 8.13) liegt somit eine positive Zielerreichung vor.

Die beiden bisher beschriebenen Bezugsgrößen der Personalbeurteilung zielen auf die isolierte Betrachtung der Leistungen bzw. der Potenziale einzelner Personen ab. Auf einen Vergleich zwischen mehreren beurteilten Personen zielen dagegen Verfahren ab, welche die *Leistungen anderer Personen* als Bezugsgrößen heranziehen. Diese Verfahren werden in der Literatur auch als vergleichende Verfahren bezeichnet (vgl. Byars/Rue 2007). Vergleichende Verfahren sind in amerikanischen Unternehmen (z. B. IBM, Procter & Gamble) stark verbreitet. Insert 8.2 geht auf den Einsatz von Paarvergleichen in der Unternehmenspraxis ein.

Insert 8.2:   Vergleich von Leistungen der Mitarbeiter in der Praxis
                       (in Anlehnung an Arkin 2007, S. 26 f.)

Vergleich von Leistungen der Mitarbeiter in der Praxis

Jack Welch, der pensionierte CEO von General Electric (GE), wird am häufigsten mit dem Verfahren der vergleichenden Leistungsbeurteilung von Mitarbeitern assoziiert. GE nutzt diese Methode, um die schlechtesten 10 Prozent der Mitarbeiter jedes Jahr auszusondern.

GE ist mit seinem Konzept sehr erfolgreich gewesen, was viele weitere amerikanische Unternehmen zur Nutzung dieser Methode veranlasst hat. Schätzungen zufolge nutzten ein Drittel der Unternehmen die Methode der vergleichenden Leistung bis vor wenigen Jahren. Mittlerweile wird die vergleichende Leistung von weniger amerikanischen Unternehmen praktiziert, unter anderem, weil einige Beschäftigte geltend machten, dass sie ein schlechtes Ranking aufgrund ihres Alters und nicht der Leistung bekamen. Im Vereinigten Königreich hingegen verläuft die Verwendung der Methode in die genau entgegengesetzte Richtung: Immer mehr Unternehmen nutzen die vergleichende Leistungsbeurteilung. Peter Reilly, Direktor der Human Resource Forschung und Beratung am Institut für Arbeitsstudien, argumentiert, dass bei absoluten Leistungsbeurteilungen Manager zu nachsichtig bei Beurteilungen sind und so zu viele Personen, die schlechte Leistungen erbringen, in obere Leistungsregionen einordnen. Diese Nachsichtigkeit der Manager ist oft der Grund dafür, dass Unternehmen sich entscheiden, die Leistung relativ, d. h. durch einen Vergleich mit der Leistung anderer Mitarbeiter, zu bewerten.

Vergleichende Verfahren stützen sich entweder auf Rangvergleiche oder auf Paarvergleiche. In *Rangvergleichen* werden die beurteilten Personen durch die Beurteilenden in eine Rangliste eingeordnet (vgl. Hochbaum/Levin 2006, S. 1394). Diese Rangliste kann sich auf die Leistungen einer Person insgesamt oder auf einzelne Leistungskriterien beziehen (Byars/Rue 2007).

Abbildung 8.14 zeigt einen Rangvergleich am Beispiel von fünf zu beurteilenden Personen. Der Beurteilende hat die beurteilten Personen in diesem Fall anhand von drei Kriterien (fachliche Kompetenz, soziale Kompetenz und Kundenorientierung) in eine Rangliste einzuordnen. In einem *ersten Schritt* wird vom Beurteilenden für jedes Kriterium isoliert eine Rangreihe der bewerteten Personen in Bezug auf dieses Kriterium gebildet. Diese Reihe beginnt mit dem Rang 1 für die beste Leistung und endet mit dem Rang N für die schlechteste Leistung bei N zu bewertenden Personen. So wird beispielsweise Merry in Bezug auf die fachliche Kompetenz auf Rang 1, Mark dagegen auf Rang 5 eingestuft.

Nachdem die jeweiligen Rangreihen für alle Kriterien feststehen, werden in einem *zweiten Schritt* die Ränge eines Mitarbeiters über die einzelnen Beurteilungskriterien hinweg aufsummiert. Die sich dadurch ergebende Gesamtbewertung (Spalte „Bewertung") für jeden Beurteilten bildet die Grundlage für die Rangliste der bewerteten Personen (Spalte „Rang"). Merry hat somit insgesamt die beste Leistung erbracht, dahinter folgt mit der nächst besten Leistung Lisa. Mark und Tim haben die schlechteste Bewertung erhalten.

Abbildung 8.14   Beispielhafte Veranschaulichung eines Rangvergleichs im Rahmen der Personalbeurteilung

		Kriterien			Bewer-tung	Rang
		Fachliche Kompetenz	Soziale Kompetenz	Kunden-orientierung		
Bewertete Personen	Tim	2	5	4	11	4
	Merry	1	2	1	4	1
	Lisa	3	1	5	9	2
	Sara	4	4	3	11	4
	Mark	5	3	2	10	3

Der Rangvergleich eignet sich bei vergleichsweise homogenen Aufgaben der Mitarbeiter und gleichzeitig hoher Leistungstransparenz. Ein geeigneter Anwendungsfall sind Führungskräfte einer unteren Ebene (z. B. Gruppenleiter mit gleichen Leistungskennzahlen), welche von ihrem gemeinsamen direkten Vorgesetzten in eine Rangfolge gebracht werden. Die Einordnung von Beurteilten in eine Rangliste kann in der praktischen Umsetzung allerdings mit einer Reihe von Problemen verbunden sein. Der Rangvergleich wird umso schwieriger, je weniger die Leistungen der Beurteilten miteinander vergleichbar sind. Dies kann insbesondere in stark heterogenen Abteilungen zu Umsetzungsproblemen führen. Beispielsweise arbeiten in Marketingabteilungen mittelständischer Anlagenbauer nur wenige Mitarbeiter, von denen jeder einen abgrenzbaren Teil des Marketing-Mix bearbeitet. Sehr große Einheiten mit vielen Mitarbeitern zu bewerten kann sich ebenfalls als schwierig erweisen. Um die vielfältigen Aufgaben vergleichbar zu machen, können Untergruppen nach Aufgabenschwerpunkten gebildet werden (z. B. Kundenbetreuung Großkunden, Kundenbetreuung Privatkunden usw.).

Eine weitere Variante vergleichender Verfahren ist der *Paarvergleich*. Hierbei werden die Leistungen von jeweils zwei Personen direkt miteinander verglichen (vgl. Hochbaum/ Levin 2006, S. 1394). Der Paarvergleich funktioniert vom Ablauf her ähnlich wie der oben dargestellte Rangvergleich. Anstatt einer oder mehrerer Rangreihen bildet der Beurteilende für jedes Kriterium Paarvergleiche. Die Anzahl der Vergleiche (V) in einer Matrix ergibt sich aus $V = n \cdot (n-1)/2$. Dabei steht n für die Anzahl der bewerteten Personen. Aufbauend auf diesen Vergleichen ergeben sich durch Aufsummierung die Bewertungen für die einzelnen Beurteilten. Im Anschluss wird dann eine Rangfolge über alle Beurteilten für das beurteilte Kriterium gebildet.

Abbildung 8.15 stellt den Auszug eines Paarvergleichs über fünf Mitarbeiter dar. In dem Beispiel wird Doug besser bewertet als Rene, Jim und Sara. Clancy wird besser bewertet als Doug, Rene, Jim und Sarah. Hierbei werden ebenfalls Gesamtbewertungen (Spalte „Bewertung") errechnet, welche die Grundlage für die Rangliste der bewerteten Personen (Spalte „Rang") darstellen.

Die Vergleichbarkeit der Leistungen im Paarvergleich unterliegt den gleichen Anforderungen wie Rangvergleiche. Der Paarvergleich eignet sich jedoch besser für größere Gruppen, da der Beurteilende immer nur einen direkten Vergleich zwischen zwei Personen vorzunehmen hat. Relativ aufwändig im Vergleich zu Rangvergleichen werden Paarvergleiche allerdings dann, wenn mehrere Kriterien zu bewerten sind. In diesem Fall muss für jedes Kriterium eine eigenständige Matrix gebildet werden. Diese Matrizen müssen im Anschluss in ihrer Gesamtheit ausgewertet werden.

Abbildung 8.15   Beispiel für die Anwendung eines Paarvergleiches im Rahmen der Personalbeurteilung (in Anlehnung an Knott 1983, S. 643 f.)

		Bewertete Personen					Bewer-tung	Rang
		Doug	Rene	Jim	Sara	Clancy		
Bewertete Personen	Doug	✕	1	1	1	0	3	2
	Rene	0	✕	1	1	0	2	3
	Jim	0	0	✕	0	0	0	5
	Sara	0	0	1	✕	0	1	4
	Clancy	1	1	1	1	✕	4	1
							10	

Anmerkung: Vergleich der Personen in Zeilen mit den Personen in Spalten; 1 = bessere Bewertung als Vergleichsperson; 0 = schlechtere Bewertung als Vergleichsperson

8.5.4   Bezugsobjekte der Personalbeurteilung

Ein viertes Merkmal zur Systematisierung von Kriterien der Personalbeurteilung ist schließlich das *Bezugsobjekt* (vgl. Abbildung 8.8). Im Kern lassen sich zwei Bezugsobjekte unterscheiden:

- Einzelne Personen/Stellen und

- Teams.

Bilden *einzelne Personen/Stellen* die Zielgruppen der Beurteilung, so werden die kleinsten (organisatorischen) Einheiten innerhalb eines Unternehmens betrachtet (vgl. Abschnitt 3.4.1). Werden mehrere Personen, die in gegenseitiger Abhängigkeit an einer gemeinsamen Aufgabenstellung arbeiten, beurteilt, so ist das Beurteilungsobjekt das *Team*. Im Falle von Teambeurteilungen (vgl. hierzu ausführlich Abschnitt 15.2.1) werden vielfach nicht mehr einzelne Personen, sondern die Leistungen einer Personengruppe als Ganzes einer Bewertung unterzogen.

Da Beurteilungskriterien für einzelne Personen bereits in Verbindung mit Abbildung 8.10 dargelegt wurden, wird an dieser Stelle lediglich die Bewertung von Stellen vertieft. Stellenbewertungen beziehen sich auf mit einer spezifischen Position verbundene Aufgaben (vgl. Bernard 2006, S. 220). Die Bewertung erfolgt dabei losgelöst von einzelnen Stelleninhabern.

Zur Durchführung der Bewertung von Stellen werden in der Literatur mehrere Verfahren diskutiert (vgl. hierzu ausführlich Mayr 2005; Scholz 2000). Hierbei werden summarische Verfahren, bei denen die Aufgabe einer Stelle als Ganzes erfasst wird (z. B. durch die Zuweisung von Gehaltsgruppen), und analytische Verfahren, bei denen die Aufgabe einer Stelle in einzelne Anforderungen zerlegt wird, unterschieden (vgl. Scholz 2000, S. 735 ff.). In der Unternehmenspraxis sind mit Ausnahme von bestimmten Branchen (z. B. dem öffentlichen Dienst) die analytischen Ansätze aufgrund ihrer höheren Differenziertheit stärker verbreitet. Bei diesen Verfahren werden insbesondere folgende Kriterien zur Bewertung herangezogen (vgl. HayGroup 2005, S. 3 ff.; Scholz 2000, S. 738):

- das Know-how (Fachwissen, Führungsfähigkeit, soziale Kompetenz usw.),

- die Anforderungen an Problemlösungsfähigkeiten (Komplexität der Aufgabe, Dynamik der Aufgabe usw.) sowie

- die Verantwortlichkeit (Handlungsfreiheit, Geltungsbereich, Einflussmöglichkeiten usw.).

Diese drei Gruppen von Kriterien müssen sowohl an die spezifische Unternehmenssituation als auch gegebenenfalls an den Kontext der relevanten Position angepasst werden (vgl. HayGroup 2003, S. 6). In der Praxis werden zum Beispiel häufig außergewöhnliche Arbeitsumstände als Kriterium ergänzt. Mögliche Unterkriterien wären hierbei die physische Umwelt (z. B. Lärm) und besondere Konzentrationsanforderungen (z. B. Fluglotsen) bzw. besondere Anstrengungen (z. B. hoher Zeitdruck). Die Vorgehensweise einer Stellenbewertung unter Einbeziehung dieser Kriterien sei im Folgenden beispielhaft anhand der Hay-Stellenbewertungs-Methode (vgl. HayGroup 2005) verdeutlicht.

Abbildung 8.16   Veranschaulichung der Stellenbewertung anhand des Stufenwertzahl-
verfahrens

Anforderungs-kriterien	Ge-wich-tung	Stelle							
		1		2		3		4	
		Aus-präg-ung	Wert	Aus-präg-ung	Wert	Aus-präg-ung	Wert	Aus-präg-ung	Wert
Verantwortlichkeit	3	2	6	1	3	2	6	2	6
Know-how	2	2	4	8	16	4	8	1	2
Problemlösungs-fähigkeit	4	3	12	1	4	3	12	3	12
Umwelteinflüsse	1	4	4	1	1	5	5	3	3
Arbeitswert			**26**		**24**		**31**		**23**

Im Beispiel in Abbildung 8.16 werden vier Stellen hinsichtlich verschiedener Anforderungskriterien miteinander verglichen. Aus Vereinfachungsgründen werden für die verschiedenen Anforderungskriterien lediglich die übergeordneten Kategorien betrachtet (Spalte 1). Im ersten Schritt werden die einzelnen Anforderungskriterien gewichtet (Spalte 2). Auf der Basis der Beurteilungen ähnlicher Stellen sowie der Stellenbeschreibungen (vgl. hierzu ausführlich Abschnitt 3.4.1) werden für alle vier Stellen die jeweiligen Ausprägungen der einzelnen Anforderungskriterien ermittelt. Diese Ausprägungen drücken die Höhe der Beanspruchung eines Beschäftigten durch eine Stelle aus. Durch die Multiplikation der einzelnen Ausprägungen mit den jeweiligen Gewichtungen für die verschiedenen Anforderungskriterien wird der Wert für die einzelnen Stellen gebildet. Die Summe der Einzelwerte mündet in einen Arbeitswert pro Stelle. Dieser gibt an, wie hoch der Wert einer Stelle im Unternehmen eingestuft wird.

Die Nutzung einer Stellenbewertung bietet Unternehmen zahlreiche Vorteile. Stellenbewertungen (vgl. HayGroup 2003, S. 7)

- ermöglichen die Bewertung einzigartiger Stellen, für die keine Vergütungsvergleiche am Markt existieren,

- können zur Vereinheitlichung der Beurteilung über unterschiedliche Geschäftsbereiche und geografische Regionen hinweg genutzt werden,

- erhöhen die Wertschätzung bestimmter Positionen in Bezug auf ihre spezifische Bedeutung für das Unternehmen,

- erleichtern die Gestaltung des Vergütungssystems, da sichergestellt werden kann, dass Vergütungssteigerungen auch höhere Arbeitsleistungen gegenüber stehen,

- dienen als Grundlage für die Personalentwicklung und

- verschaffen dem Arbeitgeber rechtliche Sicherheit.

In der Praxis hat sich das Verfahren besonders bei Unternehmen bewährt, die international aufgestellt sind (um Vergleichbarkeit über Landesgrenzen hinweg zu schaffen), über einen hohen Anteil von Projektarbeit und kaum klassische Hierarchien verfügen oder vor allem Fachkarrieren anbieten.

Allerdings wird die Stellenbewertung von vielen Unternehmen häufig in Kombination mit der Bewertung einzelner Personen angewendet. Hierbei dient die Bewertung der Stelle in der Regel zur Festlegung der Gehaltsgruppe, wohingegen die individuelle Leistungsbeurteilung das exakte Gehalt im Rahmen des durch die Stellenbewertung vorgegebenen Gehaltsbandes determiniert. Insert 8.3 veranschaulicht am Beispiel der Villeroy & Boch AG die Einführung einer Stellenbewertung in der Unternehmenspraxis.

Insert 8.3: Einführung eines neuen Stellenbewertungssystems bei der Villeroy & Boch AG (Villeroy & Boch AG 2005, 2006)

Einführung eines neuen Stellenbewertungssystems bei der Villeroy & Boch AG

Die starke Vernetzung und Internationalisierung der HR-Themen unterstützt seit 2005 ein Stellenbewertungssystem, das mit einem renommierten Partner ausgearbeitet wurde. Dieses zentral gesteuerte System erlaubt die Definition von Führungsebenen auf Basis objektiver Kriterien. Es ist das Raster, an dem in Zukunft alle personalwirtschaftlichen Anforderungen, beginnend mit einer angemessenen Vergütung bis hin zur Karriereplanung, ausgerichtet werden. Es erlaubt den internationalen Vergleich von Positionen sowohl innerhalb der Villeroy & Boch AG als auch dem jeweiligen Referenzmarkt. Villeroy & Boch erweitert damit die Grundlage für ein Benchmarking im HR-Bereich.

[…] Nach seiner Einführung in Deutschland wurde das Verfahren im Jahr 2006 auch international ausgerollt. Ausgehend orte […] in das Bewertungssystem einbezogen worden. Auf der Basis einer Beschreibung und Bewertung von Management- und fachlichen Führungspositionen hat der internationale Vergleich von Compensation Policies Eingang in die Personalarbeit gefunden. Das Benchmarking der Vergütungen der lokal üblichen Firmenleistungen wie beispielsweise der Berechtigung für Dienstwagen mit den jeweiligen Marktdaten ist zu einem standardisierten Prozess geworden.

Durch eine intensive Kommunikation mit den Mitarbeitern konnte man Klarheit und Transparenz über die jeweiligen Aufgaben und die daraus resultierende Bewertung der Management- und Führungsaufgaben bei den Mitarbeitern schaffen. So konnten das Stellenbewertungssystem und die damit verbundenen Human Resource-

von der Zentrale der Villeroy & Boch AG   Policies komplettiert und für alle Mitarbei-
sind die maßgeblichen europäischen Stand-   ter nachvollziehbar gemacht werden.

8.6   Prozess der Personalbeurteilung

Die in Abschnitt 8.1 beschriebenen Anforderungen an die Personalbeurteilung zielen primär darauf ab, gewisse Mindestvoraussetzungen für eine an den Unternehmenszielen
ausgerichtete und faire Personalbeurteilung im Unternehmen sicherzustellen. Das Erreichen von Unternehmenszielen kann durch die Personalbeurteilung jedoch nur dann unterstützt werden, wenn diese systematisch erfolgt. Abbildung 8.17 veranschaulicht die wichtigsten Stufen eines idealtypischen Beurteilungsprozesses.

Abbildung 8.17   Stufen des Personalbeurteilungsprozesses im Überblick

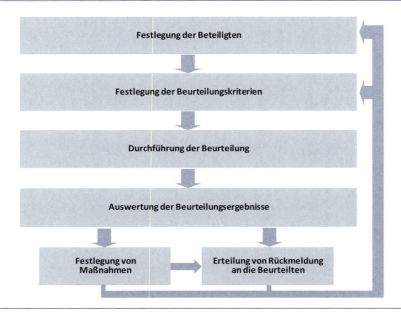

Bei der Umsetzung des Beurteilungsprozesses sollten verschiedene Aspekte beachtet werden (vgl. Leitfrage 6, Tabelle 8.3), auf die nun näher eingegangen wird. In der ersten Stufe
des Beurteilungsprozesses werden die *Beteiligten festgelegt*. Im Mittelpunkt stehen hierbei

- die Beurteilenden und
- die Zielgruppen der Beurteilung.

Die Auswahl der *Beurteilenden* kann alternativ durch das Unternehmen alleine bzw. unter Beteiligung der Beurteilten erfolgen. Die Einbindung der Beurteilten erhöht sicherlich die Akzeptanz der Beurteilungsergebnisse. Andererseits sind Sympathieeffekte nicht völlig auszuschließen. Hinsichtlich der *Zielgruppe* ist zu klären, ob einzelne Personen oder ganze Teams beurteilt werden sollen (vgl. hierzu ausführlich Abschnitt 8.3).

In der zweiten Stufe des Beurteilungsprozesses werden die *Beurteilungskriterien ausgewählt*. Eine Kategorisierung verschiedener Kriterien zur Beurteilung wurde in Abschnitt 8.5 vorgestellt.

In der dritten Stufe – der *Durchführung der Personalbeurteilung* – ist insbesondere die Form der Beurteilung festzulegen. Grundsätzlich können Beurteilungen schriftlich oder in persönlichen Gesprächen durchgeführt werden.

- Im Rahmen *schriftlicher Befragungen* werden die Beurteilenden gebeten, die Beurteilten anhand ausgewählter Kriterien zu bewerten. Der Einsatz der Instrumente zur Beurteilung (Fragebögen, Checklisten usw.) bedarf allerdings der Zustimmung des Betriebsrates (vgl. § 94 BetrVG). Aufgrund der zunehmenden Bedeutung von Online-Befragungen ist in dieser Stufe abzuwägen, ob gegebenenfalls diese Form der Befragung geeignet ist. Neben Kostenvorteilen bringen Online-Befragungen erhöhte Datensicherheit, eine erleichterte Handhabung der Daten sowie eine reduzierte Fehleranfälligkeit (z. B. gegenüber einer manuellen Datenerfassung) mit sich.

- Alternativ können Personalbeurteilungen in *persönlichen Gesprächen* erfolgen, in deren Rahmen die Beurteilenden zu ihrer Einschätzung befragt werden. Dabei sollten standardisierte Fragen verwendet und ein Gesprächsleitfaden zugrunde gelegt werden.

Die vierte Stufe des Beurteilungsprozesses konzentriert sich auf die *Auswertung der Daten*. Dabei müssen geeignete Auswertungsverfahren festgelegt und die zentralen Auswertungsinhalte definiert werden. In der Unternehmenspraxis werden am häufigsten deskriptive Verfahren wie Mittelwert- bzw. Häufigkeitsermittlungen (vgl. hierzu Homburg/Krohmer 2009, S. 316 ff.) durchgeführt. Sollen die Beurteilungsergebnisse einer größeren Zahl von Personen aggregiert betrachtet werden, empfiehlt sich der Einsatz multivariater Analysemethoden (vgl. für einen umfassenden Überblick Herrmann/Homburg/Klarmann 2008). Mithilfe der multivariaten Analysemethode der Clusteranalyse können Beschäftige beispielsweise hinsichtlich bestimmter Leistungs- und Potenzialmuster (vgl. u. a. Abbildung 8.9), die sich aus den Beurteilungsergebnissen ergeben, typologisiert werden (vgl. zu dieser Methode ausführlich Jensen 2008, S. 335 ff.). Tabelle 8.7 liefert einen Überblick über geeignete Analysemethoden für beispielhafte Fragen in Verbindung mit der Personalbeurteilung.

Tabelle 8.7 Überblick über Analysemethoden für beispielhafte Fragestellungen der Personalbeurteilung

Ausgewählte Fragestellungen der Personalbeurteilung	Analyse-methode	Analyse-software	Vertiefende Literatur
Welche typischen Profile treten bei Beschäftigten hinsichtlich ihrer Leistungen bzw. Potenziale auf?	Cluster-analyse	SPSS, SAS	Arabie/Hubert (1994) Cannon/Perreault (1999) Milligan/Cooper (1985, 1987)
Welche Leistungsmerkmale von Mitarbeitern fördern den Erfolg des Teams bzw. des Unternehmens?	Regressions-analyse	SPSS	Aiken/West (1991) Cohen et al. (2003) Hair et al. (2009)
Welche relative Bedeutung haben unterschiedliche Potenziale von Mitarbeitern für deren Leistung?	Kovarianz-struktur-analyse	LISREL, Mplus, Amos	Diamantopoulos/Siguaw (2000) Jaccard/Wan (1996) Muthén/Muthén (2007)

Die aus der Personalbeurteilung resultierenden *Maßnahmen* werden in der fünften Stufe des Beurteilungsprozesses *festgelegt*. Dabei kann es sich beispielsweise um zu absolvierende Personalentwicklungsprogramme, Konsequenzen für die Höhe der variablen Vergütung oder Stellenwechsel handeln. Um die Identifikation der Beurteilten mit den beschlossenen Maßnahmen zu steigern, sollten diese in die Maßnahmenfestlegung eingebunden werden.

In der letzten Stufe wird *Rückmeldung* an die Beurteilten *gegeben*. Hierbei wird ein umfassendes und möglichst zeitnahes Feedback aus Motivationsgründen als unerlässlich erachtet. Die Rückmeldung kann unter Umständen Stress und Widerstand bei den Betroffenen auslösen, weshalb die Ergebnisse der Beurteilung grundsätzlich in persönlichen Gesprächen erläutert werden sollten. Die grundlegenden Aspekte zur Durchführung von Feedbackgesprächen werden in Abschnitt 12.1.2 im Zusammenhang mit den Instrumenten der Mitarbeiterführung dargelegt.

8.7 Vergleichende Gegenüberstellung der Verfahren der Personalbeurteilung

Die in den vorangegangen Abschnitten exemplarisch erläuterten Verfahren sind in Bezug auf die Funktionen der Personalbeurteilung unterschiedlich effektiv. Dabei sind die Verfahren nicht als konkurrierend, sondern als komplementär zu betrachten. Um die Vorteile der einzelnen Verfahren optimal auszunutzen, bietet sich ein kombinierter Einsatz an. Tabelle 8.8 stellt verschiedene Verfahren hinsichtlich ihrer Eignung für die Personalbeurteilung gegenüber. Insbesondere wird bewertet, inwieweit sie die unterschiedlichen Funktionen der Personalbeurteilung (vgl. Abschnitt 8.1) unterstützen, wie anfällig sie für Beurteilungsfehler (vgl. Abschnitt 8.2) sind und wie hoch der Aufwand der Durchführung ist.

Tabelle 8.8   Vergleichende Gegenüberstellung der Verfahren der Personalbeurteilung

Verfahren	Unterstützung der Personalbeurteilungsfunktionen					Anfälligkeit für Beurteilungsfehler	Aufwand der Durchführung
	Diagnose	Koordination	Motivation	Kontrolle	Entscheidungsunterstützung		
360-Grad-Feedback	•••••	••••	•••	••••	•••••	••	•••••
Leistungs-Potenzial-Matrix	••••	•••	•••	••	•••	••	••
Schema mit vorherigen Leistungen als Bezugsgröße	•••	••	••	•••	••	••••	•••
Zielbewertungsschema	••••	•••••	••••	•••••	••••	•••	••••
Rangvergleiche	•••	••	•••	••••	••••	••••	•••
Paarvergleiche	••	••	•••	••••	••••	•••	•••
Stufenwertzahlverfahren	•••••	••••	•	••••	••••	••	•••••

Anmerkung: ••••• = sehr hoch; •••• = hoch; ••• = mittel; •• = niedrig; • = sehr niedrig.

Kontrollfragen

1. Was ist unter Personalbeurteilung zu verstehen, und welche fünf Funktionen nimmt diese in Unternehmen wahr?

2. Welche Vorteile der Personalbeurteilung aus Sicht des Unternehmens bzw. der Beschäftigten können realisiert werden?

3. Welche Anforderungen sollte ein effektives Personalbeurteilungssystem erfüllen?

4. Welche Personen bzw. Personengruppen können im Rahmen der Personalbeurteilung als Beurteiler herangezogen werden?

5. Was sind die Voraussetzungen für den Einsatz von 360-Grad-Feedbacks?

6. Welche vier Anforderungen an Beurteilende sind im Rahmen der Personalbeurteilung zu erfüllen? Erläutern Sie die einzelnen Anforderungen kurz.

7. Welche typischen Beurteilungsfehler kennen Sie, und wie können diese vermieden werden?

8. Kategorisieren Sie zentrale Zielgruppen der Beurteilung. Gehen Sie hierbei auch auf typische Argumente gegen die Durchführung von Personalbeurteilungen der einzelnen Zielgruppen ein.

9. Welche Kriterien der Personalbeurteilung kennen Sie? Nehmen Sie eine systematische Einordnung der Kriterien vor, und erläutern Sie die einzelnen Kriterien kurz.

10. Erläutern Sie die Dimensionen und die Funktionen der Leistungs-Potenzial-Matrix.

11. Nennen und erläutern Sie die Anforderungen des SMART-Prinzips an die Ziele von Führungskräften bzw. Mitarbeitern.

12. Welche Vorteile bietet die Durchführung von Stellenbewertungen?

Literatur

Aiken, L./West, S. (1991), Multiple Regression: Testing and Interpreting Interactions, Newbury Park.

Amason, A./Sapienza, H. (1997), The Effects of Top Management Team Size and Interaction Norms on Cognitive and Affective Conflict, Journal of Management, 23, 4, 495-516.

Ancona, D./Caldwell, D. (1992), Demography and Design: Predictors of New Product Team Performance, Organizational Science, 3, 3, 321-341.

Arabie, P./Hubert, L. (1994), Cluster Analysis in Marketing Research, in: Bagozzi, R. (Hrsg.), Advanced Methods of Marketing Research, Padstow, 160-189.

Arkin, A. (2007), Force for Good, People Management, 13, 3, 26-29.

Armstrong, M. (2006), A Handbook of Human Resource Management Practice, 10. Auflage, Philadelphia/PA.

Atkinson, A. (1978), Standard Setting in an Agency, Management Science, 24, 13, 1351-1361.

Atwater, L./Waldman, D./Brett, J. (2002), Understanding and Optimizing Multisource Feedback, Human Resource Management, 41, 2, 193-208.

Bahners, C. (2005), Vorgesetztenbeurteilung mittels 360 Grad-Feedback, Mering.

Baitsch, C./Fried, A./Wetzel, R. (2000), Wenn zwei das gleiche tun…: Diskriminierungsfreie Personalbeurteilung, Zürich.

Baker, G./Jensen, M./Murphy, K. (1988), Compensation and Incentives: Practice vs. Theory, Journal of Finance, 43, 3, 593-616.

Banker, R./Chang, H./Pizzini, M. (2004), The Balanced Scorecard: Judgmental Effects of Performance Measures Linked to Strategy, The Accounting Review, 79, 1, 1-23.

Banker, R./Field, J./Schroeder, R./Sinha, K. (1996), Impact of Work Teams on Manufacturing Performance: A Longitudinal Field Study, Academy of Management Journal, 39, 4, 867-890.

Berg, T. (1991), The Importance of Equity Perception and Job Satisfaction in Predicting Employee Intent to Stay at Television Stations, Group & Organization Studies, 16, 3, 268-284.

Bernard, U. (2006), Leistungsvergütung: Direkte und indirekte Effekte der Gestaltungsparameter auf die Motivation, Wiesbaden.

Boorom, M./Goolsby, J./Ramsey, R. (1998), Relational Communication Traits and Their Effect on Adaptive and Sales Performance, Journal of the Academy of Marketing Science, 26, 1, 16-30.

Breisig, T./Großgarten-Breisig, A. (1998), Personalbeurteilung, Mitarbeitergespräch, Zielvereinbarungen, Heddenheim.

Brown, D. (2006), Home Grown, People Management, 12, 17, 38-40.

Bruhn, M. (1999), Internes Marketing, 2. Auflage, Wiesbaden.

Byars, L./Rue, L. (2007), Human Resource Management, 9. Auflage, New York.

Cannon, J./Perreault Jr., W. (1999), Buyer-Seller Relationships in Business Markets, Journal of Marketing Research, 36, 4, 439-460.

Carter, S. (2006), The Interaction of Top Management Group, Stakeholder, and Situational Factors on Certain Corporate Reputation Management Activities, Journal of Management Studies, 43, 5, 1145–1176.

Cohen, J./Cohen, P./West, S./Aiken, L. (2003), Applied Multiple Regression/Correlation Analysis for the Behavioral Science, 3. Auflage, Mahwah, NJ.

Chan, F./Chan, H./Ip, R./Lau, H./Qi, H. (2003), A Conceptual Model of Performance Measurement for Supply Chains, Management Science, 41, 7, 635-642.

Chen, C./Yeh, T./Yang, C. (2006), The Establishment of Project-Oriented and Cost-Based NPD Performance Evaluation, Human Systems Management, 25, 3, 185-196.

Diamantopoulos, A./Siguaw, J. (2000). Introducing LISREL: A Guide for the Uninitiated, London.

Domsch, M./Ladwig, D. (2006, Hrsg.), Handbuch Mitarbeiterbefragung, Heidelberg.

Eigler, J. (1996), Transaktionskosten als Steuerungsinstrument für die Personalwirtschaft, Frankfurt/Main.

Eyer, E./Haussmann, T. (2005), Zielvereinbarung und variable Vergütung, 3. Auflage, Wiesbaden.

Fallgatter, M. (1998a), Konzept der zielorientierten Leistungsbeurteilung: Wieder nur leere Versprechungen in einer „never ending story"?, Zeitschrift für Führung und Organisation, 67, 2, 79-84.

Fallgatter, M. (1998b), Verwendung von Zielen als Beurteilungskriterien: Gestaltungsschritte und Formulare, Der Betriebswirt, 39, 1, 8-14.

Fallgatter, M. (1999), Leistungsbeurteilungstheorie und -praxis: Zur „Rationalität" der Ignorierung theoretischer Empfehlungen, Zeitschrift für Personalforschung, 13, 1, 82-100.

Franke, L. (2004), Personal: lehrbegleitendes Studienmaterial, URL: http://www.erdna4u.de/shared/files/BWL/3.Sem/Skript_BWL_-PersonalII_WS_2004-05.pdf [20.07.2007].

Gardner, W./Avolio, B. (1998), The Charismatic Relationship: A Dramaturgical Perspective, Academy of Management Review, 23, 1, 32-58.

Gardner, W./Martinko, M. (1988), Impression Management in Organizations, Journal of Management, 14, 2, 321-338.

Gerpott, T. (2006), 360-Grad-Feedback-Verfahren als spezielle Variante der Mitarbeiterbefragung, in: Domsch, M./Ladwig, D. (Hrsg.), Handbuch Mitarbeiterbefragung, 2. Auflage, Heidelberg, 211-248.

Hair, J./Black, W./Babin, B./Anderson, R. (2009), Multivariate Data Analysis: A Global Perspective, 7. Auflage, Upper Saddle River.

Hambrick, D. (2001), Response to Andrew Pettigrew's Commentary, Academy of Management Executive, 15, 3, 44.

HayGroup (2003), What Are You Paying For?, Working Paper, URL: http://www.haygroup.com/downloads/ww/What_Are_You_Paying_For.pdf [24.02.2010].

HayGroup (2005), Hay Job Evaluation, Working Paper, URL: http://www.haygroup.com/downloads/ww/wp-Job_Evaluation.pdf [24.02.2010].

Herrmann, A./Homburg, C./Klarmann, M. (2008), Handbuch Marktforschung: Methoden – Anwendungen - Praxisbeispiele, 3. Auflage, Wiesbaden.

Hiller, N./Hambrick, D. (2005), Conceptualizing Executive Hubris: The Role of (Hyper-)Core Self Evaluations in Strategic Decision-Making, Strategic Management Journal, 26, 4, 297-319.

Hochbaum, D./Levin, A. (2006), Methodologies and Algorithms for Group-Rankings Decision, Management Science, 52, 9, 1394-1408.

Homburg, C./Krohmer, H. (2009), Marketingmanagement: Strategie – Instrumente – Umsetzung – Unternehmensführung, 3. Auflage, Wiesbaden.

Homburg, C./Stock-Homburg, R. (2011), Der kundenorientierte Mitarbeiter: Bewerten, begeistern, bewegen, 2. Auflage, Wiesbaden (in Druck).

Hwang, M./Ran, H. (2007), Design and Planning of Balanced Scorecard: A Case Study, Human Systems Management, 26, 3, 217-227.

Ilgen, D./Barnes-Farell, J./McKellin, D. (1993), Performance Appraisal Process Research in the 1980s: What Has It Contributed to Appraisals in Use?, Organizational Behavior and Human Decision Process, 54, 3, 321-368.

Jaccard, J./Wan, C. (1996), Lisrel Approaches to Interaction Effects in Multiple Regression, Thousand Oaks.

Jedzig, J. (1996), Mitbestimmung bei Einführung von Verfahren zur Potentialanalyse von Arbeitnehmern, Der Betrieb, 60, 26, 1337-1342.

Jensen, O. (2008), Clusteranalyse, in: Herrmann, A./Homburg, C./Klarmann, M. (Hrsg.), Handbuch Marktforschung: Methoden – Anwendungen - Praxisbeispiele, 3. Auflage, Wiesbaden.

Kaplan, R./Norton, D. (2007), Using the Balanced Scorecard as a Strategic Management System, Harvard Business Review, 85, 7/8, 150-161.

Knott, K. (1983), Forced Comparison and Youden Squares as a Basis of Improving Job Ranking in Job Evaluation, International Journal of Production Research, 21, 5, 641-657.

Kogut, B./Zander, U. (1992), Knowledge of the Firm, Combinative Capabilities, and the Replication of Technology, Organization Science, 3, 3, 383-397.

Lueger, G. (1992), Die Bedeutung der Wahrnehmung bei der Personalbeurteilung: Zur psychischen Konstruktion von Urteilen über Mitarbeiter, München.

Lurse, K./Stockhausen A. (2002), Manager und Mitarbeiter brauchen Ziele, 2. Auflage, Neuwied.

Luthans F./Peterson S. (2003), 360-Degree Feedback with Systematic Coaching: Empirical Analysis Suggests a Winning Combination, Human Resource Management, 42, 3, 243-256.

Maslow, A. H. (1970), Motivation and Personality, 2. Auflage, New York.

Mattenklott, A./Ryschka, J./Solga, M. (2005), Praxishandbuch Personalentwicklung – Instrumente, Konzepte, Beispiele, Wiesbaden.

Mayr, M. (2005), Methoden der Arbeitsbewertung als Grundlage einer anforderungsorientierten Entgeltgestaltung, München.

Milligan, G./Cooper, M. (1985), An Examination of Procedures for Determining the Number of Clusters in a Data Set, Psychometrika, 50, 2, 159-179.

Milligan, G./Cooper, M. (1987), Methodology Review: Clustering Methods, Applied Psychological Measurement, 11, 4, 329-354.

Moser, K. (2004b), Selbstbeurteilung, Formen, in: Schuler, H. (Hrsg.), Beurteilung und Förderung beruflicher Leistung, Göttingen, 83-99.

Murphy, K. (2005), Rating Errors, Blackwell Encyclopedic Dictionary of Human Resource Management, Malden.

Musolesi, F. (1996), Handlungsanalyse – Ein alternativer Ansatz im Assessment Center, in: Sarges, W. (Hrsg.), Weiterentwicklungen der Assessment Center-Methode, Göttingen, 41-51.

Muthén, L./Muthén, B. (2007), Mplus Statistical Analysis with Latent Variables: Users' Guide, Los Angeles.

Neuberger, O. (2000), Das 360 Grad-Feedback, Mering.

Nöcker, R. (2006), 360-Grad-Feedback: Willkommen im Panoptikum, FAZ Beruf und Chance (30.09.2006), C4.

Nurse, L. (2005), Performance Appraisal, Employee Development and Organizational Justice: Exploring the Linkages, International Journal of Human Resource Management, 16, 7, 1176-1194.

Palupski, R. (2002), Management von Beschaffung, Produktion und Absatz – Leitfaden mit Praxisbeispielen, 2. Auflage, Wiesbaden.

Pfläging, N. (2006), Führen mit flexiblen Zielen – Beyond Budgeting in der Praxis, URL: http://www.metamanagementgroup.com/pdf/DMR-Fuehren-mit-flexiblen-Zielen.pdf [20.07.2007].

Podsakoff, P./Todor, W./Schuler, H. (1983), Leader Expertise as a Moderator of the Effects of Instrumental and Supportive Leader Behaviors, Journal of Management, 9, 2, 173-185.

Rogers, E./Rogers, C./Metlay, W. (2002), Improving the Payoff from 360-Degree-Feedback, Human Resource Planning, 25, 3, 44-54.

Scherm, M./Sarges, W. (2002), 360 Grad-Feedback, Göttingen.

Schlüter, H. (2007), Dem Tarifvertrag sei Dank, Personalwirtschaft, 34, 4, 30-33.

Scholz, C. (2000), Personalmanagement, 5. Auflage, München.

Schuler, H. (2004a), Leistungsbeurteilung – Gegenstand, Funktionen und Formen, in: Schuler, H. (Hrsg.), Beurteilung und Förderung beruflicher Leistung, Göttingen, 1-23.

Schuler, H. (2004b), Der Prozess der Urteilsbildung und die Qualität der Beurteilungen, in: Schuler, H. (Hrsg.), Beurteilung und Förderung beruflicher Leistung, Göttingen, 33-60.

Soonhee, K. (2003), Linking Employee Assessments to Succession Planning, Public Personnel Management, 32, 4, 533-547.

Tils, R. (2005), Politische Strategieanalyse – Konzeptionelle Grundlagen und Anwendung in der Umwelt und Nachhaltigkeitspolitik, Wiesbaden.

van der Hejden, B./Nijhof, A. (2004), The Value of Subjectivity: Problems and Prospects for 360-Degree Appraisal Systems, International Journal of Human Resource Management, 15, 3, 493-511.

Villeroy & Boch AG (2005), Geschäftsbericht 2005, URL: http://www.villeroy-boch.com/kkm/download/consumer/ir/berichte/geschaeft/VB_Geschaeftsbericht2005_de.pdf [24.02.2010].

Villeroy & Boch AG (2006), Geschäftsbericht 2006, URL: http://www.villeroy-boch.com/kkm/download/consumer/ir/berichte/geschaeft/VB_Geschaeftsbericht2006_de.pdf [24.02.2010].

Weißenrieder, J./Kosel, M. (2005), Nachhaltiges Personalmanagement: Acht Instrumente zur systematischen Umsetzung, Wiesbaden.

Yang, C.-C./Cheng, L./Yang, C.-W. (2005), A Study of Implementing Balanced Scorecard (BSC) in Non-Profit Organizations: A Case Study of Private Hospital, Human Systems Management, 24, 4, 285-300.

Ziebell, E./Dries, C. (2001), 360-Grad-Feedback: Wella spielt mit offenen Karten, management&training, 4, 26-29.

9 Gestaltung der Personalvergütung

Lernziele

■ Die Leser kennen die grundlegenden Funktionen der Personalvergütung in Unternehmen.

■ Die Leser überblicken die alternativen Strategien der Personalvergütung.

■ Die Leser kennen die grundlegenden Komponenten der Personalvergütung.

■ Die Leser kennen verschiedene funktionale Verlaufsformen zwischen der individuellen Leistung und der variablen Vergütung und können diese im Hinblick auf ihre praktische Relevanz einordnen.

9.1   Grundlagen der Personalvergütung

Die Vergütung von Führungskräften bzw. Mitarbeitern gehört zu den intensiv diskutierten Bereichen des Personalmanagements (vgl. Eckardstein 2001, S. 2; Weibel/Rost/Osterloh 2007, S. 1030). In der Vergangenheit wurde die Vergütung von Mitarbeitern häufig primär unter Kostengesichtspunkten betrachtet. Inzwischen wird die Vergütung als wirksames strategisches Instrument zur Unterstützung der Zielerreichung im Unternehmen gesehen (vgl. Evers 2009, S. 519).

Aufgrund ihrer strategischen Relevanz stellt die Gestaltung der Personalvergütung eine zentrale Herausforderung für Unternehmen dar. Insbesondere Regelungen zur Zusammensetzung der Vergütung sind dabei von Bedeutung (vgl. Frey/Osterloh 2000, S. 65; Mondy 2008, S. 276 f.).

Personalvergütung	Regelungen zum Entgelt der im Unternehmen beschäftigten Führungskräfte bzw. Mitarbeiter (in Anlehnung an Ivancevich 2007, S. 294).

In der Unternehmenspraxis haben sich verschiedene Kriterien herausgebildet, an denen sich die Vergütung orientieren kann: die Merkmale der Stelle, die Merkmale des Stelleninhabers sowie die Leistungen des Stelleninhabers.

■ Bei der *stellenorientierten Vergütung* richtet sich die Höhe der Vergütung eines Stelleninhabers nach den Merkmalen der Stelle. Diese können im Rahmen einer Stellenbewertung (vgl. Abschnitt 8.5.4) ermittelt werden.

■ Die *senioritätsorientierte* und die *kompetenzorientierte Vergütung* richten sich nach Merkmalen des Stelleninhabers. Die senioritätsorientierte Vergütung wird durch das Alter und die Unternehmenszugehörigkeit bestimmt (vgl. Kim/Park 1997, S. 118 ff.). Die kompetenzorientierte Vergütung kann sich beispielsweise nach dem Wissen, dem Bildungsabschluss, dem Qualifikationsniveau, der Erfahrung sowie den Fähigkeiten des Stelleninhabers richten (vgl. Giancola 2007; Sahl 1993).

- Bei der *leistungsabhängigen Vergütung*, welche in diesem Kapitel im Fokus steht, richtet sich die Höhe der Vergütung nach der individuellen oder teambezogenen Leistung der Beschäftigten. Sie hat zum Ziel, Führungskräfte und Mitarbeiter durch finanzielle Anreize zu motivieren, im Sinne der Unternehmensziele zu handeln (Bernard 2006, S. 1). Die Motivationswirkung der Vergütung wurde bereits in Verbindung mit Inhaltstheorien der Motivation (vgl. Abschnitt 2.2.2) ausführlich dargelegt.

Der Gestaltungsspielraum von Unternehmen bei der Höhe und der Zusammensetzung der Vergütung hängt stark von der Hierarchieebene der Beschäftigten ab (vgl. Evers 2009, S. 519). So unterliegt die Vergütung von Mitarbeitern ohne Personalverantwortung in der Regel gesetzlichen und tariflichen Bestimmungen (vgl. hierzu ausführlich Oechsler 2006, S. 388 ff.). Dagegen ist die Vergütung von Führungskräften, die überwiegend zu den außertariflich Beschäftigten mit Leitungsfunktion zählen, häufig einzelvertraglich oder auf Betriebsebene geregelt (vgl. Evers 2009, S. 519). Hier verfügen Unternehmen folglich über deutlich größere Gestaltungsspielräume als bei der Vergütung von Mitarbeitern.

Die Vergütung dient im Unternehmen vielfältigen Zwecken. Insbesondere erfüllt sie folgende Funktionen:

- *Sicherheitsfunktion*: Die Vergütung trägt dazu bei, die finanzielle Grundversorgung der Beschäftigten sicherzustellen. Die Vergütung erfüllt somit im Sinne der Maslow'schen Bedürfnispyramide (vgl. Abschnitt 2.2.2.1) ein sehr grundlegendes Bedürfnis.

- *Motivationsfunktion*: Insbesondere den variablen Vergütungskomponenten (im Gegensatz zur fixen Basisvergütung) wird ein hohes Motivationspotenzial zugesprochen (vgl. Cadsby/Song/Tapon 2007, S. 387; Harvey 1993, S. 58; Weibel/Rost/Osterloh 2007, S. 1030). Sie hängen unmittelbar von der Leistung der Führungskräfte bzw. Mitarbeiter ab und sind somit relativ gut durch diese beeinflussbar.

- *Leistungssteigerungsfunktion*: Die Vergütung setzt Anreize, die aus den Unternehmenszielen abgeleiteten Leistungsziele zu erfüllen (vgl. Logger/Vinke/Kluytmans 1995, S. 145). Gemäß der Anreiz-Beitrags-Theorie (vgl. Abschnitt 2.2.1) richten die Beschäftigten die Höhe ihres individuellen Beitrags im Rahmen eines Arbeitsverhältnisses an der Höhe der Anreize aus, die sie daraus erhalten. Folglich können stärkere Anreize in Form einer höheren Vergütung dazu führen, dass die Beschäftigten ihr Verhalten stärker auf die Unternehmensziele ausrichten und ihre Leistung steigern.

- *Selektionsfunktion*: Die Art der Zusammensetzung der Vergütung kann Signalwirkung nach außen haben und im Rahmen der Personalgewinnung zu einer Selbstselektion von Führungskräften bzw. Mitarbeitern beitragen. So werden durch einen relativ hohen variablen Vergütungsanteil tendenziell leistungsorientiertere und risikofreudigere Personen angesprochen als bei einer weitgehend aus fixen Komponenten zusammengesetzten Vergütung (vgl. Cadsby/Song/Tapon 2007, S. 387; Hoyer 2005, S. 75 f.; Roberts/Kossek/Ozeki 2000, S. 21 f.). Solche Selektionseffekte werden in der Prinzipal-Agenten-Theorie (vgl. hierzu Abschnitt 2.1.2) als „self selection" bezeichnet.

- *Bindungsfunktion*: Ein attraktives und als fair empfundenes Vergütungssystem schafft gemäß der Anreiz-Beitrags-Theorie (vgl. Abschnitt 2.2.1) und den Theorien der organisationalen Gerechtigkeit (vgl. Abschnitt 2.2.3) Anreize für Führungskräfte und Mitarbeiter, im Unternehmen zu verbleiben (vgl. Becker/Kramarsch 2006, S. 11). Allerdings können attraktive Vergütungssysteme lediglich begrenzt das Ausscheiden von Mitarbeitern verhindern. Hinweise über Grenzen der Motivationswirkung der Vergütung liefert die Zwei-Faktoren-Theorie von Herzberg (vgl. Abschnitt 2.2.2.4). Positive Effekte der Personalvergütung können durch soziale und arbeitsbezogene Aspekte sowie individuelle Persönlichkeitseigenschaften gemindert werden.

- *Kooperationsförderungsfunktion*: Ein Vergütungssystem trägt zur Förderung von Kooperation bei, wenn kooperative Verhaltensweisen von Führungskräften bzw. Mitarbeitern honoriert werden. Die Kooperationsförderungsfunktion kommt insbesondere in teambasierten Vergütungssystemen zum Tragen (vgl. Abschnitt 15.2.2).

Um den verschiedenen Funktionen gerecht zu werden, ist ein effektives und effizientes System der Personalvergütung erforderlich. Bei dessen Gestaltung sollten insbesondere folgende Leitfragen berücksichtigt werden (vgl. Tabelle 9.1).

Tabelle 9.1   Zentrale Leitfragen zur Gestaltung der Personalvergütung

Zentrale Leitfragen	Behandelt in ...
1. Welche alternativen Strategien können mit der Vergütung verfolgt werden?	Abschnitt 9.2
2. Aus welchen Komponenten kann ein Vergütungssystem zusammengesetzt werden?	Abschnitt 9.3
3. Wie können Wahlmöglichkeiten für Beschäftige im Bereich der Zusatzleistungen umgesetzt werden?	Abschnitt 9.3
4. Wie kann das Verhältnis zwischen fixer und variabler Vergütung gestaltet sein?	Abschnitt 9.4
5. Wie kann das Verhältnis zwischen der Leistung und der Vergütung gestaltet werden?	Abschnitt 9.5

9.2 Strategische Ausrichtung der Personalvergütung

Bevor verschiedene Gestaltungsvariablen der Vergütung festgelegt werden, sollten deren langfristige Ziele definiert werden (Tosi/Werner 1995, S. 1673). Aus diesem Grund bezieht sich die erste Leitfrage zur Gestaltung der Personalvergütung auf alternative Strategien zur Gestaltung von Vergütungssystemen (vgl. Tabelle 9.1). Alternative Strategien der Vergütung lassen sich anhand von zwei Dimensionen systematisieren:

- Das *relative Vergütungsniveau* repräsentiert die Höhe der Vergütung eines Unternehmens im Vergleich zu anderen Unternehmen der Branche (in Anlehnung an Brown/ Simmerling/Sturman 2003, S. 752).

- Der *variable Vergütungsanteil* drückt aus, inwieweit in der Vergütung eines Unternehmens leistungsbezogene, d. h. variable Vergütungskomponenten enthalten sind (vgl. Ichniowski/Shaw 2003, S. 156). Ein hoher variabler Vergütungsanteil bietet für die Beschäftigen die Chance, eine relativ hohe Vergütung zu realisieren. Dieser Chance steht allerdings das Risiko gegenüber, dass bei Nichterfüllung der Leistungserwartungen Gehaltseinbußen hingenommen werden müssen.

In Bezug auf das Vergütungsniveau kann zwischen drei alternativen Vergütungsstrategien unterschieden werden (vgl. Brown/Simmerling/Sturman 2003, S. 752; Tosi/Werner 1995, S. 1673):

- Unternehmen, die eine *Benchmarkingstrategie* verfolgen, bieten eine Vergütung oberhalb des durchschnittlichen Marktniveaus an. Sie sind daher in der Lage, hoch qualifizierte Führungskräfte bzw. Mitarbeiter zu gewinnen, zu binden und zu motivieren (vgl. Rynes/Weber 1991, S. 87).

- Bei der *Matchingstrategie* entspricht die Vergütung eines Unternehmens dem durchschnittlichen Marktniveau (vgl. Brown/Simmerling/Sturman 2003, S. 752).

- Die *Laggingstrategie* ist dadurch gekennzeichnet, dass die durchschnittliche Vergütung unterhalb des Marktniveaus liegt (vgl. Brown/Simmerling/Sturman 2003, S. 752). Diese Strategie wird u. a. dann herangezogen, wenn Unternehmen aufgrund interner bzw. externer Faktoren keine höheren Vergütungen anbieten können.

Um sich bei der Vergütung an Wettbewerbern auf dem Arbeitsmarkt zu orientieren, muss zunächst das durchschnittliche Marktniveau ermittelt werden. Hierfür stehen Unternehmen mehrere Möglichkeiten zur Verfügung. Neben eigener Marktanalysen und einem Austausch mit Kooperationspartnern kann auch auf zahlreiche kommerzielle Anbieter von Vergütungsstudien zurückgegriffen werden. Spezialisierte Unternehmensberatungen geben darin Aufschluss über marktübliche Vergütungsniveaus in unterschiedlichen Branchen sowie auf unterschiedlichen Hierarchieebenen (vgl. hierzu ausführlich Hünninghausen/von Hören 2006). Diese Vergütungsstudien ermöglichen Unternehmen, ihre Vergütung im Vergleich zu Wettbewerbern auf dem Arbeitsmarkt einzuordnen (vgl. Kossbiel 1998, S. 30). Neben der absoluten Vergütungshöhe ist auf dem Arbeitsmarkt das Verhältnis zwischen fixen und variablen Vergütungsanteilen entscheidend. Auch hierzu enthalten einzelne Vergütungsstudien Auswertungen. Insert 9.1 gibt einen Überblick über verschiedene Vergütungsstudien für den außertariflichen Bereich.

Insert 9.1:   Anbieter von Vergütungsstudien im Überblick (o. V. 2007)

Ausgewählte Anbieter von Vergütungsstudien

Die Anbieter von Vergütungsstudien werben damit, dass sie Unternehmen helfen können, marktgerechte Gehälter für ihre AT-Mitarbeiter zu finden. Die Nachfrage danach ist offenbar groß, wie die steigende Zahl der Studien zeigt.

Das Personalmagazin stellt in der folgenden Tabelle die wichtigsten Anbieter vor. Zwei Arten von Vergleichen sind dabei zu unterscheiden: offene und geschlossene. Während offene Vergütungsvergleiche jedes Unternehmen käuf-

lich erwerben kann, bleiben geschlossene nur für Unternehmen zugänglich, die sich selbst am Vergleich beteiligt haben. Beim Umgang mit Vergütungsvergleichen ist allerdings eines zu beachten: Nicht-monetäre Anreize (etwa Arbeitsplatzsicherheit oder Aufstiegschancen), die auch ein vergleichsweise niedriges Gehalt kompensieren können, sind darin nicht enthalten.

Anbieter \\ Merkmale	DGFP	geva Institut	Hay Group	Hewitt Associates	Kienbaum	Towers Perrin
Art der Studie	offen	offen	auf Wunsch geschlossen	geschlossen	geschlossen	geschlossen
Branchenbezug	übergreifend	übergreifend	ausgewählte Branchen	Konsumgüter, Pharma, High-Tech	IT-Branche, Banken, Versicherungen, Pharma	General Industry, High Tech
Anzahl untersuchter Unternehmen	40 bis 92	mehrere Tausend	300 in Deutschland; 8000 weltweit	40 bis 70	bis zu 950	29 bis 104

Die zuvor dargelegten drei Vergütungsstrategien werden in der Regel für das gesamte Unternehmen festgelegt (vgl. Byars/Rue 2007). Allerdings sind auch Modifikationen der Vergütungsstrategie für ausgewählte Tätigkeitsbereiche möglich.

Nimmt man die Höhe des variablen Vergütungsanteils als weitere Komponente zur strategischen Ausrichtung der Vergütung hinzu, so lassen sich sechs alternative Vergütungsstrategien unterscheiden. Diese sind in Abbildung 9.1 dargestellt.

Abbildung 9.1 Alternative Strategien zur Ausrichtung der Vergütung

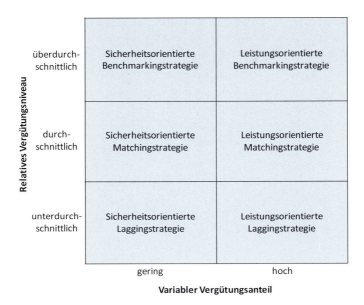

Die *sicherheitsorientierte Laggingstrategie* stellt sicher, dass grundlegende Leistungsprozesse im Unternehmen wie geplant ablaufen. Unternehmen, die diese Strategie verfolgen, setzen nahezu ausschließlich fixe Vergütungskomponenten ein. Leistungsbezogene Vergütungskomponenten sind dagegen stark unterrepräsentiert. Bei einer solchen Strategie steht die Sicherheitsfunktion der Vergütung im Fokus (vgl. Abschnitt 9.1), wodurch tendenziell Mitarbeiter mit einem stark ausgeprägten Bedürfnis nach Sicherheit attrahiert bzw. gebunden werden. An dieser Strategie ausgerichtete Vergütungssysteme finden sich in erster Linie in Behörden und öffentlichen Einrichtungen.

Auf die Steigerung der Leistungen zielt die *leistungsorientierte Laggingstrategie* ab. Durch einen relativ hohen variablen Vergütungsanteil sollen Leistungsanreize gesetzt werden. Allerdings sind Unternehmen aufgrund ihrer Marktposition nicht in der Lage, eine Vergütung entsprechend dem Marktdurchschnitt zu leisten. Gerade neu gegründete Unternehmen, in denen die Beschäftigten von einem zukünftig stark anwachsenden (leistungsorientierten) Vergütungsniveau aufgrund erwarteter positiver Unternehmensentwicklungen ausgehen, verfolgen eine solche Strategie. In dieser Konstellation bestätigt sich ein Stück weit die Annahme aus Herzbergs Zwei-Faktoren-Theorie (vgl. Abschnitt 2.2.2.4): Vergütung wird als Hygienefaktor seitens der Mitarbeiter verstanden. Wirklich entscheidend und insbesondere motivierend ist die Perspektive, sich selbst zu verwirklichen.

Auch bei der Matchingstrategie, bei der das durchschnittliche Vergütungsniveau realisiert wird, kann zwischen der sicherheitsorientierten und der leistungsorientierten Matchingstrategie unterschieden werden (in Anlehnung an Brown/Simmerling/Sturman 2003, S. 752). Wird die *sicherheitsorientierte Matchingstrategie* verfolgt, dominieren fixe Vergütungsanteile. Sie ermöglicht den Beschäftigten, ihren Status mithilfe einer regelmäßigen Vergütung zu erhalten. Veränderungen im Vergütungsbereich stehen die Beschäftigten eher zurückhaltend gegenüber. Die sicherheitsorientierte Matchingstrategie ist tendenziell in Großkonzernen zu finden, in denen sich Vergütungssysteme über Jahre hinweg entwickelt haben.

Bei einer *leistungsorientierten Matchingstrategie* wird eine gewisse Risikobereitschaft von den Mitarbeitern vorausgesetzt. Zwar wird durchschnittlich vergütet, die endgültige Vergütung hängt aber in hohem Maße von den individuellen Leistungen der Beschäftigten ab. Solche Vergütungsstrategien lassen sich in verschiedenen Dienstleistungsbranchen beobachten.

Die *sicherheitsorientierte Benchmarkingstrategie* kennzeichnet Unternehmen, deren Vergütung oberhalb des Marktdurchschnitts liegt. Es werden jedoch primär fixe Vergütungskomponenten eingesetzt. Diese Vergütungsstrategien sind ebenfalls in Großunternehmen in wachsenden Branchen wie z. B. der Pharmaindustrie zu finden. Diese Unternehmen verfügen auf der einen Seite über die entsprechenden Ressourcen, um überdurchschnittlich zu vergüten. Auf der anderen Seite sind der Gestaltung risikobezogener bzw. leistungsbezogener Komponenten der Vergütung aufgrund der Mitbestimmung jedoch vielfach Grenzen gesetzt.

Eine *leistungsorientierte Benchmarkingstrategie* zeichnet sich durch überdurchschnittliches Vergütungsniveau und einen relativ hohen variablen Vergütungsanteil aus. Eine solche Strategie wird insbesondere von etablierten Unternehmen in Branchen verfolgt, in denen Fachkräfte mit den erforderlichen Qualifikationen am Arbeitsmarkt verhältnismäßig knapp sind. Die leistungsorientierte Benchmarkingstrategie findet sich beispielsweise im Investmentbanking sowie zunehmend in größeren Beratungsunternehmen.

9.3 Grundlegende Komponenten der Personalvergütung

Die in Abschnitt 9.2 erläuterten Strategien der Personalvergütung können durch eine entsprechende Zusammensetzung und Ausgestaltung des Vergütungssystems eines Unternehmens umgesetzt werden. Die zweite eingangs gestellte Frage zur Gestaltung der Personalvergütung bezieht sich deshalb auf die grundlegenden Bestandteile, aus denen Vergütungssysteme gebildet werden können (vgl. Tabelle 9.1). Hierbei kann zwischen fixen und variablen Vergütungskomponenten sowie Zusatzleistungen unterschieden werden (vgl. Balkin/Bannister 1993, S. 139). Zusammen betrachtet werden diese Komponenten als Gesamtvergütung oder auch „Total Compensation" bezeichnet (vgl. Becker/Kramarsch 2006, S. 25). Eine Systematisierung verschiedener Komponenten der Personalvergütung nimmt Abbildung 9.2 vor.

Abbildung 9.2   Systematisierung grundlegender Komponenten der Personalvergütung

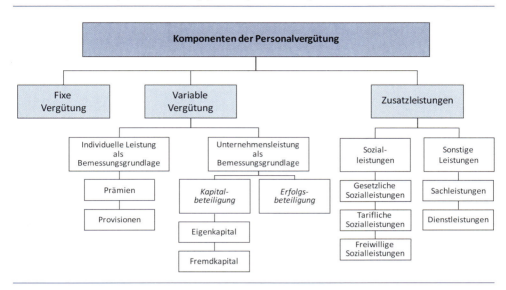

Die *fixe Vergütung* ist im Grunde eine Basisvergütung (vgl. Palli 2004, S. 183). Sie wird regelmäßig, meist monatlich gezahlt und orientiert sich an den Anforderungen des jeweiligen Arbeitsplatzes (vgl. Femppel/Zander 2005, S. 50).

Fixe Vergütung	Form des zeitbezogenen Entgelts, das vertraglich vereinbart ist und in regelmäßigen Zeitabständen ausgezahlt wird (vgl. Bernard 2006, S. 87; Schettgen 1996, S. 328).

Die fixe Vergütung als Basisvergütung stellt eine Art Garantielohn dar (vgl. Palli 2004, S. 183) und soll für die Beschäftigten eine Mindestvergütung sicherstellen (vgl. Evers 2009, S. 519). Charakteristisch für die fixe Vergütung ist, dass kein konkreter Bezug zur erbrachten Leistung gegeben ist. Der Grundsatz der gleichen Vergütung bei gleicher Arbeit führt in der Regel zu verschiedenen Entgeltgruppen (vgl. Femppel/Zander 2005, S. 50). Allerdings wird hierbei nicht eine generell vorhandene Qualifikation, sondern die zur Ausführung verschiedener Aufgaben erforderliche Qualifikation vergütet (vgl. Femppel/Zander 2005, S. 50).

Gemäß der Prinzipal-Agenten-Theorie ist davon auszugehen, dass Unternehmen und Beschäftigte danach streben, ihren individuellen Nutzen in der Austauschbeziehung zu maximieren (vgl. hierzu ausführlich Abschnitt 2.1.2). Das Unternehmen (als Prinzipal) ist also gefordert, Leistungsanreize für die Beschäftigten (als Agenten) zu setzen. Solche Anreize können beispielsweise durch variable Vergütungskomponenten realisiert werden (vgl. James 2005, S. 550; Lazear/Rosen 1981, S. 841 f.).

| *Variable* | Leistungs- oder erfolgsabhängige Entgeltkomponente, die hinsichtlich |
| *Vergütung* | ihrer Höhe nicht vertraglich fixiert ist (vgl. Schettgen 1996, S. 329). |

Im Gegensatz zur fixen Vergütung hängt die *variable Vergütung* von den individuellen Leistungen der Beschäftigten, der Teamleistung bzw. dem Unternehmenserfolg ab (vgl. Brown/Heywood 2005, S. 661). Lediglich die Berechnungsgrundlagen können vertraglich fixiert sein (vgl. Falkenstein 2005, S. 26). Die variable Vergütung wird Führungskräften bzw. Mitarbeitern also nur unter der Voraussetzung ausgezahlt, dass bestimmte Verhaltensweisen gezeigt oder bestimmte Ergebnisse erbracht werden. Variable Vergütungskomponenten tragen somit im Sinne der Prinzipal-Agenten-Theorie dazu bei, dass Beschäftigte versuchen, ihre Vergütung zu erhöhen, indem sie ihre Leistung steigern (vgl. Conlon/Parks 1990, S. 603). Die klassische Form der variablen Vergütung, die sich an der individuellen Leistung oder am Unternehmenserfolg orientiert, wird im vorliegenden Kapitel diskutiert. Wird im Rahmen der variablen Vergütung die Teamleistung als Bemessungsgrundlage herangezogen, so handelt es sich um eine Sonderform der Vergütung, die so genannte Teamvergütung. Diese wird im Zusammenhang mit den Anreizinstrumenten der Teamführung in Abschnitt 15.2.2 vertieft.

Die variable Vergütung bringt eine Reihe von Chancen und Risiken mit sich (vgl. Gómez-Mejía/Balkin/Cardy 2007, S. 337). Die Chancen und Risiken aus Unternehmens- und Mitarbeitersicht sind in Tabelle 9.2 dargelegt. Vor diesem Hintergrund sollte die Relation zwischen fixer und variabler Vergütung sorgfältig abgewägt werden. Auf verschiedene Kombinationsmöglichkeiten fixer und variabler Vergütungskomponenten geht Abschnitt 9.4 ausführlich ein.

Tabelle 9.2   Chancen und Risiken der variablen Vergütung

Chancen der variablen Vergütung ...	Risiken der variablen Vergütung ...
... auf der Ebene des Unternehmens	
■ Reduzierte fixe Personalkosten ■ Erhöhte Attraktivität des Unternehmens für leistungsorientierte Führungskräfte bzw. Mitarbeiter ■ Gesteigerte Identifikation derMitarbeiter mit den Unternehmenszielen	■ Gefahr der Fokussierung des Mitarbeiterverhaltens auf kurzfristige Ziele ■ Vernachlässigung der Art und Weise der Zielerreichung (z. B. Nicht-Einhaltung der Unternehmenswerte)
... auf der Ebene der Mitarbeiter	
■ Erhöhte Arbeitszufriedenheit durch Äquivalenz von Leistung und Vergütung ■ Erhöhter Lebensstandard aufgrund erhöhter, leistungsabhängiger Verdienstmöglichkeiten	■ Höheres finanzielles Risiko (für Leistungsausfälle) ■ Erhöhter Leistungsdruck und dadurch bedingte psychische Probleme (vgl. Kapitel 19)

Bilden individuelle Leistungen die Bemessungsgrundlage, so können zwei variable Vergütungsformen unterschieden werden (vgl. Fuchs/Unger 2003, S. 190, sowie Abbildung 9.2):

■ Bei *Prämien* handelt es sich um fest vereinbarte Zahlungen des Unternehmens an Führungskräfte bzw. Mitarbeiter als Belohnung dafür, dass zuvor festgelegte Ziele erreicht wurden (vgl. Fuchs/Unger 2003, S. 190). Prämien können sich sowohl auf quantitative als auch auf qualitative Ziele beziehen (vgl. hierzu ausführlich Abschnitt 8.5).

■ Als *Provision* erhalten Beschäftigte einen festgelegten prozentualen Anteil einer definierten Bemessungsgrundlage (z. B. Umsatz oder Deckungsbeitrag pro Mitarbeiter) zusätzlich zu ihrer fixen Vergütung (vgl. Mattmüller 2006, S. 334). Provisionen beziehen sich ausschließlich auf monetäre Größen.

Grundlage zur Ermittlung der variablen Vergütungshöhe sind die Ergebnisse der Personalbeurteilung (vgl. Kapitel 8). Die Beurteilungskriterien sind so zu wählen, dass sie die Ziele der Vergütung optimal unterstützen (vgl. Abschnitt 9.2). Als Bemessungsgrundlage der variablen Vergütung können individuelle Leistungen bzw. die Unternehmensleistung herangezogen werden (vgl. Abbildung 9.2). Das Heranziehen *individueller Leistungen als Bemessungsgrundlage* der variablen Vergütung setzt allerdings voraus, dass die betroffenen Führungskräfte bzw. Mitarbeiter ihre Leistungen direkt beeinflussen können und die Leistungen messbar sind (vgl. Föhr 1994, S. 160). Im Vertriebsbereich von Unternehmen wird die variable Vergütung häufig auf der Basis individueller Leistungen ermittelt, da diese relativ gut quantifizierbar sind. In anderen Funktionsbereichen, in denen die Leistungen einzelner Führungskräfte bzw. Mitarbeiter nur begrenzt quantifiziert werden können (z. B. Forschung & Entwicklung), kann die Einführung einer an individuellen Leistungen orientierten variablen Vergütung dagegen mit erheblichen Umsetzungs- und Akzeptanzproblemen verbunden sein.

Wird die *Unternehmensleistung als Bemessungsgrundlage* der variablen Vergütung herangezogen, so liegt in der Regel eine Mitarbeiterbeteiligung vor (vgl. Emde 2004, S. 92). Diese meist langfristig ausgerichtete variable Vergütungskomponente (Long-Term Incentives) soll die Identifikation von Führungskräften bzw. Mitarbeitern mit dem Unternehmen und dessen Zielen, unternehmerisches Denken und Handeln sowie die langfristige Bindung der Beschäftigten fördern (vgl. Becker/Kramarsch 2006, S. 25; Maack/Voß/Wilke 2003, S. 14). In der Regel sind Mitarbeitergruppen, die tendenziell erhöhter Fluktuation unterliegen (z. B. Zeitarbeitskräfte) oder nur befristet im Unternehmen tätig sind (z. B. Auszubildende), von Beteiligungsmodellen ausgeschlossen (vgl. Maack/Voß/Wilke 2003, S. 17). Im Kern lassen sich zwei Formen der Mitarbeiterbeteiligung unterscheiden (vgl. Abbildung 9.2):

■ die Kapitalbeteiligung und

■ die Erfolgsbeteiligung.

Die *Kapitalbeteiligung* kann grundsätzlich allen Beschäftigten angeboten werden. In der Unternehmenspraxis sind solche Beteiligungsmodelle jedoch häufig auf ausgewählte Führungskräfte bzw. Mitarbeiter beschränkt (vgl. Gaugler 2005, S. 239).

Kapital- **beteiligung**	Form der variablen Vergütung, bei der Führungskräfte bzw. Mitarbeiter am Eigen- bzw. Fremdkapital ihres Unternehmens partizipieren (in Anlehnung an Voß et al. 2003, S. 12).

Kapitalbeteiligungen lassen sich danach unterscheiden, ob die Beschäftigten direkt oder indirekt am Unternehmen beteiligt sind (vgl. Brandenberg 2001, S. 68). Im Falle einer *direkten Kapitalbeteiligung* sind die Beschäftigten unmittelbar am Unternehmen beteiligt. Bei einer *indirekten Kapitalbeteiligung* werden dagegen Fonds bzw. Institutionen zwischengeschaltet, welche wiederum direkt am Unternehmen beteiligt sind. Die Wahl zwischen direkter und indirekter Kapitalbeteiligung hängt insbesondere von der Rechtsform des Unternehmens ab (vgl. hierzu ausführlich Voß et al. 2003, S. 12).

Beschäftige können am Eigenkapital oder am Fremdkapital des Unternehmens beteiligt werden. Verschiedentlich werden in der Literatur auch Mischformen (so genannte Mezzanine) diskutiert (vgl. ausführlich Dross 1999, S. 41; Lühn 2006, S. 40). Aufgrund ihrer relativ begrenzten Bedeutung für die Praxis der Personalvergütung werden diese an dieser Stelle nicht vertieft.

Die in der Unternehmenspraxis am häufigsten vertretene Variante der Kapitalbeteiligung ist die *Eigenkapitalbeteiligung* (vgl. Emde 2004, S. 92; Voß et al. 2003, S. 12). Hierbei werden Führungskräfte bzw. Mitarbeiter zu Miteigentümern des Unternehmens. Sie partizipieren am Ergebnis und haften für die Verbindlichkeiten des Unternehmens in Höhe ihrer Einlage (vgl. Emde 2004, S. 92). Die beteiligten Beschäftigten erlangen darüber hinaus eine Reihe von Kontroll- und Mitentscheidungsrechten. Die Eigenkapitalbeteiligung wird häufig in Kapitalgesellschaften (insbesondere Aktiengesellschaften) und Genossenschaften praktiziert.

Bei der *Fremdkapitalbeteiligung* überlassen Führungskräfte bzw. Mitarbeiter dem Unternehmen für eine bestimmte Laufzeit Kapital mit einer vereinbarten Verzinsung. Die wichtigsten Formen der Fremdkapitalbeteiligung sind (in Anlehnung an Becker/Fremmer 2001, S. 3; Gaugler 2005, S. 238)

- Mitarbeiterdarlehen und

- Mitarbeiterschuldverschreibungen.

Bei *Mitarbeiterdarlehen* leihen die Beschäftigten dem Unternehmen für einen bestimmten Zeitraum eine festgelegte Geldsumme, die nach Ablauf dieses Zeitraums zurückgezahlt wird (vgl. Voß et al. 2003, S. 12). Die Beschäftigten erhalten als Gläubiger keine Informations- oder Beteiligungsrechte, bekommen jedoch in der Regel eine bessere Verzinsung als bei vergleichbaren Finanzprodukten am freien Markt.

Im Falle von *Mitarbeiterschuldverschreibungen* werden fest verzinsliche Wertpapiere zu einem bestimmten Kurswert an die Führungskräfte bzw. Mitarbeiter ausgegeben (vgl. Holtbrügge 2007, S. 182). Diese Form der Fremdkapitalbeteiligung ist auf Unternehmen mit Zugang zum Kapitalmarkt, und zwar im Wesentlichen auf Großaktiengesellschaften und Kommanditgesellschaften auf Aktien, beschränkt (vgl. Drumm 2008, S. 537).

Eine Partizipation von Führungskräften bzw. Mitarbeitern am Erfolg des Unternehmens lässt sich über *Erfolgsbeteiligungen* realisieren (vgl. Femppel/Zander 2005, S. 55). Diese können auf einzelvertraglichen oder betrieblichen Vereinbarungen zwischen Unternehmen und Mitarbeitern bzw. Mitarbeitervertretern basieren (vgl. Maack/Voß/Willke 2003, S. 17).

Erfolgs-beteiligungen	Monetäre Zuwendungen von Unternehmen an Führungskräfte bzw. Mitarbeiter, deren Höhe sich nach dem Erfolg des Unternehmens richtet (vgl. Maack/Voß/Wilke 2003, S. 17; Voß et al. 2003, S. 11).

Die Erfolgsbeteiligung orientiert sich an übergeordneten Erfolgsgrößen des Unternehmens (vgl. Femppel/Zander 2005, S. 55). Sie ist von der an der individuellen Leistung orientierten variablen Vergütung zu trennen, weil der Unternehmenserfolg aus dem Zusammenwirken verschiedener Faktoren resultiert und somit nur indirekt durch die Beschäftigten beeinflussbar ist (vgl. Maack/Voß/Wilke 2003, S. 18). Bemessungsgrundlagen für die Erfolgsbeteiligung sind insbesondere (vgl. Schneider 2004)

- Ertragsgrößen (Umsatz, Nettoertrag usw.),

- Gewinngrößen (Bilanzgewinn, Ausschüttungsgewinn usw.) sowie

- Leistungsgrößen (Produktivität, Kostenersparnis usw.).

In der Unternehmenspraxis dominiert die Gewinnbeteiligung (vgl. Oechsler 2006, S. 438). Ein monetärer Anteil der Beteiligung wird ausschließlich dann ausgeschüttet, wenn das Unternehmen bestimmte Gewinngrößen erreicht. So kann beispielsweise vorab eine Gewinnerwartung definiert werden, an der Führungskräfte bzw. Mitarbeiter bei Erfüllung prozentual partizipieren (vgl. Femppel/Zander 2005, S. 55). Alternativ hierzu kann ein prozentualer Anteil am Gesamtgewinn des Unternehmens ausgeschüttet werden (vgl. Femppel/Zander 2005, S. 55). Insert 9.2 veranschaulicht am Beispiel der Audi AG, wie ein Modell zur Beteiligung der Beschäftigten am Unternehmenserfolg umgesetzt werden kann.

Insert 9.2:   Beteiligung der Mitarbeiter am Unternehmenserfolg bei der Audi AG
                         (Audi AG 2009)

Audi Erfolgsbeteiligung 2009: durchschnittlich 5.300 Euro pro Mitarbeiter

Das herausragende Ergebnis der AUDI AG im Jahr 2008 zahlt sich für die rund 43.000 Tarifmitarbeiter an den deutschen Standorten in Ingolstadt und Neckarsulm aus: Das Unternehmen schüttet in diesem Jahr € 230 Mio. an seine Beschäftigten aus. „Ein attraktiver Arbeitgeber ist, wer den Erfolg des Unternehmens zum Erfolg der Mitarbeiter macht", sagte Dr. Werner Widuckel, Personalvorstand der AUDI AG. „Gerade in Zeiten wie diesen trägt der engagierte Einsatz jedes einzelnen Mitarbeiters zum Erfolg des Unternehmens und damit zur Sicherung der Beschäftigung bei." Audi hat heute auf der Jahrespressekonferenz das höchste Ergebnis aus der operativen Geschäftstätigkeit in der Geschichte des Unternehmens verkündet: € 2.772 Mio. Zehn Prozent des operativen Ergebnisses oberhalb einer Grenze von € 1,2 Mrd., d.h. € 157 Mio. werden im Mai dieses Jahres allein für diese Erfolgskomponente an die Beschäftigten ausgeschüttet. Das bedeutet durchschnittlich pro Mitarbeiter € 3.600.

Diese so genannte erweiterte Mitarbeitererfolgsbeteiligung (eMEB) wurde im April 2005 in der Vereinbarung „Zukunft Audi – Leistung, Erfolg, Beteiligung" von Unternehmensleitung und Gesamtbetriebsrat festgeschrieben. Die eMEB ist eine freiwillige, übertarifliche und ergebnisabhängige Entgeltkomponente. [...] Die erweiterte Mitarbeitererfolgsbeteiligung wird dieses Jahr zum vierten Mal zusätzlich zur bisherigen Mitarbeitererfolgsbeteiligung (MEB) ausgezahlt. Die MEB setzt sich aus einem Grundbetrag, einer nach Betriebszugehörigkeit gestaffelten Prämie sowie einer variablen Beteiligung am Unternehmenserfolg zusammen. Pro Mitarbeiter wird im Juli ein Betrag von durchschnittlich € 1.700 ausgezahlt.

Damit honoriert Audi die Leistungen der Mitarbeiter in diesem Jahr mit einem Bonus (MEB und eMEB) von durchschnittlich € 5.300 und liegt damit auf Vorjahresniveau.

Derzeit werden Mitarbeiterbeteiligungen in deutschen Unternehmen nur selten eingesetzt. So zeigt eine aktuelle Studie, dass lediglich 3.750 von 3 Millionen Unternehmen in Deutschland über ein Beteiligungsmodell verfügen. Damit sind gerade einmal acht Prozent aller sozialversicherungspflichtigen Beschäftigten in Deutschland in irgendeiner Form an ihrem Unternehmen beteiligt (vgl. Haas 2007, S. 8).

Die dritte Komponente der Personalvergütung bilden die so genannten *Zusatzleistungen*. Diese Leistungen, welche die fixe bzw. variable Vergütung ergänzen, lassen sich in soziale Leistungen und sonstige Leistungen unterteilen (vgl. Ahlert et al. 2005, S. 85).

Sozial-leistungen	Zuwendungen, die zusätzlich zum Arbeitsentgelt gezahlt und aufgrund der Betriebszugehörigkeit von Führungskräften bzw. Mitarbeitern gewährt werden (vgl. Ahlert et al. 2005, S. 85).

Bei *Sozialleistungen* stehen soziale Aspekte, wie beispielsweise die Versorgung im Krankheitsfall oder die Altersvorsorge, im Vordergrund. Die Verhaltensweisen bzw. die Leistungen der jeweiligen Mitarbeiter finden dagegen keine Berücksichtigung (vgl. Ahlert et al. 2005, S. 85). Sozialleistungen dienen der Absicherung der Mitarbeiter gegen Risiken (Unfall, Arbeitsunfähigkeit usw.) und werden nur im Falle von Bedürftigkeit gezahlt (vgl. Schuler/Rogovsky 1998, S. 166). Im Hinblick auf die Anspruchsgrundlage kann zwischen drei Gruppen von Sozialleistungen unterschieden werden (vgl. Femppel/Zander 2005, S. 59; Föhr 1994, S. 62):

- *Gesetzliche Sozialleistungen* sind per Gesetz festgelegt und werden jeweils zur Hälfte von Unternehmen und Beschäftigten getragen. Zu diesen Leistungen zählen insbesondere Beiträge zur Renten-, Kranken-, Pflege- und Arbeitslosenversicherung (vgl. Ahlert et al. 2005, S. 85). Darüber hinaus sind durch das Unternehmen zu leistende Entgeltfortzahlungen im Krankheitsfall, Beiträge zur Betriebsunfallversicherung, Zahlungen im Rahmen des Mutterschutzes sowie bezahlte Feiertage den gesetzlichen Sozialleistungen zuzuordnen.

- *Tarifliche Sozialleistungen* werden durch Tarifverträge geregelt, die die Unternehmen zu bestimmten Zahlungen verpflichten (vgl. Föhr 1994, S. 64). Beschäftigte können sich folglich gegenüber ihrem Arbeitgeber auf die Regelungen des Tarifvertrags berufen.

- Schließlich können Unternehmen über gesetzliche und tarifliche Sozialleistungen hinaus *freiwillige Sozialleistungen* gewähren (vgl. Föhr 1994, S. 62). Sind diese nicht im Arbeitsvertrag festgeschrieben, können die Beschäftigten allerdings keinen Rechtsanspruch geltend machen.

Sonstige Leistungen werden von Unternehmen insbesondere zur Abgrenzung gegenüber Wettbewerbern bzw. zur Gewinnung und Bindung von Führungskräften und Mitarbeitern eingesetzt (vgl. Duderstadt 2006, S. 170). Zu den sonstigen Leistungen zählen Sachleistungen (wie z. B. Firmenwagen) und Dienstleistungen (wie z. B. kostenlose Betreuungsangebote für Kinder in Betriebskindergärten).

Wie die Ausführungen zur Leistungsmotivationstheorie (vgl. Abschnitt 2.2.2.3) sowie zur VIE-Theorie (vgl. Abschnitt 2.2.2.5) zeigen, können die Motive und die Bedürfnisse von Beschäftigten stark variieren. Um diesen interindividuellen Unterschieden gerecht zu werden, können Unternehmen ihren Beschäftigten mittels eines so genannten *Cafeteria-Systems* die Möglichkeit geben, aus einer Reihe von Zusatzleistungen die passenden auszuwählen (vgl. Leitfrage 3, Tabelle 9.1). Dieses Kompensationskonzept, das auch als flexible benefit plan bezeichnet wird, wird seit den 80er Jahren in den USA praktiziert (Barringer/Milkovich 1998; Shea 1981).

Cafeteria-System	Angebot an Beschäftigte, periodisch (z. B. jährlich) einzelne Komponenten der vom Unternehmen bezogenen Leistungen auszutauschen (Benders/Delsen/Smits 2006, S. 1117).

Die Anreizfunktion von bestimmten Vergütungskomponenten kann durch die Implementierung eines solchen Cafeteria-Systems zusätzlich gesteigert werden. Im Rahmen dieses Systems wählt jede Führungskraft und jeder Mitarbeiter auf Basis seiner persönlichen Präferenzen entsprechende Zusatzleistungen aus (Benders/Delsen/Smits 2006, S. 1115). Darüber hinaus haben die Beschäftigten regelmäßig die Möglichkeit, die gewählten Zusatzleistungen an die aktuelle Bedürfnis- und Finanzlage anzupassen (vgl. Bürkle 2001, S. 37 ff.; Wagner 2004, S. 631 ff.). Wesentliche Gestaltungsmerkmale eines Cafeteria-Systems sind somit (vgl. Korb 2008, S. 41)

- ein Wahlangebot mit mehreren Alternativen,

- die Individualisierung von Zusatzleistungen im Rahmen eines individuell zur Verfügung stehenden Cafeteria-Budgets und

- eine periodisch wiederkehrende Wahlmöglichkeit.

Eine solche Wahlmöglichkeit ist aus Sicht der Beschäftigten nur dann attraktiv, wenn für ein bestimmtes Einkommen eine höhere Nettorendite bzw. ein erhöhter Einkommenswert erzielt werden kann (Wagner 1991, S. 44). Dies geschieht zum einen über die Inanspruchnahme von Steuervorteilen (Wagner 1991, S. 44), zum anderen über einen Allokationseffekt durch die Optimierung der Bedürfnisbefriedigung.

Bei der Ausgestaltung des Cafeteria-Systems stehen Unternehmen drei Gestaltungskomponenten zur Verfügung:

- das Cafeteria-Budget des einzelnen Beschäftigten,

- die Ausgestaltung des Wahlangebots sowie

- die Art der angebotenen Zusatzleistungen.

Die Festlegung des *Cafeteria-Budgets des einzelnen Beschäftigten* kann sich am Umfang der bisherigen freiwilligen Sozialleistungen und der bisherigen sonstigen Leistungen des Unternehmens orientieren. Dies führt in der Regel zu einem von der Hierarchieebene des jeweiligen Beschäftigten abhängigen Cafeteria-Budget (vgl. Hungenberg/Wulf 2007, S. 301). Darüber hinaus kann es den Führungskräften und Mitarbeitern ermöglicht werden, monetäre Vergütungsbestandteile gegen zusätzliches Cafeteria-Budget einzutauschen.

Die *Ausgestaltung des Wahlangebots* hängt davon ab, wie flexibel die Beschäftigten Leistungen auswählen können. Hierbei werden der Kernplan, der alternative Menüplan und der Buffetplan unterschieden (vgl. Korb 2008, S. 49 ff.).

- Beim *Kernplan* existiert ein Paket von fixen Zusatzleistungen, die im Sinne einer Mindestversorgung bezogen werden müssen. Darin enthalten sind häufig als besonders wichtig empfundene Leistungen wie beispielsweise die Altersvorsorge (vgl. Berthel/Becker 2007, S. 476).

- Beim *alternativen Menüplan* können die Beschäftigten zwischen verschiedenen (bereits im Vorhinein festgelegten) Leistungspaketen wählen.

- Beim *Buffetplan* können die Beschäftigten aus den einzelnen Zusatzleistungen frei wählen und beliebige Kombinationen zusammenstellen.

Die *Art der angebotenen Zusatzleistungen* beschreibt, welche zusätzlichen Sozialleistungen (z. B. erhöhte Altersvorsorge) sowie Sach- und Dienstleistungen (z. B. zusätzliche Versicherungen, Gesundheitsvorsorgeuntersuchungen) von einem Unternehmen im Rahmen eines Cafeteria-Systems angeboten werden. Über diese materiellen Leistungen hinaus kann den Führungskräften und Mitarbeitern die Möglichkeit gegeben werden, ihr Cafeteria-Budget mit ihrer Arbeitszeit zu verrechnen (vgl. Berthel/Becker 2007, S. 476). So können Teile des persönlichen Cafeteria-Budgets beispielsweise gegen Urlaubstage, Sabbaticals (vgl. Abschnitt 6.3.1) oder verkürzte Lebensarbeitszeiten getauscht werden. Bei der Gestaltung der Art der angebotenen Zusatzleistungen sind gesetzliche Vorgaben zu beachten. So erlaubt das deutsche Rechtssystem den Einsatz von Cafeteria-Systemen nur im Zusatzleistungsbereich (vgl. Grawert/Wagner 1990, S. 23). In den USA können Cafeteria-Systeme auf breiterer Basis (z. B. bei Krankenversicherungen) eingesetzt haben (Benders/Delsen/Smits 2006).

Cafeteria-Systeme bringen eine Reihe von Vor- und Nachteilen mit sich. Die Vor- und Nachteile aus Unternehmens- und Mitarbeitersicht sind in Tabelle 9.3 dargelegt (in Anlehnung an (Benders/Delsen/Smits 2006, S. 1115; Korb 2008, S. 179 ff.; Kroll/Dolan 2001, S. 7; Wolf 1993, S. 204 f.).

Tabelle 9.3   Vor- und Nachteile von Cafeteria-Systemen

Vorteile …	Nachteile …
… auf der Ebene des Unternehmens	
■ Erhöhung der Attraktivität als Arbeitgeber ■ Steigerung des Unternehmensimages ■ Steigerung der Mitarbeiterzufriedenheit und -motivation ■ Verbesserung der Wirtschaftlichkeit (z. B. Rabatte bei größeren Abnahmen, Steuervorteile)	■ Erhöhung des Verwaltungsaufwandes durch Nutzung und regelmäßige Anpassung des Systems ■ Steigerung der Anforderungen an die zuständigen Personalsachbearbeiter ■ Erhöhung des Verwaltungsaufwandes im Vorfeld zur Klärung zahlreicher steuer-, arbeits-, sozialversicherungsrechtlicher und tarifvertraglicher Fragestellungen

Vorteile ...	Nachteile ...
... auf der Ebene der Mitarbeiter	
■ Erhöhung des Einkommenswertes durch höheren Nutzen des Einkommens ■ Anpassung von Zusatzleistungen an individuelle Bedürfnisse ■ Steigerung der Mitsprachemöglichkeiten im Unternehmen ■ Steigerung der Flexibilität durch periodisch wiederkehrende Wahlmöglichkeiten	■ Steigerung der Abhängigkeit vom Arbeitgeber (z. B. bei Firmenkrediten, Pensionsrückstellungen) ■ Längerfristige zeitliche Bindung bestimmter Optionen (z. B. Lebensversicherungen) ■ Erhöhung des Fehlentscheidungsrisikos ■ Möglichkeit des Wegfalls einzelner Leistungen im Zeitablauf

Bei der Einführung eines Cafeteria-Systems ist gegebenenfalls mit Widerständen von Mitarbeitern und Gewerkschaften zu rechnen (Kroll/Dolan 2001, S. 7). Letztere fürchten häufig einen Kontrollverlust über bestimmte Teile der Vergütung. Weiterhin belegen Studien, dass sich bei optionalen Cafeteria-Systemen häufig nur ein sehr geringer Anteil der Beschäftigten beteiligt. Dies macht deutlich, dass es oft schwierig ist, bei der Ausgestaltung eines solchen Systems die Erwartungen unterschiedlicher Beschäftigtengruppen auszutarieren (Benders/Delsen/Smits 2006, S. 1125).

Aufgrund der hohen Komplexität eines Cafeteria-Systems sollte deren Einführung einem strukturierten Prozess folgen. Hierbei sind folgende Schritte empfehlenswert (in Anlehnung an Kroll/Dolan 2001, S. 6):

1. Einholen der Unterstützung des Topmanagements.

2. Analysieren der aktuellen Vergütungsstruktur der Führungskräfte und der Mitarbeiter.

3. Ermitteln der Präferenzen und der Bedürfnisse der Belegschaft (z. B. Mitarbeiterumfrage in Bezug auf gewünschte Zusatzleistungen).

4. Detailliertes Planen des Cafeteria-Systems (z. B. Festlegung der Berechtigten, Berechnung des Cafeteria-Budgets usw.), inklusive der Absprache mit externen Partnern (z. B. Versicherungen) und betroffenen Stakeholdern (z. B. Gewerkschaften).

5. Rechtliches Absichern des Systems, gegebenenfalls unter Hinzuziehung von rechtlicher Beratung.

6. Einrichten eines Datenverwaltungssystems, welches den laufenden Verwaltungsaufwand minimiert.

7. Internes Kommunizieren des neuen Systems.

8. Einleiten der Nutzungsphase.

9. Periodisch wiederkehrendes Kontrollieren und Anpassen (z. B. an veränderte Bedürfnisse der Belegschaft).

Die letzten Schritte des Prozesses zur Implementierung eines Cafeteria-Systems werden in Insert 9.3 am Beispiel der Volksbank eG verdeutlicht. Hierbei wird insbesondere auf die interne Kommunikation und Maßnahmen zur Reduktion des laufenden Verwaltungsaufwandes eingegangen.

Insert 9.3:   Erfahrungen mit dem Cafeteria-System bei der Volksbank eG in Wiesbaden (Offermanns 2003)

Administrativer Aufwand deutlich geringer

Im August 2001 wurden alle Mitarbeiter der Bank nach Absprache mit dem Betriebsrat über das geplante neue Sozialleistungssystem anhand einer 15-seitigen Broschüre informiert. In dieser Broschüre wurden ausführlich der Inhalt und die Berechnungsgrundlagen für das neue System dargestellt. Die veröffentlichten Fakten lösten im Hause eine umfangreiche Diskussion über das neue System aus, die jedoch eindeutig positive Zustimmung signalisierte. Nach Zustimmung des Betriebsrates wurde das System zum 1. Januar 2002 eingeführt.

Die Mitarbeiter erhielten im November 2001 ein Schreiben von der Personalabteilung, in dem ihnen ihr Anspruch für das Jahr 2002 mitgeteilt wurde. In diesem Schreiben waren ebenfalls nochmals alle Leistungen des Systems mit der Bitte aufgeführt, sich innerhalb von vier Wochen zu entscheiden. Gleichzeitig wurde in der Personalabteilung ein Infotelefon zu Fragen zum neuen System eingerichtet. [...]

Nachdem alle Mitarbeiter ihre Auswahl getroffen hatten, wurden die entsprechenden Daten in der Personalabteilung in Excel-Tabellen eingepflegt. Für Mitarbeiter, die sich für die Altersversorgung entschieden hatten, wurde eine kurze Teilnahmeerklärung versandt, die als Vertragsunterlage zu unterschreiben war.

Eine Auswertung der gewählten Leistungen ergab, dass zusätzliche Urlaubstage und Altersversorgung mit jeweils zirka 35 Prozent die ‚Renner' des neuen Systems waren, danach folgten der Fahrtkosten- und der Kindergartenzuschuss. Zirka zehn Prozent der Mitarbeiter wählten die steuer- und sozialversicherungspflichtige Auszahlung des ihnen zustehenden Budgetbetrages.

Im Jahr 2002 erfolgte die Auswahl der Sozialleistungen nicht mehr in Papierform, sondern mit entsprechenden Datenbanken im Rahmen des bei der Wiesbadener Volksbank genutzten internen Kommunikationssystems. Dies bedeutet, dass Mitarbeiter im November des Vorjahres ein Formular am Bildschirm aufrufen können, um sich über ihr Budget und die entsprechenden Wahlmöglichkeiten zu informieren. Für den Fall, dass die vom Mitarbeiter gewählten Sozialleistungen (z. B. der Fahrtkostenzuschuss) hinsichtlich ihrer Abwicklung noch erklärungsbedürftig ist, öffnet sich sofort ein weiteres Fenster auf dem Bildschirm, aus dem sich die Abwicklungsmodalitäten ergeben. Dieses Verfahren konnte den administrativen Aufwand bei der Abwicklung der Sozialleistungen noch weiter verringern. Insgesamt lag der Aufwand auch vorher schon deutlich unter dem für die früheren Sozialleistungen.

9.4   Verhältnis zwischen fixer und variabler Vergütung

Die vierte eingangs gestellte Leitfrage bezieht sich darauf, wie das Verhältnis zwischen den fixen und den variablen Vergütungskomponenten gestaltet sein soll (vgl. Tabelle 9.1). Die Gewichtung des fixen und des variablen Anteils der Vergütung kann durchaus variieren. Abbildung 9.3 veranschaulicht unterschiedliche Kombinationsmöglichkeiten der fixen und der variablen Vergütung (vgl. für grundlegende Erläuterungen Abschnitt 9.3).

Abbildung 9.3   Ausgewählte Kombinationsmöglichkeiten von fixer und variabler Vergütung

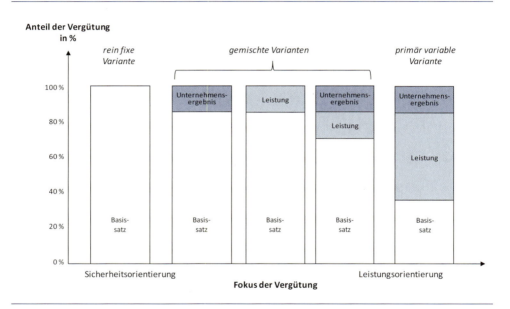

Wie Abbildung 9.4 zeigt, hängt der durchschnittliche variable Vergütungsanteil stark von der Branche ab. Die relativ höchsten variablen Anteile finden sich in Unternehmensberatungen, Banken und Versicherungen, wohingegen in der Verwaltung sowie im Bau- und Gastgewerbe der variable Anteil mit weniger als 10 Prozent sehr gering ausfällt.

Abbildung 9.4   Durchschnittlicher variabler Vergütungsanteil nach Branchen
(in Anlehnung an Bernard 2006, S. 231)

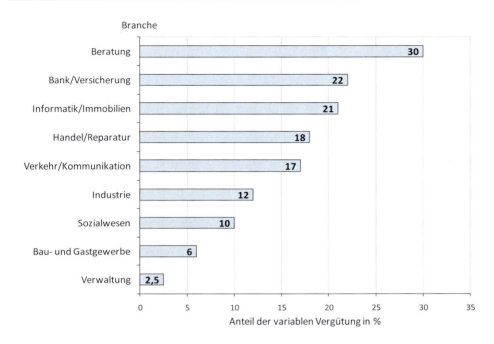

Anmerkung: Stichprobe n = 199 Unternehmen aus der Schweiz

Die Höhe der Gesamtvergütung hängt von der Zusammensetzung der gewählten Bemessungsgrundlagen (vgl. Abschnitt 9.3) ab. Wie Abbildung 9.5 veranschaulicht, werden in der Unternehmenspraxis häufig verschiedene Bemessungsgrundlagen kombiniert. Die Gestaltung des Zusammenhangs zwischen der Leistung der Beschäftigten bzw. des Unternehmens und der Höhe des entsprechenden variablen Anteils entscheidet über die Höhe der variablen Jahreszahlung. Diese kann zwischen 0 und 200 Prozent des variablen Jahreszielgehaltes liegen. Die verschiedenen Möglichkeiten zur Ausgestaltung des Zusammenhangs zwischen Vergütung und Leistung stehen im Fokus von Abschnitt 9.5.

Abbildung 9.5 Kombination von fixer und variabler Vergütung am Beispiel der DaimlerChrysler AG (in Anlehnung an Deller 2002, S. 420)

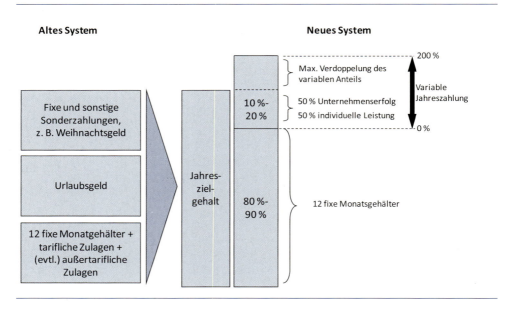

9.5 Zusammenhang zwischen Leistung und Vergütung

Eine wichtige Voraussetzung für die Anreizwirkung der Vergütung besteht darin, dass diese in Relation zur Leistung der Beschäftigten steht (vgl. Hayes/Schaefer 1999, S. 127). Enthält ein Vergütungssystem keine variablen, leistungsbezogenen Komponenten, so wird die Vergütung nicht von der Leistung der Beschäftigten beeinflusst. Wird die fixe Vergütung jedoch um variable Anteile ergänzt, so ergibt sich die Relation zwischen Vergütung und Leistung daraus, welcher funktionale Zusammenhang zwischen Leistung und Vergütung bei der Gestaltung des Vergütungssystems zugrunde gelegt wird (vgl. Baker/Jensen/ Murphy 1988, S. 612). Die fünfte eingangs gestellte Leitfrage zur Gestaltung der Personalvergütung konzentriert sich daher auf alternative Verlaufsformen des Zusammenhangs zwischen der Leistung und der Vergütung (vgl. Tabelle 9.1).

Abbildung 9.6 zeigt ein Vergütungssystem mit einer linearen Beziehung zwischen diesen beiden Variablen. Anhand dieser Abbildung sollen im Folgenden die grundlegenden Begriffe und Komponenten eines leistungsabhängigen Vergütungssystems erläutert werden.

Abbildung 9.6 Lineares Vergütungsmodell: Grundlegende Begriffe und Komponenten

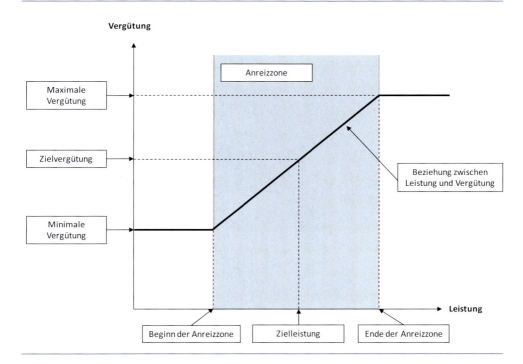

Zunächst wird unterstellt, dass die Beschäftigten eine *minimale Vergütung* in Form einer fixen Vergütung erhalten. Deren Höhe ist unabhängig von der aktuellen Leistung der Führungsperson bzw. des Mitarbeiters und entspricht einer Mindestvergütung. Überschreitet die Leistung einen zuvor definierten Schwellenwert am *Beginn der Anreizzone*, kann zusätzlich zur fixen Vergütung eine variable Vergütung realisiert werden, die mit der Leistung linear ansteigt. Die variable Vergütung wird in der Regel durch eine vertraglich fixierte *maximale Vergütung* begrenzt, welche gleichzeitig das *Ende der Anreizzone* markiert.

Im Bereich der *Anreizzone* werden die Beschäftigten durch die variable Vergütung motiviert, zusätzliche Leistungen für das Unternehmen zu erbringen. Im Bereich der Anreizzone liegt die *Zielleistung*. Sie markiert das Leistungsniveau, bei dem die zuvor festgelegten Ziele exakt erreicht und die *Zielvergütung* ausbezahlt wird. Darüber hinaus ist denkbar, dass die Leistungen einer Person oberhalb der definierten Zielleistung liegen. Dies ist der Fall, wenn eine Person mehr leistet als durch Leistungsziele vorgegeben ist (z. B. wenn Verkaufsziele übertroffen werden).

Anstelle einer linearen Gestaltung des Zusammenhangs zwischen Leistung und Vergütung kann diese in einem Vergütungssystem auch (vgl. Murphy 2001, S. 254; Stock-Homburg 2010)

- progressiv,

- degressiv oder

- s-förmig

modelliert werden. Im Folgenden wird für alle vier Vergütungsmodelle der funktionale Zusammenhang zwischen Leistung und Vergütung graphisch dargestellt und erläutert.

Abbildung 9.7   Veranschaulichung des linearen und des progressiven Vergütungsmodells

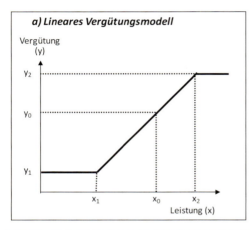
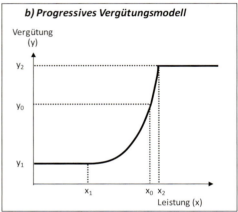

Das *lineare Vergütungsmodell* zeigt in der Anreizzone ein konstantes Änderungsverhältnis zwischen Leistung und variabler Vergütung (vgl. Abbildung 9.7a). Dies führt dazu, dass sich ein Leistungsunterschied zwischen zwei Mitarbeitern in einer entsprechenden Differenz in der Höhe der absoluten Vergütung widerspiegelt. Formal kann das lineare Vergütungsmodell mit den Gleichungen

$$y = \begin{cases} y_1 & \text{für } x < x_1 \\ y_1 + v(x - x_1) & \text{für } x_1 \leq x \leq x_2 \\ y_2 & \text{für } x > x_2 \end{cases}$$

dargestellt werden. y bezeichnet hierbei das Vergütungsniveau. x entspricht dem Leistungsniveau. Das Verhältnis zwischen minimaler Vergütung und Zielvergütung (der Anteil der fixen Vergütung gemessen an der Zielvergütung) wird mit den Parameter y_1 dargestellt. Der Beginn der Anreizzone wird mit x_1 beschrieben; x_2 bezeichnet das Ende der Anreizzone, d. h. das Leistungsniveau, bei dem die maximal mögliche Vergütung y_2 erreicht wird. Im Bereich der Anreizzone liegt das Leistungsniveau x_0, das die Zielleistung beschreibt, bei der die exakte Zielvergütung y_0 gezahlt wird (vgl. Abbildung 9.6). v bezeichnet einen Skalierungsparameter für die Relation zwischen Leistung und variabler Vergütung in der Anreizzone. Dabei gilt: Je größer v, desto stärker steigt die Vergütung pro Leistungseinheit.

Beim *progressiven Vergütungsmodell* wird der Anstieg der Vergütung pro Leistungseinheit größer, je höher das Leistungsniveau ist (vgl. Abbildung 9.7b). Zu Beginn steigt die Vergütungshöhe für jede zusätzlich geleistete Leistungseinheit relativ gering an, was sich in diesem Bereich in der Regel in einer absolut niedrigeren Vergütung als beim linearen Modell niederschlägt. Mit steigendem Leistungsniveau erhöht sich die zusätzliche Vergütung je Leistungseinheit (vgl. Bernard 2006, S. 85), bis letztendlich ein überproportionaler Anstieg dieses Quotienten verglichen mit dem linearen Modell realisiert wird.

Formal lässt sich der Zusammenhang zwischen Leistung und Vergütung unter Verwendung der gleichen Parameter wie beim linearen Modell unter anderem in der Form

$$y = \begin{cases} y_1 & \text{für } x < x_1 \\ y_1 + v(x - x_1)^2 & \text{für } x_1 \le x \le x_2 \\ y_2 & \text{für } x > x_2 \end{cases}$$

modellieren.

Ziel der progressiven Vergütung ist es, für ohnehin leistungsstarke Beschäftigte zusätzliche Leistungsanreize zu schaffen. Damit eignet sich dieses Modell beispielsweise, um sehr leistungsorientierte Führungskräfte bzw. Mitarbeiter zu rekrutieren und zu binden. Beschäftigte, deren Leistungsniveau nur knapp über dem Beginn der Anreizzone liegt, werden dagegen in diesem Vergütungsmodell vergleichsweise schlechter vergütet.

Abbildung 9.8   Veranschaulichung des degressiven und des S-förmigen Vergütungsmodells

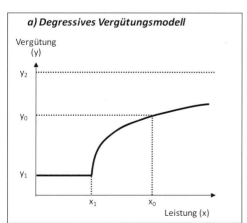

a) Degressives Vergütungsmodell

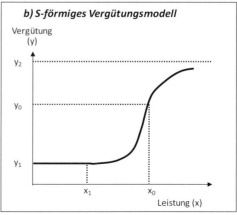

b) S-förmiges Vergütungsmodell

Im *degressiven Vergütungsmodell* wird der Anstieg der Vergütung pro Leistungseinheit geringer, je höher das Leistungsniveau ist (vgl. Abbildung 9.8a). Dieses Modell benachteiligt tendenziell sehr leistungsstarke Mitarbeiter, da diese nur geringfügig besser als durchschnittlich leistende Mitarbeiter bezahlt werden. Mathematisch kann der Zusammenhang in der Form

$$
y = \begin{cases}
y_1 & \text{für } x < x_1 \\[2mm]
y_1 + v\sqrt{x - x_1} & \text{für } x_1 \leq x \leq \left(\dfrac{y_2 - y_1}{v}\right)^2 + x_1 \\[4mm]
y_2 & \text{für } x > \left(\dfrac{y_2 - y_1}{v}\right)^2 + x_1
\end{cases}
$$

ausgedrückt werden.

Das *s-förmige Vergütungsmodell* kombiniert die beiden vorangegangenen Zusammenhänge. Im unteren Leistungsbereich steigt die Vergütung progressiv, im oberen verläuft sie dagegen degressiv (vgl. Abbildung 9.8b). Dieses System benachteiligt (ebenso wie das progressive Modell) zunächst Mitarbeiter, die mit ihren Leistungen gerade oberhalb der Anreizzone liegen. Allerdings werden auch sehr hohe Leistungen nur begrenzt honoriert, weil der Vergütungszuwachs (ebenso wie beim degressiven Modell) bei sehr hohen Leistungen relativ gering ist. Formal lässt sich der Zusammenhang mit der Gleichung

$$
y = \begin{cases}
y_1 & \text{für } x < x_1 \\[2mm]
y_1 + \dfrac{y_2 - y_1}{1 + e^{a - b(x - x_1)}} & \text{für } x \geq x_1
\end{cases}
$$

darstellen. Im Vergleich zu den anderen Vergütungsmodellen werden hierbei zwei weitere Parameter benötigt. Der Parameter *a* bezeichnet einen positiven Skalierungsparameter (der im hier vorliegenden Zusammenhang aufgrund der Randbedingungen im Folgenden endogen bestimmt wird). *b* bezeichnet einen positiven Responseparameter (zur Modifizierung der Krümmung der S-Kurve).

Tabelle 9.4 stellt die vier zuvor beschriebenen Vergütungsmodelle vergleichend gegenüber. Zur Vereinfachung wurde für alle Verlaufsformen eine minimale Vergütung von 0,5 der Zielvergütung spezifiziert. Darüber hinaus wurde der Beginn der Anreizzone auf das Leistungsniveau 0,7 gelegt. Die maximale Vergütung entspricht dem 1,3-fachen der Zielvergütung. Die erste Spalte zeigt das erreichte Leistungsniveau, die anderen Spalten stellen die mit den jeweiligen Formeln errechnete Vergütungshöhe multipliziert mit dem Zielgehalt von 50.000 € dar.

Tabelle 9.4   Veranschaulichung unterschiedlicher Vergütungsfunktionen

Verlauf Leistung	linear	progressiv	degressiv	S-förmig
0,60	25.000 €	25.000 €	25.000 €	25.000 €
0,65	25.000 €	25.000 €	25.000 €	25.000 €
0,70	25.000 €	25.000 €	25.000 €	25.050 €
0,75	29.167 €	25.694 €	35.206 €	25.165 €
0,80	33.333 €	27.778 €	39.434 €	25.543 €
0,85	37.500 €	31.250 €	42.678 €	26.747 €
0,90	41.667 €	36.111 €	45.412 €	30.262 €
0,95	45.833 €	42.361 €	47.822 €	38.377 €
1,00	50.000 €	50.000 €	50.000 €	50.000 €
1,05	54.167 €	59.028 €	52.003 €	58.873 €
1,10	58.333 €	65.000 €	53.868 €	62.931 €
1,15	62.500 €	65.000 €	55.619 €	64.353 €
1,20	65.000 €	65.000 €	57.275 €	64.803 €

An dieser Stelle ist anzumerken, dass die Beziehung zwischen Leistung und Vergütung auch stufenweise gestaltet werden kann (vgl. hierzu ausführlich Bernard 2006, S. 85). Die Einbindung von Leistungsstufen kann prinzipiell bei allen funktionalen Verlaufsformen erfolgen. Hierbei werden annähernd gleiche Leistungen einer einheitlichen Vergütungshöhe zugeordnet (z. B. alle Beschäftigen mit einer Leistung zwischen 0,93 und 0,97 erhalten das 0,95-fache der Zielvergütung). Dadurch entsteht ein treppenartiges Vergütungsmodell, welches insbesondere die administrative Abwicklung innerhalb des Unternehmens erleichtern soll.

Die verschiedenen Vergütungsmodelle unterscheiden sich in ihrer Verbreitung, wobei lineare Modelle in der Unternehmenspraxis dominieren (vgl. Bernard 2006). Unterschiede in der Gestaltung der Anreizzone zwischen Führungskräften und Mitarbeitern sind eher marginal. Die in Abbildung 9.9 dargestellte Verteilung basiert auf einer von Bernard (2006) durchgeführten Studie. Ein s-förmiges Vergütungsmodell stand dabei nicht als Antwortmöglichkeit zur Verfügung.

Abbildung 9.9   Relative Repräsentanz verschiedener Vergütungsmodelle in der
Unternehmenspraxis (in Anlehnung an Bernard 2006, S. 237)

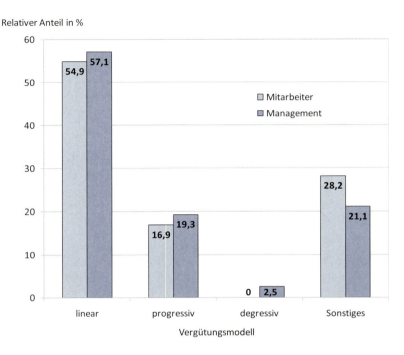

Relativer Anteil in %

Anmerkung: Stichprobe n = 199 Unternehmen aus der Schweiz

Kontrollfragen

1. Welche Funktionen nimmt die Personalvergütung in Unternehmen ein?

2. Aus welchen Komponenten kann ein Vergütungssystem zusammengesetzt werden?

3. Grenzen Sie die fixe und die variable Vergütung voneinander ab.

4. Welche Chancen und Risiken können mit der variablen Vergütung verbunden sein?

5. Welche Formen der Mitarbeiterbeteiligung kennen Sie?

6. Welche Sozialleistungen können bzw. müssen Unternehmen zahlen?

7. Welche Vor- und Nachteile sind auf Unternehmens- und auf Mitarbeiterebene mit einem Cafeteria-System verbunden?

8. Erläutern Sie die grundlegenden Begriffe und Komponenten eines leistungsabhängigen Vergütungssystems. Veranschaulichen Sie hierfür ein lineares Vergütungsmodell, und legen Sie die wichtigsten Begriffe dar.

9. Veranschaulichen Sie das degressive und das s-förmige Vergütungsmodell graphisch, und beschreiben Sie den jeweiligen funktionalen Verlauf des Zusammenhangs zwischen Leistung und Vergütung.

Literatur

Ahlert, D./Kenning, P./Schütte, R./Zelewski, S. (2005), Wissensmanagement in Dienstleistungsnetzwerken: Wissenstransfer fördern mit der Relationship Management Balanced Scorecard, Wiesbaden.

Audi AG (2009), Audi Erfolgsbeteiligung 2009: durchschnittlich 5.300 Euro pro Mitarbeiter, URL: http://www.audi.de/de/brand/de/unternehmen/Investor_Relations/news_und_adhoc/finanznachrichten.detail.2009~03~Audi_Erfolgsbeteiligung_2009__durchschnittlich___5_300_pro_Mitarbeiter.html [26.02.2010].

Baker, G./Jensen, M./Murphy, K. (1988), Compensation and Incentives: Practice vs. Theory, Journal of Finance, 43, 3, 593-616.

Balkin, D./Bannister, B. (1993), Explaining Pay Forms for Strategic Employee Groups in Organizations: A Resource Dependence Perspective, Journal of Occupational and Organizational Psychology, 66, 2, 139-151.

Barringer, M./Milkovich, G. (1998), A Theoretical Exploration of the Adoption and Design of Flexible Benefit Plans: A Case of Human Resource Innovation, Academy of Management Review, 23, 2, 305-324.

Becker, F./Kramarsch, M. (2006), Leistungs- und erfolgsorientierte Vergütung für Führungskräfte, in: Schuler, H./Hossiep, R./Kleinmann, M./Sarges, W. (Hrsg.), Praxis der Personalpsychologie, Band 11, Göttingen, 1-89.

Becker, K./Fremmer, H. (2001), Formen der Mitarbeiterkapitalbeteiligung in kleinen und mittleren Unternehmen, Angewandte Arbeitswissenschaft, 169, 1-23.

Benders, J./Delsen, L./Smits, J. (2006), Bikes Versus Lease Cars: The Adoption, Design and Use of Cafeteria Systems in the Netherlands, International Journal of Human Resource Management, 17, 6, 1115-1128.

Bernard, U. (2006), Leistungsvergütung: Direkte und indirekte Effekte der Gestaltungsparameter auf die Motivation, Wiesbaden.

Berthel, J./Becker, F. (2007), Personalmanagement, Grundzüge für Konzeptionen betrieblicher Personalarbeit, 8. Auflage, Stuttgart.

Brandenberg, A. (2001), Anreizsysteme zur Unternehmenssteuerung: Gestaltungsoptionen, motivationstheoretische Herausforderungen und Lösungsansätze, Wiesbaden.

Brown, M./Heywood, J. (2005), Performance Appraisal Systems: Determinants and Change, Journal of Industrial Relations, 43, 4, 659-679.

Brown, M./Simmerling, M./Sturman, M. (2003), Compensation Policy and Organizational Performance: The Efficiency, Operational, and Financial Implications of Pay Levels and Pay Structure, Academy of Management Journal, 46, 6, 752-762.

Bürkle, T. (2001), Beschäftigungssicherheit als Option in Cafeteria-Systemen, Zeitschrift für Personalforschung, 15, 1, 37-61.

Byars, L./Rue, L. (2007), Human Resource Management, 9. Auflage, New York.

Cadsby, C./Song, F./Tapon, F. (2007), Sorting and Incentive Effects of Pay for Performance: An Experimental Investigation, Academy of Management Journal, 50, 2, 387-405.

Conlon, E./Parks, J. (1990), Effects of Monitoring and Tradition on Compensation Arrangements: An Experiment With Principal-Agent Dyads, Academy of Management Journal, 33, 3, 603-622.

Deller, J. (2002), Das Zielvereinbarungssystem der DaimlerChrysler Services (debis) AG, in: Bungard, W./Kohnke, O. (Hrsg.), Zielvereinbarungen erfolgreich umsetzen: Konzepte, Ideen und Praxisbeispiele auf Gruppen- und Organisationsebene, 2. Auflage, Wiesbaden, 412-421.

Dross, C. (1999), Genussrechte: Einsatzmöglichkeiten in mittelständischen Unternehmen, München.

Drumm, H.-J. (2008), Personalwirtschaft, 6. Auflage, Berlin.

Duderstadt, S. (2006), Wertorientierte Vertriebssteuerung durch ganzheitliches Vertriebscontrolling: Konzeption für das Retailbanking, Wiesbaden.

Eckardstein, D. (2001), Variable Vergütung für Führungskräfte als Instrument der Unternehmensführung, in: Eckardstein, D. (Hrsg.), Variable Vergütung für Führungskräfte, München, 1-26.

Emde, M. (2004), Versicherungsmagazin-Vergütungsstudie 2004/2005, Wiesbaden.

Evers, H. (2009), Vergütungsmanagement, in: von Rosenstiel, L./Regnet, E./Domsch, M. (Hrsg.), Führung von Mitarbeitern, 6. Auflage, Stuttgart, 519-528.

Falkenstein, I. (2005), Risikomanagement mit leistungsabhängiger Vergütung, Wiesbaden.

Femppel, K./Zander, E. (2005), Integrierte Entgeltpolitik, in: Wagner, D./Zander, E. (Hrsg.), Handbuch Entgeltmanagement, München, 39-70.

Föhr, S. (1994), Zur Vorteilhaftigkeit von Cafeteria-Systemen, Zeitschrift für Personalforschung, 8, 1, 58-86.

Frey B./Osterloh M. (2000), Pay for Performance – Immer empfehlenswert?, Zeitschrift für Führung und Organisation, 69, 2, 64-69.

Fuchs, W./Unger, F. (2003), Verkaufsförderung: Konzepte und Instrumente im Marketing-Mix, 2. Auflage, Wiesbaden.

Gaugler, E. (2005), Beteiligung der Mitarbeiter am Erfolg und am Kapital des arbeitgebenden Unternehmens, in: Wagner, D./Zander, E. (Hrsg.), Handbuch Entgeltmanagement, München, 229-249.

Giancola, F. (2007), Skill-Based Pay – Issues for Consideration, Benefits & Compensation Digest, 44, 5, 11-15.

Gómez-Mejía, L./Balkin, D./Cardy, R. (2007), Managing Human Resources, 5. Auflage, Upper Saddle River.

Grawert, A. /Wagner, D. (1990), Erfahrungen mit Cafeteria-Modellen, Personalwirtschaft, 17, 10, 23-29.

Haas, S. (2007), Mitarbeiter-Beteiligung. Deutschland mit massivem Nachholbedarf, Süddeutsche Zeitung, 63 (21.09.2007), 8.

Harvey, M. (1993), Designing a Global Compensation System: The Logic and a Model, Columbia Journal of World Business, 28, 4, 56-72.

Hayes, R./Schaefer, S. (1999), How Much Are Differences in Managerial Ability Worth?, Journal of Accounting and Economics, 27, 2, 125-148.

Holtbrügge, D. (2007), Personalmanagement, 3. Auflage, Berlin.

Hoyer, K. (2005), Internationales Personalmanagement - Entwicklungsstrategien zur Vergütungs- und Einsatzgestaltung, Wiesbaden.

Hungenberg, H./Wulf, T. (2007), Grundlagen der Unternehmensführung, 3. Auflage, Heidelberg.

Hünninghausen, L./von Hören, M. (2006), Vergütungsvergleiche – Vergütungsstudien: Formen, Anbieter, Nutzung, Düsseldorf.

Ichniowski, C./Shaw, K. (2003), Beyond Incentive Pay: Insiders` Estimate of the Value to Complementary Human Resource Management Practices, Journal of Economic Perspectives 17, 1, 155-180.

Ivancevich, J. (2007), Human Resource Management, 10. Auflage, New York.

James, H. (2005), Why Did You Do That? An Economic Examination of the Effect of Extrinsic Compensation on Intrinsic Motivation and Performance, Journal of Economic Psychology, 26, 4, 549-566.

Kim, D./Park, S. (1997), Changing Patterns of Pay System in Japan and Korea, International Journal of Employment Studies, 60, 1, 34-38.

Korb, N. (2008), Cafeteria-Systeme, Perspektiven für eine wissenschaftliche Betrachtung, 1. Auflage, Berlin.

Kossbiel, H. (1998), Welchen Nutzen haben Vergütungsvergleiche?, Personalwirtschaft, 25, 11, 30.

Kroll, M./Dolan, J. (2001), Cafeteria Benefit Plans: A Concept That Fits The Changing Face of Work, Advanced Management Journal, 50, 3/1985, 4-9.

Lazear, E./Rosen, S. (1981), Rank-order Tournaments as Optimum Labor Contracts, Journal of Political Economy, 89, 5, 841-864.

Logger, E./Vinke, E./Kluytmans, F. (1995), Compensation and Appraisal in an International Perspective, in: Harzing, A./Van Ruysseveldt, J. (Hrsg.), International Human Resource Management: An Integrated Approach, London, 144-155.

Lühn, M. (2006), Bilanzierung und Besteuerung von Genussrechten, Wiesbaden.

Maack, K./Voß, E./Wilke, P. (2003), Mitarbeiter am Unternehmen beteiligen – Modelle, Wirkungen, Praxisbeispiele, Wiesbaden.

Mattmüller, R. (2006), Integrativ-prozessuales Marketing: Eine Einführung, 3. Auflage, Wiesbaden.

Mondy, R. (2008), Human Resource Management, 10. Auflage, Upper Saddle River.

Murphy, K. (2001), Performance Standards in Incentive Contracts, Journal of Accounting and Economics, 30, 3, 245-278.

o. V. (2007), Vergütungsstudien: Anbieter im Überblick, Personalmagazin, URL: http://www.personalmagazin.de/DataCenter/News/1095326182.71/Downloads/verguetungsstudien.pdf [26.02.2010].

Oechsler, W. (2006), Personal und Arbeit, 8. Auflage, München.

Offermanns, P. (2003), Erfahrungen mit dem Cafeteria-System aus Sicht der Personalabteilung: Administrativer Aufwand deutlich geringer, Personalführung, 36, 2, 69.

Palli, M. (2004), Wertorientierte Unternehmensführung, Wiesbaden.

Roberts, K./Kossek, E./Ozeki, C. (2000), Managing the Global Workforce: Challenges and Strategies, in: Mendenhall, M./Oddou, G. (Hrsg.), Readings and Cases in International Human Resource Management, 3. Auflage, Cincinnati, 18-39.

Rynes, S./Weber, C. (1991), Effects of Compensation Strategy on Job Pay Decisions, Academy of Management Journal, 34, 1, 86-109.

Sahl, R. (1993), Key Issues for Implementing Skill-based Pay, Journal of Compensation & Benefits, 8, 6, 31-34.

Schettgen, P. (1996), Arbeit Leistung Lohn, in: Neuberger, O. (Hrsg.), Basistexte Personalwesen, Band 1, Stuttgart, 1-433.

Schneider, H. (2004), Erfolgsbeteiligung der Arbeitnehmer, in: Gaugler, E./Oechsler, W./Weber, W. (Hrsg.), Handwörterbuch des Personalwesens, 3. Auflage, Stuttgart, 712-723.

Schuler, R./Rogovsky, N. (1998), Understanding Compensation Practice Variations Across Firms: The Impact of National Culture, Journal of International Business Studies, 29, 1, 159-177.

Shea, J. (1981), About Cafeteria-Style Benefit Plans, Personnel Journal, 60, 1, 37–39.

Stock-Homburg, R. (2010), Kundenorientiertes Personalmanagement als Schlüssel zur Kundenbindung, in: Bruhn, M./Homburg, C. (Hrsg.), Handbuch Kundenbindungsmanagement, 7. Auflage, Wiesbaden, 667-702.

Tosi, H./Werner, S. (1995), Other People's Money: The Effects of Ownership on Compensation Strategy and Managerial Pay, Academy of Management Journal, 38, 6, 1672-1691.

Voß E./Wilke, P./Conrad, P./Hucker, T. (2003), Mitarbeiterbeteiligung - Bedeutung und Bedingungsfaktoren, in: Voß, E./Wilke, P. (Hrsg.), Mitarbeiterbeteiligung in deutschen Unternehmen: Auswirkungen auf Unternehmensorganisation und Arbeitsgestaltung, Wiesbaden, 5-22.

Wagner, D. (1991), Cafeteria-Modelle in der Unternehmenspraxis, Personalführung, 24, 1, 44-49.

Wagner, D. (2004), Cafeteria-Systeme, in: Gaugler, E./Oechsler, W./Weber, W. (Hrsg.), Handwörterbuch des Personalwesens, 3. Auflage, Stuttgart, 631-639.

Weibel, A./Rost, K./Osterloh, M. (2007), Gewollte und ungewollte Anreizwirkung von variablen Löhnen: Disziplinierung der Agenten oder Crowding-out?, Zeitschrift für betriebswirtschaftliche Forschung, 59, 12, 1029-1054.

Wolf, C. (1993), Variable Vergütung in Form eines Cafeteria-Plans, Personal Report, 45, 5, 204-210.

10 Internationale Gestaltung der Belohnungssysteme

Lernziele

■ Die Leser kennen die zentralen Anforderungen an international eingesetzte Beurteilende.

■ Die Leser überblicken die zentralen Zielgruppen internationaler Beurteilungen.

■ Die Leser kennen die zentralen Bezugsgrößen internationaler Beurteilungen.

■ Die Leser kennen die Besonderheiten der Durchführung internationaler Beurteilungen.

■ Die Leser kennen alternative Strategien zur internationalen Gestaltung von Vergütungssystemen.

Durch die adäquate Gestaltung international eingesetzter Personalmanagement-Systeme kann die Wettbewerbsfähigkeit international tätiger Unternehmen nachhaltig gesteigert werden (vgl. Gomez-Mejia/Welbourne 1991, S. 30; Schell/Solomon 1997, S. 114; Suutari/ Tornikoski 2001, S. 390). Dabei kommt insbesondere der internationalen Gestaltung der Belohnungssysteme eine hohe Bedeutung zu. Sie gehört damit zu den zentralen Herausforderungen des internationalen Personalmanagements (vgl. Manny et al. 2006; Suutari/ Torniskoski 2001).

Internationale Belohnungs- systeme	Systeme, welche die strukturierte Beurteilung und Vergütung international tätiger Führungskräfte und Mitarbeiter beinhalten.

Wie in Kapitel 1 dargelegt, folgt das vorliegende Lehrbuch der strategischen Perspektive des Personalmanagements. Insofern konzentriert sich der folgende Abschnitt auch primär auf die langfristige Gestaltung internationaler Belohnungssysteme. Die Ausführungen orientieren sich an den in Tabelle 10.1 dargelegten Leitfragen zur internationalen Gestaltung von Belohnungssystemen.

Tabelle 10.1   Leitfragen zur internationalen Gestaltung von Belohnungssystemen

Zentrale Leitfragen	Behandelt in …
1. Welche Kompetenzen sollten international eingesetzte Beurteilende aufweisen?	Abschnitt 10.1.1
2. Welche Zielgruppen international eingesetzter Beurteilter lassen sich unterscheiden?	Abschnitt 10.1.2
3. Welche Bezugsgrößen sind für die internationale Personalbeurteilung von Bedeutung?	Abschnitt 10.1.3

Zentrale Leitfragen	Behandelt in ...
4. Was ist bei der Durchführung internationaler Personalbeurteilungen zu beachten?	Abschnitt 10.1.4
5. Wie kann im Rahmen der Gestaltung internationaler Vergütungssysteme die Internationalisierungsstrategie eines Unternehmens berücksichtigt werden?	Abschnitt 10.2

10.1 Internationale Gestaltung der Personalbeurteilung

Eine zentrale Zielsetzung international agierender Unternehmen liegt darin, die Leistungsfähigkeit und -bereitschaft der Führungskräfte bzw. Mitarbeiter zu fördern (vgl. Dowling/Welch/Schuler 1999, S. 118). Dieses Ziel soll mithilfe internationaler Beurteilungssysteme realisiert werden (vgl. Shih/Chiang/Kim 2005, S. 158; Tahvanainen 2000, S. 267).

Mitarbeiterbeurteilungen werden grundsätzlich in allen Ländern der Welt durchgeführt. Allerdings hängen die zugrunde liegenden Annahmen, die Funktionen und Gestaltungsweisen stark von der jeweiligen Landeskultur ab (vgl. Milliman et al. 1998, S. 160; Peterson et al. 1996, S. 225 ff.). Beispielsweise wurden die weitestgehend in den USA entwickelten Instrumente der Personalbeurteilung, wie das Führen durch Ziele (Management by Objectives; vgl. Abschnitt 12.2.1), mit sehr unterschiedlichem Erfolg in die Welt exportiert. Während sich Management by Objectives in Deutschland als relativ praktikabel erwies, bereitete das Instrument in Frankreich erhebliche Probleme und konnte sich daher nicht durchsetzen (vgl. Kovach 1994, S. 86). Die länderspezifischen Unterschiede von Beurteilungssystemen legt Tabelle 10.2 am Beispiel von Deutschland, Korea und den USA dar.

Internationale Personalbeurteilungssysteme sind effizient, wenn sie bestimmte Anforderungen erfüllen. In Kapitel 8 wurde eine Reihe grundlegender Anforderungen an ein Beurteilungssystem formuliert. In den folgenden Abschnitten werden ausgewählte Anforderungen mit hoher Relevanz für international agierende Unternehmen wieder aufgegriffen und im Kontext internationaler Beurteilungssituationen diskutiert. Konkret werden folgende Anforderungen an ein internationales Personalbeurteilungssystem vertieft:

- das Einbringen internationaler Beurteilungskompetenz (Abschnitt 10.1.1),
- das Eingehen auf verschiedene Zielgruppen und sich daraus ergebende Beurteilungskonstellationen (Abschnitt 10.1.2),
- das Zugrundelegen eindeutiger Beurteilungskriterien (Abschnitt 10.1.3) sowie
- die systematische Durchführung internationaler Beurteilungen (Abschnitt 10.1.4).

Tabelle 10.2   Vergleichende Betrachtung von Beurteilungssystemen in Deutschland, Korea und den USA (in Anlehnung an Cascio/Bailey 1995, S. 29)

Beschreibungs-merkmal	Besonderheiten von Beurteilungen in ...		
	... Deutschland	... USA	... Korea
Ziel der Beurteilung	■ Entscheidungsunterstützung ■ Mitarbeiterentwicklung	■ Entscheidungsunterstützung ■ Mitarbeiterentwicklung	■ Beziehungsverbesserung zwischen Beurteilenden und Beurteilten
Beurteilende Personen	■ Führungskräfte ■ Mitarbeiter ■ Kollegen ■ Coaches	zumeist Führungsperson	■ Führungsperson ■ Mentor
Quelle der Autorität der Beurteilenden	■ Fachkenntnisse ■ soziale Kompetenz	disziplinarische Weisungsbefugnis	langjährige Unternehmenszugehörigkeit
Häufigkeit der Beurteilungen	jährlich mit halbjährlichen Zwischengesprächen	jährlich	monatlich im ersten Jahr, danach jährlich
Ebene der Beurteilung	einzelne Person	einzelne Person	Team
Beurteilungskriterien	Kombination objektiver und subjektiver Kriterien	primär objektive Kriterien	primär subjektive Kriterien
Form der Beurteilung	■ direkt ■ persönlich unter vier Augen oder schriftlich	■ direkt ■ primär in schriftlicher Form	■ subtil ■ in persönlichen Gesprächen
Umgang mit Kritik durch Beurteilte	■ Beurteilte erkennen den Input an ■ gegebenenfalls mündliche Zurückweisung	■ Beurteilte erkennen den Input an ■ gegebenenfalls schriftliche Zurückweisung	■ Beurteilte haben keine Einsicht in formale Beurteilungen ■ Zurückweisung der Kritik sehr unwahrscheinlich

10.1.1 Die internationale Beurteilungskompetenz

In Abschnitt 8.2 wurden die Beurteilenden im Wesentlichen nach ihrem beruflichen Status klassifiziert. In internationalen Beurteilungssituationen sind darüber hinaus die Herkunft von Beurteilenden und Beurteilten und somit deren kulturelle Prägung bedeutend (vgl. Leitfrage 1, Tabelle 10.1; Martin/Bartol 2003, S. 117; Oddou/Mendenhall 2000, S. 214).

Die Beurteilungen können aus unterschiedlichen Perspektiven erfolgen (vgl. hierzu ausführlich Abschnitt 8.2). Diese unterscheiden sich zum einen im Hinblick auf die hierarchische Position der Beurteilenden und zum anderen hinsichtlich der Anzahl der am Beurteilungsprozess Beteiligten. Ein in westlichen Kulturen häufig eingesetztes Instrument der Personalbeurteilung ist das 360-Grad-Feedback (vgl. Abschnitt 8.2). Hierbei werden verschiedene Personengruppen (z. B. Führungskräfte, Mitarbeiter, Kollegen und Kunden) um die Beurteilung einer Führungsperson gebeten (vgl. Atwater/Waldman/Brett 2002, S. 193; Luthans/Farner 2002).

Die 360-Grad-Beurteilung, welche einen gewissen personellen und zeitlichen Aufwand erfordert, ist in Kulturen mit geringer Machtdistanz verbreitet. In diesen Kulturen werden Beschäftigte unterschiedlicher Hierarchieebenen als gleichwertig erachtet und sollen daher kollektiv am Beurteilungsprozess partizipieren. Kulturen mit relativ hoher Machtdistanz lehnen einen derartigen Ansatz tendenziell ab. Hier werden monoperspektivische Beurteilungssysteme, in denen ausschließlich die direkte Führungsperson beurteilt, präferiert (vgl. Groeschl 2003, S. 71).

Stammen Beurteilende und Beurteilte aus unterschiedlichen Kulturen, so bringt dies vielfach stark unterschiedliche verhaltensbezogene Erwartungen der Beteiligten mit sich. Insert 10.1 verdeutlicht diese Unterschiede am Beispiel der verhaltensbezogenen Erwartungen von chinesischen und deutschen Beschäftigten.

Insert 10.1: Beispiel für unterschiedliche verhaltensbezogene Erwartungen im internationalen Kontext (in Anlehnung an Mikosch 2004, S. 49)

Verhaltensbezogene Unterschiede von Deutschen und Chinesen

Carsten Aschoff bringt so schnell nichts aus der Ruhe. Selbst wenn alles schiefzugehen droht - der Ingenieur aus Karlsruhe bleibt gelassen. Seit gut zweieinhalb Jahren ist er Geschäftsführer des chinesisch-deutschen Joint-Ventures Linuo Paradigma, das eine Flugstunde südlich von Peking in Jinan Solarthermie-Anlagen produziert. Mit Ruhe und Gelassenheit ist viel gewonnen in China. Vor einigen Monaten solch wichtige Sitzung müsse vorbereitet werden, das dauernde Telefonieren und Gerede um den heißen Brei sei unerträglich, und künftig sollten doch bitte nur Mitarbeiter mit Entscheidungs- oder Fachkompetenz an Meetings teilnehmen.

So still wie in jenen Minuten hatte Aschoff seine Kollegen selten erlebt. Seine Sätze waren ein klarer Affront gegen den Kon-

aber ist Aschoff doch der Kragen geplatzt.

Sehr kurzfristig hatte der Inhaber der chinesischen Holding eine Sitzung einberufen, auf der wichtige Fragen zu klären waren. Zeit zur Vorbereitung blieb keine, die Teilnehmer telefonierten nötige Informationen während der Sitzung per Handy zusammen. Wie immer im chinesischen Geschäftsalltag war die Runde sehr groß. Kurz: Ein produktives Arbeiten war nicht möglich. Carsten Aschoff schimpfte: Eine

zernchef, der das Meeting anberaumt hatte. "Bist du verrückt?" murmelte sein Sitznachbar. Aschoff hatte gegen eine sehr wichtige Regel verstoßen: "In China sind direkte Kritik und offen ausgetragene Konflikte tabu", sagt Eberhard Schenk, der Manager in Seminaren der Carl-Duisberg-Centren auf ihren China-Aufenthalt vorbereitet. "Immer muss der Gesprächspartner die Chance haben, sein Gesicht zu wahren."

Herkömmliche Beurteilungssituationen erfordern von den Beurteilenden eine hinreichende Kenntnis der beurteilten Person und ihrer Leistungen, hohe Fachkompetenz, Neutralität sowie Kenntnisse und Erfahrungen im Bereich der Personalbeurteilung (vgl. Abschnitt 8.2). Neben diesen Fähigkeiten müssen Beurteilende in internationalen Kontexten über eine Reihe weiterer Kompetenzen verfügen, um den kulturellen Unterschieden zwischen Beurteilenden und Beurteilten gerecht werden zu können (vgl. Cascio/Bailey 1995, S. 28; Milliman et al. 1998, S. 160). Insbesondere sind dies (in Anlehnung an Oddou/Mendenhall 2000, S. 214 ff.; Schneider/Hirt 2007, S. 152)

- interkulturelle Empathie,
- interkulturelle Kommunikationskompetenz,
- Sensibilität für die internationale Beurteilungssituation sowie
- Fähigkeit zur Netzwerkpflege.

International Beurteilende sollten zunächst über hohe *interkulturelle Empathie* verfügen (in Anlehnung an Hall 1977, S. 58; Milliman/Taylor/Czaplewski 2002, S. 34; Ott 2000, S. 235). Die interkulturelle Empathie umfasst die Fähigkeit, die besonderen, kulturbedingten Bedürfnisse und Handlungsabsichten von Beurteilten zu erkennen sowie adäquat darauf zu reagieren (vgl. Schneider/Hirt 2007, S. 152). Eine Beurteilung rein aus der eigenen kulturellen Perspektive heraus kann dagegen zu erheblichen Fehlinterpretationen führen (vgl. Dülfer 1995, S. 473; Oddou/Mendenhall 2000, S. 214 f.).

Eine weitere Anforderung an internationale Beurteilende ist die *interkulturelle Kommunikationskompetenz*. Neben einer grundlegenden Kenntnis der jeweiligen Sprachen (vgl. Oddou/Mendenhall 2000, S. 219) wird hierunter die Fähigkeit subsumiert, auf Kommunikationsstile unterschiedlicher Kulturen einzugehen (vgl. Rothlauf 2009). Besonderheiten der interkulturellen Kommunikation werden in Abschnitt 10.1.4 im Zusammenhang mit der Beurteilungsdurchführung vertieft.

Von zentraler Bedeutung ist auch eine hohe *Sensibilität für die internationale Beurteilungssituation*. Diese umfasst das Verständnis für die Besonderheiten der Beurteilungssituation, die sich aus der interkulturellen Zusammensetzung der Beteiligten ergeben (vgl. Gregersen/Hite/Black 1996, S. 712 f.; Oddou/Mendenhall 2000, S. 216) sowie den Respekt des Beurteilenden vor kulturellen Unterschieden (vgl. Dülfer 1995, S. 473).

Schließlich spielt die *Pflege von Netzwerken* in einigen Kulturen eine wichtige Rolle. Netzwerke sind wichtig, weil die Personalbeurteilung typischerweise in zwischenmenschliche Beziehungen zwischen Beurteilenden und Beurteilten eingebettet ist (vgl. Nathan/Mohrman/Milliman 1991, S. 365). Allerdings ist davon auszugehen, dass zwischenmenschliche Beziehungen in verschiedenen Kulturen unterschiedlich stark in die Beurteilungen einfließen. Während beispielsweise zwischenmenschliche Beziehungen zwischen Beurteilenden und Beurteilten in den USA kaum das Beurteilungsergebnis tangieren (vgl. Varma/Pichler/Srinivas 2005, S. 2041), können positive oder negative Beziehungen in Indien zu einer starken Abweichung des Beurteilungsergebnisses führen.

10.1.2   Konstellationen internationaler Beurteilungen

Beurteilungssituationen in internationalen tätigen Unternehmen können anhand von zwei Merkmalen beschrieben werden: der geographischen und der kulturellen Distanz.

Die *geographische Distanz* beschreibt die räumliche Entfernung zwischen Beurteilendem und Beurteilten. In internationalen Beurteilungssituationen liegt sie beispielsweise vor, wenn Beurteilender und Beurteilter – unabhängig von ihrem kulturellen Hintergrund – in zwei verschiedenen Ländern arbeiten. Die Leistung des Beurteilten muss in diesem Fall über räumliche Distanzen hinweg beurteilt werden. Die räumliche Distanz bedingt, dass persönliche Treffen selten erfolgen und der Beurteilende nur wenige Eindrücke von dem täglichen Arbeitsverhalten des Beurteilten sowie dessen Arbeitsumfeld gewinnen kann. Zusätzlich kann aufgrund von Zeitverschiebungen die Kommunikation zwischen Beurteilendem und Beurteiltem erschwert werden.

Kulturelle Distanz liegt vor, wenn Beurteilender und Beurteilter – unabhängig vom jeweiligen derzeitigen Arbeitsort – über einen unterschiedlichen kulturellen Hintergrund verfügen. Dies kann sich zum einen in einer unterschiedlichen Wahrnehmung der tatsächlich erbrachten Leistung widerspiegeln. Zum anderen beeinflusst die kulturelle Prägung die Erwartungen der Beteiligten an die Beurteilung. So stellen Beurteilender und Beurteilter aufgrund der kulturellen Distanz unter Umständen unterschiedliche Anforderungen an die Beurteilungskriterien (vgl. Abschnitt 10.1.3) sowie an die Art der Durchführung der Beurteilung (vgl. Abschnitt 4).

Um die kulturelle Distanz bzw. Ähnlichkeit zwischen Beurteilendem und Beurteiltem zu messen, kann ein so genanntes Ähnlichkeitsmaß herangezogen werden (Ringwald 2009, S. 120). Hierbei werden beide Personen zunächst zu ihrer Wahrnehmung der jeweiligen Landeskultur befragt. Dies kann beispielsweise anhand der neun Kulturdimensionen der GLOBE-Gruppe (vgl. Abschnitt 7.2.2) erfolgen. Konkret werden den beiden Personen zu jeder Dimensionen mehrere Fragen vorgelegt und sie werden gebeten, ihr Land jeweils auf einer 7er-Skala einzustufen (eine Liste aller Fragen stellt die GLOBE Foundation (2006) zur Verfügung). Um die Ähnlichkeit zu berechnen, wird dann zunächst pro Frage die Differenz zwischen den Personen ermittelt. Anschließend werden diese Differenzen über alle für eine Kulturdimension relevanten Fragen aufsummiert, quadriert und aus dem Quadrat die Wurzel gezogen (Edwards 1993). So erhält man für jede Kulturdimension einen Wert, der die Ähnlichkeit zwischen Beurteilendem und Beurteiltem widerspiegelt: Je größer der Wert, desto geringer ist die Ähnlichkeit. Gleichzeitig wird durch diese Form der Berechnung sichergestellt, dass großen Differenzen ein höheres Gewicht zufällt und der Wert gut interpretierbar ist (vgl. Ringwald 2009, S. 121).

Aus den beiden zentralen Merkmalen von Beurteilungssituationen in international tätigen Unternehmen, der geographischen und der kulturellen Distanz, ergeben sich vier mögliche Beurteilungskonstellationen. Diese sind in Abbildung 10.1 dargestellt und hinsichtlich ihrer zentralen Merkmale beschrieben.

Abbildung 10.1   Systematisierung internationaler Beurteilungskonstellationen

	Kulturelle Distanz: Nicht vorhanden	Kulturelle Distanz: Vorhanden
Geographische Distanz: Vorhanden	*Zentrale Merkmale der Beurteilungskonstellation:* ■ Erschwertes Beobachten des täglichen Arbeitsverhaltens ■ Begrenzte Möglichkeit der Berücksichtigung des situativen Arbeitskontextes des Beurteilten *Beispielhafte Beurteilungssituation:* ■ Deutsche Führungsperson (arbeitet in Deutschland) beurteilt deutschen Expatriate (arbeitet in China)	*Zentrale Merkmale der Beurteilungskonstellation:* ■ Erschwerte Kommunikation und Beurteilung aufgrund kultureller <u>und</u> geographischer Distanz *Beispielhafte Beurteilungssituationen:* ■ Deutsche Führungsperson (arbeitet in Deutschland) beurteilt chinesischen Mitarbeiter (arbeitet in China) ■ Deutsche Führungsperson (arbeitet in regionaler Zentrale in Singapur) beurteilt indonesischen Mitarbeiter (arbeitet in Indonesien)
Geographische Distanz: Nicht vorhanden	*Zentrale Merkmale der Beurteilungskonstellation:* ■ Geringes Auftreten von Problemen in Verbindung mit kulturellen bzw. geographischen Distanzen ■ Prägung durch gemeinsamen kulturellen Hintergrund *Beispielhafte Beurteilungssituationen:* ■ Deutsche Führungsperson beurteilt deutschen Mitarbeiter (beide arbeiten in Deutschland) ■ Deutsche Führungsperson beurteilt deutschen Mitarbeiter (beide arbeiten in den USA)	*Zentrale Merkmale der Beurteilungskonstellation:* ■ Erschwerte Kommunikation und Koordination aufgrund von kultureller Heterogenität ■ Erhöhtes Auftreten von Missverständnissen und Konflikten *Beispielhafte Beurteilungssituationen:* ■ Deutsche Führungsperson beurteilt indischen Mitarbeiter (beide arbeiten in Deutschland) ■ Chinesische Führungsperson beurteilt deutschen Expatriate (beide arbeiten in China)

Kulturelle Distanz

10.1.3   Kriterien internationaler Beurteilungen

In Abschnitt 8.5 wurden grundlegende Beurteilungskriterien systematisiert. Es wurde unterschieden nach

- dem zeitlichen Horizont (vergangenheitsorientiert vs. zukunftsorientiert),

- dem Grad der Quantifizierung (quantitative vs. qualitative Kriterien),

- den Bezugsgrößen (insbesondere vorherige Leistungen vs. Zielerreichungsgrade) sowie

- den Zielgruppen (Einzelpersonen vs. Teams) der Beurteilung.

Im Zusammenhang mit dem *zeitlichen Horizont* ist für internationale Beurteilungen von Bedeutung, ob diese sich primär auf vergangene Leistungen von Führungskräften bzw. Mitarbeitern oder deren Potenziale beziehen (vgl. auch Abschnitt 8.5). In Anlehnung an Hofstede (1997, S. 233, 243) ist anzunehmen, dass langfristig orientierte Kulturen (wie beispielsweise China oder Japan) tendenziell potenzialbezogene Beurteilungskriterien präferieren. Im Gegensatz dazu konzentrieren sich eher kurzfristig orientierte Kulturen (wie beispielsweise USA und Großbritannien) auf die Gegenwart bzw. die nahe Zukunft (vgl. Kutschker/Schmid 2008). Es ist daher davon auszugehen, dass hier primär aktuelle Leistungen und weniger langfristige Potenziale im Fokus von Beurteilungen stehen.

Neben dem zeitlichen Horizont kann nach dem *Quantifizierungsgrad* zwischen quantitativen und qualitativen Kriterien unterschieden werden (vgl. auch Abschnitt 8.5).

- Als *quantitative Beurteilungskriterien* werden in internationalen Beurteilungssituationen insbesondere Kennzahlen wie die länderspezifische Umsatzrentabilität oder der internationale Marktanteil herangezogen (vgl. Dowling/Welch/Schuler 1999, S. 136).

- *Qualitative Beurteilungskriterien* bilden Merkmale bzw. Verhaltensweisen der Beurteilten ab (vgl. Dowling/Welch/Schuler 1999, S. 136; Gregersen/Hite/Black 1996, S. 714 f.) Diese Kriterien sind insbesondere dann relevant, wenn quantitative Kriterien nicht verfügbar sind oder nicht präzise den Leistungen der Beurteilten zugeordnet werden können.

Inwieweit Beurteilungskriterien quantifiziert werden, hängt maßgeblich von der Internationalisierungsstrategie eines Unternehmens ab (vgl. hierzu ausführlich Abschnitt 7.2.1). Hierbei wird zwischen ethnozentrischen, polyzentrischen, regiozentrischen und geozentrischen Internationalisierungsstrategien unterschieden (vgl. u. a. Janssens 1994, S. 854 f.).

Bei der *ethnozentrischen Internationalisierungsstrategie* legt das Unternehmen des Stammlandes die Beurteilungskriterien weitgehend fest. Die Auswahl der Beurteilungskriterien orientiert sich somit primär an den kulturellen Besonderheiten des Stammlandes. In diesen Konstellationen dominieren häufig quantitative Kriterien der Personalbeurteilung, um die Leistungen über verschiedene Kulturen hinweg vergleichbar zu machen.

Bei einer *polyzentrischen Internationalisierungsstrategie* werden die Beurteilungskriterien auf der Basis lokaler Besonderheiten verschiedener Länderniederlassungen eines Unternehmens festgelegt. Die Beurteilungskriterien können daher zwischen verschiedenen Länderniederlassungen variieren. Auch die Gewichtung quantitativer bzw. qualitativer Kriterien hängt von der Landeskultur der jeweiligen Niederlassung ab.

Werden internationale Beurteilungskriterien im Sinne einer *regiozentrischen Internationalisierungsstrategie* ausgewählt, so bilden diese die Besonderheiten einer bestimmten Region (z. B. Nordostasien) ab. Die Kriterien variieren in diesem Fall von Region zu Region.

Werden die Beurteilungskriterien im Sinne einer *geozentrischen Internationalisierungsstrategie* festgelegt, so liegt ein unternehmensweites, international standardisiertes Verständnis der Beurteilungskriterien vor (vgl. Janssens 1994). Eine geozentrische Beurteilung orientiert sich an der „kulturellen Schnittmenge" und stellt bis zu einem gewissen Grad eine Kompromisslösung dar. Um die Beurteilungen vergleichen zu können, werden in solchen Situationen primär quantitative Beurteilungskriterien herangezogen.

Schließlich ist im Hinblick auf die *Zielgruppe der Beurteilung* danach zu unterscheiden, ob Einzelpersonen oder Teams beurteilt werden. Beurteilungen in individuell geprägten Kulturen wie den USA konzentrieren sich primär auf die Erreichung individuell vereinbarter Ziele und die persönliche Entwicklung der beurteilten Personen. Die Beurteilung von Teamleistungen stößt dagegen häufig auf Widerstand bei den beurteilten Personen (vgl. hierzu Abschnitt 15.2.1). Kollektivistischen Kulturen, wie sie besonders in Asien anzutreffen sind, wird dagegen unterstellt, dass sie die Zielerreichung primär auf der Teamebene beurteilen (vgl. u. a. Milliman/Taylor/Czaplewski 2002, S. 36; Schneider/Barsoux 1997, S. 142). Empirische Erkenntnisse zeigen allerdings ein gemischtes Bild:

Eine Studie von Sparrow und Wu (1997, S. 40 ff.) stützt die Vermutung, dass in kollektivistisch geprägten Ländern (wie z. B. Taiwan) die Teamleistung stärker gewichtet wird als Einzelleistungen. Vance et al. (1992, S. 321 f.) können diese Beobachtung auch für Indonesien und Malaysia bestätigen. Allerdings können sie eine erhöhte Gruppenorientierung in Thailand nicht beobachten. Die Autoren führen dies auf besondere religiöse Ursachen sowie die abnehmende Bedeutung von Familienbanden in den vergangenen Jahren zurück. Auch in Hong Kong, das nach Hofstede (2001) kollektivistisch geprägt ist, lässt sich eine Tendenz zur gruppenorientierten Beurteilung nicht beobachten (vgl. Snape et al. 1998, S. 855).

10.1.4   Durchführung internationaler Beurteilungen

In Abschnitt 8.6 wurde ein idealtypischer Beurteilungsprozess dargelegt (vgl. Abbildung 8.14). Neben der Festlegung von Beurteilten und Beurteilungskriterien (welche bereits in den Abschnitten 10.1.2 und 10.1.3 diskutiert wurden) weisen internationale Beurteilungssituationen eine Reihe von Besonderheiten auf. Bei der Durchführung internationaler Beurteilungen sind verschiedene Aspekte festzulegen. Dies sind insbesondere

- die Form der Beurteilung,

- die nonverbale Kommunikation im Rahmen der Beurteilung sowie

- der Stil der Beurteilung.

Die *Form der Beurteilung* bezieht sich insbesondere darauf, ob die Beurteilung schriftlich oder mündlich erfolgt. Die Frage nach der Beurteilungsform stellt sich allerdings nur in Beurteilungssituationen, in denen Beurteilende und Beurteilte sich am selben Ort befinden. Beurteilungen über geographische Distanzen hinweg finden in der Regel schriftlich statt. Entsprechend ihrer kulturellen Prägung weisen verschiedene Länder zum Teil deutliche Unterschiede im Hinblick auf die üblicherweise praktizierte Beurteilungsform auf. Da zwischenmenschlichen Beziehungen in kollektivistischen Kulturen ein relativ hoher Stellenwert zugesprochen wird, werden Beurteilungen nach Möglichkeit mündlich durchgeführt (vgl. Groeschl 2003, S. 69; Milliman et al. 1998, S. 168 f.). Dagegen werden in individualistisch geprägten Kulturen schriftliche Beurteilungen eher akzeptiert (vgl. u. a. Milliman/Taylor/Czaplewski 2002, S. 36).

Ein weiterer Aspekt der Beurteilungsform ist der Fomalisierungsgrad der Beurteilung. Dieser hängt stark mit der Machtdistanz einer Kultur zusammen. Kulturen mit relativ geringer Machtdistanz gehen davon aus, dass Führungskräfte bzw. Mitarbeiter über ähnliche Rechte verfügen, und niemand aufgrund seiner Rolle diskriminiert werden sollte. Um solche Diskriminierungen in Beurteilungen zu vermeiden, stellen Kulturen mit einer geringen Machtdistanz formale, egalitäre Regeln auf. In Kulturen mit einer hohen Machtdistanz wird die Ungleichverteilung der Macht dagegen akzeptiert. Dementsprechend existieren in solchen Kulturen weniger formale Regeln der Beurteilung (vgl. Cascio/Bailey 1995, S. 29; Groeschl 2003, S. 70; Milliman et al. 1998, S. 169 f.; Vance et al. 1992, S. 315).

Im Zusammenhang mit der Beurteilung spielt darüber hinaus die *nonverbale Kommunikation* eine Rolle. Diese bezieht sich auf Körperhaltung, Mimik, Gestik, aber auch auf Sprechtempo, Pausen und Lautstärke einer Person (vgl. Homburg/Stock-Homburg 2011; Schneider/Hirt 2007, S. 206). Im Hinblick auf die nonverbale Kommunikation können in interkulturellen Beurteilungssituationen zum Teil starke Unterschiede auftreten. Während in südeuropäischen Ländern eine lebhafte Teilnahme an einem Gespräch als Interesse interpretiert wird, empfinden Japaner ein solches Verhalten als störend im Sinne einer Gesprächsunterbrechung (vgl. Schneider/Hirt 2007, S. 273). Tabelle 10.3 verdeutlicht kulturelle Unterschiede in der nonverbalen Kommunikation anhand ausgewählter Kriterien zwischen USA, Japan und Brasilien.

Tabelle 10.3   Kulturelle Unterschiede in der nonverbalen Kommunikation
                      (in Anlehnung an Rentzsch 1999, S. 47)

Ausgewählte Merkmale der nonverbalen Kommunikation	USA	Japan	Brasilien
Sprechpausen (Anzahl der stillen Perioden von > 10 Sekunden innerhalb von 30 Minuten)	3,5	5,5	0
Direkter Augenkontakt (Minuten innerhalb einer Periode von 10 Minuten)	3,3	1,3	5,3
Berührungen (während 30 Minuten, Händeschütteln nicht gerechnet)	0	0	4,7

Bereits die Betrachtung einzelner Aspekte der nonverbalen Kommunikation (vgl. Tabelle 10.3) verdeutlicht, dass nonverbale Signale interkulturell zum Teil sehr unterschiedlich gebraucht werden. Nonverbale Kommunikation sollte daher bei der Durchführung internationaler Beurteilungen in Abhängigkeit von der jeweiligen Länderkultur der Beurteilten differenziert eingesetzt werden.

Von weiterer Bedeutung für die effektive Beurteilungsdurchführung ist schließlich der *Kommunikationsstil des Beurteilenden* (vgl. Schugh 2004). Durch kulturbedingte Unterschiede im Sprachstil zwischen Beurteilern und Beurteilten können wechselseitige Irritationen auftreten (vgl. Schneider/Hirt 2007, S. 275). Im Kern kann zwischen fünf Facetten des Sprachstils unterschieden werden (in Anlehnung an House 1996):

- Die *Direktheit des Sprachstils* gibt an, inwieweit in kritischen Situationen offen und eindeutig kommuniziert wird. Hohe Direktheit zeichnet sich beispielsweise dadurch aus, dass Kritik offen angesprochen wird. In stark kollektivistisch geprägten Ländern – wie zum Beispiel dem konfuzianisch asiatischen Cluster (vgl. hierzu Abschnitt 7.2.2) – kann direkt geäußerte Kritik in Beurteilungsgesprächen zu einem Gesichtsverlust führen.

- Die *Präzision des Sprachstils* bezieht sich darauf, wie explizit und eindeutig zwischenmenschliche oder sachliche Aspekte in Beurteilungssituationen angesprochen werden. In manchen Kulturen können Anerkennung und Kritik lediglich angedeutet werden. Im Falle einer solchen impliziten Kommunikation ist der Sprachstil wenig präzise. Die Beurteilten haben relativ großen Spielraum für Interpretationen der Beurteilungsinhalte.

- Die *Beziehungsorientierung des Sprachstils* gibt an, inwieweit in Beurteilungssituationen primär zwischenmenschliche Aspekte (im Vergleich zu inhaltlichen Aspekten) im Vordergrund stehen (vgl. Varma/Pichler/Srinivas 2005, S. 2041). Eine hohe Beziehungsorientierung des Sprachstils zeichnet sich unter anderem dadurch aus, dass die Beurteilungsergebnisse primär über zwischenmenschliche Aspekte und weniger über logische Argumente begründet werden.

- Die *Standardisierung des Sprachstils* gibt an, inwieweit in einer Kultur Redewendungen gebraucht werden. Eine relativ hohe Standardisierung des Sprachstils liegt beispielsweise vor, wenn relativ viele Formulierungen mit kulturell vordefiniertem Bedeutungsinhalt (z. B. Redewendungen, Glückssymbole) verwendet werden.

- Schließlich bezieht sich die *Selbstorientierung des Sprachstils* darauf, inwieweit der Sprecher (z. B. der Beurteiler) in Gesprächen die eigene Perspektive oder die Perspektive seines Gegenübers (z. B. des Beurteilten) einnimmt. Hohe Selbstorientierung liegt beispielsweise vor, wenn die Beurteilenden primär die eigene und weniger die Perspektive des Beurteilten in ihre Überlegungen einbeziehen.

Tabelle 10.4 stellt kulturelle Unterschiede in verschiedenen Facetten des Sprachstils dar. Diese Unterschiede beziehen sich auf ausgewählte Cluster, die im Rahmen der GLOBE-Studien identifiziert werden konnten (vgl. hierzu ausführlich Abschnitt 7.2.2).

Tabelle 10.4   Kulturelle Unterschiede im Kommunikationsstil

Merkmale im Sprachstil \ Kulturdimension	Germanisches Cluster	Anglocluster weltweit	Konfuzianisch asiatisches Cluster	Süd-asiatisches Cluster
Beispielhafte Länder	Deutschland, Österreich, Schweiz	Australien, Kanada, USA,	China, Hong Kong, Japan, Taiwan	Indien, Thailand
Direktheit[1]	hoch	hoch	gering	mittel
Präzision[1][2]	hoch	mittel	gering	mittel
Standardisierung	gering	mittel	hoch	hoch
Beziehungsorientierung[3]	gering	gering	mittel	hoch
Selbstorientierung[3]	hoch	mittel	gering	mittel

Anmerkungen:
[1] in Anlehnung an House (1996).
[2] in Anlehnung an Milliman/Taylor/Czaplewski (2002); Milliman et al. (1998).
[3] in Anlehnung an House (1996); Jesuino (2002); Schneider/Barsoux (1997); Varma/Pichler/Srinivas (2005).

10.2 Internationale Gestaltung der Personalvergütung

Bei der internationalen Gestaltung von Vergütungssystemen spielt deren strategische Orientierung eine wichtige Rolle (vgl. Reynolds 1986, S. 56 ff.). Entsprechend der bereits in Abschnitt 7.2.1 dargelegten Internationalisierungsstrategien kann eine von vier international ausgerichteten Vergütungsstrategien gewählt werden (vgl. Schell/Solomon 1997, S. 119; Toh/DeNisi 2003, 609 ff.):

- die ethnozentrische Vergütungsstrategie (Home Country Based Payment),

- die polyzentrische Vergütungsstrategie (Host Country Based Payment),

- die regiozentrische Vergütungsstrategie (Region Based Payment) oder

- die geozentrische Vergütungsstrategie.

Die verschiedenen Vergütungsstrategien orientieren sich hinsichtlich des Niveaus bzw. der Struktur an unterschiedlichen Ländergegebenheiten. Die Vergütungsstruktur bezieht sich insbesondere auf die Auswahl bzw. die Gewichtung verschiedener Vergütungskomponenten (vgl. hierzu Abschnitt 9.3). Hierbei ist anzumerken, dass ein Unternehmen für unterschiedliche Beschäftigtengruppen unterschiedliche internationale Vergütungsstrategien anwenden kann.

10.2.1 Die ethnozentrische Vergütungsstrategie

Im Rahmen der ethnozentrischen Vergütungsstrategie orientiert sich die Vergütung an dem Niveau bzw. der Struktur der Vergütung des Stammlandes (vgl. Schell/Solomon 1997, S. 119). Die ethnozentrische Vergütungsstrategie wird in der Unternehmenspraxis am häufigsten bei Expatriates eingesetzt. Mehr als 50 Prozent der europäischen Unternehmen wenden diesen Ansatz an (vgl. Gould 1999, S. 42).

In der Vergütung von Expatriates schlägt sich die ethnozentrische Vergütungsstrategie darin nieder, dass das frei verfügbare Gehalt (d. h. das Nettogehalt) des Stammlandes auch während der Entsendung weitestgehend erhalten bleibt (vgl. Briscoe/Schuler 2004, S. 311; Dowling/Welch/Schuler 1999, S. 190; Reynolds 2001, S. 8). Im Rahmen einer *Nettovergleichsrechnung* (auch als *Balanced Sheet Approach* bezeichnet) wird die Vergütung von Expatriates mit der Vergütung von Beschäftigten im Stammland verglichen. Durch das Gewähren des (nahezu) gleich hohen, frei verfügbaren Einkommens sollen Barrieren der internationalen Mobilität von Beschäftigten abgebaut werden (vgl. Briscoe/Schuler 2004, S. 311). Abbildung 10.2 stellt die zentralen Komponenten der Nettovergleichsrechnung bei der Expatriate-Vergütung dar.

Abbildung 10.2   Zentrale Komponenten der Nettovergleichsrechnung
(in Anlehnung an Reynolds 1986, S. 564)

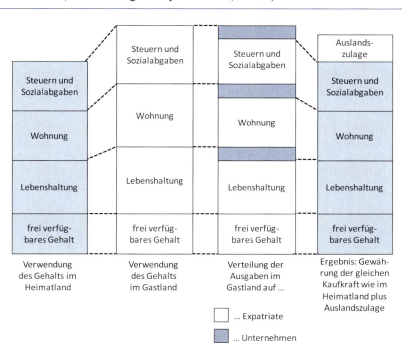

Der Ansatz der Nettovergleichsrechnung eignet sich insbesondere für aus dem Stammland entsandte Führungskräfte des mittleren bzw. oberen Managements, die über einen längeren Zeitraum hinweg in einem bestimmten Gastland eingesetzt werden. Bei häufigen internationalen Stellenwechseln ist die Nettovergleichsrechnung aufgrund ihrer relativ hohen Komplexität nur bedingt geeignet (vgl. Briscoe/Schuler 2004, S. 311; Phillips/Fox 2003). Der internationale Ausgleich der Vergütung weist allerdings den Nachteil auf, dass ein Teil der Expatriates die spätere Repatriierung ablehnt (vgl. Briscoe/Schuler 2004, S. 311). Dieses ist in der in manchen Fällen gewährten Auslandszulage begründet (vgl. Abbildung 10.2, letzte Säule).

10.2.2 Die polyzentrische Vergütungsstrategie

Die polyzentrische Vergütungsstrategie orientiert sich an den vergütungsspezifischen Besonderheiten einzelner Länderniederlassungen eines Unternehmens. Durch eine lokale Ausrichtung des Niveaus bzw. der Struktur der Vergütung kann eine Reihe von Vorteilen realisiert werden (vgl. Gomez-Mejia/Welbourne 1991, S. 31):

- leichtere Gewinnung und Bindung qualifizierter Mitarbeiter,

- reduzierte Personalkosten durch geringeres Vergütungsniveau in bestimmten Regionen,

- verbessertes Eingehen auf die Bedürfnisse lokaler Führungskräfte bzw. Mitarbeiter sowie

- erhöhte Motivation für Führungskräfte und Mitarbeiter.

Polyzentrische Vergütungsstrategien werden insbesondere den kulturellen Besonderheiten der Länderniederlassungen eines Unternehmens gerecht. Kulturelle Unterschiede in der Vergütungsgestaltung lassen sich anhand der von Hofstede (1997) unterschiedenen Kulturdimensionen (vgl. hierzu ausführlich Abschnitt 7.2.2) verdeutlichen (vgl. Tabelle 10.5).

Tabelle 10.5   Kulturelle Besonderheiten der Vergütungsgestaltung
                (in Anlehnung an Gomez-Mejia/Welbourne 1991, S. 32 ff.)

Typische Merkmale des Vergütungssystems in Ländern mit ...	
... hoher Machtdistanz	
■ Starke Unterschiede im Vergütungsniveau zwischen unterschiedlichen Hierarchiestufen ■ Vergütungshöhe reflektiert Status und Macht	*Beispielhafte Länder:* China, Japan, Spanien
... hohem Individualismus	
■ Leistungsabhängige Vergütung ■ Honorierung individueller Zielerreichung ■ Belohnung kurzfristiger Zielerreichung im Rahmen der Vergütung ■ Hohe Bedeutung extrinsischer Anreize	*Beispielhafte Länder:* Großbritannien, Kanada, USA
... hoher Unsicherheitsvermeidung	
■ Geringe Leistungsabhängigkeit der Vergütung ■ Hohe Bedeutung des Senioritätsprinzips ■ Zentralisierte Gestaltung der Vergütung	*Beispielhafte Länder:* Deutschland, Italien, Portugal
... hoher Maskulinität	
■ Honorierung von Charakterzügen wie Durchsetzungsstärke und Ehrgeiz ■ Zulassen geschlechtsspezifischer Ungleichheiten im Rahmen der Vergütungsstrategie	*Beispielhafte Länder:* Japan, Mexiko, USA

Kulturelle Unterschiede beziehen sich auf verschiedene Bereiche internationaler Vergütungssysteme. Tabelle 10.6 stellt verschiedene Merkmale internationaler Vergütungssysteme anhand ausgewählter GLOBE-Kulturdimensionen gegenüber.

Deutsche Unternehmen, die Expatriates entsenden, verfolgen mit der polyzentrischen Vergütungsstrategie vielfach das Ziel, Personalkosten zu reduzieren (vgl. Briscoe/Schuler 2004, S. 320; Sims/Schraeder 2005, S. 105). Dabei wird die Vergütung der entsendeten Führungskräfte bzw. Mitarbeiter an die jeweiligen länderspezifischen (und zumeist niedrigeren) Gehaltsstrukturen angepasst.

Tabelle 10.6 Kulturelle Unterschiede internationaler Vergütungssysteme

Kulturdimension / Merkmale des Vergütungssystems	Germanisches Cluster	Anglocluster weltweit	Konfuzianisch asiatisches Cluster	Südasiatisches Cluster
Beispielhafte Länder	Deutschland, Österreich, Schweiz	Australien, Kanada, USA	China, Japan, Taiwan	Indien, Thailand
Einkommensspreizung[1]	mittel	mittel	hoch	hoch
Leistungsbezug[2]	hoch	hoch	gering	gering
Bedeutung des Senioritätsprinzips[3]	mittel bis hoch	mittel	hoch	hoch
Individualbezug[4]	hoch	hoch	gering	gering
Dauer der Anreizwirkung[5]	mittel bis gering	gering	hoch	hoch
Bedeutung von Statussymbolen[6]	mittel	gering	hoch	hoch

Anmerkungen:

[1] in Anlehnung an Hodgetts/Luthans (1993, S. 43); Thompson/Richter (1998, S. 34).
[2] in Anlehnung an Hodgetts/Luthans (1993, S. 44); Ramamoorthy/Carroll (1998, S. 574 ff.); Schuler/Rogovsky (1998, S. 165); Thompson/Richter (1998, S. 33).
[3] in Anlehnung an Gomez-Mejia/Welbourne (1991, S. 34); Hodgetts/Luthans (1993, S. 44); Thompson/Richter (1998, S. 33).
[4] in Anlehnung an Cascio/Bailey (1995, S. 29); Milliman/Taylor/Czaplewski (2002, S. 36); Milliman et al. (1998, S. 164 f.); Newman/Nollen (1996, S. 758, 766); Schneider/Barsoux (1997, S. 142); Schuler/Rogovsky (1998, S. 166); Vance et al. (1992, S. 315).
[5] in Anlehnung an Gomez-Mejia/Welbourne (1991, S. 33 f.); Lowe et al. (2002, S. 54).
[6] in Anlehnung an Gomez-Mejia/Welbourne (1991, S. 31 f.).

Allerdings können in Verbindung mit einer polyzentrischen Vergütungsstrategie auch erhöhte Personalkosten entstehen. Dies ist beispielsweise der Fall, wenn chinesische Unternehmen ihre internationale Vergütung am Niveau ihrer deutschen Niederlassungen ausrichten. Der Ansatz eignet sich besonders für räumlich flexible sowie für langfristig entsendete Führungskräfte bzw. Mitarbeiter (vgl. Briscoe/Schuler 2004, S. 321; Reynolds 2001, S. 7 f.).

10.2.3   Die geozentrische Vergütungsstrategie

In einer Studie von Harvey (1993) erachten rund 80 Prozent von 84 befragten Personalmanagern starke länderspezifische Unterschiede von Vergütungssystemen eines Unternehmens als problematisch. Dieser Problematik soll mithilfe einer geozentrischen Vergütungsstrategie entgegengewirkt werden. Eine solche Vergütungsstrategie liegt vor, wenn die Vergütung von Führungskräften bzw. Mitarbeitern länderübergreifend einheitlich geregelt ist (vgl. Briscoe/Schuler 2004, S. 322). Die Vereinheitlichung beschränkt sich vielfach allerdings auf die Strukturen (vgl. Insert 10.2). Eine weltweite Standardisierung des Vergütungsniveaus wird aufgrund zum Teil stark unterschiedlicher Lebenshaltungskosten als schwierig erachtet.

Im Bereich von Expatriates ist dieser Ansatz insbesondere für Unternehmen interessant, die Expatriates unterschiedlicher Herkunftsländer längerfristig entsenden. In diesem Fall liegt ein globaler Arbeitsmarkt vor (vgl. Briscoe/Schuler 2004, S. 322; Reynolds 2001, S. 12 f.). Global standardisierte Vergütungsstrategien eignen sich darüber hinaus für das obere Management. Für diese Manager lassen sich nur marginale Unterschiede zwischen Expatriierten und Lokalen feststellen. Daher sollten diese Gruppen auch nach einheitlichen Grundsätzen entlohnt werden. In diesem Fall werden die globalen Standards daher auch auf die lokalen Manager übertragen (vgl. Reynolds 2001, S. 20).

Geozentrisch orientierte Vergütungsstrategien tragen einerseits dazu bei, weltweit ausgerichtete Strategien umzusetzen. Andererseits gewährleisten geozentrische Vergütungsstrategien noch hinreichende Flexibilität für Unternehmen, sich an die kulturellen Besonderheiten und damit die Präferenzen der lokalen Belegschaft anzupassen. Eine geozentrische Vergütungsstrategie wird von vielen Unternehmen insbesondere in Bezug auf den variablen Vergütungsanteil für wichtig erachtet (vgl. Insert 10.2).

Insert 10.2:   International einheitliche gestaltete Vergütungssysteme (o.V. 2005, S. 59)

Einheitliche Vergütungsphilosophien im internationalen Kontext

International tätige Unternehmen achten immer stärker darauf, die Vergütung ihrer Führungskräfte nachvollziehbar und einheitlich zu gestalten. Nach einer Studie der Unternehmensberatung Towers Perrin haben 84 Prozent der europäischen Unter-

In ganz Europa sei der Trend zu erkennen, dass die 100 bis 300 obersten Führungskräfte eines Unternehmens zentral betreut werden. Die Berater betrachteten auch die Vergütungspraxis in den Vereinigten Staaten. Sie kamen zu dem Ergebnis, dass es

nehmen, die in mehreren Ländern agieren, ein für alle Länder gleiches Programm für die kurzfristige variable Vergütung eingeführt. Für die langfristige variable Vergütung, die so genannten Long-Term Incentives, haben sogar 90 Prozent die gleichen Prinzipien im ganzen Unternehmen.

„Es wird für die Unternehmen immer wichtiger, über Ländergrenzen hinweg einheitliche Vergütungsphilosophien zu schaffen. Viele Personalabteilungen treiben dieses Projekt derzeit voran", sagt Petra Knab-Hägele, Mitglied der Geschäftsleitung bei Towers Perrin.

dort viel wichtiger ist, für eine bestimmte Tätigkeit das gleiche Gehalt zu bekommen wie in einem anderen Unternehmen.

In Europa liege der Schwerpunkt vor allem darauf, innerhalb des Unternehmens die Vergütung gerecht zu gestalten. Bei der Zusammensetzung der Gehälter zeigt sich, dass der variablen Vergütung in den Vereinigten Staaten mehr Bedeutung zukommt als in Europa. Innerhalb Europas bietet sich in den verschiedenen Ländern ein relativ einheitliches Bild.

10.2.4   Die regiozentrische Vergütungsstrategie

Regional orientierte Vergütungssysteme resultieren aus den Bemühungen, Vergütungssysteme für bestimmte Regionen zu standardisieren. Regiozentrische Vergütungsstrategien vereinheitlichen Vergütungsstrukturen für bestimmte Länderregionen. Sie reduzieren einerseits die Komplexitätskosten (vgl. Briscoe/Schuler 2004, S. 321; Reynolds 2001, S. 21). Andererseits ist noch eine gewisse regionale Differenzierung (und somit Anpassung an kulturelle Besonderheiten der Beschäftigten) möglich. Regionen, die typischer Weise einheitlich gehandhabt werden, sind beispielsweise die europäische Union, Lateinamerika, oder Ostasien. Der größte Nutzen regionaler Systeme wird erzielt, wenn diese innerhalb der jeweiligen Region zentral verwaltet werden (vgl. Reynolds 2001, S. 21).

Kontrollfragen

1. Welche Anforderungen müssen internationale Beurteilungssysteme erfüllen?

2. Neben grundlegenden Beurteilungskompetenzen sind insbesondere im internationalen Kontext vier weitere Kompetenzen von Beurteilenden bedeutsam. Erläutern Sie diese kurz.

3. Systematisieren Sie internationale Beurteilungskonstellationen. Gehen Sie in diesem Zusammenhang auf zentrale Herausforderungen der jeweiligen Beurteilungskonstellationen ein.

4. Im Rahmen der Durchführung internationaler Beurteilungen sind verschiedene Aspekte festzulegen. Nennen Sie drei wesentliche Aspekte, und erläutern Sie die jeweiligen Gestaltungsmöglichkeiten.

5. Für die Effektivität der Beurteilungsdurchführung ist der Kommunikationsstil des Beurteilenden von Bedeutung. Welche kulturbedingten Unterschiede im Sprachstil kennen Sie? Erläutern Sie die einzelnen Dimensionen kurz.

6. Erläutern Sie die Grundidee sowie die zentralen Komponenten der Nettovergleichsrechnung.

7. Welche Vorteile können durch eine polyzentrische Vergütungsstrategie realisiert werden?

8. Welche kulturellen Besonderheiten in der Vergütungsgestaltung können in Ländern mit

    a. hoher Machtdistanz,
    b. hohem Individualismus,
    c. hoher Unsicherheitsvermeidung und
    d. hoher Maskulinität

auftreten? Nennen Sie jeweils zwei Beispiele.

Literatur

Atwater, L./Waldman, D./Brett, J. (2002), Understanding and Optimizing Multisource Feedback, Human Resource Management, 41, 2, 193-208.

Briscoe, D./Schuler, R. (2004), International Human Resource Management: Policy and Practice for the Global Enterprise, 2. Auflage, Band 1, Routledge Global Human Resource Management Series, New York.

Cascio, W./Bailey, E. (1995), International Human Resource Management: The State of Research and Practice, in: Shenkar, O. (Hrsg.), Global Perspectives of Human Resource Management, Englewood Cliffs, 15-36.

Dowling, P./Welch, D./Schuler, R. (1999), International Human Resource Management: Managing People in a Multinational Context, 3. Auflage, Cincinnati.

Dülfer, E. (1995), Internationales Management in unterschiedlichen Kulturkreisen, 3. Auflage, München.

Edwards, J. (1993), Problems with the Use of Profile Similarity Indices in the Study of Congruence in Organizational Research, Personnel Psychology, 46, 3, 641-665.

GLOBE Foundation (2006), Research Survey, GLOBE Project, Form Beta, URL: http://www.thunderbird.edu/wwwfiles/sites/globe/pdf/GLOBE_Phase_2_Beta_Questionnaire.pdf [02.03.2010].

Gómez-Mejía, L./Welbourne, T. (1991), Compensation Strategies in a Global Context, Human Resource Planning, 14, 1, 29-41.

Gould, C. (1999), Expat Pay Plans Suffer Cutbacks, Workforce, 78, 9, 40-45.

Gregersen, H./Hite, J./Black, J. (1996), Expatriate Performance Appraisal in U.S. Multinational Firms, Journal of International Business Studies, 27, 4, 711-738.

Groeschl, S. (2003), Cultural Implications for the Appraisal Process, Cross Cultural Management, 10, 1, 67-79.

Hall, E. (1977), Beyond Culture, New York.

Harvey, M. (1993), Empirical Evidence of Recurring International Compensation Problems, Journal of International Business Studies, 24, 4, 785-799.

Hodgetts, R./Luthans, F. (1993), U.S. Multinationals' Compensation Strategies for Local Management: Cross-Cultural Implications, Compensation & Benefits Review, 25, 2, 42-48.

Hofstede, G. (1997), Lokales Denken, globales Handeln. Kulturen, Zusammenarbeit und Management, München.

Hofstede, G. (2001), Culture's Consequences: Comparing Values, Behaviors, Institutions, and Organizations Across Nations, 2. Auflage, Thousand Oaks.

Homburg, C./Stock-Homburg, R. (2011), Der kundenorientierte Mitarbeiter: Bewerten, begeistern, bewegen, 2. Auflage, Wiesbaden (in Druck).

House, J. (1996), Zum Erwerb interkultureller Kompetenz im Unterricht des Deutschen als Fremdsprache, Zeitschrift für interkulturellen Fremdsprachunterricht, 1, 3, 1-22.

Janssens, M. (1994), Evaluating International Managers' Performance: Parent Company Standards as Control Mechanism, International Journal of Human Resource Management, 5, 4, 853-873.

Jesuino, J. (2002), Latin Europe Cluster: From South to North, Journal of World Business, 37, 1, 81-89.

Kovach, R. (1994), Matching Assumptions to Environment in the Transfer of Management Practices, International Studies of Management & Organization, 24, 4, 83-99.

Kutschker, M./Schmid, S. (2008), Internationales Personalmanagement, 6. Auflage, München.

Lowe, K./Milliman, J./De Cieri, H./Dowling, P. (2002), International Compensation Practices: A Ten Country Comparative Analysis, Human Resource Management, 41, 1, 45-66.

Luthans, K./Farner, S. (2002), Expatriate Development: The Use of 360-Degree Feedback, Journal of Management Development, 21, 10, 780-793.

Manny, B./McMullen, T./Sperling, R./Scott, D. (2006), The Future of Compensation Professionals According to Your Colleagues, Workspan, 49, 1, 29-31.

Martin, D./Bartol, K. (2003), Factors Influencing Expatriate Performance Appraisal System Success: An Organizational Perspective, Journal of International Management, 9, 2, 115-132.

Mikosch, B. (2004), Deutsche Regeltreue und chinesische Flexibilität, Frankfurter Allgemeine Zeitung, 176 (30.07.2004), 49.

Milliman, J./Nason, S./Gallagher, E./Huo, P./Von Glinow, M./Lowe, K. (1998), The Impact of National Culture on Human Resource Management Practices: The Case of Performance Appraisals, Advances in International Comparative Management, 12, 157-183.

Milliman, J./Taylor, S./Czaplewski, A. (2002), Cross-Cultural Performance Feedback in Multinational Enterprises: Opportunity for Organizational Learning, Human Resource Planning, 25, 3, 29-43.

Nathan, B./Mohrman, A./Milliman, J. (1991), Interpersonal Relations as a Context for the Effects of Appraisal Interviews on Performance and Satisfaction: A Longitudinal Study, Academy of Management Journal, 34, 2, 352-369.

Newman, K./Nollen, D. (1996), Culture and Congruence: The Fit Between Management Practices and National Culture, Journal of International Business Studies, 27, 4, 753-779.

Oddou, G./Mendenhall, M. (2000), Expatriate Performance Appraisal: Problems and Solutions, in: Mendenhall, M./Oddou, G. (Hrsg.), Readings and Cases in International Human Resource Management, Cincinnati, 213-223.

Ott, M. (2000), Alles verstanden – Nichts begriffen? – ,Global Players' zwischen Kultur und Konflikt, in: Götz, K. (Hrsg.), Interkulturelles Lernen/Interkulturelles Training, Managementkonzepte Band 8, München, 235-253.

o.V. (2005), Vergütung aktuell: Einheitlich gestaltete Vergütung, Frankfurter Allgemeine Zeitung, 234 (08.10.2005), 59.

Peterson, R./Sargent, J./Napier, N./Shim, W. (1996), Corporate Expatriate HRM Policies, Internationalization, and Performance in the World's Largest MNCs, Management International Review, 36, 3, 215-230.

Phillips, L./Fox, M. (2003), Compensation Strategy in Transnational Corporations, Management Decision, 41, 5, 465-476.

Ramamoorthy, N./Carroll, S. (1998), Individualism/Collectivism Orientations and Reactions Toward Alternative Human Resource Management Practices, Human Relations, 51, 5, 571-588.

Rentzsch, H.-P. (1999), Erfolgreich verhandeln im weltweiten Business, Verhalten, Taktik und Strategie für internationale Meetings und Präsentationen, Wiesbaden.

Reynolds, C. (1986), Compensation of Overseas Personnel, in: Famularo, J. (Hrsg.), Handbook of Human Resource Administration, New York, 56.1-56.22.

Reynolds, C. (2001), Compensating Globally Mobile Employees – Approaches to Developing Expatriate Pay Strategies for the Evolving International Corporation, 2. Auflage, Scottsdale.

Ringwald, N (2009), Mitarbeiterführung im internationalen Kontext: Stand der Forschung und Klassifikation von Expatriate-Führungskräften, Wiesbaden.

Rothlauf, J. (2009), Interkulturelles Management, 3. Auflage, München.

Schell, M./Solomon, C. (1997), Capitalizing on a Global Workforce: A Strategic Guide to Expatriate Management, New York.

Schneider, S./Barsoux, J. (1997), Managing Across Cultures, Harlow.

Schneider, U./Hirt, C. (2007), Multikulturelles Management, München.

Schugh, M. (2004), Interkulturelle Kommunikation: Kulturbedingte Unterschiede in Verkauf und Werbung, München.

Schuler, R./Rogovsky, N. (1998), Understanding Compensation Practice Variations Across Firms: The Impact of National Culture, Journal of International Business Studies, 29, 1, 159-177.

Shih, H./Chiang, Y./Kim, I. (2005), Expatriate Performance Management from MNEs of Different National Origins, International Journal of Manpower, 26, 2, 157-176.

Sims, R./Schraeder, M. (2005), Expatriate Compensation: An Explanatory Review of Salient Contextual Factors and Common Practices, Career Development International, 10, 2, 98-108.

Snape, E./Thompson, D./Yan, F./Redman, T. (1998), Performance Appraisal and Culture: Practice and Attitudes in Hong Kong and Great Britain, International Journal of Human Resource Management, 9, 5, 841-861.

Sparrow, P./Wu, P. (1997), Does National Culture Really Matter? Predicting HRM Preferences of Taiwanese Employees, Employee Relations, 20, 1, 26-56.

Suutari, V./Tornikoski, C. (2001), The Challenge of Expatriate Compensation: The Sources of Satisfaction and Dissatisfaction Among Expatriates, International Journal of Human Resource Management, 12, 3, 389-404.

Tahvanainen, M. (2000), Expatriate Performance Management: The Case of Nokia Telecommunications, Human Resource Management, 39, 2/3, 267-275.

Thompson, M./Richter, A. (1998), Using Culture Principles to Resolve the Paradox in International Remuneration, ACA Journal, 7, 2, 28-37.

Toh, M./DeNisi, A. (2003), Host Country National Reactions to Expatriate Pay Policies: A Model and Implications, Academy of Management Review, 28, 4, 606-621.

Vance, C. /McClaine, R./Boje, D./Stage, H. (1992), An Examination of the Transferability of Traditional Performance Appraisal Principles Across Cultural Boundaries, Management International Review, 32, 4, 313-326.

Varma, A./Pichler, S./Srinivas, E. (2005), The Role of Interpersonal Affect in Performance Appraisal: Evidence from Two Samples – The US and India, International Journal of Human Resource Management, 16, 11, 2029-2044.

Teil IV

Führung von Mitarbeitern und Teams

Die Führung von Mitarbeitern bzw. Teams repräsentiert (neben der Gestaltung der Personalmanagement-Systeme) den zweiten zentralen Gegenstandsbereich des Personalmanagements. Im Gegensatz zur Gestaltung der Personalmanagement-Systeme findet Führung auf der Mikroebene, d. h. auf der Ebene einzelner Mitarbeiter bzw. Teams, statt. Die Führung von Mitarbeitern bzw. Teams wird in diesem Teil des Lehrbuchs in sechs Kapiteln behandelt. Die ersten beiden Kapitel widmen sich den Besonderheiten der Mitarbeiterführung. Mit der Führung von Teams setzen sich drei weitere Kapitel auseinander. Das letzte Kapitel stellt schließlich internationale Aspekte der Führung von Mitarbeitern bzw. Teams dar.

Im Zusammenhang mit der *Führung von Mitarbeitern* liefert Kapitel 11 einen umfassenden Einblick in die grundlegenden theoretisch-konzeptionellen Perspektiven der Mitarbeiterführung. In diesem Zusammenhang werden sowohl klassische als auch neuere theoretisch-konzeptionelle Ansätze der Führungsforschung dargelegt. Die fundierte Auseinandersetzung mit diesen Ansätzen ist eine wesentliche Voraussetzung dafür, die Erfolgsfaktoren der Mitarbeiterführung zu verstehen. Darauf aufbauend stellt Kapitel 12 Instrumente vor, mit deren Hilfe der Führungserfolg gesteigert werden kann.

Die meisten deutschsprachigen Personalmanagement-Lehrbücher behandeln die *Führung von Teams* eher stiefmütterlich. Diese weitgehende Vernachlässigung der Teamführung verwundert, weil sich die Teamführung aufgrund gruppendynamischer Prozesse, die innerhalb eines geführten Teams ablaufen, erheblich von der Führung einzelner Mitarbeiter unterscheidet. Die Führung von Teams wird daher in diesem Lehrbuch relativ ausführlich behandelt. Um ein Team erfolgreich zu führen, ist zunächst die Kenntnis der Chancen und der Risiken der Teamarbeit sowie verschiedener Arten von Teams erforderlich. Diese werden in Kapitel 13 in Verbindung mit den Grundlagen der Teamführung behandelt. Darüber hinaus sollten sich Personen, die sich mit der Teamführung beschäftigten, mit theoretisch-konzeptionellen Ansätzen zu diesem Phänomen auseinandersetzen. Dies ist die Basis für das Verständnis von Wirkungszusammenhängen, welche die Teamführung prägen und damit über deren Erfolg entscheiden. Zentrale theoretisch-konzeptionelle Ansätze der Teamführung stellt Kapitel 14 vor. Kapitel 15 geht schließlich auf diverse Instrumente ein, die Führungskräfte einsetzen können, um den Erfolg von Teams zu steigern. Der Fokus liegt hierbei auf Instrumenten, welche die Koordination zwischen den Teammitgliedern verbessern bzw. leistungsbezogene Anreize für die Teammitglieder schaffen.

Ein eigenständiges Kapitel widmet sich der *internationalen Führung von Mitarbeitern und Teams*. Vor dem Hintergrund der zunehmenden Internationalisierung von Unternehmen werden interkulturelle Führungskonstellationen, bei denen Führungsperson und geführte Mitarbeiter nicht den gleichen kulturellen Hintergrund aufweisen, immer häufiger. Dadurch wird die Auseinandersetzung mit der internationalen Führung von Mitarbeitern bzw. Teams unerlässlich. Die Grundlagen hierfür liefert Kapitel 16.

11 Grundlagen und theoretisch-konzeptionelle Ansätze der Mitarbeiterführung

Lernziele

■ Die Leser kennen den Begriff und die grundlegenden Herausforderungen der Mitarbeiterführung.

■ Die Leser überblicken die zentralen theoretisch-konzeptionellen Ansätze der Mitarbeiterführung.

■ Die Leser kennen die zentralen eigenschaftstheoretischen Ansätze der Mitarbeiterführung.

■ Die Leser überblicken die wichtigsten verhaltenswissenschaftlichen Ansätze der Mitarbeiterführung.

■ Die Leser kennen ausgewählte situative Ansätze der Mitarbeiterführung.

■ Die Leser kennen ausgewählte neuere Ansätze der Führungsforschung.

■ Die Leser überblicken aktuelle wissenschaftliche Weiterentwicklungen zu den behandelten theoretischen Ansätzen.

■ Die Leser können die praktische Bedeutung der theoretisch-konzeptionellen Ansätze der Mitarbeiterführung einordnen.

11.1   Grundlagen der Mitarbeiterführung

Das vorliegende Kapitel beleuchtet das Phänomen der Führung einzelner Mitarbeiter durch eine Führungsperson. Der Fokus liegt also auf der Interaktion zwischen einer Führungsperson und ihren unmittelbar unterstellten Mitarbeitern.

Mitarbeiter- *führung*	Prozess der Beeinflussung von Einstellungen und Verhaltensweisen von Geführten durch eine Führungsperson mit dem Zweck, gemeinsam angestrebte Ergebnisse zu erzielen (vgl. Ingram et al. 2005, S. 137; van Vugt 2006, S. 355).

Für ein grundlegendes Verständnis der Führung von Mitarbeitern ist zunächst die Auseinandersetzung mit grundlegenden Aspekten sowie theoretisch-konzeptionellen Ansätzen der Mitarbeiterführung erforderlich. Auf Basis dieser Kenntnisse können die Wirkungsweisen der Instrumente der Führung sowie internationaler Führungssituationen eingeordnet werden. Die Auseinandersetzung mit grundlegenden sowie theoretisch-konzeptionellen Aspekten der Mitarbeiterführung erfolgt anhand einer Reihe von Fragen. Die zentralen Leitfragen zu grundlegenden Aspekten und theoretisch-konzeptionellen Ansätzen der Mitarbeiterführung sind in Tabelle 11.1 aufgeführt. Aus dieser Tabelle wird auch ersichtlich, in welchem Abschnitt dieses Kapitels die einzelnen Fragen behandelt werden.

Tabelle 11.1 Zentrale Leitfragen zu Grundlagen und theoretisch-konzeptionellen Ansätzen der Mitarbeiterführung

Zentrale Leitfragen	Behandelt in ...
1. Wodurch sind typische Führungssituationen gekennzeichnet?	Abschnitt 11.1
2. Welchen besonderen Herausforderungen stehen Personen mit Führungsverantwortung (in Unternehmen) gegenüber und welche Konsequenzen ergeben sich aus diesen Herausforderungen für die Mitarbeiterführung?	Abschnitt 11.1
3. Welche Persönlichkeitsmerkmale charakterisieren eine erfolgreiche Führungsperson?	Abschnitt 11.2.1
4. Durch welche Verhaltensweisen zeichnet sich eine erfolgreiche Führungsperson aus?	Abschnitt 11.2.2
5. Wie sollten Führungskräfte ihr Führungsverhalten in unterschiedlichen Situationen ausrichten?	Abschnitt 11.2.3
6. Inwieweit sollten Führungskräfte ihr Verhalten an die Erwartungen der geführten Mitarbeiter anpassen?	Abschnitt 11.2.4.1
7. Wie entwickeln sich Beziehungen zwischen Führungsperson und Mitarbeitern, und welche Bedeutung hat die Qualität dieser Beziehungen für den Führungserfolg?	Abschnitt 11.2.4.2
7. Wie können Führungskräfte ihre Mitarbeiter dazu befähigen, sich selbst zu führen?	Abschnitt 11.2.4.3
9. Welche Rolle spielen Symbole bei der Führung von Mitarbeitern?	Abschnitt 11.2.4.4
10. Inwieweit können Führungskräfte die Befindlichkeit ihrer Mitarbeiter beeinflussen?	Abschnitt 11.2.4.5

Die erste Leitfrage zur Mitarbeiterführung bezieht sich auf die Charakterisierung einer typischen Führungssituation (vgl. Tabelle 11.1). Eine *Führungssituation* ist insbesondere durch folgende fünf Merkmale gekennzeichnet (in Anlehnung an Berthel/Becker 2007, S. 108):

- Es sind *mindestens zwei Personen* beteiligt, und zwar die Führungsperson (Einflussnehmer) und mindestens ein geführter Mitarbeiter (Beeinflusster).

- Es findet eine *soziale Interaktion* statt, d. h. das Verhalten der Führungsperson und das des Mitarbeiters bedingen sich gegenseitig. Damit nimmt die zwischenmenschliche Interaktion zwischen Führungsperson und Mitarbeiter im Rahmen der Mitarbeiterführung eine zentrale Rolle ein.

- Die Interaktionsbeziehung verläuft *asymmetrisch*, da die Befugnisse ungleich zwischen den Interaktionspartnern verteilt sind. Dies bedeutet, dass die Führungsperson ihren Willen gegenüber den Mitarbeitern aufgrund der gegebenen Machtverteilung besser durchsetzen kann.

- Die Einflussnahme der Führungsperson erfolgt *zielorientiert*. Führung zielt darauf ab, Einstellungen und Verhaltensweisen der geführten Mitarbeiter im Sinne der Unternehmensziele zu beeinflussen.

- Die Interaktion ist *dynamisch*. Führung ist permanent Veränderungen im Unternehmen (in Strategie, Struktur, Aufgabenanforderungen usw.) oder auf Seiten der geführten Mitarbeiter ausgesetzt.

Die zweite Leitfrage dieses Kapitels (vgl. Tabelle 11.1) bezieht sich auf die *Herausforderungen*, denen Führungskräfte bei der Führung einzelner Mitarbeiter gegenüber stehen. Diese Herausforderungen ergeben sich einerseits aus Veränderungen der Umwelt (externe Herausforderungen). Andererseits resultieren sie aus Veränderungen des Unternehmens (interne Herausforderungen). Die dadurch verursachten Anforderungen an die Mitarbeiterführung sind in Abbildung 11.1 dargestellt.

Abbildung 11.1   Unternehmensexterne und -interne Herausforderungen der
Mitarbeiterführung

Zentrale Herausforderungen	Anforderungen an die Mitarbeiterführung
Extern	
Zunehmende Globalisierung	• Überbrücken großer räumlicher Distanzen zu Mitarbeitern • Auseinandersetzen mit kultureller Heterogenität der Mitarbeiter
Steigende Marktdynamik	• Auseinandersetzen mit geringerer Planbarkeit der Führung • Steigern der Kundenorientierung der Mitarbeiter
Wachsende technologische Dynamik	• Erhöhen der Fähigkeit und der Bereitschaft zu virtuellem Führen • Ersetzen persönlicher Interaktion durch mediengestützte Kommunikation im Rahmen der Mitarbeiterführung
Intern	
Abflachen von Hierarchien	• Stärkeres Übernehmen von Eigenverantwortung • Fördern der Kommunikation zwischen Unternehmensleitung und geführten Mitarbeitern
Häufige Unternehmens-veränderungen	• Fördern von Veränderungsfähigkeit und -bereitschaft • Fördern der Motivation von Mitarbeitern für sich häufig ändernde Ziele/Anforderungen • Verstärktes Eingehen auf veränderungsbedingte Unsicherheit von Mitarbeitern
Steigender Partizipationswunsch der Mitarbeiter	• Verstärktes Einbinden von Mitarbeitern in Entscheidungsprozesse • Vertrauen auf Fähigkeiten der Mitarbeiter

11.2 Theoretisch-konzeptionelle Ansätze der Mitarbeiterführung

Eine zentrale Frage in Verbindung mit der Führung von Mitarbeitern bezieht sich darauf, von welchen Faktoren der Erfolg von Führungskräften abhängt. Der Beantwortung dieser Frage widmen sich die theoretisch-konzeptionellen Ansätze der Mitarbeiterführung. Im Kern kann zwischen drei Perspektiven unterschieden werden:

- der eigenschaftsorientierten Perspektive,

- der verhaltensorientierten Perspektive und

- der situativen Perspektive der Mitarbeiterführung.

Ansätze, die sich auf die *eigenschaftsorientierte Perspektive* konzentrieren, identifizieren Persönlichkeitsmerkmale einer Führungsperson als zentrale Einflussgrößen des Führungserfolgs. Im Mittelpunkt des Interesses dieser Ansätze steht daher die Beantwortung der dritten Leitfrage dieses Kapitels: Welche Persönlichkeitseigenschaften charakterisieren eine erfolgreiche Führungsperson? Die eigenschaftsorientierten Ansätze der Mitarbeiterführung werden in Abschnitt 11.2.1 vertieft.

Die *verhaltensorientierte Perspektive* basiert dagegen auf der Annahme, dass der Erfolg einer Führungsperson weniger von deren Persönlichkeit, sondern vielmehr von deren Verhalten gegenüber den Mitarbeitern abhängt. Es geht also um die Klärung der vierten Leitfrage dieses Kapitels: Durch welche Verhaltensweisen zeichnet sich eine erfolgreiche Führungsperson aus? Die verhaltensorientierten Ansätze der Mitarbeiterführung sind Gegenstand von Abschnitt 11.2.2.

Der *situativen Perspektive* legt die Annahme zugrunde, dass der Erfolg einer Führungsperson in hohem Maße von situativen Einflüssen abhängt. Situative Ansätze gehen somit über die ausschließliche Betrachtung ausgewählter Persönlichkeitsmerkmale bzw. Verhaltensweisen einer Führungsperson hinaus. Vielmehr wird davon ausgegangen, dass die Erfolgsrelevanz bestimmter Eigenschaften bzw. Verhaltensweisen in Abhängigkeit von der Situation variiert. Im Mittelpunkt situativer Ansätze steht somit die fünfte Leitfrage dieses Kapitels: Wie sollten Führungskräfte ihr Führungsverhalten in unterschiedlichen Situationen ausrichten? Den situativen Ansätzen der Mitarbeiterführung widmet sich Abschnitt 11.2.3.

Neben diesen drei klassischen Perspektiven der Mitarbeiterführung wurden in den 80er und 90er Jahren des 20. Jahrhunderts *neuere Ansätze der Mitarbeiterführung* entwickelt. Dazu gehören unter anderem die implizite Führungstheorie, die Leader-Member Exchange Theory, die Super Leadership Theory, das Konzept der symbolischen Führung und das Emotional Contagion Concept, die in Abschnitt 11.2.4 vertieft werden. Abbildung 11.2 gibt einen Überblick über die den jeweiligen Perspektiven zuzuordnenden Ansätze, die im vorliegenden Kapitel behandelt werden.

Abbildung 11.2   Perspektiven und ausgewählte theoretisch-konzeptionelle Ansätze der Mitarbeiterführung

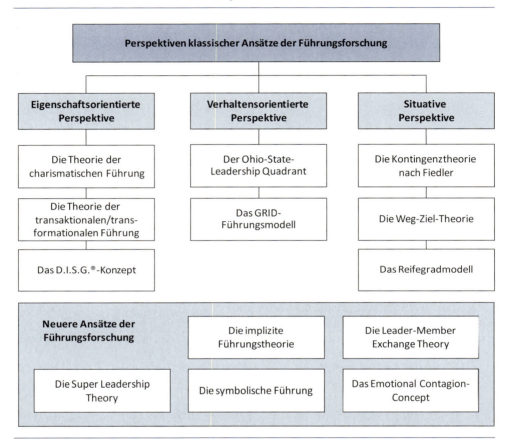

11.2.1   Eigenschaftsorientierte Ansätze der Mitarbeiterführung

Die eigenschaftsorientierten Ansätze gehören zu den ältesten Konzepten der Führungsforschung (vgl. u. a. Stogdill 1948). Sie gehen von der Annahme aus, dass der Erfolg einer Führungsperson von deren Persönlichkeit abhängt (vgl. Stogdill 1974). Die Persönlichkeitseigenschaften einer Führungsperson werden dabei als weitgehend stabil, d. h. situationsinvariant, angesehen.

In frühen Arbeiten wurden primär physische Eigenschaften (wie z. B. Körpergröße, Gewicht, Lebensalter) und kognitive Fähigkeiten (wie z. B. Intelligenz, schulische Leistungen) als relevante Eigenschaften betrachtet. Spätere Arbeiten untersuchten dagegen verstärkt psychische Eigenschaften (wie z. B. Intra-/Extraversion, Dominanz, Selbstvertrauen, Integrität) der Führungsperson (Staehle 1999, S. 311). Der vorliegende Abschnitt konzentriert sich auf diejenigen eigenschaftsorientierten Ansätze, welche heute noch in Wissenschaft und Unternehmenspraxis herangezogen werden. Hinsichtlich klassischer eigenschaftsorientierter Ansätze der Mitarbeiterführung sei der interessierte Leser auf Staehle (1999, S. 331 ff.) verwiesen. In Verbindung mit der eigenschaftsorientierten Perspektive der Mitarbeiterführung werden folgende Ansätze vertieft:

- die Theorie der charismatischen Führung (Abschnitt 11.2.1.1),

- die Theorie der transaktionalen/transformationalen Führung (Abschnitt 11.2.1.2) sowie

- das D.I.S.G.®-Konzept (Abschnitt 11.2.1.3).

11.2.1.1 Die Theorie der charismatischen Führung

Den Ausgangspunkt der Theorie der charismatischen Führung bildet die Annahme, dass das Verhalten der geführten Mitarbeiter in hohem Maße durch die Ausstrahlung einer Führungsperson beeinflusst wird. Voraussetzung hierfür ist, dass die Führungsperson seitens der Mitarbeiter als charismatisch erlebt wird.

Charismatische Führung	Führung von Mitarbeitern, welche wesentlich auf persönlichen Dispositionen einer Führungsperson beruht, die zu einer starken Identifikation der geführten Mitarbeiter mit der Vision und den Zielen der Führungsperson führen (in Anlehnung an Hauser 1999, S. 1005; Walter/Bruch 2009, S. 1429).

Zentrale Konsequenzen charismatischer Führung sind außerordentliche Motivation und überdurchschnittliche Leistungen der Geführten. Wie Insert 11.1 zeigt, können mit charismatischer Führung jedoch nicht nur Chancen, sondern auch Risiken verbunden sein. Dies verdeutlicht, dass ein bewusster Umgang mit diesem Phänomen sowohl seitens der Führungsperson als auch seitens der Mitarbeiter unerlässlich ist.

Insert 11.1: Chancen und Risiken charismatischer Führung (vgl. Hauser 2000, S. 69)

Charismatische Führung: Fluch und Segen zugleich?

Charismatische Personen üben eine starke Anziehungskraft auf Menschen aus. Die Mystik, die sie umgibt, fasziniert seit Jahrhunderten. Trotz dieses Interesses sind die Erklärungen über die Grundlagen von Charisma gespalten. Betrachtet man Menschen, die mit dem Attribut ‚charismatisch' sinngebende Vision, die die Werte der Geführten anspricht, und zeigen starkes persönliches Engagement bei ihrer Implementierung. Diese Eigenschaften und Verhaltensweisen führen zu hoher Motivation der Geführten, starker Kohäsion innerhalb der Organisation und ausgeprägtem Ver-

ausgezeichnet werden, wird deutlich, weshalb widersprüchliche Auffassungen über den Ursprung von Charisma existieren. Der Vergleich von charismatischen Persönlichkeiten wie Anita Roddick, der Gründerin von The Body Shop, Mahatma Gandhi, Werner K. Rey, dem Finanzjongleur der Schweizer Omni Holding, oder Lenin, führt zur Frage, was diese Menschen gemeinsam haben. Einige von ihnen sind für großen wirtschaftlichen und politischen Erfolg verantwortlich, andere für Betrug, Bankrott oder Tyrannei.

Die unterschiedlichen Ergebnisse charismatischer Führung werden durch eine Reihe von Persönlichkeitsmerkmalen und Verhaltensweisen erklärt. Charismatiker besitzen ein starkes Motiv, andere zu beeinflussen, und ausgeprägte Imaginationskraft. Sie sind risikofreudig und energiereich. Sie stellen hohe Erwartungen an ihre Mitarbeiter, kommunizieren eine

trauen in den Führenden. [...]

Es ist möglich, die genannten Merkmale zu messen und so Menschen mit sozial orientiertem charismatischem Potenzial zu identifizieren. Eine Organisation kann sich dies zunutze machen. Allerdings sind auch mit diesem Typus von Charisma Risiken verbunden. Aufgrund des starken Gewichts des Führenden im Meinungsbildungsprozess unterbleibt oft ein kritisches Hinterfragen der Vision und ihrer Implementation. [...]

Zusammenfassend halten wir fest, dass charismatische Persönlichkeiten fundamentale Veränderungen in Organisationen und Gesellschaften bewirken, die zu außergewöhnlichen Erfolgen, aber auch zu Misserfolgen führen können. Aus diesem Grund ist ein bewusster Umgang mit dem Phänomen Charisma erforderlich. [...]

Eine Voraussetzung für die charismatische Führung ist, wie in Insert 11.1 dargestellt, dass bestimmte Persönlichkeitsmerkmale bei einer Führungsperson vorliegen. Charismatische Führungskräfte sind insbesondere gekennzeichnet durch (vgl. Conger/Kanungo/Menon 2000; Sashkin 1990; Steyrer 1998)

- starke eigene Überzeugungen und Werte,

- hohes Selbstvertrauen,

- starke Vorstellungskraft,

- ausgeprägte Machtorientierung,

- gute Fähigkeiten zur Verarbeitung von Informationen,

- hohes Vertrauen in die geführten Mitarbeiter,

- sprachliche Anpassungsfähigkeit im Hinblick auf die geführten Mitarbeiter,

- moralische Integrität,

- positive Einstellungen gegenüber den geführten Mitarbeitern sowie

- hohe Sensibilität für Umweltentwicklungen.

Die Persönlichkeitsmerkmale (personality characteristics) sind eng mit dem Gemütszu-stand (affect) und der Arbeitseinstellung (work attitude) einer Führungsperson verbun-den. Den Wirkungszusammenhang zwischen diesen Faktoren sowie die dadurch bedingte Entstehung charismatischer Verhaltensweisen greift das Modell von Walter und Bruch (2009) auf (vgl. Abbildung 11.3). In diesem Modell wird eine Wirkungskette unterstellt, in der Merkmale der Umwelt direkt und indirekt (über arbeitsbezogene Ereignisse, positive Gemütszustände und Arbeitseinstellungen) das charismatische Führungsverhalten beein-flussen. Persönlichkeitsmerkmale wirken zum einen unmittelbar auf den Gemütszustand einer Führungsperson. Darüber hinaus beeinflussen sie den Zusammenhang zwischen dem Gemütszustand und der Arbeitseinstellung der Führungsperson.

Abbildung 11.3   Affektives Modell zur Entstehung charismatischen Führungsverhaltens (Walter/Bruch 2009, S. 1436)

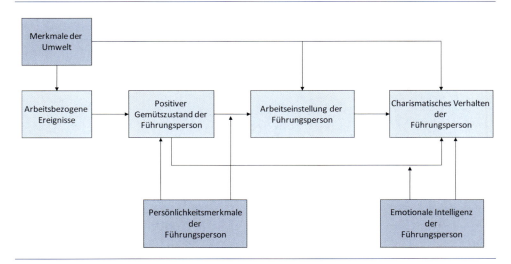

Mitarbeiter von charismatischen Führungskräften zeichnen sich in der Regel durch hohen Pragmatismus, starke Zielorientierung, hohe Authentizität, Optimismus und starkes Selbstwertgefühl aus (vgl. Conger/Kanungo/Menon 2000). Gleichzeitig sind diese Geführ-ten jedoch auf die Leitung durch eine starke Führungsperson angewiesen, um ihre volle Leistungsfähigkeit zu entfalten.

Zusammen bilden die beschriebenen Eigenschaften von Führungsperson und Geführten die Voraussetzung für charismatische Führung, die House (1977, S. 206) anhand eines mehrstufigen Prozesses beschreibt. Dieser Prozess ist in Abbildung 11.4 veranschaulicht.

Abbildung 11.4   Prozess der charismatischen Führung nach House (1977)

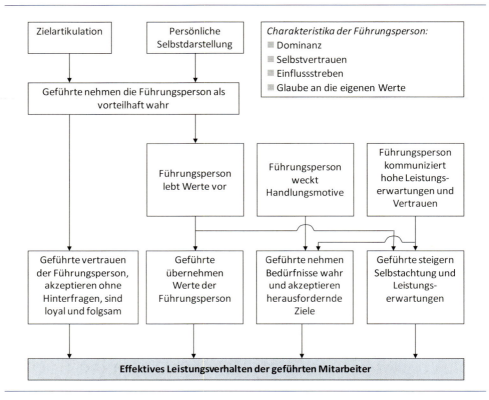

Ausgangspunkt der charismatischen Führung sind eine klare Zielartikulation sowie das Vorleben der verfolgten Vision seitens der Führungsperson. Daraus ergibt sich eine positive Wahrnehmung der Führungsperson durch die Geführten. Die Akzeptanz seitens der Geführten wird wiederum durch das Vorleben von Werten, das Aktivieren von Handlungsmotiven und das Kommunizieren hoher Leistungserwartungen und Vertrauen verstärkt. Diese Faktoren führen zusammen genommen zu hohem Engagement und zu hoher Effektivität der geführten Mitarbeiter.

Eine im Zusammenhang mit der charismatischen Führung relevante Frage bezieht sich darauf, inwieweit diese Form der Führung erlernbar ist. Wie bereits dargelegt, zeichnet sich eine charismatische Führungsperson einerseits durch bestimmte Persönlichkeitsmerkmale und andererseits durch bestimmte Verhaltensweisen aus. Psychologische Studien konnten zeigen, dass Persönlichkeitsmerkmale nahezu nicht veränderbar sind (vgl. De Fruyt et al. 2006, S. 539; Neuberger 2002, S. 226; Pervin/Cervone/John 2005, S. 686). Sie bilden sich vielmehr im Laufe des Lebens einer Person, insbesondere den Kindes- und Jugendjahren heraus. Die typischen Verhaltensweisen charismatischer Führungskräfte sind dagegen in gewissem Maße veränderbar und damit erlernbar.

Folgende Verhaltensweisen von Führungskräften unterstützen charismatische Führung (in Anlehnung an Conger/Kanungo/Menon 2000; House 1977):

- das Verfolgen und das Artikulieren einer klaren Vision,

- das Vorleben von Werten,

- das Wecken von Begeisterung und Motivieren der geführten Mitarbeiter,

- das Kommunizieren von Leistungserwartungen (z. B. beim Führen durch Ziele, vgl. Abschnitt 12.2.1),

- das Erbringen hohen persönlichen Engagements für die Aufgabenerfüllung sowie

- das Demonstrieren der Bereitschaft, persönliche Risiken zu übernehmen.

An dieser Stelle ist darauf hinzuweisen, dass die zuvor dargelegten Verhaltensweisen charismatischer Führungskräfte lediglich deren Persönlichkeit unterstreichen können. Werden diese Verhaltensweisen praktiziert, ohne dass entsprechende Persönlichkeitsmerkmale vorliegen, ist dies wenig erfolgsversprechend. Das Erlernen charismatischer Führung setzt also voraus, dass bestimmte Persönlichkeitsmerkmale bereits vorliegen, die dann durch entsprechende Verhaltensweisen verstärkt werden.

Mit der Theorie der charismatischen Führung haben eigenschaftsorientierte Ansätze der Führungsforschung eine gewisse Renaissance erfahren. Die Überlegungen zur charismatischen Führung fließen auch in die Theorie der transaktionalen/transformationalen Führung ein, die im nächsten Abschnitt dargestellt wird.

11.2.1.2 Die Theorie der transaktionalen/transformationalen Führung

Die Theorie der transaktionalen/transformationalen Führung geht insbesondere auf die Überlegungen von Bass (1985) zurück. Sie unterscheidet im Kern zwischen zwei Facetten der Führung: der transaktionalen und der transformationalen Führung (vgl. Geyer/Steyrer 1994).

Die *transaktionale Führung* basiert auf der Annahme, dass sowohl die Führungsperson als auch der Geführte im Rahmen der Führungsinteraktion nach Maximierung des eigenen Nutzens streben. Transaktionale Führung umfasst die bedingte Verstärkung und das Management-by-Exception (vgl. Bass 1997a, b).

- Ziel der *bedingten Verstärkung* ist es, durch bestimmte Belohnungen (im Sinne von Bedürfnisbefriedigung) bestimmte Mitarbeiterleistungen zu bewirken.

- Im Rahmen des *Management-by-Exception* werden Routineaufgaben an Mitarbeiter delegiert; die Führungsperson greift nur im Ausnahmefall ein.

Die *transformationale Führung* weist eine starke Nähe zur Theorie der charismatischen Führung auf. Sie zielt darauf ab, grundlegende Überzeugungen der geführten Mitarbeiter zu beeinflussen (vgl. Cole/Bruch/Shamir 2009; Rowley/Hossain/Barry 2010). Transformationale Führung manifestiert sich in charismatischem Verhalten, Inspiration, intellektueller Stimulierung und individueller Wertschätzung der Geführten (vgl. Yammarino/Dubinsky 1994).

■ Durch das *charismatische Verhalten* nimmt eine Führungsperson eine Vorbildfunktion für die Mitarbeiter wahr und kann die Verfolgung einer gemeinsamen Vision forcieren.

■ Die *Inspiration* motiviert die Mitarbeiter, über ihre eigenen Interessen hinaus, zum Wohl der Gruppe beizutragen.

■ Die *intellektuelle Stimulierung* führt dazu, dass Geführte die eigene Arbeit aus neuen Perspektiven betrachten.

■ Die *individuelle Wertschätzung* seitens der Führungsperson trägt dazu bei, dass die Mitarbeiter Fähigkeiten und Potenziale auf höherem Niveau entwickeln.

An dieser Stelle ist anzumerken, dass die transaktionale und die transformationale Führung einerseits zwar starke Interdependenzen, andererseits inhaltlich klare Unterschiede aufweisen. Tabelle 11.2 grenzt die transaktionale und die transformationale Führung voneinander ab (in Anlehnung an die Ausführungen von Bass/Steyrer 1995, S. 2054; Burns 1978, S. 20; von der Oelsnitz 1999, S. 152; Wunderer 2009).

Tabelle 11.2   Abgrenzung transaktionaler und transformationaler Mitarbeiterführung

Merkmale / Facette der Führung	Transaktionale Führung	Transformationale Führung
Koordinationsmechanismen der Führung	Verträge, Belohnung, Bestrafung	Begeisterung, Zusammengehörigkeit, Vertrauen, Kreativität
Fokus der Mitarbeitermotivation	äußere Anreize (extrinsisch)	die Aufgabe selbst (intrinsisch)
Fokus der Zielerreichung	eher kurzfristig	mittel- bis langfristig
Zielinhalte	materielle Ziele	ideelle Ziele
Rolle der Führungsperson	Instrukteur	Lehrer, Coach

Gemäß der Theorie der transaktionalen/transformationalen Führung wirken beide Führungsfacetten bei der Beeinflussung von Einstellungen und Verhaltensweisen der geführten Mitarbeiter zusammen. Das Zusammenspiel findet auf zwei Ebenen statt (vgl. Abbildung 11.5). Die Ausgangsbasis der Führung (Ebene 1) stellen die beiden Facetten der transaktionalen Führung – bedingte Verstärkung und Management-by-Exception – dar. Die durch die transaktionale Führung gesetzten Rahmenbedingungen liefern eine Orientierungshilfe für die Erfüllung der Aufgaben durch die Mitarbeiter. Durch diesen *strukturellen Orientierungsrahmen* unterstützt die transaktionale Führung die transformationale Führung (Ebene 2). Darauf aufbauend wird durch die vier Facetten der transformationalen Führung ein *ideeller Orientierungsrahmen* für die Mitarbeiter geschaffen. Er bietet den Mitarbeitern Orientierung im Hinblick auf Ziele, Visionen und Werte.

Abbildung 11.5   Zusammenwirken von transaktionaler und transformationaler Führung

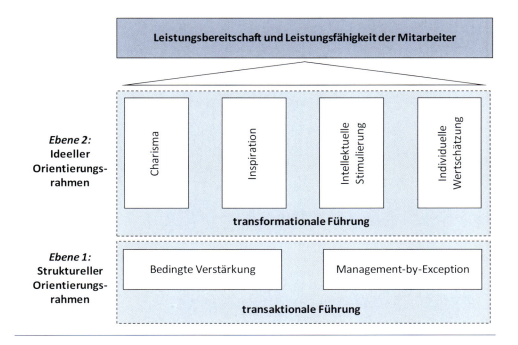

Die empirische Führungsforschung hat sich intensiv mit der Frage nach der Erfolgswirksamkeit der transaktionalen und der transformationalen Führung auseinandergesetzt (vgl. Bass 1996; House/Shamir 1993 für Überblicke). Auf der Basis zweier Meta-Analysen konnten starke positive Effekte zwischen transformationaler Führung und Zielerreichung der Mitarbeiter festgestellt werden (vgl. Fuller et al. 1996; Lowe/Kroek/Sivasubramaniam 1996). Diese Ergebnisse konnten im Hinblick auf einzelne Personen als Geführte (vgl. u. a. Howell/Frost 1989), Mitglieder von Teams (vgl. Hater/Bass 1988) sowie größere Unternehmensbereiche (vgl. Howell/Avolio 1993) bestätigt werden. Darüber hinaus konnte gezeigt werden, dass transformationale Führung insbesondere in Veränderungsprozessen dazu beiträgt, Visionen in Unternehmen zu verankern und diese erfolgreich umzusetzen (vgl. u. a. Parry/Proctor-Thomson 2003). Auch bezüglich der transaktionalen Führung konnten positive leistungsbezogene Auswirkungen auf Seiten der Mitarbeiter verzeichnet werden (vgl. Parry/Proctor-Thomson 2003), die den positiven Effekt der transformationalen Führung auf den Führungserfolg sogar überwogen (vgl. House/Shamir 1993).

Die Theorie der transaktionalen/transformationalen Führung hat in der Unternehmenspraxis an Bedeutung gewonnen. So werden die beiden Facetten der Führung von Bass (1985) durch den Multifactor Leadership Questionnaire (MLQ) messbar gemacht und dienen beispielsweise als Grundlage für die Beurteilung von Führungskräften im Rahmen der Führungskräfteentwicklung. Die Bewertung der Führungsfähigkeiten einer Führungsperson findet bei diesem Instrument zumeist in Form einer Fremdbewertung durch die geführten Mitarbeiter statt. Sie stufen die Führungsperson anhand verschiedener Aussagen hinsichtlich der verschiedenen Aspekte der transaktionalen und der transformationalen Führung auf einer fünfstufigen Skala ein. Beispielhafte Indikatoren zur Messung der transaktionalen bzw. transformationalen Führung sind in Tabelle 11.3 bzw. Tabelle 11.4 aufgeführt.

Tabelle 11.3   Beispielhafte Indikatoren des Multifactor Leadership Questionnaire zur Messung der transaktionalen Führung (vgl. Avolio/Bass 1999, S. 450)

Inwieweit treffen die nachfolgenden Aussagen auf die Führungsperson XY zu? Bitte bewerten Sie die Aussagen anhand der Ankerpunkte „überhaupt nicht" bis „häufig".	überhaupt nicht	selten	manchmal	ziemlich oft	häufig
Bedingte Verstärkung. *Die Führungsperson …*					
… macht uns klar, was wir tun sollen, um für die Leistungen belohnt zu werden.	O	O	O	O	O
… erkennt die Leistungen der Mitarbeiter an.	O	O	O	O	O
… belohnt die Erreichung von Zielen.	O	O	O	O	O
… versichert den Mitarbeitern, dass sie für ihre Leistungen erhalten, was sie sich persönlich wünschen.	O	O	O	O	O
Management-by-Exception. *Die Führungsperson …*					
… greift nur ein, wenn wir ansonsten scheitern würden.	O	O	O	O	O
… greift nur in Ausnahmefällen in die Arbeitsabläufe der Mitarbeiter ein.	O	O	O	O	O
… hilft den Mitarbeitern, dauerhaft Fehler zu vermeiden.	O	O	O	O	O

Tabelle 11.4 Beispielhafte Indikatoren des Multifactor Leadership Questionnaire zur Messung der transformationalen Führung (vgl. Avolio/Bass 1999)

Inwieweit treffen die nachfolgenden Aussagen auf die Führungsperson XY zu? Bitte bewerten Sie die Aussagen anhand der Ankerpunkte „überhaupt nicht" bis „häufig".	über- haupt nicht	selten	manch- mal	ziem- lich oft	häufig
Charisma. *Die Führungsperson* ...					
... ist enthusiastisch.	O	O	O	O	O
... handelt über die eigenen Interessen hinaus.	O	O	O	O	O
... spricht über Werte.	O	O	O	O	O
... bringt uns Vertrauen entgegen.	O	O	O	O	O
... macht uns stolz darauf, ihm/ihr zugeordnet zu sein.	O	O	O	O	O
... lebt ethische Standards vor.	O	O	O	O	O
... spricht optimistisch.	O	O	O	O	O
Individuelle Wertschätzung. *Die Führungsperson* ...					
... fördert unsere individuellen Stärken.	O	O	O	O	O
... unterrichtet und coacht.	O	O	O	O	O
... ist zufrieden, wenn wir vereinbarte Standards für gute Arbeit erreichen.	O	O	O	O	O
... behandelt jeden einzelnen Mitarbeiter individuell.	O	O	O	O	O
Intellektuelle Stimulierung. *Die Führungsperson* ...					
... veranlasst ihre Mitarbeiter, einige ihrer eigenen Vorstellungen, die sie noch nie in Frage gestellt haben, zu überdenken.	O	O	O	O	O
... versetzt uns in die Lage, über alte Probleme neu zu denken.	O	O	O	O	O
... hat uns neue Betrachtungsweisen für Dinge vermittelt, die uns ein Rätsel waren.	O	O	O	O	O
... regt zu neuen Denk- und Vorgehensweisen an.	O	O	O	O	O

Die verschiedenen Aussagen des Multifactor Leadership Questionnaire werden in der Regel durch mehrere Mitarbeiter beurteilt. Allerdings ist es wenig realistisch, ehrliche Antworten der Mitarbeiter zu erhalten, wenn deren Anonymität nicht gewahrt ist. Aus diesem Grunde sollen die Bewertungen einzelner Aussagen des Multifactor Leadership

Questionnaire über mehrere Mitarbeiter hinweg (durch Mittelwertbildung) aggregiert werden. In diesem Zusammenhang ist es auch möglich, für verschiedene Gruppen von Mitarbeitern (z. B. mehrere durch eine Führungsperson geführte Teams) Mittelwerte zu bilden. Allerdings empfiehlt es sich, die Aussagen von mindestens fünf bis sieben Personen zu aggregieren, um deren Anonymität zu wahren und so die Akzeptanz der Befragung zu erhöhen. Abbildung 11.6 stellt beispielhaft die Bewertungen eines Beschaffungsleiters durch drei Mitarbeiterteams gegenüber.

Abbildung 11.6   Veranschaulichung eines MLQ-Profils zur transformationalen/
                      transaktionalen Führung am Beispiel eines Beschaffungsleiters

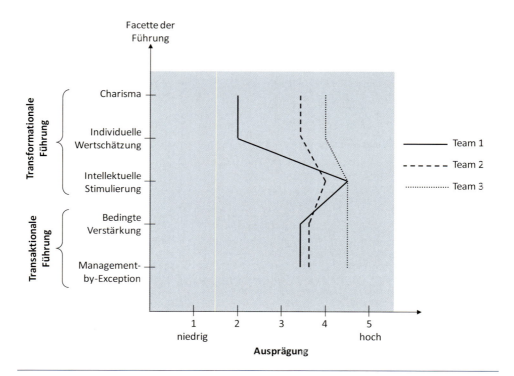

Wie Abbildung 11.6 verdeutlicht, sind die Bewertungen der Teams hinsichtlich der Führungsperson insofern ähnlich, als dass sie die transaktionale Führung höher einstufen als die transformationale Führung. Das Niveau der Beurteilung variiert allerdings zwischen den Teams. Mögliche Ursachen hierfür können in regionalen bzw. kulturellen Unterschieden der Teams liegen. Um ein umfassenderes Verständnis solcher Ergebnisse zu erlangen, empfiehlt es sich, im Anschluss an solche Führungskräftebewertungen das persönliche (konstruktive) Gespräch mit den einzelnen Teams zu suchen.

Praktische Bedeutung erlangte die Theorie der transaktionalen/transformationalen Führung auch dadurch, dass sich auf Basis ihrer Erkenntnisse konkrete Ansatzpunkte für die Führung von Mitarbeitern herausarbeiten lassen. Tabelle 11.5 stellt die zentralen Facetten der transaktionalen bzw. der transformationalen Führung sowie beispielhafte Ansatzpunkte zu deren Anwendung im Rahmen der Mitarbeiterführung dar.

Tabelle 11.5   Beispielhafte Ansatzpunkte zur Anwendung der transaktionalen/transformationalen Führung in der Praxis

Inhaltliche Facetten	Beispielhafte Ansatzpunkte der Mitarbeiterführung
Transaktionale Führung (Ebene 1)	
Bedingte Verstärkung	▪ Diskutieren berufsbezogener und individueller Ziele mit den Mitarbeitern ▪ Identifizieren berufsbezogener Motive der Mitarbeiter ▪ Regelmäßiges Durchführen von Mitarbeiterbeurteilungen ▪ Unterstützen einer leistungsorientierten Vergütung der Mitarbeiter
Management-by-Exception	▪ Vereinbaren klarer Ziele mit den Mitarbeitern ▪ Sinnvolles Delegieren von Aufgaben ▪ Etablieren eines funktionierenden Kommunikationssystems im eigenen Verantwortungsbereich
Transformationale Führung (Ebene 2)	
Charisma	▪ Authentisches Auftreten gegenüber Mitarbeitern ▪ Vorleben der angestrebten Verhaltensweisen im Verantwortungsbereich
Individuelle Wertschätzung	▪ Anerkennen guter Ideen und Vorschläge der Mitarbeiter ▪ Herausarbeiten der Stärken und der Potenziale der Mitarbeiter ▪ Konstruktiver Umgang mit Schwächen der Mitarbeiter
Intellektuelle Stimulierung	▪ Anregen der Mitarbeiter zu neuen Denkweisen ▪ Hinterfragen festgefahrener Verhaltensmuster ▪ Regelmäßiges Diskutieren von Ideen mit den Mitarbeitern

11.2.1.3   Das D.I.S.G.®-Konzept[2]

Das D.I.S.G.®-Konzept geht auf die Überlegungen von William Moulton Marston (1928) zurück, der sich mit menschlichen Emotionen befasste (vgl. Gay 2006, S. 17). Aufbauend auf diesem Konzept entwickelte John Geier 1958 mit dem D.I.S.G.®-Persönlichkeitsprofil ein Instrument zur Beschreibung von Führungspersönlichkeiten. Es wird im deutschsprachigen Raum seit Anfang der 90er Jahre eingesetzt (vgl. Gay 2006, S. 21). Durch dieses Instrument gewinnt das D.I.S.G.®-Konzept zunehmend an Bedeutung für das Personalmanagement im Allgemeinen sowie für die Führungskräftebewertung und -entwicklung im Besonderen (vgl. Gay 2006, S. 24).

Das D.I.S.G.®-Konzept gibt Aufschluss darüber, welche persönlichkeitsbedingten Verhaltenstendenzen eine erfolgreiche Führungsperson kennzeichnen. Dabei wird angenommen, dass die Verhaltenstendenz einer Person durch ihre Persönlichkeitsstruktur bestimmt wird. Dieses Persönlichkeitsprofil hängt davon ab, welche Anteile der vier Persönlichkeitsmerkmale eine Person aufweist (vgl. Gay 2006, S. 21). Damit folgt das D.I.S.G.®-Konzept nicht dem Prinzip „the more traits – the better [...]", das einer Reihe von Persönlichkeitsansätzen zu Grunde liegt. Der Fokus liegt vielmehr auf dem Zusammenspiel verschiedener Persönlichkeitsmerkmale in bestimmten Situationen.

Marston (1928) und später Geier (1958) gehen davon aus, dass die Verhaltenstendenzen einer Person insbesondere durch zwei Faktoren bestimmt werden (vgl. Gay 2003, S. 506): die Wahrnehmung des gesellschaftlich-sozialen Umfeldes einerseits und die Reaktion auf das Umfeld andererseits.

- Die *Wahrnehmung des Umfeldes* drückt aus, inwieweit eine Person die sie umgebenden Personen und situativen Rahmenbedingungen als angenehm bzw. anstrengend (d. h. stressig) empfindet. Erlebt eine Person ihre Umwelt als günstig, begegnet sie dieser offen und aufnahmebereit. Personen, die ihr Umfeld als ungünstig wahrnehmen, sind diesem gegenüber eher verschlossen (vgl. Gay 2006, S. 18).

- Die *Reaktion auf das Umfeld* kann eher bestimmt oder eher zurückhaltend ausfallen. Bestimmte Personen nehmen sich als den situativen Herausforderungen überlegen wahr. Sie versuchen aktiv ihre Umgebung, also Menschen und Situationen, zu prägen und zu beeinflussen. Zurückhaltende Personen akzeptieren dagegen die bestehenden Umfeldbedingungen und versuchen unter diesen Bedingungen erfolgreich zu arbeiten (vgl. Gay 2006, S. 18 f.).

Im Zusammenhang mit der Führung von Mitarbeitern ist die Frage von Interesse, wie sich die Wahrnehmung und die Reaktion einer Person auf ihr Umfeld und auf deren Verhalten auswirken. Eine Antwort auf diese Frage liefert die Unterscheidung von vier Persönlichkeitsmerkmalen (vgl. Gay 1998; Neufeind 1993; Seiwert/Gay 1996; Wagner 1993). Diese ergeben sich aus den beiden zuvor beschriebenen Faktoren Wahrnehmung des Umfeldes

---

[2]   Die Ausführungen zum D.I.S.G.®-Konzept und zum D.I.S.G.®-Persönlichkeitsprofil erfolgen mit freundlicher Genehmigung der persolog GmbH, Remchingen.

und Reaktion auf das Umfeld (vgl. Abbildung 11.7): Dominanz (D), Initiative (I), Stetigkeit (S) und Gewissenhaftigkeit (G).

Abbildung 11.7   Die vier Quadranten des D.I.S.G.®-Konzeptes (vgl. Gay 2006, S. 22)

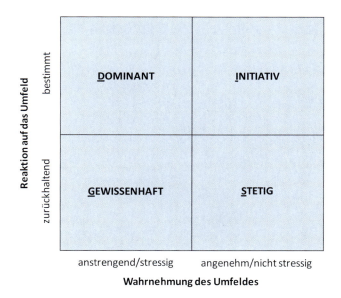

Durch die Identifikation der vier Persönlichkeitsmerkmale bietet das D.I.S.G.®-Konzept die Möglichkeit, die Führung von Mitarbeitern auf zwei Ebenen zu beleuchten:

- Auf der *Ebene der Führungsperson* geht es um die Frage, welche Stärken und Schwächen diese aufgrund unterschiedlicher Merkmale aufweist. Während die Stärken die Beeinflussung von Verhaltensweisen der Mitarbeiter unterstützen, können Schwächen den Führungserfolg beeinträchtigen.

- Auf der *Ebene der Mitarbeiter* steht die Frage im Fokus, wie Mitarbeiter mit unterschiedlichen Merkmalsausprägungen zu führen sind. Es geht also darum, wie Führungskräfte auf unterschiedliche Typen und sich daraus ergebenden Verhaltenstendenzen von Mitarbeitern im Rahmen der Führung eingehen können.

Widmen wir uns zunächst der Frage nach den *persönlichkeitsbedingten Stärken und Schwächen einer Führungsperson*. In diesem Zusammenhang werden in Anlehnung an Gay (2006) für jedes der vier Persönlichkeitsmerkmale zunächst Stärken und Schwächen von Führungskräften diskutiert. Anschließend werden Handlungsempfehlungen für die Mitarbeiterführung aufgezeigt.

Das Merkmal *Dominanz* charakterisiert eine Führungsperson mit hoher Entschlossenheit und Aktivität. Solche Führungskräfte haben ein starkes Bedürfnis nach Unabhängigkeit. Sie nehmen gesellschaftlich-soziale Beziehungen als gleichermaßen anstrengend wie herausfordernd wahr, schätzen sich selbst als stärker ein als die Herausforderung und versuchen, Hindernisse mit Zielstrebigkeit zu überwinden. Tabelle 11.6 stellt Stärken und Schwächen von Führungskräften mit einer hohen Ausprägung des Merkmals Dominanz gegenüber.

Tabelle 11.6　　Stärken und Schwächen von Führungskräften mit hoher Ausprägung des Merkmals Dominanz (in Anlehnung an Gay 2006, S. 48)

Stärken	Schwächen
■ Hohe Zielorientierung im Hinblick auf unternehmensspezifische und persönliche Ziele	■ Hohes Maß an Ungeduld
■ Starke Identifikation mit der Arbeitstätigkeit	■ Tendenz zu impulsivem Handeln unter Zeitdruck
■ Hohe Unabhängigkeit im Arbeitsverhalten	■ Geringe Bereitschaft zu Empathie in zeitkritischen Situationen
■ Starke Strukturierung des eigenen Arbeitsstils	■ Geringe Bereitschaft und Fähigkeit zum aktiven Zuhören
■ Klare, sachlich nachvollziehbare Argumentationslogik	■ Tendenziell unzureichende Prüfung möglicher Alternativen zugunsten der Entscheidungsgeschwindigkeit
■ Hohe Konsequenz und Geschwindigkeit bei der Umsetzung von Projekten	

Aus den Stärken und Schwächen von Führungskräften mit einer hohen Ausprägung des Merkmals Dominanz lassen sich Empfehlungen für die Mitarbeiterführung ableiten. Führungskräfte mit einer hohen Ausprägung der Dominanz sollten

- auch die fachlichen Meinungen eher zurückhaltender Mitarbeiter einholen,
- relevante Alternativen im Rahmen der Entscheidungsfindung prüfen,
- potenzielle eigene und mitarbeiterbezogene Ziele hinsichtlich ihrer Realisierbarkeit hinterfragen,
- realistische Zeitpläne mit den geführten Mitarbeitern vereinbaren sowie
- lernen, konstruktiv mit verschiedenen Arbeitsstilen der geführten Mitarbeiter umzugehen.

Eine hohe Ausprägung des Merkmals *Initiative* basiert auf einer Kombination von positiver Umfeldwahrnehmung und Bestimmtheit einer Führungsperson. Das Umfeld wird als angenehm (d. h. nicht stressig) wahrgenommen. Das Verhalten der geführten Mitarbeiter wird primär durch Begeisterung der Mitarbeiter und deren Ansprache auf der zwischenmenschlichen Ebene (im Sinne von Teamgeist, persönlichem Involvement) gesteuert. Führungskräfte mit hoher Initiative haben ein Grundbedürfnis nach Akzeptanz durch andere. Sie sind freundlich, aufgeschlossen und überzeugend. Tabelle 11.7 stellt Stärken und Schwächen von Führungskräften mit einer hohen Ausprägung des Merkmals Initiative gegenüber.

Tabelle 11.7 Stärken und Schwächen von Führungskräften mit hoher Ausprägung des Merkmals Initiative (in Anlehnung an Gay 2006, S. 49)

Stärken	Schwächen
■ Freundliche, sympathische Ausstrahlung	■ Tendenz zu unstrukturiertem Arbeitsstil
■ Gute Intuition bei der Einschätzung anderer Menschen	■ Gefahr des „Verzettelns" aufgrund vielseitiger Interessen und starker Begeisterungsfähigkeit
■ Hohe Aktivität aufgrund permanenter Suche nach neuen Herausforderungen	■ Begrenzte Zuverlässigkeit aufgrund tendenzieller Überlastung
■ Ideenreichtum und Vielseitigkeit	■ Geringe strategische Orientierung der eigenen Aktivitäten
■ Positive Lebenseinstellung	■ Begrenzte Fähigkeit, nach Projekt- und Zeitplänen zu arbeiten
■ Hohes Engagement für gute zwischenmenschliche Beziehungen	
■ Hohe Begeisterungsfähigkeit	
■ Umfassende Wissensbasis aufgrund vielseitiger Interessen	

Die Stärken von Führungskräften mit einer hohen Ausprägung der Initiative liegen eindeutig im zwischenmenschlichen Bereich. Die Effizienz und die Effektivität können insbesondere durch Strukturierungen im eigenen Arbeitsbereich gesteigert werden. Diese Führungskräfte sollten

- ihre Begeisterung für initiierte Projekte offen zeigen,

- versuchen, die eigene Begeisterung und Kreativität auf die Mitarbeiter zu übertragen (z. B. durch intensives Diskutieren von Ideen),

- besonderen Wert auf eine funktionierende eigene Selbstorganisation legen,

- konsequent nach Zeitplänen arbeiten,

- Anfragen im Hinblick auf deren Relevanz bewerten,

- kapazitätsbezogene eigene Belastungsgrenzen setzen sowie

- darauf achten, dass Aufgaben vollständig und strukturiert delegiert werden.

Das Merkmal *Stetigkeit* kennzeichnet Führungskräfte mit einem hohen Bedürfnis nach Sicherheit. Solche Führungskräfte sind einerseits berechenbar für die Mitarbeiter und sorgen für ein hohes Maß an Stabilität im Umgang mit und zwischen den geführten Mitarbeitern. Andererseits stehen sie Risiken bzw. Veränderungen im Unternehmen zurückhaltend gegenüber. Die Stärken und Schwächen von Führungskräften mit einer hohen Ausprägung des Merkmals Stetigkeit werden in Tabelle 11.8 gegenüber gestellt.

Tabelle 11.8 Stärken und Schwächen von Führungskräften mit hoher Ausprägung des Merkmals Stetigkeit (in Anlehnung an Gay 2006, S. 50)

Stärken	Schwächen
■ Hohe Bereitschaft zur Kooperation ■ Freundliche und ruhige Ausstrahlung ■ Hohe Sensibilität für die Bedürfnisse der Mitarbeiter ■ Hohe Loyalität gegenüber dem Unternehmen ■ Hohe Vertrauenswürdigkeit und Glaubwürdigkeit gegenüber den Mitarbeitern	■ Tendenzielles Festhalten an „bewährten" Verhaltensweisen ■ Zurückhaltung gegenüber Neuerungen (ggf. Chancen) aufgrund hoher Risikoaversion ■ Begrenzte Bereitschaft und Fähigkeit, offen mit Konflikten im Verantwortungsbereich umzugehen ■ Relativ geringe Umsetzungsgeschwindigkeit aufgrund von begrenztem Durchsetzungsvermögen

Zur Überwindung der in Tabelle 11.8 genannten Schwächen sollten stetig orientierte Führungskräfte

■ die Verfahrensweisen im eigenen Verantwortungsbereich regelmäßig auf Verbesserungspotenziale hin überprüfen,

■ vielfältige (nach Möglichkeit auch „unkonventionelle") Alternativen im Rahmen der Entscheidungsfindung prüfen,

■ Termine für eigene Entscheidungen setzen und

■ nach Zeit- und Projektplänen arbeiten.

Durch das Merkmal *Gewissenhaftigkeit* sind Führungskräfte mit hoher Disziplin gekennzeichnet. Intensive Kontakte mit dem gesellschaftlich-sozialen Umfeld werden tendenziell als anstrengend wahrgenommen. Gewissenhafte Führungskräfte haben das Bedürfnis, Dinge richtig zu machen, und sind beispielhaft in Sorgfalt und Genauigkeit. Die Führung von Mitarbeitern ist durch kontrolliertes und strukturiertes Argumentieren auf der Sachebene gekennzeichnet. Ein hohes Maß an Gewissenhaftigkeit manifestiert sich in verschiedenen Stärken und Schwächen von Führungskräften. Diese sind in Tabelle 11.9 dargestellt.

Tabelle 11.9 Stärken und Schwächen von Führungskräften mit hoher Ausprägung des Merkmals Gewissenhaftigkeit (in Anlehnung an Gay 2006, S. 51)

Stärken	Schwächen
■ Hohe Wertschätzung einer strukturierten Arbeitsweise ■ Starke Orientierung an eigenen Prinzipien ■ Stringente Logik in der Denk- und Arbeitsweise ■ Striktes Einhalten von Zeitplänen ■ Treffen fundierter und überlegter Entscheidungen	■ Begrenzte Fähigkeit zur Improvisation ■ Relativ begrenzte Offenheit gegenüber Neuem aufgrund starker Regelorientierung ■ Relativ geringe Umsetzungsgeschwindigkeit aufgrund der Neigung zum Perfektionismus ■ Tendenzielle Zurückhaltung (bis hin zu Misstrauen) gegenüber Neuerungen aufgrund starker Neigung zu Detailorientierung ■ Begrenzte strategische Denkfähigkeit aufgrund starker Neigung zu Detailorientierung

Führungskräfte mit einer hohen Ausprägung des Merkmals Gewissenhaftigkeit sind einerseits in einem hohen Maße verlässlich. Sie können Mitarbeitern umfassende Hilfestellungen im Hinblick auf die Strukturierung von Prozessen geben. Mit einer sehr hohen Gewissenhaftigkeit kann jedoch starke Detailorientierung verbunden sein. Führungskräfte mit Hang zur Gewissenhaftigkeit sollten daher

■ Überregulierung in ihrem Verantwortungsbereich vermeiden,

■ weniger wichtige Aufgaben konsequent an die Mitarbeiter delegieren,

■ detaillierte Kontrollen der bearbeiteten Aufgaben der Mitarbeiter unterlassen,

■ Rückdelegation von Aufgaben seitens der Mitarbeiter konsequent unterbinden,

■ versuchen, andere (vom eigenen abweichende) Arbeitsstile von Mitarbeitern zu akzeptieren (wenn die Qualität der Leistungen angemessen ist) sowie

■ kritische Themen mit Mitarbeitern umgehend und in persönlichen Gesprächen (und nicht schriftlich, z. B. per Email) klären.

Eine weitere Möglichkeit, auf der Basis der Erkenntnisse zum D.I.S.G.®-Konzept das Führungsverhalten zu verbessern, besteht darin, *auf die Persönlichkeit der geführten Mitarbeiter adäquat einzugehen*. Ebenso wie bei den Führungskräften können die vier im D.I.S.G.®-Konzept aufgeführten Merkmale bei Mitarbeitern unterschiedlich stark ausgeprägt sein. Tabelle 11.10 legt Handlungsempfehlungen für die Führung von Mitarbeitern mit unterschiedlichen Ausprägungen einzelner Persönlichkeitsmerkmale dar.

Tabelle 11.10   Führung unterschiedlicher Mitarbeitertypen nach dem
D.I.S.G.®-Konzept

Mitarbeitertyp	Handlungsempfehlungen für die Mitarbeiterführung
Dominante Mitarbeiter	■ Delegieren klar abgegrenzter Aufgaben ■ Überzeugen der Mitarbeiter durch sachliche Argumente ■ Übertragen von eigenverantwortlichen Teilprojekten ■ Beobachten möglicher „Alleingänge" der Mitarbeiter ■ Anregen der Mitarbeiter zur Prüfung von Handlungsalternativen
Initiative Mitarbeiter	■ Aufzeigen des persönlichen Nutzens der angestrebten Ziele für die Mitarbeiter ■ Einsetzen der Mitarbeiter in kommunikativen Aufgaben, für die Überzeugungskraft erforderlich ist ■ Betrauen der Mitarbeiter mit der Ausarbeitung neuer Konzepte ■ Leisten struktureller Hilfestellungen bei der Umsetzung neuer Aufgabenstellungen/Projekte ■ Vereinbaren klarer Ziele und Zeitpläne
Stetige Mitarbeiter	■ Sicherstellen der persönlichen Überzeugung der Mitarbeiter im Hinblick auf die gesetzten Zielen ■ Darlegen erforderlicher Aktivitäten auf der persönlichen Ebene ■ Betrauen mit unterstützenden Aufgaben ■ Betrauen mit Vertrauensfunktionen (z. B. Ansprechpartner für Mitarbeiterfragen) ■ Regelmäßiges Eingehen auf die Befindlichkeit der Mitarbeiter
Gewissenhafte Mitarbeiter	■ Betrauen der Mitarbeiter mit Aufgaben der Prozess- bzw. Verfahrensplanung, -beschreibung und -überwachung ■ Überzeugen der Mitarbeiter von den gesetzten Zielen auf der sach-logischen Ebene ■ Eindämmen von zu starkem Perfektionismus durch Vorgeben maximaler Zeitspannen zur Bearbeitung von Aufgaben ■ Anhalten zu persönlicher Kommunikation in dringenden bzw. wichtigen Angelegenheiten ■ Unterbinden der „Absicherungsmentalität" im Kommunikationsverhalten

Das D.I.S.G.®-Konzept wird in der Unternehmenspraxis relativ häufig eingesetzt. Beispielsweise dient es im Rahmen von Führungskräfteentwicklungsprogrammen als Grundlage für die Selbstreflexion der Führungskräfte. Darüber hinaus wird das D.I.S.G.®-Konzept verschiedentlich eingesetzt, um für Führungskräfte ihrer Persönlichkeitsstruktur entsprechend optimale Einsatzgebiete zu identifizieren. Schließlich wird im Rahmen von schriftlichen Selbst- oder Fremdbewertungen das bereits erwähnte D.I.S.G.®-Persönlichkeitsprofil verwendet.

Das D.I.S.G.®-Persönlichkeitsprofil widmet sich der Frage, wie stark die vier Persönlichkeitsmerkmale des D.I.S.G.®-Konzepts bei einer Person ausgeprägt sind. Die Anwendung des Testverfahrens erfolgt in der Regel durch Selbsteinschätzung, d. h. die zu beurteilende Person wird gebeten, sich selbst in einer spezifischen Situation anhand einer Reihe kurzer Aussagen einzuschätzen. Im Zusammenhang mit der Mitarbeiterführung beziehen sich die Einschätzungen auf den Arbeitskontext einer Person. Dabei ist in einem ersten Schritt aus einer Gruppe von vier Aussagen diejenige auszuwählen, welche am ehesten (e) ihr *Verhalten* beschreibt. Zur Ermittlung des so genannten e-Profils sind insgesamt 24 Gruppen von Kurzaussagen zu bewerten. In Abbildung 11.8a ist die Art der Abfrage anhand von vier Blöcken mit Aussagen exemplarisch dargestellt.

Mit einer ähnlichen Abfrage wird das w-Profil ermittelt. Hierzu soll die Person aus 24 Gruppen von jeweils vier Aussagen diejenige auswählen, welche am wenigsten (w) ihre *Empfindungen* beschreibt. Dieses so genannte w-Profil spiegelt somit die am wenigsten mit dem beruflichen Umfeld verbundenen Assoziationen einer Person wider.

Die Aussagen werden anschließend anhand eines Lösungsschemas ausgewertet. Der Auszug eines solchen Lösungsschemas ist für die zuvor dargestellten Aussagen zur Ermittlung des e-Profils in Abbildung 11.8b dargestellt. Jeder Aussage ist im Lösungsschema ein Buchstabe (D, I, S, G bzw. N) zugeordnet. Diese stehen für eine der vier Persönlichkeitsmerkmale des D.I.S.G.®-Konzepts bzw. kennzeichnen Aussagen, die keinem dieser vier Merkmale zuzuordnen sind. Zur Auswertung werden zunächst alle mit e bewerteten Aussagen betrachtet. Es wird ermittelt, wie viele davon mit D, I, S, G oder N gekennzeichnet sind. Diese Zahl wird anschließend in eine Auswertungsbox übertragen (vgl. Abbildung 11.8c). Ebenso wird mit den w-Aussagen verfahren.

Abbildung 11.8   Exemplarische Aussagen und Auswertung des
D.I.S.G.®-Persönlichkeitsprofils (vgl. Gay 2006, S. 34 ff.)

a) Aussageblöcke zur Ermittlung der Selbsteinschätzung

1	■	ich teile gerne	[...]
	■	ich bin umgänglich	[...]
	■	ich will gewinnen	[...]
	■	ich lache viel	[...]

3	■	ich bin begeisterungsfähig	[...]
	■	ich bin korrekt und genau	[...]
	■	ich bin ausgeglichen	[...]
	■	ich übernehme gerne die Initiative	[...]

2	■	ich bin offen für Ideen	[...]
	■	ich tue anderen gerne einen Gefallen.	[...]
	■	ich bin willensstark	[...]
	■	ich bin fröhlich und sorglos	[...]

4	■	ich trete bestimmt auf	[...]
	■	ich stehe gerne im Mittelpunkt	[...]
	■	ich neige dazu, Schwierigkeiten zu erwarten..	[...]
	■	ich bin leicht zu beeinflussen	[...]

b) Lösungsschema zur Auswertung der Selbsteinschätzung

1	■	ich teile gerne	[S]
	■	ich bin umgänglich	[N]
	■	ich will gewinnen	[D]
	■	ich lache viel	[N]

5	■	ich bin begeisterungsfähig	[N]
	■	ich bin korrekt und genau	[G]
	■	ich bin ausgeglichen	[S]
	■	ich übernehme gerne die Initiative	[N]

2	■	ich bin offen für Ideen	[I]
	■	ich tue anderen gerne einen Gefallen..	[G]
	■	ich bin willensstark	[N]
	■	ich bin fröhlich und sorglos	[S]

6	■	ich trete bestimmt auf	[D]
	■	ich stehe gerne im Mittelpunkt	[I]
	■	ich neige dazu, Schwierigkeiten zu erwarten .	[N]
	■	Ich bin leicht zu beeinflussen	[S]

c) Auswertungsbox zur Übertragung der Ergebnisse aus dem Lösungsschema

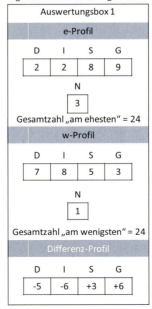

Die Ergebnisse aus der Auswertungsbox (Abbildung 11.8c) werden in drei Auswertungstabellen des D.I.S.G.®-Persönlichkeitsprofils übertragen (Abbildung 11.9). In diesen Auswertungstabellen werden jeweils die für die vier Merkmale ermittelten Zahlen übertragen und graphisch miteinander verbunden. Das Ergebnis sind drei Profillinien für das e-Profil, das w-Profil und das Differenz-Profil (vgl. Abbildung 11.9). Das *e-Profil* beschreibt die Reaktionen einer Person auf ihre Umgebung. Insbesondere drückt sich darin aus, wie eine Führungsperson auf empfundene Anforderungen und Rollenerwartungen ihres beruflichen Umfeldes reagiert (vgl. Gay 2006, S. 55 f.).

Das *w-Profil* spiegelt die persönlichen Überzeugungen einer Person wider und zeigt auf, inwieweit diese ihr Verhalten beeinflussen. Es zeigt somit die persönlichen Erwartungen einer Person an sich selbst auf (vgl. Gay 2006, S. 61 ff.).

Die Diskrepanz zwischen dem umfeldbedingten Verhalten (repräsentiert durch das e-Profil) und den Erwartungen an die eigene Person (repräsentiert durch das w-Profil) wird durch das *Differenz-Profil* abgebildet. Es gibt wieder, welche tatsächlich gezeigten Verhaltenstendenzen sich aus der Reaktion einer Person auf ihr Umfeld und aus ihren persönlichen Überzeugungen ergeben.

Abbildung 11.9 Auswertungstabelle des D.I.S.G.®-Persönlichkeitsprofils mit beispielhaftem Profil

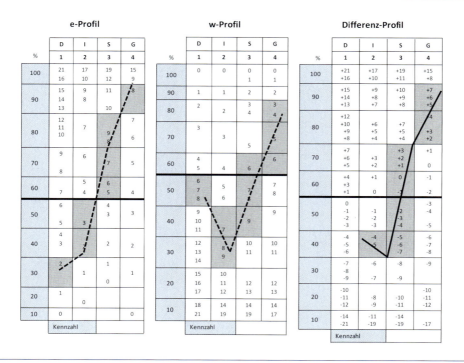

Die D.I.S.G.®-Auswertungstabelle in Abbildung 11.9 eröffnet die Möglichkeit, die ermittelten Einzelwerte für die vier Merkmale prozentual auszudrücken (grau unterlegte Spalten in Abbildung 11.9). Es wird also unterstellt, dass jeder Einzelwert einer prozentual ausgedrückten Kategorie zuzuordnen ist. Dies drückt wiederum die Ausprägung verschiedener Merkmale einer Person hinsichtlich der e-Werte, der w-Werte und der Differenzwerte aus. Da zur Ermittlung des w-Profils die am wenigsten mit dem Umfeld verbundenen Empfindungen abgefragt werden, müssen vor der Interpretation des w-Profils niedrige Zahlen in hohe Prozentsätze umgewandelt werden (und umgekehrt, vgl. Abbildung 11.9, mittlere Tabelle). Die in den Auswertungstabellen in Abbildung 11.9 ermittelten prozentualen Anteile lassen sich auch graphisch veranschaulichen. Abbildung 11.10 zeigt ein beispielhaftes Persönlichkeitsprofil einer Führungsperson.

Abbildung 11.10 Beispielhaftes D.I.S.G.®-Persönlichkeitsprofil einer Führungsperson

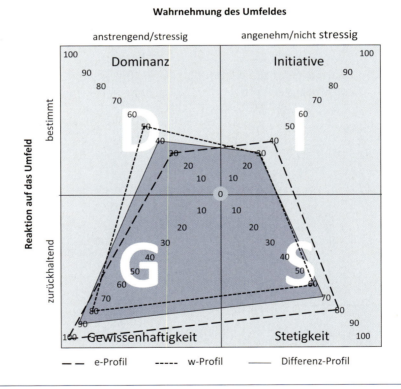

In dem in Abbildung 11.10 dargelegten Persönlichkeitsprofil weichen das e- und das w-Profil leicht voneinander ab. Das e-Profil als Reaktion einer Person auf deren Umgebung zeigt, dass die Person auf ihre Umgebung mit hoher Gewissenhaftigkeit (100 %) und Stetigkeit (80 %) reagiert. Dagegen hält sie ihre Initiative eher zurück (40 %) und zeigt relativ geringe Dominanz (30 %). Ein ähnliches Bild ergibt auch das w-Profil. Die Person sieht sich selbst als wenig initiativ (30 %) und strebt dagegen nach einer relativ hohen Gewissenhaftigkeit (80 %). Die geringe Diskrepanz zwischen dem e- und w-Profil deutet darauf hin, dass sich die Führungsperson konsistent zu ihren Empfindungen verhält.

Das D.I.S.G.®-Persönlichkeitsprofil wird relativ häufig in der Unternehmenspraxis eingesetzt, um Führungskräfte für ihre eigenen Stärken und Schwächen zu sensibilisieren. Laut Gay (2006, S. 21) setzen weltweit etwa 10.000 autorisierte Trainer (davon rund 3.100 in Deutschland) das D.I.S.G.®-Persönlichkeitsprofil ein.

Eine Besonderheit dieses Instrumentes ist in der indirekten Abfrage von Verhaltensmustern zu sehen. Führungskräfte werden also nicht direkt nach typischen Verhaltensweisen gefragt (z. B. „Wie verhalten Sie sich typischerweise in Situation X?"), sondern werden gebeten, einige allgemeine Aussagen im Hinblick auf die eigene Person zu bewerten. Daraus werden dann Rückschlüsse auf die Merkmale einer Person gezogen. Dadurch wird die Tendenz zu sozial erwünschtem Antworten verringert. Das heißt, es wird vermieden, dass Führungskräfte (aufgrund der Offensichtlichkeit der Ziele der Fragestellungen) sich selbst tendenziell so einschätzen, wie sie glauben, dass es von ihrem sozialen Umfeld erwartet wird.

Das primär in der Unternehmenspraxis angewendete D.I.S.G.®-Persönlichkeitsprofil wurde auf empirischer Basis mehrfach im Hinblick auf dessen Validität (d. h. dessen Gültigkeit – vgl. Abschnitt 4.4.3.2) und Reliabilität (d. h. dessen Zuverlässigkeit – vgl. Abschnitt 4.4.3.2) überprüft (vgl. u. a. Henkel/Wilmoth 1991; Kaplan 1983; o. V. 1996, 1999). In diesen Studien konnten die grundlegenden Dimensionen des D.I.S.G.®-Persönlichkeitsprofils bestätigt werden.

11.2.1.4 Vergleichende Gegenüberstellung

Die eigenschaftsorientierten Ansätze der Mitarbeiterführung basieren auf der Annahme, dass der Erfolg einer Führungsperson maßgeblich von deren Eigenschaften abhängt. Ausgehend von dieser Annahme wurden verschiedene Ansätze entwickelt, die sich inhaltlich zum Teil stark unterscheiden. Tabelle 11.1 stellt die drei in den vorangegangenen Abschnitten vorgestellten Konzepte anhand ihres inhaltlichen Fokus, des angenommenen Wirkungsmechanismus, der prognostizierten Wirkungsbeziehung sowie ihrem Erklärungsbeitrag zur Mitarbeiterführung gegenüber.

Tabelle 11.11 Vergleichende Gegenüberstellung der eigenschaftsorientierten Ansätze der Mitarbeiterführung

	Theorie der charismatischen Führung	Theorie der transaktionalen/transformationalen Führung	D.I.S.G.®-Konzept
Inhaltlicher Fokus	Identifikation von Voraussetzungen und Konsequenzen der charismatischen Führung	Abgrenzung von transaktionaler und transformationaler Führung und Erklärung ihres Zusammenwirkens	Identifikation von führungsrelevanten Persönlichkeitseigenschaften von Führungskräften und Mitarbeitern
Wirkungsmechanismus	Erhöhung der Motivation und der Leistung der Geführten durch wahrgenommenes Charisma	Erleichterung der Aufgabenfüllung und Erhöhung der Leistung der Geführten durch strukturellen bzw. ideellen Orientierungsrahmen	Beeinflussung typischer Verhaltensweisen durch Persönlichkeitseigenschaften
Wirkungsbeziehung	Charismatische Persönlichkeitseigenschaften und Verhaltensweisen → Erhöhung von Akzeptanz der Führungsperson durch die Geführten, Zielcommitment, Optimismus, Selbstwertgefühl der Geführte → Erhöhung des Engagements und der Effektivität der Geführten	■ Struktureller Orientierungsrahmen → Effizienz ■ Ideeller Orientierungsrahmen → Zielcommitment	Persönlichkeitseigenschaften → typische Verhaltensweisen → Führungserfolg
Erklärungsbeitrag zur Mitarbeiterführung	Identifikation von Voraussetzungen für die Entwicklung charismatischer Führungskräfte	Identifikation von Eigenschaften und Verhaltensweisen, die Mitarbeitern Orientierung geben	Sensibilisierung von Führungskräften für persönliche Stärken und Schwächen im Führungskontext

11.2.2 Verhaltensorientierte Ansätze der Mitarbeiterführung

Verhaltensorientierte Ansätze konzentrieren sich – ebenso wie eigenschaftsorientierte Ansätze – auf die Erklärung der Erfolgswirksamkeit der Mitarbeiterführung. Im Gegensatz zu den eigenschaftsorientierten Ansätzen ziehen sie als Erklärungsgröße jedoch das Verhalten und nicht die Eigenschaften der Führungsperson heran. Sie geben somit Antwort auf die vierte Leitfrage der Mitarbeiterführung (vgl. Tabelle 11.1) nach erfolgreichen Führungsverhaltensweisen. Die eigenschafts- und die verhaltensorientierte Perspektive weisen im Kern zwei zentrale Unterschiede auf. Zum einen ist das Führungsverhalten leichter durch die geführten Mitarbeiter beobachtbar und somit eher bewertbar als Persönlichkeitseigenschaften einer Führungsperson. Zum zweiten sind Führungsverhaltensweisen durch eine Führungsperson in gewissem Umfang erlernbar (und nicht wie die Persönlichkeitsmerkmale in erster Linie angeboren). Vor diesem Hintergrund liefern verhaltensorientierte Ansätze wertvolle, relativ gut umsetzbare Handlungsimplikationen für die Entwicklung von Führungskräften in der Unternehmenspraxis. Im Zusammenhang mit der verhaltensorientierten Perspektive werden folgende Ansätze vertieft:

- der Ohio-State-Leadership Quadrant (Abschnitt 11.2.2.1) sowie

- das GRID-Führungsmodell (Abschnitt 11.2.2.2).

11.2.2.1 Der Ohio-State-Leadership Quadrant

Im Ohio-State-Leadership Quadranten werden typische Verhaltensmuster von Führungskräften identifiziert. Diese Verhaltensweisen beziehen sich auf den Umgang der Führungsperson mit den geführten Mitarbeitern. Die verschiedenen Verhaltensmuster werden als Führungsstile bezeichnet.

Führungsstil	Relativ situationsinvariantes, konstantes und sinnvoll strukturiertes Verhaltensmuster einer Führungsperson im Umgang mit den geführten Mitarbeitern (in Anlehnung an Neuberger 2002).

In hohem Maße prägend für die Führungsstilforschung sind die Erkenntnisse der Ohio-Studien. Diese befassen sich mit der Identifikation von Verhaltensweisen, die erfolgreiche von weniger erfolgreichen Führungskräften unterscheiden (vgl. Halpin/Winer 1957). Auf der Basis empirischer Untersuchungen wurden zwei Dimensionen des Führungsverhaltens identifiziert (vgl. Agarwal/Ramaswami 1993; DeCarlo/Agarwal 1999): Leistungs- bzw. Aufgabenorientierung (*Initiation of Structure*) und Mitarbeiterorientierung (*Consideration).*

Leistungs-orientierung	Zielorientierte und strukturierte Ausrichtung der Aktivitäten der geführten Mitarbeiter durch die Führungsperson (in Anlehnung an van Wart 2003, S. 217).

Leistungsorientierung bezieht sich auf die sachliche Ebene der Führung (vgl. von Rosenstiel 1992, S. 170). Sie kennzeichnet sich insbesondere durch folgende Verhaltensweisen einer Führungsperson (vgl. Homburg/Stock-Homburg 2011):

- das Setzen und das Kommunizieren klarer Ziele an die Mitarbeiter,

- das regelmäßige Bewerten des Grades der Zielerreichung der Mitarbeiter,

- das Konzentrieren auf die wichtigsten Aufgaben sowie

- das sinnvolle und konsequente Delegieren von Aufgaben an die Mitarbeiter.

Im Gegensatz dazu sind für die Mitarbeiterorientierung die persönliche Wertschätzung und die Rücksichtnahme in der Kommunikation mit den Mitarbeitern durch eine Führungsperson charakteristisch (vgl. Hemphill/Coons 1954). Im Mittelpunkt dieser Führungsdimension steht die Beziehungsebene.

Mitarbeiter-orientierung	Betonung zwischenmenschlicher Aspekte (z. B. gegenseitiges Vertrauen, persönlicher Respekt) seitens der Führungsperson im Umgang mit den geführten Mitarbeitern (in Anlehnung an van Wart 2003, S. 217).

Hohe Mitarbeiterorientierung kommt insbesondere durch folgende Verhaltensweisen einer Führungsperson zum Ausdruck (vgl. Homburg/Stock-Homburg 2011):

- persönlicher Respekt und Wertschätzung gegenüber den Mitarbeitern,

- Rücksichtnahme auf die Belange der Mitarbeiter sowie

- Pflege guter zwischenmenschlicher Beziehungen zu den Mitarbeitern.

Die beiden Dimensionen des Führungsverhaltens sind gemäß den Annahmen der Ohio-Schule voneinander unabhängig (vgl. Neuberger 2002). Dies bedeutet, dass sie sich nicht gegenseitig ausschließen, sondern miteinander kombinierbar sind. Die Bedeutung beider Dimensionen für den Führungserfolg konnte empirisch nachgewiesen werden (vgl. Agarwal/Ramaswami 1993; DeCarlo/Agarwal 1999). Legt man die beiden Dimensionen des Führungsverhaltens zugrunde, so lassen sich vier grundlegende Führungsstile identifizieren. Diese werden in Form des Ohio-State-Leadership Quadranten dargestellt (vgl. Abbildung 11.11).

Der *autoritäre Führungsstil* ist dadurch gekennzeichnet, dass die Festlegung der Ziele weitgehend durch die Führungsperson ohne die Einbindung der Mitarbeiter erfolgt. Die Führungsperson achtet sehr darauf, dass die Mitarbeiter ihre Arbeitskraft voll einsetzen. Auf die Meinungen und die Interessen der Mitarbeiter wird nur begrenzt Rücksicht genommen. Klassischerweise ist dieser Führungsstil in militärischen Organisationen zu finden.

Beim *kooperativen Führungsstil* konzentriert sich die Führungsperson gleichermaßen auf die Leistungs- wie auf die Mitarbeiterorientierung. Kennzeichnend für diesen Führungsstil ist die Orientierung an klaren Zielsetzungen, die gemeinsam mit den Mitarbeitern vereinbart werden. Empirische Studien konnten zeigen, dass der kooperative Führungsstil langfristig der erfolgsförderlichste ist (vgl. u. a. Bronner/Matiaske/Stein 1991; Fittkau-Garthe 1970; Judge/Piccolo/Ilies 2004).

Der *beziehungsorientierte Führungsstil* ist häufig in kleineren Familienunternehmen oder auch in mittelständischen Unternehmen anzutreffen. Für diesen Führungsstil ist charakteristisch, dass die Führungsperson dem persönlichen Wohlergehen der Mitarbeiter eine sehr hohe Bedeutung zukommen lässt. Das Erreichen von Leistungszielen wird der Wahrung eines positiven Klimas tendenziell untergeordnet.

Der *bürokratische Führungsstil* tritt primär in Organisationen auf, die durch starke Strukturierung und Reglementierung von Verhaltensweisen geprägt sind. Es existiert relativ wenig Raum für die Pflege zwischenmenschlicher Beziehungen zu den Mitarbeitern. Das eher unpersönliche Klima wird dadurch gefördert, dass die Kommunikation zwischen der Führungsperson und den Mitarbeitern zumeist in Schriftform stattfindet. Dieser Führungsstil ist in erster Linie in Behörden und teilweise in Großunternehmen anzutreffen.

Abbildung 11.11 Die Führungsstile des Ohio-State-Leadership Quadranten
(in Anlehnung an Homburg/Stock-Homburg 2011)

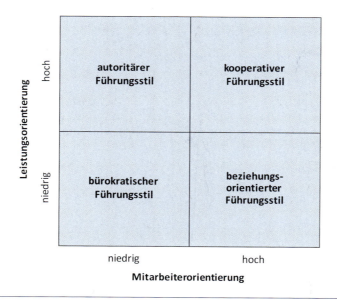

Um die beiden dem Ohio-State-Leadership Quadranten zugrunde liegenden Dimensionen des Führungsverhaltens messbar zu machen, wurde der Leader Behavior Description Questionnaire (LBDQ) entwickelt. Beispielhafte Aussagen, die jeweils hohe Ausprägungen der Leistungsorientierung bzw. der Mitarbeiterorientierung ausdrücken, sind in Tabelle 11.12 aufgeführt.

Tabelle 11.12   Beispielhafte Indikatoren des Leader Behavior Description
Questionnaire (LBDQ) (in Anlehnung an Schriesheim/Stogdill 1975)

Inwieweit treffen die nachfolgenden Aussagen auf die Führungsperson XY zu? Bitte geben Sie Ihre Einschätzung zu den jeweiligen Aussagen ab.	über-haupt nicht	selten	manch-mal	ziem-lich oft	häufig
Leistungsorientierung. *Die Führungsperson …*					
… hält sich an bestimmte Leistungsstandards.	O	O	O	O	O
… evaluiert die Leistungsergebnisse der geführten Mitarbeiter.	O	O	O	O	O
… delegiert Aufgaben auf angemessene und deutliche Weise.	O	O	O	O	O
… lässt die Mitarbeiter wissen, was von ihnen erwartet wird.	O	O	O	O	O
… erklärt, auf welche Weise Aufgaben erfüllt werden sollen.	O	O	O	O	O
Mitarbeiterorientierung. *Die Führungsperson …*					
… fördert Ideen und Aktivitäten der Mitarbeiter.	O	O	O	O	O
… macht es den Mitarbeitern leicht, offen mit ihr zu reden.	O	O	O	O	O
… bezieht die Mitarbeiter in Entscheidungen ein, die für sie relevant sind.	O	O	O	O	O
… wendet sich im Falle eines Problems an die Mitarbeiter.	O	O	O	O	O

Ein Vorzug des LBDQ besteht in der relativ guten Verständlichkeit der einzelnen Aussagen. Da sich die Aussagen auf von außen beobachtbare Verhaltensweisen einer Führungsperson beziehen, eignet sich dieses Instrument auch für Fremdbewertungen und wird in der Unternehmenspraxis relativ häufig im Rahmen von 360-Grad-Beurteilungen (vgl. hierzu Abschnitt 8.2) eingesetzt. Die leichte Verständlichkeit in Verbindung mit einer klar erkennbaren positiven bzw. negativen Ausprägung der einzelnen Antworten erhöht jedoch die Wahrscheinlichkeit sozial erwünschter Antworten. Dies bedeutet, dass Personen so antworten, wie sie glauben, dass es von ihrem sozialen Umfeld erwartet wird. Dies kann bei Fremdeinschätzungen durch Mitarbeiter aus Angst vor negativen Konsequenzen beispielsweise zu deutlich positiveren Werten führen als bei indirekten Abfragen.

In einer Reihe späterer Arbeiten, die sich mit der Erweiterung des Ohio-State-Leadership Quadranten befassten, wurden neben Mitarbeiter- und Leistungsorientierung weitere Dimensionen des Führungsverhaltens identifiziert (vgl. z. B. Fittkau-Garthe 1971; Homburg/Stock 2001, 2002; Homburg/Stock-Homburg 2011; Stock/Hoyer 2002). Fittkau-Garthe (1971) führt auf der Basis einer empirischen Untersuchung als dritte Führungsverhaltensdimension die *Partizipationsorientierung* ein. Hohe Partizipationsorientierung ist durch das Einbeziehen der Mitarbeiter in für sie relevante Entscheidungsprozesse gekennzeichnet. Partizipationsorientierung erhöht die persönliche und die fachliche Entwicklung der Mitarbeiter im Unternehmen sowie deren Identifikation mit den Unternehmenszielen.

Eine Erweiterung der beiden klassischen Führungsdimensionen legen auch Homburg und Stock (2001) bzw. Stock und Hoyer (2002) vor. Auf Basis einer Befragung von rund 150 Kundenkontakt-Mitarbeitern und Kunden können sie als zusätzliche Dimension die *Kundenorientierung des Führungsverhaltens* identifizieren. Diese zeichnet sich aus durch (vgl. Homburg/Stock-Homburg 2011)

- das Vorleben von Kundenorientierung,

- das Ausrichten der Mitarbeiterziele auf Kundenorientierung,

- das Anerkennen kundenorientierter Verhaltensweisen der Mitarbeiter sowie

- permanentes Betonen der Relevanz von Kundenorientierung für das Unternehmen und die Mitarbeiter persönlich.

Homburg und Stock-Homburg (2011) belegen, dass sich alle drei Führungsverhaltensdimensionen (Leistungs-, Mitarbeiter- und Kundenorientierung) positiv auf die Kundenorientierung in Einstellungen und Verhaltensweisen der geführten Mitarbeiter auswirken. Dabei gehen die Autoren davon aus, dass die drei Dimensionen des Führungsverhaltens unterschiedlich ausgeprägt sein können. In Abhängigkeit von der jeweiligen Ausprägung ergeben sich fünf unterschiedliche Profile des Führungsverhaltens (vgl. Abbildung 11.12).

Ein häufig anzutreffendes Profil ist das des *autoritären Kundenorientierten*. Es ist durch gleichzeitig hohe Leistungs- und Kundenorientierung in Verbindung mit geringer Mitarbeiterorientierung charakterisiert. Für die Mitarbeiter solcher Führungskräfte ist es nur bedingt möglich, eine kundenorientierte Einstellung zu entwickeln. Dies liegt insbesondere daran, dass sie sich nicht in den ihnen vorgegebenen Zielen und übertragenen Arbeitsaufgaben wiederfinden.

Als *Softie* werden Führungskräfte bezeichnet, die eine hohe Kunden- und Mitarbeiterorientierung, gepaart mit geringer Leistungsorientierung, aufweisen. Sie schaffen durch ihr Verhalten zwar gewisse Voraussetzungen, um Kundenorientierung in den Einstellungen und den Verhaltensweisen der Mitarbeiter zu verankern. Sie geben ihnen jedoch zu wenige Hilfestellungen (z. B. durch Zielvereinbarungen oder Maßnahmenvorschläge), um durch Kundenorientierung Leistungserfolge erzielen zu können.

Abbildung 11.12 Typische Profile des Führungsverhaltens (vgl. Homburg/Stock-Homburg 2011)

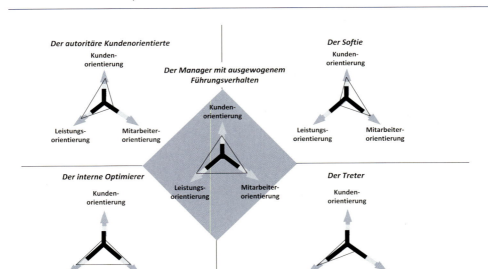

Ein weiterer Führungstyp ist der *Treter*. Diese Führungsperson legt nahezu ausschließlich Wert auf Leistungen, die quantitativ messbar sind. Weichen Faktoren wie der Mitarbeiter- und der Kundenorientierung spricht die Führungsperson dagegen geringe Relevanz zu. Bei diesem Führungsverhalten ist es für die Mitarbeiter nahezu unmöglich, Kundenorientierung zu verinnerlichen oder gar zu leben.

Sind bei einer Führungsperson die Leistungs- und die Mitarbeiterorientierung hoch, die Kundenorientierung dagegen gering ausgeprägt, so spricht man vom *internen Optimierer*. Die Führungsperson bewirkt durch ihr insgesamt kooperatives Verhalten eine relativ hohe Motivation der Mitarbeiter. Die Kundenorientierung wird jedoch weder durch die Führungsperson vorgelebt noch explizit im eigenen Verantwortungsbereich gefördert. Der Fokus liegt hier demzufolge auf der Optimierung der internen Prozesse, wohingegen Kundenorientierung weitgehend vernachlässigt wird.

Das für die Kundenorientierung förderlichste Verhalten legt der *Manager mit ausgewogenem Führungsverhalten* an den Tag. Bei dieser Führungsperson sind alle drei Dimensionen des Führungsverhaltens gleichermaßen hoch ausgeprägt. Neben dem Einnehmen einer gewissen Vorbildfunktion durch eigene Kundenorientierung vereinbart die Führungsperson mit ihren Mitarbeitern regelmäßig Ziele im Zusammenhang mit Kundenorientierung. Diese Ziele haben motivierenden Charakter, da die Mitarbeiter ihre eigenen Interessen darin wiederfinden.

11.2.2.2 Das GRID-Führungsmodell

Das GRID-Führungsmodell (auch als Managerial Grid bezeichnet) wurde von Blake und Mouton (1986) entwickelt. Es stützt sich auf die konzeptionellen Überlegungen der Ohio-Studien. Erfolgreiche Führung bemisst sich gemäß diesem Modell danach, inwieweit es einer Führungsperson gelingt, die Ziele des Unternehmens durch optimalen Mitarbeitereinsatz zu realisieren (vgl. Blake/McCanse 1995, S. 19). Führungsverhalten wird hierbei anhand von zwei Dimensionen beschrieben:

- Die *sach-rationale Orientierung* einer Führungsperson drückt deren Konzentration auf aufgabenbezogene Aspekte im Rahmen der Führung aus. Sie weist eine starke inhaltliche Nähe zur Leistungsorientierung des Ohio-State-Leadership Quadranten auf.

- Die *sozio-emotionale Orientierung* gibt an, inwieweit eine Führungsperson zwischenmenschliche Aspekte im Umgang mit ihren Mitarbeitern in den Vordergrund rückt. Sie ist inhaltlich der Mitarbeiterorientierung des Ohio-State-Leadership Quadranten sehr ähnlich.

Die Ausprägung dieser beiden Dimensionen kann – ebenso wie in dem Ohio-State-Leadership Quadranten – variieren. Ausgehend von dieser Annahme werden fünf Führungsstile unterschieden (vgl. Abbildung 11.13):

- Praktiziert eine Führungsperson den *Führungsstil 1.1* (geringe sozio-emotionale Orientierung/geringe sach-rationale Orientierung), so werden weder zwischenmenschliche Beziehungen noch das Erreichen von Ergebnissen durch die Führungsperson aktiv gefördert. Die Führungsperson beeinflusst die leistungsbezogene und die zwischenmenschliche Ebene minimal.

- In *Führungsstil 1.9* (hohe sozio-emotionale Orientierung/geringe sach-rationale Orientierung) werden zwischenmenschliche Beziehungen und Bedürfnisse von Mitarbeitern im Rahmen der Mitarbeiterführung stark gewichtet. Aufgabenbezogene Aspekte werden dagegen durch die Führungsperson kaum betont.

- *Führungsstil 5.5* (mittlere sozio-emotionale Orientierung/mittlere sach-rationale Orientierung) repräsentiert eine Balance zwischen geforderter Arbeitsleistung und zwischenmenschlichen Beziehungen im Führungsverhalten einer Führungsperson auf mittlerem Niveau. Sowohl die Leistungsorientierung als auch die Mitarbeiterorientierung der Führungsperson sind noch ausbaufähig.

- In *Führungsstil 9.1* (geringe sozio-emotionale Orientierung/hohe sach-rationale Orientierung) wird das Erzielen von Arbeitsergebnissen betont. Die persönliche Beziehung zwischen Führungsperson und Mitarbeitern sowie das Betriebsklima haben dagegen eine untergeordnete Bedeutung.

- Im Rahmen des *Führungsstils 9.9* (hohe sozio-emotionale Orientierung/hohe sach-rationale Orientierung) werden Leistungen und zwischenmenschliche Beziehungen gleichermaßen betont. In der Konsequenz führt dieser Führungsstil zu hoher Arbeitsleistung engagierter Mitarbeiter. Er beeinflusst gemäß dem GRID-Ansatz am stärksten das Verhalten der Mitarbeiter im Sinne der Unternehmensziele.

Abbildung 11.13 Führungsstile und deren Erfolgswirksamkeit im Rahmen des GRID-Führungsmodells (vgl. Blake/Mouton 1986, S. 33)

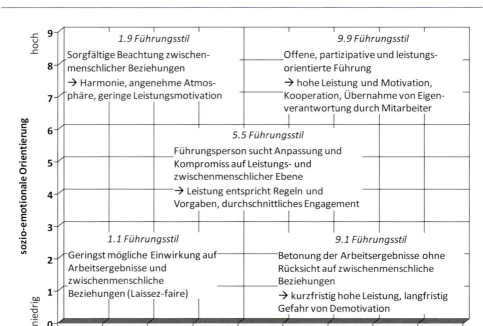

Im GRID-Führungsmodell werden Aussagen darüber getroffen, welcher Führungsstil den Führungserfolg am stärksten fördert (vgl. Hungenberg/Wulf 2007, S. 346 ff.): Führungsstil 9.9 wird als am erfolgsförderlichsten eingestuft. Dagegen werden die Führungsstile 5.5 und 9.1 als wenig praktikabel bzw. sinnvoll erachtet. Die Stile 1.9 und 1.1 werden als unrealistisch erachtet. Blake und Mouton (1986) gehen dabei davon aus, dass die jeweilige Führungssituation keinen Einfluss auf die Beziehung zwischen den verschieden Führungsstilen und dem Führungserfolg hat. Diese Vernachlässigung der Führungssituation ist als Schwäche dieses Ansatzes zu bewerten.

In der Unternehmenspraxis wird das GRID-Modell beispielsweise herangezogen, um verschiedene Führungsstile in Unternehmen zu systematisieren. So kann unter anderem erfasst werden, ob es in einem Unternehmen einen typischen Führungsstil gibt. Mit „typischen" Führungsstilen ist gemeint, dass bestimmte Führungsstile bei den Führungskräften eines Unternehmens dominieren. Solche führungsbezogenen Unterschiede können zum Beispiel auf Unterschieden in der Unternehmenskultur basieren.

Abbildung 11.14 gibt das Ergebnis einer empirischen Studie zur Einordnung von Führungskräften aus fünf Unternehmen im GRID-Modell wieder. Es zeigt sich, dass die Führungskräfte gleicher Unternehmen relativ ähnliche Führungsstile aufweisen, wohingegen sich die Führungsstile zwischen verschiedenen Unternehmen zum Teil deutlich unterscheiden (in Anlehnung an Stock 1998).

Abbildung 11.14 Führungsstilprofile von Führungskräften unterschiedlicher Unternehmen (in Anlehnung an Stock 1998, S. 61)

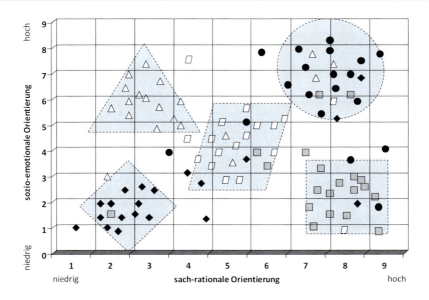

Anmerkungen: Jedes Symbol repräsentiert eine Führungsperson; gleiche Symbole = Führungskräfte desselben Unternehmens

11.2.2.3 Vergleichende Gegenüberstellung

Ausgehend von der Annahme, dass das Verhalten von Führungskräften über den Führungserfolg entscheidet, entstanden die verhaltensorientierten Ansätze der Mitarbeiterführung. Sie zeichnen sich durch denselben Wirkungsmechanismus und dieselbe Wirkungskette aus: Das Verhalten einer Führungsperson beeinflusst das Verhalten und damit die Leistungen der von ihr geführten Mitarbeiter. Der zentrale Unterschied zwischen dem Ohio-State-Leadership Quadranten und dem GRID-Führungsmodell liegt in den Führungsstilen, die jeweils identifiziert wurden. Während der Ohio-State-Leadership Quadrant sich auf vier Führungsstile konzentriert, erweitert das GRID-Führungsmodell das Spektrum auf fünf grundlegende Führungsstile. Der Beitrag der beiden Ansätze zur Mitarbeiterführung liegt darin, Führungsstile zu identifizieren, welche am stärksten zum Führungserfolg beitragen. Dabei ist beiden Ansätzen gemeinsam, dass jeweils derjenige Führungsstil als ideal betrachtet wird, der die beiden jeweils zugrunde liegenden Verhaltensdimensionen maximiert.

11.2.3   Situative Ansätze der Mitarbeiterführung

Die fünfte, zu Beginn dieses Kapitels (vgl. Tabelle 11.1) gestellte Leitfrage bezieht sich darauf, inwieweit Führungskräfte ihre Aktivitäten an situativen Erfordernissen ausrichten sollten. Die Beantwortung dieser Frage steht im Fokus der situativen Ansätze der Mitarbeiterführung.

Den Kern der situativen Ansätze der Mitarbeiterführung bildet die Annahme, dass bestimmte Persönlichkeitsmerkmale bzw. Verhaltensweisen von Führungskräften nicht in jeder Situation gleichermaßen den Führungserfolg fördern. Vielmehr wird davon ausgegangen, dass die Erfolgswirksamkeit verschiedener Persönlichkeitsmerkmale bzw. Verhaltensweisen von Führungskräften in hohem Maße von der Situation abhängt, in der die Führung stattfindet. In diesem Abschnitt werden die drei wichtigsten situativen Ansätze vertieft (vgl. Yukl 1994, S. 285). Für die Darstellung weiterer situativer Führungsansätze sei an dieser Stelle auf die Ausführungen von Staehle (1999) verwiesen. Die folgenden Ausführungen konzentrieren sich auf

- die Kontingenztheorie nach Fiedler (Abschnitt 11.2.3.1),

- die Weg-Ziel-Theorie der Führung (Abschnitt 11.2.3.2) sowie

- das Reifegradmodell der Führung (Abschnitt 11.2.3.3).

11.2.3.1   Die Kontingenztheorie nach Fiedler

Die grundlegende Annahme der Kontingenztheorie der Führung lautet, dass der Führungserfolg vom Zusammenspiel des Führungsverhaltens und der Führungssituation abhängt. Konkret geht es um die Klärung der Frage, welches Führungsverhalten in welcher Situation am erfolgreichsten ist. Die Kontingenztheorie stellt somit drei Variablen in den Mittelpunkt ihrer Betrachtungen (vgl. Steinmann/Schreyögg 2000, S. 602 f.):

- den Führungsstil,

- den Führungserfolg und

- die Führungssituation.

Der *Führungsstil* wird mithilfe des so genannten LPC-Wertes erfasst (vgl. Fiedler 1967). Dieser Wert ergibt sich aus der Einschätzung der Führungsperson bezüglich des von ihr am wenigsten geschätzten Mitarbeiters, dem so genannten *Least Preferred Co-worker*. Der LPC-Wert wird anhand eines Fragebogens ermittelt, der sechzehn bipolare Paare von Adjektiven (wie z. B. freundlich – unfreundlich) umfasst. Der am wenigsten geschätzte Mitarbeiter wird durch die Führungsperson im Hinblick auf diese Adjektivpaare auf einer achtstufigen Skala bewertet. Der LPC-Wert ergibt sich dann aus der Summe der Einzelbewertungen.

Ein *hoher LPC-Wert* wird erzielt, wenn eine Führungsperson auch den am wenigsten geschätzten Mitarbeiter insgesamt noch positiv bewertet. Eine solche positive Bewertung gilt als Indikator für einen mitarbeiterorientierten Führungsstil. Ein *geringer LPC-Wert* resultiert aus einer relativ ungünstigen Bewertung des am wenigsten geschätzten Mitarbeiters. Sie wird als hohe Leistungsorientierung der Führungsperson interpretiert.

Die beiden mittels LPC-Wert gemessenen Führungsstile werden im Rahmen der Kontingenztheorie auf ihre Erfolgsrelevanz untersucht. Somit ist die zweite zentrale Variable in den Überlegungen von Fiedler (1967) der *Führungserfolg*. Dieser umfasst sowohl die Leistungen als auch die Zufriedenheit der geführten Mitarbeiter (vgl. Fiedler 1967).

Wie eingangs erwähnt, wird gemäß der Kontingenztheorie die Erfolgswirksamkeit der Führungsstile durch die jeweilige *Führungssituation* beeinflusst. Konkret wird unterstellt, dass bestimmte situative Rahmenbedingungen eine erfolgreiche Führung erleichtern. Fiedler (1967) beschreibt die situativen Rahmenbedingungen anhand folgender drei Variablen:

- Die *Führungsperson-Mitarbeiter-Beziehung* charakterisiert das Verhältnis zwischen einer Führungsperson und den geführten Mitarbeitern. Die geführten Mitarbeiter sind umso eher bereit, Impulse seitens einer Führungsperson anzunehmen, je mehr sie eine Führungsperson wertschätzen bzw. sich persönlich wertgeschätzt fühlen. Eine Beeinflussung der Mitarbeiter seitens der Führungsperson ist also umso eher möglich, je besser das Verhältnis zwischen Führungsperson und Mitarbeitern ist. Fiedler (1967) sieht in der Beziehung zwischen der Führungsperson und deren Mitarbeitern die wichtigste situative Variable.

- Die *Positionsmacht* einer Führungsperson ergibt sich insbesondere aus ihrer hierarchischen Stellung im Unternehmen. Je größer die Positionsmacht einer Führungsperson ist, desto mehr Ansatzpunkte (z. B. im Rahmen der Mitarbeiterförderung, Vergütung) stehen ihr zur Verfügung, um die Verhaltensweisen der geführten Mitarbeiter zu beeinflussen.

- Der *Strukturierungsgrad der Aufgabe* spiegelt sich in der Anzahl wiederkehrender Elemente, der Planbarkeit der Leistungserstellung sowie der Überprüfbarkeit der Leistungsergebnisse wider. Je klarer die Aufgaben strukturiert sind, desso leichter ist die Koordination bzw. die Kontrolle der geführten Mitarbeiter. Insofern nehmen auch die Möglichkeiten zur Beeinflussung von Mitarbeitern durch die Führungsperson mit dem Strukturierungsgrad der Aufgabe zu.

Durch die Kombination dieser drei situativen Variablen (die jeweils zwei Ausprägungen besitzen) ergeben sich acht alternative Führungssituationen. Diese Führungssituationen lassen sich danach systematisieren, inwieweit sie die Aktivitäten einer Führungsperson begünstigen. Abbildung 11.15 veranschaulicht diese Überlegungen. Sie macht einen zentralen Unterschied zu den Annahmen des Ohio-State-Leadership Quadranten erkennbar: Während die Ohio-Schule Führungskräften eine Kombination der Leistungs- und der Mitarbeiterorientierung empfiehlt (vgl. Abschnitt 11.2.2.1), geht Fiedler (1967) davon aus, dass eine Führungsperson über verschiedene Situationen hinweg entweder stärker mitarbeiterorientiert (im Sinne eines hohen LPC-Wertes) oder leistungsorientiert (im Sinne eines niedrigen LPC-Wertes) agieren sollte.

Abbildung 11.15 Klassifikationssystem von Führungssituationen gemäß der
Kontingenztheorie (vgl. Fiedler/Mai-Dalton 1987, S. 943)

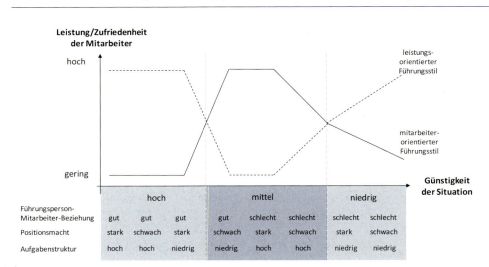

Im Rahmen der empirischen Überprüfung der Kontingenztheorie kann Fiedler (1967) die These belegen, dass in verschiedenen Führungssituationen unterschiedliche Führungsstile geeignet sind. Zum einen wird gezeigt, dass in besonders günstigen oder ungünstigen Führungssituationen Personen mit einem leistungsorientierten Führungsstil erfolgreicher sind als mitarbeiterorientiert agierende Führungskräfte. Dagegen erweist sich in Führungssituationen mit mittlerer Günstigkeit der mitarbeiterorientierte Führungsstil als besonders geeignet.

Damit gelangt Fiedler (1967) zu dem Ergebnis, dass Führungsstil und Führungssituation aufeinander abzustimmen sind, um erfolgreich zu führen. Gleichzeitig wird allerdings davon ausgegangen, dass der Führungsstil einer Führungsperson höchstens mittel- bis langfristig verändert werden kann. Im Rahmen der Personalentwicklung (vgl. Kapitel 5) sollte Führungskräften daher vermittelt werden, wie man Situationen korrekt einschätzt. Darüber hinaus sollten Führungskräfte befähigt werden, zu bewerten, ob die vorhandene Situation ihrem Führungsstil entgegenkommt oder nicht.

Während die grundlegenden Annahmen der Kontingenztheorie von Fiedler (1967) unter Laborbedingungen empirisch belegt wurden, können Studien diese in einem realen Umfeld nicht bestätigen (vgl. Peters/Hartke/Pohlmann 1985). Darüber hinaus zeigt die Untersuchung von Kennedy (1982), dass Führungskräfte mit einem mittleren LPC-Wert grundsätzlich (und zwar unabhängig von der Situation) erfolgreicher führen als Führungskräfte mit hohen bzw. niedrigen LPC-Werten.

Neben der mangelnden empirischen Bestätigung weist die Kontingenztheorie weitere Schwächen auf. Insbesondere stellt sich die Frage, inwieweit der von Fiedler (1967) vorgeschlagene LPC-Wert tatsächlich Rückschlüsse auf die Mitarbeiterorientierung bzw. die Leistungsorientierung einer Führungsperson erlaubt. Diese Vorgehensweise ist auch in der Literatur auf umfassende Kritik gestoßen und konnte bislang nicht eindeutig bestätigt werden (vgl. Hungenberg/Wulf 2007, S. 357). Kritik wurde auch an der selektiven Auswahl der Situationsvariablen geäußert.

Die heutige Relevanz der Kontingenztheorie von Fiedler (1967) ergibt sich insbesondere aus ihrer Bedeutung für die Entwicklung situativer Ansätze der Führungsforschung. So hat Fiedler (1967) mit seiner Theorie erstmals die Aufmerksamkeit der Führungsforschung auf situative Einflüsse gelenkt und somit den Grundstein für situative Ansätze der Führungsforschung gelegt.

11.2.3.2   Die Weg-Ziel-Theorie der Führung

Die Weg-Ziel-Theorie geht auf die Arbeiten von Georgopoulos, Mahoney und Jones (1957) sowie House (1971) zurück. Ähnlich wie die bereits dargestellten Führungstheorien beschäftigt sich House (1971) mit der Frage, wovon der Führungserfolg abhängt. Die Weg-Ziel-Theorie basiert auf zwei grundlegenden Annahmen: Zum einen wird eine Person nur dann eine Aufgabe annehmen und bearbeiten, wenn sie überzeugt ist, dass ihr Engagement zu einem bestimmten Ergebnis führt. Zum anderen muss die Person aus dem Ergebnis ihrer Arbeitsleistung einen persönlichen Nutzen oder eine innere Befriedigung ziehen können (vgl. House 1971, S. 322). Anhand der Weg-Ziel-Theorie lassen sich drei Fragen beantworten:

- Wie können die Erwartungen der geführten Mitarbeiter durch die Führungsperson beeinflusst werden, um ein gewünschtes Ergebnis zu erzielen?

- Wie beeinflussen diese Erwartungen die Zufriedenheit und die Leistungen der geführten Mitarbeiter?

- Wie wirkt sich die Führungssituation auf das Zusammenspiel zwischen Führungsverhalten, Erwartungen der geführten Mitarbeiter und Führungserfolg aus?

Zur Klärung dieser Fragen wird der Einfluss des Führungsverhaltens auf den Führungserfolg in einer mehrstufigen Wirkungskette betrachtet (vgl. Evans 1974). Diese Wirkungskette veranschaulicht Abbildung 11.16. Im Kern beinhaltet die Wirkungskette der Weg-Ziel-Theorie vier Kategorien von Variablen:

- das Führungsverhalten als unabhängige Variable,

- den Führungserfolg als abhängige Variable,

- die Erwartungen und die Valenzen der geführten Mitarbeiter als mediierende Variablen sowie

- die Führungssituation als situative, d.h. moderierende Variable.

Abbildung 11.16 Kausale Beziehungen im Rahmen der Weg-Ziel-Theorie
(in Anlehnung an Yukl 1994, S. 286)

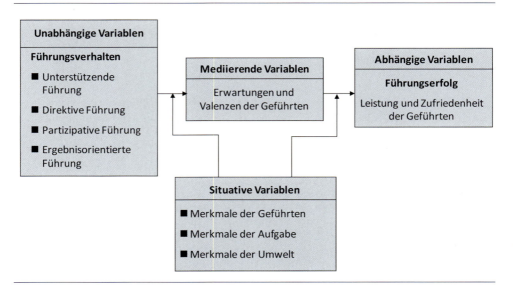

Das *Führungsverhalten* (als unabhängige Variable) beschreibt die Verhaltensweisen der Führungsperson gegenüber ihren Mitarbeitern. Dabei werden vier Führungsstile unterschieden (vgl. Abbildung 11.16):

- *Unterstützende Führung* (supportive leadership) ist durch Rücksichtnahme, das Eingehen auf die Bedürfnisse der Mitarbeiter sowie das Schaffen einer angenehmen Arbeitsatmosphäre gekennzeichnet.

- Bei der *direktiven Führung* (directive leadership) plant, organisiert, koordiniert und kontrolliert die Führungsperson die Tätigkeiten der Mitarbeiter. Des Weiteren wird darauf geachtet, dass die Geführten Standards und Regeln einhalten.

- Ein wesentliches Element der *partizipativen Führung* (participative leadership) besteht darin, dass sich die Führungsperson vor Entscheidungen mit den Mitarbeitern berät.

- *Ergebnisorientierte Führung* (achievement-oriented leadership) zeichnet sich durch eine hohe Leistungsorientierung der Führungsperson aus. Dabei werden den Mitarbeitern insbesondere anspruchsvolle Ziele gesetzt.

Die Zielgröße der Weg-Ziel-Theorie ist der *Führungserfolg* (als abhängige Variable der Wirkungskette). Die zentralen Facetten des Führungserfolgs sind die Leistungen und die Zufriedenheit der Mitarbeiter.

Voraussetzung für die erfolgreiche Führung ist gemäß der Weg-Ziel-Theorie, dass es Führungskräften gelingt, die Akzeptanz der geführten Mitarbeiter (über deren Erwartungen und Valenzen) zu gewinnen (vgl. House/Mitchell 1974, S. 84). Der Zusammenhang zwischen Führungsverhalten und Führungserfolg wird somit durch die Erwartungen und die Valenzen der geführten Mitarbeiter mediiert (vgl. hierzu ausführlich Abschnitt 2.2.2.5). Konkret beziehen sich die *Erwartungen* der Mitarbeiter im Rahmen der Mitarbeiterführung darauf, ob ihre Anstrengungen und ihr Engagement bestimmte Konsequenzen (wie z. B. eine positive Rückmeldung oder eine Gehaltserhöhung) nach sich ziehen. Neben den Erwartungen spielt die Bewertung bestimmter Handlungskonsequenzen durch die Mitarbeiter eine Rolle. Diese drückt sich in den *Valenzen* aus.

Führungskräfte können auf die Erwartungen und die Valenzen der geführten Mitarbeiter einwirken, indem sie die zuvor beschriebenen Führungsstile situationsadäquat anwenden. House und Mitchell (1974, S. 82 ff.) betonen hierbei, dass alle vier Führungsverhaltensweisen von einer Führungsperson angewendet werden können. Führungskräfte sind somit nicht auf ein einziges Führungsverhalten beschränkt. Vielmehr sollte die Führungsperson bei der Wahl des adäquaten Führungsverhaltens die *Führungssituation*, in der geführt wird, berücksichtigen. Im Kern werden in der Weg-Ziel-Theorie folgende situative Variablen betrachtet:

- Das *Fehlen von Selbstvertrauen* seitens der Mitarbeiter (follower lacks self confidence) spiegelt sich darin wieder, dass die Mitarbeiter nicht von der Qualität der eigenen Arbeit überzeugt sind und ihre Leistungen ständig hinterfragen.

- Eine *geringe Eindeutigkeit von Aufgaben* (ambiguous job) liegt vor, wenn die Ziele und die Prozesse zur Erfüllung von Aufgaben nicht eindeutig geregelt sind.

- Ein zu *niedriger Herausforderungscharakter der Aufgabe* (lack of job challenge) führt dazu, dass sich die Mitarbeiter durch ihre Aufgaben unterfordert fühlen.

- Schließlich spiegeln sich *ungerechte Belohnungen* (incorrect rewards) in der Beurteilung (vgl. Kapitel 8) bzw. der Vergütung der Mitarbeiter (vgl. Kapitel 9) wider, wenn die eigene Leistung und die Rückmeldung durch den Vorgesetzten bzw. die Höhe der Vergütung aus Sicht der Mitarbeiter nicht in angemessenem Verhältnis zueinander stehen.

Für jede dieser Situationen gibt House (1971) Empfehlungen für das optimale Führungsverhalten von Mitarbeitern. Erfolgreiche Führung im Sinne der Weg-Ziel-Theorie setzt also voraus, dass Führungskräfte die Rahmenbedingungen innerhalb und außerhalb des Unternehmens, in welche die Führung eingebettet ist, differenziert analysieren. Die situationsabhängig adäquaten Führungsverhaltensweisen nach House (1971) sind in Tabelle 11.13 dargestellt.

Tabelle 11.13   Situationsadäquates Führungsverhalten gemäß der
                       Weg-Ziel-Theorie nach House (1971)

Situation	Empfohlenes Führungsverhalten	Auswirkungen auf die geführten Mitarbeiter
Fehlendes arbeitsbezogenes Selbstvertrauen der Mitarbeiter	*Unterstützende Führung* ■ Respektvolles Umgehen mit den Mitarbeitern ■ Aufzeigen der Stärken der Mitarbeiter ■ Implementieren einer Kultur des konstruktiven Umgangs mit Fehlern	■ Erhöhtes Selbstvertrauen der geführten Mitarbeiter ■ Erhöhte Sicherheit bei der Erfüllung der Aufgaben ■ Schnellere Aufgabenbearbeitung durch Wegfall unsicherheitsbedingter Zusatzkontrollen
Geringe Eindeutigkeit der Aufgabe	*Direktive Führung* ■ Klares Darlegen von Erwartungen ■ Regeln von Zuständigkeiten im Verantwortungsbereich ■ Etablieren von Verhaltensnormen ■ Etablieren von „Standard Operation Procedures" (SOPs)	■ Klare Vorstellungen der Mitarbeiter über Erwartungen an die Leistungen ■ Gesteigerte Effizienz der Mitarbeiter durch Klarheit der Arbeitsprozesse ■ Erhöhte Effektivität der Mitarbeiter aufgrund klarer Ziele
Niedriger Herausforderungscharakter der Aufgabe	*Ergebnisorientierte Führung* ■ Setzen anspruchsvoller Ziele ■ Appellieren an das Verantwortungsbewusstsein	■ Erhöhte Auseinandersetzung mit der Aufgabe ■ Erhöhte Motivation der Mitarbeiter
Ungerechte Belohnungen	*Partizipative Führung* ■ Einbeziehen der Mitarbeiter in für sie relevante Entscheidungen ■ Berücksichtigen von Vorschlägen der Mitarbeiter im täglichen Arbeitsprozess	■ Erhöhte Motivation zur Aufgabenerfüllung ■ Erhöhte Identifikation der Mitarbeiter mit der Aufgabe

Die Weg-Ziel-Theorie der Führung wurde in einer späteren Arbeit von House (1997) weiterentwickelt. Anstelle der ursprünglichen vier Führungsstile werden nun neun Führungsstile unterschieden.

■ Die *unterstützende Führung* (supportive leader behavior) war bereits in der ursprünglichen Fassung der Weg-Ziel-Theorie enthalten. Sie beschreibt hohes Interesse der Führungsperson am Wohlergehen der Mitarbeiter.

- Die *teamorientierte Führung* (group-oriented decision process leader behavior) stellt einen Spezialfall des partizipativen Führungsverhaltens dar. Sie drückt sich dadurch aus, dass Problemlösungen mit den geführten Mitarbeitern intensiv diskutiert werden sowie permanent gemeinsam nach Verbesserungen im Verantwortungsbereich gesucht wird.

- Auch die *ergebnisorientierte Führung* (achievement-oriented leader behavior) entspricht der ursprünglichen Facette der Führung der Weg-Ziel-Theorie (vgl. Abbildung 11.16). Hierbei werden insbesondere Leistungsziele durch die Führungsperson betont.

- Die *Weg-Ziel erklärende Führung* (path-goal clarifying leader behavior) beeinflusst die Erwartungen und die Valenzen der geführten Mitarbeiter, um deren Verhalten zu steuern. Führungskräfte, die diesen Stil praktizieren, klären die zu erreichenden Leistungsziele und legen fest, wie Aufgaben zu bearbeiten sind.

- Die *arbeitserleichternde Führung* (work faciliation leader behavior) beinhaltet insbesondere die Planung, Organisation und Koordination der Tätigkeiten der geführten Mitarbeiter durch die Führungsperson.

- Die *interaktionserleichternde Führung* (interaction faciliation leader behavior) zielt auf ein positives Klima im Verantwortungsbereich einer Führungsperson ab. Durch Konfliktmanagement sowie Strukturierung der Kommunikationsprozesse soll eine effiziente Zusammenarbeit zwischen den Mitarbeitern gewährleistet werden.

- Durch *netzwerkorientierte Führung* (networking leader behavior) soll der Status des eigenen Verantwortungsbereichs im Unternehmen erhöht werden. Die Bedeutung der Leistungen der geführten Mitarbeiter wird nach außen kommuniziert und Ressourcen für den Verantwortungsbereich werden sichergestellt.

- Die *wertbasierte Führung* (value based leader behavior) verbindet die Mission der Führungsperson mit dem Selbstverständnis der Mitarbeiter. Beispielsweise wird die Vision vermittelt bzw. werden bestimmte Werte vorgelebt.

Die empirische Überprüfung der Weg-Ziel-Theorie ergibt gemischte Ergebnisse. Während Schriesheim et al. (2006) die Annahmen des Ansatzes nicht bestätigen können, belegt eine Reihe empirischer Untersuchungen den moderierenden Einfluss situativer Variablen auf die in der Weg-Ziel-Theorie betrachtete Wirkungskette (vgl. Sagie/Koslowski 1994; Schriesheim et al. 2006; Wofford/Liska 1993). So wurde beispielsweise nachgewiesen, dass bei komplexen Aufgaben die partizipative Führung besonders sinnvoll ist. Darüber hinaus wurden auf Basis dieser Untersuchungen zwei universelle Führungsverhaltensweisen, d. h. kulturunabhängig erfolgreich einsetzbare Verhaltensweisen, identifiziert: das unterstützende und das ergebnisorientierte Führungsverhalten. Dagegen zeigte sich, dass der Führungserfolg der direktiven sowie der partizipativen Führung von der jeweiligen Länderkultur abhängt (vgl. hierzu ausführlich Abschnitt 16.1.2).

11.2.3.3 Das Reifegradmodell der Führung

Das Reifegradmodell der Führung wurde von Hersey und Blanchard (1988) entwickelt. Es baut auf den Überlegungen der Führungsstilansätze, insbesondere des Ohio-State-Leadership Quadranten (vgl. Abschnitt 11.2.2.1), auf. In Abhängigkeit von der Ausprägung der Mitarbeiter- und der Leistungsorientierung einer Führungsperson werden vier Führungsstile unterschieden:

- der unterweisende Stil,

- der verkaufende Stil,

- der partizipierende Stil und

- der delegierende Stil.

Der *unterweisende Stil* (telling style) entspricht im Grunde dem autoritären Stil des Ohio-State-Leadership Quadranten (vgl. Abbildung 11.11). Er zeichnet sich durch hohe Leistungsorientierung und geringe Mitarbeiterorientierung aus. Die Führungsperson trifft die Entscheidungen im Wesentlichen autonom; die geführten Mitarbeiter müssen diese entsprechend ausführen.

Mithilfe des *verkaufenden Stils* (selling style) sollen die Fähigkeiten der Mitarbeiter durch relativ hohe Leistungsorientierung ausgebaut werden. Die Mitarbeiterorientierung der Führungsperson ist dagegen lediglich mittelmäßig ausgeprägt.

Der *partizipierende Stil* (participating style) ist durch eine relativ hohe Mitarbeiterorientierung in Verbindung mit relativ geringer Leistungsorientierung gekennzeichnet. Die Führungsperson zeigt den Mitarbeitern Probleme auf, deren Lösung sie dann eigenständig verantworten. Die Leistungen werden seitens der Führungsperson nur selten oder gar nicht kontrolliert. Von zentraler Bedeutung ist vielmehr die Beziehung zwischen der Führungsperson und den geführten Mitarbeitern.

Beim *delegierenden Stil* (delegating style) beeinflusst die Führungsperson die Aufgabenerfüllung seitens der geführten Mitarbeiter minimal. Selbst die Leistungsziele werden durch die Mitarbeiter selbst festgelegt. Die Führungsperson kontrolliert lediglich punktuell.

Eine wichtige Frage des Reifegradmodells der Führung bezieht sich darauf, welcher Führungsstil in welcher Situation angemessen ist. Zur Beschreibung der Situation ziehen Hersey und Blanchard (1988) allerdings nur eine Variable heran: den *aufgabenrelevanten Reifegrad der Mitarbeiter*. Dieser umfasst zwei Komponenten:

- Die *psychologische Reife* bezieht sich auf die Motivation (d. h. das Wollen) der geführten Mitarbeiter, eine geforderte Leistung zu erbringen.

- Die *funktionale Reife* bildet dagegen die Fähigkeiten, Kenntnisse und Erfahrungen (d. h. das Können) ab, welche die Mitarbeiter zur Erfüllung einer Aufgabe mitbringen.

Im Reifegradmodell wird zum einen davon ausgegangen, dass der Reifegrad einer Person sich jeweils auf eine konkrete Aufgabe bezieht. Die geführten Mitarbeiter können in Bezug auf verschiedene Aufgaben also durchaus unterschiedliche Reifegrade aufweisen. Zum anderen können die psychologische und die funktionale Reife unterschiedlich ausgeprägt sein. Aus dem Zusammenspiel zwischen der psychologischen und der funktionalen Reife ergeben sich vier Reifegrade, die mit M1 bis M4 bezeichnet werden.

- Ein *geringer Reifegrad (M1)* charakterisiert Mitarbeiter, die eine gleichermaßen geringe psychologische wie funktionale Reife aufweisen. Wichtige fachliche Fähigkeiten zur Erfüllung der Aufgaben liegen nicht vor. Darüber hinaus sind die Mitarbeiter nicht bereit, Verantwortung in ihrem Aufgabenbereich zu übernehmen.

- Ein *geringer bis mittlerer Reifegrad (M2)* wird Mitarbeitern zugesprochen, die eine hohe Motivation zur Aufgabenerfüllung aufweisen. Diesen Mitarbeitern mangelt es allerdings an fachlichen Kompetenzen.

- Umfassende fachliche Fähigkeiten, d. h. eine hohe funktionale Reife, in Verbindung mit Defiziten in der Motivation kennzeichnen Mitarbeiter mit *mittlerem bis hohem Reifegrad (M3)*. Diese Mitarbeiter sind zwar durchaus in der Lage, aber lediglich begrenzt bereit, die von ihnen geforderten Leistungen zu erbringen.

- Sind schließlich die psychologische und die funktionale Reife bei einem Mitarbeiter hoch ausgeprägt, so sprechen Hersey und Blanchard (1988) diesem einen *hohen Reifegrad (M4)* zu.

Kommen wir nun zurück zu der eingangs gestellten Frage nach der situativen Eignung verschiedener Führungsstile. Aufschluss hierüber liefert die durch Hersey und Blanchard (1988) vorgeschlagene Zuordnung der zuvor beschriebenen vier Führungsstile zum aufgabenrelevanten Reifegrad der Mitarbeiter (vgl. Abbildung 11.17).

Hersey und Blanchard (1988) schlagen vor, bei Mitarbeitern mit *geringem Reifegrad (M1)* den unterweisenden Stil anzuwenden. Es wird also eine eindeutige Vorgabe der zu erfüllenden Aufgaben durch die Führungsperson empfohlen, welche die geführten Mitarbeiter in entsprechender Form auszuführen haben.

Bei Mitarbeitern mit *geringem bis mittlerem Reifegrad (M2)* wird der verkaufende Stil als besonders effektiv erachtet. Auch hier entscheidet die Führungsperson letztlich autonom. Sie versucht jedoch, durch positive zwischenmenschliche Beziehungen die geführten Mitarbeiter in Verbindung mit sach-logischen Argumenten zu beeinflussen.

Mitarbeiter mit einem *mittleren bis hohen Reifegrad (M3)* sollten partizipativ geführt werden. Hierbei werden die Mitarbeiter an der Entscheidungsfindung beteiligt, mit dem Ziel, sie dadurch zu motivieren.

Weisen die geführten Mitarbeiter schließlich einen *hohen Reifegrad (M4)* auf, so erweist sich der delegierende Führungsstil als besonders sinnvoll. Die Führungsperson nimmt ihre aufgabenbezogenen Aktivitäten aufgrund der hohen fachlichen Kompetenz und der ausgeprägten Verantwortungsbereitschaft der Mitarbeiter weitgehend zurück.

Abbildung 11.17 Alternative Führungsstile gemäß dem Reifegradmodell der Führung
(vgl. Hersey/Blanchard 1981, S. 42)

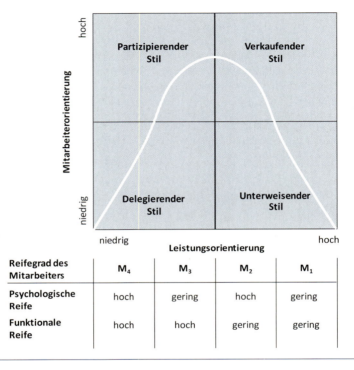

Reifegrad des Mitarbeiters	M₄	M₃	M₂	M₁
Psychologische Reife	hoch	gering	hoch	gering
Funktionale Reife	hoch	hoch	gering	gering

Neben der situativen Anpassung des Führungsverhaltens haben Führungskräfte die Aufgabe, den Reifegrad der geführten Mitarbeiter zu erhöhen (vgl. Hungenberg/Wulf 2007, S. 361). Beispielhafte Maßnahmen zur Erhöhung des aufgabenrelevanten Reifegrades der Mitarbeiter sind in Tabelle 11.14 dargelegt.

Tabelle 11.14 Beispielhafte Maßnahmen zur Erhöhung des aufgabenrelevanten Reifegrades der geführten Mitarbeiter seitens der Führungsperson

Beispielhafte Maßnahmen zur Erhöhung der ...	
... psychologischen Reife	*... funktionalen Reife*
■ Darlegen der Bedeutung der Leistungen für das Unternehmen ■ Darlegen der Bedeutung der Leistungen für die Mitarbeiter persönlich ■ Aufzeigen attraktiver Entwicklungsmöglichkeiten für die Mitarbeiter im Unternehmen	■ Regelmäßiges Beurteilen der aktuellen Leistungen und Potenziale der geführten Mitarbeiter ■ Schaffen regelmäßiger Weiterbildungsmöglichkeiten für die Mitarbeiter ■ Implementieren kontinuierlicher Foren des Wissensaustauschs (z. B. durch Patensysteme)

Das Reifegradmodell unterscheidet sich grundlegend von den Annahmen der zuvor diskutierten Kontingenztheorie (vgl. Abschnitt 11.2.3.1). Gemäß der Kontingenztheorie kann der Führungsstil einer Führungsperson nur mittel- bis langfristig verändert werden. Im Gegensatz hierzu fordern Hersey und Blanchard (1988) – ebenso wie die Weg-Ziel-Theorie (vgl. Abschnitt 11.2.3.2) – eine Anpassung des Führungsstils an die jeweilige Aufgabe bzw. die Fähigkeiten der geführten Mitarbeiter. Dies setzt allerdings voraus, dass eine Führungsperson alle vier Führungsstile beherrscht und einsetzt (vgl. Hersey/Blanchard 1988).

Das Reifegradmodell wurde unterschiedlichen empirischen Überprüfungen unterzogen (vgl. u. a. Blank/Weitzel/Green 1990; Vecchio 1987). Während Blank, Weitzel und Green (1990) keine Bestätigung für die Annahmen des Reifegradmodells finden, kann Vecchio (1987) die Aussagen des Modells zumindest teilweise anhand einer Stichprobe von Lehrern nachweisen. Die Gültigkeit der Annahmen des Reifegradmodells wird auf Basis der Ergebnisse dieser Studie jedoch lediglich auf neu in das Unternehmen eingetretene Mitarbeiter eingegrenzt.

Das Reifegradmodell wurde im Rahmen empirischer Forschungen auch herangezogen, um Führung in verschiedenen Kontexten zu untersuchen. So analysieren beispielsweise Silverthorne und Wang (2001) den Einfluss des Führungsstils auf die Produktivität von taiwanesischen Unternehmen. Sie stellen fest, dass die Produktivität eines Unternehmens umso höher ist, je besser eine Führungsperson auf den jeweiligen Reifegrad der Mitarbeiter eingehen kann. Grundlage der Studie ist der Leadership Effectiveness and Adaptability Description (LEAD) Fragebogen von Hersey und Blanchard (1988).

11.2.3.4 Vergleichende Gegenüberstellung

Den situativen Ansätzen der Mitarbeiterführung ist gemeinsam, dass sie davon ausgehen, dass der Erfolg bestimmter Führungsverhaltensweisen von den situativen Rahmenbedingungen, unter denen die Führung erfolgt, abhängen. Des Weiteren zielen sie darauf ab, die jeweils situationsspezifisch optimalen Führungsstile zu identifizieren. Wesentliche Unterschiede zwischen den Ansätzen ergeben sich jedoch aus den berücksichtigten situativen Variablen, der Zahl und der Art der Führungsstile, die jeweils unterschieden werden, sowie aus den unterschiedlichen Annahmen über die Anpassungsfähigkeit der Führungskräfte an unterschiedliche Situationen. Tabelle 11.15 gibt einen Überblick über die zentralen Gemeinsamkeiten und Unterschiede der situativen Ansätze der Mitarbeiterführung und fasst ihren Beitrag für die Führungspraxis noch einmal zusammen.

Tabelle 11.15 Vergleichende Gegenüberstellung der situativen Ansätze der Mitarbeiterführung

	Kontingenztheorie	Weg-Ziel-Theorie der Führung	Reifegradmodell der Führung
Inhaltlicher Fokus	Ermittlung des adäquaten Führungsverhaltens für eine bestimmte Führungssituation		
Wirkungs-mechanis-mus	Sicherstellen eines Fits zwischen Führungsstil und Führungssituation	Steuerung der Erwartungen und der Valenzen von Mitarbeitern unter Berücksichtigung situativer Rahmenbedingungen	Verhaltensanpassung der Führungskräfte entsprechend des Reifegrades der geführten Mitarbeiter
Wirkungs-beziehung	Führungssituation beeinflusst Erfolgswirksamkeit unterschiedlicher Führungsstile	Führungsverhalten → Erwartungen und Valenzen der geführten Mitarbeiter → Führungserfolg; situative Variablen wirken verstärkend bzw. abschwächend auf diese Zusammenhänge	Aufgabenrelevanter Reifegrad der geführten Mitarbeiter → Erfolg bestimmter Führungsstile
Erklärungs-beitrag zur Mitarbeiter-führung	Identifikation von aufgrund ihres Führungsstils geeigneten Führungskräften für bestimmte Führungssituationen	Identifikation von Führungsstilen, die unter bestimmten Rahmenbedingungen die Leistung und die Zufriedenheit der geführten Mitarbeiter maximieren	Identifikation von Ansätzen zur Erhöhung des Reifegrads der geführten Mitarbeiter und zur Anpassung des Führungsverhaltens an den Reifegrad der Mitarbeiter

11.2.4 Neuere Ansätze zur Mitarbeiterführung

11.2.4.1 Die implizite Führungstheorie

Die zuvor dargestellten klassischen Ansätze der Führungsforschung konzentrieren sich primär auf die Eigenschaften bzw. die Verhaltensweisen der Führungsperson oder auf situationsspezifische Besonderheiten der Führung. Die implizite Führungstheorie setzt dagegen an der Perspektive der Mitarbeiter an. Sie liefert Implikationen für die sechste Leitfrage dieses Kapitels. Diese bezieht sich darauf, inwieweit eine Führungsperson ihre eigenen Verhaltensweisen an die Erwartungen der Mitarbeiter anpassen sollte (vgl. Tabelle 11.1).

Die implizite Führungstheorie geht auf die Überlegungen von Robert Lord und Kollegen (vgl. Lord/Foti/DeVader 1984; Lord/Maher 1991) zurück. Sie basiert auf der grundlegenden Annahme, dass die geführten Mitarbeiter eine Vorstellung von einer idealen Führung haben. Diese Vorstellung wird mit der tatsächlich wahrgenommenen Führung verglichen. Je größer die Übereinstimmung zwischen den Idealvorstellungen der Mitarbeiter und der tatsächlich wahrgenommenen Führung ist, desto höher ist die Akzeptanz der Führungsperson durch die Mitarbeiter.

Die implizite Führungstheorie erweitert somit die Perspektive klassischer Führungstheorien. Sie unterstellt, dass nicht allein die Eigenschaften und die Verhaltensweisen der Führungsperson die Akzeptanz der geführten Mitarbeiter und somit den Erfolg beeinflussen. Vielmehr wird davon ausgegangen, dass die Vorstellungen der Mitarbeiter über die ideale Führung den Führungserfolg beeinflussen. Es findet also ein kognitiver Vergleich zwischen einem Vergleichsstandard (d. h. der als ideal empfundenen Führung) und der tatsächlich wahrgenommenen Führung statt (vgl. Foti/Luch 1992). Dieser Vergleichsprozess und dessen Auswirkungen können anhand einer dreistufigen Wirkungskette veranschaulicht werden (vgl. Abbildung 11.18).

Abbildung 11.18 Soll-Ist-Vergleich im Rahmen der impliziten Führungstheorie

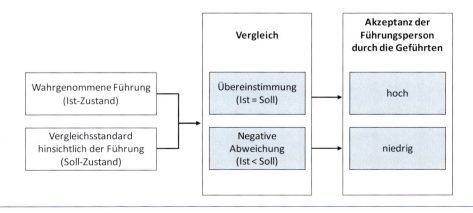

Die implizite Führungstheorie rückt vier Komponenten in den Mittelpunkt ihrer Betrachtung (vgl. Abbildung 11.18). Hierbei handelt es sich um

- die wahrgenommene Führung (Ist-Zustand),

- den Vergleichsstandard (Soll-Zustand),

- den Vergleich zwischen diesen beiden Größen und

- die Akzeptanz der Führungsperson seitens der geführten Mitarbeiter.

Die *wahrgenommene Führung* kann sich auf Fähigkeiten bzw. Verhaltensweisen einer Führungsperson sowie Ergebnisse der Führung beziehen. Die implizite Führungstheorie konzentriert sich also nicht ausschließlich auf Eigenschaften oder Verhaltensweisen einer Führungsperson. Sie führt vielmehr eigenschaftstheoretische und führungsstilbezogene Überlegungen zusammen.

- Im Zusammenhang mit den *Fähigkeiten* wurden insbesondere die fachlichen Kenntnisse sowie die Erfahrungen einer Führungsperson als relevante Facetten der Ist-Komponente identifiziert (vgl. Foti/Luch 1992, S. 57).

- Als *Verhaltensweisen* einer Führungsperson wurden beispielsweise verschiedene Facetten der transaktionalen Führung (vgl. hierzu Abschnitt 11.2.1.2) diskutiert (vgl. Den Hartog et al. 1999).

- Die *Ergebnisse der Führung* beziehen sich auf die Konsequenzen der Führung für die Mitarbeiter. Positive Führungsergebnisse (wie z. B. persönliche Erfolgserlebnisse oder Gehaltserhöhungen) erhöhen die Akzeptanz durch die Mitarbeiter, während negative Ergebnisse (wie z. B. Misserfolge) die Akzeptanz reduzieren.

Der *Vergleichsstandard* betrifft den Maßstab, mit dem die geführten Mitarbeiter die tatsächlich wahrgenommene Führung vergleichen. Die ursprüngliche Fassung der impliziten Führungstheorie identifizierte Ideale als Grundlage für den Vergleichsstandard. Allerdings sind Erwartungen und Erfahrungen ebenfalls denkbare Soll-Größen (vgl. Vroom 1964, S. 15 ff.).

- Ziehen die geführten Mitarbeiter ihre *Ideale* als Vergleichsstandard heran, vergleichen sie die tatsächlich wahrgenommene Führung mit einem in ihren Augen optimalen Führungsstil. In Verbindung mit Idealen wurde vielfach der charismatische Prototyp der Führungsperson (vgl. hierzu Abschnitt 11.2.1.1) diskutiert (vgl. u. a. Hunt/Boal/ Sorensen 1990).

- *Erwartungen* spiegeln die durch die Mitarbeiter eingeschätzte Wahrscheinlichkeit wider, dass Führungskräfte sich in einer bestimmten Weise verhalten (vgl. hierzu Abschnitt 2.2.2.5). Beispielhaft für solche Erwartungen an Führungskräfte ist das Einhalten von Regeln und Terminen.

- Der Vergleichsstandard kann sich darüber hinaus an *Erfahrungen* der geführten Mitarbeiter orientieren. Diese können sich beispielsweise auf Erfahrungen mit Führungskräften beziehen, die ähnliche fachliche Hintergründe aufweisen. Haben geführte Mitarbeiter eine Führungsperson mit technischem Hintergrund als zielstrebig und strukturiert erlebt, so kann diese Erfahrung das Vergleichsniveau für die Einschätzung anderer technisch orientierter Führungskräfte sein.

Der *Vergleich* wird in der impliziten Führungstheorie als die zentrale intervenierende Variable zwischen der Soll- bzw. der Ist-Komponente und dem Führungserfolg gesehen (vgl. Abbildung 11.18). Der Führungserfolg resultiert also aus dem kognitiven Vergleich zwischen Soll und Ist. Er wird als *Akzeptanz* der Führungsperson durch die Geführten erfasst. Diese hängt vom Ergebnis des Soll-Ist-Vergleichs ab. In der impliziten Führungstheorie werden insbesondere die Übereinstimmung und negative Abweichungen im Soll-Ist-Vergleich diskutiert. Die Möglichkeit der positiven Abweichung (d. h. Ist > Soll) wird dagegen nicht thematisiert.

- *Übereinstimmung* ist zu verzeichnen, wenn der Vergleichsstandard und die wahrgenommene Führung identisch sind. Die Mitarbeiter weisen gegenüber der Führungsperson eine hohe Akzeptanz auf.

- Eine *negative Abweichung* liegt vor, wenn die Erwartungen seitens der Geführten nicht durch die wahrgenommene Führung erfüllt werden. Die Akzeptanz einer Führungsperson seitens der Geführten ist relativ gering.

Die implizite Führungstheorie wurde in zahlreichen empirischen Untersuchungen herangezogen (vgl. u. a. Epitropaki/Martin 2004, 2005; Holmerg/Åkerblom 2006; Keller 1999; Paris 2004; Porr/Fields 2006) und konnte vielfach bestätigt werden. So können beispielsweise Epitropaki und Martin (2005) auf der Basis einer Längsschnittstudie mit 439 Mitarbeitern zeigen, dass der Informationsaustausch zwischen Führungsperson und Mitarbeitern umso intensiver und das Wohlbefinden der Mitarbeiter umso positiver ausgeprägt sind, je stärker die Führungskräfte dem Führungsprofil der Mitarbeiter entsprechen. Zudem belegen die Ergebnisse dieser sowie einer weiteren Studie (vgl. Epitropaki/Martin 2004) die Stabilität der Annahmen der impliziten Führungstheorie über einen längeren Zeitraum hinweg.

Ende der 90er Jahre wurde die implizite Führungstheorie im Rahmen des GLOBE (Global Leadership and Organizational Behavior Effectiveness) Projektes erweitert, um die Besonderheiten interkultureller Führungssituationen zu berücksichtigen (vgl. u. a. House 2000). Im Rahmen dieser Überlegungen entstand die so genannte „Culturally Endorsed Implicit Leadership Theory" (vgl. u. a. Den Hartog et al. 1999; House 2000; House et al. 2002).

Diese Theorie greift Situationen auf, in denen Führungskräfte und Mitarbeiter unterschiedliche kulturelle Hintergründe aufweisen. Die grundlegende Annahme lautet, dass unterschiedliche Kulturen unterschiedliche Vorstellungen darüber haben, wie Führungskräfte sein sollten (vgl. u. a. House 2000). Diese kulturspezifischen Vorstellungen über die ideale Führung (d. h. der Soll-Zustand der Führung) basieren insbesondere auf (vgl. House et al. 2002, S. 8)

- Werten (als gemeinsam geteilte Vorstellungen über das Wünschenswerte),

- Normen (als Erwartungen an gewünschte Verhaltensweisen),

- organisationalen Praktiken (als typische Verhaltensweisen der Organisationsmitglieder) sowie

- strategischen Rahmenbedingungen im Unternehmen.

Die Culturally Endorsed Implicit Leadership Theory wurde vielfach empirisch überprüft, um kulturbedingte Unterschiede hinsichtlich der Erwartungen an eine Führungsperson seitens der Mitarbeiter nachzuweisen. Die Mitarbeitererwartungen wurden dabei anhand von sechs Führungsmerkmalen beschrieben (vgl. u. a. Den Hartog et al. 1999; House et al. 2002):

- *Charismatische Führung* (charismatic leadership) bezieht sich auf die positive, optimistische und überzeugende Ausstrahlung einer Führungsperson und insbesondere deren Fähigkeit, die geführten Mitarbeiter zu inspirieren.

- *Teamorientierte Führung* (team-oriented leadership) beschreibt den Grad, zu dem eine Führungsperson in der Lage ist, die Mitglieder eines Teams zu integrieren und das Teambewusstsein bei den geführten Mitarbeitern zu stärken.

- *Selbstbewahrende Führung* (self-protective leadership) bezieht sich auf das Ausmaß, in dem eine Führungsperson primär ihre eigenen Interessen (anstelle der Interessen der Mitarbeiter) verfolgt.

- *Partizipative Führung* (participative leadership) beschreibt den Grad, in dem eine Führungsperson die geführten Mitarbeiter in die Entscheidungen einbezieht.

- *Menschorientierte Führung* (humane leadership) kommt durch Vertrauenswürdigkeit, Ehrlichkeit und Loyalität einer Führungsperson gegenüber den geführten Mitarbeitern zum Ausdruck.

- *Autonome Führung* (autonomous leadership) drückt aus, inwieweit eine Führungsperson ihre Entscheidungen unabhängig trifft.

Die verschiedenen Führungsmerkmale wurden mit dem GLOBE-Questionnaire (vgl. Globe 2006a, b, c, d) erfasst. Abbildung 11.19 stellt typische Führungsprofile verschiedener Länder, d. h. aus England (vgl. Ashkanasy/Trevor-Roberts/Earnshaw 2002), USA (vgl. Ashkanasy/Trevor-Roberts/ Earnshaw 2002), Indien (vgl. Gupta et al. 2002), Türkei (vgl. Kabasakal/Bodur 2002), Deutschland (vgl. Szabo et al. 2002) und Frankreich (vgl. Jesuino 2002) dar. Die Ergebnisse zeigen, dass insbesondere Charisma und Teamorientierung zwei länderübergreifend erwartete Merkmale von Führungskräften darstellen. Es handelt sich bei diesen beiden Merkmalen also um relativ kulturunabhängige Faktoren, welche den Führungserfolg insbesondere in interkulturellen Führungssituationen steigern. Dagegen wird Menschenorientierung in unterschiedlichem Maße von den Mitarbeitern verschiedener Kulturen erwartet.

Abbildung 11.19 Beispielhafte kulturspezifische Profile der Mitarbeitererwartungen gegenüber einer Führungsperson anhand des GLOBE-Ansatzes

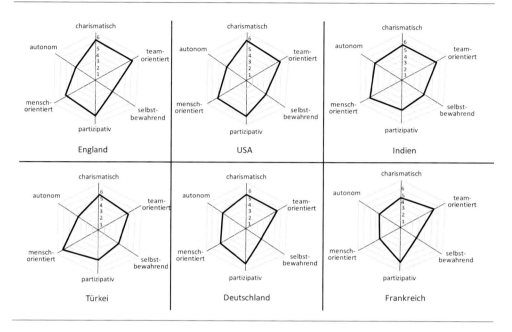

Eine der grundlegenden Annahmen der impliziten Führungstheorie lautet, dass Führungskräfte ihr Verhalten nach Möglichkeit an die Erwartungen der geführten Mitarbeiter anpassen sollten. Allerdings ist davon auszugehen, dass bei extremer Anpassung sicherlich die Authentizität der Führungsperson verloren geht. Eine Anpassung (insbesondere im Rahmen der interkulturellen Führung) sollte daher nicht darin liegen, sich als Führungsperson innerlich zu „verbiegen".

Die implizite Führungstheorie und die darauf aufbauende Culturally Endorsed Implicit Leadership Theory liefern wertvolle Implikationen zum Verständnis der Besonderheiten der interkulturellen Führung von Mitarbeitern (vgl. hierzu ausführlich Abschnitt 16.1). Ausgehend von der empirisch belegten Grundannahme, dass der Führungserfolg umso größer ist, je stärker die Führung den Erwartungen der Mitarbeiter entspricht, ergeben sich zwei Ansatzpunkte für eine erfolgreiche Führung: das Management der Mitarbeitererwartungen oder die Anpassung der Führung an die Erwartungen. Beides setzt eine umfassende Analyse der Erwartungen der Mitarbeiter voraus. Tabelle 11.16 liefert einen Überblick über Maßnahmen und Instrumente zur Umsetzung dieser Implikationen im Rahmen der interkulturellen Führung.

Tabelle 11.16   Implikationen zur interkulturellen Führung gemäß der impliziten Führungstheorie und der Culturally Endorsed Implicit Leadership Theory

Bereiche der Führung	Beispielhafte Führungsaktivitäten	Beispielhafte Führungsinstrumente
Analyse der Erwartungen	■ Befragung der Mitarbeiter bezüglich ihrer Erwartungen ■ Beobachtung von Verhaltensweisen anderer (erfolgreicher) Führungskräfte aus dem gleichen kulturellen Kontext ■ Austausch mit erfahrenen Kollegen im Hinblick auf erwartetes Führungsverhalten	■ Mitarbeiterbesprechungen ■ Beobachtung durch die Führungsperson ■ Mitarbeiterbefragungen ■ Besuch von interkulturellen Austauschforen
Management der Erwartungen	■ Darlegen der Ziele der Führungsperson gegenüber den Mitarbeitern ■ Offenes Darlegen eigener Restriktionen (zeitliche, finanzielle Kapazitäten usw.)	■ Führen durch Ziele (vgl. Abschnitt 12.2.1) ■ Offenes Umgehen mit arbeitsbezogenen Informationen
Anpassung der Führungs-aktivitäten	■ Erlangen von Kenntnissen der jeweiligen Länderkultur ■ Orientieren des Führungsverhaltens an länderspezifischen Besonderheiten	■ Besuchen von interkulturellen Workshops ■ Durcharbeiten von Fallstudien zur interkulturellen Führung ■ Austauschen mit Angehörigen einer Kultur über kulturspezifische „dos" und „don'ts" im Umgang mit Mitarbeitern

11.2.4.2   Die Leader-Member Exchange Theory

Die Leader-Member Exchange (LMX) Theory hat ihre Wurzeln in der Sozialen Austauschtheorie (vgl. Abschnitt 2.2.1.2). Sie zeichnet sich dadurch aus, dass – im Gegensatz zu den
klassischen Ansätzen der Mitarbeiterführung – nicht nur die Führungsperson oder die
geführten Mitarbeiter, sondern auch die Beziehung zwischen diesen explizit berücksichtigt
wird (vgl. Gestern/Day 1997, S. 827; Graen/Uhl-Bien 1995, S. 221). Dabei wird angenommen, dass erst die simultane Betrachtung der drei Dimensionen

■ Führungsperson,

■ Mitarbeiter und

■ deren dyadische bzw. bilaterale Beziehung

eine vollständige Erklärung des Führungserfolgs ermöglicht (vgl. Graen/Uhl-Bien 1995, S. 223). In der LMX-Theory wird von einem Zusammenspiel der drei Dimensionen der Mitarbeiterführung ausgegangen. Im Fokus steht somit die Frage, welchen Einfluss die Qualität der Führungsperson-Mitarbeiter-Beziehung auf den Führungserfolg hat (vgl. van Breukelen/Schyns/Le Blanc 2006, S. 297; Brower/Schoorman/Tan 2000, S. 229; Leitfrage 8, Tabelle 11.1).

Die LMX-Theory basiert auf der Annahme, dass Führungsperson und Mitarbeiter in einer sozialen Austauschbeziehung miteinander stehen, in der verschiedene Arten von Ressourcen ausgetauscht werden. Erhält einer der Beteiligten eine Leistung von seinem Austauschpartner, fühlt er sich verpflichtet, eine entsprechende Gegenleistung zu erbringen (Masterson et al. 2000, S. 739). Dieses Prinzip der Verpflichtung zur Gegenleistung wird auch als *Reziprozität* bezeichnet.

Jede Führungsperson-Mitarbeiter-Beziehung stellt eine einmalige interpersonale Beziehung dar. Eine Führungsperson entwickelt also zu jedem der geführten Mitarbeiter eine individuelle dyadische Beziehung. Die Qualität dieser Beziehungen kann in verschiedenen Vorgesetzten-Geführten-Dyaden unterschiedlich hoch sein (vgl. Dienesch/Liden 1986, S. 621). Je höher die Qualität, desto intensiver ist der Austausch zwischen Führungsperson und Mitarbeiter und der Mitarbeiter fühlt sich verpflichtet, die Führungsperson bei der Erreichung ihrer Ziele zu unterstützen. Damit kommt der Qualität der Beziehung zwischen einer Führungsperson und deren Mitarbeitern eine zentrale Bedeutung für den Führungserfolg zu.

Im Rahmen der LMX-Theory werden in Abhängigkeit von der Qualität der Beziehung zwischen einer Führungsperson und einem Mitarbeiter drei Mitarbeitertypen unterschieden (vgl. Dansereau/Graen/Haga 1975; Graen/Cashman 1975): In-Group-, Out-Group- und Middle-Group-Mitarbeiter. *In-Group-Mitarbeiter* haben zu ihrem Vorgesetzten eine Beziehung von sehr hoher Qualität und erhalten deshalb einen besonderen Status. Führungsperson-Mitarbeiter-Beziehungen von hoher Qualität zeichnen sich durch folgende Merkmale aus (vgl. u. a. Dienesch/Liden 1986, S. 624 f. ; Liden/Maslyn 1998, S. 45 f.):

■ *Beitrag* (contribution): Führungsperson und Mitarbeiter leisten gleichermaßen einen Beitrag, um die gemeinsamen Ziele zu erreichen.

■ *Loyalität* (loyalty): Führungsperson und Mitarbeiter verhalten sich loyal zu einander, indem sie sich gegenseitig unterstützen.

■ *Anziehung* (affect): Führungsperson und Mitarbeiter schätzen sich nicht nur fachlich, sondern auch auf einer emotionalen Ebene.

Beitrag, Loyalität und gegenseitige Anziehung äußern sich wiederum darin, dass Führungsperson und Mitarbeiter einander respektieren und vertrauen sowie einen offenen und ehrlichen Umgang miteinander pflegen (vgl. Graen/Scandura 1987, S. 176 ff.). Dies führt dazu, dass die Führungsperson den In-Group-Mitarbeitern anspruchsvolle und bedeutsame Aufgaben überträgt (vgl. Graen/Schiemann 1978, S. 211).

Bei *Out-Group-Mitarbeitern* ist die Beziehung zur Führungsperson von niedriger Qualität und beschränkt sich auf die Interaktionen, die formal erforderlich sind, beispielsweise weil sie in Prozess- bzw. Stellenbeschreibungen vorgeschrieben sind. Die Out-Group-Mitarbeiter erhalten deshalb im Gegensatz zu den In-Group-Mitarbeitern weniger anspruchsvolle Aufgaben (vgl. Graen/Schiemann 1978, S. 211).

Die Qualität der Führungsperson-Mitarbeiter-Beziehung bewegt sich bei *Middle-Group-Mitarbeitern* in mittlerem Bereich (vgl. Graen/Schiemann 1978, S. 211). Middle-Group-Mitarbeiter können langfristig entweder In-Group- oder Out-Group-Mitarbeiter werden. Dies macht deutlich, dass die Qualität der Beziehung zwischen einer Führungsperson und deren Mitarbeitern keine statische Größe ist, sondern sich im Zeitablauf entwickelt. Ausgehend von dieser Annahme entwickelten Graen und Uhl-Bien (1995) ein Modell, das die Entwicklung von „guten" Führungskräfte-Mitarbeiter-Beziehungen in drei Phasen beschreibt. Dieser als „Leadership Making" bezeichnete Prozess ist in Abbildung 11.20 dargestellt.

Abbildung 11.20 Phasenmodell der Entwicklung der Führungskräfte-Mitarbeiter-Beziehung (vgl. Graen/Uhl-Bien 1995, S. 231)

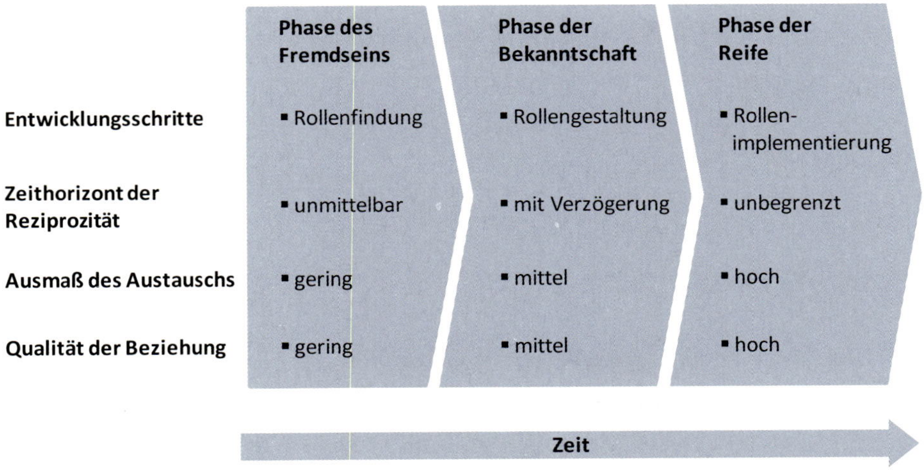

	Phase des Fremdseins	Phase der Bekanntschaft	Phase der Reife
Entwicklungsschritte	• Rollenfindung	• Rollengestaltung	• Rollen-implementierung
Zeithorizont der Reziprozität	• unmittelbar	• mit Verzögerung	• unbegrenzt
Ausmaß des Austauschs	• gering	• mittel	• hoch
Qualität der Beziehung	• gering	• mittel	• hoch

Zeit →

In der *Phase des Fremdseins* treffen Führungsperson und Mitarbeiter zunächst als Fremde aufeinander. Die Interaktion zwischen beiden Personen ist formal. Die Beziehung kann als ökonomischer Austausch nach dem „Cash & Carry"-Prinzip beschrieben werden, d. h. Führungskräfte versorgen Mitarbeiter nur mit dem für die Leistungserstellung Notwendigen, und Mitarbeiter verhalten sich entsprechend der Aufgaben- und Stellenbeschreibungen. Leistung und Gegenleistung erfolgen unmittelbar aufeinander.

In der *Phase der Bekanntschaft* findet erstmals ein Austausch statt, der über die vertraglichen Vereinbarungen hinausgeht. Die Parteien teilen in größerem Ausmaß berufliche und private Informationen und Ressourcen, wobei akzeptiert wird, wenn die Gegenleistung des Austauschpartners erst in gewissem zeitlichem Abstand erfolgt. In dieser Phase werden die über die Aufgaben- und Stellenbeschreibungen hinausgehenden Rollen von Führungsperson und Mitarbeiter definiert. Erst wenn diese Rollengestaltung abgeschlossen ist, erreicht die Beziehung die nächste Phase.

In der *Phase der Reife* werden die zuvor ausgestalteten Rollen gelebt; die Führungsperson-Mitarbeiter-Beziehung erreicht eine hohe Qualität. Die Interaktion ist langfristig orientiert und geprägt von gegenseitigem Respekt und Vertrauen, sowie Loyalität und Unterstützung. Führungsperson und Mitarbeiter tauschen sich in hohem Maße aus, eine zeitnahe Gegenleistung wird nicht erwartet.

Zahlreiche empirische Arbeiten zeigen die positiven Auswirkungen von Führungsperson-Mitarbeiter-Beziehungen hoher Qualität. Verschiedene Metaanalysen fassen diese Ergebnisse zusammen:

- Basierend auf 79 Studien mit insgesamt 85 Datensätzen zeigen Gerstner und Day (1997), dass eine gute Beziehung zur eigenen Führungsperson die Arbeitserfahrung in positiver Weise beeinflussen kann. Je besser die Beziehung zur Führungsperson ist, desto zufriedener sind die Mitarbeiter insgesamt und mit ihrem Vorgesetzten. Des Weiteren fühlen sie sich ihrer Organisation stärker verbunden und erbringen höhere Leistungen.

- Auch Jensen, Olberding und Rodgers (1997) finden basierend auf 37 Datensätzen eine positive Beziehung zwischen der Qualität der Führungsperson-Mitarbeiter-Beziehung und der Leistung von Mitarbeitern. Zusätzlich wird nachgewiesen, dass Mitarbeiter mit „guten" Beziehungen zu ihren Vorgesetzten eher bereit sind, sich über ihre eigentlichen Arbeitsaufgaben hinaus im Unternehmen zu engagieren. Diesen Befund bestätigen auch Ilies, Nahrgang und Morgeson (2007) in einer Analyse von 51 empirischen Studien.

Obwohl die LMX-Theory die Bedeutung „guter" Führungsperson-Mitarbeiter-Beziehungen deutlich macht und es gelingt, den Prozess der Entstehung solcher Beziehungen zu beschreiben, ist zu kritisieren, dass sich daraus kaum konkrete Handlungsempfehlungen für die erfolgreiche Mitarbeiterführung ergeben. Insbesondere bleibt unklar, wie Führungskräfte aktiv die Qualität der Beziehungen zu ihren Mitarbeitern verbessern können. Weitere Kritikpunkte beziehen sich auf die empirische Prüfung der in der LMX-Theory postulierten Zusammenhänge. Empirische Studien zur LMX-Theory nutzen unterschiedlichste Messinstrumente, um die Qualität der Führungsperson-Mitarbeiter-Beziehung zu bestimmen, so dass die Ergebnisse nur begrenzt vergleichbar sind (vgl. u. a. Liden/Maslyn 1998, S. 47). Überdies werden häufig lediglich Daten bei einem der beiden Austauschpartner (Führungsperson oder Mitarbeiter) erhoben (vgl. u. a. Ilies/Nahrgang/Morgeson 2007, S. 269 ff.).

11.2.4.3   Die Super Leadership Theory

Führungssituationen sind in der Unternehmenspraxis zunehmend dadurch gekennzeichnet, dass Führungskräfte und Mitarbeiter über (zum Teil große) räumliche Distanzen hinweg arbeiten. Diese räumlichen Distanzen ergeben sich unter anderem aus der zunehmenden Flexibilisierung des Arbeitsortes durch den Einsatz von Informations- und Kommunikationstechnologien. Die Möglichkeiten für Führungskräfte, die Verhaltensweisen der Mitarbeiter in ihrem Verantwortungsbereich durch direkte Einflussnahme zu steuern, sind dadurch deutlich zurückgegangen. Vor diesem Hintergrund bezieht sich die siebte eingangs gestellte Frage in Verbindung mit der Mitarbeiterführung darauf, wie Führungskräfte ihre Mitarbeiter dazu befähigen können, sich selbst zu führen (vgl. Tabelle 11.1).

Einen Ansatzpunkt zur erfolgreichen Führung von Mitarbeitern in solchen Situationen liefert die Super Leadership Theory (Manz/Sims 1987, 1991). Sie geht davon aus, dass wirksame Führung von innen heraus (d. h. durch die Mitarbeiter selbst) praktiziert wird.

Super Leadership	Befähigung der Mitarbeiter, die eigenen arbeitsbezogenen Aktivitäten eigenständig und zielgerichtet zu gestalten sowie sich selbst zu motivieren.

Durch das Praktizieren von Super Leadership geht die Verhaltenssteuerung der geführten Mitarbeiter also nicht primär von der Führungsperson aus. Vielmehr werden die geführten Mitarbeiter befähigt, sich selbst zu führen. Diese Fähigkeit wird als „Self Leadership" bezeichnet. Damit nimmt die Super Leadership Theory eine beinahe konträre Perspektive zu klassischen Führungstheorien ein, welche Führung primär als (kontinuierliche) Fremdsteuerung begreifen. Tabelle 11.17 stellt Führung im klassischen Sinne und im Sinne der Super Leadership gegenüber (in Anlehnung an Manz/Sims 1991).

Tabelle 11.17   Gegenüberstellung von klassischer Führung und Führung nach der Super Leadership Theory

Merkmale der Führung	Klassische Führung	Super Leadership
Ziel der Führung	Verhaltensbeeinflussung der Mitarbeiter	Zielorientierte Selbststeuerung der Mitarbeiter
Führungs-mechanismen	Fernsteuerung durch die Führungsperson	Selbstführung durch die Mitarbeiter
Typische Führungs-verhaltensweisen	■ Anweisungen ■ Zielvereinbarungen ■ Belohnungen ■ Überzeugung	■ Befähigung der Mitarbeiter zur Selbstführung ■ Belohnung positiver Selbstführung ■ Förderung einer Self Leadership-Kultur

Merkmale der Führung	Klassische Führung	Super Leadership
Typische Reaktionen der geführten Mitarbeiter	■ Angstbasierter bzw. berechnender Gehorsam ■ Emotionales Commitment zur Vision der Führungsperson	■ Unternehmerisches Denken und Handeln ■ Commitment gegenüber eigenen Aufgaben und Zielen

Im Mittelpunkt der Super Leadership Theory steht die Entwicklung von Mitarbeitern zu so genannten „Self Leaders". Dadurch sollen sich die Mitarbeiter stärker mit ihren Aufgaben identifizieren und die Führungsperson entlastet werden.

Wie sieht Super Leadership nun in der praktischen Umsetzung aus? Manz und Sims (1991) schlagen einen siebenstufigen Prozess vor, um Selbstführung zu etablieren. Tabelle 11.18 liefert einen Überblick über die verschiedenen Phasen des Super Leadership Prozesses.

Tabelle 11.18   Phasen und Inhalte des Super Leadership Prozesses

Phase	Zentrale Ziele und beispielhafte Maßnahmen
Einführen von Selbstführung der Mitarbeiter	*Ziel:* Erreichen von Selbstmotivation und Selbststeuerung der Mitarbeiter im Sinne der Unternehmensziele *Beispielhafte Maßnahmen:* ■ Vermitteln strategischer Denkmuster ■ Vermitteln von Techniken zur Steigerung der eigenen Effektivität (z. B. Selbstmanagement)
Vorleben der Selbstführung gegenüber Mitarbeitern	*Ziel:* Verstärken der Selbstführungsfähigkeiten der Mitarbeiter *Beispielhafte Maßnahmen:* ■ Praktizieren und Vorleben strategischer Denkmuster ■ Praktizieren einer funktionierenden Selbstorganisation
Setzen eigener Ziele durch Mitarbeiter	*Ziel:* Zielgerichtetes Ausrichten der Verhaltensweisen der Mitarbeiter *Beispielhafte Maßnahmen:* ■ Anregen zu eigenständigem Identifizieren und Priorisieren von Zielen durch die Mitarbeiter ■ Aktivieren von eigenständigem Planen und Verteilen benötigter Ressourcen seitens der Mitarbeiter
Kreieren positiver Gedankenwelten	*Ziel:* Etablieren positiver und konstruktiver Denkweisen der Mitarbeiter *Beispielhafte Maßnahmen:* ■ Positives Bestärken der Mitarbeiter ■ Aufzeigen von Fortschritten/Stärken in der Selbstführung

Phase	Zentrale Ziele und beispielhafte Maßnahmen
Belohnen von Selbstführung der Mitarbeiter	*Ziel:* Verstärken der Selbstführungsaktivitäten der Mitarbeiter *Beispielhafte Maßnahmen:* ■ Anerkennen funktionierender Selbstführung in Feedbackgesprächen ■ Konstruktives Umgehen mit Fehlern in der Selbstführung
Unterstützen von Selbstführung durch Teams	*Ziel:* Fördern der Kommunikation und der Koordination der Aktivitäten der Mitarbeiter *Beispielhafte Maßnahmen:* ■ Fördern eines regelmäßigen Austauschs zwischen Mitarbeitern in der Rolle des Self Leaders ■ Verbessern der Abstimmung der Ziele einzelner Mitarbeiter
Etablieren einer Kultur, die Selbstführung unterstützt	*Ziel:* Schaffen eines Orientierungsrahmens für im Verantwortungsbereich der Führungsperson gelebte Verhaltensweisen *Beispielhafte Maßnahmen:* ■ Verankern von Eigenständigkeit und Eigeninitiative in den Werten der Mitarbeiter ■ Formulieren von Verhaltensnormen zum konstruktiven Umgang mit der Selbstführungsverantwortung

Die Beschreibung des Super Leadership Prozesses in Tabelle 11.18 lässt erkennen, dass gewisse Basisfähigkeiten bei den Mitarbeitern vorhanden sein müssen, damit diese in der Lage sind, Selbstführung zu praktizieren. Darüber hinaus ist ein gewisser Handlungsspielraum für die Mitarbeiter erforderlich, der nicht in allen Unternehmens- bzw. Funktionsbereichen gegeben ist. Geeignete Anwendungsbereiche für Super Leadership sind nach Manz und Sims (1991) Forschung und Entwicklung, Marketing sowie unterstützende Funktionen im Unternehmen, wie z. B. das Personalmanagement. In diesen Bereichen überwiegen in der Regel wenig standardisierte Aufgaben. Gleichzeitig werden von den Mitarbeitern eine hohe Eigenständigkeit, Kreativität und Initiative gefordert.

In empirischer Hinsicht wurde die Theorie bislang nur vereinzelt einer Überprüfung unterzogen. In einer vergleichenden empirischen Untersuchung von klassisch und selbst geführten Mitarbeitern konnten Cohen, Lei und Ledford (1997) feststellen, dass selbst geführte Mitarbeiter effektiver arbeiten als klassisch geführte. Darüber hinaus konnten sie einen positiven Effekt der Selbstführung auf die Arbeitszufriedenheit nachweisen.

11.2.4.4 Das Konzept der symbolischen Führung

Das Konzept der symbolischen Führung, das zu den neueren Ansätzen der Führungsforschung zählt (vgl. Abschnitt 11.2), hat seinen Ursprung in der Kulturforschung (vgl. Geertz 1973, 1983), der Unternehmenskulturforschung (vgl. u. a. Hofstede 1980; Schein 1985) und dem organisationalen Symbolismus (vgl. u. a. Dandridge/Mitroff/Joyce 1980; Smircich

1983; Wiklins 1983). Im deutschsprachigen Raum geht das Konzept der symbolischen Führung auf Neuberger (2002) zurück. Im Fokus dieses Konzepts steht die Frage, wie Führungskräfte mithilfe von Symbolen die Mitarbeiter im Sinne der Unternehmensziele beeinflussen können (vgl. Leitfrage 9, Tabelle 11.1).

Nach Neuberger (2002) kann die symbolische Führung in symbolisierte und symbolisierende Führung unterteilt werden (vgl. Neuberger 2002, S. 662 ff.). Von *symbolisierter Führung* wird gesprochen, wenn die Führung nicht aktiv durch die Führungsperson ausgeübt wird, sondern durch Symbole, wie z. B. Sprachregelungen, Riten oder Statussymbole vermittelt wird. Diese Symbole dienen folglich als Steuerungsmittel zur Lenkung der Handlungen der Mitarbeiter. Mögliche Steuerungsmittel sind

- verbale Symbole, wie z. B. Geschichten, Mythen, Anekdoten, Slogans, Grundsätze, Sprachregelungen (vgl. u. a. Lounsbury/Glynn 2001; Neuberger 2002; Wiklins 1983),

- interaktionale Symbole, wie z. B. Riten, Zeremonien, Gewohnheiten, Feste (vgl. u. a. Alvesson 1991; Neuberger 2002) und

- artifizielle Symbole, wie z. B. Gebäude bzw. Architektur, Statussymbole, Logos, Kleidung (vgl. u. a. Alvesson 1991; Neuberger 2002).

Da Symbole mehrdeutig sind und von den geführten Mitarbeitern unterschiedlich interpretiert werden können, müssen diese durch die Führung so beeinflusst werden, dass die Symbole den „richtigen" bzw. erwünschten Sinn erhalten. Falls dies nicht gelingt, sollten neue Symbole geschaffen werden, deren Interpretation eindeutig ist. Hier setzt die *symbolisierende Führung* an. Sie beinhaltet zum einen die richtige Sinngebung vorhandener Symbole und zum anderen die Schaffung neuer Symbole mit einem neuen Sinn. Das aktive Zeigen und Vorleben dieser neuen Symbole kann jedoch bei den Mitarbeitern Unsicherheit oder Angst auslösen (vgl. Neuberger 2002, S. 666 ff.). Die Führungskräfte sollten deshalb nach der Einführung neuer Symbole sicherstellen, dass sich diese etablieren können, und so für eine gewisse Stabilität sorgen.

Neuberger (2002) stellt die symbolische Führung als einen Kreisprozess mit den Schritten Verfestigung und Verflüssigung von Sinn dar. Die Verfestigung von Sinn steht für die symbolisierte Führung und damit für die Festlegung und die Etablierung des Sinns von Symbolen. Die Verflüssigung von Sinn steht dagegen für die symbolisierende Führung und die Schaffung neuer sinnhaltiger Symbole. Die Facetten der symbolischen Führung sind in Abbildung 11.21 veranschaulicht.

Abbildung 11.21 Facetten und Mechanismen der symbolischen Führung

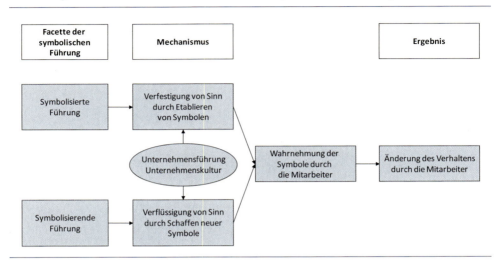

Das Konzept der symbolischen Führung wird im Rahmen der Mitarbeiterführung, ähnlich wie die Super Leadership Theory, vor allem als Instrument der entpersonalisierten Führung betrachtet, bei der keine persönliche Interaktion zwischen Führungsperson und Mitarbeiter erfolgt. Meist wird es daher in Zusammenhang mit Führungskräften des oberen Managements diskutiert, die über symbolische Führung die Mitarbeiter unterer Hierarchieebenen oder externe Stakeholder beeinflussen können (vgl. u. a. Grunig 1993; Zott/Huy 2007). In diesem Zusammenhang werden beispielsweise die Gestaltung der Unternehmenskultur (vgl. u. a. Lange 1991) oder die Unternehmensführung (vgl. u. a. Fiss/Zajac 2006; Johnson 1990; Peters 1978) als Instrumente der symbolischen Führung untersucht.

Die eigentliche Mitarbeiterführung wird im Rahmen der symbolischen Führung kaum empirisch untersucht, obwohl gerade auch im Führungsalltag Symbole eine entscheidende Rolle spielen. Eine mögliche Begründung für diese Forschungslücke ist darin zusehen, dass das Konzept der symbolischen Führung streng genommen keinen eigenständigen Führungsansatz darstellt. Vielmehr kann es herangezogen werden, um bestehende Führungskonzepte inhaltlich zu ergänzen. So können Führungskräfte beispielsweise bestimmte Führungsstile in ihrer Wirkung durch Symbole verstärken. Dabei sollten Führungskräfte den Kontext, in dem sie agieren, unbedingt berücksichtigen. So können beispielsweise die Unternehmenskultur oder die persönlichen Erfahrungen eines Mitarbeiters eine unterschiedliche Interpretation derselben Symbole bewirken. Zusätzlich sollten Führungskräfte darauf achten, dass die von ihnen gewählten Symbole eindeutig sind. Soll beispielsweise ein längeres „Wartenlassen" von Mitarbeitern vor Besprechungen hohe Arbeitsbelastung der Führungsperson symbolisieren, so kann dieses Symbol seitens der Mitarbeiter allerdings als Demütigung missinterpretiert werden. Tabelle 11.19 zeigt am Beispiel der vier Führungsstile des Ohio-State-Leadership Quadranten (vgl. Abschnitt 11.2.2.1), wie der jeweilige Führungsstil durch Symbole unterstützt werden kann.

Tabelle 11.19 Verstärkung von Führungsstilen des Ohio-State-Leadership Quadranten durch symbolische Führung

Führungsstile	Beispielhafte Symbole zur Unterstützung des Führungsstils
Bürokratischer Führungsstil	■ Überwiegendes Kommunizieren in Schriftform ■ Einhalten von Regeln und Normen bei der Interaktion mit Mitarbeitern ■ Festhalten von Regeln und Prozessen auf Folien, die in den Räumen der Mitarbeiter aushängen
Autoritärer Führungsstil	■ Verdeutlichen der Autorität der Führungsperson durch Statussymbole ■ Auszeichnen besonders leistungsstarker Mitarbeiter
Beziehungs-orientierter Führungsstil	■ Erzählen persönlicher Anekdoten bei der Interaktion mit Mitarbeitern ■ Etablieren von Slogans, die den Zusammenhalt zwischen den Mitarbeitern erhöhen ■ Einführen eines wöchentlichen gemeinsamen Mittagessens von Führungsperson und Mitarbeitern
Kooperativer Führungsstil	■ Dokumentieren und Aushängen gemeinsamer Ziele des Teams ■ Honorieren besonders innovativer Ideen der Mitarbeiter (z. B. durch Preise)

11.2.4.5 Das Emotional Contagion Concept

Das Emotional Contagion Concept basiert auf der Arbeit von Arlie Hochschild (1983) und hat seine Wurzeln in der Sozialpsychologie (vgl. Homburg/Stock 2004; Stock-Homburg 2009). Als eines der ersten Konzepte zieht das Emotional Contagion Concept zur Erklärung sozialer Prozesse, insbesondere der gegenseitigen Beeinflussung von Individuen, nicht kognitive, sondern emotionale Aspekte heran (vgl. u. a. Barsade 2002, S. 644 ff.). Die grundlegende Annahme des Emotional Contagion Concept ist, dass sich Personen oder Gruppen durch Emotionen und Verhaltensweisen bewusst oder unbewusst gegenseitig anstecken bzw. beeinflussen können (vgl. Schoenewolf 1990, S. 50). Dabei werden die Personen, die durch ihre Emotionen andere beeinflussen, als Sender und die Personen, die durch diese Emotionen angesteckt werden, als Empfänger bezeichnet (vgl. Hochschild 1983; Pugh 2001).

Grundsätzlich wird zwischen zwei Arten von emotionaler Ansteckung unterschieden: der primitiven emotionalen Ansteckung und der bewussten emotionalen Ansteckung (vgl. Hatfield/Cacioppo/Rapson 1993, 1994; Stock-Homburg 2009; Stock-Homburg/Bieling/El Ouadoudi 2010). Bei der *primitiven emotionalen Ansteckung* (primitive emotional contagion) ahmt der Empfänger (z. B. der Mitarbeiter) unbewusst die Gestik und die Mimik des Senders (z. B. die Führungsperson) nach (vgl. Hatfield/Cacioppo/Rapson 1994, S. 5). Die primitive emotionale Ansteckung folgt dabei einem mehrstufigen Prozess, der in Abbildung 11.22 dargestellt ist.

Abbildung 11.22 Prozess der primitiven emotionalen Ansteckung zwischen Sender und
Empfänger (vgl. Stock-Homburg/Bieling/El Ouadoudi 2010, S. 46)

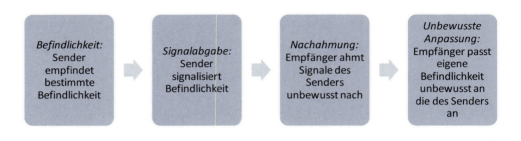

Wenn Personen bzw. Empfänger in einer bestimmten Situation unsicher sind, welche Emotionen angebracht sind, führen sie einen Vergleich zwischen ihrer eigenen Gefühlslage und der des Interaktionspartners durch und passen gegebenenfalls ihre eigene emotionale Verfassung an die des Senders an. Diese Art der aktiv initiierten Ansteckung wird *bewusste emotionale Ansteckung* (attitudinal emotional contagion) genannt und ist in Abbildung 11.23 dargestellt.

Abbildung 11.23 Der Prozess der bewussten emotionalen Ansteckung zwischen Sender
und Empfänger (vgl. Stock-Homburg/Bieling/El Ouadoudi 2010, S. 46)

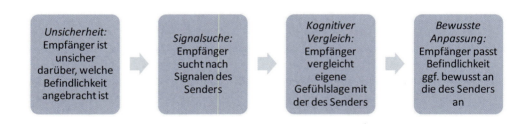

Die beiden Formen der emotionalen Ansteckung unterscheiden sich hinsichtlich ihrer Konsequenzen auf Seiten des Empfängers. Während bei der primitiven emotionalen Ansteckung die Empfänger lediglich kurzfristig von den Emotionen des Senders angesteckt werden, ist die Ansteckung der Empfänger bei der bewussten emotionalen Ansteckung langanhaltend (Stock-Homburg 2009).

Das Emotional Contagion Concept wurde bisher in wenigen empirischen Arbeiten untersucht. In der Marketingliteratur steht insbesondere die emotionale Ansteckung in Mitarbeiter-Kunden-Interaktionen im Fokus (vgl. u. a. Hennig-Thurau et al. 2006; Homburg/Stock 2004; Howard/Gengler 2001; Söderlund/Rosengreen 2008; Tsai/Huang 2002). Die sozialpsychologische Literatur konzentriert sich dagegen auf emotionale Ansteckung zwischen Mitgliedern einer Gruppe (vgl. u. a. Barsade 2002; Bartel/Saavedra 2000; Kelly/Barsade 2001). Zur emotionalen Ansteckung im Rahmen der Mitarbeiterführung existieren nur vereinzelte Arbeiten. So zeigen beispielsweise Sy, Cote und Saavedra (2005), dass Emotionen von Führungskräften besonders „ansteckend" sind; sie wirken sich insbesondere auf die Stimmung in der Gruppe und die Gruppenprozesse aus. Auch Hsee und Kollegen (1990) finden Hinweise darauf, dass Emotionen tendenziell von Personen mit starker Machtposition auf Personen mit weniger Macht übertragen werden.

Neben der mangelnden empirischen Überprüfung im Führungskontext ist zu kritisieren, dass die vorliegenden Studien einen sehr uneinheitlichen Emotionsbegriff verwenden. Ihre Ergebnisse sind folglich nicht unmittelbar vergleichbar. Außerdem sind viele Forschungsfragen noch ungeklärt. Beispielsweise fehlt bislang ein umfassendes Verständnis für situative Rahmenbedingungen, welche die emotionale Ansteckung verstärken oder abschwächen.

Aufgrund der mangelnden empirischen Überprüfung lassen sich aus dem Emotional Contagion Concept bislang keine konkreten Handlungsempfehlungen für die Führung von Mitarbeitern ableiten. Allerdings gibt das Konzept erste Hinweise darauf, wie wichtig Emotionen von Führungskräften bei der Interaktion mit Mitarbeitern sein können. Führungskräfte sollten sich stets bewusst sein, dass die Emotionen, die sie ausstrahlen, ähnliche emotionale Befindlichkeiten auf Seiten der Mitarbeiter auslösen können. Dies ist gerade dann von Bedeutung, wenn Führungskräfte ihre Mitarbeiter von ihren eigenen Zielen und Visionen überzeugen wollen.

11.2.4.6   Vergleichende Gegenüberstellung

Die neueren Ansätze der Mitarbeiterführung nehmen sehr unterschiedliche Perspektiven im Hinblick auf die Führung von Mitarbeitern ein. Im Folgenden sollen die zentralen Unterschiede und Gemeinsamkeiten zwischen den in vorangegangenen Abschnitten vorgestellten Konzepten herausgearbeitet werden. Mit Ausnahme des Emotional Contagion Concept nehmen alle vorgestellten Ansätze explizit Bezug auf die Führung von Personen im Unternehmenskontext. Während im Fokus der impliziten Führungstheorie und der Leader-Member Exchange Theory sowie dem Konzept der emotionalen Ansteckung die direkte Interaktion zwischen Führungsperson und Mitarbeiter im Fokus steht, gehen die Super Leadership Theory und das Konzept der symbolischen Führung der Frage nach, inwieweit und durch welche Mechanismen eine Führungsperson die Mitarbeiter beeinflussen kann, ohne direkt mit ihnen zu interagieren. Weitere Unterschiede zwischen den Ansätzen im Hinblick auf den jeweiligen inhaltlichen Fokus, die zugrunde liegenden Wirkungsmechanismen, die daraus resultierenden Wirkungsbeziehungen und den jeweiligen Beitrag zur Mitarbeiterführung fasst Tabelle 11.20 zusammen.

Tabelle 11.20   Vergleichende Gegenüberstellung der neueren Ansätze
der Mitarbeiterführung

	Implizite Führungstheorie	Leader-Member-Exchange Theory	Super Leadership Theory	Konzept der symbolischen Führung	Emotional Contagion Concept
Inhaltlicher Fokus	Identifikation von Einflussfaktoren auf die Akzeptanz einer Führungsperson durch die Mitarbeiter	Analyse des Einflusses der Führungsperson-Mitarbeiter-Beziehung auf den Führungserfolg	Identifikation von Ansätzen zur Befähigung der Mitarbeiter zur Selbstführung	Einsatz und Auswirkungen von Symbolen in der Führung	Übertragung von Emotionen in zwischenmenschlichen Interaktion
Wirkungsmechanismus	Vergleich der idealen und der wahrgenommenen Führung durch die Geführten	Reziprozität	Führung zur Etablierung der Selbstführung der Mitarbeiter	Symbole vermitteln Werte und Erwartungen der Führungsperson an die Mitarbeiter	Übernahme emotionaler Befindlichkeiten eines Senders durch den Empfänger
Wirkungsbeziehung	■ Abweichung zwischen Soll und Ist der Führung → geringe Akzeptanz der Führungsperson ■ Kongruenz zwischen Soll und Ist der Führung → hohe Akzeptanz der Führungsperson	Qualität der Austauschbeziehung zwischen Führungsperson und Mitarbeiter → Qualität der Zusammenarbeit → Führungserfolg	Schaffung von Voraussetzungen und Vermittlung von Fähigkeiten zur erfolgreichen Selbstführung der Mitarbeiter	Setzen von Symbolen durch Führungsperson → Wahrnehmung und Interpretation der Symbole durch die Mitarbeiter → Anpassung des Mitarbeiterverhaltens an die symbolisierten Werte und Erwartungen	Zeigen von Emotionen durch den Sender → Übernahme der Emotionen durch den Empfänger → Angleichung der emotionalen Befindlichkeit von Sender und Empfänger
Erklärungsbeitrag zur Mitarbeiterführung	Identifikation von Ansätzen zur Erhöhung der Akzeptanz von Führungskräften durch die geführten Mitarbeiter	Identifikation von Ansätzen zur Verbesserung der Qualität der Führungsperson-Mitarbeiter-Beziehung	Ermöglichung erfolgreicher Führung über räumliche und zeitliche Distanzen zwischen Führungsperson und Mitarbeitern	Identifikation von Ansätzen zur Erhöhung des Führungserfolgs durch Einsatz von Symbolen	Verdeutlichung der Rolle von Emotionen bei der Führung von Mitarbeitern

1. Wodurch sind typische Führungssituationen gekennzeichnet? Beschreiben Sie kurz die fünf charakteristischen Merkmale einer Führungssituation.

2. Welche Perspektiven der klassischen Ansätze der Führungsforschung lassen sich unterscheiden? Erläutern Sie kurz die grundlegenden Fragestellungen dieser Perspektiven.

3. Was ist unter charismatischer Führung zu verstehen und wodurch sind charismatische Führungskräfte gekennzeichnet? Nennen Sie mindestens fünf Merkmale.

4. Erläutern Sie den Prozess der charismatischen Führung nach House (1977).

5. Was ist unter transformationaler sowie unter transaktionaler Führung zu verstehen? Grenzen Sie diese beiden Facetten der Führung voneinander ab.

6. Erläutern Sie die vier Quadranten des D.I.S.G.®-Konzeptes. Auf welchen beiden Ebenen kann mithilfe des D.I.S.G.®-Konzeptes die Führung von Mitarbeitern beleuchtet werden?

7. Nennen Sie drei Schwächen persönlichkeitsbezogener Ansätze der Mitarbeiterführung.

8. Welche grundlegenden Dimensionen zur Beschreibung des Führungsverhaltens werden im Ohio-State-Leadership Quadranten unterschieden? Erläutern Sie die daraus resultierenden vier grundlegenden Führungsstile.

9. Welche typischen Profile des Führungsverhaltens werden nach Homburg/Stock-Homburg (2011) beschrieben?

10. Welche Führungsstile werden im Rahmen des GRID-Führungsmodells unterschieden? Gehen Sie auch auf die Erfolgswirksamkeit der einzelnen Stile ein.

11. Nennen Sie drei Kritikpunkte der verhaltensorientierten Ansätze der Mitarbeiterführung.

12. Welche drei Variablen werden in der Kontingenztheorie nach Fiedler unterschieden? Erläutern Sie diese kurz und nehmen Sie kritisch zu dieser Theorie Stellung.

13. Erläutern Sie die kausalen Beziehungen im Rahmen der Weg-Ziel-Theorie.

14. Welche Empfehlungen für situationsadäquates Führungsverhalten ergeben sich aus der Weg-Ziel-Theorie nach House (1971)? Gehen Sie insbesondere auf folgende Situation ein:

    a. fehlendes arbeitsbezogenes Selbstvertrauen der Mitarbeiter,
    b. geringe Eindeutigkeit der Aufgabe,
    c. geringer Grad an Herausforderung durch die Aufgabe sowie
    d. ungerechte Belohnungen.

15. Erläutern Sie das Reifegradmodell der Führung nach Hersey und Blanchard (1988). Gehen Sie insbesondere auf die vier zentralen Führungsstile sowie die situativen Komponenten dieser Theorie ein.

16. Welche grundlegenden Annahmen trifft die implizite Führungstheorie? Stellen Sie insbesondere den Soll-Ist-Vergleich im Rahmen dieser Theorie dar.

17. Nennen und erläutern Sie kurz die drei Phasen der Entwicklung von Führungskräfte-Mitarbeiter-Beziehungen.

18. Was ist unter Super Leadership zu verstehen? Wie grenzt sich Super Leadership von klassischer Führung ab?

19. Erläutern Sie die sieben zentralen Phasen und die jeweiligen Ziele im Super Leadership Prozess. Nennen Sie für jede Phase eine beispielhafte Maßnahme.

20. Was ist unter symbolischer Führung zu verstehen? Grenzen Sie insbesondere symbolisierte und symbolisierende Führung voneinander ab.

21. Was ist unter emotionaler Ansteckung zu verstehen? Beschreiben Sie die zentralen Unterschiede zwischen der unbewussten (primitiven) und der bewussten emotionalen Ansteckung.

Literatur

Agarwal, S./Ramaswami, S. (1993), Affective Organizational Commitment of Salespeople: An Expanded Model, Journal of Personal Selling & Sales Management, 13, 2, 49-70.

Alvesson, M. (1991), Organizational Symbolism and Ideology, Journal of Management Studies, 28, 3, 207-225.

Ashkanasy, N./Trevor-Roberts, E./Earnshaw, L. (2002), The Anglo Cluster: Legacy of the British Empire, Journal of World Business, 37, 1, 28-39.

Avolio, B./Bass, B. (1999), Re-Examining the Components of Transformational and Transactional Leadership Using the Multifactor Leadership Questionnaire, Journal of Occupational and Organizational Psychology, 72, 4, 441-462.

Barsade S. (2002), The Ripple Effect: Emotional Contagion and Its Influence on Group Behavior, Administrative Science Quarterly, 47, 4, 644-675.

Bartel, C./Saavedra, R. (2000), The Collective Construction of Work Group Moods, Administrative Science Quarterly, 45, 2, 197-231.

Bass, B. (1985), Leadership and Performance Beyond Expectations, New York.

Bass, B. (1996), A New Paradigm of Leadership: An Inquiry into Transformational Leadership, Alexandria.

Bass, B. (1997a), Personal Selling and Transactional/Transformational Leadership, Journal of Personal Selling & Sales Management, 17, 3, 19-23.

Bass, B. (1997b), Does the Transactional-Transformational Leadership Paradigm Transcend Organizational and National Boundaries? American Psychologist, 52, 2, 130-139.

Bass, B./Steyrer, J. (1995), Transaktionale und transformationale Führung, in: Kieser, A./Reber, G./Wunderer, R. (Hrsg.), Handwörterbuch der Führung, Stuttgart, 2053–2062.

Berthel, J./Becker, F. (2007), Personalmanagement: Grundzüge für die Konzeption betrieblicher Personalarbeit, 8. Auflage, Stuttgart.

Blake, R./McCanse, A. (1995), Das GRID-Führungsmodell, 3. Auflage, Düsseldorf.

Blake, R./Mouton, J. (1986), Verhaltenspsychologie im Betrieb, Düsseldorf.

Blank, W./Weitzel, J./Green, S. (1990), A Test of the Situational Leadership Theory, Personnel Psychology, 43, 3, 579-597.

Bronner, R./Matiaske, W./Stein, F. (1991), Anforderungen an Spitzen-Führungskräfte, Zeitschrift für Betriebswirtschaft, 61, 11, 1227-1242.

Brower, H./Schoorman, F./Tan, H. (2000), A Model of Relational Leadership: The Integration of Trust and Leader-Member Exchange, Leadership Quarterly, 11, 2, 227-250.

Burns, J. (1978), Leadership, New York.

Cohen, S./Lei C./Ledford G. (1997), A Hierarchical Construct of Self-Management Leadership and Its Relationship to Quality of Work Life and Perceived Work Group Effectiveness, Personnel Psychology, 50, 2, 275-308.

Cole, M./Bruch, H./Shamir, B. (2009), Social Distance as a Moderator of the Effects of Transformational Leadership: Both Neutralizer and Enhancer, Human Relations, 62, 11, 1697-1733.

Conger, J./Kanungo, R./Menon, S. (2000), Charismatic Leadership and Follower Effects, Journal of Organizational Behavior, 21, 7, 747-768.

Dandridge, T./Mitroff, I./Joyce, W. (1980), Organizational Symbolism: A Topic to Expand Organizational Analysis, Academy of Management Review, 5, 1, 77-82.

Dansereau, F. Jr./Graen, G./Haga, W. (1975), A Vertical Dyad Linkage Approach to Leadership Within Formal Organizations, Organizational Behavior and Human Processes, 13, 1, 46-78.

De Fruyt, F./Van Leeuwen, K./De Clercq, B./Decuyper, M./Mervielde, I./Bartels, M. (2006), Five Types of Personality Continuity in Childhood and Adolescence, Journal of Personality & Social Psychology, 91, 3, 538-552.

DeCarlo, T./Agarwal, S. (1999), Influence of Managerial Behaviors of Job Autonomy on Job Satisfaction of Industrial Salespersons – A Cross-Cultural Study, Industrial Marketing Management, 28, 1, 52-62.

Den Hartog, D./House, R./Hanges, P./Ruiz-Quintanilla, S./Dorfman, P. (1999), Culture Specific and Cross-Culturally Generalizable Implicit Leadership Theories: Are Attributes of Charismatic/Transformational Leadership Universally Endorsed? Leadership Quarterly, 10, 2, 219-256.

Dienesch, R./Liden R. (1986), Leader-Member Exchange Model of Leadership: A Critique and Further Development, Academy of Management Review, 11, 3, 618-634.

Epitropaki, O./Martin, R. (2004), Implicit Leadership Theories in Applied Settings: Factor Structure, Generalizability, and Stability Over Time, Journal of Applied Psychology, 89, 2, 293-310.

Epitropaki, O./Martin, R. (2005), From Ideal to Real: A Longitudinal Study of the Role of Implicit Leadership Theories on Leader-Member Exchanges and Employee Outcomes, Journal of Applied Psychology, 90, 4, 659-676.

Evans, M. (1974), Extensions of a Path Goal Theory of Motivation, Journal of Applied Psychology, 59, 2, 172-178.

Fiedler, F (1967), A Theory of Leadership Effectiveness, New York.

Fiedler, F./Mai-Dalton, R. (1987), Führungstheorien – Kontingenztheorie, in: Kieser, A. (1987), Handwörterbuch der Führung, Stuttgart, 939-953.

Fiss, P./Zajac, E. (2006), The Symbolic Management of Strategic Change: Sensegiving via Framing and Decoupling, Academy of Management Journal, 49, 6, 1173-1193.

Fittkau-Garthe, H. (1970), Die Dimensionen des Vorgesetztenverhaltens und ihre Bedeutung für die emotionale Einstellungsreaktion der unterstellten Mitarbeiter, Hamburg.

Fittkau-Garthe, H. (1971), Fragebogen zur Vorgesetzten-Verhaltens-Beschreibung (FVVB), Göttingen.

Foti, R./Luch, C. (1992), The Influence of Individual Differences on the Perception and Categorization of Leaders, Leadership Quarterly, 3, 1, 55-66.

Fuller, J./Patterson, C./Hester, K./Stringer, D. (1996), A Quantitative Review of Research on Charismatic Leadership, Psychological Reports, 78, 1, 271-287.

Gay, F. (1998, Hrsg.), DISG Persönlichkeits-Profil: Verstehen Sie sich selbst besser: Schöpfen Sie Ihre Möglichkeiten aus. Entdecken Sie Ihre Stärken und Schwächen, 10. Auflage, Offenbach.

Gay, F. (2003), DISG Persönlichkeits-Profil, Verhalten in konkreten Situationen, in: Epeneck, J./von Rosenstil, L. (Hrsg.), Handbuch Kompetenzmessung, Stuttgart, 505-518.

Gay, F. (2006), Das DISG® Persönlichkeits-Profil: Persönliche Stärke ist kein Zufall, 34. Auflage, Remchingen.

Geertz, C. (1973), The Interpretation of Cultures: Selected Essays, New York.

Geertz, C. (1983), Dichte Beschreibung, Frankfurt.

Georgopoulus, B./Mahoney, C./Jones, N. (1957), A Path Goal Approach to Productivity, Journal of Applied Psychology, 41, 6, 345-353.

Geyer, A./Steyrer, J. (1994), Transformationale Führung, klassische Führungstheorien und Erfolgsindikatoren von Bankbetrieben, Zeitschrift für Betriebswirtschaft, 64, 8, 961-979.

Gerstner, C./Day, D. (1997), Meta-Analytic Review of Leader-Member Exchange Theory: Correlates and Construct Issues, Journal of Applied Psychology, 82, 6, 827-844.

Graen, G./Cashman, J. (1975), A Role-Making Model of Leadership in Organizations: A Development Approach, in: Hunt, J./Larson, L. (Hrsg.), Leadership Frontiers, Kent, 143-165.

Graen, G./Scandura, T. (1987), Toward a Psychology of Dyadic Organizing, Research in Organizational Behavior, 9, 175-208.

Graen, G./Schiemann, W. (1978), Leader-Member Agreement: A Vertical Dyad Linkage Approach, Journal of Applied Psychology, 63, 2, 206-212.

Graen, G./Uhl-Bien, M. (1995), Relationship-Based Approach to Leadership: Development of Leader-Member Exchange (LMX) Theory of Leadership Over 25 Years: Applying a Multi-Level Multi-Domain Perspective, Leadership Quarterly, 6, 2, 219-247.

Grunig, L. (1993), Image and Symbolic Leadership: Using Focus Group Research to Bridge the Gaps, Journal of Public Relations Research, 5, 2, 95-125.

Gupta, V./Surie, G./Javidan, M./Chhokar, J. (2002), Southern Asia Cluster: Where the Old Meets the New?, Journal of World Business, 37, 1, 16-27.

Halpin, A./Winer, B. (1957), A Factorial Study of the Leader Behavior Descriptions, in: Stogdill, R./Coons, A. (Hrsg.), Leader Behavior: Its Description and Measurement, Columbus.

Hater, J./Bass, B. (1988), Superiors' Evaluations and Subordinates' Perceptions of Transformational and Transactional Leadership, Journal of Applied Psychology, 73, 4, 695-702.

Hatfield, E./Cacioppo, J./Rapson, R. (1993), Emotional Contagion, Current Directions in Psychological Science, 2, 3, 96-99.

Hatfield, E./Cacioppo, J./Rapson, R. (1994), Emotional Contagion, Cambridge University Press.

Hauser, M. (1999), Theorien charismatischer Führung. Kritischer Literaturüberblick und Forschungsanregungen, Zeitschrift für Betriebswirtschaft, 69, 9, 1003-1023.

Hauser, M. (2000), Charismatische Führung: Fluch und Segen zugleich?, Frankfurter Allgemeine Zeitung, 42 (14.02.2000), 69.

Hemphill, J./Coons, A. (1954), Development of the Leader Behavior Description Questionnaire, in: Stogdill, R./Coons, A. (Hrsg.), Leader Behavior: Its Description and Measurement, Columbus/OH, 6-38.

Henkel, T./Wilmoth, J. (1991), Factoring the Personal Profile System for Construct Validity: Three Analyses Under Different Standardization Assumptions, Report Based on a Doctoral Dissertation, Auburn University.

Hennig-Thurau, T./Groth, M./Paul, M./Gremler, D. (2006), Are All Smiles Created Equal? How Emotional Contagion and Emotional Labor Affect Service Relationships, Journal of Marketing, 70, 3, 58-73.

Hersey, P./Blanchard, K. (1981), So You Want to Know Your Leadership Style?, Training and Development Journal, June, 34-54.

Hersey, P./Blanchard, K. (1988), Management of Organisational Behaviour, 5. Auflage, Englewood Cliffs.

Hochschild, A. (1983), The Managed Heart, Los Angeles.

Hofstede, G. (1980), Culture's Consequences: International Differences in Work-Related Values, Beverly Hills.

Holmberg, I./Åkerblom, S. (2006), Modeling Leadership – Implicit Leadership Theories in Sweden, Scandinavian Journal of Management, 22, 4, 307-329.

Homburg, C./Stock, R. (2001), Kundenorientiertes Führungsverhalten: Die weichen Faktoren meßbar machen, Zeitschrift für Führung und Organisation, 70, 1, 13-19.

Homburg, C./Stock, R. (2004), The Link Between Sales People's Job Satisfaction and Customer Satisfaction in a Business-to-Business Context: A Dyadic Analysis, Journal of the Academy of Marketing Science, 32, 2, 144-158.

Homburg, C./Stock-Homburg, R. (2011), Der kundenorientierte Mitarbeiter: Bewerten, begeistern, bewegen, 2. Auflage, Wiesbaden (in Druck).

House, R. (1971), A Path-Goal Theory of Leadership Effectiveness, Administrative Science Quarterly, 16, 3, 321-338.

House, R. (1977), A Theory of Charismatic Leadership, in: Hunt, H./Larson, L. (Hrsg.), Leadership, Carbondale, 189-207.

House, R. (1997), Path Goal Theory of Leadership: Lessons, Legacy, and a Reformulated Theory, Leadership Quarterly, 7, 3, 323-352.

House, R. (2000), Exchange: A Response to Beyer's Rejoinder in LQ, Leadership Quarterly, 11, 1, 1.

House, R./Javidan, M./Hanges, P./Dorfman, P. (2002), Understanding Cultures and Implicit Leadership Theories Across The Globe: An Introduction to Project GLOBE, Journal of World Business, 37, 1, 3-10.

House, R./Mitchell, T. (1974), Path-Goal Theory of Leadership, Journal of Contemporary Business, 9, 3, 81-97.

House, R./Shamir, B. (1993), Toward the Integration of Transformational, Charismatic and Visionary Theories, in: Chemers, M./Ayman, R. (Hrsg.), Leadership Theory and Research: Perspectives and Directions, Stanford, 171-233.

Howard, D./Gengler, C. (2001), Emotional Contagion Effects on Product Attitudes, Journal of Consumer Research, 28, 2, 189-201.

Howell, J./Avolio, B. (1993), Transformational Leadership, Transactional Leadership, Locus of Control, and Support for Innovation: Key Predictors of Consolidated Business-Unit Performance, Journal of Applied Psychology, 78, 6, 891-902.

Howell, J./Frost, P. (1989), A Laboratory Study of Charismatic Leadership, Organizational Behavior and Human Decision Process, 43, 2, 243-269.

Hsee, C./Hatfield, E./Carlson, J./Cemtob, C. (1990), The Effect of Power on Susceptibility to Emotional Contagion, Cognition and Emotion, 4, 4, 327-340.

Hungenberg, H./Wulf, T. (2007), Grundlagen der Unternehmensführung, 3. Auflage, Heidelberg.

Hunt, J./Boal, K./Sorensen, R. (1990), Top Management Leadership: Inside the Black Box, Leadership Quarterly, 1, 1, 41-65.

Ilies, R./Nahrgang, J./Morgeson, F. (2007), Leader-Member Exchange and Citizenship Behaviors: A Meta-Analysis, Journal of Applied Psychology, 92, 1, 269-277.

Ingram, T./LaForge, R./Locander, W./MacKenzie, S./Podsakoff, P. (2005), New Directions in Sales Leadership Research, Journal of Personal Selling and Sales Management, 25, 2, 137-154.

Jensen, J./Olberding, J./Rodgers, R. (1997), The Quality of Leader-Member Exchange (LMX) and Member Performance: A Meta-Analytic Review, Academy of Management Proceedings, 320-324.

Jesuino, J. (2002), Latin Europe Cluster: From South to North, Journal of World Business, 37, 1, 81-89.

Johnson, G. (1990), Managing Strategic Change: The Role of Symbolic Action, British Journal of Management, 1, 4, 183-200.

Judge, T./Piccolo, R./Ilies, R. (2004), The Forgotten Ones? The Validity of Consideration and Initiating Structure in Leadership Research, Journal of Applied Psychology, 89, 1, 36-51.

Kabasakal, H./Bodur, M. (2002), Arabic Cluster: A Bridge Between East and West, Journal of World Business, 37, 1, 40-54.

Kaplan, S. (1983), The Kaplan Report: A Study of the Validity of the Personal Profile System, Minneapolis.

Keller, T. (1999), Images of the Familiar: Individual Differences and Implicit Leadership Theories, Leadership Quarterly, 10, 4, 589-608.

Kelly, J./Barsade, S. (2001), Mood and Emotions in Small Groups and Work Teams, Organizational Behavior and Human Decision Processes, 86, 1, 99–130.

Kennedy, J. (1982), Middle LPC Leaders and the Contingency Model of Leadership Effectiveness, Organizational Behavior & Human Performance, 30, 1, 1-14.

Lange, C. (1991), Ritual in Business: Building a Corporate Culture Through Symbolic Management, Industrial Management, 33, 4, 21-24.

Liden R./Maslyn, J. (1998), Multidimensionality of Leader-Member Exchange: An Empirical Assessment Through Scale Development, Journal of Management, 24, 1, 43-72.

Lord, R./Foti, R./DeVader, C. (1984), A Test of Leadership Categorization Theory: Internal Structure, Information Processing, and Leadership Perceptions, Organizational Behavior and Human Performance, 34, 3, 343-378.

Lord, R./Maher, K. (1991), Leadership & Information Processing, London.

Lounsbury, M./Glynn, M. (2001), Cultural Entrepreneurship: Stories, Legitimacy, and the Acquisition of Resources, Strategic Management Journal, 22, 6-7, 545-564.

Lowe, K./Kroek, K./Sivasubramaniam, N. (1996), Effectiveness Correlates of Transformational and Transactional Leadership: A Meta-Analytic Review, Leadership Quarterly, 7, 3, 385-425.

Manz, C./Sims, H. (1987), Leading Workers to Lead Themselves: The External Leadership of Self-Managing Work Teams, Administrative Science Quarterly, 32, 1, 106-130.

Manz, C./Sims, H. (1991), Super Leadership: Beyond the Myth of Heroic Leadership, Organizational Dynamics, 19, 4, 18-35.

Marston, W. (1928), Emotions of Normal People, New York.

Masterson, S./Lewis, K./Goldman, B./Taylor, M. (2000), Integrating Justice and Social Exchange: The Differing Effects of Fair Procedures and Treatment on Work Relationships, Academy of Management Journal, 43, 4, 738-748.

Neuberger, O. (2002), Führen und Führen lassen: Ansätze, Ergebnisse und Kritik der Führungsforschung, 6. Auflage, Stuttgart.

Neufeind, B. (1993), Neue Instrumente der Persönlichkeitsanalyse, Managerseminare, 11, 4, 32-36.

o. V. (1996), The DiSC® Classic Research Report, Minneapolis.

o. V. (1999), Points of ViewTM, Focus Point and Starting PointTM Research Report, Minneapolis.

Paris, L. (2004), The Effects of Gender and Culture on Implicit Leadership Theories: A Cross-Cultural Study, Academy of Management Proceedings, B1-B6.

Parry, K./Proctor-Thomson, S. (2003), Leadership, Culture and Performance: The Case of New Zealand Public Sector, Journal of Change Management, 3, 4, 376-399.

Pervin, L./Cervone, D./John, O. (2005), Persönlichkeitstheorien, 5. Auflage, München.

Peters, T. (1978), Symbols, Patterns and Settings: An Optimistic Case for Getting Things Done, Organizational Dynamics, 7, 2, 2-23.

Peters, L./Hartke, D./Pohlmann, J. (1985), Fiedler's Contingency Theory of Leadership: An Application of the Meta-Analytic Procedures of Schmidt and Hunter, Psychological Bulletin, 97, 2, 274-285.

Porr, D./Fields, D. (2006), Implicit Leadership Effects on Multi-Source Ratings for Management Development, Journal of Managerial Psychology, 21, 7, 651-668.

Pugh, S. (2001), Service With a Smile: Emotional Contagion in the Service Encounter, Academy of Management Journal, 44, 5, 1018-1027.

Rowley, S./Hossain, F./Barry, P. (2010), Leadership Through A Gender Lens: How Cultural Environments and Theoretical Perspectives Interact with Gender, International Journal of Public Administration, 33, 2, 81-87.

Sagie, A./Koslowsky, M. (1994), Organizational Attitudes and Behaviors as a Function of Participation in Strategic and Tactical Change Decisions: An Application of Path-Goal Theory, Journal of Organizational Behavior, 15, 1, 37-47.

Sashkin, M. (1990), The Managerial Mystique: Restoring Leadership in Business, Academy of Management Executive, 4, 3, 84-86.

Schein, E. (1985), Organizational Culture and Leadership, San Francisco.

Schoenewolf, G. (1990), Emotional Contagion: Behavioral Induction in Individuals and Groups, Modern Psychoanalysis, 15, 1, 49-61.

Schriesheim, C./Castro, S./Cogliser, C. (1999), Leader-Member Exchange (LMX) Research: A Comprehensive Review of Theory, Measurement, and Data-Analytic Practices, Leadership Quarterly, 10, 1, 63-113.

Schriesheim, C./Castro, S./Zhou, X./DeChurch, L. (2006), An Investigation of Path-Goal and Transformational Leadership Theory Predictions at the Individual Level of Analysis, Leadership Quarterly, 17, 1, 21-38.

Schriesheim, C./Stogdill, R. (1975), Differences in Factor Structure Across Three Versions of the Ohio State Leadership Scale, Personnel Psychology, 28, 2, 189-206.

Seiwert, L./Gay, F. (1996), Das 1 x 1 der Persönlichkeit, Offenbach.

Silverthorne, C./Wang, T.-H. (2001), Situational Leadership Style as a Predictor of Success and Productivity among Taiwanese Business Organizations, Journal of Psychology, 135, 4, 399-412.

Smircich, L. (1983), Concepts of Culture and Organizational Analysis, Administrative Science Quarterly, 28, 3, 339-358.

Söderlund, M./Rosengreen, S. (2008), Revisiting the Smiling Service Worker and Customer Satisfaction, International Journal of Service Industry Management, 19, 5, 552-574.

Staehle, W. (1999), Management, 8. Auflage, München.

Steinmann, H./Schreyögg, G. (2000), Management, 5. Auflage, Wiesbaden.

Steyrer, J. (1998), Charisma and the Archetyps of Leadership, Organization Studies, 19, 5, 807-828.

Stock, R. (1998), Zusammenhang zwischen Führungsverhalten und Arbeitszufriedenheit, unveröffentlichtes Arbeitspapier, Hagen.

Stock, R./Hoyer, W. (2002), Leadership Style as Driver of Salespeople's Customer Orientation, Journal of Market-Focused Management, 5, 4, 353-374.

Stock-Homburg, R. (2009), Der Zusammenhang zwischen Mitarbeiter- und Kundenzufriedenheit: direkte, indirekte und moderierende Effekte, 4. Auflage, Wiesbaden.

Stock-Homburg, R./Bieling, G./El Ouadoudi, Y. (2010), Das Stressoren-Ressourcen-Modell der Dienstleistungsinteraktion: Eine theoretische Betrachtung, Die Unternehmung, 64, 1, 41-63.

Stogdill, R. (1948), Personal Factors Associated With Leadership: A Survey of the Literature, Journal of Psychology, 25, 1, 35-71.

Stogdill, R. (1974), Handbook of Leadership: A Survey of Theory and Research, New York.

Sy, T./Cote, S./Saavedra, R. (2005), The Contagious Leader: Impact of the Leader's Mood on the Mood of Group Members, Group Affective Tone, and Group Processes, Journal of Applied Psychology, 90, 2, 295–305.

Szabo, E./Brodbeck, F./Den Hartog, D./Reber, G./Weibler, J./Wunder, R. (2002), The Germanic Europe Cluster: Where Employees have a Voice, World Business, 37, 1, 55-68.

Tsai, W./Huang, Y. (2002), Mechanisms Linking Employee Affective Delivery and Customer Behavioral Intentions, Journal of Applied Psychology, 87, October, 1001-1008.

van Breukelen, W./Schyns, B./Le Blanc, P. (2006), Leader-Member Exchange Theory and Research: Accomplishments and Future Challenges, Leadership, 2, 3, 295-316.

van Vugt, M. (2006), Evolutionary Origins of Leadership and Followership, Personality and Social Psychology Review, 10, 4, 354-371.

van Wart, M. (2003), Public-Sector Leadership Theory: An Assessment, Public Administration Review, 63, 2, 214-228.

Vecchio, R. (1987), Situational Leadership Theory: An Examination of a Prescriptive Theory, Journal of Applied Psychology, 72, 3, 444-451.

von der Oelsnitz, D. (1999), Transformationale Führung im organisatorischen Wandel: Ist alles machbar? Ist alles erlaubt? Personalführung, 3, 151-155.

von Rosenstiel, L. (1992), Grundlagen der Organisationspsychologie: Basiswissen und Anwendungshinweise, 3. Auflage, Stuttgart.

Vroom, V. (1964), Work and Motivation, New York.

Wagner, H. (1993), Das neue Persönlichkeits-Profil D.I.S.G.®, Manager Seminare, 12, 6, 16-19.

Walter, F./Bruch, H. (2009), An Affective Events Model of Charismatic Leadership Behavior: A Review, Theoretical Integration, and Research Agenda, Journal of Management, 35, 6, 1428-1452.

Wiklins, A. (1983), Organizational Stories as Symbols Which Control the Organization, in: Pondy, L./Frost, P./Morgan, G./Dandrige, T. (Hrsg.), Organizational Symbolism, 81-92.

Wofford, J./Liska , L. (1993), Path-Goal Theories of Leadership: A Meta-Analysis, Journal of Management, 19, 4, 857-876.

Wunderer, R. (2009), Führung und Zusammenarbeit – eine unternehmerische Führungslehre, 8. Auflage, Köln.

Yammarino, F./Dubinsky, A. (1994), Transformational Leadership Theory: Using Levels of Analysis to Determine Boundary Conditions, Personnel Psychology, 47, 4, 787-811.

Yukl, G. (1994), Leadership in Organizations, 10. Auflage, New Jersey.

Zott, C./Huy, Q. (2007), How Entrepreneurs Use Symbolic Management to Acquire Resources, Administrative Science Quarterly, 52, 1, 70-105.

12 Instrumente der Mitarbeiterführung

Lernziele

- ■ Die Leser überblicken die zentralen Instrumente der Mitarbeiterführung.

- ■ Die Leser kennen ausgewählte Kommunikationsinstrumente der Mitarbeiterführung.

- ■ Die Leser kennen ausgewählte Koordinationsinstrumente der Mitarbeiterführung.

- ■ Die Leser kennen konkrete Anwendungsbeispiele der behandelten Instrumente in der Unternehmenspraxis.

Führungskräfte können im Rahmen der Mitarbeiterführung auf eine Reihe etablierter Instrumente zurückgreifen. Diese fördern sowohl die Kommunikation als auch die Koordination im Verantwortungsbereich einer Führungsperson. Bei der Auseinandersetzung mit Instrumenten der Mitarbeiterführung ist eine Reihe von Fragen zu klären, die in Tabelle 12.1 dargelegt sind. Aus dieser Tabelle wird auch ersichtlich, in welchem Abschnitt dieses Kapitels die einzelnen Fragen behandelt werden.

Tabelle 12.1   Zentrale Leitfragen zu Instrumenten der Mitarbeiterführung

Zentrale Leitfragen		Behandelt in ...
1.	Wie können Führungskräfte durch Anerkennung und Kritik die Kommunikation in ihrem Verantwortungsbereich verbessern?	Abschnitt 12.1.1
2.	Welche Bedeutung haben Feedbackgespräche für die Mitarbeiterführung, und was ist bei deren Durchführung zu beachten?	Abschnitt 12.1.2
3.	Wie können Führungskräfte durch Mitarbeiterbesprechungen die Kommunikation in ihrem Verantwortungsbereich verbessern, und was ist bei deren Durchführung zu beachten?	Abschnitt 12.1.3
4.	Wie kann die Kommunikation durch das Arbeiten mit der Kommunikationsmatrix verbessert werden?	Abschnitt 12.1.4
5.	Wie können Führungskräfte effektiv durch Ziele führen?	Abschnitt 12.2.1
6.	Wie können Führungskräfte die Koordination von Aufgaben durch systematisches Delegieren verbessern?	Abschnitt 12.2.2
7.	Wie können Führungskräfte die Koordination durch Partizipation der Mitarbeiter verbessern?	Abschnitt 12.2.3

In vielen Unternehmen gibt es Bereiche, in denen Mitarbeiter nicht erfolgreich geführt werden. Zwar steht Führungskräften meist ein umfassendes Repertoire an Handlungsempfehlungen zur Mitarbeiterführung zu Verfügung, das ihnen in Führungskräftetrainings vermittelt wurde. Allerdings fehlt es den Führungskräften häufig an Wissen, Systematik und Mut bei der Umsetzung dieser Maßnahmen im Führungsalltag (vgl. Insert 12.1). Damit rückt die eingangs gestellte Frage nach Instrumenten zur Steigerung des Führungserfolgs in den Fokus.

Insert 12.1:	Probleme beim Transfer von Führungswissen in den Führungsalltag (Lanz 2006, S. 55)

Führung – Was leitet mich, wenn ich nicht leite?

Führen heißt, Mitarbeiter bewegen und Potenziale freisetzen, um Unternehmensziele zu erreichen. Leiter, die ihren Laden im Griff haben, setzen sich durch und erbringen mit ihren Mitarbeitern die geforderte Leistung. Allerdings zeigt die Praxis oft das völlige Gegenteil: In vielen Unternehmen gibt es Bereiche, die nicht die geforderten Leistungen erbringen, weil nicht oder nicht richtig geführt wird.

Was leitet eigentlich Vorgesetzte, wenn sie nicht leiten? Worin liegen die Gründe, dass Führungskräfte nicht klar vorgeben, zu wenig delegieren oder falsche Prioritäten setzen? Meistens nicht in mangelndem Führungswissen. Konfliktscheue Führungskräfte eiern im Mitarbeitergespräch herum und zögern, ihren Mitarbeitern klar und konsequent zu sagen, was sie von ihnen erwarten. Harmoniesüchtige oder „Ich möchte es jedem recht machen"-Vorgesetzte werden von unbewussten Überzeugungen wie „Das kann ich doch meinem alten Kollegen so nicht sagen" oder „Wenn ich sie kritisiere, mögen sie mich nicht mehr und kündigen" gebremst.

[…] Viele Leiter sind, als sie die Führungsfunktion übernommen haben, nie in ihre Rollen als Vorgesetzte hineingeschlüpft und haben sich sozusagen die innere Genehmigung zum Verhalten als Führungskraft nie gegeben – vielleicht weil ein Chef noch als der Böse galt, als sie selbst noch Mitarbeiter ohne Führungsverantwortung waren.

Um den Erfolg der Mitarbeiterführung zu steigern, stehen Unternehmen und Führungskräften verschiedene Instrumente zur Verfügung (vgl. Abbildung 12.1). Jene Gruppe von Instrumenten, die der Beeinflussung des Verhaltens der geführten Mitarbeiter durch die Führungsperson dienen, also auf der Mikroebene ansetzen (vgl. Abschnitt 1.1.2), werden als Führungsinstrumente bezeichnet.

Führungs-instrumente	Durch Führungskräfte eingesetzte Techniken im Umgang mit den geführten Mitarbeitern, welche die Kommunikation und die Koordination im Verantwortungsbereich der Führungsperson verbessern.

Ziel des Einsatzes von Führungsinstrumenten ist es, die Kommunikation zu verbessern und den Verantwortungsbereich einer Führungsperson zu koordinieren. Entsprechend lässt sich die Gruppe der Führungsinstrumente in zwei Kategorien unterteilen (vgl. Abbildung 12.1):

■ Im Rahmen des Einsatzes der *Kommunikationsinstrumente* werden verhaltensrelevante Informationen zwischen Führungsperson und den geführten Mitarbeitern ausgetauscht, welche die beteiligten Personen zu bestimmten Verhaltensweisen veranlassen. Ausgewählte Kommunikationsinstrumente werden in Abschnitt 12.1 dargestellt.

■ Die *Koordinationsinstrumente* umfassen alle koordinierenden und steuernden Eingriffe der Führungsperson in das Verhalten der geführten Mitarbeiter. Mit ausgewählten Instrumenten dieser Kategorie befasst sich Abschnitt 12.2.

Abbildung 12.1   Zentrale Instrumente der Mitarbeiterführung

12.1   Kommunikationsinstrumente der Mitarbeiterführung

Die Kommunikationsinstrumente zielen in erster Linie darauf ab, den Informationsaustausch zwischen einer Führungsperson und den geführten Mitarbeitern zu verbessern. Zentrale Kommunikationsinstrumente im Rahmen der Mitarbeiterführung sind

■ die Anerkennung und die Kritik (Abschnitt 12.1.1),

■ das Feedbackgespräch (Abschnitt 12.1.2),

- die Mitarbeiterbesprechung (Abschnitt 12.1.3) sowie

- der Einsatz der Kommunikationsmatrix (Abschnitt 12.1.4).

12.1.1 Die Anerkennung und die Kritik

Im Rahmen der Mitarbeiterführung kommt der Anerkennung bzw. der Kritik von Leistungen und Verhaltensweisen der geführten Mitarbeiter durch die Führungsperson eine zentrale Rolle zu. Die erste Leitfrage dieses Kapitels bezieht sich daher darauf, wie Führungskräfte die Kommunikation in ihrem Verantwortungsbereich durch Anerkennung und Kritik verbessern können (vgl. Leitfrage 1, Tabelle 12.1). Anerkennung bzw. Kritik werden im Führungsalltag in erster Linie im Rahmen von regelmäßigen, unmittelbaren Rückmeldungen durch die Führungsperson geäußert. Um die geführten Mitarbeiter durch die Anerkennung bzw. die Kritik ihrer Leistungen erfolgreich zu beeinflussen, ist ein bewusster Umgang mit diesem Instrument unerlässlich (vgl. von Rosenstiel 2009, S. 227). Richtig angebracht, hat die persönliche bzw. die fachliche Anerkennung durch eine Führungsperson eine starke Motivationswirkung (vgl. von Rosenstiel 2009, S. 230). Tabelle 12.2 legt die wichtigsten Gestaltungsregeln zum Umgang mit Anerkennung dar.

Tabelle 12.2   Gestaltungsbereiche und Gestaltungsempfehlungen zum Umgang
mit Anerkennung

Gestaltungsbereich	Gestaltungsempfehlungen
Anerkennende Person	■ Unmittelbare Führungsperson, die einen Überblick über die Aufgaben der jeweils geführten Mitarbeiter hat ■ Gegebenenfalls Führungskräfte höherer Ebenen, wenn diese Einblick in die Tätigkeit der Mitarbeiter haben
Inhalt der Anerkennung	■ Beobachtetes Verhalten der Mitarbeiter und die damit verbundenen Leistungen (z. B. fertig gestellter Bericht) ■ Verhalten der geführten Mitarbeiter gegenüber anderen Personen im Unternehmen (z. B. Freundlichkeit, Loyalität)
Rahmen der Anerkennung	■ In erster Linie unter vier Augen, um keine peinliche Situation für den betroffenen Mitarbeiter entstehen zu lassen ■ In Gegenwart anderer Mitarbeiter ist Anerkennung nur dann geeignet, wenn ein Vorbild gesetzt werden soll
Form der Anerkennung	■ Vermitteln der Anerkennung persönlich oder telefonisch (nicht per Email) ■ Ausdrückliches Äußern der Anerkennung (nicht: „Nicht geschimpft ist gelobt genug!") ■ Anpassen der Wortwahl an den beobachteten Tatbestand (Vermeiden von Übertreibungen)

Gestaltungs-bereich	Gestaltungsempfehlungen
Zeitpunkt der Anerkennung	■ Aussprechen der Anerkennung unmittelbar nach dem beobachteten positiven Verhalten ■ Klares Zuordnen der Anerkennung zu konkretem Verhalten

Während die Anerkennung auf eine Wiederholung der gewünschten Verhaltensweisen durch die geführten Mitarbeiter abzielt, soll durch die Kritik eine Verhaltenskorrektur erreicht werden. Bei der Äußerung von Kritik sollten sich Führungskräfte bewusst sein, dass die Mehrheit der Mitarbeiter Kritik nicht gerne hört. Vielmehr löst sie bei der kritisierten Person zumeist eine Verteidigungshaltung aus (vgl. Mondy 2008, S. 265): Der Mitarbeiter widerspricht, begründet bzw. entschuldigt. Tabelle 12.3 zeigt zentrale Gestaltungsbereiche und -empfehlungen zum Anbringen von Kritik auf.

Tabelle 12.3   Gestaltungsbereiche und Gestaltungsempfehlungen zum Anbringen von Kritik

Gestaltungs-bereich	Gestaltungsempfehlungen
Kritisierende Person	■ Ausschließlich die unmittelbare Führungsperson ■ Vermeiden der Delegation von Kritik an Dritte (Führungskräfte, Personalabteilung, andere geführte Mitarbeiter usw.)
Inhalt der Kritik	■ Beobachtetes Verhalten der geführten Mitarbeiter in Bezug auf Leistungen bzw. zwischenmenschliche Interaktionen ■ Vermeiden persönlicher Angriffe im Rahmen der Kritik
Rahmen der Kritik	■ Äußern von Kritik grundsätzlich unter vier Augen ■ Vermeiden von Kritik in Gegenwart anderer Personen (kann zu Gesichtsverlust des Kritisierten führen)
Form der Kritik	■ Äußern von Kritik im persönlichen Gespräch (nicht per Email oder Telefon) ■ Klares Darlegen des eigenen Informationsstandes seitens des Kritisierenden zu Beginn des Kritikgesprächs ■ Klares, sachliches und eindeutiges Formulieren der Aussagen
Zeitpunkt der Kritik	■ Unmittelbar nach dem zu kritisierenden Ereignis ■ Vermeiden des Führens einer „Sündenliste"

12.1.2   Das Feedbackgespräch

Ein weiteres Instrument zur Verbesserung der Kommunikation im Verantwortungsbereich einer Führungsperson ist das Feedbackgespräch (vgl. Leitfrage 2, Tabelle 12.1). Das Feedbackgespräch hat informellen Charakter und wird in kürzeren Abständen regelmäßig eingesetzt. Dadurch grenzt sich das Feedbackgespräch von der Leistungsbeurteilung ab (vgl. Kapitel 8), die lediglich ein- bis zweimal im Jahr in formalisierter Form stattfindet.

> *Feedbackgespräch*   Regelmäßige, persönliche Rückmeldungen der Führungsperson an die geführten Mitarbeiter über deren Verhaltensweisen bzw. Leistungen in konkreten Situationen.

Die Rückmeldungen können sich auf verschiedene Bereiche beziehen. Beispielhafte Inhalte des Feedbackgesprächs sind

- der Prozess und das Ergebnis der Aufgabenerfüllung durch die Mitarbeiter,

- die Verhaltensweisen der Mitarbeiter gegenüber Dritten (Kollegen, anderen Führungskräften, Kunden usw.),

- die aktuellen Aktivitäten der Mitarbeiter,

- der Grad der Zielerreichung durch die Mitarbeiter,

- die individuellen Stärken und Schwächen der Mitarbeiter sowie

- die fachliche und die persönliche Entwicklung der Mitarbeiter.

Eine zentrale Rolle im Rahmen des Feedbackgesprächs hat das Aufzeigen von Stärken und Schwächen der Mitarbeiter durch die Führungsperson. In diesem Zusammenhang geht es zum einen darum, den Mitarbeitern eigene Stärken bewusst zu machen und diese dadurch zu bestärken. Zum anderen soll den Mitarbeitern aufgezeigt werden, wie sie Schwächen beheben können. In Abhängigkeit von der Einstufung verschiedener Mitarbeitermerkmale als Stärke oder Schwäche sowie deren Veränderbarkeit ergeben sich vier Handlungsfelder zur Entwicklung der Mitarbeiter (vgl. Abbildung 12.2).

Abbildung 12.2   Systematisierung von Stärken und Schwächen der Mitarbeiter im
Rahmen von Feedbackgesprächen (vgl. Homburg/Stock-Homburg 2011)

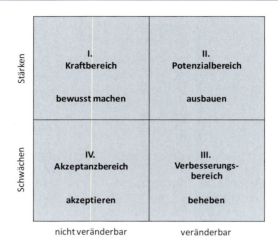

Im *Kraftbereich* sind solche Stärken angesiedelt, die unveränderbar sind, d. h. weder ausgebaut noch vermindert werden können. Hier handelt es sich um leistungsförderliche Eigenschaften einer Person oder um in der Vergangenheit erreichte berufliche Fortschritte oder Erfolge. Beispielhaft können hier die Gewissenhaftigkeit eines mit Verwaltungsaufgaben betrauten Mitarbeiters oder der Erwerb eines Ausbildungsabschlusses genannt werden. Das Bewusstmachen solcher Stärken im Rahmen des Feedbackgesprächs kann die Selbstwahrnehmung insbesondere von Mitarbeitern mit geringem Selbstwertgefühl verbessern. Aus dem Wissen um diese unveränderbaren Stärken können Mitarbeiter Kraft und Motivation schöpfen.

Im *Potenzialbereich* liegen solche Stärken, die veränderbar sind. Beispiele hierfür sind das umfangreiche Fachwissen oder die hohe Effizienz eines Mitarbeiters. Ziel des Feedbackgesprächs im Hinblick auf diesen Bereich ist es, die Mitarbeiter zum Ausbau dieser Stärken anzuleiten und zu motivieren, „noch besser zu werden".

Der dritte Bereich ist der *Verbesserungsbereich*. Hier sind Faktoren angesiedelt, die zwar Schwächen des Mitarbeiters darstellen, aber veränderbar sind. Dies können beispielsweise mangelndes Fachwissen oder schlechtes Zeitmanagement eines Mitarbeiters sein. Im Rahmen des Feedbackgesprächs sollte eine Führungsperson diesen Bereich nicht nur offen ansprechen, sondern dem Mitarbeiter auch gezielt Hilfestellung zur Behebung dieser Schwächen geben.

Schließlich sind Schwächen, die nicht veränderbar sind, dem *Akzeptanzbereich* zuzuordnen. Hierbei handelt es sich zumeist um berufliche Misserfolge in der Vergangenheit (z. B. fehlerhafte Bearbeitung eines wichtigen Auftrags) oder leistungsmindernde Merkmale einer Person (z. B. chronische Krankheiten oder Sprachfehler). Mit den nicht veränderbaren Schwächen im Akzeptanzbereich kann die Führungsperson dadurch konstruktiv umgehen, dass sie auf die Mitarbeiter einwirkt, diese Schwächen als Teil von sich selbst zu akzeptieren und vielleicht sogar neu zu bewerten. Bei der Akzeptanz von persönlichen Schwächen handelt es sich um einen Entwicklungsprozess, der sich über Jahre hinweg erstrecken kann. Die Führungsperson kann diesen Entwicklungsprozess dadurch anstoßen und unterstützen, dass sie gemeinsam mit den Mitarbeitern Maßnahmen und Verhaltensweisen definiert, mit denen die Mitarbeiter in Situationen reagieren können, in denen diese Schwächen entweder offen zutage treten oder offen angesprochen werden.

Anhand der Einordnung der Eigenschaften, Fähigkeiten und Verhaltensweisen eines Mitarbeiters in die vier Bereiche kann die Führungsperson ein Stärken-Schwächen-Profil des Mitarbeiters erstellen, das die Grundlage für ein fundiertes Feedbackgespräch bildet. Dabei sollte die Führungsperson darauf achten, ein ausgewogenes Verhältnis von Stärken und Schwächen im Feedbackgespräch zur Sprache zu bringen. Ein Beispiel für ein persönliches Stärken-Schwächen-Profil eines Außendienstmitarbeiters ist in Abbildung 12.3 dargestellt.

Abbildung 12.3   Beispielhaftes Stärken-Schwächen-Profil eines Außendienstmitarbeiters (vgl. Homburg/Stock-Homburg 2011)

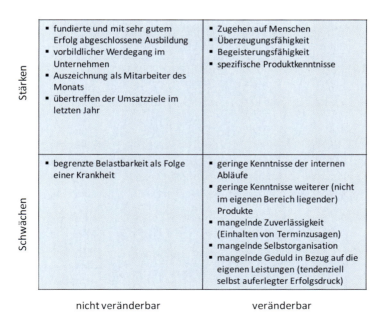

Neben der inhaltlichen Ausgewogenheit ist bei der Durchführung von Feedbackgesprächen eine systematische Vorgehensweise von Bedeutung (vgl. Mondy 2008, S. 266). Für weitere Erläuterungen hinsichtlich des Ablaufs eines Feedbackgesprächs sei an dieser Stelle auf die Ausführungen von Homburg und Stock-Homburg (2011) sowie von Mentzel, Grotzfeld und Haub (2009) verwiesen.

12.1.3   Die Mitarbeiterbesprechung

Die Mitarbeiterbesprechung stellt ein weiteres Instrument zur Beeinflussung des Mitarbeiterverhaltens durch Kommunikation dar (vgl. Leitfrage 3, Tabelle 12.1). Ziele der Mitarbeiterbesprechung sind, dass Informationen im Verantwortungsbereich einer Führungsperson regelmäßig und strukturiert ausgetauscht und dass gemeinsame Ziele allen Beteiligten verdeutlicht werden.

Mitarbeiterbesprechung	Strukturierte und regelmäßige Gesprächsrunde zwischen der Führungsperson und den geführten Mitarbeitern im Verantwortungsbereich einer Führungsperson.

In der Unternehmenspraxis werden Mitarbeiterbesprechungen zum Teil kritisch bewertet. Insbesondere wird bemängelt, dass die Besprechungen unzureichend vorbereitet und nicht systematisch durchgeführt werden. Allerdings können Mitarbeiterbesprechungen, wenn sie systematisch vorbereitet und durchgeführt werden, in hohem Maße zur Information und Motivation der Mitarbeiter beitragen. In Tabelle 12.4 ist eine Checkliste für die erfolgreiche Gestaltung von Mitarbeiterbesprechungen aufgeführt.

Tabelle 12.4   Checkliste für die erfolgreiche Gestaltung von Mitarbeiterbesprechungen

Phase der Mitarbeiterbesprechung	Gestaltungshinweise
Vorbereitung	■ Wählen eines Zeitpunktes, zu dem ein möglichst störungsfreier Ablauf gewährleistet ist ■ Festlegen des Zeitrahmens für die Besprechung ■ Bestimmen der richtigen Teilnehmer ■ Rechtzeitiges Informieren und Einladen der Teilnehmer
Durchführung	■ Bestimmen des Protokollführers ■ Festlegen von Regeln für das Gespräch ■ Einlegen von Pausen bei langen Besprechungen
Nachbereitung	■ Erstellen des Protokolls ■ Verteilen des Protokolls an die Teilnehmer

In Verbindung mit Mitarbeiterbesprechungen ist neben „technischen" Aspekten der Vorbereitung und der Durchführung eine strukturierte inhaltliche Gestaltung von Bedeutung. Nach Schulz von Thun, Ruppel und Stratmann (2003) sollte sich die Durchführung von Mitarbeiterbesprechungen an folgendem Vier-Phasen-Schema orientieren:

- In der ersten Phase, der so genannten *Themenrunde*, haben die Teilnehmer die Möglichkeit, eigene Themen für das Gespräch vorzuschlagen. Zudem sollte in dieser Phase ein Protokollführer bestimmt werden.

- In der zweiten Phase steht die Erarbeitung einer endgültigen *Tagesordnung* aus den eingebrachten Themen im Mittelpunkt. Zusätzlich zu den ursprünglichen Tagesordnungspunkten werden aus den neu vorgeschlagenen Themen diejenigen ausgewählt, die den Teilnehmern als besonders wichtig bzw. dringlich erscheinen. Andere Punkte, für die keine Zeit mehr zur Verfügung steht, sollten auf die nächste Besprechung verschoben werden.

- Die dritte Phase, die *Bearbeitung*, bildet den Kern und den gleichzeitig anspruchsvollsten Teil der Besprechung. Hier werden die einzelnen Punkte der Tagesordnung nacheinander abgearbeitet. In dieser Phase hat die Führungsperson einerseits auf die Einhaltung bestimmter Regeln zu achten (ausreden lassen, sachliches Argumentieren usw.). Andererseits hat die Führungsperson dafür zu sorgen, dass die zentralen Aspekte in Verbindung mit einem Thema angesprochen werden. Die Führungsperson sollte auch darauf bedacht sein, dass die Lösungen zusammen mit den geführten Mitarbeitern erarbeitet werden.

- In der Phase der *Rückmeldung* schlagen Schultz von Thun, Ruppel und Stratmann (2003) eine Feedback-Runde vor. Während es bei eher persönlichen bzw. kritischen Besprechungen um die Rückmeldung von Befindlichkeiten der Teilnehmer geht, sollte bei einer eher sachlichen Mitarbeiterbesprechung in der Rückmeldungsphase das weitere Vorgehen festgelegt werden. Im Fokus stehen dabei die Festlegung von zentralen Maßnahmen, Zuständigkeiten und Fristen.

12.1.4   Der Einsatz der Kommunikationsmatrix

Die Kommunikationsmatrix stellt ein weiteres Instrument dar, um durch eine verbesserte Kommunikation im Verantwortungsbereich einer Führungsperson den Führungserfolg zu steigern (vgl. Leitfrage 4, Tabelle 12.1). Insbesondere können Führungskräfte durch ihren Einsatz den Informationsaustausch zwischen Aufgabenträgern innerhalb ihres Verantwortungsbereichs strukturieren und steuern.

Kommunikations-matrix	Instrument zur Strukturierung und Steuerung des Informationsflusses im Verantwortungsbereich einer Führungsperson.

Mithilfe einer Kommunikationsmatrix kann eine Führungsperson die Informationsflüsse in ihrem Verantwortungsbereich im Hinblick auf folgende Fragen analysieren:

- Welche Informationen sollten ausgetauscht werden?

- Wer sollte diese Informationen weitergeben bzw. erhalten?

- Wann sollte der Informationsaustausch stattfinden?

- Wie kann der Informationsaustausch sichergestellt werden?

Ausgehend von diesen Fragestellungen konzentriert sich die Kommunikationsmatrix auf vier Analysebereiche:

- *Inhalte des Informationsflusses*: Der Informationsfluss sollte alle Informationen umfassen, die für die Aufgabenerfüllung und die Zielerreichung im Verantwortungsbereich der Führungsperson erforderlich sind. Es empfiehlt sich beispielsweise, dass eine Führungsperson regelmäßig relevante, mitarbeiterbezogene Informationen aus Führungskräftebesprechungen an die Mitarbeiter weitergibt. Die Mitarbeiter sollten sich untereinander beispielsweise über Fortschritte im Arbeitsprozess informieren.

- *Sender/Empfänger der Information*: Sender der Information können gleichermaßen Führungskräfte wie Mitarbeiter sein. Wichtig im Rahmen des Informationsaustausches ist insbesondere die Festlegung relevanter Empfänger. Dies stellt einerseits sicher, dass alle erforderlichen Personen erreicht werden. Andererseits kann dadurch eine Informationsüberflutung nicht betroffener Personen vermieden werden.

- *Informationszeitpunkt*: Mithilfe der Kommunikationsmatrix wird festgelegt, wann bestimmte Informationen weitergegeben werden. Dadurch wird ein regelmäßiger und nachhaltiger Informationsaustausch sichergestellt.

- *Informationsstrukturierung/-sicherung*: Um den Informationsfluss zu strukturieren und zu sichern, sollte der Informationsaustausch moderiert und protokolliert werden. Dadurch wird die Effizienz und die Effektivität des Informationsflusses sichergestellt.

Mithilfe der Kommunikationsmatrix hat die Führungsperson die Möglichkeit, den Ist-Zustand der Kommunikation im eigenen Verantwortungsbereich zu dokumentieren und Ansatzpunkte zur Optimierung der Informationsflüsse zu identifizieren. Tabelle 12.5 zeigt beispielhaft Ausschnitte der Kommunikationsmatrix einer Vertriebsabteilung.

Tabelle 12.5   Kommunikationsmatrix am Beispiel einer Vertriebsabteilung

Sender/Empfänger der Information	Inhalte der Kommunikation	Zeitpunkt der Kommunikation	Sicherung der Kommunikation
FP ↔ alle MA	*Jour Fixe* ■ Kernthemen (Projektübersichten, Stand Vertragsverhandlungen und -abschlüsse) ■ Aktuelles	■ Turnus: wöchentlich (Di, 10.30 – 11.30) ■ Max. Dauer: 1 Stunde	■ Rundlauf der Agenda vor Besprechung ■ Protokoll: ein MA ■ Protokoll: an alle MA ■ Moderation: letzter Protokollführer
Außendienst MA ↔ *Innendienst MA*	*Vertriebsmeeting* ■ Kernthemen (Lieferfähigkeit, Beschwerdemanagement, Sonderaktionen) ■ Aktuelles	■ Turnus: wöchentlich (Fr, 14.30 – 16.30) ■ Max. Dauer: 2 Stunden	■ Rundlauf der Agenda vor Besprechung ■ Protokoll: ein MA ■ Protokoll: an alle MA ■ Moderation: FP
FP ↔ *einzelner MA*	*Feedbackgespräch* ■ Betreuungsstatus der Schlüsselkunden ■ Außerordentliche Projekte	■ Turnus: alle 4 Wochen ■ Max. Dauer: 30 Minuten	■ Gesprächsleitung: FP ■ Gesprächsnotizen durch FP und MA ■ Ggf. Protokoll in Personalakte
FP ↔ *Key Account MA*	*Statusgespräch* ■ Betreuungsstatus der Schlüsselkunden ■ Kundenzufriedenheit	■ Zu Beginn und Ende eines Kundenprojekts ■ Max. Dauer: 1,5 Stunden	■ Gesprächsleitung: FP ■ Protokoll: MA

Anmerkung: FP = Führungsperson; MA = Mitarbeiter

12.2   Koordinationsinstrumente der Mitarbeiterführung

Eine weitere Gruppe von Führungsinstrumenten zielt auf die Steigerung des Führungserfolgs durch eine bessere Koordination im Verantwortungsbereich ab. Mithilfe dieser Instrumente wird die Abstimmung zwischen den Mitarbeitern dadurch verbessert, dass beispielsweise klare Ziele definiert oder in sich geschlossene Aufgaben an die Mitarbeiter weitergegeben werden. Die zentralen Koordinationsinstrumente der Mitarbeiterführung sind

- das Führen durch Ziele (Abschnitt 12.2.1),

- das Führen durch Delegation (Abschnitt 12.2.2) sowie

- das Führen durch Partizipation (Abschnitt 12.2.3).

12.2.1   Das Führen durch Ziele

Im Rahmen der Führung durch Ziele (auch als Management-by-Objectives bezeichnet) wird angestrebt, dass sich die Mitarbeiter entsprechend der Unternehmensziele verhalten. Auf die Bedeutung von Zielen sowie deren inhaltliche Ausgestaltung wurde bereits ausführlich im Zusammenhang mit der Zielsetzungstheorie (vgl. Abschnitt 2.2.2.6) sowie mit der Personalbeurteilung (vgl. Abschnitt 8.5.3) eingegangen. Leitfrage 5 dieses Kapitels konzentriert sich daher auf die effektive Führung durch Ziele (vgl. Leitfrage 5, Tabelle 12.1).

Die Führung durch Ziele wird insbesondere durch Zielvereinbarungen zwischen Führungsperson und Mitarbeiter realisiert. Dabei werden Ziele festgelegt, die beschreiben, welche Leistungen der Mitarbeiter innerhalb einer bestimmten zeitlichen Periode erreichen soll. Damit trägt die Zielvereinbarung einerseits dazu bei, dass Unternehmensziele realisiert und andererseits die Kommunikation zwischen Führungsperson und Mitarbeitern verbessert wird.

Zielver-einbarung	Durch Führungsperson und die einzelnen Mitarbeiter definierte Leistungsergebnisse, welche innerhalb einer vorgegebenen Periode durch den jeweiligen Mitarbeiter erzielt werden sollen.

Die partizipative Festlegung von Zielen im Rahmen von Vereinbarungen trägt zur Motivation von Mitarbeitern bei, weil diese so die Möglichkeit haben, ihre eigenen Ziele aktiv mit zu gestalten. Zudem sind mit Zielvereinbarungen weitere Vorteile sowohl für das Unternehmen als auch die einzelnen Mitarbeiter verbunden. Diese sind in Tabelle 12.6 zusammengefasst.

Um die Vorteile von Zielvereinbarungen zu realisieren, sollten Führungskräfte grundlegende Anforderungen an die Zielformulierung berücksichtigen, die bereits in Abschnitt 8.5.3 im Zusammenhang mit der so genannten SMART-Regel dargelegt wurden. Ziele sollten **S**pecific (spezifisch), **M**easurable (messbar), **A**chievable (ausführbar), **R**esult-based (ergebnisorientiert) und **T**ime-specific (terminlich fixiert) sein.

Tabelle 12.6 Vorteile von Zielvereinbarungen aus Unternehmens- und Mitarbeiter-sicht (in Anlehnung an Kohnke 2000, S. 152)

Vorteile von Zielvereinbarungen ...	
... aus Unternehmenssicht	*... aus Mitarbeitersicht*
■ Erhöhen der Sicherheit der Mitarbeiter im Hinblick auf vom Unternehmen gewünschte Verhaltensweisen ■ Steigern der Zufriedenheit der Mitarbeiter mit der eigenen Arbeitsleistung ■ Schaffen einer Grundlage für Mitarbeiter für das Erlangen von Anerkennung	■ Steigern der Arbeitszufriedenheit ■ Vermeiden von Stress der Mitarbeiter durch Zielkonflikte ■ Unterstützen der Mitarbeiter durch klare Leistungsanforderungen ■ Fördern der Mitarbeiter durch Einbindung in den Zielbildungsprozess ■ Fördern der persönlichen Weiter-entwicklung im Unternehmen (insbesondere in Verbindung mit Lern- und Entwicklungszielen)

Nicht allen Führungskräften fällt es leicht, Zielvereinbarungsgespräche offen zu führen und bei Nichterreichung von Zielen entsprechend Kritik zu üben. Insert 12.2 zeigt auf, welchen Problemen Führungskräfte in Verbindung mit Zielvereinbarungsgesprächen begegnen und wie diese bewältigt werden können.

Insert 12.2: Zielvereinbarungsgespräche als Herausforderung der Mitarbeiterführung (vgl. Heine 2006, S. C5)

Weg vom Kuschelkurs

Zielvereinbarungsgespräche haben für viele Führungskräfte eine Alibifunktion. Kritik zu äußern und Leistungen sinnvoll zu beurteilen, das fällt manchen Managern schwer. Experten raten, diese Bilanzge-spräche präzise vorzubereiten, statt den Mitarbeitern auszuweichen.

In Zielvereinbarungsgesprächen kommen manchen Mitarbeitern Erinnerungen an die Schulzeit auf. Denn bei solchen Treffen verwandeln sich Personalprofis in Lehrer: Sie geben Leistungsfeedback, vereinbaren Ziele fürs neue Jahr. Selbstverständlich soll [Es wird weiterhin empfohlen, ...] Kritik nicht auszuweichen, Worthülsen zu ver-meiden und auf den Bezugsrahmen einer Aussage zu achten: „Worthülsen sind all jene Begriffe, unter denen jeder etwas anderes verstehen kann." Dazu zählen Aussagen wie: „Wir haben einen viel zu niedrigen Zielerreichungsgrad." Das Wirt-schaftsdeutsch hat im Mitarbeitergespräch nichts zu suchen. [...] Um Missverständnis-se zu vermeiden, müsse man klären, „was man selbst eigentlich will: informieren, sich selbst darstellen, kommunizieren oder appellieren." Das erinnert an den Tipp,

der Beurteilte hinterher freudestrahlend die nächsten zwölf Monate zur Arbeit gehen.

So ein Kritikgespräch zu führen, überfordert viele Vorgesetzte. „Sie wählen daher den sanften Weg", sagt ein Geschäftsführer einer Stuttgarter Organisations-Beratung. Getreu dem Motto: Wer Frieden will, umrundet elegant den Konflikt und hält sich beim Lob auf. Eingeführt sei das Mitarbeitergespräch bei allen großen Unternehmen, da gebe es nichts zu beanstanden. Auch kleinere und mittlere Unternehmen (KMU) fingen allmählich damit an. […]

Zielvereinbarungsgespräche sind die Kür aller Mitarbeitergespräche. Unternehmen gestalten sie ganz unterschiedlich. Generell gilt aber: Führungskräfte sind in dieser Disziplin so gut, wie sie die Grundlagen beherrschen, Leistung präzise beobachten, mit Blick auf die private und berufliche Gesamtsituation des Mitarbeiters beurteilen und ihm ihre Einschätzung klar vermitteln. […]

den schon Lehrer und Eltern parat hatten: erst denken, dann reden.

Coaches berichten, dass viele Unternehmen Jahresziele unangemessen hoch stecken. Zudem […] müsse der Mitarbeiter dann übers Jahr auch noch allein an der Umsetzung werkeln. „Es müssen immer Zwischengespräche vereinbart werden, und zwar nicht nur zur Kontrolle. Der Vorgesetzte muss auch fragen, wie er seinen Mitarbeiter unterstützen kann." Manche Unternehmen verfahren schon so, berichtet die Projektleiterin einer Online-Weiterbildungsdatenbank: Das kleine Unternehmen erarbeite unter Anleitung der Führungskräfte im Team am Jahresende Ziele für alle Mitarbeiter. In monatlichen Einzelbesprechungen würde dann geprüft, wie die Angestellten mit ihrer Arbeit klarkommen. „Es geht in erster Linie darum, die gemeinsam erarbeiteten Ziele immer vor Augen zu haben und dem jeweiligen Mitarbeiter die Chance zu geben, seine Schwächen und Stärken zu reflektieren".

Von zentraler Bedeutung für die Wirksamkeit von Zielvereinbarungsgesprächen ist deren strukturierte Vorbereitung und Durchführung. Aus diesem Grunde sollten Zielvereinbarungen in einen systematischen Prozess eingebettet sein. Abbildung 12.4 skizziert den idealtypischen Ablauf einer Zielvereinbarung.

Abbildung 12.4 Idealtypischer Prozess der Zielvereinbarung

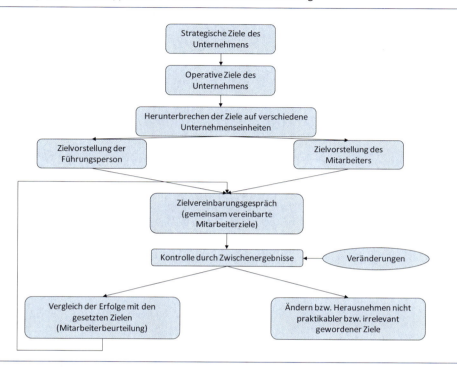

In der ersten Stufe des Zielvereinbarungsprozesses steht die Festlegung der Unternehmens- bzw. Bereichsziele für eine bestimmte Periode. Diese Ziele werden dann auf die nachstehenden Unternehmensebenen herunter gebrochen.

Im Vorfeld des Zielvereinbarungsgesprächs werden die betroffenen Mitarbeiter seitens der Führungsperson informiert. Durch rechtzeitiges Ankündigen dieses Gesprächs – etwa zwei bis drei Wochen vor dem Termin – soll den Mitarbeitern ausreichend Zeit zur Vorbereitung gegeben werden. Die Vorbereitung durch die Führungsperson bzw. die Mitarbeiter sollte sich insbesondere auf folgende Inhalte konzentrieren:

- die zentralen Aktivitäten der Vorperiode,

- die Leistungen der Vorperiode sowie

- mögliche Leistungs- und Entwicklungsziele für die nächste Periode.

Die vorbereiteten Inhalte werden dann im Zielvereinbarungsgespräch zwischen Führungsperson und den einzelnen Mitarbeitern diskutiert. Im Ergebnis sollten Ziele für verschiedene Tätigkeitsbereiche des Mitarbeiters vereinbart werden. Eine inhaltliche Strukturierung kann beispielsweise anhand des Balanced-Scorecard-Ansatzes erfolgen (vgl. Abschnitt 8.5.3).

Bei der Durchführung von Zielvereinbarungsgesprächen ist darauf zu achten, dass diese mit einer gewissen Regelmäßigkeit erfolgen. Es empfiehlt sich, jährliche Zielvereinbarungsgespräche zu führen, welche durch halbjährliche „Meilensteingespräche" ergänzt werden. In diesen halbjährlichen Gesprächen geht es weniger darum, zusätzliche neue Ziele zu definieren, sondern vielmehr die Zielerreichung anhand von Zwischenergebnissen zu kontrollieren. Dadurch kann beispielsweise zusätzlicher Unterstützungsbedarf durch die Führungsperson aufgedeckt werden.

Am Ende des Zielvereinbarungsprozesses steht schließlich die Kontrolle der Endergebnisse. Hierzu können insbesondere die Ergebnisse der Personalbeurteilung (vgl. Kapitel 8) herangezogen werden. Der Zielerreichungsgrad sollte dann in einem Gespräch, beispielsweise zu Beginn des Zielvereinbarungsgesprächs in der Folgeperiode thematisiert werden.

12.2.2   Das Führen durch Delegation

Der Versuch, alle Aufgaben selbst zu erledigen, kann eine Führungsperson viel Zeit kosten und im schlimmsten Fall zum Erlahmen der Prozesse im Verantwortungsbereich einer Führungsperson führen. Die sechste Leitfrage in Verbindung mit den Instrumenten der Mitarbeiterführung bezieht sich daher darauf, wie Führungskräfte Aufgaben in ihrem Verantwortungsbereich systematisch delegieren können (vgl. Tabelle 12.1). Das richtige Delegieren von Aufgaben gehört zu den wichtigsten organisatorischen Fähigkeiten einer Führungsperson (auch als Management-by-Delegation bezeichnet) (vgl. Yukl/Fu 1999).

| *Delegation* | Übertragung von Verantwortung und Kompetenzen für die Erfüllung einer oder mehrerer Aufgaben durch eine Führungsperson an die geführten Mitarbeiter (vgl. Quinn/Spreitzer 1997; Yukl 1994). |

Das Delegieren von Aufgaben bringt eine Reihe von Vorteilen mit sich:

- Entlastung der Führungsperson,

- Vergrößerung des Freiraums der Führungsperson für strategische Fragestellungen,

- optimale Nutzung von Kenntnissen, Fähigkeiten und Erfahrungen der Mitarbeiter,

- Motivation der Mitarbeiter aufgrund erhöhter Eigenverantwortlichkeit sowie

- Ausbau der Fähigkeiten potenzialstarker Mitarbeiter.

Erfolgreiche Führung durch Delegation setzt voraus, dass beim Delegieren eine Reihe von Anforderungen erfüllt werden (in Anlehnung an Homburg/Stock-Homburg 2011). Diese sind in Abbildung 12.5 dargestellt.

Abbildung 12.5 Zentrale Anforderungen an die Delegation

Eine erste wichtige Anforderung an die Führung durch Delegation ist das *rechtzeitige Delegieren von Aufgaben*. Dadurch wird es den geführten Mitarbeitern möglich, die übertragenen Aufgaben in die eigene Planung angemessen einzuordnen und so die termingerechte Erfüllung der Aufgaben sicherzustellen.

Für die Führung durch Delegation ist es wichtig, *gleichzeitig Verantwortung und Kompetenzen zu übertragen*. Dies bedeutet, dass die Mitarbeiter zum einen die Verantwortung für die Erfüllung der Aufgabe tragen. Gleichzeitig verfügen sie über erforderliche Entscheidungs- und gegebenenfalls sogar Weisungskompetenzen, um die Aufgabe angemessen ausführen zu können.

Zur effektiven Erfüllung der delegierten Aufgaben tragen auch *eindeutig und klar formulierte Aufgabenstellungen* bei. Dies bedeutet, dass den Mitarbeitern klar strukturierte und in sich abgegrenzte Aufgaben übertragen werden. Durch Rückfragen kann die Führungsperson sicherstellen, dass die Mitarbeiter die Aufgabenstellung verstanden haben.

Nicht zu vergessen ist das *Bereitstellen aller erforderlichen Informationen*. Relevante Informationen in Verbindung mit einer delegierten Aufgabe können sich beispielsweise auf vergangenheitsbezogene Entwicklungen, aber auch Förderer bzw. Gegner des Projektes im Unternehmen beziehen. Diese Informationen sind Voraussetzung dafür, dass sich die Mitarbeiter im Rahmen der Aufgabenerfüllung frühzeitig auf eventuelle Barrieren vorbereiten können.

Im Zusammenhang mit der Zielvereinbarung (vgl. Abschnitt 12.2.1) wurde bereits die hohe Bedeutung der Realisierbarkeit von Zielen betont. Aus diesem Grunde werden *realistische Terminvorgaben für die Aufgabenerfüllung* als unabdingbar erachtet, um nicht bereits im Vorfeld der Aufgabenbearbeitung die Motivation der geführten Mitarbeiter zu beeinträchtigen.

Da es häufig nicht möglich ist, alle relevanten Aspekte im Vorfeld zu klären, ist es wichtig, *ausreichende Möglichkeiten für Rückfragen der Mitarbeiter* zu schaffen. Insbesondere sehr komplexe Aufgabenstellungen unter sich verändernden Rahmenbedingungen erfordern ausreichend Raum für Rückfragen.

Schließlich sollten Führungskräfte konsequent *Versuche der Rückdelegation unterbinden*. Dies bedeutet konkret, dass einmal delegierte Aufgaben nur in Ausnahmefällen (z. B. bei plötzlicher Krankheit eines Mitarbeiters) an die Führungsperson zurückdelegiert werden können. Dieser Aspekt ist für die Steigerung des Führungserfolgs durch Delegation essenziell. Gewöhnen sich die geführten Mitarbeiter erst daran, dass delegierte Aufgaben bei ausbleibender bzw. schlechter Leistungserfüllung durch die Führungsperson selbst erledigt werden, so reduziert dies das Verantwortungsbewusstsein für die Leistungserbringung seitens der Mitarbeiter nachhaltig.

12.2.3   Das Führen durch Partizipation

Ein weiteres wichtiges Führungsinstrument zur Verhaltensbeeinflussung stellt die Einbindung von Mitarbeitern in den Entscheidungsprozess dar. Im Mittelpunkt der siebten Leitfrage dieses Kapitels steht daher die erfolgreiche Führung durch Partizipation (auch als Management-by-Participation bezeichnet) (vgl. Tabelle 12.1). Die Einbindung von Mitarbeitern in die Entscheidungsfindung trägt zum einen dazu bei, dass ein breites Spektrum an Perspektiven berücksichtigt wird. Zum anderen wird die Motivation der Mitarbeiter erhöht, die getroffenen Entscheidungen umzusetzen (vgl. Staehle 1999, S. 534).

Partizipation	Umfang, in dem die Mitarbeiter seitens der Führungsperson in für sie relevante Entscheidungen eingebunden werden (vgl. Schanz 2000, S. 631).

Im Rahmen der Führung können Mitarbeiter in unterschiedlichem Maße in die Entscheidungsfindung involviert werden. Ausgehend von Art und Umfang der Partizipation können verschiedene Partizipationsformen unterschieden werden (vgl. Abbildung 12.6).

Abbildung 12.6 Systematisierung verschiedener Formen der Partizipation

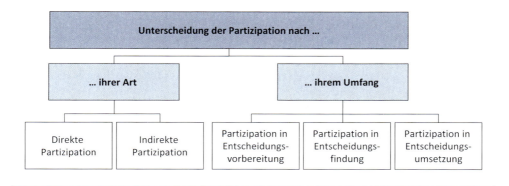

In Abhängigkeit davon, in welcher *Art* und Weise die Partizipation stattfindet, wird zwischen direkter und indirekter Partizipation unterschieden (vgl. Abbildung 12.6):

■ *Direkte Partizipation* liegt vor, wenn die betroffenen Mitarbeiter unmittelbar in den Entscheidungsfindungsprozess eingebunden werden. Die Mitarbeiter haben bei dieser Form der Partizipation die Möglichkeit, Entscheidungen direkt zu beeinflussen. Als Beispiel für die direkte Partizipation ist die persönliche Diskussion von Entscheidungsalternativen mit den Mitarbeitern zu nennen.

■ Bei der *indirekten Partizipation* nehmen die Mitarbeiter lediglich mittelbar, d. h. durch einen Repräsentanten, Einfluss auf die Entscheidungen im Unternehmen. Ein solcher Repräsentant kann beispielsweise eine Führungsperson sein.

Der *Umfang* der Partizipation bemisst sich danach, in welcher Phase des Entscheidungsprozesses die Mitarbeiter eingebunden werden (vgl. Abbildung 12.6).

■ Die Partizipation an der *Entscheidungsvorbereitung* bezieht sich auf den Zeitraum vor der eigentlichen Entscheidung. Die Mitarbeiter werden hierbei an der Alternativen- und Umsetzungsprüfung beteiligt (vgl. Stock 2003, S. 162). Darüber hinaus können die Mitarbeiter mitentscheiden, in welcher Form die Entscheidung getroffen wird (basisdemokratisch usw.).

■ Werden die Mitarbeiter an der *Entscheidungsfindung* beteiligt, können sie sich beispielsweise zur Bewertung der Ergebnisse aus der Phase der Entscheidungsvorbereitung äußern. Die Diskussion von Vor- und Nachteilen sowie das Abstimmen über die finale Entscheidung stellen weitere Inhalte der Entscheidungsfindung dar.

■ Auf die Implementierung getroffener Entscheidungen bezieht sich schließlich die Partizipation der Mitarbeiter an der *Entscheidungsumsetzung*. Es ist relativ nahe liegend, dass die nachhaltige Implementierung von Entscheidungen durch die Mitarbeiter in hohem Maße davon abhängt, inwieweit die Mitarbeiter in den Entscheidungsvorbereitungs- bzw. Entscheidungsfindungsprozess involviert werden. Dennoch ist in der Unternehmenspraxis häufig zu beobachten, dass Partizipation erst bei der Entscheidungsumsetzung beginnt. Ein Nachteil dieser Vorgehensweise ist, dass die Mitarbeiter sich nur begrenzt mit den zuvor getroffenen Entscheidungen identifizieren.

Mit der Partizipation sind nicht ausschließlich Vorteile verbunden. Vielmehr können mit ihr die Komplexität und der Zeitbedarf der Entscheidungsfindung zunehmen. Aus diesem Grunde ist eine umfassende Partizipation der geführten Mitarbeiter nur dann empfehlenswert, wenn folgende Voraussetzungen weitestgehend erfüllt sind (vgl. Staehle 1999, S. 536):

■ Die Mitarbeiter verfolgen die gleichen Ziele wie die Führungsperson.

■ Die Mitarbeiter verfügen über die erforderlichen Kenntnisse bzw. Erfahrungen, um zur Entscheidungsfindung beizutragen.

■ Die Mitarbeiter haben ein hohes Bedürfnis nach Selbstbestimmung.

■ Die Akzeptanz der Entscheidungen durch die Mitarbeiter ist gesichert.

■ Die ausstehenden Entscheidungen tangieren die Interessen der Mitarbeiter nachhaltig.

Kontrollfragen

1. Welche zentralen Instrumente der Mitarbeiterführung kennen Sie? Unterscheiden Sie insbesondere zwischen Kommunikations- und Koordinationsinstrumenten.

2. Was ist im Rahmen von Anerkennung und Kritik an Mitarbeitern zu beachten? Gehen Sie in Ihrer Antwort auf verschiedene Gestaltungsbereiche von Anerkennung und Kritik ein.

3. Was ist unter einem Feedbackgespräch zu verstehen, und welche Arten von Stärken und Schwächen von Mitarbeitern können im Rahmen des Feedbackgesprächs angesprochen werden?

4. Was ist unter einer Mitarbeiterbesprechung zu verstehen? Welche Phasen sind bei deren Durchführung zu beachten?

5. Welche Bedeutung hat die Kommunikationsmatrix im Rahmen der Mitarbeiterführung? Gehen Sie bei Ihrer Antwort auf die vier zentralen Analysebereiche der Kommunikationsmatrix ein.

6. Nennen Sie jeweils drei Vorteile von Zielvereinbarungen aus Unternehmens- bzw. Mitarbeitersicht.

7. Beschreiben Sie den idealtypischen Prozess der Zielvereinbarung.

8. Welche zentralen Anforderungen an die Delegation sind zu erfüllen, damit diese effektiv als Führungsinstrument genutzt werden kann?

9. Welche Formen der Partizipation kennen Sie? Unterscheiden Sie in Ihren Ausführungen nach der Art sowie nach dem Umfang der Partizipation.

Literatur

Heine, S. (2006), Weg vom Kuschelkurs, Frankfurter Allgemeine Zeitung, 48 (09.12.2006), C5.

Homburg, C./Stock-Homburg, R. (2011), Der kundenorientierte Mitarbeiter: Bewerten, begeistern, bewegen, 2. Auflage, Wiesbaden (in Druck).

Kohnke, O. (2000), Gestaltung von Zielvereinbarungssystemen für teilautonome Gruppen – Ergebnisse einer Expertenbefragung in der Industrie, in: Bungard, W./Kohnke, O. (Hrsg.), Zielvereinbarungen erfolgreich umsetzen: Konzepte, Ideen und Praxisbeispiele auf Gruppen- und Organisationsebene, 147-179.

Lanz, H.-P. (2006), In der Führung: Was leitet mich, wenn ich nicht leite? Frankfurter Allgemeine Zeitung, 48 (25.02.2006), 55.

Mentzel, W./Grotzfeld, S./Haub, C. (2009), Mitarbeitergespräche: Mitarbeiter motivieren, richtig beurteilen und effektiv einsetzen, 8. Auflage, München.

Mondy, R. (2008), Human Resource Management, 10. Auflage, Upper Saddle River.

Quinn, R./Spreitzer, G. (1997), The Road to Empowerment: Seven Questions Every Leader Should Consider, Organizational Dynamics, 26, 2, 37-49.

Schanz, G. (2000), Personalwirtschaftslehre, 3. Auflage, München.

Schulz von Thun, F./Ruppel, J./Stratmann, R. (2003), Miteinander reden: Kommunikationspsychologie für Führungskräfte, 9. Auflage, Hamburg.

Staehle, W. (1999), Management, 8. Auflage, München.

Stock, R. (2003), Teams an der Schnittstelle zwischen Anbieter- und Kunden-Unternehmen: Eine integrative Betrachtung, Wiesbaden.

von Rosenstiel, L. (2009), Anerkennung und Kritik als Führungsmittel, in: von Rosenstiel, L./Regnet, E./Domsch, M. (Hrsg.), Führung von Mitarbeitern: Handbuch für erfolgreiches Personalmanagement, 6. Auflage, Stuttgart, 227-236.

Yukl, G. (1994), Leadership in Organizations, New Jersey.

Yukl, G./Fu, P. (1999), Determinants of Delegation and Consultation by Managers, Journal of Organizational Behavior, 20, 2, 219-232.

13 Grundlagen der Teamführung

Lernziele

- Die Leser kennen den Begriff und die Besonderheiten der Führung von Teams.

- Die Leser kennen die Chancen und die Risiken der Teamarbeit.

- Die Leser überblicken die Besonderheiten der Führung verschiedener Typen und Arten von Teams.

- Die Leser können einschätzen, welche Folgen eine unterschiedlich intensive Führung von Teams haben kann.

Ein zentrales Merkmal von Teams ist darin zu sehen, dass deren Mitglieder sich mehr oder minder intensiv austauschen, was wiederum gruppendynamische Prozesse auslösen kann (Levi 2001). Diese Prozesse im Sinne der Unternehmensziele zu steuern, stellt eine wesentliche Aufgabe der Teamführung dar. Für das grundlegende Verständnis der Führung von Teams sollte man sich mit einer Reihe von Fragen auseinandersetzen, die in Tabelle 13.1 dargelegt werden.

Tabelle 13.1   Zentrale Leitfragen zu Grundlagen der Teamführung

Zentrale Leitfragen	Behandelt in ...
1. Durch welche Merkmale zeichnen sich Teams aus und was sind die Besonderheiten der Führung von Teams im Vergleich zur Führung einzelner Mitarbeiter?	Abschnitt 13.1
2. Welche Chancen und Risiken sind mit Teamarbeit verbunden?	Abschnitt 13.1
3. Welche Typen von Teams gibt es und wie sind diese jeweils zu führen?	Abschnitt 13.2
4. Welche Arten von Teams können unterschieden werden, und wie ist im Rahmen der Teamführung auf verschiedene Teamarten einzugehen?	Abschnitt 13.3
5. Wie intensiv sollten Teams geführt werden?	Abschnitt 13.4

13.1   Besonderheiten der Führung von Teams

Der Nutzen von Teamarbeit ist nicht erst seit heute bekannt (vgl. zur historischen Entwicklung der Teamarbeit u. a. Stock 2003). Auch im Rahmen des Personalmanagements gewinnt Teamarbeit zunehmend an Bedeutung (vgl. Levi 2001). Wichtig für den erfolgreichen Einsatz von Teams ist deren zielgerichtete und effiziente Führung. Bevor die Besonderheiten der Führung von Teams behandelt werden (vgl. Leitfrage 1, Tabelle 13.1), ist zu klären, was unter einem Team zu verstehen ist.

> **Team** Zusammenschluss von mehr als zwei Personen, die versuchen ein gemeinsames Ziel zu erreichen und diesbezüglich auf die Zusammenarbeit untereinander angewiesen sind (Stock 2003, S. 25).

Die Begriffe Gruppe und Team werden zumeist synonym verwendet (vgl. Guzzo/Shea 1992, S. 272; Tannenbaum/Beard/Salas 1992, S. 118). Es ist wichtig zu erkennen, dass es sich bei einem Team nicht lediglich um eine Ansammlung von Einzelpersonen handelt. Vielmehr sind gruppendynamische Prozesse zu beachten, die sich aus verschiedenen Merkmalen von Teams ergeben. *Konstituierende Merkmale* müssen vorliegen, damit überhaupt von einem Team gesprochen werden kann. *Beschreibende Merkmale* legen die Besonderheiten von Teams (im Vergleich zur Einzelarbeit) dar und können ebenfalls gruppendynamische Prozesse auslösen. Die konstituierenden und die beschreibenden Merkmale von Teams sind in Tabelle 13.2 aufgeführt.

Tabelle 13.2 Konstituierende und beschreibende Merkmale von Teams

Merkmal	Beschreibung
Konstituierende Merkmale von Teams	
Multipersonalität	Ein Team besteht aus mindestens drei Mitgliedern.
Zielorientierung	Die Teammitglieder arbeiten zusammen mit dem Zweck, gemeinsame Ziele zu erreichen.
Gegenseitige Abhängigkeit	Bei der Zielerreichung sind die Teammitglieder aufeinander angewiesen.
Beschreibende Merkmale von Teams	
Zwischenmenschliche Interaktion	Die Teammitglieder tauschen sich regelmäßig fachlich und zwischenmenschlich aus.
Wahrnehmung von Mitgliedschaft	Die Teammitglieder fühlen sich zugehörig zu einer sozialen Einheit innerhalb des Unternehmens.
Strukturierte Beziehungen	Es existieren Rollen, Regeln und Normen, die das Verhalten der Teammitglieder steuern und kontrollieren.
Gegenseitige Beeinflussung	Die Teammitglieder beeinflussen die Einstellungen bzw. die Verhaltensweisen der anderen Teammitglieder.
Individuelle Motivation	Durch die Mitgliedschaft im Team werden persönliche Bedürfnisse befriedigt.

Bereits aufgrund der konstituierenden Merkmale von Teams ergeben sich Herausforderungen für Führungskräfte, die bei der Führung einzelner Mitarbeiter in dieser Form nicht auftreten. Insbesondere müssen Führungskräfte versuchen, aus der *Multipersonalität* resultierende positive dynamische Prozesse innerhalb eines Teams zu fördern und eine negative Eigendynamik der Gruppe, wie beispielsweise Groupthink, zu verhindern. Groupthink manifestiert sich darin, dass in Teams mit hoher Solidarität und Loyalität der Teammitglieder dem „Teamfrieden" größere Bedeutung beigemessen wird als der Aufgabenerfüllung (vgl. Janis 1973). In Teams mit hoher Ausprägung des Groupthink ist der Wunsch nach Einmütigkeit im Team stärker ausgeprägt als die Motivation, alternative Vorgehensweisen in Erwägung zu ziehen und umzusetzen. Die Entscheidungen und die Leistungen eines Teams können durch ein solches Verhalten beeinträchtigt werden. Im Rahmen der Teamführung können positive dynamische Prozesse im Team wie folgt gefördert werden:

- Vermeiden übertriebener Harmonie im Team, um Groupthink zu unterbinden,

- Fördern bzw. Belohnen leistungsbezogener Impulse der Teammitglieder,

- Identifizieren und Vermeiden kontraproduktiver Aktivitäten informeller Autoritätspersonen im Team,

- Anregen regelmäßiger fachlicher Diskussionen im Team,

- Vorleben eines offenen Umgangs mit fachlichen Konflikten,

- Vergeben individueller Prämien zusätzlich zu Teamprämien sowie

- gelegentliches Ändern der Zusammensetzung des Teams.

Die *Zielorientierung* kann dadurch verstärkt werden, dass Führungskräfte die Teammitglieder auf ein gemeinsames Ziel „einschwören". Folgende Maßnahmen können hierzu beitragen:

- frühzeitiges Vereinbaren von Teamzielen (vgl. Abschnitt 15.1.2),

- Festlegen messbarer Ziele (vgl. Abschnitt 8.5.3),

- Unterbinden von „Alleingängen" einzelner Teammitglieder sowie

- Etablieren von Kennzahlen zur Kontrolle der Zielerreichung durch das Team (vgl. Abschnitt 15.2.1).

Im Gegensatz zu Abteilungen, in denen einzelne Mitarbeiter unabhängig an ihren Aufgabenstellungen arbeiten können, sind die Mitglieder von Teams in hohem Maße auf die Leistungen anderer Mitglieder des Teams angewiesen. Die zentrale Aufgabe der Teamführung liegt darin, die Teammitglieder im Umgang mit der *gegenseitigen Abhängigkeit* zu unterstützen. Dies kann durch folgende Maßnahmen gewährleistet werden:

- Schaffen von Transparenz darüber, welchen Nutzen die Leistungen jedes einzelnen Teammitglieds bringen,

- Unterbinden von Trittbrettfahrerverhalten einzelner Teammitglieder (vgl. Abschnitte 14.1 und 14.2.1),

- Etablieren von Belohnungen (finanzieller oder immaterieller Art) auf der Teamebene (vgl. Abschnitt 15.2) sowie

- Festlegen von Verhaltensstandards im Team (vgl. Abschnitt 15.1.1).

Durch den Einsatz von Teams wollen Unternehmen eine Reihe von Chancen realisieren (vgl. Levi 2001). Führungskräfte haben die Aufgabe, durch gezielte Verhaltenssteuerung der Teammitglieder diese Chancen zu realisieren. Im Rahmen der Teamführung ist allerdings zu beachten, dass mit dem Einsatz von Teams auch gewisse Risiken verbunden sein können. Tabelle 13.3 stellt die Chancen und die Risiken der Teamarbeit (vgl. Leitfrage 2, Tabelle 13.1) für Unternehmen bzw. Mitarbeiter gegenüber.

Tabelle 13.3   Chancen und Risiken der Teamarbeit

Unternehmensbezogene Chancen	Mitarbeiterbezogene Chancen
■ Verbesserte Koordination aufgrund von Interdependenzen im Team ■ Verbesserte Entscheidungsqualität durch Integration unterschiedlicher Perspektiven ■ Erleichterte Entscheidungsdurchsetzung durch Beachtung unterschiedlicher Interessen im Rahmen der Entscheidungsfindung ■ Erhöhte Effizienz aufgrund verbesserter Koordination spezialisierter Fähigkeiten ■ Bessere Kundenbetreuung durch die Bündelung von Kompetenzen im Kundenkontakt	■ Schnellere Einarbeitung durch den Informationsaustausch mit anderen Teammitgliedern ■ Selbsterfahrung/Reflexion eigener Verhaltensweisen durch Rückmeldungen anderer Teammitglieder ■ Begünstigtes Erlernen neuer Fähigkeiten und Kenntnisse ■ Steigerung der Identifikation mit dem Unternehmen aufgrund der Zugehörigkeit zu einem Team ■ Motivationssteigerung durch Befriedigung zentraler Bedürfnisse nach sozialen Kontakten und Anerkennung
Unternehmensbezogene Risiken	**Mitarbeiterbezogene Risiken**
■ Reduktion der Entscheidungsqualität durch Gruppendruck (Peer Pressure) ■ Erhöhter Koordinationsaufwand durch Interdependenzen im Team ■ Erhöhte Gefahr von Konflikten aufgrund unterschiedlicher fachlicher bzw. persönlicher Ansichten der Teammitglieder ■ Erhöhte Resistenz des Teams gegenüber Veränderungen durch die Entwicklung einer „Subkultur"	■ Rückgang der Motivation aufgrund des reduzierten eigenen Einflusses auf das Leistungsergebnis ■ Reduziertes Engagement aufgrund von „sozialem Faulenzen" einzelner Teammitglieder ■ Beeinträchtigung der psychischen Befindlichkeit aufgrund massiver Konflikte zwischen Teammitgliedern ■ Leistungsrückgang aufgrund von erhöhtem Konformitätsdruck

13.2   Führung verschiedener Typen von Teams

Für erfolgreiche Teamarbeit ist es wichtig, dass Führungskräfte adäquat auf typische Verhaltensmuster der geführten Teams eingehen. Damit stellt sich die Frage, welche Arten von Teams (und damit typische Verhaltensmuster) unterschieden werden können und wie im Rahmen der Teamführung auf diese eingegangen werden sollte (vgl. Leitfrage 3, Tabelle 13.1). Je nachdem, wie stark innerhalb eines Teams die Sach- bzw. die Beziehungsebene ausgeprägt sind, lassen sich verschiedene Typen von Teams unterscheiden. Jeder Teamtyp stellt dabei andere Anforderungen an die Teamführung.

Die *Ausprägung der Sachebene* bezieht sich darauf, wie wichtig aufgabenbezogene Aspekte im Team sind. Führungskräfte können an folgenden beispielhaften Indikatoren erkennen, ob die Sachebene hoch ausgeprägt ist (vgl. Stock 2002, S. 92):

- In Teams existieren klare Normen in Bezug auf die Leistungen der Teammitglieder.

- Das Team ist bestrebt, besondere Leistungen zu erbringen.

- Die Teammitglieder wenden Problemlösungstechniken an.

- Informationen werden im Team systematisch und regelmäßig (z. B. durch Besprechungen und Protokolle) weitergegeben.

- Das Team prüft im Vorfeld von Entscheidungen mögliche Alternativen und deren Umsetzbarkeit.

Die *Ausprägung der Beziehungsebene* gibt Auskunft über die zwischenmenschliche Interaktion innerhalb eines Teams. Beispielhafte Indikatoren, an denen Führungskräfte eine hohe Ausprägung der Beziehungsebene erkennen können, werden im Folgenden aufgezählt (vgl. Stock 2002, S. 92):

- Die Teammitglieder sind sich gegenseitig sympathisch.

- Die Teammitglieder sind in der Lage, aufeinander einzugehen.

- Die Teammitglieder haben Spaß an der Arbeit im Team.

- Zwischen den Teammitgliedern gibt es selten persönliche (d. h. unsachliche) Auseinandersetzungen.

- Die Teammitglieder unterstützen sich gegenseitig in persönlichen Problemen.

In Abhängigkeit von der Ausprägung der Sach- und der Beziehungsebene ergeben sich vier Typen von Teams: die Einzelkämpfer-Gruppe, das echte Team, die gesellige Gruppe und das Experten-Team (vgl. Abbildung 13.1). Im Folgenden wird dargelegt, wie die unterschiedlichen Teamtypen zu führen sind. Instrumente zur Umsetzung dieser Empfehlungen werden in Kapitel 15 erläutert.

Abbildung 13.1 Typologie von Teams nach Stock (2002, S. 93)

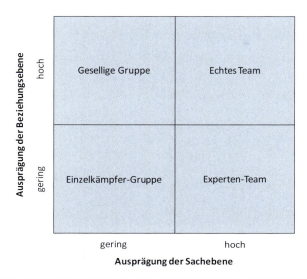

In einer *Einzelkämpfer-Gruppe* liegt weder ein emotionaler Zusammenhalt im Team vor, noch kooperieren die Teammitglieder fachlich miteinander. Dementsprechend leistet das Team schlecht. Eine solche Konstellation weisen insbesondere neu gebildete Teams auf, die sich noch in einer frühen Entwicklungsphase befinden. Auf verschiedene Entwicklungsphasen von Teams wird an späterer Stelle dieses Kapitels im Zusammenhang mit dem Lebenszykluskonzept von Teams eingegangen (vgl. Abschnitt 14.3.1).

Führungskräfte sollten in solchen Teams versuchen, parallel die Sach- und die Beziehungsebene zu verbessern. Es geht also zum einen darum, auf der Sachebene die Ziele, die Zuständigkeiten und die Prozesse innerhalb des Teams zu steuern. Auf der Beziehungsebene ist der Teamzusammenhalt zu fördern sowie persönliche (d. h. in den privaten Bereich gehende) Konflikte zu unterbinden.

Sind Sach- und Beziehungsebene dagegen hoch ausgeprägt, so kann von einem *echten Team* gesprochen werden. Auf der sachlichen Ebene sind die Kooperation und die Kommunikationsflüsse klar geregelt. Darüber hinaus tauschen sich die Teammitglieder intensiv aus und unterstützen sich in persönlichen Dingen gegenseitig. Nur wenn Sach- und Beziehungsebene gleichermaßen hoch ausgeprägt sind, kann Teamarbeit erfolgreich sein.

Bei der Führung echter Teams sollte die Führungsperson versuchen, das hohe Niveau beispielsweise durch entsprechende Teamziele zu halten. Dabei ist insbesondere darauf zu achten, dass die Philosophie „never change a winning team" nicht zu Unflexibilität führt. Teams können insbesondere durch folgende Maßnahmen flexibel gehalten werden:

- regelmäßiges Hinterfragen etablierter Vorgehensweisen im Team,

- Verankern von kreativitäts- und innovationsbezogenen Zielen in den Zielen der Teammitglieder,

- Einführen regelmäßiger (z. B. wöchentlicher) Freiräume (von ca. ein bis zwei Stunden) für das Team, um sich über Verbesserungen in der Teamarbeit auszutauschen, sowie

- aktives Vorleben eines eigenen hohen Qualitätsanspruchs durch die Führungsperson.

In der Unternehmenspraxis ist häufig zu beobachten, dass die Sach- und die Beziehungsebene nicht immer gleich stark ausgeprägt sind. Hieraus ergeben sich zwei weitere Teamtypen: die gesellige Gruppe und das Experten-Team.

In der *geselligen Gruppe* steht in erster Linie der Austausch über persönliche Belange und weniger die Erfüllung der Arbeitsaufgabe im Mittelpunkt. Das Team verwendet relativ viel Zeit und Energie, um persönliche Beziehungen zu pflegen bzw. persönliche Konflikte auszutragen. Dies geht zu Lasten der Teamleistung. In solchen Teams hat die Führungsperson die Aufgabe, durch sachorientierte Führungsinstrumente Teamstrukturen zu stärken.

Ist dagegen die Sachebene stark und die Beziehungsebene relativ gering ausgeprägt, so liegt ein *Experten-Team* vor. Trotz der hohen Sachorientierung des Teams wird die Leistung dadurch beeinträchtigt, dass sich die Teammitglieder in persönlichen Anliegen nur sehr begrenzt gegenseitig unterstützen bzw. miteinander kommunizieren. Spätestens in schwierigen Situationen bricht das Team auseinander, da kein Zusammenhalt zwischen den Mitgliedern besteht. In Experten-Teams ist die Führungsperson primär herausgefordert, die Beziehungsebene zu verbessern.

13.3   Führung verschiedener Arten von Teams

In der Unternehmenspraxis werden Teams für vielfältige Zwecke eingesetzt. So gewinnt Teamarbeit zunehmend in komplexen, unternehmensbezogenen Projekten (beispielsweise im Bereich Forschung und Entwicklung (vgl. u. a. Sarin/Mahajan 2001) sowie im Rahmen der Betreuung besonders wichtiger Kunden (vgl. de Jong et al. 2001) an Bedeutung. Entsprechend können verschiedene Arten von Teams unterschieden werden, die sich anhand von sechs Merkmalen charakterisieren lassen (vgl. Abbildung 13.2; in Anlehnung an Stock 2005a). Eine Herausforderung der Teamführung besteht darin, auf verschiedene Arten von Teams adäquat einzugehen (vgl. Leitfrage 4, Tabelle 13.1). Mit der effektiven Führung von Teams haben sich zahlreiche Studien befasst (vgl. die Metaanalyse von Burke et al. 2006).

Die ersten drei Merkmale – hierarchische Einbindung, Dauerhaftigkeit und funktionale Heterogenität – sind Kriterien, durch die klassische Teamarten beschrieben werden können. Drei weitere Merkmale – institutionelle Heterogenität, Intensität der persönlichen Interaktion und interkulturelle Heterogenität – helfen, klassische und neuere Teamarten voneinander abzugrenzen. Zu den letzteren zählen interorganisationale, virtuelle und internationale Teams. Diese Teamarten haben insbesondere in den letzten zehn Jahren in der Unternehmenspraxis an Bedeutung gewonnen (vgl. u. a. Kanawattanachai/Yoo 2002).

Abbildung 13.2 Kriterien zur Beschreibung und Unterscheidung verschiedener Arten von Teams (in Anlehnung an Stock 2005a)

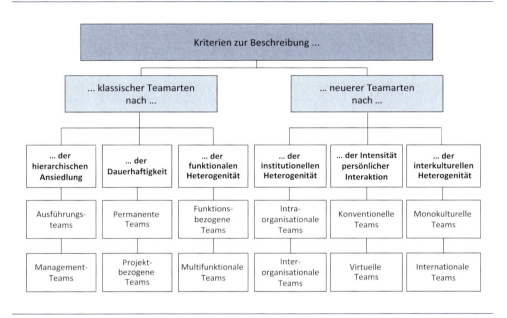

Nach der *hierarchischen Ansiedlung* wird zwischen Ausführungsteams und Management-teams unterschieden. *Ausführungsteams* (z. B. in der Fertigung) sind primär mit operativen Aufgaben betraut und der Grad der Routine ist deutlich höher als in Management-Teams (vgl. Banker et al. 1996; Campion/Papper/Medsker 1996; Cohen/Ledford/Spreitzer 1996). Hinsichtlich der Intensität der Führung werden autonome und geführte Ausführungs-teams unterschieden.

- *Autonome Ausführungsteams* werden primär über grundlegende Prozessvorgaben (über so genannte Standard Operation Procedures) gesteuert. Die inhaltlichen Ziele und die Verantwortlichkeiten legen die Teammitglieder weitestgehend autonom fest. Eine un-mittelbare Einflussnahme durch die Führungsperson findet in der Regel nicht statt.

- In *geführten Ausführungsteams* wirkt die Führungsperson intensiv mit, wenn im Team Ziele, Verantwortlichkeiten und Prozesse festgelegt werden. Wie stark eine Führungs-person in die operativen Prozesse des Teams eingebunden ist, hängt allerdings von den übrigen Aufgaben der Führungsperson ab. Strukturierte Instrumente der Teamführung (vgl. hierzu Kapitel 15) können dazu beitragen, dass diese Teams effizienter arbeiten.

Managementteams nehmen in erster Linie strategische Aufgaben wahr. Die Mitglieder solcher Teams sind in der Regel mit Leitungsaufgaben im Unternehmen betraut. Im Falle einer explizit benannten Teamleitung nimmt die Führungsperson gleichermaßen steuernde wie koordinierende Aufgaben wahr (vgl. Amason 1996; Amason/Sapienza 1997; Elron 1997).

Im Hinblick auf die *Dauerhaftigkeit* von Teams wird zwischen permanenten und projektbezogenen Teams unterschieden. *Permanente Teams* bearbeiten eine Aufgabe über einen längeren, in der Regel nicht abschließend definierten, Zeitraum (vgl. Hackman 1988, 1990). Entsprechend sind die Aktivitäten der Teamführung mittel- bis langfristig ausgerichtet. Führungskräfte sind zumeist ausschließlich mit der Betreuung dieser Teams beschäftigt und nehmen nur in begrenztem Umfang weitere (Führungs-)Aufgaben im Unternehmen wahr. In permanenten Teams spielen verschiedene Phasen der Teamentwicklung eine zentrale Rolle, die im Zusammenhang mit dem Lebenszykluskonzept von Teams (vgl. Abschnitt 14.3.1) ausführlich diskutiert werden.

Projektbezogene Teams bearbeiten spezifische und zeitlich begrenzte Aufgabenstellungen in Unternehmen (vgl. Kim/Lee 1995; Pinto/Pinto 1990; Pinto/Pinto/Prescott 1993). Solche Teams implementieren beispielsweise neue Organisationskonzepte (wie Total Quality Management) oder neue Informationssysteme (z. B. SAP/R3). Führungskräfte in projektbezogenen Teams nehmen in der Regel neben der Führung eines bestimmten Projektteams weitere Führungsaufgaben wahr. Insofern ist die Führung projektbezogener Teams tendenziell weniger intensiv angelegt als in permanenten Teams. Bei der Führung projektbezogener Teams sind die jeweiligen Instrumente zur Teamführung deutlich kompakter und über einen kürzeren Zeitraum hinweg einzusetzen. In Verbindung mit der Führung solcher Teams spielt daher das Zeitmanagement eine zentrale Rolle (vgl. Abschnitt 15.1.3).

Die *funktionale Heterogenität* bezieht sich darauf, ob die Mitglieder eines Teams aus demselben oder unterschiedlichen Funktionsbereichen eines Unternehmens stammen (vgl. Stock 2003). In *funktionsbezogenen Teams* stammen die Mitglieder des Teams weitestgehend aus demselben Funktionsbereich. Es kann sich hier beispielsweise um reine Produktionsteams oder reine Vertriebsteams handeln.

Teams, die eine hohe funktionale Heterogenität aufweisen, werden auch als *multifunktionale Teams* bezeichnet (vgl. Moon/Armstrong 1994; Moon/Gupta 1997). Beispielhaft seien in diesem Zusammenhang funktionsübergreifende Teams zur Betreuung von Großkunden eines Konsumgüterherstellers (vgl. Stock 2006) bzw. aus Mitgliedern verschiedener Bereiche des Unternehmens zusammengesetzte Innovationsteams (vgl. Bückel/Armbruster 2006) genannt. Bei der Führung multifunktionaler Teams haben Führungskräfte (im Vergleich zu funktionsbezogenen Teams) eine höhere Anzahl von Schnittstellen innerhalb des Teams zu beachten. Diese ergeben sich aus den unterschiedlichen funktionalen Hintergründen der Teammitglieder. Für die Führung multifunktionaler Teams ist daher die Kenntnis und das Management von Schnittstellen in Teams von Bedeutung. Diese Aspekte werden in Verbindung mit der Theorie der Dynamik von Gruppen in Abschnitt 14.2.3 vertieft.

Eine weitere Herausforderung bei der Führung multifunktionaler Teams besteht im Management von Konflikten (vgl. hierzu Abschnitt 15.1.4). Da unterschiedliche Funktionsbereiche (und damit häufig bereichsspezifische Vorurteile) im Team vertreten sind, sind Konflikte bis zu einem gewissen Grade vorprogrammiert. Führungskräfte können Teamnormen (Abschnitt 15.1.1) etablieren, um Konflikte zu vermeiden. Teamnormen können zu einem gleichermaßen offenen wie konstruktiven Umgang mit Differenzen innerhalb des Teams beitragen.

Im letzten Jahrzehnt haben sich in der Unternehmenspraxis verstärkt Kooperationen zwischen Unternehmen etabliert (vgl. Doney/Cannon 1997). Beispielhaft für solche Kooperationen ist die gemeinsame Gestaltung von Produktion und Logistik mehrerer Anbieter-Unternehmen (wie z. B. in der Automobilzuliefererindustrie) zu nennen. Ein weiteres Beispiel stellt der intensive Austausch zwischen Anbieter- und Kundenunternehmen (wie z. B. zwischen Konsumgüterherstellern und Handel) dar. In derartigen Kooperationen werden häufig Teams eingesetzt, die aus Mitgliedern mehrerer (d. h. der partizipierenden) Unternehmen zusammen gesetzt sind, d. h. institutionell heterogen sind.

Die *institutionelle Heterogenität* gibt Auskunft darüber, inwieweit Mitglieder eines oder mehrerer Unternehmen in ein Team integriert sind und wie die Macht zwischen diesen Teams verteilt ist. In *intraorganisationalen Teams* stammen die Teammitglieder aus einem Unternehmen. Bei den meisten in der Teamliteratur diskutierten Teams handelt es sich um intraorganisationale Teams (Stock 2004).

Teams, die aus Mitgliedern mehrerer Unternehmen stammen, werden als *interorganisationale Teams* bezeichnet (vgl. hierzu Gaitanides/Stock 2004; Stock 2003, 2006; Stock/Gaitanides 2006a, b). Interorganisationale Teams werden insbesondere in den Bereichen Beschaffung, Forschung & Entwicklung sowie Marketing und Vertrieb eingesetzt. So können beispielsweise Mitarbeiter mehrerer kooperierender Kunden-Unternehmen ein interorganisationales Beschaffungsteam bilden. Mit dem Einsatz solcher Teams sollen insbesondere Mengenvorteile realisiert bzw. die Verhandlungsmacht gegenüber größeren Anbietern erhöht werden. Im Rahmen von Kooperationen zwischen Anbieter- und Kunden-Unternehmen können interorganisationale Teams beispielsweise bei der Neuproduktentwicklung eingesetzt werden.

Bei der Führung von interorganisationalen Teams spielt der Grad der Interorganisationalität eine entscheidende Rolle. Dieser ist besonders hoch, wenn das Team sich zu gleichen Teilen aus Mitarbeitern der beteiligten Unternehmen zusammensetzt und die Macht zwischen den beteiligten Institutionen gleich verteilt ist (vgl. Stock 2006, S. 589). Dagegen spricht man von geringer Interorganisationalität, wenn eines der beteiligten Unternehmen das Team im Hinblick auf die Anzahl der entsendeten Mitarbeiter oder die Entscheidungs- bzw. Kontrollbefugnisse dominiert. Des Weiteren ist bei der Führung interorganisationaler Teams zu beachten, dass neben unterschiedlichen Interessen der einzelnen Teammitglieder unterschiedliche Zielsetzungen der beteiligten Unternehmen im Team aufeinander treffen können. Vor diesem Hintergrund spielt in interorganisationalen Teams das Management von Teamkonflikten eine besondere Rolle. Dieses wird in Abschnitt 15.1.4 ausführlich behandelt.

Das fünfte Merkmal anhand dessen verschiedene Arten von Teams unterschieden werden können, bezieht sich auf die *Intensität der technischen Vernetzung*. Diesbezüglich kann zwischen konventionellen und virtuellen Teams unterschieden werden. In *konventionellen Teams* tauschen sich die Mitglieder in erster Linie persönlich aus, und die Arbeitsplätze der Mitglieder befinden sich in räumlicher Nähe zueinander.

Im Gegensatz dazu sind *virtuelle Teams* dadurch gekennzeichnet, dass deren Mitglieder regional verteilt an einer gemeinsamen Aufgabe arbeiten (vgl. im Überblick zu virtuellen Teams u. a. Bailey/Kurland 2002; Hertel/Geister/Konradt 2005). Die Mitglieder kommunizieren hauptsächlich mittels moderner Informationstechnologien (vgl. Weinkauf/Woywode 2004). Virtuelle Teams werden insbesondere in international tätigen Unternehmen eingesetzt. Folgende Aufgaben sind typische Tätigkeiten virtueller Teams:

- *Internationales Qualitätsmanagement*: Ein virtuell vernetztes Team kann hier beispielsweise die Aufgabe übernehmen, die Auditierung verschiedener Standorte des Unternehmens nach Qualitätsnormen vorzubereiten (z. B. in der Automobilzulieferer-Industrie).

- *Internationale Forschung und Entwicklung*: Hier werden virtuelle Teams mit dem Ziel gebildet, das Know-how von Fachkräften, die in verschiedenen Ländern beschäftigt sind, zu nutzen. Es geht dabei insbesondere darum, die Umsetzbarkeit der Entwicklungen in verschiedenen Ländern sicherzustellen. Das Unternehmen Hewlett-Packard setzt virtuelle Teams beispielsweise in der Softwareentwicklung ein.

Insert 13.1 legt die Bedeutung virtueller Teams in der Unternehmenspraxis dar und zeigt spezifische Herausforderungen bei der Führung solcher Teams auf.

Insert 13.1:   Einsatz virtueller Teams in der Unternehmenspraxis
                   (Astheimer 2008, S. C4)

Die virtuelle Dienstreise

[...] Mitte der neunziger Jahre kam das Thema der virtuellen Teams in Mode. Telefonschaltungen gab es zwar schon früher, doch die rasche Ausbreitung des Internet eröffnete schlagartig neue Möglichkeiten. Manager und Controller vor allem großer Konzerne hofften, durch den technischen Fortschritt zahlreiche Dienstflüge überflüssig zu machen und dadurch große Summen zu sparen. Und politisch korrekt waren die virtuellen Kommunikationswege auch noch, versprachen sie

Gerade auf die Führungskräfte kommt es nach Meinung von Experten in einem virtuellen Team besonders an. Der Arbeitspsychologe Guido Hertel und der Unternehmensberater Borris Orlikowski weisen in der Zeitschrift „Personalmagazin" auf einige Punkte hin, die unbedingt beachtet werden sollten. Demnach ist es wichtig, Vertrauen im Team zu entwickeln. Klare Kommunikationsregeln tragen dazu bei, dass jeder weiß, woran er ist. Foren können ein Weg sein, um Teilnehmern die

doch, die Umwelt viel weniger zu belasten. Gewachsen ist der Flugverkehr bis heute trotzdem rasant. Auch sonst haben sich nicht alle Hoffnungen erfüllt, obwohl die technischen Voraussetzungen in der Zwischenzeit mit der Verbreitung schneller Internetanschlüsse noch besser geworden sind. Entscheidend für den Erfolg virtueller Zusammenarbeit ist die Kommunikation der Teilnehmer untereinander. Sei diese gestört, drohe schlimmstenfalls der Ausschluss von Akteuren, wie eine Befragung ergab, die das Institut für Zukunftsstudien und Technologiestudien in Berlin unter Mitgliedern virtueller Einheiten durchgeführt hat. Wenn etwa die wesentlichen Entscheidungen per E-Mail getroffen werden, müssten diese in hohem Maß standardisiert sein. Dies schaffe Klarheit unter den Teilnehmern und reduziere unnötigen Mail-Verkehr. Jeder zweite Befragte gab zu, beim Aufbau sozialer Kontakte mit dem virtuellen Gegenüber Schwierigkeiten gehabt zu haben.

Möglichkeit zu geben, sich über Experten-Themen auszutauschen, ohne die anderen damit zu langweilen. Damit soziale Kontakte entstehen können, sollte vor dem offiziellen Meeting noch Raum sein für informelle Kontakte. Im Anschluss müssen alle Mitglieder mit allen Ergebnissen der Sitzung (Protokolle, Arbeitspläne) versorgt werden, damit sich niemand ausgegrenzt fühlt. Auch sollte der Leiter ähnlich wie ein Lehrer im Unterricht dafür sorgen, dass alle Partner sich einbringen und der Konferenz auch folgen. Die Ergebnisse sollten nicht nur innerhalb der Gruppe, sondern auch außerhalb sichtbar gemacht werden. Zum Schluss wird noch empfohlen, die Erfolge virtueller Teamarbeit gebührend zu belohnen: etwa durch direktes Lob oder durch eine „virtuelle Party" – wie die aussehen soll, wird allerdings nicht verraten. „Virtuelle Teams müssen gezielt gemanagt werden", lautet das Fazit von Hertel und Orlikowski.

Die sechste Kategorie zur Unterscheidung verschiedener Arten von Teams bezieht sich auf die *interkulturelle Heterogenität* von Teams. *Monokulturelle Teams* bestehen aus Mitgliedern einer Länderkultur, *internationale Teams* kennzeichnen sich dadurch, dass die Mitglieder aus unterschiedlichen Kulturen stammen. Die Besonderheiten der Führung internationaler Teams werden im Zusammenhang mit den internationalen Aspekten der Teamführung vertieft (vgl. Abschnitt 16.2).

13.4   Intensität der Führung von Teams

Eine weitere wichtige Frage im Rahmen der Teamführung bezieht sich darauf, wie intensiv Teams geführt werden sollten (vgl. Leitfrage 5, Tabelle 13.1). Die Intensität der Teamführung beschreibt, wie stark eine Führungsperson die Aktivitäten eines Teams beeinflusst. Diese hängt wiederum von der Teamkonstellation und der Position der Führungsperson innerhalb des Teams ab. Die Position einer Führungsperson drückt aus, inwieweit diese in die operativen Aktivitäten eines Teams eingebunden ist. Es ist davon auszugehen, dass eine Führungsperson ein Team umso stärker beeinflusst, je mehr sie operativ eingebunden ist. Die Intensität der Teamführung hängt somit von der Führungsposition der Führungsperson im Team ab (vgl. Abbildung 13.3).

Abbildung 13.3   Teamkonstellationen in Abhängigkeit von der Position der
                         Führungsperson in Teams (in Anlehnung an Thomas 2009, S. 468)

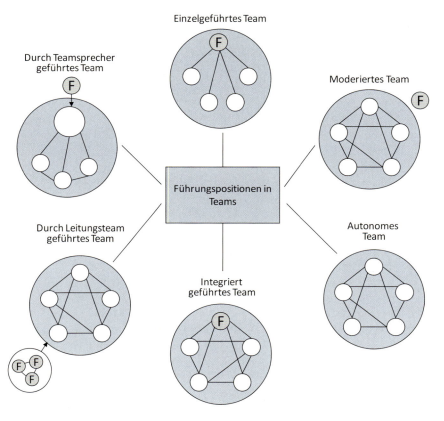

Anmerkung: F = Führungsperson/en

In der Konstellation des *moderierten Teams* steht die Führungsperson außerhalb des Teams, das sich im Wesentlichen selbst organisiert. Die Führungsperson agiert als Moderator koordinierend und unterstützend. Sie nimmt insbesondere folgende Aufgaben wahr:

■ Unterstützen des Teams, um grundlegende Strukturen zu etablieren,

■ Beraten des Teams in konzeptionellen Fragen sowie

■ Erteilen von Feedback zu den Prozessen und den Ergebnissen des Teams.

In *autonomen Teams* werden Entscheidungen, Zuständigkeiten und Vorgehensweisen weitestgehend durch das Team selbst festgelegt (vgl. Perry/Pearce/Sims 1999). Eine Führungsperson existiert nicht bzw. greift kaum in die Arbeit des Teams ein. Das Team ist selbst für die Erreichung der Teamziele verantwortlich. Bei autonomen Teams kann es sich sowohl um Ausführungs- als auch um Management-Teams handeln (vgl. hierzu die Erläuterungen in Verbindung mit Abbildung 13.2).

In *integriert geführten Teams* ist die Führungsperson in die Entscheidungs- und Umsetzungsprozesse umfassend involviert und wirkt selbst an der Aufgabenerfüllung mit. Darüber hinaus trägt sie die Verantwortung für

■ die Festlegung der Teamziele,

■ die Verteilung von Aufgaben und Zuständigkeiten im Team,

■ den Prozess der Aufgabenerfüllung im Team sowie

■ das Ergebnis der Teamarbeit.

In integriert geführten Teams sind Rollenkonflikte der Führungsperson quasi vorprogrammiert. Während die Führungsperson einerseits eng mit den Mitgliedern des Teams an der Erfüllung der Aufgaben zusammenarbeitet, verfügt sie andererseits über disziplinarische Weisungsbefugnisse. Die Nähe der Führungsperson zu den Teammitgliedern kann zudem die Akzeptanz der Führungsrolle seitens der Teammitglieder beeinträchtigen.

Wird ein Team durch ein *Leitungsteam* geführt, so werden die Entscheidungen über Aufgaben, Zuständigkeiten und Vorgehensweisen durch mehrere Teamleiter gemeinsam getroffen, die wiederum als Team agieren. Führung findet in einer solchen Konstellation durch Abstimmung zwischen den Mitgliedern des Leitungsteams statt. Koordinationsprobleme können in solchen Teams dadurch auftreten, dass die Teammitglieder Anfragen an mehrere Teamleiter parallel richten bzw. parallel von diesen Weisungen erhalten. Zur Vermeidung von Schnittstellenproblemen sollte das Leitungsteam

■ klare Zuständigkeiten innerhalb des Leitungsteams festlegen,

■ die Verantwortungsbereiche im Leitungsteam gegenüber den Mitgliedern des geführten Teams transparent machen sowie

■ wichtige Entscheidungen miteinander abstimmen.

In *durch einen Teamsprecher geführten Teams* werden Arbeitsaufträge bzw. eventuelle Rückmeldungen über einen Teamsprecher koordiniert. Der Teamsprecher ist selbst Teammitglied und übernimmt gleichzeitig eine Mittlerrolle zwischen Team und Teamleitung. Solche Konstellationen finden sich beispielsweise in Unternehmensbereichen, in denen einer Führungsperson parallel mehrere Teams unterstellt sind, die mit relativ unterschiedlichen Aufgaben betraut sind. Akzeptanzprobleme des Teamsprechers können in kritischen Situationen dadurch auftreten, dass dieser disziplinarisch auf gleicher Stufe mit den übrigen Teammitgliedern steht. Die Teamleitung kann die Akzeptanz des Teamsprechers durch folgende Maßnahmen erhöhen:

- gemeinsames Festlegen des Teamsprechers mit dem Team,

- Signalisieren von klarem Commitment gegenüber den Funktionen und Aufgaben des Teamsprechers,

- klares Festlegen des Reporting-Systems seitens des Teamsprechers sowie

- Unterstützen des Teamsprechers bei der Strukturierung der eigenen Aufgaben.

In *einzelgeführten Teams* steht jedes Teammitglied unmittelbar in Interaktion mit der Führungsperson. Solche Teams, in denen die Teammitglieder eher nebeneinander als miteinander arbeiten, sind beispielsweise in großen Forschungs- und Entwicklungsprojekten zu finden. In derartigen Projekten sind einzelne Teammitglieder für die Entwicklung einzelner Prozessschritte bzw. Produkte zuständig. Ein solches Führungsmodell kann sinnvoll sein, wenn die Mitglieder eines Teams sehr unterschiedliche Aufgaben wahrnehmen. Eine potenzielle Schwäche dieser Konstellation liegt jedoch darin, dass sich die Teammitglieder nur bedingt abstimmen. Für die erfolgreiche Führung solcher Teams ist es wichtig, dass

- die Aufgabenbereiche der Teammitglieder klar festgelegt sind,

- die Schnittstellen zwischen den Mitgliedern des Teams klar definiert sind sowie

- die regelmäßige Kommunikation zwischen den Teammitgliedern durch Mitarbeiterbesprechungen (vgl. Abschnitt 12.1.3) bzw. Kommunikationsmatrizen (vgl. Abschnitt 12.1.4) sichergestellt wird.

Abbildung 13.4   Auswirkungen der Intensität der Teamführung auf den Teamerfolg
(vgl. Stock 2005b, S. 41)

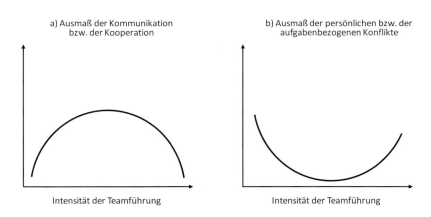

Die verschiedenen Rollen von Führungskräften in Teams implizieren, dass eine Führungsperson ein Team unterschiedlich stark beeinflussen kann. Damit stellt sich die Frage, wie intensiv Teams geführt werden sollten (vgl. Tabelle 13.1). Mit den Erfolgsauswirkungen der Intensität der Teamführung befasst sich die Untersuchung von Stock (2005b). Auf der

Basis einer Befragung von rund 240 Teams verschiedener Branchen wird ein umgekehrt u-förmiger Zusammenhang zwischen der Intensität der Teamführung und den Prozessen (repräsentiert durch das Ausmaß an Kommunikation bzw. Kooperation) in Teams festgestellt (vgl. Abbildung 13.4a). Das heißt, es besteht zunächst ein positiver Zusammenhang zwischen der Intensität der Teamführung und den Teamprozessen. Dieser wird allerdings bei Überschreiten einer gewissen Führungsintensität negativ.

Der Zusammenhang zwischen der Intensität der Teamführung und dem Ausmaß von Konflikten verzeichnet dagegen einen u-förmigen Verlauf (vgl. Abbildung 13.4b). Mit zunehmender Intensität der Teamführung ist also zunächst ein Rückgang von Konflikten verbunden. Dieser negative Zusammenhang kehrt sich ab einer gewissen Intensität der Teamführung in einen positiven Zusammenhang um.

Was bedeuten diese Ergebnisse für die Teamführung? Es zeigt sich zunächst, dass ein völliges Fehlen von Teamführung nicht erfolgsförderlich ist. Bleiben stimulierende Impulse seitens der Führungsperson im Hinblick auf die Kommunikation, die Kooperation und den Umgang mit Konflikten in Teams völlig aus, so ist dies kontraproduktiv für die Teamprozesse. Allerdings kann es auch ein „zu viel des Guten" geben. Extreme Einflussnahme durch die Führungsperson kann folgende Konsequenzen hervorrufen:

- Rückgang der Motivation der Teammitglieder aufgrund reduzierter Entscheidungsspielräume,

- mangelnde Identifikation der Teammitglieder mit den Teamzielen aufgrund geringer Einflussmöglichkeiten,

- begrenzte Kreativität aufgrund ausbleibender gruppendynamischer Prozesse sowie

- Rückgang der Leistungen aufgrund verlernter Eigenständigkeit der Teammitglieder.

Die Kommunikation bzw. die Kooperation zwischen den Teammitgliedern wird durch einen mittleren Grad an Einflussnahme durch die Führungsperson optimal gefördert. Dadurch kann die Führungsperson die Verhaltensweisen der Teammitglieder beeinflussen, ohne das Team zu stark einzuengen. Ausgewogene Führung kennzeichnet sich insbesondere durch folgende Maßnahmen:

- gemeinsames Vereinbaren von Teamzielen,

- Beraten des Teams in strukturellen Fragen (Vorgehensweisen, Prozesse, Verantwortlichkeiten usw.),

- Stimulieren fachlicher Diskussionen,

- Einsetzen von Kreativitätstechniken,

- Erteilen von Rückmeldungen über Prozesse und Leistungen des Teams sowie

- Unterstützen des Teams bei der Entscheidungsumsetzung nach außen.

Kontrollfragen

1. Was ist unter einem Team zu verstehen? Gehen Sie auf konstituierende sowie charakterisierende Merkmale von Teams ein.

2. Nennen Sie jeweils zwei Chancen und Risiken der Teamarbeit aus Unternehmens- bzw. Mitarbeitersicht.

3. Welche Typen von Teams können nach Stock (2002) unterschieden werden? Beschreiben Sie die vier Typen kurz.

4. Welche klassischen Teamarten kennen Sie? Nennen Sie jeweils Beispiele für den Einsatz der verschiedenen Teamarten.

5. Welche Teamkonstellationen können sich in Abhängigkeit von der Position einer Führungsperson nach Thomas (2009) in Teams ergeben? Beschreiben Sie diese Teamkonstellationen. Gehen Sie bei Ihrer Antwort insbesondere auf die jeweiligen Aufgaben der Teamführung ein.

Literatur

Amason, A. (1996), Distinguishing the Effects of Functional and Dysfunctional Conflict on Strategic Decision Making: Resolving a Paradox for Top Management Teams, Academy of Management Journal, 39, 1, 123-148.

Amason, A./Sapienza, H. (1997), The Effects of Top Management Team Size and Interaction Norms on Cognitive and Affective Conflict, Journal of Management, 23, 4, 495-516.

Astheimer, S. (2008), Die virtuelle Dienstreise, Frankfurter Allgemeine Zeitung, 292 (13./14.12.2008), C4.

Bailey, D./Kurland, N. (2002), A Review of Telework Research: Findings, New Directions, and Lessons for the Study of Modern Work, Journal of Organizational Behavior, 23, 4, 383-401.

Banker, R./Field, J./Schroeder, R./Sinha, K. (1996), Impact of Work Teams on Manufacturing Performance: A Longitudinal Field Study, Academy of Management Journal, 39, 4, 867-890.

Bückel, B./Armbruster, H. (2006), Erfolgsfaktoren von Innovationsteams: Der Einfluss der übereinstimmenden Wahrnehmung zwischen Teammitgliedern und unternehmensinternen Stakeholdern, Zeitschrift für betriebswirtschaftliche Forschung, 58, Juni, 506-524.

Burke, C./Stagl, K./Klein, C./Goodwin, G./Salas, E./Halpin, S. (2006), What Type of Leadership Behaviors are Functional in Teams? A Meta-Analysis, Leadership Quarterly, 17, 3, 288-307.

Campion, M./Papper, E./Medsker, G. (1996), Relations Between Work Team Characteristics and Effectiveness: A Replication and Extension, Personnel Psychology, 49, 2, 429-452.

Cohen, S./Ledford, G./Spreitzer, G. (1996), A Predictive Model of Self-Managing Work Team Effectiveness, Human Relations, 49, 5, 643-677.

De Jong, A./de Ruyter, K./Streukens, S./Ouwersloot, H. (2001), Perceived Uncertainty in Self-Managed Service Teams: An Empirical Assessment, International Journal of Service Industry Management, 12, 2, 158-183.

Doney, P./Cannon, J. (1997), An Examination of the Nature of Trust in Buyer-Seller Relationships, Journal of Marketing, 61, 2, 35-51.

Elron, E. (1997), Top Management Teams within Multinational Corporations: Effects of Cultural Heterogeneity, Leadership Quarterly, 8, Winter, 393-412.

Gaitanides, M./Stock, R. (2004), Interorganisationale Teams: Transaktionskostentheoretische Überlegungen und empirische Befunde zum Teamerfolg, Zeitschrift für betriebswirtschaftliche Forschung, 56, August, 436-451.

Guzzo, R./Shea, G. (1992), Group Performance and Intergroup Relations in Organizations, in: Dunnette, M./Hough, L. (Hrsg.), Handbook of Industrial and Organizational Psychology, Palo Alto/CA, 269-313.

Hackman, J. (1988), The Design of Work Teams, in: Lorsch, J. (Hrsg.), Handbook of Organizational Behavior, Englewood Cliffs, 315-342.

Hackman, J. (1990), Introduction: Work Teams in Organisations: An Orienting Framework, in: Hackman, J. (Hrsg.), Groups That Work (and Those That Don't), San Francisco, 1-15.

Hertel, G./Geister, S./Konradt, U. (2005), Managing Virtual Teams: A Review of Current Empirical Research, Human Resource Management Review, 15, 1, 69-95.

Janis, I. (1973), Victims of Groupthink, Boston/MA.

Kanawattanachai, P./Yoo, Y. (2002), Dynamic Nature of Trust in Virtual Teams, Sprouts: Working Papers on Information Environments, Systems and Organizations, 2, 2, 42-58.

Kim, Y./Lee, B. (1995), R&D Project Team Climate and Team Performance in Korea: A Multidimensional Approach, R&D Management, 25, 2, 179-196.

Levi, D. (2001), Group Dynamics for Teams, London.

Moon, M./Armstrong, G. (1994), Selling Teams: A Conceptual Framework and Research Agenda, Journal of Personal Selling & Sales Management, 14, 1, 17-30.

Moon, M./Gupta, S. (1997), Examining the Formation of Selling Centers: A Conceptual Framework, Journal of Personal Selling & Sales Management, 17, 2, 31-41.

Perry, M./Pearce, C./Sims, H. (1999), Empowered Selling Teams: How Shared Leadership Can Contribute to Selling Team Outcomes, Journal of Personal Selling & Sales Management, 14, 3, 35-51.

Pinto, M./Pinto, J. (1990), Project Team Communication and Cross-Functional Cooperation in New Program Development, Journal of Product Innovation Management, 7, 3, 200-212.

Pinto, M./Pinto, J./Prescott, J. (1993), Antecedents and Consequences of Project Team Cross-Functional Cooperation, Management Science, 39, 10, 1281-1297.

Sarin, S./Mahajan, V. (2001), The Effect of Reward Structures of the Performance of Cross-Functional Product Development Teams, Journal of Marketing, 65, April, 35-53.

Stock, R. (2002), Coaching von Teams: Ein systematischer Ansatz zur Messung und Steigerung der Einflussgrößen des Teamerfolgs, Zeitschrift für Führung und Organisation, 71, 2, 89-95.

Stock, R. (2003), Teams an der Schnittstelle zwischen Anbieter- und Kunden-Unternehmen – Eine integrative Betrachtung, Wiesbaden.

Stock, R. (2004), Drivers of Team Performance: What Do We Know and What Have We Still to Learn?, Schmalenbach Business Review, 56, 3, 274-306.

Stock, R. (2005a), Können Marketingteams zu homogen sein? Verhaltenstheoretische Überlegungen und empirische Befunde, Die Unternehmung, 59, 2, 131-160.

Stock, R. (2005b), Kann Teamführung zu intensiv sein? Theoretische Überlegungen und empirische Untersuchung nicht-linearer Wirkungsbeziehungen, Zeitschrift für betriebswirtschaftliche Forschung, 57, Februar, 33-52.

Stock, R. (2006), Interorganizational Teams as Boundary Spanners Between Supplier and Customer Companies, Journal of the Academy of Marketing Science, 34, 4, 588-599.

Stock, R./Gaitanides, M. (2006a), Interorganisationale Teams – Aktueller Überblick und Forschungshypothesen, Die Unternehmung, 60, 1, 43-60.

Stock, R./Gaitanides, M (2006b), Einflussgrößen des Teamerfolgs: Analyse der Interorganisationalität als Moderator, Die Unternehmung, 60, 4, 385-405.

Tannenbaum, S./Beard, R./Salas, E. (1992), Team Building and its Influence on Team Effectiveness: An Examination of Conceptual and Empirical Developments, in: Kelly, K. (Hrsg.), Issues, Theory, and Research in Industrial/Organizational Psychology, 117-153.

Thomas, A. (2009), Mitarbeiterführung in interkulturellen Arbeitsgruppen, in: von Rosenstiel, L./Regnet, E./Domsch, M. (Hrsg.), Führung von Mitarbeitern: Handbuch für erfolgreiches Personalmanagement, 6. Auflage, 466-483.

Weinkauf, K./Woywode, M. (2004), Erfolgsfaktoren von virtuellen Teams – Ergebnisse einer aktuellen Studie, Zeitschrift für betriebswirtschaftliche Forschung, 56, 6, 393-417.

14 Theoretisch-konzeptionelle Ansätze der Teamführung

Lernziele

- Die Leser überblicken die zentralen Ansätze der Teamforschung.

- Die Leser entwickeln ein Verständnis für Trittbrettfahrereffekte aus ökonomischer Perspektive.

- Die Leser kennen ausgewählte verhaltenswissenschaftliche Theorien und Konzepte zur Führung von Teams.

- Die Leser überblicken aktuelle wissenschaftliche Weiterentwicklungen der behandelten theoretischen Ansätze.

- Die Leser können die praktische Bedeutung der theoretisch-konzeptionellen Ansätze der Teamführung einordnen.

Für die erfolgreiche Führung von Teams ist es entscheidend, die gruppendynamischen Prozesse in Teams zu verstehen und ihre Konsequenzen für die Teamführung zu kennen. Ein fundiertes Verständnis der gruppendynamischen Teamprozesse liefern theoretisch-konzeptionelle Ansätze der Teamführung. Einen strukturierten Leitfaden für die systematische Auseinandersetzung mit den theoretisch-konzeptionellen Ansätzen der Teamführung liefern die in Tabelle 14.1 dargelegten Leitfragen.

Tabelle 14.1   Zentrale Leitfragen zu theoretisch-konzeptionellen Ansätzen der Teamführung

Zentrale Leitfragen	Behandelt in ...
1. Wie entstehen Trittbrettfahrereffekte in Teams, und wie können diese im Rahmen der Teamführung unterbunden werden?	Abschnitt 14.1
2. Durch welche Maßnahmen kann die Teamleistung eher kurzfristig, durch welche Maßnahmen eher mittel- bis langfristig gesteigert werden?	Abschnitt 14.2.1
3. Welche Schnittstellen haben Führungskräfte in Teams zu beachten, und wie wirken sie sich auf den Erfolg von Teams aus?	Abschnitt 14.2.2
4. Wie können Führungskräfte die Leistungsfähigkeit von Teams in verschiedenen Phasen der Teamentwicklung steigern?	Abschnitt 14.3.1
5. Inwieweit kann die Teamkonstellation zu einem Rückgang der Leistungen einzelner Teammitglieder oder des gesamten Teams führen?	Abschnitt 14.3.2
6. Wie können Führungskräfte mit unterschiedlichen Rollen von Teammitgliedern umgehen?	Abschnitt 14.3.3
7. Wie können Führungskräfte auf unterschiedliche Typen von Teammitgliedern eingehen?	Abschnitt 14.3.4

Für die effiziente und zielorientierte Führung von Teams sollten Führungskräfte wissen, wovon der Erfolg von Teams abhängt. Mit der Klärung dieser Frage haben sich zwei Gruppen von konzeptionellen Ansätzen der Teamforschung auseinandergesetzt (vgl. Abbildung 14.1). Die erste Gruppe, so genannte *Intergruppenansätze*, widmet sich der Gestaltung von Beziehungen zwischen Teams (d. h. Intergruppenbeziehungen, vgl. hierzu ausführlich Stock 2003, S. 28 ff.; Taylor/Moghaddam 1994, S. 9 ff.). Weitaus bedeutender für die Führung von Teams in Unternehmen sind die so genannten *Intragruppenansätze*. In diesen Ansätzen steht die erfolgreiche Gestaltung der Beziehungen innerhalb von Teams (d. h. Intragruppenbeziehungen) im Mittelpunkt. Aufgrund ihrer Relevanz für die Teamführung werden Intragruppenansätze im Folgenden ausführlicher behandelt.

Innerhalb der Intragruppenansätze wird zwischen ökonomischen und verhaltenswissenschaftlichen Ansätzen unterschieden. *Ökonomische Ansätze* der Teamforschung sehen die primären Aufgaben der Teamführung darin, ökonomische Anreize zu schaffen und opportunistische Verhaltensweisen der Teammitglieder zu unterbinden (vgl. Marschak/Radner 1972). Das Menschenbild des Nutzenmaximierers, das diesen Theorien zugrunde liegt, ist nur schwer mit dem heutigen Verständnis der Mitarbeiterführung zu vereinbaren. In diesem Kapitel wird daher aus der Gruppe der ökonomischen Ansätze ausschließlich der Trittbrettfahrereffekt erläutert (Abschnitt 14.1), der auf der Prinzipal-Agenten-Theorie basiert (vgl. Abschnitt 2.1.2). Für eine ausführlichere Darstellung der ökonomischen Ansätze der Teamführung sei an dieser Stelle auf die Ausführungen von Backes-Gellner, Lazear und Wolff (2001) sowie Marschak und Radner (1972) verwiesen.

Die *verhaltenswissenschaftlichen Ansätze* der Teamforschung befassen sich damit, wie durch das Schaffen psychologischer (insbesondere motivationaler) Anreize das Verhalten von Teammitgliedern gesteuert werden kann (vgl. Stock 2004). Aus der Gruppe der verhaltenswissenschaftlichen Ansätze werden im vorliegenden Kapitel Theorien (Abschnitt 14.2) sowie Konzepte (Abschnitt 14.2.3) behandelt, die einen hohen Erklärungsbeitrag für die Führung von Teams liefern. Theorien unterscheiden sich von Konzepten insbesondere dadurch, dass sie die postulierten Zusammenhänge anhand verschiedener Wirkungsmechanismen begründen. Dagegen gehen Konzepte der Teamforschung nicht auf zugrunde liegende Wirkungsmechanismen ein. Einen Überblick über zentrale theoretisch-konzeptionelle Ansätze der Teamführung liefert Abbildung 14.1.

Abbildung 14.1   Zentrale theoretisch-konzeptionelle Ansätze der Teamforschung im
Überblick

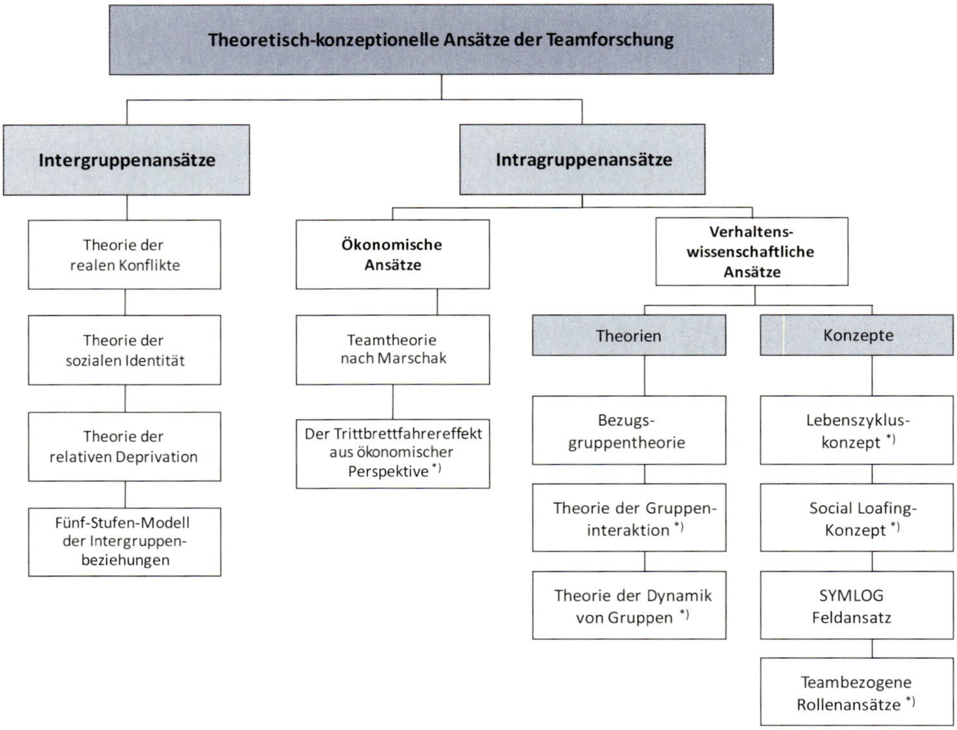

```
                 Theoretisch-konzeptionelle Ansätze der Teamforschung


        Intergruppenansätze                        Intragruppenansätze


                                                              Verhaltens-
      Theorie der              Ökonomische                wissenschaftliche
    realen Konflikte             Ansätze                      Ansätze


      Theorie der             Teamtheorie             Theorien          Konzepte
    sozialen Identität       nach Marschak


      Theorie der          Der Trittbrettfahrereffekt    Bezugs-          Lebenszyklus-
  relativen Deprivation      aus ökonomischer        gruppentheorie      konzept *)
                               Perspektive *)


    Fünf-Stufen-Modell                             Theorie der Gruppen-   Social Loafing-
    der Intergruppen-                                interaktion *)        Konzept *)
      beziehungen

                                                   Theorie der Dynamik      SYMLOG
                                                   von Gruppen *)         Feldansatz

                                                                         Teambezogene
                                                                       Rollenansätze *)
```

Anmerkung: *) = Ansätze mit hoher Relevanz für die Teamführung

14.1   Der Trittbrettfahrereffekt aus ökonomischer Perspektive

Klare Zuständigkeiten, Arbeitsteilung und Motivation der Teammitglieder durch gezielte Leistungsanreize sind zentrale Elemente erfolgreicher Teamführung. Eine Führungsperson verfügt jedoch in der Regel nicht über detaillierte Kenntnisse des Leistungsverhaltens und der Effektivität der einzelnen Teammitglieder. Vielmehr wird die Verantwortung für die zu erbringende Leistung bis zu einem gewissen Grad von der Führungsperson auf die Mitglieder des Teams übertragen (vgl. zur Intensität der Teamführung Abschnitt 13.4).

Bei der Übertragung von Aufgaben von der Führungsperson auf die Teammitglieder handelt es sich um eine klassische Prinzipal-Agenten-Situation (vgl. Abschnitt 2.1.2 zur Darlegung der grundlegenden Annahmen der Prinzipal-Agenten-Theorie). Die Teamkonstellation ist durch Informationsasymmetrie dergestalt gekennzeichnet, dass die Führungsperson (Prinzipal) lediglich über unvollständige Informationen hinsichtlich des Leistungsverhaltens der Teammitglieder (Agenten) verfügt. In einer solchen Situation ist es möglich, dass – ausgehend von der Annahme opportunistischen Verhaltens – die Teammitglieder ihre Anstrengung auf Kosten anderer Teammitglieder reduzieren (vgl. Alchian/Demsetz 1972). Es kommt zu einem Trittbrettfahrereffekt im Team. Für eine erfolgreiche Teamführung stellt sich folgende Frage (vgl. Leitfrage 1, Tabelle 14.1): Wie entstehen Trittbrettfahrereffekte in Teams und wie können diese im Rahmen der Teamführung vermieden werden?

Im Hinblick auf die Entstehung von Trittbrettfahrereffekten wird im Folgenden in Anlehnung an Kräkel (1999, S. 213 ff.) ein ökonomischer Erklärungsansatz vorgestellt. Diesem Ansatz liegt die Annahme zugrunde, dass das Teamergebnis π eine Funktion des individuellen Arbeitseinsatzes der einzelnen Teammitglieder ist. Geht man weiter von n Teammitgliedern ($i = 1, ..., n$) mit e_i Arbeitseinsatz aus, so lässt sich das Teamergebnis in der Formel

(1) $\qquad \pi = \pi\left(e_1, ..., e_i, ..., e_n\right)$

ausdrücken. Weiter sei

$$\frac{\partial \pi}{\partial e_i} > 0 \qquad \text{und} \qquad \frac{\partial^2 \pi}{\partial e_i^2} < 0 \qquad (i = 1, ..., n),$$

was bedeutet, dass π eine monoton wachsende und konkave (d. h. rechts gekrümmte) Funktion von e_i ist.

Darüber hinaus unterstellt man, dass e_i bei Mitglied i Arbeitsaufwand verursacht. Dieser wird mit $c_i(e_i)$ bezeichnet. Es wird davon ausgegangen, dass

$$\frac{\partial c_i}{\partial e_i} > 0 \quad \text{und} \quad \frac{\partial^2 c_i}{\partial e_i^2} > 0 \quad \text{gilt.}$$

Dies bedeutet, dass die Funktion c_i monoton wachsend und konvex (d. h. links gekrümmte) ist. Mit anderen Worten nimmt also der vom Individuum wahrgenommene Arbeitsaufwand progressiv zu.

Geht man davon aus, dass das Teamergebnis vollständig an die Teammitglieder verteilt wird, und bezeichnet man mit $w_i(\pi)$ den Anteil, den Teammitglied i am Teamergebnis erhält, so muss die Bedingung

(2) $\qquad \sum_{i=1}^{n} w_i\left(\pi\right) = \pi$

gelten. Schließlich unterstellt man, dass das Teammitglied i ($i = 1, ..., n$) gemäß der Nutzenfunktion

(3) $\qquad u_i\left(w_i, e_i\right) = w_i\left(\pi\right) - c_i\left(e_i\right)$

bewertet und entscheidet.

Von grundlegender Bedeutung für die Betrachtung des Trittbrettfahrereffektes sind nun zwei Aspekte.

■ Erstens geht es um die Frage, welches Niveau der Arbeitseinsätze e_i das Teamergebnis π (vermindert um die Summe der empfundenen Arbeitsaufwendungen c_i) maximiert.

■ Zweitens stellt sich die Frage, wann ein Gleichgewicht herrscht. In diesem Zusammenhang ist die Situation aus der Perspektive der Spieltheorie zu betrachten. Gegenstand der Spieltheorie ist das so genannte Nash-Gleichgewicht (vgl. Dixit/Nalebuff 1997; Rieck 1992). Ein solches Gleichgewicht liegt vor, wenn es für keinen Beteiligten mehr möglich ist, durch Veränderungen seines Inputs (hier: seines Arbeitseinsatzes) seine eigene Situation (hier: seinen Nutzen) zu verbessern.

Im Hinblick auf den Trittbrettfahrereffekt ist nun die folgende Erkenntnis von grundlegender Relevanz (vgl. Holmström 1982, S. 326; Kräkel 1999, S. 214): Es lässt sich keine Aufteilung w_1 (π), …, w_n (π) für das Teamergebnis finden, die zu einem Nash-Gleichgewicht führt und gleichzeitig das Teamergebnis maximiert. Anschaulich gesprochen bedeutet dies, dass immer ein Potenzial für Trittbrettfahrerverhalten existiert: Der Einzelne kann bei Vorliegen eines insgesamt optimalen Arbeitseinsatzes seinen Nutzen noch erhöhen, indem er seinen individuellen Einsatz reduziert.

Neben der Erklärung von Trittbrettfahrerverhalten ist es für die Teamführung von besonderem Interesse, wie eine Führungsperson (in der Rolle des Prinzipals) dem Trittbrettfahrerverhalten von Teammitgliedern (in der Rolle der Agenten) entgegenwirken kann. Hierzu werden in der Literatur folgende drei Handlungsempfehlungen gegeben (vgl. Jensen/Meckling 1976; Mirrlees 1976):

■ *Bereitstellen von Informationen*: Durch Informationen über die Leistungen einzelner Teammitglieder werden mangelhafte Leistungen von Trittbrettfahrern für die anderen Teammitglieder transparent gemacht.

■ *Kontrolle der Teammitglieder*: Mithilfe systematischer Leistungskontrollen (z. B. in Form eines Reportingsystems) kann das Leistungsverhalten der Teammitglieder messbar und transparent gemacht werden.

■ *Schaffen individueller Anreize:* Individuelle Anreize ermöglichen es, neben teambezogenen Leistungen auch individuelle Leistungen anzuerkennen. Ziel individueller Anreize ist es, Schwankungen in den Leistungen der einzelnen Teammitglieder zu minimieren (vgl. für einen Überblick über bisherige Erkenntnisse u. a. Milgrom/Roberts 1992). Kombinationsmöglichkeiten individueller und teambezogener Vergütungskomponenten werden in Abschnitt 15.2.2.4 vertieft.

14.2 Verhaltenswissenschaftliche Theorien der Teamführung

14.2.1 Die Theorie der Gruppeninteraktion

Personen mit Führungsverantwortung für Teams haben die Aufgabe, Rahmenbedingungen zu schaffen, unter denen Teams erfolgreich sind. Dabei stehen sie vielfach der Herausforderung gegenüber, dass das von ihnen geführte Team möglichst schnell die gewünschte Leistung erbringen soll. In diesem Zusammenhang stellt sich zunächst die Frage nach Ansatzpunkten der Teamführung, um die Teamleistung unmittelbar (und somit eher kurzfristig) zu steigern (vgl. Leitfrage 2, Tabelle 14.1).

Neben einer raschen Leistungserbringung wird von Teams erwartet, dass sie dauerhaft hohe Leistungen erbringen. Es ist folglich zu klären, wie Führungskräfte die Teamleistung mittel- bis langfristig sicherstellen können (vgl. Leitfrage 2, Tabelle 14.1). Ausgehend von der Annahme, dass Faktoren, die sich direkt auf die Teamleistung auswirken, schnellere Effekte zeigen als Faktoren, welche die Teamleistung indirekt (d. h. über zwischengelagerte Größen) beeinflussen, geht es im Folgenden um die Identifikation direkter und indirekter Einflussgrößen des Teamerfolgs. Hiermit befasst sich insbesondere die Theorie der Gruppeninteraktion (vgl. Thibaut/Kelley 1959). Bevor konkret auf die verschiedenen Kategorien von Einflussgrößen des Teamerfolgs eingegangen wird, soll die grundlegende Logik der Theorie der Gruppeninteraktion dargestellt werden.

Thibaut und Kelley (1959, S. 3) gehen davon aus, dass Personen danach streben, ihre eigenen Ergebnisse im Rahmen einer Austauschbeziehung zu maximieren. Mitglieder in Teams sind also darauf bedacht, für sich selbst (und weniger für das Team) einen größtmöglichen Nutzen zu generieren (vgl. Blau 1968, S. 455). Ein Austausch mit anderen Teammitgliedern findet also nur dann statt, wenn die Teammitglieder hierdurch einen persönlichen Nutzen realisieren können (vgl. Thibaut/Kelley 1959, S. 5).

Thibaut und Kelley (1959) unterscheiden zwei Kategorien von Einflussgrößen des Teamerfolgs: Faktoren, die zur Reduktion von Kosten beitragen, und Faktoren, die Belohnungen generieren (vgl. Abbildung 14.2).

Abbildung 14.2   Wirkungskette zur Erklärung der Teamleistung auf der Basis der
                        Theorie der Gruppeninteraktion (vgl. Stock 2005, S. 975)

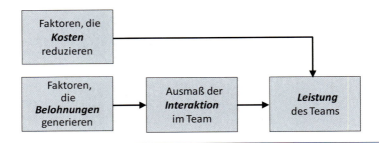

Faktoren, die Kosten reduzieren, erleichtern den einzelnen Teammitgliedern die Leistungserstellung und verringern so deren Aufwand für die Erbringung der gewünschten Leistung.
Zu diesen Faktoren zählen zum einen persönliche Eigenschaften, wie die emotionale Stabilität, die Selbstkontrolle, die Anpassungsfähigkeit, die Toleranz und die positive Grund-
einstellung eines Teammitglieds (vgl. Thibaut/Kelley 1959, S. 37). Zum anderen werden
hierunter Fähigkeiten und Kenntnisse einer Person subsumiert (vgl. Thibaut/Kelley 1959,
S. 58). Faktoren, die zur Reduktion von Kosten beitragen, wirken sich direkt auf die Teamleistung aus. Es handelt sich bei hierbei also um eher kurzfristig wirksame Einflussgrößen
des Teamerfolgs.

Faktoren, die Belohnungen generieren, bewirken eine Befriedigung sozialer Bedürfnisse bzw.
die Erreichung persönlicher Ziele der Teammitglieder. Diese Merkmale stellen einen Anreiz für die Teammitglieder zur Interaktion mit anderen Personen im Team dar. Unter
diesen Faktoren werden nach Thibaut und Kelley (1959)

- die Präsenz von Teamnormen,

- die Homogenität eines Teams,

- die Kohäsion (d. h. der Zusammenhalt) zwischen den Mitgliedern,

- die Interdependenz zwischen den Teammitgliedern sowie

- die Intensität der Teamführung (vgl. Abschnitt 13.4)

zusammengefasst.

Die grundlegenden Annahmen der Theorie der Gruppeninteraktion konnten empirisch
bestätigt werden (vgl. Stock 2005). Auf der Basis einer Befragung von 245 Teams wurde
zudem, ausgehend von den Grundannahmen der Theorie der Gruppeninteraktion, eine
erweiterte Wirkungskette zur Erklärung des Teamerfolgs entwickelt. Hierin werden drei
Kategorien von Einflussgrößen unterschieden (vgl. Abbildung 14.3): personenbezogene,
teambezogene und prozessbezogene Merkmale des Teams.

Abbildung 14.3   Erweiterte Wirkungskette zur Theorie der Gruppeninteraktion
(in Anlehnung an Stock 2005, S. 977)

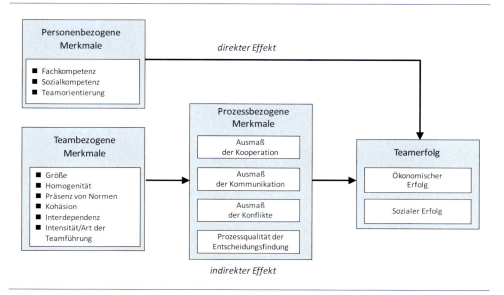

Personenbezogene Merkmale beschreiben Eigenschaften der einzelnen Mitglieder des Teams. Sie umfassen insbesondere die Sozialkompetenz, die Fachkompetenz und die Teamorientierung der Teammitglieder (vgl. Abbildung 14.3). Personenbezogene Merkmale wirken sich direkt und damit kurzfristig auf die Teamleistung aus.

Unter der Kategorie der *teambezogenen Merkmale* werden Einflussgrößen subsumiert, die das Team als Ganzes charakterisieren. Beispielhaft sind die Teamgröße, die Teamhomogenität und die Kohäsion (d. h. der Teamzusammenhalt) zu nennen (vgl. Abbildung 14.3). Diese Merkmale wirken sich indirekt, und zwar über die Verhaltensweisen der Teammitglieder (d. h. die prozessbezogenen Merkmale) auf die Teamleistung aus. Ihr Beitrag zum Teamerfolg ist somit in der Regel erst mittel- bis langfristig wirksam.

Prozessbezogene Merkmale beziehen sich auf die Interaktion zwischen den Mitgliedern eines Teams und werden durch deren Verhaltensweisen geprägt. Sie umfassen Aspekte wie die Kommunikation, die Kooperation und die Konflikte innerhalb eines Teams. Sie wirken sich gemäß der Theorie der Gruppeninteraktion direkt auf den Teamerfolg aus.

Auf Basis der Theorie der Gruppeninteraktion sowie der dargestellten erweiterten Wirkungskette lassen sich Ansatzpunkte zur kurz- sowie zur mittel- bis langfristigen Steigerung der Teamleistung durch die Teamführung identifizieren. Aufgrund ihres unmittelbaren Leistungsbezugs können Führungskräfte durch die Beeinflussung personenbezogener Merkmale bzw. der Prozesse im Team den Teamerfolg relativ kurzfristig erhöhen. In diesem Zusammenhang sind insbesondere folgende Maßnahmen zu nennen:

- das Rekrutieren fachlich bzw. persönlich kompetenter Teammitglieder,

- das Ausbauen fachlicher Fähigkeiten, die für die Arbeit im Team wichtig sind (vgl. zu Maßnahmen der Personalentwicklung Kapitel 5),

- das Stimulieren der Kommunikation im Team sowie

- das Management von Konflikten im Team (vgl. Abschnitt 15.1.4).

Eher mittelfristig wirksam sind dagegen solche Maßnahmen, welche an teambezogenen Merkmalen ansetzen und zunächst entsprechende Verhaltensanpassungen der Teammitglieder erfordern. Dazu gehören beispielsweise

- das Implementieren von Teamnormen (vgl. Abschnitt 15.1.1),

- das Steuern der Verhaltensweisen der Teammitglieder durch Festlegen von Teamzielen (vgl. Abschnitt 15.1.2),

- das Bewusstmachen der gegenseitigen Abhängigkeit der Teammitglieder im Hinblick auf das Erreichen der Teamziele sowie

- das Steigern des Teamzusammenhalts durch Teamevents (vgl. Abschnitt 15.2.3).

14.2.2 Die Theorie der Dynamik von Gruppen

Die Theorie der Dynamik von Gruppen geht auf die Überlegungen von Berné (1961, 1963) zurück. Sie konzentriert sich im Kern auf die Beantwortung der dritten Leitfrage dieses Kapitels (vgl. Tabelle 14.1): Welche Schnittstellen haben Führungskräfte in Teams zu beachten, und wie wirken sich diese auf den Erfolg von Teams aus? Der Teamerfolg wird dabei als die Überlebensfähigkeit eines Teams definiert (vgl. Berné 1963, S. 67).

Die Theorie der Dynamik von Gruppen unterscheidet zwischen den internen und den externen Schnittstellen (oder auch „Grenzen") eines Teams. *Interne Schnittstellen* repräsentieren Subgruppen innerhalb des Teams, die zum Teil unterschiedliche Interessen aufweisen. Solche Schnittstellen können insbesondere in folgenden Konstellationen auftreten:

- hierarchiebedingte Schnittstellen zwischen Führungskräften und Teammitgliedern,

- interessensbedingte Schnittstellen zwischen Teammitgliedern aus unterschiedlichen Unternehmensbereichen,

- interfunktionale Schnittstellen zwischen Teammitgliedern aus unterschiedlichen Funktionsbereichen,

- informelle Schnittstellen zwischen Teammitgliedern, die unterschiedlichen informellen Gruppen innerhalb des Teams angehören, sowie

- interorganisationale Schnittstellen aufgrund der Zugehörigkeit der Teammitglieder zu unterschiedlichen Unternehmen.

Externe Schnittstellen treten bei der Interaktion zwischen den Mitgliedern eines Teams und Personen außerhalb des Teams auf. Dazu gehören

- Schnittstellen zu anderen Personen (z. B. Coach des Teams, Kunden),

- Schnittstellen zu anderen Teams im Unternehmen,

- Schnittstellen zu übergeordneten Gremien (z. B. Lenkungsausschuss) im Unternehmen sowie

- Schnittstellen zu Mitgliedern anderer Unternehmen (z. B. Zulieferer oder Kunden).

Gemäß der Theorie der Gruppeninteraktion stellen Schnittstellen, die nicht strukturiert gehandhabt werden, eine Bedrohung für die Überlebensfähigkeit und damit den Erfolg eines Teams dar (vgl. Berné 1963, S. 105). Erfolgreiche Teamführung erfordert deshalb ein systematisches Management der Schnittstellen eines Teams. Einen Überblick über beispielhafte Ansatzpunkte zum Management interner und externer Schnittstellen liefert Tabelle 14.2.

Tabelle 14.2 Ansatzpunkte zum Management von Schnittstellen eines Teams im Rahmen der Teamführung

Ansatzpunkte zum Management ...	
... interner Schnittstellen	*... externer Schnittstellen*
<ul><li>Definieren klarer Teamziele</li><li>Ableiten individueller Ziele aus den Teamzielen</li><li>Festlegen von Zuständigkeiten und Verantwortlichkeiten im Team</li><li>Schaffen einer hohen Transparenz der Tätigkeiten jedes Teammitglieds</li><li>Vermeiden einer zu detailorientierten Einflussnahme durch die Teamführung (Überregulierung)</li><li>Gewährleisten von „Berechenbarkeit" der Aktivitäten der Teamführung</li></ul>	<ul><li>Gemeinsames Festlegen von Abläufen und Informationsflüssen an externen Schnittstellen</li><li>Vermeiden/Unterbinden abwertender Denkhaltungen gegenüber Personen bzw. Gruppierungen außerhalb des Teams</li><li>Gegebenenfalls gemeinsame Definition externer Schnittstellen mit entsprechenden Adressaten</li><li>Berücksichtigen externer Schnittstellen bei der Definition der Prozesse im Team</li></ul>

14.2.3 Vergleichende Gegenüberstellung

Die in den vorangegangenen Abschnitten vorgestellten verhaltenswissenschaftlichen Ansätze der Teamführung, die Theorie der Gruppeninteraktion und die Theorie der Dynamik von Gruppen, beschäftigen sich mit der Frage, wie im Rahmen der Teamführung durch die Führungsperson psychologische Anreize geschaffen werden können, sich im Sinne der

Unternehmensziele zu verhalten. Als Theorien zeichnen sie sich zudem dadurch aus, dass sie einen Wirkungsmechanismus identifizieren, der die angenommenen Wirkungsbeziehungen verursacht. Die wesentlichen Unterschiede zwischen den beiden Theorien werden in Tabelle 14.3 dargelegt.

Tabelle 14.3   Vergleichende Gegenüberstellung verhaltenswissenschaftlicher Theorien der Teamführung

	Theorie der Gruppeninteraktion	**Theorie der Dynamik von Gruppen**
Inhaltlicher Fokus	Identifikation von direkten und indirekten Einflussfaktoren des Teamerfolgs	Erklärung des Einflusses verschiedener Schnittstellen in Teams auf den Teamerfolg
Wirkungs-mechanismus	Maximierung des individuellen Nutzens durch die Teammitglieder	Friktionen durch schlecht strukturierte Schnittstellen in Teams
Wirkungs-beziehung	■ Kostenreduzierende Faktoren → Teamerfolg ■ Belohnungen generierende Faktoren → Interaktion im Team → Teamerfolg	Management von Schnittstellen in Teams → Steigerung des Teamerfolgs → Erhöhung der Überlebensfähigkeit des Teams
Erklärungs-beitrag zur Teamführung	Identifikation von Ansatzpunkten zur Sicherung des kurz- und langfristigen Teamerfolgs	■ Verdeutlichung der Bedeutung von Schnittstellen in Teams ■ Identifikation von Ansatzpunkten zum Schnittstellenmanagement

14.3   Verhaltenswissenschaftliche Konzepte der Teamführung

14.3.1   Das Lebenszykluskonzept von Teams

Ein wesentliches Ziel des Einsatzes von Teams in Unternehmen besteht darin, die Leistung von Mitarbeitern im Vergleich zur Einzelarbeit zu erhöhen. In diesem Zusammenhang stellt sich die Frage, ab welchem Zeitpunkt ein neu gebildetes Team seine volle (im Vergleich zur Einzelarbeit erhöhte) Leistungsfähigkeit erreicht. Der Klärung dieser Frage widmet sich das Lebenszykluskonzept von Teams.

Dem Lebenszykluskonzept liegt die Annahme zugrunde, dass ein neu gebildetes Team nicht sofort in vollem Umfang leistungsfähig ist (vgl. Gersick 1988; Jewell/Reitz 1981;

Tuckman 1965). Vielmehr muss ein Team zur Erreichung seiner vollen Leistungsfähigkeit nach Tuckman (1965) verschiedene Entwicklungsphasen durchlaufen. Der funktionale Verlauf des Zusammenhangs zwischen dem Entwicklungsstadium eines Teams und dessen Leistung ist in Abbildung 14.4 veranschaulicht.

Abbildung 14.4 Zusammenhang zwischen den Entwicklungsphasen und dem Erfolg von Teams (in Anlehnung an Stock 2003, S. 46)

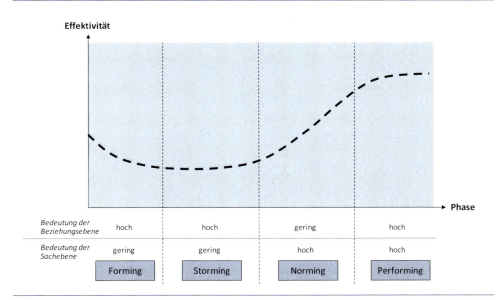

In der Phase des *Forming* treffen die Teammitglieder erstmals aufeinander. Sie benötigen relativ viel Zeit, um sich auszutauschen und sich dadurch gegenseitig kennen und einschätzen zu lernen. Deshalb wird relativ wenig Zeit auf aufgabenbezogenen Aktivitäten verwendet; die Teamleistung ist gering. Die Rollenzuweisung steht im Mittelpunkt der *Storming*-Phase. Rivalität und Machtverteilung sowie damit in Verbindung stehende Konflikte sind in dieser Phase prägend. In der *Norming*-Phase bilden sich Erwartungen an die Verhaltensweisen der Teammitglieder in Form von Teamnormen heraus. Die Leistung des Teams nimmt erstmals zu. In der *Performing*-Phase sind alle erforderlichen Entwicklungsprozesse durchlaufen, die Rollen im Team sind verteilt und die Teamnormen festgelegt. Erst jetzt entfalten sich die teambezogenen Vorteile vollständig. Das Team erreicht seine volle Leistungsfähigkeit.

Das Lebenszykluskonzept liefert eine Reihe wertvoller Implikationen für die Führung von Teams. Eine zentrale Erkenntnis des Konzepts ist, dass Teams in einzelnen Phasen ihrer Entwicklung unterschiedlich zu führen sind. Welches Führungsverhalten in welcher Phase des Lebenszyklus eines Teams sinnvoll ist, beschreibt Tabelle 14.4, die damit die Antwort auf die vierte Leitfrage dieses Kapitels (vgl. Tabelle 14.1) liefert.

Tabelle 14.4   Führung von Teams in Abhängigkeit von den Phasen der
Teamentwicklung

Phase	Führungsverhalten
1. Forming	■ *Führungsstil:* kooperativ-beziehungsorientiert ■ *Rolle der Führungsperson:* Beziehungsmanager ■ *Geeignete Maßnahmen:* - Schaffen von Gelegenheiten für die Teammitglieder, sich kennen zu lernen (informelle Treffen usw.) - Auffordern der Teammitglieder zum Äußern von Ideen und Meinungen - Identifizieren von Stärken und Potenzialen einzelner Teammitglieder
2. Storming	■ *Führungsstil:* kooperativ-autoritär ■ *Rolle der Führungsperson:* Schlichter ■ *Geeignete Maßnahmen:* - Herausstellen der Bedeutung der Leistungen einzelner Teammitglieder für die Gruppenleistung - Einsatz einzelner Teammitglieder entsprechend ihrer Stärken und Neigungen - Identifizieren und Überzeugen der „informellen Autoritätsperson" - Vermeiden der Eskalation von Konflikten - Unterbinden von Aktivitäten zur persönlichen Profilierung einzelner Teammitglieder
3. Norming	■ *Führungsstil:* kooperativ-bürokratisch ■ *Rolle der Führungsperson:* Koordinator ■ *Geeignete Maßnahmen:* - Vereinbaren von Zielen und Aufgaben des Teams - Definieren von Leitlinien für die Kommunikation im Team - Vereinbaren von Zielen und Zuständigkeiten einzelner Teammitglieder - Durchführen punktueller Leistungskontrollen
4. Performing	■ *Führungsstil:* kooperativ ■ *Rolle der Führungsperson:* Coach ■ *Geeignete Maßnahmen:* - Gewähren von ausreichendem Handlungsspielraum für das Team - Sicherstellen einer ausreichenden Ressourcenausstattung - Unterstützen des Teams durch Strukturierungshilfen - Vermeiden von Detailkontrolle - Übertragen ausreichender Kompetenzen auf das Team, um Entscheidungen gegenüber Dritten (anderen Teams, Abteilungen usw.) durchsetzen zu können

14.3.2   Das Social Loafing-Konzept

Mit der Einbindung von Mitarbeitern in Teams kann eine Reihe von Chancen wie bei-spielsweise eine höhere Effizienz oder Mitarbeiterzufriedenheit realisiert werden (vgl. Tabelle 13.3). Allerdings kann bei der Teamarbeit auch eine Situation auftreten, dass die Leistung einzelner Mitglieder bzw. des gesamten Teams zurückgeht. Auf die Erklärung von Ursachen und Auswirkungen individueller Leistungsrückgänge, welche durch die Teamkonstellation bedingt sind, konzentriert sich das Social Loafing-Konzept (vgl. Latané/Williams/Harkins 1979; Williams/Karau 1991 sowie für einen Überblick zu aktuel-len Erkenntnissen Koslowsky 2009). Es gibt damit Antwort auf die fünfte Leitfrage dieses Kapitels (vgl. Tabelle 14.1).

Social Loafing	Absichtsvolle, zumeist verdeckte Leistungsreduktion in Verbindung mit einem Rückgang der Motivation der Mitglieder eines Teams (Pearsall/Christian/Ellis 2010, S. 184).

Die so genannten Social Loafers partizipieren vom Erfolg des Teams, ohne sich selbst in vergleichbarem Umfang wie die anderen Teammitglieder dafür zu engagieren. Führungs-kräfte können anhand verschiedener Indikatoren erkennen, ob ein Social Loafing-Problem in einem Team vorliegt. Einen Überblick über diese Indikatoren liefert Tabelle 14.5.

Tabelle 14.5   Indikatoren zur Erkennung eines Social Loafing-Problems

Die Führungsperson beobachtet, dass ...
▪ ... sich einzelne Teammitglieder in Diskussionen regelmäßig stark zurückhalten.
▪ ... sich im Team Beschwerden über Ungerechtigkeiten in der Aufgabenverteilung häufen.
▪ ... verstärkt Unzufriedenheit bei einzelnen Teammitgliedern auftritt.
▪ ... einzelne Mitglieder im Team verloren wirken.
▪ ... sich Bemerkungen über Trittbrettfahrerverhalten einzelner Teammitglieder häufen.
▪ ... die Leistungen einzelner Teammitglieder stark zurückgehen.
▪ ... einzelne Teammitglieder in hohem Maße auf die Unterstützung der anderen Teammitglieder zurückgreifen.
▪ ... sich einzelne Teammitglieder von anderen Teammitgliedern ausgenutzt fühlen.

Empirische Studien zeigen, dass es eine Reihe von Rahmenbedingungen gibt, welche Social Loafing-Effekte begünstigen (vgl. u. a. Comer 1995, S. 649 ff.). Insbesondere sind dies Situationen, in denen

▪ die individuellen Leistungen der Teammitglieder schwer identifiziert und damit nicht bewertet werden können,

- die Teammitglieder wahrnehmen, dass die Teamziele auch ohne ihre Anstrengungen erreicht werden können,

- die Teammitglieder das Gefühl haben, dass die Teamsituation dazu führt, dass sie ihre individuellen Leistungsergebnisse nur eingeschränkt beeinflussen können, sowie

- die Teammitglieder wahrnehmen, dass andere Teammitglieder „soziales Faulenzen" betreiben.

Das Konzept des Social Loafing liefert Implikationen für Führungskräfte, um Social Loafing-Effekte zu vermeiden. In einer Meta-Analyse von rund 70 Studien zeigen Karau und Williams (1993), dass hierfür insbesondere Maßnahmen geeignet sind, welche die Transparenz der Leistungen einzelner Teammitglieder und den Zusammenhalt im Team erhöhen. Folgende Aktivitäten einer Führungsperson helfen, Social Loafing-Effekte zu vermeiden:

- Auswahl von Teammitgliedern mit hoher Teamorientierung,

- Begrenzen der Anzahl der Teammitglieder auf acht bis zwölf Personen,

- Übertragen in sich geschlossener Aufgaben an das Team,

- Formulieren messbarer Ziele für die einzelnen Teammitglieder, welche sich aus den Teamzielen ergeben,

- Schaffen von Transparenz und Vergleichbarkeit hinsichtlich der Leistungen einzelner Teammitglieder,

- Verdeutlichen der Einzigartigkeit des individuellen Beitrags einzelner Teammitglieder für die Teamleistung sowie

- Steigern des Teamzusammenhalts (der Kohäsion) durch Fördern zwischenmenschlicher Beziehungen im Team (vgl. hierzu ausführlich Abschnitt 15.2.3).

Social Loafing kann sich in unterschiedlichen Verhaltensweisen äußern. Insert 14.1 beschreibt verschiedene Formen von Social Loafing-Verhalten und zeigt auf, wie diese die Arbeitsmoral im Team beeinflussen.

Insert 14.1:   Social Loafing in der Praxis (von der Oelsnitz/Busch 2006, S. 72)

Social Loafing: Die Schattenseite der Teamarbeit!

Die anderen machen das schon! Es sind ja genug da! Warum soll ich mich hier so sehr ins Zeug legen? So oder so ähnlich denkt mancher Mitarbeiter, der Mitglied eines Teams wird, und fährt seine Leistung entsprechend zurück. Dieses Phänomen

- Schnorrer, die sich gelegentlich die Hilfe der Anderen erschleichen,

- Alphatiere, die ihren Hofstaat für sich arbeiten lassen, sowie

- böswillige Blutsauger, die andere

wird in der Teamforschung als Social Loafing bezeichnet, worunter sowohl absichtsvolle Leistungsminderung einzelner Teammitglieder als auch ein unbewusstes und kaum bemerkbares sich zurücklehnen gefasst werden.

Oft ist ein gehöriges Maß an Menschenkenntnis erforderlich, um die unterschiedlichen Typen von Faulenzern, die in der Anwendung von Täuschungstechniken äußerst raffiniert vorgehen können, auszumachen.

Die Skala der Leistungsabweichler ist breit gefächert – es gibt

- einfache Zu-Spät-Kommer und Zu-Früh-Geher,

- geschäftige und joviale Müßiggänger, die in ihrer Redseligkeit dazu neigen, Arbeitspausen ins Unendliche zu dehnen,

- phlegmatische Bremser, die das allgemeine Arbeitstempo gern auf ihr Niveau gedrosselt sehen möchten,

bewusst und aus reinem Egoismus für eigene Zwecke ausbeuten.

In allen Fällen leidet die Gesamtleistung der Gruppe. Außerdem werden Kollegen zur Nachahmung verleitet.

Insbesondere letzt genannte Loafer können einen geradezu vergiftenden Einfluss auf die Arbeitsmoral der gesamten Gruppe ausüben, denn es braucht „nur wenig Wehrmut, um dem Honig die Süße zu rauben". Während die leichteren Fälle durch mündliche Ermahnungen oder schriftliche Abmahnungen behoben werden können, kann es bei lang anhaltenden und schwer wiegenden Leistungsverstößen für die Teamführung zu einem Kraftakt werden, das kollektive Gerechtigkeitsempfinden durch adäquate Sanktionsmaßnahmen wieder ins rechte Lot zu bringen.

Die Teamführung darf dann auch nicht vor dem letzten Schritt zurückweichen, nämlich das schwarze Schaf aus dem Team zu entfernen, um größeren Schaden abzuwenden.

14.3.3   Das rollenbezogene Teamkonzept

Eine Besonderheit der Führung von Teams im Vergleich zur Führung einzelner Mitarbeiter besteht darin, dass die Mitglieder in Teams in der Regel unterschiedliche Rollen einnehmen und damit jeweils spezifische Funktionen erfüllen. Die jeweilige Rolle beeinflusst in hohem Maße die Verhaltensweisen einzelner Teammitglieder (vgl. Belbin 1981). Für die erfolgreiche Teamführung ist es deshalb wichtig, die verschiedenen Rollen in Teams zu kennen und zu wissen, wie entsprechend der jeweiligen Rolle die Potenziale der Teammitglieder zu fördern sind (vgl. Leitfrage 6, Tabelle 14.1).

Im rollenbezogenen Teamkonzept werden im Kern neun verschiedene Rollen unterschieden, welche die Führungsperson im Team, die Teammitglieder bzw. assoziierte Personen des Teams einnehmen können (vgl. Belbin 1981, S. 64). Die zentralen Charakteristika, die Stärken sowie mögliche Schwächen der jeweiligen Teamrolle sind in Tabelle 14.6 dargelegt.

Tabelle 14.6   Neun Rollen gemäß dem rollenbezogenen Teamkonzept von Belbin (1981)

Rolle	Charakteristika	Stärken	Schwächen
Ideen-entwickler	Unorthodoxes Denken	Kreativ, einfallsreich, unorthodox, löst schwierige Probleme	Ignoriert Details, zu beschäftigt, um effektiv zu kommunizieren
Wegbereiter	Kommunikativ, extrovertiert	Extrovertiert, begeistert, kommunikativ, erkundet neue Gelegenheiten, knüpft Kontakte	Überoptimistisch, verliert das Interesse, sobald die anfängliche Begeisterung vorüber ist
Koordinator	Selbstsicher, vertrauensvoll	Reif, zuversichtlich, ein guter Vorstandsvorsitzender, verdeutlicht Ziele, fördert die Entscheidungsfindung, kann gut delegieren	Kann manipulativ wirken, delegiert persönliche Aufgaben
Gestalter	Dynamisch, arbeitet gut unter Druck	Anspruchsvoll, dynamisch, lebt unter Druck auf, hat die Motivation und den Mut, Hindernisse zu überwinden	Kann auf andere provozierend/verletzend wirken
Beobachter	Nüchtern, strategisch, kritisch	Nüchtern, strategisch und scharfsichtig, erkennt alle Optionen, urteilt sorgfältig	Fehlende Motivation bzw. Fähigkeit, andere zu inspirieren, übermäßig kritisch
Team-Worker	Kooperativ, diplomatisch	Kooperativ, nachsichtig, rücksichtsvoll und diplomatisch, hört zu, baut auf, vermeidet Konflikte	Unflexibel in Krisensituationen, lässt sich leicht beeinflussen
Ideen-umsetzer	Diszipliniert, verlässlich, effektiv	Diszipliniert, verlässlich, konservativ und effizient, setzt Ideen in die Praxis um	Unflexibel, reagiert nur langsam auf neue Möglichkeiten
Perfektionist	Gewissenhaft, pünktlich	Äußerst gewissenhaft, ängstlich, registriert Fehler und Unterlassungen, immer pünktlich	Neigt dazu, sich unnötige Sorgen zu machen, delegiert nur widerstrebend, neigt zu überzogener Genauigkeit
Spezialist	Selbstbezogen, engagiert, Fachwissen zählt	Zielstrebig, engagiert, liefert Fachwissen und spezielle Fähigkeiten	Trägt nur begrenzt zu Teamerfolg bei, hält sich mit technischen Details auf, übersieht Gesamtzusammenhänge

Die zuvor dargelegten Rollen in Teams bringen jeweils Chancen und Risiken mit sich. Führungskräfte in Teams sollten versuchen, ein möglichst breites Spektrum an Rollen durch die einzelnen Teammitglieder abzudecken, um Einseitigkeit und Inflexibilität des Teams zu vermeiden. In diesem Zusammenhang hat sich eine Reihe von Arbeiten mit der optimalen Verteilung von Rollen in Teams befasst (vgl. u. a. Dulewicz 1995; Furnham/ Steele/Pendleton 1993; McCrimmon 1995; Prichard/Stanton 1999). Im Kern gelangen diese Arbeiten zu dem Ergebnis, dass in Veränderungssituationen die Rolle des Umsetzers und die des Ressourcenermittlers dominieren. Dennoch haben Führungskräfte auch in solchen Situationen darauf zu achten, dass eine gewisse Stabilität durch einen (wenn auch relativ geringen) Anteil an Teampflegern bzw. Planern gewährleistet wird.

Eine Reihe von Arbeiten hat sich mit der Anwendbarkeit und der Aussagekraft des Rollenkonzepts von Belbin (1981) befasst. (vgl. im Überblick Quader/Quader 2008). So konnte gezeigt werden, dass eine Balance der vorgeschlagenen Teamrollen den Teamerfolg steigert (Prichard/Stanton 1999). Andere Wissenschaftler stellen hingegen die Trennschärfe der verschiedenen Rollen in Frage (vgl. u. a. Boucek/Randell 1996; Fisher/Hunter/ Macrosson 2000).

14.3.4   Die Typologie von Teammitgliedern

Eine Kategorisierung unterschiedlicher Verhaltensweisen von Teammitgliedern liegt auch der Typologie von Teammitgliedern zugrunde. In dieser Typologie beschreibt Stock (2002) verschiedene Mitglieder in Teams auf der Basis von zwei verhaltensbezogenen Dimensionen: der Teamorientierung und der Leistungsfähigkeit bzw. -bereitschaft. Teammitglieder mit hoher *Teamorientierung* bevorzugen die Arbeit in einer Gruppe gegenüber Einzelarbeit. Hohe *Leistungsfähigkeit/-bereitschaft* liegt vor, wenn ein Teammitglied über die Kompetenzen und die Motivation verfügt, einen maßgeblichen Beitrag zur Teamleistung zu liefern. In Abhängigkeit von der Ausprägung dieser beiden verhaltensbezogenen Dimensionen wird zwischen vier Typen von Teammitgliedern unterschieden (vgl. Abbildung 14.5). Im Zusammenhang mit der Teamführung stellt sich nun die Frage, wie eine Führungsperson auf die unterschiedlichen Typen in ihrem Team eingehen sollte (vgl. Leitfrage 7, Tabelle 14.1).

Der *Blockierer* ist durch geringe Teamorientierung in Verbindung mit geringer Leistungsfähigkeit bzw. -bereitschaft gekennzeichnet. Teamarbeit wird als Bedrohung empfunden, da sie zur Folge haben kann, dass individuelle leistungsbezogene Defizite aufgedeckt werden. Um dieses Teammitglied erfolgreich zu führen, muss sowohl an dessen Fähigkeiten als auch an dessen Motivation angesetzt werden. Wertvolle Informationen liefern in diesem Zusammenhang die Ergebnisse der Personalbeurteilung (vgl. hierzu Kapitel 8).

Der *Trittbrettfahrer* weist hohe Teamorientierung gepaart mit geringer Leistungsfähigkeit bzw. -bereitschaft auf. Die Teamorientierung zielt allerdings in erster Linie darauf ab, von der Teamleistung zu profitieren, ohne selbst einen nennenswerten Beitrag zu leisten. Von solchen Personen wird die Teamarbeit somit als Chance zur (unentdeckten) eigenen Leistungsreduktion verstanden. In der Unternehmenspraxis hört man in Verbindung mit dem

Phänomen des Trittbrettfahrens auch die Interpretation des Ausdrucks T.E.A.M. als „Toll, Ein Anderer Macht's!". Trittbrettfahrer weisen eine hohe Ähnlichkeit zum Social Loafer auf. Die Maßnahmen der Teamführung setzen dementsprechend daran an, den Spielraum für Social Loafing-Verhalten möglichst gering zu halten (vgl. Abschnitt 14.2.1).

Abbildung 14.5   Typen von Teammitgliedern (vgl. Stock 2002)

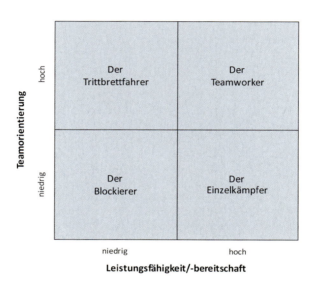

Der *Einzelkämpfer* agiert nach dem Prinzip „Der Starke ist allein nur stark!". Er befürchtet, dass durch die Teamsituation die eigenen Leistungen im Sinne einer „Gleichmacherei auf niedrigem Niveau" beeinträchtigt werden. Bei diesem Teammitglied liegt eine hohe Leistungsfähigkeit bei gleichzeitig geringer Teamorientierung vor. Primäres Ziel der Teamführung ist es, diesem Teammitglied die Bedeutung von Teamarbeit für das Unternehmen sowie seinen persönlichen Nutzen daraus zu vermitteln. Neben leistungsbezogenen Aspekten ist in diesem Zusammenhang auch auf die Bedeutung des sozialen Zusammenhalts innerhalb von Teams hinzuweisen. Dieser kann beispielsweise durch Teamevents (vgl. hierzu Abschnitt 15.2.3) erhöht werden.

Der *Teamworker* trägt am stärksten zum Teamerfolg bei. Bei ihm sind sowohl Leistungsfähigkeit und -bereitschaft als auch Teamorientierung hoch ausgeprägt. Er fühlt sich wohl im Team und ist zudem gewillt und in der Lage, einen signifikanten Beitrag zum Erfolg des Teams zu leisten. Die Teamführung sollte den Teamworker in seiner hohen Leistungs- als auch Teamorientierung bestärken und ihm eine Vorbildfunktion für andere Teammitglieder zuweisen.

14.3.5   Vergleichende Gegenüberstellung

In den vorangegangenen Abschnitten wurden verschiedene verhaltenswissenschaftliche Konzepte der Teamführung vorgestellt, die versuchen, das Verhalten von Teammitgliedern aus einer psychologischen Perspektive zu erklären. Im Gegensatz zu den in Abschnitt 14.2 diskutierten Theorien zeichnen sich die Konzepte der Teamführung dadurch aus, dass sie die angenommenen Zusammenhänge nicht durch einen zugrunde liegenden Wirkungsmechanismus erklären. Tabelle 14.7 stellt die Konzepte im Hinblick auf ihren inhaltlichen Fokus, die angenommenen Wirkungsbeziehungen sowie ihren Beitrag zur Praxis der Teamführung gegenüber.

Tabelle 14.7   Vergleichende Gegenüberstellung verhaltenswissenschaftlicher Konzepte der Teamführung

	Lebenszyklus-konzept von Teams	Social Loafing-Konzept	Rollenbezogene Teamkonzept	Typologie von Teammitgliedern
Inhaltlicher Fokus	Identifikation von Phasen der Entwicklung der Leistungsfähigkeit von Teams im Zeitablauf	Erklärung von Ursachen und Auswirkungen individueller Leistungsrückgänge in Teams	Identifikation verschiedener Rollen von Teammitgliedern	Identifikation verschiedener Typen von Teammitgliedern
Wirkungs-beziehung	Dauer der Zusammenarbeit im Team → Bedeutung von Beziehungs- und Sachebene im Team → Leistungsfähigkeit des Teams	Geringe Leistungsbereitschaft einzelner Teammitglieder in bestimmten Situationen → Leistungsreduktion auf Kosten anderer Teammitglieder	Rolle von Führungsperson und Teammitgliedern → Verhalten von Führungsperson und Teammitgliedern → Beitrag zum Teamerfolg	Teammitglied-Typ → Verhalten → Beitrag zum Teamerfolg
Erklärungs-beitrag zur Team-führung	Identifikation von Führungsstilen, die eine möglichst rasche Erreichung der maximalen Leistungsfähigkeit des Teams ermöglichen	Identifikation von Ansatzpunkten zur Vermeidung von Social Loafing	Identifikation von rollenadäquaten Maßnahmen der Teamführung	Identifikation von typadäquaten Maßnahmen der Teamführung

Kontrollfragen

1. Wie entstehen Trittbrettfahrereffekte in Teams, und wie können diese im Rahmen der Teamführung unterbunden werden? Ziehen Sie für Ihre Antwort die Erkenntnisse zum Trittbrettfahrereffekt aus ökonomischer Perspektive heran.

2. Inwieweit kann die Teamkonstellation zu einem Rückgang der Leistung einzelner Teammitglieder oder des gesamten Teams führen? Welche Indikatoren können herangezogen werden, um solche Social Loafing-Effekte zu erkennen?

3. Durch welche Rahmenbedingungen werden Social Loafing-Effekte begünstigt, und wie können Führungskräfte Social Loafing-Effekte vermeiden?

4. Stellen Sie die erweiterte Wirkungskette zur Erklärung der Teamleistung auf der Basis der Theorie der Gruppeninteraktion graphisch dar, und erläutern Sie die wichtigsten Beziehungen innerhalb dieser Wirkungskette.

5. Grenzen Sie auf Basis der Theorie der Dynamik von Gruppen interne und externe Schnittstellen von Teams voneinander ab. Nennen Sie jeweils zwei beispielhafte Maßnahmen zum Management von Schnittstellen.

6. Beschreiben Sie das Lebenszykluskonzept von Teams. In welcher Phase der Teamentwicklung empfiehlt das Konzept welchen Führungsstil?

7. Welche Rollen von Teammitgliedern werden nach dem rollenbezogenen Teamkonzept unterschieden? Stellen Sie diese systematisch dar.

8. Welche Typen von Teammitgliedern können nach der Typologie von Teammitgliedern von Stock (2002) unterschieden werden? Welche Beiträge leisten sie zum Teamerfolg?

Literatur

Alchian, A./Demsetz, H. (1972), Production, Information Costs and Economic Organization, American Economic Review, 62, 5, 777-795.

Backes-Gellner, U./Lazear, E./Wolff, B. (2001), Personalökonomik: Fortgeschrittene Anwendungen für das Management, Stuttgart.

Belbin, R. (1981), Management Teams: Why They Succeed or Fail, Oxford.

Berné, E. (1961), Transactional Analysis in Psychotherapy, New York.

Berné, E. (1963), The Structure and Dynamics of Organizations and Groups, New York.

Blau, P. (1968), Interaction: Social Exchange, in: Sills, D./Merton, R. (Hrsg.), International Encyclopedia of the Social Sciences, Band 7, New York, 452-458.

Boucek, W./Randell, G. (1996), An Assessment of the Construct Validity of the Belbin Self-Perception Inventory and Observer's Assessment from the Perspective of the Five-Factor Model, Journal of Occupational and Organizational Psychology, 69, 4, 389-405.

Comer, D. (1995), A Model of Social Loafing in Real Work Groups, Human Relations, 48, 6, 647-667.

Dixit, A./Nalebuff, B. (1997), Spieltheorie für Einsteiger: Strategisches Know-how für Gewinner, Stuttgart.

Dulewicz, V. (1995), A Validation of Belbin´s Team Roles from 16PF and OPQ Using Bosses Ratings of Competence, Journal of Occupational and Organizational Psychology, 68, 2, 1-18.

Fisher, S./Hunter, T./Macrosson, W. (2000), The Distribution of Belbin Team Roles among UK Managers, Personnel Review, 29, 1/2, 124-136.

Furnham, A./Steele, H./Pendleton, D. (1993), A Psychometric Assessment of the Belbin Team-Role Self-Perception Inventory, Journal of Occupational and Organisational Psychology, 66, 3, 245-257.

Gersick, C. (1988), Time and Transition in Work Teams: Towards a New Model of Group Development, Academy of Management Journal, 31, March, 9-41.

Holmström, B. (1982), Moral Hazard in Teams, Bell Journal of Economics, 13, 2, 324-340.

Jensen, M./Meckling, W. (1976), Theory of the Firm: Managerial Behavior, Agency Costs, and Ownership Structure, Journal of Financial Economics, 3, 4, 305-360.

Jewell, L./Reitz, H. (1981), Group Effectiveness in Organizations, Glenview/IL.

Karau, S./Williams, K. (1993), Social Loafing: A Meta-Analytic Review and Theoretical Integration, Journal of Personality and Social Psychology, 65, 4, 681-706.

Koslowsky, M. (2009), A Multi-Level Model of Withdrawal: Integrating and Synthesizing Theory and Findings, Human Resource Management Review, 19, 4, 283-303.

Kräkel, M. (1999), Organisation und Management, Tübingen.

Latané, B./Williams, K./Harkins, S. (1979), Many Hands Make Light the Work: The Causes and Consequences of Social Loafing, Journal of Personality and Social Psychology, 37, 6, 822-832.

Marschak, J./Radner, R. (1972), Economic Theory of Teams, New Haven/CT.

McCrimmon, M. (1995), Teams Without Roles: Empowering Teams for Greater Creativity, Journal of Management Development, 14, 6, 35-41.

Milgrom, P./Roberts, J. (1992), Economics, Organization and Management, Englewood Cliffs/NJ.

Mirrlees, J. (1976), The Optimal Structure of Incentives and Authority within an Organization, Bell Journal of Economics, 7, 1, 105-131.

Pearsall, M./Christian, M./Ellis, A. (2010), Motivating Interdependent Teams: Individual Rewards, Shared Rewards, or Something in Between?, Journal of Applied Psychology, 95, 1, 183-191.

Prichard, J./Stanton, N. (1999), Testing Belbin´s Team Role Theory of Effective Groups, Journal of Management Development, 18, 8, 652-665.

Quader, M/Quader, M. (2008), A Critical Analysis of High Performing Teams: A Case Study Based on the British Telecommunication (BT) PLC., Journal of Services Research, 8, 2, 175-216.

Rieck, C. (1992), Spieltheorie – Einführung für Wirtschafts- und Sozialwissenschaftler, Wiesbaden.

Stock, R. (2002), Coaching von Teams: Ein systematischer Ansatz zur Messung und Steigerung der Einflussgrößen des Teamerfolgs, Zeitschrift für Führung und Organisation, 71, 2, 89-95.

Stock, R. (2003), Teams an der Schnittstelle zwischen Anbieter- und Kunden-Unternehmen – Eine integrative Betrachtung, Wiesbaden.

Stock, R. (2004), Drivers of Team Performance: What Do We Know and What Have We Still to Learn?, Schmalenbach Business Review, 56, 3, 274-306.

Stock, R. (2005), Erfolgsfaktoren von Teams: Eine Analyse direkter und indirekter Effekte, Zeitschrift für Betriebswirtschaft, 75, 10, 971-1004.

Taylor, D./Moghaddam, F. (1994), Theories of Intergroup Relations: International Social Psychological Perspectives, 2. Auflage, Westport/CT.

Thibaut, J./Kelley, H. (1959), The Social Psychology of Groups, New York.

Tuckman, B. (1965), Development Sequence in Small Groups, Psychological Bulletin, 63, 6, 384-399.

von der Oelsnitz, D./Busch, M. (2006), Social Loafing – Leistungsminderung in Teams, Personalführung, 39, 9, 64-75.

Williams, K./Karau, S. (1991), Social Loafing and Social Compensation: The Effects of Expectations of Co-Worker Performance, Journal of Personality and Social Psychology, 61, 4, 570-582.

15 Instrumente der Teamführung

> **Lernziele**
>
> ■ Die Leser überblicken die zentralen Instrumente der Teamführung.
>
> ■ Die Leser kennen ausgewählte Instrumente zur Verbesserung der Koordination in Teams im Rahmen der Teamführung.
>
> ■ Die Leser kennen ausgewählte Instrumente zur Schaffung von Leistungsanreizen für die Teammitglieder im Rahmen der Teamführung.

Neben dem Verständnis grundlegender Wirkungszusammenhänge in Teams, die in den Kapiteln 13 und 14 dargelegt wurden, sollten Führungskräfte Instrumente kennen, mit deren Hilfe sie Teams erfolgreich steuern können. Einen ersten Ansatzpunkt hierzu liefern die Instrumente der Mitarbeiterführung, die in Kapitel 12 vorgestellt wurden. Darüber hinaus können Führungskräfte auf einige teamspezifische Instrumente zurückgreifen. Die Instrumente der Teamführung lassen sich in zwei Gruppen untergliedern (vgl. Abbildung 15.1):

■ Die erste Gruppe von Instrumenten der Teamführung sind die *Koordinationsinstrumente*. Sie haben zum Ziel, den Austausch von Informationen sowie die Abstimmung im Team zu fördern. Ausgewählte Koordinationsinstrumente der Teamführung werden in Abschnitt 15.1 dargelegt. Konkret werden das Etablieren von Teamnormen, das Führen durch Teamziele, das Zeitmanagement und das Konfliktmanagement vertieft.

■ Die zweite Gruppe von Instrumenten der Teamführung bilden die *Anreizinstrumente*. Diese Instrumente dienen zum einen dazu, den Teammitgliedern Anforderungen und gewünschte Verhaltensweisen zu verdeutlichen. Zum anderen zielen diese Instrumente darauf ab, einen sachlichen bzw. emotionalen Nutzen zu generieren, den die Teammitglieder aus der Arbeit in Teams ziehen, und die Mitarbeiter dadurch zu motivieren. Sachliche Anreize können durch die Teambeurteilung und die Teamvergütung gesetzt werden. Emotionale Anreize können durch Teamevents geschaffen werden. Ausgewählte Anreizinstrumente der Teamführung werden in Abschnitt 15.2 vertieft.

Abbildung 15.1 Zentrale Instrumente der Teamführung

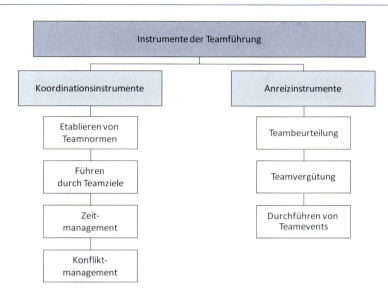

Die Darlegung zentraler Instrumente der Teamführung orientiert sich an eine Reihe von Leitfragen (vgl. Tabelle 15.1). Diese spiegeln neben der Struktur der folgenden Ausführungen zugleich die Schwerpunkte des Einsatzes von Teaminstrumenten in der Unternehmenspraxis wider.

Tabelle 15.1 Zentrale Leitfragen zu Instrumenten der Teamführung

Zentrale Leitfragen	Behandelt in ...
1. Wie können Führungskräfte durch Teamnormen die Koordination in ihrem Verantwortungsbereich verbessern?	Abschnitt 15.1.1
2. Wie können Führungskräfte durch Teamziele die Koordination in ihrem Verantwortungsbereich verbessern?	Abschnitt 15.1.2
3. Wie können Führungskräfte den Erfolg von Teams durch systematisches Zeitmanagement steigern?	Abschnitt 15.1.3
4. Wie sollten Führungskräfte mit unterschiedlichen Arten von Konflikten in Teams umgehen?	Abschnitt 15.1.4
5. Worauf haben Führungskräfte bei der Durchführung von Teambeurteilungen zu achten?	Abschnitt 15.2.1

Zentrale Leitfragen	Behandelt in ...
6. Auf welche Varianten der Teamvergütung können Führungskräfte zurückgreifen?	Abschnitt 15.2.2
7. Wie können Führungskräfte die zwischenmenschlichen Beziehungen in Teams durch Teamevents verbessern?	Abschnitt 15.2.3

15.1   Koordinationsinstrumente der Teamführung

Ein erster Schritt, um die Teamleistung zu steigern, ist die verbesserte Koordination der Aktivitäten der Teammitglieder. Im Hinblick auf die Teamführung stellt sich damit die Frage, durch welche Maßnahmen eine Führungsperson die Abstimmung im von ihr geführten Team optimieren kann. Diesem Zweck dient der Einsatz von Koordinationsinstrumenten. Zu dieser Kategorie von Instrumenten gehören

- das Etablieren von Teamnormen (Abschnitt 15.1.1),

- das Führen durch Teamziele (Abschnitt 15.1.2),

- das Zeitmanagement (Abschnitt 15.1.3) sowie

- das Konfliktmanagement (Abschnitt 15.1.4) in Teams.

15.1.1   Das Etablieren von Teamnormen

Führungskräfte können Teamnormen implementieren, um die Abstimmung in Teams zu verbessern (vgl. Leitfrage 1, Tabelle 15.1). Durch solche gemeinsamen Normen werden Verhaltenserwartungen gegenüber den Teammitgliedern kommuniziert, das Verhalten der Teammitglieder gesteuert und die Aktivitäten im Team koordiniert (vgl. Stock 2004, S. 88).

Teamnormen   Von allen Teammitgliedern geteilte Erwartungen an gewünschte Verhaltensweisen im Team (vgl. Stock 2004, S. 88).

Normen können sich auf alle für die Leistungserstellung relevanten Verhaltensweisen der Teammitglieder beziehen. In diesem Zusammenhang wird unterschieden zwischen

- Leistungsnormen (in Bezug auf die Qualität der Beiträge der einzelnen Teammitglieder, das zeitliche Engagement der Teammitglieder usw.),

- Kommunikationsnormen (in Bezug auf Informationspflichten im Team, Teambesprechungen usw.),

- Kooperationsnormen als Ausmaß, in dem Teammitglieder in der Interaktion darauf hinarbeiten, gemeinsame Ziele zu erreichen (Chatman/Flynn 2001, S. 965) sowie

- Konfliktnormen (in Bezug auf den Umgang mit Konflikten).

In der Praxis der Teamführung werden in der Regel parallel Normen zu verschiedenen Bereichen festgelegt. Dies illustrieren die Normen eines Forschungs- und Entwicklungsteams, welche in Tabelle 15.2 dargestellt sind.

Tabelle 15.2 Beispielhafte Normen eines Forschungs- und Entwicklungsteams

Normen am Beispiel eines Forschungs- und Entwicklungsteams
■ Wir sind für neue Ideen offen und lassen Raum für Kreativität.
■ Wir tauschen uns über neue Entwicklungen aus.
■ Wir legen an die Qualität unserer Forschung höchste Maßstäbe an.
■ Wir fördern die gemeinsame Diskussion über vorhandene Probleme sowohl auf team- als auch auf aufgabenbezogener Ebene und versuchen gemeinsam eine Lösung zu finden.
■ Wir respektieren uns gegenseitig.
■ Wir erledigen unsere Aufgaben gewissenhaft und termingerecht.

Im Zusammenhang mit Normen werden in der Literatur sowohl positive als auch negative Erfolgsauswirkungen diskutiert (vgl. im Überblick Stock 2004). Normen haben folgende positive Funktionen in Teams:

- *Sinnstiftungsfunktion* im Hinblick auf die gemeinsamen Ziele des Teams,

- *Orientierungsfunktion* im Hinblick auf gewünschtes bzw. sanktioniertes Verhalten,

- *Identifikationsfunktion* im Hinblick auf Unternehmens- und Teamziele sowie Vorgehensweisen innerhalb des Teams sowie

- *Koordinationsfunktion* im Hinblick auf zielorientierte Austausch- und Kooperationsprozesse.

Normen wirken sich jedoch nicht ausschließlich positiv auf den Teamerfolg aus. Vielmehr sollten Führungskräfte versuchen, eine Überregulierung im Team durch zu starre bzw. detailorientierte Normen zu vermeiden. In einer Studie von Stock (2004) kann gezeigt werden, dass eine mittlere Ausprägung der Regulierung für den Teamerfolg am förderlichsten ist. Das Fehlen von Normen bzw. eine zu detaillierte Regelung der teambezogenen Aktivitäten kann dagegen den Teamerfolg beeinträchtigen (vgl. Abbildung 15.2).

Dieser Effekt ist dadurch zu erklären, dass mit Normen auch negative Auswirkungen verbunden sein können, die ab einem gewissen Niveau der Normen überwiegen können. Negative Auswirkungen lassen sich beispielsweise anhand der Transaktionskostentheorie ableiten (vgl. hierzu ausführlich Abschnitt 2.1.1). So können die Suche nach geeigneten Teamnormen und die Diskussion bzw. Festlegung der Normen im Team zu Ex-ante-Transaktionskosten führen. Ex-post-Transaktionskosten entstehen primär für das Implementieren und Kontrollieren von Teamnormen.

Abbildung 15.2   Einfluss der Präsenz von Normen auf den Teamerfolg
(in Anlehnung an Stock 2004)

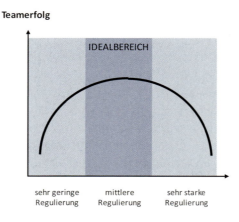

Teamerfolg

IDEALBEREICH

sehr geringe   mittlere   sehr starke
Regulierung   Regulierung   Regulierung

Ausmaß der Präsenz von Normen im Team

Die *Erarbeitung von Teamnormen* können Führungskräfte in vier Phasen strukturieren. Diese sind in der Regel in einen Workshop mit dem betroffenen Team eingebettet (in Anlehnung an Levi 2001, S. 57 f.).

In der ersten Phase – der *Identifikation existierender Normen* – sollten sich Führungskräfte darauf konzentrieren, im Team bereits vorhandene (gegebenenfalls nicht formalisierte) Normen offenzulegen und deren Sinnhaftigkeit zu reflektieren. In diesem Zusammenhang sollten Führungskräfte insbesondere prüfen, inwieweit existierende Normen noch den veränderten Rahmenbedingungen gerecht werden.

Bei der *Festlegung der Normeninhalte* geht es darum, klare Verhaltensanforderungen in Bezug auf ausgewählte Bereiche im Team zu definieren. In dieser zweiten Phase formulierte Normen sollten schriftlich fixiert und permanent für das gesamte Team sichtbar gemacht werden (z. B. durch Aushang in den Arbeitsräumen des Teams).

Die dritte Phase konzentriert sich auf die *Planung der Normenumsetzung*. Hierbei geht es um die Frage, wie sichergestellt werden kann, dass die Normen durch die einzelnen Teammitglieder eingehalten werden. Ansatzpunkte hierfür sind unter anderem die Definition von Umsetzungs- und Kontrollprozessen sowie die Festlegung von Sanktionen bei Nichteinhaltung. Für die Einhaltung der Normen ist nicht ausschließlich die Führungsperson, sondern das gesamte Team verantwortlich.

In der vierten Phase – der *Diskussion der Normen* – werden noch offene Fragen zu den festgelegten Normen im Team geklärt. Hierbei können auch noch bestehende Unsicherheiten der Teammitglieder abgebaut werden.

15.1.2   Das Führen durch Teamziele

In Kapitel 1 wurde dargelegt, dass die Ziele von Mitarbeitern aus der Unternehmensstrategie abgeleitet werden. Analog dazu werden durch Teamziele die Aktivitäten eines Teams auf die (übergeordneten) Ziele des Unternehmens ausgerichtet.

> **Teamziele**   Formulierte Erwartungen an die Leistungen eines Teams zur Erreichung eines oder mehrerer Ziele innerhalb eines definierten Zeitraums.

Teamziele bilden einen Handlungsrahmen für die Mitglieder eines Teams und ermöglichen dadurch eine bessere Abstimmung im Team. Die zweite Leitfrage zu den Instrumenten der Teamführung bezieht sich daher darauf, wie Teamziele im Rahmen der Teamführung eingesetzt werden können (vgl. Tabelle 15.1). Teamziele haben folgende Funktionen (vgl. Zander 1994, S. 15):

- *Qualitätssicherungsfunktion* durch Formulieren von Anforderungen für die zu erbringenden Leistungen des Teams,

- *Systematisierungsfunktion* durch Koordination der Aktivitäten und der Ziele einzelner Teammitglieder,

- *Kontrollfunktion* durch das Schaffen einer Grundlage für die Beurteilung der Teamleistung sowie

- *Orientierungsfunktion* durch klare Vorgaben und Termine.

Die Wirksamkeit von Teamzielen setzt voraus, dass einige Anforderungen erfüllt werden. Für Teamziele gelten zunächst die allgemeinen Anforderungen an Ziele. Diese lassen sich beispielsweise anhand der S.M.A.R.T.-Regel konkretisieren (vgl. hierzu Abschnitt 8.5). Darüber hinaus ist eine Reihe teamspezifischer Anforderungen relevant, die in Abbildung 15.3 veranschaulicht sind.

Abbildung 15.3   Zentrale Anforderungen an Teamziele

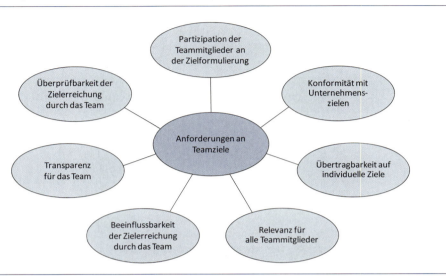

In der Unternehmenspraxis wird vielfach unterschätzt, wie wichtig es ist, die verschiedenen Anforderungen an Teamziele zu erfüllen. Aus diesem Grunde wird in Tabelle 15.3 dargelegt, wie die Einhaltung dieser Anforderungen zum Teamerfolg beitragen kann.

Tabelle 15.3   Zentrale Anforderungen an Teamziele und Bedeutung für den Teamerfolg

Anforderungen an Teamziele	Bedeutung für den Teamerfolg
Partizipation der Teammitglieder an der Zielformulierung	■ Nutzen von Ideen und Anregungen der Teammitglieder ■ Steigern der Identifikation der Teammitglieder mit den Teamzielen
Konformität mit Unternehmenszielen	■ Fördern der Zielerreichung auf Unternehmensebene ■ Vermeiden von Zielkonflikten der Mitarbeiter in Bezug auf übergeordnete Ziele des Unternehmens
Übertragbarkeit auf individuelle Ziele	■ Vermeiden von Zielkonflikten zwischen den Teammitgliedern ■ Erhöhen der Klarheit der Anforderungen für die Teammitglieder
Relevanz für alle Teammitglieder	■ Steigern der Identifikation der Teammitglieder mit den Teamzielen ■ Steigern der Motivation der Teammitglieder zur Zielerreichung

Anforderungen an Teamziele	Bedeutung für den Teamerfolg
Beeinflussbarkeit der Zielerreichung durch das Team	■ Bewusst machen der Bedeutung der eigenen Leistung für das Team ■ Schaffen einer Basis für die Überprüfbarkeit der Beiträge einzelner Teammitglieder
Transparenz für das Team	■ Erhöhen der Motivationswirkung von Teamzielen ■ Steigern der Identifikation der Teammitglieder mit den Teamzielen
Überprüfbarkeit der Zielerreichung durch das Team	■ Steigern der Transparenz des Fortschrittes der Teamarbeit für die einzelnen Teammitglieder ■ Steigern der Eigenverantwortlichkeit der Teammitglieder im Umgang mit den Teamzielen ■ Steigern der Leistungsmotivation des Teams

Führungskräfte können Teamziele beispielsweise anhand der vier Dimensionen des Balanced-Scorecard-Ansatzes systematisieren. Da der Balanced-Scorecard-Ansatz bereits ausführlich in Abschnitt 8.4 dargestellt wird, wird an dieser Stelle lediglich dessen Übertragung auf den Teamkontext erläutert.

■ Die *wirtschaftliche Dimension* bezieht sich darauf, inwieweit das Team zur Erreichung der finanziellen Unternehmensziele beiträgt. Als Kennzahlen in diesem Bereich werden insbesondere monetäre Größen erfasst.

■ Die *interne Prozessdimension* bezieht sich auf die Abläufe innerhalb eines Teams. Dieser Dimension werden darüber hinaus die Kommunikation, das Management von Konflikten sowie die Qualität der Entscheidungsfindungsprozesse zugeordnet.

■ Die *Lerndimension* bezieht sich auf den Transfer von Wissen innerhalb des Teams einerseits sowie die persönliche bzw. die fachliche Entwicklung der Teammitglieder andererseits.

■ Die *kundenbezogene Dimension* bezieht sich insbesondere darauf, wie externe Schnittstellen des Teams zu anderen Teams, Abteilungen oder externen Kunden gemanagt werden (vgl. hierzu ausführlich Abschnitt 14.2.3). Die externe Schnittstelle zu Kunden ist insbesondere für Forschungs- und Entwicklungsteams sowie Marketing- und Vertriebsteams von Bedeutung.

In Tabelle 15.4 sind Ziele aus den verschiedenen Dimensionen des Balanced-Scorecard-Ansatzes am Beispiel eines Forschungs- und Entwicklungsteams dargelegt.

Tabelle 15.4 Ziele in verschiedenen Dimensionen des Balanced-Scorecard-Ansatzes am Beispiel eines Forschungs- und Entwicklungsteams

Dimension	Beispielhafte Teamziele	
Wirtschaftliche Dimension	■ Einhalten eines Entwicklungsbudgets von 250.000,- € im laufenden Geschäftsjahr ■ Realisieren von mindestens 15 % Kosteneinsparungen durch die neu entwickelte Maschine innerhalb von sechs Monaten	
Interne Prozess-dimension	■ Realisieren einer durchschnittlichen Dauer von Teammeetings ≤ eine Stunde ■ Implementieren eines Teambeurteilungssystems bis Ende des Jahres	
Lerndimension	■ Implementieren von Zeitfenstern für den regelmäßigen Informations-austausch im Team ■ Entwickeln von Verhaltensnormen im Team bis Juli diesen Jahres	
Kundenbezogene Dimension	■ Abschließen des Entwicklungsprojektes für das Kundenunternehmen XY bis Ende des Jahres ■ Erfolgreiche Neuprodukteinführung im Markt des Kunden mit Unterstützung des Teams (bis Ende der nächsten Periode) ■ Vereinbaren eines Folgeprojekts gemeinsam mit dem Kundenunternehmen XY innerhalb von drei Monaten nach Abschluss des aktuellen Projekts ■ Gewinnen von zwei neuen Schlüsselkunden durch das Team bis zum Ende des Geschäftsjahres	

15.1.3 Das Zeitmanagement in Teams

Das Zeitmanagement zielt auf eine verbesserte zeitliche Koordination von Aufgaben und Projekten in Teams ab. Es soll insbesondere dazu beitragen, mehrere parallel verfolgte Ziele aufeinander abzustimmen und zu priorisieren (in Anlehnung an Macan et al. 1990). Dadurch können sowohl die Befindlichkeit, z. B. die Work-Life Balance (vgl. Kapitel 19.2.2) als auch die Effizienz und die Effektivität der Teammitglieder erhöht werden (vgl. Golden/Veiga/Simsek 2006; Rastegary/Landy 1993; Waller et al. 2001). Die dritte Leitfrage hinsichtlich der Instrumente der Teamführung bezieht sich daher auf die Gestaltung des Zeitmanagements in Teams durch die Führungsperson (vgl. Tabelle 15.1).

> **Zeitmanagement** Zeitliche Koordination und Priorisierung angestrebter Aufgaben eines Teams (vgl. Fenner/Renn 2010, S. 63; Rühle 2009, S. 101).

In der Literatur wird das Thema Zeitmanagement primär in praxisorientierten Veröffentlichungen behandelt. Allerdings existieren inzwischen vermehrt wissenschaftliche Erkenntnisse, die ein grundlegendes Verständnis zum Zeitmanagement liefern. Von derart grundlegender Bedeutung sind beispielsweise die vier Facetten des Zeitmanagements, die anhand einer empirischen Untersuchung ermittelt wurden (in Anlehnung an Macan 1994; Macan et al. 1990): das Setzen von Zielen, das Verwenden von Zeitmanagement-Techniken, die Affinität zum Organisieren und das Zeitgefühl.

- Das *Setzen von Zielen* bezieht sich darauf, inwieweit die gewünschten Ergebnisse klar formuliert und hinsichtlich ihrer Bedeutung in eine Rangfolge gebracht werden.

- Beim *Verwenden (spezifischer) Zeitmanagement-Techniken* werden konkrete Maßnahmen eingesetzt, um den persönlichen Umgang der Mitarbeiter mit der Zeit zu optimieren. Beispielhaft für solche Zeitmanagement-Techniken ist die Festlegung des zeitlichen Ablaufs von Besprechungen anhand von Tagesordnungspunkten zu nennen.

- Die *Affinität zum Organisieren* drückt die persönliche Neigung einer Person aus, die eigenen Tätigkeiten zu planen und zu strukturieren (in Anlehnung an Nonis/Sager 2004). Personen mit einer ausgeprägten Neigung zum Organisieren benötigen ein strukturiertes Organisationssystem, um effektiv arbeiten zu können (Fenner/Renn 2010, S. 67).

- Das *Zeitgefühl* gibt Auskunft darüber, inwieweit eine Person ein Gefühl für den zeitlichen Bedarf hinsichtlich zu erledigender Aufgaben hat. Ein Merkmal von Personen mit eher schlechtem Zeitgefühl ist eine Tendenz zur Unpünktlichkeit.

Die besondere Bedeutung des Zeitmanagements in Teams ergibt sich aus der relativ hohen Interdependenz zwischen den Teammitgliedern (vgl. Stock 2003). Diese führt dazu, dass die Leistung einzelner Teammitglieder in hohem Maße von den (fristgerecht) erbrachten Leistungen anderer Teammitglieder abhängt. Das Zeitmanagement ist daher ein wichtiges Instrument für Führungskräfte, um die Aktivitäten eines Teams zielgerichtet zu steuern und aufeinander abzustimmen (vgl. Levi 2001). In Verbindung mit dem Zeitmanagement sind insbesondere drei Fragen für die Teamführung von Bedeutung:

1. Wie kann das Zeitmanagement des gesamten Teams verbessert werden?

2. Wie können Führungskräfte unterschiedliche Zeittypen unter den Teammitgliedern in ihrem Verantwortungsbereich erkennen?

3. Wie können Führungskräfte auf die Verbesserung des Zeitmanagements verschiedener Zeittypen im Team hinwirken?

Während eine Führungsperson im Hinblick auf die erste Frage am Zeitmanagement des gesamten Teams (vgl. Abschnitt 15.1.3.1) ansetzen sollte, konzentrieren sich die Fragen 2 und 3 auf das Zeitmanagement einzelner Teammitglieder (vgl. Abschnitt 15.1.3.2).

15.1.3.1   Das Zeitmanagement auf der Ebene des gesamten Teams

Die folgende Darstellung zum *Zeitmanagement des gesamten Teams* stützt sich zunächst auf wissenschaftliche Erkenntnisse der Arbeits- und Organisationspsychologie. Empirischen Studien zu Folge treten im Rahmen des Zeitmanagements insbesondere zwei Probleme auf (vgl. König/Kleinmann 2006): langfristige Konsequenzen eigener Aktivitäten werden vernachlässigt und die Dauer verschiedener Aufgaben wird unterschätzt. Für die Teamführung wird eine zentrale Herausforderung darin gesehen, diesen beiden Problemen durch effektives Zeitmanagement entgegenzuwirken.

Ein erster Ansatzpunkt, um das Zeitmanagement im Team zu verbessern, liegt darin, den Teammitgliedern die langfristigen Konsequenzen ihrer Aktivitäten aufzuzeigen. Nach Erkenntnissen von König und Kleinmann (2006) neigen Personen dazu, weniger wichtige (jedoch kurzfristiger erreichbare) Ziele mit höherer Priorität zu verfolgen als langfristige, relativ wichtige Ziele (vgl. auch Holcomb/Nelson 1992). In diesem Zusammenhang konnten empirische Studien zeigen, dass selbst Personen, welche sich zunächst auf langfristige Ziele konzentrieren, im Zeitverlauf ihre Priorisierung ändern. Die Aktivitäten konzentrieren sich dann auf weniger wichtige, aber schneller erreichbare Ziele (vgl. Kirby 1997; Kirby/Herrnstein 1995). Ein zentrales Problem des Zeitmanagements ist also darin zu sehen, dass die Mitglieder eines Teams die Wichtigkeit ihrer Aufgaben für die Teamergebnisse nicht adäquat einschätzen (in Anlehnung an König/Kleinmann 2006).

Ein weiteres Zeitmanagement-Problem, das insbesondere im Rahmen der Teamarbeit negative Folgen hat, besteht darin, dass die Dauer der Aufgabenerfüllung unterschätzt wird. Dieses Phänomen wird in der Literatur auch „Planning Fallacy" bezeichnet (vgl. Kahneman/Tversky 1979). Häufig schätzen Personen die Dauer einer Aufgabe anhand von Erfahrungen mit gleichen oder ähnlichen Aufgaben ein (vgl. Buehler/Griffin/MacDonald 1997). Auch der Zeitbedarf weiterer beteiligter Personen wird häufig unterschätzt. In Teams, in denen die Mitglieder typischerweise eine hohe Interdependenz aufweisen, ist dieser Aspekt des Zeitmanagements von zentraler Bedeutung.

Nach bisherigen Erkenntnissen adressieren nur wenige Zeitmanagement-Techniken die zuvor dargelegten beiden Problemfelder (vgl. u. a. Buehler/Griffin/Ross 1994; Byram 1997). Tabelle 15.5 legt ausgewählte Maßnahmen dar, mit deren Hilfe Führungskräfte die langfristige Orientierung bzw. adäquate Zeitabschätzungen im Team fördern können (in Anlehnung an Buehler/Griffin/Ross 1994; Byram 1997).

Tabelle 15.5   Ausgewählte Maßnahmen zur Verbesserung des Zeitmanagements in Teams

Maßnahmen für Führungskräfte zur Förderung der …	
… langfristig orientierten Priorisierung von Aufgaben	… adäquaten zeitlichen Einschätzung von Aufgaben
■ Einteilen von Projekten/Aufgaben nach deren Wichtigkeit und Dringlichkeit gemeinsam mit dem Team	■ Einfordern klarer Aussagen der Teammitglieder, wie viel Zeit sie für eine Tätigkeit brauchen
■ Sicherstellen der langfristig ausgerichteten Bearbeitung wichtiger Aufgaben durch das Team (z. B. durch Zeitpläne)	■ Einschätzen der Zeitdauer zur Bearbeitung von Teilaufgaben weiterer beteiligter Personen
■ Reservieren von Freiräumen für das Bearbeiten wichtiger Aufgaben	■ Treffen klarer Vereinbarungen, wann eine Aufgabe durch das Team erfüllt werden soll
■ Schaffen von Zeitblöcken für das Bearbeiten konzeptioneller und operativer Aufgaben	■ Ansprachen von Erfahrungen der Teammitglieder mit gleichen bzw. ähnlichen Aufgaben

Maßnahmen für Führungskräfte zur Förderung der ...	
... langfristig orientierten Priorisierung von Aufgaben	... adäquaten zeitlichen Einschätzung von Aufgaben
■ Schaffen von Zeitpuffern im Team für unvorhergesehene wichtige und gleichzeitig dringende Aufgaben	

Eine zentrale Herausforderung für Führungskräfte in Verbindung mit der langfristig orientierten Priorisierung von Aufgaben durch das Team besteht darin, strategisch wichtige Aufgaben nicht dringend werden zu lassen. Hierzu kann eine Systematisierung von Aufgaben nach ihrer wahrgenommenen Dringlichkeit und ihrer strategischen Bedeutung für das Team beitragen.

- ■ *Strategisch bedeutende Aufgaben* tragen zum langfristigen Erfolg eines Teams bei.

- ■ *Dringende* Aufgaben sind kurzfristig zu bearbeiten.

Aufgaben können durchaus hinsichtlich ihrer wahrgenommenen Dringlichkeit und ihrer strategischen Bedeutung für das Team variieren. Die in Abbildung 15.4 dargestellte Vier-Felder-Matrix ordnet Aufgaben nach ihrer strategischen Bedeutung und ihrer Dringlichkeit ein. Danach lassen sich vier Typen von Aufgaben unterscheiden, die jeweils eine andere Bearbeitungsstrategie erfordern.

Ein relativ großer Teil der Aufgaben eines Teams ist weder wichtig noch dringend (*Priorität-D-Aufgaben*). Beispiele für solche Aufgaben sind

- ■ Entscheidungen zu Projekten, welche weder interessant noch erfolgversprechend für das Team sind,

- ■ Anfragen zu neuen, jedoch für das Team weniger interessanten Projekten,

- ■ detaillierte (kostenintensive) Verbesserungsvorschläge zu Prozessen, welche eine geringe Bedeutung für das Unternehmen haben, sowie

- ■ Anfragen von unwichtigen Institutionen (z. B. von uninteressanten Anbietern).

Die zuvor genannten Aufgaben sind mit geringer Priorität zu bearbeiten bzw. zu delegieren. Viele dieser Aufgaben erledigen sich von selbst. Die Herausforderung des Teams in Verbindung mit dieser Aufgabenkategorie besteht darin, die entsprechenden Aufgaben als unwichtig einzuordnen.

Abbildung 15.4   Systematisierung von Teamaufgaben und adäquaten
                    Bearbeitungsstrategien

Strategische Bedeutung der Aufgabe für das Team

Priorität-C-Aufgaben werden von Teammitgliedern als dringend wahrgenommen, ihre strategische Bedeutung für den Erfolg des Teams ist jedoch bei differenzierter Bewertung als gering einzustufen. Beispielhafte Aufgaben dieser Kategorie sind

- das detaillierte Vorbereiten von Besprechungen,

- das Ausarbeiten eines ausführlichen Ablaufplans für ein Projekt, über dessen Zustandekommen noch entschieden wird, sowie

- das Formulieren ausführlicher Rechtfertigungen für die eigene Tätigkeit gegenüber Personen, die jedoch nicht entscheidungsbefugt sind.

Diese Aufgaben beinhalten „Zeitfallen" in Form eines zu hohen Detaillierungsgrades. Oft werden sie aus Rechtfertigungsgründen durchgeführt. Die Gefahr in Verbindung mit solchen Aufgaben besteht darin, dass deren Erledigung den Teammitgliedern vordergründig das Gefühl vermittelt, kurzfristige Erfolge zu erzielen. Gemäß den zuvor dargelegten psychologischen Erkenntnissen neigen Personen dazu, als dringlich eingestufte Aufgaben, welche in der Regel eine schnellere Zielerreichung versprechen, stärker zu priorisieren als strategisch wichtige Aufgabenstellungen.

Der langfristige Erfolg eines Teams kann jedoch nur durch eine erfolgreiche Bearbeitung strategisch wichtiger Aufgaben im Rahmen eines funktionierenden Zeitmanagements sichergestellt werden. Dabei handelt es sich in der Regel um Aufgaben, die langfristig zum Erfolg des Teams beitragen. Diese Aufgaben weisen zum Zeitpunkt ihrer Entstehung in der Regel zunächst eine relativ geringe Dringlichkeit auf (*Priorität-B-Aufgaben*). Beispielhaft für solche Aufgaben sind

- das Erarbeiten von Teamzielen und -normen,

- das Implementieren von Verfahren zur Verbesserung der Teamprozesse,

- das Erstellen von Zeit- und Zuständigkeitsplänen für die Bearbeitung wichtiger Projekte im Team,

- das Prüfen von Alternativen im Rahmen der Entscheidungsfindung im Team sowie

- das Prüfen der Umsetzbarkeit von im Team getroffenen Entscheidungen bzw. entwickelten Projekten.

Wie bereits zuvor dargelegt, ist es von zentraler Bedeutung, dass wichtige Aufgaben nicht dringend werden. Ansonsten besteht die Gefahr, dass die Qualität der Aufgabenbearbeitung unter dem Zeitdruck leidet (vgl. Levi 2001). Wichtige Aufgaben, welche frühzeitig im Team bekannt sind, sollten mithilfe von Zeitplänen organisiert werden. Beim Erstellen von Zeitplänen sollten folgende Aspekte geklärt werden:

- Definieren der zu bearbeitenden Teilaufgaben im Rahmen des Projektes,

- Festlegen von Verantwortlichkeiten und Zuständigkeiten im Team,

- Einholen von Zeitabschätzungen für das Bearbeiten der Teilaufgaben seitens der einzelnen Teammitglieder durch die Führungsperson sowie

- Festlegen eines Zeitplans zur Bearbeitung der Aufgabe durch die Führungsperson und das Team.

Teams weisen in der Regel Schnittstellen zu mehreren internen Unternehmensbereichen bzw. zu externen Kunden auf. Vor diesem Hintergrund lässt es sich nicht immer vermeiden, dass wichtige Themen kurzfristig bearbeitet werden müssen, d. h. dass die Wichtigkeit und die Dringlichkeit von Aufgabenstellungen gleichermaßen hoch sind (*Priorität-A-Aufgaben*). Für solche Fälle sollte die Führungsperson Zeitpuffer einplanen. Zudem sollten auch bei diesem Aufgabentyp kurzfristig wirksame Zeitpläne mit entsprechenden Zuständigkeiten im Team eingesetzt werden, um die Qualität der Aufgabenbearbeitung und die Einhaltung von Fristen sicherzustellen.

15.1.3.2   Das Zeitmanagement auf der Ebene einzelner Teammitglieder

Neben der Systematisierung unterschiedlicher Aufgabentypen ist es für Führungskräfte von Bedeutung, individuelle Unterschiede der Teammitglieder im Umgang mit der Zeit zu kennen. Mithilfe dieses Wissens können Führungskräfte das Zeitmanagement einzelner Teammitglieder unterstützen.

Nach Märchy (2002) unterscheiden sich Personen darin, wie sie mit ihrer Lebenszeit, ihrer Arbeitszeit und ihrer Freizeit umgehen. Der Umgang mit der Zeit wird durch persönliche Merkmale, Erfahrungen und die kulturelle Einbettung einer Person beeinflusst. Märchy (2002) unterscheidet sechs Zeittypen:

1. Der chaotisch-*kreative Zeittyp* ist grundsätzlich sehr flexibel und präferiert Situationen, in denen es ungeordnet zugeht. Zeitliche Restriktionen können für diese Personen eine starke Belastung darstellen.

2. Der ordnungsliebende Perfektionist achtet darauf, dass alles einen festen Platz besitzt. Diese Person plant intensiv und langfristig. Zeitmanagement stellt für sie ein wichtiges Instrument dar, um die Ordnung sicherzustellen.

3. Der tatkräftig-fleißige Zeittyp ist permanent aktiv und möchte beschäftigt sein. Dieser Typ Mitarbeiter arbeitet lange und intensiv. Er vertieft sich vollkommen in eine bestimmte Aufgabe und vergisst dabei gelegentlich die Zeit.

4. Der intellektuelle Überflieger erfasst Situationen schnell und erkennt besonders leicht Lösungsansätze. Allerdings nimmt sich diese Person häufig zu wenig Zeit für die konkrete Umsetzung von Lösungsansätzen.

5. Der bescheiden-rücksichtsvolle Zeittyp will niemandem zur Last fallen und delegiert daher nur wenige Aufgaben weiter. Unterstützung durch andere Personen wird möglichst wenig in Anspruch genommen. Diese selbst gewählte „Eigenständigkeit" führt bisweilen zu starken Zeitproblemen dieser Person.

6. Der Zeitlose kümmert sich wenig um die Zeit. Dieser Typ Mitarbeiter orientiert sich zeitlich an seiner „inneren Uhr" und ist nur schwer von außen in einen vorgegebenen Arbeitsrhythmus zu integrieren.

Führungskräfte können die Effizienz von Teams steigern, indem sie versuchen, das individuelle Zeitmanagement der Teammitglieder zu beeinflussen. In Tabelle 15.6 sind Empfehlungen für das Führen verschiedener Zeittypen aufgeführt.

Tabelle 15.6 Besonderheiten der Teamführung in Abhängigkeit vom Zeittyp der einzelnen Teammitglieder

Zeittyp	Zentrale Merkmale	Empfehlungen für die Teamführung
Der chaotisch-kreative Zeittyp	■ Fühlt sich bei Unordnung wohl ■ Hat viele Ideen ■ Ist begeisterungsfähig ■ Hat Probleme, Termine einzuhalten	■ Regelmäßiges Feedback an den Mitarbeiter ■ Einführen von Projekt- und Zeitplänen ■ Arbeiten mit „To-Do"-Listen
Der ordnungsliebende Perfektionist	■ Legt Wert auf Genauigkeit und fehlerfreies Arbeiten ■ Ist sehr gut organisiert ■ Ist pünktlich und hat ein ausgeprägtes Zeitgefühl (zumeist auch ohne Uhr) ■ Ärgert sich über Unpünktlichkeit anderer	■ Einbinden in die Erstellung von Projektplänen ■ Betrauen mit zeitkritischen bzw. inhaltlich anspruchsvollen Themen ■ Sicherstellen, dass der Perfektionismus nicht die Kreativität einschränkt
Der tatkräftig-fleißige Zeittyp	■ Hat ein hohes Bedürfnis nach permanenter Aktivität ■ Ist bereit, lange und intensiv zu arbeiten ■ Verfügt über eine hohe Begeisterungsfähigkeit für eine Aufgabe ■ Tendiert dazu, bei interessanten Aufgaben die Zeit zu vergessen	■ Arbeiten mit Zeitplänen (insbesondere Zeitvorgaben für bestimmte Aufgaben) ■ Setzen von Prioritäten gemeinsam mit dem Mitarbeiter ■ Bewusstmachen von Teamnormen (z. B. Pünktlichkeit)
Der intellektuelle Überflieger	■ Analysiert Sachverhalte und entwickelt Lösungsansätze überdurchschnittlich schnell ■ Nimmt sich für die konkrete Umsetzung der Lösungsansätze zu wenig Zeit	■ Arbeiten mit Projekt- und Zeitplänen ■ Strukturieren der Aufgaben nach Wichtigkeit und Dringlichkeit
Der bescheiden-rücksichtsvolle Zeittyp	■ Fordert selten Unterstützung anderer Teammitglieder ein ■ Engagiert sich in hohem Maße für die Aufgabe und das Team ■ Hat bei starker Arbeitsbelastung Probleme, Termine einzuhalten	■ Arbeiten mit Projektplänen ■ Verdeutlichen des Nutzens von Delegation ■ Gemeinsames Identifizieren von Aufgaben, die delegiert werden können
Der Zeitlose	■ Folgt am liebsten der eigenen „inneren Uhr" ■ Empfindet Zeitvorgaben als lästig und überflüssig ■ Legt keinen Wert auf Pünktlichkeit	■ Vereinbaren klarer Termine mit dem Teammitglied ■ Hinweisen auf Bedeutung und Nutzen eines funktionierenden Zeitmanagements für das Team

15.1.4   Das Konfliktmanagement in Teams

Eine wichtige Voraussetzung für eine gute Abstimmung in Teams wird im offenen und konstruktiven Umgang mit Konflikten gesehen. Vor diesem Hintergrund stellt das Management von Konflikten eine zentrale Herausforderung der Teamführung dar (vgl. Leitfrage 4, Tabelle 15.1).

| *Teamkonflikte* | Verhaltensweisen von Teammitgliedern, die negative Reaktionen (Aggressionen, Frustration usw.) bei anderen Teammitgliedern auslösen (vgl. Janssen/van de Vliert/Veenstra 1999, S. 119; Pelled/Eisenhardt/Xin 1999, S. 2). |

Teamkonflikte können sich auf verschiedene Aspekte beziehen. In diesem Zusammenhang wird zwischen persönlichen und fachlichen Konflikten unterschieden (vgl. u. a. Jehn 1995; Pelled/Eisenhardt/Xin 1999).

| *Persönliche Konflikte* | Unstimmigkeiten zwischen Teammitgliedern auf der zwischenmenschlichen Ebene, welche sich in Spannungen, Animositäten und Ärger zwischen den Teammitgliedern niederschlagen (vgl. Jehn 1995, S. 258). |

Die Gründe für persönliche Konflikte liegen in erster Linie in Merkmalen der Teammitglieder. Sie können beispielsweise auf persönliche Abneigung, Neid oder zurückliegende persönliche Auseinandersetzungen zurückzuführen sein. Eine extreme Form persönlicher Konflikte ist das Mobbing (auch Bullying genannt).

| *Mobbing* | Wiederholtes, systematisches, feindseliges und unethisches Verhalten mehrerer Personen gegenüber einer anderen Personen am Arbeitsplatz, das sich über einen längeren Zeitraum erstreckt (vgl. Leymann 1996, S. 168). |

Das Phänomen Mobbing kann zwischen einer Führungsperson und deren Mitarbeitern, aber auch zwischen Teammitgliedern auftreten (vgl. Zapf/Einarsen 2005, S. 243). Dabei kann feindseliges und unethisches Verhalten gegenüber einer anderen Person allein noch nicht als Mobbing betrachtet werden. Vielmehr ist Mobbing dadurch gekennzeichnet, dass das Phänomen regelmäßig und über einen längeren Zeitraum auftritt.

In einer bundesweiten Studie von Meschkutat und Kollegen (2002, S. 24) konnte gezeigt werden, dass von rund 39 Millionen erwerbstätigen Personen circa eine Million unter Mobbing am Arbeitsplatz litten. Des Weiteren gaben 26 Prozent der Befragten an, mehrmals im Monat, 32,3 Prozent der Befragten mehrmals in der Woche und 23,8 Prozent der Befragten sogar täglich gemobbt zu werden.

Zudem konnten empirische Studien zeigen, dass Mobbing in verschiedenen Formen auftreten kann (vgl. Leymann 1996, S. 170; Zapf/Einarsen 2005, S. 245; Zapf/Knorz/Kulla 1996,

S. 221 f.). Leymann (1996, S. 170) unterscheidet fünf verschiedene Formen von Angriffen auf Mobbingopfer (vgl. Leymann 1996, S. 170; Abbildung 15.5). Diese fünf Angriffsformen konnten in weiteren empirischen Studien bestätigt werden (vgl. Zapf/Knorz/Kulla 1996, S. 246).

Abbildung 15.5   Formen von Angriffen auf Mobbingopfer in Unternehmen
(vgl. Leymann 1996, S. 170)

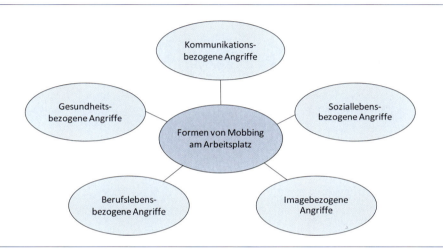

Die *kommunikationsbezogenen Angriffe* gegenüber dem Mobbingopfer beziehen sich darauf, dass das Opfer keine Möglichkeiten erhält, mit seinen Teammitgliedern zu kommunizieren. In Konversationen, Besprechungen und Meetings wird das Opfer meistens beim Reden unterbrochen, verbal attackiert oder bedroht (vgl. Leymann 1996, S. 170).

Angriffe, die zu einer sozialen Isolation des Mobbingopfers führen, werden *soziallebensbezogene Angriffe* genannt. Angriffe auf das Sozialleben des Opfers äußern sich beispielsweise dadurch, dass die Teammitglieder nicht mehr mit dem Opfer sprechen, es ignorieren oder das Opfer alleine, ohne die anderen Teammitglieder in einem anderen Raum sitzen und arbeiten muss (vgl. Leymann 1996, S. 170).

Das Verbreiten übler Nachreden und Gerüchte über das Opfer, das Verspotten des Opfers in Bezug auf seine ethnische Herkunft, seine möglichen Behinderungen oder seiner Eigenart werden unter dem Begriff *imagebezogene Angriffe* zusammengefasst. Die imagebezogenen Angriffe sollen dem Prestige des Opfers schaden und seine Stellung im Unternehmen unterminieren (vgl. Leymann 1996, S. 170).

Die *berufsbezogenen Angriffe* zielen darauf ab, dass das Mobbingopfer keine herausfordernden Aufgaben im Team erhält oder die Arbeit des Opfers zu behindern, beispielsweise indem wichtige Informationen zur Erledigung der Arbeit nicht weitergegeben werden (vgl. Leymann 1996, S. 170).

Die *gesundheitsbezogenen Angriffe* umfassen Handlungen wie die Anwendung von körperlicher Gewalt, das Vergeben von Arbeitsaufgaben mit hoher Verletzungsgefahr oder die sexuelle Belästigung von Teammitgliedern (vgl. Leymann 1996, S. 170). Solche gesundheitsbezogenen Angriffe können sowohl die physische als auch die psychische Gesundheit des Mobbingopfers gefährden (vgl. Aquino/Thau 2009, S. 727; Leymann 1996, S. 176; Zapf/Einarsen 2005, S. 255 f.). Insert 15.1 beschreibt Beispiele für verschiedene Formen von Mobbing. Darüber hinaus werden mögliche Ursachen für solche Verhaltensweisen diskutiert.

Insert 15.1:   Mobbing am Arbeitsplatz (vgl. o. V. 2002)

Mobbing – Wenn die Arbeit zum Albtraum wird

Die Ursachen kennt niemand genau, und Hilfe zu bekommen ist mehr als schwierig. Meist sehen Chefs wie Betriebsräte hilflos zu, wenn eine ganze Abteilung auf einem ehemals beliebten Kollegen herumhackt und ihm mit kleinen Gemeinheiten das Leben langsam aber sicher zur Hölle macht. Auch der Gemobbte selbst kann kaum fassen, was ihm geschieht.

Ohne Hilfe von außen stehen die Chancen schlecht, den Betriebsfrieden wieder herzustellen, sagt der Frankfurter Psychotherapeut und Konfliktberater Gerrit Grahl.

Das typische Opfer gibt es nicht

Mobbing bedeutet, dass ein Mitarbeiter von seinen Kollegen über einen längeren Zeitraum hinweg systematisch erniedrigt, gedemütigt und schikaniert wird. Das kann damit beginnen, dass jahrelang alle zusammen zu Mittag gegessen haben, plötzlich aber einer immer alleine dasteht. Oder dass die Kollegen die Heizung herunter drehen, sobald ihre ohnehin leicht frierende Mitarbeiterin den Raum verlässt. Später sind selbst kriminelle Handlungen keine Seltenheit, wichtige Unterlagen oder Computerdateien verschwinden, Autos werden zerkratzt.

Mit einem Mal heißt es, der fleißige Kollege erledigt nur deshalb die unangenehmen Aufgaben, weil er sich für die normale Arbeit zu schade ist.

Die Ursache bleibt rätselhaft

Niemand weiß, wie und warum eine solche Situation entsteht, die schließlich im alltäglichen Psychoterror endet. Selbst Wissenschaftler rätseln über die Ursachen, sagt Schorlemer. Sicher sei nur, dass der Geschädigte sich ohne fremde Hilfe nicht zur Wehr setzen kann. Arbeitet er fortan weniger, heißt es, er sei faul. Wenn er aus Trotz oder Angst noch mehr arbeitet, verstärkt sich die Feindseligkeit. Hilfe zu suchen gelingt den Betroffenen meist erst nach Jahren, wenn überhaupt. Die Geschädigten fühlen sich als Opfer und geben sich selbst alle Schuld. Sie leiden unter Magengeschwüren, Sehstörungen, schweren Depressionen, Antriebs- oder Schlaflosigkeit und neigen zu Alkohol- oder Medikamentenmissbrauch. Doch Chefs und Betriebsräte sind nach wie vor viel zu wenig mit dem Thema Mobbing vertraut, kritisiert Grahl. Gerade jüngeren Vorgesetzten falle es schwer, offen zu bekennen, dass es in ihrer Abteilung ein für sie unlösbares Problem gebe.

Unterschieden wird dabei zwischen den Tätern, dem Geschädigten und den übrigen Kollegen, die als Mitläufer zwar nicht aktiv mobben, das Mobbing aber auch nicht verhindern. Den typischen Täter oder Geschädigten gibt es nicht. Männer wie Frauen jeden Alters mobben oder werden gemobbt. Auch Chefs sind nicht gefeit, rund jeder sechste Mobbing-Geschädigte ist eine Führungskraft, wie Grahl sagt.

Oft waren die Geschädigten über Jahre oder sogar Jahrzehnte beliebte Mitarbeiter, weil sie mehr gearbeitet haben als die anderen und stets die unangenehmen Aufgaben übernahmen.

Kein Straftatbestand

Neben der nötigen Sensibilität der Arbeitgeber fehle es beispielsweise an Anti-Mobbing-Paragrafen in Betriebsvereinbarungen; zudem sei Mobbing kein Straftatbestand. Dabei schadet eine Abteilung, in der gemobbt wird, auch den Unternehmen selbst – wegen monatelanger Krankschreibungen und Unproduktivität aufgrund des schlechten Klimas. Der von Mobbing verursachte volkswirtschaftliche Schaden wird pro Jahr auf bis zu 50 Milliarden Euro geschätzt.

Verschiedene empirische Studien haben sich mit möglichen negativen Folgen von Mobbing beschäftigt. Neben Motivations- und Leistungsdefiziten kann es auch zu zwangsweisen oder freiwilligen Arbeitsplatzwechseln innerhalb des Unternehmens, krankheitsbedingten Ausfällen oder sogar Erwerbsunfähigkeit des Mobbingopfers kommen (vgl. Aquino/Thau 2009, S. 727 f.; Lee/Brotheridge 2006, S. 355; Leymann 1996, S. 173 ff.; Meschkutat/Stackelbeck/Langenhoff 2002, S. 78 ff.; Zapf/Einarsen 2005, S. 254 ff.). Alle diese Auswirkungen von Mobbing verursachen nicht nur Kosten für die Unternehmen, sondern auch externe Kosten (z. B. für den Staat, die Krankenkassen und die Versicherungen). Abbildung 15.6 systematisiert die wesentlichen Kosten des Mobbings (in Anlehnung an Leymann 1996, S. 173 ff.; Meschkutat/Stackelbeck/Langenhoff 2002, S. 78 ff.; Rayner/Keashly 2005, S. 289; Zapf/Einarsen 2005, S. 254 ff.).

Unternehmen sollten angesichts der hohen Kosten, die mit Mobbing verbunden sind, Maßnahmen treffen, um Mobbing einzugrenzen bzw. zu verhindern. Als Maßnahmen auf Unternehmensebene schlägt Leymann (1996, S. 180) Folgendes vor:

- Führungskräfte sollten eine Vorbildfunktion repräsentieren, mit der Voraussetzung, dass diese ihre Kollegen bzw. ihre Mitarbeiter nicht mobben.

- Es sollten Vertrauenspersonen in Unternehmen eingesetzt werden, damit sich Mobbingopfer an diese wenden, Hilfestellungen von ihnen bekommen und Lösungsansätze mit ihnen diskutieren können.

- Es sollten Richtlinien eingeführt werden, an denen sich Führungskräfte und Mitarbeiter orientieren können, wenn Mobbing im Unternehmen erkannt wird.

Es sollten Schulungen und Trainings für Führungskräfte angeboten werden, um Mobbing und Konfliktsituationen frühzeitig erkennen und mit diesen umgehen zu können.

Abbildung 15.6   Systematisierung von Mobbingkosten

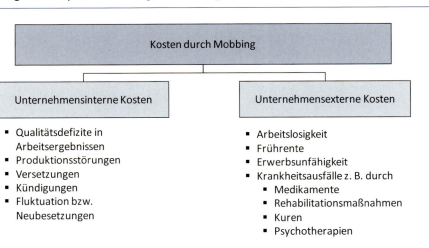

Auch im Rahmen der Teamführung, also auf der Mikroebene des Personalmanagements, können Maßnahmen ergriffen werden, um konstruktiv mit persönlichen Konflikten umzugehen. Abbildung 15.7 verdeutlicht verschiedene Phasen, an denen sich Führungskräfte beim Management persönlicher Konflikte im Team orientieren können.

Abbildung 15.7   Vorgehensweise zum Management persönlicher Konflikte in Teams

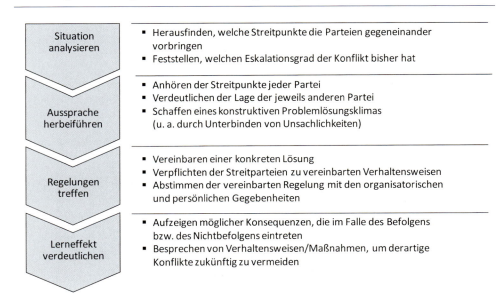

Der Umgang mit persönlichen Konflikten, deren Extremform das Mobbing darstellt, ist allerdings lediglich ein (wenn auch wichtiger) Teilbereich des Konfliktmanagements in Teams. Während sich persönliche Konflikte primär auf die zwischenmenschliche Ebene innerhalb eines Teams beziehen, sind zusätzlich fachliche Konflikte zu managen, die in erster Linie auf der Sachebene verankert sind.

> **Fachliche Konflikte** Unstimmigkeiten zwischen den Teammitgliedern in Bezug auf Aufgabeninhalte, aufgabenbezogene Ansichten, Ideen und Meinungen (vgl. Jehn 1995, S. 258).

Beispielhaft für fachliche Konflikte sind Unstimmigkeiten über Vorgehensweisen im Rahmen der Aufgabenerfüllung sowie Auseinandersetzungen wegen unklarer Zuständigkeiten oder aufgrund wahrgenommener Ungerechtigkeit in der Aufgabenverteilung im Team.

An dieser Stelle ist darauf hinzuweisen, dass die persönlichen und die fachlichen Konflikte eng miteinander verbunden sind. So können persönliche Konflikte Auslöser für Konflikte im fachlichen Bereich sein. Umgekehrt können permanente fachliche Konflikte auf den zwischenmenschlichen Bereich ausstrahlen und somit persönliche Differenzen zwischen Teammitgliedern auslösen.

Persönliche und fachliche Konflikte unterscheiden sich neben inhaltlichen Aspekten auch hinsichtlich ihrer Auswirkungen auf den Teamerfolg. Eine Reihe von Studien zeigt, dass *persönliche Konflikte* grundsätzlich zu einer Beeinträchtigung der Leistung von Teams führen (vgl. u. a. Jehn 1995, S. 261). Es besteht ein negativer linearer Zusammenhang, d. h. je mehr persönliche Konflikte in einem Team herrschen, desto geringer ist der Teamerfolg (vgl. Abbildung 15.8). Persönliche Konflikte sollten also immer vermieden werden.

Abbildung 15.8 Funktionaler Verlauf des Zusammenhangs zwischen dem Ausmaß der Konflikte und dem Teamerfolg (in Anlehnung an Jehn 1995)

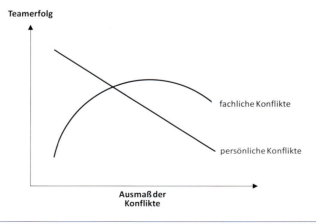

Fachliche Konflikte können dagegen sowohl mit Chancen als auch mit Risiken für den Erfolg eines Teams verbunden sein. Die Chancen fachlicher Konflikte liegen in einer differenzierteren Herangehensweise an die Aufgabenstellungen durch das Team. Die Risiken fachlicher Konflikte treten insbesondere dann zu Tage, wenn sich diese häufen oder sie eskalieren (vgl. Abbildung 15.8). Tabelle 15.7 stellt die Chancen und die Risiken fachlicher Konflikte in Teams gegenüber (in Anlehnung an Brown 1983; Pondy 1967).

Tabelle 15.7   Chancen und Risiken fachlicher Konflikte in Teams

Risiken fachlicher Teamkonflikte	Chancen fachlicher Teamkonflikte
■ Verhärtung der Fronten zwischen Teammitgliedern im Falle einer Eskalation von Konflikten	■ Erhöhung der Kreativität des Teams
■ Reduzierung von Informationsaustausch im Team	■ Vermeidung von „Betriebsblindheit" im Team
■ Herausbildung von (gegebenenfalls konkurrierenden) Subgruppen	■ Verbesserung der Entscheidungsfindung durch umfassende Diskussion von Alternativen
■ Zunahme von psychischem Stress für die Teammitglieder	■ Verbesserung der Umsetzbarkeit von Ideen durch kontroverse Diskussion der Realisierbarkeit
■ Erhöhung der Wahrscheinlichkeit des Trittbrettfahrer-Verhaltens (vgl. Abschnitt 14.1)	
■ Rückgang der Arbeitszufriedenheit der Teammitglieder	
■ Beeinträchtigung der Beziehungen des Teams zu externen Personen bzw. Institutionen	

Die Chancen und die Risiken fachlicher Konflikte spiegeln sich in dem in Abbildung 15.8 dargestellten umgekehrt u-förmigen Zusammenhang zwischen dem Ausmaß fachlicher Konflikte und dem Teamerfolg wider. Sowohl das völlige Unterbinden als auch eine sehr hohe Ausprägung fachlicher Konflikte beeinträchtigen den Teamerfolg. Deshalb ist eine mittlere Ausprägung sachbezogener Konflikte erforderlich, um deren Chancen zu nutzen und den Teamerfolg zu maximieren. Die Teamführung steht damit vor der Herausforderung, einerseits fachliche Konflikte anzuregen und andererseits deren Eskalation zu vermeiden. Tabelle 15.8 stellt beispielhafte Maßnahmen zum Umgang mit fachlichen Konflikten in Teams dar.

Tabelle 15.8   Beispielhafte Maßnahmen zum Management fachlicher Konflikte in
Teams

Beispielhafte Maßnahmen ...	
... zum Anregen fachlicher Konflikte	*... zum Vermeiden einer Eskalation fachlicher Konflikte*
■ Regelmäßiges Hinterfragen eingefahrener Denk- und Verfahrensweisen	■ Unterbinden destruktiver Formen fachlicher Kritik
■ Auffordern der Teammitglieder, etablierte Verfahrensweisen kritisch zu reflektieren	■ Unterbinden persönlicher Angriffe in Verbindung mit fachlicher Kritik
■ Auffordern zurückhaltender Teammitglieder, kritisch ihre Meinung zu äußern	■ Auffordern der Teammitglieder, in Verbindung mit fachlicher Kritik Alternativen vorzuschlagen
■ Vorleben von Kritikfähigkeit durch die Führungsperson	

15.2   Anreizinstrumente der Teamführung

Ein weiterer Ansatzpunkt zur Steigerung der Teamleistung ist das Schaffen adäquater Anreize, um die Aktivitäten jedes einzelnen Teammitglieds im Sinne der Team- und der Unternehmensziele auszurichten. Im Zusammenhang mit der Teamführung stellt sich daher die Frage, wie eine Führungsperson entsprechende Anreize setzen und kommunizieren kann. Durch Anreizinstrumente können Führungskräfte den Teammitgliedern den Nutzen der Teamarbeit verdeutlichen und so ihre Motivation und Zielorientierung erhöhen. Anreizinstrumente der Teamführung können alternativ an der Sach- oder der Beziehungsebene ansetzen. Eher sachorientierte Anreizinstrumente sind die Teambeurteilung (Abschnitt 15.2.1) sowie die Teamvergütung (Abschnitt 15.2.2). Auf die zwischenmenschlichen Beziehungen innerhalb von Teams zielen dagegen Teamevents (Abschnitt 15.2.3) ab.

15.2.1   Die Teambeurteilung

Für die erfolgreiche Führung eines Teams ist es unerlässlich, dem Team sowie den einzelnen Teammitgliedern regelmäßig Rückmeldung zu Leistungen und Verhaltensweisen zu geben. Konstruktives Feedback erfüllt hierbei zwei Funktionen:

■ Es zeigt den Teammitgliedern auf, wie sie ihre individuelle Leistung und den Teamerfolg steigern können.

■ Es setzt – in Form von Anerkennung und Kritik (vgl. Abschnitt 12.1.1) – Anreize für die Teammitglieder, ihre Leistungen zu verbessern.

Eine wichtige Frage der Teamführung bezieht sich daher darauf, welche Aspekte eine Führungsperson im Rahmen von Teambeurteilungen zu beachten hat (Leitfrage 5, Tabelle

15.1). Um angemessenes Feedback geben zu können, muss eine Führungsperson zunächst fundierte Informationen über die Stärken und die Schwächen eines Teams erlangen. Aufschluss hierüber liefert die Teambeurteilung. Darüber hinaus bildet sie die Grundlage für die Festlegung der Teamvergütung, die in Abschnitt 15.2.2 ausführlich dargestellt wird.

Teambeurteilung	Strukturierte Bewertung der Leistungen und der Verhaltensweisen eines Teams.

Die Teambeurteilung stellt eine Sonderform der Personalbeurteilung dar, da sie sich nicht auf Einzelleistungen, sondern auf die Teamleistung bezieht. Sie baut auf der allgemeinen Personalbeurteilung (vgl. Kapitel 8) auf.

Im vorliegenden Abschnitt werden teamspezifische Beurteilungskriterien vertieft. In Verbindung mit der Beurteilung von Teams ist insbesondere der Grad der Quantifizierung der Beurteilungskriterien festzulegen. In Anlehnung an die allgemeinen Ausführungen zur Personalbeurteilung (vgl. Kapitel 8) wird diesbezüglich zwischen quantitativen und qualitativen Beurteilungskriterien unterschieden.

Bei *quantitativen Beurteilungskriterien* handelt es sich um objektive Größen zur Erfassung der Leistungen eines Teams (in Anlehnung an Breisig 2001, S. 94). Beispielhaft seien die Produktivität und die Budgeteinhaltung zu nennen. Abbildung 15.9 stellt die Ergebnisse einer Studie zur Nutzung quantitativer Kriterien zur Beurteilung und Vergütung von Vertriebsteams dar. Es zeigt sich, dass in diesem Bereich finanzielle Kennzahlen dominieren.

Qualitative Beurteilungskriterien bilden relevante Verhaltensweisen einzelner Teammitglieder bzw. des Teams als Ganzes ab (vgl. Eigenstetter/Kuhn/Reißer 1998, S. 38; Kieser 2001, S. 29). Die Beurteilung qualitativer Kriterien kann beispielsweise mithilfe einer Teambewertung erfolgen. Im Rahmen einer solchen Teambewertung werden die aktuellen Verhaltensweisen des Teams durch die Führungsperson oder die Teammitglieder selbst beurteilt.

Abbildung 15.9 Beurteilungskriterien für Vertriebsteams in der Unternehmenspraxis
(vgl. Frenzen/Krafft/Jeck 2002)

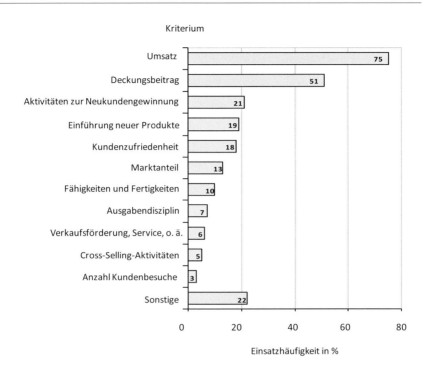

Kriterium

Kriterium	Einsatzhäufigkeit in %
Umsatz	75
Deckungsbeitrag	51
Aktivitäten zur Neukundengewinnung	21
Einführung neuer Produkte	19
Kundenzufriedenheit	18
Marktanteil	13
Fähigkeiten und Fertigkeiten	10
Ausgabendisziplin	7
Verkaufsförderung, Service, o. ä.	6
Cross-Selling-Aktivitäten	5
Anzahl Kundenbesuche	3
Sonstige	22

Anmerkungen: Stichprobe n = 216 Vertriebsführungskräfte; Mehrfachnennungen möglich

Die Teambewertung sollte insbesondere zwei Bereiche abdecken (vgl. Stock 2002): die Sachebene und die Beziehungsebene. Die Unterscheidung zwischen Sach- und Beziehungsebene basiert auf der Typologie von Teams nach Stock (2002), die bereits in Abschnitt 13.3 dargelegt wurde. Die Bewertung der Sachebene bezieht sich auf die aufgabenbezogenen Fähigkeiten, Prozesse und Ergebnisse des Teams. Die Bewertung der Beziehungsebene bildet die Qualität der zwischenmenschlichen Interaktion innerhalb eines Teams ab. Indikatoren hierfür sind zum Beispiel die Teamorientierung und die Sozialkompetenz der Teammitglieder. In Tabelle 15.9 und Tabelle 15.10 sind beispielhafte Kriterien zur Bewertung von Teams auf der Beziehungs- bzw. der Sachebene veranschaulicht.

Tabelle 15.9   Beispielhafte Kriterien zur Bewertung der Teamarbeit auf der
Beziehungsebene (vgl. Stock 2002, S. 92)

	trifft gar nicht zu				trifft voll zu
	0	25	50	75	100
In unserem Team …					
… sind die Teammitglieder in der Lage, aufeinander einzugehen. *(Sozialkompetenz der Mitglieder)*	O	O	O	O	O
… sind die Mitglieder der Auffassung, dass man im Team mehr erreichen kann als allein. *(Teamorientierung der Mitglieder)*	O	O	O	O	O
… unterstützen sich die Teammitglieder bei persönlichen Belangen gegenseitig. *(Teamorientierung der Mitglieder)*	O	O	O	O	O
… empfinden sich die Mitglieder gegenseitig als sympathisch. *(Zusammenhalt im Team)*	O	O	O	O	O
… gibt es selten persönliche Auseinandersetzungen zwischen einzelnen Teammitgliedern. *(Management persönlicher Konflikte)*	O	O	O	O	O
… sprechen die Teammitglieder häufig über persönliche Dinge. *(Intensität der persönlichen Kommunikation)*	O	O	O	O	O
… nimmt die Führungsperson Rücksicht auf die Belange der Mitarbeiter. *(Mitarbeiterorientierung des Teamleiters)*	O	O	O	O	O

Die verschiedenen Kriterien zur Bewertung von Teams können auf einer mehrstufigen Skala quantifiziert werden. In Tabelle 15.9 bzw. Tabelle 15.10 wurde eine fünfstufige, durch Prozentwerte verankerte Skala genutzt. Durch die Bildung von Mittelwerten können die Ausprägungen der verschiedenen Merkmale, wie Teamorientierung der Mitglieder oder Qualität der Entscheidungsfindung, ermittelt werden. Eine Veranschaulichung der Ergebnisse der Teambeurteilung kann mithilfe eines Stärken-Schwächen-Profils erfolgen. In Abbildung 15.10 ist ein solches Stärken-Schwächen-Profil am Beispiel eines Kundenbetreuungsteams dargestellt.

Tabelle 15.10 Beispielhafte Kriterien zur Bewertung der Teamarbeit auf der Sachebene (vgl. Stock 2002, S. 92)

	trifft gar nicht zu				trifft voll zu
	0	25	50	75	100
In unserem Team …					
… haben die Mitglieder weitgehend sehr hohe Fachkenntnisse. *(Fachkompetenz der Mitglieder)*	O	O	O	O	O
… wenden die Mitglieder Problemlösungstechniken an. *(Fachkompetenz der Mitglieder)*	O	O	O	O	O
… existieren klare Normen in Bezug auf die erwartete Leistung der Teammitglieder. *(Leistungsnormen im Team)*	O	O	O	O	O
… werden Informationen systematisch und regelmäßig weitergegeben, z. B. durch Jour Fixe oder Protokolle. *(Intensität fachlicher Kommunikation)*	O	O	O	O	O
… werden fachliche Konflikte fair und offen ausdiskutiert. *(Management fachlicher Konflikte)*	O	O	O	O	O
… werden Entscheidungen schnell getroffen. *(Qualität der Entscheidungsfindung)*	O	O	O	O	O
… werden im Vorfeld einer Entscheidung mögliche Alternativen geprüft. *(Qualität der Entscheidungsfindung)*	O	O	O	O	O
… wird im Vorfeld einer Entscheidung deren Umsetzbarkeit geprüft. *(Qualität der Entscheidungsfindung)*	O	O	O	O	O
… ermutigt die Führungsperson die einzelnen Teammitglieder zu besonderen Leistungen. *(Leistungsorientierung des Teamleiters)*	O	O	O	O	O

In dem Stärken-Schwächen-Profil wird zwischen drei Bereichen unterschieden (vgl. Stock 2002, S. 93): dem Stärkenbereich, dem Bereich mit punktuellem Handlungsbedarf und dem Schwächenbereich.

Der Stärkenbereich (mit einem Wert von ≥ 80) kennzeichnet Faktoren im Team, welche die Leistung eines Teams fördern. In Bezug auf diese Faktoren sind keine Veränderungsmaßnahmen seitens der Führungsperson einzuleiten. Eine Herausforderung der Teamführung liegt allerdings darin, das bestehende Niveau dieser Merkmale im Team zu halten. In dem beispielhaften Stärken-Schwächen-Profil in Abbildung 15.10 können Stärken in den Bereichen Qualität der Entscheidungsfindung und Leistungsorientierung des Teamleiters verzeichnet werden. Dieses hohe Niveau kann seitens der Führungsperson beispielsweise durch permanentes Reflektieren des eigenen Führungsverhaltens gehalten werden.

Abbildung 15.10 Illustration der Ergebnisse der Teambewertung durch das
Stärken-Schwächen-Profil am Beispiel eines Kundenbetreuungsteams

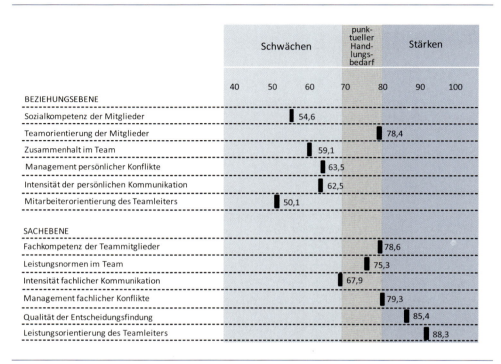

Der Bereich mit punktuellem Handlungsbedarf (mit Werten zwischen 70 und 80) kennzeichnet sich durch Schwächen des Teams in einzelnen Aspekten des zu bewertenden Merkmals der Teamarbeit. Diesem Bereich sind in dem Beispiel in Abbildung 15.10 die Teamorientierung, die Fachkompetenz, die Leistungsnormen im Team und die Intensität fachlicher Konflikte zuzuordnen. So verfügen die Teammitglieder in Bezug auf die Fachkompetenz zwar über ausgeprägte konzeptionelle analytische Fähigkeiten. Allerdings liegen Defizite in den Kenntnissen über Verfahrensweisen, Produkte und Märkte des Unternehmens vor. Die Maßnahmen der Teamführung setzen dementsprechend an ausgewählten Stellen – hier den Unternehmenskenntnissen der Mitglieder – an.

Dem Schwächenbereich sind Merkmale der Teamarbeit zuzuordnen, die im Rahmen der Teambeurteilung mit Werten ≤ 70 bewertet werden. Hier sind umfassende Maßnahmen seitens der Führungsperson erforderlich. Das in Abbildung 15.10 dargestellte Team weist insbesondere auf der Beziehungsebene Schwächen auf. Da die Beziehungsorientierung nicht durch die Führungsperson vorgelebt wird, setzen adäquate Maßnahmen hier zunächst an der Steigerung der Mitarbeiterorientierung des Führungsverhaltens (vgl. Abschnitt 11.2.2.1) an. Darüber hinaus kann beispielsweise durch Teamevents (vgl. Abschnitt 15.2.3) auf das Klima im Team hingewirkt werden.

Existieren in einem Unternehmen bzw. einem Unternehmensbereich mehrere Teams, deren Leistungsfähigkeit beurteilt werden soll, so können die jeweiligen Stärken-Schwächen-Profile dieser Teams miteinander verglichen werden. Eine vergleichende Gegenüberstellung von acht Kundenbetreuungsteams eines Finanzdienstleisters nach der Ausprägung der Sachebene und der Beziehungsebene erfolgt beispielhaft in Abbildung 15.11. Das in Abbildung 15.10 dargestellte Team entspricht hier Team 6.

Abbildung 15.11 Vergleichende Gegenüberstellung von Teamprofilen am Beispiel von acht Kundenbetreuungsteams eines Finanzdienstleisters

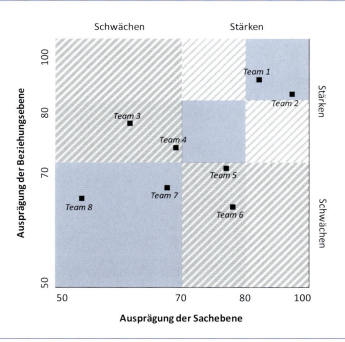

Mithilfe einer solchen Darstellung können die verschiedenen Teams einem der vier Teamtypen zugeordnet werden, die im Zusammenhang mit der Typologie von Teams nach Stock (2002) erläutert wurden (vgl. Abschnitt 13.3, insbesondere Abbildung 13.1). Anhand dieser Zuordnung lassen sich systematische Maßnahmen zur Steigerung des Teamerfolgs ableiten.

■ Team 7 und 8 stellen Einzelkämpfer-Gruppen dar. Sowohl die Beziehungs- als auch die Sachebene weisen starke Defizite auf. Die Teamführung muss zur Steigerung des Teamerfolgs Maßnahmen auf beiden Ebenen durchführen.

■ Die Teams 3 und 4 können als gesellige Gruppe eingeordnet werden. Während die Beziehungsebene hoch ausgeprägt ist, weist die Sachebene Defizite auf. Die Teamführung konzentriert sich in diesen Teams auf die Implementierung von Maßnahmen auf der Sachebene.

■ In den Teams 5 und 6 zeigt sich dagegen eine umgekehrte Konstellation: Defizite auf der Beziehungsebene gehen einher mit einer stark ausgeprägten Sachebene. In diesen beiden Experten-Teams sind Maßnahmen zur Verbesserung der Beziehungen innerhalb des Teams erforderlich.

Tabelle 15.11 stellt beispielhafte Maßnahmen zur Verbesserung der Teamarbeit auf der Sach- bzw. der Beziehungsebene gegenüber (in Anlehnung an Stock 2002, S. 91 f.).

Tabelle 15.11   Beispielhafte Maßnahmen zur Verbesserung der Teamarbeit

Maßnahmen zur Stärkung der Sachebene	Maßnahmen zur Stärkung der Beziehungsebene
■ Regelmäßiges Festlegen von Teamzielen und entsprechenden Prioritäten gemeinsam mit dem Team	■ Verdeutlichen des Nutzens von Teamarbeit für die Mitglieder persönlich sowie für das Unternehmen
■ Schaffen von Basisstrukturen (im Hinblick auf Prozesse, Schnittstellen usw.) im Team	■ Fördern gemeinsamer Aktivitäten der Teammitglieder außerhalb des Arbeitsgeschehens (z. B. Teamevents)
■ Etablieren von Projekt- und Zeitplänen im Team	■ Fördern des Teamzusammenhalts im Arbeitsumfeld (Mittagessen, Betriebsfeiern usw.)
■ Klares Regeln von Verantwortlichkeiten, Aufgaben und Zuständigkeiten im Team	■ Unterbinden persönlicher (nicht die Sache betreffender) Konflikte
■ Festlegen grundlegender Normen im Team	■ Fördern eines offenen und konstruktiven Meinungsaustauschs innerhalb des Teams
■ Kombinieren individueller und teambezogener Leistungsbewertungen	
■ Zulassen fachlicher (auch kontroverser) Diskussionen	

Neben dem Quantifizierungsgrad der Beurteilungskriterien ist bei der Teambeurteilung die Wahl des Bezugsobjektes von besonderer Bedeutung. Als Bezugsobjekt können alternativ individuelle Leistungen, Leistungen des Teams als Ganzes sowie eine Kombination dieser beiden Aspekte herangezogen werden. Die Wahl des Bezugsobjektes hat insbesondere hohe Relevanz für die Teamvergütung. Sie wird daher in diesem Zusammenhang diskutiert (vgl. Abschnitt 15.2.2).

15.2.2 Die Teamvergütung

15.2.2.1 Grundlegende Aspekte der Teamvergütung

Ein weiteres zentrales Anreizinstrument im Rahmen der Teamführung stellt die Teamvergütung dar (vgl. Backes-Gellner/Lazear/Wolff 2001, S. 35; Bolch 2007, S. 92). Während hinsichtlich der grundlegenden Aspekte der Vergütung auf Kapitel 9 verwiesen sei, sollen im Folgenden teamspezifische Aspekte behandelt werden. Im Zusammenhang mit der Teamführung ist es wichtig, dass Führungskräfte die grundlegenden Varianten der Teamvergütung kennen (vgl. Leitfrage 6, Tabelle 15.1). Darauf aufbauend wird dann die Vergütung für das geführte Team gestaltet.

Teamver-gütung	Form der Vergütung, in der die Höhe der Vergütung einzelner Teammitglieder in gewissem Umfang von den Leistungen des gesamten Teams abhängt (in Anlehnung an Balkin/Montemayor 2000, S. 250).

Für die zielgerichtete Führung von Teams stellt die Orientierung der Vergütung der Teammitglieder am Teamergebnis ein zentrales Anreizinstrument dar (vgl. Adams/Parast 2004, S. 12; Flynn 1995, S. 33; McNerney 1994, S. 9). Aufgrund der geringen Auseinandersetzung mit dieser Thematik in der Literatur und der dennoch als hoch eingestuften Bedeutung der Teamvergütung für die Teamführung und den Teamerfolg werden im Folgenden ausgewählte Fragestellungen zur Teamvergütung ausführlicher dargestellt (vgl. Tabelle 15.12).

Tabelle 15.12 Zentrale Leitfragen zur Gestaltung der Teamvergütung

Zentrale Leitfragen
1. Welche Chancen und Risiken müssen Führungskräfte in Verbindung mit der Teamvergütung beachten?
2. Wie können die Mitglieder von Teams von der Notwendigkeit der Teamvergütung überzeugt werden?
3. Welche Komponenten sollte die Teamvergütung enthalten?
4. Wie wird der fixe Anteil der Teamvergütung ermittelt?
5. Nach welchem Schlüssel sollte die variable teambezogene Vergütung auf die Teammitglieder verteilt werden?
6. Welche Kombinationen zwischen der individuellen und der teambezogenen variablen Vergütung können realisiert werden?

Die Implementierung eines Teamvergütungssystems wird als zentrales Anreizinstrument für den erfolgreichen Einsatz von Teams erachtet (vgl. Eiterer 1997, S. 79; Huckemann 2001, S. 278). Die hohe Bedeutung der Teamvergütung für die Unternehmenspraxis ergibt sich unter anderem aus den Chancen, welche hiermit für Unternehmen verbunden sind (vgl. u. a. Adams/Parast 2004, S. 12; Flynn 1995, S. 33). Gleichzeitig birgt die Teamvergütung auch einige Risiken (vgl. Gómez-Mejía/Balkin/Cardy 2007, S. 348). Tabelle 15.13 stellt die Chancen und die Risiken der Teamvergütung auf der Ebene der einzelnen Teammitglieder, des Teams sowie des Unternehmens gegenüber.

Trotz der in Tabelle 15.13 dargestellten Chancen setzt sich die Teamvergütung als Anreizsystem in deutschen Unternehmen nur langsam durch (vgl. Frick/Götzen 2003, S. 636 f.). Ursachen hierfür werden in bislang noch existierenden, starken Defiziten in der Umsetzung der Teamvergütung gesehen (vgl. Frenzen/Krafft/Jeck 2002, S. 40; Scheepers 2002, S. 75 f.). Diese Defizite reichen von der Verwendung einseitiger Bemessungsgrundlagen (z. B. ausschließlich verhaltensbezogener Kriterien) bis hin zur unangemessenen Aufteilung des variablen, teambezogenen Vergütungsanteils (vgl. Frenzen/Krafft/Jeck 2002, S. 40). Darüber hinaus werden die Risiken, welche mit der Teamvergütung verbunden sind, nicht hinreichend berücksichtigt (in Anlehnung an Reiher/Schramm 1999, S. 44).

Tabelle 15.13   Chancen und Risiken der Teamvergütung

Chancen der Teamvergütung …	Risiken der Teamvergütung …
… auf der Ebene des Unternehmens	
■ Verbesserung der Kooperation zwischen Mitarbeitern im Unternehmen	■ Reduktion der Arbeitszufriedenheit aufgrund von Gerechtigkeitsdiskussionen
■ Steigerung der Innovativität des Unternehmens durch Bündelung von Kompetenzen	■ Verunsicherung von Führungskräften und Mitarbeitern bei Implementierungsproblemen der Teamvergütung
■ Steigerung der Effizienz der Prozesse	■ Mangelnde Unterstützung bei der Umsetzung der Teamvergütung durch angrenzende Einheiten im Unternehmen (z. B. Linienfunktionen)
… auf der Ebene des Teams	
■ Förderung der Leistungsorientierung des Teams	■ Leistungsrückgang aufgrund von Trittbrettfahrereffekten (vgl. Abschnitt 14.1)
■ Steigerung des Teamzusammenhalts	■ Motivationsverlust einzelner Teammitglieder aufgrund geringer Akzeptanz des Vergütungssystems
■ Steigerung des Verantwortungsbewusstseins der Teammitglieder für das gesamte Team	

Chancen der Teamvergütung ...	Risiken der Teamvergütung ...
... auf der Ebene einzelner Teammitglieder	
■ Erhöhte Sensibilität für die Leistungen anderer Teammitglieder ■ Erhöhte Zufriedenheit aufgrund eines verbesserten Teamzusammenhalts ■ Erhöhte Unterstützung durch andere Teammitglieder	■ Demotivation und Verunsicherung durch reduzierte Beeinflussbarkeit der Vergütung ■ Erhöhte Fluktuation im Team aufgrund erhöhter vergütungsbezogener Unsicherheit

Entscheidend für den Erfolg eines Teamvergütungssystems ist die Frage, inwieweit die Betroffenen dieses als gerecht oder ungerecht empfinden. Gemäß der Equity Theory (vgl. hierzu ausführlich Abschnitt 2.2.1.3) streben Personen danach, angemessen für ihre Aufwendungen belohnt zu werden. Empfinden die Teammitglieder die Vergütung als gerecht, so führt dies zu Zufriedenheit und entsprechender Leistungsbereitschaft. Wird die Teamvergütung dagegen als ungerecht empfunden, kehrt sich der damit intendierte leistungsbezogene Effekt um: Es kommt zu einem Leistungsrückgang im Team.

Führungskräfte haben daher umfassende Überzeugungsarbeit zu leisten, bevor die Teamvergütung eingeführt wird. In diesem Zusammenhang stellt sich die Frage, wie die Mitglieder von Teams von der Notwendigkeit der Teamvergütung überzeugt werden können (vgl. Leitfrage 2, Tabelle 15.12). Tabelle 15.14 legt typische (primär gerechtigkeitsbezogene) Bedenken von Mitarbeitern gegen die Einführung eines Teamvergütungssystems dar. Darüber hinaus werden beispielhafte Maßnahmen aufgezeigt, mit denen diesen Bedenken entgegengesteuert werden kann.

Tabelle 15.14   Typische Bedenken von Mitarbeitern gegenüber Teamvergü-
tungssystemen und beispielhafte Maßnahmen zur Steigerung der
Akzeptanz

Typische Bedenken von Mitarbeitern	Maßnahmen zur Steigerung der Akzeptanz der Teamvergütung
„Teamvergütung passt nicht zu unserem Unternehmen."	■ Darlegen der Chancen der Teamvergütung für das Unternehmen, das Team und den einzelnen Mitarbeiter (vgl. Tabelle 15.13)
„Da kommt ein theoretisches System vom grünen Tisch, das wir wieder ausbaden müssen."	■ Frühzeitiges Einbinden betroffener Führungskräfte in den Prozess der Vergütungsentwicklung ■ Darlegen erfolgreicher Referenzbeispiele für gleiche oder ähnliche Teamvergütungsmodelle in anderen Unternehmen
„Teamvergütung berücksichtigt meine individuellen Leistungen nicht ausreichend."	■ Darlegen individueller Beeinflussungsmöglichkeiten der Teamvergütung ■ Einsatz eines Teamvergütungssystems, das sowohl individuelle als auch teambezogene Vergütungskomponenten enthält
„Die Vergütungshöhe wird durch die Teamvergütung völlig beliebig."	■ Transparent machen der eingesetzten Bemessungsgrundlagen für die Teamvergütung ■ Darlegen des Prozesses der Teambeurteilung und -vergütung
„Es wird wieder völliges Chaos geben, wie bei jeder Veränderung – aber beim Gehalt hört der Spaß auf."	■ Darlegen eines klar definierten Prozesses für die Einführung teambasierter Vergütungskomponenten ■ Darlegen von Übergangsregelungen im Zeitraum der Vergütungsumstellung

15.2.2.2   Zentrale Komponenten der Teamvergütung

Die dritte zu Beginn dieses Abschnitts gestellte Frage bezieht sich auf mögliche Komponenten der Teamvergütung (vgl. Tabelle 15.12). Die Vergütung von Teams kann sich aus verschiedenen Komponenten zusammensetzen. Im Folgenden werden zunächst die einzelnen Komponenten dargelegt und anschließend im Hinblick auf deren Kombinationsmöglichkeiten diskutiert. Abbildung 15.12 liefert einen Überblick über die zentralen Komponenten der Teamvergütung.

Der *fixe Anteil* der Teamvergütung, auch Basisvergütung genannt, resultiert aus der Eingruppierung der Teammitglieder in eine bestimmte Lohn- bzw. Gehaltsgruppe im Unternehmen (vgl. hierzu Kapitel 9). Diese Eingruppierung erfolgt für jedes Teammitglied individuell und hängt von den Anforderungen an die Tätigkeiten einzelner Teammitglieder einerseits und deren Qualifikation andererseits ab. Die Ermittlung von Anforderungen findet im Rahmen der Personalbedarfsplanung statt (vgl. hierzu ausführlich Kapitel 3). Die Qualifikationen der Teammitglieder sollten im Rahmen der Personalbeurteilung regelmäßig einer Bewertung unterzogen werden (vgl. hierzu Kapitel 8).

Abbildung 15.12 Zentrale Komponenten der Teamvergütung

In der Unternehmenspraxis werden die fixen Komponenten der Teamvergütung verschiedentlich auch teambasiert festgelegt. Insert 15.2 veranschaulicht die teambezogene Einordnung der Mitglieder eines Teams in unterschiedliche Gehaltsgruppen am Beispiel der KSB AG.

Insert 15.2:   Ermittlung des fixen Anteils der Teamvergütung am Beispiel der KSB AG (vgl. Eberwein/Wambold 2004, S. 49)

Tätigkeitsmatrix als Grundlage der fixen Teamvergütung

Im ersten Schritt werden die im Team anfallenden Tätigkeiten aufgelistet. Die Führungsperson ermittelt anschließend im Rahmen einer Diskussion im Team, welches Teammitglied welche Tätigkeiten mit welchem Reifegrad ausüben kann. Der Reifegrad der Teammitglieder drückt aus, inwieweit diese in der Lage sind, die Erwartungen einzelner Tätigkeiten des Teams zu erfüllen.

Der Reifegrad im Hinblick auf verschiede-

Die nachfolgende Tabelle veranschaulicht eine Tätigkeitsmatrix zur Ermittlung der Basisvergütung in Teams. Zur Vereinfachung sei von einer gleichen Gewichtung der einzelnen Tätigkeiten des Teams ausgegangen.

Die höchste fixe Vergütung wird dann realisiert, wenn der Reifegrad eines Teammitglieds hinsichtlich aller relevanten Tätigkeiten des Teams die höchste Ausprägung (hier der Wert 3) aufweist. Weite-

ne Tätigkeiten des Teams wird für verschiedene Teammitglieder in eine Tätigkeitsmatrix eingetragen.

re Qualifikationen der Teammitglieder,
welche nicht unmittelbar mit der bewerteten Tätigkeit zusammenhängen, werden
allerdings nicht berücksichtigt.

	Tätigkeit A	Tätigkeit B	Tätigkeit C	Lohngruppe – gerundeter Durchschnittswert der Bewertung
Teammitglied 1	3	1	1	2
Teammitglied 2	3	3	2	3
Teammitglied 3	2	0	3	2
Teammitglied 4	1	3	0	1
Teammitglied 5	1	0	3	1

Anmerkung: Reifegrad: 0 = nicht einsetzbar; 1 = bei Bedarf einsetzbar; 2 = gut einsetzbar; 3 = sehr gut einsetzbar

Der *variable Anteil* der Teamvergütung kann sowohl individuelle als auch teambezogene Komponenten umfassen (vgl. Abbildung 15.12). Die *individuelle variable Komponente* der Teamvergütung bezieht sich auf die Leistung der einzelnen Teammitglieder. Grundlage für die Höhe dieser Vergütungskomponente ist das Ergebnis der individuellen Leistungs- bzw. Potenzialbewertung der Teammitglieder. Die Grundlagen der individuellen Leistungsbewertung sind in Kapitel 8 dargelegt. Die Basis für die *teambezogene variable Komponente* der Teamvergütung ist die Leistung des gesamten Teams. Die Einschätzung der Teamleistung ergibt sich aus den Ergebnissen der Teambeurteilung (vgl. hierzu Abschnitt 15.2.1).

15.2.2.3   Verteilung des teambezogenen variablen Vergütungsanteils

Eine zentrale Herausforderung der Gestaltung der Teamvergütung ist die Verteilung des teambezogenen variablen Vergütungsanteils (vgl. Knott/Lewis 2003, S. 77; Leitfrage 5, Tabelle 15.12). Prinzipiell lassen sich hierbei drei Verteilungsvarianten unterscheiden (in Anlehnung an Brewer/Keenan 1994, S. 61; Eyer 2001, S. 270): die absolut gleiche Verteilung, die relativ gleiche Verteilung und die individuelle, leistungsbezogene Verteilung.

Im Falle einer *absolut gleichen Verteilung* erhalten alle Teammitglieder unabhängig von ihrer Basisvergütung und ihrem Beitrag zum Teamerfolg den gleichen Anteil an der variablen teambezogenen Vergütung (vgl. Abbildung 15.13a). Dadurch werden die Teammitglieder gleichermaßen für den Teamerfolg verantwortlich gemacht (vgl. Brewer/Keenan 1994, S. 61). Diese Variante der Verteilung ist relativ einfach und mit relativ geringem Aufwand für das Unternehmen verbunden. Sie wird insbesondere dann als unproblematisch erachtet, wenn die Basisvergütung der einzelnen Teammitglieder nicht weit auseinander liegt (vgl. Eyer 2001, S. 270).

Im Falle einer *relativ gleichen Verteilung* erhält jedes Teammitglied den gleichen Prozentsatz seiner Basisvergütung als Teil der teambezogenen variablen Vergütung (vgl. Abbildung

15.13b). Dadurch soll sichergestellt werden, dass alle Teammitglieder gleichermaßen durch den teambezogenen variablen Vergütungsanteil Anreize erhalten. Diese Verteilungsvariante ist insbesondere dann sinnvoll, wenn die Basisvergütungen der einzelnen Teammitglieder weit auseinander liegen. Sie ist jedoch mit höherem Aufwand für Unternehmen verbunden als die absolut gleiche Verteilung. So muss der variable Vergütungsanteil für jedes einzelne Teammitglied getrennt ermittelt werden.

Die absolut bzw. die relativ gleiche Verteilung der teambezogenen variablen Vergütung ist als kritisch zu erachten, weil überdurchschnittlich leistende Teammitglieder demotiviert werden können (vgl. Brewer/Keenan 1994, S. 61). Im Falle einer *individuell leistungsbezogenen Verteilung* des teambezogenen variablen Vergütungsanteils dient dagegen die individuelle Leistung bzw. das individuelle Verhalten als Bezugsgröße. Grundlage für deren Bewertung stellt die individuelle Personalbeurteilung (vgl. Kapitel 8) dar. Der Anteil der einzelnen Teammitglieder an der variablen Vergütungskomponente errechnet sich dann aus dem Verhältnis der persönlich erzielten Beurteilungspunkte zur Summe der Beurteilungspunkte anderer Teammitglieder (vgl. Abbildung 15.13c).

Welcher Verteilungsschlüssel letztendlich gewählt werden sollte, hängt von der jeweiligen Zielsetzung des Unternehmens im Hinblick auf die Teamvergütung ab. Während die absolut bzw. die relativ gleiche Verteilung der variablen Vergütungskomponente primär auf die Steigerung der Teamleistung abzielt, fördert die individuelle leistungsbezogene Verteilung die individuellen Leistungen der Teammitglieder unter Berücksichtigung teambezogener Aspekte.

Abbildung 15.13 Varianten zur Verteilung der teambasierten variablen
Vergütungskomponente

a) Absolut gleiche Verteilung der variablen teambezogenen Vergütungskomponente

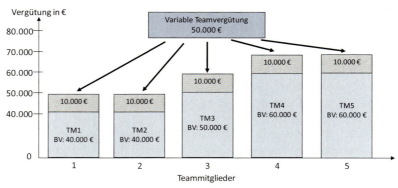

b) Relativ gleiche Verteilung der variablen teambezogenen Vergütungskomponente

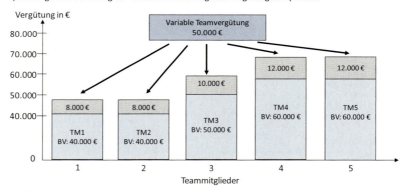

c) Individuell leistungsbezogene Verteilung der variablen teambezogenen Vergütungskomponente

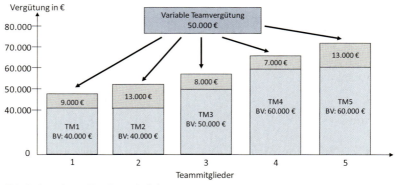

Anmerkungen: BV = Basisvergütung; TM = Teammitglied

15.2.2.4 Kombination des individuellen und des teambezogenen variablen Vergütungsanteils

Die Gewichtung des individuellen und des teambezogenen Anteils im Rahmen der variablen Teamvergütung kann durchaus variieren (vgl. Leitfrage 6, Tabelle 15.12). Abbildung 15.14 veranschaulicht unterschiedliche Kombinationsmöglichkeiten der individuellen und der teambezogenen Vergütung.

Abbildung 15.14 Kombinationsmöglichkeiten individueller und teambezogener Vergütung

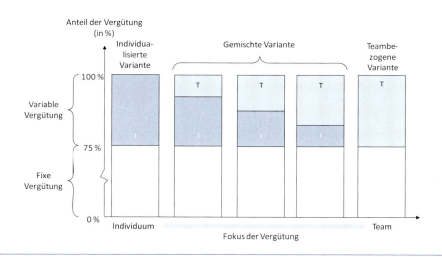

Bei der *individualisierten Variante* bemisst sich die Höhe des variablen Anteils an den Bewertungen der individuellen Leistungen der Teammitglieder. Der Vorteil dieser Vergütungsvariante ist darin zu sehen, dass die Vergütung eindeutig auf die individuelle Leistung der Teammitglieder zurückzuführen ist. Problematisch an dieser Vergütungsvariante ist allerdings, dass die Leistung des Teams als Ganzes keine Berücksichtigung findet. Die Teammitglieder werden durch eine solche Form der Vergütung ermutigt, ihre individuelle Leistung gegebenenfalls zu Lasten der Teamleistung zu maximieren. Diese Vergütungsvariante fördert somit das Herausbilden von Einzelkämpferteams (vgl. Abbildung 13.1).

Das Gegenstück zur rein individuellen Variante stellt die *teambezogene Variante* der Vergütung dar. Die Höhe der variablen Vergütung bemisst sich hierbei ausschließlich am Erfolg des Teams als Ganzes. Durch eine solche Gestaltung der Vergütung soll der Zusammenhalt des Teams und das Verantwortungsbewusstsein der einzelnen Teammitglieder für den Erfolg des gesamten Teams gesteigert werden. Individuelle Leistungsunterschiede werden dabei nicht berücksichtigt. Eine solche Gestaltung der variablen Vergütung birgt die Gefahr von Trittbrettfahrereffekten (vgl. Abschnitt 14.1). Individuelle Motivationsverluste der Teammitglieder können dadurch entstehen, dass die individuellen Leistungen nur mittelbar (und zwar über die teambezogene Vergütung) honoriert werden.

Eine Kompensation der Chancen und der Risiken der rein individuellen und der rein teambezogenen variablen Vergütung bieten *gemischte Varianten* der variablen Teamvergütung. In die Vergütung der Teammitglieder fließen hierbei sowohl individuelle als auch teambezogene Leistungen ein. Je nach Zielsetzungen des Unternehmens können die individuelle und die teambezogene Vergütung unterschiedlich stark gewichtet werden (vgl. Abbildung 15.14).

In Verbindung mit den gemischten Varianten der variablen Teamvergütung ist zu klären, wie die individuellen und die teambezogenen variablen Vergütungskomponenten miteinander verknüpft werden sollen. Grundsätzlich sind hier zwei Formen zu unterscheiden (in Anlehnung an Eyer/Haussmann 2001, S. 90): die additive Verknüpfung sowie die multiplikative Verknüpfung variabler Vergütungskomponenten.

Bei der *additiven* Verknüpfung werden variable individuelle und variable teambezogene Komponenten der Vergütung jeweils separat ermittelt. Die Höhe der Vergütung ergibt sich für beide Komponenten aus dem Grad der Erreichung individueller bzw. teambezogener Ziele. Der Vorteil dieser Verknüpfungsform liegt in der relativ einfachen Anwendbarkeit (vgl. Eyer/Haussmann 2001, S. 88).

Alternativ dazu kann die Verknüpfung der individuellen und der teambezogenen variablen Vergütungskomponenten auch *multiplikativ* erfolgen. Hierbei müssen die einzelnen Teammitglieder sowohl hohe individuelle Leistungen erbringen als auch in hohem Maße zur Erreichung der teambezogenen Ziele beitragen, um einen hohen variablen Vergütungsanteil zu erzielen. Dem Problem des Trittbrettfahrereffektes (vgl. Abschnitt 14.1) wird entgegengewirkt, da bei extrem geringer individueller bzw. teambezogener Leistung der variable Vergütungsanteil sogar Null sein kann. Der multiplikative Effekt kann allerdings auch in entgegengesetzter Richtung wirken. So besteht die Gefahr, dass überdurchschnittlich leistende Teammitglieder bei schwacher Teamleistung völlig auf einen variablen Vergütungsanteil verzichten müssen.

Die additive und die multiplikative Verknüpfung individueller und teambezogener variabler Vergütungskomponenten führen zum Teil zu deutlichen Unterschieden in der variablen Vergütung. Die Unterschiede zwischen diesen beiden Vergütungsformen sollen anhand eines Zahlenbeispiels veranschaulicht werden (vgl. Tabelle 15.15). Hierbei wird bei hundertprozentiger Erreichung der individuellen und der teambezogenen Ziele von einem Bonus von 10.000,- € ausgegangen.

Tabelle 15.15   Vergleich von additiver und multiplikativer Verknüpfung variabler
Vergütungskomponenten

Zielerreichungsgrad				Form der Verknüpfung	
individuell		**teambezogen**		**additiv**	**multiplikativ**
hoch	(90 %)	hoch	(110 %)	10.000,- €	9.900,- €
mittel	(80 %)	mittel	(80 %)	8.000,- €	6.400,- €
niedrig	(50 %)	niedrig	(50 %)	5.000,- €	2.500,- €
sehr niedrig	(20 %)	niedrig	(30 %)	2.500,- €	600,- €
hoch	(120 %)	niedrig	(20 %)	7.000,- €	2.400,- €

Das Beispiel verdeutlicht, dass sich die Höhe der variablen Vergütung bei additiver und multiplikativer Verknüpfung kaum unterscheidet, wenn die individuelle und die teambezogene Leistung gleichermaßen hoch sind. Diese Unterschiede werden dann gravierend, wenn die teambezogenen und die individuellen Leistungen stark variieren. Hier liegt die Vergütung bei additiver Verknüpfung bis zu 300 Prozent über der der multiplikativen Variante. Bei der multiplikativen Verknüpfung werden die Teammitglieder also stärker angehalten, sowohl hohe individuelle als auch hohe teambezogene Leistungen zu erbringen.

15.2.3   Das Teamevent

Je besser die zwischenmenschlichen Beziehungen und der Zusammenhalt in einem Team sind, desto größer sind die Anreize für die einzelnen Teammitglieder, sich für den Erfolg eines Teams einzusetzen. Einen wertvollen Ansatzpunkt für die Teamführung, um die zwischenmenschlichen Beziehungen in Teams zu verbessern, sind Teamevents. Sie bilden daher ein zentrales Anreizinstrument der Teamführung. Im Zusammenhang mit Teamevents sollten sich Führungskräfte mit der Frage auseinandersetzen, wie sie diese wirksam einsetzen können (vgl. Leitfrage 7, Tabelle 15.1).

Teamevent   Durch das Unternehmen organisierte Aktivitäten eines Teams, welche in keinem direkten Zusammenhang zur Aufgabenerfüllung des Teams stehen und auf die Verbesserung der Beziehungen im Team abzielen.

Teamevents setzen gemäß der Typologie der Arten von Teams (vgl. hierzu Abbildung 13.1) daran an, die Beziehungsebene zu stärken. Mithilfe von Teamevents können Führungskräfte folgende Ziele realisieren:

- Besseres Kennenlernen der Teammitglieder untereinander,

- Entfalten und Steigern der Kreativität des Teams,

- Aufdecken von Teampotenzialen,

- Verankern eines gemeinsamen Erlebnisses im Team,

- Stärken des Zusammenhalts des Teams sowie

- Fördern von Gemeinschaft und gegenseitiger Unterstützung im Team.

Im Zusammenhang mit Teamevents haben Führungskräfte zu entscheiden, ob sie Indoor-oder Outdoor-Events durchführen. *Indoor-Events* finden in Räumlichkeiten innerhalb bzw. außerhalb des Unternehmens statt. *Outdoor-Events* werden dagegen in der freien Natur durchgeführt. Neben dem Veranstaltungsort können Teamevents im Hinblick auf die Dauer der Durchführung variieren. Abbildung 15.15 systematisiert verschiedene Teamevents anhand dieser beiden Dimensionen.

Abbildung 15.15 Systematisierung verschiedener Arten von Teamevents

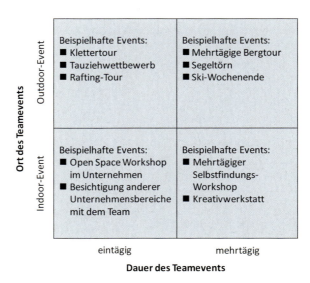

Bei der Auswahl eines Teamevents sind die Vor- und Nachteile von Indoor- bzw. Outdoor-Events gegeneinander abzuwägen. Die Vorteile von Outdoor-Events liegen in

- der erhöhten Lernbereitschaft und -fähigkeit der Teammitglieder aufgrund der Entfernung zum operativen Tagesgeschäft,

- der Verankerung einer gemeinsamen „Erinnerung" außerhalb des Unternehmensumfeldes sowie

- dem Aufweichen etablierter Rollen aufgrund des veränderten Umfeldes des Teams.

Wie Insert 15.3 verdeutlicht, sind bei der Gestaltung von Outdoor-Events der Fantasie kaum Grenzen gesetzt. Inzwischen existiert eine Reihe von professionellen Anbietern, welche die Durchführung von Outdoor-Events für Teams anbieten.

Insert 15.3:   Beispielhaftes Angebot eines Outdoor-Events-Veranstalters
             (vgl. Twilight Discovery 2006)

Und Action ....

Wollten Sie schon immer einmal wissen, was ein echter Hollywood Stuntman bei seinen waghalsigen Aktionen wirklich fühlt? Dann erleben Sie mit uns unter Anleitung einer professionellen Stunt-Crew die Härten des Filmalltags. Mit Protektoren ausgestattet stürzen Sie aus Schwindel erregender Höhe von Hausdächern, seilen sich von Häuserwänden ab oder rennen brennend nach einem Autocrash durch die Gegend. Aufwendige Spezialeffekte wie z.B. Explosionen, Schüsse und modernstes technisches Equipment ergänzen die Stuntszenerie... und... behalten Sie die Nerven? Stehen sie am Ende vor der Kamera und reißen einen coolen Spruch à la Arnold Schwarzenegger und Co.?

Dann ist dieses Event genau das Richtige für die „Last Action Heroes"!

Weitere Events:

- „Gefährliche Fracht" – Agententraining

- „Mord im Hotel?" – Ein Krimi für Tagungsgäste

- „Night line und Team-Vernissage"

Alle Angebote können natürlich gemäß Ihren Wünschen und Vorstellungen angepasst und modifiziert werden. Wir weisen darauf hin, dass die Verfügbarkeit der Programmbestandteile vom jeweiligen Ort der Veranstaltung abhängt.

Mit Outdoor-Events sind nicht ausschließlich Vorteile verbunden. Zum einen können sie erheblich höhere Kosten verursachen als Indoor-Events. Darüber hinaus besteht bei Outdoor-Events die Gefahr, dass bei den Teammitgliedern in erster Linie das Event – im Sinne eines „Sonderurlaubes" – im Vordergrund steht. Die eigentliche Zielsetzung, nämlich die Steigerung des Teamzusammenhalts, rückt dagegen in den Hintergrund.

Für den Erfolg von Teamevents ist die Wahl des richtigen Events von entscheidender Bedeutung. Hierzu sollte die Führungsperson zunächst festlegen, welches Ziel mit dem Teamevent verfolgt wird. Anschließend kann anhand der in Tabelle 15.16 dargestellten Entscheidungshilfe die adäquate Form des Teamevents bestimmt werden.

Tabelle 15.16   Eignung verschiedener Teamevents in unterschiedlichen Situationen

Art des Events Ziel	Indoor-Events		Outdoor-Events	
	eintägig	mehrtägig	eintägig	mehrtägig
Erstmaliges Kick-Off-Treffen des Teams	😐	☺	☹	☹
Jährliche Zielvereinbarung im Team	☺	😐	☹	☹
„Einschwören" des Teams auf Teamnormen	😐	☺	😐	😐
Zusammenführen sehr heterogener (z. B. kulturell, fachlich) Teams	😐	😐	☺	☺
Regelmäßige Beziehungspflege im Team	😐	☹	☺	😐
Generieren von Ideen im Team	☺	☺	☹	☹
Auflösen verhärteter Fronten im Team	☹	😐	☺	☺
Incentive für außerordentliche Leistungen des Teams	☹	☹	☺	☺

Anmerkungen: ☺ sehr gute Eignung; 😐 mäßige Eignung; ☹ geringe Eignung

Bei der Bewertung der verschiedenen Teamevents ist der erzielte Nutzen im Verhältnis zum Aufwand (Zeitbedarf, Kosten der Durchführung usw.) zu betrachten. Beispielsweise werden in Bezug auf das erstmalige Kick-Off-Treffen des Teams Indoor-Events als ausreichend erachtet (vgl. Tabelle 15.16). Darüber hinaus sollten bei der Nutzung externer Anbieter zunächst dessen Kompetenzen und Eignung geprüft werden.

Kontrollfragen

1. Welche Instrumente der Teamführung kennen Sie? Gliedern Sie diese in Koordinations- und Anreizinstrumente.

2. Nennen Sie die sieben zentralen Anforderungen an Teamziele, und gehen Sie auf deren Bedeutung für den Teamerfolg ein.

3. Was ist unter Zeitmanagement in Teams zu verstehen, und welche beiden Facetten des Zeitmanagements sind für die Führung von Teams relevant?

4. Welche Maßnahmen können Führungskräfte ergreifen, um

   a. eine langfristig orientierte Priorisierung von Aufgaben zu erreichen?

   b. eine adäquate zeitliche Einschätzung von Aufgaben sicherzustellen?

5. Welche Zeittypen können nach Märchy (2002) unterschieden werden? Nennen Sie für jeden dieser Typen eine beispielhafte Empfehlung für die Teamführung.

6. Grenzen Sie persönliche und fachliche Konflikte in Teams voneinander ab. Wie wirken sich diese jeweils auf den Teamerfolg aus?

7. Wie können Führungskräfte auf persönliche Konflikte in Teams eingehen? Erläutern Sie die wesentlichen Inhalte des Vier-Phasen-Prozesses.

8. Nennen Sie jeweils drei beispielhafte Erfolgsfaktoren der Teamarbeit auf der Beziehungsebene und der Sachebene.

9. Welche Chancen und Risiken sind mit einer an der Teamleistung orientierten Vergütung verbunden?

10. Wie können Mitglieder von Teams von der Notwendigkeit einer Teamvergütung überzeugt werden?

11. Welche Komponenten umfasst die Teamvergütung? Erläutern Sie diese kurz.

12. Welche Möglichkeiten zur Verteilung des variablen teambezogenen Vergütungsanteils kennen Sie?

Literatur

Adams, S./Parast M. (2004), Dysfunctional Past, Functional Future: Team-Based Rewards, Engineering Management, 14, 2, 12-13.

Aquino, K./Thau, S. (2009), Workplace Victimization: Aggression From the Target's Perspective, Annual Review of Psychology, 60, 1, 717-741.

Backes-Gellner, U./Lazear, E./Wolff, B. (2001), Personalökonomik: Fortgeschrittene Anwendungen für das Management, Stuttgart.

Balkin, D./Montemayor, E. (2000), Explaining Team-Based Pay: A Contingency Perspective Based on the Organizational Life Cycle, Team Design, and Organizational Learning Literatures, Human Resource Management Review, 10, 3, 249-269.

Bolch, M. (2007), Rewarding the Team, HR Magazine, 52, 2, 91-93.

Breisig, T. (2001), Personalbeurteilung, Mitarbeitergespräch, Zielvereinbarung, 2. Auflage, Frankfurt/Main.

Brewer, G./Keenan, W. (1994), Team Selling: Keys to Dividing the Spoils, Sales & Marketing Management, 146, 8, 61.

Brown, L. (1983), Managing Conflict at Organizational Interfaces, Reading.

Buehler, R./Griffin, D./MacDonald, H. (1997), The Role of Motivated Reasoning in Optimistic Time Predictions, Personality and Social Psychology Bulletin, 23, 3, 238-247.

Buehler, R./Griffin, D./Ross, M. (1994), Exploring the „Planning Fallacy": Why People Unterestimate their Task Completion Times, Journal of Personality and Social Psychology, 67, 3, 366-382.

Byram, S. (1997), Cognitive and Motivational Factors Influencing Time Prediction, Journal of Experimental Psychology: Applied, 3, 3, 216-239.

Chatman, J./Flynn, F. (2001), The Influence of Demographic Heterogeneity on the Emergence and Consequences of Cooperative Norms in Work Teams, Academy of Management Journal, 44, 5, 956-974.

Eberwein, R./Wambold, G. (2004), Zielvereinbarung und Vergütung von Gruppen – Zielvereinbarungen als Basis einer strategiebasierten Vergütung von teilautonomen Arbeitsgruppen bei der KSB AG, Personalführung, 37, 5, 46-51.

Eigenstetter, K./Kuhn, M./Reißer, M. (1998), Entwicklung und Implementierung einer teamorientierten Vergütung, Personalführung, 31, 4, 38-40.

Eiterer, J. (1997), Leistungsgerechte Vergütung für Verkaufsteams – Mehr Motivation und Schlagkraft für Ihre Verkaufsmannschaft, Wiesbaden.

Eyer, E. (2001), Jahresbonus bei Gruppenarbeit, Arbeit und Arbeitsrecht, 55, 6, 269-271.

Eyer, E./Haussmann, T. (2001), Zielvereinbarung und variable Vergütung – Ein praktischer Leitfaden nicht nur für Führungskräfte, Wiesbaden.

Fenner, G./Renn, R. (2010), Technology-Assisted Supplemental Work and Work-to-Family Conflict: The Role of Instrumentality Beliefs, Organizational Expectations and Time Management, Human Relations, 63, 1, 63-82.

Flynn, G. (1995), Different Teams Demand Different Types of Team Pay, Personnel Journal, 74, 10, 33.

Frenzen, H./Krafft, M./Jeck, M. (2002), Anreizsysteme – Wie Vertriebsteams entlohnt werden, Absatzwirtschaft, 45, 9, 40-44.

Frick, B./Götzen, U. (2003), Die verdeckten Kosten organisatorischer Innovationen: Prämienlöhne und Gruppenarbeit in einem Großbetrieb der Metallindustrie, Die Betriebswirtschaft, 63, 6, 635-654.

Golden, T./Veiga, J./Simsek, Z. (2006), Telecommuting's Differential Impact on Work-Family Conflict: Is There No Place Like Home?, Journal of Applied Psychology, 91, 6, 1340-1350.

Gómez-Mejía, L./Balkin, D./Cardy, R. (2007), Managing Human Resources, 5. Auflage, Upper Saddle River/NJ.

Holcomb, J./Nelson, P. (1992), Another Experimental Look at Individual Time Preference, Rationality and Society, 4, 2, 199-220.

Huckemann, S. (2001), Leistungsgerechte Entlohnung des Außendienstes – Eine Idee aus dem Wunderland?, Brauwelt, 141, 8, 278-279 und 306-307.

Janssen, O./van de Vliert, E./Veenstra, C. (1999), How Task and Person Conflicts Shape the Role of Positive Interdependence in Management Teams, Journal of Management, 25, 2, 117-141.

Jehn, K. (1995), A Multimethod Examination of the Benefits and Detriment of Intragroup Conflicts, Administrative Science Quarterly, 40, 2, 256-282.

Kahneman, D./Tversky, A. (1979), Prospect Theory: An Analysis of Decision Under Risk, Econometrica, 47, 2, 263-291.

Kieser, H.-P. (2001), Moderne Vergütung im Verkauf – Leistungsorientiert entlohnen mit Deckungsbeiträgen und Zielprämien, Eschborn.

Kirby, K. (1997), Bidding on the Future: Evidence Against Normative Discounting of Delayed Rewards, General Journal of Experimental Psychology, 126, 1, 54-70.

Kirby, K./Herrnstein, R. (1995), Preference Reversals Due to Myopic Discounting of Delayed Reward, Psychological Science, 6, 2, 83-89.

Knott, W./Lewis, J. (2003), Team Compensation, On Wall Street, 13, 10, 77.

König, C./Kleinmann, M. (2006), Individual Differences in the Use of Time Management Mechanics and in Time Discounting, Individual Differences Research, 4, 1, 194-207.

Lee, R./Brotheridge. C. (2006), When Prey Turns Predatory: Workplace Bullying as a Predictor of Counteraggression/Bullying, Coping, and Well-Being, European Journal of Work and Organizational Psychology, 15, 3, 352-377.

Levi, D. (2001), Group Dynamics for Teams, London.

Leymann, H. (1996), The Content and Development of Mobbing at Work, European Journal of Work and Organizational Psychology, 5, 2, 165-184.

Macan, T. (1994), Time Management: Test of a Process Model, Journal of Applied Psychology, 79, 3, 381-391.

Macan, T./Shahani, C./Dipboye, R./Phillips, A. (1990), College Students' Time Management: Correlations with Academic Performance and Stress, Journal of Educational Psychology, 82, 1, 760-768.

Märchy, B. (2002), Zeit ist Leben: Individuelles Zeitmanagement, Kilchberg.

McNerney, D. (1994), Team Compensation: Simple, Variable and Profitable, HR Focus, 71, 9, 9-10.

Meschkutat, B./Stackelbeck, M./Langenhoff, G. (2002), Der Mobbing-Report – Eine Repräsentativstudie für die Bundesrepublik Deutschland, in: Schriftenreihe der Bundesanstalt für Arbeitsschutz und Arbeitsmedizin (Hrsg.), Forschungsbericht 951, Dortmund.

Nonis, S./Sager, J. (2004), Coping Strategy Profiles Used by Salespople: Their Relationships with Personal Characteristics and Work Outcomes, Journal of Personal Selling & Sales Management, 23, 2, 139-150.

o.V. (2002), Mobbing – Wenn die Arbeit zum Albtraum wird, FAZ online, URL: http://www.faz.net/s/Rub02DBAA63F9EB43CEB421272A670A685C/Doc~E73652CC627BE4588BC1D2B67FDE1C025~ATpl~Ecommon~Scontent.html [04.01.2010].

Pelled, L./Eisenhardt, K./Xin, K. (1999), Exploring the Black Box: An Analysis of Work Group Diversity, Conflict, and Performance, Administrative Science Quarterly, 44, 1, 1-28.

Pondy, L. (1967), Organizational Conflict: Concepts and Models, Administrative Science Quarterly, 12, 2, 296-320.

Rastegary, H./Landy, F. (1993), The Interactions Among Time Urgency, Uncertainty, and Time Pressure, in: Svenson, O/Maule, J. (Hrsg.), Time Pressure and Stress in Human Judgement and Decision Making, New York, 217-329.

Rayner, C./Keashly, L. (2005), Bullying at Work: A Perspective From Britain and North America, in: Fox, S./Spector, P. (Hrsg.), Counterproductive Work Behavior – Investigations of Actors and Targets, Washington, 271-296.

Reiher, K./Schramm, D. (1999), Teamvergütung als Bestandteil eines Change-Management-Prozesses, io Management, 68, 3, 44-46.

Rühle, H. (2009), Zeitmanagement, in: von Rosenstiel, L./Regnet, E./Domsch, M. (Hrsg.), Führung von Mitarbeitern: Handbuch für erfolgreiches Personalmanagement, 6. Auflage, Stuttgart, 97-109.

Scheepers, H. (2002), Unternehmen ringen um neue Vergütungssysteme, Acquisa, 50, 9, 74-76.

Stock, R. (2002), Coaching von Teams: Ein systematischer Ansatz zur Messung und Steigerung der Einflussgrößen des Teamerfolgs, Zeitschrift für Führung und Organisation, 71, 2, 89-95.

Stock, R. (2003), Teams an der Schnittstelle zwischen Anbieter- und Kunden-Unternehmen – Eine integrative Betrachtung, Wiesbaden.

Stock, R. (2004), Wirkungsweise von Normen in Organisationen: Theoretische Betrachtung und empirische Analyse am Beispiel von Teams, Zeitschrift für Betriebswirtschaft, 74, 8, 785-810.

Twilight Discovery (2006), Action – Last Action Heros, URL: http://www.twilight-discovery.de/-discovery.swf [12.11.06].

Waller, M./Conte, J./Gibson, C./Carpenter, M. (2001), The Effect of Individual Perceptions of Deadlines on Team Performance, Academy of Management Review, 26, 4, 586-600.

Zander, A. (1994), Making Groups Effective, San Francisco/CA.

Zapf, D./Einarsen, S. (2005), Mobbing at Work: Escalated Conflicts in Organizations, in: Fox, S./Spector, P. (Hrsg.), Counterproductive Work Behavior – Investigations of Actors and Targets, Washington, 237-270.

Zapf, D./Knorz, C./Kulla, M. (1996), On the Relationship Between Mobbing Factors, and Job Content, Social Work Environment, and Health Outcomes, European Journal of Work and Organizational Psychology, 5, 2, 215-237.

16 Internationale Aspekte der Mitarbeiter- und Teamführung

Lernziele

- Die Leser kennen den Begriff und die Besonderheiten der interkulturellen Mitarbeiterführung.

- Die Leser überblicken die umweltbezogenen Rahmenbedingungen der interkulturellen Mitarbeiterführung.

- Die Leser können die Bedeutung verschiedener Merkmale der Führungsperson für die interkulturelle Mitarbeiterführung einordnen.

- Die Leser kennen alternative Strategien der interkulturellen Mitarbeiterführung und verstehen deren Konsequenzen für den internationalen Führungserfolg.

- Die Leser kennen den Begriff und können die Besonderheiten der internationalen Teamführung einordnen.

- Die Leser überblicken verschiedene Arten internationaler Teams sowie deren Einsatzgebiete in der Unternehmenspraxis.

- Die Leser kennen zentrale Anforderungen an die Mitglieder internationaler Teams.

- Die Leser kennen verschiedene Typen von Mitgliedern internationaler Teams.

- Die Leser kennen zentrale Barrieren der Arbeit in internationalen Teams sowie Ansatzpunkte für deren Überwindung.

In internationalen Führungssituationen stehen Führungskräfte häufig vor der Herausforderung, Personen zu führen, deren kultureller Hintergrund von ihrem eigenen abweicht. Eine solche Situation kann sowohl im Hinblick auf die Führung von Mitarbeitern als auch bei der Führung von Teams auftreten. Im vorliegenden Kapitel werden die Besonderheiten der internationalen Führung von Mitarbeitern und Teams dargelegt. Die Auseinandersetzung mit dieser Thematik orientiert sich an einer Reihe von Leitfragen, die in Tabelle 16.1 dargelegt sind. Aus dieser Tabelle wird auch ersichtlich, in welchem Abschnitt dieses Kapitels die einzelnen Fragen behandelt werden.

Im vorliegenden Kapitel stehen zwei Schwerpunkte im Vordergrund: die interkulturelle Mitarbeiterführung und die internationalen Aspekte der Teamführung. Im Mittelpunkt der interkulturellen Mitarbeiterführung steht die Beziehung einer Führungsperson zu einem von ihr geführten Mitarbeiter, der einer anderen Kultur angehört als die Führungsperson. Der interkulturellen Führung von Mitarbeitern widmet sich Abschnitt 16.1.

Eine besondere Herausforderung der Teamführung besteht darin, dass die Mitglieder internationaler Teams vielfach unterschiedlichen Kulturen angehören. Diese kulturelle Vielfalt ist im Rahmen der Teamführung im Sinne der Unternehmensziele zu managen. Die internationalen Aspekte der Führung von Teams werden in Abschnitt 16.2 behandelt.

Tabelle 16.1 Zentrale Leitfragen zu internationalen Aspekten der Mitarbeiter- und Teamführung

Zentrale Leitfragen	Behandelt in …
1. Was ist unter dem Begriff der interkulturellen Mitarbeiterführung zu verstehen und warum wird diese immer bedeutender?	Abschnitt 16.1
2. Welche Rahmenbedingungen sind für die interkulturelle Mitarbeiterführung relevant?	Abschnitt 16.1.1
3. Welche Bedeutung hat die jeweilige Länderkultur für die interkulturelle Mitarbeiterführung?	Abschnitt 16.1.1.1
4. Welche interkulturellen Führungstypen können in Abhängigkeit von der interkulturellen Führungskompetenz unterschieden werden?	Abschnitt 16.1.1.2
5. Welche Strategien der interkulturellen Führung können Führungskräfte verfolgen?	Abschnitt 16.1.2
6. Wie können Führungskräfte Teams im internationalen Kontext einsetzen?	Abschnitt 16.2
7. Auf welche Fähigkeiten sollten Führungskräfte bei der Rekrutierung von Mitgliedern internationaler Teams Wert legen?	Abschnitt 16.2.1
8. Wie können Führungskräfte auf unterschiedliche Typen von Mitgliedern internationaler Teams eingehen?	Abschnitt 16.2.1
9. Auf welche Barrieren haben Führungskräfte beim Einsatz internationaler Teams zu achten, und wie können diese abgebaut werden?	Abschnitt 16.2.2

16.1 Internationale Aspekte der Mitarbeiterführung

Die Praktiken der Mitarbeiterführung werden maßgeblich durch die zunehmende internationale Geschäftstätigkeit von Unternehmen beeinflusst (vgl. Thomas 2009, S. 466). Insbesondere drei damit verbundene Entwicklungen führen zu einer wachsenden Bedeutung interkultureller Führungskompetenzen von Führungskräften:

- die zunehmend geforderte Mobilität von Führungskräften im Rahmen von Auslandsentsendungen,

- die wachsende Bedeutung von Führung über die Ländergrenzen hinweg sowie

- die wachsende interkulturelle Diversifikation der Mitarbeiter im Stammland der Führungsperson.

Im Rahmen der Forschung zu internationalen Aspekten der Mitarbeiterführung werden zwei Perspektiven unterschieden: die kulturvergleichende und die interkulturelle Perspektive (vgl. Ringwald 2009, S. 4 f.). Aus der *kulturvergleichenden Perspektive* werden Führungskräfte und Mitarbeiter aus einer bestimmten Kultur mit Führungskräften und Mitarbeitern einer anderen Kultur verglichen, um Unterschiede in Einstellungen, Erwartungen bzw. Verhaltensweisen zu identifizieren. In der *interkulturellen Perspektive* zur Mitarbeiterführung kommen Führungsperson und Mitarbeiter aus unterschiedlichen Kulturen und die Führungsperson muss verschiedene internationale Aspekte der Mitarbeiterführung beachten. Im vorliegenden Abschnitt beziehen wir uns auf die interkulturelle Perspektive der Mitarbeiterführung.

In internationalen Führungssituationen haben Führungskräfte über die eigene Ländergrenze hinweg auf die Besonderheiten ihrer geführten Mitarbeiter einzugehen. In internationalen Führungssituationen können Führungsperson und Mitarbeiter durchaus aus derselben Kultur stammen. Beispielhaft ist die Führung einer nach China expatriierten deutschen Fachkraft durch eine deutsche Führungsperson zu nennen. Von interkulturellen Führungssituationen sprechen wir erst dann, wenn die Führungsperson und die geführten Mitarbeiter unterschiedliche kulturelle Hintergründe aufweisen. Der Begriff der internationalen Mitarbeiterführung wird also als Oberbegriff der interkulturellen Mitarbeiterführung verstanden (vgl. Leitfrage 1, Tabelle 16.1).

Interkulturelle Führung	Beeinflussung der Einstellungen und der Verhaltensweisen von Mitarbeitern, die einer anderen Kultur als die Führungsperson angehören (Ringwald 2009).

Interkulturelle Führung ist durch folgende Herausforderungen geprägt: die Überbrückung interkultureller Distanzen zwischen Führungsperson und Mitarbeitern sowie die Koordination länderübergreifender Aktivitäten im Verantwortungsbereich einer Führungsperson.

Internationale Mobilität im Sinne von Auslandseinsätzen ist heute mehr die Regel als die Ausnahme für Führungskräfte in international tätigen Unternehmen (vgl. Regnet 2009, S. 38). Dies untermauert eine Studie der Unternehmensberatung Ernst & Young (2003), aus der hervorgeht, dass in erster Linie Führungskräfte ins Ausland entsendet werden (vgl. Abbildung 16.1).

Abbildung 16.1 Anteil international entsendeter Führungskräfte nach Hierarchiestufen (vgl. Ernst & Young 2003)

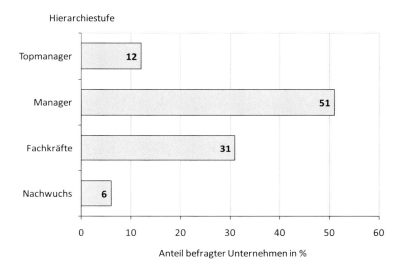

Hierarchiestufe

Anteil befragter Unternehmen in %

Anmerkung: Stichprobe n = 120 Unternehmen

Führungskräfte, die ihre Führungserfahrungen primär in ihrem Heimatland gesammelt haben, stehen zunehmend der Herausforderung gegenüber, Mitarbeiter mit unterschiedlichen kulturellen Hintergründen im Sinne der Unternehmensziele zu beeinflussen. Eine aktuelle Studie zeigt in diesem Zusammenhang, dass Probleme in der Mitarbeiterführung vielfach für das Scheitern international eingesetzter Führungskräfte verantwortlich sind (vgl. Regnet 2009). In Abbildung 16.2 sind weitere Probleme im Rahmen der Auslandentsendung von Führungskräften dargestellt.

Abbildung 16.2   Probleme von Führungskräften im Rahmen der Auslandentsendung
                     (vgl. Stahl 2000, S. E3)

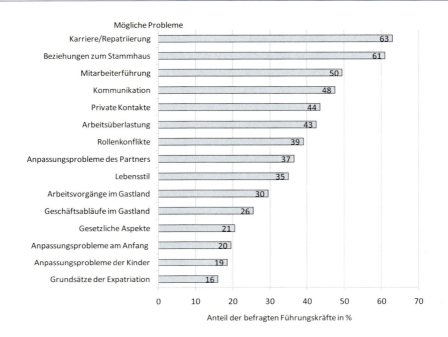

Mögliche Probleme

Karriere/Repatriierung	63
Beziehungen zum Stammhaus	61
Mitarbeiterführung	50
Kommunikation	48
Private Kontakte	44
Arbeitsüberlastung	43
Rollenkonflikte	39
Anpassungsprobleme des Partners	37
Lebensstil	35
Arbeitsvorgänge im Gastland	30
Geschäftsabläufe im Gastland	26
Gesetzliche Aspekte	21
Anpassungsprobleme am Anfang	20
Anpassungsprobleme der Kinder	19
Grundsätze der Expatriation	16

Anteil der befragten Führungskräfte in %

Anmerkungen: Stichprobe n = 116 Expatriates aus Japan und USA; Mehrfachnennungen möglich

Wie Abbildung 16.2 entnommen werden kann, ist die Mitarbeiterführung eines der drei häufigsten Probleme, mit denen Führungskräfte bei der Auslandentsendung konfrontiert werden. Vor diesem Hintergrund soll in den folgenden Abschnitten aufgezeigt werden, wie die Führung von Mitarbeitern anderer Länderkulturen erfolgreich gestaltet werden kann.

16.1.1   Rahmenbedingungen der interkulturellen Mitarbeiterführung

Werden Führungskräfte mit der Führung von Mitarbeitern mit anderen kulturellen Hintergründen betraut, stehen sie veränderten Rahmenbedingungen gegenüber, welche die Wirksamkeit bislang bewährter Führungspraktiken beeinträchtigen oder gar negative Folgen haben können. Neben allgemeinen Besonderheiten des Gastlandes (umweltbezogene Aspekte) spielen die standortspezifischen Merkmale des Unternehmens (unternehmensbezogene Aspekte), die Besonderheiten der geführten Mitarbeiter des Gastlandes (mitarbeiterbezogene Aspekte) sowie die Besonderheiten von Führungskräften (führungspersonbezogene Aspekte) eine wesentliche Rolle. Eine Systematisierung der Rahmenbedingungen internationaler Mitarbeiterführung liefert Abbildung 16.3. Im Fokus dieses Abschnittes steht die Frage, inwieweit diese Rahmenbedingungen die Erwartungen der geführten Mitarbeiter beeinflussen, und welche Herausforderungen sich hieraus für Führungskräfte ergeben (vgl. Leitfrage 2, Tabelle 16.1). Dabei werden insbesondere

- die umweltbezogenen Rahmenbedingungen (Abschnitt 16.1.1.1) sowie
- die Merkmale der Führungsperson (Abschnitt 16.1.1.2)

vertieft.

Abbildung 16.3   Rahmenbedingungen der interkulturellen Mitarbeiterführung

16.1.1.1   Umweltbezogene Rahmenbedingungen der interkulturellen Mitarbeiterführung

In Verbindung mit der Umwelt wird mit Abstand am häufigsten die jeweilige *Länderkultur* als Rahmenbedingung für die Führung ausländischer Mitarbeiter betrachtet (vgl. u. a. Dickson/den Hartog/Mitchelson 2003; Hanges/Dickson/Lord 1997). Zur Beschreibung der Länderkultur wird im Folgenden der Kulturansatz von Hofstede (1988) herangezogen, der in der Literatur bislang die größte Beachtung gefunden hat. Der Ansatz von Hofstede (1988, 1993) systematisiert die Besonderheiten verschiedener Länderkulturen anhand von vier grundlegenden Kulturdimensionen (vgl. hierzu Abschnitt 7.2.2):

- die Machtdistanz,

- der Individualismus (vs. Kollektivismus),

- die Unsicherheitsvermeidung sowie

- die Maskulinität (vs. Feminität).

Die erste Kulturdimension im Ansatz von Hofstede (1997) stellt die *Machtdistanz* dar. Die Machtdistanz wird verstanden als das Ausmaß, in dem weniger einflussreiche Mitglieder einer Gesellschaft Machtunterschiede erwarten und akzeptieren (vgl. Hofstede 1997). Länder mit relativ hoher Machtdistanz sind beispielsweise Mexiko, Frankreich und Japan (vgl. Hofstede 1994, S. 7). Niedrige Werte für die Machtdistanz weisen Deutschland, Schweden, Großbritannien und die Niederlande auf. Für die USA stellt Hofstede (1994, S. 7) eine mittlere bis geringe Machtdistanz fest. Tabelle 16.2 stellt die Merkmale von Kulturen mit hoher bzw. niedriger Ausprägung des Merkmals Machtdistanz gegenüber.

Die in Tabelle 16.2 dargelegten Besonderheiten von Kulturen mit unterschiedlicher Ausprägung des Merkmals Machtdistanz lassen bereits vermuten, dass diese sich auch in der Führung von Mitarbeitern niederschlagen. Die in Kapitel 11 dargelegten theoretisch-konzeptionellen Ansätze der Mitarbeiterführung konzentrieren sich primär auf Besonderheiten der Führung im nationalen Kontext. Die vielfach in den USA entwickelten Konzepte können aufgrund tendenziell ähnlicher Ausprägungen der Machtdistanz relativ gut auf klassische Führungssituationen in deutschen Unternehmen übertragen werden. Im Folgenden werden Anforderungen an die Führung von Mitarbeitern aus Kulturkreisen mit geringer Machtdistanz behandelt (vgl. Leitfrage 3, Tabelle 16.1). In solchen Kulturkreisen sollten Führungskräfte

- klare Ziele festlegen und ihre Erwartungen an die geforderten Leistungen kommunizieren,

- die hierarchischen Positionen und Zuständigkeiten im Rahmen der Aufgabenerfüllung klar kommunizieren,

- Schuldzuweisungen im Rahmen von Konflikten unterbinden und eine gemeinsame Konfliktlösung herbeiführen,

- ein gewisses Wettbewerbsverhalten zwischen Mitarbeitern zulassen sowie

- versuchen, einen konstruktiven Umgang mit Fehlern in Verbindung mit einem hohen Anspruchsniveau im eigenen Verantwortungsbereich zu etablieren.

Tabelle 16.2 Rahmenbedingungen der interkulturellen Führung in Abhängigkeit von der Ausprägung des Merkmals Machtdistanz

Beschreibungs-merkmal	Kulturen mit hoher Ausprägung der Machtdistanz	Kulturen mit niedriger Ausprägung der Machtdistanz
Rolle des Unternehmens für die Mitarbeiter	■ Quelle für sozialen Status	■ Quelle für Selbstentfaltung unabhängig von der Hierarchie
Umgang mit Verantwortung	■ Aufgabenerfüllung verantwortet die Führungsperson	■ Aufgabenerfüllung verantworten Führungsperson und Mitarbeiter gemeinsam
Umgang mit Konflikten	■ Hohes Maß an Schuldzuweisungen	■ Konstruktiver Umgang mit Konflikten
Wettbewerbsverhalten der Mitarbeiter	■ Hohe Ausprägung des Wettbewerbsverhaltens zwischen den Mitarbeitern	■ Mittlere Ausprägung des Wettbewerbsverhaltens ■ Hohe Bedeutung von Teamarbeit
Motivation der Mitarbeiter	■ Äußerer Druck durch die Führungsperson hart zu arbeiten	■ Leistung basiert auf eigenen Nutzenüberlegungen in Verbindung mit guten Leistungen
Lernverhaltender Mitarbeiter	■ Große Angst vor Fehlern und deren negative Konsequenzen verhindert Lernen	■ Stark ausgeprägte Lernkultur ■ Fehler werden als Chance für Verbesserungen gesehen
Entscheidungsverhalten von Führungskräften	■ Autonome Entscheidungsfindung der Führungsperson	■ Aktive Bindung der Mitarbeiter in den Entscheidungsprozess durch die Führungsperson
Basis für Anerkennung und Status	■ Verdeutlichung von Statussymbolen, Machtunterschieden und Positionen	■ Ablehnung von Statussymbolen und Machtunterschieden
Führungsverhalten	■ Mitarbeiter erwarten, dass man ihnen sagt, was sie tun sollen ■ Führungsperson ist ein wohlwollender Autokrat und schwer erreichbar	■ Mitarbeiter erwarten, dass Rücksprache mit ihnen gehalten wird ■ Führungsperson ist ein Demokrat und gut erreichbar

Die Kulturdimension *Individualismus (vs. Kollektivismus)* beschreibt, inwieweit sich die Mitglieder einer Gesellschaft als (unabhängige) Individuen oder als Mitglieder einer Gruppe definieren (vgl. Hofstede 1988, S. 148). Für Mitglieder von Gesellschaften mit hohem Kollektivismus ist es wichtig, „das Gesicht zu wahren" (Perlitz 2004). Dementsprechend werden in diesen Ländern die geführten Mitarbeiter nicht hart bzw. direkt in der Öffentlichkeit kritisiert. Vielmehr werden Konfrontationen vermieden und Konflikte nicht im Sinne von Sieg oder Niederlage beendet (vgl. Perlitz 2004). Länder mit relativ hoher Ausprägung des Kollektivismus sind beispielsweise Mexiko, Hongkong, Westafrika und Brasilien (vgl. Hofstede 1994, S. 6).

Den Gegensatz zum Kollektivismus bilden individualistische Orientierungen, die zumeist in westlichen Gesellschaften auftreten. Länder mit hohem Individualismus zeichnen sich beispielsweise dadurch aus, dass Freizeit für die Mitarbeiter einen relativ hohen Stellenwert hat (vgl. Kutschker/Schmid 2008). Gleichzeitig ist es den Mitarbeitern wichtig, herausfordernde Aufgaben wahrzunehmen. Länder mit einer relativ hohen Ausprägung des Individualismus sind die USA, Großbritannien, die Niederlande, Schweden und Deutschland (vgl. Hofstede 1994, S. 6). Tabelle 16.3 legt die grundlegenden Merkmale von Kulturen mit unterschiedlicher Ausprägung des Merkmals Individualismus dar.

Tabelle 16.3 Rahmenbedingungen der interkulturellen Führung in Abhängigkeit von der Ausprägung des Merkmals Individualismus

Beschreibungs- merkmal	Kulturen mit hoher Ausprägung des Merkmals Individualismus	Kulturen mit niedriger Ausprägung des Merkmals Individualismus
Rolle des Unternehmens für die Mitarbeiter	■ Arbeitgeber ohne Bezug auf das Privatleben	■ Familie, die für Mitarbeiter und deren Angehörige sorgt
Umgang mit Verantwortung	■ Verantwortung für die Aufgabenerfüllung trägt der einzelne Mitarbeiter	■ Verantwortung für die Aufgabenerfüllung trägt das Kollektiv
Umgang mit Konflikten	■ Offenes Austragen von Konflikten und Meinungsverschiedenheiten	■ Hohe Bedeutung von Teamharmonie
Wettbewerbsverhalten der Mitarbeiter	■ Wettbewerb wird als produktiv gesehen	■ Wettbewerb wird als kontraproduktiv gesehen
Motivation der Mitarbeiter	■ Bedürfnis nach Selbstverwirklichung	■ Bedürfnis nach Geborgenheit und Integration
Lernverhalten der Mitarbeiter	■ Hohe Bedeutung der individuellen, fachlichen und persönlichen Entwicklung im Unternehmen	■ Hohe Bedeutung der kollektiven Entwicklung bzw. des kollektiven Lernens im Unternehmen

Aus den zuvor dargelegten Besonderheiten von Mitarbeitern aus Kulturen mit unterschiedlicher Ausprägung des Merkmals Individualismus ergeben sich spezifische Anforderungen für die Mitarbeiterführung (vgl. Leitfrage 3, Tabelle 16.1). Da die Anforderungen an die Führung von Mitarbeitern aus individualistisch geprägten Kulturen im Wesentlichen denen der klassischen Führung in westlich geprägten Ländern entsprechen, werden im Folgenden die Besonderheiten der Mitarbeiterführung in Kulturen mit niedriger Ausprägung des Individualismus (d. h. stark kollektivistisch geprägten Kulturen) vertieft. Hier ergeben sich folgende Anforderungen für die Führungsperson:

- Die geführten Mitarbeiter erwarten von Führungskräften, dass diese ihre Entscheidungen weitgehend selbst treffen. Mitarbeiter dieser Kulturen sind bereit, durch die Führungsperson getroffene Entscheidungen entsprechend umzusetzen.

- Die Erfüllung der Aufgaben sollte, wenn möglich, in Teamstrukturen organisiert sein. Die Aktivitäten des Teams sollten durch klare Ziele für das gesamte Team koordiniert werden.

- Die Anerkennung von Leistungen sollte immer auf der Ebene der Teamleistung erfolgen. Das Isolieren einzelner Teammitglieder durch positives Hervorheben individueller Leistungen sollte vermieden werden.

- Die Beeinflussung von Einstellungen und Verhaltensweisen der Mitarbeiter sollte primär über beziehungsbezogene, die Gemeinschaft betonende Kommunikation erfolgen.

- Die Motivierung der Mitarbeiter sollte durch die Betonung der Relevanz ihres Engagements als Teammitglied für die Ziele des Teams erfolgen.

- Eine Wettbewerbssituation zwischen den Mitarbeitern sollte vermieden werden.

Die Kulturdimension *Unsicherheitsvermeidung* beschreibt den „[...] Grad, in dem die Mitglieder einer Kultur sich durch ungewisse oder unbekannte Situationen bedroht fühlen" (Hofstede 1993, S. 133). Eine zentrale Erkenntnis aus Hofstedes Konzept besteht darin, dass verschiedene Kulturen unterschiedliche Methoden entwickelt haben, um mit Unsicherheit umzugehen (vgl. Hofstede 1988, S. 111).

Länder mit hoher Ausprägung der Unsicherheitsvermeidung sind Japan, Frankreich, Deutschland, Mexiko und Brasilien (vgl. Hofstede 1994, S. 7). In solchen Ländern wird versucht, die Zukunft zu kontrollieren bzw. durch die Einhaltung von Regeln, Gesetzen, Verhaltensvorschriften sowie Sicherheitsmaßnahmen zu beeinflussen (vgl. Hofstede 1992, S. 309 ff.). Dies zeigt sich auch darin, dass die Regeln eines Unternehmens durch die Mitarbeiter in hohem Maße eingehalten werden (vgl. Hofstede 1997, S. 154). Die zu starre Orientierung an Regelungen kann jedoch dazu führen, dass organisationales Lernen behindert wird.

Zu den Ländern mit niedriger Ausprägung der Unsicherheitsvermeidung zählen die USA, Großbritannien, Dänemark und Schweden (vgl. Hofstede 1997, S. 159). In diesen Ländern wird Unsicherheit als alltägliche Erscheinung akzeptiert. Regeln und Zeitpläne als Instrument zur Vermeidung von Unsicherheit werden relativ selten eingesetzt. Gleichzeitig sind solche Kulturen durch eine hohe Offenheit gegenüber Innovationen sowie innovativem Denken und Handeln geprägt (vgl. Hofstede 1992, S. 309 ff.). Tabelle 16.4 charakterisiert Kulturen in Abhängigkeit von der Ausprägung des Merkmals Unsicherheitsvermeidung.

Tabelle 16.4   Rahmenbedingungen der interkulturellen Führung in Abhängigkeit von
der Ausprägung des Merkmals Unsicherheitsvermeidung

Beschreibungs-merkmal	Kulturen mit hoher Ausprägung der Unsicherheitsvermeidung	Kulturen mit niedriger Ausprägung der Unsicherheitsvermeidung
Rolle des Unternehmens für die Mitarbeiter	▪ Enge Bindung an das Unternehmen ▪ Streben nach einem sicheren Arbeitsplatz	▪ Relativ geringe Bindung an das Unternehmen ▪ Arbeitsplatzwechsel sind üblich
Umgang mit Verantwortung	▪ Verantwortungsvermeidung durch starres Orientieren an Regeln	▪ Hohe Verantwortungsübernahme für eigene Ideen und Initiativen der Mitarbeiter
Umgang mit Konflikten	▪ Vermeidung von Konflikten	▪ Offener Umgang mit Konflikten
Wettbewerbsverhalten der Mitarbeiter	▪ Geringe Ausprägung, da keine Herausforderung durch die Leistungen anderer gesehen wird	▪ Hohe Ausprägung aufgrund starken Vergleichs mit den Leistungen anderer
Motivation der Mitarbeiter	▪ Wunsch nach Sicherheit in Bezug auf Arbeitsplatz und zukünftige Entwicklungen	▪ Wunsch nach Selbstverwirklichung und Zielereichung im Rahmen der Arbeit
Lernverhalten der Mitarbeiter	▪ Behinderung des Lernens durch starre Regelorientierung	▪ Unterstützung der kreativen Problemlösung und innovativen Ideengenerierung durch flexible Regelorientierung

Für deutsche Führungskräfte ist es vielfach schwierig, die Bedürfnisse und die Erwartungen von Mitarbeitern zu verstehen, die aus Kulturkreisen mit niedriger Unsicherheitsvermeidung kommen. Bei der Beeinflussung von Einstellungen und Verhaltensweisen von Mitarbeitern aus solchen Kulturen sollten Führungskräfte (vgl. Leitfrage 3, Tabelle 16.1)

▪ den geführten Mitarbeitern die Möglichkeit geben, eigene Ideen vorzubringen und umzusetzen,

▪ die Kreativität und die Innovativität der geführten Mitarbeiter einfordern und anerkennen,

▪ Konflikte offen ansprechen und Raum für die Diskussion strittiger Themen bieten sowie

▪ eine zu starke Konkurrenz der geführten Mitarbeiter untereinander unterbinden.

Ein weiteres Merkmalspaar in Hofstedes (1993) Konzept der Kulturdimensionen repräsentieren die Orientierungen *Maskulinität (vs. Feminität)*. Diese Kulturdimension spiegelt den Umgang mit den rollenbedingten Unterschieden zwischen Männern und Frauen innerhalb einer Kultur wider. Nach Hofstede (1992, S. 308) zeichnet sich eine Gesellschaft mit einer hohen Ausprägung der Maskulinität dadurch aus, dass eine hohe Leistungsorientierung vorliegt und Konflikte offen ausgetragen werden. Die Individuen einer solchen Gesellschaft sind unabhängig vom Geschlecht als erfolgsbezogen und selbstbewusst zu beschreiben. Die Mitglieder einer maskulinen Gesellschaft haben in hohem Maße die Möglichkeit, sich im beruflichen Bereich zu entfalten sowie attraktive Karriere- und Verdienstmöglichkeiten zu realisieren (vgl. Hofstede 1997, S. 111). Allerdings werden Führungspositionen tendenziell eher an Männer als an Frauen übertragen. Länder mit hoher Maskulinität sind Japan, Mexiko, Großbritannien und die USA (vgl. Hofstede 1994, S. 6). Interessanterweise spricht Hofstede (1994) auch Deutschland eine relativ hohe Maskulinität zu. Diese Einordnung wird durch aktuelle Zahlen in Deutschland bekräftigt, wonach Frauen in Führungspositionen immer noch stark unterrepräsentiert sind (vgl. Abschnitt 18.1).

In Ländern mit hoher Feminität spielen beziehungsbezogene Aspekte, Lebensqualität und Kooperation eine zentrale Rolle. Im Arbeitskontext schlägt sich diese Orientierung in dem Wunsch nach einem guten Arbeitsklima sowie einem guten Verhältnis zum Vorgesetzten nieder. Länder mit hoher Ausprägung der Feminität sind Schweden, die Niederlande, Frankreich und Brasilien (vgl. Hofstede 1993, S. 40). Tabelle 16.5 charakterisiert Länderkulturen in Abhängigkeit von den Ausprägungen Maskulinität vs. Feminität.

Deutsche Führungskräfte, welche aus einem relativ maskulin geprägten kulturellen Kontext stammen, stehen in internationalen Projekten der Herausforderung gegenüber, Mitarbeiter aus feminin orientierten Kulturkreisen zu führen. Bei der Führung solcher Mitarbeiter sollten Führungskräfte (vgl. Leitfrage 3, Tabelle 16.1)

- dem sozialen Klima im eigenen Verantwortungsbereich einen hohen Stellenwert zusprechen,

- versuchen, das persönliche Interesse der Mitarbeiter an einer Aufgabe zu wecken,

- talentierte Mitarbeiter unabhängig von ihrem Geschlecht fordern und fördern sowie

- anspruchsvolle Aufgaben in Abhängigkeit von der individuellen Leistung und nicht vom Geschlecht der Mitarbeiter verteilen.

Tabelle 16.5   Rahmenbedingungen der interkulturellen Führung in Abhängigkeit von
der Ausprägung des Merkmals Maskulinität bzw. Feminität

Beschreibungs-merkmal	Kulturen mit hoher Ausprägung der Maskulinität	Kulturen mit hoher Ausprägung der Feminität
Rolle des Unternehmens für die Mitarbeiter	■ Förderung von Karriere und hohen Einkommen im Unternehmen	■ Betonung von Lebensqualität und guten Beziehungen im Unternehmen
Umgang mit Verantwortung	■ Übertragung komplexer bzw. führungsbezogener Aufgaben primär an männliche Mitarbeiter ■ Ausführung einfacher Aufgaben durch weibliche Mitarbeiter	■ Unterschiede zwischen weiblicher und männlicher Aufgabeninhalte kaum vorhanden
Wettbewerbsverhalten der Mitarbeiter	■ Starke Ausprägung ■ Hohes Maß an Ehrgeiz unter den Mitarbeitern ■ Streben der Mitarbeiter nach gegenseitiger Überbietung	■ Mittel bis geringe Ausprägung ■ Geringes Maß an Ehrgeiz unter den Mitarbeitern ■ Widerstreben der Mitarbeiter gegen den Konkurrenzgedanken
Motivation der Mitarbeiter	■ Möglichkeit zur Erzielung hohen Einkommens ■ Anerkennung für gute Leistungen ■ Chancen auf eine gute Karriere	■ Vorhandensein eines guten Organisationsklimas ■ Schaffung einer guten Balance zwischen Beruf und Familie ■ Ermöglichung eines sicheren Arbeitsplatzes
Lernverhalten der Mitarbeiter	■ Hohe Lernorientierung als Voraussetzung für Karriereentwicklung	■ Mittlere Lernorientierung

In der Unternehmenspraxis werden Mitarbeiter international tätiger Unternehmen im Arbeitsalltag vielfach mit kulturellen Unterschieden konfrontiert. Insert 16.1 verdeutlicht, dass dabei Toleranz und Flexibilität für eine erfolgreiche Zusammenarbeit unabdingbar sind.

Insert 16.1:   Kulturunterschiede zwischen Deutschland und Frankreich
                     (Jakoby 2006, S. 50-51)

„Si vous voulez" – Erfolg in französischen Firmen in Deutschland

Im Jahr 2004 beschäftigten 2200 französische Niederlassungen in Deutschland rund 471.000 Menschen. Vertreten sind große Konzerne wie L'Oréal, Michelin oder Saint-Gobain, aber auch mittlere und kleine Unternehmen. Die meisten kommen aus der Automobilindustrie, der Luftfahrtindustrie und der Elektronikindustrie. […]

Wer bei einem französischen Unternehmen in Deutschland arbeitet, lernt schnell: Hier ticken die Uhren anders. Meetings müssen nicht immer unbedingt pünktlich beginnen, Abweichungen von der Tagesordnung sind nicht ungewöhnlich und schon gar nicht unprofessionell, man investiert viel Zeit für Konversation. […]

Die französische Unternehmenskultur unterscheidet sich von der deutschen ‚un petit peu'. Deshalb sollte man als deutscher Mitarbeiter folgende Eigenheiten der französischen Chefs und Kollegen beachten:

- *Nicht pünktlich:* Franzosen haben eine entspannte Beziehung zur Zeit. Für Termine vereinbart man immer eine volle Stundenzeit, dann sieht man weiter.

- *Nicht direkt:* Der Deutsche sagt klar, was Sache ist. Der Franzose redet bewusst um den heißen Brei herum.

- *Nicht privat:* Beim Apéro oder Café plaudert man über Kunst und Natur, öffnet sich aber nie privat. Gleichwohl lässt er keine Gelegenheit aus, der Autorität ein Schnippchen zu schlagen.

- *Nicht hölzern:* Franzosen lieben Komplimente und mögen keine Langweiler.

- *Nicht strukturiert:* Probleme löst der Franzose, indem er flexibel mal links-, mal rechtsherum, mal so und mal anders versucht. Auf dem Weg dorthin variiert er gegebenenfalls das Ziel.

- *Nicht locker:* In den oberen Management-Etagen herrscht eine „höfische Kultur": Die Hemdsärmel bleiben unten, die Krawattenknoten geschnürt, heftiges Händeschütteln bleibt aus.

- *Nicht englisch:* Franzosen lieben es, wenn man mit ihnen in ihrer Muttersprache spricht. Sie fühlen sich anerkannt.

Französische Eigenheiten können den Alltag aber nicht nur erschweren, sondern auch bereichern. „In der Zusammenarbeit ergänzen sich die deutsche und französische Mentalität sehr gut", so der Personaldirektor von Orsay. „Die französischen Mitarbeiter sind eher flexibel, spontan und charmant. Unsere deutschen Mitarbeiter sind zielgerichtet, pragmatisch, detailorientiert. Projekte werden nicht einfach stur nach Plan umgesetzt: Flexibilität und Spontanität bereichern unseren Alltag."

16.1.1.2   Merkmale der Führungsperson und interkulturelle Mitarbeiterführung

Ein gewisser Rahmen für die Führung von Mitarbeitern anderer Kulturen wird durch die Führungsperson selbst geschaffen. Neben der Persönlichkeit (vgl. hierzu Abschnitt 11.2.1) und den Verhaltensweisen (vgl. hierzu Abschnitt 11.2.2) spielt insbesondere die *interkulturelle Führungskompetenz* einer Führungsperson eine Rolle. Interkulturelle Führungskompetenz umfasst die Fähigkeit und die Bereitschaft einer Führungsperson, Mitarbeiter unterschiedlicher kultureller Hintergründe zu führen. Die interkulturelle Führungskompetenz gliedert sich damit in zwei Facetten:

- Die *interkulturelle Führungsfähigkeit* drückt den Umfang fachlicher und kulturbezogener Kenntnisse und Erfahrungen einer Führungsperson aus. Es geht in dieser Facette der interkulturellen Führungskompetenz also um das interkulturelle *Können* einer Führungsperson.

- Die *interkulturelle Führungsbereitschaft* charakterisiert die Motivation einer Führungsperson, im Rahmen der Führung auf die kulturellen Besonderheiten der Geführten einzugehen. Im Mittelpunkt dieser Facette der interkulturellen Führung steht also das interkulturelle *Wollen* einer Führungsperson.

Die interkulturelle Führungsfähigkeit und die interkulturelle Führungsbereitschaft sollten gleichermaßen hoch ausgeprägt sein, um im interkulturellen Kontext nachhaltig erfolgreich zu führen. In der Unternehmenspraxis ist allerdings zu beobachten, dass dies häufig nicht gegeben ist. Abbildung 16.4 kategorisiert verschiedene Typen von Führungskräften in Abhängigkeit von der Ausprägung der beiden Facetten der interkulturellen Führungskompetenz (vgl. Leitfrage 4, Tabelle 16.1).

Der *monokulturelle Manager* ist weder in der Lage noch gewillt, Führungsverantwortung im internationalen Bereich zu übernehmen. Sowohl die Bereitschaft als auch die Fähigkeit, Mitarbeiter anderer Kulturen zu führen, sind gering ausgeprägt.

Hohe interkulturelle Führungsfähigkeiten in Verbindung mit niedriger interkultureller Führungsbereitschaft charakterisieren den *interkulturellen Verweigerer*. Diese Führungsperson ist zwar in der Lage, Mitarbeiter unterschiedlicher Kulturen zu führen, weist jedoch insgesamt wenig Toleranz gegenüber anderen Kulturen auf. Bei dieser Führungsperson ist im Rahmen der Personalentwicklung insbesondere darauf hinzuwirken, die Toleranz und die Offenheit gegenüber anderen Kulturen zu erhöhen.

Eine hohe Ausprägung der interkulturellen Führungsbereitschaft und der interkulturellen Führungsfähigkeit kennzeichnen den *interkulturell aufgeschlossenen Manager*. Diese Führungsperson weist gleichermaßen hohes Interesse und Offenheit gegenüber anderen Kulturen auf. Gleichzeitig verfügt sie über umfassende Kenntnisse bzw. Erfahrungen im Umgang mit Menschen anderer Kulturen.

Abbildung 16.4 Interkulturelle Führungstypen in Abhängigkeit von der interkulturellen Führungskompetenz (in Anlehnung an Stock-Homburg/Ringwald 2007)

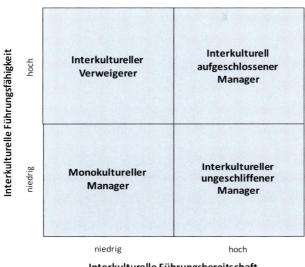

Unterschiedliche Ausprägungen der interkulturellen Führungsbereitschaft und der interkulturellen Führungsfähigkeit liegen bei dem *interkulturell ungeschliffenen Manager* vor. Diese Führungsperson weist eine hohe interkulturelle Führungsbereitschaft auf, verfügt jedoch nicht über entsprechende Erfahrungen und Kenntnisse in diesem Bereich. Maßnahmen der Führungskräfteentwicklung sollten bei dieser Führungsperson an der Sensibilisierung für interkulturelle Besonderheiten sowie der Einübung geeigneter Führungsinstrumente ansetzen.

Neben der interkulturellen Führungskompetenz spielt die *interkulturelle Unsicherheit* der entsendeten Führungsperson im Rahmen der interkulturellen Mitarbeiterführung eine wichtige Rolle. Die interkulturelle Unsicherheit umfasst zwei Facetten:

- Die *kontextbezogene Unsicherheit* ergibt sich aus der Ähnlichkeit der Landeskultur (vgl. zur Beschreibung der Landeskultur die Kulturdimensionen nach Hofstede; Abschnitt 7.2.2), der Landesprofile und der Unternehmenskultur von Führungsperson und Mitarbeiter. Dabei gilt, dass die kontextbezogene Unsicherheit umso geringer ist, je ähnlicher sich die Kontexte von Führungsperson und Mitarbeiter sind.

- Die *führungspersonbezogene Unsicherheit* ergibt sich aus persönlichen Erfahrungen und Einstellungen der Führungsperson, wie beispielsweise die internationale und nationale Berufserfahrung, die Offenheit gegenüber modernen Kommunikationsmedien und die

Offenheit gegenüber Mitarbeitern im Gastland. Die führungspersonbezogene Unsicherheit ist umso geringer, je mehr Erfahrung die Führungsperson aufweist und je offener sie ist.

Entsprechend des Grades der interkulturellen Unsicherheit einer Führungsperson, die sich aus den kontextbezogenen und den führungspersonbezogenen Faktoren ergibt, konnten Unterschiede im Führungserfolg festgestellt werden. So zeigt eine Studie mit 149 Expatriates, die in 33 verschiedenen Ländern tätig sind, dass sich die Expatriates – je nach Konstellation der Unsicherheitsfaktoren – hinsichtlich des Erfolgs der interkulturellen Führung unterscheiden (vgl. Ringwald 2009, S. 135). Tabelle 16.6 gibt einen Überblick über die empirisch identifizierten Typen von Führungskräften und deren Führungserfolg, gemessen als Projekterfolg, Effizienz der Mitarbeiter und Zusammenhalt im Team (vgl. Ringwald 2009, S. 130).

Tabelle 16.6 Auswirkungen des Grades der interkulturellen Unsicherheit eines Expatriates auf den Führungserfolg (vgl. Ringwald 2009, S. 129 ff.)

Faktoren der interkulturellen Unsicherheit	Der alte Hase	Der erfahrene Traditionalist	Der unerfahrene Kultur-Geschockte	Der aufgeschlossene Newcomer	Der geforderte Extrovertierte
Kontextbezogene Unsicherheit					
Ähnlichkeit der Landeskultur	Mittel	Niedrig	Hoch	Niedrig	Hoch
Ähnlichkeit der Landesprofile	Hoch	Niedrig	Hoch	Niedrig	Niedrig
Ähnlichkeit der internationalen Orientierung der Unternehmenskultur	Mittel	Niedrig	Hoch	Niedrig	Hoch
Führungspersonbezogene Unsicherheit					
Internationale Berufserfahrung	Niedrig	Niedrig	Hoch	Hoch	Mittel
Nationale Berufserfahrung	Niedrig	Mittel	Hoch	Hoch	Niedrig
Offenheit gegenüber modernen Kommunikationsmedien	Niedrig	Hoch	Hoch	Niedrig	Niedrig
Offenheit gegenüber lokalen Mitarbeitern	Hoch	Hoch	Mittel-hoch	Niedrig	Niedrig

Faktoren der interkulturellen Unsicherheit	Der alte Hase	Der erfahrene Traditionalist	Der unerfahrene Kultur-Geschockte	Der aufgeschlossene Newcomer	Der geforderte Extrovertierte
Erfolg der interkulturellen Mitarbeiterführung					
Projekterfolg	Hoch	Niedrig	Niedrig	Niedrig	Niedrig
Effizienz der Mitarbeiter	Niedrig	Niedrig	Mittel	Hoch	Mittel
Teamkohäsion	Niedrig	Mittel	Mittel	Hoch	Mittel

Die Untersuchung von Ringwald (2009) macht deutlich, dass Führungskräfte, die sowohl eine hohe kontextbezogene als auch eine hohe persönliche Unsicherheit aufweisen bei der interkulturellen Führung am wenigstens erfolgreich sind. Dies zeigt sich am Typ des unerfahrenen Kulturgeschockten, der in allen Aspekten des Führungserfolgs maximal durchschnittlich abschneidet (vgl. Ringwald 2009, S. 135).

Im Gegensatz dazu können Expatriates, die lediglich in einem der beiden Unsicherheitsbereiche hohe Unsicherheit aufweisen, dies durch eine geringe Unsicherheit im anderen Bereich kompensieren. Dies kann am Beispiel des aufgeschlossenen Newcomers verdeutlicht werden, der zwar aufgrund geringer Erfahrungen eine hohe persönliche Unsicherheit aufweist, dies jedoch durch eine hohe Offenheit gegenüber neuen Kommunikationsmedien und gegenüber Mitarbeitern aus anderen Kulturen sowie eine geringe kontextbezogene Unsicherheit kompensieren kann. Entsprechend schneidet dieser Expatriate-Typ im Vergleich zu den anderen Typen im Hinblick auf den Führungserfolg gut ab (vgl. Ringwald 2009, S. 137).

Für die Unternehmenspraxis ergeben sich hieraus zwei Implikationen: Zum einen sollte bei der Auswahl von Führungskräften für eine Entsendung ins Ausland darauf geachtet werden, Personen auszuwählen, die in maximal einem der beiden Unsicherheitsbereiche eine geringe Unsicherheit aufweisen (vgl. hierzu ausführlich Ringwald 2011). Zum anderen sollten im Rahmen der Vorbereitung von Expatriates bzw. Inpatriates Maßnahmen ergriffen werden, die gezielt daran ansetzen, die führungspersonbezogene bzw. die kontextbezogene Unsicherheit der Betroffenen zu reduzieren. So kann beispielsweise die Unsicherheit in Bezug auf die Landeskultur durch kulturspezifische Trainings verringert werden. Führungskräfte, die eine hohe Unsicherheit aufgrund geringer Erfahrung aufwiesen, können beispielsweise vor der Entsendung und während der ersten Wochen im Ausland durch einen erfahrenen Mentor begleitet werden (vgl. Ringwald 2009, S. 142 ff.).

16.1.2 Strategien interkultureller Führung

Vor dem Hintergrund der zuvor dargelegten Rahmenbedingungen der interkulturellen Führung stellt sich die Frage, inwieweit bestimmte Führungseigenschaften (vgl. Abschnitt 11.2.1) bzw. Führungsverhaltensweisen (vgl. Abschnitt 11.2.2) in verschiedenen Ländern gleichermaßen erfolgsförderlich sind. Anders ausgedrückt ist zu klären, inwieweit eine Führungsperson im Stammland angewendete Führungspraktiken auf die Führung von Mitarbeitern anderer Kulturen (z. B. im Ausland) übertragen kann (vgl. von Keller 1995, S. 1402).

In diesem Zusammenhang lassen sich in der Literatur zur interkulturellen Führung drei alternative Strategien identifizieren: die Standardisierungsstrategie, die Differenzierungsstrategie und die hybride Strategie der interkulturellen Führung (vgl. Leitfrage 5, Tabelle 16.1).

- Im Rahmen der *Standardisierungsstrategie* erfolgt eine einheitliche Ausrichtung der Führung von Mitarbeitern über die Ländergrenzen hinweg. Diese Strategie folgt der so genannten *Universalitätsthese der Führung*, die besagt, dass die Aktivitäten im Rahmen der Mitarbeiterführung in unterschiedlichen kulturellen Kontexten gleichermaßen erfolgreich sind (vgl. u. a. Clark/Matze 1999).

- Das Gegenstück zur Standardisierungsstrategie stellt die *Differenzierungsstrategie* dar. Der Logik der *Kulturabhängigkeitsthese* folgend, wird in dieser Strategie davon ausgegangen, dass die Aktivitäten der Mitarbeiterführung nicht in allen Kulturen gleichermaßen erfolgreich sind. Vielmehr wird angenommen, dass die individuelle Mitarbeiterführung der jeweiligen Kultur, in der eine Führungsperson tätig ist, anzupassen ist (vgl. u. a. Ardichvili/Kuchinke 2002; Gerstner/Day 1994).

- Den Mittelweg zwischen den beiden zuvor beschriebenen Strategien der interkulturellen Mitarbeiterführung stellen so genannte *hybride Strategien* dar, die der *Mittelwegsthese* folgen. Diese Strategien gehen davon aus, dass bestimmte Führungsaktivitäten interkulturell übertragbar (d. h. standardisierbar), andere dagegen weniger oder gar nicht übertragbar (d. h. zu differenzieren) sind (vgl. u. a. Dorfman/Howell 1997).

Die Erfolgsauswirkungen der interkulturellen Führung werden in der Literatur insbesondere aus zwei Perspektiven beleuchtet: der eigenschaftsorientierten und der verhaltensorientierten Perspektive der Führung. Die eigenschaftsorientierte Perspektive der Führung geht davon aus, dass der Führungserfolg in erster Linie durch (angeborene) Eigenschaften einer Führungsperson bestimmt wird (vgl. Abschnitt 11.2.1). In der verhaltensbezogenen Perspektive werden dagegen die Verhaltensweisen einer Führungsperson gegenüber ihren Mitarbeitern für den Führungserfolg verantwortlich gemacht (vgl. Abschnitt 11.2.2).

Im Zusammenhang mit der *eigenschaftsorientierten Perspektive* wurden in empirischen Studien Erfolgsauswirkungen

- der charismatischen Führung (vgl. u. a. den Hartog et al. 1999; Ensari/Murphy 2003; Javidan/Carl 2004; Abschnitt 11.2.1.1),

- der transformationalen Führung (vgl. u. a. Bass 1997a, b; Den Hartog et al. 1999; Jung/Bass/Sosik 1995; Walumbwa et al. 2005; Abschnitt 11.2.1.2) bzw.

- eigenschaftsbezogener Attributionen (vgl. u. a. Ensari/Murphy 2003; Pekerti 2005)

im interkulturellen Kontext untersucht.

Abbildung 16.5 Länder, in denen positive Erfolgsauswirkungen der charismatischen Führung nachgewiesen werden können

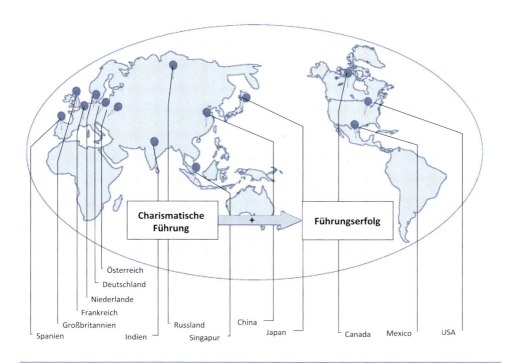

Abgesehen von wenigen Ausnahmen kann gezeigt werden, dass charismatische bzw. transformationale Führung sich in einer Vielzahl von Kulturen positiv auf den Führungserfolg auswirkt (vgl. Abbildung 16.5). Positive Erfolgsauswirkungen können unter anderem in China (vgl. Bass 1997b), Deutschland (vgl. Boyd 1998), Indien (vgl. Pereira 1986), Iran (vgl. Javidan/Carl 2004), Japan (vgl. Yokochi 1989), Kanada (vgl. Howell/Avolio 1993; Javidan/Carl 2004), Österreich (vgl. Steyrer/Mende 1994), Spanien (vgl. Bass 1997b) und den USA (vgl. Hater/Bass 1988) nachgewiesen werden. Der Führungserfolg wird dabei insbesondere durch die Anstrengung und die Zufriedenheit der Geführten bzw. die Effektivität der Führungsperson erfasst (vgl. Javidan/Carl 2004, S. 668).

Diese Ergebnisse sind konsistent mit den Erkenntnissen der Culturally Endorsed Implicit Leadership Theory (vgl. hierzu ausführlich Abschnitt 11.2.4.1). In Verbindung mit dieser Theorie werden interkulturelle Unterschiede in den Erwartungen der Mitarbeiter an die Führung betrachtet. In den in diesem Zusammenhang durchgeführten Studien konnte neben Charisma auch die Teamorientierung als kulturübergreifendes Merkmal erfolgreicher Führungskräfte identifiziert werden.

In Verbindung mit der *verhaltensorientierten Perspektive* werden die Erfolgsauswirkungen verschiedener Führungsstile untersucht (vgl. u. a. Ardichvili/Kuchinke 2002; Campbell/Bommer/Yeo 1993; Kuchinke 1999; Larsen/Rosenbloom 1999; Lok/Crawford 2004; Maczynski et al. 1994; Mäkilouko 2004; Ogbonna/Harris 2000). Im Gegensatz zur eigenschaftsorientierten Perspektive kann in Bezug auf Führungsstile gezeigt werden, dass diese in hohem Maße von der Kultur eines Landes abhängen (vgl. u. a. Hofstede/Bond 1988). In diesem Zusammenhang arbeiten Evans und Sculli (1981) in einer vergleichenden Literaturanalyse zu westlichen und asiatischen Kulturen heraus, dass sich bei asiatischen Mitarbeitern der direktive Führungsstil am förderlichsten auf deren Leistungen auswirkt, wohingegen in westlichen Kulturen der partizipative Führungsstil am stärksten den Führungserfolg beeinflusst (vgl. Rowlinson/Ho/PoHung 1993, S. 456).

Unterschiede im Führungserfolg bestimmter Verhaltensweisen können auch innerhalb verschiedener westlicher Länder verzeichnet werden. Eine zentrale Frage konzentriert sich in diesem Zusammenhang darauf, in welchen Ländern der autoritäre und in welchen Ländern der partizipative Führungsstil erfolgsförderlicher ist. Einen Überblick über die zentralen Erkenntnisse zu dieser Frage liefert Abbildung 16.6.

Abbildung 16.6   Führungsstilpräferenzen in verschiedenen Kulturen
                      (vgl. von Keller 1995)

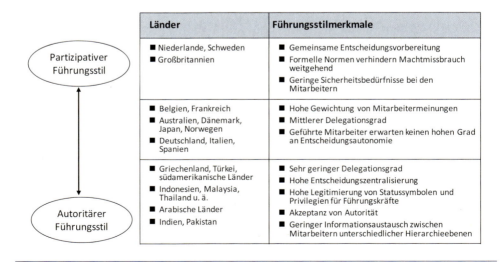

	Länder	Führungsstilmerkmale
Partizipativer Führungsstil	■ Niederlande, Schweden ■ Großbritannien	■ Gemeinsame Entscheidungsvorbereitung ■ Formelle Normen verhindern Machtmissbrauch weitgehend ■ Geringe Sicherheitsbedürfnisse bei den Mitarbeitern
	■ Belgien, Frankreich ■ Australien, Dänemark, Japan, Norwegen ■ Deutschland, Italien, Spanien	■ Hohe Gewichtung von Mitarbeitermeinungen ■ Mittlerer Delegationsgrad ■ Geführte Mitarbeiter erwarten keinen hohen Grad an Entscheidungsautonomie
Autoritärer Führungsstil	■ Griechenland, Türkei, südamerikanische Länder ■ Indonesien, Malaysia, Thailand u. ä. ■ Arabische Länder ■ Indien, Pakistan	■ Sehr geringer Delegationsgrad ■ Hohe Entscheidungszentralisierung ■ Hohe Legitimierung von Statussymbolen und Privilegien für Führungskräfte ■ Akzeptanz von Autorität ■ Geringer Informationsaustausch zwischen Mitarbeitern unterschiedlicher Hierarchieebenen

Eine weitere Gruppe verhaltensorientierter Arbeiten setzt sich mit der Frage auseinander, unter welchen Rahmenbedingungen die Führungsverhaltensweisen über die Ländergrenzen hinweg mehr oder minder ähnlich sind. Führungsstile sind länderübergreifend umso ähnlicher,

- je ähnlicher die beruflichen Bildungssysteme bzw. die betrieblichen Aus- und Weiterbildungssysteme gestaltet sind (vgl. Werther 1996),

- je intensiver gemeinsame Technologien über die Ländergrenzen hinweg genutzt werden (vgl. Child/Tayeb 1983),

- je intensiver der Austausch zwischen den betrachteten Kulturen ist (vgl. Shenkar/Ronen 1987) und

- je vergleichbarer die administrativen Prozesse in den Unternehmen der betrachteten Länder sind (vgl. Adler 1984).

Wie die Ausführungen im Zusammenhang mit den internationalen Aspekten der Mitarbeiterführung verdeutlichen, weichen die Anforderungen an interkulturelle Führung zum Teil von denen in monokulturellen Führungssituationen ab. Diese Abweichungen ergeben sich insbesondere daraus, dass Führungsperson und geführte Mitarbeiter unterschiedliche kulturelle Hintergründe aufweisen. Zusätzliche Komplexität nimmt die Führungssituation an, wenn Teams zu führen sind, deren Mitglieder unterschiedliche kulturelle Hintergründe aufweisen. Bei der Führung von solchen internationalen Teams steht die Führungsperson besonderen Herausforderungen gegenüber, die in Abschnitt 16.2 behandelt werden.

16.2 Internationale Aspekte der Teamführung

Anfang der 90er Jahre spielten internationale Teams noch eine relativ geringe Rolle in der Unternehmenspraxis (vgl. Maznevski/Athanassiou 2006, S. 731). Angesichts der Globalisierung und der damit einhergehenden Internationalisierung von Unternehmen gewinnen sie jedoch zunehmend an Bedeutung.

Internationale Teams	Teams, in denen Mitglieder aus unterschiedlichen Kulturen zusammenarbeiten.

Internationale Teams können einen unterschiedlich hohen Grad an kultureller Heterogenität aufweisen und unterscheiden sich damit von monokulturellen Teams, in denen die Mitglieder alle aus derselben Kultur stammen. Die kulturelle Heterogenität bezieht sich zum einen auf den Anteil von Mitgliedern unterschiedlicher Kulturen im Team. Darüber hinaus spielt die kulturelle Distanz der jeweils im Team vertretenen Kulturen eine Rolle (vgl. zu kultureller Distanz die in Abschnitt 7.2.2 dargestellten Kulturkonzepte). Die kulturelle Heterogenität ist umso höher, je mehr Mitglieder des Teams aus unterschiedlichen Kulturen stammen und je größer die Distanzen zwischen jeweiligen Kulturen der Teammitglieder sind.

Internationale Teams gelangen verstärkt in den Bereichen Logistik, Forschung und Entwicklung und Marketing zum Einsatz. Die zunehmende Bedeutung sowie Chancen und Risiken internationaler Teams verdeutlicht Insert 16.2.

Insert 16.2:   Bedeutung, Chancen und Risiken internationaler Teams in der Unternehmenspraxis (Lehmann/van den Bergh 2004, S. 27 f.)

Internationale Teams gewinnen an Bedeutung

Multikulturell zusammengesetzte Teams kommen [...] nicht nur in Sport, Kultur und Wissenschaft immer häufiger vor. Sie gewinnen auch in der Privatwirtschaft an Bedeutung – zur Leitung internationaler Joint Ventures, zur Entwicklung neuer Technologien oder zur Erarbeitung globaler Marketingstrategien. Begründet liegt diese Tendenz in der zunehmenden Internationalisierung des Wettbewerbs, der höheren Komplexität von Forschung und Entwicklung sowie in Kommunikationstechnologien, die eine Zusammenarbeit unabhängig von Zeit und Ort erlauben. [...]

Zu den Vorteilen von multikulturell zusammengesetzten Teams gehören ihre Kreativität und Flexibilität. Sie sind in der Lage, eine größere Zahl von Alternativen und Ideen zur Problemlösung zu entwickeln als monokulturelle Teams. [...]

Multikulturelle Teams bauen Brücken zwischen verschiedenen Kulturen: Eine multikulturelle Konzernleitung kann dafür sorgen, dass die Weisungen des Mutterhauses den unterschiedlichen Geschäftsbedingungen in den Auslandsmärkten Rechnung tragen. Eine multikulturelle Vertriebsabteilung kann besser auf die verschiedenen Bedürfnisse einer internationalen Kundschaft eingehen. [...]

Multikulturelle Teams konzentrieren sich auf das Wesentliche. Sie müssen für ihre

das Wesentliche. [...]

Die Multikulturalität kann zu mehr Toleranz unter den Teammitgliedern führen. In einem internationalen Team wird erwartet, dass die Kollegen und Kolleginnen anders sind und man lässt sich gegenseitig mehr Raum für dieses Anderssein – selbst unter Kollegen gleicher Nationalität. Dies führt nicht nur zu einer höheren Arbeitszufriedenheit, sondern es steigert auch die Kreativität des Teams. [...]

Die Multikulturalität hat aber auch Kehrseiten: Multikulturelle Teams erleben Missverständnisse, Misstrauen, Ablehnung und Konflikte, die die Zusammenarbeit erschweren, verzögern oder sogar verunmöglichen. Die Ursachen dieser so genannten Missfaktoren liegen in den unterschiedlichen Erwartungen der Teammitglieder, in Kommunikations- und in Koordinationsproblemen.

Unterschiedliche Erwartungen können z. B. bezüglich des Ablaufs von Meetings bestehen. [...] Kommunikationsprobleme entstehen, wenn nicht alle Teammitglieder die Arbeitssprache gleich gut beherrschen. Der Aufbau von gegenseitigem Vertrauen wird zudem erschwert, wenn Teammitglieder aufgrund von Sprachproblemen ihre Emotionen nicht ausdrücken können und sich die Gespräche nur um sachliche Inhalte drehen. Missverständnisse, Un-

Tätigkeit eine Arbeitssprache wählen, die nicht von allen Teammitgliedern gleich gut beherrscht wird. Das schafft einerseits Probleme in der gegenseitigen Verständigung, bedeutet aber andererseits auch eine Vereinfachung der Inhalte, die kommuniziert werden und eine Fokussierung auf gleichgewichte und Vertrauensverluste können die Folgen sein. Bei großen geografischen Distanzen zwischen den Teammitgliedern erschweren Koordinationsprobleme die Zusammenarbeit. Es ist dann schwierig, Termine für gemeinsame Besprechungen zu finden. [...]

Nach der Form der Kommunikation kann die Gruppe der internationalen Teams in zwei Kategorien gegliedert werden: interkulturelle und globale virtuelle Teams. Um diese erfolgreich zu führen, sollten Führungskräfte ihre Aktivitäten an die jeweilige Art des zu führenden Teams anpassen.

Interkulturelle Teams sind durch eine hohe kulturelle Heterogenität in Verbindung mit paralleler direkter und indirekter Kommunikation zwischen den Teammitgliedern gekennzeichnet. Parallel direkte und indirekte Kommunikation ist dadurch charakterisiert, dass die Teammitglieder in täglichen Prozessen zwar in hohem Maße mediengestützt kommunizieren, zusätzlich aber in persönlichem Austausch stehen. Bei interkulturellen Teams kann es sich einerseits um international zusammengesetzte Teams handeln, deren Teammitglieder in demselben Land tätig sind. Andererseits können die Teammitglieder auch regional verteilt arbeiten. Je nach Lokation der Teammitglieder kann die Kommunikation innerhalb des Teams regelmäßig persönlich oder häufiger mediengestützt stattfinden. Interkulturelle Teams sind in der Unternehmenspraxis insbesondere in folgenden Bereichen zu finden (vgl. Leitfrage 6, Tabelle 16.1):

- *Internationale Strategieteams* sind mit der Entwicklung bzw. der Änderung unternehmensweiter Strategien betraut. Die Integration von Teammitgliedern unterschiedlicher Länderkulturen erfolgt mit der Zielsetzung, den spezifischen Besonderheiten der Länder, in denen ein Unternehmen tätig ist, möglichst umfassend im Rahmen langfristiger Planungen gerecht zu werden.

- Die zentrale Aufgabe *internationaler Koordinationsteams* besteht in der Abstimmung der länderübergreifenden Aktivitäten eines Unternehmens, um Effizienzverluste der internationalen Geschäftstätigkeit zu vermeiden. Derartige Teams werden beispielsweise im Unternehmen Airbus eingesetzt, um die internationale Auslieferung von Flugzeugen zu koordinieren (vgl. Zerbe 2000, S. 143).

- *Internationale Change Management Teams* sind mit der Koordination und der Umsetzung unternehmensweiter Veränderungen über die Ländergrenzen hinweg betraut. Die einzelnen Teammitglieder sind auf verschiedene Länder verteilt und vor Ort für die Koordination von Veränderungen in der jeweiligen Länderniederlassung verantwortlich. Beispielhaft für solche Teams sind weltweit verteilte Projektteams zur SAP R/3 Einführung durch das Unternehmen IBM zu nennen (vgl. Zerbe 2000, S. 171).

Weisen die Mitglieder eines Teams eine hohe kulturelle Heterogenität auf und findet die Kommunikation im Team primär mediengestützt statt, so liegt ein *globales virtuelles Team* vor. In globalen virtuellen Teams arbeiten die Teammitglieder über große Distanzen hinweg an der Erreichung eines gemeinsamen Ziels zusammen (vgl. Maznevski/Athanassiou 2006, S. 731). Dies hat zur Folge, dass sie räumliche, zeitliche und organisationsbezogene Grenzen zu überbrücken haben und die überwiegend indirekt miteinander agieren. Die Kommunikation im Team läuft im Wesentlichen unpersönlich, d. h. gestützt über elektronische Medien (wie z. B. Emails, Telefonkonferenzen), ab. Globale virtuelle Teams werden verschiedentlich auch als multinationale bzw. transnationale Teams bezeichnet.

Bei der Führung internationaler (d. h. interkultureller bzw. globaler virtueller) Teams stehen Führungskräfte dagegen insbesondere zwei Herausforderungen gegenüber:

- der Auswahl geeigneter Teammitglieder bei der Zusammensetzung internationaler Teams (vgl. Abschnitt 16.2.1) und

- der Überwindung von Barrieren der Arbeit internationaler Teams (vgl. Abschnitt 16.2.2).

16.2.1   Auswahl geeigneter Teammitglieder für internationale Teams

Im Rahmen der Führung internationaler Teams stellt die Auswahl geeigneter Teammitglieder eine zentrale Herausforderung dar. Für die Auswahl geeigneter Mitglieder ist es wichtig, relevante Fähigkeiten von Mitgliedern internationaler Teams zu kennen und zu bewerten. Diese gehen über die für die Arbeit in monokulturellen Teams erforderlichen Fähigkeiten hinaus. Tabelle 16.7 liefert einen Überblick über zentrale fachliche und persönliche Fähigkeiten, auf die Führungskräfte bei der Rekrutierung von Mitgliedern internationaler Teams achten sollten (vgl. Leitfrage 7, Tabelle 16.1) (in Anlehnung an Athanassiou/Nigh 2002; Cascio 2000; McDonough/Kahn/Griffin 1999).

Auf der fachlichen Ebene ist die *technologiebezogene Kommunikationskompetenz* gerade in globalen virtuellen Teams von zentraler Bedeutung. Diese bezieht sich auf die Wahl geeigneter Kommunikationsmedien sowie auf Kenntnisse im Umgang mit dem gewählten Medium. Beispielsweise sollten Kritik bzw. kritische Themen nicht per Email diskutiert, sondern über persönlichere Medien (z. B. Videokonferenzen) geklärt werden.

Auf der Beziehungsebene ist insbesondere das *Global Mindset* von Bedeutung. Es wird vielfach als unabdingbare persönliche Voraussetzung für die erfolgreiche Arbeit in internationalen Teams erachtet (vgl. u. a. Gupta/Govindarajan 2002; Murtha/Lenway/Bagozzi 1998). Es beschreibt die Offenheit und die Sensibilität eines Teammitglieds gegenüber anderen Kulturen.

Tabelle 16.7 Zentrale Fähigkeiten von Mitgliedern internationaler Teams

Fähigkeiten	Zentrale Facetten
Fachliche Fähigkeiten	
Technologische Kommunikationskompetenz	■ Fähigkeit zur Nutzung der geeigneten Technologie im Rahmen der Kommunikation, der Koordination und der Kooperation mit anderen Teammitgliedern ■ Kenntnisse über die Vorbereitung und die Durchführung virtueller Teammeetings
Projektmanagement	■ Fähigkeit zur Planung und Organisation der eigenen Arbeit und deren Abstimmung mit den Aktivitäten des Teams ■ Beherrschung von Methoden zur Berichterstattung von Fortschritten bzw. Problemen in Projekten
Netzwerkbildung	■ Kenntnis vorhandener Netzwerke im Unternehmen ■ Kenntnis unterschiedlicher Perspektiven und Interessen verschiedener Interessensgruppen im Unternehmen
Selbstmanagement	■ Fähigkeit zur Strukturierung und Priorisierung eigener Ziele und Aufgaben ■ Fähigkeit zur Auswahl von Maßnahmen zur persönlichen bzw. fachlichen Entwicklung
Schnittstellenmanagement	■ Offenheit/Toleranz gegenüber verschiedenen kulturellen Hintergründen im Rahmen der Kooperation und der Kommunikation im Team ■ Offenheit/Toleranz gegenüber (typischen) Arbeitsstilen von Teammitgliedern verschiedener Funktionsbereiche im Unternehmen
Persönliche Fähigkeiten	
Global Mindset	■ Sensibilität für andere Kulturen ■ Umfassende persönliche Erfahrungen in anderen Kulturen
Interpersonale Aufmerksamkeit	■ Sensibilität für verschiedene Kommunikationsstile im Team und Bewusstsein über ihren Einfluss auf die Mitglieder des Teams ■ Fähigkeit, sich in die Perspektive anderer Teammitglieder zu versetzen

In Abhängigkeit von den Ausprägungen der beiden Dimensionen Global Mindset und technologiebezogene Kommunikationskompetenz ergeben sich vier Typen von Mitgliedern internationaler Teams. Diese vier Typen sind in Abbildung 16.7 dargestellt (vgl. Leitfrage 8, Tabelle 16.1).

Abbildung 16.7   Typen von Mitgliedern internationaler Teams

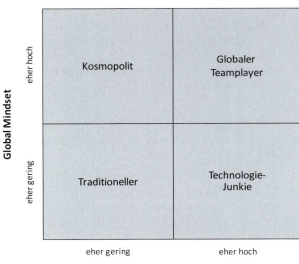

Personen, die als *traditionell* eingestuft werden, interessieren sich nur begrenzt für fremde Kulturen. Darüber hinaus sind ihre Fähigkeiten zum Umgang mit neuen Kommunikationsmedien relativ gering. Diese Personen sind für den Einsatz in internationalen Teams wenig geeignet. Eine Anpassung der Fähigkeiten dieser Personen wäre mit erheblichen Kosten verbunden; Führungskräfte sollten deshalb versuchen, diese Teammitglieder primär in monokulturellen Teams einzusetzen.

Bei *Kosmopoliten* übersteigt das Interesse an anderen Kulturen bisweilen das Interesse für die eigene Kultur. Die interkulturellen Erfahrungen basieren weniger auf dem (mediengestützten) Austausch über große Distanzen hinweg, sondern vielmehr auf persönlicher Lebenserfahrung in anderen Kulturen. Kosmopoliten verfügen aber nicht über ausreichende Fähigkeiten im Umgang mit neuen Technologien. Die Stärken dieser Teammitglieder liegen primär in ihrer internationalen Vernetzung sowie in ihrer Fähigkeit, sich schnell in andere Kulturen einzufinden. Führungskräfte können diese Mitglieder beispielsweise in folgenden Teams einsetzen:

■ Teams, in denen die Überbrückung interkultureller Heterogenität besonders wichtig ist (z. B. neu zusammengesetzte Teams, sehr heterogene Teams),

■ Teams mit Mitgliedern aus Kulturen, mit denen das Unternehmen bislang wenig Erfahrungen aufweist,

- Teams, in denen ein hohes Konfliktpotenzial aufgrund kultureller Vorurteile vorliegt, sowie

- Teams, in denen die interkulturelle Sensibilität der Teammitglieder Defizite aufweist.

Starkes Interesse an anderen Kulturen in Verbindung mit einer hohen Affinität zu neuen Kommunikationsmedien weisen *globale Teamplayer* auf. Diese Personen erfüllen am ehesten die Voraussetzungen, um erfolgreich in internationalen Teams zu arbeiten. Globale Teamplayer können tendenziell in ähnlichen Situationen eingesetzt werden wie die Kosmopoliten. Aufgrund ihrer hohen technologiebezogenen Kompetenz können sie auch in technologieaffinen Projekten eingesetzt werden und dort die kulturelle Vernetzung zwischen den Teammitgliedern fördern.

Technologie-Junkies sind im Bereich der elektronischen Kommunikation überdurchschnittlich gut ausgestattet und vernetzt. Das primäre Interesse bezieht sich jedoch auf die Entdeckung und die Nutzung neuer Medien im Rahmen der Kommunikation und weniger auf den Austausch mit Menschen anderer Kulturen. Die Stärken dieser Teammitglieder liegen in deren Fähigkeiten, relativ vielfältig über elektronische Medien zu kommunizieren. Potenzielle Schwächen ergeben sich daraus, dass diese Teammitglieder eher ungern die Distanz aufgeben, die ihnen die elektronische Kommunikation bietet. Technologie-Junkies versuchen, persönliche Interaktion nach Möglichkeit zu vermeiden. Dieses Verhalten kann in Situationen, in denen die persönliche Interaktion mit anderen Teammitgliedern erforderlich ist (z. B. im Falle von Konfliktgesprächen), problematisch werden. Führungskräfte können Teammitglieder dieses Typs insbesondere in Projekten einsetzen, in denen

- die Entwicklung und die Implementierung neuer Technologien für verschiedene Unternehmen und Niederlassungen im Mittelpunkt steht,

- relativ wenig Konfliktpotenzial vorhanden ist (z. B. aufgrund ähnlicher fachlicher Hintergründe der Teammitglieder) sowie

- das Team in sich geschlossene Aufgabenstellungen bearbeitet und relativ wenige Schnittstellen innerhalb und außerhalb des Unternehmens hat.

Beispielhafte Einsatzgebiete sind Softwareentwicklungsteams, in denen Experten weltweit vernetzt an einer gemeinsamen Aufgabe arbeiten. Die Mitglieder solcher Teams arbeiten zum Teil über lange Zeiträume zusammen, ohne sich persönlich zu kennen.

16.2.2   Überwindung von Barrieren internationaler Teams

Internationale Teams sind durch starke kulturelle Unterschiede sowie zum Teil sehr große räumliche Distanzen zwischen den Teammitgliedern gekennzeichnet. Beide Aspekte können Barrieren für die erfolgreiche Arbeit internationaler Teams zur Folge haben. Die Überwindung dieser Barrieren stellt für Führungskräfte eine besondere Herausforderung dar.

Ein erster Schritt, mit solchen Barrieren erfolgreich umzugehen, liegt darin, die Barrieren und ihre Ursachen zu identifizieren. In diesem Zusammenhang können fünf Bereiche unterschieden werden (in Anlehnung an Maznevski/Athanassiou 2006, S. 734): regionale, strukturelle, teambezogene, individuelle und aufgabenbezogene Barrieren. Die zentralen Barrieren hinsichtlich der Arbeit in internationalen Teams sind in Tabelle 16.8 dargestellt (vgl. Leitfrage 9, Tabelle 16.1).

- *Regionale Barrieren* ergeben sich aufgrund des räumlich verteilten Arbeitens internationaler Teams (Cramton/Webber 2005). Eine besondere Herausforderung für Teams besteht darin, räumliche Distanzen zu überbrücken.

- *Strukturelle Barrieren* beziehen sich auf die organisatorische Einbettung internationaler Teams. Probleme in diesem Bereich resultieren insbesondere daraus, dass die Mitglieder der Teams unterschiedlichen organisatorischen Teilbereichen des Unternehmens angehören. Darüber hinaus ist die organisatorische Verankerung internationaler Teams in Unternehmen vielfach nicht klar geregelt.

- Auf die Interaktion zwischen den Mitgliedern von Teams beziehen sich die *teambezogenen Barrieren*. Sie sind insbesondere auf die im Vergleich zu monokulturellen Teams erschwerte Kommunikation und Koordination sowie ein erhöhtes Konfliktpotenzial zurückzuführen.

- *Individuelle Barrieren* ergeben sich aus den Merkmalen, den Einstellungen und den Verhaltensweisen der Mitglieder internationaler Teams. Im Kern geht es um die Bereitschaft und die Fähigkeit der Teammitglieder, in internationalen Teams mitzuwirken.

- *Aufgabenbezogene Barrieren* sind auf die internationale Ausrichtung der Tätigkeitsinhalte zurückzuführen. So sind bei der Bewältigung typischer Aufgaben internationaler Teams beispielsweise länderspezifische Besonderheiten zu berücksichtigen, die den Teammitgliedern nicht vertraut sind.

Tabelle 16.8 Barrieren der Arbeit in internationalen Teams

Barrieren	Beschreibung
Regionale Barrieren	■ Schwierige Erreichbarkeit von Teammitgliedern über verschiedene Zeitzonen hinweg
	■ Erhöhter Reiseaufwand für persönliche Besprechungen
	■ Hohe Abhängigkeit von elektronischen Medien
	■ Hohe Anforderungen an die Fähigkeiten der Teammitglieder im Umgang mit neuen Medien
	■ Störungen im Kommunikationsfluss aufgrund von Sprachbarrieren
	■ Reduzierte Flexibilität des Teams aufgrund begrenzter Möglichkeiten zur spontanen Abstimmung im Team
Strukturelle Barrieren	■ Unklare organisatorische Verankerung internationaler Teams
	■ Unzureichende Ausstattung mit Ressourcen
	■ Mangelnde Unterstützung der Aktivitäten internationaler Teams durch die Unternehmensleitung
	■ Unklare Zuständigkeiten lokaler Ansprechpartner
Team-bezogene Barrieren	■ Erhöhtes Konfliktpotenzial aufgrund unterschiedlicher kultureller Hintergründe (Werte und Erwartungen) der Teammitglieder
	■ Vermehrtes Auftreten von Missverständnissen aufgrund unterschiedlicher fachlicher Perspektiven und Problemlösungsansätze der Teammitglieder
	■ Erhöhter Abstimmungsbedarf aufgrund (zumindest teilweise) unterschiedlicher Zielsetzungen der Teammitglieder
Individuelle Barrieren	■ Erhöhte Rollenkonflikte der Teammitglieder aufgrund unterschiedlicher Erwartungen im Team
	■ Reduzierte Identifikation der Teammitglieder mit den Teamzielen im Falle abweichender Ziele der Länderniederlassungen
	■ Reduzierte Bereitschaft zur Mitwirkung in internationalen Teams aufgrund unklarer bzw. fehlender Perspektiven im Unternehmen im Anschluss an den Einsatz im Team
Aufgaben-bezogene Barrieren	■ Schwierige Aufgabenerfüllung aufgrund hoher Komplexität der Aufgaben internationaler Teams
	■ Erhöhter Koordinationsaufwand aufgrund der Internationalität der Aufgaben internationaler Teams
	■ Zeitverluste durch die Überbrückung sozialer, politischer und ökonomischer Rahmenbedingungen in Verbindung mit internationalen Aufgaben

Wie können Führungskräfte die Barrieren der Arbeit in internationalen Teams abbauen? Einen Überblick über verschiedene Ansatzpunkte zur Überbrückung der in Tabelle 16.8 genannten Barrieren im Rahmen der Teamführung liefert Tabelle 16.9 (vgl. Leitfrage 9, Tabelle 16.1).

Tabelle 16.9   Ansatzpunkte zur Überwindung von Barrieren in internationalen Teams

Barrieren	Beispielhafte Maßnahmen
Regionale Barrieren	■ Durchführen regelmäßiger persönlicher Meetings
	■ Abstimmen von Zeitplänen für regelmäßige (virtuelle) Meetings
	■ Definieren von Zeitfenstern für die telefonische Erreichbarkeit der einzelnen Teammitglieder
	■ Festlegen durchschnittlicher Bearbeitungszeiten für (kleinere) Anfragen von Teammitgliedern
	■ Erarbeiten von Projektplänen
	■ Festlegen von zeitlichen Meilensteinen für Zwischenergebnisse
Strukturelle Barrieren	■ Klare organisatorische Einbettung des Teams als Linienfunktion im Unternehmen
	■ Ausstattung des Teams mit hinreichenden Ressourcen (materiell, personell)
	■ Übertragen von Verantwortungskompetenzen für die Umsetzung von Entscheidungen auf das Team
	■ Festlegen eines Ansprechpartners auf nächst höherer Ebene des Teams, der das Team bei der Umsetzung von Entscheidungen unterstützt
Team-bezogene Barrieren	■ Regelung standardisierter Kommunikationsflüsse im Team mithilfe einer Kommunikationsmatrix (vgl. hierzu ausführlich Abschnitt 12.1.4)
	■ Durchführen von Teamevents als Incentive für außerordentliche Leistungen des Teams (vgl. hierzu Abschnitt 15.2.3)
Individuelle Barrieren	■ Klare Definition von Verantwortlichkeiten und Zuständigkeiten im Team im Rahmen eines persönlichen Kick-Off-Meetings
	■ Festlegen von Teamzielen und Beiträgen der einzelnen Teammitglieder
	■ Vermeiden (soweit möglich) von Widersprüchen zwischen den Teamzielen und den Zielen der jeweiligen Unternehmen, aus denen die verschiedenen Teammitglieder kommen
Aufgaben-bezogene Barrieren	■ Leisten von Hilfestellungen zur Strukturierung von Aufgaben des Teams durch die Führungsperson
	■ Identifizieren und Regeln problematischer Schnittstellen im Team
	■ Aufteilen komplexer Aufgaben in Teilprojekte

Gelingt es der Teamführung geeignete Teammitglieder auszuwählen und rechtzeitig Maßnahmen zu ergreifen, um im Rahmen der Teamarbeit auftretende Barrieren zu überwinden, können internationale Teams einen wertvollen Beitrag zum Erfolg eines Unternehmens leisten.

1. Welche vier umweltbezogenen Rahmenbedingungen der interkulturellen Mitarbeiterführung sind zu berücksichtigen?

2. Welche interkulturellen Führungstypen können in Abhängigkeit von der interkulturellen Führungskompetenz unterschieden werden?

3. Welche Strategien der interkulturellen Führung können Führungskräfte verfolgen? Unter welchen Rahmenbedingungen wird welche Strategie empfohlen?

4. Welche Arten von Teams werden im internationalen Kontext unterschieden?

5. Welche zentralen Fähigkeiten sind für Mitglieder internationaler Teams von Bedeutung? Unterscheiden Sie in Ihrer Antwort zwischen fachlichen und persönlichen Fähigkeiten.

6. Welche Typen von Mitgliedern internationaler Teams lassen sich unterscheiden? In welchen Bereichen sollten die verschiedenen Mitglieder präferiert eingesetzt werden?

7. Welche Barrieren der Arbeit in internationalen Teams können auftreten? Nennen Sie pro Bereich jeweils zwei Ansatzpunkte zur Überwindung der Barrieren.

Literatur

Adler, N. (1984), Understanding the Ways of Understanding: Cross-Cultural Management Methodology Reviewed, in: Farmer, R. (Hrsg.), Advances in International Comparative Management, 1, Greenwich/CN, 31-67.

Ardichvili, A./Kuchinke, K. (2002), Leadership Styles and Cultural Values Among Managers and Subordinates: A Comparative Study of Four Countries of the Former Soviet Union, Germany, and the US, Human Resource Development International, 5, 1, 99-117.

Athanassiou, N./Nigh, D. (2002), The Impact of Top Management Team's International Business Experience on the Firm's Internationalization: Social Networks at Work, Management International Review, 42, 2, 157-181.

Bass, B. (1997a), Personal Selling and Transactional/Transformational Leadership, Journal of Personal Selling & Sales Management, 17, 3, 19-23.

Bass, B. (1997b), Does the Transactional-Transformational Leadership Paradigm Transcend Organizational and National Boundaries? American Psychologist, 52, 2, 130-139.

Boyd, J. (1998), Leadership Extraordinary: A Cross-National Military Perspective on Transactional versus Transformational Leadership, Unpublished Doctoral Dissertation, Nova University.

Campbell, D./Bommer, W./Yeo, E. (1993), Perceptions of Appropriate Leadership Style: Participation versus Consultation Across Two Cultures, Asia Pacific Journal of Management, 10, 1, 1-19.

Cascio, W. (2000), Managing a Virtual Workplace, Management Executive, 14, 3, 81-90.

Child, J./Tayeb, M. (1983), Theoretical Perspectives in Cross-Nation Research, International Studies of Management and Organization, 7, 4, 32-70.

Clark, B./Matze, M. (1999), A Core of Global Leadership, Advances in Global Leadership, 1, 1, 127-161.

Cramton, C./Webber, S. (2005), Relationships Among Geographic Dispersion, Team Processes, and Effectiveness in Software Development Work Teams, Journal of Business Research, 58, 6, 758-765.

den Hartog, D./House, R./Hanges, P./Ruiz-Quintanilla, S./Dorfman, P. (1999), Culture Specific and Cross-Culturally Generalizable Implicit Leadership Theories: Are Attributes of Charismatic/Transformational Leadership Universally Endorsed? Leadership Quarterly, 10, 2, 219-256.

Dickson, M./den Hartog, D./Mitchelson, J. (2003), Research on Leadership in a Cross-Cultural Context: Making Progress, and Raising New Questions, Leadership Quarterly, 11, 6, 729-769.

Dorfman, P./Howell, J. (1997), Leadership in Western and Asian Countries: Commonalities and Differences in Effective Leadership, Leadership Quarterly, 8, 3, 233-275.

Ensari, N./Murphy, S. (2003), Cross-Cultural Variations in Leadership Perceptions and Attribution of Charisma to the Leader, Organizational Behavior & Human Decision Processes, 92, 1/2, 52-67.

Ernst & Young (2003), URL: http://service.gmx.net/de/cgi/derefer?DEST=http%3A%2F%2Fwww.-ey.com%2Fglobal%2Fcontent.nsf%2FGermany%2FPublikationen_-_Studien_-_2003 [22.09.2006].

Evans, W./Sculli, D. (1981), A Comparison of Managerial Traits in Hong Kong and the USA, Journal of Occupational Psychology, 54, 3, 183-186.

Gerstner, C./Day, D. (1994), Cross-Cultural Comparison of Leadership Prototypes, Leadership Quarterly, 5, 2, 121-134.

Gupta, A./Govindarajan, V. (2002), Cultivating a Global Mindset, Academy of Management Executive, 16, 1, 116-126.

Hanges, P./Dickson, M./Lord, R. (1997), Trends, Developments and Gaps in Cross-Cultural Research on Leadership (1976-1996), Paper presented at the 12th Annual Conference of the Society of Industrial and Organizational Psychology, St Louis/MO.

Hater, J./Bass, B. (1988), Superiors' Evaluations and Subordinates' Perceptions of Transformational and Transactional Leadership, Journal of Applied Psychology, 73, 4, 695-702.

Hofstede, G. (1988), Culture's Consequences – International Differences in Work Related Values, 4. Auflage, Beverly Hills/CA.

Hofstede, G. (1992), Die Bedeutung von Kultur und ihren Dimensionen im internationalen Management, in: Kumar, B./Hanssmann H. (Hrsg.), Handbuch der internationalen Unternehmenstätigkeit, München, 303-324.

Hofstede, G. (1993), Interkulturelle Zusammenarbeit: Kulturen, Organisationen, Management, Wiesbaden.

Hofstede, G. (1994), Management Scientists are Human, Management Science, 40, 1, 4-13.

Hofstede, G. (1997), Lokales Denken, globales Handeln: Kulturen, Zusammenarbeit und Management, München.

Hofstede, G./Bond, M. (1988), The Confucius Connection: From Cultural Roots to Economic Growth, Organizational Dynamics, 16, 4, 5-21.

Homburg, Ch./Stock, R. (2002), Führungsverhalten als Einflussgröße der Kundenorientierung von Mitarbeitern: Ein dreidimensionales Konzept, Marketing – Zeitschrift für Forschung und Praxis, 24, 2, 123-137.

Howell, J./Avolio, B. (1993), Transformational Leadership, Transactional Leadership, Locus of Control, and Support for Innovation: Key Predictors of Consolidated Business-Unit Performance, Journal of Applied Psychology, 78, 6, 891-902.

Jacoby, A. (2006), „Si vous voulez", Erfolg bei französischen Firmen in Deutschland, FAZ Hochschulanzeiger, 85 (19.06.2006), 50-51.

Javidan, M./Carl, D. (2004), East Meets West: A Cross-Cultural Comparison of Charismatic Leadership Among Canadian and Iranian Executives, Journal of Management Studies, 41, 4, 665-691.

Jung, D./Bass, B./Sosik, J. (1995), Bridging Leadership and Culture: A Theoretical Consideration of Transformational Leadership and Collectivistic Cultures, Journal of Leadership Studies, 2, 4, 3-18.

Kuchinke, K. (1999), Leadership and Culture: Work-Related Values and Leadership Styles Among One Company's U.S. and German Telecommunication Employees, Human Resource Development Quarterly, 10, 2, 135-154.

Kutschker, M./Schmid, S. (2008), Internationales Management, 6. Auflage, München.

Larsen, T./Rosenbloom, B. (1999), Global Sales Manager Leadership Styles: The Impact of National Culture, Journal of Global Marketing, 13, 2, 31-49.

Lehmann, R./van den Bergh, S. (2004), Internationale Crews: Chance und Herausforderung, io new management, 3/2004, 27-32.

Lok, P./Crawford, J. (2004), The Effect of Organisational Culture and Leadership Style on Job Satisfaction and Organisational Commitment: A Cross-National Comparison, Journal of Management Development, 23, 4, 321-338.

Maczynski, J./Jago, A./Reber, G./Boehnisch, W. (1994), Culture and Leadership Styles: A Comparison of Polish, Austrian, and US Managers, Polish Psychological Bulletin, 25, 4, 303-315.

Mäkilouko, M. (2004), Coping with Multicultural Projects: The Leadership Styles of Finnish Project Managers, International Journal of Project Management, 22, 5, 387-397.

Maznevski, M./Athanassiou, N. (2006), Global Teams, Management International Review, 46, 6, 721-747.

McDonough, E./Kahn, K./Griffin, A. (1999), Managing Communication in Global Product Development Teams, IEEE Transactions on Engineering Management, 46, 4, 375-387.

Murtha, T./Lenway, S./Bagozzi, R. (1998), Global Mind-Sets and Cognitive Shift in a Complex Multinational Corporation, Strategic Management Journal, 19, 2, 97-114.

Ogbonna, E./Harris, L. (2000), Leadership Style, Organizational Culture and Performance: Empirical Evidence from UK Companies, International Journal of Human Resource Management, 11, 4, 766-788.

Pekerti, A. (2005), Cross-Cultural Perceptions in the Leadership Process: Theoretical Perspective on the Influence on Culture on Self-Concepts and Manager-Worker Attributions, Thunderbird International Business Review, 47, 6, 711-735.

Pereira, D. (1986), Transactional and Transformational Leadership Score of Executives in a Large India Engineering Firm, Paper Presented at a Meeting of the International Congress of Applied Psychology (July), Jerusalem.

Perlitz, M. (2004), Internationales Management, 5. Auflage, Stuttgart.

Regnet, E. (2009), Der Weg in die Zukunft – Anforderungen an die Führungskraft, in: von Rosenstiel, L./Regnet, E./Domsch, M. (Hrsg.), Führung von Mitarbeitern: Handbuch für erfolgreiches Personalmanagement, 6. Auflage, Stuttgart, 36-50.

Ringwald, N. (2009), Mitarbeiterführung im internationalen Kontext – Stand der Forschung und Klassifikation von Expatriate-Führungskräften, Wiesbaden.

Ringwald, N. (2011), Internationale Perspektive der Mitarbeiterführung: Identifikation von Einflussfaktoren und Klassifikation von Expatriates, in: Stock-Homburg, R./Wolff, B. (Hrsg.), Handbuch Strategisches Personalmanagement, Wiesbaden (in Druck).

Rowlinson, S./Ho, T./Po-Hung, Y. (1993), Leadership Style of Construction Managers in Hong Kong, Construction Management and Economics, 11, 6, 455-465.

Shenkar, O./Ronen, S. (1987), Structure and Importance of Work Goals Among Managers in the People's Republic of China, Academy of Management Journal, 30, 3, 564-576.

Stahl, G. (2000), Between Ethnocentrism and Assimilation: An Exploratory Study of the Challenges and Coping Strategies of Expatriate Managers, Academy of Management Proceedings 2000 IM, E1-E6.

Steyrer, J./Mende, M. (1994), Transformational Leadership: The Local Market Success of Austrian Branch Bank Managers and Training Applications, Paper Presented at a Meeting of the International Congress of Applied Psychology (July), Madrid.

Stock-Homburg, R./Ringwald, N. (2007), I-LEAD: Der Weg zur Intercultural Leadership Excellence, Reihe Managementwissen Nr. 03, Arbeitspapier der Technischen Universität Darmstadt.

Thomas, A. (2009), Mitarbeiterführung in interkulturellen Arbeitsgruppen, in: von Rosenstiel, L./Regnet, E./Domsch, M. (Hrsg.), Führung von Mitarbeitern: Handbuch für erfolgreiches Personalmanagement, 6. Auflage, Stuttgart, 466-483.

von Keller, E. (1995), Kulturabhängigkeit der Führung, in: Kieser, A./Reber, G./Wunderer, R. (Hrsg.), Handwörterbuch der Führung, 2. Auflage, Stuttgart, 1398-1406.

Walumbwa, F./Lawler, J./Avolio, B./Peng, W./Kan, S. (2005), Transformational Leadership and Work-Related Attitudes: The Moderating Effects of Collective and Self-Efficacy Across Cultures, Journal of Leadership & Organizational Studies, 11, 3, 2-16.

Werther, W. (1996), Toward Global Convergence, Business Horizons, 39, 1, 3-9.

Yokochi, N. (1989), Leadership Styles of Japanese Business Executives and Managers: Transformational and Transaction, Unpublished Doctoral Dissertation, United States International University.

Zerbe, S. (2000), Globale Teams: Organisatorische und technische Gestaltung kooperativer Arrangements, Wiesbaden.

Teil V

Neuere Herausforderungen des Personalmanagements

Das Personalmanagement ist keine statische Aufgabe. Vielmehr muss es durch Dynamik und Flexibilität sich verändernden Rahmenbedingungen in Wirtschaft, Politik und Gesellschaft gerecht werden. Damit steht das Personalmanagement immer wieder neuen Herausforderungen gegenüber. Teil V widmet sich zentralen Herausforderungen, mit denen Unternehmen zahlreicher Industrieländer derzeit und in den kommenden Jahren konfrontiert sind, und zeigt auf, wie sie diesen durch ein adäquates Personalmanagement auf Makro- und Mikroebene begegnen können.

Aufgrund des demographischen Wandels und dessen Auswirkungen auf die Bevölkerungsstruktur sind Unternehmen darauf angewiesen, den Anteil älterer Personen unter ihren Beschäftigten zu erhöhen, um langfristig erfolgreich zu sein. Daraus ergeben sich neue Anforderungen an die Gestaltung der Personalmanagement-Systeme und die Führung von Mitarbeitern bzw. Teams in Unternehmen. Kapitel 17 zeigt zunächst auf, warum die Beschäftigung mit älteren Führungskräften und Mitarbeitern für Unternehmen gerade heute von zentraler Bedeutung ist. Anschließend erhält der Leser einen Überblick über die zentralen theoretisch-konzeptionellen Ansätze zum Zusammenhang zwischen Alter und Leistung. Darauf aufbauend werden Instrumente vorgestellt, die Unternehmen nutzen können, um den Umgang mit älteren Beschäftigten erfolgreich zu gestalten.

Das Zusammenspiel zwischen Fachkräftemangel einerseits und zunehmendem Qualifikationsniveau und Karrierestreben von Frauen andererseits, lenkt den Blick auf ein bisher unvollständig genutztes Potenzial: weibliche Führungskräfte und Mitarbeiter. In Kapitel 18 werden zunächst die zentralen Ursachen erläutert, die dazu führen, dass Frauen in Unternehmen bisher unterrepräsentiert sind. Anhand verschiedener theoretisch-konzeptioneller Ansätze werden Implikationen für die Gestaltung des Umgangs mit weiblichen Beschäftigten abgeleitet. Schließlich werden Instrumente aufgezeigt, durch deren Einsatz Unternehmen gezielt weibliche Führungskräfte und Mitarbeiter gewinnen, fördern und langfristig an sich binden können.

Arbeitsorganisation und -inhalte verändern sich permanent. In den vergangenen Jahren hat insbesondere der Anteil solcher Aufgaben zugenommen, die durch einen großen Entscheidungsspielraum, weitreichende Verantwortung und einen enormen Zeitdruck gekennzeichnet sind. Dies hat eine Zunahme psychischer Belastungen am Arbeitsplatz zur Folge. Um diesen Veränderungen gerecht zu werden, müssen Unternehmen im Rahmen eines strukturierten Health Care Managements Maßnahmen ergreifen, die langfristig zum Erhalt der Gesundheit ihrer Beschäftigten beitragen. Kapitel 19 zeigt zunächst auf, weshalb Health Care Management in Unternehmen an Relevanz gewinnt. Anschließend werden theoretisch-konzeptionelle Ansätze zu vier zentralen Aspekten psychischer Gesundheit (Stress, Work-Life Balance, Burnout und Workaholismus) dargestellt. Darauf aufbauend werden Ansatzpunkte abgeleitet, die Unternehmen nutzen können, um Führungskräfte und Mitarbeiter beim Erhalten bzw. Wiederherstellen ihrer psychischen Gesundheit zu unterstützen.

17 Umgang mit älteren Führungskräften und Mitarbeitern

Lernziele

- Die Leser können die Bedeutung älterer Führungskräfte und Mitarbeiter für Unternehmen einordnen.

- Die Leser kennen ausgewählte theoretisch-konzeptionelle Ansätze zum Umgang mit älteren Führungskräften und Mitarbeitern.

- Die Leser überblicken die zentralen Handlungsfelder von Unternehmen im Umgang mit älteren Führungskräften und Mitarbeitern.

- Die Leser kennen ausgewählte Instrumente im Umgang mit älteren Führungskräften und Mitarbeitern.

17.1 Grundlagen zum Umgang mit älteren Beschäftigten

Die Weltbevölkerung erlebt in den kommenden Jahrzehnten einen demographischen Umbruch. Aufgrund steigender Lebenserwartung und sinkender Geburtenraten sind immer mehr Länder mit einer Alterung der Bevölkerung konfrontiert. Diese zeigt sich in einem Anstieg des Anteils älterer Personen und damit des Durchschnittsalters der Bevölkerung. Bis 2050 wird sich weltweit die Zahl der über 60-Jährigen verdreifachen. Darüber hinaus wird für 46 Länder bzw. Regionen wie beispielsweise Italien, Japan oder die ehemaligen Staaten der Sowjetunion ein Schrumpfen der Gesamtbevölkerung prognostiziert (vgl. United Nations 2007, S. vii ff.).

Auch und gerade in Deutschland wird sich die Bevölkerungsstruktur in den kommenden Jahrzehnten erheblich verändern (vgl. Brussig 2007, S. 199). Sinkende Bevölkerungszahlen und ein wachsender Anteil älterer Personen charakterisieren die als demographischen Wandel bezeichneten Entwicklungen der nächsten Jahrzehnte (vgl. Brussig 2007, S. 199; INQA 2005, S. 14). Mit dem demographischen Wandel geht einher, dass in Deutschland zukünftig immer weniger Nachwuchskräfte verfügbar sind.

Damit stehen Unternehmen vor einer strategischen Herausforderung (Burke/Ng 2006, S. 87): Unternehmen, die die demographischen Veränderungen frühzeitig antizipieren und – in Kongruenz mit ihren Unternehmenszielen (vgl. Abschnitt 1.1.1.1) – eine Strategie zum Umgang mit diesen Veränderungen entwickeln, können sich langfristige Wettbewerbsvorteile auf dem Arbeits- und dem Absatzmarkt sichern. Im Hinblick auf den internen und externen Arbeitsmarkt können Unternehmen gezielt ältere Führungskräfte und Mitarbeiter als Unternehmenspotenzial fördern und so ihren Bedarf an qualifizierten Fachkräften sicherstellen (vgl. Bruch/Kunze 2007, S. 72 f.). Darüber hinaus können Maßnahmen ergriffen werden, um den Wissenstransfer zwischen jungen und erfahrenen Beschäftigten zu unterstützen und dadurch Wissensverluste zu verhindern (Burke/Ng 2006, S. 88). Ein adäquater, respektvoller und vorurteilsfreier Umgang mit älteren Führungskräften und

Mitarbeitern kann folglich einen entscheidenden Beitrag zur Leistungsfähigkeit von Unternehmen leisten (vgl. u. a. Bruch/Kunze 2007, S. 72; Burke/Ng 2006, S. 88; INQA 2005, S. 3; Sedlatschek/Thiehoff 2005, S. 17).

Tatsächlich sind Unternehmen zum heutigen Zeitpunkt jedoch noch nicht ausreichend auf den demographischen Wandel vorbereitet. In einer aktuellen Studie mit 2.506 Unternehmen aus Deutschland, Frankreich, Großbritannien, Italien und Spanien, in der die „demographische Fitness" von Unternehmen gemessen wird, erreichen die Unternehmen im Durchschnitt lediglich 182 von 400 möglichen Punkten (vgl. Adecco Institut-Weissbuch 2008, S. 2). Es besteht folglich weiterhin erheblicher Verbesserungsbedarf im Umgang mit älteren Führungskräften und Mitarbeitern.

Tabelle 17.1   Zentrale Leitfragen zum Umgang mit älteren Führungskräften und Mitarbeitern

Zentrale Leitfragen	Behandelt in …
1. Warum ist die Auseinandersetzung mit älteren Führungskräften und Mitarbeitern in Unternehmen wichtig?	Abschnitt 17.1.1
2. Welche Perspektiven im Umgang mit älteren Führungskräften und Mitarbeitern lassen sich in der Unternehmenspraxis identifizieren?	Abschnitt 17.1.2
3. Welche Fähigkeiten weisen ältere Führungskräfte bzw. Mitarbeiter (im Vergleich zu jüngeren Personen) auf?	Abschnitt 17.2.1
4. Für welche Einsatzgebiete sind ältere Führungskräfte und Mitarbeiter besonders geeignet?	Abschnitt 17.2.2
5. Wie kann der konstruktive Umgang mit älteren Führungskräften und Mitarbeitern in der Unternehmensstrategie verankert werden?	Abschnitt 17.3.1
6. Wie können Unternehmen eine Kultur entwickeln, welche den konstruktiven Umgang mit älteren Führungskräften und Mitarbeitern fördert?	Abschnitt 17.3.2
7. Welche Instrumente der Organisationsentwicklung leisten einen Beitrag zum konstruktiven Umgang mit älteren Führungskräften und Mitarbeitern?	Abschnitt 17.3.3
8. Wie können verschiedene Systeme des Personalmanagements auf die Beschäftigung und die Förderung älterer Führungskräfte und Mitarbeiter ausgerichtet werden?	Abschnitt 17.3.4 und 17.3.5
9. Wie kann die Mitarbeiter- bzw. Teamführung zur Förderung älterer Führungskräfte bzw. Mitarbeiter im Unternehmen beitragen?	Abschnitt 17.3.6

In diesem Zusammenhang sollten sich Unternehmen mit einer Reihe von Fragen auseinandersetzen, die in Tabelle 17.1 aufgeführt sind. Die Beantwortung dieser Leitfragen soll die Grundlage für einen konstruktiven Umgang mit älteren Führungskräften und Mitarbeitern legen und damit eine nachhaltig erfolgreiche Unternehmensführung sicherstellen.

17.1.1   Bedeutung der Auseinandersetzung mit älteren Beschäftigten

Der demographische Wandel verändert die Rahmenbedingungen, unter denen Unternehmen agieren. Insbesondere folgende Entwicklungen machen den Umgang mit älteren Führungskräften und Mitarbeitern immer wichtiger und generieren damit zentrale Herausforderungen für das Personalmanagement (vgl. BDA 2003, S. 30 ff.; Brussig 2007, S. 199; Schäfer/Seyda 2004, S. 98):

- der Wandel der Altersstruktur erwerbstätiger Personen (Abschnitt 17.1.1.1),

- rechtliche Neuerungen zur Beschäftigung älterer Personen (Abschnitt 17.1.1.2) sowie

- die zunehmende Bedeutung älterer Konsumenten (Abschnitt 17.1.1.3).

17.1.1.1   Wandel der Altersstruktur erwerbstätiger Personen

Nach Prognosen des Statistischen Bundesamtes (2006a, S. 15) wird die deutsche Gesamtbevölkerung von 82,4 Millionen im Jahr 2005 auf knapp 69 Millionen im Jahr 2050 zurückgehen. Parallel dazu ist mit einem Anstieg des Anteils älterer Personen in der Bevölkerung zu rechnen. So wird von einer Erhöhung des Durchschnittsalters von 42 Jahren im Jahr 2005 auf 50 Jahre im Jahr 2050 ausgegangen. Jeder dritte Deutsche wird dann älter als 60 Jahre alt sein. Diese Entwicklungen lassen sich anhand der so genannten *Bevölkerungspyramide* veranschaulichen (vgl. Abbildung 17.1; Statistisches Bundesamt 2006, S. 17). Die erwarteten Veränderungen bis 2050 werden dabei häufig als ein Wandel von einer Pyramidenform (zu Beginn des 20. Jahrhunderts) zu einer Pilzform beschrieben (vgl. z. B. INQA 2005, S. 13).

Abbildung 17.1   Altersaufbau der deutschen Bevölkerung in den Jahren 1910, 2001 und 2050 (vgl. Statistisches Bundesamt 2006)

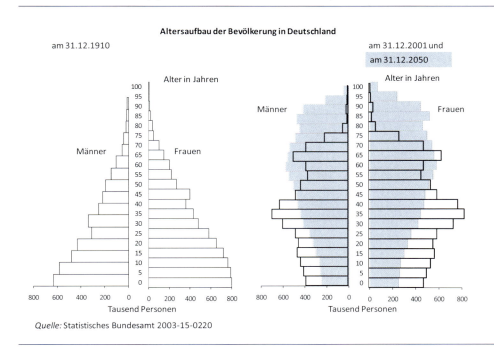

Quelle: Statistisches Bundesamt 2003-15-0220

Der demographische Wandel zieht entsprechende Veränderungen auf dem Arbeitsmarkt nach sich. So wird für Deutschland in der Zeit zwischen 2010 und 2050 ein Rückgang des Erwerbspersonenpotenzials um etwa 10 Millionen Erwerbstätige erwartet (vgl. INQA 2005, S. 14; Pötzsch/Sommer 2003, S. 47). Insbesondere der Anteil jüngerer Erwerbspersonen wird sich demnach verringern. Die Zahl der 20- bis 29-Jährigen wird bis 2050 voraussichtlich um 31,3 Prozent zurückgehen, für die Altersgruppe der 30- bis 49-Jährigen wird ein Rückgang um 39,9 Prozent prognostiziert. Dadurch steigt der Anteil der über 50-Jährigen am Erwerbspersonenpotenzial auf 38,5 Prozent. In der Folge wird im Jahr 2050 weit mehr als jeder dritte Erwerbstätige älter als 50 Jahre sein (Statistisches Bundesamt 2006, S. 62). Abbildung 17.2 veranschaulicht die Entwicklung des Umfangs und der Altersstruktur des Erwerbspersonenpotenzials in Deutschland bis 2050.

Abbildung 17.2   Entwicklung von Umfang und Altersstruktur des Erwerbspersonenpotenzials in Deutschland (vgl. Schäfer/Seyda 2004, S. 101)

Personen je Altersgruppe

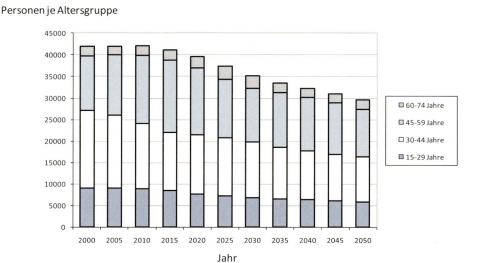

Wie zu Beginn dieses Kapitels bereits erläutert, ist der steigende Altersdurchschnitt des Erwerbspersonenpotenzials kein deutschlandspezifisches Phänomen. Vielmehr stehen alle Industrienationen im Hinblick auf die *Alterung* der Bevölkerung vergleichbaren Herausforderungen gegenüber (vgl. Astheimer/Nöcker 2007, S. C 1; United Nations 2007, S. 2; Abbildung 17.3). Allerdings wird nur für einen Teil der Länder eine parallele *Schrumpfung* der Bevölkerung prognostiziert. Betroffen hiervon sind neben Deutschland unter anderem Bulgarien, Italien, Japan, Polen, Portugal, Russland, die Slowakei, die Tschechische Republik, die Ukraine und Ungarn (vgl. OECD 2007; United Nations 2007, S. 60).

Die Schrumpfung und Alterung des Erwerbspersonenpotenzials verändert auch dessen Qualifikationsstruktur. In diesem Zusammenhang wird für Deutschland mit einem Rückgang der Zahl der Akademiker im erwerbsfähigen Alter um knapp 17 Prozent von 10,7 Millionen auf 8,9 Millionen gerechnet (vgl. Plünnecke/Seyda 2004, S. 133). Auf 100 Akademiker im Alter von 45 bis 64 Jahren entfielen im Jahr 2001 rund 125 Erwerbstätige im Alter von 25 bis 44 Jahren. Langfristig wird diese Relation auf 100 zu 80 sinken (vgl. Plünnecke/Seyda 2004, S. 133).

Die Folgen des demographischen Wandels sind für Unternehmen zunächst nur in ausgewählten Branchen und Regionen zu spüren. Insbesondere kleinere und mittelständische Unternehmen, handwerkliche Betriebe und Unternehmen in strukturschwachen Regionen, die am Arbeitsmarkt eine relativ schwache Position haben (vgl. Abschnitt 4.2), werden Schwierigkeiten bei der Besetzung von Fachkräftestellen haben. Ab 2010 jedoch wird der

Ersatz älterer Führungs- und Fachkräfte durch jüngere Mitarbeiter ein zunehmendes Problem für Unternehmen aller Branchen und Regionen (vgl. Morschhäuser/Ochs/Huber 2003, S. 29; Plünnecke/Seyda 2004, S. 134).

Abbildung 17.3 Aktuelles und prognostiziertes Durchschnittsalter nach Nationen in den Jahren 2005 und 2050 (vgl. United Nations 2007, S. 8)

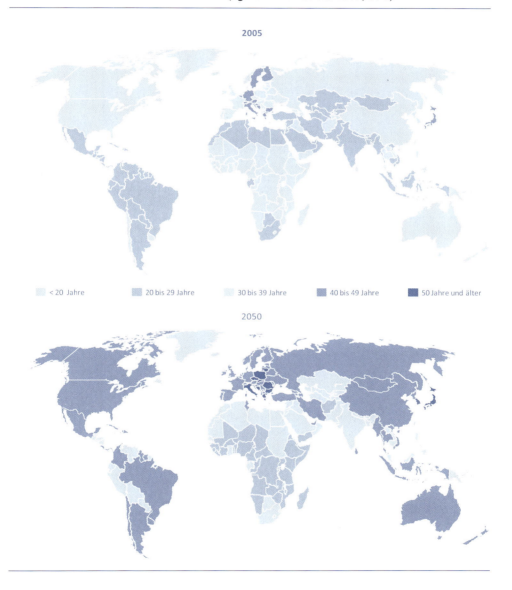

17.1.1.2   Rechtliche Neuerungen zur Beschäftigung von älteren Führungskräften und Mitarbeitern

In Deutschland ist die bedeutende rechtliche Entwicklung im Zusammenhang mit der Beschäftigung älterer Personen der Abbau von Möglichkeiten zum frühzeitigen Austritt aus dem Erwerbsleben. Insbesondere sind hier zu nennen:

- das Auslaufen der Frühverrentung bis zum Jahr 2011 sowie

- die schrittweise Anhebung des Renteneintrittsalters auf 67 Jahre in den Jahren 2012 bis 2029 (vgl. Brussig 2007, S. 199).

Parallel hierzu ist eine staatliche Förderung der Beschäftigung älterer Personen in Form von finanziellen und strukturellen Anreizen zu beobachten. Die entsprechenden Regelungen sind im Gesetz zur Verbesserung der Beschäftigungschancen älterer Menschen zusammengefasst, das vom Bundestag am 19.04.2007 verabschiedet wurde (vgl. BDA 2003, S. 33 ff.). Insert 17.1 legt die zentralen Regelungen zur Verbesserung der Beschäftigungschancen ältere Personen dar.

Insert 17.1:   Ausgewählte Regelungen des Gesetzes zur Initiative "50 plus" (o. V. 2006a, S. 12)

Die Initiative „50 plus"

Das „Gesetz zur Verbesserung der Beschäftigungschancen älterer Menschen" enthält folgende Regelungen, die die Bundesagentur für Arbeit (BA) von 2007 bis 2011 mit rund 430 Millionen Euro belasten:

Kombilohn: Mindestens 50 Jahre alten Arbeitnehmern, die noch einen Restanspruch auf Arbeitslosengeld von mindestens 120 Tagen haben, wird, wenn sie eine geringer bezahlte Tätigkeit annehmen, die Differenz zwischen dem alten und neuen Nettoentgelt im ersten Jahr zu 50 Prozent und im zweiten Jahr zu 30 Prozent ausgeglichen. Die Rentenversicherungsbeiträge werden auf 90 Prozent der früheren Beiträge aufgestockt. Auf diese Entgeltsicherung besteht ein Rechtsanspruch.

Weiterbildung: Die BA erstattet künftig die Kosten für berufliche Weiterbildung von her 100) Arbeitnehmern durch Ausgabe von Bildungsgutscheinen.

Eingliederungszuschuss: Arbeitgeber, die einen mindestens 50 Jahre alten Arbeitnehmer einstellen, der in den vorangegangenen sechs Monaten arbeitslos war, an Integrationsmaßnahmen teilgenommen hat oder persönliche Vermittlungshemmnisse aufweist, erhalten ein bis drei Jahre lang einen Zuschuss von 30 bis 50 Prozent der Lohnkosten. Voraussetzung ist, dass das Beschäftigungsverhältnis mindestens ein Jahr dauert.

Befristung: Mindestens 52 Jahre alte Arbeitnehmer dürfen ohne sachlichen Grund auf höchstens fünf Jahre befristet eingestellt werden, sofern sie zuvor mindestens vier Monate erwerbslos waren, Transferkurzarbeitergeld bezogen oder an einer Beschäfti-

mindestens 45 (bisher 50) Jahre alten Be-   gungsmaßnahme teilgenommen haben.
schäftigten in Betrieben mit bis zu 250 (bis-

17.1.1.3   Zunehmende Bedeutung älterer Konsumenten

Der demographische Wandel hat nicht nur Auswirkungen auf den Arbeitsmarkt, sondern auch auf die Absatzmärkte. So ist parallel zum Anstieg des Durchschnittsalters der Arbeitnehmer (vgl. Abschnitt 17.1.1.1) ein steigender Anteil älterer Konsumenten zu verzeichnen (vgl. BDA 2003, S. 16; Rumpf 2004, S. 12). In diesem Zusammenhang zeigt eine Statistik der Gesellschaft für Konsumforschung (vgl. GfK 2005), dass aktuell bereits rund ein Viertel der deutschen Konsumenten 50 Jahre und älter ist. Den größten Anteil nehmen hierbei Personen im Alter von 65 Jahren und mehr ein. Aufgrund der prognostizierten Bevölkerungsentwicklung ist in den kommenden Jahrzehnten mit einem weiteren Anstieg des Anteils älterer Personen auf den Absatzmärkten weltweit zu rechnen.

Aus dem Anstieg des Durchschnittsalters der Konsumenten ergeben sich Veränderungen der Kundenbedürfnisse, die sich in den Erwartungen an die Produkte (d. h. Sachgüter und Dienstleistungen) sowie an die Mitarbeiter im Kundenkontakt widerspiegeln (vgl. BDA 2003, S. 16; Rumpf 2004, S. 12). Gleichzeitig steigt die Bedeutung älterer Kunden für den Unternehmenserfolg. Wie Abbildung 17.4 veranschaulicht, verfügt die Gruppe der über 60-Jährigen bereits heute über fast 30 Prozent der Kaufkraft in Deutschland. Darüber hinaus liegt die Konsumquote (d. h. der Anteil des verfügbaren Einkommens, der nicht gespart, sondern für Konsum ausgegeben wird) in dieser Altersgruppe mit 80 bis 84 Prozent deutlich über dem Bundesdurchschnitt (vgl. Bundesministerium für Familie, Senioren, Frauen und Jugend 2005).

Die Erschließung der Zielgruppe der älteren Konsumenten kann entscheidend zur Sicherung der langfristigen Wettbewerbsfähigkeit eines Unternehmens beitragen. Dazu ist es erforderlich, die spezifischen Kundenbedürfnisse dieser Kundengruppe zu kennen und die Leistungsangebote entsprechend anzupassen (vgl. BDA 2003, S. 16; Rumpf 2004, S. 12). Für vertiefende Ausführungen über die Besonderheiten von Märkten mit zunehmend älter werdenden Konsumenten sei an dieser Stelle auf Meyer-Hentschel/Meyer-Hentschel (2004) verwiesen.

Da ältere Führungskräfte und Mitarbeiter auf natürliche Weise Experten für ältere Kunden sind, können sie Unternehmen entscheidend dabei unterstützen, dieses Marktsegment erfolgreich zu erschließen. Damit werden ältere Beschäftigte zunehmend bedeutender für den Markterfolg von Unternehmen (vgl. Rumpf 2004, S. 12).

Mit Blick auf Leitfrage 1 (vgl. Tabelle 17.1) ist zusammenfassend Folgendes festzustellen: Demographische Entwicklungen, die sich sowohl auf die Altersstruktur von Beschäftigten als auch Konsumenten auswirken, sowie rechtliche Neuregelungen bezüglich der Beschäftigung älterer Beschäftigter bewirken, dass ältere Führungskräfte und Mitarbeiter immer bedeutender für Unternehmen werden. Damit verändern sich auch die Anforderungen an das Personalmanagement in Unternehmen.

Abbildung 17.4   Kaufkraft in Deutschland nach Altersgruppen 2005
                     (vgl. GfK 2005)

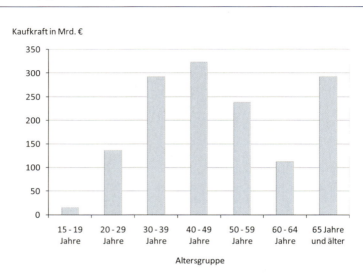

Kaufkraft in Mrd. €

17.1.2   Perspektiven im Umgang mit älteren Beschäftigten

Die zweite Leitfrage dieses Kapitels (vgl. Tabelle 17.1) bezieht sich darauf, welche Perspektive Unternehmen beim Umgang mit älteren Führungskräften und Mitarbeitern einnehmen. Die Leistungsfähigkeit älterer Führungskräfte und Mitarbeiter wird in der Unternehmenspraxis unterschiedlich bewertet. Ein recht großer Teil von Unternehmen schreibt älteren Beschäftigten primär Leistungsdefizite zu und versucht, diese Personengruppe frühzeitig aus dem Unternehmen auszugliedern (vgl. Bundesinstitut für Berufsbildung 2005, S. 2). In einigen Unternehmen werden dagegen verstärkt die Potenziale älterer Führungskräfte und Mitarbeiter wahrgenommen. Somit lassen sich zwei Perspektiven im Umgang mit älteren Führungskräften und Mitarbeitern unterscheiden: die Defizitperspektive und die Potenzialperspektive.

Altersbezogene Vorurteile dominieren vielfach den Umgang mit älteren Führungskräften und Mitarbeitern in Unternehmen (vgl. u. a. Berte 2006, S. 12; Koller/Plath 2000, S. 118; Naegele/Frerichs 2004, Sp. 86). In Unternehmen, welche der *Defizitperspektive* folgen, wird die Beschäftigung älterer Führungskräfte und Mitarbeiter als Risiko empfunden (vgl. Morschhäuser/Ochs/Huber 2003, S. 12). Dabei wird unterstellt, dass der Alterungsprozess einer Person zwangsläufig zu einem Abbau ihrer geistigen und körperlichen Leistungsfähigkeit führt (vgl. u. a. Morschhäuser/Ochs/Huber 2002, S. 33 f.). Diese Denkhaltung drückt sich in folgenden Entwicklungen in Unternehmen aus (vgl. u. a. Bangali 2004, S. 21 f.; Behrens 2003, S. 16; Kordey/Korte 2006, S. 14; Morschhäuser/Ochs/ Huber 2003, S. 22; Naegele/Frerichs 2004, Sp. 86 f.; Warr/Birdi 1998; Warr/Fay 2001):

- alttersselektive Gestaltung der Personalgewinnung (rund ein Viertel der deutschen Unternehmen bekannte sich Anfang dieses Jahrhunderts offen zu einer Altersdiskriminierung in der Rekrutierungspolitik; vgl. Bellmann et al. 2003, S. 133),

- altersspezifische Aufgabenzuteilung,

- begrenzte Anerkennung der Leistungen älterer Führungskräfte und Mitarbeiter,

- geringe Wertschätzung des Erfahrungswissens älterer Beschäftigter und des Wissenstransfers zwischen diesen und jüngeren Kollegen,

- geringe Berücksichtigung älterer Führungskräfte und Mitarbeiter im Rahmen der Personalentwicklung sowie

- alttersselektive Gestaltung der Personalfreisetzung (in 41 % der deutschen Unternehmen sind keine Arbeitnehmer über 50 Jahre beschäftigt; vgl. Bellmann/Gewiese/Leber 2006, S. 1).

Die Beobachtung der zuvor dargelegten Entwicklungen in der Unternehmenspraxis ist als bedenklich einzustufen, da die Defizitperspektive inzwischen wissenschaftlich widerlegt ist (vgl. Maintz 2003, S. 50). Mehr als 100 empirische Studien können keinen Zusammenhang zwischen dem Alter und der Leistung einer Person feststellen (vgl. Morschhäuser/Ochs/Huber 2003, S. 33; Sturman 2003, S. 619). Die heutige wissenschaftliche Diskussion ist vielmehr durch die Erkenntnis geprägt, dass durch den konstruktiven Umgang mit älteren Führungskräften und Mitarbeitern umfassende Potenziale für Unternehmen realisiert werden können.

Aus diesen Erkenntnissen heraus hat sich die *Potenzialperspektive* im Umgang mit älteren Führungskräften und Mitarbeitern herausgebildet. Die Potenzialperspektive stützt sich in hohem Maße auf Erkenntnisse gerontologischer Forschungen. Diese widmen sich der Erklärung körperlicher, psychischer, sozialer und kultureller Besonderheiten im Rahmen des Alterungsprozesses (vgl. Baltes/Baltes 1992). Eine wichtige Erkenntnis dieser Forschungen für das Personalmanagement besteht darin, dass bei der menschlichen Alterung parallel zwei Prozesse ablaufen (vgl. u. a. Baltes 1996; Staudinger 1996): physische und psychische Abbauprozesse einerseits sowie Stabilisierungs- und Wachstumsprozesse andererseits. Auf diese beiden Prozesse wird in Verbindung mit dem Zwei-Komponenten-Modell (Abschnitt 17.2.1) detailliert eingegangen.

17.2   Theoretisch-konzeptionelle Ansätze zum Umgang mit älteren Beschäftigten

17.2.1   Das Zwei-Komponenten-Modell

Eine wichtige Frage für Unternehmen bezieht sich darauf, welche Fähigkeiten ältere Führungskräfte und Mitarbeiter aufweisen (vgl. Leitfrage 3, Tabelle 17.1). Eine Antwort auf diese Frage liefert das Zwei-Komponenten-Modell der Intelligenz (vgl. u. a. Baltes 1990; Baltes/Lindenberger/Staudinger 1995). Dieses Modell stützt sich auf Erkenntnisse der Intelligenzforschung (vgl. hierzu Abschnitt 4.4.3) und unterscheidet zwischen zwei Bereichen der menschlichen Intelligenz (vgl. u. a. Baltes/Lindenberger/Staudinger 1995, S. 53 f.):

■ der mechanischen Intelligenz und

■ der pragmatischen Intelligenz.

Die *mechanische Intelligenz* repräsentiert die biologisch-evolutionär vorgeprägte „Hardware" des Gehirns (vgl. Baltes 1997, S. 200). Sie bestimmt beispielsweise die Geschwindigkeit der Informationsverarbeitung, grundlegende Wahrnehmungsfunktionen sowie elementare Prozesse des Unterscheidens, Vergleichens und Klassifizierens. Da die Mechanik biologisch-genetisch vorgeprägt ist und vom Gesundheitszustand einer Person abhängt, wird davon ausgegangen, dass die mechanische Intelligenz mit zunehmendem Alter abnimmt (vgl. Abbildung 17.5).

Die *pragmatische Intelligenz* wird als „Software" des menschlichen Gehirns bezeichnet (vgl. Baltes/Lindenberger/Staudinger 1995, S. 53 f.). Sie umfasst sozial und kulturell vermittelte Fähigkeiten und Strategien einer Person. Beispielhaft für diese Intelligenzkomponente seien Sprache, berufsspezifische Erfahrungen und die Fähigkeit zur Selbstreflexion genannt. Diese Fähigkeiten nehmen bis ins hohe Alter zu bzw. bleiben zumindest stabil (vgl. Abbildung 17.5).

Die mechanische und die pragmatische Intelligenz ergänzen sich gegenseitig und bilden gemeinsam die Fähigkeiten einer Person zur Bewältigung von Aufgaben ab. Das Alter, in dem eine Person ihre höchste kognitive Leistungsfähigkeit erreicht, hängt folglich von der Zeit ab, welche die Person für den Erwerb der maximalen pragmatischen Intelligenz benötigt, und dem Zeitpunkt, ab dem der altersbedingte Rückgang der mechanischen Intelligenz einsetzt (vgl. Lindenberger 2000, S. 137).

Abbildung 17.5 Entwicklung von Mechanik und Pragmatik in Abhängigkeit vom Lebensalter einer Person (vgl. Baltes/Staudinger/Lindenberger 1999, S. 487)

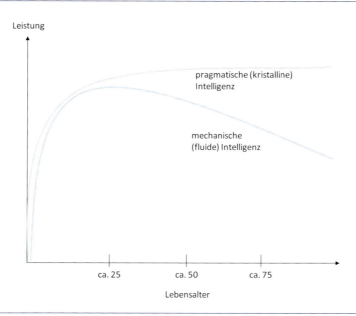

Die Annahmen des Zwei-Komponenten-Modells sind konsistent mit Erkenntnissen gerontologischer Forschungen. Sie zeigen, dass mit dem menschlichen Alterungsprozess – auch
über die Entwicklung der Intelligenz hinaus – zwei parallele Prozesse verbunden sind (vgl.
Baltes 1996; Staudinger 1996):

■ *Altersbedingte Abbauprozesse* führen zu einer geringeren funktionalen Leistungsfähigkeit. So verschlechtern sich insbesondere die Funktionsfähigkeit des Herz-Kreislauf-
Systems, des Stütz- und Bewegungsapparates, der Psychomotorik, der Augen und Ohren, der Aufmerksamkeits- und Reaktionsprozesse sowie des Gedächtnisses (vgl. u. a.
Hoyer/Verhaeghen 2006; Ilmarinen 2004; Schieber 2006; Semmer/Richter 2004; Verhae-
ghen/Salthouse 1997). Diese Abbauprozesse setzen meist schon im mittleren Lebensalter ein. So nehmen beispielsweise der Sauerstoffgehalt im Blut (als Indikator für die
Leistungsfähigkeit des Herz-Kreislauf-Systems) oder die Muskelkraft (als Maßgröße
für die Leistungsfähigkeit des Stütz- und Bewegungsapparates) ab dem 30. Lebensjahr
deutlich ab (vgl. Ilmarinen 2004; Semmer/Richter 2004). Auch die psychomotorischen
Fähigkeiten, gemessen beispielsweise als Koordinationsvermögen von Augen, Händen
und Fingern, nehmen ab dem 3. Lebensjahrzehnt ab (vgl. Avolio/Waldman 1994). Der
Sehsinn und der Gehörsinn weisen insbesondere ab dem 40. Lebensjahr deutliche Verschlechterungen auf (vgl. Fozard 1990; Schieber 2006).

■ *Stabilisierungs- und Wachstumsprozesse* wie beispielsweise die Zunahme von Erfahrungs-
und Expertenwissen sowie der sozialen Intelligenz haben dagegen positive Effekte auf
die Leistungsfähigkeit (vgl. u. a. Avolio/Waldman/McDaniel 1990; Carstensen et al.
2000; Kordey/Korte 2006). Des Weiteren verbessern sich tendenziell mit zunehmendem
Alter arbeitsbezogene Einstellungen wie beispielsweise die Identifikation mit der eigenen Tätigkeit, die Loyalität gegenüber dem Arbeitgeber, die Arbeitszufriedenheit oder
die Gewissenhaftigkeit (vgl. u.a. Mroczek/Spiro/Griffin 2006; Ng/Feldman 2008; Rhodes 1983).

In Tabelle 17.2 werden die typischen Entwicklungen der Kompetenzen jüngerer und älterer Führungskräfte bzw. Mitarbeiter einander gegenüber gestellt. Diese werden jedoch
durch die Gestaltung der Arbeits- und Lebensgewohnheiten erheblich beeinflusst. So können beispielsweise extreme körperliche Belastungen oder Stress bei der Arbeit die altersbedingten Abbauprozesse beschleunigen, während regelmäßige sportliche Betätigung
oder gesunde Ernährung diese verlangsamen. Das Alter einer Person ist also kein eindeutiger Indikator für deren Leistungsfähigkeit. Vielmehr nehmen die Unterschiede innerhalb
einer Altersgruppe auf Grund unterschiedlicher Lebensstile und arbeitsbedingter Einflüsse
mit dem Alter zu (vgl. Ilmarinen 2004; Spirduso/MacRae 1990).

Tabelle 17.2   Altersbedingte Veränderungen der Leistungs- und der
                    Kompetenzstruktur

Zunehmende Kompetenzen	Gleich bleibende Kompetenzen	Abnehmende Kompetenzen
Soziale Fähigkeiten		
■ Lebens- und Berufserfahrung	■ Kreativität	■ Risikobereitschaft
■ Urteilsvermögen	■ Kooperationsfähigkeit	■ Delegationsbereitschaft
■ Selbstbewusstsein	■ Durchsetzungsverhalten	
■ Besonnenheit		
■ Kommunikationsfähigkeit		
■ Konfliktfähigkeit		
■ Positive Arbeits-einstellung, insbesondere emotionale Bindung an Unternehmen und Arbeit		
■ Ausgeglichenheit		
■ Soziale Kompetenz		

Zunehmende Kompetenzen	Gleich bleibende Kompetenzen	Abnehmende Kompetenzen
Fachliche Fähigkeiten		
■ Berufs- und unternehmensspezifisches Wissen ■ Zuverlässigkeit ■ Genauigkeit ■ Qualitätsbewusstsein ■ Pflicht- und Verantwortungsbewusstsein ■ Markt- und Kundenorientierung ■ Problembewältigungskompetenz ■ Kenntnisse gängiger Lösungsstrategien	■ Leistungs- und Zielorientierung ■ Systemdenken ■ Entscheidungsfähigkeit ■ Psychisches Leistungsvermögen ■ Informationsverhalten ■ Leistungsfähigkeit des Langzeitgedächtnis ■ Aufmerksamkeit ■ Konzentrationsfähigkeit	■ Körperliche Leistungsfähigkeit und Belastbarkeit ■ Geistige Beweglichkeit ■ Geschwindigkeit der Informationsaufnahme und -verarbeitung ■ Reaktionsgeschwindigkeit ■ Leistungsfähigkeit des Kurzzeitgedächtnisses ■ Lern- und Weiterbildungsbereitschaft

Die vorangegangenen Ausführungen verdeutlichen, dass mit zunehmendem Alter – im Gegensatz zu den Annahmen des Defizitmodells (vgl. Abschnitt 17.1.2) – keine generelle Verringerung der Leistungsfähigkeit, sondern vielmehr ein Wandel in der Struktur der Kompetenzen eines Menschen stattfindet (vgl. Morschhäuser/Ochs/Huber 2003, S. 12).

Was bedeuten diese Erkenntnisse für das Personalmanagement? Das Zwei-Komponenten-Modell lässt darauf schließen, dass ältere Führungskräfte und Mitarbeiter insbesondere in solchen Bereichen einen wertvollen Beitrag leisten können, in denen kulturelle und soziale Fähigkeiten sowie Erfahrungen (und weniger formales Wissen oder körperliche Leistungsfähigkeit) gefordert sind. Dieser Art von Aufgabenbereichen sind unter anderem folgende Tätigkeiten zuzuordnen:

■ Mitwirken in Projekten, in denen umfassende, unternehmensspezifische Kenntnisse erforderlich sind. Beispielhaft für solche Projekte sind Unternehmensrestrukturierungen oder Strategieentwicklungen.

■ Mitwirken in Projekten, in denen Erfahrungen zu bestimmten Länderkulturen und -märkten wichtig sind. Beispielhaft für solche Projekte sind die Anbahnung von Geschäftsbeziehungen in ausländischen Märkten sowie der Aufbau neuer Auslandsniederlassungen zu nennen.

■ Betreuen von besonders interaktionsintensiven, ggf. schwierigen Kunden des Unternehmens. Ältere Mitarbeiter reagieren in der Regel souverän und differenzierter auf schwierige Kundenkontakt-Situationen als jüngere Mitarbeiter (vgl. Baltes et al. 1995; Diehl/Coyle/Labouvie-Vief 1996).

Die Bedeutung der spezifischen Fähigkeiten älterer Führungskräfte und Mitarbeiter, insbesondere ihrer Sozialkompetenz und ihrer Erfahrung, wird auch in der Unternehmenspraxis zunehmend erkannt. So hat beispielsweise das Unternehmen McDonald's seine Lizenznehmer aufgefordert, mehr ältere Mitarbeiter einzustellen, nachdem eine Studie belegt hat, dass in Filialen mit mindestens einem Angestellten über 60 Jahren die Kundenzufriedenheit um durchschnittlich 20 Prozent höher lag als in Filialen ohne Mitarbeiter über 60 (vgl. Tyler 2009). Insert 17.2 zeigt, dass Unternehmen gerade in schwierigen Situationen verstärkt auf die Kompetenzen erfahrener Führungskräfte zurückgreifen.

Insert 17.2:   Beispielhafte Einsatzmöglichkeiten für ältere Führungskräfte
                      (Pander 2007)

Erfahren, hoch bezahlt und stets auf dem Sprung

Sie sind zur Stelle, wenn eine Firma übernommen werden soll, fungieren als Auslandsexperten beim Einstieg in neue Märkte oder werden zu Krisenmanagern, wenn das Schicksal einer Firma am seidenen Faden hängt. Interim Manager sind Allround-Talente, im Gros Ende 50 und kommen, um zu gehen.

[…] Unter Interim Management versteht man die zeitlich befristete Übernahme von operativen Managementaufgaben in einem Unternehmen. Dabei wird ein von außen kommender Manager in die Funktions- und Verantwortungshierarchie eines Unternehmens integriert. […] Das typische Interim-Profil: Führungskräfte über 50, mit reichlich Erfahrung und Narben. Der „Schimmel auf den Haaren" sei ein großer Vorteil, um das Vertrauen der Mitarbeiter zu gewinnen. […]

Wer im Markt bestehen wolle, müsse enorm stressresistent und belastbar sein,

sich professionell vermarkten und über beste Kontakte zu den Top-Etagen der Wirtschaft verfügen. Ideal seien neben einem einwandfreien Lebenslauf mit mindestens zehn Jahren Führungserfahrung auch drei bis vier Arbeitgeber aus verschiedenen Branchen. „Siebzig Prozent der Interim Manager sind alte Hasen ab Mitte Fünfzig, die bei ihrem früheren Unternehmen aus verschiedenen Gründen ausgeschieden sind, ihre Fähigkeiten aber weiter unter Beweis stellen wollen."

[…] Engagiert werden deutsche Zeitmanager vor allem bei Restrukturierungen, im Zusammenhang mit Unternehmenszusammenschlüssen und zur strategischen Neuorientierung sowie Werksschließungen und Verlagerungen von Standorten. […] Das Gros, knapp 40 Prozent, entfällt auf die Gestaltung von Veränderungsprozessen.

Eine weitere Implikation des Zwei-Komponenten-Modells für das Personalmanagement ist, dass der Umgang mit älteren Führungskräften und Mitarbeitern so gestaltet werden sollte, dass altersbedingte Abbauprozesse abgemildert und Stabilisierungs- und Wachstumsprozesse gefördert werden. So kann beispielsweise ein umfassendes Gesundheitsma-nagement (vgl. Kapitel 19) dazu beigetragen, die körperliche Leistungsfähigkeit und die Belastungsfähigkeit möglichst lange zu erhalten. Des Weiteren stellen regelmäßige Weiter-bildungsmaßnahmen (vgl. Abschnitt 5.3) sicher, dass die pragmatische Leistungsfähigkeit trainiert und die Lernfähigkeit der Beschäftigten erhalten wird.

17.2.2   Der Four-Category-Ansatz

Die vierte eingangs gestellte Frage bezieht sich auf sinnvolle Einsatzgebiete für ältere Füh-rungskräfte und Mitarbeiter (vgl. Tabelle 17.1). Eine Antwort auf diese Frage liefert der Four-Category-Ansatz (vgl. Warr 1993, 1994), welcher die oben dargestellten Erkenntnisse gerontologischer Forschungen nutzt, um die in der Unternehmenspraxis vorhandenden Tätigkeiten zu kategorisieren. Für jede Kategorie wird von einem bestimmten Zusammen-hang zwischen dem Alter und der Leistung einer Person ausgegangen (vgl. Abbildung 17.6). Die Einordnung von Arbeitstätigkeiten erfolgt auf der Basis von zwei Dimensionen (vgl. Warr 1994, S. 501 f.):

■ Eine *Überschreitung funktionaler Fähigkeiten* (wie z. B. Muskelkraft, Seh- und Hörvermö-gen oder Informationsaufnahme und -verarbeitung) liegt vor, wenn die funktionalen Fähigkeiten einer Person nicht ausreichen, um die Aufgabe zu erfüllen.

■ Die *Möglichkeit der Leistungssteigerung durch Erfahrung* bezieht sich darauf, inwieweit ältere Führungskräfte bzw. Mitarbeiter auf Erfahrungen zurückgreifen können, um ih-re Leistung bei der Erfüllung einer bestimmten Aufgabe zu verbessern.

Die beiden Dimensionen können unterschiedlich stark ausgeprägt sein. Hieraus ergibt sich die in Abbildung 17.6 dargestellte Matrix mit vier Aufgabentypen.

Aufgabenkategorie D umfasst Aufgaben, bei denen die funktionalen Fähigkeiten einer Per-son durch die Aufgabenanforderungen überschritten werden. Gleichzeitig hat die Person keine Möglichkeit, bisherige Erfahrungen einzubringen und dadurch ihre Leistung zu steigern. Dieser Kategorie werden zum einen einfache, aber körperlich anstrengende Auf-gaben (wie z. B. Lagerarbeiten) zugeordnet. Zum anderen gehören zu dieser Aufgabenka-tegorie Tätigkeiten, bei den Mitarbeiter in kurzer Zeit eine Vielzahl von Informationen verarbeiten müssen. Bei diesen so genannten „Age-impaired Activities" wird ein negativer Zusammenhang zwischen Alter und Leistung, d. h. eine mit dem Alter abnehmende Leis-tung, unterstellt.

Das Gegenstück zu den „Age-impaired Activities" repräsentieren Aufgaben, bei denen die funktionalen Fähigkeiten relativ gering beansprucht werden, gleichzeitig aber durch Er-fahrung die Leistungen verbessert werden können (*Aufgabenkategorie A*). Bei diesen „Age-enhanced Activities" ist zunehmendes Alter aufgrund höherer Berufs- und Lebenserfah-rung also vorteilhaft und folglich ein positiver Zusammenhang zwischen Alter und Leis-tung zu erwarten. Beispielsweise sind ältere Führungskräfte bzw. Mitarbeiter wertvolle Ratgeber in strategischen Projekten. Aufgrund von Branchen- bzw. Unternehmenskennt-nissen und Erfahrung mit ähnlichen Projekten können sie Konsequenzen von Entscheidungen gegebenenfalls besser abschätzen als weniger erfahrene Führungskräfte und Mitarbeiter. Weitere Beispiele für „Age-enhanced Activities" sind die Betreuung von Kunden sowie das Einarbeiten neuer Mitarbeiter.

Abbildung 17.6 Aufgabenkategorien nach dem Four-Category-Ansatz
(in Anlehnung an die Ausführungen von Warr 1993, 1994)

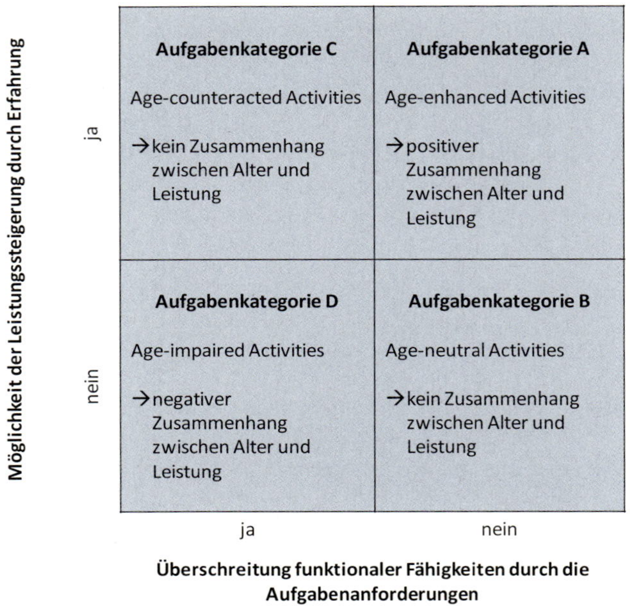

	Aufgabenkategorie C	**Aufgabenkategorie A**
	Age-counteracted Activities	Age-enhanced Activities
ja	→kein Zusammenhang zwischen Alter und Leistung	→positiver Zusammenhang zwischen Alter und Leistung
	Aufgabenkategorie D	**Aufgabenkategorie B**
	Age-impaired Activities	Age-neutral Activities
nein	→negativer Zusammenhang zwischen Alter und Leistung	→kein Zusammenhang zwischen Alter und Leistung
	ja	nein

Möglichkeit der Leistungssteigerung durch Erfahrung

Überschreitung funktionaler Fähigkeiten durch die Aufgabenanforderungen

Für zwei weitere Aufgabenkategorien postuliert der Four-Category-Ansatz, dass das Alter einer Person deren Leistung nicht beeinflusst. Bei Aufgaben der *Kategorie C* kann ein physiologisch bedingter Leistungsabbau durch eine Leistungssteigerung aufgrund von Erfahrung kompensiert werden. Dadurch gleichen sich die mit dem Alter einhergehenden negativen und positiven Effekte aus. Bei diesen „Age-counteracted Activities" besteht folglich kein Zusammenhang zwischen Alter und Leistung. Beispielhaft sind hier Tätigkeiten im Baugewerbe zu nennen, bei denen ältere Beschäftigte zwar von ihrer Erfahrung profitieren können, gleichzeitig aber weniger körperlich belastbar sind und deshalb Leistungseinbußen hinnehmen müssen.

Beim *Aufgabentyp B* werden funktionale Fähigkeiten relativ wenig beansprucht. Gleichzeitig handelt es sich um einfache Tätigkeiten, bei denen zunehmende Erfahrung nicht leistungsförderlich wirkt. Für diese so genannten „Age-neutral Activities" ist folglich nicht davon auszugehen, dass das Alter die Leistung einer Person beeinflusst. Beispielhaft ist die Ausführung einfacher Fließbandarbeiten zu nennen.

Wie können Unternehmen die Aussagen des dargestellten Ansatzes für sich nutzen? Auf Basis des Four-Category-Ansatzes können verschiedene Arbeitsaufgaben nach ihrer Eignung für ältere Führungskräfte und Mitarbeiter eingestuft werden (vgl. Tabelle 17.3). Dies ermöglicht es beispielsweise, die Aufgaben, die innerhalb eines Teams oder einer Abteilung anfallen, optimal zwischen Mitarbeitern unterschiedlichen Alters aufzuteilen.

Tabelle 17.3   Kategorisierung beispielhafter Tätigkeiten von Beschäftigten nach dem Four-Category-Ansatz

Aufgaben-kategorie	Beispielhafte Tätigkeiten …	
	… einer Führungsperson	*… eines Mitarbeiters*
A: Age-enhanced Activities	■ Analysieren von Problemsituationen ■ Koordinieren abteilungsübergreifender Projekte ■ Restrukturieren von Unternehmensbereichen ■ Lösen von Konfliktsituationen innerhalb eines Teams ■ Coachen von Führungskräften und Mitarbeitern ■ Betreuen von Nachwuchskräften in Mentoren-Programmen	■ Beraten und Betreuen von Kunden ■ Analysieren und Optimieren von Prozessen ■ Einarbeiten neuer Mitarbeiter ■ Analysieren und Beheben von Fehlerquellen
B: Age-neutral Activities	■ Überprüfen der Einhaltung von Zielvorgaben anhand objektiver Daten	■ Ausführen einfacher Montagearbeiten ■ Sortieren von Produktteilen ■ Wahrnehmen von Überwachungsaufgaben ■ Durchführen einfacher Verwaltungsaufgaben
C: Age-counteracted Activities	■ Bewerten verschiedener Entscheidungsalternativen unter hohem Zeitdruck ■ Einarbeiten in ein völlig unbekanntes Themengebiet unter hohem Zeitdruck	■ Durchführen von Qualitätskontrollen unter hohem Zeitdruck ■ Durchführen von Wartungsarbeiten, die in körperlich anstrengenden Haltungen auszuführen sind
D: Age-impaired Activities	■ Aufnehmen von Informationen unter hohem Zeitdruck ■ Erstellen eines fehlerfreien Dokuments am Ende eines Zehn-Stunden-Tages ■ Gleichzeitiges Bearbeiten mehrerer Aufgaben (Multitasking)	■ Tragen schwerer Lasten ■ Ausführen einfacher Montagetätigkeiten bei großer Hitze ■ Ausführen einfacher Schreibarbeiten in gebückter Haltung

Der Four-Category-Ansatz liefert allerdings nur Tendenzaussagen über die Leistung eines Beschäftigten einer bestimmten Altersgruppe in Abhängigkeit der auszuübenden Tätigkeit. Drei Faktoren schränken die Allgemeingültigkeit des Ansatzes ein:

- Jede Führungsperson und jeder Mitarbeiter verfügt über unterschiedliche, zeitstabile Leistungsvoraussetzungen wie Qualifikationen oder Persönlichkeitseigenschaften.

- Der Alterungsprozess wird von einer Vielzahl von Faktoren beeinflusst, welche die funktionalen Fähigkeiten auch innerhalb einer Altersgruppe stark variieren lassen (vgl. u. a. Ilmarinen 2004, S. 35; Kordey/Korte 2006, S. 24; Maintz 2003, S. 48).

- Fortgeschrittenes Alter ist zwar eine notwendige, jedoch keine hinreichende Bedingung für den Erwerb von Erfahrung. Zum einen hängen das Ausmaß und die Qualität des Erfahrungswissens einer Person von der Art und der Menge der gesammelten Erfahrungen ab. Weitere entscheidende Einflussgrößen sind die Intelligenz, das Qualifikationsniveau und der Handlungsspielraum einer Person. Schließlich sind auch das Führungsverhalten der Vorgesetzten sowie der Umfang und die Qualität des erhaltenen Feedbacks relevant (vgl. Behrend 2002, S. 21; Quinones/Ford/Teachout 1995, S. 905; Schmidt/Hunter/Outerbridge 1986, S. 437).

Der Four-Category-Ansatz liefert folglich zwar Hinweise für einen altersorientierten und dadurch optimierten Personaleinsatz. Er kann jedoch eine individuelle Eignungs- und Potenzialanalyse von Führungskräften und Mitarbeitern nicht ersetzen (vgl. hierzu Abschnitt 4.4.3.1).

17.3 Handlungsfelder und Instrumente zum Umgang mit älteren Beschäftigten

Im vorliegenden Abschnitt werden Handlungsfelder für Unternehmen aufgezeigt, um die Potenziale älterer Führungskräfte und Mitarbeiter besser nutzen zu können. Im Umgang mit älteren Führungskräften und Mitarbeitern lassen sich im Kern sieben Handlungsfelder identifizieren, die in Abbildung 17.7 dargestellt sind.

Am Beginn der Aktivitäten im Umgang mit älteren Führungskräften und Mitarbeitern steht die altersorientierte Ausrichtung der Unternehmensstrategie (Abschnitt 17.3.1). Konkret geht es hierbei darum, den konstruktiven Umgang mit älteren Führungskräften und Mitarbeitern in den langfristigen Zielen eines Unternehmens zu verankern. Die Altersorientierung der Unternehmenskultur dient als Orientierungsrahmen für gewünschtes und sanktioniertes Verhalten im Umgang mit älteren Führungskräften und Mitarbeitern (Abschnitt 17.3.2). Ein weiteres wichtiges Handlungsfeld im Umgang mit älteren Führungskräften und Mitarbeitern stellt die altersorientierte Gestaltung der Organisationsentwicklung dar (Abschnitt 17.3.3). Neben der Flexibilisierung von Organisationsstrukturen und -prozessen kann dieser Bereich durch intensiven Wissenstransfer zwischen älteren und jüngeren Führungskräften und Mitarbeitern gefördert werden.

Abbildung 17.7 Handlungsfelder im Umgang mit älteren Führungskräften und Mitarbeitern

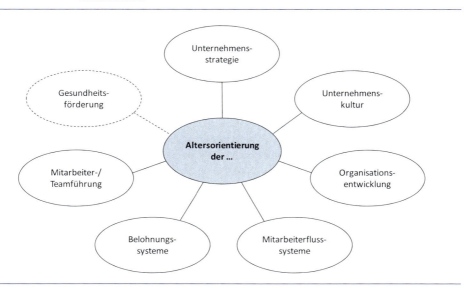

Drei weitere Handlungsfelder im Umgang mit älteren Führungskräften und Mitarbeitern beziehen sich auf eine entsprechende Ausrichtung des Personalmanagements. Auf der Ebene der Personalmanagement-Systeme wird im Folgenden auf eine altersorientierte Gestaltung der Mitarbeiterflusssysteme (Abschnitt 17.3.4) und der Belohnungssysteme (Abschnitt 17.3.5) eingegangen. Die Grundlagen zu diesen Themenkomplexen finden sich in den Teilen II und III dieses Lehrbuchs. Auf der individuellen Ebene werden die altersorientierte Gestaltung der Mitarbeiter- und der Teamführung behandelt (Abschnitt 17.3.6). Schwerpunkte bilden die Führung älterer Mitarbeiter bzw. Mitglieder in Teams. Allgemeine, übergeordnete Aspekte der Führung von Mitarbeitern bzw. Teams werden in Teil IV des vorliegenden Lehrbuchs dargestellt.

Ein weiteres Handlungsfeld, das insbesondere auf den Erhalt der Leistungsfähigkeit älterer Führungskräfte und Mitarbeiter hinwirkt, wird in der Gesundheitsförderung gesehen. Maßnahmen zur Gesundheitsförderung werden in Verbindung mit dem Health Care Management in Kapitel 19 dargestellt.

17.3.1 Altersorientierte Ausrichtung der Strategie

Der konstruktive Umgang mit älteren Führungskräften und Mitarbeitern erfordert mehr als eine Reihe relativ isoliert durchgeführter Aktivitäten. Vielmehr sollten diese Aktivitäten langfristig ausgerichtet und aufeinander abgestimmt sein (vgl. Morschhäuser/Ochs/Huber 2003, S. 36). Eine langfristige, zielgerichtete Ausrichtung dieser Aktivitäten kann mithilfe einer altersorientierten Unternehmensstrategie realisiert werden (vgl. Leitfrage 5, Tabelle 17.1).

| **Altersorientierte** **Strategie** | Langfristig angestrebter Zustand, der im Umgang mit älteren Führungskräften und Mitarbeitern erreicht werden soll (in Anlehnung an Mintzberg 1987, S. 11 f.). |

Eine Strategie, die den konstruktiven Umgang mit älteren Führungskräften und Mitarbeitern unterstützt, ist in die Personalstrategie eines Unternehmens einzuordnen (vgl. hierzu Abschnitt 1.1.1.1). Sie sollte insbesondere (vgl. Köchling 2000, S. 369; Morschhäuser/Ochs/ Huber 2003, S. 18)

■ Führungskräfte und Mitarbeiter aller Altersgruppen in das Unternehmen und seine Wertschöpfungsprozesse integrieren,

■ die Leistungsfähigkeit und -bereitschaft aller Führungskräfte und Mitarbeiter unabhängig von deren Alter erhalten und fördern, sowie

■ den generationenübergreifenden Wissens- und Erfahrungsaustausch im Unternehmen fördern.

In den folgenden Abschnitten werden konkrete Maßnahmen in den Bereichen Unternehmenskultur, Organisationsentwicklung, Personalmanagement-Systeme sowie Mitarbeiter- und Teamführung dargelegt, welche eine altersorientierte Strategie unterstützen. Eine erfolgreiche Implementierung ausgewählter Maßnahmen setzt jedoch voraus, dass Unternehmen fundamental umdenken. Statt wie bisher die Beschäftigung älterer Führungskräfte und Mitarbeiter als Risiko wahrzunehmen (vgl. Abschnitt 17.1.2), müssen Unternehmen eine potenzialorientierte Perspektive einnehmen (vgl. Morschhäuser/Ochs/Huber 2003, S. 12, 23). Darüber hinaus sollten bei der Formulierung einer altersorientierten Strategie folgende Aspekte beachtet werden:

■ *Berücksichtigen aller Handlungsfelder der Altersorientierung:* Zu Beginn dieses Abschnitts wurde dargelegt, dass der Umgang mit älteren Führungskräften und Mitarbeitern ein breites Spektrum an Handlungsfeldern umfasst (vgl. Abbildung 17.7). Werden einzelne Handlungsfelder isoliert bearbeitet, so können zugrunde liegende Ziele unklar bleiben und Führungskräfte und Mitarbeiter sich nur begrenzt mit den jeweiligen Maßnahmen identifizieren. Zudem besteht bei einer isolierten Herangehensweise die Gefahr, dass einzelne Maßnahmen durch Aktivitäten in anderen Handlungsfeldern konterkariert werden. In einer langfristig Erfolg versprechenden Strategie sollten alle relevanten Handlungsfelder im Umgang mit älteren Führungskräften und Mitarbeitern berücksichtigt werden.

■ *Einbeziehen der betroffenen Führungskräfte und Mitarbeiter:* Die betroffenen Beschäftigten sollten bei der Strategieformulierung soweit möglich involviert werden. Dadurch wird der „Fit" zwischen der Strategie und den teilweise bereichsspezifischen Rahmenbedingungen sichergestellt und die Identifikation der Führungskräfte mit der Strategie erhöht.

- *Systematisches Prüfen von Alternativen:* Die Alternativen im Umgang mit älteren Führungskräften und Mitarbeitern können beispielsweise in einem „integrierten Portfolio alternativer Lösungsansätze" (Voelpel/Leipold/Fürchtenicht 2007, S. 112) systematisiert werden. Im Rahmen der Alternativenprüfung sollten auch die Anforderungen einzelner Geschäftsbereiche des Unternehmens berücksichtigt werden. Eine Gegenüberstellung alternativer Strategien kann beispielsweise auch in Verbindung mit der Szenario-Technik (vgl. hierzu Abschnitt 3.3.2.1) erfolgen.

- *Vermeiden einer einseitigen Fokussierung auf eine Altersgruppe:* Bei der Formulierung einer altersorientierten Unternehmensstrategie sollten alle Altersgruppen berücksichtigt werden. Insbesondere sollte deutlich werden, dass die Auseinandersetzung mit der Gruppe der älteren Führungskräfte und Mitarbeiter nicht zu Lasten der jüngeren Beschäftigten gehen wird, sondern vielmehr ein gleichberechtigtes, ergebnisorientiertes Miteinander aller Altersgruppen angestrebt wird.

17.3.2 Altersorientierte Gestaltung der Unternehmenskultur

Die sechste Leitfrage dieses Kapitels (vgl. Tabelle 17.1) bezieht sich darauf, wie eine Unternehmenskultur etabliert werden kann, die den konstruktiven Umgang mit älteren Führungskräften und Mitarbeitern fördert und eine veränderte Denkhaltung gegenüber älteren Beschäftigten hervorbringt. Einen entsprechenden Handlungsrahmen liefert die *Altersorientierung der Unternehmenskultur*.

Altersorientierte Unternehmenskultur	Die Altersorientierung der Unternehmenskultur gibt an, inwieweit ein konstruktiver Umgang mit älteren Führungskräften und Mitarbeitern in den Werten, Normen, Artefakten und typischen Verhaltensweisen der Mitglieder eines Unternehmens verankert ist (in Anlehnung an Schein 1985, S. 6).

Nach Homburg und Pflesser (2000) wird die Unternehmenskultur als Phänomen verstanden, welches durch vier Ebenen repräsentiert wird: die Werteebene, die Normenebene, die Ebene der Artefakte und die Verhaltensebene (vgl. hierzu ausführlich Abschnitt 7.2.2). Die altersorientierte Gestaltung der Unternehmenskultur kann an allen vier Ebenen ansetzen:

- Die *Altersorientierung der Werte* manifestiert sich in von den Mitgliedern eines Unternehmens geteilten Denkhaltungen gegenüber älteren Führungskräften und Mitarbeitern.

- Eine *Altersorientierung der Normen* umfasst Regeln zum konstruktiven Umgang mit älteren Führungskräften und Mitarbeitern. Die Einhaltung der Normen wird belohnt, ihre Nichtbeachtung sanktioniert.

- Eine *Altersorientierung der Artefakte* drückt sich in Geschichten, Ritualen bzw. in der Sprache aus, die den Umgang mit älteren Führungskräften und Mitarbeitern kennzeichnen. Ein typisches Artefakt stellt die Außendarstellung des Unternehmens (z. B. Verwendung von Fotografien von jüngeren und älteren Menschen) dar.

- *Altersorientierte Verhaltensweisen* sind von außen beobachtbare Handlungen der Mitglieder eines Unternehmens im Umgang mit älteren Führungskräften und Mitarbeitern. Als beispielhaft für entsprechende Handlungen sind die regelmäßige Beteiligung älterer Beschäftigter an wichtigen Entscheidungen sowie deren Information über wichtige Ereignisse im Unternehmen zu nennen.

In Anlehnung an die empirischen Erkenntnisse von Homburg und Pflesser (2000) wird im Zusammenhang mit einer altersorientierten Ausrichtung der Unternehmenskultur davon ausgegangen, dass eine Altersorientierung der Werte über eine entsprechende Ausrichtung von Normen und Artefakten die Verhaltensweisen der Mitarbeiter in Unternehmen beeinflusst. Eine altersorientierte Ausrichtung der Unternehmenskultur muss folglich an den tradierten Werten eines Unternehmens ansetzen.

Neben ihrer Gliederung in vier Ebenen ist eine Unternehmenskultur durch ihre inhaltliche Ausrichtung charakterisiert. In der Literatur, die sich mit der altersorientierten Ausrichtung der Unternehmenskultur befasst, werden drei inhaltliche Facetten als bedeutend erachtet:

- Der Umgang mit älteren Führungskräften und Mitarbeitern im Sinne einer *Wertschätzungskultur* (vgl. u. a. Bruch/Kunze 2007, S. 74; Oertel 2007, S 83; Rump 2004, S. 59). In einer solchen Wertschätzungskultur erfahren Wissen und Erfahrungen jedes Beschäftigten unabhängig von dessen Alter Anerkennung und Wertschätzung. Individuelle Schwächen werden offen und konstruktiv thematisiert.

- Darüber hinaus wird im Umgang mit älteren Führungskräften und Mitarbeitern ein hohes Maß an Kooperation und offenem Austausch vorausgesetzt. Diese Facette der Unternehmenskultur spiegelt sich in der *Kooperationskultur* wider (vgl. Köchling et al. 2000, S. 37; Morschhäuser/Ochs/Huber 2003, S. 72).

- Schließlich wird im Umgang mit älteren Führungskräften bzw. Mitarbeitern ein lebenslanges Lernen als wichtig erachtet. Dies spiegelt sich in einer entsprechenden *Lernkultur* wider.

Auf Basis dieser drei Facetten der Unternehmenskultur ergeben sich für Unternehmen Handlungsmöglichkeiten, welche den Umgang mit älteren Führungskräften und Mitarbeitern unterstützen. Tabelle 17.4 zeigt Handlungsmöglichkeiten zur Ausrichtung der Unternehmenskultur auf diese drei Aspekte, die jeweils auf einer der vier Ebenen der Unternehmenskultur ansetzen.

Tabelle 17.4 Beispielhafte Ansatzpunkte zur altersorientierten Gestaltung der Unternehmenskultur

Wertschätzungskultur	Kooperationskultur	Lernkultur
Werte		
■ Wertschätzung des Wissens/der Erfahrungen älterer Führungskräfte und Mitarbeiter ■ Strategische Verankerung von Chancengleichheit für Mitarbeiter aller Altersstufen	■ Integration des intergenerativen Wissenstransfers in die Unternehmensziele ■ Betonung der Bedeutung einer offenen Kommunikation in den Unternehmensleitsätzen	■ Formulierung und Publikation einer Vision vom „lernenden Unternehmen" ■ Verankerung der Qualifizierung aller Mitarbeiter in den Unternehmenszielen
Normen		
■ Formulierung von Verhaltensregeln im Umgang mit älteren Beschäftigten ■ Verankerung der Förderung älterer Mitarbeiter in den Zielen der Führungskräfte	■ Verankerung von Zusammenarbeit und Wissensaustausch in individuellen Zielvereinbarungen ■ Aufstellung von Verhaltensregeln für die Zusammenarbeit in altersgemischten Teams	■ Anerkennung von freiwilligen Weiterbildungsaktivitäten in Beurteilungsgesprächen ■ Vertragliche Verpflichtung der Mitarbeiter zur regelmäßigen Fortbildung
Artefakte		
■ Auszeichnung von Mitarbeitern mit besonderen Verdiensten im Umgang mit älteren Mitarbeitern ■ Gestaltung von Unternehmensauftritten (Homepage usw.) mit Bildern von Mitarbeitern aller Altersgruppen	■ Küren des „Teams des Jahres" ■ Vorstellung altersgemischter Mentoring-Paare im Intranet oder in Mitarbeiterzeitschrift	■ Veröffentlichung der Weiterbildungsquoten nach Abteilungen bzw. Unternehmensbereichen im Intranet ■ Ehrung für Mitarbeiter, die freiwillig in berufsbegleitenden Kursen zusätzliche Qualifikationen erworben haben
Verhaltensweisen		
■ Integration der Kriterien „Wissen" und „Erfahrung" in das Beurteilungssystem ■ Durchführung von „Age Sensitivity-Trainings" für Führungskräfte	■ Einrichtung generationsübergreifender Mentoring-Programme ■ Durchführung von Trainings zur Teamentwicklung sowie zur Verbesserung der individuellen Teamfähigkeit	■ Freistellung der Mitarbeiter für berufliche Qualifizierung ■ Durchführung von Trainings zur Verbesserung der Lernfähigkeit der Mitarbeiter

17.3.3 Altersorientierte Gestaltung der Organisationsentwicklung

Zur Förderung älterer Führungskräfte und Mitarbeiter als Unternehmenspotenzial müssen sich Unternehmen als lernende Organisationen mit durchlässigen und flexiblen Strukturen begreifen (vgl. Rump/Eilers 2005, S. 69 f.) und ein „lern- und innovationsfähiges Arbeitssystem" (BDA 2003, S. 28) entwickeln. Eine wichtige Rolle spielt in diesem Zusammenhang die Organisationsentwicklung. Im Folgenden wird erläutert, wie die altersorientierte Gestaltung der Organisationsentwicklung zum konstruktiven Umgang mit älteren Führungskräften und Mitarbeitern beitragen kann (vgl. Leitfrage 7, Tabelle 17.1).

Altersorientierte Organisations-entwicklung	Geplanter Wandel mit dem Ziel, Strukturen, Prozesse und Verhaltensweisen im Unternehmen zu etablieren, welche den konstruktiven Umgang mit älteren Führungskräften und Mitarbeitern fördern (in Anlehnung an Schreyögg 2008, S. 517 ff.).

Eine altersorientierte Organisationsentwicklung trägt zum einen dazu bei, den Austausch von Wissen und Erfahrungen zu fördern (vgl. Plünnecke/Seyda 2004, S. 126; Raabe/Kerschreiter/Frey 2003, S. 145). Zum anderen unterstützt sie die Entwicklung einer altersorientierten Unternehmenskultur (siehe Abschnitt 17.3.2), indem das Selbstwertgefühl älterer Führungskräfte und Mitarbeiter gestärkt und bestehenden Altersstereotypen entgegengewirkt wird (vgl. Raabe/Kerschreiter/Frey 2003, S. 146). Abbildung 17.8 gibt einen Überblick über zentrale Ansatzpunkte zur Implementierung und Förderung einer altersorientierten Organisationsentwicklung.

Abbildung 17.8 Zentrale Ansatzpunkte einer altersorientierten Organisationsentwicklung

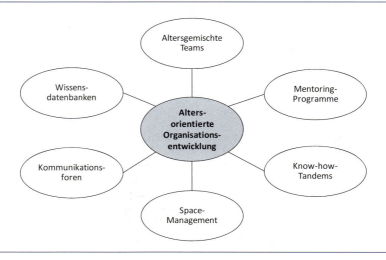

Altersgemischte Teams bzw. Arbeitsgruppen werden eingesetzt, um unterschiedliche Stärken und Kenntnisse von Mitarbeitern verschiedener Altersgruppen zu kombinieren und das generationenübergreifende Lernen zu fördern (vgl. u. a. Morschhäuser/Ochs/Huber 2003, S. 61). Bislang setzen allerdings lediglich 6,1 Prozent von insgesamt 7.201 befragten Unternehmen dieses Instrument ein (vgl. Brussig 2007, S. 207). Hier liegen folglich noch enorme Potenziale brach.

Der erfolgreiche Einsatz von altersgemischten Teams setzt voraus, dass die Teammitglieder über bestimmte soziale Fähigkeiten (z. B. Teamorientierung, Kooperationsfähigkeit) verfügen (vgl. Morschhäuser/Ochs/Huber 2003, S. 61; Raabe/Kerschreiter/Frey 2003, S. 145). Darüber hinaus kann der Erfolg altersgemischter Teams durch folgende Rahmenbedingungen gefördert werden (vgl. Morschhäuser/Ochs/Huber 2003, S. 61; Raabe/Kerschreiter/Frey 2003, S. 145):

- Auswahl der Teammitglieder auf Basis ihrer Fähigkeiten,

- umfassende Vorbereitung der Teammitglieder durch Personalentwicklungsmaßnahmen,

- Bereitstellung adäquater Ressourcen (Zeit, Räumlichkeiten usw.) für den Austausch (z. B. im Rahmen von Teammeetings) sowie

- Teamführung, die das Team berät und bei der Lösung von Konflikten unterstützt.

Mentoring-Programme sind in der Unternehmenspraxis zwar weitgehend etabliert, bisher aber meist an Positionen mit Führungsverantwortung gekoppelt. Im Rahmen einer altersorientierten Organisationsentwicklung sollten solche Programme verstärkt für ältere Mitarbeiter, unabhängig von ihrer Position, zugänglich gemacht werden (vgl. Raabe/Kerschreiter/Frey 2003, S. 146). So könnte beispielsweise jedem neu eingestellten Mitarbeiter ein erfahrener Kollege zur Seite gestellt werden, der diesen in die Unternehmensprozesse und die Arbeitsläufe einweist. Insert 17.3 beschreibt den Einsatz derartiger Mentoring-Programme bei der Deutschen Bank.

In *Know-how-Tandems* arbeiten erfahrene, ältere Mitarbeiter mit jüngeren Kollegen zusammen (vgl. European Commission 2006, S. 125). Im Gegensatz zu Mentoring-Beziehungen steht ein beidseitiger Austausch im Fokus von Know-how-Tandems. Ziel ist es, die langjährige Erfahrung des älteren Mitarbeiters mit dem aktuellen Produkt- und Technikwissen des jüngeren Mitarbeiters zu kombinieren. In der Unternehmenspraxis kommen solche Tandems beispielsweise im Rahmen der Kundenbetreuung zum Einsatz (vgl. Insert 17.3).

Insert 17.3:   Mentoring-Programme der Deutschen Bank AG (Deutsche Bank o. J.)

Mentoring in der Deutschen Bank

Ziele

Über das Mentoring sollen qualifizierte Mitarbeiter in ihrer beruflichen Entwicklung gezielt gefördert werden […]. Die Mentoring-Beziehung ermöglicht dabei einen offenen Erfahrungsaustausch über Hierarchiegrenzen und Generationen hinweg und schafft neue Perspektiven für die Personalentwicklung. Mentoring soll die Möglichkeit zu einer geschützten Selbstreflexion bieten und den Aufbau sowie die Erweiterung von Netzwerken ermöglichen.

Mentoring-Initiativen

■ Divisionale Mentoring-Programme

Im Anschluss an das erste, geschäftsbereichsübergreifende Pilot-Mentoring-Programm 1999 wurde das Konzept zu einem divisionalen Mentoring-Programm im Jahre 2000 weiterentwickelt und in verschiedenen Unternehmensbereichen der Bank eingeführt. In diesen Programmen werden die jeweiligen Anforderungen und Zielsetzungen der Divisionen gezielt berücksichtigt. […]

■ Cross-divisionale Mentoring-Programme

Vor dem Hintergrund des stärkeren Zusammenrückens der Geschäftsbereiche hat Global Diversity in 2003 ein neues, bundesweites, divisionsübergreifendes Programm aufgelegt. Mit seiner doppelten Zielsetzung – Personalentwicklung für potenzialstarke Frauen und Kulturveränderung in unserer Bank – hebt sich das divisionsübergreifende Mentoring-Programm von den auch in Zukunft weiterbestehenden divisionalen Programmen ab. […]

■ Know-how-Tandems

Dieses Programm dient durch die engagierte Zusammenarbeit zwischen erfahrenen/älteren und jüngeren Kollegen einer Unternehmenskultur, bei der Akzeptanz und Offenheit zwischen den Generationen etabliert ist. Erfahrungswissen, Netzwerke und langjährige Kundenkontakte werden für die Bank erhalten und zum Nutzen der Kunden weitergeführt, trotz Umstrukturierungen in der Bank bleiben Kundenbeziehungen stabil und werden kontinuierlich weitergeführt.

Im Rahmen von *Space-Management-Konzepten* wird durch die Gestaltung der räumlichen Arbeitssituation gezielt räumliche Nähe zwischen Beschäftigten verschiedener Altersgruppen geschaffen. Ziel ist es, die Wege zwischen den Führungskräften bzw. Mitarbeitern zu verkürzen. Dadurch werden persönliche Kontakte sowie die informelle Kommunikation zwischen jüngeren und älteren Beschäftigten gefördert. Space-Management-Konzepte können beispielsweise in Form von Großraumbüros, Teamräumen oder Kaffeeecken realisiert werden (vgl. Probst/Raub/Romhardt 2006, S. 144 f.).

Kommunikationsforen zum Austausch von Wissen und Erfahrungen können in verschiedensten Formen durchgeführt werden. Zum einen besteht die Möglichkeit zur persönlichen Kommunikation im Rahmen regelmäßiger Treffen (so genannter Gesprächsforen). Des Weiteren kann der Austausch mithilfe von Emails oder Groupware erfolgen (Waltert 2002, S. 33). Auch im Hinblick auf die Beteiligten können verschiedene Formen von Kommunikationsforen unterschieden werden:

- In *unternehmensinternen Foren* sind ausschließlich Beschäftigte des eigenen Unternehmens an dem Informationsaustausch beteiligt (vgl. Köchling et al. 2000, S. 88).

- In *Ehemaligenforen* treffen Beschäftigte des Unternehmens mit bereits ausgeschiedenen, erfahrenen Führungskräften bzw. Mitarbeitern zusammen (vgl. Voelpel/Leibold/Fürchtenicht 2007, S. 159).

- In *Expertenforen* (oder Fachtagungen) tauschen sich Beschäftigte des Unternehmens mit Experten (z. B. aus Forschungseinrichtungen oder anderen Unternehmen) aus (vgl. Köchling et al. 2000, S. 88).

Die Ehemaligenforen können bei Bedarf zu einer projektbezogenen Zusammenarbeit ausgeweitet werden, in deren Rahmen ehemalige Beschäftigte als „Senior-Experts" oder „Senior-Trainer" ihre Erfahrungen mit bestimmten Aufgaben oder Kunden an jüngere, weniger erfahrene Führungskräfte bzw. Mitarbeiter weitergeben (vgl. Morschhäuser/Ochs/Huber 2003, S. 18). Insert 17.4 stellt exemplarisch dar, wie der Einsatz ehemaliger Mitarbeiter organisiert werden kann.

Insert 17.4: Wissenserhalt durch den Einsatz ehemaliger Mitarbeiter der Robert Bosch GmbH (Voelpel/Leipold/Fürchtenicht 2007)

Wie Bosch kritisches Wissen bewahrt, bevor es zur Tür hinaus spaziert

Bosch, ein großer deutscher Automobilzulieferer und Anbieter von Produkten für den privaten wie professionellen Anwender, hat eine interessante Methode eingeführt, um kritisches Wissen im Unternehmen zu halten, bevor es durch Rentenbeiträge verlorengeht. Ältere Mitarbeiter, die kurz vor dem Renteneintritt stehen, werden gefragt, ob sie an einem speziellen Programm teilnehmen möchten. Diese Mitarbeiter füllen dann kurz vor dem Abgang in die Altersrente Formblätter aus, auf denen sie das Wissen beschreiben, das sie während ihres Berufslebens angehäuft haben.

Diese Informationen werden dann synthetisiert, in einer Datenbank gespeichert und stehen Projektleitern rund um die Welt zur Verfügung. Sollten diese Projektmanager ein Problem bekommen, das sich nur mit speziellem Wissen lösen lässt, so suchen sie in der Datenbank nach ehemaligen Mitarbeitern und ob diese über die benötigten Fähigkeiten verfügen. Ist dies der Fall, so werden die entsprechenden Rentner kontaktiert und gebeten, für eine kurze Zeit dem Projektteam beizuspringen und es mit ihrem Wissen zu unterstützen.

Wissensdatenbanken sind technische Datenspeicher, in denen die Führungskräfte und Mitarbeiter eines Unternehmens

- ihr Wissen dokumentieren und so anderen zugänglich machen können bzw.

- bei Fragen oder Problemen gezielt nach Wissensinhalten und -trägern suchen können (vgl. Probst/Raub/Romhardt 2006, S. 198 ff.).

Sie ermöglichen älteren Führungskräften und Mitarbeitern, ihr Wissen nicht nur Kollegen im direkten Umfeld zugänglich zu machen. Vielmehr kann Wissen mithilfe von Wissensdatenbanken über verschiedene Arbeitsbereiche und Standorte hinweg ausgetauscht werden. Wissensdatenbanken stellen somit eine wertvolle Ergänzung zu Space-Management-Konzepten oder Mentoring-Programmen dar, welche insbesondere den direkten Austausch zwischen Mitarbeitern fördern. Es ist also durchaus sinnvoll, unter Beachtung der Besonderheiten eines Unternehmens, verschiedene Instrumente der Organisationsentwicklung miteinander zu kombinieren.

17.3.4 Altersorientierte Gestaltung der Mitarbeiterflusssysteme

Die folgenden beiden Abschnitte widmen sich der altersorientierten Gestaltung der Personalmanagement-Systeme. Hier stellt sich die Frage, wie diese auf die Beschäftigung und die Förderung älterer Führungskräfte und Mitarbeiter ausgerichtet werden können (vgl. Leitfrage 8, Tabelle 17.1). Im folgenden Abschnitt werden die Besonderheiten der Gestaltung der Mitarbeiterflusssysteme im Hinblick auf ältere Beschäftigte vertieft (zu allgemeinen Aspekten der Mitarbeiterflusssysteme vgl. Teil II). Konkret wird die altersorientierte Gestaltung folgender Systeme behandelt:

- der Personalbedarfsplanung,

- der Personalgewinnung,

- der Personalentwicklung sowie

- der Personalfreisetzung.

Am Beginn der altersorientierten Gestaltung der Mitarbeiterflusssysteme steht die *Altersorientierung der Personalbedarfsplanung*. Um die langfristigen Auswirkungen des demographischen Wandels sowie die Veränderungen gesetzlicher Rahmenbedingungen auf den Personalbedarf abschätzen zu können, ist zum einen der Planungszeitraum auszuweiten. Darüber hinaus können Unternehmen eine Altersstrukturanalyse durchführen.

| *Altersstruktur-analyse* | Bestimmung der heutigen und der zukünftigen Entwicklung der Alterszusammensetzung im Unternehmen zur Identifikation möglicher hieraus resultierender Chancen und Risiken (vgl. BDA 2003, S. 17). |

Bei der Altersstrukturanalyse wird die aktuelle Altersstruktur des Unternehmens bzw. der Unternehmensstandorte und -bereiche unter unterschiedlichen Annahmen in die Zukunft projiziert (vgl. Werner 2006, S. 21). Dabei sollten die Ergebnisse für unterschiedliche Beschäftigtengruppen eines Unternehmens (z. B. Facharbeiter, Akademiker) auch getrennt ausgewertet werden, da sich hieraus unterschiedliche Implikationen für das Unternehmen ergeben können. Die Altersstrukturanalyse ist auch ein Schwerpunkt der Aktivitäten von so genannten „Demografie-Beratern" (vgl. Insert 17.5).

Insert 17.5: Innovatives Tätigkeitsfeld "Demografie-Berater" (o.V. 2007)

Lotsen für eine altersgerechte Arbeitswelt

In Düsseldorf hat sich zum Jahresende der Verein Demografie-Experten e.V. gegründet. Fast alle Mitglieder haben eine kurze Ausbildung zum so genannten INQA-zertifizierten Demografie-Berater durchlaufen […].

Demografie-Berater […] wollen das Rad der Personal- und Organisationsentwicklung nicht neu erfinden, sondern kleine und mittelständische Unternehmen für Probleme sensibilisieren, die eine älter werdende Gesellschaft in den Betrieben und Belegschaften vor Ort mit sich bringt. Andreas Bendig […] ist als „Demografie-Berater NRW" im Auftrag der Landesregierung im Einsatz. Um diesen Titel zu tragen hat er wie 93 andere Berater [einen] achttägigen Crash-Kurs absolviert.

Demografie-Berater wie Bendig nutzen die Altersstrukturanalyse als Türöffner, um regionale Firmen für Projekte der Personalarbeit zu gewinnen. Zunächst veranschaulichen sie die betriebliche Situation und fragen danach, ob der Standort in einem Abwanderungs- oder Zuwanderungsgebiet liegt, wie es um Kaufkraft, Bildungswanderung, Frauen- und Altenerwerbsquote […] steht. Dann wird die spezielle Unternehmensdemographie des Personals […] bewertet. Schließlich werden konkrete Handlungsfelder […] skizziert.

[…] Demografie-Berater können Hinweise geben, welche Gruppen oder Mitarbeiter auf welchem Feld weitergebildet werden sollten, an welchen Stellen mehr Motivation und Fitness gut täten oder welche kreativen Möglichkeiten der Personalrekrutierung bestehen.

Ein weiterer Ansatzpunkt zum Umgang mit älteren Führungskräften und Mitarbeitern ist die *Altersorientierung der Personalgewinnung*. Zu Beginn dieses Kapitels wurde dargelegt, dass Unternehmen langfristig nicht auf die Rekrutierung älterer Führungskräfte und Mitarbeiter verzichten können (vgl. Abschnitt 17.1). Erst dadurch gelingt es Unternehmen, ihren Führungs- und Fachkräftebedarf zu decken und somit die Leistungserstellungsprozesse des Unternehmens langfristig zu gewährleisten. Derzeit wird die Ressource der älteren Erwerbspersonen von Unternehmen in einigen europäischen Ländern noch unzureichend genutzt. Während beispielsweise in Norwegen, Schweden und der Schweiz die

Beschäftigungsquote der 55- bis 64-Jährigen bei über 68 Prozent liegt, beträgt diese Quote in Deutschland 53,8 Prozent, in Portugal 50,8 Prozent und in Italien nur 34,4 Prozent (vgl. Eurostat 2009).

Ein Instrument zur Steigerung des Anteils leistungsfähiger älterer Beschäftigter in Unternehmen ist eine altersorientierte Personalgewinnung. Diese stellt sicher, dass sich ältere Personen auf frei werdende Stellen bewerben und im Bewerbungsprozess Chancen haben, die ihrer tatsächlichen Leistungsfähigkeit und nicht altersbezogenen Stereotypen entsprechen. Um potenzielle ältere Bewerber auf sich aufmerksam zu machen, stehen Unternehmen insbesondere zwei Ansatzpunkte zur Verfügung (vgl. Naegele/Walker 2006, S. 7 f.):

■ *Verbesserung des Arbeitgeberimages bei älteren Bewerbern durch verstärkte Altersorientierung des Unternehmens*: Im vorliegenden Kapitel werden verschiedene Handlungsfelder zur Erhöhung der Altersorientierung eines Unternehmens dargestellt. Die Wahrnehmung eines konstruktiven Umgangs mit älteren Führungskräften und Mitarbeitern in der Öffentlichkeit führt in der Regel zu einer deutlichen Verbesserung des Arbeitgeberimages bei dieser Zielgruppe.

■ *Gezielte Ansprache älterer Personen im Rahmen des Personalmarketings*: Viele Personalmarketing-Maßnahmen von Unternehmen fokussieren derzeit (noch) die Zielgruppe junger Abgänger aus dem Bildungssystem ohne bzw. mit wenig Berufserfahrung (vgl. Voelpel/Leipold/Fürchtenicht 2007, S. 117). Hier sind beispielhaft Recruitingmessen an Hochschulen, Stellenanzeigen im Internet oder Traineeprogramme für Berufseinsteiger zu nennen. Auch wenn ältere Bewerber gemäß dem Allgemeinen Gleichbehandlungsgesetz im Rahmen der Personalgewinnung nicht mehr explizit ausgeschlossen werden dürfen (vgl. Bundesministerium der Justiz 2006), sprechen diese Formen des Personalmarketings vornehmlich jüngere Personen an. Um ältere Bewerber für sich zu interessieren, können Unternehmen beispielsweise verstärkt in Zeitungen inserieren, die Erfahrungen von Bewerbern als Auswahlkriterium in den Mittelpunkt ihrer Anzeigen stellen oder Fotos älterer Personen in ihren Inseraten verwenden. Ein Beispiel für die gezielte Gewinnung älterer Führungskräfte und Mitarbeiter liefert Insert 17.6.

Insert 17.6:   Erfolg einer altersorientierten Personalgewinnung am Beispiel des Fahrzeugteileherstellers Brose (BDA 2003, S. 22; Heß 2004)

Altersorientierte Personalgewinnung in der Unternehmenspraxis

Wie erfolgreich sich die Rekrutierung neuer Mitarbeiterinnen und Mitarbeiter betreiben lässt, um Ungleichgewichte in der Altersstruktur zu korrigieren, zeigt das Beispiel des Automobilzulieferers Brose. Das Unternehmen aus dem fränkischen Coburg suchte via Zeitungsinserate neue weitergeben konnten. Die Folge: Altbewährte Arbeitsmethoden wurden vernachlässigt, Fehler häuften sich, die Effizienz sank. Irgendwann entschied die Unternehmensleitung mit dem Jugendwahn Schluss zu machen.

Mitarbeiter in der Altersgruppe 50+. Der Hintergrund: Das Durchschnittsalter der auf rund 7500 Beschäftigte schnell gewachsenen Brose-Belegschaft war im Zuge dieses Wachstums über die Jahre immer weiter gesunken. Schließlich gab es immer weniger Ältere, die ihr Wissen an Jüngere weitergeben konnten.

Die Stellenanzeigen der Coburger führten nicht nur zur Rekrutierung neuer Mitarbeiterinnen und Mitarbeiter in der gewünschten Altersgruppe, sondern sorgten bundesweit für Aufsehen und eine – wenn auch unbeabsichtigte – kostenlose PR- und Imagekampagne.

Senioren gesucht.

Ein „Jugendwahn" hat die Personalabteilungen erfasst, berichtete „Der Spiegel" in Ausgabe Nr.13/24.3.2003. In diesem Artikel heißt es unter anderem: „Tausende ehemalige Chefs stehen auf der Straße. [...] Diesen Männern und Frauen über 50 wird nicht zugetraut, in schweren Zeiten flexibel und stark genug zu sein – eine absurde Entwicklung."
Wenn auch Sie zu jenen Führungskräften gehören, die dem Trend gemäß als „zu alt" für einen Manager-Posten gelten, sollten Sie zur Brose Gruppe kommen. Bei uns entscheidet weiterhin allein Ihre Entscheidungsstärke, Ihre internationale Erfahrung und Ihr Wille über den Aufstieg in einem derzeit um weltweit acht Standorte expandierenden Unternehmen.
Wir stellen überdurchschnittlich hohe Anforderungen, bieten dafür ein einzigartiges Arbeitsumfeld: Freuen Sie sich auf das flexible Bürokonzept der „Neuen Brose Arbeitswelt" mit modernster Kommunikationstechnik, variablen Arbeitszeiten, einem leistungsorientierten Vergütungssystem sowie innovativen Sozialleistungen in den Bereichen Gesundheit, Fitness und Betriebsgastronomie."

Das dritte zu gestaltende Mitarbeiterflusssystem im Umgang mit älteren Führungskräften bzw. Mitarbeitern ist die *Altersorientierung der Personalentwicklung*. Die folgenden Ausführungen bauen auf den in Kapitel 5 dargestellten grundlegenden Aspekten der Personalentwicklung auf. Die Altersorientierung der Personalentwicklung zielt darauf ab (vgl. BDA 2003, S. 21; Rump 2004, S. 62),

■ lebenslanges Lernen zu ermöglichen und zu fördern sowie

■ die Beschäftigungsfähigkeit (die so genannte Employability) von Führungskräften bzw. Mitarbeitern langfristig zu erhalten.

Die hohe Bedeutung des lebenslangen Lernens ergibt sich aus den permanent steigenden Qualifikationsanforderungen an Führungskräfte und Mitarbeiter sowie dem starken technischen Fortschritt in Verbindung mit einer immer kürzer werdenden Halbwertzeit des Wissens (vgl. Morschhäuser/Ochs/Huber 2003, S. 50; Abschnitt 5.1). Die Erstausbildung reicht in der Regel nicht mehr aus, um den Arbeitsanforderungen über die gesamte Zeitspanne des Erwerbslebens gerecht zu werden. Insbesondere für ältere Führungskräfte und Mitarbeiter ist es daher wichtig zu vermeiden, nicht allein auf langjährige Erfahrung zu setzen, sondern sich kontinuierlich weiterzubilden (vgl. Morschhäuser/Ochs/Huber 2003, S. 50 f.).

Auch wenn lebenslanges Lernen häufig gefordert wird (vgl. u. a. Kordey/Korte 2006, S. 26; Naegele/Walker 2006, S. 7), nehmen ältere Führungskräfte und Mitarbeiter im Vergleich zu jüngeren Kollegen relativ selten an Maßnahmen zur beruflichen Qualifizierung teil. Während die Teilnahme an Weiterbildungsaktivitäten in den letzten 20 Jahren insgesamt (d. h. über alle Beschäftigten hinweg) kontinuierlich zugenommen hat, weisen ältere Führungskräfte und Mitarbeiter die mit Abstand geringste Teilnahmequote an entsprechenden Veranstaltungen auf (vgl. Kuwan et al. 2003, S. 86; Abbildung 17.9).

Abbildung 17.9 Teilnahmen an beruflichen bzw. allgemeinen Weiterbildungsmaßnahmen nach Altersgruppen (vgl. Kuwan et al. 2003, S. 36)

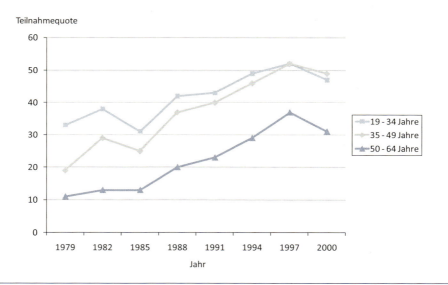

Die Gründe für die relativ geringe Teilnahmequote älterer Führungskräfte und Mitarbeiter an Weiterbildungsmaßnahmen werden insbesondere in zwei Bereichen gesehen:

- Die individuelle Lernbiographie älterer Mitarbeiter ist häufig dadurch gekennzeichnet, dass nach der Erstausbildung lange Phasen ohne Weiterqualifizierung folgen. Dadurch kommt es zu einer „Lernentwöhnung", aus der mangelnde Lernmotivation resultieren kann (vgl. Morschhäuser/Ochs/Huber 2003, S. 54).

- Die Inhalte und die Gestaltung von Bildungsmaßnahmen sind vielfach nicht auf die Bedürfnisse älterer Führungskräfte bzw. Mitarbeiter ausgerichtet. So bieten nicht einmal ein Prozent von 7.201 Unternehmen spezielle Weiterbildungsangebote für Ältere an (vgl. Brussig 2007, S. 207).

Eine Vielzahl von Studien hat gezeigt, dass – entgegen einer weit verbreiteten Annahme – die Lernfähigkeit einer Person nicht mit dem Alter abnimmt. Vielmehr verändert sich die Art und Weise, wie sie am effektivsten lernt (vgl. Warr/Bunce 1995). Um diesen Veränderungen gerecht zu werden, sollten Weiterbildungsmaßnahmen für ältere Beschäftigte (vgl. Bron-Wojciechowska 2001; Hörwick 2004)

- stark praxis- und handlungsorientiert sein,

- den Lernenden deutlich machen, wofür sie das zu Lernende brauchen,

- den Lernenden mehr Zeit geben, die Lerninhalte aufzunehmen und zu verarbeiten,

- den Lernenden die Möglichkeit geben, Lernmethoden und -geschwindigkeit selbst zu wählen,

- ausreichend Raum für Übungen bieten,

- den bisherigen Kenntnisstand der Lernenden berücksichtigen,

- den Lernenden aufzeigen, wo die Lerninhalte Verbindungen zu vorhandenem Wissen aufweisen.

Aufgrund der demographischen Entwicklungen sowie der Anhebung des gesetzlichen Renteneintrittsalters ist damit zu rechnen, dass Führungskräfte und Mitarbeiter länger im Unternehmen verbleiben. Hieraus ergibt sich, dass der *Erhalt der langfristigen Beschäftigungsfähigkeit* (Employability) von Führungskräften und Mitarbeitern immer wichtiger wird. Im Rahmen einer altersorientierten Personalentwicklung kann dieser Herausforderung durch eine *altersgerechte Laufbahnplanung* Rechnung getragen werden.

Eine altersgerechte Laufbahnplanung zeichnet sich dadurch aus, dass interne Stellenwechsel von Führungskräften bzw. Mitarbeitern im Laufe des Berufslebens nach Kriterien eines angemessenen und leistungsförderlichen Personaleinsatzes erfolgen. Dazu muss ein Abgleich von stellenbezogenen Anforderungen bzw. Belastungen einerseits und altersbedingten Veränderungen der Kompetenzstruktur der Mitarbeiter andererseits sowie Entwicklungsmöglichkeiten im Rahmen einer Stelle einerseits und dem Potenzial der jeweiligen Mitarbeiter andererseits erfolgen (vgl. Naegele/Walker 2006, S. 12; Rump 2004, S. 66).

Für eine adäquate Laufbahnplanung müssen Unternehmen die stellenspezifischen Anforderungen und Entwicklungspotenziale kennen. Diese können im Rahmen einer präzisen Anforderungsanalyse ermittelt werden (vgl. Abschnitt 3.4). Darüber hinaus sollte die Kompetenzstruktur einer Führungsperson bzw. eines Mitarbeiters auch noch nach langjähriger Beschäftigung im Unternehmen in regelmäßigen Abständen bestimmt werden. Neben den allgemeinen Ausführungen zur Potenzial- und Leistungsbeurteilung in Kapitel 8 finden sich in Abschnitt 17.3.5 konkrete Hinweise für eine altersorientierte Gestaltung der Beurteilungssysteme. Einen ersten Hinweis auf die Passung von Kompetenzen und Potenzialen älterer Beschäftigter und der potenziellen Stelle liefert der Four-Category-Ansatz (siehe Abschnitt 17.2.2). Insbesondere ist darauf zu achten, dass ältere Führungskräfte und Mitarbeiter auf Stellen eingesetzt werden, in denen sie ihre im Lauf des Berufslebens erworbene Erfahrung nutzen können (vgl. Naegele/Walker 2006, S. 19).

Ein zentrales Instrument im Rahmen der altersgerechten Karriereplanung sind *phasenbezogene Karriereberatungen*. Diese helfen Führungskräften und Mitarbeitern, sich selbst im Rahmen ihres betrieblichen Lebenszyklus (vgl. Abschnitt 5.1.1) besser einzuordnen und die individuelle und die betriebliche Karriereplanung aufeinander abzustimmen (vgl. Bruggmann 2000, S. 166). Die phasenbezogene Karriereberatung umfasst insbesondere

- eine Analyse der bisherigen Entwicklung der Person,

- eine berufliche Standortbestimmung einschließlich einer Stärken-Schwächen-Analyse,

- eine Zielbestimmung sowie

- darauf aufbauend eine Planung der zukünftigen beruflichen Entwicklung.

Um den individuellen Bedürfnissen, Zielsetzungen und Potenzialen älterer Beschäftigter gerecht werden zu können, sollten Unternehmen flexible Karrierewege anbieten (vgl. Regtnet 2009, S. 696; Abschnitt 5.4.1). Neben dem kontinuierlichen Aufstieg innerhalb der Hierarchie des Unternehmens sollte die Möglichkeit geboten werden, das eigene Engagement zeitweise oder dauerhaft zu reduzieren bzw. die Arbeitstätigkeit beispielsweise durch Sabbaticals oder Weiterbildungen zu unterbrechen (vgl. Regnet 2009, S. 697).

Eine spezielle Karriereplanung, die es älteren Führungskräften und Mitarbeitern ermöglicht, sich entsprechend ihrer gewandelten Leistungsfähigkeit im Unternehmen umzuorientieren, kann die Motivation erhöhen und innerer Kündigung vorbeugen (vgl. Kordey/Korte 2006, S. 40). Darüber hinaus trägt dieses Instrument in jeder Phase der Berufstätigkeit dazu bei, dass die Kompetenzen von Führungskräften bzw. Mitarbeitern optimal genutzt werden können. Dadurch kann wiederum die Flexibilität und die Produktivität aller Beschäftigten gesteigert werden (vgl. Naegele/Walker 2006, S. 12). An dieser Stelle ist darauf hinzuweisen, dass die altersgerechte Karriereplanung ein integrativer Bestandteil der allgemeinen Karriereplanung im Unternehmen sein sollte, welche in Abschnitt 5.4 ausführlich dargestellt wird.

Ergänzend zu einer altersgerechten Karriereplanung sollte älteren Führungskräften und Mitarbeitern eine *lebensphasenorientierte Arbeitszeitgestaltung* ermöglicht werden. Dies bedeutet, dass die Arbeitszeit im Hinblick auf die drei Dimensionen Dauer, Lage und Verteilung der Arbeitszeit (vgl. Hoff 2007, S. 52) an die individuellen und lebensphasenspezifischen Bedürfnisse und Präferenzen der betroffenen Führungskräfte bzw. Mitarbeiter angepasst wird (vgl. Funk/Janßen/Lesch 2004, S. 210; Morschhäuser/Ochs/Huber 2003, S. 17 f., 64 f.). So können ältere Beschäftigte beispielsweise die Möglichkeit erhalten, ihre Arbeitszeit vorübergehend zu reduzieren, um privaten Verpflichtungen (z. B. der Erziehung von Enkelkindern, der Pflege von Eltern usw.) nachzukommen (vgl. Voelpel/Leipold/Fürchtenicht 2007, S. 119).

Um eine an den Lebensphasen der Beschäftigten orientierten Arbeitszeitgestaltung erfolgreich umzusetzen, können Unternehmen auf eine Vielzahl von Instrumenten zurückgreifen (vgl. Voelpel/Leipold/Fürchtenicht 2007, S. 237 ff.; Zimmermann 2003, S. 173):

- Vollbeschäftigung mit flexiblen Arbeitszeiten (z. B. in Form von Gleitzeit),

- flexible Teilzeitbeschäftigung (z. B. im Rahmen von Altersteilzeit),

- Wahlarbeitszeitmodelle, bei denen Beschäftigte für einen vorgegebenen Zeitraum eine individuelle Wochenarbeitszeit wählen,

- Job-Sharing, d. h. Mehrfachbesetzung von Stellen,

- zeitautonome Gruppenarbeit,

- Arbeit auf Abruf (On-call Work) mit einer im Arbeitsvertrag festgelegten Mindeststundenzahl,

- Heim- und Telearbeit sowie

- Arbeitszeit- oder Zeitwertkonten.

Das Konzept der Zeitwertkonten ist dadurch gekennzeichnet, dass die Arbeitnehmer auf einen Teil des Entgelts für geleistete Arbeit verzichten. Das Entgelt wird auf dem individuellen Zeitwertkonto gutgeschrieben. Die Auszahlung kann beispielsweise in Form von längeren bezahlten arbeitsfreien Zeitblöcken (so genannten Sabbaticals) oder vorzeitigem Ruhestand erfolgen (vgl. Kümmerle 2007, S. 37). Für grundlegende Gestaltungsmöglichkeiten von Sabbaticals bzw. Vorruhestandsprogrammen sei auf Abschnitt 6.3 verwiesen.

Ein vierter Ansatzpunkt im Rahmen der Mitarbeiterflusssysteme, um konstruktiv mit älteren Führungskräften und Mitarbeitern umzugehen, ist die *Altersorientierung der Personalfreisetzung*. Im Hinblick auf ältere Führungskräfte und Mitarbeiter sind zwei Formen der Freisetzung zu unterscheiden: die Entlassung aufgrund einer arbeitgeberseitigen Entscheidung und der Ruhestand aufgrund einer arbeitnehmerseitigen Entscheidung bzw. des Erreichens des gesetzlichen Renteneintrittsalters.

In ersterem Fall sollte darauf geachtet werden, dass das Beschäftigungsverhältnis „altersfair" beendet wird. Dies bedeutet, dass alle Entlassungsentscheidungen auf Basis objektiver, stellenbezogener Kriterien gefällt werden. Das Alter einer Führungsperson bzw. eines Mitarbeiters sollte dagegen nicht als Kriterium herangezogen werden (vgl. Naegele/Walker 2006, S. 21).

Entscheidet sich eine Führungsperson bzw. ein Mitarbeiter, das Unternehmen zu verlassen, bevor das Renteneintrittsalter erreicht wurde, spricht man von *Frühverrentung*. Diese im Prinzip freiwillige Form des vorzeitigen Renteneintritts wurde in den vergangenen Jahrzehnten von Unternehmen verstärkt genutzt, um sozialverträglich Personal abzubauen bzw. die Belegschaft zu verjüngen (vgl. Voelpel/Leipold/Fürchtenicht 2007, S. 147; Wanger 2009, S. 1). So wurden 2007 nur 34,2 Prozent der durch Frühverrentung frei gewordenen Stellen wieder besetzt (vgl. Wanger 2009, S. 3). Geleitet von der Defizitperspektive (vgl. Abschnitt 17.1.2) wurden gezielt die als Risiko empfundenen älteren Beschäftigten freigesetzt.

Wie eingangs dieses Kapitels erwähnt, zeichnet sich heute eine Trendwende hin zu einer Verlängerung der Lebensarbeitszeit ab (vgl. Abschnitt 17.1.1.3). Dies erfordert, dass der Renteneintritt so gestaltet wird, dass die Beschäftigungsfähigkeit bis zum Ende der Berufstätigkeit sichergestellt ist. Ein flexibler Übergang zwischen Erwerbstätigkeit und Ruhestand kann durch folgende Maßnahmen in Unternehmen realisiert werden (vgl. Astheimer/Nöcker 2007, S. C 1; Voelpel/Leipold/Fürchtenicht 2007, S. 240 ff.):

■ das schrittweise Reduzieren der Arbeitszeit,

■ das Vergeben von Projektarbeits- oder Beraterverträgen für ehemalige Führungskräfte bzw. Mitarbeiter sowie

■ das „Ausschwingen der Karriere" durch den Wechsel aus einer Linienfunktion in eine Projektkarriere.

Werden gleitende Übergänge realisiert und ruhestandsberechtigte Führungskräfte bzw. Mitarbeiter im Unternehmen gehalten, so ergibt sich eine Reihe von Vorteilen für Unternehmen. Insbesondere sind dies (vgl. Astheimer/Nöcker 2007, S. C1; Naegele/Walker 2006, S. 21; Voelpel/Leipold/Fürchtenicht 2007, S. 121)

■ die Verbesserung des Arbeitgeberimages,

■ die Verhinderung von Know-how-Verlusten,

■ die Verbesserung der Einarbeitung von Stellennachfolgern,

■ der Aufbau eines erfahrenen Führungskräfte- bzw. Mitarbeiterpools, der in Spitzenzeiten eingesetzt werden kann, ohne in rezessiven Phasen Beschäftigte entlassen zu müssen,

■ die Schließung unerwarteter Besetzungslücken sowie

■ die Realisierung von Kostenvorteilen aufgrund geringerer Kosten für die Suche und die Einstellung neuer Mitarbeiter.

Allerdings stehen Modellen, die einen schrittweisen Übergang vom Erwerbsleben in den Ruhestand ermöglichen, die heute noch üblichen Formeln zur Berechnung der Altersrente im Wege. Die Berechnungsgrundlage sowohl gesetzlicher als auch betrieblicher Altersrenten bildet dabei das Gehalt der letzten Monate vor dem Renteneintritt. Dies hält ältere Beschäftigte davon ab, die Möglichkeit einer schrittweisen Reduktion ihrer Arbeitszeit zu nutzen, da dies mit einer Gehaltsreduktion verbunden ist, welche die Höhe der Rentenzahlungen erheblich verringern kann (vgl. Voelpel/Leipold/Fürchtenicht 2007, S. 120).

17.3.5 Altersorientierte Gestaltung der Belohnungssysteme

Im folgenden Abschnitt wird beschrieben, wie die Beurteilung und die Vergütung älterer Führungskräfte und Mitarbeiter gestaltet werden können. Für allgemeine Aspekte der Gestaltung von Belohnungssystemen sei auf Teil III dieses Lehrbuchs verwiesen. Konkret wird im Folgenden die altersorientierte Gestaltung

■ der Personalbeurteilung sowie

■ der Personalvergütung

behandelt.

Im Zusammenhang mit der *Altersorientierung der Personalbeurteilung* ist darauf zu achten, dass die aktuelle Leistung und die zukünftigen Potenziale unabhängig vom Alter der jeweiligen Führungskräfte bzw. Mitarbeiter, also vorurteilsfrei, bewertet werden. Hierzu sollte ein altersorientiertes Beurteilungssystem Kriterien enthalten, welche die spezifischen Leistungen und Potenziale sowohl älterer als auch jüngerer Führungskräfte und Mitarbeiter abbilden. Im Hinblick auf die besonderen Kompetenzen bzw. Potenziale älterer Beschäftigter sind beispielsweise Kriterien wie Kommunikations- und Konfliktfähigkeit, Zuverlässigkeit, Pflicht- und Verantwortungsbewusstsein oder berufs- und unternehmensspezifisches Wissen im Rahmen der Beurteilung zu erfassen. Durch die Integration solcher Kriterien kann eine leistungsgerechtere (und für das Unternehmen effektivere) Personalbeurteilung realisiert werden.

Die Vergütung von Führungskräften und Mitarbeitern orientiert sich bislang noch stark am so genannten Senioritätsprinzip (vgl. BDA 2003, S. 28; Wagner 2007, S. 7). In 52 Prozent der deutschen Unternehmen erfolgt die Vergütung derzeit nach dem Senioritätsprinzip (vgl. Astheimer/Nöcker 2007, S. C 1).

Senioritätsprinzip der Vergütung	Staffelung der Höhe von Löhnen bzw. Gehältern nach Lebensalter oder Beschäftigungsdauer.

Die Vergütung nach dem Senioritätsprinzip führt dazu, dass die Entlohnung von Beschäftigten (und damit die direkten Personalkosten) automatisch mit deren Alter oder Betriebszugehörigkeit steigt (vgl. Funk/Janßen/Lesch 2004, S. 205). Die tatsächlichen Leistungsergebnisse bleiben dabei unberücksichtigt. So liegen die Jahresbezüge von Führungskräften und Mitarbeitern, die älter als 50 Jahre sind, zwischen sieben und sechzehn Prozent über dem Durchschnitt (vgl. Abbildung 17.10).

Abbildung 17.10 Jahresgesamtbezüge von Führungs- und Fachkräften verschiedener Altersgruppen im Vergleich (vgl. o. V. 2006b, S. 71)

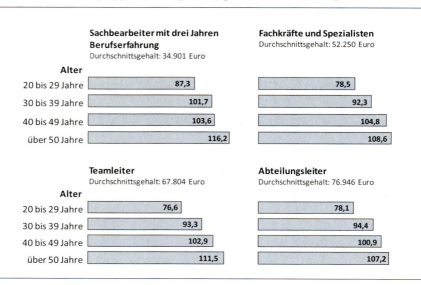

Die Orientierung am Senioritätsprinzip ist nicht mehr zeitgemäß. Sie weist vielmehr eine Reihe von Problemen auf (vgl. Astheimer/Nöcker 2007, S. C 1; BDA 2003, S. 28; Rumpf 2004, S. 11). Vergütung nach dem Senioritätsprinzip

- ist weder leistungs- noch motivationsfördernd für Führungskräfte und Mitarbeiter,

- führt zu einem kontinuierlichen Anstieg von Personalkosten in Unternehmen unabhängig von deren Produktivität,

- verhindert aus Kostengründen die Rekrutierung älterer Bewerber durch Unternehmen,

- vermindert die Attraktivität des Unternehmens als Arbeitgeber für jüngere Bewerber und

- behindert die Mobilität und die Veränderungsbereitschaft älterer Führungskräfte und Mitarbeiter.

Gemäß einer jüngeren Umfrage wird eine Entkoppelung von Entgelt und Alter von 98 Prozent aller Unternehmen gewünscht (vgl. Astheimer/Nöcker 2007, S. C 1). Stattdessen werden variable Entgeltsysteme, die sich an Leistungen, Anforderungen, Kompetenzen, nutzbaren Erfahrungen und am Unternehmenserfolg orientieren, als sinnvoll erachtet (vgl. Astheimer/Nöcker 2007, S. C 1; BDA 2003, S. 28; Wagner 2007, S. 8). Ergänzend werden Zusatzleistungen wie Altersvorsorge oder Sport- und Gesundheitsdienstleistungen vorgeschlagen (vgl. Wagner 2007, S. 8). Durch eine variable Vergütung werden Anreize für Führungskräfte und Mitarbeiter gesetzt, die eigene Produktivität durch lebenslanges Lernen und zusätzliche Qualifikationen zu erhalten oder gar zu erhöhen (vgl. Plünnecke/ Seyda 2004, S. 129; Schäfer/Seyda 2004, S. 117).

17.3.6 Altersorientierte Gestaltung der Führung

Die letzte eingangs gestellte Leitfrage bezieht sich auf die altersorientierte Gestaltung der Führung von Mitarbeitern und Teams (vgl. Tabelle 17.1). Dafür sind prinzipiell die in Teil IV dieses Lehrbuchs dargelegten grundlegenden Aspekte der Führung von Bedeutung. Allerdings ergeben sich im Umgang mit älteren Führungskräften bzw. Mitarbeitern zusätzliche Anforderungen an die Mitarbeiterführung, die im Folgenden kurz diskutiert werden sollen (vgl. BDA 2003, S. 6; Bruch/Kunze 2007, S. 75 f.; Raabe/Kerschreiter/Frey 2003, S. 148 f.; Rump 2004, S. 61). Die zentralen Herausforderungen für die altersorientierte Führung von Mitarbeitern und Teams sowie entsprechende Empfehlungen an das Führungsverhalten sind in Tabelle 17.5 dargestellt.

Tabelle 17.5 Anforderungen und Empfehlungen für das altersorientierte Führen von Mitarbeitern bzw. Teams

Anforderungen	Empfehlungen für die Teamführung
Partizipativer (delegierender) Führungsstil	■ Übertragen in sich geschlossener Aufgaben und entsprechender Entscheidungskompetenzen an ältere Mitarbeiter ■ Anerkennen und Einbeziehen der Erfahrung älterer Führungskräfte bzw. Mitarbeiter
Realistische Einschätzung des Leistungsvermögens älterer Mitarbeiter	■ Differenziertes Prüfen der Fähigkeiten älterer Mitarbeiter ■ Punktuelles (und weniger detailliertes) Kontrollieren der Tätigkeiten älterer Mitarbeiter ■ Identifizieren und Fördern besonderer Leistungsträger unter älteren Mitarbeitern (so genannter „Senior Potentials")
Übertragen adäquater Aufgaben an ältere Mitarbeiter	■ Übertragen von Aufgaben, in denen der individuelle Erfahrungsschatz eingebracht werden kann ■ Formulieren realistischer, aber herausfordernder Ziele in Verbindung mit Sonderaufgaben
Offener, konstruktiver Umgang mit möglichen Leistungsdefiziten älterer Mitarbeiter	■ Identifizieren leistungsbezogener Stärken und Schwächen älterer Mitarbeiter ■ Analysieren von Ursachen und Erarbeiten konstruktiver Lösungen für Leistungsdefizite

Wie bereits dargelegt, tragen altersgemischte Teams dazu bei, eine altersorientierte Organisationsentwicklung zu etablieren (vgl. Abschnitt 17.3.3). Eine weitere Herausforderung für Führungskräfte im Umgang mit älteren Mitarbeitern liegt somit in der Führung altersheterogener Teams (vgl. Raabe/Kerschreiter/Frey 2003, S. 139). So führt die Altersdiversität zu unterschiedlichen Wahrnehmungs-, Denk- und Bewertungsmustern (vgl. Bruch/Kunze 2007, S. 81). Dies birgt die Gefahr einer geringeren Gruppenkohäsion, einer höheren Fluktuation, längerer Entscheidungsprozesse sowie verstärkter persönlicher Konflikte. Dem stehen jedoch die Vorteile eines erhöhten Innovations- und Leistungspotenzials, verbesserter strategischer Entscheidungen sowie eines konstruktiven Umgangs mit fachlichen Konflikten entgegen. Die Führung von altersgemischten Teams erfordert deshalb einerseits den Einsatz der Maßnahmen des Konfliktmanagements (vgl. Abschnitt 15.1.4), mit deren Hilfe die persönlichen Konflikte konstruktiv gelöst werden. Andererseits sollten die Potenziale, die sich aus der Heterogenität der Teammitglieder ergeben, durch eine entsprechende Aufgabenverteilung sowie die Förderung des Wissensaustauschs und des wechselseitigen Lernens erschlossen werden.

Kontrollfragen

1. Warum ist die Beschäftigung mit älteren Führungskräften und Mitarbeitern heute für Unternehmen von besonderer Bedeutung?

2. Welche grundlegenden Perspektiven im Umgang mit älteren Führungskräften bzw. Mitarbeitern lassen sich unterscheiden? Inwieweit prägen diese heute den Umgang mit älteren Beschäftigten in der Unternehmenspraxis?

3. Beschreiben Sie das Zwei-Komponenten-Modell zum Umgang mit älteren Beschäftigten. Stellen Sie die grundlegenden Aussagen des Modells graphisch dar.

4. Wie verändern sich die sozialen bzw. fachlichen Fähigkeiten einer Person im Altersverlauf? Nennen Sie jeweils zwei Beispiele für zunehmende, gleich bleibende und abnehmende Kompetenzen im Bereich sozialer bzw. fachlicher Fähigkeiten.

5. Anhand welcher Dimensionen werden im Four-Category-Ansatz Aufgaben kategorisiert? Erläutern Sie kurz die vier Aufgabenkategorien, die sich hieraus ergeben, und nennen Sie jeweils zwei Beispiele.

6. Wie kann der konstruktive Umgang mit älteren Führungskräften und Mitarbeitern in der Unternehmensstrategie verankert werden? Gehen Sie auch auf Besonderheiten bei der Umsetzung altersorientierter Strategien ein.

7. Auf welche inhaltlichen Facetten kann sich eine altersorientierte Ausrichtung der Unternehmenskultur konzentrieren? Nennen Sie jeweils zwei beispielhafte Ansatzpunkte zur altersorientierten Gestaltung der Unternehmenskultur.

8. Was ist unter einer altersorientierten Organisationsentwicklung zu verstehen, und welche sechs zentralen Ansatzpunkte umfasst diese?

9. Welche Ziele werden mit der Altersorientierung der Personalgewinnung verfolgt?

10. Wie können phasenbezogene Karriereberatungen in Unternehmen die altersorientierte Personalentwicklung unterstützen? Gehen Sie bei der Beantwortung dieser Frage auf die Ziele sowie die Inhalte einer phasenbezogenen Karriereberatung ein.

11. Welche Instrumente stehen Unternehmen zur Umsetzung einer an den Lebensphasen der Beschäftigten orientierten Arbeitszeitgestaltung zur Verfügung?

12. Welche Vorteile können Unternehmen durch den gleitenden Übergang in den Ruhestand bzw. das Halten ruhestandsberechtigter Führungskräfte bzw. Mitarbeiter realisieren? Nennen Sie vier Vorteile.

13. Was ist unter der Vergütung nach dem Senioritätsprinzip zu verstehen? Welche Probleme weist diese auf?

14. Welche Anforderungen sind für das altersorientierte Führen von Mitarbeitern bzw. Teams von Bedeutung? Erläutern Sie diese kurz.

Literatur

Adecco Institut-Weissbuch (2008), Sind Europas Unternehmen auf die demografische Herausforderung vorbereitet? Die Demografische Fitness-Umfrage 2007, London.

Astheimer, S./Nöcker, R. (2007), Wenn Geburtstage sich nicht lohnen, Frankfurter Allgemeine Zeitung, 49 (24.03.2007), C1.

Avolio, B./Waldman, D. (1994), Variations in Cognitive, Perceptual, and Psychomotor Abilities Across the Life Span: Examining the Effects of Race, Sex, Experience, Education, and Occupational Type, Psychology and Aging, 9, 3, 430-442

Avolio, B./Waldman, D./McDaniel, M. (1990), Age and Work Performance in Nonmanagerial Jobs: The Effects of Experience and Occupational Type, Academy of Management Journal, 33, 2, 407-422.

Baltes, M. (1996), Produktives Leben im Alter: Die vielen Gesichter des Alters – Resümee und Perspektiven für die Zukunft, in: Baltes, M./Montada, L. (Hrsg.), Produktives Leben im Alter, Frankfurt/Main, 393-408.

Baltes, P. (1990), Entwicklungspsychologie der Lebensspanne, Psychologische Rundschau, 41, 1, 1-24.

Baltes, P. (1997), Die unvollendete Architektur der menschlichen Ontogenese: Implikationen für die Zukunft des vierten Lebensalters, Psychologische Rundschau, 48, 2, 191-210.

Baltes, P./Baltes, M. (1992), Gerontologie: Begriff, Herausforderung und Brennpunkte, in: Baltes, P./Mittelstraß, J. (Hrsg.), Zukunft des Alterns und gesellschaftliche Entwicklung, Akademie der Wissenschaften zu Berlin, Forschungsbericht 5, Berlin, 1-34.

Baltes, P./Lindenberger, U./Staudinger, U. (1995), Die zwei Gesichter der Intelligenz im Alter, Spektrum der Wissenschaft, 10, 52-61.

Baltes, P./Staudinger, U./Lindenberger, U. (1999), Lifespan Psychology: Theory and Application to Intellectual Functioning, Annual Review of Psychology, 50, 471-507.

Baltes, P. /Staudinger, U. /Maercker, A./Smith, J. (1995), People Nominated as Wise: A Comparative Study of Wisdom-Related Knowledge, Psychology and Aging, 10, 2, 155-166.

Bangali, L. (2004), Sind ältere Arbeitnehmer ein Zugewinn für die Wirtschaft? Bestandsaufnahme der Strategien und Möglichkeiten zur effektiven Nutzung ihres Arbeitskräftepotenzials, Arbeitspapier 1, Forschungsinstitut für Arbeit, Technik und Kultur, Eberhard Karls Universität Tübingen, URL: http://www.wip-online.org/downloads/Bangali_Lucy_2004_c.pdf [18.12.2006].

BDA (Bundesvereinigung der deutschen Arbeitgeberverbände) (2003), Ältere Mitarbeiter im Betrieb, Ein Leitfaden für Unternehmer, 2. Auflage, Berlin.

Behrend, C. (2002), Erwerbsarbeit Älterer im Wandel, in: Behrend, C. (Hrsg.), Chancen für die Erwerbsarbeit im Alter: Betriebliche Personalpolitik und ältere Erwerbstätige, Opladen, 11-30.

Behrens, J. (2003), Fehlzeit Frühberentung: Länger erwerbstätig durch Personal- und Organisationsentwicklung, in: Badura, B./Schellschmidt, H./Vetter, C. (Hrsg.), Fehlzeiten-Report 2002. Demographischer Wandel: Herausforderung für die betriebliche Personal- und Gesundheitspolitik, Berlin, 115-136.

Bellmann, L./Hilpert, M./Kistler, E./Wahse, J. (2003), Herausforderungen des demografischen Wandels für den Arbeitsmarkt und die Betriebe, in: IAB-Betriebspanel, MittAB, 2.

Bellmann, L./Gewiese, T./Leber, U. (2006), Betriebliche Altersstrukturen in Deutschland, WSI-Mitteilungen, 59, 8, 427-432.

Berte, K. (2006), Personalvermögen sichern: Die Beschäftigung lebensälterer Mitarbeiter, Das Personalvermögen, 2/06, 11-13.

Bron-Wojciechowska, A. (2001), Wie Erwachsene lernen: Pädagogische Perspektiven, in: Aronsson, G./Kilbom, A. (Red.), Arbeit über 45: Historische, psychologische und physiologische Perspektiven älterer Menschen im Berufsleben, 161-193.

Bruch, H./Kunze, F. (2007), Management einer Aging Workforce, Zeitschrift Führung und Organisation, 76, 2, 72-82.

Bruggmann, M. (2000), Die Erfahrung älterer Mitarbeiter als Ressource, Wiesbaden.

Brussig, M. (2007), Betriebliche Personalwirtschaft in einer alternden Erwerbsbevölkerung: Formen, Verbreitung und Ursachen, Zeitschrift für Management, 2, 2, 198-223.

Bundesinstitut für Berufsbildung (2005, Hrsg.), Betriebliche Weiterbildung älterer Beschäftigter, Referenz-Betriebs-System, 11, 28, 1-4.

Bundesministerium der Justiz (2006), Allgemeines Gleichbehandlungsgesetz (AGG), http://www.gesetze-im-internet.de/bundesrecht/agg/gesamt.pdf [05.07.2007].

Bundesministerium für Familie, Senioren, Frauen und Jugend (2005), Mit der steigenden Wirtschaftskraft Älterer rechnen, http://bmfsfj.de/Kategorien/Presse/pressemitteilungen,did=39282. html [13.03.2010].

Burke, R./Ng, E. (2006), The Changing Nature of Work and Organizations: Implications for Human Resource Management, 16, 2, 86-94.

Carstensen, L./Pasupathi, M./Mayr, U./Nesselroade, J. (2000), Emotional Experience in Everyday Life Across the Adult Life Span, Journal of Personal and Social Psychology, 97, 4, 644-655.

Deutsche Bank (o. J.), Mentoring in der Deutschen Bank, URL: http://www.db.com/careers/ de/files/Insert_Mentoring_DEU.pdf [18.06.2007].

Diehl, M./Coyle, N./Labouvie-Vief, G. (1996), Age and Sex Differences in Strategies of Coping and Defense Across the Life Span, Psychology and Aging, 11, 1, 127-139.

European Commission (2006), Age and Employment: Identification of Good Practice to Increase Job Opportunities and Maintain Older Workers in Employment, Final Report.

Eurostat (2009), Beschäftigungsquote älterer Erwerbstätiger, URL: http://epp.eurostat.ec.europa. eu/tgm/table.do?tab=table&init=1&plugin=1&language=de&pcode=tsiem020 [13.03.2010].

Fozard, J. (1990), Vision and Hearing in Aging, in: Birren, J./Schaie, K. (Hrsg.), Handbook of the Psychology of Aging, 3. Auflage, Amsterdam, 150-170.

Funk, L./Janßen, P./Lesch, H. (2004), Arbeitsbeziehungen und Personalwirtschaft, in: Institut der deutschen Wirtschaft Köln (Hrsg.), Perspektive 2050. Ökonomik des demographischen Wandels, Köln, 193-217.

GfK (2005), Verteilung der altersspezifischen Kaufkraft in Deutschland, URL: http://www.gfk-geomareting.de/gfk_macon_news/0205_Verteilung_der_Altersspezifischen_Kaufkraft.htm [13.06.2007].

Heß, D. (2004), Schluss mit dem Jugendwahn: Senioren gesucht, Spiegel Online, URL: http://www.spiegel.de/wirtschaft/0,1518,304268,00.html [11.10.2007].

Hoff, A. (2007), Individualisierung als zentrale Herausforderung. Öffnung der betrieblichen Arbeitszeitsysteme für individuelle Lösungen, Personalführung, 06/2007, 52-58.

Homburg, C./Pflesser, C. (2000), A Multiple-Layer Model of Market-Oriented Organizational Culture: Measurement Issues and Performance Outcomes, Journal of Marketing Research, 37, 4, 449-462.

Hörwick, E. (2004), Eine spezielle Didaktik für Ältere? Anforderungen an das Lernen im Berufsverlauf, Forschungsinstitut Betriebliche Bildung Newsletter 02/2004, URL: http://www.f-bb.de/fileadmin/Newsletter_PDF/fbb_newsletter_2_2004.pdf [25.03.2010].

Hoyer, W./Verhaeghen, P. (2006), Memory Aging, in: Birren, J./Schaie, K. (Hrsg.), Handbook of the Psychology of Aging, 6. Auflage, San Diego, 209-232.

Ilmarinen, J. (2004), Älter werdende Arbeitnehmer und Arbeitnehmerinnen, in: von Cranach, M./Schneider, H./Ulich, E./Winkler, R. (Hrsg.), Ältere Menschen im Unternehmen: Chancen, Risiken, Modelle, Bern, 29-47.

INQA (Initiative Neue Qualität der Arbeit) (2005, Hrsg.), Demographischer Wandel und Beschäftigung. Plädoyer für neue Unternehmensstrategien, Dortmund.

Köchling, A. (2000), Betriebliche Altersstrukturen als Gestaltungsfeld der Zukunft, in: von Rothkirch, C. (Hrsg.), Altern und Arbeit: Herausforderungen für Wirtschaft und Gesellschaft, Berlin, 362-373.

Köchling, A./Hartmann, E./Hitzblech, T./Jasper, G. (2000), Anforderungen an eine intergenerative Personalpolitik, in: Köchling, A./Astor, M./Fröhner, K.-O./Hartmann, E./Hitzblech, T./Jasper, G./Reindl, J. (Hrsg.), Innovation und Leistung mit älterwerdenden Belegschaften, München, 37-93.

Koller, B./Plath, H. (2000), Qualifikation und Qualifizierung älterer Arbeitnehmer, Mitteilungen aus der Arbeitsmarkt- und Berufsforschung, 33, 1, 112-125.

Kordey, N./Korte, W. (2006), Auswirkungen des demographischen Wandels auf Unternehmen und mögliche Maßnahmen zur Sicherung der Beschäftigung älterer Arbeitnehmer, empirica Schriftenreihe, Report 1/2006, Bonn.

Kümmerle, K. (2007), Zeit und Geld für später sammeln, Personalwirtschaft, 06/2007, 36-39.

Kuwan, H./Thebis, F./Gnahs, D./Sandau, E./Seidel, S. (2003), Berichtssystem Weiterbildung VIII – Integrierter Gesamtbericht zur Weiterbildungssituation in Deutschland, Bonn.

Lindenberger, U. (2000), Intellektuelle Entwicklung über die Lebensspanne: Überblick und ausgewählte Forschungsbrennpunkte, Psychologische Rundschau, 51, 3, 135-145.

Maintz, G. (2003), Leistungsfähigkeit älterer Arbeitnehmer – Abschied vom Defizitmodell, in: Badura, B./Schellschmidt, H./Vetter, C. (Hrsg.), Fehlzeiten-Report 2002. Demographischer Wandel: Herausforderung für die betriebliche Personal- und Gesundheitspolitik, Berlin, 43-56.

Meyer-Hentschel, H./Meyer-Hentschel, G. (2004), Seniorenmarketing. Generationsgerechte Entwicklung und Vermarktung von Produkten und Dienstleistungen, Göttingen.

Mintzberg (1987), The Strategy Concept I: Five Ps for Strategy, California Management Review, 30, 1, 11-24.

Morschhäuser, M./Ochs, P./Huber, A. (2003), Erfolgreich mit älteren Arbeitnehmern – Strategien und Beispiele für die betriebliche Praxis, Bielefeld.

Morczek, D./Spiro, A., III./Griffin, P. (2006), Personality and Aging, in: Birren, J./Schaie, K. (Hrsg.), Handbook of the Psychology of Aging, 6. Auflage, Amsterdam, 363-377.

Naegele, G./Frerichs, F. (2004), Arbeitnehmer, ältere, in: Gaugler, E./Öchsler, W./Weber, W. (Hrsg.), Handwörterbuch des Personalwesens, 3. Auflage, Stuttgart, Sp. 85-93.

Naegele, G./Walker, A. (2006), A Guide to Good Practice in Age Management, Luxembourg.

Ng, T./Feldman, D. (2008), The Relationship of Age to Ten Dimensions of Job Performance, Journal of Applied Psychology, 93, 2, 392-423.

o. V. (2006a), Die Initiative „50 plus", Frankfurter Allgemeine Zeitung, 48 (29.11.2006), 12.

o. V. (2006b), Ältere Mitarbeiter verdienen in vergleichbaren Positionen mehr, Frankfurter Allgemeine Zeitung, 48 (01.07.2006), 71.

o. V. (2007), Lotsen für eine altersgerechte Arbeitswelt. Demografie-Berater in Nordrhein-Westfalen, Personalführung, 2/2007, 10-12.

OECD (2007), OECD Population Pyramids in 2000 and 2050, URL: http://www.oecd.org/dataoecd/52/31/38123085.xls [14.03.2010].

Oertel, J. (2007), Teammanagement in altersdiversen Belegschaften, Zeitschrift Führung und Organisation, 76, 2, 78-84.

Pander, C. (2007), Erfahren, hochbezahlt und stets auf dem Sprung, Frankfurter Allgemeine Zeitung, 49 (06.01.2007), C1.

Plünnecke, A./Seyda, S. (2004), Bildung, in: Institut der deutschen Wirtschaft Köln (Hrsg.), Perspektive 2050: Ökonomik des demographischen Wandels, Köln, 121-143.

Pötzsch, O./Sommer B. (2003), Bevölkerung Deutschlands bis 2050 – Ergebnisse der 10. koordinierten Bevölkerungsvorausberechnung, Wiesbaden.

Probst, G./Raub, S./Romhardt, K. (2006), Wissen managen. Wie Unternehmen ihre wertvollste Ressource optimal nutzen, 5. Auflage, Frankfurt/Main.

Quinones, M./Ford, J./Teachout, M. (1995), The Relationship Between Work Experience and Job Performance: A Conceptual and Meta-Analytic Review, Personnel Psychology, 48, 4, 887-910.

Raabe, B./Kerschreiter, R./Frey, D. (2003), Führung älterer Mitarbeiter – Vorurteile abbauen, Potenziale erschließen, in: Badura, B./Schellschmidt, H./Vetter, C. (Hrsg.), Fehlzeiten-Report 2002. Demographischer Wandel: Herausforderung für die betriebliche Personal- und Gesundheitspolitik, Berlin, 137-152.

Regnet, E. (2009), Ageing Workforce – Herausforderung für die Unternehmen, in: von Rosenstiel, L./Regnet, E./Domsch, M. (Hrsg.), Führung von Mitarbeitern: Handbuch für erfolgreiches Personalmanagement, 6. Auflage, Stuttgart, 686-699.

Rhodes, S. (1983), Age-Related Differences in Work Attitudes and Behavior: A Review and Conceptual Analysis, Psychological Bulletin, 93, 2, 328-367.

Rump, J. (2004), Der demografische Wandel: Konsequenzen und Herausforderungen für die Arbeitswelt, Zeitschrift für angewandte Arbeitswissenschaft, 181, 49-65.

Rump, J./Eilers, S. (2005), Employability Management – Ein ganzheitlich-integratives Management-
Konzept zur Steigerung der Wettbewerbsfähigkeit von Unternehmen durch Beschäftigungsfähigkeit der Beschäftigten, URL: http://web.fh-ludwigshafen.de//ibe/index.nsf/Files/E3AF2C9
BB24A4DCFC1257012003E59BF/$FILE/Employability%20Management%20%20Abschlussbericht
%20Mai%202005.pdf [20.08.2007].

Rumpf, J. (2004), Umdenken lernen, Personal, 06/2004, 10-13.

Schäfer, H./Seyda, S. (2004), Arbeitsmärkte, in: Institut der deutschen Wirtschaft Köln (Hrsg.), Perspektive 2050: Ökonomik des demographischen Wandels, Köln, 98-120.

Schein, E. (1985), Organizational Culture and Leadership, San Francisco.

Schieber, F. (2006), Vision and Aging, in: Birren, J./Schaie, K. (Hrsg.), Handbook of the Psychology of
Aging, 6. Auflage, Amsterdam, 129-161.

Schmidt, F./Hunter, J./Outerbridge, A. (1986), The Impact of Job Experience and Ability on Job Knowledge, Work Sample Performance, and Supervisory Rating of Performance, Journal of Applied
Psychology, 71, 3, 432-439.

Schreyögg, G. (2008), Organisation: Grundlagen moderner Organisationsgestaltung, 5. Auflage, Wiesbaden.

Sedlatschek, C./Thiehoff, R. (2005), Demographischer Wandel und Beschäftigung – Plädoyer für neue
Unternehmensstrategien, Bundesarbeitsblatt, 4/2005, 4-18.

Semmer, N./Richter, P. (2004), Leistungsfähigkeit, Leistungsbereitschaft und Belastbarkeit älterer
Menschen, in: von Cranach, M./Schneider, H./Ulich, E./Winkler, R. (Hrsg.), Ältere Menschen im
Unternehmen: Chancen, Risiken, Modelle, Bern, 117-132.

Spirduso, W./MacRae, P. (1990), Motor Performance and Aging, in: Birren, J./Schaie, K. (Hrsg.), Handbook of the Psychology of Aging, 3. Auflage, Amsterdam, 183-200.

Statistisches Bundesamt (2006), Bevölkerung Deutschlands bis 2050. 11. koordinierten Bevölkerungsvorausberechnung, Wiesbaden.

Staudinger, U. (1996), Psychologische Produktivität und Selbstentfaltung im Alter, in: Baltes,
M./Montada, L. (Hrsg.), Produktives Leben im Alter, Frankfurt/Main, 344-473.

Sturman, M. (2003), Searching for the U-shaped Relationship Between Time and Performance: A Meta-
Analysis of the Experience/Performance, Tenure/Performance, and Age/Performance Relationships, Journal of Management, 29, 5, 609-641.

Tyler, R, (2009), Workers Over 60 Are Surprise Key to McDonald's Sales, Telegraph Online (13.08.2009),
URL: http://www.telegraph.co.uk/finance/newsbysector/retailandconsumer/6017391/Workers-
over-60-are-surprise-key-to-McDonalds-sales.html [20.03.2010].

United Nations, Department of Economic and Social Affairs, Population Division (2007), World Population Prospects: The 2006 Revision, New York.

Verhaeghen, P./Salthouse, T. (1997), Meta-Analyses of Age-Cognition Relations in Adulthood: Esti-
mates of Linear and Nonlinear Age Effects and Structural Models, Psychological Bulletin, 122, 3,
231-249.

Voelpel, S./Leibold, M./Fürchtenicht, J. (2007), Herausforderung 50 plus: Konzepte zum Management
der Aging Workforce: Die Antwort auf das demographische Dilemma, Erlangen.

Wagner, D. (2007), Alter und Entgelt entkoppeln, Personal, 03/2007, 6-8.

Waltert, J. (2002), Elektronische Kommunikationsforen als Element des Wissensmanagements, Konstanz.

Wanger, S. (2009), Altersteilzeit: Beliebt, aber nicht zukunftsgerecht, IAB-Kurzbericht 8/2009.

Warr, P. (1993), In What Circumstances Does Job Performance Vary With Age?, European Work and
Organizational Psychologist, 3, 3, 237-249.

Warr, P. (1994), Age and Employment, in: Triandis, H./Dunnette, M./Hough, L. (Hrsg.), Handbook of
Industrial and Organizational Psychology, 2. Auflage, Palo Alto/CA, 485-550.

Warr, P./Birdi, K. (1998), Employee Age and Voluntary Development Activity, International Journal of
Training and Development, 2, 3, 190-204.

Warr, P./Bunce, D. (1995), Trainee Characteristics and the Outcomes of Open Learning, Personnel Psychology, 48, 2, 347-375.

Warr, P./Fay, D. (2001), Short Report: Age and Personal Initiative at Work, European Journal of Work and Organizational Psychology, 10, 3, 343-353.

Werner, F. (2006), Die demografische Entwicklung und ihre Auswirkungen auf die Personalarbeit der Commerzbank, Personalführung, 3/2006, 18-27.

Zimmermann, E. (2003), Chancen und Risiken innovativer Arbeitszeitmodelle für ältere Arbeitnehmer, in: Badura, B./Schellschmidt, H./Vetter, C. (Hrsg.), Fehlzeiten-Report 2002. Demographischer Wandel: Herausforderung für die betriebliche Personal- und Gesundheitspolitik, Berlin, 167-183.

18 Umgang mit weiblichen Führungskräften und Mitarbeitern

Lernziele

■ Die Leser können die Bedeutung weiblicher Führungskräfte und Mitarbeiter für Unternehmen einordnen.

■ Die Leser überblicken theoretisch-konzeptionelle Ansätze, die sich mit Unterschieden zwischen männlichen und weiblichen Beschäftigten bzw. innerhalb der Gruppe der weiblichen Beschäftigten auseinandersetzen.

■ Die Leser kennen ausgewählte Handlungsfelder im Umgang mit weiblichen Führungskräften und Mitarbeitern.

■ Die Leser kennen ausgewählte Instrumente zur Gestaltung des Umgangs mit weiblichen Führungskräften und Mitarbeitern.

18.1 Grundlagen zum Umgang mit weiblichen Beschäftigten

Weiblichen Führungskräften und Mitarbeitern wird in Deutschland sowohl in Politik (vgl. BMFSFJ 2006) als auch Wirtschaft (vgl. u. a. Kleinert 2006) ein hohes Potenzial für Unternehmen zugesprochen. Gründe hierfür werden zum einen in dem steigenden Qualifikationsniveau und Karrierestreben von Frauen gesehen. Darüber hinaus führt der absehbare Führungs- und Fachkräftemangel aufgrund der Abwanderung qualifizierter Fachkräfte (vgl. Statistisches Bundesamt 2007) und der Alterung der Erwerbsbevölkerung (vgl. Abschnitt 17.1.1.1) zu einer zunehmenden Bedeutung weiblicher Führungskräfte und Mitarbeiter für die Deckung des Personalbedarfs deutscher Unternehmen (vgl. BMFSFJ 2006, S. 26).

Einige Unternehmen werden dieser Herausforderung heute bereits gerecht. So stellt die Informationsplattform Genderdax® unter Trägerschaft der Helmut-Schmidt-Universität in Hamburg aktuell 44 deutsche Unternehmen und Institutionen vor, die gezielt Maßnahmen ergriffen haben, um weibliche Beschäftigte zu gewinnen und zu fördern (vgl. Domsch/ Ladwig 2009). Allerdings sind weibliche Beschäftigte in den meisten deutschen Unternehmen noch deutlich unterrepräsentiert. Dies gilt insbesondere für Führungspositionen. Eine zentrale Ursache hierfür ist in der unzureichenden Ausrichtung von Unternehmen auf die Gewinnung, die Förderung und die Bindung weiblicher Führungskräfte und Mitarbeiter zu sehen. Der konstruktive Umgang mit weiblichen Führungskräften und Mitarbeitern setzt die Auseinandersetzung mit einer Reihe von Fragen voraus. Die zentralen Leitfragen zum Umgang mit weiblichen Beschäftigten sind in Tabelle 18.1 aufgeführt.

Tabelle 18.1 Zentrale Leitfragen zum Umgang mit weiblichen Führungskräften und Mitarbeitern

Zentrale Leitfragen	Behandelt in ...
1. Warum ist die Beschäftigung mit weiblichen Führungskräften und Mitarbeitern für Unternehmen wichtig?	Abschnitt 18.1
2. Inwieweit unterscheiden sich weibliche von männlichen Beschäftigten?	Abschnitt 18.2.1
3. Existieren Unterschiede innerhalb der Gruppe der weiblichen Beschäftigten, die für das Personalmanagement von Bedeutung sind?	Abschnitt 18.2.2
4. Wie kann der konstruktive Umgang mit weiblichen Beschäftigten durch die Unternehmenskultur gefördert werden?	Abschnitt 18.3
5. Wie können verschiedene Personalmanagement-Systeme den Umgang mit weiblichen Beschäftigten unterstützen?	Abschnitt 18.3
6. Wie können Führungskräfte auf die Führung weiblicher Mitarbeiter vorbereitet werden?	Abschnitt 18.3

Die zunehmende Bedeutung weiblicher Führungskräfte und Mitarbeiter für Unternehmen (vgl. Leitfrage 1, Tabelle 18.1) ergibt sich aus dem Zusammenspiel von steigendem Qualifikationsniveau von Frauen einerseits und erhöhtem Bedarf an qualifizierten Fachkräften in den Industrieländern andererseits. Das durchschnittliche Qualifikationsniveau weiblicher Erwerbspersonen ist während der vergangenen vier Jahrzehnte in Deutschland stark angestiegen. Während 1976 lediglich knapp 3 Prozent der deutschen Frauen über einen Hoch- bzw. Fachhochschulabschluss verfügten, lag dieser Wert im Jahr 2000 bei 10 Prozent. Im gleichen Zeitraum sank die Anzahl der Frauen, die ohne Berufsabschluss blieben, von 55 Prozent auf 33 Prozent (vgl. Plünnecke/Seyda 2004, S. 127). Ähnliche Entwicklungen zeichnen sich auch in anderen Industrieländern ab. So ist der Anteil der Frauen mit einem Universitätsabschluss bzw. einer vergleichbaren Qualifikation in den meisten EU-Ländern von 1998 bis 2004 gestiegen. In Frankreich, Spanien und der Slowakei blieb der Frauenanteil an den Studienabschlüssen konstant, lediglich in Bulgarien, Norwegen und Zypern sind leichte Rückgänge zu verzeichnen (vgl. European Commission 2008, S. 34 ff.). Auch in Australien, Kanada und den USA stieg der Anteil der Frauen mit einem Studienabschluss in einem Zeitraum von 1991 bis 2001 um mehr als 10 Prozentpunkte an (vgl. OECD 2003).

In einigen Staaten wird der Trend zu einer höherwertigen Ausbildung von Frauen flankiert von einem steigenden Bedarf an hochqualifizierten Arbeitskräften. So ist der Bedarf an Fach- und Führungskräften mit Studienabschluss von 1998 bis 2006 insbesondere in Belgien, Dänemark, Deutschland, Finnland, Österreich, der Schweiz sowie den USA gestiegen (vgl. OECD 2009). Gerade in diesen Ländern ist es deshalb für Unternehmen unerlässlich, zur Deckung ihres Personalbedarfs verstärkt weibliche Beschäftigte zu gewinnen und an sich zu binden.

Das Erwerbspotenzial von Frauen ist zum heutigen Zeitpunkt jedoch bei Weitem nicht ausgeschöpft (vgl. Flüter-Hoffmann/Seyda 2006, S. 5). Vielmehr liegt die Beschäftigungsquote von Frauen mit 58,3 Prozent im Durchschnitt der EU-27 14,2 Prozentpunkte unter der Beschäftigungsquote von Männern (European Commission 2009a). Die größten geschlechtsbezogenen Differenzen in den Beschäftigungsquoten finden sich in Italien, Malta und Spanien, während die skandinavischen Länder, Bulgarien und Frankreich die geringsten Unterschiede aufweisen (vgl. Ramb 2008, S. 1 ff.). Allerdings hängt der Frauenanteil sehr stark von der Hierarchieebene ab. Während Frauen in privatwirtschaftlichen Unternehmen in Deutschland über alle Unternehmensebenen rund 45 Prozent aller Beschäftigten repräsentieren, sind sie auf der ersten Führungsebene mit rund 24 Prozent stark unterrepräsentiert (vgl. BMFSFJ 2006, S. 10; Statistisches Bundesamt 2006, S. 26). Wie Abbildung 18.1 verdeutlicht, geht der Anteil weiblicher Führungskräfte und Mitarbeiter auf allen Hierarchieebenen mit zunehmender Größe des Unternehmens zurück.

Abbildung 18.1 Anteil weiblicher Beschäftigter in privatwirtschaftlich geführten Unternehmen (BMFSFJ 2006, S. 10)

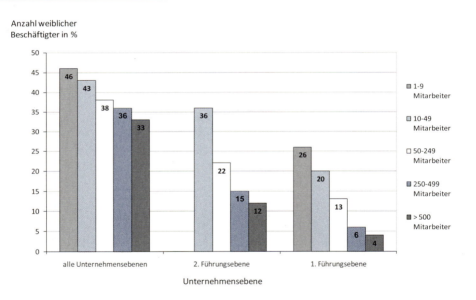

Anzahl weiblicher Beschäftigter in %

Unternehmensebene

Anmerkungen: Datenbasis: IAB-Betriebspanel 2004; in Unternehmen mit weniger als zehn Beschäftigten wird keine 2. Führungs ebene ausgewiesen

Besonders deutlich zeigen sich diese beiden Trends (Abnahme der Frauenquote mit Hierarchieebene und Unternehmensgröße) bei der Betrachtung der Entscheidungsgremien der größten börsennotierten Unternehmen der EU-27. Hier liegt der Anteil weiblicher Führungskräfte im Durchschnitt bei 11 Prozent, unter den Vorsitzenden der Entscheidungsgremien sinkt der Frauenanteil auf 3 Prozent (vgl. European Commission 2009b).

Eine ähnliche Bilanz ist auch für die US-amerikanischen Top-Unternehmen zu verzeichnen. So können Helfat und Kollegen (2006, S. 42) im Rahmen einer Untersuchung von 1.000 US-Fortune-Unternehmen zeigen, dass in 48 Prozent der untersuchten Unternehmen keine Frau in einer Führungsposition vertreten ist. In den Unternehmen, in denen Frauen Führungspositionen innehaben, sind diese zumeist auf der vierten bis fünften Führungsebene angesiedelt (vgl. Helfat et al. 2006, S. 49). Besonders schwach vertreten sind Frauen in den Führungspositionen japanischer Top-Unternehmen. Gerade einmal fünf von 389 Sitzen im Management der 27 japanischen Global Fortune 200-Unternehmen, also 1,3 Prozent, sind durch Frauen besetzt (vgl. Corporate Women Directors International 2007).

Allerdings variiert der Anteil weiblicher Führungskräfte in Abhängigkeit von der Branche. So sind im Gesundheitswesen, im Groß- und Einzelhandel sowie im Dienstleistungssektor überdurchschnittlich viele weibliche Führungskräfte beschäftigt. In Branchen wie Baugewerbe, Kfz-Handel, verarbeitendes Gewerbe, Bergbau und Energiewirtschaft sind Frauen dagegen stark unterrepräsentiert (vgl. Brader/Lewerenz 2006, S. 2).

Die zuvor dargelegten Statistiken zur relativ geringen Repräsentanz weiblicher Führungskräfte bzw. Mitarbeiter in Unternehmen, insbesondere in Führungspositionen, werfen Fragen nach deren Ursachen auf. In der Literatur werden insbesondere folgende Ursachen genannt (vgl. u. a. Abele 2002, S. 110; Kleinert 2006, S. 2; Osterloh/Littmann-Wernli 2002, S. 260):

- die stark selektive Berufswahl weiblicher Absolventen,

- häufige Probleme hinsichtlich der Vereinbarkeit beruflicher und familiärer Interessen und Verpflichtungen sowie

- die Existenz einer „gläsernen Decke" in Unternehmen.

Die *stark selektive Berufswahl weiblicher Absolventen* schlägt sich bereits in der Wahl des Ausbildungsberufs bzw. des Studiengangs nieder. Wie in Abschnitt 5.2 dargelegt, existieren derzeit in Deutschland mehr als 350 Ausbildungsberufe. Allerdings konzentrieren sich rund 54 Prozent aller weiblichen Auszubildenden auf lediglich zehn dieser Berufe. Primär gewählte Berufe sind Arzthelferin, Bürokauffrau, Zahnmedizinische Fachangestellte, Kauffrau im Einzelhandel und Friseurin (vgl. BMFSFJ 2006, S. 16).

Auch bei der Wahl des Studiengangs beschränken sich weibliche Schulabsolventinnen primär auf das Spektrum geisteswissenschaftlicher Fächer. In anderen Fächern, wie z. B. den Ingenieur-, Wirtschafts- und Naturwissenschaften, ist dagegen eine starke Dominanz männlicher Studierender festzustellen (vgl. BMFSFJ 2006, S. 18; Plünnecke/Seyda 2004, S. 135). Letztere Studiengänge bieten jedoch in der Regel deutlich bessere berufliche Chancen als geisteswissenschaftliche Fächer (vgl. Plünnecke/Seyda 2004, S. 135).

Eine Folge der stark selektiven beruflichen Orientierung von Frauen ist, dass ihre berufliche Entwicklung und damit ihre Karrierechancen auf wenige inhaltliche Felder beschränkt bleiben. Dies spiegelt sich zum einen darin wider, dass in der Europäischen Union über 60 Prozent der berufstätigen Frauen in sechs Branchen (insbesondere dem Gesundheitswesen, dem Einzelhandel und dem Bildungswesen) beschäftigt sind, während die sechs Branchen mit dem höchsten Männeranteil lediglich 42 Prozent der berufstätigen Frauen in sich vereinen (vgl. Franco 2007, S. 2). Darüber hinaus beschränken sich Frauen, die eine Führungsposition innehaben, auf wenige Funktionsbereiche (vgl. Abbildung 18.2), wie z. B. Büro-, Personal- und Sozialbereiche. In produktions- und fertigungsorientierten Unternehmensbereichen sowie in Forschungs- und Entwicklungsabteilungen sind dagegen kaum Frauen in Führungspositionen vertreten (vgl. Kleinert et al. 2007, S. 85).

Abbildung 18.2   Anteil weiblicher Beschäftigter in Führungspositionen nach Funktionsbereichen 2004 (vgl. Kleinert et al. 2007, S. 87)

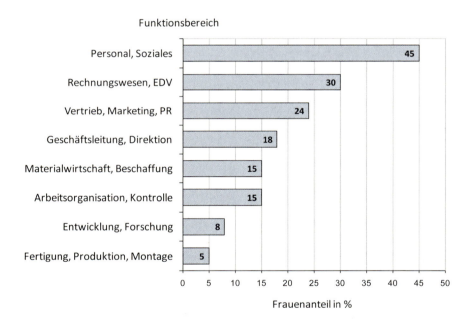

Funktionsbereich

Personal, Soziales	45
Rechnungswesen, EDV	30
Vertrieb, Marketing, PR	24
Geschäftsleitung, Direktion	18
Materialwirtschaft, Beschaffung	15
Arbeitsorganisation, Kontrolle	15
Entwicklung, Forschung	8
Fertigung, Produktion, Montage	5

Frauenanteil in %

Anmerkung: Datenbasis: IAB-Betriebspanel 2004

Eine weitere Ursache für die relativ geringe Präsenz weiblicher Führungskräfte bzw. Mitarbeiter ist in *Problemen der Vereinbarkeit von Beruf, Karriere und Familie* zu sehen. Diese wirken sich offensichtlich insbesondere bei der Entscheidung aus, eine Führungsposition zu übernehmen. Wie Abbildung 18.3 verdeutlicht, sind Frauen unter 30 Jahren noch fast genauso häufig in führenden Positionen vertreten wie ihre männlichen Kollegen. Während der Familiengründungs- und Kinderbetreuungsphase nimmt ihr Anteil dagegen stark ab. Ein entsprechender Zuwachs nach der Familienphase ist allerdings nicht festzustellen (vgl. Kleinert 2006, S. 2).

Abbildung 18.3 Anteil abhängig beschäftigter Frauen in privatwirtschaftlichen
Unternehmen 2004 (in Anlehnung an Kleinert 2006, S. 2)

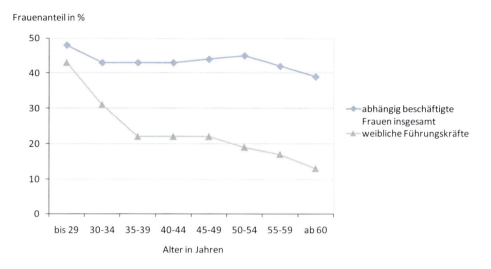

Frauenanteil in %

abhängig beschäftigte
Frauen insgesamt

weibliche Führungskräfte

Alter in Jahren

Anmerkung: Datenbasis: Mikrozensus des Statistischen Bundesamtes 2004

Weiteren Aufschluss über geschlechtsbezogene Unterschiede in der Vereinbarkeit von
Beruf, Karriere und Familie liefert eine Analyse des familiären Umfeldes weiblicher Führungskräfte. Abbildung 18.4 zeigt, dass der größte Teil der weiblichen Führungskräfte
keine Kinder hat, nur rund 37 Prozent leben mit einem Partner zusammen. Bei den männlichen Kollegen zeigt sich ein völlig anderes Bild: Die meisten männlichen Führungskräfte
leben mit Partnern und Kindern zusammen. Ein relativ geringer Anteil männlicher Führungskräfte lebt allein.

Eine dritte Ursache für den relativ geringen Anteil weiblicher Führungskräfte in Unternehmen wird schließlich in einer *unsichtbaren Barriere* gesehen, welche den Aufstieg weiblicher Führungskräfte (bei gleicher Qualifikation im Vergleich zu männlichen Kollegen)
verhindert (vgl. Helfat et al. 2006, S. 43; Osterloh/Littmann-Wernli 2002, S. 260). In diesem
Zusammenhang wird verschiedentlich auch von einer „gläsernen Decke" gesprochen. Als
mögliche Gründe für diese unsichtbaren Barrieren werden implizite Geschlechterstereotype, geringe Aufstiegsorientierung weiblicher Beschäftigter sowie ein Mangel an weiblichen
Vorbildern genannt (vgl. u. a. Abele 2003, S. 169 f.; Bischoff 2005, S. 105 ff., 183 ff.; Helfat et
al. 2006, S. 43).

Abbildung 18.4   Familiäres Umfeld männlicher und weiblicher Führungskräfte
(in Anlehnung an Kleinert 2006, S. 3)

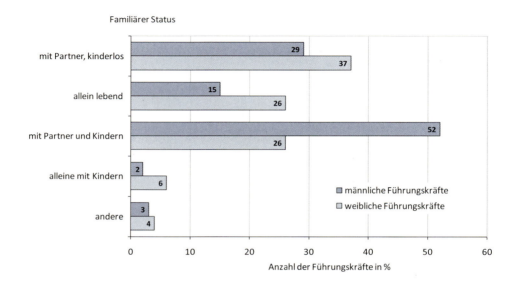

Anmerkung: Datenbasis: Mikrozensus des Statistischen Bundesamtes 2004

Abbildung 18.5 stellt die Ergebnisse einer Befragung zu zentralen Hindernissen für den beruflichen Aufstieg weiblicher Beschäftigter dar. Es zeigt sich, dass Frauen und Männer am häufigsten solche Gründe nennen, welche die eigene Geschlechtsgruppe entlasten. So sehen sich Frauen am häufigsten durch geschlechtsbezogene Vorurteile männlicher Kollegen und Vorgesetzter behindert. Dagegen geben Männer als häufigstes Karrierehemmnis für Frauen deren mangelnde Qualifikation oder (über)betriebliche Gründe an (vgl. Hannover/Kessels 2003, S. 201 f.). Darüber hinaus fällt auf, dass Frauen in größeren Unternehmen signifikant häufiger über geschlechtsbezogene Vorurteile klagen als in Unternehmen mit weniger als 250 Beschäftigten (vgl. Bischoff 2005, S. 77 f.).

Abbildung 18.5 Karrierehindernisse weiblicher Beschäftigter in der Wahrnehmung von Frauen und Männern (in Anlehnung an Bischoff 2005, S. 105)

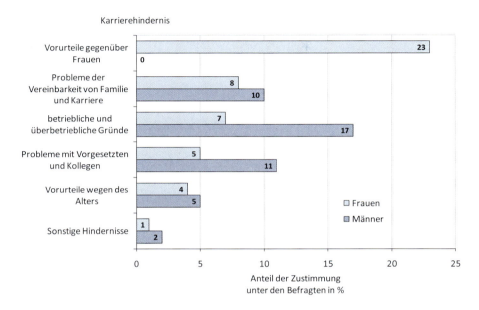

Anmerkung: Stichprobe n = 334 Führungskräfte

18.2 Theoretisch-konzeptionelle Ansätze zum Umgang mit weiblichen Beschäftigten

Einen wertvollen Beitrag zur Identifikation von Ansatzpunkten für den Umgang mit weiblichen Führungskräften und Mitarbeitern liefern theoretisch-konzeptionelle Ansätze der Geschlechterforschung. Diese beschäftigen sich mit der Frage, ob zwischen Frauen und Männern grundsätzliche Unterschiede bestehen und wenn ja, worin deren Ursachen liegen (vgl. Leitfrage 2, Tabelle 18.1). Die Ansätze der Geschlechterforschung lassen sich im Kern zwei Perspektiven zuordnen (in Anlehnung an Krell 2008, S. 14 ff.):

■ *Differenztheoretische Ansätze* gehen von der Annahme aus, dass Unterschiede zwischen Männern und Frauen angeboren sind. Für das Personalmanagement sind die Erkenntnisse dieser Ansätze zu typischen Merkmalen von weiblichen und männlichen Beschäftigten von besonderer Relevanz.

■ Im Gegensatz dazu folgen *konstruktivistische Ansätze* der Annahme, dass Unterschiede zwischen Frauen und Männern durch Faktoren in der Umwelt einer Person (z. B. die

Zuschreibung einer sozialen Rolle) verursacht werden. Diese Umweltfaktoren bedingen eine geschlechtsspezifische Sozialisation, geschlechtsspezifische Chancen und Hindernisse in der persönlichen Entwicklung sowie ein geschlechtsspezifisches Selbstkonzept (vgl. Abele 2002, S. 110 ff.). Aus den konstruktivistischen Ansätzen können Implikationen für den Umgang mit geschlechtsbezogenen Rollenbildern und Stereotypen im Rahmen des Personalmanagements abgeleitet werden. Aus der Gruppe der Differenzansätze wird in Abschnitt 18.2.1 die Theorie der sozialen Rolle ausführlich diskutiert.

Die differenztheoretischen und konstruktivistischen Ansätze konzentrieren sich auf Differenzen zwischen Frauen und Männern, die jeweils als in sich homogen angenommen werden. Unterschiede innerhalb der Gruppe der Frauen werden dagegen vernachlässigt. Vor diesem Hintergrund wurde die Preference Theory entwickelt, die sich explizit mit Unterschieden zwischen Personen weiblichen Geschlechts beschäftigt (vgl. Leitfrage 3, Tabelle 18.1). Diese Theorie wird in Abschnitt 18.2.2 vorgestellt.

18.2.1   Die Theorie der sozialen Rolle

Eine wichtige Frage im Rahmen des Personalmanagements bezieht sich darauf, inwieweit spezifische Erwartungen an weibliche Beschäftigte deren Selbstbild und deren Verhalten beeinflussen und den Umgang mit weiblichen Beschäftigten in Unternehmen prägen. Zur Erklärung rollenbedingter Erwartungen an weibliche Führungskräfte bzw. Mitarbeiter liefert die Theorie der sozialen Rolle, die insbesondere auf die Überlegungen von Eagly (1987) zurückgeht, einen wertvollen Beitrag. Diese Theorie konzentriert sich auf das „Geschlecht als soziale Kategorie" (Abele 2003, S. 162). Ausgehend von der Zuordnung einer Person zur Kategorie „weiblich" oder „männlich" werden der Person durch ihr Umfeld spezifische Stereotypen zugeschrieben und bestimmte Erwartungen an sie gerichtet (vgl. Abele 2003, S. 162). Diese beeinflussen Selbstkonzept, Einstellung und Verhalten einer Person. Sie sind damit Ursache für Unterschiede zwischen den Geschlechtern.

Die Theorie der sozialen Rolle geht somit davon aus, dass sich Männer und Frauen in psychologischer Hinsicht unterscheiden. Diese Unterschiede werden nicht auf angeborene Eigenschaften, sondern auf soziale Rollen zurückgeführt, die in einer Gesellschaft existieren. Eine *soziale Rolle* ist ein Bündel situationsspezifischer Verhaltenserwartungen (d. h. soziale Normen) einer Gemeinschaft an eine Person bzw. Personengruppe (in Anlehnung an Fischer/Wiswede 2009, S. 518 f.). Diese *sozialen Normen* können durch

- Standards (z. B. Unterscheidung zwischen typischen Berufen für Männer bzw. Frauen, Vorgabe von Leistungsstandards für männliche bzw. weibliche Beschäftigte),

- Regeln (z. B. Vorgabe unterschiedlicher Karrieremodelle für Vollzeit- und Teilzeitbeschäftigte, Anwendung unterschiedlicher Vergütungsstrukturen für männliche bzw. weibliche Beschäftigte) sowie

- Vorschriften (z. B. spezifische Bekleidungsvorschriften für männliche bzw. weibliche Beschäftigte) zum Ausdruck gelangen. Sie werden in einer Gesellschaft verbal oder non-verbal kommuniziert.

Die Entstehung sozialer Normen und deren Einfluss auf soziale (insbesondere geschlechterspezifische) Rollen lassen sich mithilfe der sozialen Rollentheorie durch eine dreistufige Wirkungskette abbilden (vgl. Abbildung 18.6).

Abbildung 18.6   Entstehung sozialer Rollen gemäß der sozialen Rollentheorie

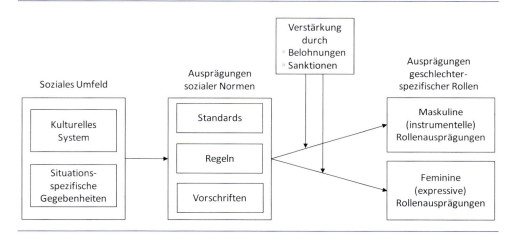

In der ersten Stufe der Wirkungskette steht das *soziale Umfeld* einer Person, welches die sozialen Normen prägt. In diesem Zusammenhang differenziert Dreitzel (1980) zwischen

- dem kulturellen System und

- den situationsspezifischen Gegebenheiten.

Das *kulturelle System* einer Gesellschaft bildet insbesondere Sozialisierungsprozesse während Kindheit und Jugend ab. Diese sind besonders tief in einer Person verwurzelt (vgl. Fischer/Wiswede 2009, S. 521 f.). Darüber hinaus können *situationsspezifische Gegebenheiten* dazu beitragen, dass sich soziale Normen in einer Gesellschaft herausbilden, welche ausschließlich für bestimmte Situationen gelten. So wird beispielsweise im Arbeitskontext in der Regel ein anderer Bekleidungsstil erwartet als bei sportlichen bzw. festlichen Gegebenheiten.

Das soziale Umfeld bewirkt indirekt (über soziale Normen) die Herausbildung von *geschlechterspezifischen Rollen* bzw. Stereotypen. Indem sie ihr Verhalten an geschlechterspezifischen Normen ausrichten, nehmen Männer und Frauen unterschiedliche Rollen innerhalb einer Gesellschaft ein (vgl. Abele 2003, S. 162; Abele-Brehm/Stief 2004, S. 6; Sczesny 2003, S. 134):

- Die *maskuline (instrumentelle) Rolle* ist im Kern mit der Erwartung des „breadwinners" verbunden (vgl. Shauman/Noonan 2007, S. 1377). Um diese Rolle zu erfüllen, muss eine Person eine relative hohe Handlungsorientierung aufweisen. Konformes Verhalten entsprechend der maskulinen Rolle manifestiert sich beispielsweise in hoher Aktivität und dominantem Auftreten.

- Die Erwartungen an die *feminine (expressive) Rolle* beschreiben Shauman und Noonan (2007, S. 1377) als „homemaker within the family". Die feminine Rolle steht dementsprechend für eine relativ hohe emotionale Orientierung einer Person. Dieser Rolle wird eine Person beispielsweise durch fürsorgliche und rücksichtsvolle Verhaltensweisen gerecht.

An dieser Stelle ist nochmals darauf hinzuweisen, dass in der Theorie der sozialen Rolle nicht unterstellt wird, dass alle Männer (bzw. Frauen) gleichermaßen maskuline (bzw. feminine) Merkmale aufweisen. Geschlechtsspezifische Merkmale sind folglich nicht angeboren. Vielmehr resultieren sie daraus, dass sich Personen entsprechend geschlechterspezifischer Erwartungen einer Gemeinschaft verhalten. Anders ausgedrückt werden Personen, die sich nicht konform zu diesen Rollenerwartungen verhalten, als nicht typisch männlich bzw. weiblich wahrgenommen.

Rollenkonformes Verhalten wird durch eine Gesellschaft in Form von *Belohnungen* honoriert. Dagegen wird ein Verstoß gegen soziale Rollen durch *Sanktionen* bestraft. Diese Belohnungen bzw. Sanktionen verstärken den Einfluss sozialer Normen auf die Einhaltung sozialer Rollen (vgl. Abbildung 18.6). Sie können (ebenso wie soziale Normen) verbal oder non-verbal ausgedrückt werden und sind daher den Mitgliedern einer Gesellschaft nur bedingt bewusst. Tabelle 18.2 stellt verbale und non-verbale Belohnungen bzw. Sanktionen im Hinblick auf die Erfüllung bzw. die Nichterfüllung geschlechterspezifischer Rollen gegenüber.

Besonders stark manifestieren sich Geschlechterstereotype bei der Zuschreibung von Führungskompetenz. Da Eigenschaften wie Durchsetzungsvermögen oder Zielstrebigkeit, die einer erfolgreichen Führungsperson typischerweise zugeschrieben werden, als typisch männlich gelten, wird die Führungskompetenz von Frauen im Rahmen der Personalauswahl bzw. -beurteilung regelmäßig niedriger bewertet. Dieses „think-manager-think-male"-Phänomen konnte in zahlreichen empirischen Studien nachgewiesen werden und gilt als ein Erklärungsansatz für die Unterrepräsentanz weiblicher Führungskräfte in Unternehmen (vgl. Sczesny 2003, S. 134). Darüber hinaus bringt das Zusammenspiel von Geschlechter- und Führungsstereotypen weibliche Führungskräfte in eine so genannte „lose-lose"-Situation: Wenn sie sich entsprechend des Geschlechtsstereotyps verhalten, wird ihnen Führungskompetenz abgesprochen. Verhalten sich weibliche Führungskräfte dagegen konsistent mit dem Führungsstereotyp, wird ihnen vorgehalten, sich nicht authentisch weiblich zu verhalten (vgl. Ryan/Haslam 2007, S. 551).

Tabelle 18.2   Beispielhafte verbale und non-verbale Belohnungen bzw. Sanktionen in Abhängigkeit vom Grad der sozialen Rollenerfüllung

Rollenverhalten der Person / Geschlechterrolle	Belohnungen bei Einhaltung der Rolle		Sanktionen bei Verstoß gegen die Rolle	
	Männliche Rolle	Weibliche Rolle	Männliche Rolle	Weibliche Rolle
Verbal (beispielhafte Bezeichnungen)	■ Schaffer ■ Macher ■ Self-made-man	■ Prima Unterstützung ■ Perfekte Mutter	■ Weichei ■ Abseiler ■ „Strukturelles" Risiko	■ Emanze ■ Rabenmutter
Non-verbal (beispielhafte Maßnahmen)	■ Übernahme verantwortungsvoller Aufgaben ■ Gesellschaftliche Anerkennung ■ Integrieren in berufliche Netzwerke	■ Anerkennung durch andere Frauen ■ Gesellschaftliche Anerkennung	■ Verlangsamte bzw. ausbleibende Karriere ■ Begrenzte Anerkennung in Gesellschaft	■ Ausschließen aus Gemeinschaft ■ Kritischer Umgang mit Kindern in Schule, Gesellschaft usw.

Die Annahmen der sozialen Rollentheorie haben Anstoß zu zahlreichen empirischen Arbeiten auf dem Gebiet der Genderforschung gegeben. Sie zeigen, wie sich Geschlechterstereotype auf das Verhalten und den Erfolg weiblicher Beschäftigter (im Vergleich zu ihren männlichen Kollegen) auswirken. Insbesondere konnten folgende Effekte belegt werden:

■ geringeres berufliches Engagement (vgl. u. a. Bruegel 1996, 1999; Cooke/Bailey 1999; Cooke/Speirs 2005; Jacobsen/Levin 1997; Shihadeh 1991),

■ langsamerer beruflicher Aufstieg (vgl. u. a. Boyle et al. 2001, 2003; Boyle/Halfacree/Smith 1999; Cooke 2001; Schwartz 1989; Stroh et al. 1996),

■ geringere Budgetverantwortung (vgl. u. a. Ferber/Green/Spaeth 1986; Konrad et al. 2000),

■ geringere Vergütungshöhe (vgl. u. a. Cox/Harquail 1991; Judge et al. 1995; Melamed 1995; Murrell et al. 1996; Schneer/Reitman 1990) sowie

■ geringere Präsenz in Topmanagement-Ebenen (vgl. Cox/Nkomo 1991; Reitman/Schneer 2003).

Die Relevanz der Theorie der sozialen Rolle für das Personalmanagement ergibt sich aus ihrem Erklärungsbeitrag zur Entstehung von geschlechtsbezogenen Rollenerwartungen und deren Einfluss auf Einstellungen und Verhaltensweisen von Personen. Tabelle 18.3 legt exemplarisch dar, wie sich stereotype Wahrnehmungen und Erwartungshaltungen gegenüber Frauen in verschiedenen Gestaltungsfeldern des Personalmanagements widerspiegeln können. Sie liefert damit Ansatzpunkte zum Abbau geschlechtsbezogener Vorurteile im Umgang mit weiblichen Beschäftigten. Entsprechende Instrumente hierzu werden in Abschnitt 18.3 vorgestellt.

Tabelle 18.3   Beispielhafte Auswirkungen geschlechtsbezogener Rollenbilder auf den Umgang mit weiblichen Beschäftigten

Gestaltungs-feld	Auswirkungen
Unternehmenskultur	■ Betonung als maskulin geltender Werte ■ Sanktionierung von Verhaltensweisen, die als „nicht typisch weiblich" gelten
Mitarbeiterflusssysteme	■ Primäre Berücksichtigung männlicher Bewerber bei der Personalauswahl für typisch männliche Berufe ■ Implizite Fokussierung des Personalmarketings auf männliche Bewerber ■ Benachteiligung weiblicher Bewerber aufgrund angenommener Belastung durch familiäre Verpflichtung ■ Mangelnde Berücksichtigung weiblicher Beschäftigter bei der Planung von Personalentwicklungsmaßnahmen ■ Beschränkung der beruflichen Entwicklungsmöglichkeiten weiblicher Mitarbeiter auf typisch weibliche Funktionsfelder
Belohnungssysteme	■ Negative Bewertung weiblicher Beschäftigter, die als maskulin geltende Eigenschaften und Verhaltensweisen ausüben ■ Negative Bewertung weiblicher Beschäftigter, die als männlich geltende Berufe bzw. Funktionen ausüben ■ Benachteiligung weiblicher Beschäftigter bei der Gehaltsfindung aufgrund familiär bedingter Erwerbsunterbrechungen
Mitarbeiter- und Teamführung	■ Mangelnde Förderung weiblicher Mitarbeiter durch männliche Führungskräfte ■ Etablierung von Vorurteilen gegenüber der Zusammenarbeit mit weiblichen Führungskräften

Kritisch an der Theorie der sozialen Rolle ist die Annahme, dass männliche und weibliche Rollen nicht austauschbar sind (vgl. Bielby/Bielby 1992). Diese Annahme spiegelt nur begrenzt reale Gegebenheiten wider. Allerdings zeigt sich heute immer häufiger, dass Männer und Frauen ihre sozialen Rollen tauschen. Des Weiteren wird in der Theorie der sozialen Rolle angenommen, dass innerhalb der Gruppe der Frauen keine Unterschiede bestehen. Diese unrealistische Annahme schränkt die Aussagekraft der Theorie erheblich ein.

18.2.2   Die Preference Theory

Ausgehend von der Vernachlässigung von Unterschieden zwischen Personen desselben Geschlechts in der klassischen Geschlechterforschung entwickelte Hakim (1996 a, b, 1998, 2000) die Preference Theory. Ziel dieser Theorie ist es zu erklären, wieso Frauen unterschiedlich ausgestaltete Beschäftigungsverhältnisse eingehen. Ausgehend von der Annahme, dass sich Frauen insbesondere hinsichtlich der Priorisierung von Beruf und Partner bzw. Familie von ihren männlichen Kollegen unterscheiden, werden im Rahmen der Preference Theory drei Gruppen von Frauen unterschieden: Work-centred Women, Home-centred Women und Adaptive Women (vgl. Hakim 2002, S. 434 ff.; James 2008, S. 395).

- Zur Gruppe der *Work-centred Women* gehören Frauen, die kompetitive Situationen präferieren. Sie agieren proaktiv auf dem Arbeitsmarkt, investieren in die eigene persönliche und berufliche Weiterentwicklung und arbeiten in der Regel vollzeit in Positionen mit einer relativ hohen Vergütung.

- Als *Home-centred Women* werden Frauen bezeichnet, für die eine feste Beziehung und Familie von höherer Bedeutung sind als Beruf und Karriere. In der Regel reduzieren diese Frauen ihre Arbeitszeiten oder ziehen sich ganz vom Arbeitsmarkt zurück, wenn sie sich in einer festen Beziehung befinden. Dabei sind sie bereit, auf Gehalt bzw. eine berufliche Karriere zu verzichten, um sich ganz ihren familiären Verpflichtungen zu widmen.

- Der Gruppe der *Adaptive Women* werden Frauen zugeordnet, die – je nach privater Situation – zwischen Vollzeit- und Teilzeitbeschäftigung wechseln. Die Priorisierung der beiden Lebensbereiche, Beruf und Partner bzw. Familie, variiert also im Zeitablauf, mit dem Ziel, das jeweils Beste aus beiden Bereichen erleben zu können. Empirische Studien zeigen, dass die Mehrheit der weiblichen Beschäftigten der Gruppe der Adaptive Women zuzuordnen ist (vgl. Hakim 2002, S. 436).

Ausgehend von der Annahme, dass sich die Beschäftigten eines Unternehmens einer der drei vorgestellten Gruppen zuordnen lassen, können Implikationen für das Personalmanagement abgeleitet werden. Tabelle 18.4 zeigt beispielhaft, wie bei der Gestaltung der Personalmanagement-Systeme sowie der Mitarbeiter- bzw. Teamführung auf die unterschiedlichen Gruppen weiblicher Beschäftigter eingegangen werden kann.

Tabelle 18.4   Ansatzpunkte zum Umgang mit unterschiedlichen Gruppen weiblicher
Beschäftigter

Gruppe weiblicher Beschäftigter	Beispielhafte Ansatzpunkte im Rahmen des Personalmanagements
Work-centred Women	■ Anbieten vielfältiger Entwicklungsmöglichkeiten im Rahmen der Personalentwicklung (vgl. Kapitel 5) ■ Unterstützen bei der Planung der beruflichen Karriere im Rahmen der Förderung (vgl. Abschnitt 5.4) ■ Sicherstellen, dass ausreichend private Aktivitäten zum Ausgleich beruflicher Belastungen unternommen werden (vgl. Kapitel 19)
Home-centred Women	■ Anbieten von Möglichkeiten der Vereinbarkeit von Familie und Beruf bzw. Karriere (vgl. Abschnitt 18.3.2) ■ Aufzeigen der Bedeutung der beruflichen Weiterentwicklung für die persönliche Zufriedenheit
Adaptive Women	■ Anbieten von Möglichkeiten zur flexiblen Gestaltung von arbeitsintensiven, karriereorientierten und arbeitsreduzierten, familienorientierten Phasen (z. B. in Form von Sabbaticals) ■ Anbieten von flexiblen Karrieremodellen ■ Abstimmen der individuellen Karriereplanung auf den Wechsel zwischen karriere- und familienorientierten Phasen

Der zentrale Beitrag der Preference Theory zum Personalmanagement besteht darin, Unternehmen und Führungskräfte dafür zu sensibilisieren, dass es nicht die typische weibliche Beschäftigte gibt. Vielmehr sollten bei der Gestaltung der Personalmanagement-Systeme und der Mitarbeiter- bzw. Teamführung Unterschiede zwischen weiblichen Beschäftigten explizit berücksichtigt werden. Ansätze hierzu bietet zum einen die Identifikation unterschiedlicher Karrieretypen, wie sie in Abschnitt 5.4.2 vorgestellt wird. Darüber hinaus kann den Unterschieden zwischen weiblichen Beschäftigten durch die Entwicklung einer an den individuellen Interessen, Bedürfnissen und Erwartungen orientierten beruflichen Strategie im Rahmen der Förderung der Potenziale weiblicher Beschäftigter Rechnung getragen werden (vgl. Abschnitt 18.3.3).

Ein Kritikpunkt an der Preference Theory ist, dass häufig von der derzeitigen beruflichen Situation einer Frau auf das zugrunde liegende Wertesystem und die entsprechenden Präferenzen geschlossen und eine Frau einer der drei zuvor erläuterten Gruppen zugeordnet wird (vgl. James 2008, S. 395). Dabei bleibt unberücksichtigt, inwieweit externe Rahmenbedingungen die Entscheidungen der weiblichen Person beeinflusst oder gar erzwungen haben. Des Weiteren wird kritisiert, dass die Untergliederung in lediglich drei Gruppen weitere relevante Unterschiede innerhalb der jeweiligen Gruppen vernachlässigt (vgl. u. a. Barling/Gallagher 1996; Crompton/Harris 1998; Tam 1997).

18.3 Instrumente zum Umgang mit weiblichen Beschäftigten

In Abschnitt 18.1 wurden die drei zentralen Ursachen für die relativ geringe Beschäftigung weiblicher Führungskräfte bzw. Mitarbeiter diskutiert. Ausgehend davon lassen sich drei Ansatzpunkte zur Gewinnung, Förderung und Bindung weiblicher Führungskräfte und Mitarbeiter ableiten:

■ die Erweiterung des Berufswahlspektrums weiblicher Absolventen,

■ die Unterstützung weiblicher Beschäftigter bei der Vereinbarkeit von Beruf, Karriere und Familie sowie

■ die Förderung der Potenziale weiblicher Führungskräfte und Mitarbeiter.

Um diese Ansatzpunkte in Unternehmen umzusetzen, ist eine entsprechende Ausrichtung der Unternehmenskultur, der Personalmanagement-Systeme sowie der Mitarbeiter- bzw. Teamführung erforderlich. Tabelle 18.5 zeigt anhand beispielhafter Maßnahmen, wie der Umgang mit weiblichen Beschäftigten im Rahmen des Personalmanagements erfolgreich gestaltet werden kann.

Tabelle 18.5 Beispielhafte Personalmanagement-Maßnahmen zum Umgang mit weiblichen Führungskräften und Mitarbeitern

Handlungsfeld	Beispielhafte Maßnahmen
Ansatzpunkt 1: Erweiterung des Berufswahlspektrums	
Personalbedarfs-planung	■ Schaffen einer ausgewogenen Relation zwischen handlungsorientierten und emotional orientierten Merkmalen in Anforderungsprofilen ■ Entwickeln von geschlechtsneutralen Anforderungsprofilen für männlich dominierte Berufe
Personal-gewinnung	■ Analysieren spezifischer berufsbezogener Bedürfnisse weiblicher Bewerber im Rahmen der Arbeitsmarktanalyse (vgl. Abschnitt 4.4.1) ■ Gezieltes Ansprechen potenzieller weiblicher Bewerber für männlich dominierte Berufe
Ansatzpunkt 2: Förderung der Vereinbarkeit von Beruf, Karriere und Familie	
Unternehmens-kultur	■ Ausrichten auf den konstruktiven und offenen Umgang mit weiblichen Führungskräften und Mitarbeitern ■ Etablieren von Familienfreundlichkeit in den Werten und den Verhaltensweisen der Organisationsmitglieder

Handlungsfeld	Beispielhafte Maßnahmen
Personalbedarfs-planung	■ Ausarbeiten von Anforderungsprofilen, die eine Vereinbarkeit von Beruf, Karriere und Familie ermöglichen ■ Berücksichtigen flexibler Arbeitskonzepte in zeitlicher und räumlicher Hinsicht in Stellenprofilen
Personal-entwicklung	■ Schaffen attraktiver unternehmensinterner Karrierewege, die eine Vereinbarkeit von Beruf, Karriere und Familie ermöglichen
Mitarbeiter- bzw. Teamführung	■ Berücksichtigen familiärer Verpflichtungen der Beschäftigten bei der Festlegung interner Termine ■ Eingehen auf persönlich-familiäre Belange weiblicher Mitarbeiter
Ansatzpunkt 3: Förderung der Potenziale weiblicher Führungskräfte bzw. Mitarbeiter	
Unternehmens-kultur	■ Verankern der geschlechtsunabhängigen Förderung von Leistungsträgern in den Werten der Organisationsmitglieder ■ Honorieren von Führungskräften, welche potenzialstarke, weibliche Mitarbeiter fördern
Personal-gewinnung	■ Sicherstellen von Chancengleichheit im Auswahlprozess
Personal-entwicklung	■ Sensibilisieren und Trainieren von Frauen im Bereich persönliche Strategiedefinition/Karriereplanung ■ Einrichten von Mentoring-Programmen oder Netzwerken für weibliche Führungskräfte und Mitarbeiter
Mitarbeiter- bzw. Teamführung	■ Übertragen verantwortungsvoller Aufgaben unabhängig vom Geschlecht der Mitarbeiter ■ Unterstützen weiblicher Mitarbeiter bei der Entwicklung einer beruflichen Strategie

An dieser Stelle ist darauf hinzuweisen, dass die Gewinnung, die Förderung und Bindung weiblicher Führungskräfte und Mitarbeiter nicht zu einer einseitigen Ausrichtung des Personalmanagements führen darf. Vielmehr sind die Aktivitäten zum Umgang mit weiblichen Beschäftigten durch Maßnahmen des Diversity Managements zu flankieren.

Diversity Management	In der Unternehmensstrategie verankerte Maßnahmen zur Nutzung der Potenziale und zur Reduktion der Probleme personeller Vielfalt in Unternehmen (in Anlehnung an Süß 2008, S. 407).

Ziel des Diversity Managements ist es, eine Organisation zu schaffen, die nicht ausschließlich an der Leistungsfähigkeit, den Potenzialen, den Erwartungen und den Bedürfnissen einer bestimmten Beschäftigtengruppe ausgerichtet ist, sondern verschiedene Gruppen von Beschäftigten aktiv in das Unternehmen integriert. Dem Konzept liegt die Annahme zugrunde, dass ein Unternehmen ökonomische Vorteile generieren kann, wenn es der Vielfalt seiner Beschäftigten insbesondere im Rahmen des Personalmanagements gerecht wird (vgl. Süß 2008, S. 407).

Steht – wie im vorliegenden Kapitel – das Geschlecht der Beschäftigten im Fokus des Diversity Managements, wird von Gender Diversity Management gesprochen. Dieses kann durch Maßnahmen des Gender Mainstreamings ergänzt werden. Ziel dieses Konzepts ist es, bei allen Entscheidungen in Unternehmen die Gleichheit bzw. Gleichwertigkeit der Geschlechter sicherzustellen (vgl. Krell/Mückenberger/Tondorf 2008, S. 100). Obwohl konzeptionell unterschiedlich (vgl. Krell 2004), werden die beiden Begriffe Gender Diversity Management und Gender Mainstreaming in der Praxis oft synonym verwendet, wobei Gender Diversity Management in privatwirtschaftlichen Unternehmen gängig ist, während in öffentlichen Institutionen eher von Gender Mainstreaming gesprochen wird (vgl. Krell 2008, S. 4).

Gender Diversity Management und Gender Mainstreaming können vielfältige Beiträge zum Unternehmenserfolg leisten. Dabei ist zwischen externen und internen Effekten zu unterscheiden. Tabelle 18.6 gibt einen Überblick über mögliche Erfolgsauswirkungen von Gender Diversity Management und Gender Mainstreaming (in Anlehnung an Hubbard 2004). Dabei ist zu beachten, dass bestimmte Erfolgsbeiträge eventuell nur in bestimmten Branchen zu realisieren sind. So kann beispielsweise die Ausrichtung auf die spezifischen Bedürfnisse weiblicher bzw. männlicher Kunden in der Konsumgüterindustrie einen entscheidenden Beitrag zum Unternehmenserfolg leisten, während solche Überlegungen in der Industriegüterindustrie lediglich eine untergeordnete Rolle spielen dürften.

Die folgende Darstellung konzentriert sich auf Instrumente zur Gewinnung, Förderung und Bindung weiblicher Führungskräfte bzw. Mitarbeiter. Für Unternehmen, in denen weibliche Beschäftigte bisher insgesamt oder in bestimmten Hierarchieebenen unterrepräsentiert waren, stellen diese Instrumente einen ersten Schritt zu einem erfolgreichen Gender Diversity Management bzw. Gender Mainstreaming dar. In den folgenden Abschnitten werden ausgewählte Instrumente zum Umgang mit weiblichen Beschäftigten in verschiedenen Handlungsfeldern des Personalmanagements dargelegt, die je nach Ansatzpunkt in drei Gruppen gegliedert werden können:

- Instrumente zur Erweiterung des Berufswahlspektrums (Abschnitt 18.3.1),

- Instrumente zur Förderung der Vereinbarkeit von Beruf, Karriere und Familie (Abschnitt 18.3.2) sowie

- Instrumente zur Förderung der Potenziale weiblicher Führungskräfte und Mitarbeiter (Abschnitt 18.3.3).

Tabelle 18.6   Potenzielle Erfolgsauswirkungen erfolgreichen Gender Diversity
Managements bzw. Gender Mainstreamings

Art des Erfolgsbeitrags	Beispielhafte Effekte
Externe Effekte	
Effekte auf Arbeitgeberattraktivität	■ Steigerung der Attraktivität des Unternehmens für weibliche und männliche Bewerber ■ Erhöhung der Zahl geeigneter Bewerber durch Ansprache von weiblichen und männlichen Bewerbern
Finanzielle Effekte	■ Umsatzsteigerung durch bessere Ausrichtung auf spezifische Bedürfnisse weiblicher bzw. männlicher Kunden ■ Gewinnsteigerung durch höhere Effizienz des Personaleinsatzes durch Sicherstellung des Fits zwischen Anforderungen und geschlechtsspezifischen Fähigkeiten der Beschäftigten
Kundenbezogene Effekte	■ Erhöhung der Kundenzufriedenheit durch gezieltere Erfüllung von Wünschen weiblicher bzw. männlicher Kundengruppen ■ Steigerung der Weiterempfehlungsbereitschaft durch bessere Beratung durch Mitarbeiter, die das gleiche Geschlecht wie die Kunden haben
Interne Effekte	
Effekte auf Verhalten und Einstellung der Mitarbeiter	■ Erhöhung der Bindung der Mitarbeiter durch wahrgenommene Fairness aufgrund von Chancengleichheit ■ Erhöhung der Mitarbeiterleistung durch Arbeit in gemischten Teams
Effekte auf Führungsstil und -verhalten	■ Steigerung des Führungserfolgs durch bewusste Ausrichtung auf unterschiedliche Bedürfnisse weiblicher bzw. männlicher Beschäftigter
Lern- und entwicklungs- bezogene Effekte	■ Realisierung von Lerneffekten durch Austausch von Wissen und Erfahrungen zwischen weiblichen und männlichen Beschäftigten ■ Erhöhung der Flexibilität der Beschäftigten durch Förderung des Perspektivenwechsels

18.3.1   Instrumente zur Erweiterung des Berufswahlspektrums

Instrumente zur Erweiterung des Berufswahlspektrums zielen darauf ab, weibliche Schulabgänger für Berufe, Studiengänge und Branchen zu begeistern, welche diese zumeist unberücksichtigt lassen. Wie bereits in Verbindung mit Tabelle 18.5 dargelegt, spielen in diesem Bereich insbesondere Maßnahmen der Personalgewinnung eine zentrale Rolle. So führen zahlreiche deutsche Unternehmen (manchmal in Kooperation mit staatlichen Initiativen) gezielt Projekte durch, um weibliche Nachwuchskräfte zu gewinnen.

Ein Beispiel für eine solche Initiative ist der so genannte „Girls' Day". Verschiedene Mitgliedsunternehmen des BDA, des BDI, der DIHK und anderer Dachorganisationen richten hierbei gemeinsam mit der Bundesregierung und der Bundesagentur für Arbeit einmal jährlich eine eintägige Veranstaltung aus. An diesem Schnuppertag können Schülerinnen und Studentinnen in Unternehmen und Institutionen wichtige, zukunftsträchtige Arbeitsgebiete praxisnah kennen lernen (vgl. BMFSFJ 2006, S. 20). Ziel dieser Veranstaltung ist es, das Interesse weiblicher Nachwuchskräfte insbesondere für technische Berufe zu wecken.

Wie Insert 18.1 zeigt, greifen solche Initiativen bei der Ansprache weiblicher Absolventinnen auf zum Teil ausgefallene Kommunikationskonzepte zurück. Dabei geht es zum einen darum, die persönlichen Bedürfnisse und Interessen weiblicher Nachwuchskräfte anzusprechen. Zum anderen soll herausgestellt werden, welche Möglichkeiten bestimmte Berufe gerade für weibliche Beschäftigte bieten.

Insert 18.1: Werbeplakat für ein Angebot im Rahmen des Girls' Day (Kompetenzzentrum Technik - Diversity - Chancengleichheit e.V. 2007)

Ein weiteres Beispiel für die gezielte Ansprache weiblicher Nachwuchskräfte ist die Datenbank „1blick" (www.1-blick.com). Diese Datenbank wird durch den Westdeutschen Handwerkskammertag bereitgestellt. Sie stellt eine Plattform für weibliche Absolventinnen und Unternehmen dar, um sich schnell und umfangreich über Praktikumsplätze auszutauschen. Weibliche Interessentinnen haben dort die Möglichkeit, Praktikumsstellen zu suchen oder Gesuche aufzugeben. Unternehmen wiederum können Praktikumsplätze ausschreiben bzw. passende Bewerberinnen ansprechen.

Neben solchen breit angelegten Initiativen können auch einzelne Unternehmen gezielt an weibliche Absolventen herantreten. Die Aktivitäten können von der Bereitstellung spezifischer Informationen für Schülerinnen bzw. Studentinnen über das Angebot von Praktika bis hin zu spezifischen Einarbeitungsprogrammen reichen. Ein solches Unternehmensprogramm wurde beispielsweise durch die Ford-Werke AG durchgeführt (vgl. Insert 18.2). An dieser Stelle ist allerdings darauf hinzuweisen, dass Stellenanzeigen, die ausschließlich auf Frauen zugeschnitten sind, aufgrund des Allgemeinen Gleichbehandlungsgesetzes (§ 12 AGG) unzulässig sind.

Insert 18.2:   Maßnahmen zur Gewinnung weiblicher Schulabgänger für technische Berufe bei der Ford-Werke AG (Borghoff/Walner 2002, S. 11)

Autobau ist Männersache?

Das „FiT"-Projekt

[…] Im Mittelpunkt von FiT [Frauen in technischen Berufen] stehen Informationsveranstaltungen und Praktika, die das Interesse der Mädchen für technische Berufe wecken sollen. Wer eine Ausbildung in diesem Bereich absolvieren möchte, lernt in der Lehrwerkstatt verschiedene Berufsbilder kennen und erhält Einblicke in die Fertigung. Interessentinnen erhalten in Schnuppereinstellungstests Informationen über Bewerbung und Berufseinstieg sowie Ford als Arbeitgeber. Lust auf Naturwissenschaften vermittelt insbesondere das FiT-Projekt „Physik zum Be-Greifen". Im Rahmen von ein bis dreitägigen Projekten im Ford-Entwicklungszentrum haben Schülerinnen der gymnasialen Oberstufe die Möglichkeit, ihr theoretisches

14 Frauen bilden das so genannte Core-Team, das sich einmal im Monat zur Besprechung der Aktivitäten und zur Strategieentwicklung trifft. Diese 14 Frauen werden wiederum von 40 bis 50 Mitarbeiterinnen unterstützt. „Wir sehen uns als Ansprechpartner der Ingenieurinnen hier im Unternehmen und wollen langfristig ein Ford-weites Netzwerk aufbauen", erläutert Gabriela Hahn, Chair-Woman des WEP. Einen großen Schritt nach vorn auf dem Weg zu einem solchen Netzwerk tat das WEP in enger Zusammenarbeit mit anderen Ford-Mitarbeitergruppen 1999 mit der Organisation des „Women's Networking Event". Hier folgten mehr als 140 Frauen aus ganz Deutschland der Einladung von Ford zu einer Diskussion über das Thema Auto.

Wissen in die Praxis umzusetzen. Der Erfolg kann sich sehen lassen, auch im Bereich der Schülerpraktika: „Seit Beginn von FiT konnten wir den Anteil der Mädchen, die technische Betriebspraktika durchlaufen, von 7 Prozent auf 32 Prozent steigern, das ist in der Industrie beispiellos", berichtet Pia Wulf, Koordinatorin des FiT-Projekts.

Women's Engineering Panel (WEP)

Maßgeblich unterstützt wird das FiT-Projekt vom 1995 gegründeten „Women's Engineering Panel" (WEP), einem Netzwerk von Ford-Ingenieurinnen, das aber auch für Interessenten anderer Fachrichtungen – männliche Kollegen eingeschlossen – offen ist. Den Anteil von Frauen in Ingenieurberufen zu erhöhen, ist das Anliegen des WEP.

Henry-Ford-Stipendium „Try-Ing"-Programm

Das Engagement der Ingenieurinnen endet jedoch nicht am Werkstor. Drei- bis viermal im Jahr besuchen Gabriela Hahn und das WEP-Team deutsche Hochschulen, um ihre Erfahrungen aus dem Ingenieurberuf weiterzugeben und Studentinnen der technischen Studiengänge ihr Arbeitsfeld bei Ford vorzustellen. [...] Außerdem entwickelte das WEP zusammen mit dem FiT-Team das „Try-Ing"-Programm, das immer in den letzten zwei Wochen während der Sommerferien stattfindet. Hier können in erster Linie Schülerinnen, aber auch Schüler ab der elften Klasse jeweils eine Woche an Vorlesungen an der FH Köln teilnehmen und anschließend an Projekten im John Andrews-Entwicklungszentrum bei Ford arbeiten.

18.3.2 Instrumente zur Förderung der Vereinbarkeit von Beruf, Karriere und Familie

Eine bessere Vereinbarkeit von Beruf, Karriere und Familie wird von Unternehmen als zunehmend wichtig erachtet (vgl. Flüter-Hoffmann/Seyda 2006, S. 9). Grundlegende Voraussetzung hierfür ist in der familienfreundlichen Ausrichtung der Unternehmenskultur zu sehen (vgl. Vedder 2005, S. 237). Wie bereits in Abschnitt 7.2.2 dargelegt, umfasst die Unternehmenskultur im Kern vier Ebenen (vgl. Homburg/Pflesser 2000):

- die *Werte* als von einer Gemeinschaft geteilte Auffassungen über das Wünschenswerte,

- die *Normen* als Erwartungen an gewünschte Verhaltensweisen,

- die *Artefakte* als von außen sichtbare Symbole im Rahmen einer Unternehmenskultur sowie

- die *Verhaltensweisen* als von außen beobachtbare Handlungen der Organisationsmitglieder.

Die *familienfreundliche Ausrichtung der Werte* manifestiert sich insbesondere in den Leitlinien eines Unternehmens. Hierin können beispielsweise Respekt und Toleranz gegenüber Beschäftigten mit familiären Verpflichtungen verankert werden.

Durch die *familienorientierte Ausrichtung von Normen* werden im Unternehmen gewisse Verhaltensstandards im Umgang mit Führungskräften bzw. Mitarbeitern, die familiäre Verpflichtungen wahrnehmen, etabliert. Dabei wird festgelegt, welche Verhaltensweisen im Umgang mit Beschäftigten mit familiären Verpflichtungen erwartet bzw. nicht gewünscht werden. Beispielhaft ist in diesem Zusammenhang die Norm zu nennen, dass Nachwuchskräften trotz familienbedingter Unterbrechungen attraktive Karrieremodelle angeboten werden müssen.

Die sichtbarste Komponente der Unternehmenskultur stellt die *familienfreundliche Ausrichtung der Artefakte* dar. Ein wichtiges Artefakt ist das Vorleben einer erfolgreichen Bewältigung beruflicher und familiärer Herausforderungen durch Führungskräfte. Insert 18.3 liefert hierfür ein eindrückliches Beispiel. Zudem kann die Unternehmensleitung durch die Unterstützung des familiären Engagements von Mitgliedern des oberen Managements ein wichtiges Signal setzen (vgl. BMFSFJ 2001, S. 18).

Insert 18.3:   Förderung einer familienfreundlichen Unternehmenskultur durch
                        Rollenvorbilder im Management (Appel 2009, S. C2)

CEO in Elternzeit

[…] Auch wenn deren Zahl deutlich gestiegen ist, bleiben Väter mit Auszeit also klar in der Minderheit. Dass gar ein Vorsitzender der Geschäftsführung die berufliche Pause in Anspruch nimmt, dürfte geradezu einmalig sein. Torsten Straß hat es gemacht. Er führt den IT-Dienstleister Logica Deutschland in Frankfurt, ist Chef von rund 2.000 Mitarbeitern und hat im Februar 2008 ein ungewöhnliches Zeichen gesetzt. Mit dem Tag der Geburt seines ersten Kindes hat er Elternzeit genommen. Zwar nur für vier Wochen, aber im Unternehmen hat er damit doch für Gesprächsstoff gesorgt.

[…] Sein im internationalen Verbund von Logica Vorgesetzter, der selbst Kinder hat, habe aufgeschlossen reagiert. Er sei nicht der erste Mann im Unternehmen gewesen, der Elternzeit in Anspruch genommen habe, berichtet der Manager. Aber „das Zeichen von oben" habe doch noch mal etwas ausgelöst. Seither nähmen die Anfragen von Männern zu, was Straß begrüßt. „Wir wollen bis 2010 einer der zehn attraktivsten Arbeitgeber unserer Branche werden, und dazu zählen auch Maßnahmen der Work-Life-Balance mit Elternzeit, Teilzeit und Sabbaticals." […] „Ich sage meinen Mitarbeitern: Wenn ihr die Möglichkeit habt, macht es. Es bringt dem Kind etwas, es bringt euch etwas. Und wir sorgen dafür, dass ihr hier in der Firma keine Nachteile daraus habt."

Familienfreundliche Verhaltensweisen gelangen im unmittelbaren Umgang mit betroffenen Beschäftigten zum Ausdruck. So sollten Führungskräfte bereits im Vorfeld der konkreten Familienphase Offenheit und Toleranz in diesem Bereich signalisieren. Auch ein frühzeitiges Abstimmen verschiedener Karrierephasen unter Berücksichtigung möglicher zukünftiger familiärer Verpflichtungen kann zur langfristigen Bindung potenzialstarker Führungskräfte bzw. Mitarbeiter beitragen.

Eine bedeutende Rolle für die Förderung der Vereinbarkeit von Beruf, Karriere und Familie spielt neben der familienfreundlichen Ausrichtung der Unternehmenskultur die Einführung familienfreundlicher Maßnahmen in Unternehmen. Diese kann aus Sicht der Unternehmen unterschiedlichen Zielen dienen. Abbildung 18.7 legt dar, welche Motive Unternehmen mit der Einführung familienfreundlicher Maßnahmen verfolgen.

Abbildung 18.7   Motive von Unternehmen für die Einführung familienfreundlicher
              Maßnahmen (in Anlehnung an Flüter-Hoffmann/Seyda 2006, S. 19)

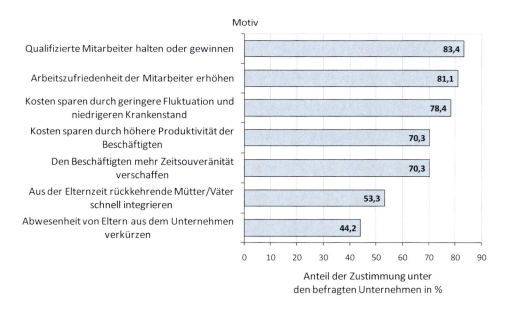

Anmerkung: Stichprobe n = 1.128 Geschäftsführer bzw. Personalverantwortliche deutscher Unternehmen

Wie Abbildung 18.7 zeigt, versuchen Unternehmen durch die Einführung familienfreundlicher Maßnahmen insbesondere, qualifizierte Führungskräfte bzw. Mitarbeiter zu binden. Eng hiermit verbunden ist das Ziel, die Attraktivität eines Unternehmens als Arbeitgeber zu steigern. Eine Möglichkeit für Unternehmen, die Familienorientierung nach außen sichtbar zu machen, ist eine Zertifizierung als besonders familienfreundliches Unternehmen. Eine solche Zertifizierung wird beispielsweise durch die Hertie-Stiftung angeboten. Dazu werden im Rahmen von Audits die familienförderlichen Maßnahmen eines Unternehmens begutachtet. Nach Angaben der Hertie-Stiftung haben bereits mehr als 160 Unternehmen, Institutionen und Hochschulen mit rund 400.000 Beschäftigten das „Audit Beruf und Familie" durchgeführt (vgl. hierzu das Unternehmensbeispiel in Insert 18.4).

Insert 18.4:   Zertifizierung für Familienfreundlichkeit am Beispiel der Merck KGaA (Merck 2005)

Audit Beruf und Familie

Merck ist ein familienfreundliches Unternehmen. Die gemeinnützige Hertie-Stiftung hat der Merck KGaA das Grundzertifikat zum Audit Beruf und Familie für das Engagement zur Verbesserung familiengerechter Arbeitsbedingungen verliehen (http://www.beruf-und-familie.de/). Am 05. September 2005 wurde uns in Berlin im Auswärtigen Amt die Urkunde überreicht. Der damalige Wirtschaftsminister Clement betonte dabei, dass eine familienbewusste Personalpolitik zu einer höheren Mitarbeiterzufriedenheit und somit zur Bindung von qualifizierten Mitarbeiterinnen und Mitarbeitern führt, was erfolgreiche Unternehmen auszeichnet.

Flexible Arbeitszeiten, zahlreiche Teilzeitmodelle, Telearbeit auch während der Elternzeit, Tageselternvermittlung, eine eigene, betriebsnahe Kindertagesstätte (mit 88 Plätzen), Unterstützungsangebote zur Pflege von Angehörigen, das alles gibt es

schon sehr lange bei uns. Mit dem Audit haben wir uns selbst 22 weitere Optimierungsziele gesetzt und uns verpflichtet, diese in den nächsten drei Jahren umzusetzen. Zu den wichtigsten gehört die Verbesserung des Betreuungsangebotes für unter dreijährige Kinder. Dabei ist bereits ein erster Erfolg zu vermelden. Die Familie Merck stiftet der Kindertagesstätte, die bereits 1968 zum 300. „Unternehmensgeburtstag" gegründet wurde, ein weiteres Gebäude. Dadurch wird das Angebot auf 24 Krippenplätze verdoppelt. Weitere Ziele sind die Förderung von Entwicklungs- und Karrieremöglichkeiten für Teilzeitkräfte und die Sensibilisierung der Führungskräfte und Mitarbeiter für das Thema Beruf und Familie. Weiterhin soll der Kontakt zu Mitarbeitern in der Familienpause intensiviert werden. Dazu können betroffene Mitarbeiter zum Beispiel an Fortbildungsmaßnahmen teilnehmen oder Ferienvertretungen übernehmen.

Um die Vereinbarkeit von Beruf, Karriere und Familie zu verbessern, stehen Unternehmen eine Vielzahl von Instrumenten zur Verfügung. Im vorliegenden Abschnitt wird zwischen zwei Gruppen von Instrumenten unterschieden:

■ Die *Flexibilisierung der Arbeitsorganisation* zielt darauf ab, die Arbeitstätigkeit in zeitlicher und räumlicher Hinsicht so zu organisieren, dass sie mit den privaten Verpflichtungen der Beschäftigten vereinbar ist.

■ Die *Unterstützung durch Zusatzleistungen* soll dagegen die Beschäftigten von ihren familiären Aufgaben entlasten. Dadurch soll diesen ermöglicht werden, ihre beruflichen Aufgaben optimal wahrnehmen zu können.

Abbildung 18.8 liefert einen Überblick über beispielhafte Instrumente innerhalb der zuvor beschriebenen beiden Kategorien. Eine kompakte Darstellung ausgewählter Instrumente steht im Mittelpunkt der weiteren Ausführungen dieses Abschnitts. Dabei liegt der Fokus auf Maßnahmen, die für Unternehmen im Zusammenhang mit dem Umgang mit weiblichen Führungskräften bzw. Mitarbeitern besonders wichtig sind.

In der Unternehmenspraxis sind insbesondere Maßnahmen zur Flexibilisierung der Arbeitsorganisation weit verbreitet. Knapp 89 Prozent von 1.128 befragten Unternehmen praktizieren Arbeitszeitflexibilisierung und Telearbeit. Fast ebenso viele Unternehmen führen Maßnahmen zur Elternförderung (84,3 %) bzw. zur Erleichterung des Wiedereinstiegs (62,3 %) durch. Dagegen bieten lediglich 38,8 Prozent der befragten Unternehmen ihren Beschäftigten Familienservices an (vgl. Flüter-Hoffmann/Seyda 2006, S. 12). Der Umfang der angebotenen Maßnahmen steigt dabei mit der Anzahl der Beschäftigten und dem Anteil weiblicher Führungskräfte (vgl. Flüter-Hoffmann/Seyda 2006, S. 9).

Abbildung 18.8 Systematisierung familienfreundlicher Maßnahmen

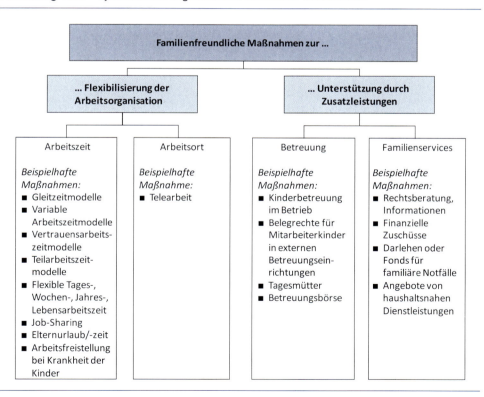

18.3.2.1   Instrumente zur Flexibilisierung der Arbeitsorganisation

Weibliche Führungskräfte bzw. Mitarbeiter stehen vielfach vor der Herausforderung, berufliches Engagement und familiäre Verpflichtungen zufriedenstellend miteinander zu verbinden. Um diese beiden Lebensbereiche zu koordinieren, sollte den Beschäftigten Flexibilität bei der Erfüllung ihrer beruflichen Aufgaben eingeräumt werden. Diesem Zweck dienen Instrumente zur Flexibilisierung der Arbeitsorganisation. Konkret kann dabei an zwei Punkten angesetzt werden:

- der Flexibilisierung der Arbeitszeit sowie

- der Flexibilisierung des Arbeitsortes.

Instrumente zur Flexibilisierung der Arbeitszeit

Im Rahmen von *Gleitzeitmodellen* können Beschäftigte innerhalb vereinbarter Zeitspannen den Beginn und das Ende der Arbeitszeit selbst bestimmen (vgl. Linnenkohl/Rauschenberg 1996, S. 92 f.). Lediglich in den betrieblich festgelegten Kernarbeitszeiten müssen alle Mitarbeiter anwesend sein (vgl. BMFSFJ 2001, S. 25). Gleitzeitregelungen gewähren Beschäftigten größere zeitliche Spielräume, um familiären Verpflichtungen nachzukommen. Voraussetzung für die Einführung solcher Gleitzeitmodelle ist zum einen ein Mindestmaß an Eigenverantwortlichkeit und Zeitautonomie der Mitarbeiter. Zum anderen ist eine gewisse zeitliche Unabhängigkeit der Leistungserstellung erforderlich (vgl. BMFSFJ 2001, S. 25).

Eine Weiterentwicklung der Gleitzeit stellt die *variable Arbeitszeit* dar. Besondere Merkmale dieses Arbeitszeitmodells gegenüber der Gleitzeit sind die Abschaffung von Kernzeiten und die Ausdehnung von Ausgleichszeiträumen. An Stelle von Kennzahlen werden Service-, Ansprech- oder Funktionszeiten eingeführt und Servicestandards definiert (vgl. Kiesche 2001, S. 285). Die variable Arbeitszeit setzt die Existenz von Arbeitszeitgruppen voraus. Die einzelnen Gruppen entscheiden über Lage und Dauer der individuellen Arbeitszeiten und der Pausen. Damit werden Leitungsfunktionen wie z. B. Dienstplangestaltung oder die Urlaubsplanung auf die Gruppe übertragen. Vorgaben bestehen in der Regel im Hinblick auf Betriebszeiten bzw. Öffnungszeiten, Funktionszeiten, Mindestbesetzungsstärken sowie Ergebniserwartungen. Die variable Arbeitszeit ist in der Unternehmenspraxis noch relativ wenig verbreitet. Bisherige Einsatzbereiche sind Versicherungen, Banken und zunehmend der Öffentliche Dienst (vgl. Kiesche 2001, S. 85).

Eine weitere Ausweitung von Gleitzeitmodellen stellt die *Vertrauensarbeitszeit* dar. In diesem Arbeitszeitmodell werden Rahmenarbeitszeiten erheblich ausgedehnt, der zulässige Arbeitszeitübertrag ausgeweitet, die Kernzeiten aufgehoben und der Zeitausgleich in die Eigenverantwortung der Arbeitnehmer gelegt. Die Arbeitszeiten werden im Team abgesprochen, und die Arbeitszeiterfassung erfolgt durch die Beschäftigten. Zu diesem Konzept gehört auch die Abschaffung persönlicher Arbeitszeitkonten.

In der Unternehmenspraxis werden Formen von Vertrauensarbeit praktiziert, in denen eine datengestützte Zeiterfassung bestehen bleibt und lediglich auf deren Auswertung verzichtet wird. In Überlastungssituationen sollen diese Aufzeichnungen den Führungskräften Hinweise für entsprechende Kompensationsmaßnahmen liefern. Vertrauensarbeitszeit ist in unterschiedlicher Ausgestaltung zunehmend in der Informationstechnik, in der chemischen Industrie, in Medienunternehmen und im Öffentlichen Dienst anzutreffen (vgl. Kiesche 2001, S. 286). So wird beispielsweise in den Unternehmen IBM, Microsoft, Phillips, Siemens sowie VW Vertrauensarbeitszeit praktiziert (vgl. Kiesche 2001, S. 286).

Ein weiteres Instrument zur Arbeitszeitflexibilisierung stellt die *Teilzeitarbeit* dar. Durch die Vereinbarung von Teilzeit können Beschäftigte mit familiären Verpflichtungen ihre berufliche Inanspruchnahme reduzieren. Durch diese Entlastung erhoffen sich Unternehmen, die Leistungsbereitschaft und -fähigkeit von Führungskräften und Mitarbeitern mit familiären Verpflichtungen in der verbleibenden Arbeitszeit zu erhöhen (vgl. BMFSFJ 2001, S. 33). Allerdings stehen diesem Vorteil höhere Personalbetreuungs- und Personalnebenkosten sowie zusätzlicher Koordinationsaufwand gegenüber. Auch die Beschäftigten müssen mit Nachteilen rechnen: Sie verfügen über ein geringeres Einkommen und es kann zu Verzögerungen des beruflichen Aufstiegs kommen (vgl. BMFSFJ 2001, S. 37).

Die Verbreitung von Teilzeitarbeit hat in den letzten Jahren weiter zugenommen. Dabei sind es überwiegend Frauen, die einer Teilzeitbeschäftigung nachgehen: 45,5 Prozent aller erwerbstätigen Frauen in Deutschland sind teilzeitbeschäftigt. Die Teilzeitquote von Frauen ist damit deutlich höher als die ihrer männlichen Kollegen, die aktuell bei 9,4 Prozent liegt (vgl. Eurostat 2009). Insbesondere Mütter nehmen die Möglichkeit einer Teilzeitbeschäftigung wahr (vgl. Statistisches Bundesamt 2006, S. 43). Teilzeitbeschäftigung wird somit zum zentralen Instrument der Vereinbarkeit von Beruf, Karriere und Familie, wie auch Insert 18.5 zeigt. Bei Führungspositionen liegt der Anteil der Teilzeitbeschäftigten allerdings lediglich bei 11 Prozent (vgl. BMFSFJ 2006, S. 44). Und wiederum lediglich 2 Prozent dieser Teilzeitarbeitsplätze im Management entfallen auf männliche Führungskräfte (vgl. Kleinert et al. 2007, S. 81 f.).

Insert 18.5:   Bedeutung der Teilzeit für die Vereinbarkeit von Beruf, Karriere und Familie (Wittenhagen 2008, S. C4)

Am liebsten 20 Stunden

[...] 500.000 neue Krippenplätze, Elterngeld für Väter und Unternehmen, die sich reihenweise als familienfreundlich zertifizieren lassen – all das ist ein Anfang. Doch mit Finanzspritzen und Investitionen in die Kinderbetreuung allein ist es nicht getan.

Laut einer aktuellen Studie der gewerkschaftsnahen Hans-Böckler-Stiftung sind es vor allem die Arbeitszeiten sowie ver-

nach einer Babypause wieder in den Beruf zurückkehren. [...]

Am zufriedensten sind Mütter - Kinderbetreuung ist fast immer noch allein ihr Thema – gemäß der Studie mit Wochenarbeitszeiten zwischen 20 und 30 Stunden. Betreuungslücken sind dabei nicht der Grund, warum Frauen ihre Arbeitszeit reduzieren wollen. „Nach meiner Erfahrung orientieren sich die meisten Frauen nach der Ge-

ständnisvolle Kollegen und Vorgesetzte, die im Kreis der Beschäftigten als wirklich familienfreundlich ankommen – und darüber entscheiden, ob und wann Mütter burt ihrer Kinden neu und wollen nicht mehr Vollzeit arbeiten", sagt die ehemalige Unternehmensberaterin und dreifache Mutter.

Zunehmende Bedeutung in der Unternehmenspraxis gewinnen *Instrumente der flexiblen Jahresarbeitszeit* (vgl. Kiesche 2001; Kutscher/Weidinger/Hoff 1996). Dabei sollen die Arbeitszeiten an den konjunkturell oder saisonal schwankenden Arbeitsbedarf angepasst werden. Die Flexibilisierung der Jahresarbeitszeit ist dadurch gekennzeichnet, dass der Ausgleichszeitraum für Mehr- bzw. Kurzarbeit auf ein Jahr verlängert wird. Dabei richtet sich der unregelmäßige, flexible Arbeitseinsatz nach den Schwankungen des Kapazitätsbedarfs. Dieser kann sich im Laufe eines Jahres aufgrund von Unternehmensanforderungen (z. B. Kundenwünschen) ändern. Je offener, flexibler und variabler die Jahresarbeitszeit gestaltet wird, desto mehr Risiken müssen allerdings die Beschäftigten in Kauf nehmen. Diese Risiken können z. B. in erhöhter Arbeitsdichte oder Urlaub zu ungünstigen Zeiten zum Tragen kommen.

Ein weiteres Instrument zur Flexibilisierung der Arbeitszeit ist das *Job-Sharing*. Dabei teilen sich mehrere Beschäftigte einen Arbeitsplatz (vgl. Linnenkohl/Rauschenberg 1996, S. 127 ff.). In der Regel sind es zwei Arbeitnehmer, die sich einen Vollzeitarbeitsplatz teilen. Eine weitere, häufig praktizierte Variante ist die Zusammenlegung von zwei Stellen und deren Besetzung durch drei Beschäftigte bei Drittelung des Gesamtstundenvolumens (vgl. BMFSFJ 2001, S. 36 ff.). Job-Sharing ist ein offenes Arbeitszeitsystem und kann beliebig zur Variation von Lage und Verteilung der Arbeitszeit genutzt werden. Der Einsatzplan wird durch die Beschäftigten im Rahmen einer zeitautonomen Gruppe selbst erstellt. So wird hohe Flexibilität der Beschäftigten im Hinblick auf ihre außerberuflichen Verpflichtungen gewährleistet. Gleichzeitig erfordert dies bei der Durchführung des Job-Sharings ein hohes Maß an Eigenverantwortlichkeit und interner Koordination (vgl. BMFSFJ 2001, S. 38 f.). Insert 18.6 zeigt, wie ein britisches Unternehmen verschiedene Arbeitszeitmodelle kombiniert, um familienfreundliche Arbeitsbedingungen zu schaffen.

Insert 18.6: Vereinbarkeit von Beruf, Karriere und Familie durch Arbeitszeitflexibilisierung (Wegener/Lippert 2004, S. 19)

Arbeitszeitflexibilisierung bei Listawood Ltd.

Listawood ist ein mittelständisches britisches Unternehmen, das einen sehr innovativen Ansatz zur Arbeitszeitflexibilisierung verfolgt. Der Ansatz basiert auf individualisierten Arbeitszeiten. [...] Das Un- *Teilzeit*: Teilzeitverträge können für zwei, drei oder vier Tage vereinbart werden. Die jeweiligen Arbeitszeitmodelle werden in individuellen Arbeitsverträgen festgeschrieben, die das Grundgerüst der Ar-

ternehmen ist stark darum bemüht, die jeweiligen Arbeitszeiten auf die individuelle Situation der Beschäftigten auszurichten. Entsprechend sind die unterschiedlichsten Arbeitszeitmuster zu erkennen:

Flexi-Time: Ein Vollzeitarbeitsvertrag bezieht sich bei Listawood auf 37,5 bzw. 40 Stunden. Ihm wird ein Standardarbeitszeitmodell zugrunde gelegt, das eine tägliche Arbeitszeit von neun bis 17 Uhr vorsieht. Abweichungen von diesem Standardmodell sind jedoch möglich. Die Tagesarbeitszeiten können nach Absprache innerhalb des Teams bzw. mit dem Teamleiter flexibel verändert werden. Entscheidend ist nicht die genaue Einhaltung der Tagesarbeitszeit, sondern der Wochenarbeitszeit.

Blockarbeitszeiten: Die Tagesarbeitszeiten können nicht nur in Länge und Lage individuell vereinbart werden. Bei Listawood ist es auch möglich, den Arbeitstag in zwei Blöcke zu teilen, z. B. einen Block am Morgen und einen am Abend, um Unterbrechungen zwischen diesen Blöcken z. B. für die Kinderbetreuung nutzen zu können.

beitszeit definieren.

„Twilight"-Schichten: Festdefinierte Schichten gibt es bei Listawood nicht. Das Unternehmen bietet Ehepaaren jedoch an, zeitversetzt zu arbeiten, um so zeitliche Lücken in der Kinderbetreuung zu vermeiden. Diese so genannten „Twilight"-Schichten basieren auf der Idee, dass z. B. die Frau in der ersten Hälfte des Arbeitstages und der Mann in den Nachmittags- und Abendstunden arbeitet. Wenn die Frau von ihrer Arbeit nach Hause kommt, kann sie die Kinderbetreuung übernehmen; ihr Mann, der bis dahin die Kinder betreut hat, geht dann zur Arbeit.

Ad-hoc-Flexibilisierung: Die Beschäftigten können auch kurzfristig einen Vormittag oder Nachmittag oder einen ganzen Tag frei nehmen, wenn die Auftragslage dies zulässt.

Weitere Optionen für flexible Arbeitsmöglichkeiten bei Listawood sind: Job-Sharing, Jahresarbeitszeitkonten, Sabbaticals und Temporäre Arbeit.

Arbeitgeber sind verpflichtet, ihre Beschäftigten *bei Krankheit von Kindern unter zwölf Jahren* bis zu zehn Tage pro Jahr und Kind *freizustellen* (§ 45 SGB V). Diese Freistellungstage müssen durch den Arbeitgeber nicht bezahlt werden. Viele Unternehmen gewähren ihren Mitarbeitern in familiären Notlagen zusätzliche Freistellungstage, die Beschäftigte mit Familien über die flexible Arbeitszeit hinaus entlasten (vgl. BMFSFJ 2001, S. 48 f.).

Schließlich zählt auch die so genannte *Elternzeit* (früher: Erziehungsurlaub) zu den Instrumenten familiengerechter Arbeitszeitflexibilisierung. Elternzeiten können durch beide Elternteile in Anspruch genommen werden. Sie beinhalten den Anspruch, für einen befristeten Zeitraum unbezahlt von der Arbeit freigestellt zu werden. Der Zeitraum darf drei Jahre nicht überschreiten (vgl. § 16 BEEG). Während der ersten 12 bzw. 14 Monate dieser Zeit zahlt der Staat bis zu 67 Prozent des bisherigen Nettoeinkommens des jeweiligen Elternteils.

Für die Erleichterung des Wiedereinstiegs nach familienbedingten Erwerbsunterbrechungen sind Maßnahmen der Wiedereinstiegsförderung von Bedeutung (vgl. Flüter-Hoffmann/Seyda 2006, S. 15). Dabei ist es besonders wichtig, das Wissen der freigestellten Mitarbeiter aktuell zu halten. Beispielhafte Maßnahmen in diesem Bereich sind (vgl. Flüter-Hoffmann/Seyda 2006, S. 16)

- regelmäßiges Informieren der freigestellten Mitarbeiter über aktuelle Entwicklungen im Unternehmen und ihrer Arbeitsbereiche,

- Einrichten von Diskussionsforen mit aktiv beschäftigten und freigestellten Mitarbeitern,

- Involvieren von nicht aktiv beschäftigten Mitarbeitern in Betriebsfeiern,

- Implementieren von Paten-Programmen, in deren Rahmen ein aktiv Beschäftigter in kontinuierlichem Austausch mit einem freigestellten Mitarbeiter steht und diesen beim Wiedereinstieg berät und unterstützt,

- Ermöglichen von Vertretungseinsätzen von freigestellten Mitarbeitern während der Elternzeit,

- Einrichten von Einarbeitungsprogrammen für den Wiedereinstieg sowie

- schrittweises Aufstocken der Arbeitszeit im Zuge der allmählichen familiären Entlastung.

Instrumente zur Flexibilisierung des Arbeitsortes

Die zweite Facette der Flexibilisierung der Arbeitsorganisation bezieht sich auf den Arbeitsort. Im Zusammenhang mit der Flexibilisierung des Arbeitsortes hat die Telearbeit in der Unternehmenspraxis die größte Anwendung erfahren (vgl. hierzu ausführlich Bauer et al. 2004, S. 34). Dabei werden Tätigkeiten, hauptsächlich Büroarbeiten, außerhalb des Unternehmens ausgeführt. Der externe Arbeitsplatz sollte über Informations- und Kommunikationstechnologien an das zentrale Büro angebunden sein. Telearbeit eröffnet Berufstätigen mit Familien die Möglichkeit, einen Teil ihrer Arbeit zu Hause zu erledigen. Sie ist insbesondere durch drei Merkmale charakterisiert:

- Der Arbeitgeber und die Beschäftigten arbeiten räumlich getrennt.

- Der Arbeitsplatz ist durch elektronische Kommunikationsmedien mit dem Unternehmen verbunden.

- Es werden Arbeitsmittel bereitgestellt, die mit der Ausstattung im Unternehmen vergleichbar sind.

Im Zusammenhang mit der Telearbeit existiert in der Unternehmenspraxis inzwischen eine Reihe von Gestaltungsvarianten. Die häufigsten Erscheinungsformen der Telearbeit sind die Teleheimarbeit, das Telearbeitszentrum und die mobile Telearbeit. Bei der *Teleheimarbeit* arbeitet der Telearbeiter nahezu ausschließlich zu Hause.

Dagegen treffen sich die Mitarbeiter eines *Telearbeitszentrums* in einem lokalen Büro. Dort werden den Telearbeitern die erforderliche Infrastruktur zur Verfügung gestellt und Möglichkeiten zum Austausch mit Kollegen geschaffen. Insbesondere im Vertrieb kommen Telearbeitszentren zum Einsatz. Sie werden für bestimmte Vertriebsregionen eingerichtet, um den Vertriebsmitarbeitern die Möglichkeit zu geben, temporär in einem Büro zu arbeiten. Dabei ist den einzelnen Vertriebsmitarbeitern in der Regel kein fester Arbeitsplatz zugewiesen.

Mobile Telearbeit wird durch Außendienstmitarbeiter im weitesten Sinne (insbesondere Handelsvertreter und Reporter) wahrgenommen. Die Mitarbeiter arbeiten mit einer entsprechenden Telekommunikationsausrüstung vor Ort bei Kunden, in Hotels oder an Baustellen. Auch telekommunikationsgestützte Arbeit in der Bahn oder anderen Verkehrsmitteln zählt zur mobilen Telearbeit.

Die verschiedenen Formen der Telearbeit können selbstverständlich mit der Arbeit im Unternehmen vor Ort kombiniert werden. Dies wird als *alternierende Telearbeit* bezeichnet. Sie ist dadurch gekennzeichnet, dass den Beschäftigten zusätzlich zum Telearbeitsplatz ein betrieblicher Arbeitsplatz zur Verfügung steht. Der Ort der Arbeitstätigkeit hängt von den jeweiligen Arbeitsinhalten ab. Beschäftigte können im Rahmen dieser Form der Telearbeit bestimmte Tätigkeiten flexibel wahrnehmen und behalten dennoch soziale Bindungen im Unternehmen.

Instrumente zur Unterstützung durch Zusatzleistungen

Neben den dargestellten Instrumenten zur Anpassung der Arbeit an außerberufliche Aufgaben können Unternehmen auch Maßnahmen ergreifen, um ihre Mitarbeiter von diesen Aufgaben zu entlasten (vgl. Abbildung 18.8). Diese Entlastung soll konzentrierteres Arbeiten ermöglichen und so die Leistungsfähigkeit der Mitarbeiter erhöhen (vgl. BMFSFJ 2001, S. 57).

In diesem Bereich sind zunächst Instrumente zu nennen, in deren Rahmen der Arbeitgeber die *Kinderbetreuung* übernimmt oder zumindest unterstützt. Der Arbeitgeber kann (vgl. BMFSFJ 2001, S. 57-75)

- betriebseigene Kinderbetreuungsplätze schaffen (gegebenenfalls in Kooperation mit anderen Unternehmen),

- Elterninitiativen bei der Schaffung von Betreuungseinrichtungen unterstützen,

- Belegrechte für Mitarbeiterkinder bei externen Betreuungseinrichtungen vereinbaren,

- finanzielle Zuschüsse bei der Entlohnung von Tagesmüttern oder Au-Pairs anbieten bzw.

- Eltern bei der Suche nach geeigneten Betreuungseinrichtungen bzw. Betreuern unterstützen (z. B. in Form von Betreuungsbörsen an Aushängen oder im Intranet).

Darüber hinaus können Unternehmen *Familienservices* als Zusatzleistungen anbieten. Beispielhaft sind hier folgende Maßnahmen zu nennen (vgl. BMFSFJ 2001, S. 76-83; Flüter-Hoffmann/Seyda 2006, S. 18; Vedder 2005, S. 238):

■ Informieren der Beschäftigten über familienfreundliche Angebote des Unternehmens,

■ Durchführen von Informationsveranstaltungen im Hinblick auf Erziehungsfragen,

■ Beraten von Eltern in familienbezogenen Fragen in rechtlicher Hinsicht,

■ Vergeben finanzieller Zuschüsse (z. B. für private Zusatzversicherungen oder in Form von Sonderkonditionen und Rabatten beim Erwerb von Leistungen des Unternehmens),

■ Gewähren von Darlehen oder Fonds für familiäre Notfälle,

■ Ausschreiben von Wohnungs- oder Stellengesuchen für Familienmitglieder,

■ Bereitstellen von Freizeitangeboten für Beschäftigte und deren Familien,

■ Bereitstellen von Essen für Mitarbeiterkinder in der Kantine sowie

■ Anbieten haushaltsnaher Dienstleistungen.

Neben beratender und finanzieller Unterstützung können Unternehmen Beschäftigte mit familiären Verpflichtungen auch entlasten, indem sie ihnen die Möglichkeit bieten, sich mit anderen Personen in vergleichbaren Situationen auszutauschen. Beispielsweise können unternehmensinterne Netzwerke für berufstätige Mütter und Väter eingerichtet werden. Eine andere Möglichkeit besteht darin, Beschäftigte auf bestehende, nicht unternehmensspezifische Netzwerke aufmerksam zu machen und Freiräume für die Teilnahme an solchen Netzwerken zu schaffen. Insert 18.7 gibt einen Überblick über verschiedene branchenübergreifende Netzwerke für weibliche Führungskräfte und Mitarbeiter.

Insert 18.7:	Beispiele unternehmens- und branchenübergreifender Netzwerke für berufstätige Frauen (Kasten 2008)

Vernetzt euch!

Internationaler Karriereaustausch: EWMD

Das EWMD (European Women's Management Development Network) versteht sich als Netzwerk mit einem besonders hohen Anteil von Frauen in Führungspositionen. International sind 730 Mitglieder vernetzt, in Deutschland tauschen sich 350 Frauen im EWDM aus. Bundesweit treffen Berufsanfängerinnen und Frauen in beruflichen Umbruchphasen. Die so genannte Mentee formuliert ein Ziel, woraufhin BPW die geeignete Mentorin auswählt, erklärt Müller. Während dieser Partnerschaft evaluiert das Netzwerk das Programm mithilfe von Fragebögen. Mitglieder bis 35 Jahren treffen sich bei den Young BPW-Gruppen. Das ist ein eigenes Forum, speziell auf jüngere Frauen zugeschnitten. Hier haben sich die Frauen in sechs Städten (Berlin, Hamburg, Köln, Frankfurt, Stuttgart, München) zu Themenabenden, Business Lunches oder Frühstücksrunden. Chatrooms und E-Mail-Verteiler erleichtern die Kontaktaufnahme zu Frauen aus anderen Regionen oder Ländern. Beim EWMD können sich auch Firmen organisieren, die dann den Mitarbeiterinnen in ihrem Unternehmen die Mitgliedschaft und den Jahresbeitrag spendieren.

Jahresbeitrag: rund 100 Euro

Firmenmitgliedschaft: 2.500 Euro

Förderung auch von Studentinnen und Berufseinsteigerinnen: Business and Professional Women BPW Germany

Mit 1.750 Mitgliedern in 38 bundesweiten Clubs ist das BPW das größte Karrierenetzwerk für Frauen in Deutschland. Im Mittelpunkt der Treffen der BPW-Frauen stehen Vorträge, Mentoring und der Austausch bei Stammtischen. Man lernt viele erfolgreiche Frauen kennen, sagt Club-Mitglied Nadine Elisabeth Müller, Recruiting-Consultant beim Personaldienstleister Huxley Associates. BPW ist in 80 Ländern vertreten und berät die Vereinten Nationen und den Europarat in Frauenfragen. Ein spezielles internationales Mentoring-Programm unterstützt besonders Studentinnen die Chance, erfahrene Managerinnen persönlich kennenzulernen.

Jahresbeitrag: 100 und 150 Euro

Initiative für die neue Generation junger Frauen: Victress

Der geringe Frauenanteil in deutschen Chefetagen ist bedenklich. Die Ursachen hierfür sind in den Unternehmen, in der Gesellschaft, aber auch bei uns Frauen selbst zu suchen, sagt Sonja Müller, Vorsitzende vom Netzwerk Victress. 1999 gründete sie die Initiative für eine neue Generation junger Frauen, die gerne an der Spitze mitmischen wollen. Das Besondere: Auch Männer können Mitglied bei Victress werden, wenn sie Frauen auf dem Weg nach oben aktiv unterstützen wollen. Das Netzwerk gibt konkrete Tipps bei Karrierefragen, lädt zu Veranstaltungen ein, betreibt Lobbying und kooperiert mit Unternehmen. Die rund 200 Mitglieder treffen sich regelmäßig in der Austernbar in Berlin. Auf der Konferenz Victress Day vergibt die Initiative Auszeichnungen an Unternehmen und Frauen, die besondere Vorbildfunktion haben. Ein Mentoring-Programm ist in Planung.

Jahresbeitrag: 100 Euro für Einzelmitglieder; Unternehmen zahlen 1.200 Euro

18.3.3 Instrumente zur Förderung der Potenziale weiblicher Führungskräfte und Mitarbeiter

Wie eingangs erwähnt, werden Führungs- und Fachkräfte in Deutschland zunehmend knapp. Aus diesem Grund konzentriert sich die dritte Gruppe von Instrumenten im Umgang mit weiblichen Beschäftigten auf deren Förderung. Eine zentrale Bedeutung kommt hierbei der Personalentwicklung zu. Diese setzt an zwei Ebenen an:

- Zum einen werden in speziellen *Führungskräftetrainings* die Kompetenzen vermittelt, die Führungskräfte benötigen, um weibliche Potenzialträger zu identifizieren und zu fördern.

- Zum anderen werden im Rahmen der Weiterbildung und Karriereplanung *frauenspezifische Programme bzw. Konzepte* angeboten, die auf die spezifischen Bedürfnisse und Potenziale weiblicher Beschäftigter eingehen.

Ziel der *Führungskräftetrainings* ist es, Führungskräfte auf die Förderung von potenzialstarken Beschäftigten – unabhängig von ihrem Geschlecht – vorzubereiten. Dies kann insbesondere durch

- Awareness-Trainings und

- Skill-Building-Trainings

realisiert werden (vgl. Rynes/Rosen 1995, S. 259).

Bei *Awareness-Trainings* handelt es sich um bewusstseinsbildende Maßnahmen. Ziel dieser Trainings ist es, den Führungskräften bewusst zu machen, dass sich weibliche und männliche Beschäftigte im Hinblick auf Bedürfnisse und Verhaltensweisen unterscheiden (in Anlehnung an Ferdman/Brody 1996, S. 292 f.). Darüber hinaus geht es darum, den Führungskräften ihre spezifischen Erwartungen und Stereotype gegenüber Mitarbeitern unterschiedlichen Geschlechts bewusst zu machen (vgl. Abschnitt 18.2.1). Im Rahmen von Awareness-Trainings sollten die Teilnehmer (in Anlehnung an Johnson/O'Mara 1992; Morrison 1992)

- Kenntnisse über die derzeitige und die zukünftige Bedeutung weiblicher Führungskräfte bzw. Mitarbeiter erwerben,

- für das Vorhandensein von geschlechtsspezifischen Unterschieden in Denkhaltungen und Verhaltensweisen sensibilisiert werden,

- die Bedeutung von Unterschieden für die tägliche Zusammenarbeit und mögliche daraus resultierende Benachteiligungen erkennen sowie

- von der Bedeutung eines konstruktiven Umgangs mit geschlechtsspezifischen Unterschieden für den Erfolg des Unternehmens überzeugt werden.

Skill-Building-Trainings zielen auf den Erwerb konkreter Fähigkeiten ab. Diese Fähigkeiten sind wichtig, um adäquat auf die Besonderheiten weiblicher und männlicher Beschäftigter im Rahmen der Führung und der Zusammenarbeit einzugehen (in Anlehnung an Ferdman/Brody 1996, S. 293; Gieselmann/Krell 2008, S. 354). In solchen Trainings sollen die Teilnehmer insbesondere lernen,

- ihre spezifische Kommunikation gegenüber Mitarbeitern unterschiedlicher Geschlechter zu verbessern,

- effektiver mit auftretenden Konflikten umzugehen und

- flexibler auf die Erwartungen und die Bedürfnisse weiblicher Beschäftigter zu reagieren.

Darüber hinaus sollten Führungskräften in Skill-Building-Trainings Kompetenzen vermittelt werden, die zur Identifikation und Förderung von Potenzialträgern erforderlich sind. Im Zusammenhang mit der *Potenzialidentifikation* sind insbesondere Fähigkeiten zur vorurteilsfreien Beurteilung der Leistungen, Stärken und Schwächen von Mitarbeitern relevant. Diese wurden in Abschnitt 8.2 ausführlich dargestellt. Die *Förderung* potenzialstarker weiblicher Mitarbeiter durch die Führungsperson setzt voraus, dass diese

- die Möglichkeiten zur Weiterentwicklung von Mitarbeitern im Rahmen der Mitarbeiterführung (z. B. durch Delegation eines größeren Verantwortungsbereichs, durch Setzen herausfordernder Ziele) kennt und adäquat einsetzen kann,

- die Personalentwicklungsprogramme des Unternehmens überblickt und deren Eignung im spezifischen Kontext beurteilen kann sowie

- die Bedeutung, die zentralen Aspekte und die Schritte zur Formulierung einer beruflichen Strategie kennt und somit Mitarbeiter dabei unterstützen kann, eine persönliche Strategie zu entwickeln und umzusetzen.

Die Entwicklung von Führungskräften durch Awareness- und Skill-Building-Trainings ist die Voraussetzung dafür, dass die Potenziale weiblicher Beschäftigter durch gezielte Personalentwicklungsmaßnahmen in Unternehmen gefördert werden können. Darüber hinaus liefern *frauenspezifische Programme bzw. Konzepte* einen wertvollen Beitrag zum konstruktiven Umgang mit weiblichen Beschäftigten. In diesem Zusammenhang spielen

- das Mentoring sowie

- die Karriereplanung

eine wichtige Rolle.

Das *Mentoring* wird von weiblichen Topmanagern als eines der wirksamsten Instrumente der Frauenförderung eingestuft (vgl. Hartnett 2007, S. 111; Schönfeld/Tschirner 2002, S. 230). Die grundlegenden Aspekte der Mentoring-Methode wurden bereits im Zusammenhang mit feedbackbasierten Methoden der Weiterbildung (vgl. Abschnitt 5.3.2) ausführlich dargestellt. Im Folgenden sollen spezifische Anwendungsbereiche der Mentoring-Methode zur Förderung weiblicher Beschäftigter vertieft werden.

Im Rahmen eines Mentoring-Programms zur Förderung weiblicher Mitarbeiter wird einer weiblichen Mitarbeiterin (Mentee) eine erfahrene Führungsperson (Mentor) für einen bestimmten Zeitraum zur Seite gestellt. Ziel des Mentorings ist es, den Mentee durch Wissen und Erfahrungen des Mentors bei der beruflichen Entwicklung und der Karriere zu unterstützen. Im Idealfall eröffnet die Beziehung dem Mentee Zugang zu wichtigen Netzwerken und Kontakten. Sie erhöht darüber hinaus die Sichtbarkeit des Mentees im Unternehmen (vgl. Schönfeld/Tschirner 2002, S. 230).

In der Unternehmenspraxis hat das Cross-Mentoring besondere Bedeutung erlangt. Hierbei schließen sich mehrere Unternehmen zum gegenseitigen Austausch weiblicher Mentees und Mentoren zusammen (vgl. Abschnitt 5.3.3.2). Ein prominentes Beispiel für ein solches Cross-Mentoring-Programm zur Förderung weiblicher Nachwuchskräfte in Deutschland ist die Kooperation zwischen den Unternehmen Bosch, Commerzbank, Daimler, Deutsche Bank, Deutsche Telekom, Fraport, Merck und Procter & Gamble (vgl. Deutsche Bank 2007). In Großbritannien hat sich das 2005 gegründete FTSE 100-Cross-Company Mentoring Programme etabliert, indem weibliche Führungskräfte, die unterhalb der Vorstandsebene angesiedelt sind, mit Mentoren aus dem Vorstand oder dem Aufsichtsrat eines anderen Unternehmens zusammengebracht werden (vgl. Insert 18.8).

Insert 18.8:   Hintergrund und Ziele des FTSE 100-Cross-Company-Mentoring-Programme (Praesta Partners LLP 2009)

The FTSE 100-Cross-Company Mentoring Programme

The importance of being known means that – since women make up only one in six of FTSE directors – ambitious women are thus at a practical disadvantage. The Cross-Company Mentoring Programme addresses this issue. It is conceptually simple, linking decision-makers – those who appoint new directors, those who will be the recipients of referrals – in leading organisations with women in the 'marzipan layer' of other leading organisations. [...]

The purpose of the FTSE 100 Cross-Company Mentoring Programme is to increase the pool of eligible senior female candidates for Board positions in major UK corporations and thus to "change the face of UK business".

The objectives of the Programme are to:

■ Draw the career challenges of senior women to the attention of Chairmen and Chief Executives of the UK's top companies, so that, as leaders, they can bring their authority and influence to bear in introducing beneficial organisational change.

■ Help women mentees, through the provision of advice and guidance, to manage their own careers so that they can attain an executive or a non-executive Board position.

■ Bring different people to the attention of Chairmen and Chief Executives in order to facilitate the introduction of mentees to other decision-makers.

■ Create a women's network of potential directors, within which ideas and learning experiences may be shared.

In order not to lose track of the overall objective, a modest target has been set. This target, to be achieved by the end of 2010, is to increase the percentage of women executive directors on FTSE-100 boards to 10 % (from 3.8 % in 2006); and the percentage of women non-executive directors to 25 % (from 13.7 % in 2006).

In empirischen Studien wurden die Erfolgsauswirkungen des Mentorings vielfach bestätigt (vgl. im Überblick Allen et al. 2004). So konnte gezeigt werden, dass Mentoren-Programme positiv zur beruflichen Entwicklung und zur Vergütung weiblicher Mentees beitragen (vgl. u. a. Higgins/Kram 2001; Kirchmeyer 2002; Whitely/Dougherty/Dreher 1991). Erwähnenswert sind in diesem Zusammenhang die Ergebnisse der Studie von Bierema (2005). Sie zeigen, dass die Wahrnehmung weiblicher Mentees im Unternehmen durch Mentoring-Programme, die speziell für Frauen konzipiert sind, nur gering verbessert wird. Dies wird damit begründet, dass in solchen Programmen meist ausschließlich weibliche Mentoren eingesetzt werden, deren Einfluss innerhalb des Unternehmens in der Regel begrenzt ist. Vor dem Hintergrund dieser Ergebnisse sollten als Mentoren für weibliche Mitarbeiter durchaus auch männliche Führungskräfte eingesetzt werden. Vorteilhaft am Einsatz männlicher Mentoren ist auch, dass diese ihre Mentees aus einer breiteren Perspektive heraus (z. B. zur Wahrnehmung bestimmter Verhaltensweisen einer weiblichen Nachwuchskraft durch männliche Führungskräfte) beraten können.

Zusätzlich zu frauenspezifischen Personalentwicklungsprogrammen sollten zur Förderung der Potenziale weiblicher Beschäftigter spezifische *Konzepte der Karriereplanung* angewendet werden. Die Karriereplanung bildet neben der Förderung eine zentrale Facette der Personalentwicklung (vgl. Abschnitt 5.4). Insert 18.9 zeigt, welche Maßnahmen das Unternehmen Nissan ergriffen hat, um im Rahmen der Karriereplanung gerade weibliche Führungskräfte und Mitarbeiter zu fördern.

Insert 18.9:	Förderung weiblicher Beschäftigter in der Unternehmenspraxis (Nissan Motor Co., Ltd 2009)

Making the Most of Gender Diversity

An increasing number of female customers are purchasing vehicles. We believe it is critical to integrate a female perspective into our product and service development processes to cater to the needs of our female customers.

While the automotive industry is traditionally more male-dominated, Nissan aims to maximise the strengths of our women workforce to add value to our customers. As part of our corporate strategy, we are promoting more women to lead specific projects and organizations. We regard the differences in approaching an issue from a male or female perspective as the first step of diversity and believe and offer career development support to suit the individual's needs.

Career Events (Japan)

Career events are organized for female employees to help them develop their careers. These events provide guidance for career growth via lectures from female managers, group discussions and invited guest-speakers.

Introducing Female Role Models (Japan)

The "voice of female employees" survey tells us "we need more women who can be our role models". Following this, we have

the diversity of opinions should be leveraged as a competitive strength.

Female Career Advisors (Japan)

Internal female career advisors are assigned to counsel our female employees. The advisors listen to their concerns regarding work and career, work-life balance,

posted career interviews with female staffs on the "Diversity Site". These interview reports allow our female employees to empathize with their peers from different fields and gain inspiration. This has become popular among female employees as well as male employees.

Bei der Planung der Karriere weiblicher Führungskräfte bzw. Mitarbeiter sind insbesondere Unterschiede in den Karrieremodellen zwischen weiblichen und männlichen Beschäftigten zu berücksichtigen. Diese sind insbesondere zurückzuführen auf

- Unterschiede im Hinblick auf den Karrieretyp und

- Unterschiede im individuellen Karrierestreben.

Von zentraler Bedeutung für die Förderung weiblicher Potenziale durch eine adäquate Karriereplanung ist, dass weibliche Nachwuchs- und Führungskräfte in der Regel andere *Karrieretypen* aufweisen als ihre männlichen Kollegen. Diesen unterschiedlichen Karrieretypen sollte, wie in Abschnitt 5.4.2 dargelegt, im Rahmen der Personalentwicklung durch das Angebot alternativer Karrierepfade Rechnung getragen werden.

Die größten Unterschiede in den Karrieretypen von Männern und Frauen ergeben sich aus der Bedeutung, welche die Beschäftigten dem sozialen Umfeld, insbesondere der Familie, beimessen. Männliche Beschäftigte sind zeitlich vielfach nur begrenzt familiär eingebunden oder erfahren sogar Unterstützung und Entlastung durch Familienangehörige. Dagegen kann die Familie für weibliche Beschäftigte eine zusätzliche Belastung bedeuten, die mit dem Beruf, aber auch den persönlichen Interessen in Einklang gebracht werden muss. Dies erfordert bei weiblichen Beschäftigten mit starker Ausprägung der Dimension Familie (d. h. Frauen vom Typ der Familien- bzw. der Beziehungsorientierten; vgl. Abschnitt 5.4.2) die Berücksichtigung familiärer Verpflichtungen sowie die Einplanung familienbedingter Auszeiten im Karriereverlauf. Daher sollten gerade diesen weiblichen Beschäftigten Möglichkeiten zur Flexibilisierung der Arbeitsorganisation (vgl. Abschnitt 18.3.2.1) sowie eine Unterstützung durch Zusatzleistungen (vgl. Abschnitt 18.3.2.2) angeboten werden. Allerdings wird die gleichzeitige Wahrnehmung beruflicher und persönlicher Verpflichtungen nicht ausschließlich als belastend eingestuft. So können empirische Arbeiten positive Auswirkungen der Wahrnehmung mehrerer sozialer Rollen auf die Befindlichkeit und die Leistungen von Managerinnen (vgl. Ruderman et al. 2002) bzw. die der Lebenspartner (vgl. Parasuraman et al. 1989) feststellen.

Im Hinblick auf das *Karrierestreben* zeigt eine Untersuchung von Bischoff (2005, S. 183 f.), dass Frauen durchschnittlich eine geringere Karriereeignung aufweisen als Männer. Lediglich 32 Prozent der berufstätigen Frauen geben eine klare Aufstiegsorientierung hinsichtlich der eigenen Karriere an. Dagegen lehnen 48 Prozent eine Karriere ganz ab (vgl. auch Insert 18.10). Im Gegensatz zu ihren männlichen Kollegen sinkt der Anteil der Frauen, die beruflich weiter aufsteigen wollen, je höher sie in der Hierarchie bereits aufgestiegen sind (vgl. Bischoff 2005, S. 189).

Insert 18.10:   Geringes Karrierestreben von Frauen (Busse 2005)

Frauen haben Höhenangst

[...] Immer mehr Frauen bekommen gute Einstiegsjobs im Management, bewähren sich in den ersten Berufsjahren – und haben Spaß daran. Und dann gehen sie [...] irgendwo auf dem Weg nach oben verloren. Doch wenn dies nicht oder nicht allein an den Männern liegt, woran dann? Was geschieht da in den Köpfen?

[...] Die Wirtschaftsforscherin Sonja Bischoff untersucht seit fast 20 Jahren Berufswege von Frauen im mittleren Management und hat die geringere Karriereneigung der Frauen immer wieder bestätigt gefunden: Bisher galt die Regel, dass Frauen seltener aufsteigen wollten als Männer – je höher ihre Position, desto weniger wollen sie noch höher. Bei Männern ist es genau umgekehrt: Je weiter sie sind, desto öfter wollen sie noch mehr. In Bischoffs aktueller Studie hat sie aber auch eine neue Entwicklung beobachtet: Wenn die Kohle stimmt, sind auch die Frauen dabei. Mit höherem Einkommen nimmt der Anteil der karrierewilligen Frauen zu. „Wenn Frauen während ihres Aufstiegs positive Erfahrungen machen, wenn sie ebenso viel Geld wie ihre männlichen Kollegen verdienen, dann wollen sie auch weiter nach oben." Trotzdem: 45 Prozent der Frauen würden am liebsten in Teilzeit arbeiten, was die Wirtschaftsprofessorin „geradezu erschreckend" findet. Ihr Eindruck: Bis auf wenige sehr erfolgreiche Karrierefrauen ziehen sich die Frauen weiterhin zurück.

Eng verbunden mit dem Karrierestreben ist auch die Langfristigkeit der Planung beruflicher Aktiviäten. Eine wichtige Grundlage für die langfristige Planung der beruflichen Aktivitäten weiblicher Führungskräfte ist das gezielte Entwickeln und Verfolgen einer *beruflichen Strategie*. Gerade bei weiblichen Führungskräften liegt eine solche Strategie deutlich seltener vor als bei männlichen Führungskräften. So konnte empirisch gezeigt werden, dass weibliche Führungskräfte vielfach darauf vertrauen, dass gute Leistungen automatisch zum Aufstieg führen, und dabei karrieretaktische Aspekte übersehen (vgl. Friedel-Howe 2003, S. 550). Zu karrieretaktischen Spielregeln gehört es beispielsweise, dass man zum richtigen Zeitpunkt die richtigen Personen auf die eigenen Leistungen aufmerksam macht (vgl. Neuberger 2009, S. 30). Dies setzt allerdings voraus, dass die eigenen Leistungen und Ziele bekannt sind.

Die besondere Bedeutung der beruflichen Strategie für weibliche Führungskräfte bzw. Mitarbeiter ist darin zu sehen, dass diese bereits in einem frühen Stadium ihrer beruflichen Entwicklung eine mögliche familienbedingte Berufsunterbrechung einzuplanen haben. Die Klarheit über berufliche Ziele und Perspektiven ist eine wesentliche Grundlage für die eigenen beruflichen Planungen sowie die Kommunikation mit dem Unternehmen hinsichtlich eines möglichen Wiedereinstiegs nach einer familienbedingten Berufsunterbrechung. Mithilfe einer beruflichen Strategie können weibliche Führungskräfte bzw. Mitarbeiter insbesondere folgende Vorteile realisieren:

■ Erlangen eines klaren Bildes darüber, welche beruflichen Aktivitäten angestrebt werden,

■ langfristiges Konzentrieren des beruflichen Engagements auf das angestrebte berufliche Ziel,

■ gezieltes, karrieretaktisches Steuern der beruflichen Entwicklung,

■ Reduzieren der Gefahr des „Verzettelns" im Falle einer hohen Affinität zu einer Vielzahl beruflicher Aktivitäten,

■ Erhöhen der Wahrscheinlichkeit des beruflichen Wiedereinstiegs nach einer familienbedingten Unterbrechung,

■ frühzeitiges Abstimmen mit dem Unternehmen über langfristige Entwicklungsmöglichkeiten im Unternehmen (trotz möglicher familienbedingter Unterbrechung) sowie

■ Sicherstellen von Unterstützung des persönlichen Umfeldes im Hinblick auf berufliche Aktivitäten.

Eine langfristige berufliche Strategie ist nicht mit einer detaillierten Planung zu verwechseln. Vielmehr geht es darum, die grundlegende berufliche Orientierung (über angestrebte Tätigkeitsinhalte, angestrebte familiäre Konstellation usw.) zu definieren, in welche die zukünftigen beruflichen Aktivitäten eingebettet werden sollen. Darüber hinaus erhöht eine klare berufliche Ausrichtung die Widerstandsfähigkeit weiblicher Führungskräfte bzw. Mitarbeiter gegen Sanktionen des sozialen Umfeldes aufgrund des Verstoßes gegen die traditionelle weibliche Rolle (vgl. Domsch/Krüger-Basener 2003, S. 564, sowie Abschnitt 18.2.1).

Die Entwicklung einer beruflichen Strategie weiblicher Beschäftigter gliedert sich in vier Phasen. Diese sind in Abbildung 18.9 aufgeführt. Darüber hinaus werden Ansatzpunkte für Unternehmen zur Unterstützung weiblicher Beschäftigter bei der Strategieentwicklung aufgezeigt.

Abbildung 18.9 Grundlegende Phasen zur Entwicklung einer beruflichen Strategie für weibliche Führungskräfte bzw. Mitarbeiter

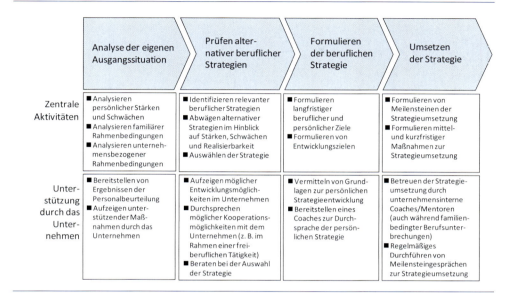

	Analyse der eigenen Ausgangssituation	Prüfen alternativer beruflicher Strategien	Formulieren der beruflichen Strategie	Umsetzen der Strategie
Zentrale Aktivitäten	■ Analysieren persönlicher Stärken und Schwächen ■ Analysieren familiärer Rahmenbedingungen ■ Analysieren unternehmensbezogener Rahmenbedingungen	■ Identifizieren relevanter beruflicher Strategien ■ Abwägen alternativer Strategien im Hinblick auf Stärken, Schwächen und Realisierbarkeit ■ Auswählen der Strategie	■ Formulieren langfristiger beruflicher und persönlicher Ziele ■ Formulieren von Entwicklungszielen	■ Formulieren von Meilensteinen der Strategieumsetzung ■ Formulieren mittel- und kurzfristiger Maßnahmen zur Strategieumsetzung
Unterstützung durch das Unternehmen	■ Bereitstellen von Ergebnissen der Personalbeurteilung ■ Aufzeigen unterstützender Maßnahmen durch das Unternehmen	■ Aufzeigen möglicher Entwicklungsmöglichkeiten im Unternehmen ■ Durchsprechen möglicher Kooperationsmöglichkeiten mit dem Unternehmen (z. B. im Rahmen einer freiberuflichen Tätigkeit) ■ Beraten bei der Auswahl der Strategie	■ Vermitteln von Grundlagen zur persönlichen Strategieentwicklung ■ Bereitstellen eines Coaches zur Durchsprache der persönlichen Strategie	■ Betreuen der Strategieumsetzung durch unternehmensinterne Coaches/Mentoren (auch während familienbedingter Berufsunterbrechungen) ■ Regelmäßiges Durchführen von Meilensteingesprächen zur Strategieumsetzung

In der ersten Phase steht die *Analyse der eigenen Ausgangssituation* im Mittelpunkt. In dieser Phase geht es insbesondere darum, zu identifizieren, welche persönlichen Stärken bzw. Schwächen (vgl. hierzu ausführlich Abschnitt 12.1.2) sowie umfeldbezogenen Faktoren die berufliche Entwicklung fördern oder behindern. Darüber hinaus sind unterstützende Rahmenbedingungen im Unternehmen zu prüfen. Frauenförderliche Rahmenbedingungen drücken sich beispielhaft aus in

■ unternehmensinternen Netzwerken weiblicher Nachwuchs- und Führungskräfte,

■ unternehmensübergreifenden Mentoring-Programmen für weibliche Nachwuchs- und Führungskräfte,

■ langfristig angelegten Karrieremodellen, in denen auch mögliche familienbedingte berufliche Unterbrechungen berücksichtigt werden,

■ Weiterbildungsangeboten während beruflicher Unterbrechungen sowie

■ gezielten Maßnahmen zur Wiedereingliederung von Beschäftigten nach familienbedingten Berufsunterbrechungen.

An die Analyse der eigenen Ausgangssituation schließt sich die *Prüfung alternativer beruflicher Strategien* an. Beispielsweise ist in diesem Zusammenhang abzuwägen, ob eine langfristige Tätigkeit in dem aktuellen Unternehmen oder eine selbständige (ggf. zeitlich flexiblere) Tätigkeit angestrebt wird. Die verschiedenen Alternativen können durch Gegenüberstellen der jeweiligen Vor- und Nachteile bewertet werden.

Die dritte Phase konzentriert sich auf die *Formulierung der beruflichen Strategie*. In diese Strategie werden neben langfristigen beruflichen Zielen auch die hiermit eng verbundenen langfristigen persönlichen Ziele aufgenommen. Tabelle 18.7 stellt die Kernbereiche einer beruflichen Strategie dar. Für die unterschiedlichen Bereiche werden spezifische, für weibliche Führungskräfte und Mitarbeiter relevante, strategische Leitfragen formuliert.

Tabelle 18.7 Kernbereiche und ausgewählte Leitfragen zur Entwicklung einer beruflichen Strategie weiblicher Führungskräfte bzw. Mitarbeiter

Bereich der persönlichen Strategie	Ausgewählte Leitfragen zur Strategieentwicklung
Langfristige Ziele	
Beruflicher Bereich	■ Welcher Status soll in zehn Jahren erlangt sein (z. B. Erreichen einer konkreten Position oder Karrierestufe)? ■ Was soll im Rahmen der beruflichen Tätigkeit bewegt werden (z. B. Erfolgreiches Umsetzen eines grundlegenden Projektes, Entwickeln eines neuen Produktes)? ■ Welche Inhalte sollen in den nächsten zehn Jahren präferiert bearbeitet werden (z. B. Forschung und Entwicklung, Seminare/Schulungen)? ■ Welche monetäre Situation wird angestrebt (z. B. finanzielle Unabhängigkeit, finanzielle Basisabsicherung)?
Persönlicher/ familiärer Bereich	■ Welche Pläne liegen im Hinblick auf die Gründung von Familie vor? ■ Welche eigene Rolle wird in der Gesellschaft angestrebt (z. B. traditionelle Frauenrolle vs. beruflich engagierte Mutter)? ■ In welcher Beziehung soll die eigene berufliche Tätigkeit zur beruflichen Tätigkeit des Partners stehen?
Meilensteine der Strategieumsetzung	
Mittelfristige Ziele (Zeithorizont 2 bis 5 Jahre)	■ Welche mittelfristigen Maßnahmen werden zur Zielerreichung umgesetzt (z. B. Abstimmung eines Karrieremodells im Unternehmen)? ■ Welche beruflichen bzw. persönlichen Netzwerke werden aufgebaut, um die Vereinbarkeit zwischen Beruf, Karriere und Familie zu erleichtern? ■ Wie sieht der fachliche Weiterbildungsplan für die nächsten fünf Jahre (inklusive familienbedingter Berufsunterbrechung) aus?
Kurzfristige Ziele (Zeithorizont 1 Jahr)	■ Welche konkreten Maßnahmen zur beruflichen Entwicklung werden kurzfristig durchgeführt? ■ Wie sehen die kurzfristig geplanten Karriereschritte aus (z. B. Übernahme eines Projektes, Absolvieren eines Auslandsaufenthaltes)? ■ Wie kann die eigene Selbstorganisation verbessert werden, um die Vereinbarkeit zwischen Beruf, Karriere und Familie zu erleichtern?

Die in Tabelle 18.7 dargelegten Leitfragen münden in einer konkreten beruflichen Strategie weiblicher Beschäftigter. Eine entsprechende Strategie eines weiblichen Senior Consultants einer Strategieberatung ist in Tabelle 18.8 dargestellt.

Tabelle 18.8   Berufliche Strategie am Beispiel eines weiblichen Senior Consultants

Strategie für 2011 bis 2020	
Langfristige berufliche Ziele	
Beruflicher Bereich	■ Erlangen der Mitgliedschaft im Partnerboard des Unternehmens
	■ Leiten des Branchenkompetenzzentrums Pharma/Chemie
	■ Nachhaltiges Unterstützen von Unternehmen bei der Konzeption und Durchführung von Führungskräfteentwicklungsprogrammen
	■ Erlangen finanzieller Unabhängigkeit (Einkommen > 150.000,- €/Jahr)
Persönlicher/ familiärer Bereich	■ Gründen/Aufbau einer Familie
	■ Intensives Betreuen von Kindern
	■ Beibehalten/Realisieren eigener persönlicher Interessen
Meilensteine der Strategieumsetzung	
Mittelfristige Ziele (Zeithorizont 2 bis 5 Jahre)	■ Fixieren der nächsten Karriereschritte sowie eines Zeitplans bis hin zum Partnerlevel im Unternehmen
	■ Aufbauen eines Netzwerks berufstätiger Mütter im Unternehmen
	■ Aufbauen eines Netzwerkes zu Unternehmen in der Pharmabranche
Kurzfristige Ziele (Zeithorizont 1 Jahr)	■ Verstärktes Übernehmen von Projekten im Pharma-Bereich
	■ Konzipieren und Umsetzen des „First-Leadership-Programs" des Unternehmens in China
	■ Absolvieren eines mehrmonatigen Chinaaufenthalts im Rahmen des obigen Projektes

Die vorangegangenen Ausführungen verdeutlichen, dass Unternehmen an vielen Punkten ansetzen können, um weibliche Führungskräfte und Mitarbeiter zu gewinnen, zu binden und zu fördern. Insert 18.11 zeigt, wie die verschiedenen Instrumente im Umgang mit weiblichen Beschäftigten in der Unternehmenspraxis kombiniert werden können. Erst ein solch ganzheitliches Konzept, das auf den spezifischen Bedarf und die besonderen Rahmenbedingungen eines Unternehmens abgestimmt ist, garantiert den Erfolg einzelner Maßnahmen zur Gewinnung, Bindung und Förderung weiblicher Führungskräfte und Mitarbeiter.

Insert 18.11: Ganzheitliches Konzept zum Umgang mit weiblichen Beschäftigten am Beispiel der HUK-Coburg (Serwill/Stegner 2009)

Die 25-Stunden-Führungskraft

[...] Mittels einer Online-Befragung unter 300 Mitarbeiterinnen ging das Referat Führungskräftemanagement der HUK-Coburg Ende 2007 der Frage nach, warum, trotz eines Gesamtanteils der weiblichen Mitarbeiter im Unternehmen von 58 Prozent, deutlich weniger Frauen als Männer an Assessment-Centern (AC) zur Identifikation von Führungspotenzial teilnehmen. 41 Prozent der Befragten signalisierten kein Interesse an einer Führungsposition. Gefragt nach den Gründen, wurde überwiegend die Zufriedenheit mit dem Aufgabengebiet und der Position, der zu geringe finanzielle Anreiz für die höhere Verantwortung sowie der auf die Familie gerichtete Lebensfokus genannt. Von den 59 Prozent an einer Führungsposition interessierten Befragten gaben 40 Prozent an, die Anforderungen, die eine solche Position mit sich bringt, nicht zu erfüllen, sei es wegen fehlender Führungskompetenzen, zu geringer Betriebszugehörigkeit oder fehlenden fachlichen Qualifikationen. Fast genauso viele Frauen (37 Prozent) führten Probleme bei der Vereinbarkeit von Beruf und Familie als Hindernis an. Zudem wurde eine den Führungspositionen immanente Vollzeittätigkeit als Haupthindernis gesehen.

Die HUK-Coburg hat die Konsequenzen daraus gezogen: Im September 2008 wurden am Standort Coburg mit Einrichtungen zur Kinderbetreuung für Unter-Drei-Jährige Kooperationen über 24 Krippenplätze geschlossen. Eine vierwöchige Sommerferienbetreuung für bis zu 24 Kinder im Alter zwischen sechs und zwölf Jahren im nahegelegenen Schülerhort erleichtert Eltern mit schulpflichtigen Kindern die Urlaubsplanung.

Auch die Einstellung von Frauen zu sich selbst sowie die gelebte Führungskultur im Unternehmen spielt bei der Personalentwicklung von Frauen eine wichtige Rolle. Diese Aspekte unterliegen einem Prozess, der Unterstützung von vielen Seiten braucht. Die HUK-Coburg will dementsprechend verstärkt Maßnahmen zur Unterstützung ihrer Führungskräfte sowie ihrer Mitarbeiterinnen mit Potenzial für Führungsaufgaben angehen. Dazu gehört die Überarbeitung der Führungsgrundsätze genauso wie deren Verbindung mit der Darstellung der Attraktivität von Führung bei der HUK-Coburg.

Darüber hinaus sollen Frauen durch ein internes und externes Personalmarketing gezielt angesprochen und die Führungskräfte hinsichtlich der Erkennung und Förderung des Potenzials von Frauen sensibilisiert werden. Geklärt werden soll auch, inwieweit sich ein Mentoring-Programm, mit dessen Hilfe das Selbstbewusstsein der Frauen gefördert werden könnte, anbietet.

Und auch am Modell der Arbeitszeit wurde gearbeitet: Bis dato verfügte die HUK-Coburg zwar über knapp 700 Teilzeitmodelle für ihre Beschäftigten, Führungskräfte waren von diesen Möglichkeiten jedoch ausgenommen. [...] Nun gibt es bei der HUK-Coburg für Gruppenleiter die Möglichkeit zur Führung „in reduzierter Vollzeit".

Kontrollfragen

1. Weshalb sind weibliche Führungskräfte und Mitarbeiter für Unternehmen von Bedeutung?

2. Worin liegen mögliche Ursachen für die mangelnde Repräsentanz von Frauen in Unternehmen im Allgemeinen und in Führungspositionen im Besonderen?

3. Erläutern Sie die Theorie der Sozialen Rolle. Stellen Sie die Einflussfaktoren und die Auswirkungen sozialer Rollen gemäß dieser Theorie graphisch dar.

4. Welche grundlegenden Annahmen trifft die Preference Theory? Welche Gruppen weiblicher Beschäftigter lassen sich nach der Preference Theory unterscheiden?

5. Welche Auswirkungen können geschlechterbezogene Rollenbilder auf den Umgang mit weiblichen Beschäftigten haben? Gehen Sie jeweils auf Auswirkungen in den Bereichen Unternehmenskultur, Mitarbeiterflusssysteme, Belohnungssysteme sowie Mitarbeiter- und Teamführung ein.

6. An welchen Problemfeldern können Instrumente zum Umgang mit weiblichen Beschäftigten ansetzen? Nennen Sie jeweils zwei beispielhafte Maßnahmen aus den verschiedenen Handlungsfeldern des Personalmanagements.

7. Welche Maßnahmen zur Erweiterung des Berufswahlspektrums weiblicher Beschäftigter können Unternehmen ergreifen?

8. Welche Instrumente zur Flexibilisierung der Arbeitsorganisation kennen Sie? Erläutern Sie diese kurz.

9. Welche Instrumente zur Unterstützung weiblicher Beschäftigter durch Zusatzleistungen können Unternehmen heranziehen?

10. Grenzen Sie die beiden Instrumente zur Förderung der Potenziale weiblicher Beschäftigter – Awareness Trainings und Skill-Building Trainings – voneinander ab.

11. Welche grundlegenden Phasen zur Entwicklung einer beruflichen Strategie für weibliche Führungskräfte bzw. Mitarbeiter sind zu unterscheiden? Gehen Sie auf zentrale Aktivitäten in den einzelnen Phasen sowie Möglichkeiten zur Unterstützung durch das Unternehmen in den jeweiligen Phasen ein.

Literatur

Abele, A. (2002), Ein Modell und empirische Befunde zur beruflichen Laufbahnentwicklung unter besonderer Berücksichtigung des Geschlechtsvergleichs, Psychologische Rundschau, 53, 3, 109-118.

Abele, A. (2003), Geschlecht, geschlechtsbezogenes Selbstkonzept und Berufserfolg, Zeitschrift für Sozialpsychologie, 34, 3, 161-172.

Abele-Brehm, A./Stief, M. (2004), Die Prognose des Berufserfolgs von Hochschulabsolventinnen und -absolventen, Zeitschrift für Arbeits- und Organisationspsychologie, 48, 1, 4-16.

Allen, T./Eby, L./Poteet, M./Lentz, E./Lima, L. (2004), Career Benefits Associated with Mentoring for Protege´s: A Meta-Analysis, Journal of Applied Psychology, 89, 1, 127-136.

Appel, H. (2009), CEO in Elternzeit, Frankfurter Allgemeine Zeitung, 51 (26./27.09.2009), C2.

Barling, J./Gallagher, D. (1996), Part-Time Employment, in: Cooper, C./Robertson, I. (Hrsg.), International Review of Industrial and Organisational Psychology, Chichester, 243-278.

Bauer, F./Groß, H./Lehmann, K./Munz, E. (2004), Arbeitszeit 2003: Arbeitszeitgestaltung, Arbeitsorganisation und Tätigkeitsprofile, Institut zur Erforschung sozialer Chancen, URL: http://www.arbeits zeiten.nrw.de/pdf/Arbeitszeit_2003.PDF [19.12.2006].

Bielby, W./Bielby, D. (1992), I Will Follow Him: Family Ties, Gender-Role Beliefs, and Reluctance to Relocate for a Better Job, American Journal of Sociology, 97, 5, 1241-1267.

Bierema, L. (2005), Women's Networks: A Career Development Intervention or Impediment? Human Resource Development International, 8, 2, 207-224.

Bischoff, S. (2005), Wer führt in (die) Zukunft? Männer und Frauen in Führungspositionen der Wirtschaft in Deutschland – die 4. Studie, Bielefeld.

Borghoff, W./Walner, E. (2002), Ford-Werke AG: Diversity – Vielfalt als Stärke, URL: http://www.ford.de/ie/ueber-ford/-/uford12# [07.01.2008].

Boyle, P./Cooke, T./Halfacree, K./Smith, D. (2001), A Cross-National Comparison of the Impact of Family Migration on Women's Employment Status, Demography, 38, 2, 201-213.

Boyle, P./Cooke, T./Halfacree, K./Smith, D. (2003), The Effect of Long Distance Family Migration and Motherhood on Partnered Women's Labor Market Activities in GB and the U.S., Environment and Planning, 35, 12, 2097-2114.

Boyle, P./Halfacree, K./Smith, D. (1999), Family Migration and Female Participation in the Labour Market: Moving Beyond Individual-Level Analyses, in: Boyle, P./Halfacree, K. (Hrsg.), Migration and Gender in Developed Countries, London, 114-135.

Brader, D./Lewerenz, J. (2006), Frauen in Führungspositionen. An der Spitze ist die Luft dünn, IAB Kurzbericht, 2/2006, URL: http://doku.iab.de/kurzber/2006/kb0206.pdf [08.03.2010].

Bruegel, I. (1996), The Trailing Wife: A Declining Breed?, in: Crompton, R./Gallie, D./Purcell, K. (Hrsg.), Changing Forms of Employment, London, 235-258.

Bruegel, I. (1999), Who Gets on the Escalator? Migration, Social Mobility, and Gender in Britain, in: Boyle, P./Halfacree, K. (Hrsg.), Immigration and Gender in Developed Countries, London, 86-101.

Bundesministerium für Familie, Senioren, Frauen und Jugend (BMFSFJ) (2001, Hrsg.), Familienfreundliche Maßnahmen im Betrieb. Eine Handreichung für Unternehmensleitungen, Arbeitnehmervertretungen und Beschäftigte, Berlin.

Bundesministerium für Familie, Senioren, Frauen und Jugend (BMFSFJ) (2006, Hrsg.), 2. Bilanz Chancengleichheit, Frauen in Führungspositionen, Berlin.

Busse, T. (2005), Frauen haben Höhenangst, Die Zeit, 53 (03.03.2005), 10, URL: http://zeus.zeit.de/text/2005/10/W_Topmanagement [08.08.2007].

Cooke, T. (2001), 'Trailing Wife' or 'Trailing Mother'? The Effects of Parental Status on the Relationship Between Family Migration and the Labor-Market Participation of Married Women, Environment and Planning, 33, 3, 419-430.

Cooke, T./Bailey, A. (1999), The Effect of Family Migration, Migration History, and Self-Selection on Married Women's Labour Market Achievement, in: Boyle, P./Halfacree, K. (Hrsg.), Migration and Gender in Developed Countries, London, 102-113.

Cooke, T./Speirs, K. (2005), Migration and Employment among the Civilian Spouses of Military Personnel, Social Science Quarterly, 86, 2, 343-355.

Corporate Women Directors International (2007), Women Board Directors of the 2006 Fortune Global 200, Key Findings, URL: http://www.globewomen.com/summit/2007/2007_global_200_cwdi_report..htm [17.09.2007].

Cox, T./Harquail, C. (1991), Career Paths and Career Success in the Early Career Stages of Male and Female MBAs, Journal of Vocational Behavior, 39, 1, 54–75.

Cox, T./Nkomo, S. (1991), A Race and Gender-Group Analysis of the Early Career Experience of MBAs, Work, and Occupations, 18, 4, 431-446.

Crompton, R./Harris, F. (1998), Explaining Women's Employment Patterns: 'Orientation to Work' Revisited, British Journal of Sociology, 49, 1, 118-136.

Deutsche Bank (2007), Cross-Mentoring in der Deutschen Bank, URL: http://www.db.com/careers /de/files/Insert_CrossMentoring_DEU.pdf [14.08.2007].

Domsch, M./Krüger-Basener, M. (2003), Personalplanung und -entwicklung für Dual Career Couples (DCC), in: von Rosenstiel, L./Regnet, E./Domsch, M. (Hrsg.), Führung von Mitarbeitern: Handbuch für erfolgreiches Personalmanagement, 5. Auflage, Stuttgart, 561-572.

Domsch, M./Ladwig, D. (2009), Genderdax®, URL: http://www.genderdax.de [12.03.2010].

Dreitzel, H. (1980), Die gesellschaftlichen Leiden und das Leiden an der Gesellschaft, München.

Eagly, A. (1987), Sex Differences in Social Behavior: A Social Role Interpretation. Hillsdale/NJ.

European Commission (2008), The Life of Women and Men in Europe – A Statistical Portrait, Luxembourg.

European Commission (2009a), Statistical Annex to the Annual Report on Equality between Women and Men 2009, URL: http://eur-lex.europa.eu/LexUriServ/LexUriServ.do?uri=SEC:2009:0165:FIN: EN:PDF [12.03.2010].

European Commission (2009b), Fakten und Zahlen zur ausgewogenen Mitwirkung von Frauen und Männern an Entscheidungsprozessen, URL: http://ec.europa.eu/social/main.jsp?catId=777&langId =de&intPageId=675 [12.03.2010].

Eurostat (2009), Teilzeitbeschäftigte Personen, URL: http://epp.eurostat.ec.europa.eu/portal/page/ portal/employment_unemployment_lfs/data/main_tables [12.03.2010].

Ferber, M./Green, C./Spaeth, J. (1986), Work Power and Earnings of Women and Men, The American Economic Review, 76, 2, 53-56.

Ferdman, B./Brody, S. (1996), Models of Diversity Training, in: Landis, D./Bhagat, R. (Hrsg.), Handbook of Intercultural Training, 2. Auflage, Thousand Oaks, 282-303.

Fischer, L./Wiswede, G. (2009), Grundlagen der Sozialpsychologie, 3. Auflage, München.

Flüter-Hoffmann, C./Seyda, S. (2006), Unternehmensmonitor Familienfreundlichkeit 2006. Wie familienfreundlich ist die deutsche Wirtschaft? – Stand, Fortschritte, Bilanz, Berlin.

Franco, A. (2007), The Concentration of Men and Women in Sectors of Activity, Eurostat Statistics in Focus, 53/2007, URL: http://epp.eurostat.ec.europa.eu/cache/ITY_OFFPUB/KS-SF-07-053/EN/KS-SF-07-053-EN.PDF [12.03.2010].

Friedel-Howe, H. (2003), Frauen und Führung: Mythen und Fakten, in: von Rosenstiel, L./Regnet, E./Domsch, M. (Hrsg.), Führung von Mitarbeitern: Handbuch für erfolgreiches Personalmanagement, 5. Auflage, Stuttgart, 547-560.

Gieselmann, A./Krell, G. (2008), Diversity-Trainings: Verbesserung der Zusammenarbeit und Führung einer vielfältigen Belegschaft, in: Krell, G. (Hrsg.), Chancengleichheit durch Personalpolitik, Gleichstellung von Frauen und Männern in Unternehmen und Verwaltungen, Rechtliche Regelungen – Problemanalysen – Lösungen, 5. Auflage, Wiesbaden, 331-350.

Hakim, C. (1996a), The Sexual Division of Labour and Women's Heterogeneity, British Journal of Sociology, 47,1, 178-188.

Hakim, C. (1996b), Women's Work: Female Heterogeneity and the Polarization of Women's Employment, London.

Hakim, C. (1998), Developing a Sociology for the Twenty-first Century: Preference Theory, British Journal of Sociology, 49, 1, 137-144.

Hakim, C. (2000), Work-Lifestyle Choices in the 21st Century: Preference Theory, Oxford.

Hakim, C. (2002), Lifestyle Preferences as Determinants of Women's Differentiated Labor Market Careers, Work and Occupations, 29, 4, 428-459.

Hannover, B./Kessels, U. (2003), Erklärungsmuster weiblicher und männlicher Spitzen-Manager zur Unterrepräsentanz von Frauen in Führungspositionen, Zeitschrift für Sozialpsychologie, 34, 3, 197-204.

Hartnett, R. (2007), Building More Effective Women Leaders Through Mentoring, Franchising World, 39, 3, 111-112.

Helfat, C./Harris, D./Wolfson, P. (2006), The Pipeline to the Top: Women and Men in the Top Executive Ranks of U.S. Corporations, Academy of Mangement Perspectives, 20, 4, 42-64.

Helmut-Schmidt-Universität (2007), Genderdax® Top Unternehmen für hochqualifizierte Frauen, URL: http://www.genderdax.de [19.11.2007].

Higgins, M./Kram, K. (2001), Reconceptualizing Mentoring at Work: A Developmental Network Perspective, Academy of Management Review, 26, 2, 264-288.

Homburg, C./Pflesser, C. (2000), A Multiple-Layer Model of Market-Oriented Organizational Culture: Measurement Issues and Performance Outcomes, Journal of Marketing Research, 37, 4, 449-462.

Hubbard, E. (2004), The Diversity Scorecard: Evaluating the Impact of Diversity on Organizational Performance, Burlington, MA.

Jacobsen, J./Levin, L. (1997), Marriage and Migration: Comparing Gains and Losses from Migration for Couples and Singles, Social Science Quarterly, 78, 3, 688-709.

James, L. (2008), United by Gender or Divided by Class? Women's Work Orientations and Labour Market Behaviour, Work and Organization, 15, 4, 394-412.

Judge, T./Cable, D./Boudreau, R./Bretz, R. (1995), An Empirical Investigation of the Predictors of Executive Career Success, Personnel Psychology, 48, 3, 485-519.

Johnson R./O'Mara J. (1992), Shedding New Light on Diversity Training: Training and Development, 46, 5, 45-52.

Kasten, K. (2008), Frauen fördern Frauen: Vernetzt euch!, Frankfurter Allgemeine Hochschulanzeiger Online, URL: http://www.faz.net/s/RubB1763F30EEC64854802A79B116C9E00A/Doc~E422679 E429C C402080ADC87085865019~ATpl~Ecommon~Scontent.html [16.03.2010].

Kiesche, E. (2001), Arbeitszeitflexibilisierung - Aufgaben für Personalräte, Der Personalrat, 18, 283-292.

Kirchmeyer, C. (2002), Gender Differences in Managerial Careers: Yesterday, Today and Tomorrow, Journal of Business Ethics, 37, 1, 5-24.

Kleinert, C. (2006), Frauen in Führungspositionen, Karriere mit Hindernissen, IAB Kurzbericht, 9/2006, URL: http://doku.iab.de/kurzber/2006/kb0906.pdf [08.03.2010].

Kleinert,C./Kohaut, S./Brader, D./Lewerenz, J. (2007), Frauen an der Spitze: Arbeitsbedingungen und Lebenslagen weiblicher Führungskräfte, Frankfurt/Main.

Kompetenzzentrum Technik – Diversity – Chancengleichheit e.V. (2007), Broschüre „Style your future 2007", URL: http://www.girls-day.de/zielgruppen/unternehmen_organisationen/inter-aktiv/download [14.08.2007].

Konrad, A./Corrigall, E./Lieb, P./Ritchie, J. (2000), Sex Differences in Job Attribute Preferences among Managers and Business Students', Group & Organization Management, 25, 2, 108-131.

Krell, G. (2004), Managing Diversity und Gender Mainstreaming: Ein Konzeptvergleich, Sozialwissenschaften und Berufspraxis, 27, 4, 367-376.

Krell, G. (2008), Einleitung: Chancengleichheit durch Personalpolitik – Ecksteine, Gleichstellungscontrolling und Geschlechterverständnis als Rahmen, in: Krell, G. (Hrsg.), Chancengleichheit durch Personalpolitik, Gleichstellung von Frauen und Männern in Unternehmen und Verwaltungen, Rechtliche Regelungen – Problemanalysen – Lösungen, 5. Auflage, Wiesbaden, 3-20.

Krell, G./Mückenberger, U./Tondorf, K. (2008), Gender Mainstreaming: Chancengleichheit (nicht nur) für Politik und Verwaltung, in: Krell, G. (Hrsg.), Chancengleichheit durch Personalpolitik, Gleichstellung von Frauen und Männern in Unternehmen und Verwaltungen, Rechtliche Regelungen – Problemanalysen – Lösungen, 5. Auflage, Wiesbaden, 97-114.

Kutscher, J./Weidinger, M./Hoff, A. (1996), Flexible Arbeitszeitgestaltung. Praxis-Handbuch zur Einführung innovativer Arbeitszeitmodelle, Wiesbaden.

Linnenkohl, K./Rauschenberg, H.-J. (1996), Arbeitszeitflexibilisierung, 140 Unternehmen und ihre Modelle, 3. Auflage, Heidelberg.

Melamed, A. (1995), Career Success: The Moderating Effect of Gender, Journal of Vocational Behavior, 47, 1, 35-60.

Merck (2005), Merck ist eine familienfreundliches Unternehmen!, URL: http://www.merck.de/servlet/PB/show/1485780/Familienfreundliches%20 Unternehmen1.pdf [31.01.2007].

Morrison A. (1992), The New Leaders: Guidelines on Leadership Diversity in America, San Francisco.

Murrell, A./Frieze, I./Olson, J. (1996), Mobility Strategies and Career Outcomes: A Longitudinal Study of MBAs, Journal of Vocational Behavior, 49, 3, 324-335.

Neuberger, O. (2009), Mikropolitik, in: von Rosenstiel, L./Regnet, E./Domsch, M. (Hrsg.), Führung von Mitarbeitern: Handbuch für erfolgreiches Personalmanagement, 6. Auflage, Stuttgart, 28-35.

Nissan Motor C., Ltd. (2009), Making the Most of Gender Diversity, URL: http://www.nissan-global.com/EN/COMPANY/DIVERSITY/GENDER/index.html [16.03.2010].

OECD (2003), Education at a Glance 2003, URL: http://www.oecd.org/edu/eag2003 [12.10.2009].

OECD (2009), Education at a Glance 2009, URL: http://www.oecd.org/edu/eag2009 [12.10.2009].

Osterloh, M./Littmann-Wernli, S. (2002), Die „gläserne Decke" – Realität und Widersprüche, in: Peters, S./Bensel, N. (Hrsg.), Frauen und Männer im Management, Diversity in Diskurs und Praxis, 2. Auflage, Wiesbaden, 259-276.

Parasuraman. S./Greenhaus. J./Rabinowitz, S./Bedeian. A./Mossholder. K. (1989), Work and Family Variables as Mediators of the Relationship between Wives' Employment and Husbands' Well-being, Academy of Management Journal, 32, 18, 185-201.

Plünnecke, A./Seyda, S. (2004), Bildung, in: Institut der deutschen Wirtschaft Köln (Hrsg.), Perspektive 2050. Ökonomik des demographischen Wandels, Köln, 121-143.

Praesta Partners LLP (2009), The FTSE 100-Cross-Company Mentoring Programme, URL: http://www.praesta.co.uk/images/Praesta_FTSE-100-Mentoring-Programme_1_Feb08.pdf [16.03.2010].

Ramb, F. (2008), Employment Gender Gap in the EU is Narrowing, Eurostat Statistics in Focus, 99/2008, URL: http://epp.eurostat.ec.europa.eu/cache/ITY_OFFPUB/KS-SF-08-099/EN/KS-SF-08-099-EN.PDF [16.03.2010].

Reitman, F./Schneer, J. (2003), The Promised Path: A Longitudinal Study of Managerial Careers, Journal of Managerial Psychology, 18, 1, 60-75.

Ruderman, M./Ohlott, P./Panzer, K./King, S. (2002), Benefits of Multiple Roles for Managerial Women, Academy of Management Journal, 45, 2, 369–386.

Ryan, M./Haslam, S. (2007), The Glass Cliff: Exploring the Dynamics Surrounding the Appointment of Women to Precarious Leadership Positions, Academy of Management Review, 32, 2, 549-572.

Rynes, S./Rosen, B. (1995), A Field Survey of Factors Affecting the Adoption and Perceived Success of Diversity Training, Personnel Psychology, 48, 2, 247-270.

Schneer, J./Reitman, F. (1990), Effects of Employment Gaps on the Careers of MBA's: More Damaging for Men Than for Women?, Academy of Management Journal, 33, 2, 391–406.

Schönfeld, S./Tschirner, N. (2002), Mentoring-Programme für Frauen – Ein Anstoß zum Aufstieg, in: Peters, S./Bensel, N. (Hrsg.), Frauen und Männer im Management, Diversity in Diskurs und Praxis, 2. Auflage, Wiesbaden, 227-246.

Schwartz, F. (1989), Management Women and the New Facts of Life, Harvard Business Review, 67, 1, 65-76.

Sczesny, S. (2003), Führungskompetenz: Selbst- und Fremdwahrnehmung weiblicher und männlicher Führungskräfte, Zeitschrift für Sozialpsychologie, 34, 3, 133-145.

Serwill, C./Stegner, S. (2009), Die 25-Stunden-Führungskraft, Personalmagazin 07/2009, 38-39.

Shauman, K./Noonan, M. (2007), Family Migration and Labor Force Outcomes: Sex Differences in Occupational Context, Social Forces, 85, 4, 1737-1764.

Shihadeh, E. (1991), The Prevalence of Husband-Centered Migration: Employment Consequences for Married Mothers, Journal of Marriage and the Family, 53, 2, 432-444.

Statistisches Bundesamt (2007), Wanderungen zwischen Deutschland und dem Ausland 1991 bis 2004, URL: http://www.destatis.de/jetspeed/portal/cms/Sites/destatis/Internet/DE/Content/Statistiken/ Bevoelkerung/Wanderungen/Tabellen/Content50/DeutschlandAuslandDiagramm, templateId=render Print.psml [13.06.2007].

Statistisches Bundesamt (2006, Hrsg.), Frauen in Deutschland 2006, Wiesbaden.

Stroh, L./Brett, J./Reilly, A. (1996), Family Structure, Glass Ceiling, and Traditional Explanations for the Differential Rate of Turnover of Female and Male Managers, Journal of Vocational Behavior, 49, 1, 99-118.

Süß, S. (2008), Diversity Management auf dem Vormarsch. Eine empirische Analyse der deutschen Unternehmenspraxis, Zeitschrift für betriebswirtschaftliche Forschung, 60, 6, 406-430.

Tam, M. (1997), Part-Time Employment: A Bridge or a Trap?, Aldershot.

Vedder, G. (2005), Menschen mit Familienpflichten als Zielgruppe des Diversity Management, in: Krell, G. (Hrsg.), Betriebswirtschaftslehre und Gender Studies, Analysen aus Organisation, Personal, Marketing und Controlling, Wiesbaden, 229-246.

Wegener, A./Lippert, I. (2004), Familie und Arbeitswelt, Rahmenbedingungen und Unternehmensstrategien in Großbritannien, Frankreich und Dänemark, Berlin.

Whitely, W./Dougherty, T./Dreher, G. (1991), Relationship of Career Mentoring and Socioeconomic Origin to Managers' and Professionals' Early Career Progress, Academy of Management Journal, 34, 2, 331-350.

Wittenhagen, J. (2008), Am liebsten 20 Stunden, Frankfurter Allgemeine Zeitung, 50 (26./27.01.2008), C4.

19 Health Care Management

Lernziele

■ Die Leser können die Bedeutung des Health Care Managements für die Unternehmenspraxis einordnen.

■ Die Leser kennen die zentralen psychischen Problemfelder von Führungskräften bzw. Mitarbeitern in Unternehmen und die zentralen theoretisch-konzeptionellen Ansätze zu ihrer Erklärung.

■ Die Leser kennen die Phasen und die Handlungsfelder des Health Care Managements.

■ Die Leser kennen problemfeldspezifische Maßnahmen zum Umgang mit psychischen Problemen von Führungskräften bzw. Mitarbeitern.

19.1   Grundlagen des Health Care Managements

Technologische Veränderungen, flache Hierarchien und optimierte Arbeitsprozesse haben in den letzten Jahrzehnten dazu geführt, dass sich die arbeitsbezogenen Anforderungen an Führungskräfte und Mitarbeiter stark gewandelt haben (vgl. Peeters et al. 2005, S. 45). Überdurchschnittliches Engagement, hohe zeitliche Flexibilität (vgl. Stadler/Spießer 2002, S. 1) und Arbeiten unter Zeitdruck (vgl. Paoli/Merllié 2001, S. 14) gehören heute zu den Standardanforderungen an Führungskräfte und Mitarbeiter in Unternehmen (vgl. Insert 19.1). Aufgrund dieser geänderten Anforderungen an das Arbeitsverhalten haben psychische Probleme von Beschäftigten aller Hierarchieebenen in den letzten Jahren stark zugenommen (vgl. Büssing/Glaser/Höge 2004, S. 101).

Vor diesem Hintergrund müssen sich Unternehmen künftig verstärkt mit der Frage auseinandersetzen, wie sie ihre Führungskräfte und Mitarbeiter im Umgang mit hoher Arbeitsbelastung unterstützen können. Ein strukturiertes Health Care Management kann hierzu einen wesentlichen Beitrag leisten.

Health Care Management	Gezielt eingesetzte Aktivitäten im Unternehmen, die zur langfristigen psychischen und physischen Gesundheit von Führungskräften bzw. Mitarbeitern beitragen (in Anlehnung an Meifert/Kesting 2004, S. 8).

Der Vorläufer des Health Care Managements in Unternehmen – der Arbeits- und Gesundheitsschutz – konzentrierte sich primär auf arbeitsbedingte physische Beeinträchtigungen. Das Health Care Management setzt darüber hinaus auch an psychischen Problemfeldern an. Es zielt darauf ab, psychische und daraus vielfach resultierende physische Probleme zu vermeiden oder zu verringern.

Insert 19.1   Überarbeitung und ihre Folgen (vgl. Kleinschmidt 2007)

Angestellte arbeiten sich krank

Enge Termine, Berge von Arbeit und Angst um den Job bestimmen den Alltag vieler Arbeitnehmer in Deutschland und bedrohen ihre Gesundheit: Denn diese Arbeitsatmosphäre nervt nicht nur. Sie ist auch extrem ungesund für Psyche und Körper. Wissenschaftliche Studien belegen das. [...]

Sie sind chronisch müde und der Magen schmerzt täglich. IT-Profis haben kein leichtes Leben. Im Gegenteil. Mitarbeiter in IT-Projekten leiden bis zu viermal häufiger unter psychosomatischen Beschwerden als der Durchschnitt der Beschäftigten. 40 Prozent stehen kurz vor dem Burnout, fühlen sich seelisch und körperlich völlig erschöpft. Das zeigt eine Studie des Instituts für Arbeit und Technik (IAT) in Gelsenkirchen von Ende 2006. Für ihre Untersuchungen haben die Arbeitsforscher sieben IT-Projektgruppen 16 Monate lang begleitet.

[...] Die kleine IAT-Studie reiht sich in eine große Kette von internationalen Studien ein. Sie zeigen seit den 90er Jahren, dass die Arbeit in der modernen Wissens- und Dienstleistungsgesellschaft – trotz all ihrer Freiheiten wie flexible Arbeitszeiten und große Eigenverantwortung – ziemlich anstrengend für die Psyche ist und im Extremfall krank macht.

Johannes Siegrist, Mediziner an der Universität Düsseldorf, zeigte anhand von Langzeitstudien, dass Arbeitnehmer, die sich für ihre Arbeit nicht angemessen wertgeschätzt fühlen, unter Dauerstress leiden. Die Folge: Sie haben ein doppelt so hohes Risiko, an einem Herzinfarkt oder einer Depression zu erkranken.

Wertschätzung (Gratifikation) bedeutet dabei neben dem Geld in der Lohntüte auch menschliche Anerkennung und die Möglichkeit, sich in einem sicheren Arbeitsverhältnis weiter zu entwickeln. [...]

Für viele geht dieser Tauschhandel nicht mehr auf. „Besonders im Dienstleistungsbereich oder auch in prekären Arbeitsverhältnissen fühlen sich viele Menschen nicht gerecht entlohnt", sagt Siegrist. Sei es, weil der Job unsicher ist, die Arbeit sich endlos stapelt oder der Chef nie zufrieden ist. Siegrist sagt: „Derzeit leidet ein Drittel der Erwerbstätigen in Europa an einer Gratifikationskrise" – und hat damit ein stark erhöhtes Risiko ernsthaft krank zu werden. [...]

Die Psyche der Arbeitsgesellschaft in Not – erstaunlich, dass nur wenige Unternehmen etwas gegen den Stresspegel tun. Fast 80 Prozent der Firmen wissen nicht einmal, wo die Stress-Quellen sitzen, zeigte eine Umfrage des Wirtschafts- und Sozialwissenschaftlichen Instituts der Hans-Böckler-Stiftung unter 2200 Betrieben im Jahr 2004. Dabei haben Arbeitgeber seit 1996 laut Arbeitsschutzgesetz sogar die Verpflichtung, die psychische Gesundheit ihrer Mitarbeiter zu schützen.

Experten kritisieren die Untätigkeit der Unternehmen. „In Deutschland ist die Annahme verbreitet, der Umgang mit Stress sei ein individuelles Problem", beobachtet IAT-Arbeitsforscher Latniak. Die Unterstützung für die Mitarbeiter erschöpft sich deshalb meist auf Stress-Management-Seminare oder Entspannungs-Trainings.

Die Aktivitäten des Health Care Managements sind zeitlich und inhaltlich auf die Bedürfnisse des Unternehmens auszurichten. Bei der Gestaltung des Health Care Managements sollten die in Tabelle 19.1 dargelegten Leitfragen berücksichtigt werden.

Tabelle 19.1   Zentrale Leitfragen zur Gestaltung des Health Care Managements

Zentrale Leitfragen	Behandelt in ...
1. Warum sollten sich Unternehmen mit dem Thema Health Care Management beschäftigen?	Abschnitt 19.1
2. Welche zentralen psychischen Probleme können bei Führungskräften bzw. Mitarbeitern auftreten?	Abschnitt 19.2
3. Was ist unter Stress von Führungskräften bzw. Mitarbeitern zu verstehen, und welche Faktoren fördern bzw. verhindern das Auftreten von Stress?	Abschnitt 19.2.1
4. Welche Faktoren beeinflussen die Work-Life Balance von Führungskräften bzw. Mitarbeitern?	Abschnitt 19.2.2
5. Was ist unter dem Burnout-Syndrom zu verstehen, und wann liegt es bei Führungskräften bzw. Mitarbeitern vor?	Abschnitt 19.2.3
6. Was ist unter Workaholismus von Führungskräften bzw. Mitarbeitern zu verstehen, und welche Workaholismustypen können unterschieden werden?	Abschnitt 19.2.4
7. Welche Phasen des Health Care Managements lassen sich unterscheiden?	Abschnitt 19.3.1
8. Welche Handlungsfelder für Unternehmen existieren im Rahmen des Health Care Managements?	Abschnitt 19.3.2

Die erste Leitfrage (vgl. Tabelle 19.1) bezieht sich auf die Relevanz des Health Care Managements für Unternehmen. Generell beanspruchen Maßnahmen zur Vermeidung bzw. zur Behandlung psychischer Probleme von Führungskräften bzw. Mitarbeitern hohe zeitliche und finanzielle Ressourcen (vgl. Semmer/Zapf 2004, S. 775). Dem entgegen stehen jedoch die Kosten, welche die Folgen psychischer Probleme bzw. Erkrankungen oder körperlicher Beschwerden verursachen und die durch Maßnahmen des Health Care Managements vermieden werden können. Dazu zählen Kosten aufgrund von Leistungsrückgängen, Fehlentscheidungen und Arbeitsausfällen. Während erstere jedoch nur begrenzt messbar sind, liegen zu den Kosten durch Arbeitsausfälle genaue Zahlen vor. So ergaben sich 2006 bei durchschnittlich 11,6 Arbeitsunfähigkeitstagen pro Arbeitnehmer insgesamt 401,4 Millionen Arbeitsunfähigkeitstage in Deutschland (vgl. BAuA 2008, S. 26). Die Kosten für den volkswirtschaftlichen Ausfall der Leistungserstellung summieren sich bei einem durchschnittlichen Arbeitsentgelt von 32.800 Euro auf insgesamt 38 Milliarden Euro.

Hierbei ist anzumerken, dass zunehmend psychische Erkrankungen Arbeitsunfähigkeit auslösen (vgl. BKK Bundesverband 2007, S. 117). Wie Abbildung 19.1 verdeutlicht, ist die Anzahl der von psychischen Erkrankungen verursachten Arbeitsunfähigkeitsfällen seit 1995 um 80 Prozent gestiegen (vgl. WIdO 2009). Im Jahre 2006 waren mehr als 10 Prozent (42,6 Millionen) der Arbeitsunfähigkeitstage durch psychische Erkrankungen bedingt. Daraus resultierten Ausfallkosten in der Leistungserstellung von 3,8 Milliarden Euro (vgl. BAuA 2008, S. 27).

Abbildung 19.1 Entwicklung von Arbeitsunfähigkeitstagen und Arbeitsunfähigkeitsfällen aufgrund psychischer Störungen (WIdO 2009)

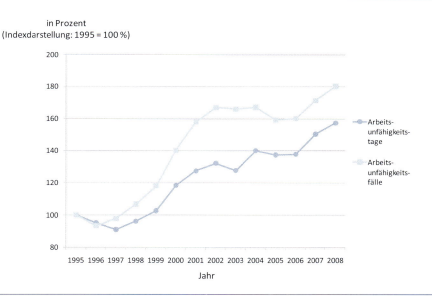

Mithilfe des Health Care Managements können Unternehmen eine Reihe von Zielen realisieren (in Anlehnung an Meifert/Kesting 2004, S. 9; Stadler/Spieß 2002, S. 4 f.; Wolfe/Slack/Rose-Hearn 1993). Wie Abbildung 19.2 darstellt, kann hierbei zwischen Zielen auf der Ebene der Mitarbeiter und Zielen auf der Ebene des Unternehmens unterschieden werden.

Trotz der Chancen, die Health Care Management bietet, sind in der Unternehmenspraxis erhebliche Umsetzungsprobleme zu beobachten (vgl. Kesting/Meifert 2004, S. 29). Dementsprechend wird die langfristige Beschäftigungsfähigkeit von Führungskräften bzw. Mitarbeitern nur allmählich verbessert (vgl. Wilken 2003, S. 27). Eine Ursache für diese Umsetzungsprobleme ist im geringen Verständnis für zentrale psychische Problemfelder (Stress, Burnout usw.) von Führungskräften bzw. Mitarbeitern in Unternehmen zu sehen. Diese psychischen Problemfelder sowie ausgewählte theoretische Erklärungsansätze behandelt Abschnitt 19.2.

Abbildung 19.2   Ziele des Health Care Managements

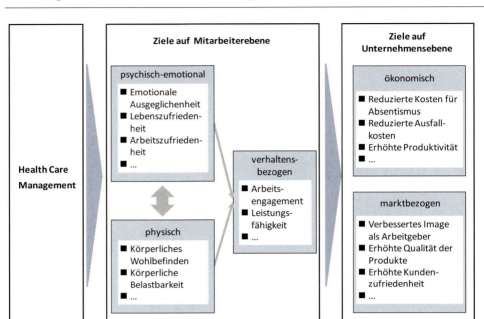

19.2   Theoretisch-konzeptionelle Ansätze des Health Care Managements

Damit die Aktivitäten im Rahmen des Health Care Managements wirksam eingesetzt werden können, ist es wichtig, die zentralen psychischen Problemfelder von Führungskräften bzw. Mitarbeitern zu verstehen (vgl. Leitfrage 2, Tabelle 19.1). Diese lassen sich anhand von zwei Dimensionen systematisieren:

■ dem Grad der psychischen Beeinträchtigung einer Person und

■ der Beeinflussbarkeit durch das Unternehmen.

Die erste Dimension – *der Grad der psychischen Beeinträchtigung* – bezieht sich darauf, inwieweit lediglich eine temporäre hohe Belastung einer Person oder bereits eine psychische Erkrankung vorliegt. Die *Beeinflussbarkeit durch das Unternehmen* beschreibt, in welchem Maß Unternehmen ihre Führungskräfte bzw. Mitarbeiter im Umgang mit den verschiedenen psychischen Problemfeldern unterstützen können.

Abbildung 19.3 Zentrale psychische Problemfelder von Führungskräften bzw. Mitarbeitern und ausgewählte theoretisch-konzeptionelle Erklärungsansätze

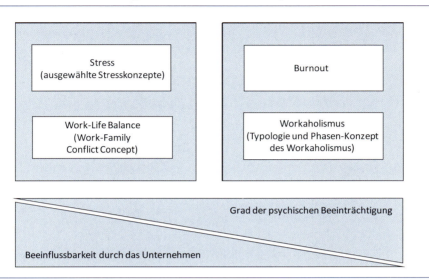

Abbildung 19.3 systematisiert die vier zentralen psychischen Problemfelder von Führungskräften bzw. Mitarbeitern. Diesen werden darüber hinaus ausgewählte theoretisch-konzeptionelle Erklärungsansätze zugeordnet. Der vorliegende Abschnitt vertieft folgende psychische Problemfelder von Führungskräften bzw. Mitarbeitern:

- Stress (Abschnitt 19.2.1),

- Probleme in der Work-Life Balance (Abschnitt 19.2.2),

- Burnout (Abschnitt 19.2.3) sowie

- Workaholismus (Abschnitt 19.2.4).

19.2.1 Stress von Führungskräften bzw. Mitarbeitern

Das am häufigsten diskutierte Phänomen im Zusammenhang mit hoher Arbeitsbelastung ist Stress (vgl. Mondy 2009). Der Stressbegriff wird in der Literatur unterschiedlich verwendet (vgl. Greif 1991, S. 6; Schwarzer 2004, S. 153) und bedarf im Vorfeld der folgenden Ausführungen einer genauen Definition (vgl. Leitfrage 3, Tabelle 19.1). Hierfür wird das Begriffsverständnis von de Jonge und Dormann (2006) zugrunde gelegt.

Stress Negative emotionale Befindlichkeit in Verbindung mit einer erhöhten (Arbeits-)Beanspruchung (in Anlehnung an de Jonge/Dormann 2006).

Ein hohes Maß an Stress kann in negativen Emotionen wie Angst, Ärger, Kummer und Neid zum Ausdruck kommen (vgl. Buunk et al. 1998). In den folgenden Abschnitten werden zwei theoretisch-konzeptionelle Ansätze zur Erklärung von Stress vertieft:

- das transaktionale kognitive Stressmodell (Abschnitt 19.2.1.1) sowie

- das Job Demands-Resources Model (Abschnitt 19.2.1.2).

19.2.1.1   Das transaktionale kognitive Stressmodell von Lazarus

Für die Erklärung von Stress ist besonders relevant, welche Situationen Personen als stressig einstufen, und wie sie mit diesen Situationen umgehen. Erkenntnisse hierüber liefert das transaktionale kognitive Stressmodell von Lazarus (1966, 1999). Lazarus (1966) geht davon aus, dass die Bewältigungsstrategien und -kompetenzen einer Person über die Einschätzung einer Situationen als stressig oder weniger stressig entscheiden (vgl. Greif 1991, S. 11). Die Bewertung eines Ereignisses als stressig erfolgt im Rahmen eines Prozesses, der in Abbildung 19.4 dargestellt wird.

Abbildung 19.4   Transaktionales kognitives Stressmodell nach Lazarus
(in Anlehnung an Zapf/Semmer 2004, S. 1020)

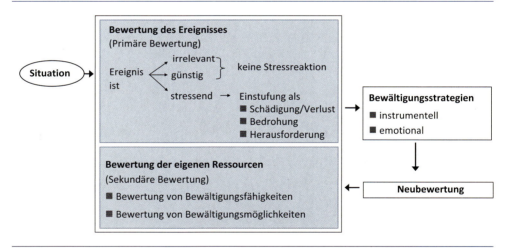

In einem *ersten Schritt* bewertet die Person ein Ereignis dahingehend, ob es für sie irrelevant, günstig oder stressend ist (vgl. Greif 1991, S. 11). Es findet nach Lazarus (1999) eine *primäre Bewertung* statt. Hängt beispielsweise die Weiterbeschäftigung der Person im Unternehmen vom erfolgreichen Abschluss eines Projektes ab, so wird dieses sicherlich als stressiger wahrgenommen als ein Projekt dessen Erfolg lediglich über die Höhe eines Gehaltsbonus entscheidet. Stressige Situation können wiederum als Schädigung bzw. Verlust, als Bedrohung oder als Herausforderung eingestuft werden:

- Eine *Schädigung* bzw. ein *Verlust* kennzeichnet als negativ empfundene Situationen, die in der Vergangenheit liegen. Beispielhaft hierfür sind gescheiterte Projekte zu nennen.

- Eine *Bedrohung* bezieht sich auf zukünftige Ereignisse. Von einer solchen Bedrohung ist beispielsweise auszugehen, wenn ein Unternehmen Entlassungen im Arbeitsbereich eines Mitarbeiters ankündigt und die Betroffenen noch nicht bekannt sind.

- Als *Herausforderung* wird eine Situation dann empfunden, wenn mit ihr zukünftige Chancen verbunden werden. Eine Person ist in diesem Fall zwar stark beansprucht, gleichzeitig aber davon überzeugt, dass sich durch die erfolgreiche Bewältigung der Situation Chancen (z. B. eine Beförderung, ein Auslandseinsatz) eröffnen.

Parallel zur primären Bewertung der Situation stuft die Person im Rahmen der *sekundären Bewertung* ihre Fähigkeiten und Möglichkeiten zum Umgang mit der Situation (bezeichnet als Ressourcen; vgl. Miltner 2005, S. 233) ein. Bei diesen Ressourcen kann es sich beispielsweise um Kompetenzen, Erfahrungen sowie Unterstützung durch Kollegen handeln. Verfügt die betroffene Person beispielsweise über keinerlei Erfahrungen und Kenntnisse zur Abwicklung eines Projektes, so wird die Situation als bedrohlicher bzw. herausfordernder wahrgenommen, als wenn umfassende Erfahrungen mit solchen Projekten vorliegen.

Die primäre und die sekundäre Bewertung wirken sich darauf aus, wie Personen Stress bewältigen können. Ausgehend davon versucht die Person in einem *zweiten Schritt*, bestehende Differenzen zwischen den Anforderungen der stressigen Situation und den eigenen Ressourcen zu verringern. Hierbei kann auf zwei alternative Strategien zurückgegriffen werden: die instrumentelle Bewältigungsstrategie und die emotionale Bewältigungsstrategie.

Die *instrumentelle Bewältigungsstrategie* zielt auf die Lösung eines Problems ab. Die Person versucht durch ihr Handeln, die Stressquelle zu identifizieren und den Stress zu reduzieren. Zu instrumentellen Bewältigungsstrategien gehören beispielsweise die folgenden Aktivitäten einer Person:

- Durch aktive *Informationssuche* bemüht sich die Person, Informationen zu beschaffen, mit deren Hilfe sie die als stressig empfundene Situation besser bewältigen kann. Beispielsweise kann sie versuchen, sich über bereits von anderen Personen erfolgreich praktizierte Lösungsansätze zu informieren.

- Durch *Suche nach sozialer Unterstützung* versucht die Person, eine Lösung des Problems mithilfe dritter Personen herbeizuführen. Beispielsweise kann sie Kollegen um temporäre Unterstützung in einem Projekt bitten.

- Bei *sozialem Coping* bewertet die Person die Situation neu, um diese als weniger bedrohlich zu empfinden. Dafür kann sie Meinungen von Personen des sozialen Umfeldes heranziehen, welche die jeweilige Situation als weniger stressig einstufen. Belastende Situationen können beispielsweise mit der unmittelbaren Führungsperson diskutiert werden.

Eine zweite Möglichkeit für Führungskräfte bzw. Mitarbeiter, mit Stress umzugehen, sieht Lazarus (1999) in der *emotionalen Bewältigungsstrategie*. Bei der emotionalen Bewältigung orientiert sich eine Person gedanklich neu und wertet die als bedrohlich empfundene Situation ab. Emotionale Stressbewältigung spielt insbesondere dann eine Rolle, wenn die Person keine Möglichkeiten sieht, das Problem instrumentell zu lösen. In diesem Fall versucht sie aus einem gewissen Selbstschutz heraus, ihre emotionale Beanspruchung zu vermindern. Dies kann in zwei Formen erfolgen:

- Die *Anwendung von Entspannungstechniken* trägt dazu bei, dass die Person zumindest temporär nicht mit dem belastenden Ereignis konfrontiert ist.

- Durch *Verdrängung* streicht die Person die als belastend empfundene Situation gänzlich aus ihrem Bewusstsein. Dies kann im Extremfall soweit führen, dass die Stress verursachende Aufgabe überhaupt nicht erfüllt wird.

Wendet eine Person verschiedene Bewältigungsstrategien in Kombination an, so kann dies zu einer *Neubewertung der Situation* führen (vgl. Abbildung 19.4). Die Situation wird dann als weniger belastend wahrgenommen (vgl. Ulich/Wülser 2005, S. 62).

Mithilfe des transaktionalen kognitiven Stressmodells lassen sich Ansatzpunkte für Unternehmen zur Unterstützung von Führungskräften bzw. Mitarbeitern im Umgang mit Stress identifizieren. Unternehmen können insbesondere durch folgende Maßnahmen ihre Beschäftigten im Umgang mit Stress unterstützen:

- Vermitteln von Selbstmanagementtechniken zur verbesserten Kontrolle von als stressig empfundenen Situationen,

- Begleiten von Personen mit besonders hohen Belastungen durch Mentoren bzw. Coaches,

- Fördern eines positiven sozialen Klimas in Unternehmen sowie

- Vermitteln von Entspannungstechniken.

19.2.1.2   Das Job Demands-Resources Model

Das transaktionale kognitive Stressmodell konzentriert sich primär auf den Umgang einer Person mit Stress. Wichtige Implikationen zur Vermeidung von Stress in der Unternehmenspraxis liefern Erkenntnisse über Einflussgrößen von Stress. Das Job Demands-Resources (JD-R) Model identifiziert Faktoren, die Stress verhindern bzw. fördern (vgl. Leitfrage 3, Tabelle 19.1). Das Modell hat seinen Ursprung in der Arbeits- und Organisationspsychologie und wurde von Demerouti und Kollegen (2001) entwickelt. Das Modell unterteilt Arbeitsbedingungen in berufliche Anforderungen und berufliche Ressourcen (vgl. Demerouti et al. 2001, S. 499):

- *Berufliche Anforderungen* (Job Demands) beschreiben das Ausmaß der arbeitsbedingten Belastungen einer Person. Sie können sich auf das Unternehmen (z. B. internationale Tätigkeit, Wettbewerbsintensität), das soziale Umfeld (z. B. Teamkonflikte, Kundenanforderungen) sowie die Person (z. B. mangelnde Qualifikation, gesundheitliche Probleme) beziehen.

- *Berufliche Ressourcen* (Job Resources) erleichtern es Personen, mit beruflichen Anforderungen umzugehen. Sie können im Bereich des Unternehmens (z. B. Organisationsklima, Gesundheitsprogramme usw.), des sozialen Umfelds (z. B. Unterstützung durch Vorgesetzte bzw. Kollegen) sowie in der Person selbst (z. B. Fähigkeiten, Kenntnisse, Gesundheit) liegen.

Berufliche Anforderungen und berufliche Ressourcen können sich unterschiedlich auswirken (vgl. Rösing 2003, S. 146). Abbildung 19.5 zeigt eine vereinfachte Darstellung des Job Demands-Resources Models von Bakker und Demerouti (2007, S. 313).

Abbildung 19.5 Grundlegende Wirkungsbeziehungen gemäß des Job Demands-Resources Models (in Anlehnung an Bakker/Demerouti 2007, S. 313)

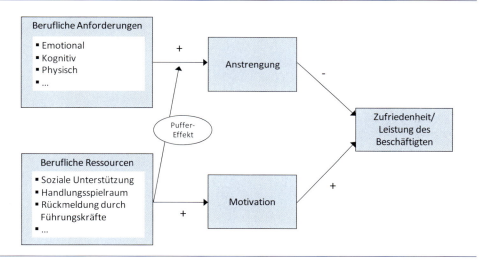

Im Job Demands-Resources Model werden zwei grundlegende – unter Umständen parallel ablaufende – Prozesse unterschieden, welche die Leistungen der Führungskräfte bzw. Mitarbeiter beeinflussen:

- Hohe arbeitsbedingte Anforderungen lösen den *anstrengungsgetriebenen Prozess* aus. Aufgrund hoher Anforderungen steigert die Person kurzfristig ihr berufliches Engagement. Extreme Anstrengung führt zu Beeinträchtigungen bei der Person, die langfristig einen Leistungsrückgang auslösen.

- Der *motivationsgetriebene Prozess* wird durch berufsbezogene Ressourcen ausgelöst. Es wird davon ausgegangen, dass berufliche Ressourcen motivierend auf Führungskräfte bzw. Mitarbeiter wirken (vgl. Schaufeli 2003, S. 6). Die Motivation steigert die Leistungen der Betroffenen.

Darüber hinaus können berufliche Ressourcen die Auswirkungen der beruflichen Anforderungen auf die Anstrengung abfedern (Bakker/Demerouti 2007, S. 314). Man spricht in diesem Zusammenhang von einem so genannten Puffer-Effekt (buffer effect), durch welchen die Ressourcen negative Konsequenzen überhöhter Anforderungen, wie beispielsweise übermäßige Anstrengung oder Burnout dämpfen (Demerouti et al. 2001; van Yperen/Hagedoorn 2003; Xanthopoulou et al. 2007).

Das Job Demands-Resources Model identifiziert somit zwei Gruppen von Einflussgrößen von Stress, an denen Unternehmen ansetzen können, um die Befindlichkeit und die Leistungen ihrer Beschäftigten zu verbessern. Zunächst können Unternehmen versuchen, unnötige Anforderungen zu vermeiden. Dies ist z. B. in folgenden Bereichen möglich:

- Vermeidung unnötiger sozialer Anforderungen: Unterbinden persönlicher Konflikte und Mobbing (vgl. beides Abschnitt 15.1.4) unter den Mitarbeitern.

- Vermeidung unnötiger unternehmensbezogener Anforderungen: Unterbinden von Rollenkonflikten durch klare Regelung von Zuständigkeiten zwischen den Mitarbeitern, Vermeiden von aufgabenbezogener Unsicherheit durch klares Delegieren von Aufgaben, Vermeiden unnötigen Zeitdrucks durch rechtzeitiges Delegieren von Aufgaben.

- Vermeiden unnötiger aufgabenbezogener Anforderungen: Vermeiden von Überforderung und Unterforderung durch Delegation von individuell passenden Ausgaben.

Darüber hinaus können Unternehmen Führungskräfte bzw. Mitarbeiter dabei unterstützen, Ressourcen aufzubauen, um beruflichen Anforderungen besser gerecht zu werden. Beispielhafte Maßnahmen sind

- fachliche Schulungen,

- Selbstmanagementtrainings,

- das Vermitteln von Stressbewältigungstechniken sowie

- das Vermitteln von Entspannungstechniken.

Darüber hinaus können Unternehmen Führungskräften bzw. Mitarbeitern direkt die entsprechenden Ressourcen zur Verfügung stellen. Beispielhaft sind

- das Feedback durch Führungskräfte,

- die soziale Unterstützung durch Kollegen sowie

- das Gewähren eines möglichst großen Handlungsspielraums

zu nennen.

Die im Job Demands-Resources Model postulierten Wirkungszusammenhänge haben sich über verschiedene Kulturen hinweg als stabil erwiesen (vgl. Llorens et al. 2006). So konnte auf Basis einer Studie mit über 1.100 Probanden gezeigt werden, dass sowohl in den Niederlanden als auch in Spanien, also zwei Ländern aus unterschiedlichen kulturellen Clustern (vgl. Abschnitt 7.2.2), der anstrengungsgetriebene und der motivationsgetriebene Prozess einen signifikanten Einfluss auf die Zufriedenheit und die Leistung von Beschäftigten haben.

19.2.2 Work-Life Balance von Führungskräften bzw. Mitarbeitern

Damit Führungskräfte bzw. Mitarbeiter langfristig leistungsfähig sein können, ist es wichtig, dass berufliches Engagement und Privatleben in ausgewogenem Verhältnis zueinander stehen. Eine solche Ausgewogenheit zwischen Beruf und Privatleben wird mit dem Begriff der Work-Life Balance beschrieben (vgl. Hunziger 2004, S. 15).

Immer mehr Unternehmen sehen die Work-Life Balance ihrer Beschäftigten als ein strategisch wichtiges Thema an, um sich als Arbeitgeber vom Wettbewerb zu differenzieren (vgl. Mescher/Benschop/Doorewaard 2010). Auch verschiedene wissenschaftliche Disziplinen, wie z. B. die Psychologie, die Personalforschung und die Marketingforschung, widmen sich verstärkt diesem Phänomen (vgl. u.a. den Dulk/de Ruijter 2008; Greenhaus 2008; Ryan/Kossek 2008; Watts 2009).

Eine langfristig zufriedenstellende Work-Life Balance wird bei Beschäftigten aller Hierarchieebenen des Unternehmens – vom Topmanagement bis hin zu Mitarbeitern aller Ebenen – als wichtig erachtet. Bevor im Folgenden darauf eingegangen wird, was eine ausgewogene Work-Life Balance von Führungskräften bzw. Mitarbeitern kennzeichnet (vgl. Leitfrage 4, Tabelle 19.1) und welche Auswirkungen eine fehlende Work-Life Balance haben kann, soll geklärt werden, was unter diesem Begriff zu verstehen ist.

| *Work-Life Balance* | Ausgewogenheit zwischen Beruf und Privatleben, welche eine Zufriedenheit mit der eigenen Rollenerfüllung in verschiedenen Lebensbereichen und eine Vermeidung dauerhafter Überlastung ermöglicht (in Anlehnung an Collins 2007, S. 418). |

Nach Stock-Homburg und Bauer (2007) beinhaltet die Work-Life Balance im Kern drei Facetten. Die zentralen Inhalte dieser Facetten sind in Abbildung 19.6 dargestellt.

Die erste Facette – *Work* – beschreibt, wie stark sich eine Person beruflich engagiert, und wie zufrieden eine Person mit ihrem Beruf ist. Unter der zweiten Facette – *Life* – werden der Einsatz einer Person und die Zufriedenheit im persönlichen Bereich subsumiert. Die dritte Facette beinhaltet die *Balance* zwischen den beiden ersten Facetten Work und Life. An dieser Stelle ist darauf hinzuweisen, dass diese Bereiche durchaus gewisse Schnittstellen aufweisen können (vgl. Collins 2007, S. 417). So können beispielsweise im Arbeitskontext Freundschaften entstehen, die auf den persönlichen Bereich ausstrahlen.

Abbildung 19.6   Facetten der Work-Life Balance nach Stock-Homburg und Bauer (2007)

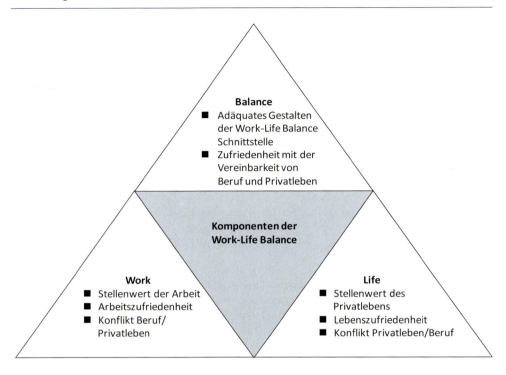

Um Defizite in der Work-Life Balance zu verringern und negative Auswirkungen zu vermeiden, müssen solche Defizite frühzeitig identifiziert werden. Tabelle 19.2 zeigt einen Ausschnitt aus dem von Stock-Homburg und Bauer (2007) entwickelten Work-Life Balance Monitor. Dieser erfasst einzelne Facetten der Work-Life Balance. Treffen mehr als die Hälfte dieser Indikatoren zu, liegen im Hinblick auf die Work-Life Balance ernst zu nehmende Risiken vor (vgl. Frone/Russel/Cooper 1994; Netemeyer/Boles/McMurrian 1996; Stock-Homburg/Bauer 2007).

Tabelle 19.2 Indikatoren mangelnder Work-Life Balance von Führungskräften bzw. Mitarbeitern (vgl. Stock-Homburg/Bauer 2007)

Facette der Work-Life Balance	Die Situation der betroffenen Person ist dadurch gekennzeichnet, dass ...
Ausgewählte Aussagen zur Work-Dimension	■ ... auch in der Freizeit ständige elektronische Erreichbarkeit gegeben ist. ■ ... häufig am Abend und am Wochenende zu Hause gearbeitet wird. ■ ... berufliche Sorgen nicht besprochen, sondern verdrängt werden. ■ ... die meisten Interessen im beruflichen Bereich liegen. ■ ... die eigene Tätigkeit als die des „Hamsters im Laufrad" empfunden wird. ■ ... sich fast alle Dinge im Leben um die Arbeit drehen. ■ ... die Gedanken an die Arbeit immer präsent sind. ■ ... ein innerer Drang zum Arbeiten verspürt wird.
Ausgewählte Aussagen zur Life-Dimension	■ ... private Ereignisse oft die Gedanken während der Arbeitstätigkeit dominieren. ■ ... die Arbeitsleistung häufig unter privaten Verpflichtungen leidet. ■ ... Arbeitsaufgaben aufgrund familiärer Verpflichtungen meist unter Zeitdruck erledigt werden. ■ ... Freunde die geringe Präsenz der Person häufig monieren.
Ausgewählte Aussagen zur Balance-Dimension	■ ... häufig Unsicherheit im Umgang mit der Schnittstelle zwischen Beruf und Privatleben besteht. ■ ... Unzufriedenheit mit der Vereinbarkeit von Beruf und Privatleben besteht. ■ ... die beruflichen und die privaten Verpflichtungen häufig nicht vereinbar sind. ■ ... der Partner/die Partnerin unzufrieden mit der beruflichen Belastung ist.

Unternehmen können Führungskräfte und Mitarbeiter durch ausgleichende Maßnahmen unterstützen, um deren Work-Life Balance zu verbessern. Das Work-Family Conflict Concept von Frone, Russel und Cooper (1992) identifiziert vier Bereiche, an denen entsprechende Maßnahmen ansetzen können (vgl. Leitfrage 4, Tabelle 19.1). Es geht von einer dreistufigen Wirkungskette aus, in der verschiedene Einflussgrößen und Auswirkungen der Work-Family Balance einer Person abgebildet werden (vgl. Abbildung 19.7).

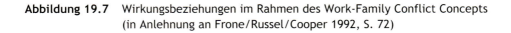

Abbildung 19.7   Wirkungsbeziehungen im Rahmen des Work-Family Conflict Concepts
                     (in Anlehnung an Frone/Russel/Cooper 1992, S. 72)

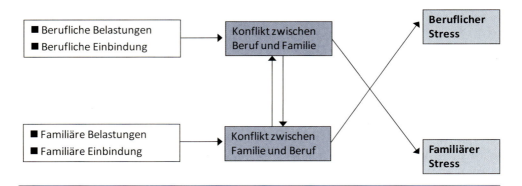

Das Work-Family Conflict Concept unterstellt ein Spannungsverhältnis zwischen Beruf und Familie. Dieses Spannungsverhältnis kann sich in zweierlei Hinsicht niederschlagen:

■ dem Konflikt zwischen Beruf und Familie (Work-Family Conflict) und

■ dem Konflikt zwischen Familie und Beruf (Family-Work Conflict).

Ein *Work-Family Conflict* liegt beispielsweise dann vor, wenn eine stark beruflich einge-bundene Person ihren familiären Verpflichtungen (z. B. emotionale Unterstützung des Partners, Hausaufgabenbetreuung der Kinder) nicht hinreichend gerecht werden kann. Ein *Family-Work Conflict* kann beispielsweise dann eintreten, wenn eine Person dauerhaft pa-rallel zur beruflichen Tätigkeit andere Personen (z. B. Kinder, Angehörige) zu versorgen hat. Er ist insbesondere bei weiblichen Führungskräften bzw. Mitarbeitern zu beobachten (vgl. hierzu Kapitel 18).

Das Work-Family Conflict Concept identifiziert verschiedene Einflussgrößen der Konflikte zwischen dem beruflichen und dem familiären Bereich. Der Konflikt zwischen Beruf und Familie wird danach ausgelöst durch (vgl. Abbildung 19.7)

■ hohe berufliche Belastungen bzw.

■ starke berufliche Einbindung.

Hohe *berufliche Belastungen* können beispielsweise dadurch entstehen, dass Personen das Ergebnis ihrer Tätigkeit kaum oder gar nicht beeinflussen können bzw. über geringe Res-sourcen (z. B. Zeit, Kompetenz) zur Aufgabenerfüllung verfügen (vgl. Frone/ Russel/Cooper 1992, S. 69). Eine belastende Situation liegt beispielsweise vor, wenn eine Person für Ergebnisse verantwortlich gemacht wird, die sie selbst nicht oder nur zum Teil verursacht hat. Solche Konstellationen finden sich beispielsweise im Bereich des Be-schwerdemanagements.

Die *berufliche Einbindung* beschreibt, wie stark sich eine Person für ihre berufliche Tätigkeit engagiert. Das berufliche Engagement bezieht sich auf die zeitliche Intensität sowie die Verantwortungsübernahme durch eine Person. Die Verantwortung drückt sich insbesondere in der hierarchischen Position und der Zahl der unterstellten Mitarbeiter aus. Die zeitliche berufliche Einbindung spiegelt sich in erster Linie in der durchschnittlichen Arbeitszeit wieder. Tabelle 19.3 zeigt die durchschnittlichen Arbeitszeiten pro Jahr in den Metropolen verschiedener Länder. Die Asiaten arbeiten mit durchschnittlich 2.104 Stunden im Jahr weltweit am längsten. Es folgen die Arbeitnehmer in Südamerika und im Nahen Osten mit ebenfalls über 2.000 Stunden. Die Westeuropäer verbringen ca. 1.700 Stunden im Jahr mit ihrer Arbeit (vgl. Focus online 2009). Jüngere Studien konnten zeigen, dass zwischen der wöchentlichen Arbeitszeit, dem Land, in dem man lebt und dem Ausmaß des Konfliktes zwischen Beruf und Familie substanzielle Zusammenhänge bestehen. So wird in Finnland und Norwegen im Vergleich zu Großbritannien und Frankreich ein weitaus geringerer Work-Family Conflict berichtet (Crompton/Lyonette 2006).

Tabelle 19.3 Arbeitszeiten in Metropolen (vgl. Focus Online 2009)

Stadt	Arbeitsstunden pro Jahr	Ferien pro Jahr (bezahlte Urlaubstage)
Paris	1.587	28,3
Berlin	1.666	31,2
Kopenhagen	1.687	25,3
Madrid	1.718	31,3
Sydney	1.749	21,4
Athen	1.780	23,7
Moskau	1.824	21,4
London	1.833	22,2
Tokio	1.864	20,5
Warschau	1.870	27,1
New York	1.882	13,3
Rio de Janeiro	1.912	26,1
Johannesburg	1.929	18,9
Schanghai	1.983	16,0

Stadt	Arbeitsstunden pro Jahr	Ferien pro Jahr (bezahlte Urlaubstage)
Singapur	1.988	18,5
Istanbul	2.074	15,3
Mumbai	2.097	24,2
Mexiko	2.150	14,2

Weitere Ansatzpunkte zur langfristigen Förderung einer funktionsfähigen Work-Life Balance identifiziert das Work-Family Conflict Concept im Bereich des Konflikts zwischen Familie und Beruf. Dieser Konflikt wird primär ausgelöst durch (vgl. Abbildung 19.7)

■ hohe familiäre Belastungen bzw.

■ hohe familiäre Einbindung.

Die *familiären Belastungen* drücken sich durch Probleme im familiären Bereich aus. Diese Probleme können sich von Beziehungsproblemen bis hin zu gesundheitlichen oder schulischen Schwierigkeiten der Kinder erstrecken. Die *familiäre Einbindung* beschreibt den Umfang, in dem eine Person familiären Verpflichtungen nachzukommen hat. Diese Verpflichtungen können sich insbesondere auf das zeitliche (z. B. Betreuung von Familienangehörigen) und das finanzielle Engagement (z. B. finanzielle Unterhaltsleistungen) einer Person beziehen.

Das Work-Family Conflict Concept geht davon aus, dass sich die beiden Konfliktarten unterschiedlich auf die Befindlichkeit einer Person auswirken. Während der Work-Family Conflict zu familiärem Stress führt, wird durch den Family-Work Conflict beruflicher Stress ausgelöst. Die Person hat also in beiden Konstellationen das Gefühl, die familiäre oder die berufliche Situation nicht bzw. nicht hinreichend unter Kontrolle zu haben.

Eine durch eine bzw. beide Konfliktarten geprägte Work-Life Balance führt auf der persönlichen Ebene zu einer Beeinträchtigung des Wohlbefindens und kann damit zu langfristigen gesundheitlichen Schäden wie beispielsweise Depression, Alkoholismus oder Bluthochdruck führen (vgl. Frone/Russell/Cooper 1997). Auch Burnout gehört zu den möglichen Folgen (vgl. Lingard/Francis 2005). Im beruflichen Bereich reduziert eine fehlende Work-Life Balance das organisationale Commitment (vgl. Aryee/Srinivas/Tan 2005; Carlson/Grzywacz/Zivnuska 2009) und die Arbeitsleistung (vgl. Butler/Skattebo 2004). Erhöhte Fluktuations- und Absentismusraten sind weitere negative Konsequenzen für Unternehmen (Boles/Johnston/Hair 1997). Investitionen in die Work-Life Balance der Beschäftigten sind für Unternehmen daher langfristig ökonomisch bedeutend (BMFSFJ 2005). Da die Work-Life Balance von Führungskräften, insbesondere von Topmanagern, spezifische Charakteristika aufweist (vgl. dazu ausführlich Bauer 2009), unterscheiden sich auch die Ansatzpunkte zur Verbesserung der Work-Life Balance von Führungskräften (vgl. dazu ausführlich Stock-Homburg/Roederer 2009).

In der Unternehmenspraxis wird die hohe Relevanz einer guten Work-Life Balance immer mehr erkannt. Umfassende unternehmerische Konzepte zur Vereinbarkeit von Beruf und Privatleben werden entwickelt, und inzwischen hat sich eine Vielzahl von Maßnahmen zur Unterstützung der Work-Life Balance etabliert. Ein Beispiel für ein ganzheitliches Konzept zur Förderung der Work-Life Balance ist bei dem Unternehmen Vodafone zu finden (vgl. Insert 19.2).

Insert 19.2 Work-Life Balance bei der Vodafone D2 GmbH (2009)

Make the most of now.

Wir fördern die Vereinbarkeit von Familie und Beruf.

1. Abschluss einer Gesamtbetriebsvereinbarung, in der konkrete Ziele und Maßnahmen festgelegt wurden, zum Beispiel die Gewährung einer betrieblichen Elternzeit für maximal weitere zwölf Monate über die gesetzliche Elternzeit hinaus.

2. Unterzeichnung der Grundsatzerklärung des Unternehmensnetzwerks „Erfolgsfaktor Familie". Zu den Inhalten dieser Erklärung gehört beispielsweise eine familienbewusste Unternehmensführung als Teil der Unternehmenskultur.

3. Erwerb des Grundzertifikats „audit berufundfamilie" der Hertie-Stiftung.

4. Einrichtung eines Familienservices zur Unterstützung bei der bundesweiten Vermittlung von Kinderbetreuung und Home Care bzw. Elder Care.

5. Einrichtung betriebseigener Kinderkrippen. Für Mitarbeiterkinder gibt es in Düsseldorf das „Seesternchen" mit 50 Plätzen. Weitere betriebseigene Kinderkrippen in Ratingen, Hannover und Stuttgart sind in der Planung. Außerdem bestehen Kooperationen mit weiteren Kinderkrippen.

6. Angebot eines betriebseigenen Ferienprogramms zur Überbrückung von Betreuungsengpässen in Ferienzeiten für Eltern schulpflichtiger Kinder.

7. Das Projekt LiVFe Art. Mitarbeiter und Führungskräfte können sich im Rahmen verschiedener künstlerischer Workshops kreativ mit dem Thema Vereinbarkeit von Familie und Beruf auseinandersetzen.

8. Persönliches Überreichen bzw. Versenden eines Baby-Willkommenspakets mit Baby-Body und Glückwunschkarte.

9. Förderung von flexiblen Arbeitszeitregelungen und Teilzeitangeboten.

10. Programm „Mach mit – Vodafone hilft!". Mitarbeiter haben hier die Möglichkeit Förderungsanträge für Projekte zu stellen, in denen sie sich ehrenamtlich engagieren.

11. Für die Beteiligung an humanitären Hilfseinsätzen oder an sozialen Projekten können Mitarbeiter für einen Zeitraum von bis zu drei Monaten von ihrer Arbeit unter Fortzahlung der Bezüge freigestellt werden.

12. Zusätzliche Benefits wie beispielsweise sechs Wochen (unbezahlte) Freistellung bei familienbedingten Notfällen; Essenszuschüsse oder Weihnachtsgeld.

Das Thema Work-Life Balance wird sowohl in der Unternehmenspraxis als auch in der Forschung intensiv diskutiert. In aktuellen Studien wird das Konzept der Work-Life Balance um eine Komponente erweitert, die das Ausmaß beschreibt, in dem die Teilhabe bei der Arbeit bzw. zu Hause durch die Erfahrungen und Fähigkeiten, die zu Hause bzw. bei der Arbeit erworben wurden, erleichtert wird (in Anlehnung an Aryee/Srinivas/Tan 2005). Demnach handelt es sich hierbei im Gegensatz zum Work-Family-Conflict bzw. Family-Work Conflict um positive Übertragungseffekte von einem Bereich auf den anderen. Diese werden auch als Work-Family Facilitation bzw. Family-Work Facilitation bezeichnet.

Da sich die ursprüngliche Work-Life Balance Terminologie aus der Diskussion um die spezielle Problematik berufstätiger Frauen, insbesondere von Frauen mit kleinen Kindern entwickelt hat, steht der Gender-Aspekt bei zahlreichen Studien im Fokus. Viele Autoren fordern eine separate Betrachtung der Work-Life Balance von Frauen und Männern (vgl. Lewis/Gambles/Rapoport 2007) und mehrere aktuelle Studien beschäftigen sich mit der speziellen Situation berufstätiger, karriereorientierter Mütter (vgl. Peus/Traut-Mattausch 2008; Tomlinson 2007).

Jüngere Forschungen beschäftigen sich außerdem mit möglichen individuellen Strategien, um die Schnittstelle zwischen Beruf und Privatleben besser zu koordinieren (vgl. Bulger/Matthews/Hoffman 2007; Kreiner/Hollensbe/Sheep 2009). Eindeutige Ergebnisse dazu, wie viel Trennung bzw. Integration der Lebensbereiche optimal ist, und welche Strategien der Trennung bzw. Integration sich positiv auf das eigene Wohlbefinden und die Leistung auswirken, stehen noch aus. Stock-Homburg und Bauer (2008) haben für Frauen und Männer jeweils vier verschiedene Typen identifiziert, die sich im Grad der Vermischung von Beruf und Freizeit unterscheiden und deren Work-Life Balance unterschiedlich ausfällt (vgl. Abschnitt 5.4.2).

Vor dem Hintergrund, dass Unternehmen zunehmend grenzüberschreitend tätig sind, werden in der Forschung in den letzten Jahren vermehrt interkulturelle Aspekte im Zusammenhang mit dem Konzept der Work-Life Balance diskutiert. Powell, Francesco und Ling (2009) identifizieren Kulturdimensionen, welche für das Ausmaß der Konflikte zwischen Beruf und Privatleben relevant sind. Hierzu gehören beispielsweise der Grad der Menschorientierung, die Geschlechtergleichbehandlung und Kollektivismus vs. Individualismus (für eine ausführliche Erläuterung siehe Abschnitt 7.2.2).

19.2.3   Burnout von Führungskräften bzw. Mitarbeitern

Ein häufig diskutiertes Phänomen im Zusammenhang mit hoher Arbeitsbelastung von Führungskräften bzw. Mitarbeitern ist das Burnout-Syndrom. Dabei handelt es sich um ein Phänomen, das nicht nur in Deutschland, sondern auch in anderen westlichen Ländern verbreitet ist (Soler/Yaman/Esteva 2007). Während Burnout ursprünglich im Zusammenhang mit sozialen Berufen unterer Hierarchieebenen (z. B. in Verbindung mit Pflegepersonal) diskutiert wurde, wird es heute mit nahezu allen Berufsgruppen und Hierarchieebenen in Verbindung gebracht (vgl. Mondy 2009; Ulich/Wülser 2005, S. 76).

Einer neueren Studie zufolge weisen von 10.000 befragten Managern 45 Prozent starke Anzeichen von Erschöpfung auf (vgl. Saaman Consultants AG 2006). Diese Studie belegt darüber hinaus, dass sich die wenigsten Führungskräfte ihres Burnout-Syndroms bewusst sind. Das Zugeben psychischer Probleme wird vielmehr als Schwäche und als persönliches Versagen empfunden (vgl. Knecht 2006, S. 13). Nach einer Studie der Deutschen Angestellten Krankenkasse (DAK) rechnen lediglich 31 Prozent der Beschäftigten mit Verständnis für belastungsbedingte psychische Probleme durch ihre Kollegen (vgl. DAK 2005).

Burnout ist somit nicht nur als individuelles Problem, sondern auch als soziale, ökonomische und politische Problematik einzustufen (vgl. Worrall/Cooper 1995, S. 5). Die durch Burnout bedingten Minderleistungen bzw. Ausfälle von Führungskräften bzw. Mitarbeitern kann für die Unternehmen mit beträchtlichen Kosten verbunden sein (vgl. Shirom 2005, S. 263) und sollte daher im Rahmen des Health Care Managements große Beachtung finden.

Die Tragweite des Burnout-Syndroms für die betroffenen Personen wird in der Praxis häufig unterschätzt. Hierbei handelt es sich nicht, wie vielfach von Ratgeberautoren angenommen, um ein Phänomen der starken Überlastung, sondern um einen medizinischen Befund (vgl. Rösing 2003, S. 27). Insbesondere sollte Burnout auch nicht als „Mode-Diagnose" eingeordnet werden, wie Insert 19.3 verdeutlicht.

Insert 19.3   Verständnis des Burnout-Syndroms in Wirtschaft und Gesellschaft (Wilton 2007, S. 10)

Die Büroseuche

Depression, Übermüdung, Angstzustände: Immer mehr Menschen werden vom Burnout-Syndrom in die Arbeitsunfähigkeit getrieben. […] Wann ist es also zu viel? Wenn der Schlaf unerreichbar, das Sausen in den Ohren schrill, der Druck auf der Brust unerträglich, der Puls viel zu hoch ist? Wenn Panik das Blut hinter den Schläfen pochen, die Glieder zittern lässt? Meistens noch nicht einmal dann. Meistens muss der Körper seinen Dienst versagen, zumindest vorübergehend, bevor der Kopf einsieht: Arbeiten geht jetzt nicht mehr. Freiwillig kann man das nicht nennen.

Der Begriff hat in den letzten Jahren eine beachtliche Karriere gemacht; eine ganze Armada an Ratgeberautoren hat sich an

Nicht selten versuchen Menschen die ersten Symptome des Burnouts selbst zu therapieren: mit Alkohol, Tabletten (vgl. Wilton 2007).

Nicht mehr nur Manager und Prominente sind betroffen. Es sind diese Fälle, die die Krankheit berühmt gemacht haben: Ricky Martin verschwand vom Radar der Öffentlichkeit und tauchte erst vier Jahre später wieder auf. Mariah Carey produzierte einen Top Hit nach dem anderen, bis sie sich im August 2001 in eine Klinik einweisen ließ. Auch hier hieß es, bodenlose Erschöpfung sei der Grund. Tim Mälzer ließ es nicht so weit kommen. Das Burnout-Syndrom steht für den Zustand, wenn sich psychische und mentale Erschöpfung breit

dem Syndrom abgearbeitet; manch einer, der eine Epidemie der modernen Industriegesellschaft beschwor. Bis zu zehn Prozent der Bevölkerung soll unter Burnout leiden, heißt es gelegentlich. Genau kann das aber niemand beziffern. An prominenten Fällen mangelt es nicht. Und doch: Was genau das Phänomen [...] definiert, das ist so klar nicht, zumindest nicht unumstritten.

Da gibt es die, die Burnout als Modediagnose abtun. Und selbst Mediziner, die in dem Syndrom ein eigenes Krankheitsbild sehen, sind uneins über die Ursachen. Der Psychotherapeut Bernd Sprenger kennt alle diese Diskussionen. Er weiß auch, das es Leute gibt, die meinen, Burnout-Patienten sollten einfach mal ein bisschen ausspannen. [...]

machen und nicht mehr weichen wollen. Es ist ein Prozess, der die Betroffenen bis zu Selbstmordgedanken treibt.

Erste Anzeichen des Burnout-Prozesses können bereits Konzentrationsschwäche, Müdigkeit und eingeschränkte Leistungsfähigkeit sein. Wird nichts unternommen, verschärft sich die Situation. Soziale Kontakte und Hobbys werden vernachlässigt. Psychosomatische Reaktionen können den Burnout begleiten. Der Vorgang mündet dann in Verzweiflung, Hoffnungslosigkeit bis hin zur Suizidgefahr. Das Gefühl, dass die eigenen Anstrengungen nicht anerkannt werden, liegt dem ganzen Burnout-Prozess zugrunde (vgl. Schultz 2007).

Der Begriff des Burnouts wird in der öffentlichen Diskussion recht vielseitig verwendet. Daher ist zunächst zu klären, was genau unter dem Burnout-Phänomen zu verstehen ist (vgl. Leitfrage 5, Tabelle 19.1). Burnout ist weitaus mehr als eine starke Beanspruchung. Sein Auftreten bei Führungskräften bzw. Mitarbeitern kann zu weitreichenden Folgen für die Betroffenen führen.

Burnout	Ein Zustand der Erschöpfung verbunden mit einer negativen (zynischen) Einstellung zur eigenen Tätigkeit sowie der Wahrnehmung reduzierter eigener Leistungsfähigkeit (in Anlehnung an Maslach/Jackson 1986, S. 134).

An dieser Stelle ist darauf hinzuweisen, dass Burnout keine Reaktion auf eine einmalige bzw. extreme Belastung, sondern eine Folge andauernder bzw. wiederholter arbeitsbedingter Beanspruchungen einer Person darstellt. Durch Maslach (1982) wird das Burnout-Syndrom anhand von drei Komponenten charakterisiert (vgl. Abbildung 19.8).

Abbildung 19.8   Komponenten des Burnouts nach Maslach (1982)

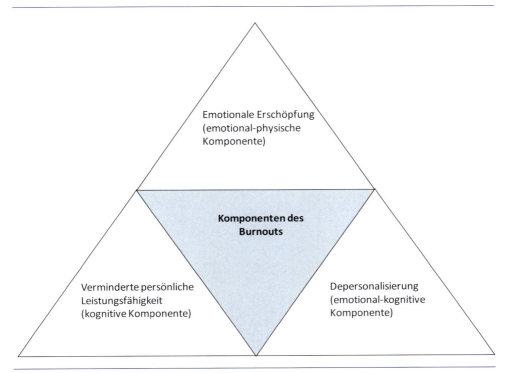

Die *emotionale Erschöpfung* drückt sich durch das Gefühl einer Person aus, ausgelaugt und innerlich leer zu sein. Beispielhafte Symptome für emotionale Erschöpfung sind permanente Müdigkeit, Kraftlosigkeit und Niedergeschlagenheit (vgl. Burisch 2006). Die *Depersonalisierung* beinhaltet die innerliche Distanz verbunden mit einer zynischen Haltung gegenüber anderen Personen im beruflichen Umfeld. Ausprägungsformen der Depersonalisierung können von einer Vermeidung jeglicher Emotionen im beruflichen Umgang mit Führungskräften, Kollegen bzw. Kunden bis hin zu negativen Verhaltensweisen gegenüber diesen Personengruppen reichen. Eine *verminderte persönliche Leistungsfähigkeit* drückt eine Unzufriedenheit mit der eigenen Person und das Empfinden aus, den gestellten Ansprüchen nicht mehr gerecht zu werden. Typische Symptome sind Unruhe und Niedergeschlagenheit (vgl. Burisch 2006).

Unternehmen können ihre Führungskräfte bzw. Mitarbeiter nach dem Eintreten von Burnout nur sehr begrenzt unterstützen. Die Betroffenen bedürfen vielmehr einer professionellen medizinischen und psychologischen Betreuung (vgl. Schaufeli/Enzmann 1998, S. 80 ff.). Unternehmen können jedoch versuchen, Burnout zu vermeiden. Eine grundlegende Frage im Umgang mit Burnout bezieht sich daher darauf, anhand welcher Indikatoren Unternehmen erkennen können, inwieweit einzelne Führungskräfte bzw. Mitarbeiter eine Gefährdung durch Burnout aufweisen (vgl. Leitfrage 5, Tabelle 19.1). Aufschluss hierüber liefert das so genannte *Maslach Burnout Inventar* (vgl. Maslach/Jackson 1986). Beispielhafte Indikatoren für die Burnout-Gefährdung sind in Tabelle 19.4 aufgeführt. Wenn mindestens die Hälfte dieser Kriterien mit „manchmal", „eher oft" bzw. „sehr oft" beantwortet wird, so ist von einer Gefährdung der Person durch das Burnout-Syndrom auszugehen.

Tabelle 19.4 Auszüge aus dem Maslach Burnout Inventar zur frühzeitigen Erkennung einer Burnout-Gefährdung (vgl. Maslach/Jackson 1986)

Bitte bewerten Sie die nachfolgenden Aussagen in Bezug auf Ihre eigene Person. Geben Sie an, wie häufig die beschriebenen Situationen auf Sie zutreffen.	Wie oft haben Sie das Gefühl?					
	nie	sehr selten	eher selten	manch-mal	eher oft	sehr oft
Am Ende eines Arbeitstages fühle ich mich verbraucht.	O	O	O	O	O	O
Ich fühle mich durch meine Arbeit gefühlsmäßig erschöpft.	O	O	O	O	O	O
Ich fühle mich wieder müde, wenn ich morgens aufstehe und den nächsten Arbeitstag vor mir habe.	O	O	O	O	O	O
Meine Begeisterung für meine Arbeit hat abgenommen.	O	O	O	O	O	O
Ich möchte nur meine Arbeit tun und in Ruhe gelassen werden.	O	O	O	O	O	O
Ich bin zynischer darüber geworden, ob ich mit meiner Arbeit irgendeinen Beitrag leiste.	O	O	O	O	O	O

19.2.4 Workaholismus von Führungskräften bzw. Mitarbeitern

Bereits seit den sechziger Jahren wurde mit dem Begriff der „Manager-Krankheit" ein erhöhtes Arbeitsengagement mit als zwanghaft empfundener Arbeitsverpflichtung beschrieben. Das Phänomen des zwanghaften Arbeitens wird in der wissenschaftlichen Literatur als Workaholismus (übersetzt: Arbeitssucht) bezeichnet. Für das Health Care Management ist die Beschäftigung mit Workaholismus insbesondere aufgrund möglicher ökonomischer Konsequenzen für Unternehmen von Bedeutung. So sind in Deutschland rund eine Million Beschäftigte von Workaholismus betroffen (vgl. Blass 2004, S. 4). Dieses zwanghafte, exzessive Bedürfnis nach Arbeit kann im schlimmsten Fall zu einer Zerstörung der eigenen Arbeitsfähigkeit führen (vgl. Henkel 2001, S. 14 f.).

Die sechste Leitfrage (vgl. Tabelle 19.1) bezieht sich zunächst darauf, was unter Workaholismus von Führungskräften bzw. Mitarbeitern zu verstehen ist. In der Literatur existieren zahlreiche unterschiedliche Definitionen des Begriffs Workaholismus (vgl. Spence/Robbins 1992, S. 160). Relative Einigkeit besteht jedoch hinsichtlich einer Reihe charakteristischer Merkmale, welche sich in folgender Definition des Workaholismus wiederfinden:

Workaholismus	Extrem hoher Stellenwert der Arbeit und empfundene Zwanghaftigkeit, Selbstverpflichtung und Kontrollverlust bei der Arbeit. Die Freude an der Arbeit kann hierbei variieren (vgl. Porter 1996; Robinson 1997; Spence/Robbins 1992).

Untersuchungen zu Workaholismus konzentrierten sich unter anderem darauf, verschiedene Erscheinungsformen des Workaholismus zu identifizieren (vgl. zur Messung von Workaholismus u.a. Huang/Hu/Wu 2010; McMillan et al. 2002). Diesen Erscheinungsformen sollte auch im Rahmen des Health Care Managements Rechnung getragen werden. Die sechste eingangs gestellte Leitfrage zur Gestaltung des Health Care Managements widmet sich daher auch unterschiedlichen Typen von Workaholikern (vgl. Tabelle 19.1). Der Unterscheidung verschiedener Typen von Workaholikern liegt die Annahme zugrunde, dass Arbeitssucht in unterschiedlichen Ausprägungen auftreten kann (vgl. Bühler/Schneider 2002, S. 247). Konkret wird unterstellt, dass Workaholismus in Abhängigkeit von der Persönlichkeit der Betroffenen durch unterschiedliche Verhaltensweisen zum Ausdruck gelangt.

In der Literatur werden verschiedene Typologien zur Beschreibung von Workaholikern vorgeschlagen (vgl. u. a. Fassel 1994; Machlowitz 1980; Oates 1971; Poppelreuter 1997; Robinson 1998; Spence/Robbins 1992). Im Folgenden wird die Typologie von Fassel (1994) vertieft, welche in der Literatur relativ große Aufmerksamkeit erfahren hat. Diese Typologie unterscheidet Workaholiker anhand von fünf Merkmalen:

- Das *Arbeitsengagement* beschreibt, inwieweit sich eine Person für die berufliche Tätigkeit einsetzt.

- Die *Zwanghaftigkeit* bezieht sich auf das Ausmaß, in dem sich eine Person innerlich zum Arbeiten verpflichtet fühlt.

- Der *Perfektionismus* drückt aus, inwieweit eine Person die Fehler im eigenen Arbeitsverhalten bzw. bei anderen Personen toleriert. Personen mit einer hohen Ausprägung dieses Merkmals legen hohen Wert auf detailliertes Bearbeiten von Aufgaben.

- Die *Sichtbarkeit* beschreibt, inwieweit eine Person ihr Arbeitsengagement gegenüber Dritten zeigt.

- Das Merkmal *Konstanz* drückt aus, wie regelmäßig eine Person ein bestimmtes Arbeitsverhalten zeigt. In diesem Zusammenhang kann zwischen permanentem und temporärem hohen Arbeitseinsatz unterschieden werden.

In Abhängigkeit von der Ausprägung dieser Merkmale unterscheidet Fassel (1994) vier Typen von Workaholikern. Diese sind in Abbildung 19.9 anhand der beschriebenen fünf Merkmale charakterisiert.

Abbildung 19.9   Workaholismustypen nach Fassel (1994)

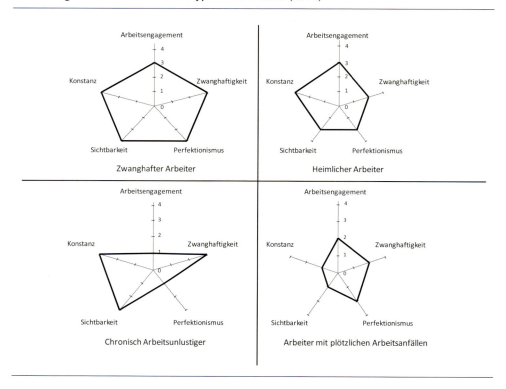

Der *zwanghafte Arbeiter* repräsentiert die bekannteste Form bzw. das „Klischeebild" des Workaholikers (vgl. Fassel 1994, S. 35). Die Person fühlt sich ständig zur Arbeit getrieben, ist immer die Erste und die Letzte am Arbeitsplatz. Sie nimmt sich Arbeit selbstverständlich mit nach Hause und sogar mit in den Urlaub, sofern dieser überhaupt in Anspruch genommen wird. Die Personen arbeiten auch dann, wenn es keiner von ihnen verlangt. Hauptmerkmale dieses Arbeitstyps sind Zwanghaftigkeit und Perfektion (vgl. Fassel 1994, S. 36). Diese Eigenschaften sorgen dafür, dass der Workaholismus des zwanghaften Arbeiters für sein Umfeld offensichtlich ist.

Bei dem *Arbeiter mit plötzlichen Arbeitsanfällen* ist die Arbeitssucht nur schwer erkennbar. Die für diesen Typ charakteristischen Anfälle treten nur hin und wieder auf, so dass sie kaum bemerkt werden. Bei diesem Typ erwächst die Gefahr aus der Intensität der Anfälle, nicht aus der Beständigkeit. Diese Intensität kann sich beispielsweise darin zeigen, dass Betroffene nächtelang nicht schlafen.

Der *heimliche Arbeiter* hat stets das Gefühl, dass mit seiner Arbeit etwas nicht stimmt und kommt dadurch nur schwer von ihr los. Dies verheimlicht er vor seiner Umwelt. Die Person „[…] versteckt die Arbeit tatsächlich und erledigt sie, wenn die Wahrscheinlichkeit, entdeckt zu werden, gering ist" (Fassel 1994, S. 39).

Menschen, die dem Typ des *chronisch Arbeitsunlustigen* zugeordnet werden, versuchen das Problem der Arbeitssucht zu umgehen, indem sie sich komplett der Arbeit verweigern. Sie versuchen alles, um nicht arbeiten zu müssen, aus Angst, dem Ideal nicht gerecht werden zu können. Bei dem chronisch Arbeitsunlustigen findet also eine genau gegenteilige Reaktion auf hohe Arbeitsbelastungen statt wie bei den zuvor beschriebenen Workaholismustypen. Nach Fassel (1994, S. 42) ist diese Arbeitsvermeidung jedoch ein ebenso „[…] zwanghaftes, arbeitssüchtiges Verhalten, wie sich zu überarbeiten".

Weitere Forschungen zu Workaholismus konzentrieren sich auf die Frage, welche Phasen bei der Entstehung von Workaholismus durchlaufen werden. Das Phasenmodell von Fassel (1994, S. 69 ff.) unterscheidet drei Stadien des Workaholismus (vgl. Abbildung 19.10). Die Entstehung von Workaholismus beschreibt danach einen schleichenden Prozess. Dies bedeutet, dass im Vorfeld des Auftretens von Workaholismus durchaus einige Signale sichtbar sind, anhand derer Unternehmen eine Gefährdung von Führungskräften bzw. Mitarbeitern durch Workaholismus frühzeitig feststellen können.

Abbildung 19.10 Zentrale Phasen der Entstehung von Workaholismus nach Fassel (1994)

Das *frühe Stadium* ist gekennzeichnet durch andauernde Hetze und Geschäftigkeit, die darin endet, dass die Familie stets vernachlässigt wird (vgl. Fassel 1994, S. 69). Ursachen für diese Symptome sieht Fassel (1994) in der Überschätzung der eigenen Fähigkeiten durch eine Person in Verbindung mit sozial erwünschtem Verhalten.

Das *mittlere Stadium* ist von der Verleugnung der Krankheit und der Zunahme anderer Süchte gekennzeichnet. Grund für dieses Verhalten ist die Feststellung, dass das eigene Handeln nicht mehr von eigenen Motivationen bestimmt wird. In diesem Stadium werden Beziehungen und Verpflichtungen vernachlässigt, und das soziale Leben schrumpft auf ein Minimum.

Das *Endstadium* beginnt „[…] mit dem Eintreten schwerer körperlicher und geistiger Symptome" (Fassel 1994, S. 74). Der Betroffene ist zwischen intensiver Arbeit und Apathie hin und her gerissen. „Immer häufiger kommt es vor, dass der Workaholic über gewisse Zeitspannen keine Rechenschaft mehr ablegen kann […]" (Fassel 1994, S. 75). Schafft der Arbeitssüchtige jetzt immer noch nicht den Absprung, wird die Krankheit für ihn schwerwiegende Folgen haben.

Im Vergleich zu anderen Phänomenen wie Stress oder mangelnde Work-Life Balance können Unternehmen betroffene Workaholiker nur sehr begrenzt unterstützen. Die nahezu einzige Möglichkeit besteht darin, Warnzeichen des „frühen Stadiums" (vgl. Abbildung 19.10) umgehend als solche zu erkennen.

Workaholikern im fortgeschrittenen Stadium zu helfen ist schwierig. Wichtig ist, dass die betroffenen Personen zuerst ihre Krankheit erkennen. Zur Behandlung von Workaholismus ist allerdings eine psychologische Betreuung empfehlenswert (vgl. o. V. 2007a). Auch Selbsthilfegruppen und Gesprächsrunden im Rahmen des Health Care Managements können helfen. Der Arbeitssucht kann darüber hinaus durch Fitnessprogramme oder Entspannungstechniken wie Yoga oder Autogenes Training entgegengewirkt werden (vgl. Insert 19.4).

Insert 19.4   Unterstützende Maßnahmen zum Umgang mit Workaholismus
                     (vgl. Blass 2004)

Lotussitz für Workaholics

Bis spät im Büro sitzen, mitten in der Nacht E-Mails beantworten, keinen Urlaub nehmen, und falls doch, die ganze Zeit telefonisch erreichbar sein. Krank zur Arbeit gehen, am Wochenende präsent sein, rund um die Uhr arbeiten, so sieht der ideale Mitarbeiter aus. Denkt man. „Doch wer sich für unersetzlich für die Firma hält,

Die Sparkasse Rhein-Nahe in Bad Kreuznach etwa tritt an Mitarbeiter mit extrem vielen Überstunden heran. Rolf Walz, Betriebsleiter Personal: „Typisch sind häufig ein ineffizienter Arbeitsstil und mangelnde Delegation. Die Folge ist eine schlechte Vorbereitung, Hektik im Arbeitsalltag und stressbedingte Fehlzeiten nach

der ist auf dem besten Weg, Workaholic zu werden", erklärt Gabriele Böhm, Geschäftsführerin der Unternehmensberatung Innergieakademie in Schweinfurt. Und das kann keinem Arbeitgeber gefallen.

Denn Workaholismus, das ist mehr als nur viel arbeiten. „Es ist eine Suchterkrankung." Die Arbeit gibt Befriedigung. „Wer arbeitssüchtig ist, flieht häufig vor der Realität, vor der Familie oder privaten Problemen", so Jan Kuhnert, Vorsitzender des Fachverbandes Personalmanagement beim Bundesverband deutscher Unternehmensberater. [...]

Doch das ist noch nicht alles! Denn wer arbeitssüchtig ist, ist nicht unbedingt effektiv und produktiv. [...] Zu wenig Entspannung sorgt häufig für eine hohe Fehlerquote. [...] Grund genug also für Unternehmen, sich gegen Arbeitssucht in der Belegschaft zu schützen.

wichtigen Terminen."

Kappa Packaging in Brühl bietet speziell für die Führungskräfte ein Gesundheitsmanagement an. „Wir sorgen uns um einige Mitarbeiter aus dem obersten Management, die zu viel arbeiten", erklärt Annette Reinecke, Leiterin der Personalentwicklung. „Wir appellieren an deren Eigenverantwortung und laden zu einem kostenlosen medizinischen Check mit Fitness- und Ernährungsberatung ein."

An einigen Standorten bekommen die Mitarbeiter auch Massagen oder können Entspannungsübungen machen. Das ist auch bei Unilever in Hamburg so. Dort gibt es schon seit 2001 ein innerbetriebliches Fitnessprogramm mit Entspannungsübungen mit Yoga. [...] „Die Nachfrage nach Yoga in der Mittagspause steigt." [...]

19.3 Ansatzpunkte des Health Care Managements

Neben einer begrenzten Kenntnis psychischer, belastungsbedingter Probleme von Führungskräften und Mitarbeitern kann die Umsetzung des Health Care Managements in Unternehmen aufgrund vielfach stark fragmentiert eingesetzter Maßnahmen scheitern (vgl. Priester 1998, S. 2002). Im folgenden Abschnitt wird daher zunächst ein ganzheitlicher Prozess des Health Care Managements beschrieben (vgl. Abschnitt 19.3.1). Abschließend wird ein breites Spektrum an Ansatzpunkten des Health Care Managements erläutert (vgl. Abschnitt 19.3.2). Konkret werden übergreifende Instrumente des Health Care Managements vorgestellt, die sich auf alle vier in Abschnitt 19.2 erläuterten psychischen Problemfelder beziehen können.

19.3.1 Phasen des Health Care Managements

Die psychischen Phänomene Stress, mangelnde Work-Life Balance und Burnout, auf die sich das Health Care Management konzentriert, behandeln einen sehr sensiblen Bereich. Wie bereits in Abschnitt 19.2 dargelegt, können die Reaktionen einer Person auf hohe arbeitsbedingte Belastungen als Prozess verstanden werden. Analog zu diesem Prozessverständnis wird in der Psychologie zwischen zwei Phasen der Gesundheitsförderung in Unternehmen unterschieden: der Prävention und der Therapie (in Anlehnung an Semmer/Zapf 2004, S. 774). Für ein nachhaltig wirksames Health Care Management wird darüber hinaus die Wiedereingliederung der betroffenen Führungskräfte bzw. Mitarbeiter in das Unternehmen als wichtig erachtet. Daher wird das Modell um eine weitere Phase – die Rehabilitation – ergänzt. Somit unterscheidet man zwischen drei Phasen des Health Care Managements (vgl. Leitfrage 7, Tabelle 19.1):

- der Phase vor dem Eintritt psychischer Probleme (*Prävention*),

- der Phase der Beeinträchtigung (*Intervention*) sowie

- der Phase der Wiederherstellung einer akzeptablen Befindlichkeit und somit der Leistungsfähigkeit von Führungskräften bzw. Mitarbeitern (*Rehabilitation*).

Die Maßnahmen des Health Care Managements können an jeder einzelnen dieser Phasen ansetzen. Abbildung 19.11 stellt die zentralen Phasen des Health Care Managements sowie die jeweils verfolgten Ziele dar.

Abbildung 19.11 Grundlegende Phasen des Health Care Managements
(in Anlehnung an Becker 1997, S. 518)

	Präventionsphase	Interventionsphase	Rehabilitationsphase
Zeitpunkt	Vor Eintritt der Beeinträchtigung	Während der Beeinträchtigung	Nach Eintritt der Beeinträchtigung
Ziel	Vorbeugen von psychischen Problemen von Führungskräften bzw. Mitarbeitern und Fördern der psychischen Gesundheit der Beschäftigten	Behandeln psychischer Belastungsfolgen von Führungskräften bzw. Mitarbeitern	Wiederherstellen des psychischen Wohlbefindens sowie Wiedereingliedern von Führungskräften bzw. Mitarbeitern in das Unternehmen

Die *Präventionsphase* deckt den Zeitraum vor dem Eintritt psychischer Beeinträchtigungen ab. In dieser Phase soll mithilfe ausgewählter Maßnahmen psychischen Problemen von Führungskräften bzw. Mitarbeitern vorgebeugt werden (vgl. Antonovsky 1991, S. 77). In dieser Phase können Unternehmen ihre Führungskräfte bzw. Mitarbeiter am ehesten (im Vergleich zu den beiden späteren Phasen) unterstützen.

In der *Interventionsphase* können bereits starke psychische und (vielfach daraus resultierende) physische arbeitsbedingte Beeinträchtigungen bei Führungskräften bzw. Mitarbeitern auftreten (vgl. Murphy et al. 1995; Quick et al. 1997). In dieser Phase des Health Care

Managements können Unternehmen ihre Führungskräfte bzw. Mitarbeiter nur sehr begrenzt unterstützen. Die Betroffenen sind allenfalls für ihre psychischen Probleme zu sensibilisieren. Sie sind vielfach auf professionelle psychologische bzw. medizinische Hilfe durch Dritte angewiesen, um ihre Probleme bewältigen zu können.

Die *Rehabilitationsphase* zielt darauf ab, die Arbeits- und Leistungsfähigkeit betroffener Führungskräfte bzw. Mitarbeiter wiederherzustellen. Unternehmen können die Betroffenen insbesondere bei deren Wiedereingliederung in den Arbeitsprozess unterstützen.

19.3.2 Handlungsfelder des Health Care Managements

Eine wichtige Frage im Rahmen des Health Care Managements bezieht sich darauf, welche Ansatzpunkte in der Unternehmenspraxis zur Unterstützung von Führungskräften und Mitarbeitern zur Verfügung stehen (vgl. Leitfrage 8, Tabelle 19.1). Die Handlungsfelder des Health Care Managements setzen auf folgenden vier Ebenen an (vgl. Abbildung 19.12):

- die Unternehmensebene,

- die soziale Ebene,

- die psychische Ebene sowie

- die physische Ebene.

Abbildung 19.12 Handlungsfelder und ausgewählte Ansatzpunkte des Health Care Managements

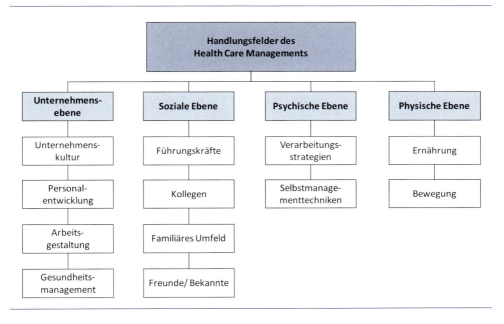

Auf der *Ebene des Unternehmens* sollten Rahmenbedingungen geschaffen werden, die psychische Probleme von Führungskräften bzw. Mitarbeitern vermeiden bzw. verringern. Ausgewählte Maßnahmen auf der Unternehmensebene werden in Abschnitt 19.3.2.1 behandelt.

Die *soziale Ebene* wird durch zwischenmenschliche Kontakte repräsentiert, welche Führungskräfte und Mitarbeiter beim Umgang mit hohen arbeitsbedingten Belastungen unterstützen. Neben dem beruflichen sozialen Umfeld (insbesondere repräsentiert durch Führungskräfte und Kollegen) ist das private soziale Umfeld (Familie, Freunde, Bekannte usw.) von Bedeutung. Ansatzpunkte des Health Care Managements auf der sozialen Ebene werden in Abschnitt 19.3.2.2 dargelegt.

Wichtige Ansatzpunkte auf der *psychischen Ebene* sind Verarbeitungsstrategien, Selbstmanagementtechniken und systematische Entscheidungsprozesse. Maßnahmen des Health Care Managements, welche am psychischen Bereich ansetzen, werden in Abschnitt 19.3.2.3 vertieft.

Schließlich geht es auf der *physischen Ebene* darum, wie Führungskräfte bzw. Mitarbeiter sich körperlich fit halten können, damit sie relativ gut mit arbeitsbedingten Belastungen umgehen können. Im vorliegenden Kapitel stehen insbesondere psychologische Ansatzpunkte im Vordergrund, mit deren Hilfe Führungskräfte bzw. Mitarbeiter psychische Probleme vermeiden bzw. reduzieren können. Für eine Darstellung von Maßnahmen auf der physischen Ebene sei der interessierte Leser daher auf die Ausführungen von Homburg und Stock-Homburg (2011) verwiesen.

19.3.2.1 Ansatzpunkte auf der Unternehmensebene

Auf der Unternehmensebene werden im Folgenden vier Ansatzpunkte des Health Care Managements behandelt: die Unternehmenskultur, die Personalentwicklung, die Arbeitsgestaltung und das Gesundheitsmanagement (vgl. Abbildung 19.12). Diese Ansatzpunkte sind in verschiedenen Phasen des Health Care Managements unterschiedlich wirksam. Bereits an dieser Stelle ist anzumerken, dass die Ansatzpunkte auf der Unternehmensebene primär für die Prävention und die Rehabilitation bedeutend sind. Im Rahmen der Intervention leisten sie nur einen sehr begrenzten Beitrag.

Die *Unternehmenskultur* wird als einer der wichtigsten Ansatzpunkte für Unternehmen gesehen, um psychische Probleme bei Führungskräften und Mitarbeitern zu vermeiden bzw. zu beheben (vgl. Kesting/Meifert 2004, S. 29). In einer Befragung von 42 Managern konnten Stock-Homburg und Bauer (2007) zeigen, dass eine offene Unternehmenskultur, welche einen konstruktiven Umgang mit psychischen Problemen von Führungskräften bzw. Mitarbeitern unterstützt, einen der wichtigsten Ansatzpunkte des Health Care Managements darstellt. Eine solche Unternehmenskultur zeichnet sich zum einen dadurch aus, dass Maßnahmen zur Vermeidung psychischer Beeinträchtigungen von Führungskräften bzw. Mitarbeitern explizit gewünscht werden. Dies bedeutet auch, dass Aktivitäten des Health Care Managements seitens des oberen Managements gefördert und mit eigener Überzeugung gelebt werden (vgl. Kesting/Meifert 2004, S. 29).

Zum anderen drückt sich eine gesundheitsförderliche Unternehmenskultur dadurch aus, dass psychische Probleme von Führungskräften bzw. Mitarbeitern nicht als Schwäche der Betroffenen oder als Belastung für das Unternehmen interpretiert werden. Vielmehr wird konstruktiv nach Lösungen für die Betroffenen und das Unternehmen gesucht.

In dem bereits in Abschnitt 7.2.2 dargestellten Konzept der Unternehmenskultur von Homburg und Pflesser (2000, S. 451) werden vier Ebenen unterschieden:

- die Werteebene,

- die Normenebene,

- die Ebene der Artefakte und

- die Verhaltensebene.

Die Verankerung des Health Care Managements in den *Werten* drückt aus, inwieweit psychische Probleme von Führungskräften bzw. Mitarbeitern in einem Unternehmen akzeptiert werden. Eine fehlende Verankerung des Health Care Managements in den Werten zeigt sich beispielsweise darin, dass das persönliche und gesundheitliche Wohlergehen der Beschäftigten keinerlei Bedeutung für das Unternehmen hat.

In den *Normen* können Unternehmen das Health Care Management dadurch etablieren, dass konkrete Erwartungen an Verhaltensweisen von Führungskräften bzw. Mitarbeitern formuliert werden. Diese können sich zum einen auf die eigene psychische Gesundheit beziehen. Zum anderen können Erwartungen (z. B. in Form von Zielen) hinsichtlich des Umgangs mit psychisch belasteten Personen im Unternehmen formuliert werden.

Bei den *Artefakten* handelt es sich um Symbole (wie z. B. Rituale, Architektur) im Unternehmen, welche psychischen Problemen von Führungskräften bzw. Mitarbeitern vorbeugen sollen. Diese können in der räumlichen Gestaltung (der Architektur), der Art und Weise, wie über Personen mit psychischen Problemen in Unternehmen gesprochen wird (der Sprache) und im konsequenten Honorieren von Ergebnissen (anstelle von Aufwendungen) durch das obere Management (in Form von Ritualen) verwirklicht werden.

Verhaltensweisen, welche das Health Care Management unterstützen, drücken sich beispielsweise darin aus, dass Führungskräfte bzw. Mitarbeiter konstruktiv mit psychischen Problemen in ihrem beruflichen Umfeld umgehen. Auch Verhaltensweisen, die zum Erhalt der eigenen psychischen Gesundheit beitragen, werden dieser Ebene der Unternehmenskultur zugeordnet. Sie können beispielsweise die Teilnahme an Entspannungstrainings beinhalten.

Die Maßnahmen von Unternehmen, das Health Care Management durch eine entsprechende Ausrichtung der Unternehmenskultur zu unterstützen, können an allen zuvor beschriebenen Ebenen der Unternehmenskultur ansetzen. Tabelle 19.5 stellt beispielhafte Ansatzpunkte zur Verankerung des Health Care Managements auf den vier verschiedenen Ebenen der Unternehmenskultur dar.

Tabelle 19.5   Beispielhafte Ansatzpunkte zur Verankerung des Health Care
Managements auf verschiedenen Ebenen der Unternehmenskultur

Ebene der Unternehmenskultur	Beispielhafte Ansatzpunkte zur kulturellen Verankerung des Health Care Managements
Werte	■ Verankern der hohen Wertschätzung des Erhalts und der Förderung der Gesundheit von Führungskräften bzw. Mitarbeitern in den Leitlinien des Unternehmens
Normen	■ Implementieren des Erhalts und des Weiterentwickelns der Arbeitsfähigkeit der geführten Mitarbeiter in den Zielen von Führungskräften ■ Integrieren leistungsbezogener (statt aufwandsbezogener) Kriterien in das Personalbeurteilungssystem ■ Fördern einer Kultur, in der Leistungen anhand von Ergebnissen und weniger anhand des Aufwandes bewertet werden
Artefakte	■ Unterbinden abfälliger Bezeichnungen (z. B. „Schwächlinge") für Personen mit psychischen Problemen ■ Unterbinden von Marathons zwischen Führungskräften bzw. Mitarbeitern im Hinblick auf die Arbeitszeit ■ Auszeichnen von Führungskräften, die Mitarbeiter erfolgreich bei der Wiedereingliederung in das Unternehmen nach psychischen Problemen unterstützt haben ■ Hervorheben positiver Beispiele von wieder eingegliederten Führungskräften bzw. Mitarbeitern
Verhaltensweisen	■ Fördern ausgleichender Aktivitäten (z. B. Unternehmenssport) für Führungskräfte bzw. Mitarbeiter ■ Veranstalten sportlicher Veranstaltungen auf Unternehmens- bzw. Bereichsebene

Ein weiterer wichtiger Ansatzpunkt des Health Care Managements wird in der *Personalentwicklung* gesehen. Aufbauend auf den grundlegenden Aspekten der Personalentwicklung (vgl. hierzu ausführlich Kapitel 5) werden im Folgenden ausgewählte Bereiche der Personalentwicklung dargestellt, durch die Beschäftigte mit psychischen Problemen unterstützt werden können. Dabei werden die folgenden drei Ansatzpunkte vertieft:

- das kontinuierliche Weiterentwickeln von Führungskräften bzw. Mitarbeitern durch Maßnahmen der Arbeitsstrukturierung (Job Enlargement, Job Enrichment, Job Rotation),

- das Coachen von Führungskräften bzw. Mitarbeitern sowie

- das Wiedereingliedern von Führungskräften bzw. Mitarbeitern, die temporär aufgrund psychischer Probleme aus dem Unternehmen ausgeschieden sind.

Personalentwicklung setzt somit an allen drei zuvor beschriebenen Phasen des Health Care Managements (vgl. Abschnitt 19.3.1) an. Während Maßnahmen der Arbeitstrukturierung in erster Linie psychischen Problemen und einseitigen Belastungen vorbeugen, kann Coaching in allen drei Phasen des Health Care Managements angewendet werden. Die Wiedereingliederung von Führungskräften bzw. Mitarbeitern bezieht sich insbesondere auf die Phase der Rehabilitation.

Zentrale Elemente der *Arbeitsstrukturierung* sind Job Enlargement, Job Enrichment sowie Job Rotation (vgl. hierzu ausführlich Abschnitt 5.3.2.1). Der Handlungs- und Entscheidungsspielraum konnte in der psychologischen Literatur vielfach als zentrale Einflussgröße des Umgangs mit hohen Arbeitsbelastungen nachgewiesen werden (vgl. Semmer/Udris 2004, S. 174).

Ein weiteres wichtiges Instrument des Health Care Managements ist das *Coaching*. Die Coaching-Aktivitäten können an allen drei Phasen des Health Care Managements (vgl. hierzu Abschnitt 19.3.1) ansetzen. Insert 19.5 zeigt, dass die Finanzierung von Coaching-Angeboten für Unternehmen eine lohnende Investition zur Bewältigung psychischer Probleme einzelner Beschäftigter darstellen kann.

Insert 19.5 Einführung von Beratungsangeboten für Mitarbeiter (Roebke 2008)

Sorge dich nicht, arbeite!

Manfred Schlicht war verzweifelt, hatte Magenschmerzen und konnte nachts nicht schlafen. „Ich kam mit der Situation einfach nicht mehr klar", sagt der Personalsachbearbeiter bei Shell in Hamburg heute rückblickend. Und Schlicht hatte allen Grund: Damals, vor rund drei Jahren, war er bei Shell noch Chemielaborant in einem Werk, in dem erhebliche Umstrukturierungen vorgenommen wurden. Mehr als zehn Prozent der Belegschaft musste gehen, auch seine damalige Lebensgefährtin war betroffen. Zu den eigenen Ängsten kamen die Sorgen und Probleme der Arbeitskollegen, die er als Betriebsrat und damit als Teilnehmer der Personalgespräche hautnah mitbekam. Irgendwann konnte er das nicht mehr abschütteln. „Mir war klar, so kann ich nicht weiterarbeiten".

Die Restrukturierungen hätten für viel teilten Psychologin. „Es hat mir sehr gut getan, mit jemandem zu sprechen, der die Lage im Unternehmen nicht kannte", sagt Schlicht. Gemeinsam habe man die berufliche, aber auch die private Situation analysiert. Schlicht blieb seinem Arbeitgeber erhalten, wechselte jedoch den Beruf. Er ist heute, wie er sagt, wieder leistungsorientiert, motiviert und voll einsatzfähig. [...]

„Dieses Angebot an die Mitarbeiter ist keine nette Geste des Geschäftsführers, sondern eine lohnende Investition für das Unternehmen", sagt Stefan Boëthius, Deutschland-Chef von Icas, einem internationalen Anbieter für externe Mitarbeiterberatung. Je früher die Belegschaft unterstützt werde, desto eher vermeide man, dass Mitarbeiter gänzlich ausfallen. Dabei sieht Boëthius den größten Vorteil seines Beratungsangebots für Unternehmen nicht darin, den Kranken-

Unruhe im Unternehmen gesorgt, sagt Martina Maurer, Personalleiterin bei Shell. Als „flankierendes Angebot" habe man sich damals entschieden, zusätzlich zu den sozialen Maßnahmen des Unternehmens einen Vertrag mit einem Beratungsinstitut abzuschließen. [...]

Manfred Schlicht nutzte den kostenfreien Service seines Arbeitgebers. Dem ersten Telefonkontakt folgten mehrere persönliche Beratungsgespräche mit der ihm zuge-

stand zu verringern. Vielmehr soll jenen Mitarbeitern geholfen werden, die zwar täglich am Arbeitsplatz erscheinen, durch private oder berufliche Probleme jedoch so abgelenkt sind, dass sie sich ihren Aufgaben nur sehr langsam und mit verminderter Konzentration widmen können. „Präsentismus" nennen Fachleute dieses Phänomen. Boëthius schätzt, dass rund 20 Prozent der Mitarbeiter jedes Unternehmens davon betroffen sind.

Eine Abgrenzung der Ziele, der Zielgruppen und der geeigneten Coaches in den verschiedenen Phasen des Health Care Managements nimmt Tabelle 19.6 vor. Aus dieser Abgrenzung wird ersichtlich, dass Unternehmen ihre Führungskräfte bzw. Mitarbeiter primär in der ersten Phase des Health Care Managements – der Präventionsphase – unterstützen können.

Innerhalb des Coaching-Prozesses sollten sich Führungskräfte keineswegs als Hobby-Psychologen verstehen. Sind starke psychische Probleme zu vermuten, so ist dem Betroffenen dringend psychologische oder medizinische Hilfe anzuraten. Dies ist beispielsweise bei Burnout oder Workaholismus der Fall. Es geht bei dem Coaching-Prozess lediglich darum, den Führungskräften bzw. Mitarbeitern Hilfestellungen zu bieten. Als Linien-Coach eingesetzte Führungskräfte müssen sich hierbei ihrer Möglichkeiten, aber auch ihrer Grenzen bewusst sein.

Je nach Ziel des Coachings (vgl. Tabelle 19.6) sind im Rahmen des Coaching-Prozesses unterschiedliche inhaltliche Schwerpunkte zu setzen. Die grundlegenden Phasen des Coaching-Prozesses wurden bereits in Abschnitt 5.3.3.1 im Zusammenhang mit feedbackbasierten Methoden der Weiterbildung dargelegt. Tabelle 19.7 beschreibt die inhaltlichen Schwerpunkte der vier Phasen des Coaching-Prozesses je nach Phase und Zielsetzung des Health Care Managements.

Im Rahmen der Personalentwicklung ist in der Rehabilitationsphase die *Wiedereingliederung* als Instrument des Health Care Managements zu nennen. Die so genannte stufenweise Wiedereingliederung ist darauf ausgerichtet, Führungskräften bzw. Mitarbeitern nach einem längerem krankheitsbedingten Ausscheiden die Wiederaufnahme der beruflichen Tätigkeit zu ermöglichen. Voraussetzung für die Wiedereingliederung ist allerdings, dass eine Person gesundheitlich in der Lage ist, ihre Arbeit wieder aufzunehmen.

Tabelle 19.6 Ziele, Zielgruppen und geeignete Coaches in unterschiedlichen Phasen des Health Care Managements

Merkmale	Phase des Health Care Managements		
	Prävention	Intervention	Rehabilitation
Ziel	Vermeiden psychischer Probleme	Reduzieren/ Beheben psychischer Probleme	Einüben von Verhaltensweisen im Umgang mit arbeitsbedingten Belastungen
Zielgruppen	Personen mit ■ extremer Arbeitsbelastung ■ Doppelbelastungen im beruflichen und familiären Bereich ■ hoher emotionaler Beanspruchung	Personen mit belastungsbedingten, psychischen Problemen	Personen, deren arbeitsbedingte, psychische Probleme erfolgreich behandelt wurden
Coaches	■ Externer Coach ■ Ggf. Liniencoach (mit psychologischen Kenntnissen)	Experten mit psychotherapeutischer Ausbildung	■ Linien-Coaches ■ Externe Coaches
Einflussmöglichkeiten durch das Unternehmen	Sehr hoch	Gering bis sehr gering	Mittel bis hoch

Im Rahmen der Wiedereingliederung werden die Betroffenen schrittweise an die Belastung herangeführt. In der Regel übernehmen die Betroffenen zunächst leichtere Tätigkeiten, welche sie im Rahmen verkürzter Arbeitszeiten durchführen. Häufig werden Wiedereingliederungsprogramme durch psychologisch bzw. medizinisch überwachte Stufenpläne begleitet.

Tabelle 19.7   Inhaltliche Schwerpunkte verschiedener Phasen des Coaching-
Prozesses im Rahmen unterschiedlicher Phasen des Health Care
Managements

Phasen des Health Care Managements		
Prävention	Intervention	Rehabilitation
Kick-Off-Phase		
■ Sensibilisieren für die Gefahren psychischer Probleme ■ Motivieren zur aktiven Teilnahme am Coaching-Prozess	■ Sensibilisieren für die eigenen psychischen Probleme ■ Darlegen der Chancen und Risiken des Coaching-Prozesses	■ Motivieren zur aktiven Mitwirkung am Reintegrationsprozess ■ Abstimmen von Zielen im Reintegrationsprozess
Analysephase		
■ Feststellen bisheriger psychischer Probleme der Person ■ Analysieren des Risikos psychischer Probleme der Person	■ Diagnostizieren des psychischen Befundes ■ Feststellen, inwieweit eine psychische Krankheit vorliegt	■ Durchsprechen bisheriger psychologischer Behandlungen der Person ■ Erfassen der Motive der Person für den Wiedereinstieg
Maßnahmenphase		
■ Aufzeigen von Maßnahmen zur Vermeidung psychischer Probleme ■ Vereinbaren von Zielen und Maßnahmen zum Erhalt und zur Förderung der psychischen Gesundheit	■ Erarbeiten eines Maßnahmenplans im Unternehmen (in Abstimmung mit dem Therapieplan) ■ Durchsprechen des Maßnahmenplans ■ Festlegen von Meilensteinen	■ Erarbeiten von Maßnahmen zur Wiedereingliederung ■ Diskutieren von Verhaltensweisen zum Umgang mit den psychischen Problemen gegenüber Dritten
Umsetzungsphase		
■ Führen regelmäßiger Statusgespräche mit der Person ■ Kontrollieren von Meilensteinen im Präventionsplan	■ Führen regelmäßiger Coaching-Gespräche mit der Person ■ Kontrollieren von Meilensteinen im Behandlungsplan	■ Führen regelmäßiger Begleitgespräche mit der Person ■ Kontrollieren von Meilensteinen im Integrationsplan

Die medizinische Rehabilitation ist im Sozialgesetzbuch IV geregelt (vgl. Bildungszentrum
Beruf und Gesundheit 2007). Darüber hinaus führen Unternehmen verstärkt freiwillige

Rehabilitationsmaßnahmen ein. Diese gelangen zunehmend bei psychisch bedingten Arbeitsausfällen zum Einsatz. Insert 19.6 gibt Einblick in das stufenweise Wiedereingliederungsprogramm des Unternehmens VW.

Insert 19.6 Stufenweise Wiedereingliederung bei VW (o. V. 2007b)

Wiedereingliederung bei VW

Bei den Mitarbeiterinnen und Mitarbeitern im Produktionsbereich des Volkswagenwerkes [werden] seelische Erkrankungen bei den rund 50.000 Beschäftigten häufig diagnostiziert. Diese […] lang andauernden Krankheiten sind auch für den Arbeitgeber mit erheblichen organisatorischen und finanziellen Belastungen verbunden. Sie können mitunter sogar eine Gefährdung des Arbeitsplatzes nach sich ziehen.

Um eine krankheitsbedingte Kündigung zu vermeiden, gilt es, rechtzeitig alle Möglichkeiten zur Sicherung des Arbeitsplatzes auszuschöpfen. Dies entspricht den Regeln der Prävention gemäß § 84 SGB IX. Die stufenweise Wiedereingliederung hat sich hier bewährt: Seit rund zehn Jahren haben Werksärzte und Schwerbehindertenvertretungen des Automobilherstellers schon Erfahrungen mit diesem Instrument. „Vor allem seelisch erkrankten Menschen, sowohl aus dem Produktionsbereich als auch aus dem Verwaltungsbereich […] setzen diese Zeit der behutsamen Eingewöhnung ein", so Dr. Silke Mahlstedt-Hölker. Und sie betont, dass der Erfolg der Eingliederung besonders dann gegeben ist, wenn die Beschäftigten die verbleibende Zeit für Therapien und Anwendungen nutzen.

Ob die stufenweise Wiedereingliederung gelingt, hängt aber auch von den Rahmenbedingungen ab, unter denen sie stattfindet. „Die Anfahrtszeiten müssen in Relation zur verkürzten Arbeitszeit stehen", sagt Dr. Silke Mahlstedt-Hölker, „und den Rehabilitanden muss klar sein, dass sie in den maximal drei Monaten Wiedereingliederung keinen Urlaub nehmen können, da sie ja noch krankgeschrieben sind." Ist alles geklärt und sind die Rehabilitanden einverstanden, mindestens drei Stunden täglich zu arbeiten, kehren sie an ihren alten Arbeitsplatz zurück oder machen sich mit einer vorübergehenden neuen Tätigkeit vertraut.

In regelmäßigen Abständen untersucht Dr. Silke Mahlstedt-Hölker oder einer ihrer Kollegen die zu betreuenden Mitarbeiter, um Arbeitszeit und Tätigkeiten an ihre Leistungsfähigkeit anzupassen. „Ich vergewissere mich auch vor Ort, dass der Patient mit der wieder aufgenommenen Arbeit nicht überfordert ist", so die Ärztin. Ist das dennoch einmal der Fall, und erweist sich der Gesundheitszustand der Mitarbeiterin oder des Mitarbeiters als doch nicht stabil genug, kann die Wiedereingliederungsphase auch abgebrochen und zu einem späteren Zeitpunkt neu begonnen werden.

Als dritter übergreifender Ansatzpunkt auf der Unternehmensebene wurde die *Arbeitsgestaltung* identifiziert. Von grundlegender Bedeutung sind hierbei zwei Gruppen von Maßnahmen (vgl. hierzu ausführlich Abschnitt 18.3.2):

- Die *Flexibilisierung der Arbeitsorganisation* zielt darauf ab, die Arbeitstätigkeiten in zeitlicher und räumlicher Hinsicht so zu organisieren, dass Führungskräfte bzw. Mitarbeiter ihre Ressourcen optimal nutzen können. Eine Bedeutung hat in diesem Zusammenhang beispielsweise die Tagesform. Durch flexible Arbeitsorganisation können Führungskräfte bzw. Mitarbeiter ihre jeweilige Tagesform besser nutzen, um mit geringerem Aufwand die geforderten Leistungen zu erbringen.

- Die *Unterstützung durch Zusatzleistungen* zielt auf den Erhalt der psychischen und der (damit in engem Zusammenhang stehenden) physischen Gesundheit ab. Die Zusatzleistungen können sich von der räumlichen Gestaltung der Arbeitsbedingungen über psychologische Betreuung bis hin zu medizinischer Betreuung erstrecken.

Bietet ein Unternehmen ein relativ breites Spektrum an Zusatzleistungen zum Erhalt und zur Förderung der Gesundheit von Führungskräften bzw. Mitarbeitern an, so sind diese Aktivitäten vielfach in ein Programm zum *Gesundheitsmanagement* eingebettet. Als beispielhafte Leistungen des Gesundheitsmanagements sind gesundheitliche Analysen und Beratungen (vgl. Insert 19.7), Ernährungsprogramme und Gesundheitszirkel zu nennen.

Durch *Gesundheitszirkel* können psychische Probleme bei Führungskräften bzw. Mitarbeitern vermieden werden. Im Rahmen solcher Zirkel trifft sich eine feste Gruppe von Beschäftigten des Unternehmens regelmäßig, um belastende Arbeitsbedingungen zu identifizieren und gemeinsam Vorschläge zur Verbesserung der Arbeitssituation zu erarbeiten (vgl. Zapf/Dormann 2001, S. 571 f.). Die Umsetzung dieser Maßnahmen wird gemeinsam mit Führungskräften diskutiert.

Insert 19.7	Gesundheitsmanagement am Beispiel der E.ON Ruhrgas AG (Spie 2007)

Gesundheits-Check-up

Damit die Mitarbeiter nicht erst bei Beschwerden zum Arzt gehen, bietet das Unternehmen (E.ON Ruhrgas AG) sowie die E.ON BKK in Kooperation mit einem Zentrum für Präventionsmedizin [seit] 2007 einen „Gesundheits-Check-up" für alle bei der eigenen BKK versicherten Mitarbeiter ab dem 45. Lebensjahr an. Dieser Check-up dient zur Früherkennung – insbesondere von Herz-Kreislauf-Erkrankungen, Erkrankungen des Magen- und Darmtrakts sowie orthopädischen Beschwerden.

Zur Effizienzsicherung wird das Programm intern durch entsprechende Controllinginstrumente begleitet.

Betriebliches Gesundheitsmanagement hat zudem Kosteneffekte: Mittelfristig sollen der geringe Krankenstand beibehalten und Langzeiterkrankungen – insbesondere bei der älteren Belegschaft – vorgebeugt werden. Die Zahlen belegen, dass diese strategische Vorgehensweise zielführend ist: Die Krankheitsquote der E.ON Ruhrgas AG

Die Kosten für diese Basisuntersuchungen werden vollständig vom Unternehmen übernommen. Wird ein Krankheitsverdacht diagnostiziert, werden weitere Zusatzuntersuchungen mit modernsten Untersuchungsmethoden durchgeführt.

verringerte sich um über 20 Prozent und ist auf einem historischen Tiefstand angelangt. Dies ist insbesondere auf ein aktives Gesundheitsmanagement zurückzuführen.

19.3.2.2 Ansatzpunkte auf der sozialen Ebene

Im sozialen Bereich ist zwischen dem beruflichen Umfeld (repräsentiert durch Führungskräfte und Kollegen) und dem privaten Umfeld (repräsentiert durch Familie, Freunde bzw. Bekannte) zu unterscheiden. Das soziale Umfeld kann dazu beitragen, dass psychische Probleme gar nicht erst auftreten. Darüber hinaus kann das soziale Umfeld Führungskräfte bzw. Mitarbeiter bei der Intervention und der Rehabilitation psychischer Probleme unterstützen. Tabelle 19.8 beschreibt, inwieweit unterschiedliche Personengruppen im sozialen Umfeld von Beschäftigten in unterschiedlichen Phasen des Health Care Managements einen Beitrag leisten können.

Tabelle 19.8   Relative Bedeutung verschiedener Ansatzpunkte auf der sozialen Ebene für verschiedene Phasen des Health Care Managements

Bereiche der sozialen Ebene	Möglicher Beitrag der sozialen Ebene zur ...		
	... Prävention	... Intervention	... Rehabilitation
Führungskräfte	hoch	gering	mittel bis hoch
Kollegen	mittel bis hoch	gering	hoch
Familie	mittel bis hoch	hoch	hoch
Freunde	mittel bis hoch	mittel bis hoch	mittel bis hoch

Führungskräfte können insbesondere durch konstruktive Rückmeldungen über die Leistungen und Verhaltensweisen der Mitarbeiter in hohem Maße zum Abbau von Stress beitragen (vgl. Semmer/Zapf 2004). Diese Rückmeldungen können beispielsweise im Rahmen regelmäßiger Feedbackgespräche (vgl. Abschnitt 12.1.2) oder in Zielvereinbarungsgesprächen (vgl. Abschnitt 12.2.1) erfolgen.

Ein weiteres wertvolles Instrument des Health Care Managements im beruflich-sozialen Bereich wird in Mentoren-Programmen gesehen. Grundlegende Aspekte des Mentorings werden in Abschnitt 5.3.3.2 ausführlich behandelt. Im Rahmen des Health Care Managements können als Mentoren Führungskräfte bzw. Kollegen eingesetzt werden, die bereits Erfahrung im erfolgreichen Umgang mit hohen arbeitsbedingten Belastungen haben. Diese Mentoren

- legen ihren Mentees ihre eigenen Erfahrungen mit hohen Arbeitsbelastungen und den daraus resultierenden psychischen Problemen dar,

- stehen als Gesprächspartner bei psychischen Problemen zur Verfügung und

- leisten Hilfestellungen zum Umgang mit hohen Arbeitsbelastungen.

Weitere Möglichkeiten zur sozialen Unterstützung im beruflichen Bereich bietet die Teamentwicklung. Maßnahmen zur Teamentwicklung auf der sozialen Ebene wurden bereits in Abschnitt 15.2.3 ausführlich beschrieben. Sie tragen zur Verbesserung der Kommunikation und insbesondere zur Entwicklung sozialer Netzwerke zwischen Führungskräften und Mitarbeitern bei.

Im familiären Bereich können Familientage dazu beitragen, dass Lebenspartner und Kinder einen Eindruck von der Arbeitstätigkeit und dem beruflichen Umfeld einer Person erhalten. Dadurch werden wiederum das Verständnis für die berufliche Tätigkeit erhöht und belastungsbedingte Konflikte reduziert. Im gleichen Maße sollten sich Führungskräfte bzw. Mitarbeiter auch Zeit für ihre Familie und deren Interessen nehmen. Dabei sollte diese Zeit wirklich der Familie gewidmet werden und nicht durch Arbeitsaufgaben unterbrochen werden.

Auch wenn der Kreis der Familie und der Freunde wissen sollte, was am Arbeitsplatz vor sich geht, empfehlen Stock-Homburg und Bauer (2007, S. 31) eine klare *Trennung von Beruf und Privatleben*. Insbesondere sollten

- berufliche Themen nicht zu umfassend im privaten Bereich diskutiert werden,

- private Termine langfristig geplant und eingehalten werden sowie

- Familie und Freunde nicht vernachlässigt werden.

Nur durch Interesse an anderen Menschen sowie die Pflege von Beziehungen zu Kollegen, Familienangehörigen und Freunden kann ein gutes soziales Netzwerk geschaffen und langfristig erhalten werden. Dieses wird als wichtige Erholungsquelle und als sicherer Rückhalt in Krisenzeiten benötigt (vgl. Stock-Homburg/Bauer 2007, S. 32). Wird nicht nur das Berufsleben, sondern auch das Privatleben betont, schafft die Führungsperson bzw. der Mitarbeiter auch den Schritt zu einer ausgewogenen Work-Life Balance (vgl. Insert 19.8).

Insert 19.8   Fünf-Säulen-Modell der Zufriedenheit (Kals 2006)

Die seelischen Kosten der Karriere

[...] ein Kostenfaktor des Karrieremachens ist banal, wird aber hartnäckig ignoriert: die Zeit wird knapp. Knapp für den Partner, die Kinder, die Freunde. Verabredun-

- Die Arbeit, unter anderem auch deswegen, weil sie eine Zeitstruktur gibt.

- Ein guter Kontakt zum Körper und zu

gen werden nur unter Vorbehalt getroffen: Ist sie nicht kompatibel mit der Konferenz, wird die Einladung zur Geburtstagsfeier abgesagt. Freunde machen das eine Weile mit, besprechen aber nicht zum dritten Mal vergeblich den Anrufbeantworter. Soziale Bezüge finden auf Geschäftsebene statt, und zwar mehr oder weniger in Habachtstellung. Und die Familie – falls überhaupt vorhanden? [Psychotherapeut] Gross erlebt das Klischee in seiner Praxis: „Der Mann findet in der Familie nicht mehr statt. Irgendwann hat die Frau einen Freund, und der Sohn nimmt Drogen." Der Therapeut empfiehlt, seine im Laufe des Lebens unterschiedlich wichtigen fünf Säulen der Zufriedenheit im Blick zu halten:

den Gefühlen. Sportliche Aktivitäten und ganzheitliche Übungen wie Qi Gong oder Yoga unterstützen dabei. „Es geht darum, gut zu sich zu sein."

■ Partnerschaft, Herkunftsfamilie und möglicherweise selbst gegründete Familie – bewahren Sie eine gute Beziehung dazu.

■ Freundschaft und sozialer Bereich. „Pflegen Sie Kontakte zu guten Freunden, mit denen Sie über Probleme sprechen können, die Ihnen auch einmal den Kopf zurechtrücken."

■ Und schließlich ein Sinnsystem – ob Religion, Philosophie oder etwas ganz anderes. „Es geht darum, seinen Platz im Kosmos zu finden", sagt Werner Gross.

19.3.2.3 Ansatzpunkte auf der psychischen Ebene

Auf der psychischen Ebene entscheiden insbesondere die Verarbeitungsstrategien und die Selbstmanagementtechniken von Führungskräften bzw. Mitarbeitern darüber, wie diese mit hohen arbeitsbedingten Belastungen umgehen. Sie stellen daher wichtige Ansatzpunkte des Health Care Managements auf der psychischen Ebene dar. Ihre relative Bedeutung für verschiedene Phasen des Health Care Managements legt Tabelle 19.9 dar.

Tabelle 19.9   Relative Bedeutung verschiedener Ansatzpunkte auf der psychischen Ebene für verschiedene Phasen des Health Care Managements

Bereiche der psychischen Ebene	Möglicher Beitrag der psychischen Ebene zur ...		
	... Prävention	... Intervention	... Rehabilitation
Verarbeitungs-strategien	hoch	hoch	hoch
Selbstmanage-menttechniken	hoch	gering	mittel bis hoch

Beim gezielten Einsatz von *psychischen Verarbeitungsstrategien* können nach neueren Erkenntnissen folgende Verhaltensweisen dazu beitragen, die psychische Erholungsfähigkeit zu steigern (vgl. Homburg/Stock-Homburg 2011):

- *Relativierung:* Die wahrgenommene Bedeutung des Problems reduzieren.

- *Umbewertung:* Sich auf die positiven Aspekte (Chancen, Lerneffekte usw.) konzentrieren, die mit einem Problem verbunden sind.

- *Selbstkontrolle:* Versuchen, die eigenen Gefühle zu begrenzen bzw. nicht zu zeigen.

- *Übernahme von Verantwortung:* Das Problem mit eigenem (Fehl-) Verhalten begründen und Selbstkritik üben.

- *Optimismus:* Auf eine zukünftige Lösung des Problems vertrauen.

- *Forcierte Problemlösung:* Die Anstrengungen intensivieren, um möglichst bald eine Lösung des Problems herbeizuführen.

Hinsichtlich der *Selbstmanagementfähigkeiten* der Mitarbeiter können auf Basis von arbeitspsychologischen Erkenntnissen (vgl. u. a. Kesting 2004, S. 154 ff.; Rühle 2009) insbesondere vier Kernbereiche unterschieden werden (vgl. Abbildung 19.13).

Abbildung 19.13 Die vier Kernbereiche des Selbstmanagements

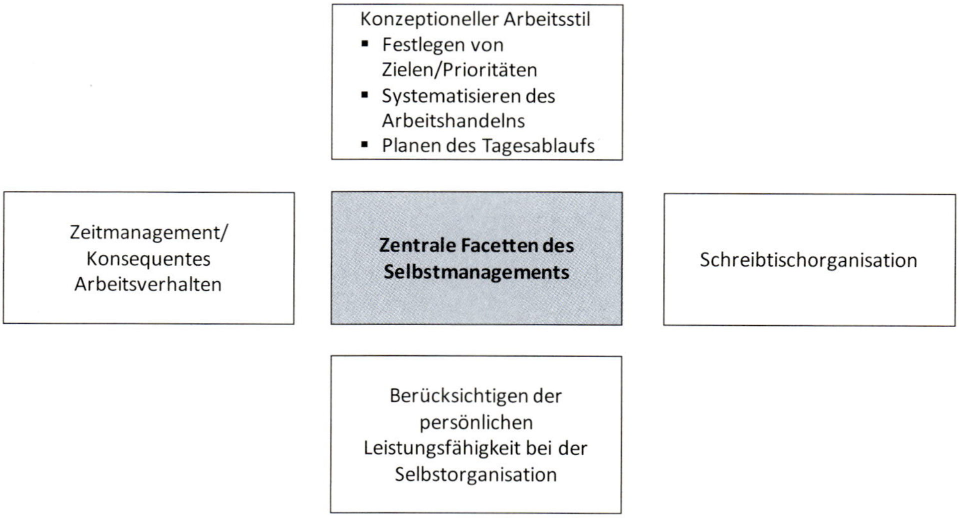

Der erste Kernbereich – der *konzeptionelle Arbeitsstil* – ist insbesondere für Führungskräfte bzw. Mitarbeiter ein wichtiges Thema, die ihre Arbeitstätigkeit in inhaltlicher und zeitlicher Hinsicht relativ frei gestalten können. Hierbei ist es wichtig, sich selbst Ziele und

Prioritäten zu setzen, Systematik in das eigene Arbeitsverhalten zu bringen und den Tagesablauf zu planen.

Der erste Ansatzpunkt zur Verbesserung des konzeptionellen Arbeitsstils ist das *Festlegen von Zielen und Prioritäten*, die dann systematisch angegangen werden sollten. Während realistisch gesteckte Ziele eine Richtung vorgeben und einen motivierenden Rahmen für das Handeln der Führungsperson bzw. des Mitarbeiters darstellen, können unrealistisch gesteckte Ziele zu erhöhtem Zeitdruck und zu Demotivation führen (vgl. die Ausführungen zur Zielsetzungstheorie in Abschnitt 2.2.2.6). Deshalb sind beim Festlegen der Ziele folgende Aspekte zu beachten:

- Setzen motivierender, aber realistischer Ziele,

- Setzen von Prioritäten innerhalb der einzelnen Ziele nach ihrer Bedeutung und Dringlichkeit (vgl. hierzu Abschnitt 15.1.3.1),

- Verfolgen der Ziele in der Reihenfolge der Prioritäten,

- regelmäßiges (halbjährliches bzw. jährliches) Überprüfen der Aktualität der eigenen Ziele und ggf. Verwerfen einzelner Ziele sowie

- Schaffen einer weitgehenden Harmonie zwischen den persönlichen Zielen bzw. Werten und den beruflichen Zielen.

Der zweite Ansatzpunkt eines konzeptionellen Arbeitsstils konzentriert sich auf das *Systematisieren des Arbeitshandelns*. Mangelnde Systematik drückt sich in blindem Aktionismus aus. Dieser ist dadurch gekennzeichnet, dass die Fülle der Aufgaben nahezu ohne Systematik, fast in panischer Weise, angegangen wird. Ursache hierfür ist ein hohes Maß an wahrgenommenem Zeitdruck. Auch hier gibt es einige Maßnahmen, die zu einer Steigerung der Systematik des Arbeitshandelns führen (vgl. Dietze 2004, S. 22 ff):

- Minimieren von Terminen,

- möglichst einmaliges Bearbeiten von Aufgaben,

- gedankliche Fokussierung auf eine einzelne Sache sowie

- regelmäßiges Aufarbeiten von Rückständen.

Das *Minimieren von Terminen* kommt insbesondere dadurch zum Ausdruck, dass nicht allen Terminwünschen nachgegeben wird. Dadurch wird die eigene Zeit auch für Außenstehende als knappe Ressource erkennbar und entsprechend geschätzt. In diesem Zusammenhang ist es wichtig, sich Termine und Zeitblöcke für die eigenen Aufgaben im Kalender vorzumerken (z. B. für konzeptionelles Arbeiten) und diese konsequent wahrzunehmen. Außerdem sollte hinreichend Freiraum für Gespräche mit Kollegen bzw. Mitarbeitern geschaffen werden.

Eine hohe Systematik des Arbeitshandelns zeichnet sich auch dadurch aus, dass *Aufgaben* nach Möglichkeit *nur einmal bearbeitet* werden. Insbesondere sollten in diesem Zusammenhang unerfreuliche Aufgaben (die das Gefühl der Arbeitsüberlastung fördern) sofort erledigt werden. Darüber hinaus sollten Aufgaben nach Möglichkeit in einem Arbeitsgang vollständig abgeschlossen werden, anstatt sie mehrmals anzugehen.

Die *gedankliche Fokussierung auf eine einzige Sache* erfordert zunächst, dass die Gedanken von den vielen unerledigten Aufgaben weggelenkt werden. Kleinere Dinge, welche das Gefühl der Überlastung fördern, sollten in dafür reservierten Zeitpuffern für operative Angelegenheiten abgearbeitet werden.

Schließlich sollten *Rückstände regelmäßig aufgearbeitet werden*. Folgende Maßnahmen tragen dazu bei:

- Auflisten der Dinge, mit denen man im Rückstand ist,

- Feststellen der Ursachen für den Rückstand,

- Setzen von Prioritäten, welche Rückstände zuerst abzuarbeiten sind,

- Einplanen von Pufferzeiten, um Rückstände aufzuarbeiten, sowie

- Beheben von Ursachen, die zu Rückständen geführt haben.

Der dritte Ansatzpunkt zum Verbessern des konzeptionellen Arbeitsstils ist das *Planen des Tagesablaufs*. Hier sind insbesondere folgende Maßnahmen hilfreich (Dietze 2004, S. 39 ff):

- Systematisieren von Aufgaben und Terminen nach ihrer Wichtigkeit und Dringlichkeit (vgl. hierzu Abschnitt 15.1.3.1),

- Einschätzen des zeitlichen Umfangs der Aufgaben,

- Einplanen ausreichender Pufferzeiten,

- Bilanzieren des Arbeitstages in den letzten 15 Minuten der Arbeitszeit und Freuen über erledigte Aufgaben sowie

- Übertragen unerledigter Dinge auf den Tag, an dem sie mit hoher Wahrscheinlichkeit erledigt werden können.

Viele Menschen verbringen in einem Jahr zusammengerechnet mehrere Wochen damit, Dinge in ihrem Büro zu suchen. Eine erhebliche Zeitersparnis kann hier durch den zweiten Kernbereich der Selbstorganisation, die *systematische Schreibtischorganisation*, bewirkt werden (vgl. Abbildung 19.13). Systematische Schreibtischorganisation zeichnet sich insbesondere durch schnellen Zugriff auf benötigte Unterlagen sowie eine funktionierende Ablage aus. Im Hinblick auf Verbesserungsmaßnahmen in diesem Bereich sei an dieses Stelle auf Dietze (2004) verwiesen.

Ein weiterer Kernbereich der Selbstorganisation wird im *Berücksichtigen der persönlichen Leistungsfähigkeit bei der Selbstorganisation* gesehen. In Untersuchungen konnte festgestellt werden, dass die menschliche Leistungsfähigkeit zu verschiedenen Tageszeiten unterschiedlich hoch ist (vgl. Abbildung 19.14).

Abbildung 19.14 Schematische Darstellung der persönlichen Leistungskurve
(vgl. Rühle 2009, S. 107)

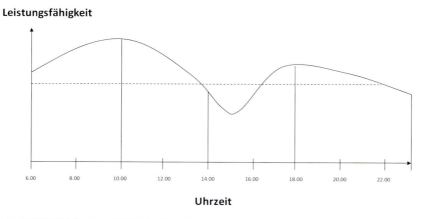

Aus Abbildung 19.14 wird erkennbar, dass Menschen am Morgen (ca. 8.00 bis 12.00 Uhr) und am Abend (ca. 17.00 bis 21.00 Uhr) relativ leistungsfähig sind. Vergleichsweise gering ist die Leistungsfähigkeit hingegen vor 6.00 Uhr morgens, zwischen ca. 14.00 und 16.00 Uhr sowie nach 21.00 Uhr. Die leistungsschwachen Phasen kommen durch Anlaufprobleme (am Morgen), generelles Gefühl der Schlappheit und Müdigkeit, einer wahrgenommenen reduzierten Leistungsfähigkeit (nach dem Mittagessen) und Konzentrationsstörungen zum Ausdruck. Durch das Managen der persönlichen Leistungsfähigkeit zu unterschiedlichen Tageszeiten können Leistungstiefs vermieden und die Arbeitsleistung gesteigert werden.

Die verschiedenen Aufgaben und Termine sind nach Möglichkeit entsprechend ihrer Schwierigkeit und Wichtigkeit über den Tag zu verteilen. Dabei ist die persönliche Leistungsfähigkeit in Abhängigkeit von der Tageszeit zu berücksichtigen. Konkret können dabei folgende Maßnahmen helfen:

■ Verlegen schwieriger bzw. wichtiger Aufgaben und Gespräche auf leistungsstarke Zeiten,

■ Verlagern weniger wichtiger Aufgaben (Routine, Rückrufe, offene Tür, Betriebsrundgang usw.) auf leistungsschwache Zeiten,

■ Verlegen von Pausen auf leistungsschwache Zeiten sowie

■ Vermeiden von Überstunden in Form von Nachtschichten.

Der letzte Kernbereich des Selbstmanagements umfasst *Zeitmanagement und konsequentes Arbeitsverhalten* (vgl. Abbildung 19.13). Im Hinblick auf die Besonderheiten des Zeitmanagements sei an dieser Stelle auf die umfassenden Erläuterungen in Abschnitt 15.1.3 verwiesen. Konsequentes Arbeitsverhalten drückt sich zum einen im Vorbereiten und zielorientierten Führen von Besprechungen (mit Kunden, aber auch Kollegen) aus. Zum anderen kann hierunter auch ein gewisses Maß an Selbstdisziplin im Umgang mit Kollegen und Vorgesetzten subsumiert werden. Insbesondere sollten Dinge unterbunden werden, die mit der eigentlichen Arbeitsaufgabe wenig oder nichts zu tun haben (z. B. Privatgespräche mit Kollegen während der Arbeitszeit, Konflikte zwischen Kollegen usw.).

Inkonsequentes Arbeitsverhalten kann durch folgende Maßnahmen vermieden werden:

- Vereinbaren fester Termine für Besprechungen mit Vorgesetzten und Kollegen,

- angemessenes Vorbereiten der Inhalte und des Ablaufs von Besprechungen,

- konsequentes Ablehnen weniger wichtiger Anfragen,

- Konzentrieren des eigenen Arbeitshandelns auf den eigenen Aufgaben- und Tätigkeitsbereich sowie

- Vermeiden von Grundsatzdiskussionen und längeren Privatgesprächen während der Arbeitszeit.

Insert 19.9 verdeutlicht, dass gerade beim Umgang mit E-Mails Selbstmanagement-Fähigkeiten erforderlich sind. In diesem Zusammenhang werden Tipps zum richtigen Umgang mit E-Mailfluten gegeben.

Insert 19.9 Der richtige Umgang mit E-Mails (Hildebrandt-Woeckel 2008)

Abends muss der Posteingang leer sein

[...] Arbeitnehmer in aller Welt, so haben in der Vergangenheit diverse Studien gezeigt, haben zunehmend Probleme, die tägliche E-Mail-Flut zu bewältigen, mindestens jeder Fünfte fühlt sich sogar regelrecht gestört bis überfordert. Verwunderlich ist das nicht. In den vergangenen Jahren hat sich der elektronische Briefverkehr vervielfacht. 36 Milliarden Mails werden täglich über das Internet verschickt, veröffentlichte kürzlich ein amerikanisches Marktforschungsunternehmen. 50 bis 100 Mails bekommen Mitarbeiter in deutschen Unternehmen im Schnitt, und im Einzelfall können es noch sehr viel mehr sein. [...]

Obwohl die elektronische Post zum Berufsalltag gehört, können viele Menschen nicht damit umgehen. [...] Kaum piept es, wird die eigentliche Arbeit unterbrochen und der E-Mail-Eingang kontrolliert. Eine Zeitverschwendung, die der Wirtschaft Schätzungen zufolge Milliarden kostet, denn rund ein Drittel der eingehenden Emails gilt als überflüssig.

Tipps zum richtigen Umgang mit E-Mails

... für den Absender:

- Überlegen Sie genau, ob eine E-Mail wirklich notwendig ist und wer sie bekommen muss.

- Beachten Sie die Netiquette. Anrede und Grußformel gehören in jede Mail, Tippfehler nicht.

- Formulieren Sie eine deutliche Betreffzeile. Wenn es eine Frist gibt, muss diese erkennbar sein.

- Fassen Sie sich kurz.

- Vermeiden Sie Hervorhebungen oder Ausrufezeichen, die Wichtigkeit symbolisieren sollen. Die Prioritäten setzt der Empfänger.

... für den Empfänger

- Nutzen Sie E-Mails nicht zur Ablenkung.

- Schalten Sie den automatischen Abruf aus und bestimmen stattdessen feste Abrufzeiten.

- Säubern Sie den Posteingang sofort, und fassen Sie jede E-Mail nur einmal an.

- Sortieren Sie Ihre Mails in eine klare Ordnerstruktur, dazu gehört unbedingt: Heute beantworten, Später beantworten, Nur lesen, Archiv. Außerdem denkbar sind projekt- oder personenbezogene Ordner je nach Arbeitsgebiet.

- Definieren Sie feste Zeiten, zu denen Sie Ihre Mail bearbeiten.

Kontrollfragen

1. Was ist unter Health Care Management zu verstehen, und welche Ziele verfolgt es?

2. Welche theoretischen Erklärungsansätze des Health Care Managements kennen Sie? Grenzen Sie die vier Ansätze hinsichtlich ihrer inhaltlichen Erklärungsschwerpunkte voneinander ab.

3. Legen Sie die grundlegenden Annahmen des transaktionalen kognitiven Stressmodells nach Lazarus dar. Welche Ansatzpunkte für Unternehmen zur Unterstützung der Beschäftigten beim Umgang mit Stress lassen sich daraus ableiten?

4. Welche Wirkungsbeziehungen werden im Job Demands-Resources Model identifiziert? An welchen Einflussgrößen von Stress können Unternehmen, ausgehend von diesem Modell, ansetzen?

5. Was ist unter Work-Life Balance zu verstehen, und welche Facetten enthält diese nach Stock-Homburg und Bauer (2007)?

6. Welche Wirkungsbeziehungen werden im Rahmen des Work-Family Conflict Concepts betrachtet? Beschreiben Sie die einzelnen Komponenten dieses Konzepts.

7. Definieren Sie den Begriff des Workaholismus, und gehen Sie auf dessen inhaltliche Facetten ein.

8. Beschreiben Sie die vier Workaholismustypen nach Fassel (1994).

9. Welche Phasen der Entstehung von Workaholismus können nach Fassel (1994) unterschieden werden? Beschreiben Sie diese.

10. Nennen und erläutern Sie die drei Phasen des Health Care Managements.

11. An welchen Ebenen kann das Health Care Management ansetzen? Erläutern Sie diese, und nennen Sie jeweils zwei Ansatzpunkte.

12. Wie können Ansatzpunkte des Health Care Managements kulturell verankert werden? Erläutern Sie beispielhafte Ansatzpunkte anhand des Vier-Ebenen-Modells der Unternehmenskultur von Homburg und Pflesser (2000).

13. Erläutern Sie Ziele, Zielgruppen sowie geeignete Coaches in unterschiedlichen Phasen des Health Care Managements.

14. Welche sechs Strategien zur gezielten Steigerung der psychischen Erholungsfähigkeit können unterschieden werden? Erläutern Sie diese kurz.

15. Welche vier Kernbereiche umfasst das Selbstmanagement? Erläutern Sie diese kurz.

16. Veranschaulichen Sie die persönliche Leistungskurve nach Rühle (2009) graphisch. Beschreiben Sie die grundlegende Idee dieser Leistungskurve sowie deren Relevanz für das Health Care Management.

Literatur

Antonovsky, A. (1991), The Structural Sources of Salutogenetic Strengths, in: Cooper, C./Payne, R. (Hrsg.), Personality and Stress: Individual Differences in the Stress Process, Chichester, 67-104.

Aryee, S./Srinivas, E./Tan, H. (2005), Rhythms of Life: Antecedents and Outcomes of Work-Family Balance in Employed Parents, Journal of Applied Psychology, 90, 1, 132-146.

Bakker, A./Demerouti, E. (2007), The Job Demands-Resources Model: State of the Art, Journal of Managerial Psychology, 52, 3, 309-328.

BAuA (Bundesanstalt für Arbeitsschutz und Arbeitsmedizin) (2008), Gesundheitsschutz in Zahlen 2008, URL: http://www.baua.de/nn_80530/de/Publikationen/Broschueren/A63.html?__nnn=true, [16.03.2010].

Bauer, E.-M. (2009), Top Executives' Work Relationship and Work-Family Balance: Taxonomy Development and Performance Implications, Wiesbaden.

Becker, P. (1997), Prävention und Gesundheitsförderung, in: Schwarzer, R. (Hrsg.), Gesundheitspsychologie – ein Lehrbuch, 2. Auflage, Göttingen, 517-535.

Bildungszentrum Beruf und Gesundheit (2007), URL: http://www.beruf-gesund.de [16.03.2010].

BKK Bundesverband (2007), BKK Gesundheitsreport 2006 – Demografischer und wirtschaftlicher Wandel – gesundheitliche Folgen, URL: http://www.bkk.de/ps/tools/download.php?file=/bkk/psfile/downloaddatei/13/BKK_Gesund452cf8e90332b.pdf&name=BKK%20Gesundheitsreport%202006.pdf [13.10.2007].

Blass, B. (2004), Lotussitz für Workaholics. Eine Million Berufstätige in Deutschland sind gefährdet, an Arbeitssucht zu erkranken, Handelsblatt, Wirtschafts- und Finanzzeitung, 166 (27.08.2004), 4.

BMFSFJ (Bundesministerium für Familie, Senioren, Frauen und Jugend) (2005), Work-Life-Balance – Motor für wirtschaftliches Wachstum und gesellschaftliche Stabilität, URL: http://www.bmfsfj.de/RedaktionBMFSFJ/Broschuerenstelle/Pdf-Anlagen/Work-Life-Balance,property=pdf,bereich=bmfsfj,sprache=de,rwb=true.pdf, [16.03.2010].

Boles, J./Johnston, M./Hair, J. (1997), Role Stress, Work-Family Conflict and Emotional Exhaustion: Inter-Relationships and Effects on Some Work-related Consequences, Journal of Personal Selling and Sales Management, 17, 1, 17-28.

Bühler, K./Schneider, C. (2002), Arbeitssucht (Workaholism), Schweizer Archiv für Neurologie und Psychiatrie, 5, 245-250.

Bulger, C./Matthews, R./Hoffman, M. (2007), Work and Personal Life Boundary Management: Boundary Strength, Work/Personal Life Balance, and the Segmentation-Integration Continuum, Journal of Occupational Health Psychology, 12, 4, 365-375.

Burisch, M. (2006), Das Burnout-Syndrom: Theorie der inneren Erschöpfung, 3. Auflage, Heidelberg.

Büssing, A./Glaser, J./Höge, T. (2004), Gesundheitliche Arbeitsgestaltung, in: Meifert, M./Kesting, M. (Hrsg.), Gesundheitsmanagement im Unternehmen, Berlin, 101-120.

Butler, A./Skattebo, A. (2004), What is Acceptable for Woman May Not be for Men: The Effect of Family Conflicts with Work on Job-Performance Ratings, Journal of Occupational and Organizational Psychology, 77, 4, 553-564.

Buunk, B./de Jonge, J./Ybema, J./de Wolff, Ch. (1998), Psychosocial Aspects of Occupational Stress, in: Drenth, P./Thierry, H./de Wolff, Ch. (Hrsg.), Handbook of Work and Organizational Psychology, 2 (Work Psychology), 2. Auflage, Berlin, 145-182.

Carlson, D./Grzywacz, J./Zivnuska, S. (2009), Is Work-Family Balance More Than Conflict and Enrichment? Human Relations, 62, 10, 1459-1486.

Collins, G. (2007), Cleaning and the Work-Life Balance, International Journal of Human Resource Management, 18, 3, 416-429.

Crompton, R./Lyonette, C. (2006), Work-Life `Balance` in Europe, Acta Sociologica, 49, 4, 379-393.

DAK (Deutsche Angestellten Krankenkasse) (2005), DAK – Gesundheitsbarometer „Psychische Erkrankungen", URL: http://www.presse.dak.de/ps.nsf/sblArchiv/4E3EE67791A4B346C125706D00328FFF?OpenDocument, [15.10.2006].

de Jonge, J./Dormann, C. (2006), Stressors, Resources, and Strain at Work: A Longitudinal Test of the Triple-Match Principle, Journal of Applied Psychology, 91, 6, 1359-1374.

Demerouti, E./Bakker, A./Nachreiner, F./Schaufeli, W. (2001), The Job Demands-Resources Model of Burnout, Journal of Applied Psychology, 86, 3, 499-512.

den Dulk/de Ruijter (2008), Managing Work-Life Policies: Disruption Versus Dependency Arguments. Explaining Managerial Attitudes towards Employee Utilization of Work-Life Policies, International Journal of Human Resource Management, 19, 7, 1222-1236.

Dietze, K. (2004), Mit Pep an die Arbeit: So organisiere ich mich und meinen Job, 8. Auflage, Frankfurt/Main.

Fassel, D. (1994), Wir arbeiten uns noch zu Tode: Die vielen Gesichter der Arbeitssucht, München.

Focus Online (2009), Arbeitszeiten in 57 Metropolen, URL: http://www.focus.de/D/DB/DB32/DB32C/db32c.htm, [18.03.2010].

Frone, M./Russel, M./Cooper, M. (1992), Antecedents and Outcomes of Work-Family Conflict: Testing a Model of the Work-Family Interface, Journal of Applied Psychology, 77, 1, 65-78.

Frone, M./Russel, M./Cooper, M. (1994), Relationship Between Job and Family Satisfaction: Causal or Noncausal Covariation?, Journal of Management, 20, 3, 565-579.

Frone, M./Russel, M./Cooper, M. (1997), Relation of Work-Family Conflict to Health Outcomes: A Four-Year Longitudinal Study of Employed Parents, Journal of Occupational & Organizational Psychology, 70, 4, 325-335.

Greenhaus, J. (2008), Innovations in the Study of the Work-Family Interface: Introduction to the Special Section, Journal of Occupational and Organizational Psychology, 81, 3, 343-348.

Greif, S. (1991), Stress in der Arbeit – Einführung und Grundbegriffe, in: Greif, S./Bamberg, E./Semmer, N. (Hrsg.), Psychischer Stress am Arbeitsplatz, Göttingen, 1-28.

Henkel, D. (2001), Zur Geschichte und Zukunft des Zusammenhangs von Sucht und Arbeit, in: DHS (Hrsg.), Sucht und Arbeit, Freiburg, 9-30.

Hildebrandt-Woeckel, S. (2008), Abends muss der Posteingang leer sein, Frankfurter Allgemeine Zeitung, 64 (15. März 2008), C5.

Homburg, C./Pflesser, C. (2000), A Multiple-Layer Model of Market-Oriented Organizational Culture: Measurement Issues and Performance Outcomes, Journal of Marketing Research, 37, 4, 449-462.

Homburg, C./Stock-Homburg, R. (2011), Der kundenorientierte Mitarbeiter: Bewerten, begeistern, bewegen, 2. Auflage, Wiesbaden (in Druck).

Huang, J.-C./Hu, C./Wu, T.-C. (2010), Psychometric Properties of the Chinese Version of the Workaholism Battery, Journal of Psychology, 144, 2, 163-183.

Hunziger, A. (2004), Ergebnisse der Kienbaum-Studie "Die Worklife Balance internationaler Top-Manager", in: Meifert, M./Kesting, M. (Hrsg.), Gesundheitsmanagement im Unternehmen, Berlin, 15-26.

Kals, U. (2006), Die seelischen Kosten der Karriere, Frankfurter Allgemeine Zeitung, 48 (14.10.2006), 1.

Kesting, M. (2004), Selbstmanagement – Zwischen Selbstverantwortung und äußeren Sachzwängen, in: Meifert, M./Kesting, M. (Hrsg.), Gesundheitsmanagement im Unternehmen, Berlin, 151-166.

Kesting, M./Meifert, M. (2004), Strategien zur Implementierung des Gesundheitsmanagements im Unternehmen, in: Meifert, M./Kesting, M. (Hrsg.), Gesundheitsmanagement im Unternehmen, Berlin, 29-40.

Kleinschmidt, C. (2007), Angestellte arbeiten sich krank, URL: http://www.spiegel.de/wissenschaft/mensch/0,1518,455382,00.html [18.03.2010].

Knecht, T. (2006), Ein Burnout entsteht durch innere und äußere Faktoren: Arbeitgeber können Letzteren präventiv entgegenwirken, New Management (01.04.2006).

Kreiner, G./Hollensbe, E./Sheep, M. (2009), Balancing Borders and Bridges: Negotiating the Work-Home Interface Via Boundary Work Tactics, Academy of Management Journal, 52, 4, 704-730.

Lazarus, R. (1966), Psychological Stress and the Coping Process, New York.

Lazarus, R. (1999), Stress and Emotion. A New Synthesis, New York.

Lewis, S./Gambles, R./Rapoport, R. (2007), The Constraints of a `Work-Life Balance` Approach: An International Perspective, International Journal of Human Resource Management, 18, 3, 360-373.

Lingard, H./Francis, V. (2005), Does Work-Family Conflict Mediate the Relationship Between Job Schedule Demands and Burnout in Male Construction Professionals and Managers?, Construction Management and Economics, 23, 7, 733-745.

Llorens, S./Bakker, A./Schaufeli, W./Salanova, M. (2006), Testing the Robustness of the Job Demands-Resources Model, International Journal of Stress Management, 13, 3, 378-391.

Machlowitz, M. (1980), Workaholics: Living With Them, Working With Them, Reading.

Maslach, C. (1982), Understanding Burnout: Definitional Issues in Analysing a Complex Phenomenon, in: Paine, W. (Hrsg.), Job Stress and Burnout, Bevely Hills/CA, 29-40.

Maslach, C./Jackson, S. (1986), Maslach Burnout Inventory (MBI), Manual, Palo Alto.

McMillan, L./Brady, E./O'Driscoll, M./Marsh, N. (2002), A Multifaceted Validation Study of Spence and Robbins' (1992) Workaholism Battery, Journal of Occupational & Organizational Psychology, 75, 3, 357-368.

Meifert, M./Kesting M. (2004), Gesundheitsmanagement im Unternehmen. Konzepte, Praxis, Perspektiven, Berlin.

Mescher, S./Benschop, Y./Doorewaard, H. (2010), Representations of Work-Life Balance Support, Human Relations, 63, 1, 21-39.

Miltner, W. (2005), Warum Stress krank machen kann: Psychoneuroimmunologische Erkenntnisse, Forschende Komplementärmedizin und Klassische Naturheilkunde, 12, 232-233.

Mondy, R. (2009), Human Resource Management, 11. Auflage, Upper Saddle River.

Murphy, L./Hurrell, J./Sauter, S./Keita, G. (1995), Introduction, in: Murphy, L./Hurrell, J./Sauter, S./Keita, G. (Hrsg.), Job Stress Intervention, Washington/DC, XI-XIII.

Netemeyer, R./Boles, J./McMurrian, R. (1996), Development and Validation of Work-Family Conflict and Family-Work Conflict Scales, Journal of Applied Psychology, 81, 4, 400-410.

Oates, W. (1971), Confessions of a Workaholic: The Facts about Work Addiction, New York.

o. V. (2007a), Workaholismus - eine heimliche Gefahr, URL: http://www.aerztewoche.at/viewArticle Details.do?articleId=2022 [13.10.2007].

o. V. (2007b), Stufenweise Wiedereingliederung – Erprobt und für gut befunden, ZB Zeitschrift: behinderte Menschen im Beruf, 2/2003, URL: http://www.integrationsaemter.com/webcom/ show_zeitschrift.php/_c-560/_nr-168/_p-2/i.html [22.11.2007].

Paoli, P./Merllié, D. (2001), Dritte Europäische Umfrage über die Arbeitsbedingungen 2000, Europäische Stiftung zur Verbesserung der Lebens- und Arbeitsbedingungen, Dublin.

Peeters, M./Montgomery, A./Bakker, A./Schaufeli, W. (2005), Balancing Work and Home: How Job and Home Demands are Related to Burnout, International Journal of Stress Management, 12, 1, 43-61.

Peus, C./Traut-Mattausch, E. (2008), Manager and Mommy? A Cross-Cultural Comparison, Journal of Managerial Psychology, 23, 5, 558-575.

Poppelreuter, S. (1997), Arbeitssucht, Weinheim.

Porter, G. (1996), Organizational Impact of Workaholism: Suggestions for Researching the Negative Outcomes of Excessive Work, Journal of Occupational Health Psychology, 1, 1, 70-84.

Priester, K. (1998), Betriebliche Gesundheitsförderung, Frankfurt/Main.

Powell, G./Francesco, A./Ling, Y. (2009), Toward Culture-Sensitive Theories of the Work-Family Interface, Journal of Organizational Behavior, 30, 5, 597-616.

Quick, J./Quick, J./Melson, D./Hurrel, J. (1997), Preventive Stress Management in Organizations, Washington/DC.

Robinson, B. (1997), Work Addiction and the Family: Conceptual Research Considerations, Early Child Development and Care, 137, 1, 77-92.

Robinson, B. (1998), Chained to the Desk: A Guidebook for Workaholics, their Partners and Children and the Clinicians Who Treat Them, New York.

Roebke, J. (2008), Sorge dich nicht, arbeite! Frankfurter Allgemeine Zeitung, 86 (12.04.2008), C4.

Rösing, I. (2003), Ist die Burnout-Forschung ausgebrannt? Analyse und Kritik der internationalen Burnout-Forschung, Heidelberg.

Rühle, H. (2009), Zeitmanagement, in: von Rosenstiel, L./Regnet, E./Domsch, M. (Hrsg.), Führung von Mitarbeitern, 6. Auflage, Stuttgart, 97-110.

Ryan, A./Kossek, E. (2008), Work-Life Policy Implementation: Breaking Down or Creating Barriers to Inclusiveness?, Human Resource Management, 47, 2, 295-310.

Saaman Consultants AG (2006), Belastungen steigen – Burn-out nimmt zu, Pressemeldung (05.09.2006).

Schaufeli, W. (2003), Past Performance and Future Perspectives of Burnout Research, South African Journal of Industrial Psychology, 29, 4, 1-15.

Schaufeli, W./Enzmann, D. (1998), The Burnout Companion to Study and Practice: A Critical Analysis, London.

Schultz, D. (2007), Burnout-Syndrom "Ich kann einfach nicht mehr", URL: http://www.welt.de/ wissenschaft/article973061/Ich_kann_einfach_nicht_mehr.html [19.09.2007].

Schwarzer, R. (2004), Psychologie des Gesundheitsverhaltens: Einführung in die Gesundheitspsychologie, 3. Auflage, Göttingen.

Semmer, N./Udris, I. (2004), Bedeutung und Wirkung von Arbeit, in: Schuler, H. (Hrsg.), Lehrbuch Organisationspsychologie, 3. Auflage, Bern, 157-196.

Semmer, N./Zapf, D. (2004), Gesundheitsbezogene Interventionen in Organsiationen, in: Schuler, H. (Hrsg.), Enzyklopädie der Psychologie, Themenbereich D, Serie III, Band 4 Organisationspsychologie, 2. Auflage, Göttingen, 773-843.

Shirom, A. (2005), Reflections on the Study of Burnout, Work & Stress, 19, 3, 263-270.

Soler, J./Yaman, H./Esteva, M. (2007), Social Behaviour and Personality, 35, 8, 1149-1150.

Spence, J./Robbins, A. (1992), Workaholism, Measurement, and Preliminary Results, Journal of Personality Assessment, 58, 1, 160-178.

Spie, U. (2007), Energie für das Alter, Personalwirtschaft, 1/2007, 18-21.

Stadler, P./Spieß, E. (2002), Mitarbeiterorientiertes Führen und soziale Unterstützung am Arbeitsplatz, im Auftrag der Bundesanstalt für Arbeitsschutz und Arbeitsmedizin, Dortmund.

Stock-Homburg, R./Bauer, E.-M. (2007), Work-Life-Balance im Top-Management, Aus Politik und Zeitgeschichte, 34, 25-32.

Stock-Homburg, R./Bauer, E.-M. (2008), Abschalten unmöglich? Harvard Business Manager, 7, 10-15.

Stock-Homburg, R./Roederer, J. (2009), Work-Life-Balance von Führungskräften – Modeerscheinung oder Schlüssel zur langfristigen Leistungsfähigkeit? Personalführung, 2, 22-32.

Tomlinson, J. (2007), Employment Regulation, Welfare and Gender Regimes: A Comparative Analysis of Women`s Working-time Patterns and Work-life Balance in the UK and the US, 18, 3, 401-415.

Ulich, E./Wülser, M. (2005), Gesundheitsmanagement im Unternehmen, 2. Auflage, Wiesbaden.

van Yperen, N./Hagedoorn, M. (2003), Do High Job Demands Increase Intrinsic Motivation or Fatigue or Both? The Role of Job Control and Job Social Support, Academy of Management Journal, 46, 3, 339-348.

Vodafone D2 GmbH (2009), Vereinbarkeit von Beruf und Familie im Fokus, URL: http://www.vodafone.de/jobs/beruf-und-familie.html [22.02.2010].

Watts, J. (2009), 'Allowed into a Man's World' Meanings of Work–Life Balance: Perspectives of Women Civil Engineers as 'Minority' Workers in Construction, Gender, Work and Organization, 16, 1, 37-57.

WIdO (Wissenschaftliches Institut der AOK) (2009), Fehlzeiten-Report 2009, http://www.aok-bv.de/imperia/md/aokbv/gesundheit/wido_-_fehlzeiten-report_-_pressemitteilung.pdf, [16.12.2009].

Wilken, U. (2003), Transparenzstudie Gesundheitsmanagement, Wilken Unternehmensberatung Prävention, URL: http://oh-forum.themenplattform.com/fsDownload/fof_020122transparenzstudie _ gesundheitsmanagement.pdf?forumid=183&v=1&id=122461, [22.03.2010].

Wilton, J. (2007), Die Büroseuche, Die Welt, 61 (02.08.2007),10.

Wolfe, R./Slack, T./Rose-Hearn, T. (1993), Factors Influencing the Adoption and Maintenance of Canadian Facility-Based Worksite Health Promotion Programs, American Journal of Health Promotion, 7, 3, 189-198.

Worrall, L./Cooper, C. (1995), Executive Stress in Different Industrial Sectors, Structures and Sizes of Business, Personnel Review, 24, 7, 3-12.

Xanthopoulou, D./Bakker, A./Dollard, M./Demerouti, E./Schaufeli, W./Tans, T./Schreurs, P. (2007), When Do Job Demands Particularly Predict Burnout? The Moderating Role of Job Resources, Journal of Managerial Psychology, 22, 8, 766-786.

Zapf, D./Dormann, C. (2001), Gesundheit und Arbeitsschutz, in: Schuler, H. (Hrsg), Lehrbuch der Personalpsychologie, Göttingen, 559-588.

Zapf, D./Semmer, M. (2004), Streß und Gesundheit in Organisationen, in: Schuler, H. (Hrsg.) Enzyklopädie der Psychologie, Themenbereich D, Serie III, Band 3 Organisationspsychologie, 2. Auflage, Göttingen, 1007-1112.

Stichwortverzeichnis